Eckert/Maifeld/Matthiessen
Handbuch des Kaufrechts

Handbuch des Kaufrechts

Der Kaufvertrag nach Bürgerlichem Recht, Handelsrecht und UN-Kaufrecht

von

Dr. Hans-Werner Eckert
Professor an der
Universität Greifswald

Dr. Jan Maifeld
Vorsitzender Richter am Oberlandesgericht
Düsseldorf

Dr. Michael Matthiessen
Rechtsanwalt in Greifswald

2. Auflage 2014

C.H. BECK

www.beck.de

ISBN 978 3 406 63187 0

© 2014 Verlag C. H. Beck oHG
Wilhelmstraße 9, 80801 München

Druck und Bindung: fgb • freiburger graphische betriebe GmbH & Co. KG
Bebelstraße 11, 79108 Freiburg
Satz: Uhl + Massopust, Aalen

Gedruckt auf säurefreiem, alterungsbeständigem Papier
(hergestellt aus chlorfrei gebleichtem Zellstoff)

Vorwort

In dem nun in zweiter Auflage erschienenen Handbuch des Kaufrechts werden alle für Kaufverträge relevanten Bereiche praxisorientiert dargestellt. Über die bisher zu diesem Vertragstyp vorliegenden Werke hinausgehend erfasst das Handbuch nicht nur das nationale deutsche Kaufrecht einschließlich der Besonderheiten des Verbrauchsgüter- und Handelskaufs, sondern widmet sich in umfassenden eigenständigen Abschnitten auch der Rechtslage nach dem UN-Kaufrecht.

Das Werk ist an den Bedürfnissen der Praxis orientiert, weshalb es nicht in der Art eines Kommentars von den relevanten Rechtsnormen ausgeht, sondern von den tatsächlichen im Zusammenhang mit Kaufverträgen auftretenden Situationen, beginnend mit dem Abschluss des Kaufvertrages über die Pflichten der Vertragsparteien bis hin zu den Rechten eines Vertragspartners bei Pflichtverletzungen des anderen Teils. Auch auf besonders gewährte Garantien geht das Handbuch ein.

Den Erfordernissen der Praxis entsprechend wurde auf eine umfassende Auswertung der Rechtsprechung großer Wert gelegt. So soll das Werk auf der Basis der aktuellen Rechtslage für alle Kaufverträge eine wertvolle Hilfestellung bieten, und zwar sowohl bei der Vertragsgestaltung als auch bei der Abwicklung des Vertrags und schließlich auch für die Geltendmachung von Rechten bei Vertragsstörungen. Selbstverständlich werden bei alledem auch Gestaltungsmöglichkeiten in Allgemeinen Geschäftsbedingungen erörtert. Über die Darstellung der aktuellen Rechtslage hinausgehend finden auch die am 13.6.2014 in Kraft tretenden Neuregelungen zur Umsetzung der Verbraucherrechte-Richtlinie an den relevanten Stellen Berücksichtigung.

Das Handbuch ist ein Gemeinschaftswerk, bei dem die Autoren versucht haben, ihre jeweiligen Beiträge inhaltlich aufeinander abzustimmen. Die Gesamtredaktion hat Hans-Werner Eckert übernommen, der auch das 1. bis 3. und das 6. Kapitel bearbeitet hat. Jan Maifeld hat das 5. und das 7. Kapitel erstellt, Michael Matthiessen das 4. und das 8. Kapitel sowie die Abschnitte über den Handelskauf und das UN-Kaufrecht.

Für wertvolle Unterstützung danken wir Dr. jur. Theofanis Tacou, Ass. jur. Ricarda Rumpel, Ass. jur. Julia Heydel und Ref. jur. Kristin Jordanow. Ganz besonderer Dank gilt Sylvia Gransow, die das Gesamtmanuskript in hervorragender Weise betreut hat.

Greifswald und Düsseldorf, im Oktober 2013   Die Autoren

Inhaltsübersicht

Seite

1. Kapitel. Der Kaufvertrag im Rechtssystem

I. Überblick 1
II. Rechtlicher Rahmen für Kaufverträge 2

2. Kapitel. Inhalt und Parteien des Kaufvertrages

I. Allgemeines 17
II. Gegenstände des Kaufs 17
III. Abgrenzung zu anderen Vertragstypen 20
IV. Besondere Arten des Kaufs 31
V. Vertragsparteien und kaufrechtliche Sonderregelungen 36

3. Kapitel. Der Abschluss des Kaufvertrages

I. Angebot und Annahme 57
II. Formerfordernisse 66
III. Einbeziehung von Allgemeinen Geschäftsbedingungen 73
IV. Besonderheiten beim Kaufvertrag zwischen Unternehmer und Verbraucher 79
V. Besonderheiten beim Handelskauf 91
VI. Grenzüberschreitende Kaufverträge 92

4. Kapitel. Die Pflichten des Verkäufers

A. Verkäuferpflichten nach BGB

I. Überblick 103
II. Übergabepflicht 103
III. Eigentumsverschaffungspflicht 109
IV. Verschaffungspflicht beim Kauf von Rechten und sonstigen Gegenständen 125
V. Mangelfreiheit 130
VI. Nebenpflichten 170
VII. Besondere Arten des Kaufs 178
VIII. Besonderheiten beim Handelskauf 181

B. Verkäuferpflichten nach UN-Kaufrecht

I. Überblick 187
II. Lieferung der Ware 187
III. Übergabe von Dokumenten 195
IV. Verschaffung des Eigentums 197
V. Lieferung mangelfreier Ware 198
VI. Nebenpflichten des Verkäufers 212

5. Kapitel. Die Rechte des Käufers bei Pflichtverletzungen des Verkäufers

A. Rechte des Käufers nach BGB

I. Rechte bei Lieferung einer mangelhaften Sache 221
II. Rechte bei sonstigen Pflichtverletzungen 299
III. Besonderheiten beim Rechtskauf 305
IV. Besonderheiten beim Handelskauf 307

B. Rechte des Käufers nach UN-Kaufrecht

I. Überblick 330
II. Verhältnis der Rechtsbehelfe untereinander 332
III. Einzelne Rechtsbehelfe 332
IV. Ausschluss der Mängelhaftung des Verkäufers 374

6. Kapitel. Pflichten des Käufers

A. Käuferpflichten nach deutschem Zivilrecht

I. Überblick 401
II. Pflicht zur Kaufpreiszahlung 402
III. Pflicht zur Abnahme der Kaufsache 435
IV. Weitere Pflichten des Käufers 438
V. Besonderheiten beim Handelskauf 442

B. Käuferpflichten nach UN-Kaufrecht

I. Überblick 446
II. Pflicht zur Kaufpreiszahlung 446
III. Pflicht zur Abnahme der Kaufsache 454
IV. Sonstige Pflichten 455

7. Kapitel. Rechte des Verkäufers bei Pflichtverletzungen des Käufers

A. Verkäuferrechte nach BGB

I. Ausbleiben der Zahlung 457
II. Zahlungsverzögerung 458
III. Nichtannahme der Leistung 460
IV. Verletzung von Nebenpflichten 462
V. Besonderheiten beim Handelskauf 462

B. Verkäuferrechte nach UN-Kaufrecht

I. Erfüllung und Nachfristsetzung 468
II. Vertragsaufhebung 468
III. Spezifizierungsrecht beim Bestimmungskauf 470
IV. Schadensersatz 470
V. Rechte bei drohenden Leistungsstörungen 470
VI. Verzinsung von Geldforderungen 472

8. Kapitel. Garantien
A. Garantien im BGB

I.	Überblick	473
II.	Begriff der Garantie	473
III.	Übernahme einer Garantie	478
IV.	Arten und Inhalt der Garantie	481
V.	Rechtsfolgen	487
VI.	Beweislast	491
VII.	Besondere Transparenzanforderungen im Verbrauchsgüterkauf	492
VIII.	Besonderheiten beim Handelskauf	496

B. Garantien im UN-Kaufrecht

I.	Begriff der Garantie	498
II.	Übernahme einer Garantie	498
III.	Inhalt der Garantie	499
IV.	Rechtsfolgen	499
V.	Beweislast	501

Inhaltsverzeichnis

	Rdnr.	Seite
Abkürzungsverzeichnis		XXIII

1. Kapitel. Der Kaufvertrag im Rechtssystem

	Rdnr.	Seite
I. Überblick	1–6	1
II. Rechtlicher Rahmen für Kaufverträge	7–52	2
1. Allgemeiner Teil des BGB	8	3
2. Allgemeines Schuldrecht	9–11	3
3. Besonderes Schuldrecht	12, 13	4
4. Handelskauf	14	5
5. Regelungen bei internationalen Kaufverträgen	15–52	5
a) Internationales Privatrecht (IPR)	16–49	5
aa) Grundlagen	17–19	5
bb) Vertragsgestaltung durch Rechtswahl	20–35	6
(1) Ausdrückliche Rechtswahl	21–26	7
(2) Stillschweigende Rechtswahl	27–30	8
(3) Teilweise oder vollständige Rechtswahl	31	9
(4) Nachträgliche Rechtswahl und Rechtsänderungen nach Vertragsschluss	32, 33	10
(5) Grenzen der Rechtswahl	34, 35	10
cc) Bestimmung des geltenden Rechts bei fehlender Rechtswahl	36–49	11
(1) Anknüpfung an spezifischen Vertrag (Art. 4 Abs. 1 Rom I-VO)	37–40	11
(2) Anknüpfung an die engste Verbindung (Art. 4 Abs. 2 Rom I-VO)	41–44	12
(3) Spezielle Kollisionsnormen beim Verbraucherkauf (Art. 6 Rom I-VO)	45	13
(4) Engere Verbindung (Art. 4 Abs. 3 Rom I-VO)	46	13
(5) Nichtbestimmbarkeit der charakteristischen Leistung (Art. 4 Abs. 4 Rom I-VO)	47–49	14
b) UN-Kaufrecht	50	14
c) Gemeinsames Europäisches Kaufrecht (GEKR)	51, 52	15

2. Kapitel. Inhalt und Parteien des Kaufvertrages

	Rdnr.	Seite
I. Allgemeines	53, 54	17
II. Gegenstände des Kaufs	55–60	17
1. Sachkauf	56–58	18
2. Kauf von Rechten	59	19
3. Kauf sonstiger Gegenstände	60	19
III. Abgrenzung zu anderen Vertragstypen	61–83	20
1. Tausch und Sortenkauf	61, 62	20
2. Schenkung	63	21
3. Werk- und Werklieferungsvertrag	64–68	21
a) Allgemeine Kriterien	64	21
b) Liefervertrag mit Montageverpflichtung	65	22
c) Kauf neu zu errichtender Häuser	66	22
d) EDV-Anlagen	67, 68	23
4. Miete, Pacht, Leasing	69–71	25
5. Kreditgeschäfte, insbesondere Factoring	72	26

Inhaltsverzeichnis

	Rdnr.	Seite
6. Absatzmittler	73–77	27
7. Verträge über gewerbliche Schutzrechte	78	29
8. Gesellschaftervertrag	79	29
9. Versorgungsverträge	80	29
10. Auftrag	81	30
11. Vergleich (§ 779 BGB)	82	30
12. Transfer	83	30
IV. Besondere Arten des Kaufs	84–94	31
1. Überblick	84	31
2. Kauf auf Probe und ähnliche Vereinbarungen	85–87	31
3. Wiederkauf	88–90	32
4. Vorkauf	91–94	34
V. Vertragsparteien und kaufrechtliche Sonderregelungen	95–130	36
1. Grundsatz	95	36
2. Verbrauchsgüterkauf	96–107	36
a) Überblick	96	36
b) Persönlicher Anwendungsbereich	97–106	36
aa) Verbraucher	98–104	37
bb) Unternehmer	105–106	41
c) Bewegliche Sachen	107	42
3. Besonderheiten beim Handelskauf	108–115	43
a) Überblick	108–109	43
b) Kaufmannseigenschaft	110–113	44
c) Betriebszugehörigkeit des Kaufvertrages	114	45
d) Vertragsgegenstand	115	46
4. UN-Kaufrecht	116–130	46
a) Überblick	116, 117	46
b) Relevante Verträge	118–120	47
c) Internationalität des Kaufs	121–125	49
d) Ausschlusstatbestände	126–128	52
e) Vereinbarungen über das UN-Kaufrecht	129, 130	55

3. Kapitel. Der Abschluss des Kaufvertrages

	Rdnr.	Seite
I. Angebot und Annahme	131–150	57
1. Allgemeine Anforderungen	131–134	57
2. Antrag	135–142	58
3. Annahme	143–145	63
4. Annahmefrist	146–149	64
5. Beweislast	150	66
II. Formerfordernisse	151–164	66
1. Gesetzliche Formvorschriften	152–161	66
a) Notarielle Beurkundung	153–160	66
b) Andere Formvorschriften	161	70
2. Gewillkürte Form	162–164	71
III. Einbeziehung von Allgemeinen Geschäftsbedingungen	165–172	73
IV. Besonderheiten beim Kaufvertrag zwischen Unternehmer und Verbraucher	173–195	79
1. Pflichten im elektronischen Geschäftsverkehr	177, 178	80
2. Haustürgeschäfte	179–182	81
3. Fernabsatzverträge	183–188	84
4. Verbraucherkredit	189–193	87
5. Time-Sharing-Verträge	194, 195	89
V. Besonderheiten beim Handelskauf	196, 197	91
VI. Grenzüberschreitende Kaufverträge	198–217	92
1. Internationales Privatrecht	198–200	92
2. UN-Kaufrecht	201–217	93

	Rdnr.	Seite
a) Überblick	201, 202	93
b) Antrag	203–206	94
c) Annahme	207–211	97
d) Annahmefrist	212–214	99
e) Formerfordernisse	215	101
f) Allgemeine Geschäftsbedingungen	216, 217	101

4. Kapitel. Die Pflichten des Verkäufers

	Rdnr.	Seite
A. Verkäuferpflichten nach BGB	218–518	103
I. Überblick	218, 219	103
II. Übergabepflicht	220–241	103
1. Begriff und Inhalt	221–232	103
a) Durchführung	221–227	103
b) Leistungsort	228, 229	105
c) Leistungszeit	228a–229	105
d) Abgrenzungen	230–232	106
2. Kosten der Übergabe	233–241	107
a) Kauf beweglicher Sachen	234–238	107
b) Grundstücke und Grundstücksrechte	239–241	108
III. Eigentumsverschaffungspflicht	242–306	109
1. Inhalt	242–247	109
2. Beteiligung Dritter	248–253	110
a) Bei Übereignung	249	110
b) Eigentum Dritter	250–252	110
c) Gutgläubiger Eigentumserwerb	253	112
3. Eigentumsvorbehalt	254–306	112
a) Kaufgegenstand	256	112
b) Begründung	257–268	113
aa) Vor oder bei Übergabe	257–265	113
bb) Nach Übergabe	266–268	115
c) Wirkungen	269–277	116
d) Besondere Arten	278–301	118
aa) Erweiterter Eigentumsvorbehalt	279–284	118
(1) Kontokorrentvorbehalt	280–282	118
(2) Konzernvorbehalt	283, 284	119
bb) Verlängerter Eigentumsvorbehalt	285–298	120
(1) Vorausabtretung	286–288	120
(2) Weiterveräußerungsermächtigung	289–292	121
(3) Verarbeitungsklauseln	293, 294	121
(4) Kollision mit anderen Sicherungsmitteln	295–298	122
(a) Sicherungsübereignung	296	122
(b) Globalzession	297, 298	122
cc) Weitergeleiteter Eigentumsvorbehalt	299	123
dd) Nachgeschalteter Eigentumsvorbehalt	300, 301	123
e) Erlöschen	302–306	124
IV. Verschaffungspflicht beim Kauf von Rechten und sonstigen Gegenständen	307–327	125
1. Rechtskauf	307–318	125
a) Inhalt der Verschaffungspflicht	307–309	125
b) Formlose Abtretung	310	126
c) Besondere Formerfordernisse	311	126
d) Übergabepflicht	312–314	126
e) Kosten der Rechtsverschaffung und -begründung	315–318	127
2. Kauf von sonstigen Gegenständen	319–327	127
a) Unkörperliche Vermögensgegenstände	320, 321	128

Inhaltsverzeichnis

	Rdnr.	Seite
b) Unternehmens- und Praxiskauf	322–324	128
c) Wertpapiere	325	129
d) Erbschaftskauf	326, 327	130
aa) Verkauf durch Alleinerben	326	130
bb) Anteilsverkauf durch Miterben	327	130
V. Mangelfreiheit	328–459	130
1. Sachkauf	329–449	130
a) Sachmangelfreiheit	330–424	130
aa) Überblick	330–335	130
bb) Subjektiver Mangelbegriff	336–358	131
(1) Vereinbarte Beschaffenheit	337–352	132
(a) Beschaffenheitsbegriff	337–339	132
(aa) Enger Beschaffenheitsbegriff	340	133
(bb) Vermittelnder Beschaffenheitsbegriff	341	133
(cc) Weiter Beschaffenheitsbegriff	342	134
(dd) Stellungnahme	343–347	134
(b) Vereinbarung	348–352	135
(2) Vertraglich vorausgesetzte Verwendung	353–358	137
(a) Begriff der Verwendung	354, 355	138
(b) Voraussetzung nach dem Vertrag	356–358	138
cc) Objektiver Mangelbegriff	359–377	139
(1) Übliche Beschaffenheit	360–362	139
(2) Gewöhnliche Verwendung	363–365	141
(3) Öffentliche Äußerungen des Verkäufers und Herstellers	366–377	141
(a) Öffentlichkeit der Äußerungen	367–370	142
(aa) Werbung	368, 369	142
(bb) Kennzeichnung	370	143
(b) Person des Äußernden	371–373	143
(c) Ausnahmen	374–377	144
(aa) Unkenntnis des Verkäufers	375	144
(bb) Berichtigung	376	145
(cc) Unmöglichkeit der Beeinflussung der Kaufentscheidung	377	146
dd) Montagefehler	378–389	146
(1) Unsachgemäße Montage	379–382	146
(2) Fehlerhafte Montageanleitung	383–389	147
ee) Falschlieferung	390–402	150
(1) Aliud-Lieferung	391–397	150
(a) Gattungskauf	391	150
(b) Stückkauf	392–394	150
(c) Lieferung eines höherwertigen Aliuds	395–397	151
(2) Zuwenig-Lieferung	398–402	153
ff) Maßgeblicher Zeitpunkt	403	154
(1) Gefahrübergang	404–408	154
(2) Beweislastumkehr beim Verbrauchsgüterkauf	409–424	155
(a) Voraussetzungen und Anwendungsbereich	410–414	155
(b) Widerlegbarkeit	415, 416	157
(c) Ausnahmen	417–424	158
(aa) Unvereinbarkeit mit der Art der Sache	418–420	158
(bb) Unvereinbarkeit mit der Art des Mangels	421–424	159
b) Rechtsmangelfreiheit	425–449	160
aa) Begriff	426–428	160
bb) Absolute Rechte	429–432	161
cc) Obligatorische Rechte	433	162
dd) Gesetzliche und öffentlich-rechtliche Beschränkungen	434–437	162
ee) Vertraglich übernommene Rechte	438	164

Inhaltsverzeichnis

	Rdnr.	Seite
ff) Im Grundbuch eingetragene Rechte	439–441	164
gg) Maßgeblicher Zeitpunkt	442, 443	165
hh) Öffentliche Lasten von Grundstücken	444–449	165
2. Kauf von Rechten und sonstigen Gegenständen	450–459	167
a) Veritätshaftung	451, 452	167
b) Bonitätshaftung	453	168
c) Rechtsmangelfreiheit	454, 455	168
d) Sachmangelfreiheit	456–459	169
VI. Nebenpflichten	460–488	169
1. Überblick	460	169
2. Vorvertragliche Nebenpflichten	461–481	170
a) Aufklärung	461–473	170
aa) Grundlagen der Aufklärungspflicht	462–465	170
bb) Aufklärung über die Kaufsache	466–471	171
cc) Aufklärung über sonstige Umstände	472, 473	173
b) Beratung	474–477	174
c) Untersuchung	478–481	175
3. Vertragliche Nebenpflichten	482–487	176
a) Verwahrung, Lagerung, Instandhaltung	483	176
b) Instruktion	484	177
c) Dokumente, Urkunden	485	177
d) Rechnungsstellung	486	177
e) Schutz- und Rücksichtnahmepflicht	487	177
4. Nachvertragliche Nebenpflichten	488	178
VII. Besondere Arten des Kaufs	489–500	178
1. Gestattung der Untersuchung beim Kauf auf Probe	490–492	179
2. Wiederkauf	493–497	179
a) Herausgabepflicht des Wiederverkäufers	493, 494	179
b) Beseitigung von Rechten Dritter	495–497	180
3. Mitteilungspflicht beim Vorkauf	498–500	180
VIII. Besonderheiten beim Handelskauf	501–518	181
1. Übergabepflicht	502, 503	181
a) Übergabe von Traditionspapieren	502	181
b) Kosten der Übergabe	503	181
2. Eigentumsverschaffungspflicht	504–507	182
a) Gutgläubiger Erwerb nach § 366 HGB	504	182
b) Eigentumsvorbehalt	505–507	182
3. Inhalt, Zeit und Ort der Leistung	508–512	183
4. Nebenpflichten aus Handelsbräuchen und kaufmännischer Sorgfalt	513–518	185
B. Verkäuferpflichten nach UN-Kaufrecht	519–614	187
I. Überblick	519, 520	187
II. Lieferung der Ware	521–543	187
1. Lieferung und Lieferort	522–537	187
a) Liefervereinbarung	523, 524	187
b) Fehlen einer Liefervereinbarung	525–537	189
aa) Lieferpflicht bei erforderlicher Beförderung der Ware	526–530	189
bb) Erfüllung der Lieferpflicht bei fehlender Beförderungsvereinbarung	531–537	190
(1) Art. 31 Buchst. b CISG	532–536	191
(2) Art. 31 Buchst. c CISG	537	192
2. Lieferzeit	538–543	193
a) Vereinbarter Lieferzeitpunkt	539	193
b) Vereinbarter Lieferzeitraum	540, 541	194
c) Fehlende vertragliche Vereinbarung	542, 543	194
III. Übergabe von Dokumenten	544–548	195

	Rdnr.	Seite
IV. Verschaffung des Eigentums	549	197
V. Lieferung mangelfreier Ware	550–587	198
1. Unterscheidung zwischen Sach- und Rechtsmängeln	551, 552	198
2. Sachmängel (Vertragswidrigkeit) der Ware	553–576	199
a) Vertragliche Leistungsbeschreibung	554–557	199
b) Objektive Vertragsmäßigkeit der Ware	558–572	200
aa) Tauglichkeit zum gewöhnlichen Gebrauchszweck	559–563	200
bb) Tauglichkeit für bestimmte Zwecke	564–566	202
cc) Kauf nach Probe oder Muster	567–570	204
dd) Verpackung der Ware	571, 572	205
c) Maßgeblicher Ort und Zeitpunkt der Vertragsmäßigkeit	573–576	206
aa) Maßgeblicher Ort	573	206
bb) Maßgeblicher Zeitpunkt	574–576	206
3. Rechtsmängel der Ware	577–587	207
a) Rechte und Ansprüche Dritter	578–581	207
b) Immaterialgüterrechte Dritter	582–587	209
VI. Nebenpflichten des Verkäufers	588–614	212
1. Beförderungspflicht	589–595	212
2. Versicherungs- und Auskunftspflicht	596, 597	214
3. Anzeigepflichten des Verkäufers	598–607	215
a) Anzeigepflicht bei Versendung der Ware	599	215
b) Anzeigepflicht bei Lieferung durch „Zur-Verfügung-Stellen"	600	215
c) Vereinbarte Anzeigepflichten	601	215
d) Zuordnung der Ware zum Vertrag	602, 603	216
e) Inhalt, Form und Zeit der Anzeige	604	216
f) Erfüllung der Anzeigepflicht	605, 606	217
g) Widerruflichkeit der Anzeige	607	217
4. Kostentragungspflichten des Verkäufers	608, 609	218
5. Sonstige Nebenpflichten	610–614	219

5. Kapitel. Die Rechte des Käufers bei Pflichtverletzungen des Verkäufers

	Rdnr.	Seite
A. Rechte des Käufers nach BGB	615–1018	221
I. Rechte bei Lieferung einer mangelhaften Sache	616–908	221
1. Überblick	616–622	221
2. Nacherfüllung	623–680	223
a) Bedeutung und Wahlrecht	623–631	223
b) Nachbesserung	632–634	226
c) Nachlieferung	635–645	227
aa) Inhalt des Nachlieferungsanspruchs	635–637	227
bb) Rückgewähr der mangelhaften Sache und Nutzungsersatz	638–645	229
d) Einwendungen und Einreden des Verkäufers	646–670	231
aa) Unmöglichkeit der Nacherfüllung	646–650	231
bb) Unverhältnismäßigkeit der Nacherfüllung	651–670	232
(1) § 275 Abs. 2 und 3 BGB	651–654	232
(2) § 439 Abs. 3 BGB	655–670	233
e) Kosten der Nacherfüllung	671–678	238
f) Selbstvornahme	679, 680	240
3. Rücktritt	681–758	241
a) Voraussetzungen	682–712	242
aa) Fristsetzung	682–689	242
bb) Erfolglosigkeit der Fristsetzung	690–695	244
cc) Entbehrlichkeit der Fristsetzung	696–712	245
b) Ausschluss des Rücktrittsrechts	713–717	249
c) Rechtsfolgen	718–747	251
aa) Gestaltungsrecht	718–722	251

Inhaltsverzeichnis

	Rdnr.	Seite
bb) Rückgewähr der empfangenen Leistungen	723	252
cc) Wertersatz statt Rückgabe der Kaufsache	724–732	252
dd) Wegfall der Wertersatzpflicht	733–738	254
ee) Nutzungsersatz	739–743	256
ff) Verwendungsersatz	744–746	257
gg) Vertragskosten	747	258
d) Teilrücktritt	748–758	258
4. Minderung	759–770	261
a) Voraussetzungen	760–762	261
b) Rechtsfolgen	763–770	261
aa) Gestaltungsrecht	763–765	261
bb) Berechnung der Minderung	766–768	262
cc) Rückzahlung des zuviel gezahlten Kaufpreises	769	262
dd) Kein Ausschluss des Schadensersatzanspruchs	770	263
5. Schadensersatz	771–815	263
a) Schadensersatz gemäß § 280 BGB	773–788	263
aa) Grundkonzeption der gesetzlichen Regelung	773–777	263
bb) Voraussetzungen des § 280 Abs. 1 BGB	778–788	265
b) Schadensersatz statt der Leistung	789–814	268
aa) Nacherfüllung möglich (§§ 281, 440 BGB)	790–805	268
bb) Nacherfüllung unmöglich	806–814	273
(1) Anfängliche Unmöglichkeit (§ 311a Abs. 2 BGB)	807–813	273
(2) Nachträgliche Unmöglichkeit (§ 283 BGB)	814	274
c) Schadensersatz nach Deliktsrecht	815	275
6. Ersatz vergeblicher Aufwendungen (§ 284 BGB)	816–821	275
7. Händlerrückgriff	822–834	276
8. Ausschluss der Mängelrechte des Käufers	835–839	279
a) Kenntnis des Käufers vom Mangel	835–838	279
b) Öffentliche Versteigerung	839	280
9. Verjährung	840–872	281
a) Überblick	840–845	281
b) Verjährungsfristen	846–858	282
aa) Zweijährige Verjährungsfrist (§ 438 Abs. 1 Nr. 3 BGB)	846–848	282
bb) Fünfjährige Verjährungsfrist (§ 438 Abs. 1 Nr. 2 BGB)	849–854	283
cc) Dreißigjährige Verjährungsfrist (§ 438 Abs. 1 Nr. 1 BGB)	855–857	284
dd) Regelmäßige Verjährungsfrist (§ 438 Abs. 3 BGB)	858	285
c) Verjährungsbeginn	859–867	285
d) Wirkungen der Verjährung	868, 870	287
e) Verjährung beim Händlerrückgriff (§ 479 BGB)	871, 872	288
10. Abweichende Vereinbarungen	873–900	288
a) Bedeutung und allgemeine Grenzen	873, 874	288
b) Verbrauchsgüterkauf	875–889	289
aa) Einschränkungen zu Lasten des Verbrauchers	876–887	289
bb) Händlerrückgriff	888, 889	292
c) Arglist oder Garantie (§ 444 BGB)	890, 891	293
d) Inhaltskontrolle Allgemeiner Geschäftsbedingungen	892–900	294
11. Konkurrenz der Mängelrechte des Käufers zu den allgemeinen Rechtsbehelfen	901–907	297
a) Bedeutung der Konkurrenz	901, 902	297
b) Anfechtung wegen Eigenschaftsirrtums i. S. d. § 119 Abs. 2 BGB	903, 904	297
c) Haftung des Verkäufers aus culpa in contrahendo	905–907	297
12. Keine Mängeleinrede	908	299
II. Rechte bei sonstigen Pflichtverletzungen	909–939	299
1. Ausbleiben der Leistung	910–922	299
a) Rücktritt	912–920	299
b) Schadensersatz	921, 922	301

Inhaltsverzeichnis

	Rdnr.	Seite
2. Verzögerung der Leistung	923–933	302
a) Schadensersatz wegen Pflichtverletzung (§ 280 BGB)	924	302
b) Verzug (§ 286 BGB)	925–933	302
3. Verletzung von Nebenpflichten	934–938	304
a) Nebenleistungspflichten	935	304
b) Nicht leistungsbezogene Nebenpflichten	936–938	304
4. Verjährung	939	305
III. Besonderheiten beim Rechtskauf	940–946	305
IV. Besonderheiten beim Handelskauf	947–1018	307
1. Untersuchungs- und Rügeobliegenheiten des Käufers	948–996	307
a) Anwendungsbereich	949–960	307
b) Untersuchung	961–977	311
aa) Art und Intensität	962–968	311
bb) Ort	969–974	314
cc) Frist	975–977	316
c) Rüge	978–987	317
aa) Inhalt	979–981	317
bb) Form	982–984	318
cc) Frist	985–987	319
d) Rechtsfolgen der Versäumung	988–991	320
e) Disponibilität der Untersuchungs- und Rügelast	992–996	322
2. Fixhandelskauf	997–1010	323
a) Voraussetzungen	998–1001	323
b) Rechte des Käufers bei Nichteinhaltung des Fixtermins	1002	324
aa) Rücktritt	1003–1005	325
bb) Schadensersatz wegen Nichterfüllung	1006–1009	325
cc) Erfüllung	1010	326
3. Vertragliche Haftungsmilderungen und -ausschlüsse	1011–1018	326
a) Bedeutung und Grenzen der Vereinbarungsmöglichkeit	1011	326
b) Haftungsfreizeichnungen in Allgemeinen Geschäftsbedingungen	1012–1018	327
B. Rechte des Käufers nach UN-Kaufrecht	1019–1223	330
I. Überblick	1019–1026	330
II. Verhältnis der Rechtsbehelfe untereinander	1027, 1028	332
III. Einzelne Rechtsbehelfe	1029–1156	332
1. Erfüllung, Ersatzlieferung und Nachbesserung	1029–1067	332
a) Allgemeines und Systematik	1029–1034	332
b) Erfüllung	1035–1038	334
c) Ersatzlieferung	1039–1051	336
d) Nachbesserung	1052–1055	340
e) Nachfristsetzung zur Erfüllung	1056–1067	341
2. Vertragsaufhebung	1068–1090	344
a) Voraussetzungen	1069–1079	344
b) Ausschluss	1080–1088	349
c) Rechtsfolgen	1089, 1090	351
3. Minderung	1091–1100	351
4. Schadensersatz	1101–1137	354
a) Voraussetzungen	1103, 1104	355
b) Umfang und Berechnung	1105–1126	356
aa) Grundsatz der Totalreparation	1106–1115	356
bb) Konkrete Schadensberechnung bei Vertragsaufhebung und Deckungskauf	1116–1123	360
cc) Abstrakte Schadensberechnung bei Vertragsaufhebung ohne Deckungskauf	1124–1126	363
c) Schadensminderungspflicht	1127–1131	364
d) Ausschluss	1132–1137	366

Inhaltsverzeichnis

	Rdnr.	Seite
5. Rechte des Käufers bei drohenden Leistungsstörungen	1138–1156	367
a) Überblick	1138	367
b) Aussetzungsrecht bei drohender Pflichtverletzung	1139–1150	368
c) Vertragsaufhebung bei drohender Vertragsverletzung	1151–1156	372
IV. Ausschluss der Mängelhaftung des Verkäufers	1157–1223	374
1. Ausschluss der Sachmängelhaftung	1158–1199	374
a) Aufgrund Kenntnis des Käufers	1158–1160	374
b) Aufgrund versäumter Untersuchung bzw. Rüge	1161–1199	375
aa) Allgemeines	1161–1164	375
bb) Anwendungsbereich der Untersuchungs- und Rügepflichten	1165–1168	377
cc) Untersuchung	1169–1179	378
(1) Art	1169–1172	378
(2) Ort	1173	380
(3) Frist	1174–1179	381
dd) Rüge	1180–1188	384
(1) Inhalt	1181, 1182	384
(2) Form	1183	385
(3) Frist	1184–1188	386
ee) Rechtsfolgen der Versäumung	1189–1199	388
2. Ausschluss der allgemeinen Rechtsmängelhaftung	1200–1208	392
a) Aufgrund Einwilligung des Käufers	1200	392
b) Aufgrund versäumter Rüge	1201–1208	393
3. Ausschluss der Haftung für Immaterialgüterrechte Dritter	1209–1211	395
a) Aufgrund Kenntnis des Käufers	1209	395
b) Aufgrund spezieller Vorgaben des Käufers	1210	395
c) Aufgrund versäumter Rüge	1211	396
4. Entschuldigte Versäumung der Rüge	1212–1222	396
5. Ausschluss durch vertragliche Haftungsfreizeichnungen	1223	400

6. Kapitel. Pflichten des Käufers

	Rdnr.	Seite
A. Käuferpflichten nach deutschem Zivilrecht	1224–1339	401
I. Überblick	1224–1226	401
II. Pflicht zur Kaufpreiszahlung	1227–1310	402
1. Kaufpreis	1227–1286	402
a) Grundsatz der Vertragsfreiheit	1227	402
b) Schranken der Preisfreiheit	1228–1236	402
aa) Zivilrechtliche Grenzen	1228, 1229	402
bb) Kartell- und wettbewerbsrechtliche Preiskontrollen	1230, 1231	403
cc) Hoheitliche Preisfestsetzungen	1232, 1233	404
dd) Mehrwertsteuer als Teil des Kaufpreises	1234–1236	405
c) Bestimmtheit oder Bestimmbarkeit des Kaufpreises	1237	406
aa) Essenzielle Erfordernisse	1237, 1238	406
bb) Bestimmbarkeit anhand objektiver Merkmale	1239–1241	407
cc) Leistungsbestimmung durch eine Vertragspartei nach §§ 315, 316 BGB	1242–1244	408
dd) Leistungsbestimmung durch Dritte	1245–1247	409
d) Besondere Vereinbarungen hinsichtlich des Kaufpreises	1248–1278	411
aa) Vereinbarung eines Skontos	1249, 1250	411
bb) Verrechnungsabreden	1251–1259	412
(1) Inzahlunggabe eines Gebrauchtwagens	1252–1258	413
(2) Anrechnung von Grundstücksbelastungen	1259	416
cc) Leibrentenvereinbarungen	1260	416
dd) Preisänderungsvorbehalte	1261–1272	416
(1) Grundlagen einer Preisanpassungsbefugnis	1261, 1262	416

XIX

Inhaltsverzeichnis

	Rdnr.	Seite
(2) Wirksamkeit eines Preiserhöhungsverlangens	1263–1272	417
(a) Individuell vereinbarte Preisänderungsvorbehalte	1264	418
(b) Preisänderungsvorbehalte in Allgemeinen Geschäftsbedingungen	1265–1271	418
(c) Rechtsfolgen von Preissenkungen	1272	421
ee) Überprüfungs- und Neuverhandlungsklauseln	1273–1275	421
ff) Wertsicherungsklauseln	1276–1278	422
e) Anfechtung der Kaufpreisvereinbarung	1279–1286	423
2. Zahlungsmodalitäten	1287–1310	426
a) Zahlungsort	1288–1290	426
b) Zahlungsarten	1291–1307	427
aa) Barzahlung	1291	427
bb) Zahlung durch Banküberweisung	1292–1294	428
cc) Zahlung durch Lastschrift	1295–1297	429
dd) Zahlung mittels Schecks	1298	430
ee) Zahlung mittels Wechsels	1299	430
ff) Zahlung mit Karte	1300, 1301	431
gg) Zahlung durch Akkreditiv	1302	432
hh) Zahlung auf Notaranderkonto	1303	432
ii) Erfüllung durch Aufrechnung	1304–1306	433
c) Zahlungszeit	1307–1310	433
III. Pflicht zur Abnahme der Kaufsache	1311–1316	435
1. Bedeutung und Einordnung der Abnahmepflicht	1311–1313	435
2. Inhalt der Abnahmepflicht	1314, 1315	437
3. Ort und Zeit der Abnahme	1316	437
IV. Weitere Pflichten des Käufers	1317–1326	438
1. Pflichten des Käufers aufgrund vertraglicher Vorverhandlungen	1318–1320	438
2. Pflichten des Käufers bei der Vertragsabwicklung	1321–1326	439
a) Pflichten aufgrund gesetzlicher Bestimmung	1321	439
b) Pflichten aufgrund rechtsgeschäftlicher Vereinbarung	1322–1325	440
c) Nachvertragliche Pflichten des Käufers	1326	441
V. Besonderheiten beim Handelskauf	1327–1339	442
1. Überblick	1327	442
2. Pflicht zur Kaufpreiszahlung	1328–1333	442
a) Bestimmbarkeit des Kaufpreises	1328, 1329	442
b) Preisanpassungsklauseln im kaufmännischen Geschäftsverkehr	1330–1332	442
c) Zahlungszeit	1333	443
3. Pflicht zur Abnahme der Kaufsache	1334	444
4. Spezifikationspflicht	1335, 1336	444
5. Aufbewahrungspflicht bei Beanstandung der Ware	1337, 1338	444
6. Sonstige Pflichten	1339	445
B. Käuferpflichten nach UN-Kaufrecht	1340–1364	446
I. Überblick	1340	446
II. Pflicht zur Kaufpreiszahlung	1341–1361	446
1. Zahlungsarten	1342	446
2. Pflicht zu zahlungsermöglichenden Maßnahmen	1343, 1344	447
3. Währung des Kaufpreises	1345, 1346	448
4. Bestimmbarkeit des Kaufpreises	1347–1351	449
5. Zahlungsort	1352–1357	450
6. Zahlungszeit	1358–1361	453
III. Pflicht zur Abnahme der Kaufsache	1362, 1363	454
IV. Sonstige Pflichten	1364	455

7. Kapitel. Rechte des Verkäufers bei Pflichtverletzungen des Käufers

	Rdnr.	Seite
A. Verkäuferrechte nach BGB	1365–1401	457
I. Ausbleiben der Zahlung	1366–1368	457
1. Rücktritt	1367	457
2. Schadensersatz	1368	457
II. Zahlungsverzögerung	1369–1380	458
III. Nichtannahme der Leistung	1381–1385	460
1. Schuldnerverzug	1381	460
2. Gläubigerverzug	1382–1385	461
IV. Verletzung von Nebenpflichten	1386	462
V. Besonderheiten beim Handelskauf	1387–1401	462
1. Zinsregelungen	1388–1390	463
2. Annahmeverzug des Käufers	1391–1399	463
a) Hinterlegungsbefugnis des Verkäufers	1392, 1393	464
b) Recht zum Selbsthilfeverkauf	1394–1399	464
aa) Androhungs- und Benachrichtigungspflichten	1395–1397	464
bb) Öffentliche Versteigerung	1398	466
cc) Freihändiger Verkauf	1399	466
3. Rechte des Verkäufers beim Bestimmungskauf	1400, 1401	467
B. Verkäuferrechte nach UN-Kaufrecht	1402–1414	468
I. Erfüllung und Nachfristsetzung	1404	468
II. Vertragsaufhebung	1405, 1406	468
III. Spezifizierungsrecht beim Bestimmungskauf	1407	470
IV. Schadensersatz	1408	470
V. Rechte bei drohenden Leistungsstörungen	1409–1411	470
VI. Verzinsung von Geldforderungen	1412–1414	472

8. Kapitel. Garantien

	Rdnr.	Seite
A. Garantien im BGB	1415–1496	473
I. Überblick	1415	473
II. Begriff der Garantie	1416, 1417	473
1. Meinungsstand	1418	474
2. Stellungnahme	1419–1428	475
III. Übernahme einer Garantie	1429–1435	478
1. Vertragliche Vereinbarung	1429–1431	478
2. Abgrenzung zur Beschaffenheitsvereinbarung	1432–1435	479
IV. Arten und Inhalt der Garantie	1436–1459	481
1. Beschaffenheitsgarantie	1437, 1438	481
2. Haltbarkeitsgarantie	1439–1441	482
3. Garantien von Dritten	1442	483
4. Konkreter Inhalt der Garantie	1443–1459	483
a) Gestaltungsfreiheit	1443–1446	483
b) Einschlägige Werbung	1447–1449	484
c) Auslegung	1450–1459	485
aa) Bezugpunkt der Garantie	1451–1453	485
bb) Rechte im Garantiefall	1454–1459	486
V. Rechtsfolgen	1460–1469	487
1. Verhältnis zum Gewährleistungsrecht	1460	487
2. Grenzen der Garantiehaftung	1461–1469	488
a) Kenntnis des Käufers vom Mangel	1462–1465	488
b) Haftungsbegrenzung bei öffentlichen Versteigerungen	1466	489
c) Vertragliche Haftungsausschlüsse und -beschränkungen	1467–1469	489

Inhaltsverzeichnis

	Rdnr.	Seite
VI. Beweislast	1470–1472	491
VII. Besondere Transparenzanforderungen im Verbrauchsgüterkauf	1473–1489	492
1. Anwendungsbereich	1474	492
2. Einfache und verständliche Garantieerklärung	1475–1477	492
3. Pflichtangaben	1478–1481	493
4. Form	1482	494
5. Rechtsfolgen	1483–1489	495
VIII. Besonderheiten beim Handelskauf	1490–1496	496
1. Übernahme einer Garantie	1491	496
2. Verhältnis zur Untersuchungs- und Rügeobliegenheit	1492–1496	497
a) Anwendbarkeit auf Rechte aus Garantiezusagen	1493–1495	497
b) Abdingbarkeit durch Garantien	1496	497
B. Garantien im UN-Kaufrecht	1497–1511	498
I. Begriff der Garantie	1498, 1499	498
II. Übernahme einer Garantie	1500, 1501	498
III. Inhalt der Garantie	1502	499
IV. Rechtsfolgen	1503–1510	499
1. Haftung für nach Gefahrübergang eintretende Vertragswidrigkeit	1504	500
2. Präzisierung der „wesentlichen" Vertragsverletzung	1505, 1506	500
3. Verhältnis zur Untersuchungs- und Rügeobliegenheit	1507–1510	500
V. Beweislast	1511	501
Sachverzeichnis		503

Abkürzungsverzeichnis

Neben der Erläuterung der sprachlichen Abkürzungen werden auch die verwendeten **Kommentare und Lehrbücher** in der jeweiligen Auflage angeführt.

a. A.	andere Auffassung, andere Ansicht
a. a. O.	am angegebenen Ort
a. E.	am Ende
a. F.	alte Fassung
ABl. EG	Amtsblatt der Europäischen Gemeinschaft
Abs.	Absatz
Achilles	Kommentar zum UN-Kaufrechtsübereinkommen (CISG) v. W.-A. Achilles, 2. Aufl. 2014
AcP	Archiv für die civilistische Praxis
ADSp	Allgemeine Deutsche Spediteur-Bedingungen
AG	Amtsgericht, Aktiengesellschaft
AGB	Allgemeine Geschäftsbedingungen
AGBG	Gesetz zur Regelung des Rechts der Allgemeinen Geschäftsbedingungen
allg.	allgemein
Alt.	Alternative
Amann/Brambring/Hertel-*Bearb.*,	Vertragspraxis nach neuem Schuldrecht, hrsg. v. H. Amann, G. Brambring, Ch. Hertel, versch. Bearb., 2. Aufl. 2003
Anh.	Anhang
AnwBl.	Anwaltsblatt
AnwKomm-*Bearb.*	Anwaltkommentar zum BGB, hrsg. v. Th. Heidel, B. Dauner-Lieb, 5 Bde., versch. Bearb., 2. Aufl. 2010
ArbNErfG	Gesetz über Arbeitnehmererfindungen
Art.	Artikel
Aufl.	Auflage
Az.	Aktenzeichen
BAG	Bundesarbeitsgericht
Bamberger/Roth-*Bearb.*	Kommentar zum BGB, EGBGB und CISG, hrsg. v. H.G. Bamberger u. H. Roth, 3 Bde., versch. Bearb., 3. Aufl. 2012
Baumbach/*Hopt*	Kommentar zum HGB, begr. v. A. Baumbach, 36. Aufl. 2014
BauR	Baurecht
Baur/Stürner, SachenR.	Lehrbuch des Sachenrechts, begr. v. F. Baur, fortgef. v. J. Baur u. R. Stürner, 18. Aufl. 2009
BayObLG	Bayerisches Oberstes Landesgericht
BB	Der Betriebs-Berater
Bearb.	Bearbeiter
BeckRS	Beck Rechtsprechung, abrufbar in der Online-Datenbank des C. H. Beck-Verlags (www.beck.de)
Beil.	Beilage
BeurkG	Beurkundungsgesetz
BG	Bezirksgericht
BGB	Bürgerliches Gesetzbuch
BGB-InfoV	Verordnung über Informations- und Nachweispflichten nach bürgerlichem Recht
BGBl.	Bundesgesetzblatt
BGH	Bundesgerichtshof
BGH GS	BGH, Großer Senat
BGH-Rep.	BGH-Report

Abkürzungsverzeichnis

BGHZ	Entscheidungen des Bundesgerichtshofes in Zivilsachen
Bianca/Bonell-*Bearb.*	Commentary on the International Sales Law. The 1980 Vienna Sales Convention, hrsg. v. C.M. Bianca u. M.J. Bonell, versch. Bearb., 1987
BMJ	Bundesministerium der Justiz
BPrBindG	Buchpreisbindungsgesetz
BR	Bundesrat
BReg	Bundesregierung
Bsp.	Beispiel
BT	Bundestag
BT-Drucks.	Bundestags-Drucksache
Büdenbender, Neues Schuldrecht	U. Büdenbender, Das neue Schuldrecht in der anwaltlichen Praxis, 2002
BW	Burgerlijk Wetboek, niederländisches Bürgerliches Gesetzbuch
BWNotZ	Zeitschrift für das Notariat in Baden-Württemberg
bzgl.	bezüglich
c.i.c.	culpa in contrahendo
Canaris, Bankvertragsrecht	C. W. Canaris, Bankvertragsrecht, Bd. 5 des Großkommentars zum Handelsgesetzbuch, begr. v. H. Staub, 4. Aufl. 2005
Canaris, HandelsR	C.W. Canaris, Handelsrecht, 24. Aufl. 2006
Canaris, SchuldRMod. 2002	Schuldrechtsmodernisierung 2002, C.-W. Canaris, 2002
CC	Codice Civile, italienisches Bürgerliches Gesetzbuch
CISG Pace	Online-Rechtsprechungsdatenbank zum CISG der Pace Law School New York, abrufbar unter: www.cisg.law.pace.edu/cisg/text/caseschedule.html
CISG	Übereinkommen der Vereinten Nationen über den internationalen Warenkauf (United Nations Convention on Contracts for the International Sale of Goods)
CISG-Online Case	Online-Rechtsprechungsdatenbank zum CISG, abrufbar unter: www.cisg-online.ch/cisg/cases.html
CLOUT Case	Case Law on UNCITRAL Texts, Online-Rechtsprechungsdatenbank zum CISG der UN, abrufbar unter: www.uncitral.org/uncitral/en/case_law.html
CR	Computer und Recht
d.h.	das heißt
DAR	Deutsches Autorecht
Dauner-Lieb/Konzen/Schmidt-*Bearb.*, Neues Schuldrecht	Das neue Schuldrecht in der Praxis, hrsg. v. B. Dauner-Lieb, H. Konzen, K. Schmidt, versch. Bearb., 2003
DB	Der Betrieb
ders.	derselbe
DIN	Deutsches Institut für Normung e.V.
DiskE	Diskussionsentwurf
DNotZ	Zeitschrift des Deutschen Notarvereins
DStR	Deutsche Steuer-Rundschau
DZWiR	Deutsche Zeitschrift für Wirtschafts- und Insolvenzrecht
Ebenroth/Boujong/Joost-*Bearb.*	Kommentar zum HGB, hrsg. v. C. Ebenroth, K. Boujong u. D. Joost, 2 Bde., versch. Bearb., 3. Aufl. 2013
EG	Europäische Gemeinschaft
EGBGB	Einführungsgesetz zum Bürgerlichen Gesetzbuch
EGHGB	Einführungsgesetz zum Handelsgesetzbuch
Ehmann/Sutschet, Mod. SchuldR	Modernisiertes Schuldrecht, H. Ehmann u. H. Sutschet, 2002
Einf.	Einführung

Abkürzungsverzeichnis

Einl.	Einleitung
EKG	Einheitliches Gesetz über den internationalen Kauf beweglicher Sachen, auch Haager Einheitskaufrecht, Vorläufer des CISG
Emmerich, BGB BT	V. Emmerich, BGB-Schuldrecht Besonderer Teil, 12. Aufl. 2009
EnWiG	Energiewirtschaftsgesetz
Erman-*Bearb.*	Handkommentar zum BGB, begr. v. W. Erman, neu hrsg. v. H. P. Westermann, 2 Bde., versch. Bearb., 13. Aufl. 2011
etc.	et cetera
EuGH	Europäischer Gerichtshof
EuZW	Europäische Zeitschrift für Wirtschaftsrecht
EWiR	Entscheidungen zum Wirtschaftsrecht
EWIV	Gesellschaftsform
f.	folgende
FernAbsÄndG	Fernabsatzänderungsgesetz
ff.	fortfolgende
Fikentscher, Schuldrecht	W. Fikentscher, Schuldrecht, 10. Aufl. 2006
Fn.	Fußnote
FS	Festschrift
GBO	Grundbuchordnung
Gebauer/Wiedmann-*Bearb.*, Zivilrecht	M. Gebauer, Th. Wiedmann, Zivilrecht unter europäischem Einfluss – die richtlinienkonforme Auslegung des BGB, 2005
GEKR	Gemeinsames Europäisches Kaufrecht
gem.	gemäß
ggf.	gegebenenfalls
GmbH	Gesellschaft mit beschränkter Haftung
GmbHR	GmbH-Rundschau
grds.	grundsätzlich
GrdstVG	Grundstückverkehrsgesetz
GRUR	Gewerblicher Rechtsschutz und Urheberrecht
GS OGB	Gemeinsamer Senat der obersten Gerichtshöfe des Bundes
GVO	Grundstücksverkehrsordnung
GWB	Gesetz gegen Wettbewerbsbeschränkungen
h. M.	herrschende Meinung
Halbs.	Halbsatz
Hefermehl/Köhler/Bornkamm-*Bearb.*	Kommentar zum UWG und zur PAngV, begr. v. W. Hefermehl, fortgef. v. H. Köhler, J. Bornkamm, versch. Bearb., 31. Aufl. 2013
Heidelberger Komm-*Bearb.*	Heidelberger Kommentar zum HGB, versch. Bearb., 7. Aufl. 2007
Herber/Czerwenka	Kommentar zum Internationalen Kaufrecht (CISG), v. R. Herber, B. Czerwenka, 2. Aufl. 2012
Heymann-*Bearb.*	Kommentar zum HGB, begr. v. E. Heymann, hrsg. v. N. Horn, mehrere Bde., versch. Bearb., 2. Aufl. (Bd. 4: §§ 343–475 h HGB, 2005)
HGB	Handelsgesetzbuch
HK-*Bearb.*	Handkommentar zum BGB, versch. Bearb., 7. Aufl. 2012
Honsell-*Bearb.*	Kommentar zum UN-Kaufrecht, hrsg. v. H. Honsell, versch. Bearb., 2. Aufl. 2009
Huber/Faust, Schuldrechtsmodernisierung 2002	P. Huber, F. Faust, Schuldrechtsmodernisierung: Einführung in das neue Recht, 2002

Abkürzungsverzeichnis

i.d.F.	in der Fassung
i.d.R.	in der Regel
i.S.d.	im Sinne des
i.S.v.	im Sinne von
i.V.m.	in Verbindung mit
ICC	International Chamber of Commerce, Internationale Handelskammer
IHK	Industrie- und Handelskammer
IHR	Internationales Handelsrecht
Immenga/Mestmäcker-*Bearb.*	Kommentar zum Wettbewerbsrecht, hrsg. v. U. Immenga, E.-J. Mestmäcker, Bd. 2: GWB, versch. Bearb., 5. Aufl. 2012
insb., insbes.	insbesondere
InsO	Insolvenzordnung
IPR	Internationales Privatrecht
IPRax	Praxis des Internationalen Privat- und Verfahrensrechts
JA	Juristische Arbeitsblätter
Jauernig-*Bearb.*	Kommentar zum BGB, hrsg v. O. Jauernig, versch. Bearb., 13. Aufl. 2009
JBl	Juristische Blätter
jew.	jeweils
JR	Juristische Rundschau
Jura	Juristische Ausbildung
juris	Online-Rechtsprechungsdatenbank Juris, abrufbar unter: www.juris.de
JuS	Juristische Schulung
JW	Juristische Wochenschrift
JZ	Juristenzeitung
Kap.	Kapitel
KFZ	Kraftfahrzeug
KG	Kammergericht Berlin, Kommanditgesellschaft
KGaA	Kommanditgesellschaft auf Aktien
Koller/Roth/Morck	Kommentar zum HGB, v. I. Koller, W.-H. Roth, W. Morck, 7. Aufl. 2011
krit.	kritisch
Larenz, I	Lehrbuch des Schuldrechts, Band 1: Allgemeiner Teil, begr. v. K. Larenz, fortgef. v. C.W. Canaris, 14. Aufl. 1987
Larenz, II/1	Lehrbuch des Schuldrechts, Band 2: Besonderer Teil, Halbband 1, begr. v. K. Larenz, fortgef. v. C.W. Canaris, 13. Aufl. 1986
Larenz/Wolf, BGB AT	Allgemeiner Teil des Bürgerlichen Rechts, begr. v. K Larenz, fortgef. v. M. Wolf, 10. Aufl. 2012
LastschrAbk	Lastschriftabkommen
LG	Landgericht
LM	Nachschlagewerk des BGH, Leitsätze u Entscheidungen mit Anmerkungen, hrsg. v. F. Lindenmaier u. P. Möhring
LMK	Kommentierte BGH-Rechtsprechung, hrsg. v. F. Lindenmaier u. P. Möhring
Lorenz/Riehm, Neues SchuldR	Lehrbuch zum neuen Schuldrecht, S. Lorenz u. Th. Riehm, 2002
m.Anm.	mit Anmerkung
m.krit.Anm.	mit kritischer Anmerkung
m.w.Bsp.	mit weiteren Beispielen
m.w.N.	mit weiteren Nachweisen
Martinek, Franchising	M. Martinek, Franchising, Know-How-Verträge, Management- und Consultingverträge, 1992

Abkürzungsverzeichnis

Martinek, Zulieferverträge	Zulieferverträge und Qualitätssicherung, M. Martinek, 1991
MDR	Monatsschrift für Deutsches Recht
Medicus, AS	D. Medicus, Schuldrecht 1, Allgemeiner Teil, 20. Aufl. 2012
Medicus, AT	D. Medicus, Allgemeiner Teil des BGB, 10. Aufl. 2010
Medicus, BR	D. Medicus, Schuldrecht 2: Besonderer Teil, 16. Aufl. 2012
Medicus, BürgerlR	D. Medicus, Bürgerliches Recht, 24. Aufl. 2013
MMR	Multi Media und Recht
MünchKomm-*Bearb.*	Münchener Kommentar zum BGB, hrsg. v. K. Rebmann u. F. Säcker, mehrere Bde., versch. Bearb., 6. Aufl. (Bd. 1: §§ 1–240 BGB, 2012; Bd. 2: §§ 241–432 BGB, 2012; Bd. 3: §§ 433–610 BGB, CISG: 2012, Bd. 6: §§ 854–1296 BGB, 2013)
MünchKommHGB-*Bearb.*	Münchener Kommentar zum HGB und CISG, hrsg. v. K. Schmidt, mehrere Bde., versch. Bearb., (Bd. 6: §§ 373–406 HGB, CISG, 3. Aufl. 2014)
MünchKommInsO-*Bearb.*	Münchener Kommentar zur InsO, hrsg. v. H.-P. Kirchhof, H.-J. Lwowski u. R. Stürner, 3 Bde., versch. Bearb., 2. Aufl. 2008
Musielak-*Bearb.*	Kommentar zur ZPO, hrsg. v. H.-J. Musielak, versch. Bearb., 8. Aufl. 2011
n. rkr.	nicht rechtskräftig
n.v.	nicht veröffentlicht
NIPR	Nederlands Internationaal Privaatrecht
NJOZ	Neue Juristische Online-Zeitschrift
NJW	Neue Juristische Wochenschrift
NJW-RR	NJW-Rechtsprechungsreport
Nr.	Nummer
NStZ-RR	Neue Zeitschrift für Strafrecht – Rechtsprechungsreport
NZA	Neue Zeitschrift für Arbeitsrecht
NZG	Neue Zeitschrift für Gesellschaftsrecht
NZI	Neue Zeitschrift für das Recht der Insolvenz und Sanierung
NZM	Neue Zeitschrift für Miet- und Wohnungsrecht
NZV	Neue Zeitschrift für Verkehrsrecht
o. ä.	oder ähnliches
Oechsler, SchuldR BT	Schuldrecht Besonderer Teil, J. Oechsler, 2. Aufl. 2007
OG	Obergericht
OGH Wien	Oberster Gerichtshof Wien
OHG	offene Handelsgesellschaft
OLG	Oberlandesgericht
OLGE	Die Rechtsprechung der Oberlandesgerichte auf dem Gebiete des Zivilrechts
OLG-NL	OLG-Rechtsprechung Neue Länder
OLG-Rep.	OLG-Report
OLGZ	Entscheidungen der OLG in Zivilsachen
OR	Schweizer Obligationenrecht
Palandt-*Bearb.*	Kurzkommentar zum BGB und EGBGB, begr. v. O. Palandt, versch. Bearb., 72. Aufl. 2013
PAngV	Preisangabenverordnung
PartGG	Gesetz über Partnerschaftsgesellschaften
Piltz, Int. KaufR	B. Piltz, Internationales Kaufrecht: Das UN-Kaufrecht, 2. Aufl. 2008
Piper/Ohly-*Bearb.*	H. Piper, A. Ohly, Kommentar zum UWG, 6. Aufl. 2014
PKW-EnVKV	PKW-Energieverbrauchskennzeichnungsverordnung
PrAKG	Preisangaben- und Preisklauselgesetz
PrKV	Preisklauselverordnung
PWW-*Bearb.*	Kommentar zum BGB und EGBGB, hrsg. v. H. Prütting, G. Wegen u. G. Weinreich, versch. Bearb., 7. Aufl. 2012

Abkürzungsverzeichnis

RdE	Recht der Energiewirtschaft
RdL	Recht der Landwirtschaft
Rdnr.	Randnummer
RdW	Recht der Wirtschaft
RegE	Regierungsentwurf
Reinicke/Tiedtke, KaufR	D. Reinicke/K. Tiedtke, Kaufrecht, 8. Aufl. 2009
Reinking/Eggert, Autokauf	Der Autokauf, K. Reinking u. Ch. Eggert, 12. Aufl. 2014
RG	Reichsgericht
RGRK-*Bearb.*	Das Bürgerliche Gesetzbuch mit besonderer Berücksichtigung der Rechtsprechung des Reichsgerichts und des Bundes-gerichtshofes. Kommentar, hrsg. v. Mitgliedern des Bundesgerichtshofes, mehrere Bde., versch. Bearb., 12. Aufl 1974–2000
RGZ	Entscheidungen des Reichsgerichts in Zivilsachen
RIW	Recht der Internationalen Wirtschaft
RL	Richtlinie
RNotZ	Rheinische Notar-Zeitschrift
Rs	Rechtssache
S.	Seite
Schlechtriem-*Bearb.*	Kommentar zum Einheitlichen UN-Kaufrecht, hrsg. v. P. Schlechtriem, versch. Bearb., 6. Aufl. 2013
Schlegelberger-*Bearb.*	Kommentar zum HGB, hrsg. v. F. Schlegelberger, mehrere Bde., versch. Bearb., 5. Aufl. (Bd. 4: §§ 343–372 HGB, 1976; Bd. 5: §§ 373–382 HGB, 1982)
SchlHA	Schleswig-Holsteinische Anzeigen
Schmidt, HandelsR	K. Schmidt, Handelsrecht, 6. Aufl. 2014
Schwab/Prütting, SachenR	Sachenrecht, v. K. H. Schwab, fortgef. v. H. Prütting, 35. Aufl. 2014
Schweizer BG	Schweizer Bundesgericht
SGA	Sale of Goods Act (Großbritannien)
SJZ	Schweizerische Juristenzeitschrift
Soergel-*Bearb.*	Kommentar zum BGB, EGBGB, CISG und Nebengesetzen, begr. v. H. Th. Soergel, hrsg. v. W. Siebert, J. F. Baur, mehrere Bde., versch. Bearb., 13. Aufl. (Bd. 2: §§ 104–240 BGB, 1999; Bd. 6/2: §§ 454–480 BGB, 2009; Bd. 13: CISG, 2000; Bd. 14: §§ 854–984 BGB, 2002)
Sölch/Ringleb-*Bearb.*	Kommentar zum UStG, hrsg. v. G. Mößlang, versch. Bearb., 69. Aufl. 2013
Staub-*Bearb.*	Großkommentar zum HGB, begr. v. H. Staub, hrsg. v. C. W. Canaris, versch. Bearb., 4. Aufl. (Bd. 2: §§ 343–357, 2001; Bd. 5: §§ 373–376, 1984)
Staudinger-*Bearb.*	Kommentar zum BGB, EGBGB und CISG, begr. v. J. v. Staudinger, mehrere Bde., versch. Bearb., 12. Aufl. 1978 ff., 13. Bearb. 1993 ff.
StPO	Strafprozessordnung
str.	streitig
StVZO	Straßenverkehrszulassungsordnung
SVR	Straßenverkehrsrecht – Zeitschrift für die Praxis des Verkehrsjuristen
SZIER	Schweizerische Zeitschrift für internationales und europäisches Recht
teilw.	teilweise
TranspR-IHR	Zeitschrift für Transportrecht, Beilage Internationales Handelsrecht
Überbl.	Überblick
UCC	Uniform Code Council (USA)
Ulmer/Brandner/Hensen-*Bearb.*	Kommentar zum AGB-Recht, v. P. Ulmer, E. Brandner u. H.-D. Hensen, 11. Aufl. 2011
UN	Vereinte Nationen (United Nations)

Abkürzungsverzeichnis

Unilex	Online-Rechtsprechungsdatenbank zum CISG, abrufbar unter: www.unilex.info
UStG	Umsatzsteuergesetz
UVR	Umsatzsteuer- und Verkehrssteuerrecht
UWG	Gesetz gegen den unlauteren Wettbewerb
v.	von, vom
VersR	Versicherungsrecht
VertragsG	Vertragsgesetz zum CISG
vgl.	vergleiche
VIZ	Zeitschrift für Vermögens- und Investitionsrecht
Vorb., Vorbem.	Vorbemerkung
VPöA	Verordnung über die Preise bei öffentlichen Aufträgen
WährG	Währungsgesetz
WarnR	Warneyer Rechtsprechung des Bundesgerichtshofes in Zivilsachen
Werner/Pastor, Bauprozess	U. Werner, W. Pastor, Der Bauprozess – prozessuale und materielle Probleme des zivilen Bauprozesses, 14. Aufl. 2013
Westermann/Gursky, SachenR	Sachenrecht, begr. v. H. Westermann, fortgef. v. K.-H. Gursky, 8. Aufl. 2011
Westermann-*Buck*, SchuldR	Schuldrecht 2002: Eine systematische Darstellung der Schuldrechtsreform, hrsg. v. H.P. Westermann, bearb. v. P. Buck, 2002
WiStG	Wirtschaftsstrafgesetz
WM	Wertpapier-Mitteilungen
Wolf/Horn/Lindacher-*Bearb.*	Kommentar zum AGB-Recht, hrsg. v. M. Wolf, N. Horn, W. F. Lindacher, versch. Bearb., 6. Aufl. 2013
WuM	Wohnungswirtschaft und Mietrecht
WRP	Wettbewerb in Recht und Praxis
z.B.	zum Beispiel
z.T.	zum Teil
ZEuP	Zeitschrift für europäisches Privatrecht
ZfIR	Zeitschrift für Immobilienrecht
ZfRV	Zeitschrift für Rechtsvergleichung
ZfS	Zeitschrift für Schadensrecht
ZGR	Zeitschrift für Unternehmens- und Gesellschaftsrecht
ZGS	Zeitschrift für das gesamte Schuldrecht
ZHR	Zeitschrift für das gesamte Handelsrecht
Ziff.	Ziffer
ZInsO	Zeitschrift für das gesamte Insolvenzrecht
ZIP	Zeitschrift für Wirtschaftsrecht und Insolvenzpraxis
zit.	zitiert
Zöller-*Bearb.*	Kommentar zur ZPO, begr. v. R. Zöller, versch. Bearb., 29. Aufl. 2012
ZPO	Zivilprozessordnung
ZZP	Zeitschrift für Zivilprozess

1. Kapitel. Der Kaufvertrag im Rechtssystem

I. Überblick

Der Kaufvertrag ist ein Veräußerungsgeschäft, das auf dauerhaften Erwerb durch den Käufer **1** gerichtet ist. Der **Verkäufer** ist **verpflichtet,** dem Käufer die Sache zu übergeben und ihm das Eigentum daran zu verschaffen, und zwar frei von Sach- und Rechtsmängeln (vgl. § 433 Abs. 1 BGB). Für den Kauf von Rechten und sonstigen Gegenständen ordnet § 453 BGB die entsprechende Geltung der Vorschriften über den Sachkauf an. Durch diese große Breite potenzieller Vertragsgegenstände (dazu näher Rdnr. 55 ff.) erhalten die Kaufrechtsnormen einen weiten Anwendungsbereich. Dies ist neben der Tatsache, dass der Kauf die häufigste Art der Warenabsatzgeschäfte darstellt, der Grund für die erhebliche praktische Bedeutung der §§ 433 ff. BGB. Als **Gegenleistung** für die Übertragung des Kaufgegenstandes hat der **Käufer** den vereinbarten Kaufpreis zu zahlen; er ist außerdem verpflichtet, den Kaufgegenstand abzunehmen (§ 433 Abs. 2 BGB).

Der Kaufvertrag ist ein **gegenseitiger Vertrag,** bei dem die Pflicht zur Übertragung der **2** Kaufsache und die Kaufpreiszahlung im Synallagma stehen. Somit sind diese Pflichten gem. § 320 BGB grundsätzlich Zug um Zug zu erfüllen (näher dazu Rdnr. 1307 ff.; zum Abzahlungskauf vgl. auch Rdnr. 1309, 189 ff., 191). Da sich jede Partei gerade in Anbetracht der erwarteten Gegenleistung verpflichtet hat, muss diese nicht mehr erbracht werden, wenn der Anspruch auf die Leistung gem. § 275 Abs. 1 BGB wegen Unmöglichkeit ausgeschlossen ist oder nach Absatz 2 dieser Vorschrift verweigert werden kann (vgl. § 326 BGB; näher dazu unter Rdnr. 910 ff., 920).

Der Kaufvertrag ist ein rein schuldrechtlich wirkendes Rechtsgeschäft, das lediglich **ge- 3 genseitige Verpflichtungen** begründet. Eine Veränderung der Eigentumslage ist damit aber nicht verbunden, so dass auch nach dem Abschluss des Kaufvertrages der Vertragsgegenstand dem Vermögen des Verkäufers zugeordnet bleibt. Der dingliche Rechtswechsel zur Erfüllung der vertraglichen Verpflichtung erfolgt erst durch ein vom Kaufvertrag **rechtlich getrenntes Verfügungsgeschäft,** nämlich bei beweglichen Sachen durch die Übereignung nach §§ 929 ff. BGB, bei Immobilien gem. §§ 873, 925 BGB und bei verkauften Rechten durch die Abtretung gem. § 398 BGB. Diese für das deutsche Rechtssystem prägende Trennung des schuldrechtlichen kausalen Verpflichtungsgeschäfts von dem dinglichen Verfügungsgeschäft **(Abstraktionsprinzip)** ist streng durchzuführen; es gilt auch dann, wenn wie beim Handkauf des täglichen Lebens Verpflichtungs- und Verfügungsgeschäfte tatsächlich zeitlich zusammenfallen. Die rechtliche Trennung hat auch zur Folge, dass die Wirksamkeit von Verpflichtungs- und Verfügungsgeschäft unabhängig voneinander zu beurteilen ist. So kann auch ohne einen gültigen Kaufvertrag die Übereignung der Sache wirksam sein; allerdings hat dann wegen des fehlenden Rechtsgrundes eine Rückabwicklung nach §§ 812 ff. BGB zu erfolgen.

Die Kaufvertragsnormen des Bürgerlichen Gesetzbuchs hatten seit ihrem Inkrafttreten **4** im Jahre 1900 lange Zeit keine wesentliche Änderung erfahren. Allerdings waren sie in die Reformüberlegung der Kommission zur Überarbeitung des Schuldrechts einbezogen.[1] Am 1.1.2002 ist mit dem Schuldrechtsmodernisierungsgesetz[2] eine grundlegende **Novelle** auch **der Kaufrechtsvorschriften** in Kraft getreten, die zu gewichtigen materiellen aber auch strukturellen Änderungen geführt hat. In Anbetracht dessen kann auf die Rechtsprechung und Literatur zu der früher geltenden Gesetzesfassung nicht mehr uneingeschränkt zurück-

---

[1] Vgl. *Huber,* Kaufrecht, in: Gutachten und Vorschläge zur Überarbeitung des Schuldrechts, Band I, S. 911 ff., sowie den Abschlussbericht der Schuldrechtskommission, insb. S. 20 ff. und 192 ff.
[2] BGBl. I 2001, S. 3138 ff.

gegriffen werden; darauf wird bei den späteren Erörterungen der einzelnen betroffenen Problemkreise konkret eingangen.

5 Der maßgebliche Impuls für die erfolgte Kaufrechtsnovelle lag allerdings nicht in der im nationalen Bereich erkannten Reformbedürftigkeit. Anlass für die Neuregelung war vielmehr die bis zum 31.12.2001 erforderliche Umsetzung der **EG-Richtlinie über Verbrauchsgüterkauf und Verbrauchsgütergarantien.**[3] Darin werden für den Kauf beweglicher Sachen, die ein Verbraucher bei einem gewerblich handelnden Verkäufer erwirbt, in erster Linie die Gewährleistungsansprüche des Kunden europarechtlich festgelegt. Wenn die Kaufsache nicht vertragsgemäß ist (dazu Art. 2 der Richtlinie), sollen dem Verbraucher als Gewährleistungsrechte zunächst Nachbesserung oder Ersatzlieferung und dann die Befugnis zur Minderung oder Vertragsauflösung zustehen (Art. 3 der Richtlinie). Dabei enthält die Richtlinie auch Festlegungen im Hinblick auf die maßgeblichen Fristen (Art. 5). Der dem Verbraucher haftende gewerbliche Verkäufer soll nach Art. 4 der Richtlinie Rückgriffsansprüche gegen die in der Verkaufskette vor ihm stehenden Personen bis hin zum Hersteller erhalten. Schließlich trifft die Richtlinie auch Bestimmungen im Hinblick auf eine besondere Garantie, die für die Kaufsache gegeben wird (Art. 6).

6 Obwohl die Richtlinie 99/44/EG nur Verbraucherverträge über den Kauf beweglicher Sachen betrifft, hat der deutsche Gesetzgeber die Richtlinienanforderungen in der Weise umgesetzt, dass sie grundsätzlich für alle Kaufverträge gelten, was zu begrüßen ist, da so die in der Richtlinie angelegten Differenzierungen vermieden werden. Das deutsche Kaufrecht ist damit aber europarechtlich unterlegt, so dass bei der Auslegung der nationalen Kaufrechtsnormen auch der Gehalt der EG-Richtlinie zu berücksichtigen ist. Dementsprechend wird bei den nachfolgenden Erörterungen der betreffenden Gesetzesnormen auch der Richtlinieninhalt mit einbezogen.

II. Rechtlicher Rahmen für Kaufverträge

7 Der **Kauf** ist als Vertragstyp **eingebunden in das System des BGB.** Spezifische Regelungen für den Kaufvertrag sind im besonderen Teil des Schuldrechts in den §§ 433 ff. BGB enthalten. Dies sind aber bei weitem nicht alle Rechtsnormen, die für einen Kauf gelten können. Die systematische Einordnung im besonderen Schuldrecht bewirkt, dass der Allgemeine Teil des BGB für Kaufverträge grundsätzlich ebenso gilt (siehe dazu sogleich Rdnr. 8) wie das allgemeine Schuldrecht (dazu Rdnr. 9 ff.). Da das **Kaufrecht im wesentlichen dispositiven Charakter** hat, kommt in der Praxis den Allgemeinen Geschäftsbedingungen und damit auch den diesbezüglichen Regelungen in den §§ 305 ff. BGB erhebliche Bedeutung zu (Rdnr. 11). Einige Sonderregelungen zum Kauf knüpfen an den Status der Vertragsparteien an. So sind zur Umsetzung der Kaufrechtsrichtlinie (Rdnr. 5, 6) auch einige speziell für Verbraucher geltende Vorschriften in das BGB aufgenommen worden (siehe z.B. §§ 474 ff. BGB), wobei insbesondere ein zugunsten der Verbraucher zwingender Schutz festgelegt wird (dazu Rdnr. 875 ff.). Stellt der Kauf ein Handelsgeschäft dar, können ebenfalls Sonderregelungen zur Anwendung kommen, die die allgemeinen zivilrechtlichen Kaufrechtsnormen teilweise modifizieren (vgl. §§ 373 ff. HGB; siehe Rdnr. 14). Eine weitere Regelungsebene wird eröffnet, wenn der Kauf grenzüberschreitende Elemente aufweist. Dann können außer den Regeln des Internationalen Privatrechts insbes. in der Verordnung über das auf vertragliche Schuldverhältnisse anzuwendende Recht (Rom I-VO; dazu Rdnr. 16 ff.) auch die Bestimmungen des UN-Kaufrechts (Übereinkommen der Vereinten Nationen über Verträge über den internationalen Warenkauf; dazu Rdnr. 50) Bedeutung erlangen.

---

[3] Richtlinie 1999/44/EG v. 25.05.1999, ABl.EG Nr. L 171, S. 12; zum Richtlinieninhalt vgl. NJW 1999, 2421 ff.

II. Rechtlicher Rahmen für Kaufverträge

1. Allgemeiner Teil des BGB

Als bürgerlich-rechtlicher Vertrag unterfällt der Kauf grundsätzlich den für alle Vertragstypen geltenden **Bestimmungen des Allgemeinen Teils des BGB**. Dies bedeutet insbesondere, dass die Vorschriften über die rechtsgeschäftlichen Folgen der Minderjährigkeit (§§ 104 ff. BGB), über Willenserklärungen und Willensmängel (§§ 116 ff. BGB[4]), über Formerfordernisse (§§ 125 ff. BGB), die Wirksamkeitsgrenzen von § 134 und § 138 BGB und insbesondere die Normen der §§ 145 ff. BGB über den Vertragsschluss und diejenigen über die Einschaltung eines Stellvertreters (§§ 164 ff. BGB[5]) **gelten** (siehe im einzelnen unter Rdnr. 131 ff.). Die Anwendbarkeit der Regelungen des Allgemeinen Teils endet jedoch dort, wo das Kaufrecht Besonderheiten festlegt; diese gehen in dem jeweiligen Überschneidungsbereich vor. Problematisch ist etwa das Verhältnis der Anfechtbarkeit einer Willenserklärung wegen des Irrtums über eine verkehrswesentliche Eigenschaft (§ 119 Abs. 2 BGB) zu den kaufrechtlichen Gewährleistungsnormen, die eingreifen, wenn eine für den Vertrag bedeutsame Eigenschaft fehlt (§ 434 Abs. 1 BGB; näher dazu Rdnr. 903 f.).

8

2. Allgemeines Schuldrecht

Auf den Kaufvertrag sind auch die **Vorschriften des allgemeinen Schuldrechts anwendbar**, sofern diese nicht durch kaufrechtsspezifische Spezialnormen verdrängt werden. So bestimmen sich z. B. Ort und Zeit der beiderseitigen Leistungen nach den §§ 269–271 BGB, wonach in erster Linie die vertraglichen Festlegungen entscheidend sind (siehe Rdnr. 228). Für das Erlöschen kaufvertraglicher Verpflichtungen gelten die §§ 362 ff. BGB. Beeinträchtigt eine Leistungsstörung die Vertragsabwicklung, so können ebenfalls Vorschriften des allgemeinen Schuldrechts zur Anwendung kommen, etwa über den Verzug des Schuldners (§§ 286 ff. BGB; dazu Rdnr. 925 ff., 1381) oder des Gläubigers (§§ 293 ff. BGB; dazu Rdnr. 1382 ff.), über Unmöglichkeit (§§ 275, 280, 283 ff., 311 a, 323 ff. BGB; dazu Rdnr. 646 ff., 806 ff.) und auch über die Störung der Geschäftsgrundlage (§ 313 BGB, dazu Rdnr. 1285), sowie über Pflichtverletzungen des Schuldners (§ 280 BGB, Rdnr. 921, 924, 935 ff., 1386). Die allgemeinen schuldrechtlichen Bestimmungen über vorvertragliche Pflichtverletzungen (§§ 241 Abs. 2, 311 BGB) können bei Kaufverträgen ebenfalls Bedeutung erlangen (dazu Rdnr. 905 ff.). Die besonderen Gewährleistungsrechte des Käufers (§§ 434 ff. BGB; dazu Rdnr. 616 ff.) haben allerdings grundsätzlich Vorrang gegenüber den allgemeinen Vorschriften (siehe Rdnr. 618, 901 ff.).

9

Durch das Schuldrechtsmodernisierungsgesetz[6] sind einige auch für Kaufverträge bedeutsame Vorschriften, die bisher in Nebengesetzen zum BGB enthalten waren, in das allgemeine Schuldrecht eingestellt worden. Es handelt sich im wesentlichen um **Schutznormen für Verbraucherverträge** (zum Begriff siehe Rdnr. 98 ff.). Ist der Kaufvertrag in einer besonderen Situation zustandegekommen, in der ein Verbraucher – wie etwa bei **Haustürgeschäften** – nicht mit einem Vertragsschluss rechnete, so gilt der Schutz des § 312 BGB (dazu Rdnr. 179 ff.), wonach dem Käufer ein Widerrufsrecht zusteht. Für Kaufverträge, die zwischen einem Verbraucher (§ 13 BGB) und einem Unternehmer (§ 14 BGB) im Rahmen eines Vertriebssystems des **Fernabsatzes** geschlossen wurden, gelten die §§ 312 b ff. BGB (dazu Rdnr. 183 ff.). Danach muss der Verbraucher eine Vielzahl von Informationen erhalten; außerdem steht ihm auch bei Fernabsatzgeschäften ein Widerrufsrecht zu. Im **elektronischen Geschäftsverkehr** sind auch bei Kaufverträgen die besonderen Pflichten nach § 312 g BGB, Art. 246 § 3 EGBGB zu beachten. Nach dieser nicht auf Verbraucherverträge

10

---

[4] Siehe etwa zu den Grundsätzen der Anscheins- und Duldungsvollmacht beim Ebay-Kauf OLG Hamm, NJW 2007, 611, 612; LG Aachen, NJW-RR 2007, 565 f.
[5] Vgl. beispielsweise zur Anfechtung eines Ebay-Verkaufsangebots wegen eines Erklärungsirrtums OLG Oldenburg, NJW-RR 2007, 268.
[6] BGBl. I 2001, S. 3138 ff.; s.a. *Heß*, NJW 2002, 253 ff. und *Westermann*, NJW 2002, 241 ff.

beschränkten Vorschrift soll der Kunde insbesondere vor Eingabefehlern geschützt werden, und muss außerdem eine Vielzahl von Informationen erhalten.

11 Als Vertragstyp des Schuldrechts sind die den Kauf betreffenden Rechtsnormen grundsätzlich dispositiver Natur. Von der damit eröffneten Möglichkeit abweichender Vereinbarungen wird in der Praxis vielfach durch **Allgemeine Geschäftsbedingungen** Gebrauch gemacht. Damit erhalten die Vorschriften der §§ 305 ff. BGB große Bedeutung, deren Ziel es ist zu verhindern, dass der Verwender Allgemeiner Geschäftsbedingungen die Vertragsgestaltungsfreiheit einseitig in Anspruch nimmt und damit die andere Vertragspartei unangemessen benachteiligt.[7] Schwerpunkte der §§ 305 ff. BGB sind die Vorschriften über die Inhaltskontrolle (§§ 307 ff. BGB, näher dazu bei der Erörterung kaufspezifischer Vertragsklauseln) und über die Einbeziehung Allgemeiner Geschäftsbedingungen in den Vertrag (§§ 305 f. BGB; dazu Rdnr. 165 ff.). Die §§ 305 ff. BGB betreffen ihrer Zielsetzung entsprechend zwar auch, aber nicht nur Verbraucherverträge. Diesbezügliche Sonderregelungen sind in § 310 Abs. 3 BGB enthalten. Die Vorschriften der §§ 305 ff. BGB sind aus dem früheren AGB-Gesetz in das allgemeine Schuldrecht integriert worden.[8] Der Gesetzgeber hat damit systematische Ziele verfolgt, inhaltlich aber – soweit nicht aus anderen, insbesondere europarechtlichen Gründen geboten – grundsätzlich keine Änderung vorgenommen. Daher kann im wesentlichen auf Rechtsprechung und Literatur zu den früheren Normen des AGB-Gesetzes zurückgegriffen werden.

3. Besonderes Schuldrecht

12 In diesem Abschnitt des Gesetzes liegt mit den §§ 433 ff. BGB der zentrale Regelungsbereich des Kaufvertrages. Neben diesen **kaufspezifischen Vorschriften** können allerdings noch andere Rechtsnormen des besonderen Schuldrechts zur Anwendung kommen. So ordnet § 480 BGB für **Tauschverträge** (dazu Rdnr. 61) die entsprechende Geltung der Kaufrechtsvorschriften an. Auf einen **Werklieferungsvertrag,** der auf die Lieferung herzustellender oder zu erzeugender beweglicher Sachen gerichtet ist, finden gem. § 651 BGB ebenfalls die Kaufrechtsvorschriften Anwendung (dazu Rdnr. 64 ff.). Ist der Vertragsgegenstand ein **Teilzeit-Wohnrecht,** das von einem Unternehmer an einen Verbraucher im Wege des Kaufs[9] veräußert wird, kommen die für Time-Sharing-Verträge in den §§ 481 ff. BGB enthaltenen Bestimmungen zur Anwendung, wonach der Erwerber insbesondere dadurch geschützt ist, dass er eine Vielzahl von Informationen erhalten muss und ihm außerdem ein Widerrufsrecht eingeräumt wird (dazu Rdnr. 194 f.). Erhält der Käufer für die Kaufpreiszahlung einen **entgeltlichen Zahlungsaufschub** oder liegt ein **Teilzahlungskauf** vor, so können bei Verbraucherverträgen (Rdnr. 189 ff.) die Regelungen der §§ 506 ff. BGB zur Anwendung kommen, die den Verbraucher insbesondere durch das Erfordernis einiger zwingender Vertragsangaben (vgl. § 507 Abs. 2 S. 1 BGB i. V. m. Art. 247 §§ 6, 12 und 13 EGBGB) und durch ein Widerrufs- oder Rücktrittsrecht (siehe §§ 495, 506, 508 BGB) schützen. Wird der Kaufvertrag durch einen damit verbundenen Darlehensvertrag finanziert, so führt § 358 BGB dazu, dass bei Widerruf eines dieser Verträge der Verbraucher auch an den anderen Vertrag nicht mehr gebunden ist (siehe dazu Rdnr. 189).

13 Auch die Rechtsnormen über **gesetzliche Schuldverhältnisse** können bei Kaufverträgen Anwendung finden. So hat bei dessen Nichtigkeit die Rückabwicklung nach den bereicherungsrechtlichen Vorschriften der §§ 812 ff. BGB zu erfolgen. Führt eine Pflichtverletzung im Zusammenhang mit dem Kauf dazu, dass Rechtsgüter des Käufers verletzt werden,

---

[7] Zu dieser Zwecksetzung vgl. Materialien zum AGBG BT-Drucks. 7/3919, S. 9 ff.; BGHZ 126, 326, 332; Palandt-*Grüneberg* Überbl. v. § 305 BGB Rdnr. 8.

[8] Vgl. Art. 1 Nr. 12 des Schuldrechtsmodernisierungsgesetzes, BGBl. I 2001, S. 3138 ff.; sowie die diesbezügliche Begründung, BT-Drucks. 14/6040 S. 149 f.

[9] Zu den verschiedenen vertragstypologischen Gestaltungsmöglichkeiten des Time-Sharing siehe Bamberger/Roth-*Eckert*, § 481 BGB Rdnr. 13 ff.

so können auch die deliktischen Vorschriften der §§ 823 ff. BGB zur Anwendung kommen (Rndr. 758). Zum Konkurrenzverhältnis kaufrechtlicher Forderungen zu anderen Anspruchsgrundlagen siehe Rdnr. 901 ff.

4. Handelskauf

Die bürgerlichrechtlichen Normen über den Kauf werden durch die in den §§ 373 ff. HGB enthaltenen Vorschriften über den **Handelskauf** modifiziert. Ist der Kauf ein Handelsgeschäft (§§ 343 ff. HGB) über Waren oder Wertpapiere (vgl. näher Rdnr. 108 ff.), so werden die allgemeinen zivilrechtlichen Vorschriften durch die im HGB enthaltenen Sonderregelungen verdrängt (vgl. § 2 EGHGB). Diese bieten allerdings kein geschlossenes Bild des Handelskaufs und normieren diesen insbesondere nicht als eigenständigen Vertragstypus, sondern treffen nur punktuelle Regelungen für die Aspekte, in denen im Handelsverkehr Besonderheiten gegenüber den Bestimmungen des BGB geboten erscheinen. Diese Spezialregelungen begünstigen im wesentlichen den Verkäufer und sind von der Zielsetzung getragen, eine rasche Klärung und Abwicklung des Rechtsverhältnisses zu gewährleisten.[10] Dies soll etwa dadurch erreicht werden, dass dem Verkäufer zur Erhaltung bestehender Gewährleistungsansprüche eine Untersuchungs- und Rügeobliegenheit auferlegt wird (vgl. § 377 HGB, dazu Rdnr. 948 ff.). Die einzelnen handelsrechtlichen Sonderregelungen werden im Zusammenhang mit den zivilrechtlichen Normen erörtert, von denen abgewichen wird. Dabei wird auch auf bestehende rechtlich relevante **Handelsbräuche** gem. § 346 HGB eingegangen.

14

5. Regelungen bei internationalen Kaufverträgen

Mit der Globalisierung der Märkte und insbesondere durch den Vertrieb von Waren im weltweiten Internet haben Kaufverträge und auch das darauf anwendbare Recht eine internationale Komponente erhalten. Damit verbunden ist zum einen die Frage nach dem für den Vertrag maßgeblichen nationalen Recht (Rdnr. 16 ff.), zum anderen nach der Geltung bestehender internationaler Sonderregelungen (Rdnr. 50).

15

a) Internationales Privatrecht (IPR). Hat der Kaufvertrag eine **Auslandsberührung** – sei es, dass die Vertragsparteien ihren Sitz in unterschiedlichen Staaten haben, die Kaufsache in einen anderen Staat geliefert werden soll oder das zu erwerbende Grundstück im Ausland liegt –, ist zu entscheiden, das Recht welchen Staates auf das Schuldverhältnis zur Anwendung kommt.

16

aa) Grundlagen. Bislang waren die Kollisionsnormen für vertragliche Schuldverhältnisse in den Art. 27-37 EGBGB enthalten. Mit Wirkung zum 17.12.2009 ist die Verordnung (EG) Nr. 593/2008[11] über das auf vertragliche Schuldverhältnisse anzuwendende Recht (Rom I-VO) in Kraft getreten. Die **Art. 27 ff. EGBGB** gelten allerdings **für Altfälle** fort; die **Rom I-Verordnung** gilt nur für Verträge, die ab dem 17.12.2009 geschlossen wurden (Art. 28 Rom I-VO). Nach Art. 1 Abs. 1 Rom I-VO ist grundlegende **Anwendungsvoraussetzung,** dass ein vertragliches Schuldverhältnis in Zivil- und Handelssachen vorliegt, welches eine Verbindung zum Recht verschiedener Staaten aufweist. Der Kaufvertrag ist also grundsätzlich erfasst, es sei denn, es handelt sich um einen reinen Inlandssachverhalt.[12] Besonderer Umstände bedarf es für die notwendige „Verbindung" zu verschiedenen Staaten nicht; es genügt, dass überhaupt die Frage beantwortet werden muss, welche Rechts-

17

---

[10] Siehe dazu Ebenroth/Boujong/Joost-*Müller,* vor § 373 HGB Rdnr. 1.
[11] Verordnung (EG) Nr. 593/2008 des Europäischen Parlaments und des Rates vom 17. Juni 2008 über das auf vertragliche Schuldverhältnisse anzuwendende Recht (Abl.EG, L 177/6) im Folgenden als „Rom I-VO" oder „Rom I-Verordnung" bezeichnet.
[12] MünchKommBGB/*Martiny,* Art. 1 Rom I-VO Rdnr. 15.

18 ordnung anzuwenden ist[13]. Hinsichtlich der nicht von der Rom I-VO erfassten Bereiche (Art. 1 Abs. 2 Rom I-VO) – etwa der Wirksamkeit der Stellvertretung (Art. 1 Abs. 2 lit. g Rom I-VO) – ist das anwendbare Recht nach nationalen Kollisionsnormen zu bestimmen, die ansonsten zurücktreten (vgl. Art. 3 EGBGB).)

18 Nach Art. 2 Rom I-VO ist das nach der Rom I-VO maßgebliche Recht auch dann anzuwenden, wenn es nicht das Recht eines Mitgliedstaats ist.[14] Gemäß Erwägungsgrund 45 und 46 der Verordnung ist diese für das Vereinigte Königreich und Dänemark nicht bindend. Allerdings hat Großbritannien für die Geltung der Verordnung optiert, so dass lediglich Dänemark nicht beteiligt ist und weiterhin das Übereinkommen von Rom über das auf vertragliche Schuldverhältnisse anwendende Recht (EVÜ) anwendet. Die übrigen Mitgliedstaaten richten sich jedoch auch im Verhältnis zu Dänemark nach der Verordnung.[15] Nach Art. 25 Rom I-VO verdrängt internationales Einheitsrecht die Anwendbarkeit der Rom I-Verordnung, sofern der jeweils entsprechende Staatsvertrag umgesetzt worden ist. Dies gilt im Rahmen seines „gegenständlichen und räumlich-persönlichen Anwendungsbereiches"[16] insbesondere für das UN-Kaufrecht.[17] Sofern dieses jedoch lückenhaft ist, eröffnet sich wieder der Anwendungsbereich der Rom I-Verordnung.[18]

19 Nach der Rom I-Verordnung ist für die **Bestimmung des anzuwendenden Rechts** primär die zwischen den Parteien ausdrücklich oder stillschweigend getroffene Vereinbarung maßgebend (Art. 3 Rom I-VO; dazu sogleich Rdnr. 20 ff.). Fehlt es an einer solchen Rechtswahl, gilt die engste Verbindung des Vertrags zu einer Rechtsordnung (Art. 4 Rom I-VO; vgl. Rdnr. 36 ff.). Zu beachten sind zudem kollisionsrechtliche Sondervorschriften, wie z.B. Schutzvorschriften für Verbraucherverträge (Art. 6 Rom I-VO; siehe Rdnr. 45), zwingende Bestimmungen der jeweiligen Rechtsordnung (Art. 9 Rom I-VO) sowie weitere Sonderanknüpfungen wie die Rechts- und Geschäftsfähigkeit (Art. 13 Rom I-VO) oder die Formwirksamkeit (Art. 11 Rom I-VO; siehe dazu Rdnr. 199 f.).

20 **bb) Vertragsgestaltung durch Rechtswahl.** Im internationalen Schuldrecht gilt der Grundsatz der **Parteiautonomie,** d.h. den Parteien steht es frei, das Recht wählen, welches ihnen für ihre Vertragsbeziehung am geeignetsten erscheint.[19] Die Parteien sind bei der Wahl der anwendbaren Rechtsordnung daher prinzipiell frei. Der Sachverhalt muss insbesondere nicht mit der vereinbarten Rechtsordnung in einer besonderen Beziehung stehen oder auch nur eine über den nach Art. 1 Abs. 1 Rom I-VO erforderlichen Bezug hinausgehenden Auslandsberührung aufweisen.[20] Allerdings ist zu beachten, dass der **Grundsatz der freien Rechtswahl** ggf. durch Ausnahmen zugunsten der Durchsetzung bestimmter zwingender Vorschriften eingeschränkt ist. Dies gilt insbesondere für Verbraucherschutznormen, deren Anwendbarkeit nicht durch Rechtswahl umgangen werden kann. Die Rechtswahl führt zu einer Sachnormverweisung, d.h. eine Rück- oder Weiterverweisung (renvoi) durch das anzuwendende Recht ist grundsätzlich ausgeschlossen (Art. 20 Rom I-VO).[21]

---

[13] MünchKommBGB/*Martiny*, Art. 1 Rom I-VO Rdnr. 15.
[14] Im Einzelnen: MünchKommBGB/*Martiny*, Art. 2 Rom I-VO Rdnr. 3.
[15] *Magnus* IPrax 2010, 27, 30 f.
[16] *Spickhoff*, in: Bamberger/Roth (Hrsg.), BeckOK, Art. 1 VO (EG) 593/2008 Rdnr. 7.
[17] MünchKommBGB/*Martiny*, Art. 4 Rom I-VO Rdnr. 7, Staudinger- *Magnus*, Art. 25 Rom I-VO Rdnr. 13 – der allerdings den Vorrang nicht aus Art. 25 Rom I-VO herleitet, sondern aus den eigenen gesetzlichen Vorschriften bzw. dem Charakter des Einheitsrechts.
[18] Im Allgemeinen hierzu: MünchKommBGB/*Martiny*, Art. 25 Rom I-VO Rdnr. 1 ff.
[19] So die allgemeine Meinung.: BGH NJW 1962, 1005; BGHZ 52, 239, 241 = NJW 1969, 1760; BGHZ 53, 189, 191 = NJW 1970, 999; BGH NJW 1976, 1581, 1582; BGHZ 73, 391, 393 = NJW 1979, 1773.
[20] *Spickhoff*, in: Bamberger/Roth (Hrsg.), BeckOK Art. 3. VO (EG) 593/2008 Rdnr. 8.
[21] Siehe im Einzelnen: MünchKommBGB/*Martiny*, Art. 20 Rom I-VO Rdnr. 3; Staudinger-*Magnus*, Art. 20 Rom I-VO Rdnr. 6; str., ob Art. 20 Rom I-VO auch bei Rechtswahlvereinbarungen anwendbar, s. Rauscher-*Freitag*, EuZPR/EuIPR (2011) Art. 20 Rom I-VO Rdnr. 2.

Nach Art. 3 Abs. 1 S. 2 Rom I-VO muss die Rechtswahl ausdrücklich erfolgen (dazu sogleich Rdnr. 21 ff.) oder sich eindeutig aus den Bestimmungen des Vertrags oder aus den Umständen des Falles ergeben (siehe Rdnr. 27 ff.).

(1) Ausdrückliche Rechtswahl. Die Parteien können eine ausdrückliche Rechtswahl 21 vornehmen, d. h. es wird expressis verbis[22] **erklärt, welche Rechtsordnung auf einen Vertrag anwendbar** sein soll. Dies muss nicht als Individualabrede geschehen, sondern kann auch in Formularen oder allgemeinen Geschäftsbedingungen erfolgen.[23] Eindeutig ist Rechtswahl jedoch erst, wenn das anwendbare Recht unmissverständlich bezeichnet wird, z. B.: „Für diesen Kaufvertrag gilt französisches Recht."[24] Hierbei heben präzisierende Zusätze, die etwa ausdrücklich auf spezielle Einzelnormen („es gelten insbesondere die Vorschriften...") verweisen, eine grundsätzliche Rechtswahl nicht auf.[25]

Haben die Parteien für ihren Kaufvertrag eine **nicht zulässige Rechtswahl** getroffen, so 22 ist hinsichtlich der **Rechtsfolgen** zu beachten, dass durch die Rechtswahl ein eigener Vertrag begründet wird, der sogenannten **Verweisungsvertrag.**[26] Eine bestimmte Form sehen die Art. 3 ff. Rom I-VO für die Rechtswahl nicht vor. Sollten beide Parteien z. B. in AGB ihr eigenes Recht für anwendbar erklären, kollidieren die Klauseln also, führt dies dazu, dass keinerlei Rechtswahl wirksam getroffen wurde. Es fehlt jedoch nur an einer gültigen Rechtswahl, den Hauptvertrag betrifft dies nicht.[27]

Bei der **Ausgestaltung einer Rechtswahlklausel** kommt den Parteien ein erheb- 23 licher Spielraum zu. Beispielhaft ist neben dem grundsätzlichen Verweis auf eine Rechtsordnung eine Klausel zulässig, die einer der Parteien die Bestimmung des anzuwendenden Rechts überlässt[28] oder die Bestimmung des anzuwendenden Rechts durch Dritten oder Los zulässt.[29] Eine Rechtswahlklausel unter aufschiebender oder auflösender Bedingung[30] ist ebenso möglich wie eine „floating choice of law clause", die die Festlegung des anzuwendenden Rechts bis zum Entstehen eines Streits einer der Vertragsparteien überlässt.[31] Im Kaufvertrag ist auch die Wahl „neutralen" Rechts[32] zulässig, sowie eine Klausel, die eine negative Rechtswahl trifft, also das nicht anwendbare Recht festlegt.[33]

Trotz der grundsätzlichen Vertragsfreiheit sind der **Rechtswahl** der Parteien **Grenzen** 24 gesetzt. Nach Art. 3 Abs. 3 Rom I-VO berührt die getroffene Rechtswahl in Fällen, in denen alle Elemente des Sachverhalts in einem anderen als dem Staat belegen sind, als dem, dessen Recht gewählt wurde, nicht die Anwendbarkeit derjenigen Vorschriften des eigentlich maßgeblichen Staates, von denen nicht durch Vereinbarung abgewichen werden kann. Wenn der Sachverhalt demnach **keine ausreichende Auslandsbeziehung** aufweist, ist trotz Wirksamkeit der Rechtswahl an sich an zwingenden Bestimmungen des Inlands fest-

---

[22] MünchKommBGB/*Martiny*, Art. 3 Rom I-VO Rdnr. 42.
[23] MünchKommBGB/*Martiny*, Art. 3 Rom I-VO Rdnr. 42.
[24] MünchKommBGB/*Martiny*, Art. 3 Rom I-VO Rdnr. 43; Staudinger-*Magnus*, Art. 3 Rom I-VO Rdnr. 63.
[25] z. B. „insbesondere die Vorschriften XY" – siehe OLG Düsseldorf NJW-RR 2003, 1610.
[26] Reithmann/Martiny/*Martiny*, Rdnr. 88; MünchKommBGB/*Martiny*, Art. 3 Rom I-VO Rdnr. 14.
[27] Reithmann/Martiny/*Martiny*, Rdnr. 88.
[28] *Dicey/Morris* II Rdnr. 32-084 f.; Staudinger-*Magnus*, Art. 27 EGBGB Rdnr. 44.
[29] *Kegel/Schurig* § 18 I 1 c; Soergel/*von Hoffmann* Art. 27 EGBGB Rdnr. 7; Staudinger-*Magnus*, Art. 3 Rom I-VO Rdnr. 54; im Rahmen einer Schiedsklausel: BGHZ 21, 365, 369 = NJW 1956, 1838.
[30] *Meyer-Sparenberg* RIW 1989, 349; *Kropholler* IPR § 52 II 3 c.
[31] MünchKommBGB/*Martiny*, Art. 3 Rom I-VO Rdnr. 18 m.w.N.; Staudinger-*Magnus*, Art. 3 Rom I-VO Rdnr. 54
[32] *Spickhoff*, in: Bamberger/Roth (Hrsg.), BeckOK Art. 3 VO (EG) 593/2008 Rdnr. 8; MünchKommBGB/ *Martiny*, Art. 3 Rom I-VO Rdnr. 22.
[33] Staudinger-*Magnus*, Art. 3 Rom I-VO Rdnr. 67 f.; MünchKommBGB/*Martiny*, Art. 3 Rom I-VO Rdnr. 19.

zuhalten („vereinbarungsfester Normbestand").[34] Dies sind im deutschen Recht z. B. die Bestimmungen über AGB in §§ 305 ff. BGB und die Vorschriften über Haustürgeschäfte in §§ 312 f. BGB.[35]

25 Darüber hinaus ist es den Parteien nach Art. 3 Abs. 4 Rom I-VO im Falle von sog. **Binnenmarktsachverhalten,** also solchen, die einzig Berührungspunkte zu mitgliedsstaatlichen Rechtsordnungen aufweisen, nicht möglich, durch die Wahl des Rechts eines Drittstaates (Nichtmitgliedstaat der Rom I-VO), nicht abdingbare Bestimmungen des Unionsrechts zu umgehen.[36] Damit kommen insbesondere die für einen Kaufvertrag relevanten EG-Richtlinien – gegebenenfalls in der von dem Mitgliedstaat des angerufenen Gerichts umgesetzten Form – unabhängig von der Rechtswahl zur Anwendung. Dies betrifft vor allem den Inhalt der Kaufrechts- und der Fernabsatz-Richtlinie.

26 Letztlich ist es den Parteien nach herrschender Meinung[37] zudem auch nicht möglich, **nichtstaatliches Recht** zu wählen. Es muss sich vielmehr um „staatlich gesetztes bzw. anerkanntes Recht"[38] handeln. Allgemeine Rechts- und Vertragsgrundsätze sowie das lex mercatoria können sich, nach überwiegender Meinung, nicht gegen zwingendes nationales Recht durchsetzen. Das Vertragsstatut unterliegt stets einem nationalen staatlichen Recht, die allgemeinen Regeln werden daneben angewandt. Sog. „rechtsordnungslose Verträge" sind unzulässig, es wird in diesen Fällen von einer fehlenden Rechtswahl ausgegangen.[39]

27 **(2) Stillschweigende Rechtswahl.** Die Parteien können das für ihren Kaufvertrag maßgebliche Recht nicht nur ausdrücklich (siehe oben Rdnr. 21 ff.) sondern auch stillschweigend vereinbaren. Für eine solche stillschweigende Rechtswahl ist allerdings erforderlich, dass sie sich mit hinreichender Sicherheit aus den Bestimmungen des Vertrages oder aus dem **Umständen des Falles** ergibt (Art. 3 Abs. 1 S. 2 Rom I-VO). Um die stillschweigende Rechtswahl von der objektiven Anknüpfung nach Art. 4 Rom I-VO (dazu unten Rdnr. 36 ff.) abzugrenzen, ist entscheidend, dass bei den Parteien ein **tatsächlicher Rechtswahlwille festzustellen** ist.[40] Aus den Bestimmungen des Vertrages oder den Umständen des Falles muss auf einen tatsächlichen Parteiwillen geschlossen werden können.[41] Es muss den Parteien allerdings nicht bewusst sein, dass in ihrem Verhalten eine Rechtswahl liegt[42]. Unzulässig ist jedoch die Erforschung eines hypothetischen oder vermuteten Parteiwillens.[43]

28 Zur Bestimmung, ob eine stillschweigende Rechtswahl vorliegt, sind hinreichende dahingehende Indizien festzustellen,[44] wobei alle Umstände des Einzelfalles zu berücksichtigen sind.[45] Eine schematische Anleitung für diese Bestimmung, kann nicht gegeben werden, allerdings sind verschiedene Gruppen von Indizien zu erkennen, die in Rechtsprechung und

---

[34] MünchKommBGB/*Martiny*, Art. 3 Rom I-VO Rdnr. 4.
[35] MünchKommBGB/*Martiny*, Art. 3 Rom I-VO Rdnr. 89 f. m.w.N.
[36] Im Detail, siehe: MünchKommBGB/*Martiny*, Art. 3 Rom I-VO Rdnr. 98 f.
[37] Zum Meinungsstand siehe: Staudinger-*Magnus*, Art. 3 Rom I-VO Rdnr. 40; *Spickhoff*, in: Bamberger/Roth (Hrsg.), BeckOK Art. 3 VO (EG) 593/2008 Rdnr. 7 f.; MünchKommBGB/*Martiny*, Art. 3 Rom I-VO Rdnr. 28 ff.
[38] MünchKommBGB/*Martiny*, Art. 3 Rom I-VO Rdnr. 28 m.w.N.
[39] Reithmann/Martiny/*Martiny*, Rdnr. 104.
[40] MünchKommBGB/*Martiny*, Art. 3 Rom I-VO Rdnr. 46.
[41] OLG Karlsruhe TranspR 2007, 203; BGH RIW 1992, 54; BGH RIW 1997, 426; BGH RIW 1999, 537
[42] Soergel/*von Hoffmann* Art. 27 EGBGB Rdnr. 43.
[43] Die Rechtswahl muss sich vielmehr aus den konkreten Umständen folgern lassen, BGH NJW-RR 2005, 206, 208 mit Verweis auf MünchKommBGB/*Martiny*, Art. 3 Rom I-VO Rdnr. 47 m.w.N.; siehe hierzu auch Staudinger-*Magnus*, Art. 3 Rom I-VO Rdnr. 71.
[44] Reithmann/Martiny/*Martiny*, Rdnr. 113.
[45] BGH NJW-RR 1997, 686, 687; BGH NJW-RR 1999, 813; BGH NJW 2001, 1936, 1937; BGH WM 2004, 2066, 2068.

Literatur unterschiedlich gewichtet gewertet werden.[46] Zu den **starken Indizien** für einen auf eine stillschweigende Rechtswahl gerichteten Parteiwillen zählen insbesondere die Vereinbarung eines einheitlichen Gerichtsstandes[47] oder einer Schiedsgerichtsklausel zur Unterwerfung unter ein Schiedsgericht eines bestimmten Landes[48], sowie die Bezugnahme auf Vorschriften einer Rechtsordnung bzw. die Verwendung von Formularen (AGB), die auf eine solche hindeuten[49]. Außerdem wird dem Verhalten der Parteien im Rechtsstreit[50] eine starke Indizwirkung beigemessen.

Daneben können **schwächere Indizien** bestehen, die nur wenn alle oder die Vielzahl von ihnen zum gleichen Recht führen, auf eine Rechtswahl der Parteien schließen lassen.[51] Dazu gehören insbesondere die Einbettung eines Vertrages in Vertragsbeziehungen zwischen den Parteien, die einem bestimmten Recht unterstehen bzw. die Vertragspraxis der Parteien[52], die Vereinbarung eines einheitlichen Erfüllungsortes[53] oder einer bestimmten Vertragswährung[54], der Sitz der Parteien[55], die Vertragssprache[56], der Abschlussort[57], die Staatsangehörigkeit[58] oder das Anwendungsinteresse einer Partei[59].

29

Gerichtsstands- oder Schiedsgerichtsvereinbarung oder die Bezugnahme auf ein Recht sowie das Prozessverhalten der Parteien wiegen in der Bewertung stärker als Faktoren wie der Abschlussort, der Erfüllungsort, die Staatsangehörigkeit, die Vertragssprache, die Vertragswährung oder das besondere Interesse einer Partei.[60] Die zuletzt genannten können für sich allein keine stillschweigende Rechtswahl begründen.[61]

30

(3) Teilweise oder vollständige Rechtswahl. Art. 3 Abs. 1 S. 3 Rom I-VO normiert, dass die Parteien die Rechtswahl für ihren ganzen Vertrag oder nur für einen Teil desselben treffen können. Es ist also nicht notwendig, eine Rechtswahl für den gesamten Vertrag zu treffen, auch eine Rechtswahl nur für einzelne Teile des Vertrages, z. B. nur für den Vertragsschluss oder nur für die Form, ist zulässig. Nach überwiegender Meinung[62] können die Parteien nach Art. 3 Abs. 1 S. 3 Rom I-VO zusätzlich auch unterschiedliche Teile eines einheitlichen Vertrages unterschiedlichen Rechten unterstellen, d. h. beispielsweise für den

31

---

[46] So u. a. auch Staudinger-*Magnus*, Art. 3 Rom I-VO Rdnr. 74.

[47] Besitzt für die Feststellung einer konkludenten Rechtswahl eine besondere Bedeutung, siehe MünchKommBGB/*Martiny*, Art. 3 Rom I-VO Rdnr. 48 m.w. N.; Staudinger-*Magnus*, Art. 3 Rom I-VO Rdnr. 75 ff.

[48] Auch eine solche Vereinbarung lässt auf eine stillschweigende Rechtswahl schließen: siehe hierzu MünchKommBGB/*Martiny*, Art. 3 Rom I-VO Rdnr. 51 m.w. N., insbesondere auch zu Rechtsprechung; ebenso: Staudinger-*Magnus*, Art. 3 Rom I-VO Rdnr. 80 ff. m.w. N.

[49] jeweils m.w. N.: MünchKommBGB/*Martiny*, Art. 3 Rom I-VO Rdnr. 57 ff.; Staudinger-*Magnus*, Art. 3 Rom I-VO Rdnr. 88 ff.

[50] jeweils m.w. N.: MünchKommBGB/*Martiny*, Art. 3 Rom I-VO Rdnr. 53 f.; Staudinger-*Magnus*, Art. 3 Rom I-VO Rdnr. 82 ff.

[51] Staudinger-*Magnus*, Art. 3 Rom I-VO Rdnr. 74.

[52] jeweils m.w. N.: MünchKommBGB/*Martiny*, Art. 3 Rom I-VO Rdnr. 66; Staudinger-*Magnus*, Art. 3 Rom I-VO Rdnr. 87.

[53] jeweils m.w. N.: MünchKommBGB/*Martiny*, Art. 3 Rom I-VO Rdnr. 65; Staudinger-*Magnus*, Art. 3 Rom I-VO Rdnr. 96.

[54] Staudinger-*Magnus*, Art. 3 Rom I-VO Rdnr. 98 m.w. N.

[55] Staudinger-*Magnus*, Art. 3 Rom I-VO Rdnr. 97 m.w. N.

[56] Staudinger-*Magnus*, Art. 3 Rom I-VO Rdnr. 98 m.w. N.

[57] Staudinger-*Magnus*, Art. 3 Rom I-VO Rdnr. 98 m.w. N.

[58] Staudinger-*Magnus*, Art. 3 Rom I-VO Rdnr. 98 m.w. N.

[59] Staudinger-*Magnus*, Art. 3 Rom I-VO Rdnr. 101 m.w. N.

[60] BGH NJW 1992, 618, 619; BGH NJW-RR 2005, 206, 208.

[61] Staudinger-*Magnus*, Art. 3 Rom I-VO Rdnr. 74.

[62] OLG Frankfurt IPRax 1992, 314, 316 f.; *Dicey/Morris/Collins* Rdnr. 32–049; *von Hoffmann/Thorn* § 10 Rdnr. 38; *Kropholler* § 52 II 3b; MünchKomm/*Martiny* Art 3 Rom I-VO Rdnr. 70 f.; Palandt/*Thorn*, Rom I 3 Rdnr.10; Soergel/*von Hoffmann* Art 27 EGBGB Rdnr. 53.

Vertragsschluss deutsches und für die Erfüllung des Kaufvertrages französisches Recht zu wählen.

32 **(4) Nachträgliche Rechtswahl und Rechtsänderungen nach Vertragsschluss.** Der Grundsatz der **freien Rechtswahl** existiert nach Art. 3 Abs. 2 Rom I-VO auch **in zeitlicher Hinsicht.**[63] Die Parteien können frei entscheiden, ob sie bereits zum Zeitpunkt des Vertragsschlusses eine Rechtswahl treffen, erst später das anwendbare Recht bestimmen oder eine bereits erfolgte Rechtswahl ändern. Durch eine nach Vertragsschluss erfolgte Änderung der Bestimmung des anzuwendenden Rechts werden jedoch weder die Formgültigkeit des Vertrages nach Artikel 11 Rom I-VO noch Rechte Dritter berührt (Art. 3 Abs. 2 S. 2 Rom I-VO).

33 Grundsätzlich gilt das gewählte Recht in seinem jeweiligen Bestand als vereinbart. Nach Vertragsschluss sind **Rechtsänderungen** daher in der Regel beachtlich, so dass etwa eine Novelle des gewählten nationalen Kaufrechts auf den Vertrag durchschlägt. Es ist jedoch auch möglich, einen bestimmten Rechtszustand festzuschreiben. Das kann zum einen durch sog. **Stabilisierungsklauseln**[64] geschehen, wonach spätere Rechtsänderungen den Vertrag nicht berühren.[65] Nach den sog. **Versteinerungsklauseln**[66] soll das vereinbarte Recht mit demjenigen Inhalt gelten, welchen es zu einem bestimmten Zeitpunkt hat, so dass eventuelle spätere Änderungen der gesetzlichen Grundlagen keinen Einfluss auf die Bewertung des Vertrages haben. Die kollisionsrechtliche Wirkung solcher Klauseln ist jedoch bedenklich[67], da sich die Parteien so eventuell neuen zwingenden Vorschriften des Vertragsstatuts entziehen könnten.[68]

34 **(5) Grenzen der Rechtswahl.** Die Freiheit der Rechtswahl findet ihre Grenzen insbesondere dann, wenn ihre Ausübung der Ausnutzung eines Schwächeren dienen soll oder gegen wichtige staatliche Belange verstoßen werden würde.[69] Die Rom I-Verordnung enthält kein allgemeines ausdrückliches Rechtswahlverbot zum **Schutz** des Schwächeren, allerdings bestehen punktuelle Schranken, von denen bei Kaufverträgen diejenigen zu Gunsten **der Verbraucher** relevant sind (siehe dazu Rdnr. 45). Gemäß Art. 6 Rom I-VO ist bei Verbraucherverträgen eine Rechtswahl zwar durchaus zulässig (Abs. 2 S. 1), diese darf jedoch nicht dazu führen, dass dem Verbraucher der Schutz entzogen wird, der ihm nach den ohne Rechtswahl geltenden zwingenden Normen gewährt wird (Abs. 2 S. 2). Ein insofern relevanter Verbrauchervertrag liegt dann vor, wenn ein im Rahmen seiner beruflichen oder gewerblichen Tätigkeit handelnder Unternehmer seine Aktivitäten in dem Staat ausübt oder er sie in irgendeiner Weise auf den Staat ausrichtet, in dem der außerhalb seiner beruflichen oder gewerblichen Tätigkeit handelnde Verbraucher seinen gewöhnlichen Aufenthalt hat (Art. 6 Abs. 1 Rom I-VO). Bewirbt also ein italienischer Verkäufer seine Produkte in Deutschland, kann einem hier ansässigen Verbraucher durch Rechtswahl nicht der in Deutschland geltende zwingende Verbraucherschutz entzogen werden. Die genannten Einschränkungen gelten nach Art. 6 Abs. 4 lit. c Rom I-VO nicht für Kaufverträge, die ein dingliches Recht an unbeweglichen Sachen zum Gegenstand haben, es sei denn es handelt sich um einen Time-Sharing-Vertrag.

35 Darüber hinaus bildet der Tatbestand der **Gesetzesumgehung** eine ungeschriebene Schranke der Rechtswahl.[70] Zudem wird die Parteiautonomie nach Art. 9 Rom I-VO

---

[63] MünchKomm/*Martiny* Art 3 Rom I-VO Rdnr. 3.
[64] Diese sind nach überwiegender Meinung wirksam, siehe Staudinger-*Magnus*, Art. 3 Rom I-VO Rdnr. 52 m.w.N. Allgemein hierzu: MünchKommBGB/*Martiny*, Art. 3 Rom I-VO Rdnr. 25.
[65] MünchKommBGB/*Martiny*, Art. 3 Rom I-VO Rdnr. 25.
[66] Allgemein hierzu: MünchKommBGB/*Martiny*, Art. 3 Rom I-VO Rdnr. 26.
[67] Siehe Staudinger-*Magnus*, Art. 3 Rom I-VO Rdnr. 51 f. m.w.N.
[68] Soergel-*von Hoffmann*, Art. 27 EGBGB, Rdnr. 23.
[69] MünchKommBGB/*Martiny*, Art. 3 Rom I-VO Rdnr. 9 m.w.N.
[70] MünchKommBGB/*Martiny*, Art. 3 Rom I-VO Rdnr. 11 ff.

durch die **Sonderanknüpfung von Eingriffsnormen** beschränkt, also durch Vorschriften, deren Einhaltung von einem Staat als so entscheidend für die Wahrung seines öffentlichen Interesses, insbesondere seiner politischen, sozialen oder wirtschaftlichen Organisation, angesehen wird, dass sie ungeachtet des nach Maßgabe der Rom I-Verordnung auf den Vertrag anzuwendenden Rechts auf alle Sachverhalte anzuwenden ist, die in ihren Anwendungsbereich fallen. Dazu gehören insbesondere Ein- oder Ausfuhrbestimmungen sowie Devisen- und Währungsvorschriften.[71] Letztlich bildet auch der sog. ordre public eine Begrenzung der Parteiautonomie im Rahmen der Rechtswahl. Nach Art. 21 Rom I-VO kann die Anwendung einer Vorschrift eines nach der Rom I-VO anwendbaren Rechts versagt werden, wenn ihre Anwendung mit der öffentlichen Ordnung („ordre public") des Staates des angerufenen Gerichts offensichtlich unvereinbar ist.

cc) Bestimmung des geltenden Rechts bei fehlender Rechtswahl. Bei Fehlen einer ausdrücklichen oder stillschweigenden Rechtswahl bestimmt Art. 4 Rom I-VO das Vertragsstatut nach der **engsten Verbindung.** Hier besteht entweder die Möglichkeit der Anknüpfung an einen spezifischen Vertragstyp (Abs. 1; dazu sogleich) oder der Bestimmung der engsten Verbindung durch Anknüpfung an die charakteristische Leistung (siehe Rdnr. 41 ff.). **36**

(1) Anknüpfung an spezifischen Vertrag (Art. 4 Abs. 1 Rom I-VO). Art. 4 Abs. 1 der Rom I-VO listet für die Bestimmung des auf den Vertrag anwendbaren Rechts acht Vertragsarten mit jeweils spezifischen Anknüpfungspunkten auf. Im Rahmen des Kaufrechts sind insbesondere die Bestimmungen zum Warenkauf (Art. 4 Abs. 1 lit. a), zu den Grundstücksverträgen (Art. 4 Abs. 1 lit c) sowie zum Kauf durch Versteigerung (Art. 4 Abs. 1 lit. g) zu beachten. **37**

Nach Art. 4 Abs. 1 lit. a unterliegen **Kaufverträge über bewegliche Sachen** dem Recht des Staates, in dem der Verkäufer seinen gewöhnlichen Aufenthalt hat. Das nach dieser Vorschrift anzuwendende Vertragsstatut gilt gleichsam für die Käufer- und Verkäuferpflichten, einschließlich der Leistungs- und Preisgefahr[72], sowie für Gewährleistungs- und Schadensersatzansprüche[73] des Käufers. Auch Werklieferungsverträge unterfallen kollisionsrechtlich dem sog. Fahrniskauf aus lit. a.[74] Die Anknüpfung nach lit. a ist regelmäßig nur dann vorzunehmen, wenn das UN-Kaufrecht nicht anwendbar ist, Lücken aufweist oder die Parteien es nach dessen Art. 6 abbedungen, jedoch keine Rechtswahl nach Art. 3 Rom I-VO vorgenommen haben.[75] **38**

Verträge, die ein **dingliches Recht an unbeweglichen Sachen** zum Gegenstand haben, unterliegen nach Art. 4 Abs. 1 lit. c Rom I-VO dem Recht des Staates, in dem die unbewegliche Sache belegen ist. Diese Regelung gilt gerade auch für Verpflichtungsgeschäfte.[76] Begründet wird diese Anknüpfung damit, dass die Leistung im Belegenheitsland erbracht wird und es somit vorzuziehen ist, das gleiche Recht zur Anwendung kommen zu lassen, welches für die sachenrechtlichen Vorgänge herangezogen wird.[77] **39**

Im Rahmen des **Kaufs beweglicher Sachen durch Versteigerung** ist nach Art. 4 Abs. 1 lit. g Rom I-VO das Recht des Staates anwendbar, in dem die Versteigerung abgehal- **40**

---

[71] Siehe hierzu *Spickhoff*, in: Bamberger/Roth (Hrsg.), BeckOK Art. 9 VO (EG) 593/2008 Rdnr. 9 ff.
[72] Reithmann/Martiny/*Martiny*, Rdn. 975 ff.
[73] BGHZ 61, 221 = NJW 1973, 2151; OLG Hamm IPRspr. 1985 Nr. 143.
[74] Str., jedoch herrschende Meinung, siehe: OLG Frankfurt NJW 1992, 633, 634; OLG Düsseldorf RIW 1993, 845; OLG Köln NJW-RR 1995, 245; Reithmann/Martiny/*Thode*, Rdnr. 1081.
[75] *Spickhoff*, in: Bamberger/Roth (Hrsg.), BeckOK Art. 4 VO (EG) 593/2008 Rdnr. 8.
[76] Zum Kauf insbesondere: OLG Frankfurt NJW-RR 1993, 182, 183, im Übrigen: Reithmann/Martiny/ *Martiny*, Rdnr. 147; Soergel/*von Hoffmann* Art. 28 EGBGB RdNr. 74; Palandt/*Thorn* Rom I 4, Rdnr. 16; EVÜ Mankowski RIW 1995, 1034, 1036; Staudinger/*Magnus* Art 4 Rom I-VO Rdnr. 43 ff.; *v. Bar* IPR II Rdnr. 517.
[77] Reithmann/Martiny/*Martiny*, Rdnr. 147.

ten wird, sofern denn der Ort der Versteigerung bestimmt werden kann. Diese spezifische Form des Kaufs wird abweichend von lit. a normiert, da die Kollisionsnorm für den Verkauf beweglicher Sachen zum Recht am gewöhnlichen Aufenthaltsort des Verkäufers führen würde.[78] Allerdings ist es demjenigen, der im Rahmen einer Versteigerung einen Gegenstand erwirbt, meist nicht bekannt, wo der Verkäufer seinen gewöhnlichen Aufenthaltsort hat.[79] Damit daher nicht ein für den Käufer nicht vorhersehbares Recht zur Anwendung kommt, stellt die Rom I-VO auf das Recht des Staates ab, in dem die Versteigerung abgehalten wird.[80] Kann der Ort der Versteigerung, z. B. bei Versteigerungen im Internet, nicht lokalisiert werden, ist Art. 4 lit. g nicht anwendbar. In diesem Fall ist auf Art. 4 Abs. 2 Rom I-VO zurückzugreifen.

41 **(2) Anknüpfung an die engste Verbindung (Art. 4 Abs. 2 Rom I-VO).** Kann eine Anknüpfung an eine Rechtsordnung trotz der Regelung verschiedener Vertragskonstellationen aus dem Kaufrecht in Abs 1 lit a bis h nicht hergestellt werden oder ist ein gemischter Vertrag mehreren Buchstaben zuzuordnen und würde die vorzunehmende Anknüpfung zu unterschiedlichen Rechtsordnungen führen, wird nach Art. 4 Abs. 2 Rom I-VO an die engste Verbindung angeknüpft. Ein Vertrag weist danach die engste Verbindung mit dem Staat auf, in dem die Partei, welche die charakteristische Leistung zu erbringen hat, im Zeitpunkt des Vertragsabschlusses ihren gewöhnlichen Aufenthalt bzw. ihre Hauptverwaltung hat.

42 Eine Definition des Begriffs „**charakteristische Leistung**" existiert in der Rom I-Verordnung nicht. Er wird jedoch „einheitlich und insoweit rechtsvergleichend-autonom"[81] ausgelegt. Danach ist im Rahmen eines Schuldvertrages diejenige Leistung charakteristisch, die den Vertrag gerade von anderen Verträgen unterscheidet.[82] Dies ist in der Regel die Leistung, die entgeltlich erbracht wird[83] und die dem Vertrag seinen Namen gibt[84]. Die Geldleistung als solche ist zumeist zu unspezifisch. Wenn sich also eine Geld- und eine Naturalleistung gegenüberstehen, wird das Vertragsverhältnis in der Regel durch die Leistung der Partei charakterisiert, welche die Naturalleistung zu erbringen hat.[85] Im Rahmen von Veräußerungsverträgen ist die charakteristische Leistung demnach die Veräußerung (Übergabe und Übereignung der Sache beim Kauf).[86]

43 Aus Art. 19 Abs. 3 Rom I-VO folgend, ist für die Anknüpfung der **Zeitpunkt** des Vertragsabschlusses maßgeblich.[87] Es ist demnach möglich, den Vertragsinhalt nachträglich zu verändern, ohne dass dies einen Einfluss auf die für die Bestimmung des Vertragsstatuts entscheidende charakteristische Leistung hat.[88] Bei langfristigen Verträgen können jedoch nachträgliche Veränderungen möglich sein.[89]

---

[78] MünchKommBGB/*Martiny*, Art. 4 Rom I-VO, Rdnr. 131.
[79] *Spickhoff*, in Bamberger/Roth (Hrsg.), BeckOK VO (EG) 593/2008 Art. 4 Rdnr. 46.
[80] MünchKommBGB/*Martiny*, Art. 4 Rom I-VO, Rdnr. 131.
[81] *Spickhoff*, in Bamberger/Roth (Hrsg.), BeckOK, Art. 4 VO (EG) 593/2008 Rdnr. 53, ähnlich auch Staudinger/Magnus Art. 4 Rom I-VO Rdnr. 111 ff.; Soergel/*von Hoffmann* Art. 28 EGBGB Rdnr. 25.
[82] BGH NJW 1993, 2753; OLG Düsseldorf RIW 1997, 780; Reithmann/Martiny/*Martiny*, Rdnr. 156.
[83] MünchKommBGB/*Martiny*, Art. 4 Rom I-VO, Rdnr 148.
[84] *v. Bar* IPR II Rdnr. 495; Soergel/*v. Hoffmann* Art 28 EGBGB Rdnr. 23.
[85] *Wagner* IPRax 2008, 381, deutlicher: Reithmann/Martiny/*Martiny*, Rdnr. 156.
[86] OLG Hamm NJW-RR 1996, 1271; *Stadler* Jura 1997, 505, 511; MünchKommBGB/*Martiny*, Art. 4 m I-VO, Rdnr 150; Soergel/*v. Hoffmann* Art 28 EGBGB Rdnr. 24.
[87] OLG Hamm IPRax 1996, 33, 36
[88] Staudinger/*Magnus* Art. 4 Rom I-VO Rdnr. 124; Ferrari/*Ferrari*, Int. VertragsR Art. 28 EGBGB Rdnr. 27; MünchKommBGB/*Martiny*, Art. 4 Rom I-VO, Rdnr 156 m.w.N.; Reithmann/Martiny/*Martiny*, Rdnr. 159.
[89] Siehe hierzu im Detail: MünchKommBGB/*Martiny*, Art. 4 Rom I-VO, Rdnr. 157.

Ist nach den vorstehend genannten Grundsätzen bestimmt, welches die charakteristische **44** Leistung ist, muss deren **Lokalisierung** erfolgen. Nach Art. 4 Abs. 2 Rom I-VO ist der gewöhnliche Aufenthalt des Leistungserbringers maßgeblich. Um diesen zu bestimmen, sind die Festlegungen in Art. 19 Rom I-VO heranzuziehen. Demnach ist als gewöhnlicher Aufenthalt einer natürlichen Person, die in Ausübung einer beruflichen oder gewerblichen Tätigkeit handelt, an das Recht von deren Hauptniederlassung anzuknüpfen (Art 19 Abs 1 S 2) bzw. an das Recht einer sonstigen Niederlassung, wenn die Leistung nach dem Vertrag von einer anderen als der Hauptniederlassung zu erbringen ist (Art. 19 Abs. 2 Rom I-VO).[90] Der gewöhnliche Aufenthalt von Gesellschaften, Vereinen oder juristischen Personen ist der Ort ihrer Hauptverwaltung (Art. 19 Abs. 1 S. 1 Rom I-VO).[91] Verträge, die nicht in Ausübung einer beruflichen oder gewerblichen Tätigkeit der Partei, die die vertragscharakteristische Leistung zu erbringen hat, geschlossen worden sind, werden nach Art. 4 Abs. 2 Rom I-VO dem Recht am gewöhnlichen Aufenthaltsort unterworfen.

(3) Spezielle Kollisionsnormen beim Verbraucherkauf (Art. 6 Rom I-VO). In vielen **45** Fällen begünstigt die Anknüpfung über den Vertragstyp nach Art. 4 Abs. 1 Rom I-VO bzw. über die „charakteristische Leistung" gemäß Art. 4 Abs. 2 Rom I-VO den zumeist wirtschaftlich Stärkeren und benachteiligt den Kunden, im speziellen Fall des Kaufrechts also den Käufer. Ihm obliegt die für den Vertragstyp nicht charakteristische Geldleistung, was zur Folge hat, dass der Käufer einer fremden Rechtsordnung unterworfen wird.[92] Dem wirken für bestimmte Inhalte und Gegebenheiten des Vertrages die Art. 5 bis 8 Rom I-VO als spezielle Kollisionsnormen ausgleichend entgegen. Für Kaufverträge bedeutsam ist Art. 6 Rom I-VO, der für Verbraucherverträge die sich aus Art. 4 Abs. 1 und 2 Rom I-VO ergebende Situation dahingehend korrigiert, dass er auf das **Recht des gewöhnlichen Aufenthalts des Verbrauchers** abstellt, wenn der Vertrag infolge einer im Verbraucherland auf den Vertragsabschluss gerichteten Tätigkeit des Unternehmers zustande gekommen ist. Wegen des sozialen Schutzbedürfnisses wird hier von der Regelanknüpfung abgewichen, da der Verbraucher nicht selbst die Initiative zu einem Geschäft ergriffen hat, das zur Geltung einer ausländischen Rechtsordnung führen würde, obwohl er in Anbetracht der **Inlandsaktivität des Verkäufers** und auf die Maßgeblichkeit seiner eigenen Rechtsordnung vertrauen durfte.[93]

(4) Engere Verbindung (Art. 4 Abs. 3 Rom I-VO). Ergibt sich aus der Gesamtheit der **46** Umstände, dass der Vertrag eine offensichtlich engere Verbindung mit einem anderen Staat aufweist, als dem durch Art. 4 Abs. 1 oder Abs. 2 Rom I-VO gefundenen, korrigiert Abs. 3 diese Anknüpfung. Für die Bestimmung einer engeren Verbindung ist die Gesamtheit der Umstände, d. h. der **konkreten Indizien** für das einzelne Rechtsverhältnis maßgeblich.[94] Die bloße Verbindung auch zu einem anderen Land als zu demjenigen, auf das die Anknüpfung nach Abs. 1 oder Abs. 2 hinweist, reicht noch nicht aus. Die maßgeblichen Umstände müssen besonderer Natur und gewichtiger sein als zu der Rechtsordnung, auf welche die Anknüpfung hinweist[95]. Die **engere Verbindung** muss demnach offensichtlich sein, also ein ganz besonderes Gewicht haben.[96]

---

[90] *Spickhoff*, in Bamberger/Roth (Hrsg.), BeckOK, Art. 4 VO (EG) 593/2008 Rdnr. 55.
[91] *Spickhoff*, in Bamberger/Roth (Hrsg.), BeckOK, Art. 4 VO (EG) 593/2008 Rdnr. 55.
[92] MünchKomm-*Martiny*, Art. 4 Rom I-VO, Rdnr. 154.
[93] So MünchKomm-*Martiny*, Art. 4 Rom I-VO, Rdnr. 154.
[94] Es ist zu beachten, dass Abs. 3 nicht zu weit ausgelegt werden darf, weil dies die Reichweite der Abs. 1 und 2 zu sehr einschränken würde. Wird die Vorschrift dagegen zu eng angewendet, kann dies wegen der starren Anknüpfungen zu unzuträglichen Anknüpfungen führen, siehe *Leible/Lehmann*, RIW 2008, 528, 536; MünchKomm-*Martiny*, Art. 4 Rom I-VO, Rdnr. 244.
[95] MünchKomm-*Martiny* Art. 4 Rom I-VO, Rdnr. 248.
[96] Reithmann/Martiny/*Martiny*, Rdnr. 169; Pfeiffer, EuZW 2008, 622, 626.

47 **(5) Nichtbestimmbarkeit der charakteristischen Leistung (Art. 4 Abs. 4 Rom I-VO).** Eine Anknüpfung nach Art. 4 Abs. 2 Rom I-VO kann nicht stattfinden, wenn sich die charakteristische Leistung nicht bestimmen lässt. Da jedoch kaufrechtliche Verträge zumeist bereits den „spezifischen Verträgen" des Art. 4 Abs. 1 Rom I-VO unterfallen, wird eine solche Konstellation eher selten auftreten. Sollte bei spezifischen Vertragsgestaltungen ein Kauf einmal nicht an einen spezifischen Vertrag oder eine charakteristische Leistung anzuknüpfen sein, gilt die Generalklausel des Art. 4 Abs. 4 Rom I-VO, wonach das Recht maßgeblich ist, zu dem der Vertrag die **engste Verbindung** aufweist.

48 Die Nichtbestimmbarkeit der charakteristischen Leistung tritt **nur bei besonderen Vertragsgestaltungen** auf, wie z.B. dem Tausch und vor allem bei atypischen, individuell gestalteten Verträgen, die keinem gesetzlich vorgesehenen Vertragstyp entsprechen.[97] Bei einem **Vertrag sui generis,** ist die kollisionsrechtliche Bedeutung jeder einzelnen Verpflichtung zu ermitteln.[98] Lässt sich dann jedoch eine einzig charakteristische Leistung nicht ermitteln, so kommt es auf die engste Verbindung im Sinne des Art. 4 Abs. 4 Rom I-VO an.[99] Ähnliches gilt auch, wenn die charakteristische Leistung von verschiedenen Parteien aus verschiedenen Rechtsordnungen erbracht wird.[100]

49 Der Begriff der engsten Verbindung wird in der Verordnung nicht näher erläutert. Die Prüfung der engsten Verbindung muss jedoch stets zu einem Ergebnis führen, da es nach der Rom I-VO weder Verträge ohne Vertragsstatut, noch solche ohne eine derartige Verbindung gibt.[101] Auf die engste Verbindung gemäß Art. 4 Abs. 4 Rom I-VO weisen unter anderem folgende **Faktoren** hin[102]: Gewöhnlicher Aufenthalt/Niederlassung, Staatsangehörigkeit, Beteiligung der öffentlichen Hand, Währung, Abschlussort, Mitwirkung eines Notars oder Richters oder Maklers, favor negotii, hypothetischer Parteiwille, Recht der Flagge, Gerichtsstandsklausel, Schiedsklausel, Bezugnahme auf ein Recht, Vertragssprache, Prozessverhalten, Erfüllungsort, Mitwirkung Dritter sowie der Lageort des Vertragsgegenstandes. Eine pauschale Bewertung dieser Faktoren ist jedoch auch in bei der Bestimmung der engsten Verbindung nicht möglich, es ist vielmehr jeder Einzelfall gesondert zu bewerten.

50 **b) UN-Kaufrecht.** Bei Verträgen über den **internationalen Warenkauf** gilt das Übereinkommen der Vereinten Nationen vom 11.4.1980 (UN-Kaufrecht, CISG), das in der Bundesrepublik Deutschland am 1.1.1991 in Kraft getreten ist.[103] Das CISG gilt heute in 78 Staaten.[104] Es kommt zur Anwendung, wenn die Parteien des Kaufvertrages ihre Niederlassung in verschiedenen Vertragsstaaten haben und der Kaufgegenstand eine Ware ist, die nicht für den persönlichen Gebrauch oder für Familie und Haushalt bestimmt ist (vgl. Art. 1, 2 CISG; näher zu den Anwendungsvoraussetzungen Rdnr. 118ff.). Die Kaufvertragsparteien können die Geltung des CISG durch Vereinbarung ausschließen (Art. 6 CISG;

---

[97] MünchKomm-*Martiny*, Art. 4 Rom I-VO, Rdnr. 159.
[98] *Spickhoff,* in Bamberger/Roth (Hrsg.), BeckOK, Art. 4 VO (EG) 593/2008 Rdnr. 82; MünchKomm-*Martiny*, Art. 4 Rom I-VO, Rdnr. 160.
[99] MünchKomm-*Martiny*, Art. 4 Rom I-VO, Rdnr. 160.
[100] *Spickhoff,* in Bamberger/Roth (Hrsg.), BeckOK, Art. 4 VO (EG) 593/2008 Rdnr. 82; MünchKomm-*Martiny*, Art. 4 Rom I- VO, Rdnr. 161.
[101] Staudinger-*Magnus*, Art. 4 Rdnr. 142; MünchKomm-*Martiny*, Art. 4 Rom I-VO, Rdnr. 272.
[102] Siehe zu den einzelnen Faktoren im Detail: MünchKomm-*Martiny*, Art. 4 Rom I-VO, Rdnr. 284ff.; Staudinger-*Magnus*, Art. 4 Rdnr. 146ff.
[103] Übereinkommen der Vereinten Nationen über den internationalen Warenkauf v. 11.4.1980, BGBl. 1989 II, S. 586ff.; gebräuchliche Bezeichnungen sind: UN-Kaufrecht, Wiener Kaufrecht, UNCITRAL-Kaufrecht oder CISG (United Nations Convention on Contracts for the International Sale of Goods).
[104] Eine ständig aktualisierte Auflistung der Mitgliedsstaaten steht unter http://www.uncitral.org/uncitral/en/ uncitral_texts/sale_goods/ 1980CISG_status.html zur Verfügung, dort sind auch die von einigen Mitgliedsstaaten erklärten Vorbehalte i.S.d. Art. 92ff. CISG verzeichnet. Zu neueren Entwicklungen im UN-Kaufrecht vgl. Piltz, NJW 2005, 2126ff. und *ders.*, NJW 2003, 2056ff.

näher dazu Rdnr. 129). Bedeutsam sind insbesondere die in Art. 14 ff. CISG enthaltenen Vorschriften über den Vertragsschluss (dazu Rdnr. 201 ff.) und die Bestimmungen des materiellen Kaufrechts, die in Art. 25 ff. Rechte und Pflichten der Parteien sowie die Rechtsbehelfe bei Pflichtverletzungen festlegen (siehe dazu im einzelnen bei dem jeweiligen konkreten Problemkreis; in diesem Zusammenhang wird auch auf eventuell relevante internationale Handelsbräuche eingegangen).

c) Gemeinsames Europäisches Kaufrecht (GEKR). Die EU-Kommission hat am 11.10.2011 den Entwurf einer Verordnung über ein Gemeinsames Europäisches Kaufrecht[105] verabschiedet. Ziel ist es, den grenzüberschreitenden Handel dadurch zu fördern, dass bei geschäftlichen Aktivitäten in mehreren Ländern die Geltung verschiedener nationaler Rechte vermieden wird und nur noch ein einheitliches Recht zur Anwendung kommt. Es sollen Kaufverträge über Waren erfasst werden, sowie die Bereitstellung digitaler Inhalte und Werklieferungsverträge. In persönlicher Hinsicht ist grundlegende Anwendungsvoraussetzung, dass der Verkäufer ein Unternehmer ist. Der Käufer muss entweder ein Verbraucher oder ein kleines oder mittleres Unternehmen (KMU)[106] sein, womit ein Überschneidungsbereich zum UN-Kaufrecht entsteht[107]. Selbst wenn diese Voraussetzungen erfüllt sind und ein grenzüberschreitender Vertrag abgeschlossen werden soll, gilt das GEKR nicht automatisch, sondern nur dann, wenn die Parteien dessen Geltung vereinbart haben. Ist dies erfolgt, sollen alle vertragsrelevanten Bereiche nach dem Verordnungsentwurf in dem GEKR eine Regelung finden. So sind insbesondere Bestimmungen vorgesehen über das Zustandekommen des Vertrages, die Pflichten der Parteien und deren Rechte bei Pflichtverletzungen, und auch Vorschriften über Rückabwicklung und Verjährung. Wird die Geltung des GEKR vereinbart, soll nur dieses gelten und einzelstaatliche Vorschriften verdrängen. Diese kämen nur zur Anwendung, soweit das GEKR Lücken aufweist. Da dies aber in beachtlichen Bereichen – wie etwa der Geschäftsfähigkeit, Stellvertretung, Rechts- und Sittenwidrigkeit, sowie Abtretung, Aufrechnung u. a. – der Fall ist, würde die Vertragsbeziehung auch bei Geltung des GEKR von nationalen Elementen durchsetzt sein. 51

Obwohl die Zielsetzungen des GEKR mit der Verringerung von Transaktionskosten für Unternehmer und einem höheren Schutzniveau für Verbraucher für beide Vertragsparteien positive Effekte benennt, hat der Entwurf nicht nur Zustimmung[108] sondern vor allem auch Kritik[109] erfahren. Insbesondere wird bereits der Bedarf für ein einheitliches Kaufrecht, das neben die bestehenden nationalen Kaufrechte treten soll, bezweifelt. In Wirtschaftskreisen werden zudem erhebliche Kostensteigerungen befürchtet, die ebenso wie die angestrebte Erhöhung des Verbraucherschutzniveaus kaum erwarten lassen, dass Unternehmen einen Kaufvertrag dem GEKR unterstellen werden.[110] Allerdings wird gerade aus Verbrauchersicht eine Absenkung des vorhandenen Schutzniveaus befürchtet.[111] Die Diskussion im Ministerrat der EU hat unterschiedliche Auffassungen der Mitgliedstaaten zu Tage treten lassen.[112] 52

---

[105] KOM (2011) 636 endgültig; Ratsdokument 15429/11 vom 13.10.2011.

[106] Es handelt sich dabei um Unternehmen, die weniger als 250 Personen beschäftigen und einen Jahresumsatz von höchstens 50 Mio Euro oder eine Jahresbilanzsumme von höchstens 43 Mio Euro haben, Art. 7 II a) und b) GEKR.

[107] Vgl. KOM (2011) 636 endgültig, S. 9; Art 7 II GEKR, KOM (2011) 635 endgültig; Grünbuch, KOM (2010) 348 endgültig, S. 6 f.; Lorenz, AcP 212 (2012), 702, 715; Staudenmayer, NJW 2011, 3491, 3495.

[108] Im Grundsatz Looschelders, AcP 212 (2012), 581, 693.

[109] Stadler, AcP 212 (2012), 475, 500 f.; Grundmann, AcP 212 (2012), 502, 540 ff.; Zöchling-Jud, AcP 212 (2012), 550, 573; Lorenz, AcP 212 (2012), 702, 843.

[110] Siehe die Stellungnahme des BDI zum Verordnungsentwurf, S. 3 f. (community.beck.de/files/Stn/EU-Kaufrecht.pdf , 07.06.2013).

[111] Stellungnahme des Verbraucherzentrale Bundesverbandes, S. 5 f. (http://www.vzbv.de/cps/rde/xbcr/vzbv/Stellungnahme-vzbv-Gemeinsames-Europaeisches-Kaufrecht-2012-01-13.pdf , 07.06.2013).

[112] Vgl. Presseerklärung und Anlage zur Ratstagung vom 7./8.6.2012.

Selbst der Bedarf für ein solches fakultatives eigenständiges Kaufrecht sei noch nicht geklärt, und auch die Beratungen zu Einzelfragen stehen noch am Anfang. In Anbetracht dessen dürfte wohl in ansehbarer Zeit kaum mit der Verabschiedung der Verordnung zu rechnen sein. Daher wird das – noch nicht bestehende – einheitliche Europäische Kaufrecht in dieser Auflage des Kaufrechtshandbuchs nicht als Rechtsgrundlage für einen Kauf erörtert.

2. Kapitel. Inhalt und Parteien des Kaufvertrages

I. Allgemeines

Auf der Grundlage der **Vertragsfreiheit** kann der Inhalt des Kaufvertrages von den Parteien **53** unter Berücksichtigung ihrer individuellen Bedürfnisse nach Belieben festgelegt werden. Die getroffenen Vereinbarungen sind die Basis für die gegenseitigen Rechte und Pflichten. Die konkreten Gegebenheiten können aber auch Einfluss haben auf die für das Vertragsverhältnis geltenden Gesetzesbestimmungen. Zum einen kann das allgemeine Kaufrecht durch Sonderregelungen überlagert sein, die an den Inhalt des Vertrages oder auch an die rechtliche Stellung der beteiligten Personen anknüpfen. Zum anderen ist zu fragen, ob der Vertragsinhalt überhaupt als Kauf i. S. d. §§ 433 ff. BGB zu werten ist, ob er also die charakteristischen **Typusmerkmale des Kaufs** aufweist. Dieser ist dadurch gekennzeichnet, dass gegen Zahlung eines Preises die rechtliche Verfügungsgewalt über den Vertragsgegenstand dauerhaft auf den Käufer übergehen soll. Ob ein solches **Veräußerungsgeschäft** vorliegt, ist im Zweifel durch Auslegung des Inhalts der Vereinbarungen zu ermitteln. Der von den Parteien für den Vertrag gewählten Bezeichnung kommt für dessen rechtliche Einordnung keine primär entscheidende Bedeutung zu.[1] So ist etwa der „Kauf" einer Fahrkarte nicht den §§ 433 ff. BGB unterworfen, sondern es wird ein Beförderungsvertrag, der ein Werkvertrag ist, geschlossen. Somit ist es erforderlich, zunächst die möglichen Gegenstände eines Kaufs zu betrachten (Rdnr. 55 ff.) und sodann eine Abgrenzung zu anderen Vertragstypen vorzunehmen (dazu Rdnr. 61 ff.).

Ist eine Vereinbarung als Kauf zu werten, so gelten grundsätzlich die §§ 433 ff. BGB. Für **54** das konkrete Vertragsverhältnis ist aber weiter zu prüfen, ob nicht im Kaufrecht bestehende **Sonderregelungen** relevant werden. So finden in den §§ 454 ff. BGB besondere **Arten des Kaufs** (Kauf auf Probe, Wiederkauf und Vorkauf) Berücksichtigung (dazu Rdnr. 84 ff.). Andere Vorschriften differenzieren nach der **Art des Vertragsgegenstandes** (z. B. Ware, Immobilie oder Recht). Vor allem kommt aber der **Stellung der Vertragsparteien** als Unternehmer oder Verbraucher Bedeutung zu. Sonderregelungen bestehen für den Verbrauchsgüterkauf (§§ 474 ff. BGB), den Handelskauf (§§ 373 ff. HGB) und den internationalen Warenkauf nach dem UN-Kaufrecht. Die jeweiligen Anwendungsvoraussetzungen werden in diesem Kapitel unter Rdnr. 96 ff., Rdnr. 108 ff. bzw. Rdnr. 116 ff. dargestellt, der Inhalt der einzelnen Spezialnormen wird im jeweiligen Sachzusammenhang erörtert.

II. Gegenstände des Kaufs

Im Zentrum der kaufrechtlichen Normen steht der **Sachkauf;** darauf stellen die §§ 433 ff. **55** BGB ab. Für den **Kauf von Rechten und sonstigen Gegenständen** gelten die Kaufrechtsvorschriften aber gem. § 453 Abs. 1 BGB entsprechend. Die diesbezüglichen früher für den Rechtskauf (vgl. § 433 Abs. 1 S. 2 a. F. BGB) und für kaufähnliche Verträge (§ 445 a. F. BGB) geltenden Vorschriften wurden im Rahmen der Schuldrechtsmodernisierung gestrichen. Damit wollte der Gesetzgeber aber keine Einengung des Anwendungsbereiches der Kaufrechtsnormen herbeiführen. Vielmehr wird in der Gesetzesbegründung ausdrücklich hervorgehoben, dass die im Ausgangspunkt erfolgte Orientierung der Kaufrechtsnor-

---

[1] BGHZ 75, 299, 301; BGHZ 106, 341, 345; vgl. allgemein Erman-*Kindl*, vor § 311 BGB Rdnr. 9; Bamberger/Roth-*Gehrlein/Grüneberg/Sutschet*, § 311 BGB Rdnr. 17; Palandt-*Grüneberg*, Überbl. v. § 311 BGB Rdnr. 11.

men am Sachkauf lediglich im Interesse der Klarheit und Übersichtlichkeit vorgenommen wurde.[2] In Anknüpfung an die bisherigen Gesetzesbestimmungen und die diesbezügliche Rechtsprechung[3] sind die §§ 433 ff. BGB nicht nur für den Rechtskauf entsprechend anzuwenden, sondern der Kaufvertrag wird als geeigneter Vertragstyp auch für die entgeltliche dauerhafte Übertragung anderer Vermögenswerte angesehen.[4] Die dahingehende Regelung in § 453 Abs. 1 BGB führt zu einer umfassenden Geltung der Kaufrechtsnormen für die Veräußerung von Sachen, Rechten und sonstigen Gegenständen, so dass **grundsätzlich jedes verkehrsfähige Vermögensgut** Inhalt eines Kaufvertrages sein kann. Dies macht es aber nicht entbehrlich, die potenziellen **Kaufgegenstände differenziert zu betrachten.** Diese Notwendigkeit ergibt sich zum einen daraus, dass für verschiedene Kaufgegenstände Sonderregelungen bestehen, und zum anderen aus der Frage, wann aufgrund des Vertragsinhalts der Typus des Kaufvertrages verlassen wird.

1. Sachkauf

56 Nach der Definition in § 90 BGB sind Sachen körperliche Gegenstände. Dies können **bewegliche Sachen oder Grundstücke** sein. Die kaufrechtlichen Normen über den Erwerb von Grundstücken finden gem. § 452 BGB auf den Kauf von **eingetragenen Schiffen und Schiffsbauwerken** entsprechende Anwendung. **Tiere** sind zwar als Lebewesen keine Sachen, sie kommen aber aufgrund der Regelung in § 90 a S. 3 BGB als Gegenstand eines Sachkaufs in Betracht. Für die nach § 90 BGB erforderliche „Körperlichkeit" ist notwendig, dass der Gegenstand räumlich abgrenzbar ist. Der Aggregatzustand ist dabei unerheblich, so dass auch Flüssigkeiten und Gase Inhalt eines Kaufvertrages über eine Sache sein können,[5] allerdings erst, wenn sie sich in Behältnissen oder Leitungen befinden. Ein solcher Sachkauf liegt auch vor, wenn die Versorgung mit Gas oder Wasser durch eine öffentliche Versorgungseinrichtung erfolgt.[6] Zur Lieferung von Strom und Fernwärme siehe Rdnr. 60 und 47. Die Veräußerung von **Standardsoftware** ist ebenso wie die der Hardware als Sachkauf einzuordnen.[7] Ist Vertragsgegenstand allerdings eine **individuell anzupassende oder herzustellende Software,** so handelt es sich nicht um einen Kauf-, sondern um einen Werkvertrag[8] (siehe auch Rdnr. 67).

57 Als Grundstückskauf ist auch der Erwerb eines Miteigentumsanteils daran, insbesondere einer Eigentumswohnung zu werten. **Wesentliche Bestandteile** einer Sache können zwar nach der Regelung von § 93 BGB nicht Gegenstand besonderer Rechte sein, dies hindert aber nicht den Abschluss eines schuldrechtlichen Vertrages, der sich auf den Fall der Trennung bezieht, wie etwa beim Verkauf von Holz auf dem Stamm oder von Baumaterial aus einem Abbruchhaus.[9] Für das **Zubehör** (§ 97 BGB) einer Sache beinhaltet § 311 c BGB zwar eine Auslegungsregelung dahingehend, dass dieses von der Veräußerung der Hauptsache erfasst wird, es sind aber davon abweichende Vereinbarungen zulässig. So kann sich

---

[2] Vgl. die Begründung des RegE, BT-Drucks. 14/6040, S. 242.
[3] Vgl. BGHZ 83, 283, 285; BGH, NJW 1991, 1353 f.; OLG Köln, NJW-RR 1994, 687.
[4] So die Begründung des RegE, BT-Drucks. 14/6040, S. 208 und auch S. 242.
[5] Soergel-*Huber*, § 433 BGB Rdnr. 21; Jauernig-*Berger,* § 433 BGB Rdnr. 11.
[6] BGHZ 93, 358, 370; BGHZ 59, 303, 309.
[7] BGHZ 102, 135, 144; 109, 97, 100; 110, 130, 137; bei unentgeltlichen Zusatzleistungen OLG Köln, NJW-RR 1992, 1327; LG Bonn v. 31.10.2006, Az. 110 170/05 (Beck RS 2006 13836); LG Stuttgart, BB 1991, Beilage 23, S. 11 Nr. 8; Jauernig-*Berger,* § 433 BGB Rdnr. 13; Palandt-*Weidenkaff,* § 433 BGB Rdnr. 9
[8] BGH, NJW 1990, 3008; MünchKomm-*Westermann,* vor § 433 BGB Rdnr. 23; zur Anwendung von Mietrecht, wenn die Software nicht übereignet, sondern nur entgeltlich überlassen wird, vgl. BGH v. 15.11.2006, Az. XII ZR 120/04 (BeckRS 2006 15203).
[9] Vgl. BGH, NJW 2000, 504, 505; Soergel-*Huber*, § 433 BGB Rdnr. 22; Palandt-*Ellenberger,* § 93 BGB Rdnr. 4; Jauernig-*Jauernig,* § 93 BGB Rdnr. 1; PWW-*Völzmann-Stickelbrock,* § 93 BGB Rdnr. 2.

II. Gegenstände des Kaufs

einerseits ein Kaufvertrag über die Hauptsache nicht auf das Zubehör erstrecken, andererseits können die Parteien sich auch auf den separaten Verkauf von Zubehör einigen.[10]

Der Kaufvertrag kann auch eine **Sachgesamtheit** betreffen, wie etwa bei der Veräußerung eines Warenlagers. Wird so über mehrere als zusammengehörend angesehene Sachen ein einheitlicher Kaufvertrag abgeschlossen, so ist zumindest die Bestimmbarkeit der erfassten Gegenstände erforderlich.[11] Für den sachenrechtlichen Eigentumsübergang müssen Einigung und Übergabe gemäß §§ 929 ff. BGB für jede konkrete Sache einzeln erfolgen, was aber praktisch in einem Gesamtakt geschehen kann.[12] Bei Vertragsschluss **noch nicht existierende zukünftige Sachen** können ebenfalls Gegenstand eines Kaufs sein. Ist ungewiss, ob die Kaufsache zur Entstehung gelangen wird, kann der Vertrag aufschiebend bedingt sein oder aber sogleich unbedingt Wirksamkeit entfalten, wenn eine Erwerbschance verkauft werden sollte (sogenannter Hoffnungskauf, wie z. B. beim Erwerb eines Loses). Der Kaufvertrag ist ebenfalls unbedingt wirksam, wenn die Parteien das spätere Entstehen der Kaufsache als sicher angesehen haben.[13] Ist dabei der Verkäufer zur Herstellung der Sache verpflichtet, kann ein Werk- oder Werklieferungsvertrag vorliegen (zur Abgrenzung siehe Rdnr. 64). **58**

2. Kauf von Rechten

Grundsätzlich können **alle übertragbaren Rechte** Gegenstand eines Kaufs sein, also sowohl schuldrechtliche Forderungen als auch dingliche Rechte, Anwartschafts-, Nutzungs-, Grundpfand- oder Erbbaurechte sowie gewerbliche Schutzrechte, Verlagsrechte, subjektive öffentliche Rechte (z. B. Konzessionen).[14] Der Erwerb von Gesellschaftsanteilen ist ebenfalls grundsätzlich Rechtskauf.[15] Dies gilt auch für Wertpapiere, wobei allerdings hinsichtlich des Papiers als solchem Sachkauf vorliegt.[16] Auch lediglich bedingte, künftige oder dem Verkäufer noch nicht zustehende Rechte können verkauft werden.[17] **Nicht Gegenstand eines Rechtskaufs** können dagegen der Besitz sowie höchstpersönliche Rechte wie das Namensrecht (§ 12 BGB; siehe auch § 23 HGB: Verbot der Leerübertragung einer Firma) sein.[18] **59**

3. Kauf sonstiger Gegenstände

Die Gesetzesbegründung zu § 453 Abs. 1 BGB[19] nennt als „sonstige Gegenstände", für die die Normen über den Sachkauf entsprechende Anwendung finden sollen, „die entgeltliche Übertragung von Unternehmen oder Unternehmensteilen, von freiberuflichen Praxen, von Elektrizität und Fernwärme, von (nicht geschützten) Erfindungen, technischem Know- **60**

---

[10] Erman-*Michalski*, § 97 BGB Rdnr. 15; Palandt-*Ellenberger*, § 97 BGB Rdnr. 1; Soergel-*Huber*, § 433 BGB Rdnr. 25; *Schulte-Thoma*, RNotZ 2004, 61 ff.
[11] Soergel-*Huber*, § 433 BGB Rdnr. 24; Bamberger/Roth-*Fritzsche*, § 90 BGB Rdnr. 16; PWW-*Völzmann-Stickelbrock*, § 90 BGB Rdnr. 4; Jauernig-*Jauernig*, vor § 90 BGB Rdnr. 5.
[12] Bamberger/Roth-*Fritzsche*, § 90 BGB Rdnr. 16; Jauernig-*Jauernig*, vor § 90 BGB Rdnr. 5; Palandt-*Ellenberger*, Überbl. v. § 90 BGB Rdnr. 5; Soergel-*Huber*, § 433 BGB Rdnr. 24.
[13] BGH, NJW 2000, 504 f.; BGHZ 70, 356, 358; Jauernig-*Berger*, § 433 BGB Rdnr. 12.
[14] PWW-*Schmidt*, § 453 BGB Rdnr. 5; Jauernig-*Berger*, § 453 BGB Rdnr. 2; *Wertenbruch*, ZIP 2005, 516 ff.; Einzelheiten siehe bei Soergel-*Huber*, § 433 BGB Rdnr. 47 ff.
[15] OLG München, DB 1998, 1321; Palandt-*Weidenkaff*, § 453 BGB Rdnr. 4; Soergel-*Huber*, § 433 BGB Rdnr. 61; PWW-*Schmidt*, § 453 BGB Rdnr. 5 und 15.
[16] Palandt-*Weidenkaff*, § 453 BGB Rdnr. 10; PWW-*Schmidt*, § 453 BGB Rdnr. 21; Bamberger/Roth-*Faust*, § 453 BGB Rdnr. 7.
[17] Jauernig-*Berger*, § 453 BGB Rdnr. 2; Palandt-*Weidenkaff*, § 453 BGB Rdnr. 4; PWW-*Schmidt*, § 453 BGB Rdnr. 2; Bamberger/Roth-*Faust*, § 453 BGB Rdnr. 2.
[18] Palandt-*Weidenkaff*, § 453 BGB Rdnr. 4; Jauernig-*Berger*, § 453 BGB Rdnr. 2; PWW-*Schmidt*, § 453 BGB Rdnr. 5; Bamberger/Roth-*Faust*, § 453 BGB Rdnr. 2 f.
[19] BT-Drucks. 14/6040, S. 242.

how, Software und Werbeideen". Diese Aufzählung ist einerseits nicht abschließend, da z.B. außer dem Unternehmen auch andere Rechts- und Sachgesamtheiten – wie etwa das gegenwärtige Vermögen (§ 311b Abs. 3 BGB) oder der Nachlass (§ 2371 BGB) – Gegenstand eines Kaufvertrags sein können. Andererseits ist die Einordnung der in der Gesetzesbegründung genannten Beispiele auch nicht zwingend, da etwa der Erwerb von Software – je nach den Umständen des Einzelfalles – auch als Sachkauf oder Werkvertrag gewertet werden kann (siehe Rdnr. 56 sowie Rdnr. 67, 68). Der Verkauf einer freiberuflichen Praxis, der auch die Patientenkartei oder Mandantenakten erfasst, erfordert die diesbezügliche Zustimmung der Patienten bzw. Mandanten.[20] Ansonsten kann ein Unternehmen als Zusammenfassung aller personellen und sachlichen Mittel (z.B. bewegliche und unbewegliche Sachen, Forderungen, Kundenstamm, Firma, Warenzeichen, good will) Gegenstand eines Kaufvertrages sein.[21] Dies kann auch dadurch geschehen, dass alle Geschäftsanteile einer Gesellschaft einheitlich verkauft werden (Share Deal).[22] Zu den jeweils notwendigen Erfüllungshandlungen siehe Rdnr. 319 ff.

III. Abgrenzung zu anderen Vertragstypen

1. Tausch und Sortenkauf

61 Ebenso wie der Kauf ist auch der Tausch dadurch gekennzeichnet, dass die Verfügungsgewalt über den Vertragsgegenstand dauerhaft übertragen werden soll. Daher finden die Vorschriften über den Kauf gem. § 480 BGB entsprechende Anwendung. Ein Unterschied besteht allerdings insofern, als an Stelle des Kaufpreises ein Vermögenswert (insbesondere eine Sache oder ein Recht) als vertragsgemäße Gegenleistung geschuldet wird.[23] Dies führt zum **Austausch zweier Sachwerte,** wobei im Vorfeld i.d.R. die Geldwerte der auszutauschenden Sachen verglichen und zueinander in Beziehung gesetzt wurden.[24] Praktisch bedeutsam ist die **Inzahlungnahme einer gebrauchten Sache** beim Erwerb einer (neuen) Sache. Verschiedentlich wird die Ansicht vertreten, es liege ein gemischter Vertrag aus Tausch und Kauf vor.[25] Demgegenüber ist die Rechtsprechung und h.M. in der Literatur der Meinung, ein solcher Vertrag sei regelmäßig als ein einheitlicher Kaufvertrag mit Ersetzungsbefugnis des Käufers anzusehen.[26] Dafür spricht insbesondere, dass nach dem Willen der Parteien der Neuerwerb im Vordergrund steht, wobei der Einsatz der gebrauchten Sache lediglich eine Zahlungsmodalität darstellt (siehe Rdnr. 1251 ff.).

62 Beim Wechseln derselben Währung liegt ein Tausch vor.[27] Hingegen kommen bei **Geschäften mit ausländischen Zahlungsmitteln** andere Vertragstypen in Betracht. Um

---

[20] MünchKomm-*Westermann*, § 453 BGB Rdnr. 17; zu Arztpraxen vgl. BGHZ 116, 268; zu Rechtsanwaltskanzleien vgl. BGH, NJW 1995, 2026 ff.; *Michalski/Römermann*, NJW 1996, 1305 ff.; BGH, NJW 1997, 188 ff.; zur Steuerberaterpraxis vgl. BGH, NJW 1996, 2087 f.; OLG Naumburg, BB 2002, 1935 f.; siehe auch *Gienapp/von Hugo*, BB 1997, 2229 ff.

[21] Vgl. Soergel-*Huber*, § 433 BGB Rdnr. 29; Palandt-*Weidenkaff*, § 453 BGB Rdnr. 7; Bamberger/Roth-*Faust*, § 453 BGB Rdnr. 25; *Eidenmüller*, ZGS 2002, 290 ff.

[22] BGHZ 85, 367, 370; BGH, NJW 1991, 1223 f.; Palandt-*Weidenkaff*, § 453 BGB Rdnr. 7; PWW-*Schmidt*, § 453 BGB Rdnr. 28.

[23] Palandt-*Weidenkaff*, Einf. v. § 433 BGB Rdnr. 17; Bamberger/Roth-*Faust*, § 433 Rdnr. 14.

[24] MünchKomm-*Westermann*, vor § 433 BGB Rdnr. 20.

[25] So *Medicus*, BR, Rdnr. 86 ff.; *Honsell*, Jura 1983, 523, 524; vgl. zu den anderen Meinungen *Behr*, AcP 185, 401, 407 ff.; zur früheren Problematik der Inzahlungnahme eines Gebrauchtwagens vgl. BGH, NJW 1982, 1699; BGH, NJW 1980, 2190; sowie *Rupp/Fleischmann*, NJW 1984, 2802, 2803 f.; *Katzenmeier*, NJW 2004, 2632 f.

[26] BGH, NJW 1984, 429; BGHZ 46, 338, 342; PWW-*Schmidt*, § 480 BGB Rdnr. 5; MünchKomm-*Westermann*, § 433 BGB Rdnr. 28; *Reinicke/Tiedtke*, KaufR, Rdnr. 1025 ff.; *Binder*, NJW 2003, 393, 398.

[27] Staudinger-*Beckmann*, § 433 BGB Rdnr. 8; Erman-*Grunewald*, vor § 433 BGB Rdnr. 11.

III. Abgrenzung zu anderen Vertragstypen

einen Rechtskauf handelt es sich, wenn Forderungen (auch Bankguthaben) erworben werden, die auf eine ausländische Währung lauten.[28] Wird dagegen keine Forderung, sondern Geld in Fremdwährung zum Vertragsgegenstand, so liegt ein sog. Valuta- oder Sortenkauf[29] vor. Beauftragt ein Kunde seine Bank, ihm gegen entsprechende Belastung seines Girokontos auf einem Devisenkonto den Gegenwert gutzuschreiben, so ist dies lediglich eine Weisung im Rahmen des bestehenden Geschäftsbesorgungsvertrages[30] (vgl. § 675 ff. BGB).

2. Schenkung

Die Schenkung (§§ 516 ff. BGB) unterscheidet sich vom Kauf dadurch, dass die **Übertragung** des Vermögenswertes vom Schenker auf den Beschenkten **unentgeltlich** erfolgt. Wird eine Gegenleistung erbracht, die weit unter dem tatsächlichen Wert liegt oder nur ein symbolischer Preis gezahlt, so kann der Vertrag je nach den Umständen des Einzelfalls entweder als Kauf oder als gemischte Schenkung gewertet werden.[31] Entscheidend ist nach der Rechtsprechung des BGH die Orientierung an und die Berücksichtigung von beiderseitigen Parteiinteressen am wirtschaftlichen Zweck der Zuwendung, insbesondere ob der entgeltliche oder unentgeltliche Teil überwiegt.[32]

63

3. Werk- und Werklieferungsvertrag

a) Allgemeine Kriterien. Während der Kaufvertrag auf die Übereignung eines (zumeist) fertigen Produktes gerichtet ist,[33] steht beim Werkvertrag im Mittelpunkt der vertraglichen Beziehung die **Schaffung eines Werks** (§ 631 Abs. 1 BGB). Vertragsgegenstand kann dabei sowohl die Herstellung oder Veränderung einer Sache als auch ein anderer durch Arbeits- oder Dienstleistung herbeizuführender unkörperlicher **Erfolg** sein[34] (vgl. § 631 Abs. 2 BGB). Den Werkvertragsnormen fehlt die Verpflichtung zur Eigentumsübertragung, woraus deutlich wird, dass das Gesetz bei geschuldeten körperlichen Werkleistungen davon ausgeht, dass der Unternehmer seine Leistung an bzw. mit Sachen des Bestellers erbringt.[35] Hat ein Vertrag die Lieferung noch herzustellender oder zu erzeugender beweglicher Sachen zum Gegenstand, so liegt ein **Werklieferungsvertrag** vor, für den § 651 S. 1 BGB die Geltung der Kaufrechtsnormen anordnet. Mit dieser Regelung wird Art. 1 Abs. 4 der EG-Richtlinie über den Verbrauchsgüterkauf in deutsches Recht übertragen, der die genannten Verträge ausdrücklich den europarechtlichen Anforderungen unterwirft. Wer den Stoff geliefert hat, ist nach der Neufassung des § 651 BGB nur noch insofern von Bedeutung, als die Rechte des Käufers wegen eines Mangels ausgeschlossen sind, wenn dieser auf einem vom Besteller gelieferten Stoff zurückzuführen ist. Auf diese Fälle, die nach Art. 1 Abs. 4 der Verbrauchsgüterkaufrichtlinie ebenfalls dem Kaufrecht zu unterwerfen sind, wird der in § 442 Abs. 1 S. 1 BGB enthaltene Ausschlusstatbestand ausgedehnt.[36] Die Unterscheidung zwischen einer vertretbaren (vgl. § 91 BGB) und einer unvertretbaren Sache ist nur noch in dem neuen § 651 Abs. 1 S. 3 BGB relevant. Dort werden für den Fall, dass eine nicht vertretbare Sache hergestellt wird, einige werkvertragliche Vorschriften (§§ 642, 643, 645, 449

64

---

[28] Staudinger-*Beckmann*, § 433 BGB Rdnr. 8; MünchKomm-*Westermann*, § 453 BGB Rdnr. 5.
[29] Staudinger-*Beckmann*, § 433 BGB Rdnr. 8; Erman-*Grunewald*, vor § 433 BGB Rdnr. 11; MünchKomm-*Westermann*, vor § 453 BGB Rdnr. 5.
[30] Staudinger-*Schmidt*, § 244 BGB Rdnr. 12; anders RG JW 1925, 1986.
[31] BGH, NJW-RR 1996, 754; BGH MDR 1982, 39; Palandt-*Weidenkaff*, § 516 BGB Rdnr. 13.
[32] BGH, NJW 1972, 247, 248; BGHZ 30, 120, 121 f. = NJW 1959, 1363 f.; BGHZ 3, 206, 211 = NJW 1952, 20 f.
[33] OLG Karlsruhe, MDR 1992, 744; *Medicus*, JuS 1992, 273 ff.
[34] Siehe diesbezüglich die Bsp. bei PWW-*Wirth*, vor §§ 631 BGB Rdnr. 1.
[35] Palandt-*Sprau*, Einf. v. § 631 BGB Rdnr. 6.
[36] Vgl. Begründung des RegE, BT-Drucks. 14/6040, S. 268.

und 650 BGB) *neben* den Kaufrechtsnormen für anwendbar erklärt.³⁷ Trotz dieser Regelung finden die Kaufvertragsnormen nicht nur dann Anwendung, wenn serienmäßig hergestellte Sachen verkauft werden, sondern auch, wenn bezüglich ihrer Beschaffenheit die Wünsche des Bestellers zu berücksichtigen sind. Da der Anwendungsbereich des § 651 BGB auf bewegliche Sachen beschränkt ist, bleiben im Wesentlichen **dem Werkvertragsrecht zugeordnet** die Herstellung von Bauwerken, reine Reparaturarbeiten sowie die Herstellung nicht-körperlicher Werke wie z.B. die Planung eines Architekten oder die Erstellung eines Gutachtens.³⁸

65 **b) Liefervertrag mit Montageverpflichtung.** Ist nach dem Inhalt des Kaufvertrages auch eine **Montage geschuldet,** (z.B. Anschließen von Elektrogeräten, Waschmaschinen, Einbau der gekauften Küche), so war für die vor dem 1.1.2002 abgeschlossenen Verträge zweifelhaft und umstritten, ob ein reiner Kaufvertrag anzunehmen ist oder ein gemischter Vertrag, für den auch Normen des Werkvertragsrechts gelten.³⁹ In § 434 Abs. 2 S. 1 BGB wird nun ausdrücklich klargestellt, dass es auch als kaufrechtlicher Sachmangel zu werten ist, wenn eine vereinbarte Montage unsachgemäß durchgeführt wurde (siehe Rdnr. 378ff., auch zu Satz 2, der fehlerhafte Montageanleitungen betrifft). Mit dieser Unterordnung einer Lieferung mit Montageverpflichtung unter die Normen des Kaufrechts wird Art. 2 Abs. 5 der EG-Richtlinie über den Verbrauchsgüterkauf in deutsches Recht umgesetzt. Erfasst werden nicht nur Fälle in denen die Kaufsache durch unsachgemäße Montage mangelhaft wird, sondern auch diejenigen, in denen die Montage selbst fehlerhaft ist, ohne dass dies zu einer Beschaffenheitsbeeinträchtigung der gekauften Sache führt.⁴⁰ Mit dieser Regelung in § 434 Abs. 2 BGB wird die dogmatische Einordnung von Kaufverträgen mit Montageverpflichtung weitgehend entbehrlich.⁴¹ § 434 Abs. 2 BGB gilt allerdings nur dann, wenn die **Montageverpflichtung Inhalt des Kaufvertrages** geworden ist, wobei Montage sowohl ein Einbau in vorhandene Vorrichtungen als auch ein originäres Zusammenfügen der Kaufsache sein kann.⁴² Liegt diese Voraussetzung vor, kommt es nicht darauf an, ob der Verkäufer selbst oder ein von ihm beauftragter Erfüllungsgehilfe die unsachgemäße Montage vorgenommen hat.⁴³ Werkvertragsrecht kann auf eine Montageleistung nur dann Anwendung finden, wenn jene den Schwerpunkt der Leistung bildet bzw. die diesbezügliche Verpflichtung nicht mit dem Kaufvertrag verbunden ist, sondern ein davon losgelöster zusätzlicher Vertrag abgeschlossen wurde, wie etwa dann, wenn nach dem Kauf eines Teppichbodens auch noch dessen Verlegen vertraglich vereinbart wurde.⁴⁴

66 **c) Kauf neu zu errichtender Häuser.** Ein Vertrag, bei dem der Unternehmer auf dem Grundstück des Bestellers ein Bauwerk zu errichten hat, beurteilt sich nach Werkvertragsrecht. Selbst der sog. Kauf eines **Fertighauses** einschließlich der Aufstellung oder der Kauf

---

³⁷ Vgl. die Stellungnahme des BR, BT-Drucks. 14/6857, S. 38 und die zustimmende Gegenäußerung der BReg (a.a.O. S. 68), sowie die Zustimmung des Rechtsausschusses des BT, BT-Drucks. 14/7052, S. 205.

³⁸ So die Begründung des RegE, BT-Drucks. 14/6040, S. 268.

³⁹ MünchKomm-*Westermann,* § 434 BGB Rdnr. 30; Soergel-*Huber,* vor § 433 BGB Rdnr. 280, 282.

⁴⁰ Vgl. die Begründung des RegE, BT-Drucks. 14/6040, S. 215.

⁴¹ Vgl. die Begründung des RegE, BT-Drucks. 14/6040, S. 215.

⁴² MünchKomm-*Westermann,* § 434 BGB Rdnr. 30ff.; OLG Stuttgart, BB 1971, 239, 239 zu einem Wasserenthärter; LG Hamburg, MDR 1973, 931f. zum Verkauf eines Buchungsautomaten mit der Verpflichtung des Verkäufers zur Herstellung von Programmen.

⁴³ Begründung des RegE; BT-Drucks. 14/6040, S. 215 unter Bezug auf Art. 2 Abs. 5 der Richtlinie.

⁴⁴ *Westermann,* NJW 2002, 241, 244; zum früher geltenden Recht BGH, NJW 1991, 2486f.; OLG Düsseldorf, NJW-RR 1992, 564 (Lieferung und Montage einer Markise); BGH, NJW-RR 2004, 850f. (Lieferung und Montage einer Solaranlage als Kaufvertrag).

eines zu errichtenden **Hauses zum Festpreis** sind reine Werkverträge.[45] Dies gilt auch dann, wenn der Unternehmer die Baustoffe beschaffen muss und diese dem Bauherrn getrennt von seiner Arbeit berechnet.[46] Entscheidendes Kriterium für die rechtliche Einordnung des Vertrages ist, ob nach dem Vertrag die Pflicht zur Eigentumsübertragung zu montierender Einzelteile oder eine Herstellungs- bzw. Errichtungspflicht im Vordergrund steht.[47] Demnach liegt ein Kaufvertrag vor, wenn der Erwerber/Bauherr Baumaterialien oder ganze **Bausätze** zum **Einbau in Eigenarbeit** erwirbt.[48] Auch der Vertrag über eine Mobilheimlieferung und Aufstellung auf vom Erwerber zu errichtende Fundamente ist dem Kaufrecht zuzuordnen, da hier die Verpflichtung zur Übertragung von Eigentum und Besitz prägend ist, während der Montageverpflichtung kein die Annahme von Werkvertragsrecht rechtfertigendes Gewicht zukommt.[49] Wird ein Haus oder eine Eigentumswohnung vor oder nach deren Fertigstellung **von** einem **Bauträger**[50] erworben, so hat dieser mit den einzelnen Bauhandwerkern, die für die Gewerke eingeschaltet werden, im eigenen Namen und für eigene Rechnung selbständige Werkverträge abgeschlossen.[51] Die Erwerber der Bauobjekte schließen mit dem Bauträger einen einheitlichen gemischten Vertrag, der aus kauf- und werkvertraglichen Elementen besteht. Zugunsten der Erwerber wurde dabei vor der Schuldrechtsreform – auch bei „Kauf" nach Fertigstellung des Gebäudes – von der Rechtsprechung des BGH[52] Werkvertragsrecht befürwortet, um interessengerechtere Lösungen aus § 638 Abs. 1 BGB (alt) statt § 477 BGB (alt) und dem Nachbesserungsrecht zu erzielen. Dieser Rückgriff wird mit § 438 BGB (neu) und einem Anspruch auf Nachbesserung im Kaufrecht obsolet.[53] Schaltet der Bauherr zur Durchführung des Bauvorhabens einen **Baubetreuer** ein, so ist dieser dessen rechtsgeschäftlicher Vertreter, der im Namen und für Rechnung des Bauherrn mit den Unternehmern der Gewerke Werkverträge abschließt.[54] Hierbei veranlasst der Baubetreuer für den Bauherrn die Maßnahmen, die zur Fertigstellung des Bauwerkes erforderlich sind. Daher ist der Baubetreuungsvertrag ein Werkvertrag mit Geschäftsbesorgungscharakter.[55]

d) EDV-Anlagen. Der Erwerb von EDV-Anlagen wirft zahlreiche Probleme bei der Abgrenzung zwischen Kauf, Werkvertrag, Miete und Leasing auf. Soll **Hardware** (Monitore, Drucker u.s.w.) geliefert und dem Erwerber übereignet werden, handelt es sich regelmäßig um Kauf. Muss diese erst noch hergestellt werden, wie insbesondere bei der Entwicklung einer Computeranlage speziell für die Erfordernisse des Erwerbers, so liegt ein Werklieferungsvertrag gem. § 651 BGB vor (siehe bereits Rdnr. 64). Bei **Software** richtet sich die Einordnung der Lieferpflichten unter die Vertragstypen des Schuldrechts nach dem Grad der Ausrichtung auf die Bedürfnisse eines bestimmten Benutzers (siehe auch Rdnr. 320 f.). **67**

---

[45] BGH, NJW 2006, 2551; Palandt-*Sprau*, § 651 BGB Rdnr. 5; *Graba*, MDR 1974, 975.
[46] *Medicus*, JuS 1992, 273, 275.
[47] BGH, NJW 2006, 904, 905; BGH, NJW-RR 2004, 1205; BGHZ 87, 112, 117.
[48] BGHZ 78, 375, 378.
[49] BGH, NJW-RR 2004, 1205.
[50] Zum Bauträgerrecht *Ullmann*, NJW 2002, 1073 ff.; *Weber/Kesselring*, NJW 2004, 3469, 3471 ff.
[51] BGH, WM 1981, 145
[52] BGHZ 74, 204, 206 = NJW 1979, 1406 ff.; BGHZ 74, 258; BGH, WM 1980, 1391 f.; BGH DB 1981, 2271 f.; BGH, NJW 1982, 2243; BGHZ 100, 391 = NJW 1988, 490 ff.; BGHZ 101, 350, 352 = NJW 1988, 135 f.; OLG Hamm, NJW-RR 1993, 340; a. A. *Sturmberg*, NJW 1989, 1832 ff. Zur Geltendmachung der Rechte mehrerer Wohnungseigentümer gegen den Bauträger OLG Frankfurt, NJW-RR 1993, 121; *Pause*, NJW 1993, 553 ff.
[53] Palandt-*Sprau*, vor § 633 BGB Rdnr. 3; mit Hinweis hierauf wendet das OLG Stuttgart, BauR 2006, 532, 533 Kaufrecht an.
[54] BGH, NJW 1981, 757; Palandt-*Sprau*, § 675 BGB Rdnr. 15.
[55] BGH, NJW 1975, 869, 870; BGH, NJW 1994, 2825; dagegen Geschäftsbesorgungsvertrag mit Dienstleistungscharakter bei finanzwirtschaftlicher Baubetreuung, siehe BGH MDR 2005, 1285 und OLG Saarbrücken, BauR 2005, 890, 892 m.w. N.

Wird vorgefertigte Standardsoftware dem Erwerber zur dauernden Nutzung überlassen, so ist Kaufrecht anzuwenden[56] auch wenn sie unbedeutende individuelle Besonderheiten enthält. Demgegenüber ist die Herstellung eines individualisierten Programms für einen bestimmten Benutzer als Werkvertrag einzuordnen,[57] und zwar auch dann, wenn Standardsoftware umgearbeitet oder Individualsoftware darin integriert wird.[58] Der Erwerb von Hardware mit damit verbundener Software wird als einheitlicher Kaufvertrag angesehen.[59] Die vorstehend unternommenen Unterscheidungen in der Vertragsart werden aber vor allem von der Rechtsprechung der Oberlandesgerichte nicht konsequent durchgehalten, da im Interesse des Bestellers verschiedentlich auf Werkvertragsrecht zurückgegriffen wird (vgl. zur Abnahme § 640 BGB).[60] Die demgegenüber geäußerte Kritik führt an, dass bei Nichterfüllung von Nebenpflichten nicht gleich die Rechtsnatur des Vertrages in Frage gestellt werden solle;[61] Werkvertragsrecht könne erst dann zur Anwendung kommen, wenn das Programm infolge der Anpassung an die Bedürfnisse eines bestimmten Benutzers nicht mehr anderweitig nutzbar, d. h. wenn der Gegenstand der Lieferung unvertretbar wird.[62] Gleiches gilt, wenn Standard-Software nachträglich erweitert und an die Bedürfnisse des Anwenders angepasst werden soll.[63] Hingegen berühren nachträgliche Änderungswünsche des Kunden den Kaufvertragscharakter nicht, auch wenn die Änderungen an sich nach Werkvertragsrecht zu beurteilen sind.[64]

68 Die **vorübergehende Überlassung** eines Computerprogramms ist als Miete oder Leasing (siehe dazu Rdnr. 71) einzuordnen.[65] Ist dagegen eine Übereignung geschuldet, so liegt auch bei vorübergehender Stundung des Vertragsentgelts oder der Zahlung einer „Miete" ein Kaufvertrag vor.[66] Soll der Erwerber das Recht erhalten, die Software zu vervielfältigen und weiterzuveräußern, ist ein **Lizenzvertrag** anzunehmen.[67]

---

[56] St. Rspr., vgl. BGHZ 102, 135, 145 = NJW 1988, 406 ff.; BGH JZ 1990, 972 m. Anm. *Lieb*; BGH, NJW 1993, 461 f.; BGH, WM 2000, 485 ff.; *Bartsch*, CR 1992, 393 ff.; *Hoeren*, CR 1988, 908 ff.; *König*, NJW 1989, 2604 f.; *Junker*, NJW 2004, 3162, 3167; zur Beweislast bei Fehlern in Standardsoftware vgl. *Zahrnt* NJW 2002, 1531 ff.

[57] BGH, NJW 2001, 1718; BGH, NJW 1990, 3008; MünchKomm-*Westermann*, vor § 433 BGB Rdnr. 23; Soergel-*Huber*, vor § 433 BGB Rdnr. 267; *Junker*, JZ 1988, 464 ff.; *Mehrings*, NJW 1988, 2438 ff.; *Heymann*, CR 1989, 1126.

[58] OLG Karlsruhe, CR 2003, 95 f.; OLG Hamm, NJW-RR 1992, 953 f.; *Junker*, NJW 1993, 824, 827.

[59] BGHZ 102, 135; Palandt-*Weidenkaff*, § 433 BGB Rdnr. 9; *Fritzsche*, JuS 1995, 497, 503.

[60] OLG Hamm, NJW-RR 1992, 953; OLG Köln, NJW-RR 1992, 1327; OLG Köln, NJW-RR 1992, 1328; OLG Koblenz, BB 1992, Beilage 10, S. 4 Nr. 4; OLG Düsseldorf, BB 1989, Beilage 5, S. 7 Nr. 5; OLG Köln, NJW 1988, 2477.

[61] So MünchKomm-*Westermann*, vor § 433 BGB Rdnr. 24.

[62] Soergel-*Huber*, vor § 433 BGB Rdnr. 267; MünchKomm-*Westermann*, vor § 433 BGB Rdnr. 24.

[63] OLG Köln, NJW-RR 1992, 1328 f.

[64] OLG Köln, NJW-RR 1992, 690; OLG Karlsruhe, BB 1991, Beilage 23, S. 6 Nr. 3; bei unentgeltlichen Zusatzleistungen OLG Köln, NJW-RR 1992, 1327; LG Stuttgart, BB 1991 Beilage 23, S. 11 Nr. 8.

[65] Zum Leasing BGH, NJW 1988, 198 ff.; BGH, NJW 1988, 204 ff.; BGH, NJW 1985, 129 f.; *Junker*, NJW 1990, 1575, 1577; *v. Westphalen*, DB 1989, Beilage 3; zur Miete OLG Hamm, NJW 1989, 2629 f.

[66] Siehe dazu OLG Nürnberg, BB 1993, Beilage 13, S. 14 Nr. 13; OLG Köln, NJW-RR 1992, 1326.

[67] *Henssen*, GRUR 1987, 779, 789 f.; einen Grenzfall bildet aber die entgeltliche Überlassung eines zur Assemblierung/Compilierung bestimmten sog. Quellcodes, wobei der Erwerber die Möglichkeit zur Reproduzierung des Programms erhält, vgl. dazu *König*, NJW 1992, 1731 ff. in Auseinandersetzung mit OLG Karlsruhe, NJW 1992, 1773, welches einfachen Kauf annimmt.

III. Abgrenzung zu anderen Vertragstypen

4. Miete, Pacht, Leasing

Der „klassische" Mietvertrag ist ein entgeltlicher Gebrauchsüberlassungsvertrag, bei welchem – anders als beim Kauf – **kein Wechsel in der Eigentümerstellung angestrebt** wird. Bei der Pacht (vgl. §§ 581 ff. BGB) ist der Pächter über das Gebrauchsrecht hinaus dazu berechtigt, die Rechte oder Sachen auch zu nutzen. Dem Pächter steht folglich ein Fruchtziehungsrecht gem. §§ 99, 100 BGB zu; die Übereignung des eigentlichen Pachtgegenstandes ist allerdings nicht Inhalt des Vertrages. Zweifelhaft kann die Abgrenzung zwischen Kauf und Miete oder Pacht sein, wenn das Ziel der Gebrauchsüberlassung das Recht zur Gewinnung von Sachbestandteilen ist. So können insbesondere **Grundstücksausbeutungsverträge** als Pacht mit dem Ziel der Fruchtziehung aus den Bodenerzeugnissen, aber auch als Kauf des Fruchtziehungsrechts oder der Bodenerzeugnisse selbst eingeordnet werden.[68] Die Einordnung als Kauf scheidet aus, wenn zur Gewinnung der Erzeugnisse oder Bestandteile Investitionen und aufwendige Arbeitsleistungen seitens des Ausbeutungsberechtigten erforderlich sind. Außerdem ist Pacht anzunehmen, wenn ein dauerndes, aber kündbares Ausbeutungsrecht für ein Grundstück mit der Einräumung einer die Pflege und Instandhaltung einschließenden direkten Verfügungsgewalt über den abgetragenen Boden verbunden wird.[69] Dies gilt auch, wenn der gesamte Bodenvorrat abgebaut werden soll.[70] Hingegen liegt ein Kauf vor, wenn die Fruchtziehung unschwer möglich ist, ohne dabei in die Substanz der Hauptsache einzugreifen, so z.B. bei der Überlassung eines Grundstücks zum alleinigen Zweck der Ernte aufstehender Früchte.[71]

69

Wird ein **Mietvertrag** mit einer **Kaufoption** verbunden, liegt ein **Mietkauf** vor. Dabei sind die Rechte und Pflichten der Beteiligten bis zur Ausübung des Optionsrechtes nach Mietrecht zu beurteilen. Danach gelten die Regelungen des Kaufrechts, wobei der gezahlte Mietzins ganz oder zum Teil auf den Kaufpreis angerechnet wird.[72] In Betracht kommt aber auch ein gestreckter Kauf, der dadurch gekennzeichnet ist, dass durch die „Mietzahlung" ein von vornherein bestimmter oder jedenfalls bestimmbarer Kaufpreis aufgebracht und nach Kaufpreiszahlung das Objekt übereignet werden soll. In einer derartigen Konstellation kann auch eine Option für den Käufer vereinbart sein, durch eine vorgezogene Zahlung die beiderseitige vollständige Erfüllung vorzubereiten.[73]

70

Beim **Leasingvertrag** wird aufgrund seiner unterschiedlichen wirtschaftlichen Zielsetzungen (Absatzförderung, Finanzierungserleichterung, Steuervorteile) vor allem zwischen dem sog. Operating- und Finanzierungsleasing unterschieden.[74] Operatingleasing dient der Absatzförderung und ist durch kurzfristige oder jederzeit kündbare Verträge gekennzeichnet, wobei der Leasinggeber regelmäßig auch die Instandhaltung des Leasinggutes schuldet. Die Rechtsnatur eines solchen Vertrages ist nach allgemeiner Meinung ein reiner Mietvertrag.[75] Das **Finanzierungsleasing** ist eine Finanzierungshilfe zugunsten des Leasingnehmers, der sich i.d.R. das Leasinggut beim Hersteller oder Händler ausgesucht hat, der es oft auch unmittelbar an ihn liefert. Der zwischengeschaltete Leasinggeber übernimmt die Finanzierung und erhält dafür von dem Leasingnehmer Ratenzahlungen.[76] In diesem Dreiecksverhältnis liegt zwischen Hersteller/Händler und Leasinggeber ein Kaufvertrag vor. Zwischen diesem

71

---

[68] MünchKomm-*Westermann*, vor § 433 BGB Rdnr. 27.
[69] Siehe auch Soergel-*Huber*, vor § 433 BGB Rdnr. 240; vgl. Übersicht bei *Ströfer*, BB 1979, 1477 ff.
[70] Vgl. BGH, NJW 1985, 1025 (Abbau von Bims); Erman-*Grunewald*, vor § 433 BGB Rdnr. 13.
[71] Vgl. dazu auch Jauernig-*Teichmann*, § 581 BGB Rdnr. 3.
[72] BGH, WM 1990, 1307 ff.; siehe auch BGH, WM 1985, 634 ff.; Palandt-*Weidenkaff*, Einf. v. § 535 BGB Rdnr. 30.
[73] MünchKomm-*Westermann*, vor § 433 BGB Rdnr. 28.
[74] Vgl. hierzu und weiteren Unterscheidungen *Emmerich*, JuS 1990, 1 ff.
[75] Hk-*Ebert*, vor § 535–580a BGB Rdnr. 11; Palandt-*Weidenkaff*, Einf. v. § 535 BGB Rdnr. 37; *Flume*, DB 1972, 1f; *Martinek*, Franchising, § 4 II.
[76] Zur Struktur des Finanzierungsleasing siehe u.a. *Grunsky*, AcP 190 (1990), 203 ff.; *Emmerich*, BGB BT S. 94

und dem Leasingnehmer besteht der Leasingvertrag, dessen Rechtsnatur umstritten ist. Von der Rechtsprechung[77] und einem Teil der Literatur[78] wird ein atypischer Mietvertrag angenommen, während von einer starken Meinung im Schrifttum vor allem zum Schutz des Leasingnehmers die kaufrechtliche Seite stärker betont wird.[79] Der BGH trägt jenen Kritikern dadurch Rechnung, dass eine interessengerechte ergänzende Vertragsauslegung vorgenommen wird,[80] indem er argumentiert, dass eine strikte Anwendung mietrechtlicher Grundsätze den Besonderheiten des Leasingvertrages nicht gerecht wird. Dieser Rechtsprechung ist zuzustimmen, da beim Leasing als Dauerschuldverhältnis – im Unterschied zum Kauf – die den Typus nach § 433 Abs. 1 BGB kennzeichnende Verpflichtung zur Übereignung des Kaufgegenstandes fehlt bzw. diesbezüglich Ungewissheit herrscht.[81] Nimmt der Händler und Leasinggeber bei Abschluss des Leasingvertrags (= Händlerleasing) ein Altfahrzeug des Leasingnehmers in Zahlung, liegt kein gesonderter Kaufvertrag über den Gebrauchtwagen, sondern ein einheitlicher Leasingvertrag mit Ersetzungsbefugnis vor, da im Hinblick auf das Absatzinteresse des Händlers und Leasinggebers eine vergleichbare Interessenlage besteht wie beim Fahrzeugkauf.[82]

5. Kreditgeschäfte, insbesondere Factoring

72 Wird dem Käufer der fällige Kaufpreis gestundet oder erhält umgekehrt der Verkäufer die Zahlung ganz oder teilweise vor der Lieferung, so liegt darin jeweils eine Kreditgewährung. Dadurch wird aber regelmäßig kein Darlehensvertrag gem. §§ 488ff. BGB begründet, sondern es handelt sich lediglich um besondere Zahlungsmodalitäten (siehe Rdnr. 1309f.). Dies gilt auch, wenn der Verkäufer einen Kundenwechsel akzeptiert.[83] An der Grenze zwischen Kreditgeschäft und Kauf mit Elementen der Geschäftsbesorgung steht das **Factoring,** bei dem eine Kundenforderung an einen als Factor oder Factoring-Bank bezeichneten Unternehmer abgetreten wird. Dem Zedenten wird der Wert entweder sofort oder bei Fälligkeit – unter Abzug der sog. Factoringgebühr – gutgeschrieben.[84] Übernimmt dabei der Factor das Risiko der Zahlungsunfähigkeit des Schuldners des Abtretenden (sog. Delkredererisiko), so liegt ein echtes Factoring vor. Da die abgetretene Forderung endgültig auf den Factor übergeht, wird diese Vertragsgestaltung als **Forderungskauf**[85] eingeordnet. Ist der Factor hingegen berechtigt, im Falle der Uneinbringlichkeit der Forderung bei seinem Vertragspartner Rückgriff zu nehmen, liegt unechtes Factoring vor, das der BGH als Kreditgeschäft[86] wertet. Teile der Literatur sehen im unechten Factoring einen um Elemente eines Dienstvertrages (Geschäftsbesorgung) erweiterten Darlehensvertrag.[87] Dem Factoring in manchem ähnlich ist der Erwerb von Waren durch **Kreditkartenzahlung.** In der klassischen Gestaltung erwirbt das Kreditkartenunternehmen die Forderung im Wege des Forderungskaufs,

---

[77] St. Rspr. seit BGH, NJW 1977, 195, 196; BGHZ 111, 84, 95 = NJW 1990, 1785 ff.
[78] *Reinicke/Tiedtke,* BB 1982, 1142, 1146; *Emmerich,* JuS 1990 S. 1 ff.; *Flume,* DB 1991, 265 ff.
[79] Zur Rspr. BGH, NJW 1990, 1113; BGH, NJW 1988, 198, 199; BGH, WM 1986, 591, 592; zur Lit. *Ebenroth,* JuS 1978, 588, 593; MünchKomm-*Habersack,* Anhang nach § 507 BGB – Leasing, Rdnr. 23 ff.; *Lorenz,* NJW 1982, 305 ff.; *Klamroth,* BB 1982, 1949, 1951.
[80] BGH, WM 1986, 591, 592; BGH, WM 1985, 860, 862.
[81] Zur Abgrenzung Mietkauf – Leasing siehe Palandt-*Weidenkaff,* vor § 535 BGB Rdnr. 30.
[82] BGH, NJW 2003, 505, 506.
[83] Siehe dazu BGH BB 1972, 631 f.; BGHZ 19, 282, 292 = NJW 1956, 586 f.; a. A. für Darlehen *Muscheler,* NJW 1981, 657 ff. und *Helm,* WM 1967, 310; diffenzierend MünchKomm-*Westermann,* vor § 433 BGB Rdnr. 35.
[84] MünchKomm-*Westermann,* vor § 433 BGB Rdnr. 36.
[85] BGH v. 17.01.2007, Az. VIII ZR 171/06 (Beck RS 2007 03322), BGHZ 69, 254, 257; 72, 15, 20; Palandt-*Grüneberg,* § 398 BGB Rdnr. 38; a. A. *Canaris,* Bankvertragsrecht, 2. Aufl. Rdnr. 1655.
[86] BGHZ 58, 364; 69, 254, 257; 82, 50, 61
[87] *Serick,* BB 1979, 845, 847, 850; Soergel-*Huber,* vor § 433 BGB Rdnr. 301; MünchKomm-*Westermann,* vor § 433 BGB Rdnr. 36.

welche durch Verkäufe der Vertragsunternehmen an die Karteninhaber entstanden ist und versucht, sie aufgrund der Vertragsbeziehung mit dem Inhaber der Kreditkarte gegen jenen durchzusetzen. Sollte dies nicht gelingen, kann das Kartenunternehmen nur dann vom Verkäufer (gem. §§ 453 Abs. 1, 437 BGB) den bereits ausgezahlten Betrag zurückverlangen, wenn es an der Verität der Forderung fehlte oder diese einredebehaftet war,[88] da gerade die mangelnde Bonität des Karteninhabers in die Risikosphäre des Kartenunternehmens fällt.[89] Zu beachten ist aber, dass der BGH und ein großer Teil der Literatur das Vertragsverhältnis zwischen Kreditkartenunternehmen und Vertragsunternehmen als abstraktes Schuldverhältnis ansieht[90]

6. Absatzmittler

In der Wirtschaftspraxis sind teilweise zwischen dem Unternehmer, der sein Produkt vermarkten will, und den Kunden weitere Personen eingeschaltet, deren Aufgabe es ist, das jeweilige Produkt an den Endabnehmer zu bringen. Bei dem so bestehenden **Drei-Personen-Verhältnis** ist jeweils zu prüfen, ob der Absatzmittler lediglich als Vertreter in den Vertrieb eingeschaltet ist, so dass der Vertrag über die Ware unmittelbar zwischen dem Unternehmer und dem Kunden zustande kommt, oder ob der Absatzmittler das Produkt zunächst selbst erwirbt und es dann an den Kunden in eigenem Namen weiterveräußert. Das Rechtsverhältnis zwischen dem Unternehmer und dem Absatzmittler ist von der mit dem Kunden bestehenden Vertragsbeziehung zu unterscheiden. Solche Absatzmittler können **insbesondere Kommissionär, Handelsvertreter, Vertragshändler** oder **Franchisenehmer** sein. **73**

Die **Kommission** (§§ 383 ff. HGB), bei welcher der Kommissionär sich verpflichtet, in eigenem Namen für fremde Rechnung des Kommitenten Kaufverträge mit Dritten abzuschließen, lässt sich vom Kauf, bei dem ein An- bzw. Verkauf im eigenen Namen und auf eigene Rechnung erfolgt, im praktischen Ablauf kaum abgrenzen. Bei der notwendigen Zuordnung nach Typusmerkmalen[91] kommt es auf die von den Parteien benutzten Ausdrücke (z.B. „Kommission", „Provision") nicht an, insbesondere weil im kaufmännischen Verkehr die Terminologie nicht eindeutig ist.[92] Maßgebend ist der Vertragszweck. Besteht ein Weisungsrecht des Kommitenten, so ist dies ein sehr starkes Indiz für einen Kommissionsvertrag,[93] ist ein Rückgaberecht bei Unverkäuflichkeit der Waren ausgeschlossen, wird Kauf vorliegen.[94] Nach einer Entscheidung des BGH[95] spricht die Vereinbarung eines Festpreises nicht zwingend gegen ein Kommissionsgeschäft.[96] Nur schwer zur Kommission abgrenzbar sind die in bestimmten Branchen (Zeitschriften-, Teppich- und Textilhandel) gebräuchlichen sog. **Konditionsgeschäfte,** bei denen es sich um bedingt abgeschlossene Kaufverträge handelt, da hier der Verkäufer (Lieferant) – wie der Kommitent bei der Kommission – das Absatzrisiko übernimmt. Starke Anhaltspunkte für ein solches Ge- **74**

---

[88] MünchKomm-*Westermann,* vor § 433 BGB Rdnr. 36.

[89] Zur Rückabwicklung bei Unwirksamkeit der Forderung des Verkäufers aus dem Geschäftsvorgang bzw. Widerruf der Anweisung des Karteninhabers siehe OLG Schleswig, WM 1991, 453; OLG Karlsruhe, NJW-RR 1991, 237 ff.; *Meder,* NJW 1994, 2597 f.

[90] So BGH, NJW-RR 2004, 481; BGH, NJW 2002, 2234, 2235 unter Aufgabe von BGH, NJW 1990, 2880; *Härting,* MDR 2002, 913, 914; für Forderungskauf *Meder* NJW 2002, 2215 ff.; *ders.,* WM 2002, 1993 ff.; differenzierend *Werner,* BB 2002, 1382 ff.

[91] Vgl. *Schmidt,* HandelsR, § 31 III.

[92] Vgl. hierzu MünchKomm-*Westermann,* vor § 433 BGB Rdnr. 32; BGH BB 1955, 1039; BGH, NJW 1975, 776 ff; BGH, NJW-RR 2002, 1344 ff. = BB 2002, 1667 f., wonach Effektengeschäfte grds. Kommissionsgeschäfte sind.

[93] Erman-*Grunewald,* vor § 433 BGB Rdnr. 18; BGHZ 1, 75, 79.

[94] OLG Frankfurt, MDR 1982, 324 f.

[95] BGH, NJW-RR 1991, 994.

[96] Zu früheren Entscheidungen siehe BGH BB 1955, 1039; BGH, NJW 1975, 777.

schäft sind Formulierungen wie: „Auswahl bis..." oder „Recht zur Rückgabe bzw. Weiterveräußerung bis...".[97]

75 Der **Handelsvertreter** schließt im Namen und auf Rechnung des Unternehmers Kaufverträge ab.[98] Damit kommt der Vertrag unmittelbar zwischen dem Kunden und dem Unternehmer zustande. Zwischen diesem und dem Handelsvertreter besteht ein Vertrag, der auf ständige Geschäftsvermittlung gerichtet ist (vgl. § 84 HGB). Insbesondere im Mineralölhandel stellt die ständige Bindung eines Tankstelleninhabers zur Vertretung der Mineralölgesellschaft einen Handelsvertretervertrag dar. In diesem wie auch in anderen Fällen kann allerdings die persönliche Selbständigkeit des Handelsvertreters fehlen, so dass eine Arbeitnehmerstellung in Betracht kommt.[99] Es ist in jedem Einzelfall zu prüfen, ob die Typusmerkmale des Arbeitsvertrages[100] vorliegen. Ein Kaufvertrag wird zwischen dem Unternehmer und dem Handelsvertreter jedenfalls nicht geschlossen.

76 Bei einem **Eigen- oder Vertragshändlervertrag** verpflichtet sich ein Kaufmann dazu, auf eigene Rechnung und im eigenen Namen Waren eines bestimmten Herstellers/Händlers über einen längeren Zeitraum abzusetzen sowie den Absatz dessen Sortiments im allgemeinen zu fördern. Der Hersteller gliedert hierbei den Eigenhändler in seine Verkaufsorganisation ein.[101] Vertragspartner des Kunden ist der Eigenhändler. Innerhalb der zwischen diesem und dem Lieferanten bestehenden Rahmenvertragsvereinbarung kommen einzelne rechtlich selbständige Kaufverträge zustande.[102] Aufgrund der langfristigen Bindung der Vertragsteile durch den Rahmenvertrag bestehen besondere Treue- und Rücksichtspflichten. Damit ist eine Verwandtschaft zum Handelsvertretervertrag gegeben, was in bestimmten Grenzen die entsprechende Anwendung der Vorschriften des Handelsvertreterrechtes (vgl. § 89 b HGB) rechtfertigt.[103]

77 Dem Eigenhändlervertrag ähnlich ist die Rechtslage im Bereich der **Franchiseverträge**, die vor allem im betriebswirtschaftlichen Schrifttum nach ihrem Gegenstand in Waren-, Dienstleistungs- und Herstellungsfranchising eingeteilt werden.[104] Gemeinsame Basis dieser Vertragskonstellationen ist, dass die Parteien zwei voneinander rechtlich unabhängige Unternehmer sind, wobei dem Franchisenehmer zumeist die Nutzung einer berühmten Marke und/oder eines Erzeugnisses zur Verfügung gestellt wird und dieser zugleich verpflichtet ist, die gesamten für Image und Kontinuität der Warenpräsentation sowie Qualität erforderlichen Weisungen und Kontrollen des Franchisegebers einzuhalten.[105] Die adäquate Präsentation der Marke ist zumeist Pflicht des Franchisegebers.[106] Die Nutzung dieses „Know how" und der Absatz der Waren erfolgen durch den Franchisenehmer an Dritte auf eigene Rechnung und in eigenem Namen. Diese einzelnen Warenlieferungen werden anhand der Re-

---

[97] Siehe hierzu näher Palandt-*Weidenkaff*, Einf. v. § 433 BGB Rdnr. 21; Erman-*Grunewald*, vor § 433 BGB Rdnr. 19.

[98] BGH, WM 1991, 1472 ff.

[99] Siehe dazu *Behrend*, NJW 2003, 1563; Baumbach/*Hopt*, § 84 HGB Rdnr. 39 m.w.N.

[100] Vgl. BAG NZA 1999, 205 ff.; BAG NZA 1999, 983 ff.; BAG NZA 1999, 110 ff.; BAG NZA 1994, 169.

[101] BGH, NJW 1979, 1782, 1783; Erman-*Grunewald*, vor § 433 BGB Rdnr. 15; MünchKomm-*Westermann*, vor § 433 BGB Rdnr. 33; BGHZ 54, 338.

[102] BGH, NJW 1979, 1782, 1783; Erman-*Grunewald*, vor § 433 BGB Rdnr. 15; MünchKomm-*Westermann*, vor § 433 BGB Rdnr. 33.

[103] *Schmidt*, HandelsR, § 28 II; siehe im Einzelnen *Thume*, BB 1994, 2358, 2359; BGH, NJW-RR 1988, 1305; BGH, NJW-RR 2003, 98 f. = BB 2002, 2520 f.

[104] Übersicht bei *Martinek*, Franchising, dessen Untersuchungen zur grds. Unterscheidung zwischen Subordinations- und dem selteneren Partnerschaftsfranchising führten; zu neueren Entwicklungen im Franchiserecht vgl. *Haager*, NJW 2002, 1463 ff.; *Emmerich*, JuS 1995, 761 ff.; *Ullmann*, NJW 1994, 1255 ff.; MünchKomm-*Westermann*, vor § 433 BGB Rdnr. 34.

[105] Erman-*Grunewald*, vor § 433 BGB Rdnr. 16.

[106] BGH, NJW 1997, 3305 ff.

geln des Kaufrechtes abgewickelt.[107] Ebenso wie beim Vertragshändlervertrag resultieren aus der intensiven und langfristigen Bindung zwischen Franchisegeber und -nehmer besondere Treue- und Rücksichtnahmepflichten;[108] dem Kaufrecht ist diese Vertragsbeziehung aber jedenfalls nicht unterworfen.

7. Verträge über gewerbliche Schutzrechte

Der **Lizenzvertrag** ist auf die Benutzung eines gewerblichen Schutzrechts (z. B. Patent-, Gebrauchsmuster- oder Markenrecht) oder Know hows gerichtet.[109] Dabei handelt es sich grundsätzlich nicht um einen Kauf, da das gewerbliche Schutzrecht nur zur Nutzung überlassen, aber nicht in vollem Umfang und endgültig übertragen wird.[110] Der Lizenzgeber bleibt Inhaber des gewerblichen Schutzrechts. Wenn allerdings Überlassungsumfang und -dauer einem vollen Übergang des Rechtes nahe kommen, kann ein Kauf iSv. in § 453 Abs. 1 BGB vorliegen (vgl. auch Rdnr. 59). Für die Abgrenzung ist der Gesamtinhalt der getroffenen Vereinbarungen entscheidend, wobei die gesetzlichen Leitbilder von Kauf, Miete oder Pacht zu berücksichtigen sind. Der **Filmverwertungsvertrag**, durch den das Recht zur öffentlichen Vorführung des Films überlassen wird, ist ein urheberrechtlicher Nutzungsvertrag eigener Art. Er ist weder Rechtspacht noch reiner Kaufvertrag, die Gewährleistungsvorschriften des Kaufrechts sind aber maßgebend, soweit Mängel des gewerblichen Vorführrechts und nicht des Filmstreifens in Frage stehen.[111]

78

8. Gesellschaftervertrag

Die auf einem Gesellschaftervertrag beruhende Verpflichtung eines Gesellschafters zur Erbringung von Einlagen in das Gesellschaftsvermögen ist kein Kauf, sondern geschuldeter Beitrag. Kauf liegt aber vor, wenn eine bereits bestehende Mitgliedschaft auf einen Erwerber übertragen wird.[112]

79

9. Versorgungsverträge

Die Eigenart des Vertragsgegenstandes (Elektrizität, Gas, Fernwärme, Wasser) unterscheidet Versorgungsverträge, welche ihrem Typ nach Sukzessivlieferungsverträge über (zumeist) unbestimmte Mengen sind,[113] vom gewöhnlichen Kauf. Eine Besonderheit zeigt sich darin, dass öffentlich-rechtliche Vorschriften aufgrund des Betreibens der Energieversorgung als öffentliche Einrichtung bzw. wegen der öffentlichen Versorgungsaufgabe u. a. das Zustandekommen (Kontrahierungszwang, § 6 EnWiG) und den Inhalt des Vertrages (Festlegung der allgemeinen Bedingungen und behördliche Preiskontrolle, vgl. die als Rechtsverordnung erlassenen Allgemeinen Versorgungsbedingungen vom 21.06.1979)[114] bei Tarifkunden beeinflussen können. Für Verträge mit Sonderabnehmern gilt dagegen Vertragsfreiheit.[115] Zu-

80

---

[107] Siehe dazu BGH ZIP 2003, 2030 ff.; BGH, NJW 1997, 3305 ff.; BGH, NJW 1991, 105; BGH, NJW 1986, 1988 ff.

[108] MünchKomm-*Westermann,* vor § 433 BGB Rdnr. 34.; *Böhner,* BB 2004, 119, 121 ff.; Brandenburgisches OLG, NJW-RR 2006, 51 ff.

[109] Staudinger-*Beckmann,* vor § 433 BGB Rdnr. 178; Bamberger/Roth-*Faust,* § 433 BGB Rdnr. 19; Palandt-*Weidenkaff,* Einf. v. § 433 BGB Rdnr. 22.

[110] Vgl. MünchKomm-*Westermann,* vor § 433 BGB Rdnr. 30; Bamberger/Roth-*Faust,* § 433 BGB Rdnr. 19; Staudinger-*Beckmann,* vor § 433 BGB Rdnr. 178 f.

[111] Staudinger-*Beckmann,* vor § 433 BGB Rdnr. 180; BGHZ 2, 331 ff.; 9, 262, 264; BGH, NJW 1991, 1109.

[112] Erman-*Grunewald,* vor § 433 BGB Rdnr. 26.

[113] Soergel-*Huber,* vor § 433 BGB Rdnr. 53.

[114] BGBl. I, S. 676, 684 mit Änderung 1989, BGBl. I, S. 112.

[115] BGH, WM 1985, 431 ff.

dem hat die Rechtsprechung bei Einzelfragen (wie der Mängelhaftung bei Lieferung verunreinigten Wassers) Kaufrecht angewandt[116] und es gilt die Verjährung gem. § 438 BGB sowie die Gefahrtragungsregel des § 446 BGB.[117]

10. Auftrag

81 Der Auftrag unterscheidet sich vom Kauf dadurch, dass nur der Beauftragte Pflichten übernimmt, die unentgeltlich zu erfüllen sind. Diese **Unentgeltlichkeit** ist – wie auch bei der Schenkung (siehe Rdnr. 63) – streng zu verstehen, d. h. bereits eine geringe Gegenleistung für die Tätigkeit führt zur Entgeltlichkeit, nicht jedoch der Ersatz der dem Beauftragten entstandenen Aufwendungen gem. § 670 BGB.[118] Im Falle der entgeltlichen Besorgung von Geschäften liegt ein Geschäftsbesorgungsvertrag – je nach Inhalt mit dienst- oder werkvertraglichem Charakter – zugrunde, wobei gem. § 675 Abs. 1 BGB weitgehend Auftragsrecht gilt.

11. Vergleich (§ 779 BGB)

82 Kein Kauf, sondern ein Vergleich gem. § 779 BGB[119] liegt vor, wenn der Vertrag neben dem Austausch von Sachen, Rechten oder sonstigen Gegenständen gegen Geld, weitere Abreden enthält, durch die im Wege gegenseitigen Nachgebens ein Streit der Parteien oder deren Ungewissheit über ein Rechtsverhältnis beseitigt wird. Vereinbaren sie dabei einen Leistungsaustausch, können sich die Rechtsfolgen nach Kaufrecht richten.[120]

12. Transfer

83 Der Transfer eines Sportlers, insbesondere eines Berufsfußballspielers wird regelmäßig als **Spielerkauf** bezeichnet. Für die Begründung des Vertrages und die Durchführung des Transfers sind die Satzungen der beteiligten Sportvereine[121] von Bedeutung. Das Bosman-Urteil[122] des EuGH führte zwar zu grundlegenden Umgestaltungen in den Statuten, die Rechtsnatur dieses Vertrages ist dennoch umstritten.[123] Die h. M.[124] nimmt zu Recht einen Vertrag eigener Art an, bei welchem die rechtlich eigenständige Verpflichtung begründet wird, dass der neue Arbeitgeber an den früheren eine Ablösesumme bei Vereinswechsel des Spielers zu zahlen hat.[125]

---

[116] BGHZ 59, 303 = NJW 1972, 2300 m. krit. Anm. *Schwabe*, NJW 1973, 455; vgl. auch BGH, NJW 1969, 1903; auch bei Wärmelieferung an Mieter ist das Mietpreisrecht nicht entsprechend anwendbar, BGH, NJW 1979, 1304; zum Abschluss von Wärmelieferungsverträgen vgl. *Golling*, BB 1970, 324 ff.; LG Berlin, Das Grundeigentum 2004, 1298 f.

[117] RGZ 117, 315; MünchKomm-*Westermann*, vor § 433 BGB Rdnr. 39 f.; Soergel-*Huber*, § 433 BGB Rdnr. 27; unentschieden BGH, WM 1976, 928.

[118] Vgl. dazu *Fikentscher*, Schuldrecht, Rdnr. 917; zur Unterscheidung Auftrag/Gefälligkeitsverhältnis anhand des Rechtsbindungswillens vgl. Palandt-*Sprau*, vor § 662 BGB Rdnr. 4; BGHZ 21, 102.

[119] Zum weiteren Anwendungsbereich dieser Norm vgl. Palandt-*Sprau*, § 779 BGB Rdnr. 29, 34.

[120] Palandt-*Weidenkaff*, Einf. v. § 433 BGB Rdnr. 20.

[121] Palandt-*Weidenkaff*, Einf. v. § 433 BGB Rdnr. 23.

[122] EuGH EuZW 1996, 82 ff.; vgl. auch EuGH NZA 2003, 845 hinsichtlich der Arbeitsmöglichkeiten sog. Drittstaatler.

[123] Vgl. dazu *Reuter*, NJW 1983, 649 m. w. N.

[124] Vgl. Soergel-*Huber*, § 445 BGB Rdnr. 4; *Wertenbruch*, NJW 1993, 179, 182 m. w. N.

[125] OLG Düsseldorf, NJW-RR 2001, 1633; MünchKomm-*Westermann*, § 433 BGB Rdnr. 17; grundlegend *Wertenbruch*, FS Röhricht 2005, 1297 ff.

IV. Besondere Arten des Kaufs

1. Überblick

Die Kaufrechtsvorschriften regeln in einem zweiten Untertitel (§§ 454 ff. BGB) besondere Arten des Kaufs. Erfasst werden verschiedene Konstellationen, bei denen die Billigung des Kaufgegenstandes durch den Käufer offen ist und in dessen Belieben steht (**Kauf auf Probe,** §§ 454, 455 BGB; dazu Rdnr. 85 ff.) oder bei denen einer der Vertragsparteien ein besonderes **zukünftiges Vorrecht** im Hinblick auf den verkauften Gegenstand eingeräumt wird. So kann zugunsten des Verkäufers ein **Wiederkaufsrecht** (§§ 456–462 BGB; dazu Rdnr. 88 ff.) oder zugunsten des Kaufinteressierten ein **Vorkaufsrecht** (§§ 463–473 BGB; dazu Rdnr. 91 ff.) bestehen. Eine Besonderheit stellt auch der **Kauf unter Eigentumsvorbehalt** dar (§ 449 BGB). Zwar wird ein normaler Kaufvertrag abgeschlossen, da aber die Übergabe der Kaufsache bereits vor Zahlung des Kaufpreises erfolgt, wird der Eigentumserwerb aufschiebend bedingt (vgl. § 158 Abs. 1 BGB), so dass das Eigentum erst nach vollständiger Kaufpreiszahlung übergeht.[126] Der Wirtschaftsverkehr hat ausgehend vom einfachen Eigentumsvorbehalt gem. § 449 BGB besondere Arten dieses Instituts wie den erweiterten, verlängerten, weitergeleiteten und nachgeschalteten Eigentumsvorbehalt entwickelt.[127] Zu den daraus resultierenden Konsequenzen siehe Rdnr. 269 ff.; zu den Arten des Eigentumsvorbehalts siehe Rdnr. 254 ff., insbes. 278 ff. Die nach früherem Recht bestehenden Sonderregelungen über den **Viehkauf** sind im Rahmen der Schuldrechtsreform gestrichen worden.[128] Es gelten dafür nun die für alle Kaufverträge bestehenden Normen.

84

2. Kauf auf Probe und ähnliche Vereinbarungen

Bei dem **Kauf auf Probe** oder auf Besichtigung gem. § 454 BGB, dessen Bedeutung im Versandhandel durch das gesetzliche Widerrufs- und Rücktrittsrecht bei Fernabsatzverträgen nach § 312 d BGB erheblich zurückgegangen ist,[129] steht die **Billigung** des Kaufgegenstandes **im freien Belieben des Käufers**. Dieser unterliegt keinen Bindungen bei seiner Entscheidung darüber, ob der Vertrag verbindlich sein soll oder nicht.[130] Damit steht der Kauf unter der aufschiebenden Bedingung der Billigung (vgl. § 454 Abs. 1 S. 2 BGB). Es gelten die §§ 158 ff. BGB, so dass der Verkäufer gem. §§ 161 ff. BGB den Bedingungseintritt und dessen Wirkungen nicht verhindern oder beeinträchtigen kann.[131] Da der Kaufvertrag erst mit der Billigung wirksam wird, geht die Gefahr des zufälligen Untergangs erst zu diesem Zeitpunkt und nicht bereits gem. § 446 BGB mit der Übergabe der Kaufsache auf den Käufer über.[132] Die Billigung kann nur innerhalb einer vereinbarten oder einer angemessenen Frist erfolgen (§ 455 S. 1 BGB). Da nach Satz 2 dieser Vorschrift Schweigen als Billigung gilt, muss der Käufer innerhalb der Frist reagieren, wenn er die zur Probe überlassene Ware nicht erwerben möchte. Dies gilt allerdings nicht, wenn dem Käufer die Ware ohne vorangegangene Bestellung übersandt worden ist (siehe Rdnr. 142).

85

In der Praxis prüft der Käufer nicht selten eine Ware, bevor er sich endgültig entschließt, sie zu erwerben oder zu behalten, ohne dass rechtlich ein Kauf auf Probe gem. §§ 454 ff. BGB vorliegt. Zu nennen ist zunächst der **Prüfungs- oder Erprobungskauf.** Auch hier wird erst durch die nach erfolgter Prüfung erklärte Billigung der Vertrag wirksam. Anders

86

---

[126] Erman-*Grunewald*, § 449 BGB Rdnr. 37.
[127] Palandt-*Weidenkaff*, § 449 BGB Rdnr. 12 ff; Erman-*Grunewald*, § 449 BGB Rdnr. 42 ff.
[128] Siehe dazu die Begründung des RegE, BT-Drucks. 14/6040, S. 81.
[129] Bamberger/Roth-*Faust*, § 454 BGB Rdnr. 2; siehe auch Rdnr. 184.
[130] Vgl. OLG Bamberg, NJW 1987, 1644.
[131] MünchKomm-*Westermann*, § 454 BGB Rdnr. 3.
[132] Jauernig-*Berger*, § 455 BGB Rdnr. 8; BGH, NJW 1975, 776 ff.; zur dogmatischen Einordnung der Schadensersatzpflicht des Käufers bei Beschädigung vor diesem Zeitpunkt vgl. *Tiedtke*, JZ 1997, 931, 932.

als beim Kauf auf Probe muss jedoch eine Billigung erfolgen, wenn die Prüfung keine Mängel ergeben hat.[133] Wird der Kaufgegenstand gebilligt, so können keine Gewährleistungsansprüche wegen Mängeln geltend gemacht werden, soweit sich die Prüfungspflicht gerade auf derartige Mängel richtete.[134] Bei dem im Gesetz nicht geregelten **Kauf zur Probe** schließt der Käufer einen unbedingten normalen Kaufvertrag ab, um den Kaufgegenstand zu prüfen, mit dem Ziel, sich entscheiden zu können, ob er weitere Kaufverträge über gleichartige Gegenstände eingehen will. Er stellt nur in Aussicht, weitere Kaufverträge zu schließen, wenn ihm der gekaufte Gegenstand zusagt.[135]

87 Beim **Kauf mit Umtauschmöglichkeit** wird ein Vertrag unbedingt abgeschlossen. Der Käufer erhält allerdings das Recht, die Kaufsache bei Missbilligung zurückzugeben. Obwohl eine solche Umtauschmöglichkeit bei vielen Warenkäufen des täglichen Lebens üblich ist, besteht sie nicht ipso iure, sondern es sind stets vertragliche Festlegungen erforderlich, die die Rückgabe der Kaufsache gestatten. Diese Umtauschbedingungen bestimmen die einzelnen Voraussetzungen – etwa Umtauschfristen – sowie die Folgen der Rückgabe, insbesondere, ob die Kaufsache nur gegen eine andere zum gleichen Preis oder gegen Aufpreis umgetauscht werden kann, ob eine entsprechende Gutschrift oder Rückzahlung des Kaufpreises erfolgt.[136] Verschiedentlich wird auch eine **Umtauschmöglichkeit** ausdrücklich **ausgeschlossen,** wie etwa bei Schlussverkaufs- oder sonstiger Aktionsware. Damit kann aber in der Regel nur der im Belieben des Käufers stehende freie Umtausch ausgeschlossen werden, nicht aber ein Rücktritt wegen eines Mangels des Kaufgegenstandes gem. § 437 BGB (siehe dazu Rdnr. 681 ff.). Bei Verbraucherkäufen (Rdnr. 96 ff., 875 ff.) sind die Gewährleistungsrechte zwingend (§ 475 Abs. 1 BGB).

3. Wiederkauf

88 Hat der Verkäufer ein Interesse daran, den Kaufgegenstand zu gegebener Zeit zurückzuerwerben, etwa weil er sich nur aus Not und Bedrängnis zum Verkauf veranlasst sieht oder er den Käufer an die Verwendung des Kaufgegenstandes binden möchte, so kann dem bereits bei Abschluss des Kaufvertrages Rechnung getragen werden. Darin kann nämlich ein Wiederkaufsrecht vereinbart werden, durch das der **Käufer** aufschiebend bedingt[137] **verpflichtet** wird, den **Kaufgegenstand** oder einen Teil davon aufgrund einer Erklärung des Verkäufers an diesen oder einen Dritten **gegen Zahlung des Wiederkaufpreises zurück zu übereignen** (vgl. § 456 Abs. 1 S. 1 BGB). Der Eintritt der Bedingung ist die Ausübung des Wiederkaufsrechts. Sie steht grundsätzlich – wenn nichts anderes vereinbart wurde – im Belieben des Verkäufers.[138] Die Gesetzesbestimmungen über den Wiederkauf enthalten insbesondere Regelungen über die Haftung des Wiederverkäufers (§ 457 BGB), seine Verpflichtung zur Beseitigung von Rechten Dritter (§ 458 BGB) und hinsichtlich seines Verwendungsersatzanspruchs (§ 459 BGB).

89 Wird die **Wiederkaufabrede,** also der Vorbehalt des Verkäufers, nicht schon bei Abschluss des Kaufvertrages vereinbart, so kann dies auch nachträglich erfolgen,[139] allerdings nur, wenn dies vom übereinstimmenden Willen beider Vertragsparteien getragen wird. Jedenfalls muss die für den Kaufvertrag vorgeschriebene Form – also insbesondere § 311 b BGB (siehe dazu Rdnr. 153 ff.) – auch hinsichtlich der Vereinbarung des Wiederkaufsrechts

---

[133] Vgl. Palandt-*Weidenkaff,* § 454 BGB Rdnr. 5.
[134] Vgl. dazu Soergel-*Huber* § 495 BGB Rdnr. 14; BGH, WM 1970, 877, 878.
[135] Staudinger-*Mader,* Vorbem. zu §§ 454 ff. BGB Rdnr. 10.
[136] MünchKomm-*Westermann,* vor § 454 BGB Rdnr. 4.
[137] Zur Unabhängigkeit der Rechtsnatur vgl. BGH, NJW 2000, 1332; Erman-*Grunewald,* § 456 BGB Rdnr. 3.
[138] Es handelt sich dabei um eine sog. Potestativbedingung, vgl. dazu Palandt-*Ellenberger,* Einf. v. § 158 BGB Rdnr. 10; BGHZ 47, 387, 391; BGH, NJW-RR 1996, 1167.
[139] BGH, NJW 1951, 517; MünchKomm-*Westermann,* § 456 BGB Rdnr. 7.

beachtet werden.¹⁴⁰ Die Erklärung, mit der das **Wiederkaufsrecht ausgeübt** wird, ist dagegen formlos wirksam; gem. § 456 Abs. 1 S. 2 BGB bedarf sie nicht der Form der Kaufvertrages. Diese einseitige, empfangsbedürftige, unwiderrufliche Willenserklärung muss der Verkäufer dem Käufer gegenüber abgeben. Sie bringt den Wiederkauf (Rückkauf) zustande, wenn sie fristgemäß erfolgt. Maßgeblich ist die vereinbarte – wenn diese fehlt – die gesetzliche Frist des § 462 BGB, wonach das Wiederkaufsrecht bei Grundstücken innerhalb von dreißig, bei anderen Gegenständen innerhalb von drei Jahren ausgeübt werden kann. Innerhalb der maßgeblichen Frist steht es dem Wiederkaufsberechtigten frei, zu welchem Zeitpunkt er den Wiederkauf erklärt; es sind allerdings die Grundsätze von Treu und Glauben zu beachten.¹⁴¹ Vereinbart die öffentliche Hand ein Wiederkaufsrecht, z. B. um die zweckentsprechende Nutzung von Grundstücken sicherzustellen und Bodenspekulationen zu verhindern, so kann die Ausübung des Wiederkaufrechts innerhalb der vereinbarten Frist, auch gegen den Verhältnismäßigkeitsgrundsatz verstoßen, der das gesamte Handeln der öffentlichen Verwaltung bestimmt, auch wenn sie die Gestaltungsformen des Privatrechts wählt.¹⁴² Die Ausübung des Wiederkaufrechts ist bedingungsfeindlich. Eine Rechtsbedingung ist aber zulässig,¹⁴³ etwa in der Art, dass die Erklärung eventualiter ausgesprochen wird, so z. B. für den Fall, dass eine in erster Linie erklärte Anfechtung des Kaufvertrages nicht durchgreifen sollte.¹⁴⁴ Der **Wiederkaufpreis** ist zwischen den Parteien frei bestimmbar. Gem. § 460 BGB kann als Wiederkaufpreis auch der Schätzwert zur Zeit des Wiederkaufs vereinbart werden. Für den Fall, dass kein Preis vereinbart wurde oder die Vereinbarung unklar ist, gilt die Auslegungsregel des § 456 Abs. 2 BGB, wonach der Kaufpreis im Zweifel auch der Wiederkaufpreis ist. Wurde tatsächlich ein anderer als der vereinbarte Preis gezahlt, so liegt darin eine Vertragsänderung, so dass der Wiederkaufpreis der wirklich gezahlte Kaufpreis ist.¹⁴⁵

Auch der Käufer (oder ein Dritter) kann ein Interesse daran haben, dass der Verkäufer den Vertragsgegenstand zurückkaufen muss, wie etwa bei der sog. Zeitwertgarantie im Kraftfahrzeughandel oder im Rahmen eines finanzierten Kaufs, wenn ein Finanzierungsinstitut nur unter der Bedingung zugunsten des Käufers kreditiert, dass den Lieferanten eine Verpflichtung zum Wiederkauf trifft, falls der Erwerber mit der Rückzahlung in Verzug gerät.¹⁴⁶ Praktische Bedeutung kann das **Wiederverkaufsrecht** weiterhin bei Beendigung eines Eigenhändlervertrages, der Rücknahmegarantie des Vermittlers oder Lieferanten eines Leasinggegenstandes¹⁴⁷ oder bei einem Baubetreuungsvertrag¹⁴⁸ haben. Dementsprechend kann dem Käufer ein Wiederverkaufsrecht eingeräumt werden, mit der Befugnis, durch einseitige Erklärung eine Rückkaufverpflichtung des Verkäufers zu begründen.¹⁴⁹ Im Kern wird hier ebenso wie beim Wiederkauf der alte Kaufvertrag im Ergebnis rückabgewickelt also – von eventuellen zusätzlichen Ansprüchen abgesehen (vgl. Rdnr. 89) – der Zustand wiederhergestellt, der vor Abschluss des ersten Kaufvertrages bestanden hat.¹⁵⁰ Auf das Wiederverkaufsrecht finden daher die Vorschriften für das Wiederkaufsrecht analoge Anwendung, soweit es die Natur des abgeschlossenen Rechtsgeschäfts zulässt.¹⁵¹

90

---

¹⁴⁰ Allg. Meinung, vgl. BGH, NJW 1973, 37 m.w. N.
¹⁴¹ *Reinicke/Tiedtke,* KaufR, Rdnr. 1100.
¹⁴² BGHZ 153, 93, 106 = NJW 2003, 888, 889; BGH, WM 2006, 300, 301 = NJW-RR 2006, 298, 299; BGH, WM 2006, 2046, 2047.
¹⁴³ Vgl. dazu Palandt-*Ellenberger,* Einf. v. § 158 BGB Rdnr. 5.
¹⁴⁴ RGZ 97, 269, 273.
¹⁴⁵ Allg. Meinung, vgl. Palandt-*Weidenkaff,* § 456 BGB Rdnr. 13.
¹⁴⁶ BGH ZIP 1984, 807 ff.
¹⁴⁷ BGH, WM 1990, 882, 884 = BGHZ 110, 183.
¹⁴⁸ BGH, NJW 1994, 1653 f.
¹⁴⁹ BGH, NJW 1972, 1191; Palandt-*Weidenkaff,* § 456 BGB Rdnr. 5.
¹⁵⁰ *Reinicke/Tiedtke,* KaufR, Rdnr. 1104 ff.
¹⁵¹ RGZ 126, 308, 312; BGHZ 110, 183, 192; BGH, NJW 1972, 1191; BGHZ 140, 218, 21 f.; BGH, NJW 2002, 506 = BB 2002, 13; OLG Rostock, NJW 2006, 304; Jauernig-*Berger,* § 456 BGB Rdnr. 4; Soergel-*Huber,* vor § 456 BGB Rdnr. 16.

4. Vorkauf

91 Dem Interesse, einen Gegenstand durch Kauf zu erwerben, wenn er von dem bisherigen Berechtigten an einen Dritten veräußert wird, kann durch ein **Vorkaufsrecht** Rechnung getragen werden. Zur **Entstehung** gelangt das Vorkaufsrecht nach §§ 463 ff. BGB **durch Vertrag** zwischen demjenigen, der ein Interesse an dem Vorkaufsrecht hat (Vorkaufsberechtigter) und dem bisherigen Inhaber des Kaufgegenstandes (Vorkaufverpflichteter). Das Vorkaufsrecht an Grundstücken kann gem. §§ 1094 ff. BGB dingliche Wirkung entfalten. Selbst wenn eine dahingehende Belastung des Grundstücks erfolgt ist, richtet sich das Rechtsverhältnis zwischen dem Vorkaufsberechtigten und dem Verpflichteten nach den §§ 463 ff. BGB (vgl. § 1098 Abs. 1 S 1. BGB). Es gibt aber auch zahlreiche **gesetzliche** Vorschriften, die **Vorkaufsrechte** begründen, wie etwa § 2034 BGB für Miterben, § 577 BGB für den Mieter, wenn die vermieteten Wohnräume in Wohnungseigentum umgewandelt werden, für Gemeinden gem. §§ 24 ff. BauGB, für Arbeitnehmererfinder gem. § 27 ArbNErfG.[152] Für diese gesetzlichen Vorkaufsrechte gelten grundsätzlich auch die §§ 463 ff. BGB.[153]

92 Für das **Zustandekommen des Vorkaufvertrages** gelten die allgemeinen Regeln über Rechtsgeschäfte (vgl. Rdnr. 131 ff.). Danach sind auch bestehende Formvorschriften zu beachten, wie insbesondere bei Begründung eines Vorkaufsrechts an einem Grundstück § 311 b BGB[154] und bei einem Vorkaufsrecht über einen GmbH-Anteil § 15 Abs. 4 GmbHG (zu den Formerfordernissen siehe Rdnr. 151 ff.). Die Vorkaufsvereinbarung ist ein Vertrag, der unter einer doppelten Bedingung steht, nämlich dem Eintritt des Vorkaufsfalles und der Ausübung des Vorkaufsrechtes.[155] Mit der Ausübung des Vorkaufsrechtes durch den Vorkaufsberechtigten kommt dann der Kaufvertrag zwischen ihm und dem Vorkaufsverpflichteten mit dem gleichen Inhalt zustande, wie zwischen dem Vorkaufsverpflichteten und dem Dritten.[156] Der **Vorkaufsfall** tritt dadurch ein, dass ein wirksamer Kaufvertrag zwischen Vorkaufsverpflichtetem und einem Drittkäufer abgeschlossen wird. Daher gilt das Vorkaufsrecht grundsätzlich nicht bei Einbringung in eine Gesellschaft, bei Schenkungen,[157] Tausch[158] oder Ringtausch[159] sowie nach § 471 BGB, wenn der Verkauf im Wege der Zwangsvollstreckung erfolgt; außerdem erstreckt es sich im Zweifel nicht auf den Verkauf an einen gesetzlichen Erben (§ 470 BGB). Etwas anderes gilt, wenn ein Umgehungsgeschäft vorliegt, das einem Kauf gleichkommt.[160] Auch kann sich das Vorkaufsrecht nur auf solche Kaufverträge beziehen, die nach seinem Entstehen geschlossen wurden; auf frühere bezieht es sich auch dann nicht, wenn sie erst nach der Begründung des Vorkaufsrechtes behördlich genehmigt wurden[161] oder durch einen neuen Vertrag lediglich abgeändert werden.[162] Bei einem gesetzlichen Vorkaufsrecht gilt dies ebenso.[163] Das **Vorkaufsrecht erlischt,** wenn es nicht ausgeübt wird. Es besteht nur für einen Verkaufsfall seitens des Vorkaufsverpflichteten. Eine **Übertragbarkeit** besteht nicht, und es geht auch nicht auf die Erben des Berechtigten über, soweit nicht ein anderes bestimmt ist (vgl. § 473 S. 1 BGB). Im Zweifel ist es aber vererblich, wenn das Vorkaufsrecht nur für eine bestimmte Zeit bestellt wurde (§ 473 S. 2 BGB).

---

[152] Zum Anspruch des Arbeitnehmers auf angemessene Vergütung nach § 9 ArbNErfG vgl. BGHZ 155, 8 ff.
[153] Palandt-*Weidenkaff*, Vorb. v. § 463 BGB Rdnr. 4.
[154] RGZ 148, 105, 108; MünchKomm-*Westermann*, § 463 BGB Rdnr. 10.
[155] Soergel-*Huber*, vor § 504 BGB Rdnr. 7.
[156] Palandt-*Weidenkaff*, Vorb. v. § 463 BGB Rdnr. 1.
[157] BGH, WM 1957, 1162, 1164; das gilt auch bei gemischter Schenkung, vgl. Soergel-*Huber*, § 504 BGB Rdnr. 13.
[158] BGH, NJW 1964, 540 f.; RGZ 88, 361.
[159] BGH, NJW 1968, 104 f.
[160] BGHZ 115, 335 m.w.N.; OLG Nürnberg, NJW-RR 1992, 461.
[161] BGH, NJW 1960, 1808 ff.; BGH, NJW 1957, 1476.
[162] BGH, WM 1970, 283 f.
[163] Vgl. BGHZ 32, 383 ff.

IV. Besondere Arten des Kaufs

Die §§ 463 ff. BGB regeln nur das Verhältnis zwischen Vorkaufsberechtigtem und Vorkaufsverpflichtetem, nicht jedoch ihr **Rechtsverhältnis zum Drittkäufer.** Der Kaufvertrag, den der Vorkaufsverpflichtete mit dem Drittkäufer abgeschlossen hat, wird durch die Ausübung des Vorkaufsrechts grundsätzlich nicht berührt; Vertrag und Vertragspflichten bleiben bestehen.[164] Nach Ausübung des Vorkaufsrechts bestehen gegen den Verkäufer somit zwei Erfüllungsansprüche, nämlich der des Drittkäufers und der des Vorkaufsberechtigten. Will sich der Verkäufer vor der Inanspruchnahme aus zwei Kaufverträgen und den Schadensersatzansprüchen desjenigen Käufers schützen, der keine Erfüllung erlangt hat, so kann der Verkäufer dem Dritten mitteilen, dass ein Vorkaufsrecht besteht und er den Kaufvertrag nur unter der Bedingung abschließt, dass der Berechtigte sein Recht nicht ausübe oder indem er sich für den Fall der Ausübung des Vorkaufsrechts ein Rücktrittsrecht vorbehält.[165] Ein solcher Vorbehalt ist allerdings dem Vorkaufsberechtigen gegenüber gem. § 465 BGB unwirksam, da ihm anderenfalls mit dem Wegfall des Vorkaufsfalls die Basis für seine Vorkaufsberechtigung entzogen werden könnte. Zwischen dem Vorkaufsberechtigten und dem Drittkäufer entstehen durch die Ausübung des Vorkaufsrechtes keine Rechtsbeziehungen,[166] insbesondere kann der Drittkäufer vom Vorkaufsberechtigten nicht Erstattung der Vertragskosten verlangen.[167]

93

In der Praxis bestehen auch andere, nicht gesetzlich normierte Gestaltungen, durch die ein Interessent versucht, sich den Zugriff auf einen Kaufgegenstand zu sichern. Zu nennen ist zunächst der **Vorvertrag,** durch den die Vertragsparteien sich zum Abschluss eines Hauptvertrages verpflichten.[168] Der Vorvertrag ist formbedürftig, soweit der Hauptvertrag der Form bedarf.[169] Mit seinem Abschluss bestehen bereits Sorgfaltspflichten im Hinblick auf den Kaufgegenstand.[170] Wird ein **Optionsrecht (Ankaufsrecht)** vereinbart, so erhält der Berechtigte damit die Befugnis, durch einseitige Willenserklärung, deren Abgabe zumeist in sein Belieben gestellt ist, unmittelbar einen Kaufvertrag mit dem im Optionsvertrag bereits fest vereinbarten Inhalt zustande zu bringen.[171] Diese Vereinbarung unterliegt den selben Formerfordernissen wie der Hauptvertrag;[172] die Ausübung des Optionsrechts kann dann aber formlos erfolgen.[173] Bei der **Vorhand** besteht die Verpflichtung, den Gegenstand dem Vorhandberechtigten anzubieten, bevor er anderweitig veräußert oder vermietet wird.[174] Die damit begründete Pflicht beschränkt sich darauf, dem Vorhandberechtigten die Entscheidung, den Kauf abzuschließen, vor den anderen Vertragsinteressenten zu überlassen.[175]

94

---

[164] RGZ 121, 137f.; *Maurer,* BWNotZ 2004, 57, 64.
[165] *Reinicke/Tiedtke,* KaufR, Rdnr. 1109.
[166] RGZ 121, 137.
[167] Palandt-*Weidenkaff,* Vorb. v. § 463 BGB Rdnr. 9.
[168] Vgl. dazu Palandt-*Ellenberger,* Einf. v. § 145 BGB Rdnr. 19; BGH JZ 1958, 245; *Maurer,* BWNotZ 2004, 57, 61.
[169] BGH, NJW 2006, 2843, 2844; BGHZ 61, 48; 69, 260, 263; 82, 398, 403; 142, 84, 87.
[170] *Larenz* II/1 § 44 IV 1.
[171] Jauernig-*Berger,* § 463 BGB Rdnr. 8; Soergel-*Huber,* vor § 504 BGB Rdnr. 16; *Maurer,* BWNotZ 2004, 57, 62 f.
[172] MünchKomm-*Busche,* vor § 145 BGB Rdnr. 75; Palandt-*Ellenberger,* Einf. v. § 145 BGB Rdnr. 23.
[173] BGH, NJW 2006, 2843, 2844; OLG Köln, NJW-RR 2003, 375; anders aber, wenn das eingeräumte Recht als befristetes Angebot zum Abschluss eines Kaufvertrages zu qualifizieren ist, siehe Palandt-*Ellenberger,* Einf. v. § 145 BGB Rdnr. 23.
[174] *Larenz* II/1 § 44 IV. 2; *Maurer,* BWNotZ 2004, 57.
[175] Palandt-*Weidenkaff,* Vorb. v. § 463 BGB Rdnr. 12; zur Formbedürftigkeit vgl. auch RGZ 169, 65, 71.

V. Vertragsparteien und kaufrechtliche Sonderregelungen

1. Grundsatz

95 Parteien des Kaufvertrages, also Käufer und Verkäufer, können natürliche wie juristische Personen sein sowie rechtsfähige Personengesellschaften, denen die Fähigkeit zuerkannt ist, Rechte zu erwerben und Verbindlichkeiten einzugehen (vgl. § 14 Abs. 2 BGB). Die **§§ 433 ff.** BGB gelten **grundsätzlich unabhängig von der rechtlichen Stellung der Vertragsparteien,** so dass es für deren Anwendbarkeit im Ausgangspunkt gleichgültig ist, ob der Vertrag zwischen einem Verbraucher und einem Unternehmer, zwischen zwei Verbrauchern oder zwischen zwei Kaufleuten abgeschlossen wird. Allerdings bestehen verschiedentlich **Sonderregelungen,** die die allgemeinen Kaufrechtsvorschriften modifizieren. So enthalten die §§ 474 ff. BGB spezielle Bestimmungen für den **Verbrauchsgüterkauf,** wovon die Fälle erfasst werden, in den ein Verbraucher von einem Unternehmer eine bewegliche Sache erwirbt (dazu sogleich Rdnr. 96 ff.). Im kaufmännischen Verkehr sind die Sonderregelungen über den **Handelskauf** gem. §§ 373 ff. HGB zu beachten (siehe Rdnr. 108 ff.). Schließlich können bei grenzüberschreitenden Verkäufen die Vorschriften des **UN-Kaufrechts** zu Anwendung kommen (vgl. Rdnr. 116 ff.). Nachfolgend wird dargelegt, unter welchen Voraussetzungen die speziellen Normen gelten. In welcher Weise sie die allgemeinen Kaufrechtsnormen der §§ 433 ff. BGB modifizieren, wird im Zusammenhang mit dem jeweiligen Sachproblem und der diesbezüglichen Sonderregelung erörtert.

2. Verbrauchsgüterkauf

96 a) **Überblick.** Kauft ein Verbraucher von einem Unternehmer eine bewegliche Sache, so liegt nach der Begriffsbestimmung in § 474 Abs. 1 S. 1 BGB ein **Verbrauchsgüterkauf** vor, für den die nachfolgenden Gesetzesbestimmungen ergänzende Vorschriften zu den §§ 433 ff. BGB enthalten. Damit sollen Anforderungen der **Kaufrechtsrichtlinie der EU**[176] in deutsches Recht übertragen werden. Der Gesetzgeber hat die europarechtliche Umsetzungsverpflichtung zwar im Kern dadurch erfüllt, dass das allgemein geltende Kaufrecht den Anforderungen der Richtlinie angepasst wurde; einige dieser EU-Regelungen erscheinen aber so stark an spezifischen Verbraucherschutzaspekten ausgerichtet, dass deren Geltung für alle Kaufverträge nicht gerechtfertigt erschien.[177] Von den **Sonderregelungen bedeutsam** ist zunächst § 475 BGB, der weitgehend Vereinbarungen verbietet, in denen Verbraucherrechte verkürzt werden (siehe im Einzelnen Rdnr. 875 ff.). § 476 BGB statuiert eine Beweislastumkehr bei Mängeln, die innerhalb von sechs Monaten nach dem Gefahrübergang auftreten (dazu Rdnr. 409 ff.) und § 477 BGB betrifft besondere Garantieerklärungen gem. § 443 BGB (dazu Rdnr. 1436 ff., 1473 ff.). Die §§ 478 f. BGB enthalten zur Umsetzung von Art. 4 der Verbrauchsgüterkaufrichtlinie spezielle Vorschriften über den Rückgriff des mit Gewährleistungsansprüchen belasteten Unternehmers gegen seinen Lieferanten (dazu Rdnr. 822 ff.). Ob der konkrete Kaufvertrag den Sonderregelungen der §§ 474 ff. BGB unterliegt, muss auf der Grundlage der persönlichen (dazu sogleich Rdnr. 97 ff.) und sachlichen (dazu Rdnr. 107) Anwendungsvoraussetzungen genau geprüft werden.

97 b) **Persönlicher Anwendungsbereich.** Nach § 474 Abs. 1 S. 1 BGB gelten die Sonderregelungen über den Verbrauchsgüterkauf nur dann, wenn eine **bewegliche Sache** (siehe Rdnr. 107) **von** einem **Verbraucher** (vgl. Rdnr. 98 f.) **bei** einem **Unternehmer** (Rdnr. 105 f.) **gekauft** wird. Dementsprechend sind die §§ 474 ff. BGB unanwendbar, wenn gar kein Verbraucher beteiligt ist, sondern beide Vertragschließenden Unternehmer sind. Das gilt auch dann, wenn ein Vertragspartner objektiv zwar Verbraucher ist, seinem

---

[176] Richtlinie 1999/44/ EG v. 25.5.1999, ABl. EG v. 07.07.1999, Nr. 171, S. 12 ff.
[177] So die Begründung des RegE, BT-Drucks. 14/6040, S. 242.

V. Vertragsparteien und kaufrechtliche Sonderregelungen

Gegenüber aber die **Unternehmereigenschaft vortäuscht,** etwa weil er weiß, dass nur in diesem Fall der Kauf zustande kommt.[178] Dann greift allein das allgemeine Kaufrecht, eventuell modifiziert durch die Sonderregelungen des Handelskaufs (§§ 373 ff. HGB; dazu Rdnr. 108 ff.). Der spezielle kaufrechtliche Verbraucherschutz gem. §§ 474 ff. BGB greift auch dann nicht ein, wenn der Vertrag zwischen zwei Verbrauchern abgeschlossen wurde oder wenn der Verbraucher nicht der Käufer, sondern der Verkäufer der Sache ist. Eine **Definition** der zentralen Begriffe des Verbrauchers bzw. des Unternehmers enthält § 474 BGB nicht. Insofern ist auf die allgemeinen Bestimmungen der §§ 13, 14 BGB zurückzugreifen. Wer sich auf die Geltung von Verbraucherschutznormen beruft, trägt die **Beweislast** für das Vorliegen der jeweiligen Voraussetzung. In der Regel wird somit der Verbraucher beweispflichtig sein.[179] Insbesondere bei den mittlerweile praktisch bedeutsamen Fällen des Internethandels können nach der Rechtsprechung aber bereits Indizien ausschlaggebend sein. So wird oft etwa aus dem äußeren Anschein eines geschäftsmäßigen Auftretens[180] oder – bei Internetauktionen – der Anzahl[181] oder dem Umsatzvolumen[182] bereits verkaufter Artikel auf eine Unternehmereigenschaft geschlossen.[183]

aa) Verbraucher. Nach § 13 BGB ist Verbraucher **jede natürliche Person,** die ein Rechtsgeschäft zu einem Zweck abschließt, der weder ihrer gewerblichen noch ihrer selbständigen beruflichen Tätigkeit zugerechnet werden kann. Nach der am 13.6.2014 in Kraft tretenden Neufassung des § 13 BGB Gesetz zur Umsetzung der Verbraucherrechterichtlinie (BGBl. I 2013, S. 3642, siehe auch BT-Drucks. 17/13951, S. 6, 96) muss die Rechtshandlung *überwiegend* außerhalb dieses Bereichs liegen, um die Verbrauchereigenschaft zu begründen (siehe Rdnr. 103). Die formale Anknüpfung an den Status als natürliche Person bewirkt zunächst, dass jeder Mensch Verbraucher sein kann. Es ist nicht erforderlich, dass eine besondere Schutzbedürftigkeit vorliegt, insbesondere setzt § 13 BGB keine intellektuelle oder ökonomische Unterlegenheit voraus.[184] Die Regelung bewirkt aber, dass juristische Personen stets aus den Verbraucherschutzbestimmungen ausgenommen sind, also auch dann, wenn der Kaufvertrag nicht im Rahmen einer selbständigen beruflichen oder gewerblichen Tätigkeit abgeschlossen wird. Daher finden die §§ 474 ff. BGB keine Anwendung, wenn z. B. ein kleiner Idealverein von einem Unternehmer Waren erwirbt. Andererseits können **Personengemeinschaften,** die nicht juristische Personen sind, unter die Verbraucherschutznormen fallen, wie etwa dann, wenn eine Wohnungseigentümergemeinschaft, eine Gesellschaft bürgerlichen Rechts, eine eheliche Gütergemeinschaft oder eine Erbengemeinschaft eine bewegliche Sache kauft.[185] **98**

Zweifelhaft ist, ob ein Verbrauchervertrag auch dann vorliegt, wenn am Vertragsschluss Dritte beteiligt oder durch den Vertrag begünstigt sind. Selbst wenn sich der Verbraucher beim Zustandekommen des Vertrages eines **Vermittlers** oder eines **Stellvertreters** bedient, ändert dies nichts daran, dass allein der Verbraucher Vertragspartner wird. Daher ist es für die Anwendbarkeit der Verbraucherschutznormen unerheblich, ob die Hilfsperson ihrerseits aus familiärer oder freundschaftlicher Verbundenheit tätig wird oder ob sie im Rahmen ihrer **99**

---

[178] BGH, NJW 2005, 1045, 1045 f.; MünchKomm-*Lorenz,* § 474 BGB Rdnr. 23; MünchKomm-*Basedow,* § 310 BGB Rdnr. 54; *Lorenz,* NJW 2007, 1, 7; *Wertenbruch,* LMK 2005, 49; a. A. *Herresthal,* JZ 2006, 695, der zusätzlich das Bewusstsein verlangt, dass die Gegenseite den Vertrag ohne die Täuschung nicht oder jedenfalls zu anderen Bedingungen geschlossen hätte.
[179] Palandt-*Ellenberger,* § 13 BGB Rdnr. 4; *Wendehorst,* DStR 2000, 1311, 1312; Bamberger/Roth-*Schmidt-Räntsch,* § 13 BGB Rdnr. 15.
[180] OLG Köln, MMR 2005, 545, 546.
[181] OLG Frankfurt, NJW 2005, 1438; OLG Frankfurt, NJW 2004, 2098, 2099.
[182] AG Bad Kissingen, NJW 2005, 2463.
[183] Ausführlich zum Ganzen *Rohlfing,* MMR 2006, 271 ff.
[184] Palandt-*Ellenberger,* § 13 BGB Rdnr. 2.
[185] MünchKomm-*Micklitz,* § 13 BGB Rdnr. 15; *Faber,* ZEuP 1998, 854, 862; *Martis,* MDR 1998, 1190; zur BGB-Gesellschaft siehe aber auch Rdnr. 105.

gewerblichen oder beruflichen Tätigkeit handelt[186] (zu unzulässigen Umgehungsgeschäften gem. § 475 Abs. 1 S. 2 BGB vgl. Rdnr. 878). Die Schutzbedürftigkeit des Endverbrauchers, der als Käufer Partei des Vertrages ist, entfällt nicht dadurch, dass eine Hilfsperson am Zustandekommen des Vertrages mitgewirkt hat, so dass auch in diesen Fällen die §§ 474 ff. BGB zur Anwendung kommen. Entsprechendes gilt, wenn ein **Dritter Begünstigter des Vertrages** ist. Maßgeblich ist das Rechtsverhältnis zwischen Verkäufer und Käufer, so dass dafür – wenn letzterer gem. § 13 BGB Verbraucher ist – die §§ 474 ff. BGB gelten und zwar auch dann, wenn der begünstigte Dritte ein Unternehmer ist. Ob dieser selbst Ansprüche gegen den Verkäufer hat, ist auf der Grundlage der Bestimmungen über den Vertrag zugunsten Dritter (§§ 328 ff. BGB) zu ermitteln.[187] Soweit diesem eigene Rechte zustehen, erscheint – jedenfalls wenn er selbst kein Verbraucher ist – fraglich, ob ihm dann auch die spezifischen Verbraucherschutzbestimmungen zugute kommen. In der Regel werden diese wegen der Maßgeblichkeit des bestehenden Verbrauchervertrages auch auf den begünstigten Dritten ausstrahlen; so wäre es dogmatisch kaum zu begründen, wenn ein im Kaufvertrag vereinbarter Haftungsausschluss, der gem. § 475 BGB unwirksam ist, dem Dritten entgegengehalten werden könnte.

100 Nach § 13 BGB wird auch eine natürliche Person nicht als Verbraucher angesehen, wenn der Vertrag zu einem Zweck abgeschlossen wurde, der ihrer gewerblichen oder selbständigen beruflichen Tätigkeit zuzurechnen ist. Der somit neben dem Status des Käufers für den Zugang zu den Verbraucherschutznormen maßgebliche **Zweck des Rechtsgeschäfts** ist auf der Grundlage des Vertragsinhalts und der objektiv erkennbaren Begleitumstände zu beurteilen, die zur Zeit des Abschlusses des Kaufvertrages bestanden.[188] Danach liegt regelmäßig ein Verbrauchergeschäft vor, wenn die Kaufsache einem **persönlichen oder familiären Zweck** dient oder zum **Gebrauch im Haushalt** bestimmt ist, es kommen aber auch andere private Zwecke in Betracht, wie etwa dann, wenn der Käufer Kunstgegenstände als Vermögensanlage erwirbt.[189] Der BGH hat aus der vom Gesetzgeber gewählten Formulierung des § 13 BGB gefolgt, dass rechtsgeschäftliche Aktivitäten einer natürlichen Person grundsätzlich dem Verbraucherhandeln zuzurechnen seien; eine andere Wertung komme nur dann in Betracht, wenn die dem Vertragspartner erkennbaren Umstände eindeutig und zweifelsfrei auf die Verfolgung einer gewerblichen oder selbständigen beruflichen Tätigkeit hinweisen.[190] Bei verbleibenden Unsicherheiten und Zweifeln ist zugunsten der Verbrauchereigenschaft zu entscheiden. Für sogenannte Dual-use-Verträge, die sowohl gewerbliche als auch nichtgewerbliche Zwecke verfolgen, hat der Gesetzgeber mit Wirkung ab 13.6.2014 klargestellt, dass es auf den überwiegenden Zweck ankommt[191] (siehe auch Rdnr. 103). Ändert sich der bei Vertragsschluss bestehende Nutzungszweck später, so führt dies nicht dazu, dass die ursprüngliche Anwendbarkeit der Verbraucherschutznormen entfällt oder – im umgekehrten Fall – nachträglich begründet würde.[192]

101 Das Rechtsgeschäft darf, um den Verbraucherschutznormen zu unterfallen, gem. § 13 BGB **weder** der **gewerblichen** noch der **selbständigen beruflichen Tätigkeit** des Käufers zugerechnet werden können. Unter **Gewerbe** wird eine selbständige, planmäßige und auf Dauer – also auf den Abschluss einer unbestimmten Vielzahl von Geschäften – angelegte Tätigkeit verstanden, die auf dem Markt erkennbar nach außen hervortritt

---

[186] MünchKomm-*Micklitz*, § 13 BGB Rdnr. 24; *Reinicke/Tiedtke*, KaufR, Rdnr. 1438 f.
[187] Siehe MünchKomm-*Micklitz*, § 13 BGB Rdnr. 26; Soergel-*Pfeiffer*, § 13 BGB Rdnr. 51 f.
[188] MünchKomm-*Micklitz*, § 13 BGB Rdnr. 30, 33; Jauernig-*Jauernig*, § 13 BGB Rdnr. 3.
[189] MünchKomm-*Micklitz*, § 13 BGB Rdnr. 37 ff.; Bamberger/Roth-*Schmidt-Räntsch*, § 13 BGB Rdnr. 9.
[190] BGH, NJW 2009, 3780, 3781, wo ein Internetkauf eines Rechtsanwalts zu privaten Zwecken aber unter Angabe der Kanzleiadresse als Lieferanschrift als Verbrauchergeschäft gewertet wurde.
[191] Vgl. Beschluss und Begründung des Rechtsausschusses, BT-Drucks. 17/13951, S. 6, 96.
[192] MünchaKomm-*Micklitz*, § 13 BGB Rdnr. 32; vgl. Bamberger/Roth-*Schmidt-Räntsch* § 13 BGB Rdnr. 13.

V. Vertragsparteien und kaufrechtliche Sonderregelungen

und mit der Absicht der Gewinnerzielung ausgeübt wird.[193] Dieser von der höchstrichterlichen Rechtsprechung zum Handelsrecht entwickelte Gewerbebegriff ist nicht uneingeschränkt auf den Verbrauchsgüterkauf zu übertragen. Hier setzt das Vorliegen eines Gewerbes und damit die Unternehmerstellung des Verkäufers nicht voraus, dass dieser mit seiner Geschäftstätigkeit die Absicht verfolgt, Gewinn zu erzielen, sondern es ist allein auf die objektiven Gegebenheiten abzustellen.[194] Damit kann auch ein eBay-Verkäufer, der mangels Gewinnerzielungsabsicht im handelsrechtlichen Sinne nicht gewerbsmäßig handelt, die Internet-Auktion jedoch dauerhaft und planmäßig für seine Umsatzgeschäfte nutzt, als Unternehmer und nicht als Verbraucher einzuordnen sein;[195] insbesondere liegt ein Handeln im geschäftlichen Verkehr nahe, wenn der Anbieter wiederholt mit gleichartigen, vor allem auch neuen Gegenständen handelt.[196] Nicht dem Gewerbebegriff unterfallen die freien Berufe, also etwa selbständige Rechtsanwälte, Notare, Wirtschaftsprüfer, Steuerberater, Ärzte, sowie Architekten, Ingenieure, Dolmetscher, Privatlehrer, Journalisten, Künstler und Schriftsteller.[197] Kauft ein **Freiberufler** eine bewegliche Sache für sein Unternehmen, so unterfällt dieses Rechtsgeschäft aber gleichwohl nicht den Verbraucherschutznormen. Insofern greift nämlich das zweite Negativmerkmal des § 13 BGB, wonach bei Verträgen, die einer **selbständigen beruflichen Tätigkeit** zugerechnet werden können, die betreffende Vertragspartei nicht als Verbraucher einzuordnen ist. Kauft etwa ein Privatlehrer einen Computer für sein Unternehmen, so ist dies gem. § 13 BGB kein Verbrauchergeschäft, so dass die Sonderregelungen der §§ 474 ff. BGB nicht zur Anwendung kommen.

Anders ist dies allerdings, wenn die **Berufsausübung nicht selbständig,** sondern in abhängiger Stellung erfolgt. Wird der oben (Rdnr. 101) beispielhaft genannte Computerkauf durch einen angestellten Lehrer vorgenommen, etwa zu dem Zweck, damit Klassenarbeiten oder Unterrichtsskripte zu entwerfen, so liegt ein Verbrauchergeschäft gem. § 13 BGB vor,[198] da das Ausnahmemerkmal der Selbständigkeit der Tätigkeitsausübung fehlt. Ein Vertrag, der einer unselbständigen beruflichen Tätigkeit zuzurechnen ist, wird also wie ein Privatgeschäft behandelt, so dass für einen solchen Kauf die §§ 474 ff. BGB gelten. Hierin liegt eine **Abweichung gegenüber** Art. 1 Abs. 2 Buchst. a) **der EG-Richtlinie über den Verbrauchsgüterkauf,** wo jede berufliche Zweckbestimmung des Kaufvertrages zum Ausschluss aus den Verbraucherschutzbestimmungen führt. Die insofern fehlende Übereinstimmung des deutschen Rechts mit den Richtlinienvorgaben ist europarechtlich zulässig. Da vom Verbraucherbegriff des § 13 BGB auch Verträge erfasst werden, die einer unselbständigen beruflichen Tätigkeit zuzurechnen sind, ist der geschützte Personenkreis weiter als nach Art. 1 Abs. 2 Buchst. a) der Kaufrechtsrichtlinie vorgeschrieben, womit ein nach Art. 8 Abs. 2 dieser Richtlinie zulässiges höheres Niveau des Verbraucherschutzes erreicht wird.[199] Die europarechtliche Zulässigkeit der deutschen Regelung ist auch unter dem Aspekt der Vollharmonisierung nicht anders zu beurteilen, da für den hier erweitert erfassten Personenkreis die EG-Richtlinie gar nicht gilt.

102

---

[193] Zu diesem von der Rechtsprechung im Handelsrecht entwickelten Gewerbebegriff vgl. BGHZ 95, 155, 157; sowie ausführlich Ebenroth/Boujong/Joost-*Kindler*, § 1 HGB Rdnr. 16, 20 ff. m. w. N.; siehe auch die umfangreiche Auflistung freier Berufe in § 1 Abs. 2 PartGG.
[194] BGHZ 167, 40, 44 ff. = WM 2006, 1544, 1545 f.; MünchKomm-*Micklitz*, § 14 BGB Rdnr. 16 ff.; Soergel/*Pfeiffer*, § 14 Rdnr. 13; Bamberger/Roth-*Schmidt-Räntsch*, § 14 Rdnr. 8; Erman-*Saenger*, § 14 BGB Rdnr. 8 ff., 12.
[195] Vgl. AG Bad Kissingen, NJW 2005, 2463.
[196] So unter dem Aspekt von Markenrechtsverletzungen BGH, MMR 2008, 531, 532 = GRUR 2008, 702.
[197] Ebenroth/Boujong/Joost-*Kindler*, § 1 HGB Rdnr. 16, 37 f.; Koller/Roth/Morck, § 1 HGB Rdnr. 13 jeweils m. w. N.
[198] Siehe die Begründung des RegE, BT-Drucks. 14/6040, S. 79 sowie S. 243.
[199] Darauf weist auch die Begründung des RegE, BT-Drucks. 14/6040, S. 243 hin.

103 Die Problematik der Zuordnung eines Rechtsgeschäfts zum privaten oder zum gewerblichen bzw. selbständigen beruflichen Bereich stellt sich nur dann, wenn der Käufer überhaupt geschäftliche Aktivitäten entfaltet. In diesen Fällen bereiten aber vor allem solche Verträge Schwierigkeiten, die eine **gemischte Zweckbestimmung** haben, wie etwa dann, wenn ein selbständiger Steuerberater einen Computer kauft, den er sowohl beruflich als auch privat nutzen will. Vereinzelt wird auf der Grundlage eines rollenbezogenen Verbraucherbegriffs die Vermutung aufgestellt, dass solche Mischgeschäfte grundsätzlich dem privaten Bereich zuzuordnen seien.[200] Übt der Verbraucher lediglich eine **Nebenerwerbstätigkeit** aus, komme es für die Geltung dieser Vermutungsregel darauf an, ob die Rolle als Verbraucher verlassen werde, wofür der monatliche Umsatz des Erwerbsgeschäfts als Indikator diene.[201] Dem ist jedoch entgegenzuhalten, dass sich aus § 13 BGB weder die genannte Vermutung entnehmen lässt noch entscheidend auf eine bestimmte typische Rolle als Verbraucher abgestellt wird. Vielmehr knüpft diese Vorschrift maßgeblich an das konkrete Rechtsgeschäft und dessen Zweck an. Liegt dieser außerhalb einer gewerblichen oder selbständigen beruflichen Tätigkeit, so kann sogar der Unternehmer einen Verbrauchervertrag abschließen, etwa wenn er ein Fernsehgerät für seinen privaten Haushalt kauft. Daher ist bei einer Nebenerwerbstätigkeit auch keinesfalls von Bedeutung, welcher Umsatz damit erzielt wird. Verfolgt ein Vertrag nach den maßgeblichen Beurteilungskriterien (vgl. Rdnr. 100 f.) sowohl private Zwecke als auch Ziele, die im selbständigen beruflichen oder gewerblich Bereich liegen, so kommt es entscheidend darauf an, welche Benutzung überwiegt.[202] Dies hat der Gesetzgeber in einer am 13.6.2014 in Kraft tretenden Neufassung des § 13 BGB ausdrücklich klargestellt. Wenn eine natürliche Person einen Vertrag nicht überwiegend zu gewerblichen oder selbständigen beruflichen Zwecken abschließt, handelt sie als Verbraucher.[203] Werden beide Zwecke gleichermaßen verfolgt oder bleibt offen, welcher überwiegt, so kommen die Verbraucherschutzvorschriften regelmäßig nicht zur Anwendung,[204] da derjenige, der sich auf eine solche Norm beruft, eben nicht beweisen kann, dass die besonderen Anwendungsvoraussetzungen vorliegen (zur Beweislast siehe Rdnr. 97).[205]

104 Entschließt sich der Verbraucher, eine selbständige berufliche oder gewerbliche Existenz aufzubauen, so stellt die Phase der **Existenzgründung** ein Übergangsstadium in die Unternehmerstellung dar. Hinsichtlich der in dieser Zeit geschlossenen Verträge wird die Auffassung vertreten, dass zunächst die Geltung der Verbraucherschutznormen geboten sei; erst nach Überschreitung einer zeitlichen Obergrenze, wenn gewerbe- oder berufsbezogene Kenntnisse erworben worden sind, könne eine Zuordnung zur Unternehmertätigkeit erfolgen.[206] Dies erscheint zwar aus Verbraucherschutzüberlegungen durchaus verständlich, führt allerdings zu erheblicher Rechtsunsicherheit hinsichtlich der Überschreitung der zeitlichen Grenze und damit der Geltung der Verbraucherschutzbestimmungen. Auch systematische Gründe sprechen gegen diese Auslegung des § 13 BGB. Die Vorschrift knüpft maßgeblich an den Zweck des konkreten Vertrages an, und dieser bezieht sich auch im Existenzgründungsstadium auf eine gewerbliche oder selbständige berufliche Tätigkeit. Würden Existenzgründungsverträge dem § 13 BGB unterfallen, so wäre unverständlich, warum für zu diesem Zweck aufgenommene Darlehen in § 512 BGB ausdrücklich die grundsätzliche

---

[200] MünchKomm-*Micklitz*, § 13 BGB Rdnr. 40; *von Westphalen*, BB 1996, 2101.
[201] MünchKomm-*Micklitz*, § 13 BGB Rdnr. 56, 57.
[202] Im Ergebnis ebenso: Palandt-*Ellenberger*, § 13 BGB Rdnr. 3; Erman-*Saenger*, § 13 BGB Rdnr. 17; *Wendehorst*, DStR 2000, 1311; *von Westphalen*, BB 1996, 2101; OLG Celle, NJW-RR 2004, 1645.
[203] Vgl. Beschluss und Begründung des Rechtsausschusses, BT-Drucks. 17/13951, S. 6, 96.
[204] *Pfeiffer*, NJW 1999, 169, 173; Palandt-*Ellenberger*, § 13 BGB Rdnr. 3; a.A. Jauernig-*Jauernig*, § 13 BGB Rdnr. 3.
[205] Zur Beweislastumkehr zu Gunsten des Verbrauchers, wenn der Vertragspartner im Internet-Auktionshaus eBay als „Powerseller" auftritt, siehe OLG Koblenz, NJW 2006, 1438.
[206] Vgl. MünchKomm-*Micklitz*, § 13 BGB Rdnr. 54; *Micklitz/Purnhagen*, Anm. WUB 2008 IV A § 14 BGB 1.08.

Geltung der Verbraucherschutznormen der §§ 491 ff. BGB angeordnet wird. Im Gesetzgebungsverfahren zur Implementierung dieser Vorschriften aus dem Verbraucherkreditgesetz in das BGB ist Wert darauf gelegt worden, dass durch diese bereichsspezifische Sonderregelung die in § 13 BGB enthaltene Definition nicht erweitert oder aufgeweicht wird.[207] Daraus ist zu folgern, dass diese Vorschrift Existenzgründungsverträge nicht erfasst[208] und ein zu diesem Zweck abgeschlossener Kaufvertrag nicht unter die Verbraucherschutznormen der §§ 474 ff. BGB fällt. Dieser Auffassung hat sich nunmehr auch der BGH ausdrücklich angeschlossen.[209]

bb) Unternehmer. Die besonderen Verbraucherschutznormen der §§ 474 ff. BGB finden nur dann Anwendung, wenn der Verkäufer als Vertragspartner des Verbrauchers ein Unternehmer ist (siehe bereits Rdnr. 97). Hinsichtlich der **persönlichen Anforderungen** ist der Unternehmerbegriff nach § 14 BGB weit gefasst. Es kann eine natürliche oder juristische Person oder eine rechtsfähige Personengesellschaft sein. Der Begriff der **natürlichen Person** entspricht demjenigen des § 13 BGB (siehe dazu Rdnr. 98), so dass jeder Mensch als Unternehmer agieren kann. Die **juristische Person** ist dadurch gekennzeichnet, dass sie rechtlich verselbständigt und selbst rechtsfähig ist, wie insbesondere der rechtsfähige Verein, die AG, GmbH oder Genossenschaft. Von dem Unternehmerbegriff des § 14 BGB werden nicht nur privatrechtliche juristische Personen erfasst, sondern auch solche des öffentlichen Rechts[210] (Körperschaften wie insb. Bund, Länder und Gemeinden, Stiftungen und Anstalten des öffentlichen Rechts). Eine **rechtsfähige Personengesellschaft** ist nach § 14 Abs. 2 BGB dadurch gekennzeichnet, dass sie mit der Fähigkeit ausgestattet ist, Rechte zu erwerben und Verbindlichkeiten einzugehen. Es kommen also neben OHG und KG auch die Partnerschaftsgesellschaft und die EWIV in Betracht.[211] Ob auch eine Gesellschaft bürgerlichen Rechts als Unternehmer im Sinne dieser Vorschrift gewertet werden kann, wird unterschiedlich beurteilt.[212] Einerseits statten die gesetzlichen Bestimmungen der §§ 705 ff. BGB die BGB-Gesellschaft nicht mit der Fähigkeit aus, selbst Rechte zu erwerben und Verbindlichkeiten einzugehen. Andererseits hat der BGH entschieden, dass eine Gesellschaft bürgerlichen Rechts rechtsfähig und parteifähig ist, wenn sie als Teilnehmer am Rechtsverkehr eigene vertragliche Rechte und Pflichten begründet.[213] Dies spricht dafür, sie als Unternehmer i. S. d. § 14 BGB anzusehen. Allein die Verwaltung eigenen Vermögens, wie etwa die Vermietung oder Verpachtung von Immobilien oder auch eines einzelnen Betriebs, begründet jedoch noch kein gewerbliches Handeln.[214]

Als weitere Voraussetzung für die Unternehmerstellung im Rahmen eines Verbrauchervertrages erfordert § 14 BGB, dass das konkrete **Rechtsgeschäft in Ausübung einer gewerblichen oder selbständigen beruflichen Tätigkeit** erfolgte. Da diese Merkmale mit negativen Vorzeichen auch für die Stellung als Verbraucher bedeutsam sind, kann auf die diesbezüglichen Ausführungen (Rdnr. 101) verwiesen werden. Es kommen daher alle Verträge im geschäftlichen Betätigungsbereich eines Kaufmanns, eines nichtkaufmännischen

---

[207] Vgl. die Bedenken des BR gegen die Fassung des RegE (BT-Drucks. 14/6857, S. 32 f.) und die insofern zustimmende Gegenäußerung der BReg (BT-Drucks. 14/6857, S. 6465).
[208] Im Ergebnis ebenso BGH, NJW 2008, 435; OLG Rostock, OLG-Report 2003, 505, 506 ff.; OLG Oldenburg, NJW-RR 2002, 641, 641; *Tonner*, BB 2000, 1413, 1414; Erman-*Saenger*, § 13 BGB Rdnr. 16; a. A. MünchKomm-*Micklitz*, § 13 BGB Rdnr. 54.
[209] BGH, NJW 2005, 1273, 1274 f.; ablehnend *Kulke*, EWiR 2005, 781 f.
[210] MünchKomm-*Micklitz*, § 14 BGB Rdnr. 7; Palandt-*Ellenberger*, § 14 BGB Rdnr. 2.
[211] MünchKomm-*Micklitz*, § 14 BGB Rdnr. 8; *Bülow/Artz*, NJW 2000, 2049, 2051.
[212] Bejahend Palandt-*Ellenberger*, § 14 BGB Rdnr. 3; MünchKomm-*Micklitz*, § 13 BGB Rdnr. 19; PWW-*Prütting/Schöpflin*, § 14 BGB Rdnr. 6; Erman-*Saenger*, § 14 BGB Rdnr. 7; ablehnend HK-*Dörner*, §§ 13, 14 BGB Rdnr. 4; offen gelassen von *Bülow/Artz*, NJW 2000, 2049, 2051 unter Hinweis auf die noch nicht abgeschlossene Diskussion.
[213] BGH, NJW 2001, 1056, 1057 f.; Bestätigung durch BGH, NJW 2002, 1207, 1208.
[214] BGH, NJW 2006, 3486, 3487.

Kleingewerbetreibenden oder eines Freiberuflers in Betracht, ebenso Leistungen öffentlichrechtlicher juristischer Personen (Rdnr. 105), soweit sie auf der Basis eines privatrechtlichen Vertrages erbracht werden[215] und eine kausale Verknüpfung zwischen der unternehmerischen Tätigkeit als solcher und dem in Rede stehenden Geschäft besteht.[216] Dies schließt nicht aus, dass der Unternehmer auch Verträge zu privaten Zwecken abschließt, etwa dann, wenn der Kaufmann seinen Privat-Pkw veräußert. Ein solcher Vertrag ist dann nicht in Ausübung seiner gewerblichen Tätigkeit abgeschlossen, so dass die Voraussetzungen des § 14 BGB nicht vorliegen und damit auch die §§ 474 ff. BGB nicht zur Anwendung kommen. Es darf allerdings nicht übersehen werden, dass nach § 344 HGB die Rechtsgeschäfte eines Kaufmanns im Zweifel seinem Gewerbebetrieb zugerechnet werden.[217] Davon erfasst werden auch **branchenfremde Hilfs- und Nebengeschäfte,** die nicht den eigentlichen Unternehmenszweck bilden.[218] Ist der abgeschlossene Vertrag einer gewerblichen oder selbständigen beruflichen Tätigkeit des Verkäufers zuzuordnen, so kommt es nicht darauf an, ob diese haupt- oder nebenberuflich ausgeübt wird.[219] Auch eine **Gewinnerzielungsabsicht** ist für die Unternehmereigenschaft **nicht erforderlich.**[220] Befindet sich das **Unternehmen** noch **im Gründungsstadium,** so wird mit den zu dieser Zeit abgeschlossenen Verträgen nicht lediglich ein privater Zweck verfolgt, sondern sie sind auf die gewerbliche oder selbständige berufliche Tätigkeit gerichtet (siehe Rdnr. 104). Werden also in der Phase der Existenzgründung bereits bewegliche Sachen an Verbraucher verkauft, so sind die Voraussetzungen der §§ 13, 14 BGB erfüllt und der Vertrag unterliegt den §§ 474 ff. BGB.[221] Das gleiche gilt, wenn der Zweck eines Vertrages darin liegt, das **Unternehmen** ganz oder teilweise zu **veräußern,** mit dem Ziel, die selbständige berufliche oder gewerbliche Tätigkeit aufzugeben. Auch solche Verträge stehen noch im Zusammenhang mit der unternehmerischen Tätigkeit und stellen Rechtsgeschäfte der Betriebsführung dar.[222]

107 **c) Bewegliche Sachen.** Der **sachliche Anwendungsbereich** der Sonderregelungen über den Verbrauchsgüterkauf erstreckt sich gem. § 474 Abs. 1 S. 1 BGB ausschließlich auf **bewegliche Sachen** (siehe dazu Rdnr. 56 ff.). Mit dieser Ausgrenzung des Kaufs von Grundstücken und Rechten entspricht die Vorschrift der Regelung in Art. 1 Abs. 2 Buchstabe b) der EG-Kaufrechtsrichtlinie, wo die erfassten Verbrauchsgüter als bewegliche körperliche Gegenstände definiert werden. In Umsetzung von Art. 2 Nr. 5 der Verbraucherrechterichtlinie wird mit Wirkung ab dem 13.6.2014 in einem neuen Satz 2 des § 474 Abs. 1 BGB (BGBl. I 2013, S. 3642) klargestellt, dass der Charakter als Verbrauchsgüterkauf nicht dadurch berührt wird, dass die vertragliche Verpflichtung des Unternehmers nicht nur die Übertragung einer beweglichen Sache sondern auch die Erbringung einer Dienstleistung, wie etwa montieren oder installieren des Kaufgegenstandes, beinhaltet. Die Voraussetzungen des § 474 Abs. 1 S. 1 BGB liegen auch dann vor, wenn Kaufgegenstand eine aus beweg-

---

[215] Palandt-*Ellenberger,* § 14 BGB Rdnr. 2; Erman-*Saenger,* § 14 BGB Rdnr. 6.
[216] LG Frankfurt, NJW-RR 2004, 1208.
[217] Vgl. *Koller/Roth/Morck,* § 344 HGB Rdnr. 6; Staub-*Koller,* § 344 HGB Rdnr. 5; sowie Ebenroth/Boujong/Joost-*Kort,* § 343 HGB Rdnr. 25.
[218] Vgl. MünchKomm-*Micklitz,* § 14 BGB Rdnr. 28, der sich gegen eine Verallgemeinerung dieser Regel ausspricht; ebenso *Pfeiffer,* NJW 1999, 169, 173 f. (zu § 24 AGBG a. F.); Palandt-*Ellenberger,* § 14 BGB Rdnr. 2; differenzierend *Wendehorst,* DStR 2000, 1311 ff.
[219] Palandt-*Ellenberger,* § 14 BGB Rdnr. 2; Soergel-*Pfeiffer,* § 13 BGB Rdnr. 39; a.A. MünchKomm-*Micklitz,* § 13 BGB Rdnr. 56 (siehe dazu Rdnr. 103).
[220] BGH, NJW 2006, 2250; *Lorenz,* NJW 2007, 1, 7, danach genügt es beispielsweise, wenn mit der selbständigen oder gewerblichen Tätigkeit lediglich der Verlust einer aus Liebhaberei betriebenen Tätigkeit gemindert werden soll.
[221] BGH, NJW 2005, 1273, 1274 f.; Sorgel-*Pfeiffer,* § 14 BGB Rdnr. 14; Erman-*Saenger,* § 14 BGB Rdnr. 14.
[222] Siehe EuGH v. 14.3.1991 – Rs C-361/89 (Di Pinto), Slg. 1991, I-1189, 1206, insbes. 1211, Rdnr. 16.

lichen Sachen bestehende Sachgesamtheit (dazu Rdnr. 58) ist. Die Lieferung von **Wasser** oder **Gas** von einem Unternehmer (§ 14 BGB; dazu Rdnr. 56, 60, 80) an einen Verbraucher (§ 13 BGB, dazu Rdnr. 98 ff.) unterliegt ebenfalls den §§ 474 ff. BGB, wenn eine Abfüllung in Behältnisse oder Leitungen erfolgt ist (vgl. Art. 2 Abs. 1 Buchstabe b), 2. Anstrich der Richtlinie, sowie zu der nach deutschem Recht gem. § 90 BGB erforderlichen Körperlichkeit (Rdnr. 56). Fließendem Wasser oder Luft fehlt dagegen die Sacheigenschaft. Auch die Lieferung von **Strom** ist wegen der fehlenden Körperlichkeit weder nach deutschem noch nach europäischem Recht Gegenstand eines Verbrauchsgüterkaufs, so dass dafür die §§ 474 ff. BGB nicht gelten.[223] Diese sind ebenfalls unanwendbar, wenn eine gebrauchte Sache in einer **öffentlichen Versteigerung** verkauft wurde, an der der Verbraucher persönlich teilnehmen konnte. Nach h. M., der sich auch der BGH angeschlossen hat, ist für den Begriff der öffentlichen Versteigerung die in § 383 Abs. 3 BGB enthaltene Legaldefinition maßgeblich.[224] Mit der Ausnahmeregelung des § 474 Abs. 2 S. 2 BGB hat der deutsche Gesetzgeber von der Option des Art. 1 Abs. 3 der EG-Kaufrechtsrichtlinie Gebrauch gemacht. Damit sollte auf Anregung des Bundesrates die Möglichkeit eröffnet werden, insbesondere bei der öffentlichen Versteigerung von Fundsachen gem. § 979 BGB Haftungsausschlüsse vereinbaren zu können.[225]

3. Besonderheiten beim Handelskauf

a) Überblick. Ist ein Kaufmann an dem Vertrag beteiligt, sind die Sonderregelungen zu beachten, die in den §§ 373 ff. HGB für den Handelskauf enthalten sind. Diese haben grundsätzlich **Vorrang** gegenüber den Vorschriften des BGB. Ausgangspunkt ist ein Kaufvertrag i. S. d. § 433 BGB, dessen **Kaufgegenstände** entweder Waren oder Wertpapiere (vgl. § 381 Abs. 1 HGB) sind (siehe Rdnr. 115). Die **Definition des Handelskaufs** erschließt sich aus § 343 HGB, wonach Handelsgeschäfte alle Geschäfte eines Kaufmanns sind, die zum Betrieb seines Handelsgewerbes gehören. Nach § 344 Abs. 1 HGB wird diese Betriebszugehörigkeit im Zweifel vermutet, wenn ein Kaufmann das Rechtsgeschäft vorgenommen hat. Von zentraler Bedeutung für die Geltung der Sonderregelungen über den Handelskauf ist somit die **Vertragsbeteiligung eines Kaufmanns**. Ob dieser Status vorliegt, wird in den §§ 1 ff. HGB geregelt. Nach § 1 Abs. 1 HGB ist jeder Kaufmann, der ein Handelsgewerbe betreibt (näher dazu Rdnr. 110 ff.). Neben der Kaufmannseigenschaft setzt ein Handelsgeschäft gem. § 343 HGB voraus, dass der konkret abgeschlossene Vertrag zum Betrieb des Handelsgewerbes gehört (Rdnr. 114).

108

Die §§ 373 ff. HGB modifizieren die §§ 433 ff. BGB in einigen Detailaspekten, wobei die **Sonderregelungen** in erster Linie eine Beschleunigung der Vertragsabwicklung zum Ziel haben.[226] Bedeutsam sind vor allem die Spezialnormen über den Annahmeverzug des Käufers (§§ 373 f. HGB, Rdnr. 1391 ff.), den Fixhandelskauf (§ 376 HGB, dazu Rdnr. 997 ff.) und die Untersuchungs- und Rügeobliegenheit (§ 377 HGB, vgl. Rdnr. 948 ff.). Zu beachten sind daneben auch die allgemeinen Vorschriften über Handelsgeschäfte (§§ 434 ff. HGB), wonach insbesondere auch die Handelsbräuche zu berücksichtigen sind (vgl. § 346 HGB, hierzu insbes. Rdnr. 513 ff.). **Grundsätzlich** erlangen diese Normen **schon bei einem einseitigen Handelsgeschäft Geltung,** also dann, wenn nur eine der Vertrags-

109

---

[223] Vgl. die Begründung des RegE, BT-Drucks. 14/6040, S. 243; Erman-*Grunewald*, § 474 BGB Rdnr. 5.
[224] BGH, NJW 2006, 613, 614 f.; Bamberger/Roth-*Faust*, § 474 BGB Rdnr. 16; MünchKomm-*Lorenz*, § 474 BGB Rdnr. 13; Palandt-*Grüneberg*, § 383 BGB Rdnr. 4; Staudinger-*Matusche-Beckmann*, § 474 BGB Rdnr. 46.
[225] Vgl. die Stellungnahme Nr. 103 c) des BR, BT-Drucks. 14/6857, S. 30, 31 und die diesbezügliche Gegenäußerung der BReg, a. a. O., S. 63.
[226] Siehe *Koller/Roth/Morck*, vor §§ 373–376 HGB Rdnr. 3; *Canaris*, Handelsrecht, § 29 II. S. 416; *Schmidt*, HandelsR, § 29 I 2 a).

parteien Kaufmann ist und das Rechtsgeschäft zum Betrieb seines Handelsgewerbes gehört (vgl. § 345 HGB). Daher werden auch Verträge erfasst, bei denen ein gewerblicher Verkäufer Waren an einen Verbraucher veräußert.[227] Dies ist, da regelmäßig der Verkäufer durch die Handelsrechtsnormen begünstigt wird (Ausnahme § 376 HGB), verschiedentlich als Wertungs- und Systembruch kritisiert worden.[228] Der Gesetzgeber hat allerdings auch im Zuge der Handelsrechtsreform von 1998 an der grundsätzlichen Geltung der §§ 343 ff. BGB für einseitige Handelsgeschäfte nichts geändert. **Manche Normen** setzen allerdings ein **beiderseitiges Handelsgeschäft** voraus, wie vor allem die besonders einschneidende Obliegenheit des Käufers, die gelieferte Ware unverzüglich zu untersuchen und aufgetretene Mängel unverzüglich zu rügen (§ 377 HGB; dazu Rdnr. 948 ff.). Auf die einzelnen für Kaufverträge relevanten Sonderbestimmungen wird im jeweiligen Sachzusammenhang eingegangen. Nachfolgend werden deren Anwendungsvoraussetzungen dargelegt.

110   **b) Kaufmannseigenschaft.** Grundlegende Voraussetzung für die Geltung handelsrechtlicher Spezialnormen ist, dass an dem Vertrag mindestens ein Kaufmann beteiligt ist (siehe bereits Rdnr. 108). Der Kaufmannsbegriff wird im Handelsgesetzbuch nicht einheitlich festgelegt; vielmehr enthalten § 1 Abs. 2 sowie §§ 2, 3, 5 und 6 HGB **verschiedene Tatbestände** für die Entstehung der Kaufmannseigenschaft. **Ausgangspunkt** ist die Generalklausel des § 1 HGB, wonach Kaufmann jeder Betreiber eines **Handelsgewerbes** ist (Absatz 1); als solches ist jeder Gewerbebetrieb anzusehen, es sei denn, das Unternehmen erfordert nach Art oder Umgang keinen in kaufmännischer Weise eingerichteten Geschäftsbetrieb (Absatz 2). Hinsichtlich des Gewerbebegriffs kann auf die Ausführungen Rdnr. 101 verwiesen werden. Freiberufliche Tätigkeiten werden aufgrund berufsrechtlicher Normen und traditioneller Einordnung nicht als Gewerbe betrachtet.[229] Selbst wenn also ein Selbständiger als **Freiberufler** ein großes, wirtschaftlich bedeutsames Unternehmen betreibt, unterliegen dessen Rechtsgeschäfte nicht den handelsrechtlichen Sondernormen.[230] Etwas anderes kann gelten, wenn die freiberufliche von einer gewerblichen Tätigkeit überlagert wird, wie etwa dann, wenn ein Architekt auch einen Baustoffhandel betreibt oder wenn ein Künstler Werke in Massenproduktion vertreibt. Lassen sich freiberuflicher und gewerblicher Bereich nicht trennen, ist entscheidend, welche Tätigkeit dominiert.[231]

111   Entscheidend für die Kaufmannseigenschaft ist – im Gegensatz zur früheren Systematik nach § 1 Abs. 2 a. F. HGB – nicht der Inhalt des ausgeübten Gewerbes, sondern das **Erfordernis einer kaufmännischen Organisation.** Es kommt also nicht darauf an, dass Handel betrieben wird, vielmehr erlangt grundsätzlich jeder Gewerbeunternehmer die Kaufmannseigenschaft. Nur wenn nach Art *oder* Umfang ein in kaufmännischer Weise eingerichteter Geschäftsbetrieb, nicht erforderlich ist, wird die Kaufmannseigenschaft des Betreibers des Unternehmens nicht begründet. Erforderlich ist eine Gesamtwürdigung der Verhältnisse des konkreten Betriebes. Ist danach jemand **Kleingewerbetreibender,** so ist er nicht Kaufmann nach § 1 Abs. 2 HGB. Diese Eigenschaft kann aber nach § 2 HGB erworben werden (siehe dazu Rdnr. 113). Erfordert der Betrieb eine kaufmännische Organisation, so wird die Kaufmannseigenschaft begründet, ohne dass es einer Eintragung ins Handelsregister bedarf; erfolgt diese, so hat dies lediglich deklaratorische Bedeutung.[232]

---

[227] Staub-*Koller*, vor § 373 HGB Rdnr. 1; *Koller/Roth/Morck*, vor §§ 373–376 HGB Rdnr. 3; HeidelbergerKomm-*Ruß*, § 345 HGB Rdnr. 3.

[228] *Schmidt*, HandelsR, § 29 I 2 b), S. 791; *ders.*, BB 2005, 837.

[229] *Koller/Roth/Morck*, § 1 HGB Rdnr. 12; Baumbach/*Hopt*, § 1 HGB Rdnr. 19; *Schmidt*, HandelsR, § 9 IV 2 a) cc), S. 282; siehe auch insoweit Rdnr. 101.

[230] Zu den nur wenigen Fällen, in denen die analoge Anwendung einzelner Handelsrechtsnormen für Freiberufler in Betracht gezogen wird, siehe *Schmidt*, HandelsR, § 9 IV 2 a) cc), S. 282; *Hopt*, ZGR 1987, 177.

[231] *Koller/Roth/Morck*, § 1 HGB Rdnr. 15; Baumbach/*Hopt*, § 1 BGB Rdnr. 20, 28.

[232] *Koller/Roth/Morck*, § 1 HGB Rdnr. 46; MünchKommHGB-*Schmidt*, § 1 HGB Rdnr.3; HeidelbergerKomm-*Ruß*, § 1 Rdnr. 45.

V. Vertragsparteien und kaufrechtliche Sonderregelungen

Die Kaufmannseigenschaft erlangt aber nur der **Betreiber des Handelsgeschäfts,** also derjenige, in dessen Namen dieses Unternehmen am Markt in Erscheinung tritt.[233] Dies kann etwa eine natürliche Person sein, die als Einzelkaufmann den Betrieb führt. Kaufmann ist z. B. der Pächter und nicht der Verpächter eines Betriebes.[234] Eine juristische Person ist selbst Betreiber i. S. d. § 1 Abs. 2 HGB, nicht etwa deren Organmitglieder oder Angestellte.[235] Dagegen sind nach – allerdings bestrittener – Ansicht der Rechtsprechung und des überwiegenden Teils des Schrifttums die Gesellschafter einer OHG und die Komplementäre, nicht dagegen die Kommanditisten einer KG Kaufleute.[236] Aufgrund der Konstruktion des § 1 Abs. 2 HGB trägt der Betreiber eines Handelsgewerbes die **Beweislast,** wenn er behauptet, er sei Kleingewerbetreibender und daher kein Kaufmann.[237] Ein dahingehender Einwand wird generell abgeschnitten, wenn eine Eintragung ins Handelsregister erfolgt ist (§ 5 HGB). Diese Vorschrift fingiert die Kaufmannseigenschaft des Eingetragenen, wenn der Betrieb in den **Umfang** eines Kleingewerbetreibenden **herabgesunken** ist, also eine kaufmännische Organisation nicht mehr erforderlich ist. War in einem solchen Fall keine Eintragung erfolgt, so erlischt die Kaufmannseigenschaft kraft Gesetzes. **112**

Liegen die Voraussetzung des § 1 Abs. 2 HGB nicht vor, so kann die **Kaufmannseigenschaft** unter bestimmten Voraussetzung **nach anderen Vorschriften** begründet sein. Personen, die zwar ein Gewerbe betreiben, das aber eine kaufmännische Organisation nicht erfordert, erfüllen zwar nicht die Voraussetzungen des § 1 Abs. 2 HGB, sie können aber gem. **§ 2 S. 1 HGB** die Kaufmannseigenschaft erlangen. Erforderlich ist eine Eintragung ins Handelsregister, die dabei konstitutive Wirkung entfaltet.[238] Der **Kleingewerbetreibende** ist dann uneingeschränkt dem Handelsrecht unterworfen, so dass auch die Vorschriften über den Handelskauf für ihn gelten. Für Betriebe der **Land- und Forstwirtschaft** gilt Ähnliches. Diese erlangen, obwohl eigentlich ein Gewerbe iSd § 1 Abs. 2 HGB betrieben wird, wegen der gesetzlichen Regelung in § 3 Abs. 1 HGB nicht die Kaufmannseigenschaft. Auf das damit verbundene Privileg, nicht ipso iure den Handelsrechtsnormen zu unterfallen, können Land- und Forstwirte aber verzichten und sich gem. **§ 3 Abs. 2 HGB** in das Handelsregister eintragen lassen, wenn ihr Betrieb eine kaufmännische Organisation erfordert (dazu Rdnr. 111). Mit der erfolgten Eintragung wird die Kaufmannseigenschaft erworben.[239] Ist ein Gewerbetreibender gem. § 1 Abs. 2 HGB oder ein Land- oder Forstwirt gem. § 3 Abs. 2 HGB ins Handelsregister eingetragen, kann bei späterer Geschäftsreduzierung das Erfordernis einer kaufmännischen Organisation und damit die Voraussetzung des bestehenden Handelsgewerbes entfallen. Um die daraus resultierende Rechtsunsicherheit, ob die Kaufmannseigenschaft noch besteht oder nicht, zu vermeiden, ordnet **§ 5 HGB** an, dass ein dahingehender Einwand nicht geltend gemacht werden kann, wenn die Firma ins Handelsregister eingetragen ist **(Fiktivkaufmann).** In diesen Fällen unterliegt auch ein Kleingewerbetreibender den Normen über den Handelskauf, und zwar unabhängig davon, ob diese für ihn vorteilhaft oder nachteilig sind.[240] Eine **juristische Person,** der das Gesetz die Kaufmannseigenschaft ohne Rücksicht auf den Unternehmensgegenstand zuerkennt (AG, **113**

---

[233] MünchKommHGB-*Schmidt,* § 1 HGB Rdnr. 8; Baumbach/*Hopt,* § 1 HGB Rdnr. 30.

[234] Koller/Roth/Morck, § 1 HGB Rdnr. 17; Baumbach/*Hopt,* § 1 HGB Rdnr. 30.

[235] BGH, NJW 2006, 432; Baumbach/*Hopt,* § 1 HGB Rdnr. 31; *Koller/Roth/Morck,* § 1 HGB Rdnr. 19; HeidelbergerKomm-*Ruß,* § 1 HGB Rdnr. 16.

[236] BGH, NJW 1982, 569, 570; BGH, NJW 1966, 1960, 1961; ebenso Ebenroth/Boujong/Joost-*Boujong,* § 105 HGB Rdnr. 36; *Koller/Roth/Morck,* § 1 HGB Rdnr. 23; a. A. MünchKommHGB-*Schmidt,* § 1 HGB Rdnr. 58; Staub-*Ulmer,* § 105 BGB Rdnr. 76 ff.; Baumbach/*Hopt,* § 105 HGB Rdnr. 19 ff.; jeweils m.w.N.

[237] Vgl. die Begründung des RegE, BT-Drucks. 13/8444, S. 48; MünchKommHGB-*Schmidt,* § 1 HGB Rdnr. 63 f.

[238] MünchKommHGB-*Schmidt,* § 2 HGB Rdnr. 3; HeidelbergerKomm-*Ruß,* § 2 HGB Rdnr. 3.

[239] Koller/Roth/Morck, § 3 HGB Rdnr. 7; MünchKommHGB-*Schmidt,* § 3 HGB Rdnr. 20.

[240] Siehe MünchKommHGB-*Schmidt,* § 3 HGB Rdnr. 16; *Koller/Roth/Morck,* § 5 HGB Rdnr. 7.

KGaA, GmbH, Genossenschaft), ist nach **§ 6 Abs. 2 HGB** auch dann Kaufmann, wenn kein Handelsgewerbe betrieben wird **(Formkaufmann).**[241]

114 **c) Betriebszugehörigkeit des Kaufvertrages.** Für die Geltung der Vorschriften über den Handelskauf ist allein die Beteiligung eines Kaufmanns an dem abgeschlossenen Kaufvertrag nicht ausreichend. Vielmehr ist nach § 343 HGB erforderlich, dass der konkrete Vertrag zum Betrieb des Handelsgewerbes gehört, also **kein Privatgeschäft** des Kaufmanns darstellt. Die Betriebszugehörigkeit ist dann gegeben, wenn ein funktionaler Zusammenhang mit dem Gegenstand des Handelsgewerbes besteht oder jedenfalls der Betriebszweck gefördert wird.[242] Erfasst werden auch Hilfs- und Nebengeschäfte, selbst wenn sie nach dem eigentlichen Inhalt der Geschäftstätigkeit unüblich sind.[243] Es werden z. B. auch Kaufverträge erfasst, die ein Kaufmann zur Ausstattung des Büros seines Dienstleistungsunternehmens abschließt.[244] Trotz dieses weiten Bereichs relevanter betriebsbezogener Geschäfte kann die Abgrenzung zu privaten Verträgen des Kaufmanns schwierig sein. Nach § 344 Abs. 1 HGB gilt aber die **Vermutung,** dass die von einem Kaufmann abgeschlossenen Rechtsgeschäfte im Zweifel als **betriebszugehörig** gelten. Damit trifft denjenigen die **Beweislast,** der sich auf das Vorliegen eines Privatgeschäfts beruft.[245] Die gesetzliche Vermutung wird allerdings nur dann relevant, wenn nicht nach den Umständen des konkreten Falles die Betriebszugehörigkeit oder aber der private Charakter des Vertrages feststeht.[246] § 344 Abs. 1 HGB hat insbesondere keine Bedeutung bei Handelsgesellschaften. Diese verfügen nicht über eine Privatsphäre, so dass die Betriebszugehörigkeit stets gegeben ist.[247] Wird der **Vertrag durch** einen **Vertreter** abgeschlossen, kommt es sowohl hinsichtlich der Kaufmannseigenschaft als auch im Hinblick auf die Betriebsbezogenheit auf die Person des Betreibers des Gewerbes an.[248]

115 **d) Vertragsgegenstand.** Selbst wenn ein Kaufmann Vertragspartei ist (dazu Rdnr. 110 ff.) und das Rechtsgeschäft zum Betrieb seines Handelsgewerbes gehört (Rdnr. 114) unterliegt ein Kauf nicht notwendig den §§ 373 ff. HGB. Die Sonderregelungen über den Handelskauf greifen nur dann ein, wenn es sich bei dem Vertragsgegenstand um Waren oder Wertpapiere (vgl. § 381 Abs. 1 HGB) handelt. **Waren** sind nur **bewegliche Sachen.**[249] Auf die diesbezüglichen Ausführungen (Rdnr. 56 ff.) kann insoweit verwiesen werden. Nicht erfasst werden der Kauf eines Unternehmens, Grundstückskaufverträge sowie der Rechtskauf.[250] Dagegen wird Computersoftware als bewegliche Sache eingeordnet, so dass beim Softwarekauf die §§ 373 ff. HGB Anwendung finden.[251] Des weiteren gelten die Vorschriften der §§ 373 ff. HGB auch für den Kauf von **Wertpapieren** (§ 381 Abs. 1 HGB). Hiervon werden alle marktgängigen Handelspapiere erfasst, insbesondere Aktien.[252] Schließlich gel-

---

[241] Siehe dazu HeidelbergerKomm-*Ruß*, § 6 HGB Rdnr. 2 ff.; Baumbach/*Hopt*, § 6 HGB Rdnr. 2.
[242] Baumbach/*Hopt*, § 343 HGB Rdnr. 3; *Koller/Roth/Morck*, § 343 HGB Rdnr. 4; Ebenroth/Boujong/Joost-*Kort*, § 343 HGB Rdnr. 25 m.w.N.
[243] HeidelbergerKomm-*Ruß*, § 343 HGB Rdnr. 2; BGHZ 63, 32, 35.
[244] Ähnlich Ebenroth/Boujong/Joost-*Kort*, § 343 HGB Rdnr. 25 f.
[245] MünchKommHGB-*Schmidt*, § 344 HGB Rdnr. 18; Baumbach/*Hopt*, § 344 HGB Rdnr. 3; *Koller/Roth/Morck*, § 344 HGB Rdnr. 4.
[246] Baumbach/*Hopt*, § 344 HGB Rdnr. 1.
[247] BGH, NJW 1960, 1852 f.; Ebenroth/Boujong/Joost-*Kort*, § 343 HGB Rdnr. 3; Baumbach/*Hopt*, § 344 HGB Rdnr. 1;
[248] MünchKommHGB-*Schmidt*, § 343 HGB Rdnr. 9; Staub-*Koller*, § 343 HGB Rdnr. 2; *Koller/Roth/Morck*, § 343 HGB Rdnr. 2.
[249] Vgl. MünchKommHGB-*Grunewald*, vor § 373 HGB Rdnr. 3; Ebenroth/Boujong/Joost-*Müller*, Vor § 373 HGB Rdnr. 2; sowie die Legaldefinition in § 1 Abs. 2 Nr. 1 HGB a. F.
[250] Ebenroth/Boujong/Joost-*Müller*, Vor § 373 HGB Rdnr. 3, 5.
[251] BGH, NJW 1993, 2436, 2437 f.; BGH, NJW 1990, 1290, 1291; Ebenroth/Boujong/Joost-*Müller*, Vor § 373 HGB Rdnr. 4.
[252] *Koller/Roth/Morck*, § 381 HGB Rdnr. 1; Staub-*Brüggemann*, § 381 Rdnr. 2.

ten die Bestimmungen über den Handelskauf auch für **Werklieferungsverträge,** auf welche gem. § 651 BGB die Kaufrechtsnormen zur Anwendung kommen.

4. UN-Kaufrecht

a) Überblick. Bei internationalen Kaufverträgen über Waren können die Normen des UN-Kaufrechts (CISG) zur Anwendung kommen. In ihrem Geltungsbereich haben diese **Vorrang vor** den Vorschriften des **BGB** und des **HGB.**[253] Grundlegendes Anwendungserfordernis ist, dass die Vertragspartner ihre Niederlassung in verschiedenen Vertragsstaaten des CISG haben (Art. 1 Abs. 1 a) CISG) oder jedenfalls das internationale Privatrecht zur Anwendung des Rechts eines Vertragsstaates[254] führt (Art. 1 Abs. 1 b) CISG). Liegt ein vom CISG erfasster Vertragsinhalt (Art. 1, 2 und 3 CISG; dazu Rdnr. 118 ff.) vor und sind auch die notwendigen internationalen Elemente (Art. 1 CISG; siehe Rdnr. 121 ff.) gegeben, so kommen die Bestimmungen des Übereinkommens zur Anwendung. Eine darauf gerichtete Vereinbarung der Parteien ist nicht erforderlich. Sie können aber auf der Grundlage der Vertragsfreiheit etwas anderes festlegen, insbesondere die Geltung des Übereinkommens vollständig ausschließen (vgl. Art. 6 CISG; dazu Rdnr. 129). Umgekehrt können privatautonome Vereinbarungen auch zur Anwendung des UN-Kaufrechts führen, wenn die normierten Geltungsvoraussetzungen nicht vorliegen (vgl. Rdnr. 130).

116

Selbst wenn das UN-Kaufrecht nach den Bestimmungen des Übereinkommens in vollem Umfang und ohne Modifizierung gilt, erfassen die darin **geregelten Rechtsfragen** doch nicht alle im Rahmen eines Kaufvertrages relevanten Problemkreise. Nach Art. 4 S. 1 CISG betrifft das Übereinkommen ausschließlich den **Abschluss des Kaufvertrages** (Art. 14–24 CISG; näher dazu Rdnr. 201 ff.) sowie die **Rechte und Pflichten des Verkäufers und des Käufers** (Art. 25–88 CISG; auf die darin enthaltenen Bestimmungen des materiellen Kaufrechts wird im jeweiligen Sachzusammenhang eingegangen). Hinsichtlich der damit verbundenen Einzelaspekte ist stets zu fragen, ob sie nicht – selbst wenn eine ausdrückliche Nennung in Art. 4 S. 1 CISG fehlt – doch vom UN-Kaufrecht erfasst sind. Dies wird wegen des engen Sachzusammenhangs mit dem dort normierten materiellen Recht insbesondere angenommen für die Beweislast[255] und auch z.B. für die Haftung für Erfüllungsgehilfen (vgl. Art. 79 CISG).[256] Art. 92 CISG gibt einem Vertragsstaat des Übereinkommens das Recht, Teil II über den Abschluss des Vertrages oder Teil III über den Warenkauf als solchen für unverbindlich zu erklären mit der Wirkung, dass er insofern nicht als Vertragsstaat gilt, also in den ausgeschlossenen Bereichen komplett das nationale Recht anzuwenden ist.[257]

117

b) Relevante Verträge. Nach Art. 1 Abs. 1 CISG erfasst das Übereinkommen nur **Kaufverträge über Waren.** Es fehlt zwar eine nähere Definition, jedoch ist der **Begriff des Kaufs** aus den Bestimmungen des UN-Kaufrechts zu entnehmen. Die insbesondere in Art. 30 und 53 CISG niedergelegten Pflichten von Verkäufer und Käufer zeigen, dass der Kauf im Sinne des Übereinkommens als Austauschvertrag anzusehen ist, gerichtet auf Lieferung von Waren und Eigentumsübertragung gegen Bezahlung des Kaufpreises. Erfasst werden dabei auch alle Gestaltungsformen des Kaufs, wie etwa Versendungskauf, Sukzessivliefe-

118

---

[253] *Reinicke/Tiedtke,* KaufR, Rdnr. 983; MünchKommHGB-*Benicke,* Art. 4 CISG Rdnr. 2.
[254] Derzeit haben 67 Staaten das Übereinkommen angenommen bzw. ratifiziert. Eine ständig aktualisierte Auflistung der Vertragsstaaten steht unter http://www.uncitral.org/uncitral/en/uncitral_texts/sale_goods/1980CISG_status.html zur Verfügung.
[255] Zuletzt BGH, NJW 2004, 3181, 3182.
[256] Siehe die Aufzählung bei Soergel-*Lüderitz/Fenge,* Art. 4 CISG Rdnr. 9, 11 ff.; Bamberger/Roth-*Saenger,* Art. 4 CISG Rdnr. 11, 13.
[257] Ein solcher Vorbehalt zu Teil II des Übereinkommens (Nichtanwendung der Regeln zum Vertragsschluss) ist bisher erklärt worden von Dänemark, Finnland, Norwegen und Schweden; zum aktuellem Stand siehe http://www.uncitral.org/uncitral/en/uncitral_texts/sale_goods/1980CISG_status.html sowie die Auflistung bei Piltz, NJW 2005, 2126 und NJW 2003, 2056, 2057.

rungsvertrag oder Kauf nach Muster oder Probe.[258] Grundsätzlich ist auch unerheblich, ob die zu liefernde Sache bei Vertragsschluss bereits existiert oder ob sie erst noch hergestellt oder erzeugt werden muss, da Art. 3 Abs. 1 CISG **Werklieferungsverträge** den Kaufverträgen gleichstellt. Dabei kommt es nicht darauf an, ob eine vertretbare oder eine nicht vertretbare Sache zu produzieren ist[259] (zur entsprechenden Regelung in § 651 BGB siehe Rdnr. 64). Eine Gleichstellung mit dem Kauf ist nach Art. 3 Abs. 1 CISG dann nicht anzunehmen, wenn der Besteller einen wesentlichen Teil des für die Herstellung notwendigen Stoffes geliefert hat. Entscheidend für die Wesentlichkeit ist nach ganz herrschender Meinung das Wertverhältnis der verwendeten Materialien und nicht der Wert erbrachter Dienstleistungen.[260] Erheblich sind die Zulieferungen des Käufers jedenfalls dann, wenn sie bei 50% liegen.[261] Auf **gemischte Verträge,** bei denen der „überwiegende Teil" der Pflichten des die Lieferung schuldenden Vertragspartners in der Ausführung von Arbeits- oder Dienstleistungen besteht, ist nach Art. 3 Abs. 2 CISG das Übereinkommen nicht anzuwenden.[262] Für diesen Ausschlusstatbestand müssen die kauffremden Elemente wertmäßig überwiegen, also jedenfalls mehr als 50% ausmachen; teilweise wird ein deutliches oder ganz erhebliches Überwiegen[263] verlangt.

119 **Vom CISG nicht erfasst** werden Verträge, bei denen die jeweiligen Hauptpflichten nicht denjenigen der Art. 30 und 53 CISG entsprechen. So gilt das Übereinkommen nicht für **Tausch- oder Kompensationsverträge,** da als Gegenleistung für die Lieferung nicht die Zahlung eines Kaufpreises geschuldet wird.[264] Allerdings kommt es auch hier auf die Umstände des Einzelfalles an, so dass zu prüfen ist, ob wirklich in einem einheitlichen Vertrag die Lieferung Ware gegen Ware geschuldet wird oder ob nicht zwei selbständige wechselseitige Kaufverträge gegeben sind.[265] In Anbetracht des kaufrechtlichen Typusmerkmals der geschuldeten endgültigen Übertragung der Ware ist zweifelhaft, ob **Mietkauf- oder Leasingverträge** in den Anwendungsbereich des CISG fallen.[266] Die überwiegend ablehnende Haltung wird damit begründet, dass regelmäßig die mietrechtliche Gebrauchsüberlassung im Vordergrund steht. Dementsprechend kann der Anwendungsbereich des Übereinkommens nur dann eröffnet sein, wenn von vornherein ein Eigentumserwerb angestrebt war. Schließlich gilt das UN-Kaufrecht nicht für **Vertriebsverträge** (Handelsvertreter-, Vertragshändler-, Agenturverträge und auch Franchise), da diese regelmäßig keine konkreten Lieferungspflichten, sondern nur darauf gerichtete Rahmenvereinbarungen beinhal-

---

[258] Siehe die Auflistung bei Staudinger-*Magnus*, Art. 1 CISG Rdnr. 15 ff.; *Achilles,* CISG, Art. 1 Rdnr. 2; jeweils m.w.N.

[259] OLG Saarbrücken, IHR 2001, 64, 65; Soergel-*Lüderitz/Fenge*, Art. 3 CISG Rdnr. 2; Staudinger-*Magnus*, Art. 3 CISG Rdnr. 13; a. A. MünchKomm-*Westermann*, Art. 3 CISG Rdnr. 3.

[260] OLG Frankfurt/a.M., RIW 1991, 950; Soergel-*Lüderitz/Fenge*, Art. 3 CISG Rdnr. 3; Bamberger/Roth-*Saenger*, Art. 3 CISG Rdnr. 3; a.A. Cour d'Appel Chambéry v. 25.5.1993, Unilex E. 1993-17.

[261] Staudinger-*Magnus*, Art. 3 CISG Rdnr. 16; a. A. MünchKomm-*Westermann*, Art. 3 CISG Rn. 4 (der eine feste Prozentzahl verneint und die Entscheidung einzelfallabhängig macht); die Rechtsprechung stellt z.T. nicht nur auf den Wert, sondern auch auf die Funktion der Ware ab, vgl. OLG München, RIW 2000, 712.

[262] OLG München, RIW 2000, 712, 713; Staudinger-*Magnus*, Art. 3 CISG Rdnr. 21 ff.; *Piltz,* NJW 2005, 2126, 2127.

[263] Soergel-*Lüderitz/Fenge*, Art. 3 CISG Rdnr. 4; MünchKommHGB-*Benicke*, Art. 3 CISG Rdnr. 9.

[264] Handelsgericht Zürich, IHR 2003, 188; Staudinger-*Magnus*, Art. 3 CISG Rdnr. 21 f.; Bamberger/Roth-*Saenger*, Art. 1 Rdnr. 4; *Piltz*, NJW 2003, 2056, 2058.

[265] *Herber/Czerwenka*, Art. 1 CISG Rdnr. 5; Staudinger-*Magnus*, Art. 1 CISG Rdnr. 30; *Piltz*, in: v. *Westphalen*, Handbuch des Kaufrecht in den EG-Staaten, S. 9, Rdnr. 9.

[266] Siehe dazu Staudinger-*Magnus*, Art. 1 CISG Rdnr. 33 ff. (Mietkauf ja, Leasing nein); MünchKomm-*Westermann*, Art. 1 CISG Rdnr. 6 (Mietkauf nein, Leasing ja); Bamberger/Roth-*Saenger*, Art. 1 CISG Rdnr. 4 (nur ausnahmsweise Geltung des CISG); jeweils m.w.N.

V. Vertragsparteien und kaufrechtliche Sonderregelungen

ten.[267] Begründen sie ausnahmsweise bereits unmittelbare kaufrechtliche Pflichten, so wird das Übereinkommen für anwendbar gehalten; es gilt jedenfalls für die auf der Grundlage der Rahmenvereinbarung abgeschlossenen einzelnen Kaufverträge. Ferner wird die Anwendbarkeit des CISG auch für Kommissionsgeschäfte abgelehnt.[268]

Das CISG setzt voraus, dass der **Vertragsgegenstand** des Kaufs eine **Ware** ist (vgl. Art. 1 Abs. 1 CISG). Darunter werden **bewegliche körperliche Sachen** verstanden, nicht also einerseits Rechte und andererseits auch nicht Immobilien.[269] Damit scheidet der Erwerb von gewerblichen Schutzrechten oder Forderungen ebenso aus dem Anwendungsbereich des Übereinkommens aus wie die Veräußerung von Grundstücken oder Eigentumswohnungen. Es steht allerdings der Anwendbarkeit des CISG nichts entgegen, wenn der Kaufgegenstand bei Vertragsschluss noch mit Grund und Boden verbunden ist und die Trennung erst mit der Lieferung erfolgen soll (z.B. Ernte auf dem Halm, Material aus Abrisshaus).[270] Auch der Verkauf von Tieren,[271] Pflanzen sowie Sachgesamtheiten fällt unter das Übereinkommen,[272] nicht aber der Unternehmenskauf, weil damit regelmäßig auch immaterielle Güter, Rechte oder Immobilien verbunden sind. Im Zusammenhang mit geistigen Leistungen und wissenschaftlich technischen Ergebnissen, wie etwa **Computerprogrammen,** wird auf das Merkmal der Körperlichkeit verzichtet, so dass Standardsoftware nicht nur dann als Vertragsgegenstand des UN-Kaufrechts angesehen wird, wenn sie auf einem Datenträger (Diskette/CD-ROM) verkörpert ist, sondern auch, wenn die Software direkt aus dem Internet gegen Entgelt heruntergeladen wird, da das Übereinkommen nicht danach unterscheide, auf welchem Wege die Ware zu dem Käufer gelangt.[273] Handelt es sich allerdings um Software, die speziell für einen konkreten Kunden hergestellt wurde, so steht die erbrachte Dienst- oder Arbeitsleistung im Vordergrund, so dass – ebenso wie bei einem erstellten schriftlich fixierten Gutachten – nach Art. 3 Abs. 2 CISG das Übereinkommen keine Anwendung findet.[274] Zu den in Art. 2 CISG normierten Ausnahmen für bestimmte Waren siehe Rdnr. 126 f.

120

c) Internationalität des Kaufs. Ein Kaufvertrag kann nur dann dem Übereinkommen über den internationalen Warenkauf unterfallen, wenn die Vertragsbeziehung eine internationale Komponente aufweist. Dafür ist nach dem UN-Kaufrecht nicht entscheidend, ob der Vertragsschluss oder die Lieferung der Ware grenzüberschreitend erfolgt. Art. 1 Abs. 1 CISG stellt allein darauf ab, dass die Vertragsparteien ihre **Niederlassung in verschiedenen Staaten** haben. Bei rein innerstaatlichen Rechtsgeschäften gilt das CISG somit nicht (siehe aber Rdnr. 130 zur Möglichkeit einer privatautonomen Vereinbarung). Es findet aber auch nicht bei jedem Kauf mit Auslandsbezug Anwendung. Vielmehr muss entweder durch die

121

---

[267] Handelsgericht Zürich, IHR 2001, 45; OLG Düsseldorf, NJW-RR 1997, 822, 823; Staudinger-*Magnus*, Art. 1 CISG Rdnr. 37, 39; Bamberger/Roth-*Saenger*, Art. 1 CISG Rdnr. 5; Piltz, NJW 2003, 2056, 2058; a.A. OLG München, RIW 1996, 1035f. m. krit. Anm. *Klima*.

[268] OLG Köln, IHR 2002, 21; Staudinger-*Magnus*, Art. 1 CISG Rdnr. 23.

[269] Staudinger-*Magnus*, Art. 1 CISG Rdnr. 42f., 53f.; Bamberger/Roth-*Saenger*, Art. 1 CISG Rdnr. 6.

[270] *Achilles*, Art. 1 CISG Rdnr. 4; Staudinger-*Magnus*, Art. 1 CISG Rdnr. 50, 53; Bamberger/Roth-*Saenger*, Art. 1 CISG Rdnr. 6.

[271] OLG Thüringen, TranspR-IHR 2000, 25; LG Flensburg, IHR 2001, 67; Staudinger-*Magnus*, Art. 1 CISG Rdnr. 48.

[272] OLG Schleswig-Holstein IHR 2003, 20, 21; MünchKommHGB-*Benicke*, Art. 1 CISG Rdnr. 17; Staudinger-*Magnus*, Art. 1 CISG Rdnr. 45ff., insbes. 48, 51 m.w.Bsp. und Nachw.; *Piltz*, NJW 2003, 2056, 2058.

[273] OLG Koblenz RIW 1993, 934, 936; Staudinger-*Magnus*, Art. 1 CISG Rdnr. 44; Soergel-*Lüderitz/Fenge*, Art. 1 CISG Rdnr. 21; *Piltz*, NJW 2003, 2056, 2058.

[274] MünchKomm-*Westermann*, Art. 1 CISG Rdnr. 6; Bamberger/Roth-*Saenger*, Art. 1 CISG Rdnr. 7; siehe auch Rdnr. 118.

beiden Niederlassungen[275] (Art. 1 Abs. 1 Buchstabe a) CISG) oder durch das IPR (Buchstabe b) ein **Bezug zu Vertragsstaaten des Übereinkommens** hergestellt sein. Als solcher gilt nur der Staat, der das CISG in seiner nationalen Rechtsordnung in Kraft gesetzt hat.[276] Abzustellen ist auf die Staaten der Vertragsparteien, also von Verkäufer und Käufer, nicht dagegen von begünstigten Dritten oder dem Stellvertreter eines Vertragspartners.[277] Ob eine in den Warenabsatz eingeschaltete Person selbst Vertragspartner wird oder ihr lediglich eine Vermittler- oder Stellvertreterrolle zukommt, ist nicht dem UN-Kaufrecht zu entnehmen, sondern dem durch das IPR berufenen nationalen Recht.[278] Die danach möglichen unterschiedlichen Einordnungen können sich, wenn Veräußerer und Absatzmittler ihre Niederlassung in verschiedenen Staaten haben, auf die Anwendbarkeit des Übereinkommens auswirken.[279]

122 Maßgeblich dafür ist aber nicht die Person des Vertragspartners als solche (vgl. Art. 1 Abs. 3 CISG; dazu Rdnr. 125) sondern die jeweilige **Niederlassung** von Verkäufer und Käufer. Dies ist der Ort, an dem mit einer gewissen **Dauerhaftigkeit** die geschäftliche Tätigkeit ausgeübt wird, wobei die Organisationseinheit eine **selbständige Handlungskompetenz** haben muss.[280] Dazu reicht es nicht aus, wenn etwa bei Messen vorübergehend ein Verkaufsstand betrieben wird.[281] Andererseits kommt als Niederlassung nicht nur der Sitz der Hauptverwaltung in Betracht, sondern auch Außenstellen und Zweigniederlassungen können – bei der notwendigen Dauerhaftigkeit und Selbständigkeit – das Merkmal erfüllen.[282] Wird der maßgebliche Kaufvertrag von einer selbständigen Tochtergesellschaft abgeschlossen, so ist deren Niederlassung entscheidend und nicht derjenige der Muttergesellschaft.[283] Art. 10 CISG trifft Regelungen für Fälle, in denen ein Vertragspartner mehrere (Buchstabe a) oder keine (Buchstabe b) Niederlassungen hat. Bestehen mehrere Niederlassungen, ist diejenige maßgebend, die die engste Beziehung zu dem Vertrag und zu seiner Erfüllung hat. Fehlt eine Niederlassung, wie insbesondere bei natürlichen Personen, ist auf deren gewöhnlichen Aufenthalt abzustellen.

123 Haben die Parteien eine Niederlassung in verschiedenen Staaten, so kann der darüber hinaus erforderliche **Bezug zu Vertragsstaaten des UN-Kaufrechts** nach Art. 1 Abs. 1 CISG auf zwei Wegen begründet werden. Nach Buchstabe a) gilt das Übereinkommen dann, wenn die **Niederlassungen beider Kaufvertragspartner** sich in Staaten befinden, die das Kaufrechtsübereinkommen in Kraft gesetzt haben.[284] In diesen Fällen gilt das CISG unmittelbar, ohne dass es eines Rückgriffs auf die Regeln des IPR bedarf.[285] Nach Art. 1 Abs. 1 Buchstabe b) CISG wird dagegen der Bezug zum UN-Kaufrecht erst dadurch hergestellt, dass das **internationale Privatrecht** zur **Anwendung des Rechts eines Vertragsstaates** führt. Diese Alternative kommt dann zum Zuge, wenn entweder das Gericht eines Vertragsstaates zur Entscheidung berufen ist und nicht beide Parteien ihre Nieder-

---

[275] BGH, NJW 2006, 1343, 1343; BGH, NJW-RR 2005, 1218, 1219; *Piltz*, NJW 2005, 2126, 2127.

[276] Staudinger-*Magnus*, Art. 1 CISG Rdnr. 86; Bamberger/Roth-*Saenger*, Art. 1 CISG Rdnr. 14; siehe auch Rdnr. 116 m. Fn. 254 zum aktuellen Stand der Vertragsstaaten.

[277] Soergel-*Lüderitz/Fenge*, Art. 1 CISG Rdnr. 3; *Achilles*, CISG, Art. 1 Rdnr. 5; Staudinger-*Magnus*, Art. 1 CISG Rdnr. 67, 68.

[278] Soergel-*Lüderitz/Fenge*, Art. 1 CISG Rdnr; Soergel-*Lüderitz/Fenge*, Art. 1 CISG Rdnr. 6.

[279] Siehe z.B. die unterschiedliche Bewertung von Kommissionsgeschäften in kontinental-europäischen und Common Law-Rechtsordnungen; Soergel-*Lüderitz/Fenge*, Art. 1 CISG, Rdnr 6.

[280] OLG Stuttgart, IHR 2001, 65, 66; Staudinger-*Magnus*, Art. 1 CISG Rdnr. 63; Honsell-*Siehr*, Art. 1 CISG Rdnr. 11.

[281] Staudinger-*Magnus*, Art. 1 CISG Rdnr. 64; *Piltz*, Int. KaufR, § 2 Rn. 79 f.

[282] *Herber/Czerwenka*, Art. 1 CISG Rdnr. 14; Staudinger-*Magnus*, Art. 1 CISG Rdnr. 65.

[283] *Achilles*, CISG, Art. 1 Rdnr. 5; Staudinger-*Magnus*, Art. 1 CISG Rdnr. 67, 68.

[284] Vgl. BGH, NJW 2006, 1343, 1343; BGH, NJW-RR 2005, 1218, 1219; *Piltz*, NJW 2005, 2126, 2127.

[285] Soergel-*Lüderitz/Fenge*, Art. 1 CISG Rdnr. 18; Staudinger-*Magnus*, Art. 1 CISG Rdnr. 84, 85.

lassung in unterschiedlichen Vertragsstaaten haben – anderenfalls würde Buchstabe a) gelten – oder wenn das Gericht eines Nichtvertragsstaates zuständig ist.[286] In beiden Fällen gilt das UN-Kaufrecht nicht unmittelbar, sondern es ist eine **kollisionsrechtliche Prüfung vorzuschalten** (daher sog. Vorschaltlösung[287]), die zum Recht eines Vertragsstaates führt. Dies kann entweder auf einer objektiven Anknüpfung beruhen oder auf einer Rechtswahl der Parteien, in der diese als Vertragsstatut das Recht eines Vertragsstaates des Übereinkommens vereinbart haben. Das führt oftmals dazu, dass auch für Lieferungen aus einem Vertragsstaat in einen Nichtvertragsstaat das UN-Kaufrecht gilt.[288] Auf der Grundlage des deutschen IPR (Art. 27ff. EGBGB; siehe dazu Rdnr. 16 ff.) sind – wenn keine Rechtswahl erfolgt ist – wegen der nach Art. 28 Abs. 2 EGBGB bestehenden Maßgeblichkeit des Verkäuferrechts alle mit einem ausländischen Käufer getätigten Warenkaufverträge dem deutschen Recht und damit dem hier geltenden UN-Kaufrecht unterworfen.[289] Wird durch das Kollisionsrecht auf das Recht eines **Vertragsstaats** verwiesen, so ist weiter zu prüfen, ob dieser nicht von der Möglichkeit des Art. 95 CISG Gebrauch gemacht hat, einen **Vorbehalt** gegen die Geltung des Art. 1 Abs. 1 Buchstabe b) CISG auszusprechen mit der Wirkung, dass das Übereinkommen nur gilt, wenn beide Vertragspartner ihre Niederlassung in – unterschiedlichen (Rdnr. 121) – Vertragsstaaten haben, nicht aber, wenn das Recht des betreffenden Vertragsstaates nur aufgrund kollisionsrechtlicher Verweisung zur Anwendung kommt.[290] Ob ein erklärter Vorbehalt nur von den Gerichten des jeweiligen Staates oder auch von denjenigen in anderen Vertragsstaaten beachtet werden muss, ist umstritten,[291] wobei die überwiegende Meinung für die letztgenannte umfassende Wirkung des Vorbehalts eintritt. In Deutschland ist dies in Art. 2 des Vertragsgesetzes zu dem Übereinkommen[292] ausdrücklich gesetzlich normiert. Der deutsche Gesetzgeber hat damit zwar keinen Vorbehalt nach Art. 95 CISG erklärt, trägt aber demjenigen anderer Vertragsstaaten Rechnung, da so sichergestellt ist, dass dann, wenn das deutsche IPR auf das Recht eines Vertragsstaates verweist, der einen Vorbehalt erklärt hat, nicht das UN-Kaufrecht, sondern das nationale Recht dieses Staates gilt.[293] Zu den weiteren Vorbehaltsmöglichkeiten der Art. 92 ff. CISG siehe Rdnr. 202.

Maßgeblicher Zeitpunkt für das Vorliegen der Anwendungsvoraussetzungen des UN-Kaufrechts ist der **Vertragsschluss**. Ist dabei den Parteien nicht erkennbar, dass sie ihre Niederlassung in verschiedenen Staaten haben, werden sie durch Art. 1 Abs. 2 CISG davor geschützt, dass das Vertragsverhältnis dem UN-Kaufrecht unterliegt, obwohl von einem reinen Inlandsgeschäft ausgegangen wurde.[294] Das Übereinkommen verlangt keine positive Kenntnis, so dass die Parteien den Vertrag nicht in dem Bewusstsein abgeschlossen haben

124

---

[286] OLG Celle, TranspR-IHR 2000, 18; Kantonsgericht Vaud, SZIER 2002, 146; Staudinger-*Magnus*, Art. 1 CISG Rdnr. 98; 99; Bamberger/Roth-*Saenger*, Art. 1 CISG Rdnr. 15; *Ferrari*, ZEuP 1998, 162.

[287] Staudinger-*Magnus*, Art. 1 CISG Rdnr. 93 ff.

[288] Vgl. OLG Düsseldorf, IHR 2005, 24 (Israel); OLG Karlsruhe, IHR 2004, 62 (Brasilien); *Piltz*, NJW 2005, 2126, 2127.

[289] Staudinger-*Magnus*, Art. 1 CISG Rdnr. 93.

[290] Einen solchen Vorbehalt haben bisher China, Singapur, die Slowakische und die Tschechische Republik, St. Vincent und die Grenadinen sowie die USA erklärt, vgl. *Piltz*, NJW 2005, 2126 und NJW 2003, 2056, 2057; zum aktuellen Stand siehe http://www.uncitral.org/uncitral/en/uncitral_texts/sale_goods/1980CISG_status.html.

[291] Siehe Staudinger-*Magnus*, Art. 1 CISG Rdnr. 110; Honsell-*Siehr*, Art. 1 CISG Rdnr. 17; *Piltz*, Int. KaufR, § 2 Rdnr. 100; MünchKommHGB-*Benicke*, Art. 1 CISG Rdnr. 39 zum Streitstand, jeweils m.w.N.

[292] Vertragsgesetz v. 5.7.1989, BGBl. 1989 II, S. 586 ff.

[293] Vgl. *Herber/Czerwenka*, Art. 1 CISG Rdnr. 19; Soergel-*Lüderitz/Fenge*, Art. 1 CISG Rdnr. 16; *Schlechtriem/Ferrari*, Art. 1 CISG Rdnr. 79.

[294] *Achilles*, CISG, Art. 1 Rdnr. 1; Staudinger-*Magnus*, Art. 1 CISG Rdnr. 72.

müssen, es liege ein internationaler Kauf vor.[295] Die **Internationalität** muss den Parteien aber **erkennbar** sein, was auf der Grundlage von **objektiven Kriterien** zu ermitteln ist.[296] Als Gegebenheiten, aus denen für vernünftige Personen der gleichen Art wie die Vertragsparteien (vgl. Auslegungsregel Art. 8 Abs. 2 CISG) auf das Bestehen von Niederlassungen in verschiedenen Staaten geschlossen werden muss, nennt Art. 1 Abs. 2 CISG Umstände im Vertrag selbst, aus früheren Geschäftsbeziehungen, Verhandlungen oder Auskünften. Da die Nichterkennbarkeit der Internationalität als Ausnahmetatbestand formuliert ist, trägt diejenige Partei die **Beweislast,** die sich darauf beruft, dass die Existenz von Niederlassungen in verschiedenen Staaten nicht erkennbar war.[297]

125 Da Art. 1 Abs. 1 CISG maßgeblich auf die Niederlassungen der Vertragsparteien abstellt, wird in Absatz 3 konsequent festgelegt, dass deren **Staatsangehörigkeit** bei der Anwendung des CISG **nicht zu berücksichtigen** ist. Danach kommt es auch nicht darauf an, ob die Beteiligten die **Kaufmannseigenschaft** besitzen und ob der Vertrag als Handelskauf oder bürgerlich-rechtlich zu qualifizieren ist. Ein Korrektiv dahingehend, dass nicht alle privaten nicht gewerblichen Geschäfte in den Anwendungsbereich des UN-Kaufrechts einbezogen werden, ergibt sich aus Art. 2 Buchstabe a) CISG, wo insbesondere der Kauf von Waren für den persönlichen Gebrauch aus dem Geltungsbereich des Übereinkommens ausgenommen wird.

126 **d) Ausschlusstatbestände.** Liegen die Geltungsvoraussetzungen des Art. 1 CISG vor, kann gleichwohl das UN-Kaufrecht ganz oder teilweise unanwendbar sein, wenn nämlich einer der verschiedenen Ausschlussregelungen des Übereinkommens eingreift. Die als abschließend zu bewertende Aufzählung des **Art. 2 CISG** knüpft insoweit an bestimmte Verwendungszwecke der Ware (Buchstabe a), an die Art des Zustandekommens des Kaufvertrages (Buchstaben b und c) oder an die Kaufgegenstände (Buchstaben d, e und f) an. Nach Art. 2 Buchstabe a) CISG gilt das Übereinkommen nicht für den Kauf einer **Ware,** die **für den persönlichen Gebrauch** oder die Verwendungen in **Familie** oder **Haushalt** bestimmt ist. Den Gegensatz zu einer solchen privaten Zwecksetzung bildet der Erwerb für eine gewerbliche oder berufliche Nutzung. Ist eine gemischt private/berufliche Nutzung beabsichtigt, so ist das CISG anwendbar, da der Ausschlusstatbestand nur bei einer **ausschließlich privaten Nutzung** eingreift.[298] Auch gilt er dann nicht, wenn der Verkäufer den privaten Verwendungszweck bei Vertragsschluss weder kannte noch kennen musste. Da somit fahrlässige Unkenntnis zu Lasten der Verkäufers geht, sollte dieser vor Abschluss des Vertrages nach dem Verwendungszweck der Ware fragen.[299] Die Verteilung der **Beweislast** für das Eingreifen des Ausschlusstatbestands (also den privaten Nutzungszweck) ist umstritten. Aufgrund des auch im CISG geltenden Regel-Ausnahme-Prinzips[300] dürfte es jedoch darauf ankommen, welche Partei sich auf die Anwendbarkeit oder Nichtanwendbarkeit des Übereinkommens beruft. Da Art. 2 Buchstabe a) CISG als Ausnahme formuliert ist, wird dies in der Regel dazu führen, dass der Käufer, der sich auf ihm günstigere nationale Vorschriften beruft, die beabsichtigte ausschließliche private Nutzung der Kaufsache, der Ver-

---

[295] Staudinger-*Magnus,* Art. 1 CISG Rdnr. 74 m.w.N. auch auf die vereinzelt vertretenen a.A.; *Piltz,* NJW 2005, 2126, 2127.
[296] *Schlechtriem-Ferrari,* Art. 1 CISG Rdnr. 5; Honsell-*Siehr,* Art. 1CISG Rdnr. 28; Bamberger/Roth-*Saenger,* Art. 1 CISG Rdnr. 22; *Westermann,* DZWir 1995, 3.
[297] Bamberger/Roth-*Saenger,* Art. 1 CISG Rdnr. 26; *Herber/Czerwenka,* Art. 1 CISG Rdnr. 20, MünchKomm-*Westermann,* Art. 1 CISG Rdnr. 12.
[298] Ein Antrag Norwegens, auch solche Käufe auszunehmen, die „vorwiegend" privaten Zwecken dienen, wurde abgelehnt; wie hier daher MünchKommHGB-*Benicke,* Art. 2 CISG Rdnr. 2; Staudinger-*Magnus,* Art. 2 CISG Rdnr. 17; *Herber/Czerwenka,* Art. 2 CISG Rdnr. 5; Schlechtriem-*Ferrari,* Art. 2 CISG Rdnr. 12; MünchKomm-*Westermann,* Art. 2 CISG Rdnr. 4; a.A. nur Soergel-*Lüderitz/Fenge,* Art. 2 CISG, Rdnr. 3.
[299] Bamberger/Roth-*Saenger,* Art. 2 CISG Rdnr. 5; Staudinger-*Magnus,* Art. 1 CISG Rdnr. 25.
[300] BGH, NJW 2004, 3181, 3182.

V. Vertragsparteien und kaufrechtliche Sonderregelungen

käufer dagegen die Nichterkennbarkeit dieser Verwendung darlegen und beweisen muss.[301] Verschiedentlich wird bei Kaufleuten eine gewerbliche Nutzung vermutet.[302] Durch den Ausnahmetatbestand in Art. 2 Buchstabe a) CISG wird der Weg zu den nationalen Verbraucherschutzvorschriften eröffnet. Da die genannten Ausschlussvoraussetzungen des Übereinkommens aber nicht vollständig deckungsgleich mit der Begriffsbestimmung des Verbrauchervertrages sind (zum deutschen Recht vgl. Rdnr. 96 ff.), kann es zu Konkurrenzen kommen. Im Überschneidungsbereich ist das UN-Kaufrecht – soweit es die betreffende Rechtsmaterie regelt (siehe Rdnr. 118 ff. einerseits und Rdnr. 127 f. andererseits) – vorrangig, so dass dann die Verbraucherschutznormen verdrängt werden.

127 Das UN-Kaufrecht findet nach Art. 2 CISG keine Anwendung, wenn der Vertrag bei **Versteigerungen** (Buchstabe b) oder aufgrund von **Zwangsvollstreckungs-** oder anderen **gerichtlichen Maßnahmen** (Buchstabe c) zustande kommt. Im Hinblick auf die Vertragsgegenstände gilt das Übereinkommen nicht, wenn **Wertpapiere** oder **Zahlungsmittel** (Buchstabe d), **Schiffe** oder **Luftfahrzeuge** (Buchstabe e) oder wenn **elektrische Energie** (Buchstabe f) verkauft werden. Beim Schiffskauf werden grundsätzliche alle See- und Binnenschiffe sowie Luftkissenfahrzeuge erfasst. Allerdings werden unter verschiedenen Aspekten Einschränkungen befürwortet. So soll der Ausschluss des Art. 2 Buchstabe e CISG nur für Fälle gelten, in denen Vertragsförmlichkeiten oder Registrierungserfordernisse zu beachten sind.[303] Diese Sichtweise verkennt jedoch den Sinn des Art. 2 Buchstabe e) CISG, der gerade darin liegt, die im Einzelfall schwierige Frage nach Anwendbarkeit und Inhalt des jeweils maßgeblichen nationalen Registerrechts zu vermeiden.[304] Daher unterliegen Luft- und Wasserfahrzeuge unabhängig von einer Registerpflicht dem Ausschluss des Art. 2 Buchstabe e) CISG.[305] Davon abgesehen wird überwiegend auch der Kauf von als Sportgeräten dienenden, kleineren Schlauch-, Ruder- oder Segelbooten nicht in die Ausnahmevorschrift einbezogen, so dass insofern das UN-Kaufrecht gilt.[306] Es findet ebenso Anwendung, wenn lediglich Einzelteile von Schiffen oder Luftfahrzeugen verkauft werden.[307]

128 Ist das UN-Kaufrecht nach Art. 1 CISG anwendbar und liegt auch kein Ausschlusstatbestand gem. Art. 2 CISG vor, so ist weiter zu beachten, dass das Übereinkommen die Rechtsmaterie des Kaufs nicht vollständig regelt (siehe bereits Rdnr. 117). Art. 4 S. 2 CISG nennt Bereiche, die **nicht von den Regelungen des UN-Kaufrechts erfasst** werden. Danach trifft es grundsätzlich keine Bestimmung über die **Gültigkeit des Vertrages oder einzelner Vertragsbestimmungen** oder von Gebräuchen (Art. 4 S 2 Buchstabe a) CISG). Die in Art. 14 bis 24 CISG enthaltenen Vorschriften über den Abschluss des Kaufvertrages (dazu Rdnr. 201 ff.) betreffen im Kern nur das formale Zustandekommen der Vertragsbeziehungen durch Angebot und Annahme.[308] Nicht erfasst werden dagegen

---

[301] So auch ÖstOGH TransportR-IHR 1999, 52; MünchKomm-*Westermann*, Art. 2 CISG Rdnr. 6; Staudinger-*Magnus*, Art. 2 CISG Rdnr. 28; Soergel-*Lüderitz/Fenge*, Art. 2 CISG Rdnr. 4; anders wohl Schlechtriem-*Ferrari*, Art. 2 CISG Rdnr. 23.

[302] Staudinger-*Magnus*, Art. 2 CISG Rdnr. 24; Soergel-*Lüderitz/Fenge*, Art. 2 CISG, Rdnr. 3.

[303] So Soergel-*Lüderitz/Fenge*, Art. 2 CISG Rdnr. 9.

[304] Die Registerpflicht als Abgrenzungskriterium war in der Vorgängervorschrift des Art. 5 Abs. 1 Buchst. a) EKG noch ausdrücklich enthalten, wurde aber in Art. 2 Buchst. e) CISG aufgegeben, vgl. Staudinger-*Magnus*, Art. 2 CISG Rdnr. 44; *Herber/Czerwenka*, Art. 2 CISG Rdnr. 13.

[305] Bamberger/Roth-*Saenger*, Art. 2 CISG Rdnr. 10; *Herber/Czerwenka*, Art. 2 CISG Rdnr. 13; Staudinger-*Magnus*, Art. 2 CISG Rdnr. 45; MünchKomm-*Westermann*, Art. 2 CISG Rdnr. 9.

[306] *Herber/Czerwenka*, Art. 2 CISG Rdnr. 13; Staudinger-*Magnus*, Art. 2 CISG Rdnr. 46; MünchKommHGB-*Benicke*, Art. 2 CISG Rdnr. 19; *Piltz*, Int. KaufR, § 2 Rdnr. 52; *ders.*, NJW 2003, 2056, 2058.

[307] Soergel-*Lüderitz/Fenge*, Art. 2 CISG Rdnr. 9; MünchKommHGB-*Benicke*, Art. 2 CISG Rdnr. 21; Schlechtriem-*Ferrari*, Art. 2 CISG Rdnr. 45; a. A. für wesentliche Bestandteile *Herber/Czerwenka*, Art. 2 CISG Rdnr. 14.

[308] Staudinger-*Magnus*, Art. 4 CISG Rdnr. 13; MünchKommHGB-*Benicke*, Art. 4 CISG Rdnr. 5; *Herber/Czerwenka*, Art. 4 CISG Rdnr. 7.

2. Kapitel. Inhalt und Parteien des Kaufvertrages

Fragen der inhaltlichen Wirksamkeit des Vertrages insbesondere im Hinblick auf Geschäftsfähigkeit, Bedeutung von Willensmängeln, Widerrufsmöglichkeiten, Sittenwidrigkeit,[309] gesetzliche Verbote und auch die Stellvertretung.[310] In Bezug auf **AGB** unterliegt zwar die Frage ihrer wirksamen Einbeziehung den Regeln des CISG[311] – danach ist für eine wirksame Einbeziehung insbesondere die Übersendung der AGB nach Art. 7, 8 CISG notwendig[312] –, nicht dagegen die Inhaltskontrolle der jeweiligen Klauseln, wobei freilich auch hier die Wertungen des UN-Kaufrechts mit heranzuziehen sind.[313] Eine Ausnahme im Hinblick auf die grundsätzlich nicht erfasste Gültigkeit des Vertrages beinhaltet Art. 11 CISG, der eine Formvorschrift enthält (Grundsatz der Formfreiheit; siehe dazu Rdnr. 215). Nach Art. 4 S. 2 Buchstabe b) betrifft das CISG auch nicht die Wirkungen, die der Vertrag auf das Eigentum an der verkauften Ware hat, so dass der **Eigentumsübergang,** aber auch ein eventueller Eigentumsvorbehalt oder eine Sicherungsübereignung nicht von dem Übereinkommen erfasst werden.[314] Nach Art. 5 CISG findet das UN-Kaufrecht zudem keine Anwendung auf die Haftung des Verkäufers für den durch die Ware verursachten **Tod oder** die **Körperverletzung** einer Person. Dieser Ausschluss gilt unabhängig davon, ob der Schadensersatzanspruch auf eine vertragliche oder eine deliktische Anspruchsgrundlage gestützt wird.[315] Entscheidend ist, dass der Personenschaden gerade „durch die Ware" verursacht wurde, so dass die Verletzung anderer Vertragspflichten wie etwa Sorgfaltspflichten bei der Montage dem UN-Kaufrecht unterfallen können;[316] außervertragliche allgemeine Schutzpflichten sind aber ohnehin vom Geltungsbereich des Übereinkommens ausgenommen.[317] Der Anwendungsausschluss des Art. 5 CISG gilt zwar für jeden Personenschaden, der durch die Ware ursächlich herbeigeführt wurde, für darauf beruhende Sachschäden gelten aber die Vorschriften des UN-Kaufrechts.[318] **Soweit ein Ausschlusstatbestand die Anwendbarkeit des CISG verhindert, gilt nationales Recht,** und zwar die Normen des Staates, auf die die Bestimmungen des Internationalen Privatrechts des Forumstaates verweisen[319] (zum IPR siehe Rdnr. 16 ff.).

---

[309] OLG Hamburg, TranspR-IHR 1999, 37, 39; OGH Wien, ZfRV 1997, 204, 207; Staudinger-*Magnus*, Art. 4 CISG Rdnr. 20; *Piltz*, NJW 2003, 2056, 2059; a. A. OLG Karlsruhe, NJW-RR 2002, 1206.

[310] Siehe KG RIW 1994, 683; Soergel-*Lüderitz/Fenge*, Art. 4 CISG Rdnr. 5, 8; MünchKomm-*Westermann*, Art. 4 CISG Rdnr. 8 m.w.N.

[311] BGH, NJW 2002, 370, 371; OLG Düsseldorf, IHR 2005, 24, 27; OGH Wien, IHR 2004, 148; OGH Wien, IHR 2002, 74; Staudinger-*Magnus*, Art. 4 CISG Rdnr. 25, Art. 14 CISG Rdnr. 40; Soergel-*Lüderitz/Fenge*, Art. 14 CISG Rdnr. 10; *Stürner*, BB 2006, 2029, 2030; *Piltz*, NJW 2005, 2126, 2128.

[312] BGH, NJW 2002, 370, 371; OLG Düsseldorf, IHR 2005, 24, 27; *Stürner*, BB 2006, 2029, 2030; a. A. *Schmidt-Kessel*, NJW 2002, 3444.

[313] Bamberger/Roth-*Saenger*, Art. 4 CISG Rdnr. 22; Soergel-*Lüderitz/Fenge*, Art. 4 CISG Rdnr. 6; Staudinger-*Magnus*, Art. 4 CISG Rdnr. 24 ff.; *Freiburg*, IHR 2005, 56, 60; *Schillo*, IHR 2003, 257, 258.

[314] BGH, NJW 1995, 2101 m. Anm. *Schmidt-Kessel*, RIW 1996, 60; Staudinger-*Magnus*, Art. 4 CISG Rdnr. 32; Bamberger/Roth-*Saenger*, Art. 4 CISG Rdnr. 7f.

[315] MünchKommHGB-*Benicke*, Art. 5 CISG Rdnr. 1; Soergel-*Lüderitz/Fenge*, Art. 5 CISG Rdnr. 1; Bamberger/Roth-*Saenger*, Art. 5 CISG Rdnr. 2.

[316] Staudinger-*Magnus*, Art. 5 CISG Rdnr. 6; Bamberger/Roth-*Saenger*, Art. 5 CISG Rdnr. 3; MünchKommHGB-*Benicke*, Art. 5 CISG Rdnr. 4; anders Soergel-*Lüderitz/Fenge*, Art. 5 CISG Rdnr. 3.

[317] Soergel-*Lüderitz/Fenge*, Art. 5 CISG Rdnr. 3; MünchKommHGB-*Benicke*, Art. 5 CISG Rdnr. 6.

[318] Soergel-*Lüderitz/Fenge*, Art. 5 CISG Rdnr. 5; *Herber/Czerwenka*, Art. 5 CISG Rdnr. 5 ff; MünchKomm-*Westermann*, Art. 5 CISG Rdnr. 5.

[319] Etwa bei Versäumung der Rügefrist des Art. 39 CISG oder bei fehlender Vorhersehbarkeit i. S. d. Art. 74 CISG, vgl. BGH IPRax 1996, 124; OLG München, RIW 1996, 955, 956; Bamberger/Roth-*Saenger*, Art. 5 CISG Rdnr. 5 ff.; Staudinger-*Magnus*, Art. 5 CISG Rdnr. 13; MünchKommHGB-*Benicke*, Art. 5 CISG Rdnr. 8; a. A. *Herber/Czerwenka*, Art. 5 CISG Rdnr. 5; *Piltz*, Int. KaufR, § 2 Rdnr. 128 f.

V. Vertragsparteien und kaufrechtliche Sonderregelungen

e) Vereinbarungen über das UN-Kaufrecht. Auch hinsichtlich des UN-Kaufrechts gilt **129** der **Grundsatz der Vertragsfreiheit.** Nach Art. 6 CISG können die Parteien nicht nur von Bestimmungen des Übereinkommens abweichen, sondern dieses sogar vollständig ausschließen.[320] Bei einer solchen **Abwahl des UN-Kaufrechts** gilt für das Vertragsverhältnis das durch die Parteien bestimmte oder das nach dem IPR berufene Recht. Der Ausschluss des Übereinkommens setzt eine **Vereinbarung** zwischen Verkäufer und Käufer voraus, die formfrei möglich ist. Sie kann ausdrücklich oder konkludent und insbesondere auch in Allgemeinen Geschäftsbedingungen erfolgen, wenn diese Vertragsbestandteil geworden sind.[321] Jedoch setzt ein wirksamer Ausschluss voraus, dass die Parteien sich der Anwendbarkeit des UN-Kaufrechts bewusst sind und trotzdem die Geltung des nationalen Rechts wollen.[322] Daher genügt für die Annahme eines vertraglichen Ausschlusses i. S. d. Art. 6 CISG die vereinbarte Geltung des Rechts eines **Vertragsstaates** (etwa „Es gilt deutsches Recht")[323] ebensowenig wie die bloße Verwendung von AGB für Inlandsgeschäfte[324] oder die Bezugnahme auf nationale Rechtsvorschriften wie etwa die Rügeobliegenheit des § 377 HGB.[325] In derartigen Fällen bedarf es für die Annahme eines Ausschlusses vielmehr weiterer, zusätzlicher Anhaltspunkte.[326] Vereinbaren die Parteien dagegen die Geltung des Rechts eines **Nichtvertragsstaates** – wofür auch eine **Gerichtsstandsvereinbarung** ausreicht –, so bedeutet dies in der Regel, dass das CISG im Ganzen abbedungen ist.[327] **Zeitlich** muss die Abwahl des Übereinkommens nicht bereits in dem Kaufvertrag enthalten sein, sondern es ist **auch** eine **nachträgliche Vereinbarung** möglich, die letztlich auch erst im Prozess erfolgen kann.[328] Die **Beweislast** für den ausdrücklichen oder konkludenten Ausschluss des UN-Kaufrechts trägt diejenige Partei, die sich darauf beruft.[329]

Auf der Grundlage der Vertragsfreiheit kann ein Kauf trotz Nichtvorliegens der Voraus- **130** setzungen der Art. 1 ff. CISG durch **Vereinbarung** zwischen Käufer und Verkäufer den Regelungen des **UN-Kaufrechts** unterstellt werden. Dies kommt insbesondere dann in Betracht, wenn die Vertragspartner ihre Niederlassung in gleichen Staaten haben. Der Wille zur Geltung des Übereinkommen wird deutlich, wenn die Parteien ausdrücklich das UN-Kaufrecht gewählt haben.[330] Zweifel bestehen allerdings, wenn die Vereinbarung sich auf die Geltung eines nationalen Rechts bezieht, dessen Bestandteil auch das CISG ist. Hier müssen, gerade wenn dem Vertragsverhältnis wegen vorhandener Niederlassungen im gleichen Staat die Internationalität fehlt, besondere Anhaltspunkte vorliegen, um auf den Willen zur Geltung des UN-Kaufrechts schließen zu können.

---

[320] Ausführlich zu Vor- und Nachteilen eines solchen Ausschlusses *Stürner*, BB 2006, 2029, 2031 ff.
[321] BGH, NJW-RR 1997, 690; Staudinger-*Magnus*, Art. 6 CISG Rdnr. 18; MünchKommHGB-*Benicke*, Art. 6 CISG Rdnr. 2; *Stürner*, BB 2006, 2029, 2030.
[322] Staudinger-*Magnus*, Art. 6 CISG Rdnr. 20; *Piltz*, NJW 2005, 2126, 2127.
[323] Siehe BGH IPRax 1999, 377, 378 m. Anm. *Escher*, RIW 1999, 495; OLG Düsseldorf v. 23.01.2004, CISG-Online Case 918; OGH Wien, IHR 2004, 148; *Soergel-Lüderitz/Fenge*, Art. 6 CISG Rdnr. 2; Staudinger-*Magnus*, Art. 6 CISG Rdnr. 24; *Piltz*, in: *v. Westphalen*, Handbuch des Kaufvertragsrechts, S. 14, Rdnr. 21; *ders.*, NJW 2005, 2126, 2127; *Stürner*, BB 2006, 2029, 2030.
[324] Tribunale de Commerce Namur v. 15.01.2002 (CISG-Pace).
[325] OLG Zweibrücken v. 02.02.2004, CISG-Online Case 877; OLG Rostock, IHR 2003, 17, 18; LG Saarbrücken, IHR 2003, 27; *Piltz*, NJW 2005, 2126, 2127.
[326] OLG Düsseldorf v. 23.1.2004, CISG-Online Case 918; OGH Wien, IHR 2004, 148; Staudinger-*Magnus*, Art. 6 CISG Rdnr. 20; *Stürner*, BB 2006, 2029, 2030; *Piltz*, NJW 2005, 2126, 2127.
[327] Staudinger-*Magnus*, Art. 6 CISG Rdnr. 36; MünchKomm-*Westermann*, Art. 6 CISG Rdnr. 13; *Piltz*, Int. KaufR, § 2 Rdnr. 111; *Stürner*, BB 2006, 2029, 2030.
[328] OLG Köln v. 26.02.1997, Az. 27 U 63/96 (juris); *Soergel-Lüderitz/Fenge*, Art. 6 CISG Rdnr. 3; Bamberger/Roth-*Saenger*, Art. 6 CISG Rdnr. 2; Honsell-*Siehr*, Art. 6 CISG Rdnr. 3.
[329] Bamberger/Roth-*Saenger*, Art. 6 CISG Rdnr. 6; MünchKomm-*Westermann*, Art. 6 CISG Rdnr. 13.
[330] MünchKommHGB-*Benicke*, Art. 6 CISG Rdnr. 14 ff.; *Soergel-Lüderitz/Fenge*, Art. 1 CISG, Rdnr. 11, 14.

3. Kapitel. Der Abschluss des Kaufvertrages

I. Angebot und Annahme

1. Allgemeine Anforderungen

Wie jeder andere Vertrag bedarf auch der Kaufvertrag einer **vertraglichen Einigung** **131**
durch Angebot und Annahme. Maßgeblich für das Vorliegen eines solchen Vertrags sind die allgemeinen Regeln über Willenserklärungen (§§ 116 ff. BGB; siehe bereits Rdnr. 8) Soweit kaufrechtliche Besonderheiten hinsichtlich einzelner Aspekte bestehen, wird darauf im jeweiligen Sachzusammenhang hingewiesen, wie etwa bei einer Anfechtung wegen eines Irrtums bezüglich des Kaufpreises (siehe Rdnr. 1279 ff.) oder hinsichtlich des Verhältnisses der Anfechtungsnormen zur Mängelhaftung (dazu Rdnr. 903 f.). Von grundlegender Bedeutung sind die Vorschriften zum Vertragsschluss nach den §§ 145 ff. BGB, wobei der Inhalt der Vereinbarung den Typusmerkmalen des § 433 BGB entsprechen muss. Entscheidend ist also, dass die eine Partei (Verkäufer) zur Übertragung der Sache (§ 433 Abs. 1 S. 1 BGB) bzw. des Rechts oder des sonstigen Gegenstandes (§ 453 Abs. 1 BGB) und die andere Partei (Käufer) zur Kaufpreiszahlung und Abnahme des Vertragsgegenstandes verpflichtet sein soll (§ 433 Abs. 2 BGB). Grundsätzlich müssen dabei Kaufgegenstand und Preis hinreichend bestimmt sein. Unter Umständen kann die Bestimmung der Leistung aber auch einer der Vertragsparteien (§§ 315 f. BGB) oder einem Dritten (§§ 317 ff. BGB) vorbehalten werden. Wird ein solcher Vorbehalt in Allgemeinen Geschäftsbedingungen erklärt, sind allerdings die §§ 307, 309 Nr. 1 BGB zu beachten.[1] Ob eine Vereinbarung über die kaufvertragswesentlichen Bestandteile (essentialia negotii) getroffen worden ist, richtet sich im Zweifel nach den objektivierten Auslegungsregeln der §§ 133, 157 BGB.[2]

Die Vertragsvereinbarung setzt **inhaltlich korrespondierende,** auf dieselben Rechts- **132**
folgen gerichtete **Willenserklärungen** – Antrag (Offerte, Angebot) und die diesbezügliche Annahme (Akzept) – voraus (vgl. auch § 151 S. 1 BGB). Die zeitliche Reihenfolge ist vielfach, insbesondere bei längerfristigen Vertragsverhandlungen, schwer zu überprüfen; sie ist aber auch nicht entscheidend. Maßgeblich für das Bestehen eines Vertrages ist das Vorliegen eines inhaltlichen Konsenses.

Die Einigung muss endgültig sein, d. h. die Parteien müssen den Willen haben, eine **Bin-** **133**
dungswirkung hinsichtlich der gegenseitigen Verpflichtungen eintreten zu lassen, so dass weitere Vereinbarungen über die auszutauschenden Leistungen nicht mehr erforderlich sind. Dies ist nicht der Fall, wenn im **Vorfeld endgültiger Abmachungen** lediglich die wesentlichen Vertragsbedingungen für einen erst später vorzunehmenden Vertragsschluss festgelegt werden. Wird ein **Vorvertrag** abgeschlossen, entstehen bereits Pflichten, die sich aber nur darauf beschränken, später den eigentlichen Kaufvertrag zu schließen.[3] Haben die Parteien einzelne Regelungspunkte lediglich unverbindlich fixiert (**Punktation,** vgl. § 154 Abs. 1 S. 2 BGB), entstehen dadurch ebenso wenig vertragliche Bindungswirkungen wie bei

---

[1] Str., ebenso Palandt-*Grüneberg*, § 309 BGB Rdnr. 3 ff.; offengelassen in BGHZ 82, 21, 23 ff.; a. A. MünchKomm-*Wurmnest*, § 309 Nr. 1 BGB Rdnr. 15; Erman-*Roloff*, § 309 BGB Rdnr. 3.
[2] RGZ 124, 81, 83 f.; BGH BB 1978, 69, 75; BGH, NJW 1982, 2816, 2817; BGH, NJW 1990, 1234, 1235; Staudinger-*Bork*, § 145 BGB Rdnr. 12 ff.; Erman-*Armbrüster*, § 145 BGB Rdnr. 2; Soergel-*Wolf*, § 145 BGB Rdnr. 4; *Jung*, JuS 1999, 28, 29 ff.
[3] Zur Begriffsbestimmung vgl. RGZ 48, 133, 135; 66, 116, 121 f.; BGHZ 102, 384, 388; *Ritzinger*, NJW 1990, 1201 ff.

einem sogenannten **letter of intend,**[4] der dadurch gekennzeichnet ist, dass einseitig die Bereitschaft erklärt wird, unter bestimmten Voraussetzungen den Vertrag abschließen zu wollen. Weigert sich ein Verhandlungspartner, den Kaufvertrag abzuschließen, so kommen für die andere Partei in den beiden letztgenannten Fällen lediglich Schadensersatzansprüche wegen vorvertraglicher Pflichtverletzungen nach §§ 280 Abs. 1, 311 Abs. 2, 241 Abs. 2 BGB in Betracht.[5] Wurde dagegen ein wirksamer[6] (hinsichtlich eventuell zu beachtender Formvorschriften siehe Rdnr. 155) Vorvertrag abgeschlossen, so kann auf Erfüllung der daraus resultierenden Pflichten, also auf Abschluss des Hauptvertrages geklagt werden, eventuell verbunden mit einer Klage auf Leistung aus dem Vertrag.[7]

134 Antrag und Annahme können auch als **elektronische Willenserklärungen** abgegeben werden, unabhängig davon, ob sie elektronisch erstellt oder nur elektronisch übermittelt werden.[8] Für solche Kommunikationsformen wie z. B. Telefax, Internet-Klick oder E-Mail, gelten grundsätzlich die allgemeinen rechtsgeschäftlichen Normen über das Zustandekommen von Verträgen. Nur vereinzelt haben elektronische Willenserklärungen eine besondere Berücksichtigung gefunden (vgl. § 126 Abs. 3, § 126 a, § 147 Abs. 1 S. 2 BGB). Für den **elektronischen Handel** von Unternehmer zu Unternehmer sowie von Unternehmer zu Verbraucher **über das Internet** (sog. Electronic Commerce) sind besondere Rechtsnormen geschaffen worden, die auch die Vertragsanbahnung und den Vertragsschluss betreffen (siehe Rdnr. 177 f.); dies gilt insbesondere für den Verbraucherschutz im Fernabsatz, (vgl. §§ 312 ff. BGB; zu diesem Teil des elektronischen Geschäftsverkehrs vgl. Rdnr. 183 ff.). Zur Behebung bestehender Unsicherheiten und der schwierigen Beweislage insbesondere hinsichtlich des Zugangs einer Willenserklärung im E-Mail-Verkehr[9] wurde das „De-Mail-Gesetz" erlassen[10], das am 3.5.2011 in Kraft getreten ist. Damit wird das Ziel verfolgt, einen sicheren, vertraulichen und nachweisbaren Geschäftsverkehr im Internet für Jedermann zu gewährleisten (§ 1 Abs. 1 De-Mail-Gesetz).[11]

2. Antrag

135 Das Angebot ist eine empfangsbedürftige, auf einen Vertragsschluss gerichtete Willenserklärung. Diese Erklärung kann ausdrücklich oder durch schlüssiges Verhalten erfolgen. Sie ist nach ihrem **Zugang** (§ 130 BGB) grundsätzlich bindend. Für den Zugang der Erklärung ist erforderlich, dass sie so in den (Herrschafts-) Bereich des Empfängers gelangt ist, dass mit der Kenntnisnahme vom Inhalt dieser Erklärung unter normalen Verhältnissen zu rechnen ist. Der **Herrschaftsbereich** wird praktisch dadurch bestimmt, welche Empfangsvorkehrungen der Adressat geschaffen hat. Bei einem **schriftlichen Angebot unter Abwesenden** geht dieses in der Regel in den Herrschaftsbereich des Empfängers ein, wenn es in den Briefkasten der Wohnung oder des Geschäftsraums oder auch in ein be-

---

[4] OLG Köln, EWIR 1994, 533 (m. Anm. *Weber*); *Lutter*, Der Letter of Intend, §§ 3 ff.; *Kösters*, NZG 1999, 623 ff.; *Wolf*, DNotZ, 1995, 179, 194 f.
[5] *Geyrhalter/Zirngibl/Strehle*, DStR 2006, 1559, 1560.
[6] Vgl. Staudinger-*Bork*, vor §§ 145 ff. BGB Rdnr. 51 ff., 59; Erman-*Armbrüster*, vor § 145 BGB Rdnr. 46 ff.
[7] BGH, NJW 2006, 2843 f.; BGHZ 98, 130, 134 f.; BGH, WM 1994, 752, 753; OLG Köln, ZMR 1998, 283, 284; Soergel-*Wolf*, vor § 145 BGB Rdnr. 57, 68; Staudinger-*Bork*, vor § 145 BGB Rn. 67, *Henrich*, Vorvertrag, Optionsvertrag, Vorrechtsvertrag, 1965, S. 186 ff.
[8] Vgl. hierzu Hoeren/Sieber-*Mehrings*, Handbuch Multimediarecht, 2008, Kap. 13.1 Rdnr. 20; ders., MMR 1998, 30, 31; *Medicus*, AT, Rdnr. 256; *Larenz/Wolf*, AT, § 30 Rdnr. 42 ff.
[9] Siehe dazu *Werner/Wegener*, CR 2009, 310; *Roßnagel/Hornung/Knopp/Wilke*, DuD 2009, 728.
[10] BGBl I 2011, S. 666.
[11] Begr. des RegE, BT-Drucks. 17/3630, S. 18; zum Gesetz insgesamt siehe *Roßnagel*, NJW 2011, 1473 ff.

I. Angebot und Annahme

stehendes Postfach des Adressaten gelangt ist.[12] Bei Einsatz elektronischer Medien kommt das Vertragsangebot in den Herrschaftsbereich des Empfängers, sobald ein Fax oder eine E-Mail bei ihm eingetroffen ist oder der Inhalt des Angebots auf einen Anrufbeantworter oder eine Mailbox gesprochen wurde.[13] Ein im Rahmen eines **persönlichen Gesprächs** unterbreitetes Angebot geht in der Regel zu, wenn es erklärt und vom Empfänger vernommen wurde; dies gilt auch bei einer Erklärung gegenüber einem Gesprächspartner am Telefon (vgl. § 147 Abs. 1 S. 2 BGB). Wird **unter Anwesenden** ein **schriftliches Angebot** übergeben, so ist damit ein Zugang beim Empfänger bewirkt. **Das Angebot erlischt,** wenn es abgelehnt (§ 146 BGB) oder nicht rechtzeitig angenommen (§§ 147 ff. BGB; dazu Rdnr. 143 ff., 148) wurde, sowie bei einer Versteigerung, wenn ein Übergebot abgegeben oder die Versteigerung ohne Erteilung eines Zuschlags geschlossen wurde (§ 156 S. 2 BGB).

Entscheidend für den Zugang und dessen Zeitpunkt ist, dass für den Empfänger die **Möglichkeit der Kenntnisnahme** bestand. Dieses Merkmal ist jedenfalls dann erfüllt, wenn der Adressat oder ein Vertreter (vgl. § 164 Abs. 3 BGB) ein schriftliches Angebot tatsächlich zur Kenntnis nimmt, wenn also z. B. ein eingegangenes Fax sogleich gelesen wird. Erfolgt dies nicht oder bleibt ein Brief ungeöffnet liegen, bzw. wird eine E-Mail nicht abgerufen, der Anrufbeantworter nicht abgehört oder das Postfach nicht geleert, ist für den Zugang der Zeitpunkt maßgeblich, in dem **unter normalen Umständen** mit der Möglichkeit der Kenntnisnahme gerechnet werden konnte. Dafür sind übliche Postzustellzeiten ebenso von Bedeutung wie die gewöhnlichen Geschäftsstunden. Wird ein Brief erst danach von Absender eingeworfen oder geht ein Fax, eine E-Mail oder ein telefonisches Angebot auf einem Anrufbeantworter erst nach Geschäftsschluss ein, so erfolgt der Zugang des darin enthaltenen Vertragsangebots erst am folgenden Geschäftstag. Wird die Erklärung gegenüber einem Empfangsboten[14] abgegeben, geht sie dem Empfänger in dem Zeitpunkt zu, in dem regelmäßig die Weitergabe an ihn zu erwarten ist.[15] Da die Möglichkeit der Kenntnisnahme maßgeblich ist, kann der Empfänger den Zugang eines Angebots nicht dadurch verhindern, dass er eine eingegangene Erklärung ignoriert. Diese geht grundsätzlich auch dann zu, wenn der Empfänger – etwa urlaubs- oder krankheitsbedingt – nicht am Wohn- oder Geschäftsort anwesend ist.[16] Ein Einschreibebrief geht aber nicht bereits mit dem Einwurf des Benachrichtigungsscheins in den Briefkasten zu, sondern erst dann, wenn der Empfänger den Brief bei der Post abgeholt hat.[17] Für den Zugang eines Vertragsangebots ist es in der Regel auch unerheblich, wenn der Empfänger die benutzte Sprache nicht versteht; etwas anderes gilt allerdings dann, wenn deren Kenntnis von dem Adressaten nicht erwartet werden kann.[18]

136

---

[12] Vgl. BGH, NJW 1979, 2032, 2033, BGH, NJW 1974, 1386; MünchKomm-*Einsele*, § 130 Rdnr. 17; Erman-*Arnold*, § 130 BGB Rdnr. 6.

[13] BAG NZA 1999, 925; Soergel-*Hefermehl*, § 130 BGB Rdnr. 13; Erman-*Arnold*, § 130 BGB Rdnr. 9; *Ultsch*, NJW 1997, 3007, 3008.

[14] Zur Frage, ob die Empfangsperson sich in der Wohnung des Empfängers aufhalten muss oder ob der Aufenthalt in anderer Wohnung desselben Hauses genügt, siehe OLG Köln, MDR 2006, 866; BAG NJW 1993, 1093, 1094; allgemein zur Empfangsboteneigenschaft, siehe z. B. BGH, NJW 1994, 2613, 2614; *Herbert*, NZA 1994, 391, 392 f.

[15] OLG Köln, MDR 2006, 866; Palandt-*Ellenberger*, § 130 BGB Rdnr. 9; *Herbert*, NZA 1994, 391, 392 mit Hinw. auf die a. A.; zur Annahmeverweigerung durch den Empfangsboten vgl. BAG NJW 1993, 1093 ff.; *Schwarz*, NJW 1993, 891 ff.

[16] Vgl. auch zu den Ausnahmen und dem diesbezüglichen Meinungsstreit BAG NJW 1989, 2213; BAG NJW 1993, 1093 f.; Erman-*Arnold*, § 130 BGB Rdnr. 7; MünchKomm-*Einsele*, § 130 BGB Rdnr. 19; Soergel-*Hefermehl*, § 130 BGB Rdnr. 26.

[17] Zur Problematik der Einschreibebriefe siehe BGH, NJW 1998, 976 f.; Erman-*Arnold*, § 130 BGB Rdnr. 8; Soergel-*Hefermehl*, § 130 BGB Rdnr. 10; *Reichert*, NJW 2001, 2523 f.

[18] Siehe dazu BGH, NJW 1995, 190 f.; OLG Hamm, NJW-RR 1996, 1271 f; LAG Köln, NJW 1988, 1870, 1871; Erman-*Arnold*, § 130 BGB Rdnr. 7.

3. Kapitel. Der Abschluss des Kaufvertrages

137 Die nach § 145 BGB grundsätzlich (zu Ausnahmen siehe nachfolgend Rdnr. 139–141) bestehende **Bindung des Antragenden** an seine Erklärung gewährt dem Empfänger eine sichere Basis für seine Vertragsentscheidung; er kann innerhalb der Annahmefrist (§§ 147 ff. BGB; dazu Rdnr. 146 ff.) frei entscheiden, ob er kontrahieren will, während der Antragende sich an seiner Offerte festhalten lassen muss. Zwar führt das Angebot nicht zu einer Verfügungssperre, so dass es dem Antragenden nicht verwehrt ist, den Vertragsgegenstand an einen Dritten zu veräußern, im Falle einer Annahme besteht aber ein Schadensersatzrisiko wegen des dann vorliegenden Doppelverkaufs.

138 **Ausnahmsweise** tritt **keine Bindungswirkung** ein, **wenn** nach dem letzten Halbsatz des § 145 BGB die **Gebundenheit ausgeschlossen** wurde. Außerdem kann unter engen Voraussetzungen ein **Widerruf erklärt**[19] werden. Wegen der grundsätzlichen Bindungswirkung ist allerdings im Ausgangspunkt das Vertragsangebot nach Zugang beim **Empfänger grundsätzlich nicht widerruflich.** § 130 Abs. 1 S. 2 BGB lässt einen wirksamen Widerruf nur dann zu, wenn dieser dem Erklärungsempfänger vorher oder gleichzeitig mit dem Angebot zugeht. Da es auch insofern auf den Zugang ankommt, ist es gleichgültig, ob bei Vorliegen der Voraussetzungen des § 130 Abs. 1 S. 2 BGB der Empfänger zuerst den Widerruf oder zuerst die Angebotserklärung zur Kenntnis nimmt. Um die Rechtzeitigkeit des Widerrufs zu erreichen, muss sich der Erklärende freilich eines Übermittlungsweges bedienen, der so schnell ist, dass damit ein bereits abgegebenes Angebot zumindest eingeholt werden kann. Dies wird insbesondere bei den im elektronischen Rechtsverkehr abgegebenen Angeboten vielfach nicht möglich sein.[20] In diesen Fällen können dem Anbietenden nur **Sonderregelungen** helfen, die vor allem im Rahmen des europarechtlich indizierten Verbraucherschutzes bestehen. So begründen z. B. Haustürgeschäfte gem. § 312 BGB, Fernabsatzverträge gem. § 312 d BGB und Verbraucherkredite gem. § 495 BGB ein Widerrufsrecht nach § 355 BGB zugunsten des Verbrauchers (vgl. im Einzelnen Rdnr. 179 ff.).

139 Den **Ausschluss der Gebundenheit** kann der Anbietende ausdrücklich erklären. Solche Beschränkungen sind insbesondere im Handelsverkehr nicht unüblich. Erklärt der Antragende sein Angebot „freibleibend", „unverbindlich" oder „ohne Obligo", kann sein Rechtsbindungswille ausgeschlossen sein, mit der Konsequenz, dass die Erklärung letztlich nur als Aufforderung zur Abgabe eines Angebots seitens des Empfängers zu werten ist.[21] Im Geschäftsverkehr kann eine solche Klausel unter Berücksichtigung von Treu und Glauben die Verpflichtung bedeuten, die Ablehnung eines dann eingehenden Angebots unverzüglich mitzuteilen; anderenfalls kommt ein Vertrag durch Schweigen zustande (zum Schweigen als Annahme vgl. Rdnr. 145).[22] Die Auslegung der **Ausschlussklauseln** „freibleibend entsprechend unserer Verfügbarkeit"[23] sowie „solange der Vorrat reicht" führt in ähnlicher Weise zur Wertung als Widerrufsvorbehalt, wobei der Widerruf nur ausnahmsweise auch noch nach der Annahme des Vertragsangebots erfolgen kann. Die Klausel „Lieferungsmöglichkeit vorbehalten" oder „richtige und rechtzeitige Selbstbelieferung vorbehalten" kann aber auch ein wirksames Angebot beinhalten und die Bedeutung haben, dass der Anbietende bei Nichtbelieferung gänzlich (auflösende Bedingung) oder lediglich hinsichtlich der Folgen unpünktlicher Lieferung von seiner Lieferpflicht frei wird.[24] Welche Wirkung eine die Bin-

---

[19] Vgl. BGH, NJW-RR 2004, 952 ff. m.w.N. = DB 2004, 2156 f., auch zur Rücknahme des Widerrufs.
[20] Vgl. Erman-*Arnold*, § 130 BGB Rdnr. 20; *Medicus*, AT, Rdnr. 300; *Hoeren*, NJW 1998, 2849, 2851 f.;
[21] Vgl. BGH, NJW 1984, 1885 f.; RGZ 102, 227, 229 f.; Erman-*Armbrüster*, § 145 BGB Rdnr. 16 f.
[22] RGZ 102, 227, 229 f.
[23] Vgl. BGH, NJW 1984, 1885 f.; vgl. im Übrigen zu vor allem im Handelsverkehr üblichen Antragsklauseln Heymann-*Horn*, § 346 HGB Rdnr. 104 f., 118, 127, 134.
[24] Siehe BGH, NJW 1958, 1628 f.; MünchKomm-*Busche*, § 145 BGB Rdnr. 8; Soergel-*Wolf*, § 145 BGB Rdnr. 14.

I. Angebot und Annahme

dung des Anbietenden einschränkende Klausel letztlich haben soll, ist durch Auslegung nach dem objektiven Empfängerverständnis zu ermitteln (vgl. §§ 133, 157 BGB).

Werden Klauseln, die das Angebot einschränken, in **Allgemeinen Geschäftsbedingungen** verwendet, so sind die Regeln der §§ 305 ff. BGB zu beachten.[25] Dies gilt aber nur insoweit, wie durch die Klausel die Wirkungen des Angebots abweichend von den §§ 145 ff. BGB geregelt werden sollen. Soweit der Verwender lediglich die Voraussetzungen bekannt gibt, unter denen er zum Abschluss des Vertrages bereit ist, liegen keine AGB vor.[26] Wirksam ist grundsätzlich die die Bindung ausschließende Klausel „Angebot freibleibend", da § 145 BGB den Ausschluss der Bindung an das Angebot erlaubt und darin keine unangemessene Benachteiligung gem. § 307 BGB liegt.[27] Die Auslegung des freibleibenden Angebots als *invitatio ad offerendum*, verbunden mit der Pflicht des Erklärenden, es unverzüglich mitzuteilen, wenn ein eingehendes Angebot letztlich doch abgelehnt werden soll, ist ebenfalls nicht zu beanstanden. Ist die Klausel einschränkend so zu verstehen, dass der Erklärende ein Angebot abgibt, sich aber bis zum Zugang den Widerruf des Angebots vorbehält, ist dies zulässig; eine Widerrufsmöglichkeit nach Zugang verbietet sich in diesem Fall allerdings schon wegen eines Verstoßes gegen § 308 Nr. 3 BGB,[28] wonach ein nicht sachlich gerechtfertigter vertraglicher Rücktrittsvorbehalt unwirksam ist.

140

Selbst wenn das Angebot keine Klausel enthält, die die Bindungswirkung ausschließt, kann zweifelhaft sein, ob sich der Antragende mit seiner Äußerung schon vertraglich binden will oder ob er lediglich bei dem Empfänger Interesse wecken, Vorabinformationen einholen bzw. vertragliche Vorverhandlungen führen möchte. Dies ist durch Auslegung (§§ 133, 157 BGB) zu ermitteln, wobei auf die Sicht eines objektiven Empfängers abzustellen ist. Am **Rechtsbindungswillen fehlt** es häufig, wenn das Kaufvertrags-„Angebot" gegenüber einem **unbestimmten Personenkreis** erklärt wird. Dies ist regelmäßig der Fall, wenn das Angebot – wie beim Fernabsatz – über Massenkommunikationsmittel wie Zeitung, Katalog oder Internet erklärt wird. In diesen Fällen ist aus den objektiven Umständen (§§ 133, 157 BGB) kein Wille des Erklärenden anzunehmen, sich gegenüber jedem, der am Vertragsschluss interessiert ist, verpflichten zu wollen. Dagegen spricht, dass aufgrund begrenzter Leistungsfähigkeit ein Haftungsrisiko (§§ 275 Abs. 4, 280, 283 BGB) bestehen würde und auch etwaige Bedenken hinsichtlich der Liquidität einzelner Interessenten nicht vor Abschluss ausgeräumt werden könnten.[29] Diese für herkömmliche Massenkommunikationsmittel, wie Zeitung oder Katalog, gefestigte Rechtsauffassung ist auch hinsichtlich neuerer elektronischer Kommunikationsmittel ganz überwiegende Meinung.[30] Sowohl beim Fernsehangebot als auch beim Angebot über Internetseiten ist in der Regel lediglich eine unverbindliche Aufforderung zur Abgabe eines Angebots anzunehmen.[31] Allerdings besteht gleichwohl die Möglichkeit, ein verbindliches Angebot auch gegenüber einem unbestimm-

141

---

[25] BGHZ 24, 39, 40 f.; OLG München, ZIP 2005, 160, 161; Soergel-*Wolf*, § 145 BGB Rdnr. 14; Bamberger/Roth-*Eckert*, § 145 BGB Rdnr. 39.

[26] Wolf/Horn/Lindacher-*Wolf*, § 9 AGBG Rdnr. V 14.

[27] Zur Wertung einer solchen Klausel als Vertragsbedingung vgl. Wolf/Horn/Lindacher-*Wolf*, § 9 AGBG Rdnr. V 14.

[28] Erman-*Roloff*, § 308 BGB Rdnr. 17; PWW-*Berger*, § 308 BGB Rdnr. 20; Wolf/Horn/Lindacher-*Wolf*, § 9 AGBG Rdnr. V 17.

[29] Palandt-*Ellenberger*, § 145 BGB Rdnr. 2; Soergel-*Wolf*, § 145 BGB Rdnr. 7; *Lehmann*, Vertragsanbahnung durch Werbung, S. 114 ff.

[30] Vgl. etwa MünchKomm-*Busche*, § 145 BGB Rdnr. 10; Bamberger/Roth-*Eckert*, § 145 BGB Rdnr. 41; *Waldenberger*, BB 1996, 2365, 2367; *Redeker*, NJW 1984, 2390, 2391; differenzierend Erman-*Armbrüster*, § 145 BGB Rdnr. 7; Hoeren/Sieber/*Kitz*, Handbuch Multimedia-Recht, Kap. 13, Rdnr. 89.

[31] BGH, NJW 2005, 967; BGH, NJW 2005, 1367, 1368.; zum Fernseheinkauf: *Eckert*, DB 1994, 717, 718; *Bultmann/Rahn*, NJW 1988, 2432, 2433 f.; zum Internetkauf *Hoeren*, Rechtsfragen des Internet, S. 117; *Waldenberger*, BB 1996, 2365; *Ultsch*, DZWiR 1997, 466, 467; *Fröhlich/Hoffmann*, NJW 2009, 1175, 1176.

ten Personenkreis abzugeben, was beispielsweise bei Internetauktionen der Fall ist[32] oder bei Verkäufen in einem Online-Shop mit „Sofort-Kaufen-Option".[33] Auch hier ist das in der Freischaltung der Angebotsseite liegende Angebot grundsätzlich nicht frei widerruflich.[34] Ebenfalls ist bei Auslagen im Selbstbedienungsladen[35] von einem solchen Angebot ad incertam personam auszugehen, nicht jedoch beim Automatenverkauf.[36] Bei vom Vertragsschluss unabhängigen Erklärungen, wie z. B. Erklärungen zur Aufnahme von Vertragsverhandlungen über elektronische Kommunikationsmittel im elektronischen Geschäftsverkehr, gilt es auch, die Pflichten des Unternehmers nach **§ 312 g BGB, Art. 246 EGBGB § 3** zu beachten. Dieser Pflichtenkreis berührt die Wirksamkeit der Vertragserklärungen selbst nicht. Deren Verletzung kann indes für Haftungsansprüche und insbesondere für die Verbraucherwiderrufsrechte Bedeutung haben (vgl. § 312 e Abs. 3 S. 2 BGB; dazu Rdnr. 177 f.).

142 Bei der **Zusendung unbestellter Ware** durch einen Unternehmer handelt es sich zumeist um eine unerwünschte und jedenfalls bei der Zusendung der Ware an einen Verbraucher um eine wettbewerbswidrige Handlung i. S. d. UWG (anreißerische Werbung).[37] Diese Wettbewerbswidrigkeit hat jedoch auf die vertragsrechtliche Bewertung keine maßgebliche Auswirkung.[38] In der Zusendung unbestellter Ware liegt in der Regel ein Angebot nach § 145 BGB auf Abschluss eines Kaufvertrages (Realofferte), insbesondere dann, wenn eine schriftliche Antragserklärung beigefügt ist. Dieses Angebot kann der Empfänger annehmen, was nach h. M. auch durch die Verwendung der Ware konkludent erfolgen kann.[39] Ein Zugang dieser Erklärung ist dann nach § 151 BGB entbehrlich.[40] Wird die unbestellte Ware **von einem Unternehmer an einen Verbraucher** geliefert, so gilt allerdings die Sonderregelung des § 241 a BGB. Nach dessen Absatz 1 wird ein Anspruch gegen den Verbraucher nicht begründet, also weder ein Kaufvertrag noch ein unentgeltlicher Verwahrungsvertrag abgeschlossen.[41] Dementsprechend kommt auch dann, wenn der Verbraucher die unbestellt zugesandte Sache bestimmungsgemäß verwendet, sie weiterveräußert oder gar zerstört oder wegwirft, kein Vertrag zustande; die typischen Aneignungs-, Gebrauchs- oder Verwertungshandlungen können im Anwendungsbereich des § 241 a BGB nicht als über § 151 BGB relevante Betätigung eines Annahmewillens gewertet werden.[42] Der Verbraucher darf daher mit der zugesandten Ware nach Belieben verfahren, ohne vertragliche, quasivertragliche

---

[32] BGH, NJW 2005, 53, 54; BGH, NJW 2002, 363, 364 f.; OLG Hamm, NJW 2001, 1142, 1143 f. m. Anm. *Ulrici*, NJW 2001, 1112 f.; AG Menden, NJW 2004, 1329 f.; *Rüfner*, JZ 2000, 715 ff.

[33] *Fröhlich/Hofmann*, NJW 2009, 1175, 1176.

[34] BGH, NJW 2005, 53, 54; BGH, NJW 2002, 363, 364 f.; OLG Oldenburg, NJW 2005, 2556, 2557; KG, NJW 2005, 1053, 1054; *Hoffmann*, NJW 2006, 2602, 2605 f.

[35] Staudinger-*Bork*, § 145 BGB Rdnr. 7; Bamberger/Roth-*Eckert*, § 145 BGB Rdnr. 43; Soergel-*Wolf*, § 145 BGB Rdnr. 7, *Medicus*, AT, Rdnr. 363; offen BGHZ 66, 51, 55 f. = NJW 1976, 712 f.; a. A. Palandt-*Ellenberger*, § 145 BGB Rdnr. 8; Erman-*Armbrüster*, § 145 BGB Rdnr. 10; *Dietrich*, DB 1972, 957 ff.

[36] BGH, NJW 1988, 979, 980; Erman-*Armbrüster*, § 145 BGB Rdnr. 8; Bamberger/Roth-*Eckert*, § 145 BGB Rdnr. 41; *Medicus*, AT, Rdnr. 362; a. A. Staudinger-*Bork*, § 145 BGB Rdnr. 8.

[37] Vgl. hierzu BGH, GRUR 1959, 277, 278 f. – Künstlerpostkarten; GRUR 1960, 382, 383 – Verbandsstoffe; Hefermehl/Köhler/Bornkamm-*Köhler*, § 7 UWG Rdnr. 135 m. w. N.; *Beater*, Unlauterer Wettbewerb, § 16 Rdnr. 39.

[38] Die Wettbewerbswidrigkeit der individuellen Kontaktaufnahme ändert an dieser rein vertragsrechtlichen Bewertung nichts; vgl. Staudinger-*Bork*, § 146 BGB Rdnr. 16; *Bunte*, FS Gaedertz, S. 87, 89.

[39] OLG Köln, NJW 1995, 3128, 3129; *Scheffer*, NJW 1995, 3166, 3167; Staudinger-*Bork*, § 146 BGB Rdnr. 11; Bamberger/Roth-*Eckert*, § 145 BGB Rdnr. 44; MünchKomm-*Busche*, § 151 BGB Rdnr. 55.

[40] OLG Köln, NJW 1995, 3128, 3129; Staudinger-*Bork*, § 146 BGB Rdnr. 11; a. A. *Schwung*, JuS 1985, 449, 450; vgl. auch zu Verbraucherverträgen Hk-*Schulze*, § 241 a BGB Rdnr. 7.

[41] Staudinger-*Bork*, § 146 BGB Rdnr. 14; Jauernig-*Mansel*, § 241 a BGB Rdnr. 5; Hk-*Schulze*, § 241 a BGB Rdnr. 5.

[42] *Reinicke/Tiedtke*, Rdnr. 13; Jauernig-*Mansel*, § 241 a BGB Rdnr. 5; MünchKomm-*Finkenauer*, § 241 a BGB Rdnr. 16.

I. Angebot und Annahme

oder gesetzliche Forderungen – etwa aus §§ 985 ff. oder §§ 812 ff. BGB – fürchten zu müssen.[43] Freilich kann der Verbraucher dem Vertragsschluss durch Annahme auch zustimmen, wofür aber aufgrund des Regelungsgehalts des § 241a BGB eine ausdrückliche Annahme oder eine Erfüllungshandlung durch Zahlung des Kaufpreises erforderlich ist.[44]

3. Annahme

Die Annahme ist eine empfangsbedürftige Willenserklärung, deren Inhalt die **vorbehalt-** **143** **lose Akzeptanz des Antrags** zum Ausdruck bringen muss.[45] Ob dies vorliegt, ist in Zweifelsfällen durch Auslegung nach dem Empfängerverständnis (§§ 133, 157 BGB) zu ermitteln. Ist danach festzustellen, dass das Angebot nur unter **Abänderungen** angenommen werden soll, so gilt diese Annahmeerklärung als vollständige Ablehnung des alten Angebots und gleichzeitig als neuer Antrag (§ 150 Abs. 2 BGB).[46] Eine solche Abweichung kann etwa vorliegen, wenn in der Auftragsbestätigung der Annehmende die Einbeziehung seiner AGB begehrt oder wegen einer Erhöhung des Listenpreises nicht der ursprüngliche, sondern ein höherer Preis festgesetzt wird[47] oder wenn im Versandhandel ein anderer als der bestellte Artikel versendet wird.[48] Allein das Begehren, die Bedingungen des Vertrags nachzuverhandeln, stellt nicht zwingend die Ablehnung des Angebots dar, sondern kann auch bedeuten, dass die Annahmefrist verlängert werden soll.[49] Nehmen die Parteien auf sich widersprechende AGB Bezug, so kann § 150 Abs. 2 BGB ebenfalls gelten. Wird der Vertrag dann aber ohne weiteren Widerspruch abgewickelt, so ist er trotz des teilweisen Dissenses wirksam; die kollidierenden AGB gelten, soweit sie übereinstimmen.[50] Die Annahme kann auch **durch schlüssiges Handeln** erklärt werden, etwa wenn nach erfolgter Bestellung (Angebot) die Lieferung sogleich ausgeführt wird (konkludente Annahme).

Grundsätzlich wird auch die Annahmeerklärung erst mit ihrem **Zugang** beim Empfän- **144** ger wirksam. **Ausnahmsweise** ist der Zugang der Annahmeerklärung allerdings **entbehrlich**. § 151 BGB lässt dies zu, wenn der Zugang nach der Verkehrssitte nicht zu erwarten ist oder der Antragende hierauf verzichtet hat. Ein solcher Fall ist etwa anzunehmen, wenn außerhalb des Anwendungsbereichs von § 241a BGB (dazu Rdnr. 142) ohne vorangegangene Bestellung übersandte Ware benutzt wird[51] oder wenn die Ware nach tatsächlicher Bestellung aus einem Katalog oder Preisverzeichnis versandt wird.[52] Im letztgenannten Fall ist im Bereich des elektronischen Geschäftsverkehrs gem. § 312 e Abs. 1 S. 1 Nr. 3 BGB eine unverzügliche Bestätigung des Zugangs der Bestellung erforderlich. Eine solche Bestätigung kann im Einzelfall auch schon als Annahme zu qualifizieren sein. Der Zugang einer Annahmeerklärung ist ebenfalls entbehrlich, wenn das Geschäft für den Antragsemp-

---

[43] Bamberger/Roth-*Grüneberg*, § 241a BGB Rdnr. 10; MünchKomm-*Finkenauer*, § 241a BGB Rdnr. 31 ff.; Jauernig-*Mansel*, § 241a BGB Rdnr. 5; hinsichtlich der Herausgabeansprüche – entgegen der Gesetzesbegründung – a.A. Hk-*Schulze*, § 241a BGB Rdnr. 7; *Bülow/Artz*, NJW 2000, 2049, 2056.

[44] Jauernig-*Mansel*, § 241a BGB Rdnr. 5; *Reinicke/Tiedtke*, Rdnr. 13; MünchKomm-*Finkenauer*, § 241a BGB Rdnr. 16; Bamberger/Roth-*Grüneberg*, § 241a BGB Rdnr. 11.

[45] Bamberger/Roth-*Eckert*, § 146 BGB Rdnr. 8.

[46] Vgl. hierzu Bamberger/Roth-*Eckert*, § 150 BGB Rdnr. 7 ff.

[47] Weitere Beispiele bei *Graf v. Wesphalen*, in: *v. Westphalen*, Handbuch des Kaufvertragsrecht in den EG-Staaten, S. 214.

[48] BGH, NJW 2005, 3567, 3568, anders nur, wenn ausnahmsweise schon vor Zusendung des bestellten Artikels ein Vertrag zu Stande kommt.

[49] OLG Celle, Beck RS 2009, 6753; Bamberger/Roth-*Eckert*, § 150 BGB Rdnr. 8.

[50] Vgl. hierzu Palandt-*Ellenberger*, § 154 BGB Rdnr. 3; Bamberger/Roth-*Eckert*, § 150 BGB Rdnr. 9; § 154 BGB Rdnr. 10; zur Einbeziehung von AGB vgl. auch Rdnr. 132 ff.

[51] BGH, NJW 1990, 1656, 1657; OLG Düsseldorf MDR 1993, 26; Erman-*Armbrüster*, § 151 BGB Rdnr. 5; Staudinger-*Bork*, § 151 BGB Rdnr. 7.

[52] Bamberger/Roth-*Eckert*, § 151 BGB Rdnr. 14.

fänger lediglich vorteilhaft ist,[53] so dass etwa ein Garantievertrag zwischen dem Kunden und dem Hersteller zustande kommt, wenn die Garantieurkunde übergeben und vom Kunden aufbewahrt wird, ohne dass dem Hersteller eine Annahmeerklärung zugehen muss (näher Rdnr. 1429).[54] Stets ist aber eine nach außen hervortretende Erklärungshandlung erforderlich, aus der sich eine Manifestation des Annahmewillens ergibt.[55] Bloßes Schweigen oder Untätigkeit führt dagegen auch im Anwendungsbereich von § 151 BGB nicht zum Vertragsschluss. Eine weitere Ausnahme vom Erfordernis des Zugangs der Annahmeerklärung sieht § 152 BGB für den Fall vor, dass der Vertrag notariell beurkundet wurde, ohne dass beide Teile gleichzeitig anwesend waren. Der Vertrag kommt hier bereits mit der Beurkundung der Annahmeerklärung zustande, also ohne dass der Antragende davon in Kenntnis gesetzt wurde. Allein der Vertragsabschluss über das Internet macht eine Annahmeerklärung jedoch nicht entbehrlich.[56]

145 Fehlt nicht nur der Zugang, sondern auch die objektive Betätigung des Annahmewillens, so kann die **bloße Untätigkeit** oder das **Schweigen** grundsätzlich nicht zum Vertragsschluss führen. Bis zum Ablauf der Annahmefrist (§§ 147 ff. BGB; siehe dazu Rdnr. 146 ff.) besteht ein Schwebezustand, der mit dem Erlöschen des Antrags gemäß § 146 BGB endet, wenn der Empfänger nicht auf das Angebot reagiert hat. Nur ausnahmsweise kann dem Schweigen der Erklärungswert einer Annahme beigemessen werden, etwa aufgrund besonderer (Vertragsanbahnungs-) Umstände und von Billigkeitserwägungen (sog. beredtes Schweigen).[57] Die Parteien können auch in sog. Vertragsabschlussklauseln vereinbaren, dass Schweigen als Annahme zu werten ist (vgl. aber § 308 Nr. 5 BGB).[58] Des weiteren kann im **Handelsverkehr** dem Schweigen auf ein **kaufmännisches Bestätigungsschreiben** ein Erklärungswert im Sinne einer Annahme des im Bestätigungsschreiben enthaltenen Angebots zukommen (vgl. Rdnr. 196 f.).

4. Annahmefrist

146 Die mit dem Angebot verbundene Bindungswirkung kann nicht unendlich lange bestehen, weil damit die wirtschaftliche Bewegungsfreiheit des Antragenden eingeschränkt wird und der Empfänger auf dessen Kosten unter Berücksichtigung der Marktentwicklung spekulieren könnte. Die §§ 147 ff. BGB setzen daher der **Annahmefähigkeit** eines Angebots Grenzen. Der Antragende hat die Möglichkeit, die Annahmefrist frei zu bestimmen (§ 148 BGB), was auch ohne die Festlegung eines konkreten Termins oder Zeitraums erfolgen kann.[59] Besteht keine Bestimmung über die Annahmefrist, kann der Antrag nur innerhalb des nach § 147 BGB zu ermittelnden Zeitraums angenommen werden. Bei einem unter Anwesenden oder per Fernsprecher gemachten Antrag kann dies nur sofort erfolgen (§ 147 Abs. 1 BGB), bei dem einem Abwesenden zugegangenen Antrag liegt die Grenze in dem Zeitpunkt, in welchem der Antragende den Eingang der Antwort unter regelmäßigen Umständen erwarten darf (§ 147 Abs. 2 BGB). Zu diesen gehören auch verzögernde Abläufe o. ä., die der Antragende kannte oder kennen musste, so dass sich die Annahmefrist entsprechend verlängert.[60] Für die Fristberechnung gelten die §§ 186 ff. BGB.

---

[53] Bamberger/Roth-*Eckert*, § 151 BGB Rdnr. 8, 14; Staudinger-*Bork*, § 151 BGB Rdnr. 13.
[54] Vgl. zur Garantiekarte BGHZ 78, 369, 372; BGHZ 104, 82, 85; Staudinger-*Bork*, § 151 BGB Rdnr. 13.
[55] Erman-*Armbrüster*, § 151 BGB Rdnr. 5; Bamberger/Roth-*Eckert*, § 151 BGB Rdnr. 3.
[56] Hoeren/Sieber/*Kitz*, Handbuch Multimedia-Recht, Kap. 13.1. Rdnr. 110.
[57] Vgl. BGH, NJW 1995, 1281; Bamberger/Roth-*Eckert*, § 146 BGB Rdnr. 12; Erman-*Armbrüster*, § 147 BGB, Rdnr. 3.
[58] OLG Düsseldorf, NJW 2005, 1515; Erman-*Armbrüster*, § 147 BGB Rdnr. 3.
[59] BGH, NZA 2007, 925, 926 (Tz 16).
[60] BGH, NJW 2008, 1148, 1149 (Tz 20 ff.).

I. Angebot und Annahme

Für die **Wahrung der Annahmefrist** ist erforderlich, dass die Erklärung rechtzeitig dem Anbietenden zugeht; die fristgemäße Absendung reicht nicht. Dies ist nicht nur bei einer vom Anbietenden gesetzten Frist zu beachten, sondern auch dann, wenn sich die Annahmefrist nach § 147 BGB bestimmt. Diese setzt sich nach dessen Absatz 2 somit zusammen aus der Beförderungszeit des Antrags, der Überlegungsfrist des Antragsempfängers und der Beförderungszeit der Annahmeerklärung.[61] Der maßgebliche Zeitraum beginnt demnach bereits mit der Abgabe der Angebotserklärung und nicht erst mit deren Zugang beim Empfänger.[62] Ist der Zugang der Annahme nach § 151 BGB nicht erforderlich (vgl. Rdnr. 144), so kommt § 147 Abs. 2 BGB ebenso wenig zur Anwendung wie in den Fällen, in denen im Antrag gemäß § 148 BGB eine Annahmefrist bestimmt ist, es sei denn, diese Fristsetzung ist unwirksam. Wird die Fristbestimmung in den Allgemeinen Geschäftsbedingungen vorgenommen, kann sie wegen Verstoßes gegen § 308 Nr. 1 BGB unwirksam sein. Diese Vorschrift will verhindern, dass der Verwender den Antragenden unangemessen lange an das Angebot bindet und sich selbst eine nicht mehr angemessene Überlegungsfrist zubilligt. Hier sind stets branchenspezifische Üblichkeiten, aber auch der jeweilige Einzelfall zu berücksichtigen.[63] So kann z. B. die vierwöchige Bindung des Neuwagenkäufers gemessen am gesetzlichen Maßstab des § 147 Abs. 2 BGB noch nicht unangemessen lange sein[64] oder eben doch.[65]

147

Erfolgt bis zum Ablauf der Frist keine Annahme, so **erlischt** das **Angebot** (§ 146 BGB). Geht dem Antragenden später dann doch eine Annahmeerklärung zu, ist dieser die Basis entzogen, so dass sie grundsätzlich nicht zum Vertragsschluss führt. Etwas anderes kann gemäß § 149 BGB gelten, wenn dem Anbietenden erkennbar war, dass die Annahmeerklärung rechtzeitig abgesendet wurde und sie eigentlich fristgemäß hätte zugehen müssen. Eine dahingehende Erkennbarkeit ist z. B. anzunehmen bei einem lesbaren Poststempel, der Auskunft eines beauftragten Boten[66] oder auch wenn die Nachricht offensichtlich bei einem Server hängen geblieben ist.[67] Auch außerhalb dieser besonderen Konstellation ist eine **verspätete Annahmeerklärung** nicht bedeutungslos, da ihr gemäß § 150 Abs. 1 BGB die Wirkung eines neuen Antrags beigemessen wird. Eine geringfügige Fristüberschreitung kann ausnahmsweise unerheblich sein, wenn es die Vertragspartner mit der Wahrung der Frist erfahrungsgemäß nicht „so genau nehmen".[68]

148

In § 147 Abs. 1 S. 2 BGB wird ein telefonischer Antrag einem solchen unter Anwesenden gleichgestellt, so dass die Annahme nur sofort erfolgen kann. Dies gilt für andere **elektronische Fernkommunikationsmittel** (z. B. Telefax, E-Mail, Mausklick im Internet) grundsätzlich nicht entsprechend.[69] Eine Gleichbehandlung mit dem Vertragsabschluss unter Anwesenden kommt nur dort in Betracht, wo eine vergleichbare Dialogsituation zwischen den Kaufvertragsparteien besteht, wie etwa bei einer Videokonferenz.[70] Die in diesen Fällen bestehende sofortige Annahmefrist ist relativ, d. h. sie ist jeweils in Bezug zur Komplexität und wirtschaftlichen Bedeutung des Antrages zu stellen. Die Parteien können die Frist konkludent verlängern.[71]

149

---

[61] BGH, NJW 1996, 919, 921; MünchKomm-*Busche*, § 147 BGB Rdnr. 5; *Finkenauer*, JuS 2000, 118, 119 ff.; BGH, NJW 2010, 2873 (Tz 11).
[62] BGH, NJW-RR 2010, 1127, 1128 f. (Tz 20).
[63] Bamberger/Roth-*Becker*, § 308 Nr. 1 BGB Rdnr. 5 ff.; BGH, NJW 1986, 1807; BGH, NJW 1988, 607; BGH, NJW 2001, 303.
[64] BGHZ 109, 359, 361 ff.; ebenso für den Kauf eines Heizungssystems: OLG Düsseldorf, NJW 2005, 1515.
[65] OLG Frankfurt, NJW-RR 1998, 566, 567.
[66] RGZ 105, 255, 257; Staudinger-*Bork*, § 145 BGB Rdnr. 5.
[67] Hoeren/Sieber/*Kitz*, Handbuch Multimedia-Recht, Kap. 13.1. Rdnr. 98.
[68] BGH, NJW 1951, 313 f.; Bamberger/Roth-*Eckert*, § 150 BGB Rdnr. 4.
[69] Soergel-*Wolf*, § 147 BGB Rdnr. 3, m.w.N.
[70] Vgl. Bamberger/Roth-*Eckert*, § 147 BGB Rdnr. 5; Soergel-*Wolf*, § 147 BGB Rdnr. 3.
[71] Erman-*Armbrüster*, § 147 BGB Rdnr. 22.

5. Beweislast

150 Entsprechend dem allgemeinen Grundsatz, dass jeder die für sich positiven Umstände, auf die er sich beruft, im Streitfall darlegen und beweisen muss, ist auch die Beweislast hinsichtlich des Vorliegens eines Antrags sowie des eventuell behaupteten Ausschlusses der Gebundenheit verteilt. Diese allgemeinen Regeln gelten auch im elektronischen Geschäftsverkehr, etwa beim Ebay-Kauf.[72] Hat der Annehmende, der sich auf den Vertragsschluss beruft, eine Antragserklärung bewiesen, so liegt die Beweislast für den Ausschluss der Gebundenheit beim Anbietenden.[73] Dieser ist auch beweispflichtig, wenn er vorträgt, eine Annahmeerklärung sei zu spät zugegangen, weil eine von ihm nach § 148 BGB gesetzte oder eine gesetzliche Annahmefrist gemäß § 147 BGB überschritten sei.[74] Bei Entbehrlichkeit des Zugangs der Annahmeerklärung nach § 151 BGB trifft die Beweislast denjenigen, der sich auf das Zustandekommen des Vertrages beruft. Er muss dabei beweisen, aus welchen Tatsachen sich die Annahme ergibt und weshalb ein Zugang der Annahmeerklärung nicht notwendig war.[75]

II. Formerfordernisse

151 Eine Einigung durch Angebot und Annahme ist grundsätzlich formlos möglich (**Grundsatz der Formfreiheit**). Dies bedeutet, dass der Kaufvertrag in der Regel auch mündlich, auf elektronischem Wege oder durch schlüssiges Verhalten wirksam abgeschlossen werden kann. Ausnahmen bestehen dann, wenn gesetzliche Bestimmungen (vgl. Rdnr. 152 ff.) oder die Parteien selbst (dazu Rdnr. 162 ff.) Formerfordernisse anordnen.

1. Gesetzliche Formvorschriften

152 Von den gesetzlich geregelten Formerfordernissen der einfachen Schriftform (§ 126 BGB), der elektronischen Signatur (§ 126 a BGB), der Textform (§ 126 b BGB), der öffentlichen Beglaubigung der Unterschrift (§ 129 BGB) sowie der notariellen Beurkundung (§ 128 BGB) ist vor allem die letztgenannte Form kaufrechtlich relevant, da sie bei allen Grundstückskaufverträgen zu beachten ist (vgl. § 311 b BGB; dazu sogleich Rdnr. 154 ff.). Bei bestimmten Vertragsgegenständen und Konstellationen können aber auch andere gesetzliche Formvorschriften Bedeutung erlangen (dazu Rdnr. 161).

153 **a) Notarielle Beurkundung.** Die Anforderungen an eine notarielle Beurkundung sind im Beurkundungsgesetz geregelt. Der **Zweck** dieser Form liegt neben einer Warnfunktion vor unüberlegten Geschäften vor allem in der rechtlichen Beratung der Parteien durch den Notar (§ 17 BeurkG).[76] Da dieser nach § 8 BeurkG eine Niederschrift über die Verhandlung aufnehmen muss, erbringt die notarielle Beurkundung Beweis über die beteiligten Personen, den Abschluss und den Inhalt des Vertrages. Angebot und Annahme können gemäß § 128 BGB auch nacheinander in getrennten Akten und auch von verschiedenen Notaren beurkundet werden. Dabei kommt der Vertrag grundsätzlich mit der Beurkundung der Annahme zustande, also ohne dass ein Zugang bei der anderen Vertragspartei erfolgt ist (vgl. § 152 BGB; siehe auch Rdnr. 144).

---

[72] Vgl. dazu OLG Hamm, NJW 2007, 611 ff., das einen Anscheinsbeweis für eine Gebotsabgabe aufgrund einer Ebay-Verkaufsbestätigung ablehnt.

[73] *Baumgärtel/Laumen*, Handbuch der Beweislast, Bd. I, § 145 Rdnr. 2; Staudinger-*Bork*, § 145 BGB Rdnr. 38; Soergel-*Wolf*, § 145 BGB Rdnr. 32.

[74] Soergel-*Wolf*, § 151 BGB Rdnr. 32; MünchKomm-*Busche*, § 148 BGB Rdnr. 9; Bamberger/Roth-*Eckert*, § 149 BGB Rdnr. 11 jew. m.w.N.

[75] Soergel-*Wolf*, § 151 BGB Rdnr. 28 m.w.N.; Bamberger/Roth-*Eckert*, § 151 BGB Rdnr. 19.

[76] Palandt-*Grüneberg*, § 311 b BGB Rdnr. 2.

II. Formerfordernisse

Für Kaufverträge von Bedeutung können die **die notarielle Beurkundung anordnenden Vorschriften** des § 311 b Abs. 1 und 3 BGB sein. § 311 b Abs. 3 BGB schreibt diese Form vor für **Verträge zur Übertragung** des gesamten oder eines Bruchteils des **gegenwärtigen Vermögens**. In Anbetracht des bezweckten Übereilungsschutzes in den Fällen, in denen das Vermögen global veräußert wird, ohne dass unter Umständen eine konkrete Vorstellung über dessen Umfang besteht, kommt § 311 b Abs. 3 BGB nicht zur Anwendung, wenn nur einzelne Gegenstände verkauft werden. Dies gilt selbst dann, wenn der Kaufgegenstand tatsächlich das gesamte Vermögen bildet.[77]

154

Von großer praktischer Bedeutung ist die **Beurkundungspflicht für Grundstückskaufverträge.** Nach § 311 b Abs. 1 BGB bedarf ein Vertrag, durch den sich der eine Teil verpflichtet, das Eigentum an einem Grundstück zu übertragen oder zu erwerben, der notariellen Beurkundung. Außer bei Verträgen über Grundstücke gilt diese Formvorschrift des § 311 b BGB auch dann, wenn der Vertragsgegenstand ein **Miteigentumsanteil** an einem Grundstück[78] ist; für die Veräußerung von **Wohneigentum** gilt die Norm gemäß § 4 Abs. 3 WEG ebenso entsprechend wie bei **Erbbaurechten** (vgl. § 11 Abs. 2 ErbVO). Gehört die Immobilie zu einem zu veräußernden Unternehmen, so unterliegt der Unternehmenskaufvertrag der Beurkundungspflicht nach § 311 b Abs. 1 BGB.[79] Der Kauf eines Fertighauses ist dagegen nicht formbedürftig, wenn er nicht mit dem Erwerb eines Grundstücks verbunden ist.[80] Dem Schutzzweck des § 311 b Abs. 1 BGB entsprechend ist auch jede dem eigentlichen Kaufvertrag vorgelagerte Festlegung beurkundungspflichtig, wenn sie bereits Bindungswirkung erzeugt. So ist ein **Vorvertrag** über eine Grundstücksveräußerung nur wirksam, wenn eine Beurkundung erfolgt ist,[81] ebenso die Bestellung eines **Vorkaufsrechts** oder eines **Wiederkaufsrechts.**[82] Ein sogenannter letter of intent (siehe Rdnr. 133) bedarf dagegen keiner notariellen Beurkundung gemäß § 311 b Abs. 1 BGB.[83] Ebenfalls formfrei wirksam ist gemäß § 167 Abs. 2 BGB grundsätzlich die Erteilung einer Vollmacht zu Grundstückserwerb bzw. -veräußerung. Etwas anderes wird – außer in Umgehungsfällen – insbesondere dann angenommen, wenn die Vollmacht unwiderruflich erteilt worden ist.[84]

155

Die **Beurkundungspflicht** gemäß § 311 b Abs. 1 S. 1 BGB **umfasst** zunächst die Verpflichtung des Verkäufers zur Übereignung des Grundstücks und die des Käufers zur Zahlung des Kaufpreises. So muss sich aus dem Vertrag hinreichend deutlich ergeben, welches Grundstück verkauft werden soll.[85] Auch Zusicherungen über bestimmte Eigenschaften der Immobilie müssen zu ihrer Wirksamkeit in den notariellen Vertrag aufgenommen werden. Hinsichtlich des als Gegenleistung zwischen den Parteien vereinbarten Kaufpreises müssen auch eventuell festgelegte Zahlungsmodalitäten wie Vorauszahlungen oder Verrechnungen im notariellen Vertrag enthalten sein.[86] Außer den die Hauptleistungspflichten betreffen-

156

---

[77] RGZ 137, 324, 348 f.; BGHZ 25, 1, 4 f.; *Reinicke/Tiedtke*, KaufR, Rdnr. 28.

[78] BayObLG, DNotZ 1999, 212; Beck'sches Notarhandbuch-*Heckschen*, A I Rdnr. 187.

[79] BGH DB 1979, 741; allg. zur Beurkundungspflicht von Unternehmenskaufverträgen wegen § 311 b Abs. 3 BGB siehe *Kiem*, NJW 2006, 2363 ff.; *Böttcher/Grewe*, NZG 2005, 950 ff.

[80] Bamberger/Roth-*Gehrlein*, § 311 b BGB Rdnr. 2; MünchKomm-*Kanzleiter*, § 311 b BGB Rdnr. 15; BGH, NJW 1994, 722; OLG Hamm, NJW-RR 1995, 1045.

[81] BGH, NJW 1970, 1915, 1916; BGH, NJW 2006, 2843, 2844; MünchKomm-*Kanzleiter*, § 311 b BGB Rdnr. 34; Erman-*Grziwotz*, § 311 b BGB Rdnr. 13.

[82] BGH, NJW-RR 1991, 205, 206; BGH DNotZ 1968, 93; MünchKomm-*Kanzleiter*, § 311 b BGB Rdnr. 34; Erman-*Grziwotz*, § 311 b BGB Rdnr. 42.

[83] Erman-*Grziwotz*, § 311 b BGB Rdnr. 13.

[84] BGH, WM 1966, 761 ff.; BGH, WM 1967, 1039 ff.; Erman-*Grziwotz*, § 311 b BGB Rdnr. 31 ff.; MünchKomm-*Kanzleiter*, § 311 b BGB Rdnr. 44.

[85] Siehe Erman-*Grziwotz*, § 311 b BGB Rdnr. 45, auch zu den Möglichkeiten einer einseitigen Bestimmung durch eine Vertragspartei oder durch Dritte; Bamberger/Roth-*Gehrlein*, § 311 b BGB Rdnr. 21.

[86] MünchKomm-*Kanzleiter*, § 311 b BGB Rdnr. 51; Erman-*Grziwotz*, § 311 b BGB Rdnr. 47; Bamberger/Roth-*Gehrlein*, § 311 b BGB Rdnr. 22.

den Abreden sind auch **alle** anderen **Vereinbarungen** beurkundungspflichtig, **die nach dem Willen der Parteien Inhalt des schuldrechtlichen Vertrages sein sollen.**[87] Dazu ist ausreichend, dass ein Vertragspartner die betreffende Regelung zum Vertragsbestandteil machen will und die andere Partei dies billigt oder jedenfalls hinnimmt.[88] Die Beurkundungspflicht kann sich auch auf andere – als solche nicht beurkundungsbedürftige – Verträge erstrecken, die nach dem Willen der Parteien mit dem Grundstückskaufvertrag eine rechtliche Einheit bilden, was dann angenommen wird, wenn die Vereinbarungen miteinander „stehen und fallen" sollen.[89] So ist etwa ein Bau(werk)vertrag, der Kauf eines Fertighauses oder ein Treuhandvertrag im Rahmen eines Bauherrenmodells in die Beurkundung einzubeziehen, wenn er nach dem Parteiwillen mit dem Grundstückserwerb in Verbindung steht.[90] Ist dies der Fall, so kann die Formbedürftigkeit nicht dadurch umgangen werden, dass die Verträge getrennt voneinander abgeschlossen und in verschiedene Urkunden aufgenommen werden.[91] Zu den Rechtsfolgen bei Unvollständigkeit oder Unrichtigkeit einer Beurkundung siehe Rdnr. 158 ff.

157 Inwieweit die nachträgliche **Aufhebung** oder **Änderung** eines Grundstückskaufvertrages der Beurkundungspflicht nach § 311 b Abs. 1 BGB unterliegt, kann nicht einheitlich entschieden werden. Hier sind Differenzierungen erforderlich, die sich am Zweck der Formvorschrift orientieren. So ist ein Aufhebungsvertrag bis zur Auflassung und Eintragung formfrei, da keine Verpflichtungen begründet werden. Nach diesem Zeitpunkt führt die Vertragsaufhebung zur Rückübereignungspflicht, was die Formbedürftigkeit nach § 311 b Abs. 1 S. 1 BGB begründet.[92] Das gleiche gilt nach h. M., wenn durch eine Auflassungsvormerkung oder einen beim Grundbuchamt gestellten Eintragungsantrag ein Anwartschaftsrecht begründet wurde.[93] Änderungen des Grundstückskaufvertrages sind formfrei wirksam, wenn sie die Übereignungspflicht und auch die Gegenleistung nicht berühren. Dies gilt insbesondere für Vertragsänderungen, die nach Auflassung und Eintragung erfolgen, da dann die Übertragungspflicht bereits erfüllt ist.[94] Vorher sind Vertragsänderungen nur in engen Grenzen ohne notarielle Beurkundung wirksam, wie insbesondere dann, wenn die neue Vereinbarung lediglich dazu dient, unvorhergesehene Abwicklungsschwierigkeiten zu beseitigen.[95] Wird der Kaufpreis nachträglich gestundet, so

---

[87] BGH, NJW-RR 2006, 1292; BGH, NJW-RR 2003, 1136; BGH, NJW 1998, 3196 ff.; BGH, NJW 1983, 565; BGH, NJW 1981, 228, 229 m.w.N.; BGHZ 63, 359; Bamberger/Roth-*Gehrlein*, § 311 b BGB Rdnr. 20; Erman-*Grziwotz*, § 311 b BGB Rdnr. 43.

[88] BGHZ 74, 346; 76, 43, 49 m.w.N.; MünchKomm-*Kanzleiter*, § 311 b BGB Rdnr. 50.

[89] BGH, NJW 2004, 3330, 3331; BGHZ 101, 393, 396; BGH, NJW-RR 1990, 340, 341; OLG Hamm, BB 1985, 1420 ff.; MünchKomm-*Kanzleiter*, § 311 b BGB Rdnr. 53 f.; Bamberger/Roth-*Gehrlein*, § 311 b BGB Rdnr. 25; Palandt-*Grüneberg*, § 311 b BGB Rdnr. 32; Reinicke/Tiedtke, KaufR, Rdnr. 40.

[90] Bamberger/Roth-*Gehrlein*, § 311 b BGB Rdnr. 26; Erman-*Grziwotz*, § 311 b BGB Rdnr. 55; Beck'sches Notarhandbuch-*Heckschen*, A I Rdnr. 196 jeweils mit weiteren Beispielen; sowie BGH, NJW 1994, 722; OLG Hamm, NJW-RR 1995, 1045; OLG Stuttgart, BauR 2005, 1068; anders aber, wenn zwar der Bauvertrag vom Grundstückskaufvertrag abhängig ist, dieser aber nicht von ihm, siehe BGH, NJW 2000, 951 und BGH, NJW 2002, 2559.

[91] BGHZ 78, 346, 349; BGH, NJW 1978, 1069, 1070; Reinicke/Tiedtke, KaufR, Rdnr. 40; Erman-*Grziwotz*, § 311 b BGB Rdnr. 54.

[92] PWW-*Medicus*, § 311 b BGB Rdnr. 12; MünchKomm-*Kanzleiter*, § 311 b BGB Rdnr. 60; Erman-*Grziwotz*, § 311 b BGB Rdnr. 56.

[93] BGHZ 83, 398; 127, 173; 103, 179; Erman-*Grziwotz*, § 311 b BGB Rdnr. 56.; Bamberger/Roth-*Gehrlein*, § 311 b BGB Rdnr. 29; a.A. BGH JZ 1994, 524; Reinicke/Tiedtke, KaufR, Rdnr. 63, 64; zweifelnd PWW-*Medicus*, § 311 b BGB Rdnr. 12.

[94] BGHZ 83, 895; BGH, NJW 1994, 3346 f.; OLG Köln, NJW-RR 1995, 1107 f.; Reinicke/Tiedtke, KaufR, Rdnr. 51; Erman-*Grziwotz*, § 311 b BGB Rdnr. 59; MünchKomm-*Kanzleiter*, § 311 b BGB Rdnr. 58.

[95] BGH, NJW 1974, 271; BGH, WM 1986, 1191 f.; BGH ZIP 1999, 143 f. m.w.N.; MünchKomm-*Kanzleiter*, § 311 b BGB Rdnr. 57 ff.; Erman-*Grziwotz*, § 311 b BGB Rdnr. 59.

II. Formerfordernisse

hängt die Formbedürftigkeit von der Dauer des Zahlungsaufschubs ab. Wesentliche Änderungen des Vertragsinhalts unterliegen jedenfalls der Beurkundungspflicht nach § 311 b Abs. 1 S. 1 BGB.[96] Dagegen ist die Rücknahme des Widerrufs eines Grundstückskaufangebots formlos möglich, da die Rücknahmeerklärung kein neues Angebot oder eine nachträgliche Änderung des Inhalts des Angebots bewirkt, sondern lediglich den vorbehaltenen Wegfall der Annahmefrist.[97]

Werden die **Formerfordernisse** des § 311 b Abs. 1 S. 1 BGB **nicht eingehalten**, so ist die Vereinbarung grundsätzlich gemäß § 125 BGB S. 1 BGB nichtig. Es sind aber Differenzierungen geboten, die insbesondere daran anknüpfen, ob die Beurkundung ganz oder teilweise unterblieben ist oder ob sie inhaltlich unrichtig war. Ist der Grundstückskaufvertrag **vollkommen unbeurkundet** geblieben, so ist er nach § 125 S. 1 BGB nichtig, und zwar auch dann, wenn die Parteien die Wirksamkeit wollen; eine spätere Erfüllung der Übereignungsverpflichtung führt aber zur Heilung des Formmangels nach § 311 b Abs. 1 S. 2 BGB (dazu Rdnr. 160). Unterbleibt diese Heilung, so können aus der Vereinbarung grundsätzlich keine vertraglichen Ansprüche hergeleitet werden; bereits erbrachte Leistungen sind nach Bereicherungsrecht (§§ 812 ff. BGB) rückabzuwickeln. Bei **unvollständiger Beurkundung** erfasst die Nichtigkeitsfolge jedenfalls den nicht beurkundeten Teil der Vereinbarung. Ob das Rechtsgeschäft insgesamt unwirksam ist, bestimmt sich gemäß § 139 BGB danach, ob anzunehmen ist, dass es auch ohne den nichtigen Teil vorgenommen sein würde. Nach dieser Auslegungsregel sind die beurkundeten Vereinbarungen als wirksam anzusehen, wenn die Parteien die Formunwirksamkeit des anderen – nicht notariell beurkundeten Teils – kannten.[98] Ist bei rechtlich zusammenhängenden Vereinbarungen (siehe dazu Rdnr. 156) nur ein Teil beurkundet, so sind grundsätzlich alle Abmachungen nichtig. Dies gilt auch dann, wenn die fehlende Beurkundung nur solche Vereinbarungen betraf, die an sich formfrei sind, oder wenn zwar alle Vereinbarungen beurkundet wurden, dies aber in unterschiedlichen Urkunden und ohne Hinweis auf den bestehenden rechtlichen Zusammenhang.[99] Andererseits wird bei völlig fehlender Beurkundung der nicht formbedürftige Teil als wirksam angesehen.[100]

158

Wurde eine **Beurkundung mit unrichtigem Inhalt** vorgenommen, so hängt die Rechtsfolge davon ab, ob dies den Parteien bewusst war oder nicht. Haben sie das übereinstimmend Gewollte lediglich **irrtümlich** unrichtig benannt, wie etwa bei einer falschen Katasterangabe, so liegt eine rechtlich unschädliche Falschbezeichnung (falsa demonstratio) vor.[101] Dagegen ist bei den Fällen **bewusster Unrichtigkeit** des Beurkundeten, wie etwa in den Fällen des sogenannten Schwarzkaufs, bei denen ein niedrigerer als der tatsächlich vereinbarte Kaufpreis in der Vertragsurkunde angegeben wird, Nichtigkeit anzunehmen; die beurkundeten Erklärungen sind als Scheingeschäfte gem. § 117 BGB nichtig, das wirklich Gewollte ist wegen der fehlenden Beurkundung nach §§ 311 b Abs. 1 S. 1, 125 S. 1 BGB unwirksam.[102]

159

Unter Umständen kann eine Vereinbarung trotz Verstoßes gegen die Formvorschrift des § 311 b Abs. 1 S. 1 BGB wirksam sein. So wird nach Satz 2 dieser Vorschrift ein formnichtiger Vertrag seinem ganzen Inhalt nach gültig, wenn die Auflassung (§§ 925, 873 BGB) und

160

---

[96] BGH, NJW 1982, 434 f.; BGH DB 1988, 2092 f.; MünchKomm-*Kanzleiter*, § 311 b BGB Rdnr. 58 m.w.N.; Erman-*Gziwotz*, § 311 b BGB Rdnr. 58.
[97] BGH, NJW-RR 2004, 952, 953 f.
[98] BGH, NJW 1975, 205 f.; BGH, WM 1980, 1254 f.; Erman-*Gziwotz*, § 311 b BGB Rdnr. 64; HK-*Schulze*, § 311 b BGB Rdnr. 17.
[99] Siehe BGH, NJW 1984, 612 f.; BGH, NJW-RR 1993, 1421 f.; Erman-*Gziwotz*, § 311 b BGB Rdnr. 64.
[100] Jauernig-*Stadler*, § 311 b BGB Rdnr. 33.
[101] Jauernig-*Stadler*, § 311 b BGB Rdnr. 36; Erman-*Gziwotz*, § 311 b BGB Rdnr. 65.
[102] BGHZ 54, 62; Jauernig-*Stadler*, § 311 b BGB Rdnr. 35; MünchKomm-*Kanzleiter*, § 311 b BGB Rdnr. 68; Erman-*Gziwotz*, § 311 b BGB Rdnr. 66.

die Eintragung in das Grundbuch erfolgt sind.[103] Die **Heilung des Formmangels** hat also keine rückwirkende Kraft.[104] Die Heilungsmöglichkeit hilft aber dann nicht, wenn der Verkäufer die Erfüllung verweigert. In Ausnahmefällen kann eine Berufung auf die Formnichtigkeit eines ansonsten gültigen Kaufvertrages aber auch gegen **Treu und Glauben** (§ 242 BGB) verstoßen. Aufgrund der Ordnungsfunktion der §§ 125, 311 b Abs. 1 S. 1 BGB kann deren Anwendungsbereich aber nur in extrem liegenden Fällen durch § 242 BGB eingeschränkt werden.[105] So liegen die Erfordernisse für einen ausnahmsweise nach § 242 BGB unschädlichen Formmangel nicht ohne weiteres vor, wenn die Voraussetzungen der Verwirkung erfüllt sind.[106] Treu und Glauben können die Formvorschriften überlagern, wenn der Verkäufer **arglistig über die Formbedürftigkeit täuscht,** eine Partei aufgrund der fehlerhaften Beurkundung in ihrer **Existenz bedroht** ist oder eine **schwere Treuepflichtverletzung** vorliegt.[107] Täuscht der Veräußerer den Erwerber über die Formbedürftigkeit des Kaufvertrages bzw. eines Teils hiervon, z.B. einer Zusicherung,[108] arglistig, um sich später auf den Formmangel berufen zu können, ist der Vertrag zugunsten des gutgläubigen Käufers insgesamt als wirksam zu behandeln.[109] Treuwidrig und den Erwerber in seiner Existenz bedrohend ist z.B. die Berufung auf die Formnichtigkeit durch das veräußernde gemeinnützige Wohnungsunternehmen, wenn es den Auszug des betagten Käufers aus dem als Alterssitz erworbenen Hauseigentum zur Folge hätte. Im konkreten Fall ist zudem die schwächere Verhandlungsstärke des Seniorens bei Abschluss der Vereinbarung zur Begründung der Beurkundungsentbehrlichkeit angeführt worden.[110]

161 **b) Andere Formvorschriften.** Außer der Beurkundungspflicht können auch andere Formvorschriften, insbesondere im Bereich des Verbraucherschutzes, bei Abschluss eines Kaufvertrages einschlägig sein. Dies ist etwa der Fall, wenn ein in zeitlichen Intervallen gegliedertes Nutzungsrecht an einem Wohngebäude (Teilzeitwohnrecht oder **Time-Sharing**) erworben wird (Rechtskauf). In diesem Fall sind das **Schriftformerfordernis** gem. §§ 484, 126 BGB sowie die umfangreichen vorvertraglichen Informationen nach § 482 BGB, Art. 242 § 1 EGBGB zu beachten. Der Abschluss des Vertrages in elektronischer Form ist nach der am 23.2.2011 in Kraft getretenen Neuregelung nun nicht mehr ausgeschlossen. Bei Vereinbarung von Miteigentum ist aber auch beim Time-Sharing § 311 b BGB zu beachten.[111] Für **finanzierte Kaufverträge** kommt ferner die Geltung der Regeln über Verbraucherkredite gem. §§ 491 ff. BGB in Betracht, insbesondere die **Form- und Informationserfordernisse** nach § 491 a BGB, Art. 247 §§ 1–5 EGBGB (vorvertragliche Informationspflichten) und gemäß § 492 BGB Art. 247 §§ 6–13 EGBGB (Form und Pflichtangaben im Vertrag). Durch

---

[103] Vgl. BGH, NJW 2004, 3626f., wonach Voraussetzung des § 311 b Abs. 1 S. 2 BGB ist, dass Auflassung und Eintragung die Erfüllung des formwirksam abgeschlossenen Verpflichtungsvertrags darstellen.

[104] Palandt-*Grüneberg*, § 311 b BGB Rdnr. 56; Bamberger/Roth-*Gehrlein*, § 311 b BGB Rdnr. 37; Erman-*Grziwotz*, § 311 b BGB Rdnr. 77; MünchKomm-*Kanzleiter*, § 311 b BGB Rdnr. 86; *Reinicke/Tiedtke*, KaufR, Rdnr. 70.

[105] MünchKomm-*Kanzleiter*, § 311 b BGB Rdnr. 72; Bamberger/Roth-*Gehrlein*, § 311 b BGB Rdnr. 32; Bamberger/Roth-*Grüneberg*, § 242 BGB Rdnr. 117; Erman-*Hohloch*, § 242 BGB Rdnr. 117ff., 120 m.w.N.

[106] BGH, NJW 2004, 3330, 3331.

[107] BGH, WM 1987, 215, 217 m.w.N.; MünchKomm-*Kanzleiter*, § 311 b BGB Rdnr. 72; *Reinicke/Tiedtke*, KaufR, Rdnr. 82ff.

[108] *Reinicke/Tiedtke*, KaufR, Rdnr. 83.

[109] RGZ 96, 313, 315; BGHZ 16, 334, 338; 35, 272, 279; Palandt-*Ellenberger*, § 125 BGB Rdnr. 22.

[110] BGH, NJW 1972, 1189f.; Soergel-*Hefermehl*, § 125 BGB Rdnr. 37; Erman-*Arnold*, § 125 BGB Rdnr. 25ff.; Palandt-*Ellenberger*, § 125 BGB Rdnr. 23ff.; *Reinicke/Tiedtke*, KaufR, Rdnr. 82ff.

[111] *Tonner*, Das Recht des Timesharing an Ferienimmobilien, Rdnr. 222; zu den unterschiedlichen Ausgestaltungen des Time-Sharing vgl. Palandt-*Weidenkaff*, § 481 BGB Rdnr. 2; *Kappus*, in: Graf von Westphalen (Hrsg.), Vertragsrecht und AGB-Klauselwerke, Rdnr. 47ff.; *Mäsch*, DNotZ 1997, 180, 182ff.

II. Formerfordernisse

die am 11.6.2010 in Kraft getretene Neuregelung können Verbraucherdarlehensverträge nun auch mit einer qualifizierten elektronischen Signatur nach §§ 126 Abs. 3, 126 a BGB abgeschlossen werden. Die Formvorschriften sind insbesondere auch dann zu beachten, wenn der Unternehmer (Verkäufer) dem Verbraucher (Käufer) einen **Zahlungsaufschub** oder eine sonstige entgeltliche Finanzierungshilfe gewährt (§§ 506 Abs. 1, 491a, 492 BGB). Zudem ist zu beachten, dass bei Abschluss eines **Ratenlieferungsvertrages** zwischen Unternehmer und Verbraucher diesem zumindest die Möglichkeit verschafft werden muss, die Vertragsbestimmungen einschließlich der AGB bei Vertragsschluss in Textform abzurufen und sie in wiedergabefähiger Form zu speichern. Dies gilt in erster Linie für den elektronischen Rechtsverkehr. Gleichwertig ist die Schriftform (vgl. § 510 Abs. 2 BGB). Zu berücksichtigen ist schließlich bei Kaufverträgen im Versandhandel (**Fernabsatzverträge**), dass der Verkäufer die während der Vertragsanbahnung und -erfüllung nach § 312 c BGB, Art. 246 §§ 1, 2 EGBGB zu gebenden Informationen dem Verbraucher alsbald, spätestens bis zur vollständigen Erfüllung des Vertrages oder bei Lieferung der Ware in **Textform** erteilen muss. Zur Wahrung der Textform ist erforderlich, dass die Erklärung in einer Urkunde oder auf andere zur dauerhaften Wiedergabe in Schriftzeichen geeignete Weise abgegeben wird und der Abschluss der Erklärung durch Nachbildung der Namensunterschrift oder anders erkennbar gemacht wird (§ 126 b BGB[112]; vgl. zu den Informationspflichten auch Rdnr. 185 ff.). Im elektronischen Rechtsverkehr ist die Textform des § 126b BGB gewahrt, wenn der Text am Bildschirm gelesen und dauerhaft verwendet werden kann, z. B. durch Ausdruck oder Speichern.[113]

2. Gewillkürte Form

Die Kaufvertragsparteien können **privatautonom** die Einhaltung einer bestimmten Form **vereinbaren.** Dabei kommen zunächst **alle im Gesetz enthaltenen Formen** (vgl. Rdnr. 119 ff.) in Betracht. Durch Parteivereinbarungen kann aber auch festgelegt werden, dass **bestimmte Übermittlungswege** einzuhalten sind, wie etwa die Abgabe einer Willenserklärung mittels eingeschriebenen Briefes.[114] Hinsichtlich der Schriftform, der elektronischen Form und der Textform enthält § 127 BGB als Auslegungsregel die Bestimmung, dass zur Wahrung der Formanforderungen grundsätzlich die gleichen Erfordernisse zu beachten sind, wie wenn die jeweilige Form gesetzlich vorgeschrieben wäre. Wer bei einem Vertrag, der nach den gesetzlichen Bestimmungen formlos geschlossen werden kann, die Vereinbarung einer Form behauptet, trägt dafür die **Beweislast**.[115] Das Bestehen einer Abrede, die entgegen einer getroffenen Formvereinbarung formlos abgeschlossen wurde, muss derjenige beweisen, der sich darauf beruft.[116]

162

Ist die **gewillkürte Form nicht eingehalten,** so ist der Vertrag nach § 125 S. 2 BGB „im Zweifel" nichtig. Dies ist eine Auslegungsregel, so dass zu ermitteln ist, ob die Einhaltung der Form nach dem Parteiwillen eine Wirksamkeitsvoraussetzung sein sollte oder ob diese lediglich eine Beweissicherung oder Klarstellung bezweckt und die Einhaltung der Form unter Umständen noch nachholbar ist.[117] Außerdem ist zu beachten, dass die Vertragsfreiheit es den Parteien gestattet, ein vereinbartes Formerfordernis jederzeit **formlos wieder aufzuheben.** Dies ist auch ohne Einhaltung der ursprünglich vereinbarten Form,

163

---

[112] Am 13.6.2014 tritt eine Neufassung dieser Vorschrift in Kraft, in der zur Anpassung an EU-Richtlinien insbesondere der Begriff des „dauerhaften Datenträgers" näher bestimmt wird; vgl. BGBl I 2013, S. 3642; sowie BT-Drucks. 17/12637, S. 5, 34.
[113] BGH, NJW 2009, 3227, 3228.
[114] MünchKomm-*Einsele*, § 127 BGB Rdnr. 11; Soergel-*Hefermehl*, § 125 BGB Rdnr. 31.
[115] Palandt-*Ellenberger*, § 127 BGB Rdnr. 7; Soergel-*Hefermehl*, § 127 BGB Rdnr. 10 m.w.N.
[116] Str., vgl. Soergel-*Hefermehl*, § 127 BGB Rdnr. 11 m.w.N.
[117] Siehe Soergel-*Hefermehl*, § 125 BGB Rdnr. 30, 32; MünchKomm-*Einsele*, § 125 BGB Rdnr. 69; Jauernig-*Jauernig*, § 125 BGB Rdnr. 11; Graf *v. Westphalen*, in: v. Westphalen, Handbuch des Kaufrechts in den EG-Staaten, S. 220 Rdnr. 30; BGH, NJW 2009, 433, 434.

also auch mündlich oder konkludent möglich. Das gilt nach h. M. auch dann, wenn die Parteien bei der abändernden Vereinbarung gar nicht an die früher bestimmte Form gedacht haben; erforderlich ist aber, dass sie einvernehmlich handeln und die Wirksamkeit des formlosen Geschäfts wollen.[118] Dies engt die praktische Bedeutung einer vereinbarten Form ganz erheblich ein. Ob eine verstärkte Wirkung durch eine **qualifizierte Schriftformklausel** (in der Regel im Rahmen von AGB vereinbart, vgl. dazu Rdnr. 165 ff.) erreicht werden kann, nach der gerade Änderungen des Formerfordernisses der Einhaltung der Schriftform bedürfen, ist umstritten. Nach wohl h. M. sind auch in diesen Fällen formlose Vertragsänderungen möglich,[119] wobei darauf hingewiesen wird, dass anderenfalls die Parteien für die Zukunft auf ihre Vertragsfreiheit insofern verzichten würden. Liegt eine qualifizierte Schriftformklausel vor, werden aber besonders hohe Anforderungen an eine konkludente Aufhebung der Formabrede gestellt.[120]

164 Ist das **Schriftformerfordernis als Allgemeine Geschäftsbedingung** einer Partei in den Vertrag eingegangen, so gilt grundsätzlich das zuvor (Rdnr. 162 f.) Gesagte. Eine solche vorformulierte Schriftformklausel[121] kann aber nur dann Wirksamkeit entfalten, wenn sie hinsichtlich Einbeziehung und Inhalt den Anforderungen der §§ 305 ff. BGB genügt. Betrifft die Schriftformklausel die Abgabe einseitiger Erklärungen gegenüber dem Verwender, insbesondere von Gestaltungserklärungen wie Kündigung oder Rücktritt, geht § 309 Nr. 13 BGB ausdrücklich von deren Zulässigkeit aus. Im Übrigen sind einfache und qualifizierte Schriftformklauseln vornehmlich am Maßstab des § 305 b bzw. § 307 BGB zu messen. Die **einfache Schriftformklausel** kann dem berechtigten Interesse beider Parteien dienen, Unklarheiten über den Vertragsinhalt nach Möglichkeit zu vermeiden und den Beweis zu erleichtern,[122] so z.B. bei der Vereinbarung der Schriftform bei Übertragung und Rückübertragung von Sicherungseigentum.[123] Im Übrigen ergibt sich aus § 307 BGB die Unwirksamkeit einer einfachen Schriftformklausel, wenn formlose Vereinbarungen generell für unwirksam erklärt werden. Der Vertragspartner wird mit einer solchen Klausel irregeführt und von der Durchführung seiner Rechte abgehalten.[124] Beim anderen Vertragsteil würde der Eindruck erweckt, dass eine **mündliche Abrede** unwirksam sei.[125] Dies ist aber grundsätzlich nicht der Fall, da Zusatz- und Individualabreden in der Regel Individualvereinbarungen darstellen und deshalb auch nach § 305 b BGB Vorrang vor der Schriftformklausel haben, unabhängig davon, ob diese als einfache oder qualifizierte gefasst ist.[126] Das Vorrangprinzip gilt daher auch im Falle grundsätzlich zulässig vereinbarter Schriftformklauseln.[127] Hierdurch wird

---

[118] BGH, NJW 1975, 1653; BGHZ 71, 162, 164; Erman-*Arnold*, § 125 BGB Rdnr. 19, 26; Palandt-*Ellenberger*, § 125 BGB Rdnr. 19, jeweils m.w.N.; anders jedoch MünchKomm-*Einsele*, § 125 BGB Rdnr. 70.

[119] So Erman-*Arnold*, § 125 BGB Rdnr. 19, 26; Soergel-*Hefermehl*, § 125 BGB Rdnr. 33; Palandt-*Ellenberger*, § 125 BGB Rdnr. 19; Jauernig-*Jauernig*, § 125 BGB Rdnr. 11; anders aber BAG NZA 2003, 1145, 1147, kritisch dazu *Roloff*, NZA 2004, 1191 ff.

[120] Vgl. BGHZ 66, 378; BGH, NJW-RR 1991, 1289, 1290; Erman-*Arnold*, § 125 BGB Rdnr. 26; *Larenz/Wolf*, AT, § 27 Rdnr. 62.

[121] Vgl. z.B. BGH, NJW 1985, 320, 321 f.: „Vereinbarungen, Zusicherungen und Änderungen sind nur in schriftlicher Form gültig"; BGH, NJW 1983, 1853: „Mündliche Nebenabreden haben nur nach schriftlicher Bestätigung Gültigkeit".

[122] Wolf/Horn/Lindacher-*Wolf*, § 9 AGBG Rdnr. 33 f.

[123] BGH, NJW 1984, 1184.

[124] BGH, NJW 1985, 320, 322; BGH, NJW 1991, 1751; BGH, NJW 1995, 1488; Palandt-*Grüneberg*, § 305 b BGB Rdnr. 5; MünchKomm-*Basedow*, § 305 b BGB Rdnr. 11 ff.

[125] BGH, NJW 1995, 1488, 1489; BGH, NJW 2001, 292; Wolf/Horn/Lindacher-*Wolf*, § 9 AGBG Rdnr. 38; PWW-*Berger*, § 307 BGB Rdnr. 13; Bamberger/Roth-*Schmidt*, § 305 b BGB Rdnr. 16.

[126] BGH, NJW 1983, 1853; BGH, NJW 1986, 3132; BGH, NJW-RR 1995, 179, 180 (kaufmännisches Bestätigungsschreiben); Bamberger/Roth-*Schmidt*, § 305 b BGB Rdnr. 17 m.w.Nachw.

[127] BGH, NJW 2006, 138 f. = MDR 2006, 508; BGH, NJW-RR 1995, 179, 180; BGH, NJW 1988, 2463; Ulmer/Brandner/Hensen-*Hensen*, Anh. §§ 9–11 AGBG Rdnr.628.

die Bedeutung des § 307 BGB gegenüber der des § 305 b BGB im Individualprozess deutlich geschmälert,[128] wenngleich eine Klausel, die diesen Vorrang nicht hinreichend deutlich erkennen lässt, wegen Intransparenz nach § 307 Abs 1 Satz 2 BGB unwirksam ist.[129] Zweifelhaft ist, ob die **qualifizierte Schriftformklausel**, durch die Zusatz- oder Nebenabreden eines Vertreters oder Abschlussgehilfen von einer Bestätigung durch den Verwender abhängig gemacht werden (Bestätigungsvorbehalt), die angestrebte begrenzende Wirkung haben.[130] Eine solche Beschränkung ist gänzlich ausgeschlossen, wenn sie den gesetzlich normierten Umfang einer Vertretungsmacht (z. B. nach §§ 48 ff. HGB[131]) oder einer nach den §§ 169–172 BGB wirkenden Vollmacht[132] einengen würde. Zudem können auch die Grundsätze der Anscheins- und Duldungsvollmacht nicht abbedungen werden.[133] Ein Bestätigungsvorbehalt kann jedoch die tatsächlichen Voraussetzungen ausnahmsweise für das Entstehen einer Duldungs- oder Anscheinsvollmacht beeinflussen, indem die Bestätigungsklausel als vertrauenshindernder Hinweis gewertet wird.[134]

III. Einbeziehung von Allgemeinen Geschäftsbedingungen

Sollen Allgemeine Geschäftsbedingungen des Verkäufers oder des Käufers Vertragsbestandteil werden, müssen die besonderen **Anforderungen** des § 305 Abs. 2 und 3 BGB beachtet werden. Daneben gelten aber auch die **allgemeinen Regeln über den Vertragsschluss** (dazu Rdnr. 131 ff.). Somit müssen Allgemeine Geschäftsbedingungen, um wirksam in den Vertrag einbezogen zu sein, von den übereinstimmenden Willenserklärungen Angebot und Annahme erfasst werden. Dementsprechend ist erforderlich, dass die Allgemeinen Geschäftsbedingungen bereits Inhalt des Antrags sind. Ist dies nicht der Fall und versucht erst der Annehmende seine Geschäftsbedingungen zum Vertragsinhalt zu machen, so gilt dies gemäß § 150 Abs. 2 BGB als Ablehnung des Antrags verbunden mit einem neuen Angebot (siehe dazu Rdnr. 143). Unberührt bleibt die Möglichkeit der wirksamen Einbeziehung von AGB durch ein Schweigen auf ein kaufmännisches Bestätigungsschreiben, in dem erstmalig auf die AGB Bezug genommen wird (siehe Rdnr. 145, 196 f.). Werden Allgemeine Geschäftsbedingungen erst nach dem Vertragsschluss präsentiert, etwa als Aufdruck einer Rechnung, die der gelieferten Ware beigefügt ist, so kann dies die Geschäftsbedingungen nicht zum Vertragsbestandteil machen.[135] Soll dies nachgeholt werden, so bedarf es dazu einer den ursprünglichen Vertrag ergänzenden Änderungsvereinbarung.

165

Damit Allgemeine Geschäftsbedingungen Vertragsbestandteil werden, müssen neben den allgemeinen rechtsgeschäftlichen Voraussetzungen (vgl. Rdnr. 131 ff., 165) auch die besonderen Anforderungen von § 305 Abs. 2, 3 BGB erfüllt sein. In dieser Vorschrift sind die zuvor in § 2 AGBG enthaltenen Bestimmungen unverändert in das BGB übertragen worden (siehe auch Rdnr. 11). Diese **besonderen Einbeziehungsvoraussetzungen** gelten nur,

166

---

[128] Ulmer/Brandner/Hensen-*Hensen*, Anh. §§ 9–11 AGBG Rdnr. 628; Wolf/Horn/Lindacher-*Wolf*, § 9 AGBG Rdnr. 33.
[129] OLG Rostock, NJW 2009, 3376; BAG, NZA 2008, 1233; *Lingemann/Gotham*, NJW 2009, 268, 271.
[130] Ulmer/Brandner/Hensen-*Hensen*, Anh. §§ 9–11 AGBG Rdnr. 635; Wolf/Horn/Lindacher-*Wolf*, § 9 AGBG Rdnr. 47 f. m.w.N.; MünchKomm-*Basedow*, § 305 b BGB Rdnr. 14; Erman-*Roloff*, § 305 b BGB Rdnr. 12.
[131] BGH, NJW 1985, 623, 630.
[132] OLG Karlsruhe, NJW 1981, 405, 405 (m. Anm. *Micklitz*); *Baumann*, BB 1980, 551.
[133] OLG Karlsruhe, NJW 1981, 405, 406; MünchKomm-*Basedow*, § 305 b BGB Rdnr. 14; Erman-*Roloff*, § 305 b BGB Rdnr. 12; Wolf/Horn/Lindacher-*Wolf*, § 9 AGBG Rdnr. 47.
[134] BGH, NJW 1982, 1389; Wolf/Horn/Lindacher-*Wolf*, § 9 AGBG Rdnr. 47 f.; Bamberger/Roth-*Schmidt*, § 305 b BGB Rdnr. 19.
[135] Vgl. BGH, NJW 2010, 864, 867; BGH, NJW-RR 1987, 112, 114; OLG Düsseldorf, BB 1983, 84 f.; MünchKomm-*Basedow*, § 305 b BGB Rdnr. 74; Wolf/Horn/Lindacher-*Wolf*, § 2 AGBG Rdnr. 36.

3. Kapitel. Der Abschluss des Kaufvertrages

wenn es sich bei den betreffenden Vertragsklauseln um **Allgemeine Geschäftsbedingungen** handelt. Diese sind nach § 305 Abs. 1 BGB dadurch gekennzeichnet, dass sie für eine Vielzahl von Verträgen vorformuliert sind. Für eine **Vorformulierung** ist lediglich erforderlich, dass die Klausel vom Verwender bereits als Bestandteil für das Rechtsgeschäft entworfen ist. Sie muss dabei nicht notwendig schriftlich fixiert sein; nach h. M. ist es ausreichend, wenn sie gespeichert ist, sei es im Computer oder auch nur im Kopf, um sie dann aus dem Gedächtnis schriftlich oder mündlich in den Vertrag einzubringen.[136] Das Merkmal der **Vielzahl** ist gegeben, wenn Vertragsbedingungen vom Verwender oder einem Dritten[137] mit dem Ziel einer mehrmaligen Verwendung kreiert werden. Es müssen mindestens drei[138] Verwendungsfälle vorgesehen sein, wobei aber schon beim ersten Mal die Vorschriften der §§ 305 ff. BGB eingreifen.[139] Die Klausel muss vom Verwender **gestellt**, d. h. einseitig als notwendiger Vertragsbestandteil in die Verhandlungen eingeführt worden sein.[140] Dies ist nicht der Fall, wenn ein neutraler Dritter, etwa der einen Grundstückskaufvertrag beurkundende Notar, auf einen Standardvertrag zurückgreift. Ist ein solcher Mustervertrag allerdings nach den Wünschen einer Partei erstellt worden, wie z. B. beim Kauf einer Eigentumswohnung vom Bauträger, so muss sich dieser Vertragsteil als Verwender behandeln lassen.[141] **Besonderheiten** gelten, wenn vorformulierte Vertragsklauseln von einem Unternehmer gegenüber einem Verbraucher verwendet werden. Einige Vorschriften (§ 305 c Abs. 2, § 306 und insbesondere die Inhaltskontrollnormen der §§ 307–309 BGB) gelten **bei** solchen **Verbraucherverträgen** (vgl. §§ 13, 14 BGB; dazu Rdnr. 96 ff.) auch dann, wenn eine Klausel nur zur einmaligen Verwendung vorformuliert wurde (§ 310 Abs. 2 Nr. 2 BGB). Außerdem gelten in solchen Fällen Allgemeine Geschäftsbedingungen als vom Unternehmer gestellt, es sei denn, der Verbraucher hat sie selbst in den Vertrag eingeführt (§ 310 Abs. 2 Nr. 1 BGB).

167 Soweit Vertragsbedingungen nicht von einer Vertragspartei gestellt, sondern durch beide Parteien **im Einzelnen ausgehandelt** worden sind, liegen **keine Allgemeinen Geschäftsbedingungen** vor (§ 305 Abs. 1 S. 3 BGB). Die Regeln der §§ 305 ff. BGB sind dann nicht anwendbar. Dies gilt nicht nur, wenn der Vertragsinhalt zwischen den Parteien ohne Zugrundelegung von Standardklauseln individuell ausgehandelt wurde; § 305 Abs. 1 S. 3 BGB kann vielmehr auch dann erfüllt sein, wenn ein Vertragspartner einen vorformulierten Text zugrundegelegt hat, dieser aber zur Disposition gestellt wurde. Ein Aushandeln im Sinne des § 305 Abs. 1 S. 3 BGB liegt dabei aber nur dann vor, wenn dem Kunden des Verwenders die Möglichkeit konkreter Verhandlungen über den vorformulierten Vertragsinhalt derart angeboten wurde, dass eine echte Gestaltungsfreiheit besteht. Der Verwender muss sich darum bemühen, von seinem Vertragspartner Gegenvorschläge für einzelne, vom dispositiven Recht abweichende, Klauseln einzuholen. Einfaches Erörtern, ein Durchspre-

---

[136] Vgl. BGH, NJW 1988, 410 f.; BGHZ 141, 108; OLG Köln, NJW-RR 2002, 1487; OLG Karlsruhe, DNotZ 1987, 688 ff.; Erman-*Roloff*, § 305 BGB Rdnr. 9; PWW-*Berger*, § 305 BGB Rdnr. 5; Jauernig-*Stadler*, § 305 BGB Rdnr. 5; Bamberger/Roth-*Becker*, § 305 BGB Rdnr. 16.

[137] Es genügt nach h. M. und st. Rspr., wenn die Allgemeinen Geschäftsbedingungen von einem Dritten für eine Vielzahl von Verträgen vorformuliert sind und die Vertragspartei sie nur in einem einzigen Vertrag verwenden will, vgl. BGH BauR 2006, 514 f. = MDR 2006, 510 m. Hinw. auf die Gegenmeinung; BGH ZIP 2005, 1604 = BauR 2006, 106; PWW-*Berger*, § 305 BGB Rdnr. 6.

[138] BGH, NJW 2002, 138; BGH, WM 1984, 1610, 1611; PWW-*Berger*, § 305 BGB Rdnr. 6; Bamberger/Roth-*Becker*, § 305 BGB Rdnr. 23.

[139] BGH ZIP 2001, 1921; BGH, WM 1981, 944, 946 m. w. N.; MünchKomm-*Basedow*, § 305 BGB Rdnr. 18; Bamberger/Roth-*Becker*, § 305 BGB Rdnr. 24.

[140] Bamberger/Roth-*Becker*, § 305 BGB Rdnr. 25; PWW-*Berger*, § 305 BGB Rdnr. 7; MünchKomm-*Basedow*, § 305 BGB Rdnr. 21.

[141] BGH, NJW 1985, 2477 f.; BGHZ 86, 135; OLG Hamburg, DB 1986, 112; MünchKomm-*Basedow*, § 305 BGB Rdnr. 22 ff.; Bamberger/Roth-*Becker*, § 305 BGB Rdnr. 26; Erman-*Roloff*, § 305 BGB Rdnr. 13 ff.

III. Einbeziehung von Allgemeinen Geschäftsbedingungen

chen des Klauselwerks reicht insoweit noch nicht aus.[142] Bei umfangreichen bzw. nicht leicht verständlichen Klauseln ist zudem Voraussetzung für die Qualifikation als „ausgehandelt", dass der Verwender die andere Vertragspartei über den Inhalt und die Tragweite der Klausel(n) im einzelnen belehrt hat.[143] Wird ein Klauselwerk ernsthaft zur Disposition gestellt, unterbleibt dann aber trotz intensiver Erörterung eines inhaltlichen Gegenvorschlags eine Neufassung, so ist auch ohne Änderung des Klauseltextes ein individuelles Aushandeln im Sinne des § 305 Abs. 1 S. 3 BGB gegeben.[144] Die **Beweislast** dafür, dass im konkreten Fall ein Aushandeln der an sich vorformulierten Bedingungen stattgefunden hat, obliegt dem Verwender.[145] In der Praxis ist es daher empfehlenswert, den Gang der Vertragsverhandlungen im Einzelnen aufzuzeichnen, um auf diese Weise sicherzustellen, dass die Voraussetzungen des § 305 Abs. 1 S. 3 BGB erfüllt sind.[146]

168 Nach den – neben den allgemeinen rechtsgeschäftlichen Anforderungen (dazu Rdnr. 131 ff., 165) bestehenden – **besonderen Einbeziehungsvoraussetzungen** des § 305 Abs. 2 BGB werden Allgemeine Geschäftsbedingungen nur dann Vertragsbestandteil, wenn der Verwender den Vertragspartner ausdrücklich auf sie hinweist (Abs. 2 Nr. 1), ihm die Möglichkeit zumutbarer Kenntnisnahme verschafft (Abs. 2 Nr. 2) und schließlich die andere Vertragspartei mit der Geltung der Allgemeinen Geschäftsbedingungen einverstanden ist (Absatz 2 a. E.). Der **ausdrückliche Hinweis** muss unmissverständlich und für den Durchschnittskunden klar erkennbar gestaltet sein. Er muss sich auf konkrete Geschäftsbedingungen beziehen und ist auch dann erforderlich, wenn die Zugrundelegung Allgemeiner Geschäftsbedingungen für den intendierten Kaufvertrag verkehrsüblich ist.[147] Das Erfordernis eines ausdrücklichen Hinweises gilt in gleicher Weise bei schriftlichen, mündlichen oder fernmündlichen Abschlüssen.[148] Dabei kann der Hinweis auch bei einer Beteiligung von Ausländern grundsätzlich in Deutsch erfolgen, wenn dies die Verhandlungs- und Vertragssprache ist.[149] Wird ein Formularvertrag benutzt, bei dem der Text der AGB schon in den Vertrag eingearbeitet ist, wird allein durch diese Integration die Hinweispflicht erfüllt.[150] Ist ein ausdrücklicher Hinweis wegen der Art des Vertragsschlusses nur unter erheblichen Schwierigkeiten möglich, so kann nach § 305 Abs. 2 Nr. 1 BGB stattdessen durch **deutlich sichtbaren Aushang** am Ort des Vertragsschlusses auf die Allgemeinen Geschäftsbedingungen hingewiesen werden. Diese Möglichkeit wird insbesondere bei Massengeschäften eingeräumt, da es unzumutbar wäre, jeden einzelnen Kunden persönlich auf die Geltung der Allgemeinen Geschäftsbedingungen hinzuweisen; dies wird etwa bei Verträgen in Kaufhäusern, Selbstbedienungsläden oder an Warenautomaten angenommen.[151] Für das Erfordernis der

---

[142] BGH, NJW 2005, 2543 f.; BGH, NJW 2000, 1110, 1111 f.; BGH, NJW 1998, 2600, 2601; BGHZ 85, 305, 308; 104, 232, 236; 143, 103, 111 f.; 150, 299, 302 f.; Bamberger/Roth-*Becker*, § 305 BGB Rdnr. 34; MünchKomm-*Basedow*, § 305 BGB Rdnr. 35.

[143] Vgl. BGH, NJW 2005, 2543 f.; OLG Celle, BB 1976, 1287; MünchKomm-*Basedow*, § 305 BGB Rdnr. 38.

[144] Vgl. MünchKomm-*Basedow*, § 305 BGB Rdnr. 39; Bamberger/Roth-*Becker*, § 305 BGB Rdnr. 36; Erman-*Roloff*, § 305 BGB Rdnr. 20 mit Hinweis, dass dies jedoch Ausnahmefall ist.

[145] BGH, NJW 1998, 2600, 2601; Erman-*Roloff*, § 305 BGB Rdnr. 20; Bamberger/Roth-*Becker*, § 305 BGB Rdnr. 40; MünchKomm-*Basedow*, § 305 BGB Rdnr. 45 ff. m. Hinw. zu den Beweisanforderungen.

[146] Graf v. *Westphalen*, in: v.Westphalen, Handbuch des Kaufrechts in den EG-Staaten, S. 225 Rdnr. 44.

[147] Ulmer/Brandner/Hensen-*Ulmer*, § 2 AGBG Rdnr. 19, 23; Erman-*Roloff*, § 305 BGB Rdnr. 26.

[148] Bamberger/Roth-*Becker*, § 305 BGB Rdnr. 48; Erman-*Roloff*, § 305 BGB Rdnr. 26; MünchKomm-*Basedow*, § 305 BGB Rdnr. 58; PWW-*Berger*, § 305 BGB Rdnr. 23.

[149] BGHZ 87, 115; Wolf/Horn/Lindacher-*Wolf*, § 2 AGBG Rdnr. 10; MünchKomm-*Basedow*, § 305 BGB; Rdnr. 63; Erman-*Roloff*, § 305 BGB Rdnr. 26.

[150] *Stoffels*, AGB-Recht, Rdnr. 266.

[151] Siehe Bamberger/Roth-*Becker*, § 305 BGB Rdnr. 50; Erman-*Roloff*, § 305 BGB Rdnr. 33; MünchKomm-*Basedow*, § 305 BGB Rdnr. 66.

deutlichen Sichtbarkeit muss der Aushang nicht nur so angebracht sein, dass er nicht übersehen werden kann, sondern dass er unmittelbar ins Auge springt, und zwar an einem Ort der Verkaufsstelle, den der Kunde erreicht, bevor der Vertrag abgeschlossen wird.[152]

169 Als **weitere Voraussetzung** für die Einbeziehung von Allgemeinen Geschäftsbedingungen muss der anderen Vertragspartei die **Möglichkeit** verschafft werden, **in zumutbarer Weise vom Inhalt der Allgemeinen Geschäftsbedingungen Kenntnis zu nehmen** (§ 305 Abs. 2 Nr. 2 BGB). Dieses Erfordernis betrifft zunächst die Art und Weise der Verschaffung eines Zugangs zu den vollständigen Geschäftsbedingungen. Soll der Vertrag bei Anwesenheit des Kunden im Geschäftslokal abgeschlossen werden, müssen die Allgemeinen Geschäftsbedingungen zur Einsicht ausliegen oder es muss deren Vorlage zumindest angeboten werden. Bei einem Vertragschluss unter Abwesenden ist dagegen der Hinweis, die Allgemeinen Geschäftsbedingungen könnten im Geschäft des Verkäufers eingesehen werden, nicht ausreichend; hier ist eine Zusendung des kompletten Klauselwerkes erforderlich.[153] Im Hinblick auf Gestaltung und Verständlichkeit der Geschäftsbedingungen ist die Möglichkeit, in zumutbarer Weise Kenntnis zu nehmen, nur dann eröffnet, wenn sie übersichtlich und drucktechnisch gut lesbar sind und der Text außerdem verständlich und klar abgefasst ist.[154] Mit der Übertragung der bisherigen Bestimmungen des AGB-Gesetzes in § 305 Abs. 2 Nr. 2 BGB ist als besonderes Kriterium der Zumutbarkeit ergänzt worden, dass auch eine dem Verwender erkennbare Behinderung des Vertragspartners angemessen zu berücksichtigen ist, wobei der Gesetzgeber insbesondere bestehenden Sehbehinderungen Rechnung tragen wollte.[155]

170 Als letzte Voraussetzung für eine wirksame Einbeziehung Allgemeiner Geschäftsbedingungen schreibt § 305 Abs. 2 BGB vor, dass der **Vertragspartner mit** deren **Geltung einverstanden** sein muss. Gemeint ist damit keine Zustimmung zu jeglichem Inhalt der einzelnen Klauseln, sondern lediglich dazu, dass die Geschäftsbedingungen als solche dem Vertragsverhältnis zugrunde gelegt werden. Das diesbezügliche Einverständnis kann auch konkludent erklärt werden.[156] Die **Beweislast** für das Vorliegen der Voraussetzungen des § 305 Abs. 2 BGB und damit einer wirksamen Einbeziehung der Allgemeinen Geschäftsbedingungen in den Vertrag trägt derjenige, der sich darauf beruft; dies wird regelmäßig der Verwender sein.[157]

171 Besondere Probleme bereitet die Einbeziehung Allgemeiner Geschäftsbedingungen in den Vertrag, wenn dieser unter **Einsatz moderner Fernkommunikationsformen** zustande kommt. Auch in diesen Fällen sind grundsätzlich die Einbeziehungsvoraussetzungen nach § 305 Abs. 2 BGB zu beachten. Dabei dürfte das Erfordernis eines ausdrücklichen Hinweises auf die Allgemeinen Geschäftsbedingungen (Nr. 1) regelmäßig keine praktischen Schwierigkeiten bereiten. Nicht unproblematisch ist dagegen die nach Abs. 2 Nr. 2 erforderliche zumutbare Möglichkeit der Kenntnisnahme. Bei einem **fernmündlichen Vertragsschluss** ist das Verlesen der Vertragsbedingungen unpraktikabel. Die Übersendung des schriftlichen AGB-Textes vor der vertraglichen Einigung würde die Vorteile des telefoni-

---

[152] Erman-*Roloff*, § 305 BGB Rdnr. 33; Ulmer/Brandner/Hensen-*Ulmer*, § 2 AGBG Rdnr. 36, 41; Bamberger/Roth-*Becker*, § 305 BGB Rdnr. 51 f.; Palandt-*Grüneberg*, § 305 BGB Rdnr. 29.

[153] BGH, NJW-RR 1999, 1246; BGH, NJW-RR 1991, 727; BGH, NJW 1990, 715 f.; LG Frankfurt, NJW 1984, 1626; Palandt-*Grüneberg*, § 305 BGB Rdnr. 35; Erman-*Roloff*, § 305 BGB Rdnr. 34; zu den Besonderheiten beim Einsatz moderner Fernkommunikationsmittel siehe Rdnr. 171.

[154] BGH, NJW-RR 1986, 1311 f.; BGH, NJW 1983, 2772 f.; Bamberger/Roth-*Becker*, § 305 BGB Rdnr. 59; Erman-*Roloff*, § 305 BGB Rdnr. 38; Ulmer/Brandner/Hensen-*Ulmer*, § 2 AGBG Rdnr. 50 ff. m.w.N.

[155] Siehe die Begründung des RegE, BT-Drucks. 14/6040, S. 150 f.

[156] Bamberger/Roth-*Becker*, § 305 BGB Rdnr. 66; MünchKomm-*Basedow*, § 305 BGB Rdnr. 87; Erman-*Roloff*, § 305 BGB Rdnr. 41; Palandt-*Grüneberg*, § 305 BGB Rdnr. 38.

[157] KG, ZIP 1982, 188 f.; MünchKomm-*Basedow*, § 305 BGB Rdnr. 45; Palandt-*Grüneberg*, § 305 BGB Rdnr. 43; Erman-*Roloff*, § 305 BGB Rdnr. 58; Bamberger/Roth-*Becker*, § 305 BGB Rdnr. 69.

III. Einbeziehung von Allgemeinen Geschäftsbedingungen

schen Kontrahierens weitgehend entfallen lassen. Es ist aber nach h. M. zulässig, dass ein Kunde darauf verzichtet, dass ihm eine Möglichkeit der Kenntnisnahme eingeräumt wird.[158] Dies kann dann angenommen werden, wenn ein Käufer, der nach Nr. 1 ausdrücklich auf die Geltung von Allgemeinen Geschäftsbedingungen hingewiesen wurde, den Vertrag sogleich am Telefon abschließt. Damit hat er nicht nur konkludent auf die Kenntnisnahmemöglichkeit verzichtet,[159] sondern es liegt darin auch ein schlüssiges Einverständnis mit der Geltung der Allgemeinen Geschäftsbedingungen gem. § 305 Abs. 2 a. E. BGB.[160] Korrespondierend zu der Möglichkeit des Kunden, auf die Kenntnisnahme vom Inhalt der Allgemeinen Geschäftsbedingungen zu verzichten, wird verschiedentlich gefolgert, dass der Verwender seinerseits von der Obliegenheit, nach Abs. 2 Nr. 2 eine Kenntnisnahmemöglichkeit zu schaffen, freigestellt ist.[161] Allerdings würde eine formularmäßige Klausel, in der der Vertragspartner des Verwenders den Verzicht auf die Kenntnisnahme bestätigt, ebenso gegen § 309 Nr. 12 BGB verstoßen wie eine vorformulierte Bestätigung, die AGB erhalten haben.[162] Bei Vertragsabschlüssen über das **Internet** können die Allgemeinen Geschäftsbedingungen unmittelbar in die vorformulierte und per Bildschirm übermittelte Bestellung des Kunden einbezogen werden, jedenfalls wenn sie nur aus wenigen Sätzen bestehen.[163] Bei darüber hinausgehenden Klauselwerken muss es demgegenüber ausreichen, wenn der Kunde die Möglichkeit hat, die Allgemeinen Geschäftsbedingungen durch Herunterladen kostenlos zu kopieren.[164] Hier genügt es, wenn die Allgemeinen Geschäftsbedingungen über einen auf der Bestellseite gut sichtbaren Link aufgerufen und ausgedruckt werden können.[165] Eine dahingehende Verpflichtung wird dem Unternehmer im elektronischen Geschäftsverkehr durch § 312 e Abs. 1 S. 2 S. 1 Nr. 4 BGB auferlegt. § 305 Abs. 2 Nr. 2 BGB begründet keine Pflicht, die Allgemeinen Geschäftsbedingungen den Kunden in Textform, insbesondere auf einem dauerhaften Datenträger zur Verfügung zu stellen. Eine solche Verpflichtung kann sich aber aus anderen Bestimmungen, wie z. B. § 312 c Abs. 1, 2 BGB i. V. m. Art. 246 § 2 Abs. 1 S. 2 Nr. 1 EGBGB und § 126 b BGB ergeben. Die genannten Verpflichtungen werden nicht erfüllt durch einen Hinweis lediglich auf der Startseite[166] oder an Stellen, die für den Bestellvorgang nicht von Bedeutung sind, wie etwa das Impressum oder seitliche Spalten oder Leisten.[167] Die Erfüllung der genannten gesetzlichen Pflichten ist

---

[158] Ulmer/Brander/Hensen-*Ulmer*, § 2 AGBG Rdnr. 49 m. w. N.; Wolf/Horn/Lindacher-*Wolf*, § 2 AGBG Rdnr. 47; Erman-*Roloff*, § 305 BGB Rdnr. 36; MünchKomm-*Basedow*, § 305 BGB Rdnr. 66; Palandt-*Grüneberg*, § 305 BGB Rdnr. 41.

[159] BGHZ 109, 192, 194 ff.; MünchKomm-*Basedow*, § 305 BGB Rdnr. 66; *Eckert*, DB 1994, 717, 720; Ulmer/Brandner/Hensen-*Ulmer*, § 2 AGBG Rdnr. 49; a. A. AG Krefeld, NJW-RR 1997, 245; strenger wohl auch PWW-*Berger*, § 305 Rdnr. 27: Verzicht muss wirklich individualvertraglich vereinbart sein.

[160] Wolf/Horn/Lindacher-*Wolf*, § 2 AGBG Rdnr. 43; MünchKomm-*Basedow*, § 305 BGB Rdnr. 66; Ulmer/Brandner/Hensen-*Ulmer*, § 2 AGBG Rdnr. 61 m. w. N.; *Eckert*, DB 1994, 717, 720.

[161] Ulmer/Brander/Hensen-*Ulmer*, § 2 AGBG Rdnr. 47 m. w. N.; Wolf/Horn/Lindacher-*Wolf*, § 2 AGBG Rdnr. 32; Palandt-*Grüneberg*, § 305 BGB Rdnr. 41.

[162] *Schmidt*, NJW 2011, 1633, 1637.

[163] Palandt-*Grüneberg*, § 305 BGB Rdnr. 36.

[164] MünchKomm-*Basedow*, § 305 BGB Rdnr. 68; Erman-*Roloff*, § 305 BGB Rdnr. 37; Bamberger/Roth-*Becker*, § 305 BGB Rdnr. 58; Palandt-*Grüneberg*, § 305 BGB Rdnr. 36; *Waldenberger*, BB 1996, 2365, 2368 f.

[165] BGH, NJW 2006, 2976, 2977; OLG Hamburg, WM 2003, 581, 583; OLG Hamm, NJW 2005, 2319, wonach die Anforderungen des § 305 Abs. 2 Nr. 2 BGB nicht erfüllt sind, wenn die AGB nur über einen versteckten Link zugänglich sind („mich"-Link).

[166] *Schmidt*, NJW 2011, 1633, 1637; str. siehe zum Streitstand: *Leupold/Glosner*, Münchener Anwaltshandbuch IT-Recht, 2. Teil, Rdnr. 62.

[167] *Hoeren* in: Graf von Westphalen, E-Commerce-Verträge, Rdnr. 63; *Schmidt*, NJW 2011, 1633, 1637.

aber keine Voraussetzung für eine wirksame Einbeziehung der Allgemeinen Geschäftsbedingungen.[168]

172 Für die Einbeziehung von Allgemeinen Geschäftsbedingungen, die **gegenüber einem Unternehmer** (§ 14 BGB; dazu Rdnr. 105 f.) verwendet werden, gelten die Anforderungen des § 305 Abs. 2, 3 BGB nicht (vgl. § 310 Abs. 1 S 1 BGB).[169] Es ist somit neben dem HGB insbesondere das allgemeine Vertragsrecht (dazu Rdnr. 131 ff.) maßgebend, so dass eine **vertragliche Einigung** über die Geltung der Allgemeinen Geschäftsbedingungen erforderlich, aber auch ausreichend ist. Dies kann ausdrücklich oder konkludent erfolgen, etwa dadurch, dass der Verwender im Vertragsangebot auf seine Allgemeinen Geschäftsbedingungen hinweist und der andere Teil das Angebot annimmt, ohne der Einbeziehung zu widersprechen.[170] Jedenfalls muss deutlich werden, welche Geschäftsbedingungen Vertragsbestandteil sein sollen, damit dem Vertragspartner die Möglichkeit der Kenntnisnahme eröffnet wird.[171] Da es um die Geltung der Allgemeinen Geschäftsbedingungen in dem konkreten Vertrag geht, ist grundsätzlich nicht ausreichend, dass sie Inhalt eines früheren Vertrages zwischen den Parteien waren.[172] Etwas anderes kann aber im Rahmen einer **laufenden Geschäftsbeziehung** gelten, wenn bisher regelmäßig die Allgemeinen Geschäftsbedingungen des Verwenders vereinbart worden waren. Wurden in der Vergangenheit bereits mehrere Geschäfte unter deren Berücksichtigung abgewickelt, so kann ein Hinweis auf die Geltung dieser in Rechnungen oder etwa Lieferscheinen enthaltenen Geschäftsbedingungen ausreichend sein, um eine stillschweigende Einbeziehung der AGB-Klauseln in den neuen Vertrag zu ermöglichen.[173] Wichtig ist demnach, dass bereits mehrmals entsprechend der Bedingungen verfahren worden ist. Bei **branchenüblichen Allgemeinen Geschäftsbedingungen** ergibt sich ein Indiz für einen konkludenten Einbeziehungswillen ohne besonderen Hinweis oder besondere Bezugnahme bei Vertragsabschluss aus der Branchenüblichkeit[174] Dies hat die Rechtsprechung vor allem im Bereich der ADSp[175] sowie im Verkehr der Banken untereinander anerkannt. Vereinzelt stellt die Geltung bestimmter Geschäftsbedingungen einen Handelsbrauch (§ 346 HGB, dazu Rdnr. 196 f.) dar, so dass die Allgemeinen Geschäftsbedingungen auch ohne konkrete rechtsgeschäftliche Einbeziehung Vertragsbestandteil werden. Dies wird allerdings nur sehr selten angenommen, z. B. für die Vermittlung von Holzgeschäften nach den Tegernseer Gebräuchen im Holzhandel.[176]

---

[168] Palandt-*Grüneberg*, § 305 BGB Rdnr. 36.
[169] Dies gilt ebenso, wenn die Geschäftsbedingungen gegenüber einer juristischen Person des öffentlichen Rechts oder einem öffentlich-rechtlichen Sondervermögen verwendet werden, vgl. § 310 Abs. 1 S. 1 BGB.
[170] BGH, NJW 1988, 1210, 1212; BGH, NJW 1985, 1838 ff.; MünchKomm-*Basedow*, § 305 BGB Rdnr. 95; Bamberger/Roth-*Becker*, § 305 BGB Rdnr. 80; Erman-*Roloff*, § 305 BGB Rdnr. 47; *Heinrichs*, NJW 1994, 1380, 1381.
[171] BGHZ 102, 304; Wolf/Horn/Lindacher-*Wolf*, § 2 AGBG Rdnr. 61 ff.; Erman-*Roloff*, § 305 BGB Rdnr. 50; Jauernig-*Stadler*, § 305 BGB Rdnr. 18; PWW-*Berger*, § 305 BGB Rdnr. 36.
[172] BGHZ 117, 192; BGH, NJW 1978, 2243 f.; BGH, NJW 1992, 1232 ff.; OLG Hamburg, ZIP 1984, 1241 f.; Palandt-*Grüneberg*, § 305 BGB Rdnr. 51.
[173] Erman-*Roloff*, § 305 BGB Rdnr. 48 m.w.N.; teilw. abweichend Ulmer/Brandner/Hensen-*Ulmer*, § 2 AGBG Rdnr. 86, jeweils m.w.N.
[174] MünchKomm-*Basedow*, § 305 BGB Rdnr. 96; Erman-*Roloff*, § 305 BGB Rdnr. 49.
[175] BGHZ 96, 136, 138; BGH, NJW-RR 1996, 1313; Wolf/Horn/Lindacher-*Wolf*, § 2 AGBG Rdnr. 65; § 9 A 52.
[176] BGH, NJW-RR 1987, 94, 95; BGH BB 1986, 1313; Erman-*Roloff*, § 305 BGB Rdnr. 53 m. w. Bsp.; Palandt-*Grüneberg*, § 305 BGB Rdnr. 57.

IV. Besonderheiten beim Kaufvertrag zwischen Unternehmer und Verbraucher

Beim Vertragsabschluss mit einem Verbraucher (§ 13 BGB; dazu Rdnr. 98 ff.) muss der Unternehmer (§ 14 BGB; Rdnr. 105 f.) u. U. bestehende **Informationspflichten** vor und bei Vertragsabschluss und auch bei der Ausführung des Vertrages erfüllen. Diese vertraglichen (Neben-)Pflichten dienen dem Verbraucherschutz. Sie bilden vielfach die Basis für die Entscheidung des Kunden, ob er ein ihm zustehendes **Widerrufs- oder Rückgaberecht** (vgl. §§ 312, 312 d, 485, 495, 510 sowie § 355 BGB) ausübt. Für den Unternehmer sind die Informationserfordernisse insofern bedeutsam, als deren Nichtbeachtung in verschiedener Weise sanktioniert wird. So können fehlende Angaben die Unwirksamkeit des Vertrages zur Folge haben, die Frist eines Widerrufsrechts nach §§ 355, 356 BGB verlängern, oder aber bei unrichtigen Informationen zu Gewährleistungsansprüchen führen. Kaufvertraglich relevant sind Informationspflichten im elektronischen Geschäftsverkehr (siehe Rdnr. 177 f.), bei Haustürgeschäften (Rdnr. 179 ff.), im Fernabsatz (Rdnr. 183 ff.), wenn der Kaufpreis durch einen entgeltlichen Kredit finanziert oder in Raten zu erbringen ist (dazu Rdnr. 189 ff.) und schließlich auch, wenn der Kaufgegenstand ein Time-Sharing-Recht ist (siehe Rdnr. 194 f.). Dabei sind jeweils auch bestehende Widerrufs- und Rückgaberechte hinsichtlich der Kaufsache zu beachten. **173**

Die für Verbraucherverträge geltenden Regelungen über Informationspflichten sowie Widerrufs- oder Rückgaberechte haben durch das Gesetz vom 14.6.2013 zur Umsetzung der Verbraucherrechterichtlinie[177] **grundlegende Änderungen** erfahren, die **am 13.6.2014 in Kraft** treten.[178] Diese betreffen zunächst die §§ 312 ff. BGB, die völlig neu gefasst werden. Bedeutsam ist dabei insbesondere, dass einige **allgemeine Grundsätze für alle Verbraucherverträge** aufgestellt werden (§ 312 a Abs. 1, 3 bis 6 BGB n. F.). Darin wird etwa festgelegt, dass ein Unternehmer, der einen Verbraucher mit dem Ziel eines Vertragsschlusses anruft, neben seiner Identität auch den geschäftlichen Zweck seines Anrufs offenlegen muss (Absatz 1). Daneben werden Voraussetzungen und Zulässigkeitsgrenzen aufgestellt für die Vereinbarung eines zusätzlichen Entgelts, etwa für die Nutzung eines bestimmten Zahlungsmittels (Absatz 3), für die Inanspruchnahme einer vom Unternehmer bereitgehalten Rufnummer, also insbesondere einer Kundendienst-Hotline (Absatz 4) sowie für Nebenleistungen (Absatz 5). **174**

§ 312 Abs. 2 BGB n. F. legt **für den stationären Handel** die **Verpflichtung des Unternehmers** fest, dem Verbraucher vor Vertragsschluss in klarer und verständlicher Weise einige **Informationen zu erteilen.** Einzelheiten hinsichtlich des Inhalts dieser Pflicht sind in Art. 246 BGB n. F. geregelt. Danach ist insbesondere zu informieren über die wesentlichen Eigenschaften und den Gesamtpreis der Ware, Zahlungs- und Lieferbedingungen und auch über das Bestehen eines gesetzlichen Mängelhaftungsrechts (vgl. Art. 246 Abs. 1 EGBGB n. F.). Um einen übermäßigen Aufwand zu vermeiden, enthält Absatz 2 der genannten Vorschrift in Einklang mit der Verbraucherrechte-Richtlinie eine Ausnahme von den Informationspflichten für Verträge, die Geschäfte des täglichen Lebens zum Gegenstand haben und die bei Vertragsschluss sofort erfüllt werden. Eine Informationspflicht besteht nach dem Einleitungssatz des Art. 246 Abs. 1 EGBGB n. F. auch insofern nicht, als sich Informationen bereits aus den Umständen ergeben. Nach der Begründung des Regierungsentwurfs[179] ist dafür erforderlich, dass die Informationen für den Verbraucher ohne weiteres Suchen zur Verfügung stehen, wozu als Beispiel die Grundversorgung mit Energie, Fernwärme und Wasser genannt wird, bei der die Lieferung in der üblichen Qualität zum **175**

---

[177] Richtlinie 2011/83/EU vom 25.10.2011 über die Rechte der Verbraucher, ABl. L 304 vom 22.11.2011, S. 64.
[178] BGBl. I S. 3642.
[179] BT-Drucks. 17/12637, S. 74.

festgelegten Preis erfolgt. Der Anwendungsbereich der genannten Informationspflichten ist zudem durch § 312 a Abs. 2 Satz 3 BGB n. F. eingeschränkt, wonach sie sich nicht auf außerhalb von Geschäftsräumen abgeschlossene Verbraucherverträge und Fernabsatzverträge erstrecken, für die speziellere Informationsvorschriften bestehen (siehe dazu Rdnr. 181 und 188). Zudem enthält § 312 Abs. 2 BGB n. F eine Liste von Verträgen für die § 312 a Abs. 2 BGB n. F. nicht gilt. Für Kaufverträge bedeutsam ist insbesondere die Unanwendbarkeit bei Verträgen, die notariell beurkundet sind (Nr. 1), die die Begründung, den Erwerb oder die Übertragung von Eigentum an Grundstücken zum Gegenstand haben (Nr. 2), Verträge über Teilzeit-Wohnrechte (Nr. 6), Verträge über die regelmäßige Lieferung von Lebensmitteln, Getränken oder sonstigen Haushaltsgegenständen des täglichen Bedarfs an den Wohnsitz eines Verbrauchers (Nr. 8), Verträge unter Verwendung von Warenautomaten (Nr. 9), sowie außerhalb von Geschäftsräumen geschlossene Verträge, die sofort erfüllt werden und bei denen der Kaufpreis 40 € nicht überschreitet (Nr. 12).

176 Mit den am 13.6.2014 in Kraft tretenden Neuregelungen werden auch die Vorschriften über das **Widerrufsrecht bei Verbraucherverträgen** (§§ 355 ff. BGB) neu strukturiert und **grundlegend neu gefasst.** Dies betrifft zunächst die im Rahmen von speziellen Vertragstypen normierten Widerrufsrechte. Dort wird zukünftig nur noch festgelegt, dass ein Widerrufsrecht besteht und wann nicht (so für Time-Sharing-Verträge in § 485 BGB n. F., für Verbraucherdarlehensverträge in § 495 n. F. und für Ratenlieferungsverträge in § 510 Abs. 2, 3 BGB n. F.). Die bisher in diesen Zusammenhängen auch normierten **Modalitäten der Ausübung** sind dort gestrichen und an zentraler Stelle zusammengefasst, wobei in den diesbezüglichen neuen §§ 356 a bis c BGB ebenfalls zwischen den einzelnen Verträgen differenziert wird (siehe dazu die jeweiligen Rdnrn. 193 und 195). Entsprechend ist der Gesetzgeber auch im Hinblick auf die **Rechtsfolgen des Widerrufs** verfahren, für die die neuen §§ 357 bis 357c BGB für die verschiedenen Widerrufsrechte jeweils spezifische Bestimmungen enthalten. Die Regelungen sind grundsätzlich abschließend und verweisen nicht auf die Vorschriften zum gesetzlichen Rücktrittsrecht.[180] Neu gefasst sind schließlich auch die Bestimmungen über verbundene und zusammenhängende Verträge (vgl. §§ 358–360 BGB n. F.). Die für manche Vertragstypen bestehende Möglichkeit des Verbrauchers, anstelle des Widerrufs ein Rückgaberecht auszuüben, ist generell entfallen, da dieses in der vollharmonisierenden EU-Richtlinie nicht vorgesehen ist.[181]

1. Pflichten im elektronischen Geschäftsverkehr

177 Vertragstypunabhängig und auch nicht auf Verbraucherverträge beschränkt, aber in der Regel für den Fernabsatzhandel besonders wichtig, sind die zu beachtenden Pflichten im elektronischen Geschäftsverkehr (§ 312 g BGB). Bedient sich ein Unternehmer zum Zwecke des **Abschlusses eines Vertrages** über die Lieferung von Waren eines **Tele- oder Mediendienstes,** also z.B. des Internet- oder des Fernseheinkaufs,[182] hat er dem Kunden gegenüber **vier Pflichten** zu erfüllen, die bei Nichteinhaltung den Beginn der Frist für ein nach § 355 BGB bestehendes Widerrufsrecht hinauszögern (§ 312 g Abs. 3 S. 2 BGB). Zum einen ist der Unternehmer zur Bereitstellung einer technischen Möglichkeit verpflichtet, die eine Korrektur von Eingabefehlern ermöglicht (§ 312 g Abs. 1 S. 1 Nr. 1 BGB). Er muss die in § 312 g Abs. 1 S. 1 Nr. 2 BGB, Art. 246 § 3 EGBGB genannten Hinweise geben. Diese betreffen die technische Vorgehensweise, die zum Vertragsschluss bzw. zur Korrektur von Eingabefehlern führt (Nr. 1, 3), den Zugang zum Vertragstext (Nr. 2), die für den Vertrags-

---

[180] Vgl. Begründung des RegE, BT-Drucks. 17/12637, S. 33.
[181] Begründung des RegE, BT-Drucks. 17/12637, S. 59; dazu bezüglich des Referentenentwurfs *Fröhlisch/Dyakova* MMR 2013, 71, 74.
[182] Vgl. neben den Legaldefinitionen für Teledienste in § 2 TDG und Mediendienste in § 2 MStV auch die Informationspflichten gem. §§ 6, 7 des Gesetzes über rechtliche Rahmenbedingungen für den elektronischen Geschäftsverkehr (EGG) v. 14.12.2001, BGBl. I, S. 3721 ff.

IV. Besonderheiten beim Kaufvertrag zwischen Unternehmer und Verbraucher

schluss zur Verfügung stehenden Sprachen (Nr. 4) und sämtliche einschlägigen Verhaltenskodices sowie den Zugang hierzu (Nr. 5). Ferner hat er den Zugang einer Bestellung des Kunden unverzüglich auf elektronischem Wege zu bestätigen (§ 312 g Abs. 1 S. 1 Nr. 3, S. 2 BGB).[183] Schließlich hat der Unternehmer dem Kunden die Möglichkeit zu verschaffen, die Vertragsbestimmungen einschließlich der Allgemeinen Geschäftsbedingungen bei Vertragsabschluss abzurufen und in wiedergabefähiger Form zu speichern (§ 312 g Abs. 1 S. 1 Nr. 4 BGB). Steht dem Kunden ein Widerrufsrecht nach § 355 BGB zu, beginnt die Widerrufsfrist abweichend von § 355 Abs. 2 S. 1 BGB nicht vor Erfüllung der in § 312 g Abs. 1 S. 1 BGB geregelten Pflichten (§ 312 g Abs. 6 S. 2 BGB). Von den Verpflichtungen gem. § 312 g Abs. 1 S. 1 Nrn. 1–3 BGB können die Vertragsparteien, wenn beide nicht Verbraucher sind, durch Vereinbarung abweichen (§ 312 g Abs. 2 S. 2 BGB). Diese Verpflichtungen gelten unabhängig von einer Vereinbarung nicht, wenn der Vertrag ausschließlich durch individuelle Kommunikation geschlossen wird (§ 312 Abs. 2 S. 1 BGB; zur Vertragsschlusskonstruktion beim Versandhandel vgl. Rdnr. 183 ff.).

Auch nach der **ab 14.6.2014 geltenden Neuregelung** (siehe Rdnr. 174) bestehen die **178** genannten Pflichten im Wesentlichen unverändert fort, wenngleich aus Gründen der Übersichtlichkeit[184] eine völlige Neufassung erfolgte, indem der Inhalt des bisherigen § 312 g BGB systematisch aufgeteilt wird in einen neuen § 312 i BGB, der allgemeine Pflichten im elektronischen Geschäftsverkehr regelt und § 312 j BGB, der für diesen Vertriebsweg besondere Pflichten des Unternehmers gegenüber Verbrauchern zum Gegenstand hat. Materielle Änderungen ergeben sich dabei nur insofern, als die bisher in § 312 g Abs. 6 Satz 2 BGB enthaltene Sonderregelung für den Beginn der Widerrufsfrist (oben Rdnr. 177) wegen der Vorgaben der EU-Richtlinie entfallen musste. Es gelten daher auch im elektronischen Geschäftsverkehr für den Fristbeginn die allgemeinen Bestimmungen der §§ 355 ff. BGB. Neu eingefügt wurde in § 312 j Abs. 1 BGB n. F. die Verpflichtung des Unternehmers, auf Webseiten, die für den elektronischen Geschäftsverkehr mit Verbrauchern bestimmt sind, spätestens bei Beginn des Bestellvorgangs klar und deutlich anzugeben, ob Lieferbeschränkungen bestehen und welche Zahlungsmittel akzeptiert werden. Die zuletzt genannte Angabe ist allgemeiner Art und hat lediglich zum Inhalt, dass mitzuteilen ist, ob der Kaufpreis z. B. per Kreditkarte, Lastschrift, Vorauszahlung oder nach Rechnung gezahlt werden kann; sie enthält keine Festlegung für den konkreten Einzelfall dahingehend, dass der Unternehmer bei jedem Verbraucher jedes aufgeführte Zahlungsmittel zu akzeptieren hat.[185] Dafür kann letztlich das Ergebnis einer Bonitätsprüfung entscheidend sein.

2. Haustürgeschäfte

Der Schutz des Verbrauchers im Zusammenhang mit Haustürgeschäften gem. § 312 Abs. 1 **179** S. 1 BGB knüpft daran an, dass er außerhalb der Geschäftsräume des Gewerbetreibenden – am Arbeitsplatz, in der Privatwohnung, im Rahmen einer Freizeitveranstaltung, in Verkehrsmitteln oder öffentlich zugänglichen Verkehrsflächen – **überraschend** mit einem **Vertragsangebot** konfrontiert wird, das schließlich zum Vertragsschluss führt. Die Darlegungs- und Beweislast für die Haustürsituation trägt der Verbraucher.[186] In der Regel besitzt der so überrumpelte Verbraucher nur geringe Informationen über den Vertragsgegenstand und kann insbesondere auch keine Preis- und Qualitätsvergleiche anstellen. Ihm wird daher das **Recht** eingeräumt, seine **Vertragsentscheidung** zu überdenken und gegebenenfalls innerhalb von zwei Wochen nach Abschluss des Vertrages zu **widerrufen** (§§ 312 Abs. 1 S. 1; 355 Abs. 1 BGB; vgl. hierzu bereits Rdnr. 138, 173). Anstelle des Widerrufsrechts kann ihm gem. § 356 BGB ein Rückgaberecht eingeräumt werden (§ 312 Abs. 1 S. 2 BGB).

---

[183] Zur Einordnung dieser Bestätigung als Vertragserklärung vgl. Rdnr. 144.
[184] So die Begründung des RegE, BT-Drucks. 17/12637, S. 58.
[185] Vgl. die Begründung des RegE, BT-Drucks. 17/12637, S. 58.
[186] BGH, NJW 2009, 431, 432; BGH, NJW 2010, 2868, 2869.

Steht dem Verbraucher nach anderen Vorschriften ein Widerrufs- oder Rückgaberecht zu, so ist dieses vorrangig und § 312 BGB kommt nicht zur Anwendung (vgl. § 312 a BGB). Dieser Ausschluss gilt aber nur dann, wenn nach einer anderen Norm für den betreffenden Vertrag konkret ein Widerrufsrecht begründet wird; ist dies nicht der Fall, besteht das Widerrufs- oder Rückgaberecht nach § 312 BGB.

180 Für die **Ausübung des Widerrufs** ist die rechtzeitige Absendung der Widerrufserklärung in Textform (§ 126 a BGB) oder die Rücksendung der Ware erforderlich. Eine Begründung muss die Widerrufserklärung nicht enthalten (vgl. § 355 Abs. 1 S. 2 BGB). Über diese Rechte ist der **Verbraucher** ordnungsgemäß nach §§ 312 Abs. 1 u. 2, 355, 360 BGB **zu belehren**. Dies ist nach der ausdrücklichen Fassung des § 312 Abs. 2 BGB eine Rechtspflicht des Unternehmers und nicht lediglich eine Obliegenheit.[187] Die jeweilige Belehrung genügt den Anforderungen des Gesetzes, wenn die im EGBGB enthaltenen Muster der Anlage 1 für die Widerrufsbelehrung oder der Anlage 2 für die Rückgabe in Textform verwendet werden (§ 360 Abs. 3 BGB). Der Verbraucher ist darüber zu informieren, dass ihm ein Widerrufsrecht- bzw. Rückgaberecht zusteht und welche Rechtsfolgen ein Widerruf auslöst (§ 312 Abs. 2 BGB), wozu auch die Rechtsfolgen der §§ 357 Abs. 1, 346 ff. BGB gehören, insbesondere das Recht des Verbrauchers, vom Unternehmer geleistete Zahlungen und auch Zinsen zu verlangen.[188] Ferner muss er über die Dauer der Widerrufsfrist sowie über Inhalt und Form der Widerrufserklärung informiert werden. Der Verbraucher ist darüber aufzuklären, dass zur Wahrung der Frist die Absendung des Widerrufs oder der Sache genügt (§ 360 Abs. 1 S. 2 Nr. 4 und für die Rückgabebelehrung Abs. 2 S. 2 Nr. 5 BGB). Schließlich sind in der deutlich gestalteten Belehrung Name und Anschrift des Widerrufsempfängers mitzuteilen (§ 360 Abs. 1 S. 2 Nr. 3 und für eine Rückgabe Abs. 2 S. 2 Nr. 4 BGB), wobei die Postfachanschrift genügt.[189] Die Belehrung über das Widerrufsrecht muss dem Verbraucher in Textform (§ 126 b BGB) mitgeteilt werden. Das Erfordernis einer gesonderten Unterschrift der Belehrung durch den Verbraucher aus § 355 Abs. 2 S. 2 BGB a. F. ist seit dem 1. August 2002 entfallen.[190] Nunmehr kann der Unternehmer gem. § 355 Abs. 2 S. 2 BGB n.F. die Belehrung auch noch nach dem Vertragsschluss erteilen, allerdings beträgt die Widerrufsfrist dann einen Monat. Die Verbraucherbelehrung kann durchaus auch in Allgemeinen Geschäftsbedingungen enthalten sein. Zu beachten ist hierbei, dass sie sich deutlich aus dem übrigen Text hervorheben muss, sei es durch Farbe, größere Lettern oder durch Fettdruck.[191] Auch hier sichert die Verwendung der Muster, dass die gesetzlichen Anforderungen erfüllt werden. Eine lediglich ins Internet gestellte Belehrung ist nicht ausreichend.[192] Das Widerrufsrecht erlischt spätestens 6 Monate nach Vertragsschluss (§ 355 Abs. 4 S. 1 BGB). Bei **gänzlich unterbliebener oder nicht ordnungsgemäßer Belehrung** erlischt das Widerrufsrecht nicht (§ 355 Abs. 4 S. 3 BGB). Die **Beweislast** für die Erteilung der Informationen und den Zeitpunkt trägt der Unternehmer (vgl. § 355 Abs. 3 S. 3 BGB).

181 Die **Neuregelungen ab 13.6.2014** geben den Verbraucherschutznormen, die auf einen überraschenden Vertragsabschluss reagieren, einen **erweiterten Anwendungsbereich**, indem der neue § 312 b BGB allgemein darauf abstellt, dass der **Vertrag außerhalb der Geschäftsräume des Unternehmers** verhandelt oder geschlossen wurde.[193] Dabei werden die bisher bedeutsamen Situationen – insbesondere Haustürgeschäfte aber auch Vertragsabschlüsse bei Kaffeefahrten – zwar ebenfalls erfasst, das Widerrufsrecht wird aber darüber hin-

---

[187] Palandt-*Grüneberg*, § 312 BGB Rdnr. 31 und § 355 BGB Rdnr. 16.
[188] BGH v. 12.04.2007, Az. 5 O 209/05; zum Deutlichkeitsgebot des § 355 Abs. 2 BGB vgl. auch LG Paderborn, NJW-RR 2007, 499, 500.
[189] BGH, NJW 2002, 2391; OLG Koblenz, NJW 2005, 3430, 3431.
[190] § 355 Abs. 2 BGB wurde geändert durch das OLG-Vertretungsänderungsgesetz v. 23.07.2002, BGBl. I S. 2850; vgl. näher Bamberger/Roth-*Grothe*, § 355 BGB Rdnr. 5, 10.
[191] Palandt-*Grüneberg*, § 355 BGB Rdnr. 16 m.w.N.
[192] Palandt-*Grüneberg*, § 355 BGB Rdnr. 18.
[193] Vgl. die Begründung des RegE, BT-Drucks. 17/12637, S. 49.

IV. Besonderheiten beim Kaufvertrag zwischen Unternehmer und Verbraucher

ausgehend auch dann eröffnet, wenn der Vertragsschluss etwa in einem Restaurant erfolgte, sofern dieses nicht der Geschäftsraum des vertragsschließenden Unternehmers ist.[194] Indem § 312 b Abs. 1 Satz 1 Nr. 2 BGB n. F. es ausreichen lässt, wenn der Verbraucher sein bindendes Angebot außerhalb des unternehmerischen Geschäftsraums abgegeben hat, wird der Anwendungsbereich ebenso erweitert wie durch Nummer 3 der genannten Vorschrift, wonach auch ein Vertragsschluss in den Geschäftsräumen des Unternehmers den Schutznormen unterstellt wird, wenn der Verbraucher unmittelbar zuvor außerhalb der Geschäftsräume persönlich und individuell angesprochen wurde. Liegen die Voraussetzungen des § 312 b Abs. 1 BGB n. F. vor, so hat der Unternehmer dem Verbraucher nach § 312 d Abs. 1 BGB n. F. i.V.m. Art. 246 a EGBGB n. F. bereits **vor Vertragsschluss** eine Vielzahl von **Informationen zu erteilen,** die dann grundsätzlich Inhalt des Vertrages werden. In klarer und verständlicher Weise müssen auf Papier oder - wenn der Verbraucher zustimmt – auf einem anderen dauerhaften Datenträger insbesondere Angaben zur Verfügung gestellt werden zu den wesentlichen Eigenschaften der Ware, zum Preis, zu Zahlungs- und Lieferbedingungen, sowie zur Identität des Unternehmers. Vor allem ist auch über das gemäß § 312 g Abs. 1 BGB n. F. bestehende Widerrufsrecht zu belehren, wofür das in Art. 246 a § 1 Abs. 2 Satz 2 Anlage 1 EGBGB n. F. vorgesehene Muster für die Widerrufsbelehrung verwendet werden kann. Nach Absatz 3 dieser Vorschrift ist auch zu informieren, wenn der Verbraucher nach § 312 g Abs. 2 BGB n. F. ausnahmsweise nicht widerrufen kann. **Nach Vertragsschluss** hat der Unternehmer dem Verbraucher alsbald auf Papier oder – mit Zustimmung des Konsumenten – auf einem anderen dauerhaften Datenträger eine Abschrift oder eine Bestätigung des Vertrages zur Verfügung zu stellen (§ 312 f Abs. 1 BGB n. F.). Die notwendigen Angaben nach Art. 246 a EGBGB müssen darin nur enthalten sein, wenn sie nicht bereits zuvor auf dauerhaftem Datenträger überlassen wurden.

Die **Ausübung des Widerrufsrechts** hat unter Beachtung der allgemeinen Bestimmungen des § 355 BGB n. F. und der speziell für den Widerruf eines außerhalb von Geschäftsräumen abgeschlossenen Vertrages in § 356 BGB n. F. festgelegten Regelungen zu erfolgen. Der Widerruf muss gegenüber dem Unternehmer fristgerecht **erklärt** werden, wobei die rechtzeitige Absendung genügt (§ 355 Abs. 1 BGB n. F.). Textform ist nicht mehr vorgeschrieben, erscheint aber für den Verbraucher empfehlenswert, da er die Beweislast für einen rechtzeitigen Widerruf trägt.[195] Die Erklärung muss den Widerrufswillen eindeutig erkennen lassen; die bloße kommentarlose Rücksendung der Ware genügt nicht mehr.[196] Es ist aber zulässig, dass die Parteien etwas Anderes vereinbaren, weil dadurch die Ausübung des Widerrufsrechts für den Verbraucher erleichtert wird. Es kann ein Muster-Widerrufsformular (Anlage 2 zu Art. 246 a § 1 Abs. 2 Satz 1 Nr. 1 EGBGB n. F.) verwendet werden. Die **Widerrufsfrist** beträgt 14 Tage, wobei sie grundsätzlich mit dem Vertragsschluss beginnt (§ 355 Abs. 2 BGB n. F.). Für die außerhalb von Geschäftsräumen abgeschlossenen Verträge beinhalten die Spezialvorschriften des § 356 Abs. 2 ff. BGB n. F. einige Abweichungen. Bedeutsam ist insbesondere die in § 356 Abs. 2 Nr. 1 a BGB n. F. enthaltene Regelung, wonach bei einem Verbrauchsgüterkauf die Widerrufsfrist erst beginnt, wenn der Verbraucher die Ware erhalten hat. Nach § 356 Abs. 3 BGB n. F. beginnt die Widerrufsfrist nicht bevor der Unternehmer den Verbraucher über Bedingungen, Fristen und das Verfahren zur Ausübung des Widerrufsrechts unterrichtet hat. Bei unterbliebener oder nicht ordnungsgemäßer Belehrung über das Widerrufsrecht erlischt dieses spätestens zwölf Monate nach Ablauf der ursprünglich geltenden Widerrufsfrist (§ 356 Abs. 6 BGB n. F.). Hat ein Verbraucher den außerhalb von Geschäftsräumen abgeschlossenen Vertrag wirksam widerrufen, richten sich

182

---

[194] Siehe die Begründung des RegE, a.a.O.
[195] Ebenso die Begründung des RegE, BT-Drucks. 17/12637, S. 60; *Fröhlisch/Dyakova*, MMR 2013, 71, 74 zum Referentenentwurf.
[196] Begründung des RegE, BT-Drucks. 17/12637, S. 60 unter Hinweis auf die Vorgaben der Verbraucherrechte-Richtlinie.

die **Widerrufsfolgen** nach §§ 355 Abs. 3, 357 BGB n. F., ohne dass es eines Rückgriffs auf §§ 346 ff. BGB bedarf (siehe bereits oben Rdnr. 176). Die empfangenen Leistungen sind spätestens nach 14 Tagen zurückzugewähren (§ 357 Abs. 1 BGB n. F.). Die Frist beginnt gemäß § 355 Abs. 3 Satz 2 BGB n. F. für den Unternehmer mit dem Zugang und für den Verbraucher mit der Abgabe der Widerrufserklärung.

3. Fernabsatzverträge

183 Einer ähnlichen Risikosituation wie bei Haustürgeschäften ist der Verbraucher bei Kaufverträgen ausgesetzt, die über den Vertriebsweg des Fernabsatzes abgeschlossen werden. Unabhängig davon, ob die Ware im Wege des „klassischen" Katalog-Versandhandels oder durch die Nutzung elektronischer **Fernkommunikationsmittel** (§ 312 b Abs. 2 BGB) wie das Satellitenfernsehen, aber auch über das Internet erworben wird, besteht die Gefahr distanzbedingter Manipulationen, die sich insbesondere aus der fehlenden Inaugenscheinnahme der Kaufsache, aber auch aus der Person des Anbietenden selbst ergeben.[197] Zudem kann – ähnlich wie beim Direktvertrieb über den Vertreterhandel – ein übermäßiger Entscheidungsdruck zu übereilten Entschlüssen führen. Ein diesen Schutzzwecken unterfallendes Fernabsatzgeschäft liegt auch vor, wenn bei Vertragsschluss oder -anbahnung ein Bote beauftragt wird, der zwar den Verbraucher in unmittelbarem persönlichem Kontakt gegenübertritt, jedoch über den Vertragsinhalt und insbesondere über die Beschaffenheit der Vertragsleistung des Unternehmers keine näheren Auskünfte geben kann und soll,[198] da eine Person in reiner Botenfunktion die Gefahr von Distanzgeschäften trotz ihrer körperlichen Anwesenheit nicht zu beheben vermag. So liegt z. B. der Einsatz von Fernkommunikationsmitteln vor, wenn ein Unternehmer die Deutsche Post AG mit der Einholung der Unterschrift des Verbrauchers unter das Vertragsformular im Wege des Postident-2-Verfahrens beauftragt, da der mit der Ausführung betraute Postmitarbeiter keine Auskünfte über Vertragsinhalt und -leistung geben soll und kann.[199]

184 Die genannten Schutzzwecke gebieten es, den Verbraucher im Bereich des Versandhandels mit Hilfe besonderer **Informationspflichten** auf Seiten des Unternehmers sowie mit einem **Widerrufs- oder Rückgaberecht** gem. §§ 312 d Abs. 1, 355 BGB zu schützen. In § 312 d Abs. 4 und 5 BGB sind die Fälle geregelt, in denen ein Widerrufsrecht nicht besteht.[200] Die besonderen Regelungen des Fernabsatzrechts gelten aber trotz § 312 d Abs. 4 Nr. 5 BGB, der grundsätzlich eine Ausnahme für in Form von Versteigerungen geschlossene Verträge macht, auch für mittels **Internetauktionen** wie insbesondere bei der Plattform Ebay zustande gekommene Kaufverträge. Das ergibt sich daraus, dass eine Versteigerung i. S. d. §§ 312 d Abs. 4 Nr. 5, 156 BGB voraussetzt, dass der Vertrag durch einen Zuschlag zustande kommt. An einem solchen Zuschlag fehlt es aber bei den üblichen Internetauktionen, hier beruht der Vertrag auf den übereinstimmenden Willenserklärungen des Anbieters sowie des Höchstbietenden.[201] Ein Widerrufsrecht besteht auch bei nichtigen Fernabsatzver-

---

[197] Vgl. Palandt-*Grüneberg*, § 312 b BGB Rdnr. 3; Bamberger/Roth/*Schmidt-Räntsch*, § 312 b BGB Rdnr. 1 ff.; *Pützhoven*, Europäischer Verbraucherschutz im Fernabsatz, S. 21 ff.

[198] BGH, NJW 2004, 3699, 3700 auch mit Hinw. auf gegenläufige Tendenzen in der Literatur; wohl auch Bamberger/Roth/*Schmidt-Räntsch*, § 312 b BGB Rdnr. 34.

[199] BGH, NJW 2004, 3699, 3670 = BB 2004, 2599, 2601 mit zust. Anm. *Fischer*; zust. auch *Lorenz*, EWiR 2005, 157 f.; im Ergebnis auch *Wendehorst*, JZ 2005, 359, jedoch mit Hinweis auf das Umgehungsverbot des § 312 f S. 2 BGB.

[200] Zu den einzelnen Ausnahmetatbeständen siehe *Pauly*, MMR 2005, 811, 813 f.; *Becker/Föhlisch*, NJW 2005, 3377, 3379.

[201] Vgl. hierzu BGH, NJW 2005, 53, 54 f. Diese Entscheidung bejaht trotz § 312 d Abs. 4 Nr. 5 BGB ein Widerrufsrecht des Verbrauchers bei Ebay-Auktionen gewerblicher Anbieter. Zust. *Becker/Föhlisch*, NJW 2005, 3377, 3379; *Hoeren/Müller*, NJW 2005, 948, 949 f.; a. A. *Spindler*, MMR 2005, 40 ff.; Wiebe, CR 2005, 56, 56; *Fischer*, VuR 2005, 91 ff.; *Hoffmann*, ZIP 2004, 2337, 2337.

IV. Besonderheiten beim Kaufvertrag zwischen Unternehmer und Verbraucher

tragen.[202] Zur Ausübung des Widerrufsrechts gilt das hinsichtlich der Haustürgeschäfte Gesagte (Rdnr. 180, 182).

Die **Informationspflichten** betreffen bereits den **vorvertraglichen Bereich.** Nach § 312 c Abs. 1 BGB hat der Verkäufer, dem Verbraucher rechtzeitig[203] **vor Abgabe von dessen Willenserklärung** in einer dem eingesetzten Fernkommunikationsmittel (§ 312 b Abs. 2 BGB) entsprechenden Weise klar und verständlich und unter Angabe des geschäftlichen Zwecks die in Art. 246 §§ 1, 2 EGBGB genannten Informationen[204] zur Verfügung zu stellen. Hierfür genügt es, wenn die Informationen in Werbeprospekten, Katalogen oder auf Internetseiten enthalten sind.[205] Darüber hinaus hat der Verbraucher aber auch einen Anspruch auf Überlassung einer Vertragsurkunde in Textform (Art. 246 § 2 Abs. 1 EGBGB; dazu sogleich Rdnr. 186). Bei von ihm veranlassten Telefongesprächen hat der Unternehmer seine Identität und den geschäftlichen Zweck seines Kontakts bereits zu Beginn des Gesprächs ausdrücklich offen zu legen (§ 312 c Abs. 2 BGB). Die gem. Art. 246 § 1 Abs. 1 EGBGB vorzuhaltenden allgemeinen Informationen betreffen vor allem die Person, Anschrift[206] und Registernummer des Unternehmers (Nrn. 1–3) sowie den offerierten Vertragsgegenstand (Nrn. 4–6).[207] Darüber hinaus sind Einzelheiten hinsichtlich des Preises, der Zahlung und der Lieferung oder Erfüllung zu nennen (Nrn. 6–9 und 12). Vor allem ist bezogen auf den konkreten Vertrag auf das Bestehen oder Nichtbestehen, die Bedingungen, die Ausübung und die Rechtsfolgen eines Widerrufs- bzw. Rückgaberechts hinzuweisen (Art. 246 § 1 Abs. 1 Nr. 10 EGBGB).[208] Die Angabe der Kosten, die dem Verbraucher durch die Nutzung des Fernkommunikationsmittels entstehen, sofern sie über die üblichen Grundtarife, mit denen der Verbraucher rechnen muss (Art. 246 § 1 Abs. 1 Nr. 11 EGBGB) hinausgehen, wird bei üblichen Kaufverträgen eine untergeordnete Rolle spielen. Den Anbieter von Finanzdienstleistungen treffen Informationspflichten nach Art. 246 § 1 Abs. 2 EGBGB. Absatz 3 dieser Vorschrift schränkt die Informationspflichten des Unternehmers nach Abs. 1 bei telefonischer Kontaktaufnahme ein. Unterbleibt eine erforderliche Information, so riskiert der Unternehmer, sich einem Schadensersatzanspruch aus §§ 280 Abs. 1, 311 Abs. 2, 241 Abs. 2 BGB auszusetzen. Der systematische Verstoß gegen die Informationspflichten des § 312 c BGB kann zudem wegen eines Verstoßes gegen die §§ 3, 4 Nr. 1 und 2, 11 UWG wettbewerbsrechtliche Sanktionen haben.[209]

Die **Vertragsbestimmungen** einschließlich der Allgemeinen Geschäftsbedingungen und der in Art. 246 § 1 EGBGB genannten Informationen sind dem Verbraucher auch **in Textform** (§ 126 b BGB) mitzuteilen (§ 312 c Abs. 1 BGB, Art. 246 § 2 Abs. 1 EGBGB). Bei Finanzdienstleistungen muss diese Mitteilung dem Verbraucher rechtzeitig vor Abgabe seiner Vertragserklärung zugehen (Art. 246 § 2 Abs. 1 Nr. 1 EGBGB). Bei sonstigen Dienstleistungen und bei der Lieferung von Waren alsbald, spätestens **bis zur vollständigen Erfüllung des Vertrages,** bei Waren spätestens bei Lieferung an den Verbraucher (Art. 246 § 2 Abs. 1 Nr. 2 EGBGB; beachte aber die Ausnahme des Abs. 2). Die Informationserteilung kann auch in deutlich abgesetzter Form in den Allgemeinen Geschäftsbedingungen

185

186

---

[202] BGH, NJW 2010, 610.
[203] Siehe hierzu *Pauly*, MMR 2005, 811, 813; Palandt-*Grüneberg*, § 312 c BGB Rdnr. 5.
[204] Bzgl. der Einzelheiten vgl. *Rott*, BB 2005, 53, 55 ff.; *Vander*, MMR 2005, 139, 140 f.
[205] Vgl. *Rott*, BB 2005, 53, 55.
[206] Entgegen BGH, NJW 2002, 2391 genügt die Postfachanschrift diesen Anforderungen nicht, vgl. Palandt-*Grüneberg*, § 1 BGB-InfoV Rdnr. 2; *Hoffmann*, NJW 2004, 2569, 2570; OLG Hamburg, NJW 2004, 1114.
[207] Instruktiv dazu BGH ZIP 2006, 2041 ff.
[208] Vgl. hierzu OLG Hamburg, MMR 2006, 675, 676; KG, MMR 2006, 678.
[209] *Pauly*, MMR 2005, 811, 815; siehe auch LG Flensburg, MMR 2006, 686 ff.; OLG Hamburg, MMR 2006, 675 ff.; *Felke/Jordans*, NJW 2005, 710, 711 mit dem Hinweis, dass der Vertrag wohl nur selten kausal auf der Fehlinformation beruhe.

erfolgen.[210] Entscheidend ist, dass der Verbraucher die übermittelten Informationen nachhaltig zur Kenntnis nehmen und auf der Grundlage hinreichender Informationen eine Entscheidung treffen kann. Dazu gehört auch, dass dem Kunden Informationen über Versandkosten und Umsatzsteuer nicht erst zugehen, wenn die Ware bereits in den „Warenkorb" gelegt wurde.[211] Allerdings reicht bei der Bewerbung des Produktes der Zusatz „zzgl. Versandkosten", wenn bei Aufruf des „Warenkorbs" die anfallenden Versandkosten gesondert ausgewiesen sind.[212] Kommt der Unternehmer seinen Informationspflichten aus § 312 c Abs. 1 BGB i.V.m. Art. 246 § 2 EGBGB nicht oder nicht richtig nach, so besteht die **Sanktion** darin, dass die Widerrufsfrist nicht zu laufen beginnt (vgl. § 312 d Abs. 2 BGB). Belehrt der Unternehmer insbesondere nicht ordnungsgemäß über das bestehende Widerrufsrecht, so gilt für dessen Ausübung die Sechsmonatsfrist des § 355 Abs. 3 S. 1 BGB nicht. Auch eine **Widerrufsbelehrung,** die nur über die Pflichten des Verbrauchers, nicht jedoch über dessen Rechte bei Widerruf informiert, entspricht den gesetzlichen Anforderungen nicht.[213] Die Widerrufsfrist beginnt bei Fernabsatzgeschäften gem. § 312 d Abs. 2 BGB ohnehin nicht vor dem Tag des Eingangs der Ware beim Verbraucher. Ist gleichzeitig ein Kauf auf Probe (siehe dazu Rdnr. 85) vereinbart, beginnt die Widerrufsfrist nach § 312 d BGB frühestens mit dem Wirksamwerden des geschlossenen Kaufvertrags durch Billigung oder Ablauf der Billigungsfrist.[214] Die Dauer der Widerrufsfrist beträgt grundsätzlich zwei Wochen (vgl. §§ 312 d Abs. 1 S. 1, 355 Abs. 1 BGB). Wird jedoch die Belehrung über das Widerrufsrecht in Textform erst nach Vertragsschluss mitgeteilt, so verlängert sich die Widerrufsfrist gem. § 355 Abs. 2 S. 3 BGB auf einen Monat. Das ist insbesondere dann der Fall, wenn die Widerrufsbelehrung vom Unternehmer lediglich **ins Internet gestellt** wird, weil dies die Anforderungen der Textform des § 126 b BGB nicht erfüllt.[215] Allerdings lässt es § 355 Abs. 2 S. 2 BGB auch genügen, wenn die Widerrufsbelehrung unmittelbar nach Vertragsabschluss erfolgt und der Unternehmer den Verbraucher zuvor bereits gemäß Art. 246 § 1 Nr. 10 EGBGB vom Bestehen des Widerrufs- oder Rückgaberechts informiert hat. Dies bedeutet, dass bei **Internet-Auktionen** wie Ebay eine unverzügliche Belehrung nach Auktionsende lediglich die 14-tägige Widerrufsfrist in Lauf setzt. In jedem Fall sollte für die Widerrufs- oder Rückgabebelehrung in Textform auf die Muster der Anlage 1 und 2 EGBGB zurückgegriffen werden. Die günstigen Folgen der Benutzung der Musterbelehrung treten allerdings nur ein, wenn diese auch vollständig verwendet wird, wenngleich aber nicht für jeden einzelnen angebotenen Artikel gesondert über ein mögliches Rückgaberecht belehrt werden muss.[216]

187 Wird dem Verbraucher **im Rahmen des Fernabsatzvertrages** gegen Aufpreis ein **Zahlungsaufschub** eingeräumt **oder** handelt es sich um einen **Ratenlieferungsvertrag**, so kollidieren die in den §§ 506 ff. BGB eingeräumten Widerrufs- und Rückgaberechte mit denjenigen nach § 312 d BGB. Dessen Absatz 5 ordnet den Vorrang der die Finanzierungshilfen und Ratenlieferungsverträge betreffenden Verbraucherrechte an. Das Widerrufsrecht

---

[210] KG, NJW 2006, 3215 ff. = MMR 2006, 678 f.
[211] BGH, NJW 2008, 1384 = GRUR 2008, 84.
[212] BGH, NJW-RR 2010, 915 = GRUR 2010, 284.
[213] BGH, NJW 2007, 952.
[214] Vgl. BGH, NJW-RR 2004, 1058 f.; krit. *Westermann*, EWir 2004, 899 f.
[215] OLG Hamburg, MMR 2006, 675, 676; LG Kleve, NJW-RR 2003, 196, 196; Palandt-*Ellenberger*, § 126 b BGB Rdnr. 3; Palandt-*Grüneberg*, EGBGB Art. 246 § 2 Rdnr. 6; Bamberger/Roth/*Schmidt-Räntsch*, § 312 c BGB Rdnr. 29 f.; MünchKomm-*Wendehorst*, § 312 c BGB Rdnr. 90; a. A. Bamberger/Roth-*Wendtland*, § 126 b BGB Rdnr. 5; MünchKomm-*Einsele*, § 126 b BGB Rdnr. 4; Staudinger-*Hertel*, § 126 b BGB Rdnr. 28; LG Flensburg, MMR 2006, 686, 687 m. abl. Anm. v. *Hoffmann*, MMR 2006, 676, 677: ausreichend, wenn der Verbraucher die Möglichkeit hat, die im Internet zur Verfügung gestellten Informationen zu speichern oder auszudrucken; noch weitergehend OLG München, NJW 2001, 2263: Lesbarkeit der Textdatei auf der Homepage genügt.
[216] BGH, NJW 2010, 989 ff.

IV. Besonderheiten beim Kaufvertrag zwischen Unternehmer und Verbraucher

nach § 312 d BGB wird damit verdrängt, allerdings nur soweit der Verbraucher von dem betreffenden Vertrag nach den §§ 506 ff. BGB auch wirklich zurücktreten kann. Scheitert dies daran, dass die Voraussetzungen dieser Vorschriften nicht vorliegen oder ein Ausschlusstatbestand eingreift – insbesondere wenn die Bagatellgrenze von 200 Euro gem. § 491 Abs. 2 Nr. 1 BGB nicht überschritten wird –, so bleibt der Weg zu dem Widerrufsrecht des § 312 d BGB eröffnet. Selbst wenn sich ein Widerrufsrecht aus den vorrangigen §§ 506 ff. BGB ergibt, läuft die Widerrufsfrist entsprechend § 312 d BGB erst, wenn der Unternehmer seine Informationspflichten erfüllt hat und auch erst, wenn die geschuldeten Waren beim Empfänger eingetroffen sind (§ 312 d Abs. 5 S. 2 BGB).

Im Rahmen der **ab 13.6.2014** in Kraft tretenden **Gesetzesänderung** erfolgt zur Umsetzung der Anforderungen der Verbraucherrechte-Richtlinie eine weitgehende Vereinheitlichung der Vorschriften über Verträge im Fernabsatz mit denjenigen, die außerhalb von Geschäftsräumen abgeschlossen wurden. Dies betrifft neben den Ausnahmen vom Anwendungsbereich sowohl die Informationspflichten als auch das Widerrufsrecht,[217] so dass auf die diesbezüglichen Ausführungen (Rdnr. 181, 182) verwiesen werden kann. Die Definition des Fernabsatzes ist zwar in § 312 c BGB zur Anpassung an die Vorgaben der Richtlinie neu gefasst, wesentliche inhaltliche Änderungen ergeben sich daraus aber nicht.[218] Eine geringfügige Abweichung gegenüber den Anforderungen für außerhalb der Geschäftsräume geschlossene Verträge besteht insofern als nach Vertragsschluss, spätestens bei Lieferung der Ware, dem Verbraucher eine Bestätigung mit dem wesentlichen Vertragsinhalt auf einem dauerhaften Datenträger überlassen werden muss. Dabei müssen grundsätzlich die Angaben nach Art. 246 a EGBGB n. F. enthalten sein, es sei denn, der Unternehmer hat diese dem Verbraucher bereits vor Vertragsschluss auf einem dauerhaften Datenträger zur Verfügung gestellt (§ 312 f Abs. 2 BGB n. F.).

188

4. Verbraucherkredit

Finanziert der Käufer den Kaufpreis über einen Kredit, so können die Vorschriften über Verbraucherdarlehen zur Anwendung kommen, die ebenfalls besondere **Informationspflichten** für den Unternehmer und ein **Widerrufsrecht** des Konsumenten beinhalten (vgl. §§ 491 ff. BGB). Bei Überschneidungen mit den gesetzlichen Bestimmungen über Haustürgeschäfte sind diejenigen über das Verbraucherdarlehen gemäß § 312 a BGB vorrangig. Ebenso verdrängen nach § 312 d Abs. 5 BGB die Widerrufsrechte bei entgeltlichen Finanzierungshilfen und Ratenlieferungsverträgen (siehe dazu Rdnr. 187 und 192) in den Fällen, in denen ein Fernabsatzvertrag vorliegt, das diesbezügliche Widerrufsrecht. Der jeweilige Vorrang besteht allerdings nur dann, wenn die Verbraucherkreditnormen für den konkreten Vertrag auch wirklich ein Widerrufsrecht begründen (siehe ergänzend Rdnr. 179 und 187). **Bei Kaufverträgen** können die Regelungen über das Verbraucherdarlehen **bedeutsam** sein, wenn dieses ein mit dem Kaufvertrag verbundenes Geschäft ist (vgl. §§ 358 ff. BGB) oder eine nach § 359 a BGB entsprechend zu behandelnde Vertragssituation vorliegt (dazu sogleich Rdnr. 190), sowie dann, wenn der Unternehmer (Verkäufer) dem Verbraucher (Käufer) einen entgeltlichen Zahlungsaufschub von mehr als drei Monaten oder eine sonstige Finanzierungshilfe gewährt (vgl. §§ 506 ff. BGB). Sind Kauf und Darlehen zwei miteinander **verbundene Verbraucherverträge** (vgl. zum Begriff § 358 Abs. 3 BGB), so führt der **Widerruf** eines der beiden Verträge dazu, dass der Verbraucher auch an den anderen Vertrag nicht mehr gebunden ist (vgl. § 358 Abs. 1 und 2 BGB). Dies gilt allerdings nicht, wenn der Verbraucher erklärt oder jedenfalls durch schlüssiges Verhalten erkennen lässt, dass er seinen Widerruf auf den Darlehensvertrag beschränken und an dem finanzierten Geschäft festhalten will, er also den Kaufgegenstand behalten

189

---

[217] Vgl. die Begründung des RegE, BT-Drucks. 17/12637, S. 33, 34.
[218] Begründung RegE, BT-Drucks. 17/12637, S. 50.

möchte.[219] In der **Belehrung** über das Widerrufs- oder Rückgaberecht ist auf die besonderen Rechtsfolgen hinsichtlich des verbundenen Verbraucherdarlehensvertrages hinzuweisen (§ 358 Abs. 5 BGB). Sie muss den Anforderungen von § 360 Abs. 1, 2 BGB genügen und darf nicht den Anschein erwecken, der Kunde bleibe bei Widerruf des Kaufs gleichwohl an den Darlehensvertrag gebunden.[220]

190 Die am 11.6.2010 in Kraft getretenen **Regelungen des § 359 a BGB erweitern** hinsichtlich einzelner Bestimmungen des § 358 BGB dessen **Anwendungsbereich** auf finanzierte Verträge, in denen Kauf und Verbraucherdarlehen nicht als verbundene Geschäfte gewertet werden können. § 359 a Abs. 1 BGB eröffnet ein Widerrufsrecht entsprechend § 358 Abs. 1 BGB auch bei zweckbezogenen Darlehen, bei denen der zu finanzierende Gegenstand im Verbraucherdarlehensvertrag genau angegeben ist, was eine eindeutige Identifizierbarkeit und Bestimmbarkeit voraussetzt, wozu eine bloße Typenbeschreibung nicht ausreicht.[221] Die Wertung als verbundenes Geschäft kann dabei etwa daran scheitern, dass zwar die zu finanzierende Ware feststeht, der Verbraucher die Person des Vertragspartners aber noch aussuchen darf.[222] § 359 a Abs. 2 BGB erstreckt durch Verweis auf § 358 Abs. 2 BGB den Widerruf des Verbraucherdarlehensvertrages auch auf Zusatzverträge, die zwar keine verbundenen Geschäfte darstellen, wohl aber vom Verbraucher in unmittelbarem Zusammenhang mit dem Darlehensvertrag abgeschlossen wurden, wie etwa ein Vertrag über eine Restschuldversicherung.[223]

191 Für den zur Finanzierung des Kaufs damit **verbundenen Darlehensvertrag** müssen gem. § 492 Abs. 1 BGB die **Schriftform** eingehalten und zahlreiche **Informationen** gegeben werden. Nach der am 11.6.2010 in Kraft getretenen Neufassung ist auch ein Vertragsschluss in elektronischer Form zulässig. Vor dem Vertragsschluss muss der Darlehensgeber dem Verbraucher zahlreiche Informationen erteilen (vgl. § 491 a BGB, Art. 247 §§ 1–5 EGBGB). Dies befreit den Unternehmer nicht von der Verpflichtung, auch in den Vertrag entsprechende Angaben aufzunehmen (§ 492 BGB, Art. 247 §§ 6–13 EGBGB). Dazu gehören nach Art. 247 § 6 Nr. 1 i.V.m. § 3 Abs. 1 EGBGB insbesondere solche über den effektiven Jahreszins (Nr. 3), den Nettodarlehensbetrag (Nr. 4), den Gesamtbetrag aller zu entrichtenden Zahlungen (Nr. 8), die Vertragslaufzeit (Nr. 6), Betrag, Zahl und Fälligkeit der einzelnen Leistungen (Nr. 7) sowie ein Hinweis auf das Bestehen oder Nichtbestehen eines Widerrufsrechts (Nr. 13). Der Darlehensgeber hat dem Verbraucher nach Vertragsabschluss eine Abschrift des Vertrages zur Verfügung zu stellen (§ 492 Abs. 3 BGB). Zu beachten ist auch hier die grundsätzliche Nichtigkeitsfolge für den Darlehensvertrag gem. § 494 Abs. 1 BGB, **wenn eine der** in Art. 247 §§ 6 und 9 bis 13 EGBGB enthaltenen **Informationen fehlt** (vgl. aber auch die Ausnahmen in § 494 Abs. 2, 3 BGB). Die Nichtigkeit des Darlehensvertrages eröffnet dem Käufer nach h.M.[224] wegen Wegfalls der Geschäftsgrundlage (§ 313 BGB) die Möglichkeit, sich vom Kaufvertrag durch Rücktritt zu lösen. Die andere Ansicht wendet § 358 Abs. 2 BGB analog an.[225] § 492 Abs. 6 BGB lässt unter bestimmten Voraussetzungen die Nachholung fehlender oder unvollständiger Pflichtangaben zu.

192 Bei Vereinbarung eines **entgeltlichen Zahlungsaufschubs** von mehr als drei Monaten oder einer **sonstigen Finanzierungshilfe** sind gem. §§ 506 ff. BGB ebenfalls vorvertragliche und vertragliche Informations- und Formerfordernisse zu beachten. Auch die

---

[219] OLG Brandenburg, Urt. v. 28.03.2007, 4 U 148/06; ebenso Soergel-*Häuser*, § 9 VerbrKrG, Rdnr. 51.
[220] BGH, NJW 2009, 3020.
[221] Bamberger/Roth-*Möller*, § 359 a BGB Rdnr. 2; Hk-BGB-*Schulze*, § 359 a BGB Rdnr. 2.
[222] *Kropholler*, StudK BGB, § 359 a, Rdnr. 2.
[223] Hk-BGB-*Schulze*, § 359 a BGB Rdnr. 3; Bamberger/Roth-*Möller*, § 359 a BGB Rdnr. 8.
[224] Vgl. Staudinger-*Kessal-Wulf*, § 359 BGB Rdnr. 20; *Canaris*, Bankvertragsrecht, Rdnr. 1518; *Larenz*, FS Michaelis, S. 203 f.; Bamberger/Roth-*Unberath*, § 313 BGB Rdnr. 81; MünchKomm-*Habersack*, § 359 BGB Rdnr. 31; OLG Frankfurt a.M., BB 1977, 1573.
[225] Erman-*Saenger*, § 358 BGB Rdnr. 26; wohl auch OLG Schleswig, MDR 1998, 892.

IV. Besonderheiten beim Kaufvertrag zwischen Unternehmer und Verbraucher

Widerrufsmöglichkeit nach §§ 495 Abs. 1 BGB wird eröffnet. Dabei gelten jedoch einige Besonderheiten, die für **Finanzierungsleasingverträge** in § 506 Abs. 2 BGB und für **Teilzahlungsgeschäfte** in den §§ 507 f. BGB enthalten sind. Weitere Sonderbestimmungen enthält § 510 BGB für **Ratenlieferungsverträge**. Auch dabei steht dem Verbraucher grundsätzlich ein Widerrufsrecht gem. § 355 BGB zu.

Die **ab 13.6.2014** geltenden **Neuregelungen** zur Umsetzung der Verbraucherrechte-Richtlinie erfassen die Vorschriften über Verbraucherdarlehen, Teilzahlungsgeschäfte und Ratenlieferungsverträge insbesondere insofern als die bestehenden Vorschriften den Richtlinienanforderungen und der neuen Gesetzessystematik angepasst werden. Wesentliche, gerade für diese Verträge spezifische inhaltliche Änderungen sind damit nicht verbunden.[226] Allerdings wirken sich die übergreifenden, für alle Verbraucherverträge geltenden Neuerungen auch auf diese Vertragsgestaltungen aus. So entfällt bei Teilzahlungsgeschäften die jetzt noch in § 508 Abs. 1 BGB enthaltene Alternative der Rückgabe der Ware; die genannte Vorschrift ist gestrichen, so dass nur noch der Widerruf möglich ist (siehe auch Rdnr. 176 und 182). Dieser muss auch bei Darlehensverträgen nach der Neuregelung nicht mehr in Textform erfolgen (siehe dazu bereits oben Rdnr. 182), wenngleich dies für den Verbraucher wegen der ihn treffenden Beweislast bezüglich einer rechtzeitigen Widerrufserklärung ratsam erscheint. Systematisch wird hinsichtlich des Widerrufsrechts im Rahmen der darlehensrechtlichen Spezialnormen nur noch festgelegt, dass ein solches Recht des Verbrauchers gegeben ist und wann Ausnahmen bestehen. Die Modalitäten der Ausübung, insbesondere der Lauf der Widerrufsfrist, richten sich nach den allgemeinen Vorschriften der §§ 355 ff. BGB, wobei die §§ 356 b und c, sowie im Hinblick auf die Rechtsfolgen § 357 c BGB n. F. spezielle Bestimmungen enthalten. So beginnt beim Verbraucherdarlehensvertrag die Widerrufsfrist erst zu laufen, wenn der Vertrag abgeschlossen worden ist (§ 355 Abs. 2 Satz 2 BGB n. F.) und wenn dem Verbraucher eine Vertragsurkunde zur Verfügung gestellt wurde (§ 356 b Abs. 1 BGB n. F.). Sind darin zunächst nicht alle Pflichtangaben nach § 492 Abs. 2 BGB enthalten, beträgt die Widerrufsfrist einen Monat ab Nachholung der Information (§ 356 b Abs. 2 BGB n. F.). Für Ratenlieferungsverträge, die außerhalb von Geschäftsräumen und im Fernabsatz geschlossen wurden, gelten die diesbezüglichen allgemeinen Regelungen. Ist der Vertrag nicht in einer dieser Vertriebsformen, also insbesondere im stationären Handel, zustande gekommen, besteht ein Widerrufsrecht nach § 510 Abs. 2 BGB n. F.,[227] für dessen Ausübung § 356 c BGB n. F. spezifische Regelungen enthält. Hinsichtlich der Rückabwicklung nach erfolgtem Widerruf gelten über § 357 c BGB n. F. grundsätzlich dieselben Vorschriften wie für Warenkäufe im Fernabsatz oder bei außerhalb von Geschäftsräumen geschlossenen Verträgen. Vollständig neu gefasst sind die Normen über verbundene Verträge (§§ 358, 359 BGB n. F.), die allerdings materiell der bisher geltenden Rechtslage entsprechen.[228] Das Widerrufsrecht für den Liefervertrag besteht auch für den diesen finanzierenden Darlehensvertrag und umgekehrt. Dies gilt bei Nichtvorliegen eines verbundenen Vertrages auch für zusammenhängende Verträge, wofür § 360 BGB Neuregelungen enthält, die die bisher in unterschiedlichen Normen zu findenden Bestimmungen zusammenfassen und zudem Richtlinienerfordernisse umsetzen.

5. Time-Sharing-Verträge

Das Teilzeitwohnrecht, also das Recht, ein Wohngebäude innerhalb einer festgelegten Laufzeit im jährlichen Turnus nutzen zu können, kann auch im Wege eines Kaufvertrages erworben werden. Hierbei handelt es sich – wenn Eigentum oder Miteigentum übertragen werden soll – um einen Sachkauf oder, wie insbesondere bei Einräumung eines Dauerwohn-

---

[226] Vgl. die Begründung der BReg, BT-Drucks. 17/12637, S. 33 f., 62 und 66.
[227] Begründung der BReg., BT-Drucks. 17/12637, S. 62.
[228] So auch die Begründung des RegE, BT-Drucks. 17/12637, S. 66.

3. Kapitel. Der Abschluss des Kaufvertrages

rechts, um einen Rechtskauf[229] (siehe auch Rdnr. 12, 59). Die zum Schutz der Verbraucher in den §§ 481 ff. BGB enthaltenen Regelungen sollen vor einem übereilten Vertragsabschluss insbesondere dadurch schützen, dass dem Erwerber ein 14-tägiges **Widerrufsrecht** (§§ 485, 355 BGB) eingeräumt wird. Der Kernbereich des Erwerberschutzes besteht daneben in einer umfangreichen **Verbraucherinformation** zum einen **vorvertraglich** (§ 482 Abs. 1, 2 BGB, Art. 242 § 1 EGBGB) und sodann in dem **schriftlich** abzuschließenden **Vertrag** (§ 484 BGB; vgl. bereits Rdnr. 161). Zu den vor Vertragsschluss zu erteilenden Informationen bei Teilzeitwohnrechteverträgen gehören nach § 482 Abs. 1 BGB i.V.m. Art. 242 § 1 EGBGB, Anh. I der Richtlinie 2008/122/EG insbesondere eine allgemeine Beschreibung des Wohngebäudes oder des Bestandes von Wohngebäuden. Zu beachten sind auch die weiteren Angaben gemäß der sehr umfangreichen Aufzählung des Anhang I der genannten Richtlinie, wie unter anderem Identität und Rechtsstellung des Gewerbetreibenden und der genaue Zeitraum, in dem das im Vertrag vorgesehene Recht ausgeübt werden kann. Auch für andere Vertragstypen bezüglich des Time-Sharing (Vertrag über ein langfristiges Urlaubsprodukt, Vermittlungs- und Tauschsystemvertrag) sind gemäß Art. 242 § 1 Abs. 2 S. 1 EGBGB die jeweils in den Anhängen I–IV enthaltenen Informationspflichten zu beachten. Auch ist die Verwendung bestimmter Formblätter vorgeschrieben. Die zwingend erforderlichen Informationen sind dem 1. und 2. Teil des jeweils einschlägigen Anhangs zu entnehmen, während die im 3. Teil aufgeführten zusätzlichen Informationen freiwilliger Natur sind.[230] Inhaltlich enthält der 1. Teil die erforderlichen Informationen zum Produkt und über die Vertragsparteien, während der 2. Teil Informationen zu Widerrufsrecht, Widerrufsfrist und Anzahlungsverbot betrifft.[231] Die vorvertraglichen Informationen müssen auch in die spätere Vertragsurkunde, in der dann noch das Nutzungsrecht sowie die Person des Verbrauchers gem. § 482 Abs. 1 BGB, Art. 242 § 1 EGBGB genau zu bezeichnen sind, mit aufgenommen werden (§ 484 Abs. 2 S. 4 BGB). Die dem Verbraucher zur Verfügung gestellten vorvertraglichen Informationen werden gem. § 484 Abs. 2 S. 1 BGB Inhalt des Vertrages. Änderungen vor Vertragsabschluss sind nur dann möglich, wenn sie einvernehmlich vorgenommen werden. Einseitigen Änderungen durch den Unternehmer sind gem. § 484 Abs. 1 S. 2 BGB nur dann zulässig, wenn sie durch höhere Gewalt veranlasst werden; dies kann z.B. auch auf der Nichterteilung einer behördlichen Genehmigung beruhen oder auf der Änderung von Tarifen für Versorgungsleistungen.[232] Vertrag, vorvertragliche Informationen und Widerrufsbelehrung müssen in der **Sprache** des Verbraucher-Wohnsitzstaates abgefasst sein (§ 483 Abs. 1 BGB). Ist der Vertrag vor einem deutschen Notar zu beurkunden, so gelten nach § 483 Abs. 2 BGB die §§ 5, 16 BeurkG mit der Maßgabe, dass dem Verbraucher eine beglaubigte Übersetzung des Vertrages in der für ihn maßgebenden Wohnsitzsprache auszuhändigen ist. Werden diese sprachbezogenen Informationspflichten nicht eingehalten, ist der Vertrag nichtig (§ 483 Abs. 3 BGB). Ein Verstoß gegen die gesetzlich festgesetzten Informationspflichten verlagert gem. § 485 a BGB den Beginn der Widerrufsfrist auf den Zeitpunkt, in dem der Verbraucher die Informationen vollständig erhält. Das Widerrufsrecht erlischt gem. § 485 a Abs. 2 S. 2 BGB endgültig drei Monate und zwei Wochen nach dem regulären Fristbeginn gem. § 485 a Abs. 1 BGB. Unterbleibt die Widerrufsbelehrung oder wird sie dem Verbraucher unvollständig oder nicht in der vorgeschriebenen Sprache überlassen, so beginnt die Widerrufsfrist nach § 485 a Abs. 3 S. 1 BGB erst mit dem vollständigen Erhalt der Widerrufsbelehrung in der vorgeschriebenen Sprache. Nach § 485 a Abs. 3 S. 2 BGB erlischt das Widerrufsrecht dabei spätestens ein Jahr und zwei Wochen nach dem regulären Beginn der Widerrufsfrist gem. § 485 a Abs. 1 BGB.

---

[229] Vgl. BGHZ 36, 365, 368; 52, 243, 248; Palandt-*Weidenkaff*, § 481 BGB Rdnr. 3; § 31 WEG Rdnr. 5; Bamberger/Roth-*Eckert*, § 481 BGB Rdnr. 14.
[230] Vgl. *Tacou*, NJOZ 2011, 793, 796; *Franzen*, NZM 2011, 217, 222.
[231] *Franzen*, NZM 2011, 217, 222.
[232] Bamberger/Roth-*Eckert*, § 484 BGB Rdnr. 4; *Tacou*, NJOZ 2011, 793, 796.

195 Auch nach der **ab 13.6.2014 geltenden Neuregelung** bleibt es bei den oben (Rdnr. 194) genannten Informationspflichten. Die neuen allgemeinen Anforderungen der §§ 312 ff. BGB kommen nur insofern zur Anwendung, als bei Telefonanrufen des Unternehmers dieser seine Identität und den geschäftlichen Zweck offenlegen muss (vgl. § 312 Abs. 2 Nr. 6 BGB n. F.). Auch im Hinblick auf das Widerrufsrecht tritt **keine Änderung der materiellen Rechtslage** ein.[233] Allerdings werden auch für Time-Sharing-Verträge die bisher vorhandenen Bestimmungen der neuen Gesetzesstruktur angepasst. Dementsprechend wird in den §§ 481 ff. BGB nur noch bestimmt, dass ein Widerrufsrecht nach § 355 BGB besteht (ursprünglicher § 485 Abs. 1 BGB). Die übrigen Absätze dieser Norm und § 485 a BGB sind aufgehoben; die Modalitäten des Widerrufsrechts und die Rechtsfolgen werden in das allgemeine Schuldrecht (§§ 356 a, 357 b, 360 Abs. 1 BGB n. F.) übertragen.

V. Besonderheiten beim Handelskauf

196 Ist der Kaufvertrag als Handelskauf einzuordnen, so können sich beim Vertragsschluss hinsichtlich der Annahmeerklärung Besonderheiten gegenüber den oben dargestellten Grundsätzen (Rdnr. 143 ff.) ergeben. Zwar gilt auch im **Handelsverkehr Schweigen** grundsätzlich nicht als Annahme eines Antrages, allerdings bestehen vereinzelte Sonderregelungen. So enthält § 362 Abs. 1 HGB die Fiktion einer Annahmeerklärung für die Fälle, in denen einem Kaufmann, dessen Gewerbebetrieb die Besorgung von Geschäften für einen anderen mit sich bringt, ein Antrag über die Besorgung solcher Geschäfte von jemandem zugeht, mit dem er in Geschäftsverbindung steht. Das somit maßgebliche Geschäftsbesorgungsverhältnis liegt allerdings nicht vor, wenn der Geschäftsbetrieb auf den reinen Austausch von Leistungen gerichtet ist, da solche Verträge wegen des u. U. begrenzten Warenbestandes regelmäßig nicht unbegrenzt abgeschlossen werden. Aus diesem Grunde unterfallen Kaufverträge nicht dem § 362 Abs. 1 S. 1 HGB.[234] Im Handelsrecht besteht auch kein allgemeiner Handelsbrauch, der dem Schweigen auf ein Angebot einen Erklärungswert beimisst.[235] Damit kommt auch im Handelsverkehr, wenn ein Kaufmann auf ein ihm zugegangenes Kauf- oder Verkaufangebot schweigt, von den allgemeinen, oben genannten Ausnahmen (Rdnr. 145) abgesehen, kein Vertrag zustande.

197 Allerdings kann dem Schweigen auf ein **kaufmännisches Bestätigungsschreiben** Erklärungswert im Sinne einer Annahme des Inhalts des Bestätigungsschreibens zukommen.[236] Mit einem Bestätigungsschreiben soll im kaufmännischen Verkehr i. d. R. zu Beweiszwecken der Inhalt kurz zuvor geführter, u. U. bis zum Vertragsschluss reichender Verhandlungen[237] wiedergegeben werden. Die Technik der Übermittlung dieses Inhalts, elektronisch oder postalisch, spielt keine Rolle.[238] Weicht der Inhalt des Schreibens vom Vorverhandelten bzw. Vereinbarten ab, muss der Empfänger unverzüglich (§ 121 BGB, i. d. R. innerhalb von drei Tagen[239]) widersprechen, was auch mündlich oder konkludent möglich ist. Unterbleibt dieser Widerspruch, so gilt der Vertrag mit dem Inhalt des Bestätigungsschreibens als

---

[233] So ausdrücklich die Begründung des RegE, BT-Drucks. 17/12637, S. 62, 70.

[234] Vgl. Ebenroth/Boujong/Joost-*Eckert*, § 362 HGB Rdnr. 13; MünchKommHGB-*Welter*, § 362 Rdnr. 19; Baumbach/Hopt-*Hopt*, § 362 HGB Rdnr. 3.

[235] BGHZ 18, 212, 216; Ebenroth/Boujong/Joost-*Eckert*, § 362 HGB Rdnr. 1.

[236] Vgl. *von Dücker*, BB 1996, 3 ff.; zum kaufmännischen Bestätigungsschreiben, seinen Voraussetzungen und Abgrenzungen Ebenroth/Boujong/Joost-*Kort*, § 346 HGB Rdnr. 49 ff.

[237] Die Voraussetzung einer solchen vorausgegangenen vertraglichen Übereinkunft betont z. B. OLG Saarbrücken, NZBau 2006, 462, 463.

[238] Jauernig-*Jauernig*, § 146 BGB Rdnr. 5.

[239] Vgl. BGH BB 1969, 933 (mehr als 1 Woche: verfristet); BGH, NJW 1962, 246, 247; RGZ 105, 3889, 390; Ebenroth/Boujong/Joost-*Kort*, § 346 HGB Rdnr. 70; MünchKommHGB-*Schmidt*, § 346 HGB Rdnr. 160.

geschlossen; seine Vollständigkeit und Richtigkeit wird widerlegbar vermutet.[240] Dies gilt freilich nur dann, wenn der Absender mit der Zustimmung des Adressaten vernünftigerweise rechnen konnte und durfte,[241] was z.B. bei **extremen Abweichungen** vom Inhalt der vorherigen Übereinkunft nicht mehr der Fall ist.[242] Durch kaufmännisches Bestätigungsschreiben können grundsätzlich auch Allgemeine Geschäftsbedingungen in den Vertrag einbezogen werden.[243] Je nach den Einzelfallumständen kann ein Bestätigungsschreiben selbst dann vorliegen, wenn es mit einer „Bitte um Gegenbestätigung" verbunden ist.[244] Von dem kaufmännischen Bestätigungsschreiben ist die **Auftragsbestätigung** zu unterscheiden, bei der das nachfolgende Schweigen des Empfängers keinen Erklärungswert hat. Mit der Auftragsbestätigung soll ein zugegangenes Angebot angenommen werden; wird dieses in der Auftragsbestätigung modifiziert, so gilt dies nach § 150 Abs. 2 BGB als Ablehnung, verbunden mit einem neuen Angebot.[245] Schweigt der andere Teil darauf hin, so unterbleibt der Vertragsschluss. Die Haftung durch Schweigen auf ein kaufmännisches Bestätigungsschreiben kann selbst dann ausgelöst werden, wenn ein vollmachtloser Vertreter handelte und eine Einstandspflicht aufgrund einer Duldungs- oder Anscheinsvollmacht nicht in Betracht kommt.[246]

VI. Grenzüberschreitende Kaufverträge

1. Internationales Privatrecht

198 Hat der Kaufvertrag eine **Auslandsberührung** – sei es, dass die Vertragsparteien ihren Sitz in unterschiedlichen Staaten haben, die Kaufsache in einen anderen Staat geliefert werden soll oder das zu erwerbende Grundstück im Ausland liegt – so tritt die Frage auf, welchem nationalen Recht der Kaufvertrag unterliegt. Primär maßgeblich sind die Vorschriften der Rom I-VO (siehe dazu oben Rdnr. 16 ff.). Nach deren Art. 10 Abs. 1 sind Zustandekommen und Wirksamkeit eines Vertrages nach dem Recht zu beurteilen, das auf den wirksamen Vertrag anzuwenden wäre, so dass das Vertragsstatut grundsätzlich auch das Zustandekommen des Kaufvertrages erfasst. Allerdings ist zu beachten, dass insofern auch einige Sonderanknüpfungen in Betracht kommen.

199 Besondere vom Vertragsstatut unabhängige **Sonderanknüpfungen** bestehen **hinsichtlich der Rechts- und Geschäftsfähigkeit.** Allerdings enthält die Rom I-VO insofern keine Regelung, so dass die nationale Kollisionsnorm des Art. 7 EGBGB zur Anwendung kommt.[247] Danach ist das Recht des Staates maßgebend, dem die betreffende Person im Zeitpunkt der Abgabe der Willenserklärung angehört (Art. 7 Abs. 1 EGBGB). Ist ein ausländischer Vertragspartner nach seinem Heimatrecht geschäftsunfähig oder in der Geschäftsfähigkeit beschränkt, so besteht das Risiko, dass der inländische Geschäftspartner zu Unrecht

---

[240] OLG Köln, NJOZ 2004, 4174, 4176; Ebenroth/Boujong/Joost-*Kort*, § 346 HGB Rdnr. 71; Koller/Roth-Morck-*Morck*, § 346 HGB Rdnr. 22.

[241] BGHZ 7, 187, 190 f.; 11, 1, 4; 40, 42, 45 ff.; BGH, NJW 1994, 1288; Heymann-*Horn*, § 346 HGB Rdnr. 60 f.; MünchKomm-*Kramer*, § 151 BGB Rdnr. 35 ff., 40 ff.; Graf v. Westphalen, in: v. Westphalen, Handbuch des Kaufrechts in den EG-Staaten, S. 218 f.

[242] BGH, NJW 1985, 1333, OLG Saarbrücken, NZBau 2005, 693, 695; OLG Köln, NJW-RR 2003, 612.

[243] BGH, NJW 1978, 2243, 2244; BGH, NJW 1964, 589; OLG Karlsruhe, DZWiR 1994, 70, 71; Ebenroth/Boujong/Joost-*Kort*, § 346 HGB Rdnr. 64 f.; MünchKommHGB-*Schmidt*, § 346 HGB Rdnr. 168.

[244] BGH, NJW-RR 2007, 325, 327.

[245] BGHZ 18, 212; OLG Düsseldorf, NJW-RR 1996, 622 ff.; MünchKommHGB-*Schmidt*, § 346 HGB Rdnr. 150; Graf v. Westphalen, in: v. Westphalen, Handbuch des Kaufrechts in den EG-Staaten, S. 217 f.

[246] BGH, NJW 2007, 987.

[247] Bamberger/Roth-*Masch*, Art. 13 Rom I-VO Rdnr. 1.

auf die Gültigkeit des Vertrages vertraut. Der Gutgläubige wird aber durch Art. 13 Rom I-VO geschützt, wonach sich der Rechts- oder Geschäftsunfähige nicht darauf berufen kann, wenn die andere Vertragspartei dies weder kannte noch infolge von Fahrlässigkeit nicht kannte. Für die Wirksamkeit einer **Vollmacht** enthält die Rom I-VO keine Vorschriften (vgl. Art. 1 Abs. 2 lit.g), so dass das anwendbare Recht nach nationalen Regeln bestimmt werden muss. Danach ist bei Bestehen einer Niederlassung das dortige Recht maßgeblich, ansonsten ist an das Recht des Ortes anzuknüpfen, an dem der Vertreter von der Vollmacht Gebrauch macht. Als Gebrauchsort gilt der Ort, an dem der Vertreter seine Erklärung abgibt, sei es schriftlich oder mündlich.[248] Eine wichtige Ausnahme von der Maßgeblichkeit des Rechts am Gebrauchsort besteht für Vollmachten zur Verwaltung von und zur Verfügung über Grundstücke oder über Immobiliarsachenrechte. Hier gilt stets das Recht des Landes, in dem das Grundstück liegt (lex rei sitae). Hinsichtlich der Vollmacht für das Verpflichtungsgeschäft über Grundstücke verbleibt es aber bei der Anwendung des Rechts am Gebrauchsort.[249]

Die Frage, ob der schuldrechtliche Vertrag **formwirksam** abgeschlossen wurde, beurteilt sich gem. Art. 11 Abs. 1 Rom I-VO alternativ nach dem auch auf den Vertrag anzuwendenden Recht (Geschäftsrecht) oder dem am Ort des Vertragsschlusses geltenden Recht (Ortsform). Die Einhaltung der Formerfordernisse des Geschäftsrechts ist für die Formgültigkeit also grundsätzlich ausreichend. Ist daher der Verkauf eines im **Ausland gelegenen Grundstücks** vertraglich dem deutschen Recht unterstellt, so kommt bei der Anwendung des Geschäftsrechts auch § 311 b BGB zur Anwendung.[250] Verträge zwischen Deutschen im Inland über ausländische Grundstücke sollen sogar stets deutschem Recht unterstellt sein, soweit keine anderweitige Vereinbarung getroffen wird.[251] Der Verkauf eines **inländischen Grundstücks** untersteht dagegen nicht § 311 b Abs. 1 BGB, wenn die Geltung ausländischen Rechts vereinbart ist. Für das **dingliche Geschäft** ist allerdings Art. 11 Abs. 5 Rom I-VO zu beachten, nach dem bei der Auflassung eines deutschen Grundstücks ausschließlich deutsches Recht, also § 925 BGB, einschlägig ist. Ist der Grundstückskaufvertrag im Ausland abgeschlossen, entscheiden dessen Normen über das auf die Form anzuwendende Recht. Bei **Verbrauchergeschäften** sind die Sonderregelungen nach Art. 6 Rom I-VO zu beachten (vgl. bereits Rdnr. 34, 45). Bei diesen unterliegt die Form dem Recht des Staates, in dem der Verbraucher seinen gewöhnlichen Aufenthaltsort hat (Art. 11 Abs. 4 Rom I-VO).

200

2. UN-Kaufrecht

a) Überblick. Für den internationalen Warenkauf bestehen im Anwendungsbereich des UN-Kaufrechts (dazu oben I. Kapitel Rdnr. 50) besondere Vorschriften über den Vertragsschluss. Diese sind in erster Linie in Teil II (Art. 14–24 CISG) des Übereinkommens enthalten. Die Art. 14–17 CISG betreffen das **Angebot** (dazu Rdnr. 203 ff.), welches zunächst definiert und von der invitatio ad offerendum abgegrenzt wird (Art. 14 CISG). Außerdem wird festgelegt, wann ein Angebot wirksam wird (Art. 15 Abs. 1 CISG), wann es erlischt (Art. 17 CISG) und unter welchen Voraussetzungen sich der Antragende davon wieder lösen kann (Art. 15 Abs. 2 CISG: Rücknahme, Art. 16 CISG: Widerruf). In den Art. 18–22 CISG sind Regelungen über die **Annahme** enthalten (dazu Rdnr. 207 ff.). Dabei legt Art. 18 CISG fest, was als Annahme zu werten ist und wann sie wirksam wird. Be-

201

---

[248] MünchKomm-*Spellenberg*, Vor Art. 11 EGBGB Rdnr. 83; *Schäfer*, RIW 1996, 189 ff.
[249] MünchKomm-*Spellenberg*, Vor Art. 11 EGBGB Rdnr. 75 ff.; Beck'sches Notarhandbuch-*Zimmermann*, G Rdnr. 68.
[250] BGH, NJW 1969, 2237; BGHZ 73, 388, 390; Bamberger/Roth-*Mäsch*, Art. 11 EGBGB Rn. 39; Palandt-*Thorn*, Art. 11 EGBGB Rdnr. 6; Beck'sches Notarhandbuch-*Zimmermann*, G Rdnr. 96 jeweils m.w.N.
[251] BGH, NJW 1979, 1773; OLG München, NJW-RR 1989, 663, 665; Beck'sches Notarhandbuch-*Zimmermann*, G Rdnr. 96.

stimmungen über die Annahmefrist befinden sich in Art. 20 CISG, während Art. 21 CISG Regelungen über eine verspätete Annahme enthält. Das Übereinkommen geht zudem darauf ein, wie eine vom Angebot abweichende Annahme zu bewerten ist (Art. 19 CISG) und ob eine Annahme wieder zurückgenommen werden kann (Art. 22 CISG). Ergänzend zu diesen Vorschriften legt Art. 23 CISG den Zeitpunkt des Vertragsschlusses fest. Art. 24 CISG definiert den für das Wirksamwerden einer Willenserklärung maßgeblichen Zugang (dazu Rdnr. 205). Im Zusammenhang mit dem Vertragsschluss können außerdem die Bestimmungen über **Formvorschriften** relevant sein, die in den Art. 11–13 CISG enthalten sind (dazu Rdnr. 215).

202 Abgesehen von diesen Normen wird die **Gültigkeit des Vertrages** von dem Kaufrechtsübereinkommen **nicht geregelt** (vgl. Art. 4 S. 2 Buchst. a CISG; siehe dazu bereits Rdnr. 128). Daher sind etwa Geschäftsfähigkeit, Beachtlichkeit von Willensmängeln, Verstoß gegen gesetzliche Verbote oder Sittenwidrigkeit, die Voraussetzungen einer wirksamen Stellvertretung und auch eventuell bestehende Widerrufsrechte nach demjenigen nationalen Recht zu beurteilen, welches nach den Kollisionsnormen des IPR (siehe dazu Rdnr. 198 ff.) auf den Vertrag anzuwenden ist.[252] Dieses innerstaatliche Recht gilt auch für den Abschluss eines Kaufvertrages, an dem ein Vertragspartner mit Niederlassung in den **skandinavischen Staaten** Dänemark, Finnland, Norwegen oder Schweden beteiligt ist, da diese Länder einen **Vorbehalt** i. S. d. Art. 92 Abs. 1 CISG erklärt haben, wonach Teil II des Übereinkommens für sie jeweils nicht gilt. In diesen Fällen können die Art. 14–24 CISG daher nur über Art. 1 Abs. 1 Buchst. b CISG zur Anwendung kommen, wenn nach dem kollisionsrechtlichen nationalen Recht das UN-Kaufrecht einschließlich des zweiten Teils gilt.[253]

203 **b) Antrag.** Das Angebot ist auch nach dem UN-Kaufrecht eine **empfangsbedürftige Willenserklärung**, die mit dem Zugang beim Empfänger wirksam wird (Art. 14, 15 Abs. 1 CISG). Damit eine geschäftliche Äußerung als Angebot gewertet werden kann, muss sie nach den Mindestanforderungen des Art. 14 CISG **hinreichend bestimmt** sein[254] und den Willen zum Ausdruck bringen, im Falle der Annahme gebunden zu sein.[255] Nach Art. 14 Abs. 1 S. 2 CISG müssen die Ware bezeichnet und ausdrücklich oder stillschweigend die Menge und der Preis festgesetzt oder deren Festsetzung möglich sein. Dazu ist es ausreichend, wenn Anhaltspunkte enthalten sind, nach denen durch Auslegung gemäß Art. 8 CISG oder unter Berücksichtigung von Gebräuchen und Gepflogenheiten nach Art. 9 CISG Ware, Menge und Preis ermittelt werden können. Hinsichtlich des Kaufpreises genügt es somit, wenn beispielsweise auf den Marktpreis (commercial price)[256] oder eine Preisliste[257] verwiesen wird, die Parteien sich auf den Tagespreis bei Lieferung geeinigt haben[258] oder bei einer marktgängigen Ware (hier: Sauerkirschen) der Preis später während der Saison festgelegt werden soll.[259] Haben die Parteien den Kaufpreis weder ausdrücklich oder stillschweigend festgelegt noch dessen Festsetzung ermöglicht, sondern den Preis offengelassen, so gilt nach der Auslegungsregel des Art. 55 CISG der nach objektiven Kriterien zu ermittelnde, zur Zeit des Ver-

---

[252] Soergel-*Lüderitz/Fenge*, Art. 4 CISG Rdnr. 5, 8; Staudinger-*Magnus*, Art. 4 CISG Rdnr. 18 ff., 35 ff.

[253] Soergel-*Lüderitz/Fenge*, Vor Art. 14 CISG Rdnr. 1.

[254] OGH Wien, RdW 1996, 203 ff.; MünchKommHGB-*Ferrari*, Art. 14 CISG Rdnr. 17 ff.; Staudinger-*Magnus*, Art. 14 CISG Rdnr. 16 ff.

[255] OGH Wien, ZFRVGl 1997, 202; OLG Frankfurt, RiW 2001, 383, 384; MünchKommHGB-*Ferrari*, Art. 14 CISG Rdnr. 11 ff.; Staudinger-*Magnus*, Art. 14 CISG Rdnr. 12 ff.

[256] Staudinger-*Magnus*, Art. 14 CISG Rdnr. 23; *Piltz*, NJW 2005, 2126, 2128.

[257] OLG Rostock, IHR 2003, 17; Staudinger-*Magnus*, Art. 14 CISG Rdnr. 23 MünchKommHGB-Ferrari, Art. 14 CISG Rdnr. 29.

[258] Soergel-*Lüderitz/Fenge*, Art. 14 CISG Rdnr. 4; Bamberger/Roth-*Saenger*, Art. 14 CISG Rdnr. 5, mit dem Hinweis auf § 307 BGB.

[259] LG Neubrandenburg, IHR 2006, 26, 30.

VI. Grenzüberschreitende Kaufverträge

tragsschlusses allgemein übliche Preis als geschuldet.[260] Diese Vorschrift greift aber nur dann ein, wenn „ein Vertrag gültig geschlossen" wurde. Daran fehlt es, wenn im Vertrag überhaupt nichts über den Kaufpreis bestimmt wurde, da dann regelmäßig kein wirksames Angebot gemäß Art. 14 Abs. 1 CISG vorliegt.[261] Wird eine Vereinbarung unter der Bedingung einer späteren Preisvereinbarung geschlossen und bleibt eine solche Vereinbarung aus, fehlt ebenfalls eine wirksame Preisfestsetzung und damit ein wirksamer Vertrag.[262]

Ein verbindliches Angebot liegt nach Art. 14 Abs. 1 S. 1 CISG nur dann vor, wenn der **Bindungswillen** des Antragenden nach außen erkennbar zum Ausdruck gebracht wurde. Ob dies der Fall ist oder ob lediglich eine invitatio ad offerendum oder eine unverbindliche Anfrage vorliegt, ist danach zu beurteilen, wie „eine vernünftige Person der gleichen Art wie die andere Partei" (Art. 8 Abs. 2 CISG) die Erklärung verstehen konnte; es ist also das objektive Empfängerverständnis entscheidend.[263] Durch Klauseln wie „freibleibend", „unverbindlich" oder „ohne Obligo" kann die **Bindungswirkung ausgeschlossen** werden.[264] Diese fehlt ferner auch bei sonstigen, den Vertragsschluss nur vorbereitenden Erklärungen wie sog. „letters of intent",[265] „agreements in principle"[266] oder einer „pro forma"-Rechnung.[267] Dass bei Kataloganzeigen o. ä. ebenfalls kein Bindungswille vorliegt, ergibt sich in der Regel bereits aus den Umständen. Darüber hinaus stellt aber Art. 14 Abs. 2 CISG klar, dass derartige, an einen unbestimmten Personenkreis gerichteten, sog. Publikumsofferten grundsätzlich – wenn nicht deutlich etwas anderes zum Ausdruck gebracht wird – nur als invitatio ad offerendum zu werten sind.[268]

204

Das Angebot wird nach Art. 15 Abs. 1 CISG wirksam, sobald es dem Empfänger zugeht. Nach der Begriffsbestimmung in Art. 24 CISG ist für den **Zugang** zwischen mündlichen und anderen Erklärungen zu unterscheiden. Eine **mündliche Erklärung** geht sofort zu, wenn diese unter Anwesenden oder im Rahmen eines Telefongesprächs mit dem Adressaten abgegeben wurde. Hat dieser die Erklärung allerdings nicht unmittelbar selbst vernommen, wie etwa bei einem auf Anrufbeantworter gesprochenen Angebot, so ist zu dieser Zeit ebenso wenig ein Zugang erfolgt wie bei Erklärungen über das Internet. Für eine nicht mündliche, sondern **„auf anderem Weg"** übermittelte Erklärung bestimmt Art. 24 CISG, dass der Zugang erfolgt, wenn sie dem Empfänger persönlich zugestellt wird. Damit ist eine Übergabe der verkörperten Erklärung gemeint, die an der Niederlassung, der Post-

205

---

[260] Staudinger-*Magnus*, Art. 14 CISG Rdnr. 27 ff.; Soergel-*Lüderitz/Budzikiewicz*, Art. 55 CISG Rdnr. 7; *Reinicke/Tiedtke*, KaufR, Rdnr. 1161; MünchKommHGB-*Ferrari*, Art. 14 CISG Rdnr. 30.

[261] Das Verhältnis zwischen Art. 14, 55 CISG ist umstritten, wie hier OGH Wien, ZfRVgl 1995, 79 f.; Staudinger-*Magnus*, Art. 14 CISG Rdnr. 27 m.w.N.; Soergel-*Lüderitz/Fenge*, Art. 14 CISG Rdnr. 5; Bamberger/Roth-*Saenger*, Art. 14 CISG Rdnr. 5; a. A. MünchKommHGB-*Ferrari*, Art. 14 CISG Rdnr. 28, 32 ff. m.w.N.

[262] Staudinger-*Magnus*, Art. 14 CISG Rdnr. 24; MünchKommHGB-*Ferrari*, Art. 14 CISG Rdnr. 29; vgl. dazu auch den von *Magnus*, ZEuP 1997, 823, 834 f. geschilderten Fall des Schiedsgerichts der Industrie- und Handelskammer der Russischen Förderation sowie weitere Beispiele aus der Judikatur zur Bestimmtheit des Vertragsgegenstandes.

[263] Schweizer Bundesgericht, IHR 2004, 28, 30 f.; Soergel-*Lüderitz/Feng*, Art. 14 CISG Rdnr. 7, Art. 8 CISG Rdnr. 5; Staudinger-*Magnus*, Art. 8 CISG Rdnr. 17; Schlechtriem/Schwenzer-*Schmidt-Kessel*, Art. 8 CISG Rdnr. 7; MünchKomm-*Ferrari*, Art. 14 CISG Rdnr. 9 ff.

[264] Schlechtriem/Schwenzer-*Schlechtriem/Schroeter*, Art. 14 CISG Rdnr. 25; Soergel-*Lüderitz/Fenge*, Art. 14 CISG Rdnr. 8, auch mit Hinweisen zu anderen Auslegungsmöglichkeiten.

[265] MünchKomm-*Gruber*, Art. 14 CISG Rdnr. 9; *Herber/Czerwenka*, Art. 14 CISG Rdnr. 9; *Bonell*, RiW 1990, 693, 696 f.

[266] Staudinger-*Magnus*, Art. 14 CISG Rdnr. 15; MünchKommHGB-*Ferrari*, Art. 14 CISG Rdnr. 14.

[267] Str., Angebot verneinend: OLG Zweibrücken, Urt. v. 02.02.2004, Az. 7 U 4/03, CISG-Online Case 877; a. A. (Angebot bejahend): OLG Frankfurt, RiW 2001, 383; Staudinger-*Magnus*, Art. 14 CISG Rdnr. 15; MünchKommHGB-*Ferrari*, Art. 14 CISG Rdnr. 14.

[268] Staudinger-*Magnus*, Art. 14 CISG Rdnr. 13; MünchKommHGB-*Ferrari*, Art. 14 CISG Rdnr. 13.

anschrift oder – wenn diese fehlen – am gewöhnlichen Aufenthaltsort des Empfängers erfolgen kann.[269] Daneben finden sich in Art. 24 CISG keine weiteren Zugangserfordernisse, insbesondere wird nicht auf eine tatsächliche Kenntnisnahme durch den Empfänger abgestellt.[270] Nach überwiegender Meinung muss die Erklärung aber derart in den Machtbereich des Empfängers gelangt sein, dass diesem bei normalem Lauf der Dinge eine Kenntnisnahme möglich ist.[271] Das betrifft insbesondere diejenigen Fälle, in denen die Erklärung außerhalb der üblichen Geschäftszeiten in den Briefkasten des Adressaten gelangt oder dort lediglich ein Benachrichtigungsschein der Post eingeworfen wird. Hier erfolgt der Zugang erst mit dem auf die Zustellung folgenden Beginn der Geschäftszeit oder mit der tatsächlichen Kenntnisnahme, sofern diese früher erfolgt.[272] Für **fremdsprachige Erklärungen** wird teilweise die Meinung vertreten, dass diese auch dann zugegangen sein könnten, wenn der Empfänger sie nicht versteht, da derjenige, der am internationalen Handel teilnimmt, mit Erklärungen in „Weltsprachen" rechnen müsse.[273] Überwiegend wird ein Zugang aber nur dann angenommen, wenn die Fremdsprache entweder vereinbart oder die Verhandlungssprache gewesen ist.[274]

206 Die bestehende Bindungswirkung (Rdnr. 204) erfährt eine Durchbrechung, indem der Antragende sich u. U. von seinem Angebot wieder lösen kann. Selbst wenn dieses keinen die Bindung ausschließenden Vorbehalt enthält, kann es nach Art. 15 Abs. 2 CISG „zurückgenommen" oder nach Art. 16 CISG „widerrufen" werden. Die erstgenannte **Rücknahme des Angebots** ist zulässig, wenn sie dem Empfänger vor oder gleichzeitig mit dem Angebot zugeht. Dieser Zugang beurteilt sich nach Art. 24 CISG,[275] so dass dessen Anforderungen (siehe dazu Rdnr. 205) auch hier zu berücksichtigen sind. Darüber hinaus kann der Antragende sich aber auch noch zu einem späteren Zeitpunkt von seiner Offerte lösen: Art. 16 Abs. 1 CISG lässt einen **Widerruf des Angebots** grundsätzlich noch bis zum Abschluss des Vertrages zu, sofern der Widerruf dem Empfänger zugeht, bevor dieser seine Annahmeerklärung abgesandt hat. Die Beweislast hinsichtlich der maßgeblichen Zeitpunkte ist dahingehend verteilt, dass der Anbietende den Zugang seines Widerrufs beweisen muss, der Annehmende dagegen, dass schon vorher seine Annahmeerklärung abgesandt worden ist.[276] **Keine Widerrufsmöglichkeit** besteht jedoch gem. Art. 16 Abs. 2 CISG, wenn das Angebot durch Bestimmung einer festen Frist zur Annahme oder auf andere Weise zum Ausdruck bringt, dass es unwiderruflich ist, oder wenn der Empfänger vernünftigerweise darauf vertrauen konnte, dass das Angebot unwiderruflich ist und er im Vertrauen auf das Angebot

---

[269] Staudinger-*Magnus*, Art. 24 CISG Rdnr. 16; MünchKommHGB-*Ferrari*, Art. 24 CISG Rdnr. 10 f.

[270] MünchKomm-*Gruber*, Art. 24 CISG Rdnr. 15; MünchKommHGB-*Ferrari*, Art. 24 CISG Rdnr. 8.

[271] Soergel-*Lüderitz/Fenge*, Art. 24 CISG Rdnr. 4; Staudinger-*Magnus*, Art. 24 CISG Rdnr. 18; MünchKommHGB-*Ferrari*, Art. 24 CISG Rdnr. 8; Bamberger/Roth-*Saenger*, Art. 24 CISG Rdnr. 4; *Herber/Czerwenka*, Art. 18 CISG Rdnr. 9, Art. 24 CISG Rdnr. 6; a. A. MünchKomm-*Gruber*, Art. 24 CISG Rdnr. 15 (Zugang, wenn Erklärung in Machtbereich des Empfängers gelangt ist).

[272] Str. wie hier Soergel-*Lüderitz/Fenge*, Art. 24 CISG Rdnr. 5; Bamberger/Roth-*Saenger*, Art. 24 CISG Rdnr. 4; *Herber/Czerwenka*, Art. 24 CISG Rdnr. 6; a. A. Staudinger-*Magnus*, Art. 24 CISG Rdnr. 18; MünchKommHGB-*Ferrari*, Art. 24 CISG Rdnr. 13 (sofortiger Zugang auch bei Zustellung außerhalb der Geschäftszeit).

[273] Soergel-*Lüderitz/Fenge*, Art. 24 CISG Rdnr. 6; ablehnend Bamberger/Roth-*Saenger*, Art. 24 CISG Rdnr. 4; MünchKommHGB-*Ferrari*, Art. 24 CISG Rdnr. 8.

[274] Vgl. Soergel-*Lüderitz/Fenge*, Art. 24 CISG Rdnr. 6; Bamberger/Roth-*Saenger*, Art. 24 CISG Rdnr. 4; MünchKommHGB-*Ferrari*, Art. 24 CISG Rdnr. 8; Staudinger-*Magnus*, Art. 24 CISG Rdnr. 20; vgl. auch OLG Hamm, IPRax 1996, 197, 198, wonach der Empfänger u. U. eine Rückfrage- oder Übersetzungspflicht hat.

[275] MünchKommHGB-*Ferrari*, Art. 15 CISG Rdnr. 9; Staudinger-*Magnus*, Art. 15 CISG Rdnr. 9.

[276] Staudinger-*Magnus*, Art. 16 CISG Rdnr. 17; Schlechtriem/Schwenzer-*Schlechtriem/Schroeter*, Art. 16 CISG Rdnr. 7; MünchKommHGB-*Ferrari*, Art. 16 CISG Rdnr. 13.

gehandelt hat, etwa indem bereits Leistungsvorbereitungen getroffen wurden. Auch ein unwiderrufliches **Angebot erlischt,** sobald dem Anbietenden eine Ablehnung zugeht (Art. 17 CISG).

c) Annahme. Die Annahme kann **ausdrücklich oder konkludent** erfolgen und wird grundsätzlich mit Zugang (Art. 18 Abs. 2 S. 1, 24 CISG; dazu Rdnr. 203 und sogleich Rdnr. 208) beim Anbietenden wirksam, sofern dies innerhalb der vom Antragenden bestimmten oder einer angemessenen Frist erfolgt (Art. 18 Abs. 2 S. 2, 3 CISG). Wenn der Anbietende keine besonderen Vorgaben gemacht hat (z. B.: „mit eingeschriebenem Brief") kann die Annahme mit jedem beliebigen Kommunikationsmittel erfolgen, das nicht notwendig mit demjenigen des Angebots übereinstimmen muss.[277] Die Annahme kann auch durch ein sonstiges, also schlüssiges Verhalten erfolgen, wie insbesondere durch die Absendung bzw. Entgegennahme der Ware,[278] die Überweisung des Kaufpreises[279] (vgl. auch § 18 Abs. 3 CISG) oder auch durch Eröffnung eines Akkreditivs durch einen „Letter of Intent".[280] Jedenfalls muss der Annahmewille nach außen in Erscheinung treten. Für bloßes **„Schweigen oder Untätigkeit allein"** stellt Art. 18 Abs. 1 S. 2 CISG ausdrücklich klar, dass diese keine Annahme darstellen. Dies gilt zunächst auch für das Schweigen auf ein kaufmännisches Bestätigungsschreiben.[281] Aus der Betonung des „allein" und im Zusammenhang mit Art. 18 Abs. 3 CISG wird jedoch allgemein gefolgert, dass im Ausnahmefalle entsprechend den Gepflogenheiten und Gebräuchen der Parteien oder aufgrund ausdrücklicher Vereinbarung auch ein Schweigen zum Vertragsschluss führen kann.[282] Erforderlich ist allerdings in jedem Falle ein besonderer Anknüpfungspunkt, damit dem Schweigen im Verhältnis zwischen den konkreten Parteien rechtsgeschäftliche Bedeutung beigemessen werden kann.[283] So kann etwa das unbenutzte Beiseitestellen unbestellter Ware kein Vertragsverhältnis begründen.[284] Zweifelhaft ist, ob ein derartiger Anknüpfungspunkt und demzufolge eine konkludente Annahme bereits dann angenommen werden können, wenn ein Widerspruch „kaufmännischen Gepflogenheiten" entsprochen hätte.[285] Durch einseitige Festlegung seitens des Anbietenden kann das Schweigen des Angebotsempfängers aber jedenfalls nicht mit einer Annahmefiktion versehen werden.[286]

Die Annahme wird nicht bereits mit deren Absendung, sondern erst mit **Zugang beim Anbietenden wirksam** (Art. 18 Abs. 2 S. 1, 24 CISG). Insofern gilt das gleiche wie hinsichtlich des Antrags (siehe Rdnr. 205). Nach Art. 18 Abs. 3 CISG kann aber der Zugang der Annahme entbehrlich sein. Ohne Unterrichtung des Anbietenden wird sie in dem Zeitpunkt wirksam, in der eine Handlung – wie z. B. die Absendung der Ware – vorgenommen wird, aus der sich die Zustimmung zum Vertragsangebot ergibt. Vorausgesetzt ist aber, dass im Antrag auf den Zugang der Annahmeerklärung – etwa durch die Aufforderung zur sofortigen Lieferung („erbitte unverzügliche Absendung" oder „erbitte unverzügliche

---

[277] Staudinger-*Magnus*, Art. 18 CISG Rdnr. 8; Soergel-*Lüderitz/Fenge*, Art. 18 CISG Rdnr. 2; MünchKommHGB-*Ferrari*, Art.18 CISG Rdnr. 7.
[278] Schweizer Bundesgericht, IHR 2004, 28; *Piltz*, NJW 2005, 2126, 2128.
[279] Soergel-*Lüderitz/Fenge*, Art. 18 CISG Rdnr. 11; Staudinger-*Magnus*, Art. 18 CISG Rdnr. 11.
[280] Staudinger-*Magnus*, Art. 18 CISG Rdnr. 11; *Piltz*, NJW 2005, 2126, 2128; MünchKommHGB-*Ferrari*, Art.18 CISG Rdnr. 7.
[281] MünchKommHGB-*Ferrari*, Art. 18 CISG Rdnr. 10; Staudinger-*Magnus*, Art. 19 CISG Rdnr. 26 m.w.N.
[282] Staudinger-*Magnus*, Art. 18 CISG Rdnr. 12; Schlechtriem/Schwenzer-*Schlechtriem/Schroeter*, Art. 18 CISG Rdnr. 9; *Piltz*, NJW 2003, 2056, 2060; *Holl/Kessler*, RIW 1995, 457, 459.
[283] Ebenroth/Boujong/Joost-*Eckert*, § 362 HGB Rdnr. 45.
[284] BGH, IHR 2004, 29; Staudinger-*Magnus*, Art. 18 CISG Rdnr. 12.
[285] So OLG München, IHR 2001, 197; ablehnend *Piltz*, NJW 2003, 2056, 2060.
[286] Soergel-*Lüderitz/Fenge,* Art. 18 CISG Rdnr. 12; Schlechtriem/Schwenzer-*Schlechtriem/Schroeter*, Art. 18 CISG Rdnr. 9.

Absendung und Benachrichtigung"[287]) verzichtet wurde oder sich dies aus zwischen den Parteien entstandenen Gepflogenheiten oder Gebräuchen ergibt. Art. 22 CISG lässt eine **Rücknahme der Annahme** zu, allerdings nur dann, wenn die Rücknahmeerklärung dem Anbietenden vor oder gleichzeitig mit der Annahme zugeht. Ist diese nach Art. 18 Abs. 3 CISG nicht zugangsbedürftig, so scheidet regelmäßig eine Rücknahme aus.[288]

209 Das Vorliegen von Angebot und Annahme führt grundsätzlich nur dann zu einem Vertragsschluss, wenn beide Willenserklärungen übereinstimmen. Dementsprechend ist in Art. 19 Abs. 1 CISG festgelegt, dass eine mit Annahmewillen dem Antragenden zugegangene Antwort nicht als Annahme zu werten ist, wenn sie **Ergänzungen, Einschränkungen oder sonstige Änderungen** enthält. Rechtlich wird dies – wie in § 150 Abs. 2 BGB (dazu Rdnr. 143) – als Ablehnung verbunden mit einem neuen Angebot („Gegenangebot") gewertet. Dieses Gegenangebot kann zunächst seinerseits angenommen werden, wodurch der Vertrag mit dem Inhalt des Gegenangebots zustande kommt. Dies kann auch schlüssig geschehen, etwa indem der Vertragspartner auf der Lieferung der Ware besteht.[289] Wird das Gegenangebot jedoch nicht angenommen, so differenziert Art. 19 CISG danach, ob die Abweichung das Angebot wesentlich ändert oder nicht. Bei einer **wesentlichen Abweichung** bleibt es bei dem Grundsatz des Art. 19 Abs. 1, so dass es an einer wirksamen Annahme fehlt.

210 Problematisch ist insoweit die Einordnung **abweichender AGB** (battle of forms).[290] Eine spezielle Vorschrift zu dieser Frage enthält das Übereinkommen nicht, weshalb auch hier auf Art. 19 CISG zurückgegriffen werden muss.[291] Bei nur unwesentlichen Abweichungen der AGB kommt daher der Vertrag gem. Art. 19 Abs. 2 CISG zustande, es sei denn, der jeweilige Offerent beanstandet die Abweichung (dazu sogleich Rdnr. 211).[292] In der Regel werden sich die AGB allerdings wesentlich voneinander unterscheiden,[293] so dass die von den abweichenden AGB begleitete Annahme gem. Art. 19 Abs. 1 CISG als Gegenangebot zu werten ist. Eine konsequente Anwendung der Vorschrift würde hier, wenn dieses Gegenangebot nicht angenommen wird, einem Vertragsschluss entgegenstehen.[294] Sofern der Vertrag gleichwohl zur Durchführung kommt, wäre von der Geltung der sog. **last-shot rule** auszugehen, d. h. es kämen die zuletzt übersandten AGB zur Geltung.[295] Diese Lösung wird indessen vom BGH[296] und dem überwiegenden Teil des Schrifttums[297] zu Recht als nicht

---

[287] Staudinger-*Magnus*, Art. 18 CISG Rdnr. 26; Schlechtriem/Schwenzer-*Schlechtriem/Schroeter*, Art. 18 CISG Rdnr. 20; Soergel-*Lüderitz/Fenge*, Art. 18 CISG Rdnr. 11; MünchKommHGB-*Ferrari*, Art. 18 CISG Rdnr. 19.

[288] Vgl. Soergel-*Lüderitz/Fenge*, Art. 22 CISG Rdnr. 2; Staudinger-*Magnus*, Art. 22 CISG Rdnr. 10.

[289] OLG Düsseldorf, IHR 2005, 24.

[290] Zum Streitstand vgl. Staudinger-*Magnus*, Art. 19 CISG Rdnr. 20 ff.; MünchKomm-*Gruber*, Art. 19 CISG Rdnr. 18 ff., jeweils m.w. N.

[291] BGH, NJW 2002, 1651, 1652 f.; OLG Düsseldorf, IHR 2005, 24; MünchKommHGB-*Ferrari*, Art 19 CISG Rdnr. 14; Staudinger-*Magnus*, Art. 19 CISG Rdnr. 20; *Piltz*, NJW 2005, 2126, 2128; nach a. A. soll das Problem anhand des nach dem vom IPR berufenen nationalen Recht zu lösen sein, so Rb Rotterdam, Nederlands Internationaal Privaatrecht 2001, Nr. 147; *Ebenroth*, JurBl 1986, 686.

[292] Staudinger-*Magnus*, Art. 19 CISG Rdnr. 21; MünchKommHGB-*Ferrari*, Art. 19 CISG Rdnr. 15; *Herber/Czerwenka*, Art. 19 CISG Rdnr. 21; *Schwenzer*, IPRax 1988, 212 f.

[293] Staudinger-*Magnus*, Art. 19 CISG Rdnr. 22; Soergel-*Lüderitz/Fenge*, Art. 19 CISG Rdnr. 5; *Herber/Czerwenka*, Art. 19 CISG Rdnr. 18.

[294] So MünchKommHGB-*Ferrari*, Art. 19 CISG Rdnr. 15; *Piltz*, Int. KaufR, § 3 Rdnr. 95.

[295] Dafür OLG Hamm, OLGR 1993, 27 = CISG-Online Case 57; MünchKommHGB-*Ferrari*, Art. 19 CISG Rdnr. 15; *Herber/Czerwenka*, Art. 19 CISG Rdnr. 18; *Piltz*, IHR 2004, 133, 137.

[296] BGH, NJW 2002, 1651, 1652 f.; ebenso AG Kehl, NJW-RR 1996, 565

[297] Staudinger-*Magnus*, Art. 19 CISG Rdnr. 24 f.; Bamberger/Roth-*Saenger*, Art. 19 CISG Rdnr. 3; Soergel-*Lüderitz/Fenge*, Art. 19 CISG Rdnr. 5; *Magnus*, ZeuP 2002, 523, 533; *Kröll/Hennecke*, RIW 2000, 736 ff.

interessengerecht empfunden und daher unter Bevorzugung der auch im deutschen Recht (Rdnr. 143) geltenden **Restgültigkeitslösung** abgelehnt. Danach gelten, jedenfalls soweit der Vertragsschlusswille als solcher nicht in Frage steht und insbesondere durch Durchführungsakte bestätigt wird, die kollidierenden AGB nur insoweit, als sie miteinander **übereinstimmen.** Die sich widersprechenden AGB „neutralisieren" sich hingegen und werden nicht Vertragsbestandteil, vielmehr kommt insoweit das **dispositive Recht** des Übereinkommens zur Anwendung. Diese Lösung verdient schon deshalb Zustimmung, weil nur so hinreichend berücksichtigt wird, dass es die Parteien aufgrund ihrer Privatautonomie in der Hand haben, auf die Geltung der widerstreitenden Geschäftsbedingungen zu verzichten und zudem ein vertragsloser Zustand in der Praxis kaum interessengerecht wäre.

Ist die **Änderung** dagegen **nicht wesentlich,** so kommt der Vertrag mit den in der Annahme enthaltenen Modifikationen zustande, wenn nicht der Anbietende die Abweichung unverzüglich mündlich beanstandet oder eine entsprechende Mitteilung absendet (Art. 19 Abs. 2 CISG). Widerspricht er, scheitert der Vertragsschluss.[298] Diese Rechtsfolge tritt nur ein, wenn die **Absendung unverzüglich** erfolgt ist. Für die Wirksamkeit der Beanstandung kommt es nicht auf den Zugang an (vgl. Art. 24 CISG).[299] Unverzüglich ist der Widerspruch, wenn er ohne schuldhaftes Zögern erfolgt, wobei dem Erklärungspflichtigen regelmäßig keine Überlegungsfrist zugebilligt wird.[300] In Anbetracht der somit bestehenden Obliegenheit einer Beanstandung kommt der **Abgrenzung** zwischen wesentlichen und unwesentlichen Abweichungen große Bedeutung zu. Art. 19 Abs. 3 CISG enthält eine **Auslegungshilfe** dahingehend, dass insbesondere Abweichungen, die Preis, Bezahlung, Qualität und Menge der Ware, Ort und Zeit der Lieferung oder den Umfang der Haftung einer Partei betreffen, als wesentlich angesehen werden. Diese Beispiele sind weder abschließend,[301] noch darf bei jeglicher Abweichung in einem der genannten Vertragsbestandteile generell eine Wesentlichkeit angenommen werden. Vielmehr sind die Umstände des Einzelfalles zu beachten, wobei neben dem übrigen Vertragsinhalt auch die Gepflogenheiten und Gebräuchen zwischen den Parteien sowie das Ausmaß der Abweichung von Bedeutung sind. Entscheidend ist letztlich, ob ein redlicher Offerent unter den Umständen des konkreten Falles die Abweichung vom Angebot hinnehmen würde.[302] So erscheint es kaum gerechtfertigt, einen Vertragsschluss etwa wegen Abweichungen bei den Zahlungsmodalitäten oder bei der Liefermenge stets nach Art. 19 Abs. 1, 3 CISG in Frage zu stellen, auch wenn die Differenzen nur geringfügig sind.[303] Eine Abweichung ist auch dann als nicht wesentlich zu qualifizieren, wenn sie für den Anbietenden nur vorteilhaft ist.[304]

d) Annahmefrist. Im Anwendungsbereich des UN-Kaufrechts entfaltet ein Angebot – entsprechend dem deutschen Recht (dazu Rdnr. 146 ff.) – ebenfalls keine unendlich lange Bindungswirkung, sondern es kann nur innerhalb einer gewissen Zeit angenommen wer-

---

[298] Vgl. Schlechtriem/Schwenzer-*Schlechtriem/Schroeter*, Art. 19 CISG Rdnr. 15; MünchKomm-HGB-*Ferrari*, Art. 19 CISG Rdnr. 18, 20 ff.; Staudinger-*Magnus*, Art. 19 CISG Rdnr. 14.
[299] Soergel-*Lüderitz/Fenge*, Art. 19 CISG Rdnr. 4; Art. 24 CISG Rdnr. 1; Staudinger-*Magnus*, Art. 19 CISG Rdnr. 13; Art. 24 CISG Rdnr. 7.
[300] Vgl. Soergel-*Lüderitz/Fenge*, Art. 19 CISG Rdnr. 4; Staudinger-*Magnus*, Art. 19 CISG Rdnr. 13; Schlechtriem/Schwenzer-*Schlechtriem/Schroeter*, Art. 19 CISG Rdnr. 16; MünchKommHGB-*Ferrari*, Art. 19 CISG Rdnr. 23; vgl. aber auch Honsell-*Schnyder/Straub*, Art. 19 CISG Rdnr. 26, die dem Offerenten eine gewisse Prüfungsfrist zugestehen möchten.
[301] Staudinger-*Magnus*, Art. 19 CISG Rdnr. 19; Soergel-*Lüderitz/Fenge*, Art. 19 CISG Rdnr. 3.
[302] Staudinger-*Magnus*, Art. 19 CISG Rdnr. 19.
[303] OLG Naumburg, TranspR-IHR 2000, 22 f.; Soergel-*Lüderitz/Fenge*, Art. 19 CISG Rdnr. 3 f.; MünchKommHGB-*Ferrari*, Art. 19 CISG Rdnr. 10 m.w.N.
[304] OGH, ZfRV 1997, 204, 207; zur Festlegung einer „Reklamationsfrist" von 30 Tagen ab Rechnungsdatum vgl. LG Baden-Baden, RIW 1992, 62 f.; weitere Beispiele bei Schlechtriem/Schwenzer-*Schlechtriem/Schroeter*, Art. 19 CISG Rdnr. 13; Staudinger-*Magnus*, Art. 19 CISG Rdnr. 19; MünchKomm-*Gruber*, Art. 19 CISG Rdnr. 8

den. Nach Art. 18 Abs. 2 S. 2 CISG wird die Annahme grundsätzlich nicht wirksam, wenn sie nicht innerhalb der vom Antragenden bestimmten oder – wenn eine solche Festlegung fehlt – innerhalb einer angemessenen Frist dem Anbietenden zugegangen ist. Zur Bestimmung der **angemessenen Annahmefrist** sind – vergleichbar der Regelung des § 147 Abs. 2 BGB (siehe dazu Rdnr. 147) – die **Umstände des Geschäfts,** insbesondere dessen Gegenstand und Umfang sowie die Schnelligkeit der vom Anbietenden gewählten **Übertragungsart** zu berücksichtigen.[305] Ein mündliches Angebot kann gem. Art. 18 Abs. 2 S. 3 CISG grundsätzlich nur sofort angenommen werden, wenn sich aus den Umständen nichts anderes ergibt, was etwa daraus resultieren kann, dass vor Abschluss eines internationalen Kaufvertrages noch Einfuhrbestimmungen oder die Notwendigkeit von Genehmigungen zu prüfen sind.[306] Dem mündlichen ist das telefonische Angebot gleichgestellt, das der Empfänger sofort vernimmt, nicht dagegen die auf Anrufbeantworter oder per Fax, E-mail oder mittels eines anderen zwischengeschalteten Mediums (z. B. über einen Boten[307]) eingegangene Erklärung (zur vergleichbaren deutschen Rechtslage siehe Rdnr. 149).[308]

213 Hat der **Anbietende** eine **Annahmefrist gesetzt,** muss die Annahme innerhalb der so bestimmten Zeit dem Antragenden zugegangen sein. Für diese gewillkürte Fristsetzung enthält Art. 20 CISG eine **Auslegungsregel** hinsichtlich des **Beginns und der Berechnung der Frist,** die teilweise vom deutschen Recht abweicht (siehe dazu Rdnr. 144, 146 f.): Nach Art. 20 Abs. 1 S. 1 CISG läuft eine brieflich oder durch Telegramm gesetzte Frist nicht erst ab Zugang beim Empfänger, sondern bereits mit der Abgabe des Telegramms oder ab dem im Brief oder – falls dort ein Datum fehlt – mit dem auf dem Umschlag angegebenen Datum. Bei einer mündlichen, telefonischen, durch Fernschreiben oder durch eine andere sofortige Übermittlungsart (z. B. E-mail, Fax) gesetzten Annahmefrist wird hingegen auf den Zugang des Angebots beim Empfänger abgestellt (Art. 20 Abs. 1 S. 2 CISG).[309] Die Auslegungsregel des Art. 20 Abs. 2 CISG betrifft die **Fristberechnung** und ist vergleichbar mit § 193 BGB. Danach werden gesetzliche Feiertage und arbeitsfreie Tage, die *in* die Laufzeit der Annahmefristen fallen, mitgezählt. Fällt der bestimmte Tag bzw. der letzte Tag der Frist am Ort der Niederlassung (vgl. Art. 10 CISG) des Anbietenden *auf* einen gesetzlichen Feiertag oder arbeitsfreien Tag, verlängert sich die Frist bis zum ersten darauf folgenden Arbeitstag.

214 Geht die Annahmeerklärung **verspätet** zu, so wird sie gemäß Art. 18 Abs. 2 S 2 CISG nicht wirksam und ein Vertrag nicht geschlossen (vgl. Art. 23 CISG). Da aber jedenfalls Angebot und Annahme vorliegen, sieht Art. 21 CISG Möglichkeiten vor, den angestrebten Vertragsschluss trotz der Verspätung noch herbeizuführen. Dabei wird unterschieden, ob die Annahmeerklärung bereits verspätet abgesandt wurde (Absatz 1) oder ob bei rechtzeitiger Absendung eine Transportverzögerung die Verspätung des Zugangs verursacht hat (Absatz 2). Ist die **Annahme** bereits **verspätet abgesandt** worden, kann der Vertrag gleichwohl zustande kommen,[310] wenn der Anbietende dem Annehmenden gegenüber unverzüglich eine schriftliche oder mündliche Billigungserklärung abgibt. Unverzüglich bedeutet auch hier wiederum „ohne schuldhaftes Zögern", wobei für die Rechtzeitigkeit die Absendung

---

[305] Vgl. MünchKommHGB-*Ferrari*, Art. 18 CISG Rdnr. 26; Schlechtriem/Schwenzer-*Schlechtriem/Schroeter*, Art. 18 CISG Rdnr. 15; Soergel-*Lüderitz/Fenge*, Art. 18 CISG Rdnr. 7.

[306] Staudinger-*Magnus*, Art. 18 CISG Rdnr. 20; Schlechtriem/Schwenzer-*Schlechtriem/Schroeter*, Art. 18 CISG Rdnr. 16; Soergel-*Lüderitz/Fenge*, Art. 18 CISG Rdnr. 8; Staudinger-*Magnus*, Art. 18 CISG Rdnr. 20.

[307] Staudinger-*Magnus*, Art. 18 CISG Rdnr. 21; *Herber/Czerwenka*, Art. 18 CISG Rdnr. 16.

[308] Schlechtriem/Schwenzer-*Schlechtriem/Schroeter*, Art. 18 CISG Rdnr. 17; Soergel-*Lüderitz/Fenge*, Art. 18 CISG Rdnr. 9; Staudinger-*Magnus*, Art. 18 CISG Rdnr. 21.

[309] Bamberger/Roth-*Saenger*, Art. 20 CISG Rdnr. 4; Staudinger-*Magnus*, Art. 20 CISG Rdnr. 10; Schlechtriem/Schwenzer-*Schlechtriem/Schroeter*, Art. 20 CISG Rdnr. 3.

[310] Zur dogmatischen Konstruktion vgl. Schlechtriem/Schwenzer-*Schlechtriem/Schroeter*, Art. 21 CISG Rdnr. 2 m. w. N.

der Billigung und nicht deren Zugang entscheidend ist.³¹¹ Für die rechtzeitig abgesandte, aber wegen einer **Transportverzögerung** verspätet zugegangene, in einem Brief oder anderen Schriftstück enthaltene Annahmeerklärung bestimmt Art. 21 Abs. 2 CISG, dass sie als Annahme zu werten ist, wenn sie bei normaler Beförderung rechtzeitig zugegangen wäre und sich dies aus dem Schriftstück ergibt. Den Anbietenden trifft dann die Obliegenheit, den Annehmenden unverzüglich schriftlich oder mündlich davon zu unterrichten, dass er das Angebot als erloschen betrachtet. Wenn ein solcher rechtzeitiger Hinweis auf die Verzögerung nicht erfolgt, kommt der Vertrag mit der verspätet zugegangenen Annahmeerklärung zustande. Dies entspricht § 149 BGB (siehe dazu Rdnr. 148). Die **Beweislast** für den verspäteten Zugang nach Absatz 2 und die rechtzeitige Unterrichtung davon trägt der Anbietende. Der Annehmende muss demgegenüber beweisen, dass eine Transportverzögerung den verspäteten Zugang der Annahmeerklärung herbeigeführt hat und dies erkennbar war.³¹²

e) Formerfordernisse. Auch im UN-Kaufrecht gilt der Grundsatz der **Formfreiheit** für den Vertragsabschluss (Art. 11 CISG), also die vertragsbegründenden Willenserklärungen Angebot (Art. 14 CISG) und Annahme (Art. 18, 19 CISG).³¹³ Den Vertragsparteien steht es allerdings auch frei, insbesondere den Vertrag schriftlich abzuschließen und auch für jede spätere Änderung oder Aufhebung des Vertrages ein Schriftformerfordernis festzulegen. Bei Vereinbarung der Schriftform genügt nach Art. 13 CISG vorbehaltlich anderer Absprachen die Erklärung per Telegramm, Telex und Fax, so dass die Form auch ohne Unterschrift gewahrt ist.³¹⁴ Vertragsstaaten, die gem. Art. 12, 96 CISG erklären, die Art. 11, 29 CISG nicht anwenden zu wollen, weil aufgrund ihrer nationalen Rechtsvorschriften Kaufverträge schriftlich geschlossen werden müssen, bewirken durch ihren Vorbehalt, sofern eine Partei ihre Niederlassung in einem solchen Vertragsstaat³¹⁵ hat, dass für die Form das durch das internationale Privatrecht zu ermittelnde nationale Recht anzuwenden ist.³¹⁶ **215**

f) Allgemeine Geschäftsbedingungen. Für grenzüberschreitende Verträge enthält das UN-Kaufrecht keine speziellen Bestimmungen hinsichtlich der Wirksamkeit und der **Einbeziehung** von AGB. Daher gilt auch hier, dass der vollständige Text der AGB rechtsgeschäftlich nach den Art. 7, 8, 14ff. CISG vereinbart worden sein muss.³¹⁷ Im Grundsatz muss der Verwender daher dem Vertragspartner die AGB so zur Kenntnis bringen, dass dieser sie verstehen und zur Kenntnis nehmen kann.³¹⁸ Hierfür genügt nach Ansicht der Rechtsprechung allerdings nicht – wie im deutschen Recht gem. § 305 Abs. 2 BGB (Rdnr. 168ff.) – ein ausdrücklicher Hinweis oder deutlicher Aushang nebst einer zumutbaren Möglichkeit der Kenntnisnahme, sondern es wird regelmäßig die **Übersendung der AGB** in einer dem **216**

---

³¹¹ Staudinger-*Magnus*, Art. 21 CISG Rdnr. 11; Schlechtriem/Schwenzer-*Schlechtriem/Schroeter*, Art. 21 CISG Rdnr. 7; Soergel-*Lüderitz/Fenge*, Art. 21 CISG Rdnr. 3.
³¹² MünchKomm-*Gruber*, Art. 21 CISG Rdnr. 25; Honsell-*Schnyder/Straub*, Art. 21 CISG Rdnr. 41; Bamberger/Roth-*Saenger*, Art. 21 CISG Rdnr. 5; a. A. MünchKommHGB-*Ferrari*, Art. 21 CISG Rdnr. 22, wonach die Beweislast hier diejenige Partei trägt, die sich auf den wirksamen Vertragsschluss beruft.
³¹³ *Piltz*, NJW 2003, 2056, 2060.
³¹⁴ Staudinger-*Magnus*, Art. 13 CISG Rdnr. 4; MünchKommHGB-*Ferrari*, Art. 13 CISG Rdnr. 2; a. A. *Herber/Czerwenka*, Art. 13 CISG Rdnr. 3.
³¹⁵ Staudinger-*Magnus*, CISG, Einl. Rdnr. 35; *Piltz*, NJW 2000, 553ff.; Bamberger/Roth-*Saenger*, Art. 11 CISG Rdnr. 1.
³¹⁶ *Piltz*, in: v.Westphalen, Handbuch des Kaufrechts in den EG-Staaten, S. 21, Rdnr. 39; MünchKommHGB-*Ferrari*, Art. 11 CISG Rdnr. 11; Art. 12 CISG Rdnr. 4f.
³¹⁷ BGH, NJW 2002, 370f.; OLG Düsseldorf, IHR 2005, 24; LG Trier, IHR 2004, 115; Staudinger-*Magnus*, Art. 14 CISG Rdnr. 40ff.
³¹⁸ BGH, NJW 2002, 370ff.; OLG Düsseldorf, NJOZ 2004, 3118; MünchKommHGB-*Ferrari*, Art. 14 CISG Rdnr. 39; Staudinger-*Magnus*, Art. 14 CISG Rdnr. 40, *ders.*, ZEuP 1997, 823, 836f.

Vertragspartner verständlichen Sprache bis spätestens zum Vertragsschluss verlangt.[319] Etwas anderes kann gelten, wenn die AGB in einer **laufenden Geschäftsverbindung** ständig Geschäftsgrundlage sind, aber nicht mehr bei jedem Vertragsschluss übersandt werden.[320] Dagegen genügt für eine wirksame Einbeziehung beispielsweise nicht die in den Niederlanden verbreitete Praxis, die AGB bei einer Handelskammer zu hinterlegen.[321] Der Vertragspartner des Verwenders ist nicht etwa verpflichtet, sich nach fehlenden AGB zu erkundigen oder Nachforschungen anzustellen.[322] Das muss schließlich auch dann gelten, wenn der Verwender auf seine im **Internet** zugänglichen AGB verweist, so dass auch in diesen Fällen die AGB nicht wirksam einbezogen werden.[323] Es ist nicht Sache seines Vertragspartners, sich selbst Zugang zu den AGB zu verschaffen, zumal bei einer bloßen Bereitstellung der AGB auf einer Internetseite das Risiko nachträglicher Veränderungen besteht. Eine **Übersendung** der AGB in **elektronischer und speicherbarer Form** – etwa als Dateianhang einer E-Mail – dürfte dagegen ausreichend sein.[324]

217 Die **Inhaltskontrolle Allgemeiner Geschäftsbedingungen** richtet sich nicht nach dem CISG, sondern nach dem gemäß Kollisionsrecht anwendbaren jeweiligen nationalen Recht.[325] Wird als Maßstab für die Unzulässigkeit einer Klausel auf die Abweichung von der geltenden Rechtsordnung abgestellt (§ 307 Abs. 2 Nr. 1 BGB), so sind auch die Vorschriften des UN-Kaufrechts zu berücksichtigen, soweit die Parteien nicht dessen Geltung ausgeschlossen haben (dazu vgl. Rdnr. 129).[326] Auf einzelne Klauseln wird im jeweiligen Sachzusammenhang eingegangen.

---

[319] BGH, NJW 2002, 370, 371 f.; OLG Düsseldorf, IHR 2005, 24, 27; Staudinger-*Magnus*, Art. 14 CISG Rdnr. 41; *Stürner*, BB 2006, 2029, 2030; *Piltz*, NJW 2005, 2126, 2128; a.A. *Schmidt-Kessel*, NJW 2002, 3444.

[320] Staudinger-*Magnus*, Art. 14 CISG Rdnr. 41; *Piltz*, IHR 2004, 133 ff.; *Huber/Kröll*, IPRax 2003, 311.

[321] Hof Arnhem, Nederlands Internationaal Privaatrecht 1999, Nr. 245; Staudinger-*Magnus*, Art. 14 CISG Rdnr. 41; *Piltz*, IHR 2004, 133, 134; *ders.*, NJW 2003, 2056, 2060.

[322] BGH, NJW 2002, 370, 371 f.; OLG Düsseldorf, NJW-RR 2001, 1562.

[323] Str., wie hier Staudinger-*Magnus*, Art. 14 CISG Rdnr. 41a; *Piltz*, IHR 2004, 133, 134; *Ventsch/Kluth*, IHR 2003, 224, 225; a.A. MünchKomm-*Gruber*, Art. 14 CISG Rdnr. 30; *Stiegele/Halter*, IHR 2003, 169.

[324] Staudinger-*Magnus*, Art. 14 CISG Rdnr. 41a.

[325] OLG München v. 19.10.2006, CISG-Online Case 1394; Bamberger/Roth-*Saenger*, Art. 4 CISG Rdnr. 22; Soergel-*Lüderitz/Fenge*, Art. 4 CISG Rdnr. 6; Staudinger-*Magnus*, Art. 4 CISG Rdnr. 24 ff.; *Freiburg*, IHR 2005, 56, 60; *Schillo*, IHR 2003, 257, 258.

[326] MünchKommHGB-*Ferrari*, Art. 14 CISG Rdnr. 41; Bamberger/Roth-*Saenger*, Art. 14 CISG Rdnr. 7; *Herber/Czerwenka*, Art. 4 CISG Rdnr. 12; *Sieg*, RIW 1996, 811, 814 m.w.N.

4. Kapitel. Die Pflichten des Verkäufers

A. Verkäuferpflichten nach BGB

I. Überblick

Die **Hauptpflichten** des Verkäufers sind in § 433 Abs. 1 BGB normiert. Nach S. 1 dieser Vorschrift hat der Verkäufer dem Käufer die **Kaufsache zu übergeben** (dazu Rdnr. 220 ff.) und ihm das **Eigentum** daran **zu verschaffen** (Rdnr. 242 ff.). Bei einem Kauf von Rechten oder sonstigen Gegenständen trifft den Verkäufer gem. §§ 453 Abs. 1, 433 Abs. 1 BGB ebenfalls eine Verschaffungspflicht (dazu Rdnr. 307 ff.). Inhaltlich werden diese Pflichten durch § 433 Abs. 1 S. 2 BGB dahingehend konkretisiert, dass dem Käufer eine **sach- und rechtsmangelfreie** Kaufsache verschafft werden muss (hierzu Rdnr. 328 ff.). Darin liegt eine bedeutende Änderung gegenüber der Rechtslage vor der Schuldrechtsreform, da dort eine ausdrückliche Pflicht zur mangelfreien Verschaffung nur in Bezug auf Rechtsmängel bestand (vgl. § 434 BGB a. F.). **218**

Darüber hinaus können den Verkäufer sowohl vorvertragliche als auch nachvertragliche **Nebenpflichten** treffen, deren Umfang und Inhalt weitgehend von der jeweiligen vertraglichen Gestaltung und den Umständen des Einzelfalls abhängig ist[1] (Rdnr. 460 ff.). Ferner können sich spezifische Pflichten aus einer vom Verkäufer abgegebenen **Garantie** ergeben (dazu Rdnr. 1415 ff.). **219**

II. Übergabepflicht

Die Pflicht zur Übergabe der Kaufsache i. S. d. § 433 Abs. 1 S. 1 BGB ist eine **selbständige Hauptpflicht** und steht als solche neben der Pflicht zur Eigentumsverschaffung, wenngleich – in erster Linie bei beweglichen Sachen – die Übergabe gem. § 929 S. 1 BGB oft gleichzeitig einen Teil der Eigentumsverschaffung ausmacht.[2] Die praktische Bedeutsamkeit dieser Trennung zwischen Übergabe und Eigentumsverschaffung zeigt sich beispielsweise beim Kauf unter Eigentumsvorbehalt und beim Grundstückskauf, wenn der Käufer das Grundstück ohne Zwischeneintragung im Grundbuch weiterveräußern will.[3] **220**

1. Begriff und Inhalt

a) Durchführung. Mit der Formulierung „Übergabe der Sache" in § 433 Abs. 1 S. 1 BGB ist, sofern die Parteien nichts anderes vereinbart haben, grundsätzlich die Verschaffung des **unmittelbaren Besitzes** an der Kaufsache gemeint.[4] Hierzu muss dem Käufer gem. § 854 Abs. 1 BGB grundsätzlich die **tatsächliche Sachherrschaft** eingeräumt werden. Sofern der Käufer diese bereits innehat, genügt nach § 854 Abs. 2 BGB die bloße Einigung über die Besitzverschaffung.[5] Bei einem Kauf unter **Eigentumsvorbehalt** (dazu Rdnr. 254 ff.) wird der Käufer unmittelbarer Fremdbesitzer.[6] Der Vorbehalt stellt hier ein Besitzmittlungsverhältnis dar, aufgrund dessen er bis zum Bedingungseintritt für den Verkäufer besitzt.[7] **221**

---

[1] Staudinger-*Beckmann*, § 433 BGB Rdnr. 66.
[2] MünchKomm-*Westermann*, § 433 BGB Rdnr. 48; Staudinger-*Beckmann*, § 433 BGB Rdnr. 66.
[3] Staudinger-*Beckmann*, § 433 BGB Rdnr. 67.
[4] Bamberger/Roth-*Faust*, § 433 BGB Rdnr. 33; PWW-*Schmidt*, § 433 BGB Rdnr. 17.
[5] Staudinger-*Beckmann*, § 433 BGB Rdnr. 69; Erman-*Grunewald*, § 433 BGB Rdnr. 14.
[6] Erman-*Grunewald*, § 449 BGB Rdnr. 17.
[7] BGH, NJW 1971, 1038, 1039; MünchKomm-*Westermann*, § 449 BGB Rdnr. 26.

222 Eine Übergabe an einen Besitzdiener oder Besitzmittler des Käufers bzw. sonstige Dritte kann ausreichen, sofern dies vertraglich vereinbart ist oder nach §§ 362 Abs. 2, 185 BGB vom Käufer genehmigt wird.[8] Auch kann der Käufer seinen Übergabeanspruch abtreten und den Verkäufer zur Übergabe an den Zessionar anweisen, wobei aber die Übergabe an den Zessionar für den Verkäufer wegen § 399 BGB keine Mehrbelastung darstellen darf.[9] Typisches Beispiel für eine Übergabe an Dritte ist das sog. Streckengeschäft, bei dem der Hersteller an den Händler und dieser an den Endabnehmer verkauft, der Hersteller aber direkt an den Endabnehmer liefert und dadurch sowohl der Hersteller als auch der Händler ihre Übergabepflicht erfüllen.[10]

223 Auch auf Seiten des Verkäufers können bei der Übergabe Dritte tätig werden, etwa als Besitzdiener oder als Geheißpersonen, die weder Besitzdiener noch Besitzmittler sind (z. B. Lieferanten).[11]

224 Die Verschaffung bloß mittelbaren Besitzes, etwa durch Abtretung des Herausgabeanspruchs i. S. d. §§ 868, 870 BGB, entspricht nicht § 433 Abs. 1 S. 1 BGB und genügt daher nur dann, wenn die Parteien dies vereinbart haben.[12] Das gilt auch für die Übergabe von handelsrechtlichen **Traditionspapieren** (vgl. dazu Rdnr. 502).

225 Welche tatsächlichen Realakte[13] zur **Erfüllung der Übergabepflicht** erforderlich sind, richtet sich nach den jeweiligen Umständen, insbesondere nach der Art der Kaufsache.[14] **Bewegliche Sachen** sind dem Käufer grundsätzlich zu übergeben. Bei **Fahrzeugen** kann es beispielsweise aber auch ausreichen, wenn der KFZ-Brief (bzw. nunmehr die Zulassungsbescheinigung Teil II[15]) sowie sämtliche Schlüssel übergeben werden und dem Käufer der Ort des Fahrzeugs mitgeteilt wird.[16] **Immobilien** werden übergeben, indem der Verkäufer dem Käufer die Möglichkeit des ungehinderten und ausschließlichen Zugangs verschafft.[17] Bei körperlich umgrenzten Grundstücken ist hierzu die Aushändigung der Schlüssel oder sonstiger Zugangsinstrumente erforderlich. Ist das Grundstück nicht umschlossen und der Käufer ohne weiteres in der Lage, es uneingeschränkt in Gebrauch zu nehmen, so genügt eine entsprechende Erklärung des Verkäufers.[18] Gleiches gilt für Bauwerke auf Grundstücken. **Holz auf dem Stamm** wird durch die Einräumung des Zugangs zu dem betreffenden Grundstück und die Erteilung der Aneignungsgestattung i. S. d. § 956 Abs. 1 übergeben.[19] Wird eine **Eigentumswohnung** verkauft, so umfasst die Übergabepflicht im Zweifel auch die Verschaffung von Mitbesitz an gemeinschaftlichen Einrichtungen und Ausstattungen.[20]

226 Die **erfolgte Übergabe** führt zum Entstehen eines **Besitzrechts des Käufers** i. S. d. § 986 BGB. Dieses unterliegt nicht der Verjährung, so dass der Käufer die Sache auch dann

---

[8] Staudinger-*Beckmann*, § 433 BGB Rdnr. 70; MünchKomm-*Westermann*, § 433 BGB Rdnr. 48; vgl. auch AG Mießbach NJW-RR 2005, 422, 423: Übergabe an Nachbarn nicht ausreichend, da dieser mangels Weisungs-abhängigkeit kein Besitzdiener ist.

[9] Staudinger-*Beckmann*, § 433 BGB Rdnr. 70.

[10] BGH, NJW 1986, 1166, 1167; Bamberger/Roth-*Faust*, § 433 BGB Rdnr. 36; PWW-*Schmidt*, § 433 BGB Rdnr. 19.

[11] MünchKomm-*Westermann*, § 433 BGB Rdnr. 48; Erman-*Grunewald*, § 433 BGB Rdnr. 14; krit. *Hager*, ZZP 1993, 1446.

[12] Staudinger-*Beckmann*, § 433 BGB Rdnr. 73; Erman-*Grunewald*, § 433 BGB Rdnr. 14.

[13] Staudinger-*Beckmann*, § 433 BGB Rdnr. 69.

[14] OLG Karlsruhe, DWW 2008, 151.

[15] Seit dem 01.10.2005 sind KFZ-Brief und Fahrzeugschein durch die Zulassungsbescheinigung Teil II bzw. Teil I ersetzt worden, vgl. §§ 23, 24 StVZO sowie die Muster 2 a, 2 b der Anlage zur StVZO i. d. F. v. 30.04.2006, BGBl. I 2006, S. 988.

[16] Soergel-*Stadler*, § 854 BGB Rdnr. 5; vgl. auch OLG Schleswig, SchlHA 1997, 182, 183; Bamberger/Roth-*Fritzsche*, § 854 BGB Rdnr. 39: Übergabe nur des KFZ-Briefs genügt hingegen nicht.

[17] Erman-*Grunewald*, § 433 BGB Rdnr. 14.

[18] MünchKomm-*Westermann*, § 433 BGB Rdnr. 50.

[19] BGH LM Nr. 1 zu § 854 BGB; MünchKomm-*Westermann*, § 433 BGB Rdnr. 50.

[20] BGH, WM 1971, 1251.

A. Verkäuferpflichten nach BGB

nicht zurückgeben muss, wenn der Eigentumsverschaffungsanspruch verjährt ist.[21] Des weiteren erlangt der Käufer mit der Übergabe die Nutzungsmöglichkeit an der Kaufsache und es stehen ihm gem. § 446 S. 2 BGB die Nutzungen zu.

Auch ohne dahingehende Vereinbarung kann der Verkäufer schließlich im Rahmen seiner Übergabepflicht auch zur **Verpackung der Kaufsache** verpflichtet sein. Ob das der Fall ist, richtet sich nach den jeweiligen Einzelfallumständen, insbesondere nach der Art der Kaufsache und den Modalitäten der Übergabe. Als Beurteilungsmaßstab ist insoweit derjenige der „gewöhnlichen Beschaffenheit" i. S. d. § 434 Abs. 1 S. 2 Nr. 2 BGB heranzuziehen (dazu Rdnr. 360).[22] Danach ist eine Verpackungspflicht insbesondere dann anzunehmen, wenn zu befürchten ist, dass die Ware bei gewöhnlicher Behandlung im Rahmen der Übergabe oder eines erforderlichen Transports beschädigt werden könnte,[23] etwa weil sie besonders empfindlich oder in Einzelteile zerlegt ist. Schließlich können den Verkäufer im Zusammenhang mit der Übergabe weitere **Nebenpflichten** treffen, so etwa Untersuchungs-, Verwahrungs- und Erhaltungspflichten (vgl. hierzu Rdnr. 482 ff.).

227

b) Leistungsort. Der jeweilige **Erfüllungsort,** an dem der Verkäufer seiner Übergabepflicht nachkommen muss, richtet sich nach den vertraglichen Vereinbarungen, ansonsten nach § 269 BGB.[24] Bei einem Versendungskauf ist die besondere Gefahrtragungsregel des § 447 BGB zu beachten (siehe dazu Rdnr. 404). Demzufolge ist nach der Auslegungsregel des § 269 Abs. 1 BGB der Leistungsort grundsätzlich der **Sitz des Verkäufers**.[25] Das soll – vorbehaltlich anderweitiger Abreden – nach Ansicht des BGH auch im **Versandhandel** gelten.[26] Das lässt jedoch unberücksichtigt, dass es beim Versandhandel typischerweise Aufgabe des Verkäufers ist, die Versendung der Kaufsache – auf eigene oder Kosten des Käufers – zu veranlassen. Somit ergibt sich i. S. d. § 269 Abs. 1 BGB „aus der Natur des Schuldverhältnisses" als Erfüllungsort der **Sitz des Käufers**.[27]

228

c) Leistungszeit. Die Leistungszeit richtet sich grundsätzlich nach § 271 Abs. 1 BGB, so dass, wenn keine Leistungszeit vereinbart oder aus den Umständen zu entnehmen ist, die Übergabepflicht des Verkäufers **sofort fällig** ist. Dabei wird ausschließlich auf einen objektiven Maßstab abgestellt, zu warten hat der Käufer allenfalls in engen Grenzen.[28] Im Rahmen eines **Verbrauchsgüterkaufs** (Rdnr. 96 ff.) ist allerdings ab dem **13.06.2014** die durch das Gesetz zur Umsetzung der Verbraucherrechterichtlinie[29] geschaffene Sonderregelung in § 474 Abs. 3 BGB n. F. zu beachten. Nach § 474 Abs. 3 S. 1 BGB n. F. kann der Käufer abweichend von § 271 Abs. 1 BGB keine sofortige, sondern nur eine **unverzügliche** Erfüllung der Übergabepflicht des Verkäufers verlangen. Auch dies gilt allerdings nur, soweit die Parteien keine abweichende Leistungszeit bestimmt haben und sich auch aus den Umständen keine solche ergibt. Mit dem Begriff der „Unverzüglichkeit" wird ein **subjektiver Maßstab** eingeführt, d. h. der Leistungszeitpunkt bestimmt sich danach, in welcher Zeit dem Verkäufer eine Erfüllung seiner Übergabepflicht zugemutet werden kann. Nach der Gesetzesbegrün-

228a

---

[21] RGZ 138, 296, 298; Staudinger-*Beckmann*, § 433 BGB Rdnr. 67.
[22] PWW-*Schmidt*, § 437 BGB Rdnr. 62; a. A. wohl Palandt-*Weidenkaff*, § 433 BGB Rdnr. 35 (Nebenpflicht).
[23] BGH, NJW 1983, 1496, 1497; BGH, NJW 1976, 1253; MünchKomm-*Westermann*, § 433 BGB Rdnr. 66; Palandt-*Weidenkaff*, § 433 BGB Rdnr. 35; *Zimmer*, BB 1988, 2192.
[24] Staudinger-*Beckmann*, § 433 BGB Rdnr. 73; Bamberger/Roth-*Faust*, § 433 BGB Rdnr. 35.
[25] So auch BGH, NJW 2011, 2278, 2280 f. zum Leistungsort bezüglich der Nacherfüllungspflicht des Verkäufers.
[26] BGH, NJW 2003, 3341, 3342; ebenso Bamberger/Roth-*Unberath*, § 269 BGB Rdnr. 25, 33; Soergel-*Wolf*, § 269 BGB Rdnr. 16.
[27] OLG Stuttgart, NJW-RR 1999, 1576, 1577; OLG Oldenburg, NJW-RR 1992, 1527, 1528; OLG Frankfurt a.M., NJW 1989, 957, 958; MünchKomm-*Krüger*, § 269 BGB Rdnr. 20; Palandt-*Heinrichs*, § 269 BGB Rdnr. 12; *Borges*, DB 2004, 1815
[28] OLG München, NJW-RR 1992, 820; Palandt-*Grüneberg*, § 271 BGB Rdnr. 10.
[29] Vgl. dazu Rdnr. 174.

dung soll damit etwa Fällen Rechnung getragen werden, in denen eine Sache verkauft wird, die der Unternehmer vor Übergabe an den Verbraucher noch an dessen Sonderwünsche anpassen oder die er sich erst selbst von einem Dritten besorgen muss. In einer solchen Situation kann eine zeitliche Verzögerung subjektiv entschuldigt sein und daher die Leistung trotz der Verzögerung noch als unverzüglich angesehen werden.[30] Eine **Höchstfrist** legt dabei aber § 474 Abs. 3 S. 2 n. F. BGB fest, wonach der Verkäufer die Sache spätestens nach **30 Tagen** zu übergeben hat. Die Neuregelung betrifft allerdings nur die Frage der Fälligkeit, also die Festlegung des Zeitpunkts, ab welchem der Käufer die Erfüllung beanspruchen kann. Hinsichtlich der **Erfüllbarkeit** stellt § 474 Abs. 3 S. 3 BGB n. F. klar, dass der Verkäufer – wie nach bisherigem Recht – seine Leistung auch sofort bewirken kann.

228b Bei den in der Praxis gebräuchlichen formularmäßigen **Lieferklauseln** ist § 308 Nr. 1 BGB zu beachten. Danach darf sich der Verkäufer keine unbestimmte oder unangemessen lange Lieferfrist (sog. „unechte Nachfrist") vorbehalten. **Nicht hinreichend bestimmt** ist eine Lieferklausel, wenn der Käufer nicht in der Lage ist, das Fristende zu erkennen bzw. selbst zu berechnen,[31] wie etwa bei der Klausel „Angaben über die Lieferfrist sind unverbindlich, soweit nicht ausnahmsweise der Liefertermin verbindlich und schriftlich zugesagt wurde"[32] oder bei der Angabe von Lieferfristen mit dem Zusatz „in der Regel".[33] Bei der Beurteilung der **Angemessenheit der Fristlänge** sind die jeweiligen Einzelfallumstände entscheidend.[34] So sind im Neuwagenhandel Fristen von sechs Wochen[35] und im Möbelhandel Fristen von drei[36] bzw. vier Wochen[37] als unbedenklich angesehen worden. Des Weiteren sind auch Klauseln, die dem Verkäufer das Recht einräumen, ungeachtet eines individuell vereinbarten Termins **vorzeitig** zu liefern, jedenfalls dann unwirksam, wenn einer vorzeitigen Lieferung schützenswerte Interessen des Käufers entgegenstehen, wie der BGH dies beispielsweise bei der Lieferung einer Einbauküche angenommen hat.[38] Ist eine Lieferklausel unwirksam, so gilt gem. § 306 Abs. 2 BGB wiederum die Fälligkeitsregelung des § 271 BGB.

229 Die Übergabepflicht ist gem. § 320 BGB **Zug um Zug** gegen Zahlung des Kaufpreises (dazu Rdnr. 1227 ff.) zu erfüllen. Möglich ist aber auch die Vereinbarung einer **Vorleistungspflicht** des Verkäufers, der dann nur noch bei nachträglich erkennbar werdender mangelnder Leistungsfähigkeit des Käufers die Unsicherheitseinrede des § 321 BGB erheben kann. Zur Vorleistungspflicht des Käufers auf der Grundlage einer Vorauszahlungsvereinbarung siehe Rdnr. 1310.

230 **d) Abgrenzungen.** Die Übergabe i. S. d. § 433 Abs. 1 S. 1 BGB ist zum Einen von der Übergabe i. S. d. § 447 Abs. 1 BGB und zum Anderen von der Ablieferung i. S. d. §§ 438 Abs. 2 BGB, 377 Abs. 1 HGB zu unterscheiden.

231 Wird bei einem **Versendungskauf** die Kaufsache an einen Frachtführer oder Spediteur zum Versand übergeben, so geht damit – soweit es sich nicht um einen Verbrauchsgüterkauf handelt (vgl. § 474 Abs. 2 BGB a. F., beachte die Ausnahme in § 474 Abs. 4 BGB n. F., dazu Rdnr. 404) – gem. § 447 Abs. 1 BGB die Preisgefahr auf den Käufer über. Gleichwohl tritt mit einer solchen **Aushändigung** nicht automatisch auch die Erfüllung der Übergabepflicht aus § 433 Abs. 1 S. 1 BGB ein, da sie dem Käufer noch nicht den unmittelbaren Besitz an

---

[30] BT-Drucks. 17/12637, S. 69 f.
[31] BGH, NJW 2007, 1198, BGH NJW 1989, 1603; KG v. 03.04.2007, Az. 5 W 73/07 (BeckRS 2007 06181); Bamberger/Roth-*Becker*, § 308 Nr. 1 BGB Rdnr. 11 ff.; Palandt-*Heinrichs*, § 308 BGB Rdnr. 8.
[32] LG Frankfurt a. M., WRP 2005, 922, 923.
[33] KG v. 03.04.2007, Az. 5 W 73/07 (BeckRS 2007 06181).
[34] Palandt-*Heinrichs*, § 308 BGB Rdnr. 7.
[35] BGH, NJW 1990, 1784; BGH, NJW 1982, 331.
[36] BGH, NJW 2001, 303.
[37] BGH, NJW 2007, 1198, 1200 f.
[38] BGH, NJW 2007, 1198, 1199 f.

der Kaufsache verschafft.[39] Etwas anderes gilt nur, wenn die Transportperson Besitzdiener[40] oder Stellvertreter[41] des Käufers ist oder die Übergabepflicht nach den vertraglichen Vereinbarungen mit der Aushändigung an die Transportperson erfüllt sein soll. Eine solche – konkludente – Abbedingung der Übergabepflicht ist etwa dann anzunehmen, wenn der Käufer bereits mit Übergabe an die Transportperson gem. §§ 929, 930, 931 BGB Eigentum erwerben soll.[42]

Des weiteren ist auch der für den Verjährungsbeginn bei beweglichen Sachen maßgebliche Begriff der **Ablieferung** i. S. d. §§ 438 Abs. 2 BGB, 377 Abs. 1 HGB nicht mit dem der Übergabe i. S. d. § 433 Abs. 1 S. 1 BGB identisch.[43] Mit der Ablieferung ist lediglich der einseitige Realakt gemeint, mittels welchem die Sache von der Verfügungsgewalt des Verkäufers in diejenige des Käufers übergeht.[44] Dies wird zwar häufig, aber nicht notwendig mit der Übergabe zusammenfallen, da letztere zusätzlich die Mitwirkung des Käufers, die **Abnahme** (vgl. dazu Rdnr. 1311 ff.) voraussetzt.[45] **232**

2. Kosten der Übergabe

Im Zuge der Erfüllung der Übergabepflicht können verschiedene Kosten entstehen, deren Verteilung durch § 448 BGB geregelt wird. Vom Anwendungsbereich dieser Vorschrift nicht erfasst werden hingegen die Kosten einer erneuten Übergabe im Rahmen einer Nacherfüllung, für welche die Spezialregelung des § 439 Abs. 2 BGB eingreift (vgl. Rdnr. 671). Die Regelung des § 448 BGB ist in vollem Umfang **dispositiv**,[46] wovon insbesondere beim Handelskauf (Rdnr. 503) oft Gebrauch gemacht wird. **233**

a) Kauf beweglicher Sachen. Im Bereich des Sachkaufs sind die Kosten der Übergabe gem. § 448 Abs. 1 BGB grundsätzlich vom Verkäufer zu tragen. Die Regelung betrifft jedoch nur die **Kostentragungspflicht im Innenverhältnis** der Kaufvertragsparteien. Die Kostenhaftung im Außenverhältnis richtet sich dagegen allein nach dem Rechtsverhältnis, aufgrund dessen die Kosten entstanden sind.[47] Welche Kosten im konkreten Fall unter den Begriff „Kosten der Übergabe" fallen, richtet sich in erster Linie danach, welche Übergabehandlungen vom Verkäufer geschuldet sind.[48] **234**

Ist eine **Holschuld** vereinbart, so muss der Verkäufer die Ware in einem zur Abholung geeigneten Zustand bereitstellen.[49] Ist hierzu – wie oftmals bei Gattungskäufen – ein Aussondern, Abmessen oder Abwiegen der Ware erforderlich, so fallen die dafür anfallenden Kosten dem Verkäufer zur Last.[50] Wenngleich diese Kosten von § 449 BGB a. F. noch ausdrücklich erwähnt wurden, stellt die Streichung dieser Formulierung keine inhaltliche Änderung dar. Vielmehr wurde davon ausgegangen, dass solche Kosten bereits von dem allgemeinen Begriff der „Kosten der Übergabe" miterfasst sind.[51] Hingegen sind etwaige Transportkosten bei einer Holschuld keine Kosten der Übergabe, sondern solche der Abnahme und daher gem. § 448 Abs. 1, 2. HS BGB vom Käufer zu tragen.[52] **235**

---

[39] Palandt-*Weidenkaff*, § 447 BGB Rdnr. 14.
[40] Staudinger-*Beckmann*, § 433 BGB Rdnr. 75.
[41] Palandt-*Weidenkaff*, § 447 BGB Rdnr. 14.
[42] Staudinger-*Beckmann*, § 433 BGB Rdnr. 75.
[43] Palandt-*Weidenkaff*, § 433 BGB Rdnr. 15.
[44] BGH, NJW 1988, 2608, 2609; BGHZ 93, 338, 345; Staudinger-*Beckmann*, § 433 BGB Rdnr. 76.
[45] Staudinger-*Beckmann*, § 433 BGB Rdnr. 76.
[46] MünchKomm-*Westermann*, § 448 BGB Rdnr. 13; Palandt-*Weidenkaff*, § 448 BGB Rdnr. 4.
[47] RGZ 96, 43, 48 (zu § 449 BGB a. F.); MünchKomm-*Westermann*, § 448 BGB Rdnr. 2.
[48] Staudinger-*Beckmann*, § 448 BGB Rdnr. 4.
[49] MünchKomm-*Westermann*, § 448 BGB Rdnr. 4; Erman-*Grunewald*, § 448 BGB Rdnr. 4.
[50] Erman-*Grunewald*, § 448 BGB Rdnr. 4; MünchKomm-*Westermann*, § 448 BGB Rdnr. 4.
[51] BT-Drucks. 14/6040, S. 241.
[52] Bamberger/Roth-*Faust*, § 448 BGB Rdnr. 5.

236 Bei einer **Bringschuld** umfasst dagegen die Übergabepflicht des Verkäufers zusätzlich den Transport, so dass er auch die entsprechenden Kosten einschließlich der Entladekosten zu tragen hat.[53] Ebenfalls fallen dem Verkäufer hier etwaige durch das Einfüllen von Flüssigkeiten entstehende Kosten zur Last. Die Rechtsprechung hat in Bezug auf einen Stromlieferungsvertrag sogar die Kosten der Verlegung von Einspeisungskabeln als Übergabekosten i. S. d. § 449 BGB a. F. angesehen.[54]

237 Im Rahmen eines Versendungskaufs – der etwa bei einem Verkauf über die Auktionsplattform Ebay den Regelfall bildet[55] – fallen die Versendungskosten nach § 448 Abs. 1 BGB dem Käufer zur Last. Der Verkäufer trägt hier also – ähnlich der Holschuld – nur die Kosten der ordnungsgemäßen Bereitstellung und Übergabe der Ware an die Transportperson.[56]

238 Ferner gehören zu den vom Verkäufer zu tragenden Übergabekosten auch solche, die aufgrund einer notwendigen **Lagerung und Erhaltung** der Ware bis zum Übergabezeitpunkt entstehen.[57] **Zölle** und sonstige Abgaben fallen dem Verkäufer dann zur Last, wenn sie im Rahmen der Bereitstellung der Ware am jeweils geschuldeten Übergabeort anfallen.[58] Etwaige **Verpackungskosten** sind vom Verkäufer dann zu tragen, wenn die Verpackung von ihm als Nebenpflicht geschuldet wird (dazu Rdnr. 227).

239 **b) Grundstücke und Grundstücksrechte.** Ist eine Immobilie oder ein Recht an einer Immobilie Gegenstand des Kaufvertrags, so weist die Sonderregelung des § 448 Abs. 2 BGB die Kostentragung für die **Vertragsbeurkundung**, die **Auflassung**, die **Eintragung** und die hierfür erforderlichen Erklärungen dem Käufer zu. Die Vorschrift ist gem. § 452 BGB auch auf den Kauf von eingetragenen Schiffen und Schiffsbauwerken sowie gem. § 11 ErbbauVO auf den Kauf von Erbbaurechten anwendbar.

240 Für **sonstige Kosten** gilt allerdings auch beim Grundstückskauf § 448 Abs. 1 BGB, so dass der Verkäufer insbesondere die Kosten einer **Vermessung** des Grundstücks zu tragen hat.[59] Etwas anderes soll dann gelten, wenn die Vermessung zur Erlangung einer beim Kauf von Eigentumswohnungen erforderlich Teilungsgenehmigung vorgenommen wird. In diesem Fall sei die Teilungsgenehmigung bzw. die Zustimmung der anderen Wohnungseigentümer eine „zur Eintragung erforderliche Erklärung" i. S. d. § 448 Abs. 2 BGB, so dass die Kosten hierfür dem Käufer zur Last fallen.[60]

241 Für die beim Erwerb von Immobilien anfallende **Grunderwerbssteuer** haften im Außenverhältnis beide Parteien gem. §§ 13 GrEStG, 7 StAnpG, 421 BGB als Gesamtschuldner.[61] Im Innenverhältnis wird dagegen von einer Verkehrssitte ausgegangen, nach welcher der Käufer die Steuerschuld zu übernehmen hat.[62]

---

[53] PWW-*Schmidt*, § 448 BGB Rdnr. 5; Erman-*Grunewald*, § 448 Rdnr. 2.
[54] BGH, NJW-RR 1994, 175, 177; krit. MünchKomm-*Westermann*, § 448 BGB Rdnr. 5.
[55] LG Berlin, NJW 2003, 3493, 3494.
[56] Bamberger/Roth-*Faust*, § 448 Rdnr. 6; Staudinger-*Beckmann*, § 448 BGB Rdnr. 6.
[57] Staudinger-*Beckmann*, § 433 BGB Rdnr. 4.
[58] Palandt-*Weidenkaff*, § 448 BGB Rdnr. 3; Erman-*Grunewald*, § 448 BGB Rdnr. 2; PWW-*Schmidt* § 448 BGB Rdnr. 5; a. A. Staudinger-*Beckmann*, § 448 BGB Rdnr. 5: Bei Inlandsgeschäften trägt Verkäufer Zollkosten, bei grenzüberschreitenden Verkäufen der Verkäufer die ausfuhrbedingten, der Käufer die einfuhrbedingten Zölle.
[59] Staudinger-*Beckmann*, § 448 BGB Rdnr. 4; Erman-*Grunewald*, § 448 BGB Rdnr. 6.
[60] MünchKomm-*Westermann*, § 448 BGB Rdnr. 10.
[61] Staudinger-*Beckmann*, § 448 BGB Rdnr. 26; näher *Bruschke*, UVR 2003, 168 ff.
[62] OLG Bremen, DNotZ 1975, 95, 95 m.w.N.; MünchKomm-*Westermann*, § 448 BGB Rdnr. 11; Erman-*Grunewald*, § 448 BGB Rdnr. 6; a.A. *Grziwotz*, NJW 2000, 2647: Kostenteilung.

III. Eigentumsverschaffungspflicht

1. Inhalt

Die zweite Hauptpflicht des Verkäufers besteht darin, dem Käufer das Eigentum an der Kaufsache zu verschaffen. Erfüllt ist diese Pflicht grundsätzlich erst dann, wenn der Käufer **unbelastetes Volleigentum** erworben hat.[63] 242

Bei **beweglichen Sachen** sind dafür gem. §§ 929 ff. BGB die dingliche Einigung, also das Einigsein über den Eigentumsübergang, und die Übergabe erforderlich. Letztere kann durch die Vereinbarung eines Besitzmittlungsverhältnisses (§§ 868, 930 BGB) oder die Abtretung eines Herausgabeanspruchs (§§ 870, 931 BGB) ersetzt werden (vgl. dazu bereits Rdnr. 224). 243

Die Übereignung von **Immobilien** setzt gem. § 873 BGB ebenfalls eine dingliche Einigung und deren Eintragung sowie gem. § 925 die Auflassung voraus. Die Verschaffung bloßen Bucheigentums genügt nicht, da hierdurch keine dauerhafte und absolute Eigentumsposition des Käufers begründet wird.[64] Mit der Auflassung als solcher erwirbt der Käufer allerdings noch kein **Anwartschaftsrecht**,[65] ein solches entsteht vielmehr erst dann, wenn der Käufer auch einen Antrag auf Eintragung als Eigentümer i. S. d. § 13 Abs. 1 GBO gestellt hat[66] oder zu seinen Gunsten eine Vormerkung i. S. d. § 883 Abs. 1 BGB eingetragen worden ist.[67] Dieses Anwartschaftsrecht ist sodann seinerseits durch bloße Auflassung übertragbar.[68] Wird der Erwerber dann als Eigentümer im Grundbuch eingetragen, erlangt er das Eigentum unmittelbar vom (Erst-) Verkäufer.[69] 244

Die Eigentumsverschaffungspflicht beinhaltet auch die Erbringung aller **Bewirkungs- und Mitwirkungshandlungen,** die zur Herbeiführung des Eigentumsübergangs erforderlich sind.[70] So muss der Verkäufer sich beispielsweise um die Erteilung notwendiger **Genehmigungen** bemühen.[71] Dies betrifft insbesondere Grundstücksverkehrsgenehmigungen nach § 1 GVO oder § 2 GrdstVG. Wird die Genehmigung versagt, ist er aber grundsätzlich nicht zur Einlegung von Rechtsmitteln verpflichtet, sondern es tritt Unmöglichkeit i. S. d. § 275 Abs. 1 BGB ein.[72] Ebenfalls hat der Verkäufer erforderliche **Willenserklärungen** abgeben.[73] Beim Grundstückskauf muss er etwaige Eintragungshindernisse beseitigen sowie die registerrechtlichen Voraussetzungen der Eintragung – etwa die Voreintragung i. S. d. § 39 GBO – herbeiführen.[74] Gegebenenfalls obliegt es ihm auch, Dritte zur Aufgabe von Grundbuchpositionen zu bewegen, welche vom Käufer nicht übernommen worden sind.[75] Im Übrigen hat der Verkäufer alles zu unterlassen, was den Eigentumserwerb des Käufers verhindern könnte.[76] 245

---

[63] PWW-*Schmidt*, § 433 BGB Rdnr. 22.
[64] RGZ 132, 145, 148 f.; PWW-*Schmidt*, § 433 BGB Rdnr. 24; Palandt-*Weidenkaff*, § 433 BGB Rdnr. 18.
[65] BGH, NJW 1989, 1093, 1094; BGHZ 103, 175, 179; BGHZ 89, 41, 44 f.; Palandt-*Bassenge*, § 925 BGB Rdnr. 23; Erman-*Lorenz*, § 925 BGB Rdnr. 55; a. A. *Reinicke/Tiedtke*, KaufR, Rdnr. 203 ff.
[66] BGH, NJW 1982, 1639, 1640; Erman-*Lorenz*, § 925 BGB Rdnr. 55.
[67] BGHZ 114, 161, 164; BGH, NJW 1989, 1093, 1094; BGH, NJW-RR 1992, 1178, 1180; Bamberger/Roth-*Grün*, § 925 BGB Rdnr. 43.
[68] BGHZ 114, 161, 164; Bamberger/Roth-*Grün*, § 925 BGB Rdnr. 46.
[69] BGH, NJW 1968, 493, 494; BGHZ 83, 395, 399; Erman-*Lorenz*, § 925 BGB Rdnr. 59; Bamberger/Roth-*Grün*, § 925 BGB Rdnr. 46.
[70] Palandt-*Weidenkaff*, § 433 BGB Rdnr. 18.
[71] BGH, NJW 1969, 837, 838; Palandt-*Weidenkaff*, § 433 BGB Rdnr. 18.
[72] BGH, NJW 1969, 837, 838; MünchKomm-*Westermann*, § 433 BGB Rdnr. 56.
[73] MünchKomm-*Westermann*, § 433 BGB Rdnr. 56.
[74] BGH, NJW 1971, 1750, 1751; MünchKomm-*Westermann*, § 433 BGB Rdnr. 52.
[75] BGH, NJW 2007, 3777, 3781.
[76] RGZ 118, 100, 101; MünchKomm-*Westermann*, § 433 BGB Rdnr. 52.

246 Die Pflicht zur Übereignung erstreckt sich ferner auch auf für die Eigentumslegitimation wichtige **Urkunden**[77] wie beispielsweise den KFZ-Schein[78] und den KFZ-Brief[79] bzw. seit dem 01.10.2005 die Zulassungsbescheinigung Teil I und II.[80] Der KFZ-Brief bzw. die Zulassungsbescheinigung Teil II ist zwar für die Verschaffung des Eigentums nicht erforderlich, da diese Dokumente § 952 BGB unterfallen[81] und damit dem Eigentum am KFZ folgen, doch haben sie erhebliche Bedeutung für einen gutgläubigen Erwerb des Fahrzeugs (Rdnr. 253).[82]

247 Beruht der **Eigentumserwerb** des Käufers nicht auf Handlungen des Verkäufers, sondern erfolgt er **aufgrund** eines **Hoheitsaktes,** wie etwa einer Beschlagnahme und Zuweisung **oder** tritt er **kraft Gesetzes** ein, wie z. B. durch Verbindung, Vermischung oder Verarbeitung i. S. d. §§ 946 ff. BGB, so stellt dies nur dann eine Erfüllung der Eigentumsverschaffungspflicht des Verkäufers (bzw. eine Leistung an Erfüllung statt i. S. d. § 362 Abs. 2 BGB) dar, wenn die betreffende Erwerbsart vertraglich vereinbart war. Ist dies nicht der Fall, tritt Unmöglichkeit wegen Zweckerreichung i. S. d. § 275 Abs. 1 BGB ein.[83]

2. Beteiligung Dritter

248 Sowohl auf seiten des Verkäufers als auch auf seiten des Käufers können im Rahmen der Eigentumsverschaffungspflicht Dritte eingeschaltet werden.[84]

249 **a) Bei Übereignung.** So muss der Verkäufer die Übereignungshandlungen nicht zwingend selbst vornehmen. Er kann sich hierzu vielmehr nach allgemeinen Regeln eines **Erfüllungsgehilfens** bedienen.[85] Ebenso genügt es, wenn Dritte auf **Anweisung** des Verkäufers und ohne Zwischenerwerb des Verkäufers direkt an den Käufer liefern.[86] In solchen Situationen wird aber regelmäßig eine sog. **Streckengeschäft** anzunehmen sein, bei dem mehrere Übereignungen unter Mitwirkung von Geheißpersonen hintereinandergeschaltet sind.[87] Ähnlich liegt es bei der **Kettenauflassung,** bei welcher das Eigentum an einem Grundstück mehreren Erwerbern aufgelassen wird, aber nur der Letzterwerber im Grundbuch eingetragen wird. Hier erlangen die Zwischenerwerber weder Eigentum am Grundstück noch ein entsprechendes Anwartschaftsrecht,[88] sondern in der Auflassung an sie liegt lediglich die Einwilligung des Erstverkäufers in die (Weiter-) Verfügung der Zwischenerwerber als Nichtberechtigte.[89] Umgekehrt kann auch der Käufer den Verkäufer anweisen, zur Erfüllung des Kaufvertrags die Sache einem Dritten zu übereignen.[90]

250 **b) Eigentum Dritter.** Des weiteren muss der **Verkäufer** auch **nicht selbst Eigentümer** sein. Es genügt vielmehr, wenn er dem Käufer das Eigentum verschaffen kann, etwa auf-

---

[77] PWW-*Schmidt*, § 433 BGB Rdnr. 26.
[78] Bamberger/Roth-*Faust*, § 433 BGB Rdnr. 47.
[79] BGH, NJW 1983, 2139, 2139; OLG Oldenburg NJW-RR 2000, 507, 507.
[80] Vgl. oben Fn. 14.
[81] Bamberger/Roth-*Kindl*, § 952 BGB Rdnr. 5.
[82] Vgl. dazu Erman-*Michalski*, § 932 BGB Rdnr. 11.
[83] Staudinger-*Beckmann*, § 433 BGB Rdnr. 82; Erman-*Grunewald*, § 433 BGB Rdnr. 19.
[84] Erman-*Grunewald*, § 433 BGB Rdnr. 18.
[85] Staudinger-*Beckmann*, § 433 BGB Rdnr. 77.
[86] BGH, NJW 1986, 1166, 1166; Erman-*Grunewald*, § 433 BGB Rdnr. 19; Bamberger/Roth-*Faust*, § 433 BGB Rdnr. 37.
[87] BGH, NJW 1986, 1166, 1167; BGH, NJW 1982, 2371, 2372; Bamberger/Roth-*Faust*, § 433 BGB Rdnr. 37; Erman-*Grunewald*, § 433 BGB Rdnr. 19.
[88] BGH, NJW 1989, 1093, 1094; BGH, NJW-RR 1992, 1178, 1180; näher Bamberger/Roth-*Grün*, § 925 BGB Rdnr. 25; Palandt-*Bassenge*, § 925 BGB Rdnr. 22 f.
[89] BGH, NJW 1989, 1093, 1094; BGH, NJW 1997, 936, 937; BGH, NJW-RR 1992, 1178, 1180.
[90] Erman-*Grunewald*, § 433 BGB Rdnr. 19.

A. Verkäuferpflichten nach BGB

grund einer Vollmacht oder einer Einwilligung bzw. Genehmigung des Eigentümers.[91] Insoweit ist der Verkäufer verpflichtet, alle zumutbaren Anstrengungen zu unternehmen, um sich bzw. dem Käufer die Sache zwecks Erfüllung seiner Übereignungspflicht zu beschaffen bzw. die Einwilligung oder Genehmigung des Eigentümers herbeizuführen.[92] Gelingt dies nicht, bleibt gleichwohl die Wirksamkeit des Kaufvertrags gem. § 311 a Abs. 1 BGB unberührt und der Verkäufer haftet dem Käufer im Rahmen des § 311 a Abs. 2 BGB.[93]

Insoweit besteht aufgrund der Abhängigkeit eines Verkäufers von seinem jeweiligen Lieferanten ein gewisses **Beschaffungsrisiko.** Dieses kann in gewissen Grenzen durch sog. **Selbstbelieferungsklauseln**[94] abgemildert werden, mittels derer die Verschaffungspflicht des Verkäufers unter eine auflösende Bedingung oder einen Rücktrittsvorbehalt gestellt wird.[95] Eine völlige Freizeichnung von der Verschaffungspflicht ist indessen nur ausnahmsweise und unter strengen Voraussetzungen möglich. In der Regel setzt vor dem Hintergrund der §§ 308 Nr. 3, 307 BGB eine wirksame formularvertragliche Freizeichnung voraus, dass der Verkäufer ein kongruentes **Deckungsgeschäft** abgeschlossen hat[96] und von seinem Lieferanten wider Erwarten nicht oder nicht rechtzeitig beliefert worden ist.[97] Kongruent ist das Deckungsgeschäft dabei nur dann, wenn sich bei reibungslosem Ablauf der Verkauf aus dem vorangegangenem Deckungsgeschäft hätte bestreiten lassen.[98] Das wiederum erfordert, dass sich Qualität und Quantität der Ware sowie die sonstigen Vertragsbedingungen entsprechen.[99] Des weiteren muss die Nichtlieferung dem Käufer unverzüglich angezeigt werden. 251

Unwirksam sind die vor allem im Versandhandel verbreiteten sog. **Änderungsvorbehaltsklauseln,** mit denen sich der Verkäufer für den Fall, dass die Kaufsache „nicht verfügbar" oder „nicht lieferbar" ist, das Recht zur Lieferung eines „qualitativ und preislich gleichwertigen Artikels" vorbehält.[100] Solche Klauseln berücksichtigen nicht, dass die Kaufsache vom Käufer oft nach dessen individuellen Wünschen und Bedürfnissen ausgewählt wurde. Sie tragen insofern dem Interesse des Käufers, nur die vertraglich geschuldete Ware als Erfüllung i. S. d. §§ 433 Abs. 1, 362 Abs. 1 BGB annehmen zu müssen, nicht hinreichend Rechnung.[101] Vielmehr belassen Änderungsvorbehalte dem Verkäufer einen Spielraum für Abweichungen von dem vertraglich vereinbarten Standard, die dem Käufer nicht zumutbar sind.[102] Sie verstoßen daher gegen § 308 Nr. 4 BGB.[103] Auch die Einräumung eines befristeten Rückgaberechts für den Fall der Lieferung eines Ersatzartikels ändert nichts an der Unwirksamkeit einer solchen Ersetzungsbefugnis. Das ergibt sich daraus, dass die Lieferung einer anderen als der geschuldeten Sache gem. § 434 Abs. 3 BGB einem Sachmangel gleichsteht (vgl. dazu Rdnr. 390) und somit dem Käufer die gesetzlichen Gewährleistungsrechte (Rdnr. 615 ff.) offenstehen. Ein befristetes Rückgaberecht würde dieses Gewährleistungssystem jedoch einschränken und kann daher einen Änderungsvorbehalt nicht legitimieren.[104] 252

---

[91] Staudinger-*Beckmann*, § 433 BGB Rdnr. 77.
[92] OLG Karlsruhe, NJW 2005, 989, 990; OLG Hamburg, MDR 1972, 947, 947; MünchKomm-*Westermann*, § 433 BGB Rdnr. 54.
[93] OLG Karlsruhe, NJW 2005, 989, 990 f.; MünchKomm-*Westermann*, § 433 BGB, Rdnr. 54.
[94] Vgl. BGH, NJW 1985, 738, 739; *Salger* WM 1985, 625, 626.
[95] Palandt-*Weidenkaff*, § 433 BGB Rdnr. 20.
[96] BGH, NJW 1995, 1959, 1960; BGH, NJW 1985, 738, 739; OLG München, NJW-RR 1991, 874, 875.
[97] BGH, NJW 1995, 1959, 1960.
[98] BGH, NJW 1995, 1959, 1960; BGH, NJW-RR 1992, 611, 612.
[99] BGHZ 92, 396, 401; Bamberger/Roth-*Faust*, § 433 BGB Rdnr. 32; Erman-*Grunewald*, § 433 BGB Rdnr. 20.
[100] BGH, NJW 2005, 3567, 3568 f. (Otto-Versand); LG Frankfurt a.M. v. 23.11.2006, Az. 2/2 O 404/05, n.v. (T-Online); LG Frankfurt a.M., WRP 2005, 922, 923 (T-Online).
[101] BGH, NJW 2005, 3567, 3569.
[102] BGH, NJW 2005, 3567, 3569; LG Frankfurt a.M., WRP 2005, 922, 923.
[103] BGH, NJW 2005, 3567, 3569; LG Frankfurt a.M., WRP 2005, 922, 923.
[104] BGH, NJW 2005, 3567, 3569.

253   **c) Gutgläubiger Eigentumserwerb.** Die Eigentumsverschaffungspflicht wird auch dann erfüllt, wenn der Käufer **kraft guten Glaubens** an das **Eigentum** des Verkäufers nach §§ 932 ff., 892 f. BGB (zum Schutz des guten Glaubens an die Verfügungsbefugnis beim Handelskauf vgl. Rdnr. 504) von einem Dritten Eigentum erworben hat.[105] Das gilt selbst dann, wenn der Käufer trotz seines Eigentumserwerbs die Sache an den früheren Eigentümer herausgibt. Er kann sich nicht auf den nur gutgläubig möglichen Erwerb berufen und den Verkäufer wegen Nichterfüllung in Anspruch nehmen.[106] Der Verkäufer ist auch nicht verpflichtet, den Käufer auf seine fehlende Eigentümerstellung hinzuweisen und dadurch den Erwerb durch den Käufer – durch Zerstörung von dessen Gutgläubigkeit – zu verhindern.[107] Beim **Verkauf von gebrauchten KFZ** ist indessen eine die Gutgläubigkeit gem. § 932 Abs. 2 BGB ausschließende grob fahrlässige Unkenntnis der fehlenden Eigentümerstellung regelmäßig schon dann anzunehmen, wenn der Käufer sich den Fahrzeugbrief bzw. die Fahrzeugzulassungsbescheinigung Teil II nicht zeigen lässt.[108] Etwas anderes gilt lediglich beim Kauf von **Neufahrzeugen,** weil hier das Fehlen des Briefes eher die Regel ist, etwa weil das Dokument zunächst noch ausgefertigt werden muss.[109]

3. Eigentumsvorbehalt

254   Die Eigentumsverschaffungspflicht des Verkäufers kann durch die Vereinbarung eines Eigentumsvorbehalts dahingehend modifiziert werden, dass sich der Verkäufer ihre Erfüllung bis zur vollständigen Zahlung des Kaufpreises vorbehält. Hierfür stellt § 449 Abs. 1 BGB eine Auslegungsregel auf, wonach der Kaufvertrag als solcher durch die Vereinbarung eines Eigentumsvorbehalts unberührt bleibt, aber die Übereignung unter die **aufschiebende Bedingung der vollständigen Kaufpreiszahlung** gestellt wird. Abs. 2 der Vorschrift stellt weiter klar, dass der Verkäufer die Kaufsache trotz des vorbehaltenen Eigentums erst dann herausverlangen kann, wenn er vom Kaufvertrag zurückgetreten ist. Bei Teilzahlungskäufen gilt es allerdings gem. § 503 Abs. 2 S. 4 BGB bereits als Ausübung des Rücktrittsrechts, wenn der Verkäufer die Sache wieder an sich nimmt (siehe dazu Rdnr. 275).

255   Nicht unter § 449 BGB fällt der sog. uneigentliche Eigentumsvorbehalt, bei welchem die Kaufsache unbedingt übereignet wird, der Käufer sich aber verpflichtet, vor vollständiger Kaufpreiszahlung nicht über sie zu verfügen. Wegen § 137 BGB kommt einem solchen Verfügungsverbot keine dingliche Wirkung zu, gegen Dritte kann es daher allenfalls unter den Voraussetzungen des § 826 BGB wirken.[110]

256   **a) Kaufgegenstand.** § 449 BGB gilt ausweislich seines Wortlauts nur für **bewegliche Sachen**. Bei **Grundstücken** ist eine bedingte Auflassung bereits wegen § 925 Abs. 2 BGB ausgeschlossen. Möglich und üblich ist hier aber die Vereinbarung eines bedingten schuldrechtlichen Rückauflassungsanspruchs, welcher zudem gem. § 883 Abs. 1 S. 2 BGB durch eine Rückauflassungsvormerkung gesichert werden kann. Des weiteren erfasst § 449 BGB auch keine **wesentlichen Bestandteile** einer anderen Sache oder eines Grundstücks, da diese gem. § 93, 94 BGB nicht sonderrechtsfähig sind. **Zubehör** kann dagegen unter Eigen-

---

[105] BGH-Report 2003, 123, 124; BGH, NJW 1957, 537, 537; Bamberger/Roth-*Faust*, § 433 BGB Rdnr. 37.

[106] Erman-*Grunewald*, § 433 BGB Rdnr. 24; Palandt-*Weidenkaff*, § 433 BGB Rdnr. 17; *Reinicke/Tiedtke*, KaufR, Rdnr. 201.

[107] Str., so MünchKomm-*Westermann*, § 433 BGB Rdnr. 54; Erman-*Grunewald*, § 433 BGB Rdnr. 19; a.A. OLG Köln, NZG 2003, 172, 173 (Aufklärungspflicht bejaht); offen gelassen von BGH BB 2003, 14, 15.

[108] BGH, NJW 2006, 3488, 3489; BGH, NJW 2005, 1365, 1366.

[109] BGH, NJW 2005, 1365, 1366; BGH, NJW 1996, 2226, 2227.

[110] Staudinger-*Beckmann*, § 449 BGB Rdnr. 30; Bamberger/Roth-*Faust*, § 449 BGB Rdnr. 23.

tumsvorbehalt veräußert werden.[111] Beim Verkauf von **Unternehmen**[112] oder **Sachgesamtheiten**[113] ist die Vereinbarung eines (globalen) Eigentumsvorbehalts ausgeschlossen, da dies dem sachenrechtlichen Spezialitätsprinzip zuwiderlaufen würde. Bei **KFZ** behält der Verkäufer in Vollzug eines Eigentumsvorbehalts zumeist den KFZ-Brief bzw. die Zulassungsbescheinigung Teil II ein, womit gleichzeitig effektiv ein gutgläubiger Erwerb Dritter verhindert wird (vgl. dazu Rdnr. 253). Auch der **Rechtskauf** unter Eigentumsvorbehalt ist möglich.[114]

b) Begründung

aa) Vor oder bei Übergabe. Grundsätzlich muss der – keinen besonderen Formerfordernissen unterliegende – Eigentumsvorbehalt **vertraglich vereinbart** werden, gleich ob dies innerhalb oder außerhalb des eigentlichen Kaufvertrags geschieht.[115] Dabei sind auch konkludente Abreden möglich.[116] Ebenso unterliegt die Vereinbarung durch **AGB** grundsätzlich keinen Bedenken.[117] Allerdings sind hierbei die **Einbeziehungsvoraussetzungen** der §§ 305 Abs. 2, 3, 310 Abs. 1 BGB zu beachten (dazu Rdnr. 165 ff.), es sei denn, die AGB werden gegenüber einem Unternehmer verwendet (siehe Rdnr. 172). 257

An einer wirksamen Vereinbarung fehlt es, wenn der Eigentumsvorbehalt des Verkäufers in dessen Verkaufsbedingungen enthalten, die Einkaufsbedingungen des Käufers aber eine sog. **Abwehrklausel** enthalten. Die Behandlung dieser Situation war lange Zeit umstritten, mittlerweile hat jedoch die Rechtsprechung ihre frühere Theorie des letzten Wortes[118] aufgegeben und sich der im Schrifttum überwiegenden Auffassung angeschlossen, wonach die sich widersprechenden AGB nur insoweit Vertragsbestandteil werden, als sie übereinstimmen (Theorie der Kongruenzgeltung, vgl. dazu Rdnr. 210).[119] Daher kommt bei einer Abwehrklausel des Verkäufers keine wirksame Vereinbarung eines Eigentumsvorbehalts zustande[120] (siehe aber Rdnr. 260). 258

Auch die **einseitige**, nach Vertragsschluss und bis spätestens zur Übergabe geäußerte **Vorbehaltserklärung** des Verkäufers in einer Auftragsbestätigung,[121] einem Lieferschein[122] oder ähnlichen Warenbegleitpapieren vermag aus schuldrechtlicher Sicht keinen wirksamen Eigentumsvorbehalt zu begründen.[123] Etwas anderes gilt nur dann, wenn der Käufer das hierin liegende Angebot einer Vertragsänderung annimmt. 259

Fraglich ist aber, wie sich in diesen Fällen eine gleichwohl später **durchgeführte Übergabe** bzw. **Abnahme** auswirkt. Die Rechtsprechung geht hier davon aus, dass die Abnahme durch den Käufer – soweit dieser dem Vorbehalt nicht widerspricht – jedenfalls im Rahmen der sachenrechtlichen Einigung als **konkludentes Einverständnis** mit dem 260

---

[111] BGH, NJW 1972, 1187, 1188; MünchKomm-*Westermann*, § 449 BGB Rdnr. 8; Bamberger/Roth-*Faust*, § 449 BGB Rdnr. 6.
[112] BGH, NJW 1968, 392, 393; Staudinger-*Beckmann*, § 449 BGB Rdnr. 9; MünchKomm-*Westermann*, § 449 BGB Rdnr. 9.
[113] BGH, NJW 1968, 392, 393; Staudinger-*Beckmann*, § 449 BGB Rdnr. 9; Palandt-*Weidenkaff*, § 449 BGB Rdnr. 3; a. A. MünchKomm-*Westermann*, § 449 BGB Rdnr. 9: Eigentumsvorbehalt an Warenlager zulässig.
[114] Palandt-*Weidenkaff*, § 453 BGB Rdnr. 13.
[115] MünchKomm-*Westermann*, § 449 BGB Rdnr. 13.
[116] Bamberger/Roth-*Faust*, § 449 BGB Rdnr. 12; Palandt-*Weidenkaff*, § 449 BGB Rdnr. 10.
[117] BGH, NJW 1970, 29, 30; Staudinger-*Beckmann*, § 449 BGB Rdnr. 13.
[118] Vgl. dazu BGH LM Nr. 3, 6 zu § 150 BGB.
[119] BGH, NJW-RR 2001, 484, 485; BGH, NJW 1991, 1604, 1606; Staudinger-*Beckmann*, § 449 BGB Rdnr. 17; Erman-*Roloff*, § 305 BGB Rdnr. 54; Palandt-*Heinrichs*, § 305 BGB Rdnr. 55.
[120] BGH, NJW-RR 1986, 984, 985; BGH, NJW 1985, 1838, 1839 f.; PWW-*Schmidt*, § 449 BGB Rdnr. 12.
[121] MünchKomm-*Westermann*, § 449 BGB Rdnr. 14; Staudinger-*Beckmann*, § 449 BGB Rdnr. 17.
[122] BGHZ 64, 395, 398.
[123] Staudinger-*Beckmann*, § 449 BGB Rdnr. 21.

Eigentumsvorbehalt zu werten sein kann.¹²⁴ In Anbetracht der Interessenlage des Käufers ist dem zuzustimmen: Würde ein entsprechender, stillschweigender Wille des Käufers abgelehnt, so läge wegen des Vorbehalts des Verkäufers keine dingliche Einigung i. S. d. § 929 BGB vor, der Käufer hätte also weder bedingtes noch unbedingtes Eigentum erworben. Insoweit wird ihm eine bedingte Übereignung lieber sein als gar keine.¹²⁵ Die Annahme eines solchen schlüssigen Einverständnisses setzt aber in jedem Fall voraus, dass der Wille des Verkäufers, sich das Eigentum vorzubehalten, für den Käufer **deutlich erkennbar** geworden ist.¹²⁶ Der Käufer ist insoweit nicht verpflichtet, Lieferscheine oder sonstige Warenbegleitpapiere daraufhin zu kontrollieren, ob sie an versteckter Stelle einen Eigentumsvorbehalt enthalten.¹²⁷ Die einseitige Erklärung des Verkäufers muss dem Käufer daher so zugegangen sein, dass die Kenntnis hiervon zumutbar war.¹²⁸ Das ist bei der vorherigen Übersendung der AGB des Verkäufers zu bejahen, auch wenn diese wegen der Kollision mit einer Abwehrklausel des Käufers nicht Vertragsbestandteil geworden sind.¹²⁹ Bei der Erklärung des Vorbehalts auf einer Auftragsbestätigung oder einem Lieferschein muss das Dokument dem Käufer oder jedenfalls auf dessen Seite einer zur Vertragsgestaltung befugten Person zur Kenntnis gelangt sein.¹³⁰ Nach Ansicht des BGH genügt es beim Gebrauchtwagenkauf schon, wenn der Verkäufer bei Übergabe den Kfz-Brief einbehält.¹³¹ Lässt sich nicht eindeutig aufklären, ob diese Voraussetzungen vorlagen, so obliegt die **Beweislast** für den Vorbehalt aufgrund der zugunsten des besitzenden Käufers wirkenden Vermutung des § 1006 BGB dem Verkäufer.¹³²

261 Trotz des Fehlens einer schuldrechtlichen Grundlage kann demgemäß ein Eigentumsvorbehalt des Verkäufers wirksam werden. Allerdings gilt das **nur für** den **einfachen Eigentumsvorbehalt.** Der verlängerte (Rdnr. 285) und auch der erweiterte (Rdnr. 279) Vorbehalt setzen dagegen eine wirksame Vereinbarung voraus, da es ansonsten an der Vereinbarung der Vorausabtretung (Rdnr. 286) mangelt und deshalb die Grundlage der Weiterveräußerungsermächtigung (Rdnr. 289) fehlt.¹³³

262 Obwohl sich demnach ein **einseitig** vom Verkäufer **bis spätestens zur Übergabe geäußerter Eigentumsvorbehalt** unter den genannten Voraussetzungen auf sachenrechtlicher Ebene durchsetzen kann, so liegt darin gleichwohl eine Verletzung der dem Verkäufer nach § 433 Abs. 1 BGB obliegenden schuldrechtlichen Pflicht zur unbedingten Übereignung.¹³⁴ Insoweit kann die Abnahme durch den Käufer nicht gleichzeitig auch als konkludentes Einverständnis mit einer Reduzierung der vertraglichen Pflichten des

---

[124] BGH, NJW 2006, 3488, 3489; BGH, NJW 1979, 2199, 2200; BGH, NJ 1979, 213, 214; ebenso PWW-*Schmidt*, § 449 BGB Rdnr. 10; vgl. dazu auch *Fritsche/Würdinger*, NJW 2007, 1037 ff.

[125] Bamberger/Roth-Faust, § 449 BGB Rdnr. 15; ähnlich MünchKomm-*Westermann*, § 449 BGB Rdnr. 17.

[126] BGH, NJW 2006, 3488, 3489; MünchKomm-*Westermann*, § 449 BGB Rdnr. 18; Staudinger-*Beckmann*, § 449 BGB Rdnr. 22.

[127] Bamberger/Roth-*Faust*, § 449 BGB Rdnr. 14.

[128] BGH, NJW 1982, 1749, 1750; BGH, NJW 1979, 213, 214; MünchKomm-*Westermann*, § 449 BGB Rdnr. 18.

[129] BGH, NJW 1994, 1154, 1155; BGH, NJW 1988, 1774, 1776; BGH, NJW 1982, 1749, 1751; MünchKomm-*Westermann*, § 449 BGB Rdnr. 13; MünchKomm-*Basedow*, § 305 BGB Rdnr. 102; Staudinger-*Beckmann*, § 449 BGB Rdnr. 18; Erman-*Roloff*, § 305 BGB Rdnr. 56.

[130] BGH, NJW 1982, 1749, 1750; BGH, NJW 1979, 2199, 2200.

[131] BGH, NJW 2006, 3488, 3489; vgl. dazu auch *Fritsche/Würdinger*, NJW 2007, 1037 ff.

[132] BGH, NJW 1975, 1269, 1270; BGH, WM 1964, 1026, 1027; Staudinger-*Beckmann*, § 449 BGB Rdnr. 20; MünchKomm-*Westermann*, § 449 BGB Rdnr. 97.

[133] BGH, NJW 1988, 1210, 1213 f.; BGH, NJW-RR 1986, 1378, 1379; Staudinger-*Beckmann*, § 449 BGB Rdnr. 18; PWW-*Schmidt*, § 449 BGB Rdnr. 12.

[134] Wie hier BGH, NJW 1982, 1749, 1750; PWW-*Schmidt*, § 449 BGB Rdnr. 10; MünchKomm-*Westermann*, § 449 BGB Rdnr. 18; Palandt-*Weidenkaff*, § 449 BGB Rdnr. 11.

Verkäufers verstanden werden,[135] da für einen auf eine derartige Verschlechterung seiner Rechte gerichteten Willen des Käufers keinerlei Motiv erkennbar ist. Ein nur einseitig erklärter Eigentumsvorbehalt ist somit eine **Vertragswidrigkeit** des Verkäufers, die eine Haftung nach dem allgemeinen Leistungsstörungsrecht, insbesondere die Verzugshaftung, auslöst.[136]

Darüber hinaus wird diskutiert, ob auch ohne ausdrückliche Vereinbarung bzw. einseitigen Vorbehalt des Verkäufers von einem **stillschweigend vereinbarten Eigentumsvorbehalt** auszugehen ist, wenn die Kaufsache dem Käufer übergeben wird, die Bezahlung aber erst später erfolgt.[137] Insoweit wird z. T. vertreten, dass eine solche Übereignung regelmäßig als aufschiebend bedingt zu verstehen sei.[138] Der Verkäufer könne grundsätzlich davon ausgehen, dass er gem. § 320 BGB nur Zug um Zug gegen Zahlung übereignen müsse,[139] zudem gehe der Laie ohnehin davon aus, dass ihm vor Bezahlung kein uneingeschränktes Eigentum zustehe.[140] Die bedingte Übereignung sei daher der Regelfall, eine unbedingte Eigentumsverschaffung könne nur bei dafür sprechenden Anhaltspunkten angenommen werden,[141] etwa der Vereinbarung einer Vorleistungspflicht des Verkäufers.

Diese Auffassung verkennt jedoch, dass nach dem gesetzlichen Leitbild des § 433 Abs. 1 BGB der **Regelfall** die **unbedingte Übereignung** ist.[142] Vor diesem Hintergrund stellt ein Eigentumsvorbehalt für den Käufer eine Verschlechterung seiner Rechtslage dar, der er im Zweifel nicht stillschweigend zustimmt.[143] Richtig ist zwar, dass der Verkäufer gem. § 320 BGB nur Zug um Zug zu leisten braucht, doch muss er diese Einrede geltend machen.[144] Davon kann aber noch keine Rede sein, wenn der Verkäufer ohne weitere Erklärungen die ihm obliegenden Übergabe- und Übereignungspflicht erfüllt. Die Annahme, jede Übergabe der Kaufsache ohne sofortige Bezahlung erfolge nur unter Eigentumsvorbehalt, läuft deshalb auf eine bloße Fiktion hinaus. Liegen keinerlei Anhaltspunkte für einen Vorbehalt des Verkäufers vor, erfolgt die Übereignung demzufolge unbedingt.

Solche für eine anderweitige Beurteilung sprechende Anhaltspunkte können aber dann gegeben sein, wenn zwischen den Parteien eine **laufende Geschäftsbeziehung** bestand, innerhalb welcher vom Verkäufer üblicherweise unter Eigentumsvorbehalt geliefert wird.[145] Eine dreimalige Lieferung unter Eigentumsvorbehalt ist dafür jedoch noch nicht ausreichend.[146]

bb) Nach Übergabe. Auch wenn die Übergabe bereits erfolgt ist und der der Käufer dabei unbedingtes Eigentum erworben hat, ist eine **nachträgliche Vereinbarung eines Eigentumsvorbehalts** noch möglich. Umstritten ist allerdings, wie der Vollzug einer solchen Abrede sachenrechtlich zu beurteilen ist.[147] Die Rechtsprechung geht insoweit von einer Rückübereignung an den Verkäufer durch Vereinbarung eines Besitzkonstituts und

---

[135] So aber wohl *Bonin*, JuS 2002, 438 f; unklar BGH ZIP 1995, 843, 844; nur ausnahmsweise: Staudinger-*Beckmann*, § 449 BGB Rdnr. 23.
[136] Staudinger-*Beckmann*, § 449 BGB Rdnr. 21; PWW-*Schmidt*, § 449 BGB Rdnr. 10.
[137] Ausdrücklich offengelassen von BGH, NJW 2006, 3488, 3489.
[138] MünchKomm-*Westermann*, § 449 BGB Rdnr. 15; Bamberger/Roth-*Faust*, § 449 BGB Rdnr. 12; PWW-*Schmidt*, § 449 BGB Rdnr. 8, 11.
[139] Bamberger/Roth-*Faust*, § 449 BGB Rdnr. 12; *Huber*, ZIP 1987, 750, 757.
[140] MünchKomm-*Westermann*, § 449 BGB Rdnr. 15; *Huber*, ZIP 1987, 750, 757.
[141] MünchKomm-*Westermann*, § 449 BGB Rdnr. 15.
[142] Wie hier Erman-*Grunewald*, § 449 BGB Rdnr. 5; a. A. Bamberger/Roth-*Faust*, § 449 BGB Rdnr. 12.
[143] Soergel-*Mühl*, § 455 BGB Rdnr. 10.
[144] In diese Richtung auch *Fritsche/Würdinger*, NJW 2007, 1037, 1039.
[145] MünchKomm-*Westermann*, § 449 BGB Rdnr. 16; Staudinger-*Beckmann*, § 449 BGB Rdnr. 15.
[146] OLG Hamm, NJW-RR 1993, 1444; Staudinger-*Beckmann*, § 449 BGB Rdnr. 15.
[147] Ausführlich Staudinger-*Beckmann*, § 449 BGB Rdnr. 25 ff.; MünchKomm-*Westermann*, § 449 BGB Rdnr. 19 f.

einer daran anschließenden bedingten Übereignung an den Käufer nach § 929 S. 2 BGB aus,[148] während das Schrifttum eine Rückübertragung des „um die Anwartschaft des Käufers gekürzten Eigentums" annimmt[149] bzw. die Vereinbarung in eine Sicherungsübereignung an den Verkäufer umdeutet.[150]

267 Die Parteien können – bis zum Eintritt der Bedingung (dazu Rdnr. 302) – einen wirksamen Eigentumsvorbehalt auch jederzeit **einvernehmlich abändern,** indem sie beispielsweise die Bedingung modifizieren oder eine andere Art des Vorbehalts (Rdnr. 278 ff.) vereinbaren.[151]

268 Ein vom Verkäufer **einseitig erklärter Eigentumsvorbehalt** hat dagegen nach Übergabe und unbedingtem Eigentumsübergang auf den Käufer weder schuldrechtliche noch sachenrechtliche Auswirkungen, er ist bedeutungslos.[152]

269 c) Wirkungen. Die **Eigentumsverschaffungspflicht** des Verkäufers ist mit der bedingten Übereignung noch **nicht erfüllt.** Dies ist vielmehr erst dann der Fall, wenn der Käufer mit Eintritt der Bedingung das Vollrecht erwirbt.[153] **Gegen Zwischenverfügungen** des Verkäufers in der Schwebezeit ist der Käufer durch § 161 Abs. 1 BGB **geschützt.**[154] Auch darüber hinaus muss der Verkäufer die aufschiebend bedingte Eigentümerposition des Käufers achten, er hat insoweit alle Handlungen zu unterlassen, die die Vertragsdurchführung und insbesondere den späteren Vollrechtserwerb des Käufers beeinträchtigen könnten.[155]

270 Der Eigentumsvorbehalt begründet des weiteren zwischen den Parteien ein **Besitzmittlungsverhältnis** i. S. d. § 868 BGB, aufgrund dessen der Käufer als unmittelbarer Fremdbesitzer für den Verkäufer besitzt.[156] Aus diesem Grunde treffen den Käufer auch Obhuts- und Auskunftspflichten gegenüber dem Verkäufer.[157]

271 Die aufschiebend bedingte Übereignung hat zur Folge, dass der Käufer zunächst nur ein **Anwartschaftsrecht** auf das spätere Volleigentum erwirbt.[158] Dieses stellt ein reguläres Vermögensrecht dar, über welches der Käufer nach Maßgabe der §§ 929 ff. BGB verfügen kann.[159] Derartige Verfügungen können wegen § 137 BGB im Verhältnis zwischen Verkäufer und Käufer auch nicht mit dinglicher, sondern nur mit schuldrechtlicher Wirkung ausgeschlossen werden.[160] Wird die Kaufpreisforderung nach einer solchen Verfügung erfüllt

---

[148] BGH, NJW 1953, 217, 218; RGZ 54, 396; RGZ 49, 172.
[149] Bamberger/Roth-*Kindl*, § 929 BGB Rdnr. 20; AnwKomm-*Schilken*, § 929 Rdnr. 75; *Raiser*, NJW 1953, 219.
[150] *Rötelmann*, NJW 1958, 1124.
[151] BGHZ NJW 1964, 1788, 1790; MünchKomm-*Westermann*, § 449 BGB Rdnr. 21; Staudinger-*Beckmann*, § 449 BGB Rdnr. 28.
[152] Bamberger/Roth-*Faust*, § 449 BGB Rdnr. 15; Palandt-*Weidenkaff*, § 449 BGB Rdnr. 11.
[153] BGH, NJW 1967, 2203, 2204; OLG Düsseldorf, NJW 1960, 157, 157; Erman-*Grunewald*, § 449 BGB Rdnr. 8; Staudinger-*Beckmann*, § 449 BGB Rdnr. 46.
[154] BGHZ 55, 20, 26 f.; PWW-*Schmidt*, § 449 BGB Rdnr. 15.
[155] BGH, NJW 1954, 1325, 1326; Staudinger-*Beckmann*, § 449 BGB Rdnr. 64; Erman-*Grunewald*, § 449 BGB Rdnr. 10; Soergel-*Mühl*, § 455 BGB Rdnr. 59, 64.
[156] BGH, NJW 1971, 1038, 1039; BGHZ 10, 69; Palandt-*Weidenkaff*, § 449 BGB Rdnr. 9; PWW-*Schmidt*, § 449 BGB Rdnr. 18.
[157] BGH, NJW 1978, 538; Bamberger/Roth-*Faust*, § 449 BGB Rdnr. 17; Erman-*Grunewald*, § 449 BGB Rdnr. 15; ausführlich Staudinger-*Beckmann*, § 449 BGB Rdnr. 59.
[158] Ausführlich MünchKomm-*Westermann*, § 449 Rdnr. 39 f.; Staudinger-*Beckmann*, § 449 BGB Rdnr. 60 ff.
[159] BGH, NJW 1970, 699, 699; BGHZ 75, 221, 225; Staudinger-*Beckmann*, § 449 BGB Rdnr. 69; PWW-*Schmidt*, § 499 BGB Rdnr. 16.
[160] BGH, NJW 1970, 699, 699; Erman-*Grunewald*, § 449 BGB Rdnr. 28; Palandt-*Weidenkaff*, § 449 BGB Rdnr. 13.

und tritt damit die Bedingung ein, so erwirbt der Anwartschaftsberechtigte unmittelbar das Eigentum, es findet **kein Durchgangserwerb** des Vorbehaltskäufers statt.[161]

Ist der Vorbehaltsverkäufer nicht Eigentümer, so ist ein gutgläubiger Ersterwerb des Anwartschaftsrechts nach §§ 929, 932 BGB möglich.[162] Maßgeblicher Zeitpunkt für die Gutgläubigkeit ist dabei derjenige der Einigung und Übergabe, eine spätere, vor Bedingungseintritt auftretende Bösgläubigkeit schadet nicht mehr.[163]

272

Der gutgläubige Zweiterwerb eines Anwartschaftsrechts im Rahmen einer (Weiter-) Verfügung des Vorbehaltskäufers wird zumindest dann für möglich gehalten, wenn tatsächlich ein Anwartschaftsrecht besteht, nur eben nicht beim Vorbehaltskäufer.[164] Besteht dagegen überhaupt kein Anwartschaftsrecht, so wird ein gutgläubiger Zweiterwerb überwiegend abgelehnt.[165]

273

Im Übrigen ist das **Anwartschaftsrecht** des Käufers **hinsichtlich seines Schutzes dem dinglichen Vollrecht gleichgestellt**.[166] Es kommen also insbesondere Besitzschutz- und negatorische Beseitigungsansprüche nach den §§ 861, 862, 985 ff., 1004, 1007 BGB in Betracht. Des weiteren ist das Anwartschaftsrecht auch als sonstiges Recht i. S. d. § 823 Abs. 1 BGB anerkannt.[167]

274

Ein auf § 985 BGB gestütztes Herausgabeverlangen des Verkäufers scheitert während der Schwebezeit an § 986 Abs. 1 BGB, da der Kaufvertrag dem Käufer ein **Recht zum Besitz** gibt.[168] Ein Herausgabeanspruch des Verkäufers besteht daher – was auch § 449 Abs. 2 BGB klarstellt – nur nach einem wirksamen **Rücktritt** vom Kaufvertrag nach Maßgabe der §§ 323 ff. BGB.[169] Gleichwohl können die Parteien anderweitige Vereinbarungen treffen.[170] Dies gilt grundsätzlich auch beim Verbrauchergüterkauf[171], jedoch dürfen hier keine für den Verbraucher nachteilig wirkende Regelungen in AGB getroffen werden.[172] Eine Ausnahme gilt nur bei Teilzahlungskäufen wegen § 503 Abs. 2 S. 4 BGB, wonach es bereits als Rücktritt gilt, wenn der Verkäufer die Sache wieder an sich nimmt.[173]

275

Der in der Praxis häufigste Rücktrittsgrund ist die **Nichtzahlung** bzw. ein **Zahlungsverzug** des Käufers. In diesem Fall erfordert der Rücktritt des Verkäufers gem. § 323 Abs. 1 BGB grundsätzlich das Setzen einer Zahlungsfrist, es sei denn, einer der Ausnahmetatbestände des § 323 Abs. 2 BGB liegt vor.[174]

276

---

[161] BGH, NJW 1971, 1453, 1454; MünchKomm-*Westermann*, § 449 BGB Rdnr. 53.

[162] Erman-*Grunewald*, § 449 BGB Rdnr. 30; AnwKomm-*Schilken*, § 932 BGB Rdnr. 8; PWW-*Schmidt*, § 449 BGB Rdnr. 17.

[163] BGHZ 30, 375; BGHZ 10, 69, 72; Erman-*Grunewald*, § 449 BGB Rdnr. 30; Staudinger-*Beckmann*, § 449 BGB Rdnr. 76.

[164] OLG Celle, OLGZ 1979, 329; *Baur/Stürner*, SachenR, § 59 V 3 b; *Reinicke*, MDR 1959, 613, 616; a. A. MünchKomm-*Westermann*, § 449 BGB Rdnr. 64; PWW-*Schmidt*, § 449 BGB Rdnr. 17; *Medicus*, BürgerlR, Rdnr. 475.

[165] Erman-*Grunewald*, § 449 BGB Rdnr. 31; AnwKomm-*Schilken*, § 932 BGB Rdnr. 8; MünchKomm-*Westermann*, § 449 BGB Rdnr. 64; *Reinicke/Tiedtke*, KaufR, Rdnr. 707; *Schmidt-Recla*, JuS 2002, 759, 761; a. A. Palandt-*Bassenge*, § 929 BGB Rdnr. 46.

[166] PWW-*Schmidt*, § 449 BGB Rdnr. 15.

[167] BGH, NJW 1971, 799, 800; BGH, NJW 1970, 699, 699; Erman-*Grunewald*, § 449 BGB Rdnr. 36.

[168] BGH, NJW 1971, 1038, 1039; Palandt-*Weidenkaff*, § 449 BGB Rdnr. 26.

[169] OLG Frankfurt a. M., NJW-RR 2005, 1170, 1173 m.w.N; Staudinger-*Beckmann*, § 449 BGB Rdnr. 49; näher zum Rücktritt *Schulze/Kienle*, NJW 2002, 2842 ff.

[170] BGHZ 54, 214, 222; OLG Schleswig-Holstein, NJW-RR 1988, 1459, 1460; Bamberger/Roth-*Faust*, § 449 BGB Rdnr. 18; zweifelnd in Hinblick auf AGB-Klauseln *Habersack/Schürnbrand*, JuS 2002, 833, 836 f.

[171] Staudinger-*Beckmann*, § 449 BGB Rdnr. 53.

[172] BGH, NJW-RR 2008, 818, 821 f.

[173] Näher dazu Staudinger-*Beckmann*, § 449 BGB Rdnr. 56 f.

[174] Staudinger-*Beckmann*, § 449 BGB Rdnr. 49 f.; *Schulze/Kienle*, NJW 2002, 2842, 2843.

277 In der **Zwangsvollstreckung** ist der Verkäufer regelmäßig schon wegen seines Besitzes durch § 809 ZPO geschützt. Darüber hinaus stellt das vorbehaltene Eigentum des Verkäufers ein die Veräußerung hinderndes Recht i. S. d. § 771 ZPO dar.[175] Da der Kaufvertrag noch nicht vollständig erfüllt ist, kann im Falle einer **Insolvenz des Käufers** der Insolvenzverwalter gem. § 103 InsO wählen, ob er den Kaufvertrag fortsetzen will oder dessen Erfüllung ablehnt.[176] In letzterem Fall steht dem Verkäufer ein Aussonderungsrecht nach § 47 InsO zu.[177] Hat der Vorbehaltsverkäufer das (vorbehaltene) Eigentum jedoch an einen Dritten übertragen, ohne dass dieser auch die Kaufpreisforderung erworben oder eine Vertragsübernahme vereinbart hat, so kann der Dritte die Sache nicht herausverlangen, da dem Käufer, solange der Kaufvertrag fortbesteht, ein Besitzrecht i. S. d. § 986 Abs. 2 BGB zusteht. Der Dritte kann daher kein Aussonderungs-, sondern (wie ein Sicherungseigentümer) nur ein Absonderungsrecht geltend machen.[178] In der **Insolvenz des Verkäufers** gilt dagegen die – § 103 InsO vorgehende[179] – Spezialregelung des § 107 Abs. 1 InsO, wonach das Anwartschaftsrecht des Käufers insolvenzfest ist und er nach wie vor die Erfüllung des Kaufvertrags verlangen kann.[180]

278 **d) Besondere Arten.** In der Praxis sind verschiedene **Sonderformen des Eigentumsvorbehalts** üblich. Diese basieren einerseits auf dem Interesse des Verkäufers, auch andere Forderungen als den Kaufpreis abzusichern, andererseits jedoch auf dem Interesse des Käufers, die unter Vorbehalt gelieferten Waren vor vollständiger Zahlung des Kaufpreises weiterveräußern zu können. Die entsprechenden vertraglichen Vereinbarungen werden regelmäßig in Form von AGB getroffen, so dass hier ein besonderes Augenmerk auf die Schranken der §§ 305 ff. BGB zu legen ist.

279 **aa) Erweiterter Eigentumsvorbehalt.** Beim erweiterten Eigentumsvorbehalt wird die aufschiebende Bedingung dahingehend ausgedehnt, dass der **Erwerb des Volleigentums** nicht bereits mit Erfüllung der Kaufpreisschuld, sondern **erst mit der Tilgung** noch **anderer** – auch künftiger – **Forderungen** des Verkäufers gegen den Käufer eintreten soll. Eine derartige Gestaltung ist grundsätzlich zulässig,[181] doch ist zu beachten, dass bei einer zu weitgehenden Bedingung die Gefahr einer zur Sittenwidrigkeit führenden **Übersicherung** i. S. d. § 138 BGB besteht.

280 **(1) Kontokorrentvorbehalt.** Im Rahmen eines sog. Kontokorrentvorbehalts erstreckt sich der Eigentumsvorbehalt auf **alle Forderungen** aus der **laufenden Geschäftsbeziehung** zwischen den Kaufvertragsparteien. Er erlischt somit regelmäßig erst mit Beendigung der Geschäftsbeziehung,[182] der Eigentumserwerb des Käufers wird damit praktisch auf unbestimmte Zeit hinausgeschoben.[183] Nach Ansicht der Rechtsprechung ist eine solche Konstruktion grundsätzlich unbedenklich, im kaufmännischen Verkehr sogar im Rahmen einer AGB-Klausel.[184] Im **nichtkaufmännischen Verkehr** scheitern derartige AGB-Klauseln dagegen an § 307 Abs. 2 BGB.[185] Hier muss der der Vorbehalt auf solche **Forderungen** be-

---

[175] BGH, NJW 1971, 799, 800; BGH, NJW 1970, 1733, 1735; Erman-*Grunewald*, § 449 BGB Rdnr. 19; PWW-*Schmidt*, § 449 BGB Rdnr. 15.
[176] Erman-*Grunewald*, § 449 BGB Rdnr. 20.
[177] MünchKommInsO-*Ott*, § 107 InsO Rdnr. 23; Erman-*Grunewald*, § 449 BGB Rdnr. 20.
[178] BGH, NJW 2008, 1803, 1806.
[179] MünchKommInsO-*Ott*, § 107 InsO Rdnr. 12; PWW-*Schmidt*, § 449 BGB Rdnr. 15.
[180] Erman-*Grunewald*, § 449 BGB Rdnr. 25; *Marotzke*, JZ 1995, 803.
[181] BGH, NJW 1994, 1154, 1155; BGH, NJW 1978, 632, 632 f.; MünchKomm-*Westermann*, § 449 BGB Rdnr. 81.
[182] Staudinger-*Beckmann*, § 449 BGB Rdnr. 128.
[183] Deshalb die Zulässigkeit generell ablehnend: *Reinicke/Tiedtke*, KaufR, Rdnr. 458 ff.; *Weber*, BB 1989, 1771.
[184] BGH, NJW 1994, 1154, 1154; BGH, NJW 1987, 487, 488 f.; BGH, NJW 1985, 1836, 1837 f.
[185] OLG Koblenz, NJW-RR 1989, 1459 ff.; OLG Frankfurt a. M., NJW 1981, 130, 130; LG Braunschweig, ZIP 1981, 876; Erman-*Grunewald*, § 449 BGB Rdnr. 60.

A. Verkäuferpflichten nach BGB

grenzt bleiben, die mit dem Kaufvertrag **in unmittelbarem Zusammenhang** stehen,[186] für eine darüber hinausgehende Gestaltung verbleibt nur die Möglichkeit einer individuell ausgehandelten Vereinbarung.

Der durch die Absicherung auch anderer Ansprüche als der Kaufpreisforderung entstehenden Gefahr einer **Übersicherung** des Verkäufers begegnete die frühere Rechtsprechung durch das Erfordernis der Vereinbarung einer sog. Freigabeklausel, nach welcher für den Fall der Überschreitung einer Deckungsgrenze von 20% eine Freigabeverpflichtung des Verkäufers vereinbart sein musste.[187] Nach neuerer Rechtsprechung besteht indessen bei formularmäßig bestellten revolvierenden Globalsicherheiten im Falle der Übersicherung auch ohne dahingehende Vereinbarung automatisch ein **schuldrechtlicher Freigabeanspruch** des Käufers.[188] Diese in Bezug auf Sicherungsübereignungen entwickelten Grundsätze sind auf den erweiterten Eigentumsvorbehalt übertragbar, so dass ein Kontokorrentvorbehalt nunmehr auch ohne oder mit nur ungenügender Freigabeklausel wirksam bleibt.[189] Eine Übersicherung und damit ein Freigabeanspruch besteht dann, wenn die Grenze von 150 % des Schätzwerts der Vorbehaltsware überschritten wird.[190]

281

In der **Insolvenz des Käufers** ist zu beachten, dass der erweiterte Eigentumsvorbehalt nur noch als Sicherungsübereignung fortwirkt, wenn die Kaufpreisforderung bezahlt ist, aber noch andere Forderungen aus der Geschäftsverbindung offenstehen. Aus diesem Grunde steht dem Verkäufer kein Aussonderungsrecht i. S. d. § 47 InsO (Rdnr. 277), sondern nur ein **Absonderungsrecht** i. S. d. § 51 Nr. 1 InsO zu.[191]

282

(2) Konzernvorbehalt. Ein Konzernvorbehalt liegt vor, wenn der Eigentumsübergang an die Erfüllung von Forderungen geknüpft wird, deren **Inhaber** nicht der Verkäufer ist, sondern mit ihm **verbundene Unternehmen**. Die frühere Streitfrage nach der Zulässigkeit des Konzernvorbehalts[192] ist bereits mit Einfügung des § 455 Abs. 2 BGB a. F.[193] (jetzt § 449 Abs. 3 BGB), der solche Vereinbarungen ausdrücklich für **nichtig** erklärt, obsolet geworden. Die Nichtigkeitsfolge gilt in Anbetracht des Wortlauts („soweit") allerdings nur in Bezug auf verkäuferfremde Forderungen, der Eigentumsvorbehalt hinsichtlich der eigenen Forderungen des Verkäufers bleibt dagegen wirksam.[194] Eine bloße Teilnichtigkeit soll nach dem BGH auch im Fall der Vereinbarung des Konzernvorbehalts durch AGB eintreten,[195] was allerdings in Hinblick auf das aus § 306 Abs. 2 BGB folgende Verbot der geltungserhaltenden Reduktion bedenklich ist.

283

Streitig ist, ob das Verbot des § 449 Abs. 3 BGB analog auch für den **umgekehrten Konzernvorbehalt** gilt, bei welchem der erweiterte Vorbehalt (auch) Forderungen gegen Dritte – in der Regel mit dem Käufer verbundene Unternehmen – betrifft.[196] Für eine solche

284

---

[186] OLG Frankfurt a. M., NJW 1981, 130, 130; Erman-*Grunewald*, § 449 BGB Rdnr. 60.
[187] BGH, NJW 1994, 1154 f.; BGHZ 120, 300, 302 ff.
[188] BGH GS, NJW 1998, 671, 677.
[189] OLG Köln, MDR 1999, 319, 318; Staudinger-*Beckmann*, § 449 BGB Rdnr. 131, 122; Münch-Komm-*Westermann*, § 449 BGB Rdnr. 81; Bamberger/Roth-*Faust*, § 449 BGB Rdnr. 31; *Habersack/Schürnbrand*, JuS 2002, 833, 838; *Leible/Sosnitza*, JuS 2001, 449, 451; *Schwab*, ZIP 2000, 609; *Runkel*, EWiR 1999, 31, 32.
[190] BGH GS, NJW 1998, 671, 674; Staudinger-*Beckmann*, § 449 BGB Rdnr. 122;
[191] BGH, NJW 1986, 2948, 2949 f.; MünchKommInsO-*Ganter*, § 47 InsO Rdnr. 93; Bamberger/Roth-*Faust*, § 449 BGB Rdnr. 35.
[192] Näher dazu Staudinger-*Beckmann*, § 449 BGB Rdnr. 133 m. w. N.
[193] BGBl. I 1994, S. 2911, dazu *Tiedtke*, FS 50 Jahre BGH, S. 829, 845 ff.; *Habersack/Schürnbrand*, JuS 2002, 833, 837.
[194] MünchKomm-*Westermann*, § 449 BGB Rdnr. 85; *Reinicke/Tiedtke*, KaufR, Rdnr. 728; *Habersack/Schürnbrand*, JuS 2002, 833, 838; *Leible/Sosnitza*, JuS 2001, 556, 558.
[195] BGH, BGH-Report 2005, 939 f. (BeckRS 2005 02248).
[196] Befürwortend MünchKommInsO-*Ganter*, § 47 InsO Rdnr. 90; Bamberger/Roth-*Faust*, § 449 BGB Rdnr. 37; *Habersack/Schürnbrand*, JuS 2002, 833, 838 f.; *Leible/Sosnitza*, JuS 2001, 556, 557; da-

Analogie spricht der hinter § 449 Abs. 3 BGB stehende Rechtsgedanke, wonach eine übermäßige Beschränkung der wirtschaftlichen Bewegungsfreiheit des Käufers verhindert werden soll.[197]

285 **bb) Verlängerter Eigentumsvorbehalt.** Der verlängerte Eigentumsvorbehalt soll dem Interesse des Käufers Rechnung tragen, noch während der Schwebezeit die Kaufsache weiterveräußern zu können, gleichzeitig aber das hierbei dem Vorbehaltsverkäufer drohende Risiko des Verlusts seiner Sicherheiten auffangen. Erreicht wird dies, indem der Verkäufer den Käufer gem. § 185 BGB entweder zur **Weiterveräußerung ermächtigt** (Rdnr. 289) oder sich durch eine **Verarbeitungsklausel** gegen den Eigentumsverlust absichert (Rdnr. 293) und der Käufer im Gegenzug die daraus entstehenden **Kaufpreisforderungen im Voraus** an den Verkäufer **abtritt** (Rdnr. 286). Auch die Zulässigkeit dieser – in der Praxis nahezu immer in Form von AGB vereinbarten[198] – Konstruktionen ist im Grundsatz anerkannt.[199]

286 **(1) Vorausabtretung. Künftige Forderungen** können zediert werden,[200] sofern sie spätestens im Zeitpunkt ihrer Entstehung[201] **hinreichend bestimmt** bzw. **bestimmbar** sind.[202] Diese Voraussetzung wird von der Rechtsprechung auch bei pauschalen Vereinbarungen wie einer Vorausabtretung „entsprechend dem Wert unserer Lieferung" als erfüllt angesehen, in derartigen Fällen wird die Höhe der abgetretenen Forderungen mit dem Kaufpreis der Vorbehaltsware gleichgesetzt.[203] Ausreichend bestimmbar sind die Forderungen auch dann, wenn sie den Geschäftsunterlagen des Vorbehaltskäufers entnommen werden können.[204] Wird die Vorbehaltsware nicht weiterveräußert, sondern **verarbeitet** oder durch **Einbau** verwertet, so kann sich sich die Vorausabtretung auch auf die hierbei entstehenden Werklohnforderungen des Vorbehaltskäufers beziehen.[205]

287 Die Vorausabtretung erfolgt üblicherweise **still** oder wird mit einer **Einziehungsermächtigung** verbunden.[206] In ersterem Fall kann der Abnehmer des Vorbehaltskäufers gem. § 407 BGB mit befreiender Wirkung an den Käufer leisten, im zweiten Fall ist der Vorbehaltskäufer gem. § 185 BGB berechtigt, die Forderungen selbst geltend zu machen.

288 Der Vorauszession kann allerdings ein zwischen dem Vorbehaltskäufer und dessen Kunden vereinbartes **Abtretungsverbot** entgegenstehen, ein solches wirkt wegen § 399, 2. Alt. BGB als Ausnahme zu § 137 S. 1 BGB auch dinglich (zur Auswirkung auf die Weiterveräußerungsermächtigung Rdnr. 289; zu der im Handelsverkehr geltenden Ausnahme des § 354 a HGB vgl. Rdnr. 507). Auch in AGB kann ein solches Abtretungsverbot wirksam

---

gegen Staudinger-*Beckmann*, § 449 BGB Rdnr. 133; Palandt-*Weidenkaff*, § 449 BGB Rdnr. 22; PWW-*Schmidt*, § 449 BGB Rdnr. 31; *Bülow*, DB 1999, 2196; *Schirner*, ZInsO 1999, 379, 382; differenzierend MünchKomm-*Westermann*, § 449 BGB Rdnr. 86 (Unwirksamkeit in Analogie zu § 449 Abs. 3 BGB nur bei AGB-Vereinbarungen).

[197] MünchKomm-*Westermann*, § 449 BGB Rdnr. 85; Bamberger/Roth-*Faust*, § 449 BGB Rdnr. 37.
[198] Vgl. BGH, DB 1971, 87; BGH, NJW 1968, 1516, 1517 f.
[199] BGH, WM 1988, 1784, 1785; BGH, NJW 1987, 487, 489; MünchKomm-*Westermann*, § 449 BGB Rdnr. 87.
[200] Ganz h. M., vgl. BGH, WM 1960, 858 f.; Staudinger-*Beckmann*, § 449 BGB Rdnr. 100; Palandt-*Grüneberg*, § 398 BGB Rdnr. 11, jeweils m. w. N.; a. A. *Schwerdtner*, NJW 1974, 1785, 1787 ff.; *Fischer*, NJW 1959, 366; *Mückenberger*, NJW 1958, 1753.
[201] Staudinger-*Beckmann*, § 449 BGB Rdnr. 102; Palandt-*Grüneberg*, § 398 BGB Rdnr. 14.
[202] BGH, NJW 1981, 816, 817; BGH, NJW 1978, 1050, 1050 ; Erman-*Grunewald*, § 449 BGB Rdnr. 47.
[203] BGH, NJW 1968, 1516, 1519; BGH, NJW 1964, 149, 150.
[204] BGHZ 70, 86, 90; PWW-*Schmidt*, § 449 BGB Rdnr. 24.
[205] BGH, BB 1971, 17; Staudinger-*Beckmann*, § 449 BGB Rdnr. 107.
[206] BGHZ 26, 185, 191 f.; Erman-*Grunewald*, § 449 BGB Rdnr. 50; Bamberger/Roth-*Faust*, § 449 BGB Rdnr. 27.

vereinbart werden.[207] Eine analoge Anwendung des § 354 a HGB außerhalb des Handelsverkehrs kommt nicht in Betracht.[208]

(2) Weiterveräußerungsermächtigung. Der Käufer wird beim verlängerten Eigentumsvorbehalt vom Verkäufer gem. § 185 BGB ermächtigt, die Vorbehaltswaren weiterzuveräußern. Von der **konkludenten Erteilung** einer solchen Ermächtigung ist bei einer Vorausabtretung der aus der Weiterveräußerung erlangten Forderungen im Zweifel auszugehen.[209]

289

Die Weiterveräußerungsermächtigung wird üblicherweise nur unter dem Vorbehalt der **„ordnungsgemäßen Geschäftsverkehrs"** erteilt. Der Käufer darf die Ware also beispielsweise nicht zu Schleuderpreisen veräußern,[210] auch eine Veräußerung im Rahmen eines „sale and lease back"-Geschäfts ist von einer solchen Ermächtigung nicht gedeckt.[211] Des weiteren ist der Käufer nicht zu Sicherungsübereignungen[212] oder sog. Nullgeschäften berechtigt, bei denen die Ware verkauft und sofort unter Eigentumsvorbehalt wieder zurückgekauft wird.[213] Das gleiche gilt für eine Veräußerung gegen Verrechnung des Kaufpreises auf eine bereits bestehende Schuld, da sich hier die Befriedigungsaussichten des Vorbehaltsverkäufers deutlich verschlechtern.[214] Ebenfalls unzulässig ist ein Verkauf unter Einstandspreis, um mit dem Erlös bestehende Schulden zu decken.[215]

290

Des weiteren ist die Weiterveräußerungsermächtigung grundsätzlich von der Wirksamkeit der **Vorausabtretung abhängig.** Scheitert letztere beispielsweise an einem **Abtretungsverbot** im Verhältnis zwischen Vorbehaltskäufer und dessen Abnehmer (Rdnr. 288), so ist davon auszugehen, dass dann auch die Ermächtigung zur Weiterveräußerung oder zum Einbau nicht wirksam erteilt ist[216] (zum Handelsverkehr vgl. Rdnr. 507).

291

Ist die konkrete **Weiterveräußerung nicht durch die Ermächtigung gedeckt,** kann der Abnehmer des Vorbehaltskäufers nur gutgläubig, also unter den Voraussetzungen der §§ 929, 932 BGB (Rdnr. 253) Eigentum erwerben.[217]

292

(3) Verarbeitungsklauseln. Will der Käufer die Ware nicht veräußern, sondern verarbeiten, so besteht das Risiko, dass der Verkäufer sein Vorbehaltseigentum nach den §§ 946 ff. BGB verliert. Streitig ist, ob dieses Risiko durch die Vereinbarung sog. **Hersteller-** oder **Verarbeitungsklauseln,** mit welchen der Eigentumsvorbehaltsverkäufer zum „Hersteller" der neuen Sache i. S. d. § 950 Abs. 1 BGB erklärt wird, verhindert werden kann.[218] Im Kern geht es dabei um die Frage, ob § 950 Abs. 1 BGB, wonach grundsätzlich der Hersteller einer neuen Sache das Eigentum daran erwirbt, dispositives Recht darstellt oder ob die mit dieser Vorschrift verfolgte Zuordnungsfunktion zwingend ist. Die Rechtsprechung[219] sowie ein Teil des Schrifttums[220] befürworten den Schutz des Vorbehaltsverkäufers und halten derartige Klauseln für zulässig. Danach erwirbt der Verkäufer ohne Durchgangserwerb des verarbei-

293

---

[207] BGH, NJW 2006, 3486, 3487 m. Anm. v. Westphalen; BGH, NJW-RR 2000, 1220; vgl. dazu auch Piekenbrock, NJW 2007, 1247 ff.
[208] BGH, NJW 2006, 3486, 3487; a. A. Baumbach/Hopt, § 354 a HGB Rdnr. 1; MünchKommHGB-Schmidt, § 354 a HGB Rdnr. 8.
[209] Bamberger/Roth-*Faust,* § 449 BGB Rdnr. 26.
[210] Staudinger-*Beckmann,* § 449 BGB Rdnr. 110; Erman-*Grunewald,* § 449 BGB Rdnr. 46.
[211] BGH, NJW 1988, 1739, 1740.
[212] Erman-*Grunewald,* § 449 BGB Rdnr. 46; *Derleder,* ZHR 139, 20, 38.
[213] BGH, NJW 1989, 895, 896 f.; Erman-*Grunewald,* § 449 BGB Rdnr. 46.
[214] Staudinger-*Beckmann,* § 449 BGB Rdnr. 111.
[215] BGH MDR 1970, 227, 227; OLG Hamburg, MDR 1970, 506.
[216] BGH, NJW-RR 1991, 343, 344 f.; BGH, NJW 1988, 1210, 1211; MünchKomm-*Westermann,* § 449 BGB Rdnr. 88; Staudinger-*Beckmann,* § 449 BGB Rdnr. 114.
[217] PWW-*Schmidt,* § 449 BGB Rdnr. 23.
[218] Ausführlich dazu Soergel-*Henssler,* § 950 BGB Rdnr. 4, 19 ff.
[219] BGHZ 112, 243, 249 f.; BGHZ 46, 117, 118 f.; OLG Stuttgart, NJW 2001, 2889, 2890.
[220] Soergel-*Henssler,* § 950 BGB Rdnr. 20; MünchKomm-*Füller,* § 950 BGB Rdnr. 25; *Schwab/Prütting,* SachenR, Rdnr. 464; *Hofmann,* NJW 1962, 1798, 1803.

tenden Käufers das (nach wie vor auflösend bedingte[221]) Eigentum an der neu hergestellten Sache.[222] Wird Ware mehrerer Verkäufer verarbeitet, so werden sie nach §§ 947, 948 BGB Allein- oder Miteigentümer.[223] Ebenfalls soll eine Klausel zulässig sein, wonach Verkäufer und Käufer Miteigentümer der neuen Sache werden, jedenfalls sofern konkrete Miteigentumsanteile vereinbart sind.[224] Nach anderer Ansicht sind solche Klauseln dagegen unzulässig,[225] da sie unberücksichtigt lassen, dass allein der tatsächliche Verarbeiter den Verarbeitungsvorgang beherrscht und das Absatzrisiko trägt.[226] Daher sei allein der Käufer als Hersteller i. S. d. § 950 Abs. 1 BGB anzusehen, der Verkäufer könne nur mittels der Vereinbarung eines antizipierten Besitzkonstituts i. S. d. § 930 BGB Eigentümer der neuen Sache werden, mit der Konsequenz eines für den Verkäufer riskanten Durchgangserwerbs des Käufers.[227]

294 Auch beim verlängerten Eigentumsvorbehalt kann eine **Übersicherung** des Vorbehaltsverkäufers auftreten, wenn die vorauszedierten Forderungen den Wert der Kaufsache erheblich übersteigen, oder, im Fall einer Verarbeitungsklausel, wenn der Vorbehaltsverkäufer das Alleineigentum an der neu hergestellten Sache erwirbt. Auch insoweit gilt jedoch die neuere Rechtsprechung des BGH, wonach bei einer Überschreitung der Deckungsgrenze von 150 % des Wertes der Vorbehaltsware **automatisch** ein **Freigabeanspruch** des Käufers entsteht (Rdnr. 281).[228] Bei der Kollision von Verarbeitungsklauseln mehrerer Lieferanten entsteht nach der Rechtsprechung im Übrigen nur **Miteigentum** zu Bruchteilen an der neuen Sache entsprechend dem Wert des jeweils gelieferten Materials.[229]

295 **(4) Kollision mit anderen Sicherungsmitteln.** In der Praxis kommt es häufig dazu, dass der verlängerte Eigentumsvorbehalt als Sicherungsmittel des Warenlieferanten mit Sicherungsmitteln zugunsten von Kreditgebern zusammentrifft, wie etwa Sicherungsübereignungen oder Globalzessionen.

296 **(a) Sicherungsübereignung.** Eine Sicherungsübereignung vor Eintritt der Bedingung wird in der Regel scheitern, da aufgrund des Eigentumsvorbehalts ein Eigentumserwerb des Kreditgebers nur gutgläubig erfolgen kann, insoweit aber wegen des unmittelbaren Besitzes des Vorbehaltskäufers die gem. § 933 BGB erforderliche Übergabe fehlt (Rdnr. 303).[230] Eine solche fehlgeschlagene Sicherungsübereignung wird aber in der Regel gem. § 140 BGB dahingehend umzudeuten sein, dass dem Kreditgeber zumindest das **Anwartschaftsrechts** des Vorbehaltskäufers nach §§ 929, 930 BGB übertragen worden ist.[231]

297 **(b) Globalzession.** Problematisch ist dagegen die Auflösung eines Konflikts zwischen verlängertem Eigentumsvorbehalt und einer Globalzession zugunsten eines Kreditgebers.[232] Diesbezüglich hat die Rechtsprechung zunächst noch den **Prioritätsgrundsatz** angewandt, wonach sich das zeitlich jeweils zuerst erfolgte Sicherungsgeschäft gegenüber dem späteren durchsetzte.[233] Weil eine Globalzession üblicherweise nur einmal vereinbart wird und

---

[221] Palandt-*Bassenge*, § 950 BGB Rdnr. 9; *Nierwetberg*, NJW 1983, 2235.
[222] BGHZ 20, 159; OLG Karlsruhe, NJW 1979, 2317, 2318; OLG Neustadt, NJW 1964, 1802, 1803.
[223] OLG Frankfurt a.M., MDR 1959, 578.
[224] BGH, WM 1966, 1219, 1220 f.
[225] Staudinger-*Wiegand*, § 950 BGB Rdnr. 27 ff.; Bamberger/Roth-*Kindl*, § 950 BGB Rdnr. 10; Erman-*Ebbing*, § 950 BGB Rdnr. 10; *Westermann/Gursky*, SachenR, § 53 III 1.
[226] Erman-*Ebbing*, § 950 BGB Rdnr. 10;
[227] Staudinger-*Wiegand*, § 950 BGB Rdnr. 41; Palandt-*Bassenge*, § 950 BGB Rdnr. 9, 11.
[228] Bamberger/Roth-*Faust*, § 449 BGB Rdnr. 31.
[229] BGH, NJW 1967, 34, 35 f.; Erman-*Grunewald*, § 449 BGB Rdnr. 45.
[230] Erman-*Grunewald*, § 449 BGB Rdnr. 52.
[231] BGHZ 50, 45, 48; BGHZ 35, 85, 91; Bamberger/Roth-*Kindl*, Anh. § 929 BGB Rdnr. 29; Palandt-*Bassenge*, § 929 BGB Rdnr. 45.
[232] Ausführlich MünchKomm-*Roth*, § 398 BGB Rdnr. 147 ff.; Staudinger-*Beckmann*, § 449 BGB Rdnr. 142 ff.
[233] BGH, WM 1970, 900, 901; BGH, NJW 1959, 1536, 1537 f.; *Nirk*, NJW 1971, 1913.

dabei auch künftige Forderungen erfasst, der Eigentumsvorbehalt aber bei jeder Lieferung neu vereinbart wird, begünstigte dies regelmäßig den Kreditgeber.[234] Inzwischen hat sich jedoch unter Berücksichtigung der legitimen Schutzinteressen sowohl des Kreditgebers als auch des Lieferanten die sog. **Vertragsbruchtheorie** durchgesetzt.[235] Diese geht davon aus, dass die Vereinbarung eines verlängerten Eigentumsvorbehalts vor dem Hintergrund einer Globalzession einen Vertragsbruch des Vorbehaltskäufers darstellt, weil er die (bereits globalzedierten) Forderungen aus der Weiterveräußerung nicht wirksam an den Vorbehaltsverkäufer abtreten kann. Weil dies dem Lieferanten die Grundlage für die branchenübliche Sicherung durch einen verlängerten Eigentumsvorbehalt entzieht, ist eine solche Globalzession sittenwidrig und damit nichtig, wenn sie auch solche Forderungen erfassen soll, die der Zedent aufgrund eines verlängerten Eigentumsvorbehalts abtreten muss.[236] Das Vorliegen der im Rahmen des § 138 Abs. 1 BGB erforderlichen subjektiven Komponente der Sittenwidrigkeit wird diesbezüglich bereits dann bejaht, wenn bei dem Vorbehaltskäufer Lieferungen branchenüblich nur unter Eigentumsvorbehalt erfolgen und der Kreditgeber dies weiß oder billigend Kauf nimmt.[237]

Diese Sittenwidrigkeit der Globalzession kann nur durch die Vereinbarung einer dinglich wirkenden **Teilverzichtsklausel** vermieden werden, welche Forderungen aus einem branchenüblichen verlängerten Eigentumsvorbehalt von vornherein von der Globalzession ausnimmt.[238] **Nicht ausreichend** sind dagegen lediglich **schuldrechtlich wirkende Verzichtsklauseln**[239] oder sog. **Zahlstellenklauseln,** mit der der Vorbehaltskäufer verpflichtet wird, alle globalzedierten Forderungen auf ein spezielles, bei dem Kreditgeber geführtes Konto überweisen zu lassen.[240] **298**

cc) Weitergeleiteter Eigentumsvorbehalt. Ist der Vorbehaltskäufer gezwungen, die Kaufsache seinerseits (weiter-) zu veräußern, ohne dass der Kaufpreis sofort bezahlt wird, und bleibt auch dabei das **Eigentum des Erstverkäufers vorbehalten,** so liegt ein weitergeleiteter Eigentumsvorbehalt vor.[241] Möglich ist dies sowohl durch eine Übertragung nur des Anwartschaftsrechts des Erstkäufers[242] (Rdnr. 271) oder durch eine ebenfalls bedingte Eigentumsübertragung mit entsprechender Einwilligung des Erstverkäufers.[243] In jedem Fall muss der Erstvorbehalt **dem Zweitkäufer offengelegt** werden, da letzterer ansonsten das Eigentum gutgläubig erwerben würde, mit der Folge einer Schadensersatzpflicht des Erstkäufers.[244] Wenngleich zulässig, ist der weitergeleitete Eigentumsvorbehalt aufgrund dieses Offenlegungszwangs in der Praxis unüblich. **299**

dd) Nachgeschalteter Eigentumsvorbehalt. Ebenfalls zulässig ist der im Zwischenhandel praktizierte, sog. nachgeschaltete Eigentumsvorbehalt, bei dem der Käufer die Sache unter einem **eigenen Eigentumsvorbehalt** weitergibt.[245] Insoweit wird ihm vom Erstverkäufer eine Weiterveräußerungsermächtigung erteilt, die von der Vereinbarung des zweiten (nachgeschalteten) Vorbehalts abhängig gemacht wird. Ein Offenlegungszwang besteht hier **300**

---

[234] MünchKomm-*Roth*, § 398 BGB Rdnr. 147.
[235] BGH, NJW 1999, 940, 940f.; BGH, NJW 1991, 2144, 2145; BGH DB 1983, 2514, 2516, jeweils m.w.N.; OLG Köln, ZInsO 2002, 633, 634; *Leible/Sosnitza*, JuS 2001, 449, 452; *Skora*, NJW 1977, 701; krit. MünchKomm-*Roth*, § 398 BGB Rdnr. 159ff.; *Reinicke/Tiedtke*, KaufR, Rdnr. 1387.
[236] BGH, NJW 1999, 940, 940f.; BGH DB 1983, 2514, 2516; Erman-*Grunewald*, § 449 BGB Rdnr. 55.
[237] BGH, NJW 1999, 2588, 2589; Staudinger-*Beckmann*, § 449 BGB Rdnr. 144.
[238] BGH, NJW 1999, 940, 940f.; Erman-*Grunewald*, § 449 BGB Rdnr. 53.
[239] BGH, NJW 1995, 1668, 1669; BGH, NJW 1979, 365f.
[240] BGHZ 72, 316, 321f.; Staudinger-*Beckmann*, § 449 BGB Rdnr. 144.
[241] MünchKomm-*Westermann*, § 449 BGB Rdnr. 95; Bamberger/Roth-*Faust*, § 449 BGB Rdnr. 24.
[242] Staudinger-*Beckmann*, § 449 BGB Rdnr. 134.
[243] Erman-*Grunewald*, § 449 BGB Rdnr. 65.
[244] MünchKomm-*Westermann*, § 449 BGB Rdnr. 95; Bamberger/Roth-*Faust*, § 449 BGB Rdnr. 24.
[245] Staudinger-*Beckmann*, § 449 BGB Rdnr. 135; Palandt-*Weidenkaff*, § 449 BGB Rdnr. 16.

nicht. Es sind zwei aufschiebende Übereignungen hintereinander geschaltet, der Erstverkäufer verliert sein Eigentum entweder durch Zahlung des Erstkäufers (§ 158 Abs. 1 BGB) oder durch Zahlung des Zweitkäufers an den Erstkäufer (§§ 158 Abs. 1, 185 Abs. 1 BGB).[246]

301 Ist dagegen eine entsprechende Weiterveräußerungsermächtigung nicht erteilt, so erwirbt der Endabnehmer erst dann das Volleigentum, wenn alle Kaufpreisforderungen in der Kette bezahlt sind.[247] Soweit aber der Erstverkäufer weiß, dass sein Vertragspartner üblicherweise nur unter eigenem Eigentumsvorbehalt weiterveräußert, und erklärt er nicht ausdrücklich etwas anderes, so kann nach Ansicht des BGH von der konkludenten Erteilung einer Weiterveräußerungsermächtigung ausgegangen werden.[248]

302 **e) Erlöschen.** Zum Erlöschen des Eigentumsvorbehalts mit ex nunc-Wirkung[249] und dem Erwerb des Vollrechts durch den Käufer führt in erster Linie der Eintritt der Bedingung, also die **vollständige Kaufpreiszahlung** durch den Käufer. Dazu gehört im Zweifel auch die Bezahlung von **Nebenkosten** wie z.B. Zinsen sowie Fracht- und Verpackungskosten, soweit diese vom Käufer geschuldet sind.[250] Beim Sukzessivlieferungsvertrag müssen im Zweifel sämtliche Teillieferungen bezahlt werden.[251] Der Zahlung stehen die verkäuferseitige **Annahme** einer **anderen Leistung an Erfüllungs statt** gem. § 364 Abs. 1 BGB oder die **Aufrechnung** i.S.d. § 389 BGB gleich.[252] Auch **Dritte** können gem. § 267 Abs. 1 BGB den Kaufpreisanspruch erfüllen,[253] etwa wenn die Kaufsache gepfändet wurde oder eine Bank den Eigentumsvorbehalt ablöst.[254] Eine **Leistung erfüllungshalber** genügt dagegen nicht, bei einer Wechselhingabe erlischt der Vorbehalt daher erst dann, wenn der Verkäufer tatsächlich die Zahlung erhält bzw., falls der Verkäufer den Wechsel diskontiert hat, wenn der Käufer ihn einlöst.[255] Näher zur Erfüllung der Zahlungspflicht siehe Rdnr. 1299 ff.

303 Auch ohne Eintritt der Bedingung ist ein Erlöschen des Eigentumsvorbehalts möglich. So fällt das Vorbehaltseigentum des Verkäufers auch dann weg, wenn ein **Dritter** das **Eigentum erwirbt**. Das ist möglich, wenn der Verkäufer – wie beim erweiterterten Eigentumsvorbehalt (Rdnr. 279) üblich – den Käufer gem. § 185 BGB **zur Weiterveräußerung ermächtigt** hat[256] oder wenn der Dritte gutgläubig vom Käufer erwirbt.[257] Eine Sicherungsübereignung durch den Käufer scheitert hingegen wegen der fehlenden Übergabe an den Sicherungsnehmer an § 933 BGB.[258]

304 Zu einem Eigentumsverlust des Verkäufers und damit dem Erlöschen des Eigentumsvorbehalts kommt es auch im Fall einer **Verbindung,**[259] **Vermischung** oder **Verarbeitung** der Vorbehaltsware i.S.d. §§ 946 ff. BGB,[260] sofern dies nicht durch eine Verarbeitungsklausel verhindert wird (dazu bereits Rdnr. 293).

---

[246] BGH, NJW 1971, 1038, 1039; OLG Stuttgart, BB 1975, 1151; MünchKomm-*Westermann*, § 449 BGB Rdnr. 96.
[247] Erman-*Grunewald*, § 449 BGB Rdnr. 42.
[248] BGH, NJW 1971, 1038, 1039; Erman-*Grunewald*, § 449 BGB Rdnr. 42.
[249] Staudinger-*Beckmann*, § 449 BGB Rdnr. 31, MünchKomm-*Westermann*, § 449 BGB Rdnr. 23.
[250] Staudinger-*Beckmann*, § 449 BGB Rdnr. 31; Palandt-*Weidenkaff*, § 449 BGB Rdnr. 23; Bamberger/Roth-*Faust*, § 449 BGB Rdnr. 10; a. A. Erman-*Grunewald*, § 449 BGB Rdnr. 37.
[251] Soergel-*Mühl*, § 455 BGB a. F. Rdnr. 26.
[252] Staudinger-*Beckmann*, § 449 BGB Rdnr. 31; Bamberger/Roth-*Faust*, § 449 BGB Rdnr. 16.
[253] Erman-*Grunewald*, § 449 BGB Rdnr. 37.
[254] Staudinger-*Beckmann*, § 449 BGB Rdnr. 44.
[255] Bamberger/Roth-*Faust*, § 449 BGB Rdnr. 16; MünchKomm-*Westermann*, § 449 BGB Rdnr. 24, jeweils m.w.N.
[256] Bamberger/Roth-*Faust*, § 449 BGB Rdnr. 26.
[257] MünchKomm-*Westermann*, § 449 BGB Rdnr. 24, 61.
[258] MünchKomm-*Westermann*, § 449 BGB Rdnr. 35; Staudinger-*Beckmann*, § 449 BGB Rdnr. 38.
[259] BGHZ 53, 324, 325 f.; OLG Frankfurt WM 1968, 1231.
[260] Erman-*Grunewald*, § 449 BGB Rdnr. 39.

Der Eigentumsvorbehalt erlischt ferner bei einem entsprechenden **Verzicht** des Verkäufers. **305**
Die Verzichtserklärung kann einseitig geäußert werden und bedarf nicht der Annahme durch
den Käufer.²⁶¹ Sie kann auch konkludent abgegeben werden, so z. B. durch die Herausgabe
des einbehaltenen Fahrzeugbriefs bzw. der Zulassungsbescheinigung Teil II an den Käufer.²⁶²

Die **Verjährung der Kaufpreisforderung** führt dagegen nicht zum Erlöschen des **306**
Eigentumsvorbehalts. Zwar wäre nach § 218 Abs. 1 S. 1 BGB ein Rücktritt des Verkäufers
ausgeschlossen, doch durchbrechen §§ 218 Abs. 1 S. 3, 216 Abs. 2 S. 2 BGB diese Regel,
so dass der Verkäufer auch in diesem Fall noch zurücktreten und die Kaufsache herausverlangen kann. Der dingliche Herausgabeanspruch aus § 985 BGB verjährt zwar gem. § 197
Abs. 1 BGB erst in 30 Jahren, aber auch die Vindikation ist dem Verkäufer wegen § 449
Abs. 2 BGB erst nach einem Rücktritt möglich.²⁶³ Allerdings werden durch den Rücktritt die Rechtsfolgen der §§ 346 ff. BGB ausgelöst, so dass vom Verkäufer bereits geleistete
Kaufpreis(teil-)zahlungen und vom Käufer etwaige **Nutzungen** zu **erstatten** sind.²⁶⁴

IV. Verschaffungspflicht beim Kauf von Rechten und sonstigen Gegenständen

1. Rechtskauf

a) Inhalt der Verschaffungspflicht. Ist Gegenstand des Kaufvertrags keine Sache, sondern **307**
ein Recht, so ist der Verkäufer gem. § 453 Abs. 1 i.V.m. § 433 Abs. 1 S. 1 BGB verpflichtet, dem Käufer das Recht frei von Mängeln (zur Mangelfreiheit Rdnr. 328 ff.) zu verschaffen. Er muss den Käufer also zum **Inhaber des Rechts** machen und ihm die **Ausübung
des Rechts** ermöglichen.²⁶⁵ Soweit Kaufgegenstand ein Recht ist, das zum Besitz einer
Sache berechtigt, muss der Verkäufer gem. § 453 Abs. 3 BGB auch die betreffende **Sache**
mangelfrei **übergeben** (Rdnr. 312). Auch **Unterlassungspflichten** können Bestandteil der
Rechtsverschaffungspflicht sein bzw. als Nebenpflicht zu dieser hinzutreten. So hat etwa der
Verkäufer einer Forderung alles zu unterlassen, was die Einziehung derselben beeinträchtigen könnte.²⁶⁶ Der Veräußerer eines Unternehmens (dazu Rdnr. 322 ff.) darf keine Handlungen vornehmen, die den wirtschaftlichen Erfolg des Unternehmens gefährden könnten.²⁶⁷
Auf welche **Art und Weise** die Rechtsverschaffung im Einzelnen zu geschehen hat und
welche Handlungen bzw. Erklärungen dazu notwendig sind, bestimmt sich nach der jeweiligen Art des verkauften Rechts.²⁶⁸

Soweit nicht spezialgesetzlich untersagt, ist auch beim Rechtskauf die Vereinbarung von **308**
Bedingungen für die Verschaffungspflicht des Verkäufers zulässig. Insbesondere kann sich
auch hier der Verkäufer analog § 449 BGB die Erfüllung bis zur vollständigen Kaufpreiszahlung vorbehalten.²⁶⁹

Eine Erfüllung der Verschaffungspflicht tritt ferner – entsprechend der Situation beim **309**
Sachkauf – auch dann ein, wenn der Käufer aufgrund **gutgläubigen Erwerbs** Rechtsinhaber wird.²⁷⁰ Das ist bei Forderungen jedoch ausschließlich im Fall des § 405 BGB möglich,²⁷¹

---

²⁶¹ BGH, WM 1983, 1189, 1190; BGH, NJW 1958, 1231, 1232; Staudinger-*Beckmann*, § 449
BGB Rdnr. 43.
²⁶² BGH, NJW 1958, 1231, 1232.
²⁶³ Palandt-*Weidenkaff*, § 449 BGB Rdnr. 27.
²⁶⁴ Staudinger-*Beckmann*, § 449 BGB Rdnr. 35; Habersack/Schürnbrand, JuS 2002, 833, 837.
²⁶⁵ Staudinger-*Beckmann*, § 453 BGB Rdnr. 12.
²⁶⁶ RGZ 112, 373; RGZ 111, 303.
²⁶⁷ Staudinger-*Beckmann*, § 453 BGB Rdnr. 36.
²⁶⁸ Staudinger-*Beckmann*, § 453 BGB Rdnr. 10; Erman-*Grunewald*, § 453 BGB Rdnr. 4; Bamberger/Roth-*Faust*, § 453 BGB Rdnr. 9.
²⁶⁹ Staudinger-*Beckmann*, § 453 BGB Rdnr. 11; Palandt-*Weidenkaff*, § 453 BGB Rdnr. 13.
²⁷⁰ Staudinger-*Beckmann*, § 453 BGB Rdnr. 11; Palandt-*Weidenkaff*, § 453 BGB Rdnr. 14.
²⁷¹ Dazu Palandt-*Grüneberg*, § 405 BGB Rdnr. 1 ff.

des weiteren bei Grundstücksrechten (§ 892 BGB), Grundpfandrechten (§§ 892, 1138, 1155 BGB) und bei Wechseln (Art. 16 WechselG).

310   **b) Formlose Abtretung.** Zur Übertragung von **Forderungen** genügt insoweit grundsätzlich eine **formlose Abtretung** i. S. d. § 398 BGB.[272] **Andere Rechte** werden gem. § 413 BGB ebenfalls durch Abtretung übertragen, soweit keine Spezialregelung existiert.[273] Formlose Abtretung ist deshalb grundsätzlich ebenfalls ausreichend für die Übertragung von **Patenten** (§ 15 Abs. 1 S. 2 PatG), **Marken** (§ 27 Abs. 1 MarkenG) und **Namensaktien.** Doch schuldet der Verkäufer hier zusätzlich auch die Mitwirkung bei den gesetzlich vorgeschriebenen Registereintragungen (vgl. §§ 30 Abs. 3 PatG, 28 Abs. 1 MarkenG, 67 Abs. 1 AktG). Diesen Eintragungen kommt zwar keine für die Rechtsübertragung relevante Funktion zu,[274] sie sind aber für die Geltendmachung des Rechts durch den Erwerber notwendig.[275]

311   **c) Besondere Formerfordernisse. Besondere Formerfordernisse** bestehen bei der Übertragung von **Grundstücksrechten.** Hier bedarf es nach § 873 BGB der Eintragung im Grundbuch, bei der Übertragung von **Grundpfandrechten** sind zusätzlich die §§ 1154, 1192 BGB zu beachten. Werden **Anteile an einer GmbH** verkauft, so gilt § 15 Abs. 3–5 GmbHG, wonach sowohl das Verpflichtungsgeschäft als auch die Abtretung selbst notarieller Form bedürfen und darüber hinaus die Abtretung von der Genehmigung der Gesellschaft abhängig gemacht werden kann.

312   **d) Übergabepflicht.** Ist Gegenstand des Kaufs ein Recht, das zum **Besitz einer Sache berechtigt,** so tritt gem. § 453 Abs. 3 BGB neben die Rechtsverschaffungspflicht eine Pflicht zur Übergabe der betreffenden Sache. Der Verkäufer muss dem Käufer hier also entsprechend der Situation beim Sachkauf den Besitz an der Sache verschaffen. Jedoch genügt hier die Verschaffung mittelbaren Besitzes, sofern der Verkäufer selbst nur mittelbarer Besitzer ist.[276] Der Anwendungsbereich der Vorschrift erfasst insbesondere den Verkauf von **Erbbaurechten** (§ 1 ErbbauRVO),[277] eines **Nießbrauchs** (§§ 1036, 1059 BGB), eines **dinglichen Wohnrechts** (§ 1093 BGB)[278] oder eines **Anwartschaftsrechts.**[279]

313   Auch ein Pfandrecht vermittelt gem. § 1251 Abs. 1 BGB ein Besitzrecht, doch ist es aufgrund seiner Akzessorietät nicht selbst Kaufgegenstand, sondern verkauft wird vielmehr die gesicherte Forderung (§ 1250 Abs 1 BGB). § 453 Abs. 3 BGB ist daher **nicht anwendbar.**[280] Auch eine Analogie kommt nicht in Betracht, da es wegen der reinen Sicherungsfunktion des Pfandrechts an einer vergleichbaren Interessenlage fehlt.[281] Ebenfalls von § 453 BGB nicht erfasst werden auf eine **Sachleistung** (z.B. einen Auflassungsanspruch aus Kaufvertrag)[282] oder auf die **Überlassung von Sachen** gerichtete Forderungen wie z.B. aus **Miet- oder Pachtverträgen,**[283] da ansonsten wegen der Pflicht zur mangelfreien Übergabe der Verkäufer der Forderung wie ein Verkäufer der Sache selbst haften würde.[284]

---

[272] Staudinger-*Beckmann*, § 453 BGB Rdnr. 10; PWW-*Schmidt*, § 453 BGB Rdnr. 6.
[273] PWW-*Schmidt*, § 453 BGB Rdnr. 6.
[274] BGH GRUR 1969, 43, 45.
[275] MünchKomm-*Westermann*, § 453 BGB Rdnr. 15; PWW-*Schmidt*, § 453 BGB Rdnr. 6.
[276] Staudinger-*Beckmann*, § 453 BGB Rdnr. 16.
[277] BGH, NJW-RR 2006, 188, 189.
[278] Bamberger/Roth-*Faust*, § 453 BGB Rdnr. 5; Palandt-*Weidenkaff*, § 453 BGB Rdnr. 14.
[279] Erman-*Grunewald*, § 453 BGB Rdnr. 15.
[280] Staudinger-*Beckmann*, § 453 BGB Rdnr. 16; Bamberger/Roth-*Faust*, § 453 BGB Rdnr. 5; a. A. Erman-*Grunewald*, § 453 BGB Rdnr. 15.
[281] Staudinger-*Beckmann*, § 453 BGB Rdnr. 16; Bamberger/Roth-*Faust*, § 453 BGB Rdnr. 5; *Eidenmüller*, ZGS 2002, 290, 291.
[282] Bamberger/Roth-*Faust*, § 453 BGB Rdnr. 5; Palandt-*Weidenkaff*, § 453 BGB Rdnr. 14; PWW-*Schmidt*, § 453 BGB Rdnr. 11; *Eidenmüller*, ZGS 2002, 290, 291.
[283] Staudinger-*Beckmann*, § 453 BGB Rdnr. 16; Bamberger/Roth-*Faust*, § 453 BGB Rdnr. 5; a. A. Erman-*Grunewald*, § 453 BGB Rdnr. 16; *Eidenmüller*, ZGS 2002, 290, 291.
[284] Staudinger-*Beckmann*, § 453 BGB Rdnr. 16.

In Bezug auf **Wertpapiere** im engeren Sinne ist die Vorschrift bedeutungslos, da diese ohnehin nur durch Übereignung des Papiers übertragen werden können und die Übergabe daher bereits Bestandteil der Rechtsverschaffungspflicht ist (Rdnr. 325).[285] Das gleiche gilt für **Briefhypotheken,** die gem. §§ 1153, 1154 Abs. 1 BGB ebenfalls nur unter Übergabe des Hypothekenbriefs übergeben werden können.[286] 314

e) Kosten der Rechtsverschaffung und -begründung. Ähnlich § 448 Abs. 1 BGB beim Sachkauf (Rdnr. 233) weist der dispositive[287] § 453 Abs. 2 BGB die bei der Erfüllung der Rechtsverschaffungspflicht entstehenden Kosten dem **Verkäufer** zu. Das betrifft nach dem Wortlaut ausdrücklich auch die Kosten der **Begründung** des verkauften Rechts, soweit dieses noch nicht existiert, etwa beim Kauf von Gesellschaftsanteilen die Kosten einer zuvor notwendigen Teilung.[288] Verschaffungskosten sind z. B. die Kosten einer erforderlichen **notariellen Beurkundung** einer Abtretung[289] (§ 15 Abs. 3 GmbHG) oder einer **Registereintragung**[290] (z. B. § 30 Abs. 3 PatG, § 28 MarkenG, § 67 Abs. 1 AktG), da diese Eintragungen für die Rechtsausübung durch den Käufer erforderlich und damit Bestandteil der Verschaffungspflicht des Verkäufers sind (Rdnr. 310). 315

Von der Vorschrift nicht erfasst sind dagegen die Kosten des schuldrechtlichen **Kausalgeschäfts,** diese tragen, soweit nicht anders vereinbart, gem. § 426 Abs. 1 S. 1 BGB beide Parteien hälftig.[291] 316

Streitig ist, ob beim Kauf von **Grundstücksrechten** § 453 Abs. 2 BGB mit der Folge der Verkäuferhaftung[292] oder über § 453 Abs. 1 BGB die Vorschrift des § 448 Abs. 2 BGB mit der Konsequenz der Käuferhaftung[293] Anwendung findet. Diesbezüglich ist § 448 Abs. 2 BGB der Vorzug zu geben. Dafür spricht zum einen die Spezialität des § 448 Abs. 2 BGB, zum anderen entspricht dies dem ausdrücklich erklärten Willen des Gesetzgebers,[294] wonach sich die entsprechende Anwendbarkeit des § 448 Abs. 2 BGB aus §§ 452, 453 Abs. 1 BGB ergibt. Im Ergebnis trägt damit bei Grundstücksgeschäften der **Käufer** die Kosten der Rechtsverschaffung, so insbesondere die der Auflassung, der Eintragungsbewilligung und der Grundbucheintragung selbst. 317

Eine Spezialregelung für die Kosten einer vom Käufer nach § 403 S. 1 BGB verlangten, **öffentlich beglaubigten Abtretungsurkunde** enthält ferner § 403 S. 2 BGB, wonach diese Kosten dem Käufer zur Last fallen. 318

2. Kauf von sonstigen Gegenständen

Auch für den Kauf von sonstigen Gegenständen erklärt § 453 Abs. 1 BGB die Vorschriften über den Kauf von Sachen als entsprechend anwendbar. Unter den Begriff der sonstigen Gegenstände fallen alle Kaufgegenstände, die keine Sachen oder Rechte sind. Insoweit wird allgemein unterschieden nach **unkörperlichen,** funktional aber den Sachen ähnlichen **Vermögensgegenständen** wie z. B. Strom oder Software (dazu sogleich Rdnr. 320) und **Sachgesamthei-** 319

---

[285] Staudinger-*Beckmann,* § 453 BGB Rdnr. 16; Erman-*Grunewald,* 3 453 BGB Rdnr. 16.
[286] RGZ 63, 424.
[287] Staudinger-*Beckmann,* § 453 BGB Rdnr. 15; Palandt-*Weidenkaff,* § 453 BGB Rdnr. 16.
[288] MünchKomm-*Westermann,* § 453 BGB Rdnr. 15.
[289] Erman-*Grunewald,* § 453 BGB Rdnr. 14; Palandt-*Weidenkaff,* § 453 BGB Rdnr. 16.
[290] MünchKomm-*Westermann,* § 453 BGB Rdnr. 15; Staudinger-*Beckmann,* § 453 BGB Rdnr. 15; Bamberger/Roth-*Faust,* § 453 BGB Rdnr. 14; a. A. Erman-*Grunewald,* § 453 BGB Rdnr. 14.
[291] Staudinger-*Beckmann,* § 453 BGB Rdnr. 15; Bamberger/Roth-*Faust,* § 453 BGB Rdnr. 14; PWW-*Schmidt,* § 453 BGB Rdnr. 7.
[292] Erman-*Grunewald,* § 453 BGB Rdnr. 14; AnwKomm-*Büdenbender,* § 448 BGB Rdnr. 2.
[293] MünchKomm-*Westermann,* § 453 BGB Rdnr. 16; Staudinger-*Beckmann,* § 453 BGB Rdnr. 15; Bamberger/Roth-*Faust,* § 453 BGB Rdnr. 15; PWW-*Schmidt,* § 453 BGB Rdnr. 7.
[294] BT-Drucks. 14/6040, S. 241.

ten wie insbesondere Unternehmen und Freiberuflerpraxen (Rdnr. 322 ff.).[295] Des weiteren fallen unter den Begriff der sonstigen Gegenstände auch Wertpapiere (hierzu Rdnr. 325) sowie der Verkauf einer Erbschaft bzw. eines Erbschaftsanteils (Rdnr. 326 ff.). Welche Rechtsakte und Handlungen zur Übertragung des jeweiligen Kaufgegenstands auf den Käufer erforderlich sind, richtet sich dabei immer nach dessen spezifischen Eigenarten und den für seine Übertragung maßgeblichen Vorschriften.[296]

320 **a) Unkörperliche Vermögensgegenstände.** Sind Kaufgegenstand unkörperliche Gegenstände wie etwa **Strom,**[297] **Fernwärme,**[298] **Gas, Wasser**[299] oder **Software**, so müssen diese dem Käufer zur Verfügung gestellt werden.[300] Bei Software ist allerdings zu beachten, dass nur der Erwerb von **Standardsoftware** dem Kaufrecht unterliegt.[301] Soll dagegen **individualisierte Software** entwickelt[302] oder Standardsoftware an individuelle Bedürfnisse des Erwerbers **angepasst** werden,[303] so steht die nach den Vorgaben des Bestellers zu erbringende und nach **Werkvertragsrecht** zu beurteilende Leistung so im Vordergrund, dass die kaufrechtlichen Elemente dahinter zurück treten.[304]

321 Die Verschaffungspflicht des Verkäufers beinhaltet beim Softwarekauf die **Übergabe** eines entsprechenden, die Software enthaltenden **Datenträgers**,[305] das direkte **Installieren** der Software auf dem Computer des Käufers oder die Ermöglichung eines **Downloads** der Software aus dem Internet.[306] Des weiteren hat der Verkäufer dem Käufer ein **Nutzungsrecht** an der Software i. S. d. § 31 Abs. 2 UrhG zu verschaffen.[307] Darüber hinaus kann die Verschaffungspflicht des Verkäufers – je nach den Umständen des Einzelfalls – auch die Übergabe von **Installations- und Gebrauchsanleitungen** beinhalten, wenn und soweit diese erforderlich sind.

322 **b) Unternehmens- und Praxiskauf.** Beim **Unternehmenskauf** im Wege des **share deals** – also beim Kauf einer gesellschaftsrechtlichen Beteiligung in Form von Gesellschaftsanteilen oder Aktien – sind die jeweiligen für die Übertragung (Abtretung) von Gesellschaftsanteilen geltenden Anforderungen zu beachten.[308]

323 Erfolgt der Verkauf dagegen im Rahmen eines **asset deals** – also durch den Erwerb der einzelnen Wirtschaftsgüter des Unternehmens – so sind die für die Übertragung der jeweiligen Einzelgegenstände relevanten Vorschriften einzuhalten.[309] Dies kann eine Vielzahl von Rechtsakten erforderlich machen, so etwa die Auflassung von Grundstücken, die Übereig-

---

[295] Staudinger-*Beckmann*, § 453 BGB Rdnr. 19 f.; Erman-*Grunewald*, § 453 BGB Rdnr. 20; PWW-*Schmidt*, § 453 BGB Rdnr. 16 ff.
[296] Bamberger/Roth-*Faust*, § 453 BGB Rdnr. 24.
[297] BGHZ 23, 175; Staudinger-*Beckmann*, § 453 BGB Rdnr. 50 f.; Palandt-*Weidenkaff*, § 453 BGB Rdnr. 6.
[298] BGH, NJW 1979, 1304, 1305; Palandt-*Weidenkaff*, § 453 BGB Rdnr. 6.
[299] Palandt-*Weidenkaff*, § 453 BGB Rdnr. 6.
[300] Bamberger/Roth-*Faust*, § 453 BGB Rdnr. 24.
[301] Staudinger-*Beckmann*, § 453 BGB Rdnr. 53; PWW-*Schmidt*, § 453 BGB Rdnr. 20; siehe auch Rdnr. 34.
[302] BGH, NJW-RR 1999, 347, 348; BGH, NJW 1987, 1259; PWW-Schmidt, § 453 BGB Rdnr. 20.
[303] BGH CR 2002, 93 ff.; Staudinger-*Beckmann*, § 453 BGB Rdnr. 53; PWW-*Schmidt*, § 453 BGB Rdnr. 20.
[304] Ausführlich zur Abgrenzung Staudinger-*Beckmann*, § 453 BGB Rdnr. 53 *Thewalt*, CR 2002, 1 ff.
[305] Teilw. abw. Staudinger-*Beckmann*, § 453 BGB Rdnr. 53; PWW-*Schmidt*, § 453 BGB Rdnr. 20, die diese Konstellation als Sachkauf ansehen und insoweit § 433 Abs. 1 BGB direkt anwenden, was aber letztlich keine Auswirkungen hat.
[306] Staudinger-*Beckmann*, § 453 BGB Rdnr. 53; PWW-*Schmidt*, § 453 BGB Rdnr. 20.
[307] Bamberger/Roth-*Faust*, § 453 BGB Rdnr. 24.
[308] Staudinger-*Beckmann* § 453 BGB Rdnr. 32; *Reinicke/Tiedtke*, KaufR, Rdnr. 1248.
[309] Staudinger-*Beckmann*, § 453 BGB Rdnr. 26; Palandt-*Weidenkaff*, § 453 BGB Rdnr. 12.

nung und Übergabe der beweglichen Sachen des Unternehmensvermögens,[310] die Abtretung von Forderungen, die Übergabe der Geschäftsunterlagen, die Übertragung von Patenten usw.[311] Die Rechtsverschaffungspflicht des Verkäufers beinhaltet hier insbesondere auch die Pflicht, dem Erwerber Geschäftsgeheimnisse und know-how zugänglich zu machen[312] und ihm die Möglichkeit zu verschaffen, Arbeitnehmer und Lieferantenverträge zu übernehmen.[313] Ebenso muss er dem Erwerber bei der Übernahme und Fortführung des Unternehmens bzw. der Praxis behilflich sein[314] und gegebenenfalls dafür Sorge tragen, dass der Käufer das Unternehmen in den gemieteten Räumlichkeiten fortführen kann.[315] Aufgrund seines Informationsvorsprungs trifft ihn insoweit eine gesteigerte Aufklärungspflicht.[316] Ebenso ist der Verkäufer verpflichtet, alles zu unterlassen, was den wirtschaftlichen Erfolg des veräußerten Unternehmens gefährden könnte.[317]

Die gleichen Grundsätze gelten beim Verkauf von Freiberufler-Praxen.[318] Die Übergabe der **Mandanten-** bzw. **Patientenkartei** sowie der entsprechenden Akten[319] einer Rechtsanwalts-[320] oder Steuerberaterkanzlei[321] sowie einer Arztpraxis[322] bedarf jedoch aufgrund der gem. § 203 StGB strafbewehrten standesrechtlichen Verschwiegenheitspflichten (§ 43a Abs. 2 BRAO, § 2 BORA, § 57 Abs. 1 StBerG, § 3 MBO) der vorherigen Einwilligung der Mandanten bzw. Patienten.[323] Das gilt überdies auch für die Abtretung offener **Honorarforderungen.**[324] Die Einholung der entsprechenden Einwilligungen ist Bestandteil der Verschaffungspflicht des Verkäufers.[325] Ausnahmen von dem Einwilligungserfordernis bestehen aber dann, wenn der Erwerber – z.B. aufgrund einer früheren Mitarbeit – die betreffenden Daten bereits kennt[326] oder der Veräußerer nach dem Übergang für eine Übergangszeit noch in der Praxis mitarbeitet (sog. Prinzip des sanften Übergangs).[327] Darüber hinaus darf allgemein der **Verkauf von Unternehmen standesrechtlich gebundener Berufsträger** nicht die Gefahr begründen, dass der Erwerber das Unternehmen in einer Allgemeininteressen widersprechenden Weise fortführt.[328] **324**

c) Wertpapiere. Bei **Wertpapieren** ist zu unterscheiden: Wertpapiere im engeren Sinne können wegen der ihnen eigenen Verkörperung des Rechts im Papier nur durch Übereig- **325**

---

[310] MünchKomm-*Westermann*, § 433 BGB Rdnr. 54.
[311] Staudinger-*Beckmann*, 3 453 BGB Rdnr. 22; *Reinicke/Tiedtke*, KaufR, Rdnr. 1248.
[312] Staudinger-*Beckmann*, § 453 BGB Rdnr. 22; *Reinicke/Tiedtke*, KaufR, Rdnr. 1248.
[313] Erman-*Grunewald*, § 453 BGB Rdnr. 20.
[314] BGH, NJW 1998, 2360, 2363; Erman-*Grunewald*, § 453 BGB Rdnr. 20.
[315] BGH, NJW 1995, 2843, 2845.
[316] BGH, NJW 2002, 1042, 1043; BGH, NJW 2001, 2163, 2164f.; Erman-*Grunewald*, § 453 BGB Rdnr. 24.
[317] Staudinger-*Beckmann*, § 453 BGB Rdnr. 36.
[318] Ausführlich MünchKomm-*Westermann*, § 453 BGB Rdnr. 17; *Reinicke/Tiedtke*, KaufR, Rdnr. 1263 ff.
[319] BGH, NJW 1996, 2087, 2088; PWW-*Schmidt*, § 453 BGB Rdnr. 36.
[320] BGH, NJW 2001, 2463, 2164f.; *Reinicke/Tiedtke*, KaufR, Rdnr. 1270; eine solche Einwilligung ist jedoch hinsichtlich der Abtretung bestehender Honorarforderungen an Berufskollegen gem. § 49 b Abs. 4 S. 1 BRAO nicht notwendig, BGH, NJW 2007, 1196, 1197.
[321] BGH, NJW 1996, 2087, 2088; Erman-*Grunewald*, § 453 BGB Rdnr. 22.
[322] BGH, NJW 1992, 737, 739f.; *Reinicke/Tiedtke*, KaufR, Rdnr. 1265.
[323] Erman-*Grunewald*, § 453 BGB Rdnr. 22.
[324] BGH, NJW 1995, 2026, 2026f.; BGH, NJW 1991, 2955, 2956f.; OLG Karlsruhe, NJW 1998, 831, 832; *Reinicke/Tiedtke*, KaufR, Rdnr. 1267.
[325] *Reinicke/Tiedtke*, KaufR, Rdnr. 1265.
[326] BGH, NJW 1995, 2915, 2915f.
[327] BGH, NJW 2001, 2462, 2463.
[328] Vgl. OLG Hamm v. 29.08.2006, Az. 19 U 39/06 (juris) zur Sittenwidrigkeit eines Apothekenverkaufs wegen zu erwartender Verstöße gegen das Ärztebevorzugungsverbot des § 11 Apothekengesetz.

nung des Papiers nach §§ 929 ff. BGB oder Indossierung übertragen werden.[329] Zur Übertragung von Wertpapieren im weiteren Sinne – sog. Rektapapieren – genügt dagegen die bloße Abtretung der Forderung, wobei das Eigentum am Wertpapier automatisch mit übergeht.[330]

d) Erbschaftskauf

326 **aa) Verkauf durch Alleinerben.** Beim Erbschaftskauf sind die speziellen Regelungen der §§ 2371 ff. BGB zu beachten. Danach bedarf der Kaufvertrag zunächst gem. § 2371 BGB der **notariellen Beurkundung.** § 2374 BGB verpflichtet sodann den Erben, dem Käufer sämtliche **Nachlassgegenstände** einschließlich etwaiger Surrogate **herauszugeben.** Hat der Erbe vor dem Verkauf Gegenstände aus der Erbschaft **verbraucht** oder **unentgeltlich veräußert** bzw. **belastet,** so ist er gem. § 2375 Abs. 1 BGB zum **Ersatz des Wertes** bzw. der Wertminderung verpflichtet, es sei denn, der Verbrauch, die Veräußerung oder die Belastung war dem Käufer bei Vertragsschluss bekannt.

327 **bb) Anteilsverkauf durch Miterben.** Verkauft ein Miterbe seinen Erbschaftsanteil, gelten wegen § 1922 Abs. 2 BGB grundsätzlich ebenfalls die §§ 2371 ff. BGB. Der Miterbe kann seinen Anteil aber gem. § 2033 Abs. 1 BGB durch einen einzigen Akt übertragen, er muss nicht die Nachlassgegenstände einzeln übereignen.[331] Jedoch bedarf hier nicht nur das Verpflichtungsgeschäft (§§ 1922 Abs. 2, 2371 BGB), sondern gem. § 2033 Abs. 1 BGB auch das Verfügungsgeschäft der notariellen Beurkundung.

V. Mangelfreiheit

328 Ebenfalls eine Hauptpflicht[332] des Verkäufers ist die Pflicht zur Übergabe und Übereignung einer **mangelfreien Kaufsache.** Diese Pflicht ist nunmehr ausdrücklich in § 433 Abs. 1 S. 2 BGB normiert. Aufgrund der Verweisung des § 453 Abs. 1 BGB gilt sie auch beim Rechtskauf (dazu Rdnr. 450 ff.). Ein Verstoß gegen diese Pflicht führt zur Haftung nach dem Gewährleistungssystem des § 437 BGB (Rdnr. 616 ff.), vor Gefahrübergang hingegen zum Eingreifen des allgemeinen Leistungsstörungsrechts (Rdnr. 901 ff.).

1. Sachkauf

329 Die Pflicht zur mangelfreien Lieferung umfasst gem. § 433 Abs. 1 S. 2 BGB sowohl die Sachmangel- als auch die Rechtsmangelfreiheit. Die Begriffe des Sachmangels und des Rechtsmangels werden zwar im Gesetz nicht legaldefiniert, doch regeln §§ 434, 435 BGB, unter welchen Voraussetzungen die Kaufsache sach- bzw. rechtsmangelfrei sind.[333]

a) Sachmangelfreiheit

330 **aa) Überblick.** Der die Sachmangelfreiheit regelnde § 434 BGB geht auf den im UN-Kaufrecht maßgeblichen (Art. 35 CISG, vgl. Rdnr. 553 ff.) und in Art. 2 Abs. 1 der Verbrauchsgüterkaufrichtlinie[334] aufgenommenen Begriff der Vertragsmäßigkeit zurück.[335] Die Norm gilt für **alle Kaufverträge.**[336] Für die Beurteilung des Vorliegens eines Sachmangels sind gem. § 434 Abs. 1 S. 1 und S. 2, Nr. 1 BGB in erster Linie subjektive Abreden der Kaufvertragsparteien über die Beschaffenheit (vgl. Rdnr. 337 ff.) oder die Verwendung (dazu

---

[329] Staudinger-*Beckmann*, § 453 BGB Rdnr. 56.
[330] Staudinger-*Beckmann*, § 453 BGB Rdnr. 57.
[331] *Reinicke/Tiedtke*, KaufR, Rdnr. 1244.
[332] MünchKomm-*Westermann*, § 433 BGB Rdnr. 59; PWW-*Schmidt*, § 433 BGB Rdnr. 28.
[333] *Westermann*, NJW 2002, 241, 243.
[334] RL 1999/44/EG, ABl. EG Nr. L 171 v. 07.07.1999, S. 12.
[335] Bamberger/Roth-*Faust*, § 434 BGB Rdnr. 6.
[336] Staudinger/*Matusche-Beckmann*, § 434 BGB Rdnr. 1.

Rdnr. 313 ff.) der Kaufsache **maßgeblich**. Die Vorschrift räumt somit etwaigen **vertraglichen Vereinbarungen** der Parteien den **Vorrang** ein.[337] Nur soweit die Parteien derartige Vereinbarungen nicht getroffen haben, wird gem. § 434 Abs. 1 S. 2, Nr. 2 BGB ein objektiver Maßstab herangezogen, nämlich derjenige der „üblichen Beschaffenheit" bzw. der „gewöhnlichen Verwendung" (hierzu Rdnr. 363 ff.). Die Reihenfolge dieser Mangelbegriffe in § 434 BGB ist damit nicht zufällig, sondern hierarchisch geprägt. Ähnlich dem alten Recht kodifiziert die Norm einen subjektiv-objektiven Mangelbegriff, der **primär** von den **Parteivereinbarungen** ausgeht und nur **hilfsweise** auf **objektive Maßstäbe** abstellt.[338]

§ 434 Abs. 1 S. 3 BGB stellt sodann klar, dass im Rahmen einer an den objektiven Maßstäben des § 434 Abs. 1 S. 2 Nr. 2 BGB orientierten Mangelfeststellung auch **öffentliche Äußerungen** des Verkäufers oder Herstellers, insbesondere in der Werbung, von Bedeutung sein können (dazu Rdnr. 366 ff.). **331**

Darüber hinaus regelt § 434 Abs. 2 BGB, dass ein Sachmangel auch bei einer **fehlerhaften Montage** durch den Verkäufer bzw. dessen Gehilfen (Rdnr. 379 ff.) oder einer **fehlerhaften Montageanleitung** (Rdnr. 383 ff.) vorliegen kann. Ebenso stellt es gem. § 434 Abs. 3 BGB einen Sachmangel dar, wenn der Verkäufer ein **aliud** liefert (vgl. Rdnr. 391 ff.) oder nur eine **quantitative Minderleistung** erbringt (hierzu Rdnr. 398 ff.). **332**

Für das Vorliegen eines Sachmangels ist es – anders als nach § 459 Abs. 1 S. 2 BGB a. F. – **irrelevant**, ob die Negativabweichung erheblich oder **unerheblich** ist. Ein Mangel liegt in jedem Fall vor.[339] Ist er lediglich unerheblich, so führt dies nur zum Ausschluss solcher Gewährleistungsrechte, deren Rechtsfolgen die Rückgabe der Sache beinhalten, nämlich des Rücktrittsrechts (vgl. § 323 Abs. 5 S. 2 BGB, vgl. Rdnr. 713 ff.) und des Schadensersatzes statt der ganzen Leistung i. S. d. (§ 281 Abs. 1 S. 3 BGB, siehe Rdnr. 798), und auch das nur, soweit der Verkäufer nicht arglistig handelte[340] (str., näher dazu Rdnr. 715). **333**

In jedem Fall setzt das Vorliegen eines die Gewährleistungsrechte des Käufers auslösenden Sachmangels gem. § 434 Abs. 1 S. 1 BGB voraus, dass der **Fehler** bereits **im Zeitpunkt des Gefahrübergangs vorliegt** (dazu Rdnr. 403 ff.), was im Bereich des **Verbrauchsgüterkaufs** unter bestimmten Voraussetzungen gesetzlich **vermutet** wird (dazu Rdnr. 409 ff.). **334**

Die Vorschrift des § 434 BGB ist – wie sich schon aus § 444 BGB ergibt – grundsätzlich **abdingbar**, die Parteien können daher die Anforderungen an die Mangelfreiheit sowie auch den hierfür maßgeblichen Zeitpunkt abweichend regeln.[341] Eine Ausnahme besteht allerdings für den Bereich des **Verbrauchsgüterkaufs**, hier darf gem. § 475 Abs. 1 BGB von der gesetzlichen Regelung nicht zu Ungunsten des Käufers abgewichen werden. **335**

bb) Subjektiver Mangelbegriff. Auch wenn in erster Linie subjektive Kriterien maßgeblich sind, so ist fraglich, ob tatsächlich jedwede Abweichung von den vertraglichen Vereinbarungen automatisch auch einen Mangel darstellt oder ob es nicht vielmehr einen Zusammenhang zwischen den mangelbegründenden Umständen und der Sache selbst geben muss.[342] Diesbezüglich legt § 434 BGB zwei – subjektive – **Anknüpfungspunkte für die Sachmangelfreiheit** fest: Zum einen den Maßstab der vereinbarten Beschaffenheit (§ 434 Abs. 1 S. 1 BGB, dazu sogleich Rdnr. 337 ff.) zum anderen das Kriterium der Eignung für eine nach dem Vertrag vorausgesetzte Verwendung (§ 434 Abs. 1 S. 2 Nr. 1 BGB, Rdnr. 353 ff.). **336**

---

[337] *Reinicke/Tiedtke*, KaufR, Rdnr. 299.
[338] BT-Drucks. 14/6040, S. 211; Bamberger/Roth-*Faust*, § 434 BGB Rdnr. 2.
[339] OLG Karlsruhe, NJW-RR 2009, 777, 778; *Reinicke/Tiedtke*, KaufR, Rdnr. 298; Bamberger/Roth-*Faust*, § 434 BGB Rdnr. 3.
[340] So jetzt BGH, NJW 2007, 2111, 2112; BGH, NJW 2006, 1960, 1961; Staudinger-*Otto*, § 323 BGB Rdnr. 30; a. A. Bamberger/Roth-*Faust*, § 437 BGB Rdnr. 27; *Lorenz*, NJW 2006, 1925 ff.
[341] Palandt-*Weidenkaff*, § 434 BGB Rdnr. 4.
[342] So MünchKomm-*Westermann*, § 434 BGB Rdnr. 8.

(1) Vereinbarte Beschaffenheit

337 **(a) Beschaffenheitsbegriff.** Bedeutung und Inhalt des in § 434 BGB verwendeten Begriffs der „Beschaffenheit" sind umstritten, dies insbesondere vor dem Hintergrund des alten Rechts, in welchem zwischen Fehlern, zugesicherten Eigenschaften und gewährleistungsrechtlich irrelevanten Merkmalen differenziert wurde.[343] Der Gesetzgeber hat hier auf eine Legaldefinition des Begriffs der Beschaffenheit bewusst verzichtet und insbesondere offen gelassen, „ob er nur Eigenschaften umfasse, die der Kaufsache unmittelbar physisch anhaften, oder ob auch Umstände heranzuziehen sind, die außerhalb der Sache selbst liegen".[344]

338 Jedenfalls sollte aber mit der Neuregelung die Reichweite des Gewährleistungsrechts nicht eingeschränkt werden.[345] Deshalb besteht zumindest darüber Einigkeit, dass der neue Beschaffenheitsbegriff **alle** diejenigen **Merkmale** erfasst, die nach früherem Recht **Fehler** oder **zusicherungsfähige Eigenschaften** waren.[346] Eine Abgrenzung zwischen diesen beiden Formen von Beschaffenheitskriterien hat sich somit jedenfalls erübrigt.[347] Daher gehören zur Beschaffenheit jedenfalls **alle physischen Merkmale** der Kaufsache wie z. B. Größe,[348] Gewicht, Material, Farbe etc.,[349] darüber hinaus aber auch solche tatsächlichen, wirtschaftlichen und/oder rechtlichen Umstände, die der Sache auf Dauer anhaften und nach der Verkehrsauffassung unmittelbaren Einfluss auf ihren Wert oder ihre Brauchbarkeit haben (sog. **wertbildende Faktoren**), wie etwa Alter,[350] Herkunft,[351] die örtliche Lage eines Grundstücks,[352] die Eigenschaft als Unfall-[353] oder Gebrauchtwagen,[354] öffentlich-rechtliche Beschränkungen,[355] die Echtheit eines Bildes[356] oder der merkantile Minderwert einer Sache.[357] Hinsichtlich der Ertragsfähigkeit oder des Umsatzes eines Unternehmens wurde nach altem Recht allerdings verlangt, dass die betreffenden Zahlen sich auf einen längeren Zeitraum beziehen und einen Rückschluss auf die zum Zeitpunkt des Kaufs gegenwärtige Unternehmenslage ermöglichten.[358] Ob dies nach neuem Recht auch noch gilt, hängt von der Reichweite des Beschaffenheitsbegriffs ab (dazu sogleich Rdnr. 339 ff.).

---

[343] Vgl. dazu den Überblick Bamberger/Roth-*Faust*, § 434 BGB Rdnr. 13 ff.; ferner *Grigoleit/Herresthal*, JZ 2003, 118, 122, jeweils m.w.N.

[344] BT-Drucks. 14/6040, S. 213.

[345] BT-Drucks. 14/6040, S. 212; bestätigend BGH, NJW 2011, 1217, 1218.

[346] BGH, NJW 2011, 1217, 1218; Staudinger/*Matusche-Beckmann*, § 434 BGB Rdnr. 44; Münch-Komm-*Westermann*, § 434 BGB Rdnr. 7; Bamberger/Roth-*Faust*, § 434 BGB Rdnr. 21; *Reinicke/Tiedtke*, KaufR, Rdnr. 309; *Eidenmüller*, ZGS 2002, 290, 295; *Jaques*, BB 2002, 417, 418; *Wolf/Kaiser*, DB 2002, 411, 412.

[347] Erman-*Grunewald*, § 434 BGB Rdnr. 3; *Roth*, NJW 2004, 330, 330; *Schmidt-Räntsch*, AnwBl 2003, 529, 531; *Häublein*, NJW 2003, 388, 390; *Grigoleit/Herresthal*, JZ 2003, 118, 112; *Gronstedt/Jörgens*, ZIP 2002, 55.

[348] Bamberger/Roth-*Faust*, § 434 BGB Rdnr. 21.

[349] *Reinicke/Tiedtke*, KaufR, Rdnr. 300.

[350] BGH, NJW 1995, 2159, 2160; Bamberger/Roth-*Faust*, § 434 BGB Rdnr. 15; Erman-*Grunewald*, § 434 BGB Rdnr. 9.

[351] Staudinger/*Matusche-Beckmann*, § 434 BGB Rdnr. 50; Bamberger/Roth-*Faust*, § 434 BGB Rdnr. 15; Erman-*Grunewald*, § 434 BGB Rdnr. 6.

[352] BGH, NJW 1973, 1234, 1235.

[353] BGH, NJW 1983, 2242.

[354] BGH, NJW 2006, 2694, 2695 („Jahreswagen").

[355] BGH, NJW 1987, 2511, 2512; BGH MDR 1979, 1007, 1008; OLG Nürnberg, NJW-RR 2002, 267, 268; Erman-*Grunewald*, § 434 BGB Rdnr. 7.

[356] Staudinger/*Matusche-Beckmann*, § 434 BGB Rdnr. 50; Erman-*Grunewald*, § 434 BGB Rdnr. 6.

[357] BGH, NJW 1983, 2242, 2243; OLG Bremen, MDR 1968, 1007; Erman-*Grunewald*, § 434 BGB Rdnr. 36.

[358] BGH, NJW 1979, 33; BGH, NJW 1977, 1538, 1539; Bamberger/Roth-*Faust*, § 434 BGB Rdnr. 18; zum neuen Recht vgl. *Redeker*, NJW 2012, 2471, 2472 ff.

Fraglich ist, ob auch solche Umstände, die der Sache **nicht auf Dauer anhaften** oder 339
die in **keinem oder keinem näheren Zusammenhang mit ihrer physischen Beschaffenheit** stehen (und deshalb nach früherem Recht noch nicht einmal zusicherungsfähige Eigenschaften darstellten), unter den Beschaffenheitsbegriff des § 434 BGB zu subsumieren sind und dementsprechend von den Parteien subjektiv zum Maßstab der Mangelfreiheit gemacht werden können. Das betrifft z. B. das Kriterium, ob die Kaufsache hinsichtlich ihrer Größe oder technischen Beschaffenheit zu anderen Sachen kompatibel ist,[359] die bauplanungs- oder bauordnungsrechtliche Bebaubarkeit eines Grundstücks,[360] die Versicherbarkeit einer Sache,[361] die Bonität der Mieter eines Miethauses,[362] steuerrechtliche Aspekte der Kaufsache,[363] die Dauer eines Miet- oder Pachtverhältnisses über ein verkauftes Grundstück,[364] die Existenz bzw. der Inhalt eines Sachverständigengutachtens in Bezug auf die Kaufsache[365] oder die Frage des Bestehens einer Herstellergarantie beim Verkauf eines Fahrzeugs.[366] Diesbezüglich werden sowohl in der Rechtsprechung als auch im Schrifttum zwei verschiedene Auffassungen vertreten,[367] bezüglich derer eine höchstrichterliche Entscheidung allerdings noch aussteht.

(aa) Enger Beschaffenheitsbegriff. Eine restriktive Ansicht will es bei der Zusammenführung von Fehlern und zusicherungsfähigen Eigenschaften unter dem Oberbegriff der Beschaffenheit belassen und beschränkt den Beschaffenheitsbegriff des § 434 BGB deshalb auf Eigenschaften und solche wirtschaftlichen und rechtlichen Umstände, die der Sache unmittelbar und physisch auf eine gewisse Dauer anhaften.[368] Danach soll z. B. der Umstand, dass es sich bei einem PKW um ein Importfahrzeug handelt, nicht zur Beschaffenheit der Kaufsache zählen.[369] 340

(bb) Vermittelnder Beschaffenheitsbegriff. Nach anderer Ansicht erfasst die Beschaffenheit i. S. d. § 434 BGB weitergehend auch solche Umweltbeziehungen, die ihr nicht auf eine gewisse Dauer anhaften.[370] Auch auf das Erfordernis eines unmittelbaren Zusammenhangs mit der physischen Beschaffenheit der Sache wird verzichtet, allerdings sollen nach wie vor solche Umstände, die in keinerlei Zusammenhang damit stehen, kein Kriterium der Beschaffenheit sein können.[371] Dies beträfe etwa die Bonität der Mieter einer veräußerten Immobilie bzw. deren Mietertrag,[372] die Existenz eines Sachverständigengutachtens hinsichtlich der Kaufsache,[373] steuerrechtliche Aspekte[374] oder auch den Wert der Sache 341

---

[359] Nach altem Recht ablehnend: BGH, NJW 1985, 2472; BGH, NJW 1962, 1196.
[360] Erman-*Grunewald*, § 434 BGB Rdnr. 31.
[361] BGH, NJW 1984, 2289.
[362] BGH, NJW 1980, 1456, 1457 ff.
[363] BGH, NJW-RR 1990, 970, 971; BGH, NJW-RR 1988, 349, 350.
[364] BGH, NJW 1998, 534, 535.
[365] BGH, NJW 1972, 1658.
[366] Ablehnend BGH, NJW 1996, 2025, 2026.
[367] Instruktiv zum Streitstand PWW-*Schmidt*, § 434 BGB Rdnr. 15 ff.; *Schmidt*, BB 2005, 2763, 2764.
[368] OLG Hamm, ZGS 2005, 315, 316; OLG Hamm, NJW-RR 2003, 1360, 1361; Palandt-*Weidenkaff*, § 434 BGB Rdnr. 11 f.; *Huber*, AcP 202, 179, 225 ff.
[369] OLG Hamm, NJW-RR 2003, 1360, 1361.
[370] Staudinger/*Matusche-Beckmann*, § 434 BGB Rdnr. 46; Erman-*Grunewald*, § 434 BGB Rdnr. 3; Bamberger/Roth-*Faust*, § 434 BGB Rdnr. 22 f.; *Reinicke*/*Tiedtke*, KaufR, Rdnr. 314.
[371] Staudinger/*Matusche-Beckmann*, § 434 BGB Rdnr. 45; Bamberger/Roth-*Faust*, § 434 BGB Rdnr. 23; *Gaul*, ZHR 166 (2002), 35, 51 f.
[372] Erman-*Grunewald*, § 434 BGB Rdnr. 11.
[373] BGH, NJW 1972, 1658, 1658.
[374] Erman-*Grunewald*, § 434 BGB Rdnr. 8; Bamberger/Roth-*Faust*, § 434 BGB Rdnr. 23; *Reinicke*/*Tiedtke*, KaufR, Rdnr. 311.

selbst.³⁷⁵ Der Begriff der Beschaffenheit erfordert danach zumindest „irgendeinen" Zusammenhang mit der physischen Beschaffenheit der Kaufsache.³⁷⁶

342 **(cc) Weiter Beschaffenheitsbegriff.** Die dritte Auffassung will sowohl auf das Erfordernis der Dauerhaftigkeit³⁷⁷ als auch auf die Verknüpfung des Beschaffenheitskriteriums mit der physischen Beschaffenheit der Sache³⁷⁸ ganz verzichten. Zur Beschaffenheit i. S. d. § 434 BGB gehört danach **jede von den Parteien vereinbarte Anforderung** an die Kaufsache.³⁷⁹

343 **(dd) Stellungnahme.** Der letztgenannte, weite Beschaffenheitsbegriff verdient unter mehreren Aspekten Zustimmung. Das ergibt sich bereits daraus, dass weder die § 434 BGB zugrunde liegende Verbrauchsgüterkaufrichtlinie³⁸⁰ noch das ebenfalls als Vorbild dienende, im CISG kodifizierte UN-Kaufrecht³⁸¹ den Begriff der Beschaffenheit in irgendeiner Weise verengen.³⁸² Im Gegenteil stellen sowohl Art. 2 Abs. 1 der Richtlinie als auch Art. 35 CISG allein auf die „Vertragsmäßigkeit" der Ware als subjektiven Maßstab für ihre Mangelfreiheit ab (zum CISG vgl. Rdnr. 554). Obwohl die Richtlinie zwar nur den Bereich des Verbrauchsgüterkaufs erfasst, so sollen nach dem Willen des Gesetzgebers gleichwohl die Anforderungen an die Mangelfreiheit für den Verbrauchsgüterkauf und sonstige Kaufverträge die gleichen sein. Es gilt also ein einheitlicher Mangelbegriff.³⁸³ Daraus folgt, dass jegliches von den Parteien vereinbartes Anforderungsprofil ein Beschaffenheitskriterium darstellen kann, unabhängig davon, ob ein Bezug zu physischen Merkmalen der Sache hergestellt wird oder ob das betreffende Kriterium dauerhaft ist. Dementsprechend wird auch im Rahmen des Art. 35 CISG eine die Mängelhaftung auslösende Vertragswidrigkeit schon bei jeglicher Abweichung vom Vertrag angenommen³⁸⁴ (näher Rdnr. 557).

344 Überdies spricht schon der EU-rechtlich notwendige Zweck der Rechtsvereinheitlichung gegen eine sich aus dem jeweiligen nationalen Recht ergebenden Einschränkung. Die mit der Richtlinie bezweckte Rechtsangleichung³⁸⁵ würde verfehlt, wenn jede nationale Rechtsordnung ein abweichendes Verständnis des Beschaffenheitsbegriffs und damit der Voraussetzungen der Gewährleistungshaftung des Verkäufers entwickeln würde.³⁸⁶

345 Schließlich würde durch ein beschränktes Verständnis des Beschaffenheitsbegriffs auch das System des § 434 BGB ausgehöhlt. Dieses rückt mit der primären Maßgeblichkeit des subjektiven Mangelbegriffs die **Privatautonomie** der Vertragsparteien in den Vordergrund (Rdnr. 330). Vor diesem Hintergrund ist jedoch nicht einzusehen, weshalb die Parteien dann nicht auch solche Kriterien zum Maßstab der Mangelfreiheit sollten erheben können, die keinen direkten Bezug zur physischen Beschaffenheit der Kaufsache aufweisen und/oder

---

³⁷⁵ Bamberger/Roth-*Faust*, § 434 BGB Rdnr. 23.
³⁷⁶ Bamberger/Roth-*Faust*, 3 434 BGB Rdnr. 23, 27; *Kindl*, WM 2003, 411.
³⁷⁷ *PWW-Schmidt*, § 434 BGB Rdnr. 25; *Schmidt*, BB 2005, 2763, 2766f.; *Schmidt-Räntsch*, AnwBl 2003, 529, 531; *Wolf/Kaiser*, DB 2002, 411, 412; *Knott*, NZG 2002, 249, 251.
³⁷⁸ *PWW-Schmidt*, § 434 BGB Rdnr. 25; *Schmidt-Räntsch*, AnwBl 2003, 529, 531; *Knott*, NZG 2002, 249, 251.
³⁷⁹ *PWW-Schmidt*, § 434 BGB Rdnr. 18; *Schmidt*, BB 2005, 2763, 2764ff.; *Roth*, NJW 2004, 330, 331; *Schmidt-Räntsch*, AnwBl 2003, 529, 531; *Häublein*, NJW 2003, 388, 390f.; *Barnert*, WM 2003, 423; *Knott*, NZG 2002, 249, 251; wohl auch MünchKomm-*Westermann*, § 434 BGB Rdnr. 8ff.
³⁸⁰ RL 1999/44/EG, Abl. EG Nr. L 171 v. 07.07.1999, S. 12.
³⁸¹ BT-Drucks. 14/6040, S. 89, 92, 209, 212.
³⁸² *Schmidt*, BB 2005, 2763, 2764.
³⁸³ BT-Drucks. 14/6040, S. 211; *Häublein*, NJW 2003, 388, 390.
³⁸⁴ *Piltz*, Int. KaufR, § 5 Rdnr. 27; *Herber/Czerwenka*, Art. 35 CISG Rdnr. 2; Honsell-*Magnus*, Art. 35 CISG Rdnr. 8; Staudinger-*Magnus*, Art. 35 CISG Rdnr. 11; *Schwenzer*, NJW 1990, 605; OLG Düsseldorf, RIW 1987, 221.
³⁸⁵ Erwägungsgründe 2–6 der RL 1999/44/EG, ABl. EG Nr. L 171 v. 07.07.1999, S. 12.
³⁸⁶ *PWW-Schmidt*, § 434 BGB Rdnr. 19; *Schmidt*, BB 2005, 2763, 2764; *Häublein*, NJW 2003, 388, 390.

ihr nicht auf Dauer anhaften.³⁸⁷ Es besteht somit weder ein Anlass noch eine Notwendigkeit, die schwierigen und mitunter widersprüchlichen³⁸⁸ Abgrenzungen des früheren Rechts auch in den neuen Beschaffenheitsbegriff des § 434 BGB hinein zu interpretieren.³⁸⁹

Die Vertragsparteien können daher **jedes Kriterium** zum **Gegenstand einer Beschaffenheitsvereinbarung** erheben. Sie sind dabei nicht an Einschränkungen aus abstrakten Definitionen gebunden.³⁹⁰ Somit können etwa auch einzelne und auf kurze Zeiträume bezogene Ertrags- oder Umsatzzahlen eines Unternehmens zum Maßstab der Mangelfreiheit gemacht werden.³⁹¹ Gleiches gilt beispielsweise für Beziehungen der Kaufsache zu ihrer Umwelt wie beispielsweise das Baujahr eines Fahrzeugs³⁹² und außerhalb der Kaufsache liegende Umstände wie die Solvenz der Mieter eines Hauses und die Existenz oder Richtigkeit eines Gutachtens über die Kaufsache. Ebenso uneingeschränkt können steuerliche Gesichtspunkte zum Maßstab der Mängelfreiheit erhoben werden.³⁹³ Auch können vergangene oder in der Zukunft liegende Umstände und Entwicklungen Gegenstand einer Beschaffenheitsvereinbarung sein.³⁹⁴ 346

Der BGH hat sich dem weiten Beschaffenheitsbegriff unter ausdrücklicher Ablehnung von Einschränkungen ebenfalls angeschlossen und dabei die aus der Bewirtschaftung eines Grundstücks erzielten Mieterträge und die aufzuwendenden Betriebskosten als mögliche Inhalte einer Beschaffenheitsvereinbarung angesehen.³⁹⁵ 347

(b) Vereinbarung. Die Anwendbarkeit des subjektiven Mangelbegriffs des § 434 Abs. 1 S. 1 BGB erfordert allerdings, dass die Parteien sich über das jeweilige Beschaffenheitskriterium **geeinigt** haben. Das setzt zwar nicht voraus, dass die Beschaffenheitsvereinbarung direkt im Kaufvertrag getroffen wird. Vielmehr ist auch eine **außerhalb des Vertrags**³⁹⁶ oder **nachträglich**³⁹⁷ erfolgende Vereinbarung der maßgeblichen Beschaffenheit denkbar, wie etwa in einem beigefügten Datenblatt oder als Bestandteil einer Qualitätssicherungsvereinbarung.³⁹⁸ Es besteht **grundsätzlich** auch **kein Formerfordernis**. Etwas anderes gilt nur dann, wenn der Kaufvertrag selbst formbedürftig ist,³⁹⁹ beispielsweise nach § 311 b Abs. 1, 3 BGB bei Grundstücksverkäufern oder Vermögensveräußerungen, wobei letzteres insbesondere im Hinblick auf Unternehmenskäufe im Wege des asset deal von Bedeutung ist.⁴⁰⁰ 348

In jedem Fall erforderlich ist aber eine Einigung, also gem. §§ 145 ff. BGB zwei **übereinstimmende Willenserklärungen.**⁴⁰¹ Deshalb liegt bei bloß einseitigen Aussagen des Verkäufers⁴⁰² oder lediglich vom Käufer geäußerten Erwartungen⁴⁰³ noch keine Beschaffen- 349

---

³⁸⁷ Ähnlich *Reinicke/Tiedtke*, KaufR, Rdnr. 304; *Schmidt*, BB 2005, 2763, 2765; *Schulze/Ebers*, JuS 2004, 462, 463; *Triebel/Hölzle*, BB 2002, 521, 525; *Knott*, NZG 2002, 249, 251.
³⁸⁸ Vgl. *Schmidt*, BB 2005, 2763, 2765; *Roth*, NJW 2004, 330, 331.
³⁸⁹ *Schmidt-Räntsch*, AnwBl 2003, 529, 531.
³⁹⁰ So auch *Knott*, NZG 2002, 249, 251.
³⁹¹ *PWW-Schmidt*, § 434 BGB Rdnr. 25; *Häublein*, NJW 2003, 388, 390; *Gaul*, ZHR 166 (2002), 35, 46–52; *Gruber*, MDR 2002, 433, 437.
³⁹² OLG Nürnberg NJW 2005, 2019, 2020.
³⁹³ *PWW-Schmidt*, § 434 BGB Rdnr. 24; *Häublein*, NJW 2003, 388, 390; *Wolf/Kaiser*, DB 2002, 411, 414.
³⁹⁴ *PWW-Schmidt*, § 434 BGB Rdnr. 26 f.; *Wolf/Kaiser*, DB 2002, 411, 414; a.A. Erman-*Grunewald*, § 434 BGB Rdnr. 10 f.; *Reinicke/Tiedtke*, KaufR, Rdnr. 312.
³⁹⁵ BGH, NJW 2011, 1217, 1218.
³⁹⁶ OLG Düsseldorf, NJW 2005, 2235, 2235; Bamberger/Roth-*Faust*, § 434 BGB Rdnr. 40; *PWW-Schmidt*, § 434 BGB Rdnr. 31.
³⁹⁷ Palandt-*Weidenkaff*, § 434 BGB Rdnr. 15;
³⁹⁸ *PWW-Schmidt*, § 434 BGB Rdnr. 31; *Schmidt*, NJW 1991, 144,1 47.
³⁹⁹ Staudinger/*Matusche-Beckmann*, § 434 BGB Rdnr. 57; Palandt-*Weidenkaff*, § 434 BGB Rdnr. 18.
⁴⁰⁰ Ausführlich dazu *Heckschen*, NZG 2006, 772 ff.
⁴⁰¹ *PWW-Schmidt*, § 434 BGB Rdnr. 32;
⁴⁰² MünchKomm-*Westermann*, § 434 BGB Rdnr. 12.
⁴⁰³ MünchKomm-*Westermann*, § 434 BGB Rdnr. 12.

heitsvereinbarung vor, erforderlich ist vielmehr, dass die jeweils andere Seite zustimmend reagiert hat.[404] Äußerst zweifelhaft ist es daher, bereits die Angaben auf einem Schild, das auf einem zum Verkauf stehenden PKW angebracht ist[405] oder die reaktionslose Hinnahme von käuferseitig geäußerten Erwartungen durch einen fachkundigen Verkäufer[406] als Beschaffenheitsvereinbarung zu qualifizieren. Hier liegt gerade noch keine zweiseitige Vereinbarung vor, was sich im ersteren Fall auch bereits aus dem – ansonsten überflüssigen – § 434 Abs. 1 S. 3 BGB ergibt, der verkäuferseitige Werbeaussagen der Beschaffenheit, die der Käufer „erwarten kann" i. S. d. § 434 Abs. 1 S. 2 Nr. 2 BGB gleichstellt (dazu Rdnr. 366 ff.). Eine Beschaffenheitsvereinbarung kommt hingegen etwa zustande, wenn bei einem Ebay-Kauf der Verkäufer bestimmte Beschaffenheitsangaben macht und der Käufer im Hinblick darauf sein Gebot abgibt.[407]

350 Eine Beschaffenheitsvereinbarung kann gleichwohl auch konkludent zustande kommen. Ob dies der Fall ist, beurteilt sich nach allgemeinen Regeln und anhand der jeweiligen Umstände des Einzelfalls. Im Allgemeinen erfordert jedoch die Annahme einer schlüssigen Beschaffenheitsvereinbarung das Vorliegen entsprechender tatsächlicher Anhaltspunkte.[408] Ohnehin sollten hier **strenge Maßstäbe** angelegt werden, da ansonsten die Gefahr eines Leerlaufens des als Auffangtatbestand konzipierten objektiven Mangelbegriffs des § 434 Abs. 1 S. 2 Nr. 2 BGB besteht. Auch der BGH betont, dass die Annahme einer Beschaffenheitsvereinbarung „nicht mehr im Zweifel, sondern nur noch in einem eindeutigen Fall" in Betracht kommt.[409] Insbesondere darf nicht – etwa im Wege der ergänzenden Vertragsauslegung – einfach die „normale" Beschaffenheit als konkludent vereinbart angesehen werden.[410] Eine konkludente Beschaffenheitsvereinbarung kann aber z. B. angenommen werden, wenn der Verkäufer beim Vertragsschluss die Sache beschreibt oder ein Muster vorlegt und der Käufer dies zustimmend zur Kenntnis nimmt.[411] Etwas anderes gilt hingegen, wenn der Käufer die Sache trotz des Bemerkens von Fehlern annimmt, denn in einem solchen Verhalten liegt noch keine Willenserklärung dahingehend, dass der mangelhafte Zustand als vertragsgemäß akzeptiert werden soll. Im Übrigen würde eine solche Sichtweise die Regelung des § 442 BGB aushebeln (dazu Rdnr. 835 ff.).

351 Welchen **Inhalt** die konkrete Vereinbarung hat, ist unter Berücksichtigung der jeweiligen Einzelfallumstände durch **Auslegung** nach §§ 133, 157 BGB zu ermitteln. So beinhaltet z. B. der Verkauf eines KFZ als „Jahreswagen" die Vereinbarung, dass zwischen Herstellung und Erstzulassung bzw. Vertragsschluss nicht mehr als zwölf Monate liegen, die Vereinbarung „fabrikneu" die Aussage, dass das Modell dieses Fahrzeugs unverändert weitergebaut

---

[404] Staudinger/Matusche-*Beckmann*, § 434 BGB Rdnr. 55; MünchKomm-*Westermann*, § 434 BGB Rdnr. 12.
[405] So BGH, NJW 1983, 2192, 2193; Bamberger/Roth-*Faust*, § 434 BGB Rdnr. 40.
[406] So BGH, WM 1977, 1088, 1089; Erman-*Grunewald*, § 434 BGB Rdnr. 14.
[407] BGH, NJW 2012, 2723, 2724; LG Frankfurt a. M. v. 31.01.2007, Az. 2-16 S 3/06 zur Angabe „echtes Silber".
[408] BGH v. 19.12.2012, Az. VIII ZR 96/12 (Beck RS 2013, 01763); Staudinger/*Matusche-Beckmann*, § 434 BGB Rdnr. 56.
[409] BGH v. 02.11.2010, Az. VIII ZR 287/09 (Beck RS 2010, 30815); ebenso BGH, NJW 2008, 1517, 1518.
[410] Dies mit Recht betonend OLG Düsseldorf, NJW 2005, 2235; Bamberger/Roth-*Faust*, § 434 BGB Rdnr. 40; PWW-*Schmidt*, § 434 BGB Rdnr. 32; a. A. aber Erman-*Grunewald*, § 434 BGB Rdnr. 15, wonach ohne anderslautende Absprachen die „typische Beschaffenheit als geschuldet vereinbart" sein soll.
[411] Erman-*Grunewald*, § 434 BGB Rdnr. 15; *Westermann*, NJW 2002, 241, 243; allerdings kann der Käufer bei der Angabe von Pkw-Verbrauchswerten in einem Datenblatt „nach 1999/100 EG" nicht erwarten, dass sich diese Werte in der Fahrpraxis realisieren lassen, weil es sich um Labor-Messwerte handelt; vgl. OLG Karlsruhe v. 01.02.2008, Az. 1 U 97/07 (Beck RS 2008, 07903); eine Überschreitung der Hersteller-Verbrauchsangaben um bis zu 10 % ist nach dem BGH hinzunehmen, vgl. BGH, NJW 2007, 2111, 2112; OLG Hamm v. 07.02.2013, Az. I-28 U 94/12 (Beck RS 2013, 04091).

A. Verkäuferpflichten nach BGB

wird und es keine durch längere Standzeiten bedingte Mängel aufweist.[412] Wird ein Gebrauchtwagen als „werkstattgeprüft" verkauft, so kann der Käufer erwarten, dass das Fahrzeug in einer hierfür ausgerüsteten Werkstatt einer sorgfältigen äußeren Besichtigung und technischen Prüfung – ohne Zerlegung der einzelnen Fahrzeugteile wie etwa Motor, Getriebe oder Lenkung – durch einen Fachmann unter Einsatz der hierbei üblicherweise benutzten technischen Mittel (z. B. Hebebühne, Bremsenprüfstand) unterzogen wurde und die bei einer derartigen Untersuchung feststellbaren Mängel behoben worden sind.[413] Mit der Vereinbarung „fahrbereit" wird vereinbart, dass das Fahrzeug nicht mit verkehrsgefährdenden Mängeln behaftet ist, aufgrund derer es bei einer Hauptuntersuchung als verkehrsunsicher eingestuft werden müsste.[414] Die Abstellung solcher Fehler, die sich aus dem altersbedingten Verschleiß des Fahrzeugs ergeben oder ganz geringfügiger Art sind und im Verkehr bei einem Gebrauchtwagenkauf nicht beachtet werden, kann allerdings billigerweise nicht erwartet werden.[415] Die Angabe des (abgelesenen) Tachometerstandes soll – jedenfalls bei einem Kauf unter Verbrauchern – keine Beschaffenheitsvereinbarung dahingehend darstellen, dass es sich um die tatsächliche Laufleistung handele.[416] Auch bei Angaben, die der Verkäufer einschränkend mit Zusätzen wie „laut Vorbesitzer" oder „laut Zulassungsbescheinigung" versichert, handelt es sich regelmäßig nicht um Beschaffenheitsvereinbarungen. Derartige Angaben sind vielmehr als „Wissenserklärungen" des Verkäufers zu qualifizieren. Allerdings kann insoweit gem. §§ 280 Abs. 1, 241 Abs. 2, 311 Abs. 2 BGB eine Haftung des Verkäufers für die richtige und vollständige Wiedergabe solcher Angaben in Betracht kommen.[417] Ist dagegen eine bestimmte Laufleistung vereinbart, so ist damit eine Beschaffenheitsangabe des Inhalts verbunden, dass das Fahrzeug und seine technischen Systeme nicht stärker verschlissen sind, als die jeweilige Laufleistung dies erwarten lässt.[418] Liegt danach eine Beschaffenheitsvereinbarung vor, so setzt diese sich auch gegenüber einem pauschalen und umfassenden Gewährleistungsausschluss durch.[419]

352 Im Übrigen muss die Beschaffenheitsvereinbarung ein Mindestmaß an Bestimmtheit aufweisen, um im Rahmen des § 434 Abs. 1 S. 1 BGB Relevanz zu erlangen. So sind beispielsweise lediglich allgemeine Anpreisungen wie „in Ordnung", „einwandfrei" o. ä.[420] in der Regel nicht als Beschaffenheitsvereinbarungen anzusehen,[421] sie können aber bei der Bestimmung der „üblichen Beschaffenheit" i. S. d. § 434 Abs. 1 S. 2 Nr. 2 BGB (dazu Rdnr. 360ff.) eine Rolle spielen.

353 **(2) Vertraglich vorausgesetzte Verwendung.** Existiert keine Beschaffenheitsvereinbarung, so ist gem. § 434 Abs. 1 S. 1 Nr. 1 BGB für die Beurteilung der Sachmangelfreiheit

---

[412] BGH, NJW 2006, 2694, 2695; BGH, NJW 2005, 1422, 1423; BGH, NJW 2004, 160, 161; OLG Oldenburg v. 08.01.2007, Az. 15 U 71/06 (Beck RS 2007 01967); vgl. auch OLG Dresden, NJW-RR 2007, 202f.; zu den Anforderungen an einen „EU-Neuwagen" vgl. OLG Düsseldorf, NJOZ 2007, 913ff.
[413] Ähnlich BGH v. 13.03.2013, Az. VIII ZR 172/12 zur Beschaffenheitsangabe „positive Begutachtung nach § 21 c StVZO (Oldtimer)".
[414] BGH, NJW 2007, 759, 761; BGH, NJW 1993, 1854.
[415] BGH, NJW 1983, 2192, 2193; zur Klausel „TÜV neu" vgl. BGH, NJW 1988, 1378, 1379f.
[416] OLG Düsseldorf, NJW 2006, 2858, 2859; KG, NJW-RR 2005, 60, 61; Palandt-*Weidenkaff*, § 434 BGB Rdnr. 78; a. A. KG, NJW-RR 1996, 173, 174.
[417] BGH v. 02.11.2010, Az. VIII ZR 287/09 (Beck RS 2010 30815, BGH, NJW 2008, 1517, 1518; ähnlich BGH v. 13.03.2013, Az. VIII ZR 186/12.
[418] BGH NJW 2007, 1346, 1348; BGH, NJW 1981, 1268, 1269; OLG Düsseldorf, DAR 2006, 633 (BeckRS 2006 06976).
[419] BGH v. 19.12.2012, Az. VIII ZR 96/12 (Beck RS 2013, 01763).BGH, NJW 2007, 1346, 1349; a. A. Emmert, NJW 2006, 1765, 1768.
[420] KG, NJW-RR 2006, 1213, 1214: „geringe Restarbeiten erforderlich" zu unbestimmt.
[421] LG Kleve, NJW-RR 2005, 422; Palandt-*Weidenkaff*, § 434 BGB Rdnr. 78; *Reinking/Eggert*, Autokauf, Rdnr. 1124ff.

maßgeblich, ob sich die Sache für die „nach dem Vertrag vorausgesetzte Verwendung" eignet. Auch dies ist eine Ausprägung des subjektiven Mangelbegriffs, da auch hier eine vertragliche Vereinbarung der Tauglichkeit der Sache für eine bestimmte Verwendung erforderlich ist (vgl. Rdnr. 356 ff.).

354 **(a) Begriff der Verwendung.** Der Begriff der Verwendung erfasst **jeden intendierten Gebrauch** der Sache. Das kann sich beispielsweise auf die Benutzbarkeit der Sache unter besonderen (klimatischen, rechtlichen, wirtschaftlichen) Umständen beziehen,[422] aber auch die Möglichkeit des Weiterverkaufs der Sache,[423] die Eignung einer Maschine für ein bestimmtes Produktionsverfahren oder die Tauglichkeit eines Fahrzeugs zu einer materialintensiven Rallye[424] betreffen. Insoweit ist auch hier – entsprechend dem Beschaffenheitsbegriff (Rdnr. 337 ff.) – ein weites Verständnis zugrundezulegen,[425] so dass z. B. auch Verwendungen unter Berücksichtigung von Umweltbeziehungen unter § 434 Abs. 1 S. 2 Nr. 1 BGB fallen.[426] Der Begriff der Verwendung betrifft insbesondere nicht nur bestimmte Arten des Gebrauchs, sondern es genügen beispielsweise auch Vorstellungen über die Art des Einfügens der Kaufsache in eine beim Käufer vorhandene Umgebung.[427]

355 Eine Einschränkung gilt nur insoweit, als dass eine Nichtverwendbarkeit der Sache, die auf subjektiven, in der Person des Käufers liegenden Gründen beruht, nicht zu einer Mangelhaftigkeit i. S. d. § 434 Abs. 1 S. 2 Nr. 1 BGB führt. So ist eine Sache z. B. nicht etwa deshalb gebrauchsuntauglich, weil der Käufer mangels entsprechender Fertigkeiten nicht damit umgehen kann.[428] Mit Hinblick darauf wird der Sachmangelbegriff des § 434 Abs. 1 S. 2 Nr. 1 BGB auch als gemischt subjektiv-objektiver Mangelbegriff bezeichnet.[429] Die Grenzen zwischen Verwendungs- und Beschaffenheitsvereinbarungen können im Einzelfall fließend sein, doch ergeben sich letztlich dieselben Resultate.

356 **(b) Voraussetzung nach dem Vertrag.** Unterschiedlich wird beurteilt, welche Anforderungen an die „nach dem Vertrag vorausgesetzte" Verwendung zu stellen sind. Nach einer Ansicht soll hier – entsprechend der Situation bei der Beschaffenheitsvereinbarung – eine **vertragliche Einigung** erforderlich sein,[430] nach anderer Auffassung genügt es hingegen, wenn dem Verkäufer lediglich eine bestimmte Verwendungsabsicht des Käufers **erkennbar geworden** ist und er sich nicht dagegen verwahrt.[431] Es werde also eine subjektive Geschäftsgrundlage zur vertraglichen Tatbestandsvoraussetzung der Mängelfreiheit erhoben.[432] Gemeint sei eine „nicht abgesprochene, nach dem Vertrag jedoch faktisch vorausgesetzte und für den Verkäufer erkennbare Verwendung außerhalb der gewöhnlichen Verwendung".[433] Danach stellt § 434 Abs. 1 S. 2 Nr. 1 BGB gleichsam einen Auffangtatbestand für diejenigen Fälle dar, in denen der Käufer zwar keine vertragliche (Beschaffen-

---

[422] *Reinicke/Tiedtke*, KaufR, Rdnr. 319.
[423] BGH, NJW 1972, 1462, 1463; Bamberger/Roth-*Faust*, § 434 BGB Rdnr. 51.
[424] MünchKomm-*Westermann*, § 434 BGB Rdnr. 15.
[425] MünchKomm-*Westermann*, § 434 BGB Rdnr. 15; PWW-*Schmidt*, § 434 BGB Rdnr. 44; wohl auch Bamberger/Roth-*Faust*, § 434 BGB Rdnr. 29; Erman-*Grunewald*, § 434 BGB Rdnr. 16.
[426] MünchKomm-*Westermann*, § 434 BGB Rdnr. 15; PWW-*Schmidt*, § 434 BGB Rdnr. 44.
[427] MünchKomm-*Westermann*, § 434 BGB Rdnr. 15.
[428] Bamberger/Roth-*Faust*, § 434 BGB Rdnr. 30; wohl auch Staudinger/*Matusche-Beckmann*, § 434 BGB Rdnr. 59.
[429] Staudinger/*Matusche-Beckmann*, § 434 BGB Rdnr. 58.
[430] Staudinger/Matusche-*Beckmann*, § 434 BGB Rdnr. 61; MünchKomm-*Westermann*, § 434 BGB Rdnr. 17; Bamberger/Roth-*Faust*, § 434 BGB Rdnr. 50; *Reinicke/Tiedtke*, KaufR, Rdnr. 323.
[431] AnwKomm-*Büdenbender*, § 434 BGB Rdnr. 7; Erman-*Grunewald*, § 434 BGB Rdnr. 16; Palandt-*Weidenkaff*, § 434 BGB Rdnr. 22; PWW-*Schmidt*, § 434 BGB Rdnr. 46; *Schinkels*, ZGS 2004, 226; *Ball*, ZGS 2002, 49.
[432] So PWW-*Schmidt*, § 434 BGB Rdnr. 46.
[433] So OLG Düsseldorf, NJW 2006, 2858, 2859.

heits-) Vereinbarung, wohl aber von ihm geäußerte Anforderungen an die Sache und deren Erkennbarkeit beweisen kann.[434]

Der Gesetzgeber hat auch diese Frage ausdrücklich offengelassen.[435] Indessen sprechen die besseren Gründe dafür, auch hier eine einseitig geäußerte Verwendungsabsicht nicht ausreichen zu lassen, sondern eine **zweiseitige Vereinbarung** zu fordern. Zum einen ergibt sich dies bereits aus der Verbrauchsgüterkaufrichtlinie selbst, deren Art. 2 Abs. 2 Buchst. b) ausdrücklich eine „Zustimmung" des Verkäufers zu dem ihm „zur Kenntnis" gebrachten, vom Käufer intendierten Verwendungszweck erfordert.[436] Liegt eine solche Zustimmung aber vor, so existieren übereinstimmende Willenserklärungen und damit eine vertragliche Vereinbarung. Dementsprechend ist auch in § 434 Abs. 1 S. 2 Nr. 1 BGB von der „nach dem Vertrag" vorausgesetzten Verwendung die Rede, und nicht lediglich von einer „vom Käufer" einseitig vorausgesetzten Verwendung.[437] Davon abgesehen, führt eine andere Sichtweise auch zu dem Ergebnis, dass die einseitig „vorausgesetzte Verwendung" nicht an einer etwaigen Formbedürftigkeit des Kaufvertrags (etwa nach § 311 b Abs. 1, 3 BGB) teilhaben würde. Diesbezüglich ist aber nicht einzusehen, warum zwar eine Beschaffenheitsvereinbarung i. S. d. § 434 Abs. 1 S. 1 BGB (Rdnr. 348), nicht aber ein vorausgesetzter Verwendungszweck einem den Kaufvertrag betreffenden Formzwang unterliegen sollte.[438] Aus diesen Gründen muss der Verwendungszweck Vertragsinhalt geworden sein, es ist also auch im Rahmen des § 434 Abs. 1 S. 2 Nr. 1 BGB eine zweiseitige Vereinbarung notwendig.

357

Zutreffend ist aber, dass hier – wie auch bei der Beschaffenheitsvereinbarung (Rdnr. 350) – auch eine **konkludente Verwendungsvereinbarung** ausreichend sein kann.[439] Eine stillschweigende Zustimmung kann aber aus den bereits hinsichtlich der Beschaffenheitsvereinbarung genannten Gründen (Rdnr. 350) nicht schon dann angenommen werden, wenn lediglich der Käufer seine Erwartungen oder Verwendungsabsichten äußert, der Verkäufer darauf aber nicht reagiert.[440] Vielmehr bedarf es auch hier tatsächlicher Anhaltspunkte für eine konkludente Zustimmung des Verkäufers.

358

cc) Objektiver Mangelbegriff. Haben die Parteien weder Beschaffenheitskriterien noch einen Verwendungszweck vereinbart und damit die Voraussetzungen der Mangelfreiheit nicht subjektiv festgelegt, so beurteilt sich das Vorliegen eines Mangels nach dem objektiven Mangelbegriff des § 434 Abs. 1 S. 2 Nr. 2 BGB. Danach muss die Sache eine Beschaffenheit aufweisen, die „bei Sachen der gleichen Art üblich" sind und die „der Käufer nach Art der Sache erwarten" kann. Kumulativ dazu[441] muss die Sache für die „übliche Verwendung" geeignet sein.

359

(1) Übliche Beschaffenheit. Welche Anforderungen sich aus dem Maßstab der üblichen Beschaffenheit ergeben, richtet sich grundsätzlich nach der **Verkehrsauffassung**.[442] Relevant ist insoweit der Vergleich mit Sachen der „gleichen Art" und das Abstellen auf den Erwartungshorizont eines vernünftigen und objektiven Durchschnittskäufers.[443] Bei sog.

360

---

[434] AnwKomm-*Büdenbender*, § 434 BGB Rdnr. 7.
[435] BT-Drucks. 14/6040, S. 213.
[436] So auch Bamberger/Roth-*Faust*, § 434 BGB Rdnr. 50.
[437] *Reinicke/Tiedtke*, KaufR, Rdnr. 323.
[438] Darauf zu Recht hinweisend Staudinger/*Matusche-Beckmann*, § 434 BGB Rdnr. 64; Bamberger/Roth-*Faust*, § 434 BGB Rdnr. 50.
[439] Staudinger/*Matusche/Beckmann*, § 434 BGB Rdnr. 63; MünchKomm-*Westermann*, § 434 BGB Rdnr. 12; Palandt-*Weidenkaff*, § 434 BGB Rdnr. 22; *Reinicke/Tiedtke*, KaufR, Rdnr. 321.
[440] So zutreffend *Reinicke/Tiedtke*, KaufR, Rdnr. 323; a. A. Erman-*Grunewald*, § 434 BGB Rdnr. 16.
[441] Staudinger/*Matusche-Beckmann*, § 434 BGB Rdnr. 66; MünchKomm-*Westermann*, § 434 BGB Rdnr. 18.
[442] Bamberger/Roth-*Faust*, § 434 BGB Rdnr. 57; *Reinicke/Tiedtke*, KaufR, Rdnr. 328.
[443] OLG Karlsruhe, NJW-RR 2008, 137; OLG München, NJW-RR 2005, 494, 494; Bamberger/Roth-*Faust*, § 434 BGB Rdnr. 57; PWW-*Schmidt*, § 434 BGB Rdnr. 55.

Serien- oder Konstruktionsfehlern kann dabei auch ein herstellerübergreifender Vergleich anzustellen sein.[444]

361 Der Vergleichsmaßstab einer Sache der „**gleichen Art**" bedeutet, dass die Beschaffenheitsmerkmale von Sachen **desselben Qualitätsstandards** heranzuziehen sind.[445] In diesem Zusammenhang ist insbesondere zu berücksichtigen, ob es sich um eine **neue** oder eine **gebrauchte Sache** handelt.[446] So stellen etwa beim Verkauf eines Gebrauchtwagens normale Abnutzungserscheinungen, die dem Alter und der Laufleistung des Fahrzeugs entsprechen, keinen Mangel dar, sondern liegen innerhalb der üblichen und zu erwartenden Beschaffenheit.[447] Auch das Vorhandensein der Original-Lackierung gehört jedenfalls dann nicht zur „üblichen Beschaffenheit", wenn die Neulackierung technisch einwandfrei ausgeführt ist und nicht zur Verdeckung von Unfallschäden dient.[448] Sofern allerdings die Lieferung von Gebrauchtware nicht vereinbart ist, muss die Sache im Neuzustand sein.[449] Weitere denkbare Kriterien sind Merkmale wie beispielsweise die Preisklasse,[450] die Gattung der Sache,[451] ihr äußeres Erscheinungsbild,[452] die Mindesthaltbarkeit,[453] Vorhandensein einer Bedienungs- und/oder Montageanleitung,[454] Verpackung und Etikettierung[455] und auch die Konformität der Sache mit etwaigen rechtlichen Anforderungen, etwa nach dem Gesetz über technische Arbeitsmittel und Verbraucherprodukte (GPSG).[456] Ein Mangel liegt daher auch vor, wenn ein KFZ durch Tuning-Maßnahmen so verändert wird, dass dessen Betriebserlaubnis erlischt.[457] Der BGH hat einen Sachmangel auch schon beim Verkauf eines Wohnhauses angenommen, dessen Fassade aus Asbestzementplatten errichtet war. Diese Bauweise war zwar bei Errichtung des Hauses „gebräuchlich", später jedoch als gesundheitsschädlich erkannt worden.[458] Bei Tieren gehört es jedenfalls nicht zur üblichen Beschaffenheit, dass sie in jeder Hinsicht einer biologischen oder physiologischen „Idealnorm" entsprechen.[459]

362 Die vom Käufer **zu erwartende Beschaffenheit** wird in aller Regel nicht von der „üblichen Beschaffenheit" abweichen.[460] Denkbar ist allerdings auch, dass der vernünftige Durchschnittskäufer aufgrund konkreter Umstände des Einzelfalls und nach der Verkehrs-

---

[444] OLG Stuttgart, NJW 2007, 612 zum Kfz-Kauf; ebenso OLG Hamm, NJW-RR 2009, 485, 486.

[445] Staudinger/*Matusche-Beckmann*, § 434 BGB Rdnr. 75; vgl. auch OLG Stuttgart, NJW 2007, 612, wonach bei KFZ ein herstellerübergreifender Vergleich anzustellen ist.

[446] BT-Drucks. 14/6040, S. 214; OLG Düsseldorf, NJW 2006, 2858, 2859; Staudinger/*Matusche-Beckmann*, § 434 BGB Rdnr. 75.

[447] BGH, NJW 2008, 53, 54; BGH, NJW 2004, 2299, 2300; BGH, NJW 1982, 1386; OLG Köln, NJW-RR 2004, 268; AG Offenbach, NJW-RR 2005, 423, 424; MünchKomm-*Westermann*, § 434 BGB Rdnr. 19; ders., NJW 2002, 241, 244.

[448] BGH, NJW 2009, 2807, 2808f.

[449] BGH, NJW 2000, 2018, 2019; BGH, NJW 1980, 2127, 2128; Staudinger/*Matusche-Beckmann*, § 434 BGB Rdnr. 75.

[450] Staudinger/*Matusche-Beckmann*, § 434 BGB Rdnr. 76; *Reinicke/Tiedtke*, KaufR, Rdnr. 327.

[451] MünchKomm-*Westermann*, § 434 BGB Rdnr. 19; Bamberger/Roth-*Faust*, § 434 BGB Rdnr. 58.

[452] PWW-*Schmidt*, § 434 BGB Rdnr. 54.

[453] Bamberger/Roth-*Faust*, § 434 BGB Rdnr. 67.

[454] Palandt-*Weidenkaff*, § 434 BGB Rdnr. 29; PWW-*Schmidt*, § 434 BGB Rdnr. 54.

[455] Bamberger/Roth-*Faust*, § 434 BGB Rdnr. 68.

[456] BGH, NJW 1985, 1769, 1770; Bamberger/Roth-*Faust*, § 434 BGB Rdnr. 66; PWW-*Schmidt*, § 434 BGB Rdnr. 54.

[457] OLG Karlsruhe, NJW 2007, 443.

[458] BGH, NJW 2009, 2120, 2121; vgl. dazu auch Fischinger/Lettmaier, NJW 2009, 2496ff.

[459] BGH, NJW 2007, 1351, 1352f.; ähnlich OLG Frankfurt a.M., NJOZ 2007, 1697, 1699; vgl. auch Marx, NJW 2010, 2839f.

[460] BGH, NJW 2011, 2872, 2873.

anschauung eine andere – **bessere oder schlechtere**[461] – als die übliche Beschaffenheit erwarten kann,[462] so etwa, wenn er weiß, dass ein verkaufter PKW als Fahrschulwagen oder zu harten Renneinsätzen benutzt wurde.[463] Einen Sonderfall bildet in dieser Hinsicht der Kauf eines Unikats, da es hier keine Sachen vergleichbarer Art gibt, von denen die übliche Beschaffenheit abgeleitet werden könnte. Das Anforderungsprofil kann sich hier nur aus dem Erwartungshorizont eines vernünftigen und objektiven Durchschnittskäufers unter Berücksichtigung der jeweiligen Einzelfallumstände ergeben.

(2) Gewöhnliche Verwendung. Ist der objektive Mangelbegriff des § 434 Abs. 1 S. 2 Nr. 2 BGB maßgeblich, so muss die Sache zugleich auch für die gewöhnliche Verwendung tauglich sein. Auch insoweit ist die am Erwartungshorizont eines vernünftigen Durchschnittskäufers orientierte **Verkehrsanschauung** maßgeblich.[464] In erster Linie ergeben sich die zu stellenden Anforderungen auch hier aus einem Vergleich der Sache mit Waren der gleichen Gattung. Die gewöhnliche Verwendung ist dabei diejenige, zu welcher diese Waren **üblicherweise gebraucht** werden.[465] Grundsätzlich ist hier auch ein Vergleich mit Konkurrenzprodukten in möglich.[466] Gleichwohl ist dabei aber Zurückhaltung geboten, da der Käufer nicht mit Hilfe des Gewährleistungsrechts den jeweils höchsten Standard einfordern kann. „Gewöhnliche Verwendung" ist deshalb in diesem Zusammenhang nur, was eine elementare Funktion darstellt, die bei Waren dieses Typs selbstverständlich ist[467] (z. B. die Möglichkeit einer Lautstärkeregulierung bei einem Radio, nicht dagegen die Existenz einer Klimaanlage in einem PKW). Auch sind solche Vergleiche auf die jeweilige Preiskategorie der Kaufsache beschränkt, da bereits die Einordnung in ein bestimmtes (preisliches) Marktsegment gewisse (objektive) Erwartungen beim Durchschnittskäufer auslöst.[468]

363

Des weiteren können auch subjektive, in der Person des Käufers liegende Kriterien eine Rolle spielen, sofern sie dem Verkäufer bekannt sind. So können etwa die Anforderungen an die gewöhnliche Verwendbarkeit bei einer beruflichen Verwendung der Sache höher sein als bei einer privaten Nutzung.[469] Als generelle Einschränkung gilt, dass **rechtlich unzulässige Verwendungsmöglichkeiten,** mögen sie auch „gewöhnlich" sein, **irrelevant** sind.[470] Der Verkäufer haftet nicht dafür, dass die Sache sich zu einer nicht zulässigen und möglicherweise gefährlichen Verwendung eignet, selbst wenn diese üblich ist.

364

Bei **gebrauchten Sachen** ergeben sich schließlich – im Gegensatz zur üblichen Beschaffenheit (Rdnr. 360) – im Hinblick auf die gewöhnliche Verwendung keine niedrigeren Anforderungen als bei neuen Sachen. Das folgt daraus, dass nach der Verkehrsanschauung auch Gebrauchtware zur gewöhnlichen Verwendung tauglich sein muss, soweit die Parteien nichts anderes vereinbaren.[471]

365

(3) Öffentliche Äußerungen des Verkäufers und Herstellers. Die Vorschrift des § 434 Abs. 1 S. 3 BGB erweitert den objektiven Mangelbegriff, indem sie für die Bestimmung der

366

---

[461] Bamberger/Roth-*Faust*, § 434 BGB Rdnr. 73.
[462] Erman-*Grunewald*, § 434 BGB Rdnr. 21; Palandt-*Weidenkaff*, § 434 BGB Rdnr. 30; Bamberger/Roth-*Faust*, § 434 BGB Rdnr. 72 f.; a. A. Staudinger/*Matusche-Beckmann*, § 434 BGB Rdnr. 77, wonach Deckungsgleichheit mit der „üblichen Beschaffenheit" besteht.
[463] Bamberger/Roth-*Faust*, § 434 BGB Rdnr. 73.
[464] OLG Stuttgart, NJW-RR 2010, 412, 413; Staudinger/*Matusche-Beckmann*, § 434 BGB Rdnr. 69; Bamberger/Roth-*Faust*, § 434 BGB Rdnr. 57; *Reinicke/Tiedtke*, KaufR, Rdnr. 327.
[465] Erman-*Grunewald*, § 434 BGB Rdnr. 19.
[466] OLG Düsseldorf, NJW 2006, 2858, 2860; OLG Stuttgart, NJW 2007, 612; Bamberger/Roth-*Faust*, § 434 BGB Rdnr. 59, 64; *Reinicke/Tiedtke*, KaufR, Rdnr. 327.
[467] *Reinking*, DAR 2002, 15, 16.
[468] Bamberger/Roth-*Faust*, § 434 BGB Rdnr. 60.
[469] Staudinger/*Matusche-Beckmann*, § 434 BGB Rdnr. 69; Palandt-*Weidenkaff*, § 434 BGB Rdnr. 27.
[470] Bamberger/Roth-*Faust*, § 434 BGB Rdnr. 61; *Reinicke/Tiedtke*, KaufR, Rdnr. 327.
[471] Staudinger/*Matusche-Beckmann*, § 434 BGB Rdnr. 71; Bamberger/Roth-*Faust*, § 434 BGB Rdnr. 58; *Reinicke/Tiedtke*, KaufR, Rdnr. 327.

üblichen Beschaffenheit i. S. d. § 434 Abs. 1 S. 2 Nr. 2 BGB auch solche Eigenschaften für relevant erklärt, die der Käufer nach öffentlichen Aussagen des Verkäufers, des Herstellers oder deren Gehilfen erwarten kann. Diese Erweiterung dient dem **Schutz des Käufers,** der davor bewahrt werden soll, auf Werbe- und andere öffentliche Aussagen vertraut zu haben, sich dann aber mit der Normalbeschaffenheit des § 434 Abs. 1 S. 2 Nr. 2 BGB zufriedengeben zu müssen.[472] Gleichwohl kann die Norm auch im umgekehrten Fall zum Tragen kommen, nämlich wenn der Käufer aufgrund öffentlicher Aussagen nur eine **geringere Beschaffenheitsqualität** als im Normalfall erwarten kann.[473] In jedem Fall wird sie – da dem objektiven Mangelbegriff zugehörig – beim Vorliegen einer Beschaffenheits- und/oder Verwendungsvereinbarung verdrängt, da subjektive Kriterien vorrangig sind[474] (vgl. bereits Rdnr. 330). Von der Regelung erfasst sind also nur solche Äußerungen, die **nicht Vertragsinhalt geworden** sind, weil ansonsten bereits eine Beschaffenheitsvereinbarung vorliegt und § 434 Abs. 1 S. 1 BGB eingreift.[475]

367 **(a) Öffentlichkeit der Äußerungen.** Die Haftungserweiterung greift nur für öffentliche Äußerungen. Darunter sind solche Aussagen zu verstehen, die sich an einen grundsätzlich unbestimmten, **nicht individualisierten Personenkreis** richten[476] und also durch unbeteiligte Dritte – nicht nur durch den Käufer – wahrnehmbar sind.[477] Diese Voraussetzung ist auch bei öffentlichen Veranstaltungen mit begrenztem Zugangspotential erfüllt, soweit jedenfalls prinzipiell jedermann – sei es auch erst nach Erwerb einer Eintrittskarte o. ä. – Zugang hat.[478] Der Käufer muss auch **nicht Teil derjenigen Öffentlichkeit** sein, an die sich die betreffende Äußerung gerichtet hat.[479] Eine andere Sichtweise würde nicht nur zu erheblichen praktischen Schwierigkeiten führen (etwa bei Aussagen im Fernsehen oder Rundfunk),[480] sondern es wäre auch nicht einzusehen, warum das Vertrauen des Käufers auf eine Äußerung, die er zwar nicht persönlich wahrgenommen hat, von der er aber durch Dritte erfahren hat, nicht schützenswert sein sollte.[481] Gleichgültig ist auch, in welcher **Form** die Äußerung erfolgt. § 434 Abs. 1 S. 3 BGB erfasst sowohl mündliche, schriftliche als auch mit Mitteln der Fernkommunikation (TV, Rundfunk, Internet) abgegebene, öffentliche Äußerungen.[482]

368 **(aa) Werbung.** Der für die Praxis wichtigste Anwendungsfall betrifft die in der Vorschrift ausdrücklich genannten Werbeaussagen des Verkäufers oder Herstellers. Erfasst sind alle auf Kundengewinnung gerichteten Aktivitäten[483] wie beispielsweise Prospekte,[484] Werbeveranstaltungen, Anzeigen,[485] Werbespots oder Pop-Ups und Werbebanner im Internet.[486] Voraussetzung ist jedoch, dass die jeweilige Werbeaussage hinreichend bestimmt ist, um überhaupt eine spezifische Erwartung hinsichtlich der Beschaffenheit der Sache beim

---

[472] PWW-*Schmidt*, § 434 BGB Rdnr. 56; Palandt-*Weidenkaff*, § 434 BGB Rdnr. 32.
[473] Bamberger/Roth-*Faust*, § 434 BGB Rdnr. 76.
[474] MünchKomm-*Westermann*, § 434 BGB Rdnr. 24 f.; Bamberger/Roth-*Faust*, § 434 BGB Rdnr. 76; *Lehmann*, DB 2002, 1090, 1091.
[475] Staudinger/*Matusche-Beckmann*, § 434 BGB Rdnr. 80; MünchKomm-*Westermann*, § 434 BGB Rdnr. 21; *Boerner*, ZIP 2001, 2264, 2266.
[476] MünchKomm-*Westermann*, § 434 BGB Rdnr. 22.
[477] Staudinger/Matusche-*Beckmann*, § 434 BGB Rdnr. 81; *Grigoleit/Herresthal*, JZ 2003, 237.
[478] Staudinger/Matusche-*Beckmann*, § 434 BGB Rdnr. 81; PWW-*Schmidt*, § 434 BGB Rdnr. 60.
[479] Staudinger/Matusche-*Beckmann*, § 434 BGB Rdnr. 81; Bamberger/Roth-*Faust*, § 434 BGB Rdnr. 82; a. A. *Weiler*, WM 2002, 1784, 1786 f.
[480] Bamberger/Roth-*Faust*, § 434 BGB Rdnr. 82.
[481] Ähnlich Staudinger/*Matusche-Beckmann*, § 434 BGB Rdnr. 81.
[482] MünchKomm-*Westermann*, § 434 BGB Rdnr. 22; Palandt-*Weidenkaff*, § 434 BGB Rdnr. 34; *Reinicke/Tiedtke*, KaufR, Rdnr. 332.
[483] PWW-*Schmidt*, § 434 BGB Rdnr. 61; *Bernreuther*, MDR 2003, 63; *Lehmann*, DB 2002, 1090.
[484] Palandt-*Weidenkaff*, § 434 BGB Rdnr. 35.
[485] Palandt-*Weidenkaff*, § 434 BGB Rdnr. 35.
[486] PWW-*Schmidt*, § 434 BGB Rdnr. 61.

A. Verkäuferpflichten nach BGB

(Durchschnitts-) Käufer wecken zu können.[487] Dabei reicht es jedoch aus, wenn die Sache durch die öffentliche Äußerung einer bestimmten Qualitätsstufe zugeordnet wird[488] (etwa „für gehobene Ansprüche" oder „Markenqualität").

Der Verkäufer kann aufgrund spezialgesetzlicher Vorschriften sogar zur **Aufnahme bestimmter Angaben** in seine Werbung **verpflichtet** sein. Praktisch bedeutsam ist hier insbesondere die PKW-Energieverbrauchskennzeichnungsverordnung (PKW-EnVKV).[489] Diese verpflichtet seit dem 01.11.2004 alle Verkäufer neuer PKW, Informationen über den **Kraftstoffverbrauch** und die **CO_2-Emissionen** des jeweiligen Modells in ihr Werbematerial aufzunehmen. Zudem müssen auch ein diese Angaben enthaltender **Hinweis am Fahrzeug** und ein entsprechender **Aushang am Verkaufsort** angebracht werden.[490]

369

(bb) Kennzeichnung. Ebenfalls von § 434 Abs. 1 S. 3 BGB erwähnt werden Kennzeichnungen der Ware. Diese dienen nicht der Anpreisung der Ware, sondern ihrer **objektiven Beschreibung**.[491] Das betrifft etwa Kataloge und Warenbeschreibungen, wie z.B. im Schaufenster ausgelegte Datenblätter, Angaben in Verkaufsanzeigen im Internet,[492] ferner aber auch bildliche Darstellungen der Sache.[493] Darüber hinaus können aber auch Aussagen in Testberichten, Gutachten o.ä. von § 434 Abs. 1 S. 3 BGB erfasst sein, sofern diese das Kriterium der Öffentlichkeit (Rdnr. 367) erfüllen und von dem relevanten Personenkreis (dazu sogleich Rdnr. 371 ff.) stammen.[494]

370

(b) Person des Äußernden. Das Besondere an der durch § 434 Abs. 1 S. 3 BGB ausgelösten Verantwortlichkeit des Verkäufers liegt darin, dass der Verkäufer auch für Beschaffenheitsmerkmale haften kann, die weder vertraglich vereinbart noch von ihm selbst zugesagt bzw. in sonstiger Form geäußert worden sind, sondern die sich aus von Dritten, nämlich dem **Hersteller** bzw. dessen **Hilfspersonal** getätigten öffentlichen Äußerungen ergeben. Auch wenn diese Haftung für Aussagen Dritter durch die Ausschlusstatbestände des § 434 Abs. 1 S. 3, 2. HS BGB (dazu Rdnr. 374 ff.) zumindest teilweise eingeschränkt wird, ist vor diesem Hintergrund gleichwohl eine **restriktive Anwendung** geboten.[495]

371

Der Begriff des **Herstellers** bestimmt sich aufgrund der Verweisung in § 434 Abs. 1 S. 3 BGB nach der Legaldefinition des § 4 Abs. 1, 2 ProdHaftG. Danach liegt die Herstellereigenschaft bereits dann vor, wenn der Dritte ein **Teilprodukt** oder einen **Grundstoff** produziert hat. Ebenso reicht es aus, wenn der Dritte sich durch **Anbringung** seines **Namens,** seiner **Marke** oder **anderer Kennzeichen** als Hersteller ausgibt (§ 4 Abs. 1 ProdHaftG). Des weiteren gilt auch der **Importeur** der Ware als Hersteller, sofern er sie im Rahmen seiner geschäftlichen Tätigkeit in den Europäischen Wirtschaftsraum eingeführt hat (§ 4 Abs. 2 ProdHaftG).

372

Die Fallgruppe der Gehilfen bezieht sich trotz der sprachlichen Zweideutigkeit sowohl auf den Hersteller als auch auf den Verkäufer, da nicht einzusehen ist, warum der Verkäufer zwar für Äußerungen von Herstellergehilfen, nicht aber für solche seiner eigenen – ihm näherstehenden – Gehilfen haften soll.[496] Die Gehilfeneigenschaft beschränkt sich auch nicht

373

---

[487] BT-Drucks. 14/6040, S. 214; Staudinger/*Matusche-Beckmann*, § 434 BGB Rdnr. 82; *Lehmann*, DB 2002, 1090.
[488] Staudinger/*Matusche-Beckmann*, § 434 BGB Rdnr. 82; *Reinicke/Tiedtke*, KaufR, Rdnr. 333; a.A. wohl MünchKomm-*Westermann*, § 434 BGB Rdnr. 22.
[489] BGBl. I 2004, S. 1037; Umsetzung der RL 1999/94/EG, Abl. EG Nr. L 12 v. 18.01.2000, S. 16.
[490] Vgl. dazu OLG Oldenburg v. 14.09.2006, Az. 1 U 41/06 (BeckRS 2006 11695); *Schmidt*, NJW 2005, 329 ff.; *Hoffmann*, NZV 2004, 504 f.
[491] Staudinger/*Matusche-Beckmann*, § 434 BGB Rdnr. 84.
[492] OLG Düsseldorf v. 26.04.2007, Az. I-12 U 113/06 (Beck RS 2007, 13301).
[493] Staudinger/*Matusche-Beckmann*, § 434 BGB Rdnr. 84.
[494] MünchKomm-*Westermann*, § 434 BGB Rdnr. 22.
[495] MünchKomm-*Westermann*, § 434 BGB Rdnr. 21; Westermann-*Buck*, SchuldR 2002, S. 112 f.
[496] Bamberger/Roth-*Faust*, § 434 BGB Rdnr. 78.

auf Stellvertreter i. S. d. § 164 BGB[497] oder Erfüllungsgehilfen i. S. d. § 278 S. 1 BGB.[498] Vielmehr erfasst sie **sämtliches Hilfspersonal**, das vom „Hersteller oder Verkäufer bei Äußerungen" eingeschaltet wird.[499] Somit können nicht nur Arbeitnehmer des Verkäufers oder Herstellers, sondern auch mit der Vermarktung des Produkts befasste Selbständige erfasst sein, beispielsweise Kundendienststellen, Werbeagenturen oder Verlage.[500] Dies ist z. B. bei einem Immobilienkauf angenommen worden bei Angaben, die im Exposé eines vom Verkäufer eingeschalteten Maklers enthalten waren.[501] Ebenso können Äußerungen eines Zwischenhändlers die Haftung auslösen.[502] Entscheidend ist allein, dass die betreffende Äußerung **nach außen wie eine solche des Verkäufers oder Herstellers** erscheint[503] **und** dass sie dem Verkäufer oder Hersteller **objektiv zurechenbar** ist.[504] Letztere Voraussetzung fehlt beispielsweise bei Werbeaussagen, die von Dritten unter dem Logo des Herstellers oder Verkäufers getätigt werden, aber nicht vom Hersteller oder Verkäufer autorisiert sind.[505] Sofern dem Verkäufer solche Äußerungen aber zur Kenntnis gelangen, muss er sie beim Verkauf gegenüber dem Käufer korrigieren, ansonsten besteht die Gefahr einer Haftung wegen Verschuldens bei Vertragsschluss.[506]

374 **(c) Ausnahmen.** Um eine Ausuferung der Haftung des Verkäufers für eigene, vom Hersteller oder Hilfspersonal getätigte öffentliche Äußerungen zu verhindern, wird die Verantwortlichkeit des Verkäufers durch drei in § 434 Abs. 1 S. 3, 2. HS BGB geregelte Ausnahmetatbestände **eingeschränkt**. Danach kommt einer öffentlichen Äußerung für die Bestimmung der Normalbeschaffenheit der Sache keine Bedeutung zu, wenn der Verkäufer sie **weder kannte noch kennen musste** (dazu sogleich Rdnr. 375), wenn sie bei Vertragsschluss in gleichwertiger Weise **berichtigt** war (Rdnr. 376) oder wenn sie die **Kaufentscheidung nicht beeinflussen konnte** (Rdnr. 377). Für das Vorliegen eines dieser Ausschlusstatbestände ist aufgrund der Formulierung „es sei denn" der **Verkäufer beweispflichtig**.[507]

375 **(aa) Unkenntnis des Verkäufers.** Bezüglich der Kenntnis des Verkäufers von einer öffentlichen Äußerung kommt es nicht auf die Kenntnis ihrer inhaltlichen Unrichtigkeit an, sondern allein auf die **Kenntnis der Existenz** der Äußerung.[508] Maßgeblicher Zeitpunkt hierfür ist derjenige des **Vertragsschlusses**.[509] Für das Kennenmüssen des Verkäufers gilt der Verschuldensmaßstab der §§ 122 Abs. 2, 276 Abs. 2 BGB.[510] Somit verhindert bereits jede auch nur **fahrlässige Unkenntnis** der öffentlichen Äußerung das Eingreifen des Ausschlusstatbestands. In Bezug auf eigene Aussagen des Verkäufers und solche seines Hilfsper-

---

[497] BT-Drucks. 14/6040, S. 215; Staudinger/*Matusche-Beckmann*, § 434 BGB Rdnr. 87; Bamberger/Roth-*Faust*, § 434 BGB Rdnr. 78.
[498] MünchKomm-*Westermann*, § 434 BGB Rdnr. 26; Palandt-*Weidenkaff*, § 434 BGB Rdnr. 36.
[499] BT-Drucks. 14/6040, S. 121; Erman-*Grunewald*, § 434 BGB Rdnr. 23; *Westermann*, NJW 2002, 241, 245.
[500] Staudinger/*Matusche-Beckmann*, § 434 BGB Rdnr. 86; Palandt-*Weidenkaff*, § 434 BGB Rdnr. 36.
[501] OLG Hamm, NJOZ 2009, 1588, 1589.
[502] Staudinger/Matusche-*Beckmann*, § 434 BGB Rdnr. 86; PWW-*Schmidt*, § 434 BGB Rdnr. 36; *Boerner*, ZIP 2001, 2264, 2266; a. A. Bamberger/Roth-*Faust*, § 434 BGB Rdnr. 79.
[503] Bamberger/Roth-*Faust*, § 434 BGB Rdnr. 78; Reinicke/Tiedtke, KaufR, Rdnr. 331.
[504] MünchKomm-*Westermann*, § 434 BGB Rdnr. 26; Staudinger/*Matusche-Beckmann*, § 434 BGB Rdnr. 87; *Weiler*, WM 2002, 1784, 1789.
[505] Erman-*Grunewald*, § 434 BGB Rdnr. 23.
[506] Staudinger/*Matusche-Beckmann*, § 434 BGB Rdnr. 87; Erman-*Grunewald*, § 434 BGB Rdnr. 23.
[507] BGH, NJW-RR 2010, 1329, 1331; BT-Drucks. 14/6040, S. 214; Bamberger/Roth-*Faust*, § 434 BGB Rdnr. 84.
[508] Bamberger/Roth-*Faust*, § 434 BGB Rdnr. 85; PWW-*Schmidt*, § 434 BGB Rdnr. 65.
[509] Staudinger/*Matusche-Beckmann*, § 434 BGB Rdnr. 89; PWW-*Schmidt*, § 434 BGB Rdnr. 65.
[510] BT-Drucks. 14/6040, S. 215; MünchKomm-*Westermann*, § 434 BGB Rdnr. 27; *Reinicke/Tiedtke*, KaufR, Rdnr. 335.

A. Verkäuferpflichten nach BGB

sonals dürfte ein Entlastungsbeweis daher ausgeschlossen sein.[511] Bei Aussagen des Herstellers bzw. dessen Gehilfen ist ein Kennenmüssen gegeben, wenn der Verkäufer die **Pflicht** hat, sich über etwaige öffentliche Aussagen dieses Personenkreises **zu informieren**.[512] Insoweit sollte **zwischen unternehmerisch tätigen Verkäufern**, insbesondere Vertragshändlern, und **privaten Verkäufern differenziert** werden. Bei ersteren kann – zumindest in ihrem Absatzgebiet – regelmäßig eine Pflicht zur Auswertung jedenfalls allgemein zugänglicher Herstelleraussagen angenommen werden, so etwa das Beschaffen und Lesen von Herstellerkatalogen oder die Information über öffentliche Herstellerwerbung.[513] Für die Praxis empfiehlt es sich daher, als unternehmerischer Verkäufer mit dem Hersteller bzw. Lieferanten eine Nebenpflicht zur Lieferung von Belegexemplaren von Katalogen und Druckwerbung zu vereinbaren. Bei privaten Verkäufern hingegen dürfte die Annahme einer solchen Pflicht im Allgemeinen zu weit gehen.[514] Zwar differenziert § 434 Abs. 1 S. 3 BGB nicht nach privaten und unternehmerischen Verkäufern, doch ist zu berücksichtigen, dass die Verbrauchsgüterkaufrichtlinie nur letztere im Blick hat.[515]

(bb) Berichtigung. Die öffentlichen Äußerungen sind auch dann für die Anforderungen an die Normalbeschaffenheit ohne Relevanz, wenn sie **im Zeitpunkt des Vertragsschlusses** „in gleichwertiger Weise" **berichtigt** worden sind. Dadurch soll gewährleistet werden, dass die Berichtigung im Hinblick auf ihre Verbreitung und Wahrnehmung ebenso effizient wie die ursprüngliche Äußerung ist.[516] Das erfordert zwar nicht, dass die Berichtigung von derselben Person und in genau derselben Weise wie die vorherige Äußerung publik gemacht wird.[517] So kann beispielsweise auch der Verkäufer eine unrichtige Werbeaussage des Herstellers in einer Zeitschriftenanzeige durch einen späteren, eigenen Werbespot im Rundfunk korrigieren.[518] Notwendig ist aber in jedem Fall, dass die Berichtigung mit **demselben Wirkungsgrad**, also insbesondere in einer vergleichbar deutlichen Aufmachung, erfolgt[519] und dass ein durchschnittlicher Käufer vor dem Vertragsschluss von der Berichtigung hätte Kenntnis erlangen können.[520] Dazu gehört auch, dass in der Berichtigung **auf die ursprüngliche Äußerung Bezug genommen** wird, also nicht lediglich zutreffende Sachangaben gemacht werden.[521] Das ergibt sich schon daraus, dass ein Käufer, dessen Erwartungen von einer vorherigen öffentlichen Aussage geprägt worden sind, auf spätere öffentliche Aussagen, die nicht ausdrücklich auf die früheren Bezug nehmen und diese erkennbar korrigieren sollen, oft keine oder nur noch verminderte Aufmerksamkeit verwenden wird.[522] Sind diese Voraussetzungen jedoch erfüllt, so kommt es auf eine Kennt-

376

---

[511] Bamberger/Roth-*Faust*, § 434 BGB Rdnr. 85; *Reinicke/Tiedtke*, KaufR, Rdnr. 335.
[512] Staudinger/*Matusche-Beckmann*, § 434 BGB Rdnr. 89.
[513] Bamberger/Roth-*Faust*, § 434 BGB Rdnr. 85; *Reinicke/Tiedtke*, KaufR, Rdnr. 335; a.A. Erman-*Grunewald*, § 434 BGB Rdnr. 25: Informationspflicht nur bei Fachhändlern.
[514] Staudinger/*Matusche-Beckmann*, § 434 BGB Rdnr. 89; Bamberger/Roth-*Faust*, § 434 BGB Rdnr. 85; *Reinicke/Tiedtke*, KaufR, Rdnr. 335; ähnlich MünchKomm-*Westermann*, § 434 BGB Rdnr. 27.
[515] Staudinger/*Matusche-Beckmann*, § 434 BGB Rdnr. 89.
[516] *Reinicke/Tiedtke*, KaufR, Rdnr. 336.
[517] Erman-*Grunewald*, § 434 BGB Rdnr. 27; Bamberger/Roth-*Faust*, § 434 BGB Rdnr. 86; *Reinicke/Tiedtke*, KaufR, Rdnr. 336; strenger MünchKomm-*Westermann*, § 434 BGB Rdnr. 28: anderes Medium nur in Ausnahmefällen zulässig.
[518] Ähnliche Beispiele bei Erman-*Grunewald*, § 434 BGB Rdnr. 27; Bamberger/Roth-*Faust*, § 434 BGB Rdnr. 86.
[519] Staudinger/*Matusche-Beckmann*, § 434 BGB Rdnr. 90; Bamberger/Roth-*Faust*, § 434 BGB Rdnr. 86; Palandt-*Weidenkaff*, § 434 BGB Rdnr. 39;
[520] BT-Drucks. 14/6040, S. 215; Staudinger/*Matusche-Beckmann*, § 434 BGB Rdnr. 90.
[521] MünchKomm-*Westermann*, § 434 BGB Rdnr. 28; Erman-*Grunewald*, § 434 BGB Rdnr. 26; *Reinicke/Tiedtke*, KaufR, Rdnr. 336; a.A. PWW-*Schmidt*, § 434 BGB Rdnr. 66; *Weiler*, WM 2002, 1784, 1792 (sachlich richtige Information genügt).
[522] Bamberger/Roth-*Faust*, § 434 BGB Rdnr. 86; ähnlich Erman-*Grunewald*, § 434 BGB Rdnr. 26.

nis des konkreten Käufers von der Berichtigung nicht an, er kann sich auf seine Unkenntnis der Berichtigung also nicht berufen.[523]

377 **(cc) Unmöglichkeit der Beeinflussung der Kaufentscheidung.** Schließlich haftet der Verkäufer auch dann nicht für eine öffentliche Beschaffenheitsangabe, wenn diese die Kaufentscheidung des Käufers „nicht beeinflussen konnte". Bei diesem Ausnahmetatbestand geht es nicht um die mögliche Beeinflussung eines Durchschnittskäufers, sondern hier ist relevant, ob der **konkrete Käufer** durch die betreffende Werbeaussage überhaupt in seiner Entscheidung beeinflusst werden konnte.[524] Denn ist dies nicht der Fall, vertraut der Käufer auch nicht auf die Richtigkeit der öffentlichen Aussage und es besteht kein Anlass, ihn diesbezüglich zu schützen.[525] So kann z.B. eine öffentliche Aussage die Entscheidung des jeweiligen Käufers dann nicht beeinflussen, wenn er sie **nicht kannte und** von ihr auch **nicht mittelbar beeinflusst** worden ist.[526] Eine derartige mittelbare Beeinflussung ist z.B. denkbar, wenn eine bestimmte Werbung eine „Kaufatmosphäre" schafft, von welcher der konkrete Käufer mitgerissen wird, ohne die Werbung als solche zu kennen.[527] Die Möglichkeit einer Beeinflussung besteht ferner auch dann nicht, wenn der Käufer von der **Unrichtigkeit** der öffentlichen Aussage **wusste**.[528] Ob der Käufer tatsächlich beeinflusst worden ist oder nicht, spielt jedoch keine Rolle, entscheidend ist die objektive Möglichkeit bzw. Unmöglichkeit der Beeinflussung des konkreten Käufers.[529] In der Praxis wird dieser Ausschlusstatestand allerdings wenig relevant sein, da dem Verkäufer der Beweis, dass dem Käufer die öffentliche Aussage unbekannt war und sie ihn auch nicht mittelbar beeinflusst hat, oftmals unmöglich sein wird.[530]

378 **dd) Montagefehler.** Nach § 434 Abs. 2 S. 1 BGB liegt ein Sachmangel auch dann vor, wenn eine Montage der Sache vereinbart ist, diese aber unsachgemäß durchgeführt wurde (dazu sogleich Rdnr. 379). Darüber hinaus kann es gem. § 434 Abs. 2 S. 2 BGB ebenfalls einen Sachmangel darstellen, wenn eine mitgelieferte Montageanleitung fehlerhaft ist (Rdnr. 383 ff.).

379 **(1) Unsachgemäße Montage.** Die Anwendbarkeit des § 434 Abs. 2 S. 1 BGB setzt zunächst voraus, dass die Montage der Sache zu den Pflichten des Verkäufers gehört, dass sie also – ob zusätzlich vergütet oder nicht[531] – **vertraglich vereinbart** worden ist. Eine entsprechende Vereinbarung muss nicht im Kaufvertrag, sondern kann auch später im Rahmen einer Vertragsänderung – z.B. bei Lieferung oder auch noch danach – und auch konkludent getroffen werden.[532] Nicht i.S.d. § 434 Abs. 2 S. 1 BGB geschuldet ist die Montage jedoch, wenn der Verkäufer sie lediglich als reine Gefälligkeit und ohne rechtsgeschäftlichen Bindungswillen vornimmt,[533] was allerdings nur ausnahmsweise der Fall sein wird, etwa bei persönlicher Bekanntschaft der Parteien.

380 Der Begriff der **Montage** ist weit zu verstehen. Er erfasst alle Handlungen, die die Ingebrauchnahme der Kaufsache durch den Käufer ermöglichen sollen,[534] also etwa das Zusam-

---

523 MünchKomm-*Westermann*, § 434 BGB Rdnr. 28; Erman-*Grunewald*, § 434 BGB Rdnr. 28.
524 Wie hier Staudinger/*Matusche-Beckmann*, § 434 BGB Rdnr. 91; Erman-*Grunewald*, § 434 BGB Rdnr. 28; Bamberger/Roth-*Faust*, § 434 BGB Rdnr. 87; anders PWW-*Schmidt*, § 434 BGB Rdnr. 67, wonach auch hier auf den Durchschnittskäufer abzustellen ist.
525 Bamberger/Roth-*Faust*, § 434 BGB Rdnr. 87; *Weiler*, WM 2002, 1764, 1792f.
526 Erman-*Grunewald*, § 434 BGB Rdnr. 28; *Reinicke/Tiedtke*, KaufR, Rdnr. 337.
527 Erman-*Grunewald*, § 434 BGB Rdnr. 28; *Wenzel*, DB 2003, 1889.
528 MünchKomm-*Westermann*, § 434 BGB Rdnr. 29; Erman-*Grunewald*, § 434 BGB Rdnr. 28.
529 Staudinger/*Matusche-Beckmann*, § 434 BGB Rdnr. 91; Bamberger/Roth-*Faust*, § 434 BGB Rdnr. 87.
530 MünchKomm-*Westermann*, § 434 BGB Rdnr. 29; Palandt-*Weidenkaff*, § 434 BGB Rdnr. 39.
531 Bamberger/Roth-*Faust*, § 434 BGB Rdnr. 90; *Reinicke/Tiedtke*, KaufR, Rdnr. 338.
532 Erman-*Grunewald*, § 434 BGB Rdnr. 51.
533 MünchKomm-*Westermann*, § 434 BGB Rdnr. 31; Erman-*Grunewald*, § 434 BGB Rdnr. 51.
534 Bamberger/Roth-*Faust*, § 434 BGB Rdnr. 89; PWW-*Schmidt*, § 434 BGB Rdnr. 74; *Reinicke/Tiedtke*, KaufR, Rdnr. 338.

mensetzen einer mehrteiligen Sache (Möbel), die Installation von Software oder auch das Einbauen oder Verbinden der Sache in bzw. mit Sachen des Käufers (Einbau von Ersatzteilen in KFZ, Anbringen einer Heizungsanlage im Haus des Käufers). Teilweise wird eine analoge Anwendung auch auf **Transportleistungen** (Transport eines Möbelstücks in ein falsches Stockwerk, Einfüllen von Benzin in einen falschen Tank des Käufers) befürwortet.[535] Das erscheint aber auch bei dem gebotenen weiten Verständnis als mit dem Begriff der „Montage" nicht mehr vereinbar.[536] Derartige Situationen dürften eher eine Nebenpflichtverletzung[537] oder – insbesondere bei Bringschulden – schon eine Nichterfüllung der Übergabepflicht darstellen.

Des weiteren muss die Montage vom **Verkäufer selbst** oder dessen **Erfüllungsgehilfen** ausgeführt worden sein. Zwar geht es hier nicht, wie § 278 S. 1 BGB eigentlich voraussetzt, um die Zurechnung eines Verschuldens, sondern um die Zurechnung eines tatsächlichen (unsachgemäßen) Handelns, gleichwohl soll hier die Legaldefinition des § 278 S. 1 BGB anwendbar sein.[538] Die Montage durch einen selbständig handelnden Dritten, der nicht für den Verkäufer tätig ist (etwa weil er direkt vom Käufer mit der Montage beauftragt ist), genügt demnach nicht.[539] Ob die Montage vor oder nach Übergabe stattfindet, ist dagegen ohne Bedeutung. **381**

Unsachgemäß ist die Montage, wenn sie **anders als vereinbart ausgeführt** ist.[540] Dabei kommt es nicht darauf an, ob die Montage zu einem Mangel der Sache selbst führt[541] (z. B. Beschädigung des KFZ durch falschen Einbau von Ersatzteilen), sondern es genügt bereits, wenn etwa ein Bild schief oder an einer anderen als der vereinbarten Stelle aufgehängt wird.[542] Wird die Montage **vor Gefahrübergang** (dazu Rdnr. 404 ff.) vorgenommen und führt sie dazu, dass die Sache selbst einen Mangel aufweist, so kommt es auf § 434 Abs. 2 S. 1 BGB nicht an, da in diesem Fall bereits die Sachmangelhaftung nach § 434 Abs. 1 BGB eingreift.[543] Bedeutung kommt der Vorschrift daher nur dann zu, wenn die Montage nach Gefahrübergang vorgenommen wird oder, bei Montage vor Gefahrübergang, wenn die Sache selbst dadurch nicht mangelhaft wird.[544] **382**

(2) Fehlerhafte Montageanleitung. Nach § 434 Abs. 2 S. 2 BGB kann ferner auch eine fehlerhafte Montageanleitung zu einem Mangel der Sache führen (sog. IKEA-Klausel). Da dieses Ergebnis – vorausgesetzt die Lieferung einer Montageanleitung gehört zur vereinbarten oder üblichen Beschaffenheit – jedoch bereits über § 434 Abs. 1 S. 1 bzw. S. 2 Nr. 2 BGB erreicht wird (vgl. Rdnr. 361), wird die eigentliche Bedeutung der Vorschrift zum Teil in der **Einschränkung der Haftung** des Verkäufers für den (vom Verkäufer zu beweisenden[545]) Fall gesehen, dass die Montage trotz der mangelhaften Anleitung fehlerfrei erfolgt ist.[546] Da- **383**

---

[535] So Bamberger/Roth-*Faust*, § 434 BGB Rdnr. 89.
[536] Dagegen auch Staudinger/*Matusche-Beckmann*, § 434 BGB Rdnr. 94; MünchKomm-*Westermann*, § 434 BGB Rdnr. 31.
[537] So BGH, NJW 1989, 2118, 2119 für den Fall des Einfüllens von Benzin in den falschen Tank, allerdings noch zum alten Recht.
[538] BT-Drucks. 14/6040, S. 215; Staudinger/*Matusche-Beckmann*, § 434 BGB Rdnr. 96; Bamberger/Roth-*Faust*, § 434 BGB Rdnr. 91; Palandt-*Weidenkaff*, § 434 BGB Rdnr. 43.
[539] MünchKomm-*Westermann*, § 434 BGB Rdnr. 31.
[540] Erman-*Grunewald*, § 434 BGB Rdnr. 53.
[541] Palandt-*Weidenkaff*, § 434 BGB Rdnr. 44; Reinicke/Tiedtke, KaufR, Rdnr. 338.
[542] Ähnlich BT-Drucks. 14/6040, S. 215; MünchKomm-*Westermann*, § 434 BGB Rdnr. 30; Reinicke/Tiedtke, KaufR, Rdnr. 338.
[543] Bamberger/Roth-*Faust*, § 434 BGB Rdnr. 92.
[544] PWW-*Schmidt*, § 434 BGB Rdnr. 76; Bamberger/Roth-*Faust*, § 434 BGB Rdnr. 92.
[545] Staudinger/*Matusche-Beckmann*, § 434 BGB Rdnr. 111; Palandt-*Weidenkaff*, § 434 BGB Rdnr. 51.
[546] So Staudinger/*Matusche-Beckmann*, § 434 BGB Rdnr. 99; ebenso Bamberger/Roth-*Faust*, § 434 BGB Rdnr. 94, der aus diesem Grund die Vorschrift restriktiv auslegen will.

rüber hinaus kommt der Norm aber auch ein eigenständiger Regelungsgehalt zu (vgl. etwa Rdnr. 388).

384 Voraussetzung ist, dass die Sache **zur Montage bestimmt** ist. Das ist dann der Fall, wenn mindestens eine von mehreren möglichen, nicht untypischen Verwendungsarten eine Montage erfordert.[547] Der Begriff der **Montage** entspricht dabei dem des § 434 Abs. 2 S. 1 BGB (vgl. Rdnr. 380). Wer die Montage durchführt, ist ohne Bedeutung. Die Vorschrift gilt somit auch bei einer Montage durch den Verkäufer oder Dritten (z. B. mit einer Montageanleitung des Herstellers oder Lieferanten) und selbst dann, wenn dem Käufer die Montage obliegt.[548] Ebenso unerheblich ist es, ob dem Käufer der Notwendigkeit. einer Montage bekannt oder erkennbar ist.[549] Zum einen lässt sich der Norm eine solche Differenzierung nicht entnehmen, zum anderen ist gerade der von einem Montageerfordernis überraschte Käufer schutzbedürftig.[550]

385 Die Reichweite des Begriffs einer **„Montageanleitung"** ist umstritten. Diesbezüglich wird zum Teil eine Ausweitung auch auf **Bedienungs- und Gebrauchsanleitungen** befürwortet.[551] Indessen würde dies den vom Gesetzgeber verwendeten Begriff der „Montage" (Rdnr. 380) überdehnen.[552] Danach sind richtigerweise nur solche Anleitungen erfasst, die für eine (Erst-) Inbetriebnahme der Sache erforderlich sind, danach aber ihren Sinn verloren haben und nicht mehr benötigt werden,[553] wie beispielsweise die Installationsanweisungen eines Softwareprogramms. Richtig ist zwar, dass auch Bedienungsanleitungen in der Praxis häufig schwer verständlich oder sachlich falsch sind. Doch ist der Käufer hier auch ohne die Anwendung des § 434 Abs. 2 S. 2 BGB nicht rechtlos gestellt, denn wenn eine Bedienungsanleitung für den problemlosen Gebrauch der Sache notwendig ist (etwa bei komplizierten technischen Geräten), so ergibt sich schon aus § 434 Abs. 1 S. 2 Nr. 2 BGB, dass eine Fehlerhaftigkeit der Anleitung einen Sachmangel darstellt.[554] Im Übrigen wäre die Ausdehnung des § 434 Abs. 2 S. 2 BGB auf Bedienungsanleitungen mit dem Ausschlusstatbestand der „fehlerfreien Montage" nicht zu vereinbaren, welcher als solcher bereits impliziert, dass sich die Bedeutung der Montageanleitung in der fehlerfreien Montage erschöpft, während der Käufer auf Bedienungsanleitungen fortwährend angewiesen ist.[555]

386 Vor diesem Hintergrund wird deutlich, dass auch das gänzliche **Fehlen einer Montageanleitung** richtigerweise kein Fall des § 434 Abs. 2 S. 2 BGB[556] ist, sondern es liegt – sofern die ordnungsgemäße Montage aus Sicht eines Durchschnittskäufers eine Anleitung erfordert – bereits nach § 434 Abs. 1 S. 2 Nr. 2 BGB ein Sachmangel vor.[557]

387 Für die Beurteilung der **Mangelfreiheit** einer Montageanleitung sind die Grundsätze des § 434 Abs. 1 BGB (Rdnr. 330 ff.) heranzuziehen, so dass auch hier in erster Linie die vertraglichen Vereinbarungen maßgeblich sind.[558] Bestehen jedoch – was der Regelfall sein

---

[547] Bamberger/Roth-*Faust*, § 434 BGB Rdnr. 95; *Reinicke/Tiedtke*, KaufR, Rdnr. 340.
[548] Staudinger/*Matusche-Beckmann*, § 434 BGB Rdnr. 100; MünchKomm-*Westermann*, § 434 BGB Rdnr. 33; Palandt-*Weidenkaff*, § 434 BGB Rdnr. 46.
[549] So aber Palandt-*Weidenkaff*, § 434 BGB Rdnr. 47.
[550] Wie hier MünchKomm-*Westermann*, § 434 BGB Rdnr. 30; *Reinicke/Tiedtke*, KaufR, Rdnr. 340; *Rappenglitz*, JA 2003, 36, 38.
[551] Erman-*Grunewald*, § 434 BGB Rdnr. 58; AnwKomm-*Büdenbender*, § 434 BGB Rdnr. 19; *Wenzel*, DB 2003, 1889; *Brüggemeier*, WM 2002, 1378.
[552] Bamberger/Roth-*Faust*, § 434 BGB Rdnr. 96.
[553] Staudinger/*Matusche-Beckmann*, § 434 BGB Rdnr. 106.
[554] MünchKomm-*Westermann*, § 434 BGB Rdnr. 36; Bamberger/Roth-*Faust*, § 434 BGB Rdnr. 6; *Reinicke/Tiedtke*, KaufR, Rdnr. 352; *Rappenglitz*, JA 2003, 36, 38.
[555] Staudinger/*Matusche-Beckmann*, § 434 BGB Rdnr. 106; Bamberger/Roth-*Faust*, § 434 BGB Rdnr. 96; Palandt-*Weidenkaff*, § 434 BGB Rdnr. 48; *Boerner*, ZIP 2001, 2264.
[556] So aber Bamberger/Roth-*Faust*, § 434 BGB Rdnr. 99; *Brüggemeier*, WM 2002, 1376, 1378.
[557] Staudinger/*Matusche-Beckmann*, § 434 BGB Rdnr. 107; Palandt-*Weidenkaff*, § 434 BGB Rdnr. 48.
[558] MünchKomm-*Westermann*, § 434 BGB Rdnr. 34; Bamberger/Roth-*Faust*, § 434 BGB Rdnr. 97; *Reinicke/Tiedtke*, KaufR, Rdnr. 341.

wird – in Bezug auf die Anleitung keine solchen Vereinbarungen, so kommt es gem. § 434 Abs. 1 S. 2 Nr. 2 BGB darauf an, ob die Montageanleitung einem vernünftigen, über durchschnittliche praktische Fähigkeiten verfügenden **Durchschnittskäufer** verständlich ist und ihn in die Lage versetzt, die Kaufsache problemlos und fehlerfrei zu montieren.[559] Daran fehlt es beispielsweise, wenn die Anleitung ausschließlich in einer Fremdsprache verfasst ist,[560] wenn sie, wie häufig in der Praxis, in unverständlicher Weise übersetzt ist,[561] wenn sie veraltet ist (sich beispielsweise auf das Vorgängermodell bezieht)[562] oder wenn sie schlicht unvollständig oder sachlich falsch ist.[563] Kommt ausschließlich eine Montage durch einen **Fachmann** in Betracht – etwa aufgrund der technischen Anforderungen oder gesetzlicher Vorschriften – so genügt es, wenn die Anleitung auf dessen Verständnishorizont zugeschnitten ist.[564] Erforderlich ist dann aber ein **Hinweis** darauf, dass eine Montage durch den Laien nicht möglich oder nicht zulässig ist.[565]

Streitig ist, ob aufgrund von § 434 Abs. 2 S. 2 BGB ein Sachmangel nur dann bejaht werden kann, wenn der Fehler der Anleitung auch tatsächlich kausal zu einer fehlerhaften Montage geführt hat,[566] oder ob ein Sachmangel auch dann vorliegt, wenn die fehlerhafte Montage auf anderen Gründen als der mangelhaften Anleitung beruhte **(fehlende Kausalität)**[567] oder wenn **überhaupt** noch **keine Montage** erfolgt ist,[568] z.B. weil der Käufer ein Zwischenhändler ist, der ohnehin keine Montage vornimmt, sondern diese dem Letztabnehmer überlässt. Richtigerweise sollte allein auf die Fehlerhaftigkeit der Montageanleitung abgestellt werden und folglich **in beiden Fällen** – also sowohl bei fehlender Kausalität als auch bei (noch) nicht versuchter Montage – ein **Sachmangel bejaht** werden. Das ergibt sich einerseits schon aus dem Wortlaut des § 434 Abs. 2 S. 2 BGB, der außer dem Erfordernis einer fehlerhaften Montageanleitung keine weiteren Tatbestandsmerkmale aufstellt. Zwar setzt Art. 2 Abs. 5 S. 2 der Verbrauchsgüterkaufrichtlinie eine kausal auf dem Mangel der Anleitung beruhende, fehlerhafte Montage voraus, doch ist die davon abweichende Fassung des § 434 Abs. 2 S. 2 BGB als dem Käufer günstige Erweiterung gem. Art. 8 Abs. 2 der Richtlinie ohne weiteres zulässig.[569] Im Hinblick auf die Fälle der nicht erfolgten Montage zeigt sich die Notwendigkeit der Anwendung der Vorschrift im Übrigen bereits an dem Beispiel, dass der Käufer die Montage deshalb (noch) nicht versucht hat, weil er vor der unverständlichen Anleitung resigniert hat.[570]

---

[559] Staudinger/*Matusche-Beckmann*, § 434 BGB Rdnr. 103; PWW-*Schmidt*, § 434 BGB Rdnr. 89; *Brand*, ZGS 2003, 96, 97; a.A. MünchKomm-*Westermann*, § 434 BGB Rdnr. 34; Bamberger/Roth-*Faust*, § 434 BGB Rdnr. 97; Erman-*Grunewald*, § 434 BGB Rdnr. 55: Mangel, wenn die Anleitung nicht den überwiegenden Teil der voraussichtlichen Käufer in die Lage versetzt, die Sache fehlerfrei zu montieren; weiter differenzierend *Reinicke/Tiedtke*, KaufR, Rdnr. 342ff.
[560] Erman-*Grunewald*, § 434 BGB Rdnr. 55.
[561] *Reinicke/Tiedtke*, KaufR, Rdnr. 341.
[562] Palandt-*Weidenkaff*, § 434 BGB Rdnr. 49.
[563] Palandt-*Weidenkaff*, § 434 BGB Rdnr. 49; *Brand*, ZGS 2003, 96, 97.
[564] MünchKomm-*Westermann*, § 434 BGB Rdnr. 34; *Reinicke/Tiedtke*, KaufR, Rdnr. 342; *Rappenglitz*, JA 2003, 36, 38.
[565] Staudinger/*Matusche-Beckmann*, § 434 BGB Rdnr. 104; Bamberger/Roth-*Faust*, § 434 BGB Rdnr. 98.
[566] So AnwKomm-*Büdenbender*, § 434 BGB Rdnr. 17ff.; *Brand*, ZGS 2003, 96, 97.
[567] Bejahend Bamberger/Roth-*Faust*, § 434 BGB Rdnr. 101; *Reinicke/Tiedtke*, KaufR, Rdnr. 346; diesen Fall ablehnend Staudinger/*Matusche-Beckmann*, § 434 BGB Rdnr. 110; Erman-*Grunewald*, § 434 BGB Rdnr. 56.
[568] Dafür Staudinger/*Matusche-Beckmann*, § 434 BGB Rdnr. 109; Erman-*Grunewald*, § 434 BGB Rdnr. 56; Bamberger/Roth-*Faust*, § 434 BGB Rdnr. 100; Palandt-*Weidenkaff*, § 434 BGB Rdnr. 50; *Wenzel*, DB 2003, 1889.
[569] So auch Bamberger/Roth-*Faust*, § 434 BGB Rdnr. 100.
[570] Dieses Beispiel erwähnt die Gesetzesbegründung ausdrücklich, BT-Drucks. 14/6040, 216.

389 Einen Sachmangel stellt die fehlerhafte Montageanleitung nach dem Ausschlusstatbestand des § 434 Abs. 2 S. 2, 2. HS BGB nur dann nicht dar, wenn die Kaufsache trotz mangelhafter Montageanleitung **fehlerfrei montiert** worden ist. Dabei spielt es keine Rolle, durch **wen** die fehlerfreie Montage vorgenommen worden ist.[571] Somit schließt auch eine fehlerfreie Montage durch den Letztkäufer etwaige Ansprüche des Händlers gegen den Verkäufer aus.[572] Im Übrigen genügt hierfür bereits eine **einmalige fehlerfreie Montage**.[573] Es führt also nicht zu einem Mangel, wenn die Sache später wieder demontiert und – aufgrund eines Fehlers der Montageanleitung – nun nicht mehr fehlerfrei zusammengesetzt werden kann.[574] Die **Beweislast** für eine fehlerfreie Montage trägt nach der Formulierung des § 434 Abs. 2 S. 2. HS BGB („es sei denn") der **Verkäufer**,[575] wobei den Käufer allerdings eine Mitwirkungslast trifft, da er die Kaufsache vorlegen muss.[576]

390 **ee) Falschlieferung.** Schließlich stellt § 434 Abs. 3 BGB klar, dass auch eine Falschlieferung – sowohl in Form eines **aliuds** (dazu sogleich Rdnr. 391 ff.) als auch in Form einer **Zuwenig-Lieferung** (Rdnr. 398 ff.) – einen Sachmangel darstellt. Mit dieser Regelung sollte die Unterscheidung zwischen Stück- und Gattungskauf beseitigt[577] und die mitunter äußerst schwierige Abgrenzung zwischen einer Schlecht- und einer Falschlieferung[578] obsolet werden.[579] Gleichwohl hat sich auch im Rahmen der Neuregelung eine rege Diskussion entwickelt.

(1) Aliud-Lieferung

391 **(a) Gattungskauf.** Handelt es sich um einen Gattungskauf, so liegt eine Falschlieferung vor, wenn die gelieferte Sache nicht diejenigen Merkmale aufweist, die sie zu einer Sache der geschuldeten Gattung machen **(Qualifikationsaliud)**.[580] Insoweit stellt die Vorschrift klar, dass auch eine solche Abweichung einen Sachmangel darstellt und folglich das Eingreifen des Gewährleistungsrechts nach sich zieht.

392 **(b) Stückkauf.** Streitig ist dagegen, ob § 434 Abs. 3 BGB auch beim Stückkauf (Lieferung eines **Identitätsaliuds**) Anwendung findet.[581] Das wird zum Teil mittels einer teleologischen Reduktion verneint und eine Anwendung des allgemeinen Leistungsstörungsrechts mit der Folge des Fortbestehens des – nur der Regelverjährung unterworfenen – Erfüllungsanspruchs befürwortet.[582] Insoweit wird argumentiert, es könne nicht als Erfüllung angese-

---

[571] Palandt-*Weidenkaff*, § 434 BGB Rdnr. 51; PWW-*Schmidt*, § 434 BGB Rdnr. 82; *Reinicke/Tiedtke*, KaufR, Rdnr. 348.

[572] Staudinger/*Matusche-Beckmann*, § 434 BGB Rdnr. 108; Bamberger/Roth-*Faust*, § 434 BGB Rdnr. 101.

[573] Staudinger/*Matusche-Beckmann*, § 434 BGB Rdnr. 109; Erman-*Grunewald*, § 434 BGB Rdnr. 56; *Reinicke/Tiedtke*, KaufR, Rdnr. 348.

[574] Daran zweifelnd MünchKomm-*Westermann*, § 434 BGB Rdnr. 35; kritisch auch Bamberger/Roth-*Faust*, § 434 BGB Rdnr. 102.

[575] Palandt-*Weidenkaff*, § 434 BGB Rdnr. 51; PWW-*Schmidt*, § 434 BGB Rdnr. 82.

[576] Staudinger/*Matusche-Beckmann*, § 434 BGB Rdnr. 111; AnwKomm-*Büdenbender*, § 434 BGB Rdnr. 23.

[577] BT-Drucks. 14/6040, S. 94.

[578] Vgl. zum alten Recht BGH, NJW 1969, 787, 787 (Auslandsschrott statt Inlandsschrott); BGH, NJW 1968, 640, 640 f. (Sommerweizen statt Winterweizen); RGZ 97, 351 (Sologeige statt Orchestergeige); *Schulz*, NJW 1980, 2172.

[579] *Reinicke/Tiedtke*, KaufR, Rdnr. 355.

[580] Bamberger/Roth-*Faust*, § 434 BGB Rdnr. 104; Erman-*Grunewald*, § 434 BGB Rdnr. 59.

[581] Vgl. zum Streitstand MünchKomm-*Westermann*, § 434 BGB Rdnr. 38 ff.; *Reinicke/Tiedtke*, KaufR, Rdnr. 357 ff.; *Musielak*, NJW 2003, 89 ff., jeweils m. w. N.; offen gelassen bei OLG Frankfurt v. 28.03.2007, Az. 19 U 235/06 (Beck RS 2007, 05666).

[582] HK-*Saenger*, § 434 BGB Rdnr. 20; *Canaris*, SchuldRMod. 2002, S. XXIII; Oechsler, SchuldR BT, § 2 Rdnr. 114; *Schulze*, NJW 2003, 1022, 1023; *Thier*, AcP 203 (2003), 414; *Lettl*, JuS 2002, 866, 871; *Wilhelm*, JZ 2001, 861, 868; *Knütel*, NJW 2001, 2519, 2521.

A. Verkäuferpflichten nach BGB

hen werden, wenn die gelieferte Sache von der gekauften **erheblich abweiche**.[583] Zudem sei der beim Eingreifen des Gewährleistungsrechts bestehende Nacherfüllungsanspruch des § 439 BGB (dazu Rdnr. 623 ff.) nicht auf den Stückkauf zugeschnitten. Schließlich sei es nicht hinnehmbar, dass der Verkäufer, der irrtümlich eine **höherwertigere Sache** als die geschuldete liefere, diese nicht – wie im Falle der Nichterfüllung – kondizieren könne, da der Kaufvertrag bei Anwendung des § 434 Abs. 3 BGB einen rechtlichen Grund darstelle[584] (dazu Rdnr. 395 ff.).

Diese Auffassung wird überwiegend jedoch zu Recht **abgelehnt**.[585] Nur so sind Sinn und Zweck des § 434 Abs. 3 BGB zu erreichen, welcher eine Unterscheidung zwischen Stück- und Gattungsschulden entbehrlich machen sollte.[586] Des weiteren ließe sich eine Differenzierung mit dem eindeutigen Wortlaut der Norm nicht vereinbaren;[587] zumal auch die Verbrauchsgüterkaufrichtlinie sämtliche Formen der Falschlieferung erfasst.[588] Es ist schließlich auch nicht ersichtlich, warum der Lieferung eines Identitätsaliuds nur mit dem Bestehenbleiben des ursprünglichen Erfüllungsanspruchs und nicht auch mit der Anwendung des Gewährleistungsrechts begegnet werden könnte. Im Gegenteil erscheint letzteres mit Hinblick auf den Nacherfüllungsanspruch der §§ 437 Nr. 1, 439 BGB, welcher seinem Inhalt nach nichts anderes als den ursprünglichen Erfüllungsanspruch darstellt[589] und nur einer etwas kürzeren Verjährung unterliegt (§ 438 BGB, dazu Rdnr. 846 ff.) nicht als unangemessen.[590] Auch bei der Lieferung eines Identitätsaliuds im Rahmen einer Stückschuld kommt somit § 434 Abs. 3 BGB zur Anwendung, mit der Folge, dass ein Sachmangel vorliegt und das Gewährleistungsrecht eingreift.[591] 393

Von diesem Grundsatz kann auch bei **offensichtlichen und/oder extremen Abweichungen** von der geschuldeten Sache (Karpfen statt Gänse[592]) keine Ausnahme gemacht werden.[593] Das folgt schon daraus, dass eine entsprechende Einschränkung des § 434 Abs. 3 BGB zwar im Diskussionsentwurf zunächst noch vorgesehen war,[594] im Laufe des Gesetzgebungsverfahrens dann aber gestrichen wurde.[595] Im Übrigen würden bei einer solchen Eingrenzung wiederum – lediglich auf einer anderen Ebene – Abgrenzungsprobleme entstehen, deren Beseitigung mit der Neuregelung gerade bezweckt war.[596] 394

(c) Lieferung eines höherwertigen Aliuds. Bei der Gleichstellung des Identitätsaliuds mit einem Sachmangel läuft der Verkäufer Gefahr, bei der irrtümlichen Lieferung einer höherwertigen Sache diese nicht zurückverlangen zu können, wenn der Käufer auf die Geltendmachung von Gewährleistungsansprüchen verzichtet und sich mit der höherwertigen 395

---

[583] *Ehmann/Sutschet*, Mod. SchuldR, S. 221; ähnlich *Medicus*, BürgerlR, Rdnr. 288.
[584] *Wenzel*, DB 2003, 1887, 1890; vgl. dazu auch *Musielak*, NJW 2003, 89, 92.
[585] LG Ellwangen, NJW 2003, 517, 518; Staudinger/*Matusche-Beckmann*, § 434 BGB Rdnr. 115; Bamberger/Roth-*Faust*, § 434 BGB Rdnr. 107 f.; Erman-*Grunewald*, § 434 BGB Rdnr. 61; Palandt-*Weidenkaff*, § 434 BGB Rdnr. 52 a; PWW-*Schmidt*, § 434 BGB Rdnr. 90; *Reinicke/Tiedtke*, KaufR, Rdnr. 357 ff.; *Musielak*, NJW 2003, 89, 90; *Brors*, JR 2002, 1349; *Brüggemeier*, WM 2002, 1376.
[586] BT-Drucks. 14/6040, S. 94; darauf hinweisend auch Bamberger/Roth-*Faust*, § 434 BGB Rdnr. 107; PWW-*Schmidt*, § 434 BGB Rdnr. 90; *Musielak*, NJW 2003, 89, 90.
[587] Staudinger/*Matusche-Beckmann*, § 434 BGB Rdnr. 115; *Reinicke/Tiedtke*, KaufR, Rdnr. 357.
[588] Staudinger/*Matusche-Beckmann*, § 434 BGB Rdnr. 115; Bamberger/Roth-*Faust*, § 434 BGB Rdnr. 107; *Jorden/Lehmann*, JZ 2001, 952.
[589] *Musielak*, NJW 2003, 89, 90.
[590] Bamberger/Roth-*Faust*, § 434 BGB Rdnr. 107; Erman-*Grunewald*, § 434 BGB Rdnr. 61.
[591] Siehe die Nachweise in Fn. 567.
[592] Beispiel aus *Reinicke/Tiedtke*, KaufR, Rdnr. 358.
[593] So aber *Ehmann/Sutschet*, Mod. SchuldR, § 7, S. 221 f.
[594] Diskussionsentwurf des SchuldRModG (DiskE), zitiert bei *Musielak*, NJW 2003, 89, 92.
[595] BT-Drucks. 14/6040, S. 216; darauf hinweisend auch *Reinicke/Tiedtke*, KaufR, Rdnr. 360.
[596] Staudinger/*Matusche-Beckmann*, § 434 BGB Rdnr. 115; Bamberger/Roth-*Faust*, § 434 BGB Rdnr. 108; *Reinicke/Tiedtke*, KaufR, Rdnr. 360; *Musielak*, NJW 2003, 89, 92; *Brors*, JR 2002, 133.

Sache „zufrieden" gibt.[597] In Anbetracht dieser möglichen Rechtsfolge werden verschiedene Lösungsansätze diskutiert, die im Ausgangspunkt die Frage betreffen, ob die Lieferung einer besseren Sache überhaupt als Erfüllungsleistung gewertet werden kann und ob es dann einen Mangel darstellt, wenn der Käufer einen Gegenstand erhält, der höherwertiger als die geschuldete Sache ist.

396 Zum Teil wird eine Zuordnung als Erfüllung abgelehnt und hinsichtlich des Rückgabeanspruchs des Verkäufers eine (direkte) **Leistungskondiktion** für möglich gehalten.[598] Da nicht die Lieferung des aliuds, sondern der Kaufsache geschuldet sei, stelle der Kaufvertrag keinen Rechtsgrund für die Lieferung einer höherwertigen („besseren") Sache dar. Dem ist jedoch entgegenzuhalten, dass zum Einen der Verkäufer wegen § 433 Abs. 1 S. 2 BGB auch eine mangelhafte Sache „nicht schuldet", sondern zur Lieferung einer mangelfreien Sache verpflichtet ist (dazu Rdnr. 328)[599] und zum Anderen auch die Lieferung eines aliuds auf der Grundlage des Kaufvertrags erfolgt.[600] Damit existiert auch ein Rechtsgrund i. S. d. § 812 Abs. 1 S. 1 BGB, der den Käufer zum Behalten der gelieferten Sache berechtigt. Allerdings stellt die andere – wenn auch höherwertige – Sache nicht das Geschuldete dar, so dass der Käufer unabhängig von Wertverhältnissen einen Nachteil dadurch erleidet, dass er nicht den konkret gekauften Gegenstand erhält. Mithin ist auch die Lieferung einer höherwertigen Sache grundsätzlich nach § 434 Abs. 3 BGB zu behandeln, so dass für einen eventuellen Rückforderungsanspruch des Verkäufers eine Leistungskondiktion in der Regel ausscheidet.

397 Die zustimmungswürdige Gegenauffassung löst den Konflikt, indem als ungeschriebene Tatbestandsvoraussetzung des § 434 Abs. 3 BGB eine subjektive **Tilgungsbestimmung des Verkäufers** gefordert wird.[601] Die Anwendung der Vorschrift setzt somit voraus, dass der Verkäufer das aliud in Erfüllung des Kaufvertrags geliefert hat. Wird eine solche Tilgungsbestimmung nicht ausdrücklich erklärt, so entscheiden die Auslegung anhand der §§ 133, 157 und der objektive Erklärungswert des Verkäuferverhaltens, ob ein entsprechender Leistungswille des Verkäufers vorliegt. Das ergibt sich auch bereits aus der Gesetzesbegründung, wonach „Voraussetzung für die Gleichstellung von Falsch- und Zuweniglieferung mit Sachmängeln ist, dass der Verkäufer die Leistung als Erfüllung seiner Pflicht erbringt. Für den Käufer muss erkennbar dieser Zusammenhang zwischen Leistung und Verpflichtung bestehen, und es darf sich nicht um eine Teilleistung oder eine Leistung aufgrund einer anderen Verbindlichkeit handeln[602]". Hinsichtlich eines höherwertigen aliuds kommt somit ein vom Käuferverhalten unabhängiger Rückforderungsanspruch des Verkäufers nur in Betracht, wenn eine Tilgungsbestimmung seinerseits fehlt oder angefochten wurde.[603] Dem Erfordernis einer Tilgungsbestimmung wird zwar teilweise entgegengehalten, dass eine solche Konstruktion letztlich auf die Theorie der finalen Leistungsbewirkung[604] hinausliefe, nach ganz überwiegender Ansicht (Theorie der realen Leistungsbewirkung)[605] aber ein subjektives Moment bei der Leistungsbewirkung nicht erforderlich sei.[606] Das leuchtet auf den

---

[597] Vgl. die Nachweise in Fn. 566.

[598] PWW-*Schmidt*, § 434 BGB Rdnr. 92; Palandt-*Weidenkaff*, § 434 BGB Rdnr. 57; *Lorenz*, JuS 2003, 36, 39; *Lettl*, JuS 2002, 866, 869f.

[599] Darauf hinweisend auch Bamberger/Roth-*Faust*, § 437 BGB Rdnr. 205.

[600] So zutreffend Bamberger/Roth-*Faust*, § 437 BGB Rdnr. 205; *Reinicke/Tiedtke*, KaufR, Rdnr. 371; *Musielak*, NJW 2003, 89, 90,

[601] MünchKomm-*Westermann*, § 434 BGB Rdnr. 39; Bamberger/Roth-*Faust*, § 437 BGB Rdnr. 206; Erman-*Grunewald*, § 434 BGB Rdnr. 60, Vor § 437 BGB Rdnr. 25; AnwKomm-*Büdenbender*, § 434 BGB Rdnr. 20; *Reinicke/Tiedtke*, KaufR, Rdnr. 361 ff.; *Lorenz*, JuS 2003, 36, 37 f.

[602] BT-Drucks. 14/6040, S. 216.

[603] Bamberger/Roth-*Faust*, § 437 BGB Rdnr. 206; Erman-*Grunewald*, § 434 BGB Rdnr. 60, Vor § 437 BGB Rdnr. 25.

[604] Vgl. *Muscheler/Bloch*, JuS 2000, 729, 732 f.; *Bülow*, JuS 1991, 529, 531; *Beuthien*, JZ 1968, 323.

[605] Dazu BGH, NJW 1992, 1698, 1699; BGH, NJW 1991, 1294, 1295; MünchKomm-*Wenzel*, § 362 BGB Rdnr. 10 ff. m.w. N.

[606] *Musielak*, NJW 2003, 89, 91; dies diskutierend auch *Reinicke/Tiedtke*, KaufR, Rdnr. 366.

ersten Blick ein, doch genügt die Leistungshandlung des Schuldners auch nach der Theorie der realen Leistungsbewirkung zur Herbeiführung des Leistungserfolgs nur dann, wenn diese Handlung in jeder Hinsicht der geschuldeten entspricht.[607] Besteht hingegen ein Klarstellungsbedürfnis, ob es sich tatsächlich um eine Leistung in Erfüllung der jeweiligen Verbindlichkeit handelt, so ist auch hier ausnahmsweise eine Tilgungsbestimmung erforderlich, wie etwa in den Fällen des § 366 Abs. 1 BGB oder des § 267 BGB.[608] Ein solches Klarstellungserfordernis besteht aber auch bei der Lieferung eines aliuds, wenn nämlich der Käufer nicht ohne weiteres davon ausgehen kann, dass der Verkäufer mit der gelieferten Sache seine Pflichten aus § 433 Abs. 1 BGB erfüllen will. Das kann beispielsweise dann der Fall sein, wenn der Verkäufer aufgrund eines für den Käufer offensichtlichen Irrtums statt der geschuldeten, geringwertigen Sache eine ganz andere, weitaus höherwertigere liefert. Hier kann der Käufer die Lieferung nach objektivem Verständnis nicht mit einem subjektiven Erfüllungswillen des Verkäufers verbinden. Somit kann bei Extremabweichungen (siehe etwa das Beispiel in Rdnr. 642) keine Erklärung des Verkäufers angenommen werden, wonach damit gerade die Erfüllung seiner kaufvertraglichen Verpflichtung erfolgen soll. Selbst wenn aber die höherwertige Verkäuferleistung darauf gerichtet war, so wird insbesondere bei Extremabweichungen in einer Rückforderung regelmäßig eine konkludente Anfechtung der Tilgungsbestimmung seitens des Verkäufers zu sehen sein. In Anbetracht dieser Lösungsmöglichkeit kann den Verkäuferinteressen somit Rechnung getragen werden, selbst wenn § 434 Abs. 3 BGB auch auf den Fall der Lieferung eines höherwertigen Identitätsaliuds Anwendung findet. Mit der Voraussetzung einer Tilgungsbestimmung im Falle der Lieferung eines aliuds ist also kein unauflösbarer Widerspruch zur Theorie der realen Leistungsbewirkung verbunden.[609] Zum Rückforderungsanspruch des Verkäufers auf ein geliefertes aliud siehe auch Rdnr. 645.

(2) Zuwenig-Lieferung. Mit der zweiten Alternative des § 434 Abs. 3 BGB werden auch Zuwenig-Lieferungen einem **Sachmangel gleichgestellt.** Insoweit gelten zunächst ähnliche Grundsätze wie bei einer aliud-Lieferung. Allerdings bestehen verschiedene Einschränkungen: **398**

Zunächst greift § 434 Abs. 3 BGB bei Minderleistungen erst dann ein, wenn der Käufer die Zuwenig-Lieferung **angenommen** hat.[610] Dazu ist er jedoch – als Ausnahme zu § 433 Abs. 2 BGB – nach § 266 BGB nicht verpflichtet.[611] Der Käufer kann also eine Zuwenig-Lieferung **zurückweisen.** Dann bleibt es bei der Nichterfüllung und dem Eingreifen der allgemeinen Regeln, das Gewährleistungsrecht findet in diesem Fall keine Anwendung. Des weiteren gilt die Vorschrift nur für die Minderlieferung einiger von **mehreren gleichartigen Sachen.** Werden dagegen von mehreren verschiedenen Sachen nur einige geliefert, so gilt insoweit das allgemeine Leistungsstörungsrecht.[612] **399**

Ferner ist auch hier danach zu differenzieren, ob der Verkäufer die Zuwenig-Lieferung mit einer **Tilgungsbestimmung** versehen hat, ob sie also eine (Gesamt-) Erfüllung darstellen soll oder nicht. Ist ersteres der Fall (sog. **verdeckte Mankolieferung**), so greift § 434 Abs. 3 BGB ein mit der Folge des Gewährleistungsrechts.[613] Liegt allerdings eine als solche **400**

---

[607] *Larenz*, SchuldR AT, § 18 I 5; darauf hinweisend auch *Reinicke/Tiedtke*, KaufR, Rdnr. 367.
[608] Vgl. etwa BGHZ 75, 299, 303; BGHZ 72, 246, 249.
[609] So auch *Reinicke/Tiedtke*, KaufR, Rdnr. 367.
[610] Bamberger/Roth-*Faust*, § 434 BGB Rdnr. 111.
[611] MünchKomm-*Westermann*, § 434 BGB Rdnr. 42; Bamberger/Roth-*Faust*, § 434 BGB Rdnr. 113.
[612] Staudinger/*Matusche-Beckmann*, § 434 BGB Rdnr. 125; Bamberger/Roth-*Faust*, § 434 BGB Rdnr. 112; PWW-*Schmidt*, § 434 BGB Rdnr. 96; Palandt-*Weidenkaff*, § 434 BGB Rdnr. 53; a. A. Erman-*Grunewald*, § 434 BGB Rdnr. 63, der auch hier § 434 BGB anwenden will; ebenso wohl *Lorenz*, NJW 2003, 3097.
[613] Staudinger/*Matusche-Beckmann*, § 434 BGB Rdnr. 122; Bamberger/Roth-*Faust*, § 434 BGB Rdnr. 113.

ausgewiesene Teillieferung vor (**offene Mankolieferung**), so verbleibt es beim ursprünglichen Erfüllungsanspruch des Käufers, § 437 BGB findet keine Anwendung.[614]

401 Eine **teilweise Schlechtleistung** ist der Zuwenig-Lieferung gleichzustellen. Es kann keinen Unterschied machen, ob der Verkäufer einen Teil der Kaufsache mangelbehaftet oder gar nicht liefert.[615]

402 Ob § 434 Abs. 3 BGB dagegen auch die Fälle einer **Zuviellieferung** (maius) erfasst, ist umstritten.[616] Für eine Anwendung der Norm wird zum Teil unter Heranziehung des Art. 35 CISG argumentiert,[617] welcher auch Zuviellieferungen als Vertragswidrigkeit ansieht (vgl. dazu Rdnr. 556). Unter Berücksichtigung des eindeutigen Wortlauts des § 434 Abs. 3 BGB („zu geringe Menge") ist dies jedoch abzulehnen. Richtigerweise erfasst die Vorschrift somit nur Zuwenig-Lieferungen.[618] Hat der Verkäufer zuviel geliefert, kann er den Überschuss kondizieren, da dieser nicht geschuldet, mithin rechtsgrundlos erbracht worden ist.

403 **ff) Maßgeblicher Zeitpunkt.** Um die Gewährleistungsrechte des Käufers auszulösen, muss der Sachmangel gem. § 434 Abs. 1 S. 1 BGB schon im Zeitpunkt des **Gefahrübergangs** vorliegen.

404 **(1) Gefahrübergang.** Dieser Zeitpunkt bestimmt sich nach §§ 446, 447 BGB. Danach geht die Gefahr grundsätzlich bei der **Übergabe der Kaufsache** auf den Käufer über (§ 446 S. 1 BGB). Eine Ausnahme gilt gem. § 447 Abs. 1 BGB nur bei **Versendungskäufen** (dazu Rdnr. 237), hier findet der Gefahrübergang bereits bei der **Übergabe** der Sache durch den Verkäufer **an die Transportperson** statt. Bei **Verbrauchsgüterkäufen** (Rdnr. 96 ff.) ist § 447 BGB allerdings wegen § 474 Abs. 2 BGB in der bis zum 13.06.2014 geltenden Fassung nicht anwendbar, so dass es hier bei dem Zeitpunkt der Übergabe an den Käufer verbleibt.[619] Ab dem **13.06.2014** ist jedoch die durch das Gesetz zur Umsetzung der Verbraucherrechterichtlinie (dazu Rdnr. 174) geschaffene **Neuregelung** in § 474 Abs. 4 BGB n. F. zu beachten. Danach ist die Gefahrtragungsregelung des § 447 Abs. 1 BGB im Verbrauchsgüterkauf nunmehr anwendbar, wenn bei einem Versendungskauf der Käufer den Spediteur, den Frachtführer oder die sonstige Versendungsperson oder -anstalt beauftragt hat und diese Person oder Anstalt dem Käufer nicht zuvor vom Verkäufer benannt worden ist. In derartigen Sonderkonstellationen, in denen der **Verbraucher den Transport** der Kaufsache **selbst organisiert**, also den Beförderer ausgewählt und beauftragt hat, ohne dabei auf einen Vorschlag des Unternehmers zurückzugreifen[620], geht nunmehr auch bei Verbrauchsgüterkäufen die Gefahr gem. §§ 474 Abs. 4, 447 Abs. 1 BGB bereits mit Übergabe an den Beförderer auf den Käufer über. Bei mangelhaften **Gattungssachen** könnte wegen § 243 Abs. 2 BGB keine Konkretisierung und damit kein Gefahrübergang eintreten, gleichwohl ist hier dennoch auf den Zeitpunkt abzustellen, zu welchem gem. §§ 446 f. BGB bei hypothetischer Mängelfreiheit die Gefahr übergegangen wäre.[621]

405 Ein etwaiger Annahmeverzug des Käufers wird durch § 446 S. 3 BGB dem Gefahrübergang gleichgestellt, da der Verkäufer nicht das Risiko eventueller, während eines Annahmeverzugs des Käufers eintretender Mängel tragen soll. Hierbei ist aber zu beachten, dass die

---

[614] MünchKomm-*Westermann*, § 434 BGB Rdnr. 42; Erman-*Grunewald*, § 434 BGB Rdnr. 62; PWW-*Schmidt*, § 434 BGB Rdnr. 96.

[615] BT-Drucks. 14/6040, S. 186 f.; Staudinger/*Matusche-Beckmann*, § 434 BGB Rdnr. 124; Bamberger/Roth-*Faust*, § 434 BGB Rdnr. 116; Erman-*Grunewald*, § 434 BGB Rdnr. 62.

[616] Dafür Erman-*Grunewald*, § 434 BGB Rdnr. 64; *Pfeiffer*, ZGS 2002, 138 ff.

[617] *Pfeiffer*, ZGS 2002, 138 ff.

[618] MünchKomm-*Westermann*, § 434 BGB Rdnr. 43; Staudinger/*Matusche-Beckmann*, § 434 BGB Rdnr. 121 f.; Bamberger/Roth-*Faust*, § 434 BGB Rdnr. 117; *Reinicke/Tiedtke*, KaufR, Rdnr. 383 f.

[619] Staudinger/*Matusche-Beckmann*, § 434 BGB Rdnr. 129.

[620] BT-Drucks. 17/12637, S. 70.

[621] MünchKomm-*Westermann*, § 434 BGB Rdnr. 44; Bamberger/Roth-*Faust*, § 434 BGB Rdnr. 35.

Nichtannahme einer mangelhaften Sache keinen Annahmeverzug auslöst, da der Verkäufer gem. § 433 Abs. 1 S. 2 BGB mangelfrei zu liefern hat und daher eine mangelhafte Sache kein Angebot der Leistung „so, wie sie zu bewirken ist" i. S. d. § 294 BGB darstellt.[622] Ebenso begründet die Zurückweisung von Teillieferungen wegen § 266 BGB keinen Annahmeverzug (Rdnr. 399).

Nach dem jeweils maßgeblichen Zeitpunkt eintretende Sachmängel sind grundsätzlich **irrelevant**. Für das Eingreifen des Gewährleistungsrechts genügt es jedoch, dass der Sachmangel bei Gefahrübergang bzw. Eintritt des Annahmeverzugs bereits **im Kern vorhanden** war.[623] Es kommt also nicht darauf an, wann sich der Sachmangel zeigt bzw. auswirkt, entscheidend ist vielmehr, ob seine Ursache bereits im relevanten Zeitpunkt angelegt war.[624] Eine lediglich geringe Wahrscheinlichkeit, dass sich später Umstände entwickeln werden, die etwa einer vertraglich vorausgesetzten Verwendung entgegenstehen, genügt gleichwohl nicht.[625] **406**

Bei Montagefehlern i. S. d. § 434 Abs. 2 S. 1 BGB kann der Verkäufer ausnahmsweise auch für **nach Gefahrübergang** auftretende Mängel haften. Hier kann der Zeitpunkt der Übergabe an den Käufer nicht entscheidend sein, da der Verkäufer bzw. dessen Gehilfen die Montage häufig erst nach dieser Übergabe vornehmen werden. Diesbezüglich ist folglich der Zeitpunkt der Fertigstellung der Montage maßgeblich.[626] **407**

Die **Beweislast** dafür, dass der Sachmangel bereits im maßgeblichen Zeitpunkt vorlag bzw. zumindest seine Ursachen angelegt waren, trägt gem. § 363 BGB der Gewährleistungsansprüche geltend machende Käufer.[627] Eine für die Praxis äußerst bedeutsame **Ausnahme** hiervon regelt allerdings § 476 BGB für den Bereich des **Verbrauchsgüterkaufs** (dazu sogleich Rdnr. 409 ff.). **408**

(2) Beweislastumkehr beim Verbrauchsgüterkauf. Liegt ein **Verbrauchsgüterkauf** (zu dessen Voraussetzungen Rdnr. 96 ff.) vor und zeigt sich innerhalb einer Frist von **sechs Monaten ab Gefahrübergang** (Rdnr. 364 ff.) ein **Sachmangel**, so wird nach § 476 BGB **vermutet**, dass dieser auch schon im Zeitpunkt des Gefahrübergangs vorlag. In diesem Fall trifft also die **Beweislast** dafür, dass die Sache im maßgeblichen Zeitpunkt mangelfrei war, den mit Gewährleistungsansprüchen konfrontierten **Verkäufer**. Eine Ausnahme von dieser Beweislastumkehr gilt gem. § 476, 2. HS BGB nur, wenn diese Vermutung „**mit der Art der Sache oder des Mangels**" unvereinbar wäre (dazu Rdnr. 417 ff.). Diese Regelung soll den „schlechteren Beweismöglichkeiten des Verbrauchers und den – jedenfalls in engem zeitlichen Zusammenhang mit der Übergabe – ungleich besseren Erkenntnismöglichkeiten des Unternehmers" Rechnung tragen.[628] **409**

(a) Voraussetzungen und Anwendungsbereich. Die Beweislastumkehr des § 476 BGB greift – wie auch der BGH bereits mehrfach klargestellt hat[629] – zunächst **nur in zeitlicher Hinsicht** ein. Sie betrifft dagegen nach richtiger Ansicht nicht die Frage, ob über- **410**

---

[622] Bamberger/Roth-*Faust*, § 434 BGB Rdnr. 36; Palandt-*Weidenkaff*, § 434 BGB Rdnr. 8 a; *Oechsler*, NJW 2004, 1825.

[623] BGH, NJW 2006, 2250, 2253; Bamberger/Roth-*Faust*, § 434 BGB Rdnr. 37; *Reinicke/Tiedtke*, KaufR, Rdnr. 390.

[624] BGH, NJW 1972, 1462, 1463; MünchKomm-*Westermann*, § 434 BGB Rdnr. 44; Palandt-*Weidenkaff*, § 434 BGB Rdnr. 8.

[625] BGH v. 07.02.2007, Az. VIII ZR 266/06 (Beck RS 2007 05138) zum Kauf eines Reitpferdes.

[626] Erman-*Grunewald*, § 434 BGB Rdnr. 66.

[627] BGH, NJW 2006, 434, 435; BGH, NJW 1989, 2532, 2533; OLG Bamberg v. 10.04.2006, Az. 4 U 295/05 (Beck RS 2006 04936); Bamberger/Roth-*Faust*, § 434 BGB Rdnr. 119; Erman-*Grunewald*, § 434 BGB Rdnr. 70; *Westermann*, NJW 2002, 241, 250.

[628] BT-Drucks. 14/6040, S. 245; *Maultzsch*, NJW 2006, 3091, 3092.

[629] BGH, NJW 2006, 1195, 1196; BGH, NJW 2006, 434, 436; BGH, NJW 2005, 3490, 3491 f.; grundlegend BGH, NJW 2004, 2299, 2300.

haupt ein Sachmangel vorliegt,[630] sondern setzt einen solchen gerade voraus.[631] Der Käufer hat also auch im Anwendungsbereich des § 476 BGB den Vollbeweis dafür zu erbringen, dass die Sache nicht die vereinbarte oder übliche Sollbeschaffenheit aufweist. Erst wenn ihm das gelingt, greift § 476 BGB ein und stellt die Vermutung auf, dass dieser Sachmangel (der sog. „Grundmangel") in zeitlicher Hinsicht schon bei Gefahrübergang vorlag.[632] Lässt sich also beispielsweise nicht aufklären, ob ein Motorschaden an einem PKW auf einem Sachmangel oder lediglich auf fehlerhaftem Fahrverhalten des Käufers beruht, so ist der Beweis eines Sachmangels nicht erbracht und es besteht kein Raum für die Anwendung des § 476 BGB.[633] An dieser recht restrikiven Interpretation des § 476 BGB hat der BGH trotz intensiver Kritik[634] bislang festgehalten.[635]

411 Des weiteren muss sich der Sachmangel innerhalb der sechsmonatigen Frist des § 476 BGB „zeigen". Das bedeutet, dass der Mangel **für den Käufer oder einen Dritten erkennbar geworden** ist, d. h. der Fehler muss optisch oder auf andere Weise deutlich werden. Daraus wird zum Teil geschlossen, dass der Sachmangel bei Übergabe noch nicht zutage getreten oder jedenfalls nicht erkennbar gewesen sein dürfe.[636] Für eine dahingehende Einschränkung der Vorschrift sind ihrem Wortlaut allerdings keine Anhaltspunkte zu entnehmen, sie wäre zudem mit dem intendierten Verbraucherschutz auch nicht zu vereinbaren.[637] Etwas anderes gilt allenfalls für **ganz offensichtliche Mängel,** die auch einem fachlich nicht versierten Käufer zwangsläufig hätten auffallen müssen.[638] Dies betrifft jedoch nicht den Anwendungsbereich der Beweislastumkehr, sondern kann nach der „Art des Mangels" einen Ausschlusstatbestand i. S. d. § 476, 2. HS BGB darstellen (dazu Rdnr. 421 ff.). Die Vermutung greift ferner auch dann ein, wenn die Kaufsache **von einem Dritten montiert oder eingebaut** worden ist. Auch hier ist der Verbraucher in gleichem Maße schutzwürdig, wie wenn er die Sache selbst montiert hätte.[639]

412 Des weiteren gilt die sechsmonatige Frist nur für das „Sich-zeigen" des Mangels. Der Käufer muss diesen aber **nicht** etwa auch **innerhalb dieser Frist** dem Verkäufer **anzeigen.**[640] Vielmehr steht ihm für die Anzeige bzw. die Geltendmachung der sich aus dem Fehler ergebenden Gewährleistungsrechte die gesamte Verjährungsfrist des § 438 BGB zur Verfügung. Gleichwohl liegt es im Interesse des Käufers, den Mangel möglichst zeitnah geltend zu machen, da er die Beweislast für das Zutagetreten des Mangels innerhalb der Frist trägt.[641]

413 Der mit dem Gefahrübergang zusammenfallende Fristbeginn ist nach § 187 Abs. 1 BGB zu ermitteln, das **Fristende** richtet sich nach § 188 BGB.[642] Etwas anderes gilt nur bei

---

[630] So aber MünchKomm-*Lorenz*, § 476 BGB Rdnr. 4; ders., NJW 2004, 3020, 3021; *Roth*, ZIP 2004, 2025 ff.; krit. zur Auffassung des BGH auch *Gsell*, JuS 2005, 967.

[631] OLG Stuttgart, ZGS 2005, 26, 27; Staudinger/*Matusche-Beckmann*, § 476 BGB Rdnr. 3, 11; PWW-*Schmidt*, § 476 BGB Rdnr. 3; *Lorenz*, NJW 2007, 1, 4; *Witt*, NJW 2005, 3468, 3469; *Wertenbruch*, LMK 2004, 156.

[632] Bamberger/Roth-*Faust*, § 476 BGB Rdnr. 1.

[633] So der BGH, NJW 2004, 2299, 2300 zugrunde liegende Sachverhalt.

[634] OLG Brandenburg v. 08.10.2008, Az. 13 U 48/08 (Beck RS 2008, 22504); MünchKomm-*Lorenz*, § 476 BGB Rdnr. 4; Bamberger/Roth-*Faust*, § 476 BGB Rdnr. 13; *Fischinger*, NJW 2009, 563, 565.

[635] BGH, NJW 2007, 2621, 2622.

[636] So wohl Staudinger/*Matusche-Beckmann*, § 476 BGB Rdnr. 13; Palandt-*Weidenkaff*, § 476 BGB Rdnr. 7.

[637] BGH, NJW 2005, 3490, 3492; *Witt*, NJW 2005, 3468, 3469.

[638] BGH, NJW 2006, 1195, 1196; BGH, NJW 2005, 3490, 3492; Staudinger/*Matusche-Beckmann*, § 476 BGB Rdnr. 34.

[639] BGH, NJW 2005, 283, 284.

[640] MünchKomm-*Lorenz*, § 476 BGB Rdnr. 8; Bamberger/Roth-*Faust*, § 476 BGB Rdnr. 5.

[641] MünchKomm-*Lorenz*, § 476 BGB Rdnr. 8; PWW-*Schmidt*, § 476 BGB Rdnr. 9; Reinicke/Tiedtke, KaufR, Rdnr. 740.

[642] Erman-*Grunewald*, § 476 BGB Rdnr. 1; Palandt-*Weidenkaff*, § 476 BGB Rdnr. 6.

A. Verkäuferpflichten nach BGB

Montagemängeln i.S.d. § 434 Abs. 2 S. 1 BGB (dazu Rdnr. 378 ff.), hier beginnt die Frist naturgemäß erst mit Abschluss der Montage durch den Verkäufer bzw. dessen Gehilfen.[643] Bei **Fehlern der Montageanleitung** i.S.d. § 434 Abs. 2 S. 2 BGB (Rdnr. 383 ff.) bleibt es allerdings beim Zeitpunkt des Gefahrübergangs, da ein Abstellen auf das Ende des Montagevorgangs hier dem Käufer die Möglichkeit geben würde, den Fristbeginn beliebig hinauszuzögern.[644] Im Falle einer **Nacherfüllung** durch den Verkäufer beginnt die Frist des § 476 BGB – wie auch die Verjährungsfrist für die Gewährleistungsansprüche – von Neuem.[645]

Aufgrund von § 475 Abs. 1 BGB ist die Vorschrift des § 476 BGB **einseitig zwingend,** **414** d.h. von ihr kann – jedenfalls vor Mitteilung des Mangels an den Verkäufer – nicht zu Ungunsten des Käufers abgewichen werden.[646] Ein verbesserter Schutz des Verbrauchers – beispielsweise durch eine Verlängerung der Frist – ist dagegen möglich. Außerhalb des Verbrauchsgüterkaufs ist jedoch eine formularmäßige, dem § 476 BGB entsprechende Beweislastumkehr jedenfalls dann unwirksam, wenn sie vom Käufer als Verwender gestellt wird. Das folgt bei der Verwendung einer solchen AGB-Klausel gegenüber nichtkaufmännischen Verkäufern bereits aus § 309 Nr. 12 a BGB, im kaufmännischen Verkehr scheitert eine derartige Gestaltung an der Generalklausel des § 307 BGB.[647]

(b) Widerlegbarkeit. Der Verkäufer kann die Vermutung des § 476 BGB entkräften, in- **415** dem er seinerseits nachweist, dass der Sachmangel im relevanten Zeitpunkt noch nicht vorlag. Hierzu reichen allerdings Indizien oder eine bloße Wahrscheinlichkeit nicht aus, sondern es bedarf eines **Vollbeweises** i.S.d. § 292 ZPO.[648] Deshalb genügt es beispielsweise nicht, wenn der betreffende Mangel in einem von beiden Parteien gemeinsam erstellten Übergabeprotokoll nicht aufgeführt ist.[649] Als Privaturkunde i.S.d. § 416 BGB erbringt ein derartiges Dokument lediglich den Beweis dafür, dass die in ihm enthaltenen Erklärungen tatsächlich abgegeben worden sind.[650] Eine Beweiskraft für die Richtigkeit dieser Erklärungen kommt ihm jedoch nicht zu.[651] Der Verkäufer kann den Gegenbeweis aber etwa durch den Nachweis führen, dass der Sachmangel auf unsachgemäßem Umgang des Käufers mit der Kaufsache oder auf zufälligen Ereignissen beruht.[652]

Nach den allgemeinen zivilprozessualen Grundsätzen der Beweisvereitelung[653] können **416** dem **Verkäufer** bei der Widerlegung der Vermutung **Beweiserleichterungen** bis hin zur (erneuten) **Beweislastumkehr** zugute kommen, wenn ihm die Erbringung des Gegenbeweises durch den Käufer **schuldhaft erschwert oder unmöglich gemacht** wird. Das hat der BGH beispielsweise für einen Fall bejaht, in dem der Käufer das mangelhafte Teil (Turbolader eines PKW) hatte austauschen, aber nicht aufbewahren lassen, so dass dem Verkäufer die Widerlegung der Vermutung unmöglich war.[654]

---

[643] Bamberger/Roth-*Faust*, § 476 BGB Rdnr. 5.
[644] Staudinger/*Matusche-Beckmann*, § 476 BGB Rdnr. 22.
[645] MünchKomm-*Lorenz*, § 476 BGB Rdnr. 12; Bamberger/Roth-*Faust*, § 476 BGB Rdnr. 21.
[646] Staudinger/*Matusche-Beckmann*, § 476 BGB Rdnr. 25.
[647] BGH, NJW 2006, 47, 49 zu den Einkaufsbedingungen eines Baumarktbetreibers, die eine § 476 BGB nachempfundene Beweislastumkehr für die Dauer von 12 Monaten enthielten.
[648] BGH, NJW 2005, 3490, 3493; OLG Celle, NJW 2004, 3566; MünchKomm-*Lorenz*, § 476 BGB Rdnr. 22; *Witt*, NJW 2005, 3468, 3470; *Roth*, ZIP 2004, 2025, 2026.
[649] BGH, NJW 2005, 3490, 3493; a.A., aber ohne Begründung aber PWW-*Schmidt*, § 476 BGB Rdnr. 6, wonach ein Prüfprotokoll ausreichen soll.
[650] BGH, NJW 2005, 3490, 3493.
[651] Musielak-*Huber*, § 416 ZPO Rdnr. 4, § 415 ZPO Rdnr. 3.
[652] Erman-*Grunewald*, § 476 BGB Rdnr. 8; Palandt-*Weidenkaff*, § 476 BGB Rdnr. 8 a; *Roth*, ZIP 2004, 2025, 2026.
[653] Allgemein dazu BGH, NJW 2004, 222; BGH, NJW 1998, 79, 81; BGH, NJW 1996, 315, 317; Zöller-*Greger*, § 286 ZPO Rdnr. 14 m.w.N.
[654] BGH, NJW 2006, 434, 436.

417 **(c) Ausnahmen.** § 476, 2. HS BGB formuliert zwei Ausnahmetatbestände, die das Eingreifen der Beweislastumkehr verhindern. Danach verbleibt es bei der allgemeinen Beweislastverteilung des § 363 BGB (Rdnr. 408), wenn die Beweislastumkehr mit der „**Art der Sache**" oder der „**des Mangels**" nicht vereinbar wäre.[655]

418 **(aa) Unvereinbarkeit mit der Art der Sache.** Hinsichtlich der Ausnahme nach „Art der Sache" wird vor allem die Anwendung des § 476 BGB auf **gebrauchte Sachen** diskutiert und von einer verbreiteten Meinung abgelehnt.[656] Unter Berücksichtigung des Umstands, dass bei gebrauchten Sachen jederzeit ein Mangel eintreten kann, ist die Vermutung, dass ein solcher bereits bei Gefahrübergang vorgelegen habe, in der Tat nicht gerechtfertigt. Dies hat auch der Gesetzgeber erkannt und in der Gesetzesbegründung ausgeführt, dass „bei gebrauchten Sachen schon wegen des sehr unterschiedlichen Grades der Abnutzung kein entsprechender allgemeiner Erfahrungssatz" bestehe,[657] wie er der Vermutung des 1. HS zugrunde liegt. Gleichwohl hat sich die Rechtsprechung[658] der gegenteiligen Auffassung[659] angeschlossen, wonach die Art der Sache als „gebraucht" der Beweislastumkehr nicht generell entgegensteht. Dies wird für die Praxis zu berücksichtigen sein. Dass aber diese Auffassung dem potenziellen Verbraucher-Käufer nicht unbedingt zum Vorteil gereicht, zeigt sich schon daran, dass die Gebrauchtwagenbranche auf die daraus folgende faktische Ausweitung ihrer Gewährleistungshaftung durch erhöhte Preise bzw. diverse Umgehungskonstruktionen reagiert[660] bzw. ältere Fahrzeuge mit hohen Laufleistungen schlicht nicht mehr an Verbraucher veräußert.[661]

419 Selbst wenn jedoch die Beweislastumkehr auf gebrauchte Sachen grundsätzlich angewandt wird, so schließt das nicht aus, in einer Gesamtschau die Art der Sache als gebraucht und die Art des Mangels dahingehend zu berücksichtigen, dass jedenfalls solche Mängel ausgeschieden werden, die einen Rückschluss auf ihr Vorliegen bei Gefahrübergang nicht mit hinreichender Wahrscheinlichkeit zulassen.[662] Das muss insbesondere bei Verschleißerscheinungen angenommen werden, die mit dem Alter der Sache und ihrem Benutzungsgrad korrespondieren. Insofern sind nach allgemeiner Ansicht[663] **Schäden an Verschleißteilen** und **Verschleißerscheinungen an der Sache** selbst nicht mit der Vermutung des § 476 BGB zu vereinbaren.[664]

420 Mit der „Art der Sache" unvereinbar ist die Beweislastumkehr ferner bei leicht verderblichen **Waren**.[665] Diskutiert wird ebenfalls, ob beim **Verkauf von Tieren** die Anwendung

---

[655] Ausführlich zu diesem Ausnahmetatbestand *Maultzsch*, NJW 2006, 3091 ff.
[656] Bamberger/Roth-*Faust*, § 476 BGB Rdnr. 4; PWW-*Schmidt*, § 476 BGB Rdnr. 7; Anw-Komm-*Büdenbender*, § 476 BGB Rdnr. 14; HK-*Saenger*, § 476 BGB Rdnr. 3; *Reinicke/Tiedtke*, KaufR, Rdnr. 738; *Wietoska*, ZGS 2004, 8; *Westermann*, NJW 2002, 241, 252; *Haas*, BB 2001, 1313, 1319; ebenso jedenfalls für gebrauchte KFZ Staudinger/*Matusche-Beckmann*, § 476 BGB Rdnr. 30.
[657] BT-Drucks. 14/6040, S. 245.
[658] BGH, NJW 2006, 434, 436; BGH, NJW 2005, 3490, 3491; BGH, NJW 2004, 2299, 2300; OLG Celle, NJW 2004, 3566; OLG Köln, NJW-RR 2004, 268, 268 (alle zu gebrauchten KFZ).
[659] MünchKomm-*Lorenz*, § 476 BGB Rdnr. 16; Staudinger/*Matusche-Beckmann*, § 476 Rdnr. 29; Erman-*Grunewald*, § 476 BGB Rdnr. 7; Palandt-*Weidenkaff*, § 476 BGB Rdnr. 3; *Maultzsch*, NJW 2006, 3091, 3096; *Müller*, NJW 2003, 1975, 1976; *Reinking*, DAR 2002, 15, 23.
[660] Vgl. dazu *Buller*, NZV 2007, 13 ff.; *Müller*, NJW 2003, 1975 ff.
[661] So ist beispielsweise in den einschlägigen Gebrauchtwagenbörsen immer häufiger der Zusatz „Nur an Händler" o. ä. zu finden.
[662] MünchKomm-*Lorenz*, § 476 BGB Rdnr. 16; ähnlich Palandt-*Weidenkaff*, § 476 BGB Rdnr. 10.
[663] Staudinger/*Matusche-Beckmann*, § 476 BGB Rdnr. 21; *Westermann*, NJW 2002, 241, 252.
[664] OLG Bremen, NJOZ 2004, 2059, 2060: Motorschaden bei zehn Jahre altem Motorboot; OLG Celle, NJW 2004, 3566: undichter Stoßdämpfer und beschädigte Türdichtung bei fünf Jahre altem PKW; LG Hanau, NJW-RR 2003, 1561: Löcher im Fahrzeugboden bei hohem Alter eines Wohnmobils.
[665] Staudinger/*Matusche-Beckmann*, § 476 BGB Rdnr. 30; Erman-*Grunewald*, § 476 BGB Rdnr. 7; *Haas*, BB 2001, 1313, 1319; a. A. Bamberger/Roth-*Faust*, § 476 BGB Rdnr. 18.

des § 476 generell ausscheide. Diesbezüglich wird insbesondere unter den Instanzgerichten argumentiert, dass es sich bei Tieren um Lebewesen handele, die naturgemäß einem stetigen Wandel ihres körperlichen und gesundheitlichen Zustands unterliegen. Diese „Art der Sache" stehe der Beweislastumkehr entgegen.[666] Der BGH hat sich indessen auch dieser Ansicht entgegengestellt und wendet § 476 BGB grundsätzlich auch auf den Tierkauf an.[667] Zur Begründung verweist das Gericht insbesondere auf den Wegfall der Spezialvorschriften über den Tierkauf (§§ 481 ff. BGB a. F.) und auf § 90 a BGB, wonach die Vorschriften über Sachen auf Tiere entsprechend anzuwenden seien. Gleichwohl ist danach die Beweislastumkehr im Einzelfall bei **Tierkrankheiten** nicht mit der „Art des Mangels" vereinbar,[668] etwa wenn nach der Inkubationszeit der betreffenden Krankheit eine Infektion des Tieres bereits bei Gefahrübergang ausgeschlossen sei.[669]

(bb) Unvereinbarkeit mit der Art des Mangels. Im Einzelnen umstritten ist auch, wann die Vermutung des § 476 BGB mit der **„Art des Mangels"** unvereinbar sei. Im Schrifttum wird vorgeschlagen, dies bei solchen Mängeln anzunehmen, die **typischerweise jederzeit eintreten** können und daher **keinen hinreichend wahrscheinlichen Rückschluss** auf ihr Vorliegen bereits bei Gefahrübergang erlauben.[670] Diese Definition hat der BGH jedoch ausdrücklich verworfen.[671] Eine solche Einengung der Beweislastumkehr ließe die Vorschrift oftmals leerlaufen und höhle den mit ihr beabsichtigten Verbraucherschutz aus.[672] **421**

Des weiteren wird verbreitet die Ansicht vertreten, dass solche Mängel, die offensichtlich aus einer **Einwirkung von außen** herrühren und **erkennbar** seien, wie etwa Karosserieschäden bei PKW, nach der „Art des Mangels" die Vermutungswirkung nicht auslösen könnten.[673] Auch hier vertritt der BGH jedoch eine extensive Auslegung des § 476 BGB und unterwirft auch äußere Beschädigungen der Beweislastumkehr.[674] Etwas anderes soll nur dann gelten, wenn der Mangel so **offensichtlich** war, dass er auch einem fachlich nicht versierten Käufer hätten **auffallen müssen,** da in diesem Fall zu erwarten sei, dass der Käufer die Sache bei Übergabe beanstandet.[675] Eine darüber hinausgehende Konkretisierung, unter welchen Voraussetzungen die Beweislastumkehr des § 476, 2. HS BGB nicht zur Anwendung kommt, ist seitens des BGH jedoch bislang nicht erfolgt. **422**

Nach einer dritten Auffassung soll die Beweislastumkehr in Anlehnung an die Grundsätze des Anscheinsbeweises dann mit der Art des Mangels unvereinbar sein, wenn der Verkäufer unter Darlegung **typischer Geschehensabläufe** einen **Anschein** dafür nachgewiesen hat, dass der betreffende Mangel erst nach Gefahrübergang entstanden ist.[676] Dies erscheint zu- **423**

---

[666] So OLG Oldenburg, RdL 2005, 65; LG Lüneburg, RdL 2005, 66; LG Verden, RdL 2005, 176.
[667] BGH, NJW 2007, 2619, 2620; BGH, NJW 2006, 2250, 2252 f.; ebenso *Maultzsch*, NJW 2006, 3091, 3096; *Westermann*, ZGS 2005, 342, 347; *Augenhofer*, ZGS 2004, 385, 386.
[668] BGH, NJW 2006, 2250, 2253; MünchKomm-*Lorenz*, § 476 BGB Rdnr. 17; Staudinger/*Matusche-Beckmann*, § 476 BGB Rdnr. 33; MünchKomm-*Lorenz*, § 476 BGB Rdnr. 17; Bamberger/Roth-*Faust*, § 476 BGB Rdnr. 4.
[669] LG Essen, NJW 2004, 527; Staudinger/*Matusche-Beckmann*, § 476 BGB Rdnr. 33; Palandt-*Weidenkaff*, § 476 BGB Rdnr. 11.
[670] OLG Stuttgart, ZGS 2005, 156, 157 f.; MünchKomm-*Lorenz*, § 476 BGB Rdnr. 15, 17; *Reinicke/Tiedtke*, KaufR, Rdnr. 737 ff.; *Lorenz*, NJW 2004, 3020, 3022.
[671] BGH, NJW 2006, 1195, 1196.
[672] BGH, NJW 2006, 1195, 1196; zustimmend *Lorenz*, NJW 2007, 1, 4; *Maultzsch*, NJW 2006, 3091, 3092.
[673] MünchKomm-*Lorenz*, § 476 BGB Rdnr. 17; Staudinger/*Matusche-Beckmann*, § 476 BGB Rdnr. 35; Bamberger/Roth-*Faust*, § 476 BGB Rdnr. 4; Erman-*Grunewald*, § 476 BGB Rdnr. 8; *Haas*, BB 2001, 1313, 1319.
[674] BGH, NJW 2005, 3490, 3492 zu Karosserieschäden an einem Gebrauchtfahrzeug.
[675] BGH, NJW 2006, 1195, 1196; BGH, NJW 2005, 3490, 3492; zustimmend *Witt*, NJW 2005, 3468, 3469.
[676] So *Maultzsch*, NJW 2006, 3091, 3093 f.

treffend, da auf diese Weise weder der von § 476 BGB intendierte Verbraucherschutz eingeschränkt noch der Anwendungsbereich der Vorschrift überdehnt würde.

424 Mit der „Art des Mangels" unvereinbar dürften daher jedenfalls solche Mängel sein, die sich als **typische Folge von Bedienungs- oder Anwendungsfehlern** bzw. **sorgfaltswidrigen Umgang** des Käufers darstellen,[677] etwa abgerissene Knöpfe bei Bekleidungsstücken.[678] Bei **Minderlieferungen** (dazu Rdnr. 398 ff.) dürfte die Vermutung nur dann durchgreifen, wenn die Ware in originalverschlossener Verpackung geliefert wird und diese zuwenig enthält. Ansonsten dürfte die Vermutung unanwendbar sein, da eine Verminderung der Ware jederzeit eintreten kann.[679]

425 **b) Rechtsmangelfreiheit.** Der Verkäufer muss die Kaufsache gem. § 433 Abs. 1 S. 2 BGB nicht nur frei von Sachmängeln, sondern auch rechtsmangelfrei übergeben und übereignen. Die Differenzierung zwischen Sach- und Rechtsmängeln hat zwar mit Hinblick auf die **identischen Rechtsfolgen** des § 437 BGB (Rdnr. 616 ff., 940 ff.) an Bedeutung verloren. Gänzlich überflüssig ist sie gleichwohl nicht, da in anderer Hinsicht nach wie vor **Unterschiede** bestehen: Zum einen ist der jeweilige, für das Vorliegen eines Mangels maßgebliche Zeitpunkt bei Sachmängeln (dazu Rdnr. 403 ff.) ein anderer als bei Rechtsmängeln (vgl. Rdnr. 442 f.), zum anderen ist die Beweislastumkehr des § 476 BGB (Rdnr. 409 ff.) nur auf Sachmängel anwendbar.[680] In Bezug auf Rechtsmängel trifft die **Beweislast** daher auch beim Verbrauchsgüterkauf gem. § 363 BGB den **Käufer**.[681] Die näheren Anforderungen an die Rechtsmangelfreiheit regeln §§ 435, 436 BGB. Die §§ 435, 436 BGB sind grundsätzlich **dispositiv**.[682] Etwas anderes gilt nur im Bereich des **Verbrauchsgüterkaufs**, hier darf wegen § 475 Abs. 1 BGB **nicht** zu Ungunsten des Käufers von den gesetzlichen Regelungen abgewichen werden.

426 **aa) Begriff.** Nach § 435 S. 1 BGB erfasst der Begriff des Rechtsmangels zunächst solche **Rechte,** die **von Dritten** in Bezug auf die Kaufsache **geltend gemacht** werden können (dazu sogleich Rdnr. 427 ff.). Dem werden durch § 435 S. 2 BGB **nicht bestehende,** aber **im Grundbuch eingetragene Rechte** gleichgestellt (Rdnr. 439 ff.). Des weiteren muss der Verkäufer nach § 436 Abs. 1 BGB **Erschließungs- und sonstige Anliegerbeiträge** für solche Maßnahmen tragen, die **bis zum Vertragsschluss bautechnisch begonnen** sind (näher Rdnr. 445 ff.). Dagegen haftet er nach § 436 Abs. 2 BGB **nicht** für die Freiheit eines Grundstücks von **anderen öffentlichen Abgaben** und **nicht im Grundbuch eintragungsfähigen öffentlichen Lasten** (Rdnr. 447).

427 Rechte, die von Dritten i. S. d. § 435 S. 1 BGB in Bezug auf die Kaufsache geltend gemacht werden können, sind alle Rechte, die den Kaufgegenstand trotz dessen Übertragung auf den Käufer erfassen und dadurch dessen Recht, mit der Sache nach Belieben zu verfahren, beeinträchtigen können.[683] **Dritter** in diesem Sinne kann auch der Verkäufer sein,[684] nicht dagegen der Käufer.[685]

---

[677] AnwKomm-*Büdenbender*, § 476 BGB Rdnr. 15.
[678] Staudinger/*Matusche-Beckmann*, § 476 BGB Rdnr. 34.
[679] MünchKomm-*Lorenz* § 476 BGB Rdnr. 19; PWW-*Schmidt*, § 476 BGB Rdnr. 8; kritisch Staudinger/*Matusche-Beckmann*, § 476 BGB Rdnr. 37; restriktiv auch Bamberger/Roth-*Faust*, § 476 BGB Rdnr. 20.
[680] Staudinger/*Matusche-Beckmann*, § 435 BGB Rdnr. 4; Bamberger/Roth-Faust, § 435 BGB Rdnr. 10; Reinicke/Tiedtke, KaufR, Rdnr. 391.
[681] Bamberger/Roth-*Faust*, § 435 BGB Rdnr. 26; Erman-*Grunewald*, § 435 BGB Rdnr. 21.
[682] Palandt-*Weidenkaff*, § 435 BGB Rdnr. 3.
[683] MünchKomm-*Westermann*, § 435 BGB Rdnr. 4; Staudinger/*Matusche-Beckmann*, § 435 BGB Rdnr. 8.
[684] RGZ 88, 103, Staudinger/*Matusche-Beckmann*, § 435 BGB Rdnr. 8.
[685] Erman-*Grunewald*, § 435 BGB Rdnr. 9; a. A. Staudinger/*Matusche-Beckmann*, § 435 BGB Rdnr. 8.

Dabei kommt es nicht darauf an, ob das betreffende Recht die Sache in ihrer Verwendbarkeit für den konkreten Käufer tatsächlich einschränkt, sondern es genügt die **objektive Möglichkeit** dazu.[686] Deshalb ist es auch ohne Bedeutung, ob der Inhaber des Rechts dieses geltend macht oder nicht, bereits seine **bloße Existenz** begründet den Rechtsmangel.[687] Werden dagegen seitens eines Dritten Rechte erhoben, die tatsächlich **nicht bestehen,** so stellt dies keinen Rechtsmangel dar (zur Ausnahme des § 435 S. 2 BGB vgl. Rdnr. 439), auch wenn aufgrund etwaiger hierdurch verursachter Rechtsstreitigkeiten der freie Umgang des Käufers mit der Sache (zeitweilig) eingeschränkt sein mag.[688] Ist zwischen dem Verkäufer und einem Dritten ein Rechtsstreit über das Bestehen eines Drittrechts anhängig, so empfiehlt sich bis zu dessen Abschluss die Aussetzung eines Gewährleistungsprozesses zwischen den Kaufvertragsparteien gem. § 148 ZPO.[689] Ein Rechtsmangel liegt ferner auch dann nicht vor, wenn zwar ein Drittrecht bestanden hat, der Käufer die Sache aber kraft guten Glaubens **lastenfrei erworben** hat (§§ 892, 936 BGB, § 366 HGB).[690] **428**

bb) Absolute Rechte. Als Rechte Dritter kommen zunächst die gegenüber jedermann wirkenden, absoluten Rechte in Betracht. Davon ausgenommen ist das **Eigentum,** welches der Verkäufer bereits nach § 433 Abs. 1 S. 1 BGB dem Käufer verschaffen muss (Rdnr. 242 ff.). Kommt er dieser Pflicht nicht nach, so liegt kein Rechtsmangel, sondern Nichterfüllung vor.[691] **429**

Dagegen liegt insbesondere bei einer Belastung der Kaufsache mit **dinglichen Rechten** wie Pfandrechten,[692] Nießbräuchen,[693] Anwartschaftsrechten[694] und – bei Grundstücken – Grundpfandrechten,[695] Auflassungs- und Belastungsvormerkungen,[696] in Abteilung II des Grundbuchs eingetragenen privatrechtlichen Lasten wie Grunddienstbarkeiten[697] und beschränkt persönlichen Dienstbarkeiten[698] sowie dinglichen Vorkaufsrechten[699] ein Rechtsmangel vor. Davon ausgenommen sind gemeindliche Vorkaufsrechte, bei deren Vorliegen § 28 Abs. 3 S. 2 BauGB dem Verkäufer ein Rücktrittsrecht einräumt.[700] Auch **ausländische Rechte** können einen Rechtsmangel begründen.[701] **430**

Auch **sonstige absolute Rechte** können einen Rechtsmangel begründen, soweit eine Beeinträchtigung der Kaufsache möglich ist, was insbesondere bei Unterlassungsansprüchen des Berechtigten in Hinblick auf den Gebrauch bzw. die Wiederveräußerung der Kauf- **431**

---

[686] Staudinger/*Matusche-Beckmann*, § 435 BGB Rdnr. 4.
[687] BGH, NJW 2000, 803; BGH, NJW-RR 1993, 396, 397; Bamberger/Roth-*Faust*, § 435 BGB Rdnr. 7.
[688] BT-Drucks. 14/6040, S. 217 f.; Bamberger/Roth-*Faust*, § 435 BGB Rdnr. 8; *Reinicke/Tiedtke*, KaufR, Rdnr. 392.
[689] Staudinger/*Matusche-Beckmann*, § 435 BGB Rdnr. 11.
[690] Staudinger/*Matusche-Beckmann*, § 435 BGB Rdnr. 11; *Reinicke/Tiedtke*, KaufR, Rdnr. 392.
[691] OLG Schleswig, NJW-RR 2011, 1233, 1234 f.; Erman-*Grunewald*, § 435 BGB Rdnr. 2; Palandt-*Weidenkaff*, § 435 BGB Rdnr. 8.
[692] BGH, NJW 1992, 362, 363; Erman-*Grunewald*, § 435 BGB Rdnr. 5.
[693] Staudinger/*Matusche-Beckmann*, § 435 BGB Rdnr. 12.
[694] Bamberger/Roth-*Faust*, § 435 BGB Rdnr. 13.
[695] Staudinger/*Matusche-Beckmann*, § 435 BGB Rdnr. 12; Erman-*Grunewald*, § 435 BGB Rdnr. 5.
[696] RGZ 149, 195; MünchKomm-*Westermann*, § 435 BGB Rdnr. 7; Palandt-*Weidenkaff*, § 435 BGB Rdnr. 8.
[697] BGH, NJW 1994, 2947, 2948; BGH, NJW-RR 1993, 396 f.
[698] BGH, NJW 2000, 803, 804; Erman-*Grunewald*, § 435 BGB Rdnr. 5.
[699] RGZ 133, 76; Staudinger/*Matusche-Beckmann*, § 435 BGB Rdnr. 12.
[700] BGHZ 97, 928; Staudinger/*Matusche-Beckmann*, § 435 BGB Rdnr. 12.
[701] BGH, NJW 1992, 362, 363 zu einem im US-Luftfahrtregister eingetragenen Pfandrecht an einem Privatflugzeug.

sache der Fall sein wird.[702] Insoweit kommen Immaterialgüterrechte wie Patente,[703] Geschmacks-, Gebrauchsmuster- und Markenrechte,[704] Urheberrechte, soweit diese nicht eingeräumt sind[705] sowie Unterlassungsansprüche aus dem allgemeinen Persönlichkeitsrecht[706] in Betracht. Eine Mindermeinung sieht dagegen in derartigen Immaterialgüterrechten keinen Rechts-, sondern einen Sachmangel, da diese Drittrechte ihren Grund jeweils in einer bestimmten Beschaffenheit der Sache hätten und zudem die Verwendbarkeit der Sache beeinträchtigen, auf welche der Käufer bereits ab Gefahrübergang angewiesen sei.[707]

432 Auch **Veräußerungsverbote** i. S. d. §§ 135, 136 BGB sowie die Verfügungsbeschränkungen des Vorerbens,[708] insbesondere die Gefahr, das Eigentum nach § 2113 BGB bei Eintritt des Nacherbfalls wieder zu verlieren, stellen Rechtsmängel i. S. d. § 435 BGB dar.[709]

433 **cc) Obligatorische Rechte.** Ebenso können rein schuldrechtliche Positionen einen Rechtsmangel begründen, sofern sie hinsichtlich der Kaufsache gegen den Käufer geltend gemacht werden können. Das kann etwa der Fall sein, wenn sie dem Dritten ein Besitzrecht i. S. d. § 986 BGB oder ein Zurückbehaltungsrecht i. S. d. § 273 BGB gegenüber dem Käufer einräumen[710] oder den Käufer in seiner **Nutzungs- und Verfügungsfreiheit beeinträchtigen,** wie etwa bei **Miet- oder Pachtverhältnissen** wegen §§ 566, 581 Abs. 2 BGB.[711] Ein Rechtsmangel liegt insoweit bereits dann vor, wenn die Laufzeit eines Miet- oder Pachtverhältnisses länger[712] oder die geschuldete Miete niedriger als vom Verkäufer angegeben ist, da hierdurch die Position des Dritten inhaltlich ausgestaltet wird.[713] Ebenso liegt es, wenn entgegen den Angaben des Verkäufers eine Vertragsverlängerungsoption vom Mieter ausgeübt worden ist.[714] Auch der auf einem Grundstück lastende Überbau-Rentenanspruch eines Nachbarn stellt einen Rechtsmangel dar.[715] Keinen Rechtsmangel begründet dagegen ein schuldrechtliches Vorkaufsrecht, da hierdurch keine Ansprüche gegen den Käufer begründet werden.[716] Desgleichen stellt der rechtswidrige Besitz eines Dritten keinen Rechtsmangel dar, weil der Verkäufer bereits nach § 433 Abs. 1 S. 1 BGB zur Besitzverschaffung verpflichtet ist.[717]

434 **dd) Gesetzliche und öffentlich-rechtliche Beschränkungen.** Gesetzliche Beschränkungen im Hinblick auf die Nutzungs- und Veräußerungsbefugnis über die Kaufsache können in vielfältiger Form bestehen. Insoweit ist zu differenzieren: Betrifft die jewei-

---

[702] BGH, NJW 1990, 1106, 1007; OLG Hamm, NJW-RR 1992, 1201; Staudinger/*Matusche-Beckmann,* § 435 BGB Rdnr. 17; Erman-*Grunewald,* § 435 BGB Rdnr. 6; Palandt-*Weidenkaff,* § 435 BGB Rdnr. 9.
[703] BGH, NJW 1979, 713, 714; BGH, NJW 1973, 1545, 1546; *Malzer,* GRUR 1973, 620.
[704] Palandt-*Weidenkaff,* § 435 BGB Rdnr. 9; PWW-*Schmidt,* § 435 BGB Rdnr. 13.
[705] OLG Hamm, NJW-RR 1992, 1201; Palandt-*Weidenkaff,* § 435 BGB Rdnr. 9; *Bartsch,* CR 2005, 1.
[706] BGH, NJW 1990, 1106, 1107 (Namensrecht Boris Becker).
[707] So Bamberger/Roth-*Faust,* § 435 BGB Rdnr. 11; ablehnend Staudinger/*Matusche-Beckmann,* § 435 BGB Rdnr. 17f.; Erman-*Grunewald,* § 435 BGB Rdnr. 6; PWW-*Schmidt,* § 435 BGB Rdnr. 13.
[708] RG JW 1912, 188; Staudinger/*Matusche-Beckmann,* § 435 BGB Rdnr. 16.
[709] Bamberger/Roth-*Faust,* § 435 BGB Rdnr. 13; Palandt-*Weidenkaff,* § 435 BGB Rdnr. 8.
[710] MünchKomm-*Westermann,* § 435 BGB Rdnr. 7; Palandt-*Weidenkaff,* § 435 BGB Rdnr. 10.
[711] Bamberger/Roth-*Faust,* § 435 BGB Rdnr. 14; PWW-*Schmidt,* § 435 BGB Rdnr. 14; *Reinicke/Tiedtke,* KaufR, Rdnr. 392.
[712] BGH, NJW 1991, 2700 f.; MünchKomm-*Westermann,* § 435 BGB Rdnr. 7.
[713] Staudinger/*Matusche-Beckmann,* § 435 BGB Rdnr. 14; Bamberger/Roth-*Faust,* § 435 BGB Rdnr. 14; a. A. Erman-*Grunewald,* § 435 BGB Rdnr. 7.
[714] BGH, NJW 1998, 534, 535.
[715] OLG Koblenz, NZM 2008, 224.
[716] Staudinger/*Matusche-Beckmann,* § 435 BGB Rdnr. 14.
[717] Staudinger/*Matusche-Beckmann,* § 435 BGB Rdnr. 14; AnwKomm-*Büdenbender,* § 435 BGB Rdnr. 3.

lige Beschränkung nicht individuell den Käufer, sondern stellt sie sich als **allgemeine Beschränkung** dar, die **im Interesse des Allgemeinwohls oder Dritter** auferlegt wird, so ist dies eine im Rahmen der Sozialbindung hinzunehmende **Inhaltsschranke des Eigentums,** die weder der Verkäufer noch der Käufer beseitigen kann.[718] Eine solche allgemeine Beschränkung ist daher **kein Rechtsmangel,** sondern vom Käufer hinzunehmen.[719] Das ist etwa der Fall bei den nachbarrechtlichen Beschränkungen des § 912 BGB (Überbau) und des § 917 BGB (Notwegerecht) oder bei Vorschriften des Natur- und Denkmalschutzes.[720] Weichen derartige Beschränkungen aber in negativer Hinsicht von etwaigen Beschaffenheits- oder Verwendungsvereinbarungen der Parteien ab, so können sie einen Sachmangel begründen.[721]

Stellt sich eine gesetzliche Beschränkung dagegen als Individualbelastung des Käufers dar, so liegt grundsätzlich ein Mangel vor. Hier ist im Einzelnen fraglich, ob und wann ein **Rechtsmangel oder** ein **Sachmangel** gegeben ist.[722] Zur Abgrenzung wird zum Teil vorgeschlagen, darauf abzustellen, ob die Beschränkung ihren Grund in der Beschaffenheit der Sache hat (dann Sachmangel) oder sich aus der Vorgeschichte der Sache ergibt (Rechtsmangel).[723] Eine andere Auffassung unterscheidet danach, ob die Beeinträchtigung auf gesetzlichen Eingriffsbefugnissen eines Dritten beruht und die Verwendung der Sache zum vereinbarten oder gewöhnlichen Zweck ausschließt (Sachmangel) oder ob der Dritte jedwede Nutzung unterbinden kann (Rechtsmangel).[724] Der BGH hat hingegen schematische Lösungen und begriffliche Ableitungen abgelehnt und stellt auf die jeweiligen Einzelfallumstände ab.[725] Indessen wird eine definitive Einordnung als Sach- oder Rechtsmangel fast immer dahingestellt bleiben können. Das ergibt sich aus der Identität der Rechtsfolgen (Rdnr. 425, 940) sowie daraus, dass der auf Sachmängel zugeschnittene § 476 BGB auf gesetzliche Beschränkungen nicht passt und auch der bei Sach- und Rechtsmängeln unterschiedliche maßgebliche Zeitpunkt (dazu Rdnr. 403 ff. sowie Rdnr. 442 f.) irrelevant sein wird, da eine gesetzliche bzw. öffentlich-rechtliche Beschränkung kaum jemals zwischen diesen Zeitpunkten eintreten wird.[726]

Vor diesem Hintergrund wurden als Rechtsmängel eingeordnet beispielsweise öffentlich-rechtliche Benutzungsbeschränkungen wie die Sozialbindung einer Wohnung;[727] die Verpflichtung zur Veräußerung eines Grundstücksteils als Straßenbaufläche an die Gemeinde[728] sowie ein behördliches Bauverbot beim Verkauf eines Erbbaurechts.[729] Ebenso sollen öffentlich-rechtliche Befugnisse zur Entziehung der Sache wie etwa Beschlagnahmebefugnisse

---

[718] Staudinger/*Matusche-Beckmann*, § 435 BGB Rdnr. 22.
[719] Staudinger/*Matusche-Beckmann*, § 435 BGB Rdnr. 22; Bamberger/Roth-*Faust*, § 435 BGB Rdnr. 18; Palandt-*Weidenkaff*, § 435 BGB Rdnr. 12; a. A. wohl MünchKomm-*Westermann*, § 435 BGB Rdnr. 10.
[720] Staudinger/*Matusche-Beckmann*, § 435 BGB Rdnr. 22 f.
[721] BGH, NJW 1981, 1362 f. (Überbau); ähnlich OLG Oldenburg, NJW-RR 1994, 1292, 1293; Palandt-*Weidenkaff*, § 435 BGB Rdnr. 12.
[722] Näher dazu MünchKomm-*Westermann*, § 435 BGB Rdnr. 10; Staudinger/*Matusche-Beckmann*, § 435 BGB Rdnr. 25 ff.; Bamberger/Roth-*Faust*, § 435 BGB Rdnr. 18 ff.
[723] So Staudinger/*Matusche-Beckmann*, § 435 BGB Rdnr. 26 f.; ähnlich Bamberger/Roth-*Faust*, § 435 BGB Rdnr. 18 f.
[724] So MünchKomm-*Westermann*, § 435 BGB Rdnr. 10.
[725] BGH, NJW 1991, 915, 916: Beschlagnahme von mit Heizöl vermischten Dieselkraftstoff als Rechtsmangel.
[726] Darauf hinweisend auch MünchKomm-*Westermann*, § 435 BGB Rdnr. 10; Palandt-*Weidenkaff*, § 435 BGB Rdnr. 6 a, 11; HK-*Saenger*, § 435 BGB Rdnr. 4.
[727] BGH, NJW 2000, 1256, 1256; Bamberger/Roth-*Faust*, § 435 BGB Rdnr. 18; Erman-*Grunewald*, § 435 BGB Rdnr. 10; a. A. MünchKomm-*Westermann*, § 435 BGB Rdnr. 10: Sachmangel.
[728] BGH, NJW 1983, 275, 275; Staudinger/*Matusche-Beckmann*, § 435 BGB Rdnr. 28.
[729] BGH, NJW 1986, 1605 f.; MünchKomm-*Westermann*, § 435 BGB Rdnr. 10; Palandt-*Weidenkaff*, § 435 BGB Rdnr. 12.

aufgrund straf- (Verfall, Einziehung i. S. d. §§ 73 ff. StGB), steuer- oder zollrechtlicher (Einziehungs- und Verfallanordnung, §§ 401 ff. AO) Vorschriften einen Rechtsmangel darstellen, gleich, ob von diesen Befugnissen bereits Gebrauch gemacht worden ist oder nicht.[730] Eine Ausnahme hiervon wird zum Teil für nur vorübergehende Beschlagnahmen gemacht, wie etwa solche i. S. d. § 94 Abs. 2 StPO zur Sicherung von Beweismitteln.[731] Ferner stellt auch die Heranziehung des Käufers für öffentlich-rechtliche Abgaben einen Rechtsmangel dar, sofern er diese im Verhältnis zum Verkäufer nicht nach § 436 BGB selbst zu tragen verpflichtet ist (dazu Rdnr. 444 ff.).[732]

437 Als **Sachmangel** eingeordnet wurden hingegen die fehlende oder beschränkte Bebaubarkeit eines Grundstücks,[733] eine Abrissverfügung oder Benutzungsuntersagung wegen materieller Baurechtswidrigkeit (Schwarzbau),[734] das Vorhandensein von Baulasten,[735] die fehlende Typ-Prüfung eines Baukrans,[736] ein polizeiliches Nutzungsverbot für Kellerräume,[737] behördliche Eingriffsbefugnisse aufgrund von Altlasten[738] sowie eine Beschlagnahme wegen Salmonellenbefalls.[739]

438 **ee) Vertraglich übernommene Rechte.** Rechte Dritter stellen gem. § 435 S. 1 BGB keinen Rechtsmangel dar, wenn der Käufer sie „im Kaufvertrag übernommen" hat. Diese Formulierung ist missverständlich, da der Käufer nicht die Rechte, die Dritte an der Kaufsache geltend machen können, „übernehmen" kann, sondern sich nur zur **Duldung** derselben oder zur **Übernahme** (§§ 414 ff. BGB) bzw. **Erfüllung** der jeweiligen sich aus dem Recht ergebenden **Schuld** verpflichten kann.[740] Diesbezüglich ist aber eine **zweiseitige Vereinbarung** der Duldung bzw. Übernahme zwischen den Kaufvertragsparteien erforderlich, die zudem bei Grundstückskäufen – wo häufig bestehende Grundpfandrechte unter Anrechnung auf den Kaufpreis übernommen werden – dem Formzwang des § 311 b Abs. 1 BGB unterliegt.[741] Rechtsmangelfrei ist die Kaufsache folglich nur dann, wenn an ihr überhaupt keine Rechte Dritter oder nur im Vertrag „übernommenen" Rechte bestehen und letztere die Sache nicht weitergehend bzw. höher belasten als vertraglich vereinbart.[742]

439 **ff) Im Grundbuch eingetragene Rechte.** Von dem Grundsatz, dass tatsächlich nicht bestehende Rechte Dritter auch keinen Rechtsmangel begründen können (Rdnr. 428), macht § 435 S. 2 BGB für **nicht existente, aber im Grundbuch eingetragene Rechte** eine Ausnahme. Hintergrund für diese Gleichstellung ist die Gefahr, dass solche Rechte aufgrund der positiven Publizität des Grundbuchs (§ 891 Abs. 1 BGB) nach §§ 892, 893 BGB gut-

---

[730] BGH, NJW 2004, 1802, 1803 zur Beschlagnahme nach § 111 b StPO; MünchKomm-*Westermann*, § 435 BGB Rdnr. 10; Staudinger/*Matusche-Beckmann*, § 435 BGB Rdnr. 32.
[731] LG Bonn, NJW 1977, 1822, 1823; Staudinger/*Matusche-Beckmann*, § 435 BGB Rdnr. 31; Palandt-*Weidenkaff*, § 435 BGB Rdnr. 13; a.A. Erman-*Grunewald*, § 435 BGB Rdnr. 5; Bamberger/Roth-*Faust*, § 435 BGB Rdnr. 20.
[732] OLG Hamm, NJW-RR 1989, 335; Staudinger/*Matusche-Beckmann*, § 435 BGB Rdnr. 35.
[733] BGH, NJW-RR 1993, 396; BGH, NJW 1979, 2200, 2201; MünchKomm-*Westermann*, § 435 BGB Rdnr. 10; Bamberger/Roth-*Faust*, § 435 BGB Rdnr. 19.
[734] BGH, NJW 1986, 2824 f.; BGH, WM 1985, 230, 231; a.A. Bamberger/Roth-*Faust*, § 435 BGB Rdnr. 19; Reinicke/Tiedtke, KaufR, Rdnr. 393: Rechtsmangel.
[735] BGH, NJW 1978, 1429 f.; BGH BB 1965, 1291; OLG Düsseldorf, NJW-RR 1992, 87, 88; a.A. OLG Hamm, NJW-RR 1989, 524, 524 f.; Bamberger/Roth-*Faust*, § 435 BGB Rdnr. 19; Staudinger/*Matusche-Beckmann*, § 435 BGB Rdnr. 30; Reinicke/Tiedtke, KaufR, Rdnr. 393: Rechtsmangel.
[736] BGHZ 90, 198, 202.
[737] BGH, WM 1977, 1088, 1089.
[738] LG Bochum, NJW-RR 1989, 915, 915; Reuter, BB 1988, 497, 498.
[739] BGH, NJW 1972, 1462, 1463; Erman-*Grunewald*, § 435 BGB Rdnr. 10.
[740] Bamberger/Roth-*Faust*, § 435 BGB Rdnr. 21; Palandt-*Weidenkaff*, § 435 BGB Rdnr. 6.
[741] Staudinger/*Matusche-Beckmann*, § 435 BGB Rdnr. 38.
[742] Palandt-*Weidenkaff*, § 435 BGB Rdnr. 6.

gläubig erworben und damit zu „echten" Rechten werden und zudem den Käufer in seiner Verfügungsfreiheit behindern können.⁷⁴³

Erfasst sind alle Rechte, die nach dem Kauf eines Grundstücks oder eines Rechts an einem Grundstück noch im Grundbuch stehengeblieben sein können,⁷⁴⁴ also etwa auch Vormerkungen⁷⁴⁵ und sogar auch inhaltlich an sich unzulässige Eintragungen.⁷⁴⁶ Ebenso kommt es nicht darauf an, ob das Recht nie bestanden hat oder erst nachträglich erloschen ist.⁷⁴⁷ Des weiteren ist auch der Grad der Beeinträchtigung des Käufers irrelevant, es sind daher auch den Käufer nur unwesentlich beeinträchtigende Eintragungen erfasst.⁷⁴⁸ Die Voraussetzung des „Nichtbestehens" des Rechts ist gleichbedeutend mit der Unrichtigkeit des Grundbuchs i. S. d. § 894 BGB.⁷⁴⁹ Es genügt also beispielsweise auch, wenn das eingetragene Recht zwar als solches besteht, aber im Grundbuch an falscher Rangstelle (§ 879 BGB) eingetragen ist.⁷⁵⁰ **440**

Im Rahmen der Gewährleistungsrechte des Käufers beinhaltet der Nacherfüllungsanspruch hier typischerweise die **Berichtigung des Grundbuchs.** Insoweit ist der Käufer zur **Mitwirkung** verpflichtet, insbesondere muss er den Verkäufer zur Geltendmachung des Berichtigungsanspruchs ermächtigen. Die Haftung des Verkäufers wird diesbezüglich auch **nicht durch** eine etwaige **Kenntnis des Käufers ausgeschlossen,** was durch § 442 Abs. 2 BGB ausdrücklich angeordnet wird.⁷⁵¹ **441**

gg) Maßgeblicher Zeitpunkt. Anders als beim Sachmangel (Rdnr. 403 ff.) ist der maßgebliche Zeitpunkt für das Vorliegen eines Rechtsmangels nicht derjenige des Gefahrübergangs, sondern derjenige des **Eigentumsübergangs.**⁷⁵² Der Verkäufer kann somit auch für die Freiheit der Kaufsache von Rechten haften, die erst nach Vertragsschluss, aber vor der Eigentumsübertragung entstehen, es sei denn, dies hat seinen Grund in einem vertragswidrigen Verhalten des Käufers.⁷⁵³ Beim **Kauf unter Eigentumsvorbehalt** (Rdnr. 254 ff.) muss demnach die Rechtsmangelfreiheit grundsätzlich erst bei **Eintritt der Bedingung** vorliegen.⁷⁵⁴ Da der Käufer bis zu diesem Zeitpunkt aber bereits den Besitz nutzen können soll und ein Anwartschaftsrecht auf das Vollrecht innehat, muss der Verkäufer schon während der Schwebezeit verhindern, dass dem Käufer durch Rechte Dritter (etwa einem Pfandrecht am Anwartschaftsrecht) der Besitz an der Kaufsache entzogen wird oder er in anderer Weise hinsichtlich ihrer Verwendung beeinträchtigt wird.⁷⁵⁵ **442**

Entscheidend ist allein, ob die **Grundlage** des betreffenden Rechts im maßgeblichen Zeitpunkt des Eigentumsübergang **bereits bestand. Unerheblich** ist dagegen, ob zu die- **443**

---

⁷⁴³ BT-Drucks. 14/6040, S. 218; Staudinger/*Matusche-Beckmann*, § 435 BGB Rdnr. 47; Bamberger/Roth-*Faust*, § 435 BGB Rdnr. 23.
⁷⁴⁴ MünchKomm-*Westermann*, § 435 BGB Rdnr. 12.
⁷⁴⁵ RGZ 149, 195, 197; Erman-*Grunewald*, § 435 BGB Rdnr. 18.
⁷⁴⁶ RGZ 88, 21, 28; Bamberger/Roth-*Faust*, § 435 BGB Rdnr. 24; Palandt-*Weidenkaff*, § 435 BGB Rdnr. 15.
⁷⁴⁷ Staudinger/*Matusche-Beckmann*, § 435 BGB Rdnr. 49; Erman-*Grunewald*, § 435 BGB Rdnr. 18.
⁷⁴⁸ MünchKomm-*Westermann*, § 435 BGB Rdnr. 12; HK-*Saenger*, § 435 BGB Rdnr. 8.
⁷⁴⁹ BGH, NJW 2007, 3777; Staudinger/*Matusche-Beckmann*, § 435 BGB Rdnr. 49; Palandt-*Weidenkaff*, § 435 BGB Rdnr. 16.
⁷⁵⁰ Staudinger/*Matusche-Beckmann*, § 435 BGB Rdnr. 49; Palandt-*Weidenkaff*, § 435 BGB Rdnr. 16.
⁷⁵¹ Bamberger/Roth-*Faust*, § 435 BGB Rdnr. 24, § 442 BGB Rdnr. 27 f.; unrichtig Staudinger/*Matusche-Beckmann*, § 435 BGB Rdnr. 50, wonach bei Kenntnis des Käufers von der unrichtigen Eintragung der Verkäufer wegen § 442 BGB nicht hafte.
⁷⁵² BGH, NJW-RR 2003, 1318, 1319; BGH, NJW 1991, 915, 916; MünchKomm-*Westermann*, § 435 BGB Rdnr. 6; Erman-*Grunewald*, § 435 BGB Rdnr. 15.
⁷⁵³ Erman-*Grunewald*, § 435 BGB Rdnr. 15.
⁷⁵⁴ BGH, NJW 1961, 1252, 1253; PWW-*Schmidt*, § 435 BGB Rdnr. 6; Palandt-*Weidenkaff*, § 435 BGB Rdnr. 7; a. A. *Wiethölter*, JZ 1961, 693 ff.: Zeitpunkt der Verschaffung des Anwartschaftsrechts.
⁷⁵⁵ BGH, NJW 1961, 1252, 1253; MünchKomm-*Westermann*, § 435 BGB Rdnr. 28; Bamberger/Roth-*Faust*, § 435 BGB Rdnr. 5.

sem Zeitpunkt das Recht selbst schon **wirksam geltend gemacht** werden konnte.[756] So liegt etwa ein Rechtsmangel auch bei aufschiebend bedingten Rechten vor[757] oder bei einer Beschlagnahme der Kaufsache aufgrund eines nach Eigentumsübergang erfolgten Widerrufs der erforderlichen Importgenehmigung.[758]

444 **hh) Öffentliche Lasten von Grundstücken.** Die von § 435 BGB aufgestellten Anforderungen an die Rechtsmangelfreiheit der Kaufsache (Rdnr. 425 ff.) werden bei Grundstückskäufen in Hinblick auf öffentliche Lasten des Grundstücks durch § 436 BGB modifiziert.

445 Indem Abs. 1 der Vorschrift dem Verkäufer die Haftung für Erschließungs- und sonstige Anliegerbeiträge für Maßnahmen zuweist, die **bis zum Tag des (formwirksamen)**[759] **Vertragsschlusses bautechnisch begonnen** sind, wird zunächst klargestellt, dass die Haftung des Käufers für solche Beiträge, die aufgrund später begonnener Maßnahmen entstanden sind, keinen Rechtsmangel darstellt. Da die Fälligkeit solcher Beiträge vom – oft weitaus später erfolgenden – Erlass des Beitragsbescheids abhängt, stellt die Norm auf den leicht erkennbaren und feststellbaren bautechnischen Beginn der Maßnahme ab. Das ist allerdings noch nicht der Beginn bloßer Planungs- oder Vermessungsarbeiten, entscheidend ist vielmehr der „**erste Spatenstich**".[760] Vom Begriff der „Anliegerbeiträge" erfasst sind die ausdrücklich genannten **Erschließungsbeiträge i. S. d. §§ 127 ff. BauGB**[761] sowie andere öffentlich-rechtliche Beiträge, durch die die Kosten öffentlich-rechtlicher Einrichtungen (etwa Spielplätze[762] u.ä.) auf die in deren Einzugsbereich belegenen Grundstückseigentümer umgelegt werden,[763] insbesondere aufgrund der landesrechtlichen Kommunalabgabengesetze.

446 § 436 Abs. 1 BGB regelt allerdings ausschließlich das **Innenverhältnis** zwischen den Kaufvertragsparteien. Wer im Außenverhältnis Schuldner der Anliegerbeiträge ist, bestimmt sich hingegen nach dem öffentlichen Recht.[764] Wird insoweit der Käufer zur Zahlung von Anliegerbeiträgen herangezogen, die im Innenverhältnis nach § 436 Abs. 1 BGB der Verkäufer zu tragen hat, so steht ihm gegenüber dem Verkäufer ein **Freistellungs- bzw.** nach Zahlung ein **Erstattungsanspruch** zu.[765]

447 Nach § 436 Abs. 2 BGB haftet der Verkäufer hingegen nicht für die Freiheit des Grundstücks von **anderen öffentlichen Abgaben und Lasten, die zur Eintragung im Grundbuch nicht geeignet** sind. Gemeint sind damit nur solche Abgaben und Lasten, die aus dem Grundstück, insbesondere aus dessen Nutzungen zu erbringen und damit **dinglicher Natur** sind.[766] Das betrifft insbesondere **Grundsteuern**[767] und **Gebühren** wie die Kehr- und Überprüfungsgebühren nach § 25 SchornsteinfegerG[768] sowie die von Abs. 1 nicht erfassten **Beiträge** (z.B. Prämien für öffentlich-rechtliche Hagel- oder Feuerversicherungen).[769] **Nicht** unter § 436 Abs. 2 fallen hingegen solche Leistungen,

---

[756] BGH, NJW 1991, 915, 916; MünchKomm-*Westermann*, § 435 BGB Rdnr. 6; Erman-*Grunewald*, § 435 BGB Rdnr. 15.
[757] Erman-*Grunewald*, § 435 BGB Rdnr. 15.
[758] RGZ 111, 86, 89; ähnlich KG MDR 1953, 614; Bamberger/Roth-*Faust*, § 435 BGB Rdnr. 5.
[759] Erman-*Grunewald*, § 436 BGB Rdnr. 2.
[760] BT-Drucks. 14/6040, S. 219; Erman-*Grunewald*, § 436 BGB Rdnr. 3; Bamberger/Roth-*Faust*, § 436 BGB Rdnr. 6; Palandt-*Weidenkaff*, § 436 BGB Rdnr. 8.
[761] Staudinger/*Matusche-Beckmann*, § 436 BGB Rdnr. 8; PWW-*Schmidt*, § 436 BGB Rdnr. 6.
[762] BT-Drucks. 14/6040, S. 219.
[763] BT-Drucks. 14/6040, S. 218 f.; Reinicke/Tiedtke, KaufR, Rdnr. 394.
[764] MünchKomm-*Westermann*, § 436 BGB Rdnr. 1; Bamberger/Roth-*Faust*, § 436 BGB Rdnr. 7.
[765] Staudinger/*Matusche-Beckmann*, § 436 BGB Rdnr. 10; Palandt-*Weidenkaff*, § 436 BGB Rdnr. 7.
[766] BGH, NJW 1990, 111, 112; BGH BB 1961, 770, 770; MünchKomm-*Westermann*, § 436 BGB Rdnr. 5.
[767] Staudinger/*Matusche-Beckmann*, § 436 BGB Rdnr. 14; Erman-*Grunewald*, § 436 BGB Rdnr. 8.
[768] Bamberger/Roth-*Faust*, § 436 BGB Rdnr. 9.
[769] Bamberger/Roth-*Faust*, § 436 BGB Rdnr. 9.

A. Verkäuferpflichten nach BGB

die der Eigentümer als solcher **persönlich zu erbringen** hat,[770] wie beispielsweise die Grunderwerbssteuer,[771] Müllabfuhrgebühren[772] oder Schneeräum- und Streupflichten.[773] Keine öffentlichen Lasten im Sinne der Vorschrift sind ferner auch öffentlich-rechtliche Vorkaufsrechte und Baulasten[774] (dazu bereits Rdnr. 437).

Des weiteren sind nur solche Lasten erfasst, die zur Eintragung ins Grundbuch „nicht geeignet" sind. Das beruht auf der Überlegung, dass sich der Käufer darauf verlassen können soll, dass eintragungsfähige Lasten, die nicht eingetragen sind, auch nicht bestehen.[775] Liegen solche Lasten trotzdem vor, so unterfällt dies § 435 BGB (Rdnr. 439 ff.).[776] Eintragungsfähig sind insoweit nach § 54 GBO nur solche Lasten, deren **Eintragung gesetzlich zugelassen oder angeordnet** ist. Es kommen also für § 436 Abs. 2 BGB nur solche Lasten in Betracht, für die eine entsprechende gesetzliche Regelung der Eintragungsfähigkeit nicht existiert.[777] **448**

§ 436 BGB ist **dispositiv.** Auch wenn die Norm dies lediglich für Abs. 1 ausdrücklich klarstellt, gilt dieser Grundsatz dennoch für **beide Absätze.**[778] Einschränkungen ergeben sich aber, wenn der Verkäufer eine **Gemeinde** ist. Diese kann nicht frei über öffentliche Lasten disponieren, da dem der Grundsatz der Abgabengerechtigkeit als Ausfluss des Rechtsstaatsprinzips entgegensteht.[779] **449**

2. Kauf von Rechten und sonstigen Gegenständen

Auch beim Verkauf von Rechten und sonstigen Gegenständen ist der Verkäufer zur **mangelfreien Verschaffung** (dazu Rdnr. 307 ff., insbesondere zur Mängeln beim Unternehmenskauf vgl. Rdnr. 322 ff.) des Kaufgegenstands verpflichtet, wie aus der Verweisung des § 453 Abs. 1 BGB folgt. Somit ergeben sich auch hier die Anforderungen an die Mängelfreiheit grundsätzlich aus §§ 434, 435 BGB.[780] Die **Beweislast** für das Vorliegen eines Mangels obliegt beim Rechtskauf ebenfalls gem. § 363 BGB dem Käufer.[781] Das gilt auch bei Verkäufen eines Unternehmers an einen Verbraucher, da der Anwendungsbereich der Beweislastumkehr des § 476 BGB (dazu Rdnr. 409 ff.) wegen § 474 Abs. 1 BGB auf Sachkäufe beschränkt ist.[782] **450**

a) Veritätshaftung. Der Verkäufer haftet zunächst für den Bestand des verkauften Rechts.[783] Existiert dieses nicht und kann er deshalb seiner Verschaffungspflicht nicht nachkommen, so stellt dies allerdings **keinen Mangel** i. S. d. Gewährleistungsrechts dar, son- **451**

---

[770] Staudinger/*Matusche-Beckmann*, § 436 BGB Rdnr. 11; MünchKomm-*Westermann*, § 436 BGB Rdnr. 5.

[771] RGZ 75, 208, OLG Karlsruhe, OLGE 80, 227; MünchKomm-*Westermann*, § 436 BGB Rdnr. 5; Staudinger/*Matusche-Beckmann*, § 436 BGB Rdnr. 15; Palandt-*Weidenkaff*, § 436 BGB Rdnr. 11.

[772] LG Berlin, JW 1956, 185; MünchKomm-*Westermann*, § 436 BGB Rdnr. 5; Staudinger/*Matusche-Beckmann*, § 436 BGB Rdnr. 15; a. A. Erman-*Grunewald*, § 436 BGB Rdnr. 8; Palandt-*Weidenkaff*, § 436 BGB Rdnr. 11.

[773] BGH, NJW 1990, 111, 112; OLG Hamm, NJW 1989, 839, 840; Staudinger/*Matusche-Beckmann*, § 436 BGB Rdnr. 15; Bamberger/Roth-*Faust*, § 436 BGB Rdnr. 9; a. A. Palandt-*Weidenkaff*, § 436 BGB Rdnr. 11.

[774] MünchKomm-*Westermann*, § 436 BGB Rdnr. 5; Bamberger/Roth-*Faust*, § 436 BGB Rdnr. 9.

[775] RGZ 127, 130, 137; Bamberger/Roth-*Faust*, § 436 BGB Rdnr. 10.

[776] Staudinger/*Matusche-Beckmann*, § 436 BGB Rdnr. 12; Bamberger/Roth-*Faust*, § 436 BGB Rdnr. 10.

[777] Staudinger/*Matusche-Beckmann*, § 436 BGB Rdnr. 12.

[778] BGH, NJW 1993, 2796, 2797; BGH, NJW 1982, 1278; MünchKomm-*Westermann*, § 436 BGB Rdnr. 7; Erman-*Grunewald*, § 436 BGB Rdnr. 5, 7.

[779] Staudinger/*Matusche-Beckmann*, § 436 BGB Rdnr. 17; Bamberger/Roth-*Faust*, § 436 BGB Rdnr. 12.

[780] Bamberger/Roth-*Faust*, § 453 BGB Rdnr. 9; PWW-*Schmidt*, § 453 BGB Rdnr. 9.

[781] Erman-*Grunewald*, § 453 BGB Rdnr. 10.

[782] MünchKomm-*Lorenz*, § 476 BGB Rdnr. 6.

[783] BGH, NJW 2005, 359, 361 – Flowtex.

dern eine **Nichterfüllung** mit der Folge des Eingreifens des **allgemeinen Leistungsstörungsrechts**.[784] Das kommt in drei Fällen in Betracht: Wenn das Recht als solches **nicht besteht** (entweder weil es nie existiert hat oder erloschen ist),[785] wenn es – z. B. aufgrund eines gem. § 399 BGB dinglich wirkenden Abtretungsverbots oder bei höchstpersönlichen Rechten – **unübertragbar** ist[786] und wenn es nicht dem Verkäufer, sondern **einem Dritten zusteht**.[787]

452 Jedoch haftet der Verkäufer für diese Verität des verkauften Rechts – anders als vor der Schuldrechtsreform – nach dem ausdrücklichen Willen des Gesetzgebers nicht mehr verschuldensunabhängig, sondern nur unter den **Voraussetzungen des § 276 BGB**.[788] Zwar kann diesbezüglich eine verschuldensunabhängige **Garantie** (dazu Rdnr. 1415 ff.) – auch konkludent – vereinbart werden, doch darf die Entscheidung des Gesetzgebers für eine Verschuldensabhängigkeit nicht dadurch unterlaufen werden, dass regelmäßig eine schlüssig erklärte Garantie für den Bestand des verkauften Rechts unterstellt wird.[789] Es müssen vielmehr **konkrete Anhaltspunkte** für eine Garantie vorhanden sein. Das kann etwa dann der Fall sein, wenn der Verkäufer erklärt, die Existenz oder die Abtretbarkeit der Forderung fachmännisch geprüft zu haben oder wenn bei geschäftsmäßiger Forderungsabtretung eine Delkredereprovision gewährt wird.[790] Zu beachten ist aber, dass die Überbürdung einer verschuldensunabhängigen Haftung in **AGB** von der Rechtsprechung bislang als gem. § 307 Abs. 1 S. 1 BGB unwirksam angesehen wurde.[791] Ob sich dies im Bereich des Rechtskaufs – wie teilweise prognostiziert[792] – ändern wird, bleibt abzuwarten. Dafür spricht jedenfalls, dass eine jahrzehntelang anerkannte gesetzliche Regelung (§ 437 BGB a. F.), nach welcher eine verschuldensunabhängige Veritätshaftung bestand, nur schwerlich als unangemessene Benachteiligung angesehen werden kann.[793]

453 **b) Bonitätshaftung.** Dagegen haftet der Verkäufer nicht für die Bonität einer verkauften Forderung, sofern zwischen den Parteien des Kaufvertrags diesbezüglich keine anderweitigen Abreden – insbesondere Garantien – getroffen wurden.[794] Das ergab sich im alten Recht unmittelbar aus § 438 BGB a. F. Obwohl nun nicht mehr direkt im Gesetz ausgesprochen, hat sich an diesem Grundsatz nichts geändert, weil die Leistungsfähigkeit des Schuldners nicht zur „gewöhnlichen" bzw. zu der „zu erwartenden" Beschaffenheit einer Forderung zählt.[795] Das **Risiko der Nichteinbringbarkeit** einer verkauften Forderung **trägt** also der **Käufer**. Hat der Verkäufer dagegen eine **Garantie** für die Zahlungsfähigkeit des Schuldners

---

[784] MünchKomm/*Westermann*, § 453 BGB Rdnr. 10; Erman-*Grunewald*, § 453 BGB Rdnr. 8; Bamberger/Roth-*Faust*, § 453 BGB Rdnr. 12, 16.

[785] Erman-*Grunewald*, § 453 BGB Rdnr. 8; Palandt-*Weidenkaff*, § 453 BGB Rdnr. 19; *Eidenmüller*, ZGS 2002, 290, 292.

[786] Bamberger/Roth-*Faust*, § 453 BGB Rdnr. 12, 16; PWW-*Schmidt*, § 453 BGB Rdnr. 8; insoweit a. A. wohl Palandt-*Weidenkaff*, § 453 BGB Rdnr. 20, der dies als Rechtsmangel ansieht.

[787] Bamberger/Roth-*Faust*, § 453 BGB Rdnr. 12, 16; Palandt-*Weidenkaff*, § 453 BGB Rdnr. 20 a; PWW-*Schmidt*, § 453 BGB Rdnr. 8; a. A. *Eidenmüller*, ZGS 2002, 290, 293.

[788] BT-Drucks. 14/6040, S. 242; Bamberger/Roth-*Faust*, § 453 BGB Rdnr. 17; Erman-*Grunewald*, § 453 BGB Rdnr. 7.

[789] In diese Richtung aber *Canaris*, SchuldRMod. 2002, S. XXIV; *Wälzholz*, DStR 2002, 500, 502; wie hier MünchKomm-*Westermann*, § 453 BGB Rdnr. 10; Bamberger/Roth-*Faust*, § 453 BGB Rdnr. 18.

[790] MünchKomm-*Westermann*, § 453 BGB Rdnr. 10.

[791] BGH, NJW 1992, 3158, 3161; BGH, NJW 1991, 1886, 1887 f.; a. A. für den Rechtskauf Erman-*Grunewald*, § 453 BGB Rdnr. 8.

[792] Bamberger/Roth-*Faust*, § 453 BGB Rdnr. 19.

[793] Bamberger/Roth-*Faust*, § 453 BGB Rdnr. 19.

[794] BGH, NJW 2005, 359, 361 für die Forderungsforfaitierung (Flowtex); Erman-*Grunewald*, § 453 BGB Rdnr. 14; Palandt-*Weidenkaff*, § 453 BGB Rdnr. 22; PWW-*Schmidt*, § 453 BGB Rdnr. 9.

[795] MünchKomm-*Westermann*, § 453 BGB Rdnr. 11; Bamberger/Roth-*Faust*, § 453 BGB Rdnr. 20; *Eidenmüller*, ZGS 2002, 290, 293.

A. Verkäuferpflichten nach BGB

der Forderung übernommen, so ist mangels anderweitiger Vereinbarungen grundsätzlich zunächst ein **Vollstreckungsversuch** notwendig, bevor der Verkäufer aus der Garantie in Anspruch genommen werden kann.[796] Etwas anderes gilt nur, wenn die Zahlungsunfähigkeit **offensichtlich** ist, etwa bei Erfüllung der Voraussetzungen des § 807 ZPO.[797]

c) Rechtsmangelfreiheit. Für die Verpflichtung des Verkäufers, den Kaufgegenstand frei von Rechtsmängeln zu verschaffen, gelten über § 453 Abs. 1 BGB die Maßstäbe des § 435 BGB (Rdnr. 426 ff.) entsprechend. Danach liegt ein Rechtsmangel vor, wenn das verkaufte Recht mit **Rechten Dritter** belastet ist oder nicht bestehende Rechte im Grundbuch eingetragen sind. Mangelhaft ist daher beispielsweise ein mit einem Grundpfandrecht belastetes Erbbaurecht oder eine mit einem Pfandrecht behaftete Forderung.[798] Auch soweit Dritte **Einwendungen oder Einreden** gegen das verkaufte Recht geltend machen können, kann dies einen Rechtsmangel begründen,[799] etwa wenn das Recht anfechtbar ist[800] oder wenn der Schuldner der veräußerten Forderung aufrechnen[801] oder sich auf den Verjährungseintritt berufen kann.[802] Darüber hinaus können bereits rechtliche Schwierigkeiten bei der Geltendmachung des Rechts einen Rechtsmangel darstellen, so etwa wenn der Veräußerer eines „Alleinvertriebsrechts" auch einem anderen Abnehmer den Vertrieb gestattet hat.[803] **454**

Maßgeblicher Zeitpunkt für das Vorliegen eines Rechtsmangels ist derjenige der **Verschaffung des Rechts**,[804] entsprechend dem Zeitpunkt des Eigentumsübergangs beim Sachkauf (Rdnr. 403 ff.). **455**

d) Sachmangelfreiheit. In Bezug auf die Sachmangelfreiheit beim Rechtskauf wird zum Teil die Ansicht vertreten, § 434 BGB sei nur im Bereich des § 453 Abs. 3 BGB anwendbar, also nur beim Verkauf von Rechten, die zum Besitz einer Sache berechtigen, mit Hinblick auf etwaige Sachmängel dieser Sache.[805] Jedoch ist nicht einsehbar, warum nicht auch beim Kauf von Rechten deren vereinbarte Beschaffenheit bzw. Verwendbarkeit i. S. d. § 434 Abs. 1 BGB für die Mangelfreiheit maßgeblich sein sollten. Richtigerweise sind auch beim Rechtskauf **Sachmängel** i. S. d. § 434 BGB denkbar, nämlich immer dann, wenn ein Fehler nicht aus Rechten Dritter resultiert, sondern aus einer **Abweichung des Inhalts oder der Verwendbarkeit** des veräußerten Rechts von den **vertraglichen Vereinbarungen** oder, soweit solche nicht vorliegen, von den „gewöhnlichen" Anforderungen.[806] **456**

Ein Sachmangel liegt danach beispielsweise vor, wenn eine Forderung erst zu einem späteren Zeitpunkt als vereinbart fällig wird oder sie niedriger als zugesagt verzinst ist[807] sowie wenn bei einem Patentverkauf die patentierte Konstruktion technisch nicht ausführbar ist.[808] Des weiteren muss ein veräußertes Recht den vereinbarten Inhalt haben, welcher sich gem. **457**

---

[796] Bamberger/Roth-*Faust*, § 453 BGB Rdnr. 20; Palandt-*Weidenkaff*, § 453 BGB Rdnr. 22.
[797] Palandt-*Weidenkaff*, § 453 BGB Rdnr. 22.
[798] Erman-*Grunewald*, § 453 BGB Rdnr. 10.
[799] BGH, NJW 2005, 359, 361 zur Einredefreiheit generell; PWW-*Schmidt*, § 453 BGB Rdnr. 8; *Brink*, WM 2003, 1355, 1357.
[800] Erman-*Grunewald*, § 453 BGB Rdnr. 10; Palandt-*Weidenkaff*, § 453 BGB Rdnr. 21.
[801] Palandt-*Weidenkaff*, § 453 BGB Rdnr. 21; PWW-*Schmidt*, § 453 BGB Rdnr. 8.
[802] PWW-*Schmidt*, § 453 BGB Rdnr. 8.
[803] BGH WarnR 1973, Nr. 94; MünchKomm-*Westermann*, § 453 BGB Rdnr. 11.
[804] MünchKomm-*Westermann*, § 453 BGB Rdnr. 12, § 435 BGB Rdn. 6 Erman-*Grunewald*, § 453 BGB Rdnr. 11.
[805] So Erman-*Grunewald*, § 453 BGB Rdnr. 13; *Grigoleit/Herresthal*, JZ 2003, 124; *Huber*, AcP 202 (2002), 229; unscharf Palandt-*Weidenkaff*, § 453 BGB Rdnr. 21 b.
[806] Wie hier MünchKomm-*Westermann*, § 453 BGB Rdnr. 14; Bamberger/Roth-*Faust*, § 453 BGB Rdnr. 10; PWW-*Schmidt*, § 453 BGB Rdnr. 9; *Eidenmüller*, ZGS 2002, 290, 291.
[807] Bamberger/Roth-*Faust*, § 453 BGB Rdnr. 10; PWW-*Schmidt*, § 453 BGB Rdnr. 9.
[808] BGH GRUR 1965, 298, 301; BGH GRUR 1961, 466, 467; PWW-*Schmidt*, § 453 BGB Rdnr. 9, 12; a. A. Erman-*Grunewald*, § 453 BGB Rdnr. 18.

§ 434 Abs. 1 S. 3 BGB auch aus öffentlichen Äußerungen des Verkäufers ergeben kann (vgl. dazu Rdnr. 366 ff.).[809] Fehlen subjektive Vereinbarungen, so sind die im Rahmen des objektiven Sachmangelbegriffs zu stellenden Anforderungen an den „üblichen" Inhalt eines Rechts dem dispositiven Recht zu entnehmen.[810]

458 Wird ein Recht veräußert, das zum **Besitz einer Sache berechtigt** – etwa ein Erbbau-, Nießbrauch- oder ein dingliches Wohnrecht –, so muss die betreffende Sache auch übergeben werden (dazu bereits Rdnr. 312 ff.) und frei von Sach- und Rechtsmängeln sein. Diesbezüglich kommen §§ 434, 435 BGB unmittelbar zur Anwendung.[811]

459 Hinsichtlich der Sachmangelfreiheit bestimmt § 434 Abs. 1 S. 1 BGB den Gefahrübergang als **maßgeblichen Zeitpunkt**.[812] Beim Kauf von Rechten, die zum Besitz einer Sache berechtigen, ist dies gem. §§ 453 Abs. 3, 446 S. 1 BGB der Zeitpunkt der **Übergabe** der Sache.[813]

VI. Nebenpflichten

1. Überblick

460 Kumulativ zu den auf die Verschaffung einer mangelfreien Kaufsache gerichteten Hauptpflichten des Verkäufers können diesen – sowohl im vorvertraglichen, im vertraglichen als auch im nachvertraglichen Bereich – diverse Nebenpflichten treffen. Praktisch bedeutsam sind im **vorvertraglichen Bereich** insbesondere die Aufklärungs-, Beratungs- und Untersuchungspflichten (dazu sogleich Rdnr. 461 ff.). Nach Abschluss des Kaufvertrags kommen **vertragliche Nebenpflichten** beispielsweise in Hinblick auf eine etwaige Verwahrung der Sache und in Bezug auf eine Einweisung/Instruktion hinsichtlich des Gebrauchs der Sache in Betracht (Rdnr. 482 ff.). Schließlich können sich auch im **nachvertraglichen Bereich** Nebenpflichten ergeben, wie etwa solche zur Vorhaltung von Ersatzteilen (dazu Rdnr. 488). Abgesehen von der Kostentragungsregelung des § 448 BGB (dazu bereits Rdnr. 233 ff.) sind die Nebenpflichten des Verkäufers allerdings nicht gesetzlich normiert. Soweit sie nicht vertraglich festgelegt und inhaltlich ausgestaltet sind, finden sie daher ihre Grundlage in §§ 242, 241 Abs. 2 BGB.[814]

2. Vorvertragliche Nebenpflichten

461 **a) Aufklärung.** Von besonderer Bedeutung ist die Frage, unter welchen Voraussetzungen und mit welcher Reichweite der Verkäufer verpflichtet ist, den Käufer vor Vertragsschluss von sich aus über die **Beschaffenheit der Kaufsache** und **sonstige Umstände** im Zusammenhang mit dem Kaufvertrag aufzuklären. Von dieser Problematik hängt es ab, ob und wann der Käufer bei nicht erfolgter Aufklärung Rechtsbehelfe nach dem Gewährleistungsrecht oder aus Verschulden bei Vertragsschluss geltend machen kann (dazu Rdnr. 905 ff.), ob er möglicherweise zur Anfechtung des Kaufvertrags berechtigt ist (Rdnr. 903 f.), ob wegen einer Arglist des Verkäufers etwaige Haftungsausschlüsse oder -beschränkungen gem. § 444 BGB unwirksam sind (Rdnr. 890 f.) und ob der Käufer gem. § 442 Abs. 1 S. 2 BGB Rechtsbehelfe auch wegen ihm grob fahrlässig unbekannt gebliebener Mängel geltend machen kann (Rdnr. 835 ff.).

462 **aa) Grundlagen der Aufklärungspflicht.** Diesbezüglich gilt zunächst die Grundregel, dass eine **generelle und uneingeschränkte Aufklärungspflicht** des Verkäufers über sämt-

---

[809] Bamberger/Roth-*Faust*, § 453 BGB Rdnr. 10; PWW-*Schmidt*, § 453 BGB Rdnr. 12.
[810] Bamberger/Roth-*Faust*, § 453 BGB Rdnr. 10.
[811] Erman-*Grunewald*, § 453 BGB Rdnr. 13; PWW-*Schmidt*, § 453 BGB Rdnr. 11.
[812] MünchKomm-*Westermann*, § 453 BGB Rdnr. 14.
[813] MünchKomm-*Westermann*, § 446 BGB Rdnr. 4; Palandt-*Weidenkaff*, § 446 BGB Rdnr. 2
[814] Staudinger-*Beckmann*, § 433 BGB Rdnr. 90; MünchKomm-*Westermann*, § 433 BGB Rdnr. 62.

liche Umstände, die für den Käufer möglicherweise von Bedeutung sein können, **nicht besteht.**[815] Jede Partei, die einen Vertrag schließt, ist grundsätzlich selbst gehalten, sich über die jeweiligen Umstände zu informieren und auf dieser Grundlage ihre Entscheidung zu treffen.

Eine davon abweichende Aufklärungspflicht kann deshalb nur in zwei Grundfällen angenommen werden: Zunächst dann, wenn der **Käufer** gezielt nach den betreffenden Umständen **fragt.**[816] Dann ist der Verkäufer verpflichtet, **vollständig und richtig Auskunft zu erteilen,**[817] unabhängig davon, ob sich der Käufer die betreffenden Kenntnisse selbst verschaffen kann oder nicht.[818] Will er die entsprechende Auskunft nicht erteilen, so muss er die Antwort verweigern,[819] für sog. „Aussagen ins Blaue hinein" haftet der Verkäufer hingegen, da er hierbei in Kauf nimmt, dass diese sich als falsch herausstellen.[820]

463

Eine Pflicht des Verkäufers, aktiv – d. h. ungefragt und von sich aus – über bestimmte Umstände aufzuklären, besteht hingegen nur, wenn der **Käufer** eine Aufklärung **nach Treu und Glauben** und nach der **Verkehrssitte erwarten** kann.[821] Dabei kommt es grundsätzlich zwar auf die Sicht eines Durchschnittskäufers an, allerdings können die Anforderungen an die Aufklärungspflicht des Verkäufers im Einzelfall **abgemildert** sein, wenn der Käufer über **eigene fachliche Erfahrung** oder fachkundige Berater verfügt und daher erwartet werden kann, dass ihm die offenbarungspflichtigen Tatsachen nicht verborgen bleiben werden.[822] Das betrifft bei Unternehmenskäufen insbesondere die Fälle einer üblicherweise vereinbarten due diligence-Prüfung.[823]

464

Im Übrigen setzt eine Aufklärungspflicht immer voraus, dass der **Verkäufer** selbst **Kenntnis** von den betreffenden Umständen hat oder zumindest hätte haben müssen, etwa wenn ihm der betreffende Umstand ohne weiteres hätte auffallen müssen.[824] Ist dies nicht der Fall, kann aber ausnahmsweise eine **Untersuchungspflicht** auf das Vorhandensein bzw. Nichtvorliegen bestimmter Umstände in Betracht kommen (dazu Rdnr. 478 ff.).

465

bb) Aufklärung über die Kaufsache. In Bezug auf die Problematik, ob und inwieweit der Verkäufer über die Beschaffenheit der Kaufsache aufklären muss, existiert eine weitgefächerte Kasuistik.[825] Es hat sich aber eine Reihe anerkannter **Fallgruppen** herausgebildet, bei deren Vorliegen eine Aufklärungspflicht in der Regel bejaht wird. Übergreifend gilt die Grundregel, dass jedenfalls über solche Umstände aufzuklären ist, die für die Kaufentscheidung des Käufers von **wesentlicher Bedeutung** sind, soweit dies für den Verkäufer **erkennbar** ist.[826] Eine Offenbarungspflicht besteht insbesondere dann, wenn der Verkäufer weiß oder hätte wissen müssen, dass der Käufer in Kenntnis des Umstands den Vertrag nicht oder jedenfalls nicht mit dem vereinbarten Inhalt abgeschlossen hätte.[827]

466

---

[815] BGH, NJW 2004, 2301, 2302; Staudinger-*Beckmann*, § 433 BGB Rdnr. 93; *Gröschler*, NJW 2005, 1601, 1602 ff.
[816] Staudinger/*Matusche-Beckmann*, § 437 BGB Rdnr. 80.
[817] BGH, NJW-RR 1988, 10, 11; BGH, WM 1987, 137, 138; Staudinger-*Beckmann*, § 433 BGB Rdnr. 93; PWW-*Ahrens*, § 123 BGB Rdnr. 9.
[818] Palandt-*Weidenkaff*, § 433 BGB Rdnr. 25.
[819] PWW-*Ahrens*, § 123 BGB Rdnr. 9.
[820] BGH, NJW 2001, 2326, 2327; BGH, NJW 1998, 302, 303.
[821] BGH, NJW 2007, 3057, 3059; BGH, NJW-RR 1997, 270; Staudinger-*Beckmann*, § 433 BGB Rdnr. 93; PWW-*Ahrens*, § 123 BGB Rdnr. 12.
[822] BGH ZIP 1991, 321, 323; MünchKomm-*Westermann*, § 433 BGB Rdnr. 65.
[823] *Schmidt-Räntsch*, AnwBl 2003, 529, 530.
[824] Staudinger/*Matusche-Beckmann*, § 437 BGB Rdnr. 83; Bamberger/Roth-*Faust*, § 437 BGB Rdnr. 83.
[825] Vgl. dazu die Übersicht bei Bamberger/Roth-*Sutschet*, § 311 BGB Rdnr. 81 ff.; PWW-*Ahrens*, § 123 BGB Rdnr. 15 ff.; MünchKomm-*Westermann*, § 433 BGB Rdnr. 63.
[826] BGH BB 2006, 1650, 1652; BGH, NJW 2001, 2021; BGH, NJW 1998, 1315, 1316; BGH, NJW 1989, 763, 764; BGH, NJW-RR 1988, 1290; BGH, NJW-RR 1988, 394; OLG Köln v. 13.03.2007, Az. 22 U 170/06; Palandt-*Weidenkaff*, § 433 BGB Rdnr. 23; *Gröschler*, NJW 2005, 1601.
[827] BGH, NJW 1996, 1205; BGH, NJW-RR 1992, 333, 334; BGH, NJW 1990, 42.

4. Kapitel. Die Pflichten des Verkäufers

467 Das betrifft insbesondere wesentliche Mängel der Kaufsache.[828] So muss beispielsweise beim Verkauf eines **PKW** auf erhebliche Rost-[829] und Unfallschäden[830] sowie auf den erfolgten Austausch des Tachometers (mit der Folge eines zu niedrigen Kilometerstands)[831] hingewiesen werden, soweit es sich nicht um bloße Bagatellschäden handelt.[832] Ebenso ist beim Verkauf eines Pkw „aus erster Hand" über eine atypische Vorbenutzung als Mietwagen aufzuklären.[833] Bei **Grundstücken** ist etwa über eine Altlastenkontamination,[834] das Vorhandensein einer unterirdischen Bunkerruine,[835] eine Benutzung als Deponie,[836] das Fehlen eines notwendigen Hochwasserschutzes,[837] erhebliche Mängel des Abwasserflusses,[838] schikanöses Verhalten eines Nachbarn,[839] Holzbockbefall,[840] Feuchtigkeitsschäden[841], die Existenz von Asbestzementplatten in der Fassade eines Hauses[842] und Geruchsbelästigungen durch ein Klärwerk[843] aufzuklären, bei **Mietobjekten** über die fehlende Bonität des Mieters,[844] erhebliche Mietrückstände[845], den Zustand von Wohnungseigentum, wenn dessen Erwerb der Vermögensbildung dienen soll[846] und den Umstand der Zerstrittenheit einer Wohnungseigentümergemeinschaft.[847] Ist Gegenstand des Kaufs ein **Unternehmen,** so ist beispielsweise über die Verbindlichkeiten einer GmbH aufzuklären, soweit diese die Insolvenzreife begründen[848] oder den Bestand des Unternehmens gefährden,[849] ebenso über rückständige Umsatzsteuerleistungen[850] und unmittelbar vor Vertragsschluss eingetretene, erhebliche Umsatzrückgänge.[851]

468 Bei **besonders schwerwiegenden Mängeln** muss sogar über einen bloßen dahingehenden **Verdacht** aufgeklärt werden,[852] wie etwa beim begründeten Verdacht auf Unfallschäden eines PKW,[853] beim Verdacht einer Grundstückskontamination mit Altlasten[854]

---

[828] BGH, NJW 1990, 975, 976; KG, NJW-RR 2006, 1213, 1214 f. zur Objektbeschreibung bei einer Ebay-Auktion; Erman-*Grunewald*, § 433 BGB Rdnr. 24; PWW-*Ahrens*, § 123 BGB Rdnr 15; weitergehend Bamberger/Roth-*Faust*, § 438 BGB Rdnr. 37; wonach bei Mängeln immer eine Aufklärungspflicht bestehe; ebenso *Heiderhoff*, DB 2005, 2533, 2535; allgemein zur Problematik *Gröschler*, NJW 2005, 1601 ff.
[829] OLG Koblenz, NJW-RR 2002, 1578.
[830] BGH, NJW 1982, 1386; LG Gießen, NJW-RR 2005, 493.
[831] OLG Köln v. 13.03.2007, Az. 22 U 170/06.
[832] OLG München, DAR 2002, 454; *Gröschler*, NJW 2005, 1601, 1602.
[833] OLG Stuttgart, NJW-RR 2009, 551 f.; a. A. OLG Kaiserslautern, NJW-RR 2010, 634, 635.
[834] BGH, NJW 2001, 64.
[835] OLG Frankfurt, NJW-RR 2010, 524, 525.
[836] BGH, NJW 1995, 1549, 1550.
[837] BGH, NJW-RR 1992, 334.
[838] OLG Koblenz, NJW-RR 1990, 149 f.
[839] BGH, NJW 1991, 1673, 1675.
[840] BGH, NJW 1965, 34; KG NJW-RR 1989, 972.
[841] BGH, NJW-RR 2003, 772; BGH, NJW 1986, 980 f.; OLG Saarbrücken, NJW-RR 2009, 66, 67.
[842] BGH, NJW 2009, 2120, 2121.
[843] BGH, NJW-RR 1988, 10, 11.
[844] BGH, NJW-RR 2003, 700, 701.
[845] OLG Celle, NJW-RR 1999, 280, 281.
[846] BGH, NJW 2008, 3699, 3700.
[847] OLG Düsseldorf, NJW 1997, 1079, 1080.
[848] BGH, NJW-RR 1998, 1406 f.
[849] BGH NZI 2002, 341, 343.
[850] OLG Köln, NJW-RR 1994, 1064, 1065.
[851] BGH, NJW-RR 1996, 429.
[852] BGH LM § 463 Nr. 8.
[853] OLG Frankfurt, NJW-RR 1999, 1064.
[854] BGH, NJW 2001, 64, 64; OLG Celle, NJOZ 2009, 3778, 3781 f.; *Müggenborg*, NJW 2005, 2810, 2816.

A. Verkäuferpflichten nach BGB

oder einer Grundstücksnutzung als wilde Müllkippe,[855] ebenso beim Verdacht auf Trocken- oder Nassfäule, nicht aber bei der Gefahr von Hausschwamm, soweit der Käufer die dafür maßgeblichen Umstände kennt.[856]

Eine Aufklärungspflicht besteht auch, wenn von der Kaufsache **Gefahren** ausgehen, die **für den Käufer nicht erkennbar** sind,[857] wie z.B. bei einer Einsturzgefahr von Immobilien[858] oder einem Altlastenkontaminationsverdacht.[859] Ebenso ist beim Verkauf von PKW über Umstände aufzuklären, die den Verdacht einer Beeinträchtigung der Verkehrssicherheit bzw. -zulassung rechtfertigen.[860] **469**

Darüber hinaus wird eine Aufklärungspflicht über solche Umstände angenommen, die die **Gefahr einer Vereitelung des** vom Käufer beabsichtigten **Verwendungszwecks** der Kaufsache und damit des Vertragszwecks begründen.[861] Das gilt insbesondere bei **rechtlichen Einschränkungen** der Verwendbarkeit, etwa bei dem Verkauf einer Eigentumswohnung als Vermögensanlage hinsichtlich des Umstands, dass diese einer Mietpreisbindung unterliegt,[862] bei der Ausweisung eines Grundstücks als Landschaftsschutzgebiet,[863] öffentlich-rechtlichen Nutzungsbeschränkungen,[864] einer fehlenden nachbarliche Zustimmung zur Bebauung eines Grundstücks,[865] einer fehlenden Baugenehmigung,[866] beim Verkauf einer Alarmanlage für einen Gewerbebetrieb in Bezug auf die Nichtanerkennung dieser Anlage durch den Verband der Sachversicherer (VdS)[867] sowie bei dem Erfordernis einer Fahrerlaubnis für die Benutzung eines Krankenfahrstuhls.[868] **470**

Bei einer längerfristig bestehenden Geschäftsverbindung zwischen den Kaufvertragsparteien hat der Verkäufer schließlich auch über etwaige **Änderungen der Beschaffenheit** aufzuklären, wie etwa die Ersetzung einer Modellreihe durch eine neue.[869] **471**

cc) Aufklärung über sonstige Umstände. Eine Aufklärungspflicht kann ferner auch in Bezug auf solche Umstände bestehen, die nicht in unmittelbarem Zusammenhang mit der Beschaffenheit der Kaufsache stehen. So muss der Verkäufer jedenfalls gegenüber einem unkundigen Käufer über etwaige **Form- und Genehmigungserfordernisse** in Bezug auf den Kaufvertrag aufklären[870] sowie über Umstände, die der Erteilung einer erforderlichen Genehmigung entgegenstehen.[871] **472**

Grundsätzlich keine Aufklärungspflicht besteht dagegen über die mit dem Kauf verbundenen wirtschaftlichen Risiken.[872] So ist der Verkäufer beispielsweise nicht zur Offenlegung **473**

---

[855] BGH, NJW 1992, 1954, 1955; BGH, NJW 1991, 2900, 2901.
[856] BGH, NJW-RR 2003, 772.
[857] BGH, NJW 1992, 2016, 2018; MünchKomm-*Westermann*, § 433 BGB Rdnr. 63; Palandt-*Weidenkaff*, § 433 BGB Rdnr. 23.
[858] BGH, NJW 1990, 975, 976.
[859] BGH, NJW 2001, 64.
[860] BGH, NJW 1971, 1795, 1799; OLG Hamm, DAR 1996, 499, 500.
[861] BGH BB 2006, 1650, 1652; Staudinger-*Beckmann*, § 433 BGB Rdnr. 101; Palandt-*Weidenkaff*, § 433 BGB Rdnr. 23.
[862] BGH, NJW 1998, 898.
[863] OLG Oldenburg, NJW-RR 2003, 448, 449.
[864] BGH, NJW-RR 1988, 1290f.
[865] OLG Koblenz, NJW-RR 2003, 119, 120.
[866] BGH, NJW 2003, 2380, 2381; BGH, NJW 1979, 2243; OLG Hamm, NJW-RR 2009, 68, 69.
[867] OLG Düsseldorf, ZIP 1981, 1227, 1228.
[868] OLG Nürnberg, NJW-RR 2002, 267, 268.
[869] BGH, NJW 1999, 2190, 2191; BGHZ 107, 331, 336f.; Staudinger/*Matusche-Beckmann*, § 437 BGB Rdnr. 81.
[870] BGH, NJW 1965, 812, 813; *Reinicke*, DB 1967, 109.
[871] BGH, WM 1974, 687, 688.
[872] MünchKomm-*Westermann*, § 433 BGB Rdnr. 64; Staudinger-*Beckmann*, § 433 BGB Rdnr. 101.

seiner **Preiskalkulation** verpflichtet.[873] Etwas anderes kann aber dann gelten, wenn es sich um **besondere Risikogeschäfte** handelt und der Käufer auf eine besondere Sachkunde des Verkäufers vertraut hat,[874] wie etwa beim Verkauf von hoch spekulativen Anlagepapieren,[875] bei Finanztermin- und Warentermingeschäften[876] sowie beim Verkauf von Eigentumswohnungen im Ersterwerbermodell.[877]

474 **b) Beratung.** Im Grundsatz ist der Verkäufer auch zu einer vorvertraglichen Beratung des Käufers **nicht verpflichtet.**[878] Doch können sich auch hier **Ausnahmen** ergeben, so insbesondere wenn es zum Abschluss eines eigenständigen Beratungsvertrags gekommen ist[879] (dazu sogleich Rdnr. 475) oder wenn der Käufer auf eine besondere Fachkunde des Verkäufers vertraut[880] hat (Rdnr. 476).

475 Das Zustandekommen eines **selbständigen Beratungsvertrags** wird angenommen, wenn der Verkäufer im Rahmen eingehender Vertragsverhandlungen und auf Befragen des Käufers einen ausdrücklichen Rat erteilt.[881] Dabei steht es einem Rat gleich, wenn der Verkäufer bei Vertragsverhandlungen ein Berechnungsbeispiel über Kosten und finanzielle Vorteile des Erwerbs vorlegt, das den Geschäftsabschluss fördern soll.[882] Die Beratung muss sich nach Inhalt und Umfang so sehr verselbständigt haben, dass sie als Verpflichtung eigener Art neben dem Kaufvertrag steht.[883] Das kann aber nur ausnahmsweise der Fall sein.[884] So ist beispielsweise ein Beratungsvertrag bejaht worden hinsichtlich der im Verkaufsgespräch über eine Immobilie geäußerten Erklärung des Verkäufers, es handele sich um eine „absolut sichere Geldanlage", bei der „nichts schief gehen könne".[885]

476 Daneben kommt aber auch eine **vorvertragliche Nebenpflicht zur Beratung** in Betracht. Eine solche besteht aber nur ausnahmsweise, nämlich dann, wenn der Verkäufer „wie ein **Berater und Fachmann** gegenüber dem sachunkundigen Käufer" auftritt.[886] Das ist etwa der Fall, wenn er für den Käufer eine persönliche Rentabilitätsberechnung erstellt,[887] den Käufer in einer längeren vorvertraglichen Korrespondenz über Vor- und Nachteile verschiedener Modalitäten informiert[888] oder dem Käufer rät, eine andere Sache statt der ursprünglich bestellten zu erwerben.[889] Darüber hinaus kann sich eine Beratungspflicht auch aus der Verkehrssitte ergeben, so etwa bei komplizierten technischen Geräten[890] wie etwa EDV-Anlagen.[891]

---

[873] BGH, NJW 2003, 1811 f.; Staudinger-*Beckmann*, § 433 BGB Rdr. 97; Erman-*Grunewald*, § 433 BGB Rdnr. 24; Bamberger/Roth-*Sutschet*, § 311 BGB Rdnr. 85.
[874] MünchKomm-*Westermann*, § 433 BGB Rdnr. 64; Erman-*Grunewald*, § 433 BGB Rdnr. 24.
[875] BGH, NJW 1991, 1106 f.
[876] BGH, NJW 2002, 2777; BGH, NJW 1993, 2433.
[877] BGH, NJW-RR 1988, 348, 350.
[878] Bamberger/Roth-*Faust*, § 433 BGB Rdnr. 48.
[879] BGH, NJW 2005, 983; PWW-*Schmidt*, § 437 BGB Rdnr. 77; *Kluth/Böckmann*, MDR 2003, 241 ff.
[880] BGH, NJW 1997, 3227, 3228; Erman-*Grunewald*, § 433 BGB Rdnr. 24; Palandt-*Weidenkaff*, § 433 BGB Rdnr. 28.
[881] BGH, NJW 2008, 506; BGH, NJW 2005, 983.
[882] BGH, NJW 2005, 820, 821; BGH, NJW 2004, 64, 65; BGH, NJW 2003, 1811, 1812.
[883] BGH, NJW 1999, 3192, 3193; BGH, NJW 1997, 3227, 3229.
[884] BGH, NJW 2004, 2301, 2302; PWW-*Schmidt*, § 437 BGB Rdnr. 77; Palandt-*Weidenkaff*, § 433 BGB Rdnr. 28.
[885] BGH, NJW 2005, 983 f.
[886] Staudinger/*Matusche-Beckmann*, § 437 BGB Rdnr. 85 f.; PWW-*Schmidt*, § 437 BGB Rdnr. 56.
[887] BGHZ 140, 111, 115.
[888] BGH, NJW 1997, 3227, 3229.
[889] PWW-*Schmidt*, § 437 BGB Rdnr. 56.
[890] Bamberger/Roth-*Faust*, § 433 BGB Rdnr. 48.
[891] BGH, NJW-RR 1999, 1285, 1286; *Ullrich/Ulbrich*, BB 1995, 371, 372 f.; *Zahrnt*, NJW 1995, 1785

A. Verkäuferpflichten nach BGB

Generell beschränkt sich jedoch auch eine etwaige Beratungspflicht auf diejenigen **Eigenschaften** der Kaufsache, **die** der **Verkäufer** selbst **kennt oder kennen muss**.[892] Das gilt auch im Fachhandel. Der Käufer kann somit grundsätzlich keine Aufklärung oder Beratung über Umstände erwarten, die allenfalls dem Hersteller aufgrund dessen überragender Sachkunde bekannt sind.[893]

477

c) Untersuchung. Aus der Beschränkung der Aufklärungs- und Beratungspflichten des Verkäufers auf solche Umstände, die ihm bekannt sind oder hätten bekannt sein müssen (Rdnr. 445) folgt, dass er grundsätzlich **nicht verpflichtet** ist, sich weitere Kenntnisse durch eine **Untersuchung** der Kaufsache zu verschaffen,[894] soweit eine Untersuchungspflicht nicht zwischen den Parteien vereinbart ist.[895] Aber auch insoweit sind **Ausnahmen** anerkannt:

478

So muss beispielsweise der Verkäufer, der gleichzeitig **Hersteller** der Sache ist, in der Regel zumindest eine **Produktausgangskontrolle** durchführen.[896] Die an die Intensität dieser Kontrolle zu stellenden Anforderungen sind **einzelfallabhängig**. So kann bei einer hohen Fehleranfälligkeit oder einem besonderen Gefährdungspotential des Produkts eine Kontrolle jedes Einzelstücks notwendig sein.[897] Sind die Risiken dagegen gering, kann eine stichprobenartige Kontrolle genügen.[898]

479

Einen **Händler** als Verkäufer durchlaufender Ware trifft dagegen **grundsätzlich keine Untersuchungspflicht**,[899] insbesondere nicht den Zwischenhändler von Gattungsware,[900] erst recht nicht beim Streckengeschäft.[901] Allerdings wird auch diese Regel in diverser Hinsicht durchbrochen. So ist im **Einzelfall** eine Untersuchungspflicht denkbar, wobei auch hier zu berücksichtigen ist, wie hoch das typische Gefährdungspotential der jeweiligen Kaufsache ist, ob der Verkäufer einen fachlichen Wissensvorsprung und welche Untersuchungsmöglichkeiten er hat und ob er mit einer Fehlerhaftigkeit der Ware rechnen muss.[902] So muss etwa der Verkäufer von Gasflaschen diese aufgrund ihrer Explosionsgefahr auf den einwandfreien Zustand der Ventile überprüfen.[903] Ebenso wird eine Untersuchungspflicht angenommen, wenn es sich um Mängel handelt, die der Verkäufer als Fachmann problemlos feststellen kann.[904]

480

Speziell im Bereich des **KFZ-Handels** hat sich in Bezug auf die Untersuchungspflichten des Verkäufers eine breite Kasuistik entwickelt, die nicht immer widerspruchsfrei ist. So wird beim Verkauf **fabrikneuer KFZ** einerseits wegen des geringeren Fehlerrisikos eine oberflächliche Besichtigung und Probefahrt für ausreichend gehalten,[905] andererseits jedoch eine konkludent vereinbarte Pflicht zu einer Ablieferungsinspektion angenommen.[906] Im **gewerbsmäßigen Gebrauchtwagenhandel** sind die Anforderungen noch deutlich hö-

481

---

[892] BGH, NJW 2004, 2301, 2302.
[893] BGH, NJW 2004, 2301, 2302.
[894] OLG Köln, ZGS 2006, 77; Staudinger-*Beckmann*, § 433 BGB Rdnr. 103; MünchKomm-*Westermann*, § 433 BGB Rdnr. 70; Erman-*Grunewald*, § 433 BGB Rdnr. 31; *Lorenz*, NJW 2007, 1, 2.
[895] So BGH, NJW 1969, 1708, 1709.
[896] Bamberger/Roth-*Faust*, § 437 BGB Rdnr. 82; *Schmidt-Räntsch*, AnwBl 2003, 529, 532.
[897] Bamberger/Roth-*Faust*, § 437 BGB Rdnr. 82.
[898] *Schmidt-Räntsch*, AnwBl 2003, 529, 532.
[899] BGH, NJW 1981, 1269, 1270; Erman-*Grunewald*, § 433 BGB Rdnr. 31; Palandt-*Heinrichs*, § 280 BGB Rdnr. 19; PWW-*Schmidt* § 437 BGB Rdnr. 50.
[900] BGH, NJW-RR 1989, 559, 560; BGH, NJW 1981, 1269, 1270.
[901] BGH, NJW 1968, 2238, 2239; Staudinger-*Beckmann*, § 433 BGB Rdnr. 104.
[902] BT-Drucks. 14/6040, S. 210; Staudinger-*Beckmann*, § 433 BGB Rdnr. 103; Bamberger/Roth-*Faust*, § 437 BGB Rdnr. 87; Palandt-*Heinrichs*, § 280 BGB Rdnr. 19.
[903] BGH VersR 1972, 953, 954.
[904] BGH, NJW 1994, 2947 f.; Erman-*Grunewald*, § 433 BGB Rdnr. 31.
[905] BGH BB 1956, 320.
[906] BGH, NJW 1969, 1708, 1710.

her: Hier besteht eine allgemeine Untersuchungspflicht des Verkäufers, wenn handgreifliche Anhaltspunkte vorliegen, die einen konkreten Mangelverdacht begründen,[907] z.B. bei Unfallspuren.[908] Darüber hinaus ist das Fahrzeug allgemein auf zulassungserhebliche Mängel zu untersuchen.[909] Der Gesetzgeber erwartet im Gebrauchtwagenhandel von Händlern mit eigener Werkstatt sogar generell eine „eingehende Untersuchung".[910] Schließlich muss bei Gebrauchtwagen zur Verifizierung der Eigentumslage kontrolliert werden, ob die in der Karosserie eingeschlagene Fahrzeugidentifikationsnummer mit derjenigen im KFZ-Brief bzw. der Zulassungsbescheinigung Teil II übereinstimmt.[911] Der Verkäufer muss auch darüber aufklären, dass er das Fahrzeug von einem nicht im Kfz-Brief eingetragenen „fliegenden Zwischenhändler" erworben hat.[912] In Bezug auf normale Alters- und Verschleißerscheinungen, mit denen der Käufer bei Gebrauchtwagen immer rechnen muss, besteht hingegen keine Untersuchungspflicht.[913]

3. Vertragliche Nebenpflichten

482 Auch nach Abschluss des Kaufvertrags sind verschiedene Arten von Nebenpflichten des Verkäufers denkbar. Soweit solche nicht vertraglich vereinbart werden, können sie ihre Grundlage wiederum in §§ 241 Abs. 2, 242 BGB finden. In Betracht kommen hier insbesondere Pflichten zur Verwahrung/Instandhaltung der Ware (Rdnr. 483), zur Einweisung bzw. Instruktion (Rdnr. 484), zur Aushändigung bestimmter Dokumente (Rdnr. 485) sowie zur Rechnungslegung (Rdnr. 486). Zur Pflicht, die Kaufsache zu verpacken, siehe bereits Rdnr. 227 und Rdnr. 511.

483 **a) Verwahrung, Lagerung, Instandhaltung.** Bis zum Gefahrübergang obliegt es ferner dem Verkäufer, die verkaufte Sache zu **schützen,** insbesondere durch sorgfältige, den Besonderheiten der jeweiligen Kaufsache entsprechende **Lagerung**.[914] Zur näheren inhaltlichen Bestimmung dieser Verwahrpflicht können die Vorschriften über den Verwahrungsvertrag (§§ 688 ff. BGB) herangezogen werden, mit Ausnahme des § 690 BGB,[915] der die Verantwortlichkeit auf die Sorgfalt in eigenen Angelegenheiten beschränkt. Der Verkäufer hat die Sache vor Schaden zu bewahren[916] und Eingriffe Dritter abzuwenden.[917] Eine **Versicherungspflicht** trifft ihn aber nur im Ausnahmefall, etwa wenn der Sache ganz außergewöhnliche Gefahren drohen.[918] Tiere sind gesund zu erhalten, insbesondere durch Fütterung und artgerechte Haltung,[919] Maschinen und andere technische Geräte sind, soweit notwendig, zu warten.[920]

---

[907] BGH, NJW 2004, 1032 f. (überalterte Reifen); BGH, NJW 1981, 922 f.; BGH, NJW 1979, 1707; Erman-*Grunewald*, § 433 BGB Rdnr. 31; PWW-*Schmidt*, § 437 BGB Rdnr. 50.
[908] BGH BB 2006, 1984, 1985; MünchKomm-*Westermann*, § 433 BGB Rdnr. 70.
[909] BGH, NJW 1983, 217, 218; BGH, NJW 1978, 2241, 2243; Staudinger-*Beckmann*, § 433 BGB Rdnr. 104.
[910] BT-Drucks. 14/6040, S. 210.
[911] BGH, NJW 1980, 2186, 2187; OLG Karlsruhe, NJW 2005, 989, 991.
[912] BGH, NJW 2010, 858 f.
[913] BGH, NJW 1981, 922 f.
[914] MünchKomm-*Westermann*, § 433 BGB Rdnr. 66; Erman-*Grunewald*, § 433 BGB Rdnr. 32; PWW-*Schmidt*, § 437 BGB Rdnr. 63.
[915] Staudinger-*Beckmann*, § 433 BGB Rdnr. 107; Palandt-*Weidenkaff*, § 433 BGB Rdnr. 33.
[916] BGH DB 1972, 34.
[917] Staudinger-*Beckmann*, § 433 BGB Rdnr. 108.
[918] BGH, NJW 1991, 1675, 1676; MünchKomm-*Westermann*, § 433 BGB Rdnr. 66; Erman-*Grunewald*, § 433 BGB Rdnr. 32; PWW-*Schmidt*, § 437 BGB Rdnr. 63; a.A. Staudinger-*Beckmann*, § 433 BGB Rdnr. 108.
[919] Staudinger-*Beckmann*, § 433 BGB Rdnr. 108.
[920] BGH LM § 323 Nr. 3.

b) Instruktion. Des weiteren kann der Verkäufer verpflichtet sein, den Käufer oder auch **484** dessen Personal[921] nach Lieferung der Ware **in** deren **Gebrauch einzuweisen** und über ihre sachgerechte Verwendung und ggf. Erhaltung aufzuklären. Derartige Pflichten bestehen aber nicht generell, sondern nur bei einer entsprechenden Vereinbarung oder aufgrund besonderer Umstände des Einzelfalls.[922] Letzteres betrifft etwa den Verkauf komplizierter Geräte, die ohne fachmännische Einarbeitung bzw. Instruktion nicht ohne weiteres benutzbar sind.[923] Insoweit wird eine Instruktionspflicht z. B. beim Kauf von EDV-Anlagen mit dazugehöriger Software angenommen.[924]

c) Dokumente, Urkunden. Auch die Übergabe von Dokumenten, die mit der Kauf- **485** sache in Zusammenhang stehen, kann Inhalt einer Nebenpflicht des Verkäufers sein. Anders als im UN-Kaufrecht (Art. 34 CISG, dazu Rdnr. 544 ff.) existiert diesbezüglich allerdings keine gesetzliche Regelung. Gleichwohl ist anerkannt, dass der Verkäufer dem Käufer alle Urkunden und Dokumente auszuhändigen hat, die sich auf **Rechtsverhältnisse in Ansehung des Kaufgegenstandes** beziehen.[925] Das betrifft beispielsweise Miet-, Pacht- und Versicherungsverträge beim Kauf eines Grundstücks oder einer Eigentumswohnung,[926] Zeugnisse über amtliche Prüfungen und Testate, Garantieurkunden,[927] Bauunterlagen[928] sowie insbesondere beim Unternehmenskauf die Übergabe sämtlicher relevanter kaufmännischer Unterlagen.[929] Eine Übergabepflicht besteht ferner auch für solche Dokumente, die zum **Nachweis des Eigentums** dienen[930] oder ohne die der Käufer die **Kaufsache nicht nutzen kann**,[931] soweit die Verschaffung solcher Dokumente nicht bereits von der Hauptpflicht zur Übergabe und Übereignung der Kaufsache erfasst wird, wie es beispielsweise beim Kauf eines KFZ in Bezug auf den KFZ-Brief und -schein bzw. die Zulassungsbescheinigung Teil I und II der Fall ist[932] (dazu Rdnr. 225).

d) Rechnungsstellung. Schließlich kann auch eine Nebenpflicht des Verkäufers zur Stel- **486** lung einer Rechnung bestehen. Voraussetzung ist, dass der Käufer daran ein **berechtigtes Interesse** hat. Ein solches ist schon dann gegeben, wenn der Käufer einen Nachweise über die Zahlung der Umsatzsteuer haben will.[933] Ist der Käufer zum Vorsteuerabzug berechtigt, hat der Verkäufer eine Rechnung mit gesondert ausgewiesener Umsatzsteuer zu erteilen (§ 14 UStG).[934]

e) Schutz- und Rücksichtnahmepflicht. Weitere Nebenpflichten können sich aus den in **487** § 241 Abs. 2 BGB statuierten allgemeinen Schutz- und Rücksichtnahmepflichten ergeben. Eine Verletzung der Rücksichtnahmepflicht kann insoweit schon dann vorliegen, wenn der Verkäufer vom Käufer etwas verlangt, das nach dem Vertragsinhalt nicht geschuldet ist. So

---

[921] BGH, NJW 1983, 392; Erman-*Grunewald*, § 433 BGB Rdnr. 29.
[922] Staudinger-*Beckmann*, § 433 BGB Rdnr. 110; PWW-*Schmidt*, § 437 BGB Rdnr. 58.
[923] BGHZ 47, 312, 315 f.: Betonmischmaschine; Bamberger/Roth-*Faust*, § 433 BGB Rdnr. 48.
[924] BGH, NJW-RR 1999, 1285, 1286; BGH, NJW 1984, 2938, 2939; OLG Dresden, NJW-RR 1998, 1351, 1352; PWW-*Schmidt*, § 437 BGB Rdnr. 58.
[925] MünchKomm-*Westermann*, § 433 BGB Rdnr. 68; Erman-*Grunewald*, § 433 BGB Rdnr. 35; Bamberger/Roth-*Faust*, § 433 BGB Rdnr. 47; PWW-*Schmidt*, § 437 BGB Rdnr. 59.
[926] MünchKomm-*Westermann*, § 433 BGB Rdnr. 68; Bamberger/Roth-*Faust*, § 433 BGB Rdnr. 47.
[927] MünchKomm-*Westermann*, § 433 BGB Rdnr. 68.
[928] LG Detmold, NJW 1969, 2144, 2145; Palandt-*Weidenkaff*, § 433 BGB Rdnr. 26.
[929] Erman-*Grunewald*, § 433 BGB Rdnr. 35.
[930] Palandt-*Weidenkaff*, § 433 BGB Rdnr. 26.
[931] Erman-*Grunewald*, § 433 BGB Rdnr. 35.
[932] BGH, NJW 1953, 1347; Bamberger/Roth-*Faust*, § 433 BGB Rdnr. 47.
[933] Erman-*Grunewald*, § 433 BGB Rdnr. 39; Palandt-*Weidenkaff*, § 433 BGB Rdnr. 32.
[934] BGH, NJW 1988, 2042; OLG München, NJW 1988, 270, 271; Staudinger-*Beckmann*, § 433 BGB Rdnr. 115.

kann u. U. schon die unberechtigte Ausübung eines Rücktrittsrechts oder die unberechtigte Geltendmachung von Schadensersatzansprüchen eine (gem. § 280 Abs. 1 BGB) schadensbegründende Pflichtverletzung darstellen. Das erforderliche Vertretenmüssen wird dabei aber regelmäßig nicht schon dann gegeben sein, wenn der Verkäufer nicht erkennt, dass seine Rechtsposition in der Sache nicht berechtigt ist, sondern erst, wenn er seine Rechtsposition „auch nicht als plausibel ansehen durfte".[935]

4. Nachvertragliche Nebenpflichten

488 Auch nach Durchführung des Kaufvertrags, also nach Erfüllung der beiderseitigen Hauptpflichten, können noch Nebenpflichten des Verkäufers bestehen. So kommt insbesondere eine Pflicht zur **Funktionserhaltung** der Kaufsache in Betracht. Diese kann sowohl das **Vorhalten von Ersatz- und Austauschteilen** als auch das Anbieten bzw. **Durchführen von Wartungsleistungen** beinhalten.[936] Soweit derartige Pflichten nicht vertraglich vereinbart wurden, sind für ihr Bestehen die Umstände des jeweiligen Einzelfalls unter Berücksichtigung von Treu und Glauben und der Verkehrssitte maßgeblich.[937] Zu berücksichtigen sind hierbei neben der Lebensdauer und den Anschaffungskosten der Kaufsache und ihrer Verschleißanfälligkeit auch die Herstellungs- und Lagerkosten von Ersatzteilen.[938] So ist beispielsweise der Verkäufer eines neuen KFZ regelmäßig verpflichtet, die Ersatzteilversorgung zumindest für einige Jahre sicherzustellen.[939] Ebenso muss der Anbieter pflegebedürftiger Software deren Wartung für eine angemessene Zeit anbieten.[940] Andererseits kann der Käufer eines älteren Gebrauchtwagens nicht davon ausgehen, dass sämtliche Ersatzteile noch uneingeschränkt erhältlich sind,[941] insbesondere dann nicht, wenn es sich um ein Auslaufmodell handelt.[942] Ist eine Pflicht zur Vorhaltung von Ersatzteilen bzw. zum Anbieten von Service- oder Wartungsleistungen zu bejahen, so besteht sie aber jedenfalls nur in zeitlich begrenztem Umfang,[943] in der Regel nicht über die durchschnittliche Lebens- bzw. Nutzungsdauer der Kaufsache hinaus.[944]

VII. Besondere Arten des Kaufs

489 Spezielle Pflichten des Verkäufers bestehen bei den im zweiten Untertitel des Kaufrechts (§§ 454 ff. BGB) geregelten Sonderformen des Kaufs. So muss bei einem **Kauf auf Probe** i. S. d. § 454 Abs. 1 BGB, bei dem das Zustandekommen des Vertrags von der Billigung der Ware durch den Käufer abhängt (Rdnr. 85 ff.), der Verkäufer dem Käufer gem. § 454 Abs. 2 BGB eine vorvertragliche **Untersuchung der Ware gestatten** (dazu sogleich Rdnr. 490 ff.). Hat sich der Verkäufer gem. § 456 Abs. 1 BGB ein **Wiederkaufsrecht** vorbehalten (Rdnr. 88 ff.), so wird bei dessen Ausübung der ursprüngliche Käufer zum (Wieder-) Verkäufer und ist gem. § 457 Abs. 1 BGB zur **Herausgabe der Kaufsache nebst Zubehör** verpflichtet (dazu Rdnr. 493 ff.). Des weiteren trifft ihn unter bestimmten Vo-

---

[935] BGH, NJW 2009, 1262, 1263 f.; vgl. dazu *Deckenbrock*, NJW 2009, 1247.
[936] Näher *Kühne*, BB 1986, 1527 ff.; *Finger*, NJW 1970, 2049 ff.
[937] Staudinger-*Beckmann*, § 433 BGB Rdnr. 121; Bamberger/Roth-*Faust*, § 433 BGB Rdnr. 49.
[938] Staudinger-*Beckmann*, § 433 BGB Rdnr. 121.
[939] MünchKomm-*Westermann*, § 433 BGB Rdnr. 71; *Ullrich/Ulbrich*, BB 1995, 371, 372; *Kühne*, BB 1986, 1527, 1528.
[940] LG Köln, NJW-RR 1999, 1285, 1286; Erman-*Grunewald*, § 433 BGB Rdnr. 39.
[941] *Kühne*, BB 1986, 1527, 1530.
[942] Staudinger-*Beckmann*, § 433 BGB Rdnr. 121.
[943] Palandt-*Weidenkaff*, § 433 BGB Rdnr. 29, § 242 BGB Rdnr. 29; Bamberger/Roth-*Faust*, § 433 BGB Rdnr. 49; PWW-*Schmidt*, § 437 BGB Rdnr. 65.
[944] LG Köln, NJW-RR 1999, 1285, 1286 (Software); AG München, NJW 1970, 1852; Staudinger-*Beckmann*, § 433 BGB Rdnr. 121; *Finger*, NJW 1970, 2049, 2050.

raussetzungen eine **Beseitigungspflicht** hinsichtlich an der Kaufsache entstandener **Rechte Dritter** (Rdnr. 495 ff.). Besteht an der Kaufsache ein **Vorkaufsrecht** i. S. d. § 463 BGB (Rdnr. 91 ff.), so muss schließlich der Verkäufer, wenn er mit einem Dritten einen Kaufvertrag abschließt, dem Vorkaufsberechtigten gem. § 469 Abs. 1 S. 1 BGB unverzüglich den **Inhalt dieses Vertrags mitteilen** (hierzu Rdnr. 498 ff.).

1. Gestattung der Untersuchung beim Kauf auf Probe

Bei einem Kauf auf Probe kann der Käufer frei über die Billigung der Kaufsache entscheiden. Nach der Auslegungsregel des § 454 Abs. 1 S. 2 BGB stellt diese Billigung eine **aufschiebende Bedingung** dar. Somit besteht bis zum Eintritt dieser Bedingung kein wirksamer Kaufvertrag, der Verkäufer ist daher **während der Schwebezeit nicht zur Übergabe und Übereignung** der Kaufsache verpflichtet.[945] Da aber der Käufer als Grundlage für seine Entscheidung über die Billigung die Kaufsache kennen muss, verpflichtet § 454 Abs. 2 BGB den Verkäufer, dem Käufer die Untersuchung des Kaufgegenstandes zu ermöglichen. 490

Diese Pflicht stellt eine **Hauptpflicht** des Verkäufers dar,[946] sie ist als solche selbständig **klagbar** und **durchsetzbar**[947] – bei einer Untersuchung beim Verkäufer nach § 890 ZPO, im Falle einer Verpflichtung zur Herausgabe an den Käufer nach § 883 ZPO.[948] Der Verkäufer kann sie auch nicht mit der Behauptung abwehren, die Ware sei so schlecht, dass der Käufer sie ohnehin nicht gebilligt hätte.[949] 491

Soweit nichts anderes vereinbart ist, liegt der **Erfüllungsort** nach § 269 BGB beim Verkäufer.[950] Er muss also dem Käufer nur die Möglichkeit geben, die Sache dort zu untersuchen. Es besteht somit grundsätzlich **keine Pflicht zur Lieferung bzw. Übergabe** der Sache an den Käufer zur Begutachtung.[951] Entstehen durch die Untersuchung **Kosten,** so hat diese im Zweifel der Käufer zu tragen.[952] Eine Nutzungs (ausfall-) entschädigung für die Untersuchungszeit besteht dagegen nicht.[953] 492

2. Wiederkauf

a) Herausgabepflicht des Wiederverkäufers. Hat sich der Verkäufer im Kaufvertrag ein Wiederkaufsrecht vorbehalten, so kommt mit dessen Ausübung ein neuer Kaufvertrag mit umgekehrten Rollen zustande.[954] Der ursprüngliche Käufer ist jetzt (Wieder-) Verkäufer, der Verkäufer nun (Wieder-) Käufer. Damit korrespondierend verpflichtet § 457 Abs. 1 BGB den Wiederverkäufer zur Herausgabe der Kaufsache an den Wiederkäufer. Obwohl diese Formulierung von den in § 433 Abs. 1 BGB geregelten Verkäuferpflichten zur Übergabe und Übereignung der Kaufsache abweicht und insoweit missverständlich ist,[955] bestehen inhaltlich keine Unterschiede.[956] Auch der Wiederverkäufer muss die Kaufsache dem 493

---

[945] Erman-*Grunewald*, § 454 BGB Rdnr. 6; Bamberger/Roth-*Faust*, § 454 BGB Rdnr. 7; Palandt-*Weidenkaff*, § 454 BGB Rdnr. 10.
[946] OLG Hamm, BB 1995, 1925, 1926; Staudinger-*Mader*, § 454 BGB Rdnr. 18.
[947] MünchKomm-*Westermann*, § 454 BGB Rdnr. 6; PWW-*Schmidt*, § 454 BGB Rdnr. 12.
[948] MünchKomm-*Westermann*, § 454 BGB Rdnr. 6; Staudinger-*Mader*, § 454 BGB Rdnr. 16.
[949] RGZ 94, 285, 287; RGZ 93, 254, 255; Staudinger-*Mader*, § 454 BGB Rdnr. 15; Bamberger/Roth-*Faust*, § 454 BGB Rdnr. 7.
[950] Staudinger-*Mader*, § 454 BGB Rdnr. 15; Bamberger/Roth-*Faust*, § 454 BGB Rdnr. 7.
[951] So aber MünchKomm-*Westermann*, § 454 BGB Rdnr. 6; PWW-*Schmidt*, § 454 BGB Rdnr. 12, allerdings ohne Begründung.
[952] Staudinger-*Mader*, § 454 BGB Rdnr. 17; Palandt-*Weidenkaff*, § 454 BGB Rdnr. 12.
[953] BGH, NJW 1990, 450, 451; OLG Schleswig, NJW-RR 2000, 1656.
[954] Erman-*Grunewald*, § 456 BGB Rdnr. 10; PWW-*Schmidt*, § 456 BGB Rdnr. 8.
[955] MünchKomm-*Westermann*, § 457 BGB Rdnr. 1; Bamberger/Roth-*Faust*, § 457 BGB Rdnr. 2.
[956] Staudinger-*Mader*, § 457 BGB Rdnr. 3.

Wiederkäufer nicht nur herausgeben, sondern sie ihm i. S. d. § 433 Abs. 1 BGB **übergeben** und ihm das **Eigentum** daran **verschaffen**.[957]

494 Diese Pflichten erstrecken sich nach dem ausdrücklichen Wortlaut des § 457 Abs. 1 BGB auch auf das **Zubehör** der Kaufsache. Insoweit bestimmt sich der Umfang der Übergabe- und Übereignungspflicht nach den §§ 97 f. BGB.[958] Erfasst ist auch solches Zubehör, das zwischen der Vereinbarung der Wiederkaufsabrede und der Ausübung des Wiederkaufsrechts Zubehör geworden ist.[959]

495 **b) Beseitigung von Rechten Dritter.** Soweit der Wiederverkäufer durch eine **vor Ausübung des Wiederkaufrechts getroffene Verfügung** Rechte Dritter an der Kaufsache begründet, muss er diese gem. § 458 S. 1 BGB **beseitigen.** Einer solchen Verfügung durch den Wiederverkäufer gleichgestellt werden durch § 458 S. 2 BGB Verfügungen, die im Wege der **Zwangsvollstreckung**, der **Arrestvollziehung** oder durch einen **Insolvenzverwalter** vorgenommen werden.

496 Verfügungen des Wiederverkäufers selbst sind insbesondere die **Weiterveräußerung** oder **dingliche Belastung** der Kaufsache.[960] Erfasst sind aber auch lediglich **schuldrechtliche Belastungen** wie etwa der Abschluss eines Miet- oder Pachtvertrags.[961] Auf ein Verschulden des Wiederverkäufers kommt es nicht an.[962]

497 Die Beseitigung der durch § 458 S. 2 BGB gleichgestellten exekutiven und rechtsgeschäftlichen Verfügungen durch Zwangsvollstreckung, Arrestvollziehung oder durch einen Insolvenzverwalter wird dem Wiederverkäufer häufig **unmöglich** sein. Hier steht die **Schadensersatzhaftung** des Wiederverkäufers für derartige Verfügungen im Vordergrund, die aber wiederum nur bei einem Vertretenmüssen des Wiederverkäufers eingreift.[963]

3. Mitteilungspflicht beim Vorkauf

498 Besteht an der Kaufsache ein gesetzliches oder vertragliches Vorkaufsrecht, so hat der vorkaufsverpflichtete Verkäufer dem Vorkaufsberechtigten gem. § 469 Abs. 1 S. 1 BGB nach Eintritt des Vorkaufsfalls – also gem. § 463 BGB nach Abschluss des **Kaufvertrags mit einem Dritten** – unverzüglich **Mitteilung über den Inhalt** dieses Vertrags zu machen. Damit soll eine zügige Entscheidung über die Ausübung des Vorkaufsrechts gewährleistet werden.[964] Bei dieser Mitteilungspflicht handelt es sich um eine **echte Pflicht,** nicht nur um eine bloße Obliegenheit,[965] so dass ihre **Verletzung** nicht nur den Anlauf der Ausschlussfrist des § 469 Abs. 2 BGB hindert, sondern auch zu **Schadensersatzansprüchen** führen kann.[966]

499 Obwohl die Mitteilungspflicht zwar nur den Vorkaufsverpflichteten trifft, kann sie gem. § 469 Abs. 1 S. 2 BGB auch **durch eine Mitteilung des Dritten** (Käufers) **ersetzt** werden. In **zeitlicher Hinsicht** löst nur eine **nach vollwirksamen Abschluss des Kaufvertrags**

---

[957] MünchKomm-*Westermann*, § 457 BGB Rdnr. 1; Bamberger/Roth-*Faust*, § 457 BGB Rdnr. 2; Palandt-*Weidenkaff*, § 457 BGB Rdnr. 2.
[958] Staudinger-*Mader*, § 457 BGB Rdnr. 5; Bamberger/Roth-*Faust*, § 457 BGB Rdnr. 4.
[959] Staudinger-*Mader*, § 457 BGB Rdnr. 5; Erman-*Grunewald*, § 457 BGB Rdnr. 2; Palandt-*Weidenkaff*, § 457 BGB Rdnr. 2; krit. MünchKomm-*Westermann*, § 457 BGB Rdnr. 2.
[960] Bamberger/Roth-*Faust*, § 458 BGB Rdnr. 2; Staudinger-*Mader*, § 458 BGB Rdnr. 2.
[961] Staudinger-*Mader*, § 458 BGB Rdnr. 2; Bamberger/Roth-*Faust*, § 458 BGB Rdnr. 2; Erman-*Grunewald*, § 458 BGB Rdnr. 1.
[962] Staudinger-*Mader*, § 458 BGB Rdnr. 2; MünchKomm-*Westermann*, § 458 BGB Rdnr. 2; a. A. Palandt-*Weidenkaff*, § 458 BGB Rdnr. 3.
[963] MünchKomm-*Westermann*, § 458 BGB Rdnr. 4; Staudinger-*Mader*, § 458 BGB Rdnr. 4; Bamberger/Roth-*Faust*, § 458 BGB Rdnr. 3.
[964] Staudinger-*Mader*, § 469 BGB Rdnr. 1; MünchKomm-*Westermann*, § 469 BGB Rdnr. 1.
[965] Staudinger-*Mader*, § 469 BGB Rdnr. 2.
[966] OLG Celle, ZMR 2008, 119, 120; BGH, WM 2003, 788; Erman-*Grunewald*, § 469 BGB Rdnr. 6.

erfolgte Mitteilung die Rechtsfolgen des § 469 Abs. 2 BGB aus.[967] Steht etwa noch eine behördliche Genehmigung aus, von der die Wirksamkeit des Kaufvertrags abhängt, so ist eine vorherige Mitteilung zwar möglich, führt aber nicht zum Anlaufen der Ausschlussfrist.[968]

Inhaltlich muss die grundsätzlich **formfreie**[969] Mitteilung den **Inhalt** des mit dem Dritten abgeschlossenen **Kaufvertrags** wiedergeben.[970] Das erfordert zwar nicht immer eine Übersendung des wortgetreuen Vertragstextes,[971] doch muss dem Vorkaufsberechtigten der Vertragsinhalt soweit zur Kenntnis gebracht werden, dass er auf dieser Grundlage eine Entscheidung über die Ausübung seines Vorkaufsrechts treffen kann.[972] Verbleiben Unklarheiten, muss der Vorkaufsverpflichtete auf Nachfragen des Berechtigten **weitere Auskünfte** erteilen.[973] Wird nach der Mitteilung der **Kaufvertrag geändert**, so ist auch dies wiederum mitzuteilen.[974]

500

VIII. Besonderheiten beim Handelskauf

Ist der Kaufvertrag ein **Handelsgeschäft** i.S.d. § 343 HGB (siehe Rdnr. 108 ff.), richten sich die Pflichten des Verkäufers grundsätzlich ebenfalls nach den §§ 433 ff. BGB (vgl. Rdnr. 76). Unter Umständen können sich aber darüber hinausgehende Verkäuferpflichten aus den Sonderregeln des HGB ergeben. Solche bestehen zum einen im Hinblick auf die Zeit der Leistung (§§ 358 f. HGB, dazu sogleich Rdnr. 508 ff.). Außerdem können sich spezifische Nebenpflichten aus Handelsbräuchen oder der kaufmännischen Sorgfaltspflicht ergeben (dazu Rdnr. 513 ff.).

501

1. Übergabepflicht

a) Übergabe von Traditionspapieren. In Bezug auf die Übergabepflicht des Verkäufers aus § 433 Abs. 1 S. 1 BGB wird die tatsächliche Übergabe der Kaufsache bei Handelskäufen oft durch die Übergabe von Traditionspapieren ersetzt. Das sind Dokumente, aufgrund derer der Käufer unmittelbar selbst und allein die Herausgabe der Sache von einem Fremdbesitzer verlangen kann. Solche Traditionspapiere sind in erster Linie der **Ladeschein** i.S.d. § 444, 448 HGB, der **Orderlagerschein** i.S.d. §§ 475 c, 475 g HGB und das **Seeschifferkonnossement** i.S.d. § 650 HGB.[975] Sachenrechtlich steht die Übergabe eines solchen Traditionspapiers zwar der Übergabe der Sache selbst gleich, zur Erfüllung der kaufvertraglichen Übergabepflicht genügt die Übergabe eines Traditionspapiers jedoch nur dann, wenn dies vertraglich vereinbart ist,[976] z.B. durch die Klausel „Zahlung gegen Konnossement" oder „Kasse gegen Dokumente".[977]

502

b) Kosten der Übergabe. Die Kostentragungsregelung des § 448 Abs. 1 BGB wird im Handelskauf regelmäßig durch **Handelsklauseln** (näher Rdnr. 514) abgeändert.[978] Ist z.B.

503

---

[967] MünchKomm-*Westermann*, § 469 BGB Rdnr. 3; *Heinrich*, DNotZ 1992, 771, 772.
[968] BGHZ 23, 342, 348; MünchKomm-*Westermann*, § 469 BGB Rdnr. 3.
[969] BGH LM Nr. 3 zu § 510 BGB a. F.; MünchKomm-*Westermann*, § 469 BGB Rdnr. 5; *Strutz*, DNotZ 1970, 280.
[970] BGHZ 60, 275, 288; Bamberger/Roth-*Faust*, § 469 BGB Rdnr. 3.
[971] Staudinger-*Mader*, § 469 BGB Rdnr. 10.
[972] Staudinger-*Mader*, § 469 BGB Rdnr. 10.
[973] BGH, NJW 1994, 315, 316; Bamberger/Roth-*Faust*, § 469 BGB Rdnr. 5.
[974] BGH, NJW 1973, 1365, 1365; PWW-*Schmidt*, § 469 BGB Rdnr. 3.
[975] Erman-*Grunewald*, § 433 BGB Rdnr. 14;
[976] Staudinger-*Beckmann*, § 433 BGB Rdnr. 74; MünchKomm-*Westermann*, § 433 BGB Rdnr. 53; Bamberger/Roth-*Faust*, § 433 BGB Rdnr. 34; PWW-*Schmidt*, § 433 BGB Rdnr. 18.
[977] Palandt-*Weidenkaff*, § 433 BGB Rdnr. 13.
[978] Eine Aufzählung und Erläuterung der gebräuchlichsten Handelsklauseln gibt Ebenroth/Boujong/Joost-*Kort*, § 346 HGB Rdnr. 86 ff.

Lieferung „ab Werk" vereinbart, so hat der Verkäufer nur diejenigen Kosten zu tragen, die bis zur ordnungsgemäßen Bereitstellung der Ware am Werk des Verkäufers anfallen.[979] Bei einer „frachtfrei"-Abrede muss der Verkäufer die Ware auf seine Kosten an den Bestimmungsort bringen.[980] Noch weiter geht die Kostenlast des Verkäufers bei der Vereinbarung „frei Haus", hier trägt der Käufer zusätzlich auch die Abnahmekosten, also etwa die Kosten des Einschaffens der Ware in das Lager des Käufers.[981]

2. Eigentumsverschaffungspflicht

504 **a) Gutgläubiger Erwerb nach § 366 HGB.** Die Pflicht des Verkäufers, dem Käufer das Eigentum an der Kaufsache zu verschaffen, ist auch dann erfüllt, wenn der Käufer das Eigentum gem. § 932 Abs. 1 gutgläubig von einem Dritten erwirbt (dazu Rdnr. 253). Im Rahmen eines Handelskauf muss sich der gute Glaube des Käufers nicht zwingend auf die Eigentümerstellung des Verkäufers beziehen, sondern gem. § 366 Abs. 1 HGB genügt bereits der gute Glaube an die **Verfügungsbefugnis des Verkäufers**. Ein solcher kann etwa darauf beruhen, dass der Erwerber an einen Tatbestand glaubt, bei dessen Vorliegen eine Verfügungsbefugnis des Verkäufers bestünde, oder darauf, dass er trotz Kenntnis des ein Verfügungsrecht nicht begründenden Tatbestands aufgrund eines entschuldbaren Rechtsirrtums die Verfügungsbefugnis annimmt.[982] So darf etwa der Käufer eines **gebrauchten KFZ** grundsätzlich davon ausgehen, dass ein den KFZ-Brief bzw. die Zulassungsbescheinigung Teil II vorlegender Händler auch dann verfügungsbefugt ist, wenn er nicht als Halter eingetragen ist,[983] der bloße Besitz begründet dagegen noch keinen hinreichenden Rechtsschein.[984] Beim Kauf eines **Neuwagens** kann der Käufer allerdings wegen des üblichen Eigentumsvorbehalts des Herstellers oder Importeurs in der Regel auf die Verfügungsbefugnis des Händlers vertrauen.[985] Eine darüber hinausgehende direkte oder analoge Anwendung des § 366 Abs. 1 HGB auf Fälle des guten Glaubens an die **Vertretungsmacht des Veräußerers**[986] ist allerdings angesichts des klaren Wortlauts der Vorschrift und der fehlenden Schutzbedürftigkeit abzulehnen.[987]

505 **b) Eigentumsvorbehalt.** Ist ein Eigentumsvorbehalt weder vertraglich vereinbart noch einseitig vom Verkäufer erklärt worden (dazu Rdnr. 257 ff.), so stellt sich die Frage, ob ein **stillschweigender Eigentumsvorbehalt** anzunehmen ist, wenn der Kaufpreis nicht vor oder bei Übergabe und Abnahme der Ware beglichen wird, sondern gestundet ist oder aus anderen Gründen erst später gezahlt wird. Für Kaufverträge außerhalb des Handelskaufs ist dies abzulehnen (Rdnr. 263 f.). Bei Kaufverträgen zwischen Kaufleuten könnte sich etwas anderes aber ergeben, wenn ein dahingehender **Handelsbrauch** feststellbar wäre. Das wird teilweise – zumindest für einzelne Branchen – befürwortet, so etwa für die Textilbranche,[988] für den KFZ-Handel,[989] den Weinhandel[990] und den Buchhandel.[991] Abgelehnt wurde ein

---

[979] Erman-*Grunewald*, § 448 BGB Rdnr. 5.
[980] Staudinger-*Beckmann*, § 448 BGB Rdnr. 36.
[981] Staudinger-*Beckmann*, § 448 BGB Rdnr. 40.
[982] BGH, NJW 1952, 219, 221; Ebenroth/Boujong/Joost/Strohn-*Lettl*, § 366 HGB Rdnr. 9.
[983] BGH, NJW 1994, 2093, 2094; BGH, WM 1987, 1282, 1283 f.
[984] BGH, SVR 2006, 460, 461.
[985] BGH, NJW 2005, 1365, 1366; OLG Düsseldorf, NJW-RR 1992, 381, 382.
[986] So aber Schlegelberger-*Hefermehl*, § 366 HGB Rdnr. 32; Baumbach/*Hopt*, § 366 HGB Rdnr. 5; *Schmidt*, JuS 1987, 936 ff.
[987] Wie hier Ebenroth/Boujong/Joost/Strohn-*Lettl*, § 366 HGB Rdnr. 10 f., *Reinicke*, AcP 189 (1989), 79; offen BGH, NJW 1992, 2575.
[988] LG Marburg, NJW-RR 1993, 1505.
[989] BGH NStZ-RR 1999, 11; a. A. RGZ 143, 14.
[990] *Gallois*, NJW 1956, 858.
[991] IHK Stuttgart, DB 1949, 526.

entsprechender Handelsbrauch dagegen für den Lebensmittelhandel[992] und für den Holzhandel.[993] Ein allgemeiner, branchenübergreifender Handelsbrauch besteht in diesem Zusammenhang jedenfalls nicht.[994]

Wird ein Eigentumsvorbehalt vom Verkäufer erstmals in einem **kaufmännischen Bestätigungsschreiben** erklärt, so muss der Käufer diesem widersprechen, um ihn abzuwehren[995] (zum Bestätigungsschreiben bereits Rdnr. 197). **506**

Kollidiert beim **verlängerten Eigentumsvorbehalt** (Rdnr. 285 ff.) die Vorausabtretung der Forderungen des Vorbehaltskäufers aus der Weiterveräußerung der Vorbehaltsware an den Verkäufer mit einem zwischen Vorbehaltskäufer und dessen Abnehmer vereinbarten **Abtretungsverbot** (Rdnr. 288), so ist zu beachten, dass dies der Wirksamkeit der Vorausabtretung und damit auch der Geltung der Weiterveräußerungsermächtigung nicht entgegensteht.[996] Zwar wirken Abtretungsverbote grundsätzlich auch dinglich, doch regelt für den Handelsverkehr der zwingende § 354 a HGB eine Ausnahme von diesem Grundsatz.[997] Eine darüber hinausgehende, analoge Anwendung des § 354 a HGB auf Nichtkaufleute kommt allerdings nicht in Betracht.[998] **507**

3. Inhalt, Zeit und Ort der Leistung

Haben sich die Parteien nicht vertraglich auf eine bestimmte Leistungszeit geeinigt, enthalten die §§ 358 f. HGB **Auslegungsregeln**[999] für die Bestimmung der Leistungszeit, die den ansonsten maßgeblichen § 271 Abs. 1 BGB ergänzen. §§ 358 f. HGB gelten nach allgemeiner Ansicht nicht nur für zweiseitige, sondern auch für **einseitige Handelsgeschäfte** i. S. d. § 345 HGB, sofern jedenfalls auf der **Käuferseite** ein **Handelsgeschäft** vorliegt.[1000] Gem. § 271 Abs. 1 BGB kann der Käufer die Erfüllung der Verkäuferpflichten im Zweifel sofort verlangen und der Verkäufer darf die von ihm geschuldeten Leistungen sofort bewirken. Das wird durch § 358 HGB zunächst dahingehend modifiziert, dass dies im Rahmen eines Handelskaufs nur ihm Rahmen der „**gewöhnlichen Geschäftszeiten**" gilt, sofern nichts anderes vereinbart wurde. Die praktische Bedeutung dieser Vorschrift dürfte allerdings gering sein, da schon gem. § 242 BGB eine geschuldete Leistung nicht „zur Unzeit" erbracht werden darf,[1001] was im handelsrechtlichen Verkehr zu demselben Ergebnis führen dürfte. Für die Bestimmung der „gewöhnlichen Geschäftszeit" sind, dies folgt schon aus der Auslegungsregel des § 361 HGB (dazu **sogleich** Rdnr. 512), die **üblichen Geschäftszeiten am Erfüllungsort** maßgeblich.[1002] Bei einer Bringschuld sind damit der **Sitz** des Käufers und die üblichen Geschäftszeiten seiner **Branche,** bei Hol- oder Schickschulden und Versendungskäufen der Sitz und die Geschäftszeiten der Branche des Verkäufers entscheidend.[1003] Unanwendbar ist § 358 HGB auf die Abgabe von **Willenserklärungen,** er ist vielmehr nur **508**

---

[992] OLG Hamm, NJW-RR 1993, 1444 f.
[993] OLG Hamm, BB 1979, 701, 702; *Roller,* BB 1981, 587.
[994] Staudinger-*Beckmann,* § 449 BGB Rdnr. 16; MünchKomm-*Westermann,* § 449 BGB Rdnr. 15; a. A. *Künne,* DB 1971, 1509.
[995] BGHZ 18, 216; Staudinger-*Beckmann,* § 449 BGB Rdnr. 17.
[996] Staudinger-*Beckmann,* § 449 BGB Rdnr. 115; Palandt-*Weidenkaff,* § 449 BGB Rdnr. 18; *Reinicke/Tiedtke,* KaufR, Rdnr. 1379 ff.; a. A. Bamberger/Roth-*Faust,* § 449 BGB Rdnr. 26, der auch hier von einer Nichtgeltung der Weiterveräußerungsermächtigung ausgeht.
[997] Näher dazu Ebenroth/Boujong/Joost/Strohn-*Wagner,* § 354 a HGB Rdnr. 11 ff.
[998] BGH, NJW 2006, 3486, 3487; a. A. MünchKommHGB-*Schmidt,* § 354 a HGB Rdnr. 8; Baumbach/*Hopt,* § 354 a HGB Rdnr. 1.
[999] Ebenroth/Boujong/Joost/Strohn-*Eckert,* § 358 HGB Rdnr. 1.
[1000] Ebenroth/Boujong/Joost/Strohn-*Eckert,* § 358 HGB Rdnr. 5; § 359 Rdnr. 6.
[1001] Palandt-*Heinrichs,* § 242 BGB Rdnr. 22.
[1002] Baumbach/*Hopt,* § 358 HGB Rdnr. 3.
[1003] Ebenroth/Boujong/Joost/Strohn-*Eckert,* § 358 HGB Rdnr. 2.

auf die Erbringung von Leistungen gerichtet.[1004] Etwas anderes kann ausnahmsweise dann gelten, wenn die geschuldete Leistung gerade in der Abgabe einer Willenserklärung liegt.[1005]

509 Erbringt der Verkäufer seine **Leistung außerhalb der gewöhnlichen Geschäftszeit**, kann der Käufer die Annahme verweigern, ohne in Annahmeverzug zu geraten, es sei denn, die Annahmeverweigerung verstößt im Einzelfall gegen Treu und Glauben.[1006] Daneben gerät der Verkäufer in Schuldnerverzug, wenn er nicht bis zum Ende der gewöhnlichen Geschäftszeit des letzten Leistungstages erfüllt hat.[1007]

510 Eine weitere, ebenfalls den § 271 Abs. 1 BGB ergänzende **Auslegungsregel** enthält § 359 Abs. 1 HGB. Dieser betrifft die Fälle, in denen zwar eine vertragliche Abrede hinsichtlich der **Leistungszeit** existiert, diese aber **nicht eindeutig kalendermäßig bestimmt** ist, wie z. B. „Frühjahr", „Oktober bis Mai", „zur Messezeit" oder „zum Sommerschlussverkauf". Bei derartigen Vereinbarungen ist zur konkretisierenden Auslegung gem. § 359 Abs. 1 HGB der am Leistungsort herrschende **Handelsbrauch** heranzuziehen. Der Leistungsort bestimmt sich dabei wiederum nach § 269 BGB, er liegt ist also bei einer Bringschuld am Sitz des Käufers, bei Hol- oder Schickschulden sowie Versendungskäufen am Sitz des Verkäufers. Die Konkretisierung erfolgt dabei für Jahreszeitangaben nach dem **Kalender,** eine Erfüllung „im Herbst" hat also spätestens am 21. Dezember zu erfolgen.[1008] Eine auf Monate bezogene Vereinbarung („Lieferung April/Mai") ist dahingehend auszulegen, dass die Leistung bis zum letzten Tag des Monats Mai erfolgen kann.[1009]

511 Hinsichtlich des **Inhalts einer Gattungsschuld** sind für einen Handelskauf besondere Bestimmungen in § 360 HGB geregelt. Zwar hat sich durch die Schuldrechtsmodernisierung eine Unterscheidung zwischen Gattungs- und Stückkauf weitgehend erübrigt (siehe **dazu** Rdnr. 390), dennoch ist diese nicht gänzlich entbehrlich geworden. So gelten insbesondere die Regeln über die Konkretisierung (§ 243 Abs. 2 BGB, siehe **dazu** Rdnr. 404) und den Annahmeverzug bei Gattungskäufen (§ 300 Abs. 2 BGB, **hierzu** Rdnr. 1384) auch weiterhin. Insbesondere mit Hinblick auf die **Konkretisierung** ist von Bedeutung, welchen Inhalt eine Gattungsschuld hat. § 243 Abs. 1 BGB legt hier als Grundsatz fest, dass Ware „mittlerer Art und Güte" zu leisten ist. § 360 HGB modifiziert diese Regel für Handelsgeschäfte dahingehend, dass hier **„Handelsgut mittlerer Art und Güte"** geschuldet ist. Dies kann gegenüber § 243 Abs. 1 BGB sowohl eine Erhöhung als auch eine Verminderung der geschuldeten Qualität bedeuten.[1010] Unter den Begriff **„Handelsgut"** fällt dabei von vornherein nur Ware, die umsatzfähig und/oder für den vertraglich vorgesehenen Zweck verwendbar ist.[1011] Insbesondere muss die Ware zwingenden gesetzlichen Vorschriften – etwa aus dem Lebensmittelrecht – genügen[1012] und auch ihre Verpackung muss handelsüblich sein.[1013] **„Mittlere Art und Güte"** bedeutet, dass die Ware den nach der Verkehrsanschauung zu ermittelnden, durchschnittlichen Anforderungen am Erfüllungsort entsprechen muss. § 360 HGB ist auch bei **einseitigen Handelsgeschäften** anwendbar, soweit nur auf der **Schuldnerseite** ein **Kaufmann** handelt.[1014]

[1004] Baumbach/*Hopt*, § 358 HGB Rdnr. 3.
[1005] Ebenroth/Boujong/Joost/Strohn-*Eckert*, § 358 HGB Rdnr. 6.
[1006] RGZ 92, 208, 211; Baumbach/*Hopt*, § 358 HGB Rdnr. 3.
[1007] Ebenroth/Boujong/Joost/Strohn-*Eckert*, § 358 HGB Rdnr. 8.
[1008] Ebenroth/Boujong/Joost/Strohn-*Eckert*, § 359 HGB Rdnr. 4.
[1009] RGZ 95, 20, 22.
[1010] Baumbach/*Hopt*, § 360 HGB Rdnr. 3.
[1011] Ebenroth/Boujong/Joost/Strohn-*Eckert*, § 360 HGB Rdnr. 6; RGZ 13, 22, 23.
[1012] Baumbach/*Hopt*, § 360 HGB Rdnr. 3.
[1013] Ebenroth/Boujong/Joost/Strohn-*Eckert*, § 360 HGB Rdnr. 6.
[1014] Str., wie hier Ebenroth/Boujong/Joost/Strohn-*Eckert*, § 360 HGB Rdnr. 9; Baumbach/*Hopt*, § 360 HGB Rdnr. 3: a. A., Schlegelberger-*Hefermehl*, § 360 HGB Rdnr. 6; Heymann/*Horn*, § 360 HGB Rdnr. 12, nach denen § 360 auf jedes einseitige Handelsgeschäft anwendbar ist.

A. Verkäuferpflichten nach BGB

§ 361 HGB enthält eine Auslegungsregel für die Fälle, bei denen im Vertrag **Maß-, Gewichts-, Währungs-, Zeit- oder Entfernungsangaben** verwendet werden, die an verschiedenen Orten unterschiedliche Bedeutung haben. Im Zweifel ist hier gem. § 361 HGB immer diejenige Bedeutung maßgeblich, die am jeweiligen **Erfüllungsort** (vgl. dazu Rdnr. 229) gilt. Die Norm, die auch für **einseitige Handelsgeschäfte** Anwendung findet, erlangt praktische Bedeutung aber meist nur im **internationalen Handelsverkehr**, wenn zudem noch über IPR deutsches Recht berufen ist, da im nationalen Verkehr die in § 361 HGB bezeichneten Normmaße weitgehend gesetzlich bestimmt und vereinheitlicht sind.[1015]

512

4. Nebenpflichten aus Handelsbräuchen und kaufmännischer Sorgfalt

Aus den **Handelsbräuchen** können sich **bei zweiseitigen Handelsgeschäften**[1016] auch besondere Pflichten für den Verkäufer ergeben. § 346 HGB legt insoweit ausdrücklich fest, dass unter Kaufleuten auf derartige Gebräuche und Gewohnheiten Rücksicht zu nehmen ist. Notwendig ist hierfür immer, dass sich ein Handelsbrauch positiv feststellen lässt. Dies erfordert eine **verpflichtende Regel**, die **auf einer** allseits **anerkannten**, gleichmäßigen, einheitlichen und freiwilligen **Übung** der beteiligten Kreise **über einen langen Zeitraum** hinweg beruht.[1017] Die Grenzen zur Handelsübung und zur Verkehrsanschauung sind dabei oft fließend, eine Abgrenzung daher schwierig vorzunehmen.[1018] Dass ein Handelsbrauch des jeweiligen Inhalts tatsächlich besteht, muss im Übrigen entsprechend den allgemeinen prozessualen Darlegungs- und Beweislastregeln immer derjenige vortragen und **beweisen**, der sich auf den Handelsbrauch beruft.[1019] Bei Zweifeln wird in der Regel ein Gutachten der Industrie- und Handelskammer erforderlich, aber auch ausreichend sein.[1020]

513

Eine wichtige Fallgruppe der Handelsbräuche ist die Vereinbarung bzw. Zugrundelegung sog. **Handelsklauseln**.[1021] Diese sind i. d. R. **Allgemeine Geschäftsbedingungen** und unterliegen damit einer Inhaltskontrolle gem. §§ 305 ff. BGB,[1022] wobei im Handelsverkehr jedoch die Einschränkung des § 310 Abs. 1 BGB zu beachten ist, wonach die Klauselverbotskataloge der §§ 308, 309 BGB keine Anwendung finden. Die gebräuchlichsten Handelsklauseln im internationalen Warenverkehr sind die von der Internationalen Handelskammer ausgearbeiteten **Tradeterms**[1023] sowie die **Incoterms** in ihrer Neufassung 2000.[1024]

514

Aus § 347 HGB, der für Kaufleute den Verschuldensgrad der **Fahrlässigkeit** des § 276 Abs. 2 BGB auf „die Sorgfalt eines ordentlichen Kaufmanns" konkretisiert,[1025] können sich in Bezug auf die Anbahnung und Durchführung eines Kaufvertrags **Nebenpflichten** für

515

[1015] § 3 I des Gesetzes über die Einheiten im Meßwesen v. 02.07.1969 (BGBl. I S. 709 ff.) i. d. F. v. 22.02.1985 (BGBl. I S. 408 ff.).
[1016] Dies folgt aus der Formulierung „unter Kaufleuten", vgl. Baumbach/*Hopt*, § 346 HGB Rdnr. 3.
[1017] BGH, NJW 2001, 2464, 2465; BGH, NJW 1994, 659, 660; Baumbach/*Hopt*, § 346 HGB Rdnr. 1.
[1018] Näher hierzu vgl. Ebenroth/Boujong/Joost/Strohn-*Joost*, § 346 HGB Rdnr. 3 ff.
[1019] BGH, NJW 1991, 1292, 1293; BGH, NJW 1955, 866.
[1020] BGH, NJW 1991, 1292, 1293; BGH, NJW 1966, 502, 503.
[1021] Eine Aufzählung und Erläuterung der gebräuchlichsten Handelsklauseln gibt Ebenroth/Boujong/Joost/Strohn-*Kort*, § 346 HGB Rdnr. 86 ff.
[1022] Baumbach/*Hopt*, § 346 HGB Rdnr. 39.
[1023] ICC-Dokument Nr. 16 „Tradeterms – Handelsübliche Vertragsformeln – Synoptische Tabellen mit Anmerkungen"; die Bedeutung der gebräuchlichsten Tradeterms ist dargestellt bei Ebenroth/Boujong/Joost/Strohn-*Kort*, § 346 HGB Rdnr. 86 ff.
[1024] International Commercial Terms (Incoterms) i. d. F. v. 1.1.2000; eine Auflistung der Bedeutungen der wichtigsten Incoterms findet sich bei Ebenroth/Boujong/Joost/Strohn-*Joost*, § 346 HGB Rdnr. 108 ff.; im Internet ist eine Auflistung abrufbar unter http://www.iccwbo.org/incoterms/wallchart/wallchart.pdf.
[1025] Ebenroth/Boujong/Joost/Strohn-*Joost*, § 347 HGB Rdnr. 1.

den Verkäufer ergeben bzw. bestehende Pflichten zumindest in ihrem Umfang und ihrer Reichweite konkretisiert werden.

516 Im **vorvertraglichen Verhältnis** der Kaufvertragsparteien bestehen insoweit insbesondere weiterreichende **Aufklärungspflichten**, wenn der Verkäufer Kaufmann ist: Grundsätzlich muss sich im Geschäftsverkehr zwar jeder selbst vergewissern, ob ein Vertrag für ihn von Vorteil ist. Dennoch ergibt sich aus dem Grundsatz von Treu und Glauben,[1026] dass der Käufer jedenfalls über erkennbar für den Vertragsabschluss bedeutsame Umstände[1027] – insbesondere solche, die den Vertragsschluss vereiteln können[1028] – aufzuklären ist (zu den vorvertraglichen Aufklärungspflichten im Allgemeinen siehe bereits Rdnr. 461 ff.). Der **Umfang** solcher kaufmännischen Aufklärungspflichten richtet sich immer nach den Umständen des Einzelfalles. So kann z.B. das Bestehen einer langen Geschäftsbeziehung[1029] oder ein sonstiges besonderes Vertrauensverhältnis ebenso wie eine erkennbare Unerfahrenheit des Käufers zu erhöhten Sorgfaltspflichten führen.[1030] Die Verletzung derartiger Pflichten kann regelmäßig einen **Vertrauensschadenersatzanspruch** des Käufers aus dem Rechtsinstitut der culpa in contrahendo, §§ 280, 282, 241 Abs. 2 i.V.m. 311 Abs. 2 BGB begünden.[1031]

517 **Vertragliche Nebenpflichten** ergeben sich in erster Linie bereits aus dem allgemeinen Kaufrecht (vgl. hierzu Rdnr. 482 ff.). Darüber hinaus sind hier insbesondere Verkehrssicherungs- und Organisationspflichten zu erwähnen.[1032] So muss beispielsweise ein Gefahrguttransport so durchgeführt werden, dass die Sicherung des Gefahrguts hinreichend gewährleistet ist.[1033] Ist zur Durchführung des Kaufvertrags die Einholung einer behördlichen Genehmigung o.ä. erforderlich, hat der Verkäufer auch hierfür zu sorgen bzw. daran mitzuwirken.[1034] Ferner hat er ganz allgemein **Hindernisse** bei der Vertragsdurchführung zu beseitigen.[1035] Schließlich kommen Pflichten zur Information[1036] und bei komplexen Waren gegebenenfalls auch zur Einweisung[1037] (Rdnr. 484) des Käufers über die Ware sowie Verpackungspflichten[1038] in Betracht. Je nach den Umständen des Einzelfalls kann der Verkäufer auch zur Versicherung der Ware gegen typische, voraussehbare Risiken verpflichtet sein.[1039] Verletzt der Verkäufer solche oder ähnliche Nebenpflichten, löst dies vertragliche und ggf. auch deliktische **Schadensersatzansprüche** des Käufers aus.[1040]

518 Im **nachvertraglichen Bereich** schließlich kann der Verkäufer verpflichtet sein, sich zu **informieren**, ob und wie sich seine Waren praktisch bewähren[1041] und für die voraussichtliche Nutzungsdauer Ersatzteile vorzuhalten[1042] (näher dazu bereits Rdnr. 488).

[1026] BGH, NJW 1993, 2107.
[1027] BGH, NJW-RR 1991, 1246, 1247; BGH, NJW-RR 1990, 229.
[1028] BGH, NJW 1994, 2947, 2949; BGH, NJW 1993, 2107.
[1029] BGHZ 49, 167, 168.
[1030] Ebenroth/Boujong/Joost/Strohn-*Joost*, § 347 HGB Rdnr. 23; BGH, NJW 1992, 300, 302.
[1031] Ebenroth/Boujong/Joost/Strohn-*Joost*, § 347 HGB Rdnr. 23, 59 ff.
[1032] Ebenroth/Boujong/Joost/Strohn-*Joost*, § 347 HGB Rdnr. 24.
[1033] BGH BB 1996, 926 f.
[1034] BGH, NJW 1976, 1939; BGHZ 14, 1, 2.
[1035] BGHZ 50, 175, 178; BGHZ 11, 80, 87, 89.
[1036] Ebenroth/Boujong/Joost/Strohn-*Joost*, § 347 HGB Rdnr. 24.
[1037] OLG Hamm, NJOZ 2005, 2220, 2221; OLG Stuttgart, NJW-RR 1986, 1245, 1246, beide zu Installations- und Instruktionspflichten bei Lieferung von Hard- und Software.
[1038] BGH, NJW 1983, 1496, 1497; BGH, NJW 1976, 1353, 1353; OLG München, NJOZ 2006, 3484 f.
[1039] BGH, NJW 1986, 1099, 1100.
[1040] Ebenroth/Boujong/Joost/Strohn-*Joost*, § 347 HGB Rdnr. 24.
[1041] BGH BB 1970, 1414.
[1042] AG München, NJW 1970, 1852.

B. Verkäuferpflichten nach UN-Kaufrecht

I. Überblick

Für den Bereich des UN-Kaufrechts sind die Pflichten des Verkäufers in den Art. 30–44 CISG geregelt. Art. 30 CISG nennt als **Hauptpflichten** die Lieferung der Ware (Art. 31, 33 CISG; dazu sogleich Rdnr. 521 ff.), die Übergabe der die Ware betreffenden Dokumente (Art. 34 CISG; siehe Rdnr. 544 ff.) sowie die Verschaffung des Eigentums an der Ware (vgl. Rdnr. 549). Diese Aufzählung der Verkäuferpflichten ist jedoch nicht abschließend.[1043] So wird in Art. 30 CISG insbesondere die Pflicht zur Lieferung vertragsgemäßer (d. h. sach- und rechtsmängelfreier) Ware nicht erwähnt, sie ergibt sich jedoch aus Art. 35 ff. CISG (dazu Rdnr. 550 ff.). Des weiteren können den Verkäufer auch im Rahmen des UN-Kaufrechts **Nebenpflichten** treffen (Rdnr. 588 ff.). 519

Auch hinsichtlich der Pflichten des Verkäufers haben die **vertraglichen Vereinbarungen Vorrang** vor den Regeln des CISG, dessen vollumfängliche Disponibilität bereits in Art. 6 CISG klargestellt ist (siehe Rdnr. 129 f.). Dies wird nochmals durch die Formulierung des Art. 30 CISG („nach Maßgabe dieses Vertrags") hervorgehoben.[1044] Da das CISG weder terminologisch noch in den Rechtsfolgen zwischen Nebenpflichten und den in Art. 30 CISG geregelten Hauptpflichten des Verkäufers unterscheidet,[1045] sind auch die Rechtsfolgen von Verletzungen einer Haupt- oder Nebenpflicht identisch; sie richten sich einheitlich nach den Art. 45–52 CISG (dazu ausführlich Rdnr. 1019 ff.). 520

II. Lieferung der Ware

Hinsichtlich der Lieferung der Ware regelt Art. 31 CISG **Inhalt und Ort** der vom Verkäufer zu erfüllenden Lieferpflicht (dazu sogleich Rdnr. 522 ff.). In Art. 33 CISG sind sodann Bestimmungen in Bezug auf die **Lieferzeit** finden (dazu Rdnr. 538 ff.). Zu beachten ist, dass das CISG den Begriff der Lieferung nicht mit der Vertragsgemäßheit der Ware (Art. 35 CISG) verknüpft – Lieferung ist daher auch die Lieferung vertragswidriger Ware.[1046] 521

1. Lieferung und Lieferort

Auch Art. 31 CISG hebt zunächst nochmals die Disponibilität des CISG hervor, indem die Regelungen des Art. 31 Buchst. a, b, c CISG für nur dann anwendbar erklärt werden, wenn „der Verkäufer die Ware nicht an einem anderen bestimmten Ort zu liefern hat." Gemeint ist damit ein anderer Ort als derjenige, der sich aus Art. 31 Buchst. a, b, oder c ergibt.[1047] Art. 31 CISG regelt deshalb nur den Fall, dass die Parteien den Ort der Lieferungspflicht **nicht bestimmt** haben.[1048] 522

a) Liefervereinbarung. Eine solche den Art. 31 CISG ausschließende anderweitige Bestimmung kann sich vorrangig aus dem **Vertrag** selbst,[1049] aber auch aus sonst maßgeben- 523

[1043] Honsell-*Karollus*, Art. 30 CISG Rdnr. 3; Staudinger-*Magnus*, Art. 30 CISG Rdnr. 14 ff.
[1044] Soergel-*Lüderitz/Budzikiewicz/Schüßler-Langenheine*, Art. 30 CISG Rdnr. 4; Bamberger/Roth-*Saenger*, Art. 30 CISG Rdnr. 1.
[1045] *Herber/Czerwenka*, Art. 30 CISG Rdnr. 9; Staudinger-*Magnus*, Art. 30 CISG Rdnr. 20.
[1046] Staudinger-*Magnus*, Art. 30 CISG Rdnr. 5, *Herber/Czerwenka*, Art. 30 CISG Rdnr. 1, 3; zur Pflicht des Verkäufers zur Lieferung mangelfreier Ware vgl. Rdnr. 509 ff.
[1047] Schlechtriem-*Huber*, Art. 31 CISG Rdnr. 74; MünchKomm-*Gruber*, Art. 31 CISG Rdnr. 1.
[1048] Schlechtriem-*Huber*, Art. 31 CISG Rdnr. 6; Bamberger/Roth-*Saenger*, Art. 31 CISG Rdnr. 2.
[1049] *Piltz*, NJW 2005, 2126, 2128 f., *ders.*, NJW 2003, 2056, 2061.

den **Gepflogenheiten und Gebräuchen** (Art. 6, 9 CISG) oder ergeben.[1050] So kann bereits in der Übernahme von Montagepflichten eine konkludente vertragliche Verschiebung des Lieferorts zu sehen sein.[1051] In der Praxis werden Parteivereinbarungen hinsichtlich des Lieferorts jedoch häufig mittels sog. **Lieferklauseln** getroffen, wie z.B. fob, cif, frei Frachtführer etc. Die Bedeutungen der wichtigsten und gebräuchlichsten dieser Lieferklauseln sind in den **Incoterms 2010** (International Commercial Terms) der Internationalen Handelskammer[1052] festgelegt.[1053] Allerdings handelt es sich bei der Auflistung der Internationalen Handelskammer lediglich um private Rechtsaufzeichnungen, die bestimmte Vereinbarungen lediglich definieren, sie sind jedoch keine Rechtsnormen.[1054] Unmittelbar verbindliche Wirkung kommt den Incoterms daher nur dann zu, wenn die Parteien – meist als Allgemeine Geschäftsbedingungen – im Vertragswerk auf sie Bezug genommen haben.[1055] Ist dies nicht der Fall, kann im Zweifel aber dennoch auf die Incoterms zurückgegriffen werden, denn sie sind im internationalen Handel „weithin bekannt" und werden „regelmäßig beachtet" i.S.d. Art. 9 Abs. 2 CISG. Dies führt dazu, dass sie als internationale Handelsbräuche zu qualifizieren sind und damit bei Fehlen einer anderweitigen Vereinbarung entweder über die Auslegungsregeln des Art. 9 Abs. 1 CISG,[1056] über Art. 9 Abs. 2 CISG[1057] oder über Art. 8 Abs. 3 i.V.m. Art 7 Abs. 1 CISG[1058] – jeweils mit dem gleichen Ergebnis – Anwendung finden. Selbst wenn die Voraussetzungen der Art. 8, 9 CISG nicht vorliegen sollten, besteht immer noch die Möglichkeit, dass ein im Streitfall erkennendes Gericht die Incoterms als Mittel der ergänzenden Vertragsauslegung heranzieht.[1059]

524 Jedoch muss bei der Verwendung von derartigen Klauseln immer durch **Auslegung** ermittelt werden, ob sie tatsächlich eine von Art. 31 CISG abweichende Liefervereinbarung beinhalten soll.[1060] Häufig werden nämlich solche Klauseln auch als reine **Kostenklauseln oder Spesenklauseln** interpretiert, die nur die Verteilung der Transportkosten zwischen den Parteien regeln sollen, den sich aus Art. 31 CISG ergebenden Lieferort aber unberührt lassen. Das ist etwa angenommen worden bei der Verwendung der Klausel „franko"[1061] oder „frei Baustelle".[1062] Da die Rechtsprechung bei der Auslegung dieser Klauseln nicht immer einheitlich reagiert,[1063] ist der Praxis eine **ausdrückliche Klarstellung** zu empfehlen, ob mit einer Lieferklausel der Lieferort fixiert oder nur eine Kostenregel getroffen werden soll.[1064] Der BGH hat sich indessen dafür entschieden, eine Incoterm-Klausel auch dann mit ihren sich aus den dafür bestehenden Auslegungsregeln der Internationalen

---

[1050] *Achilles*, Art. 31 CISG Rdnr. 2; MünchKommHGB-*Benicke*, Art. 31 CISG Rdnr. 2.
[1051] OLG Wien v. 01.06.2004, CISG-Online Case 954; *Piltz*, NJW 2005, 2126, 2129.
[1052] International Commercial Terms (Incoterms), i.d.F. v. 1.1.2000.
[1053] Eine Auflistung der Bedeutungen der wichtigsten Incoterms findet sich bei *Herber/Czerwenka*, Anh. 4., und bei Ebenroth/Boujong/Jost-*Kort*, § 346 HGB Rdnr. 108ff., im Internet ist eine Auflistung abrufbar unter http://www.iccwbo.org/incoterms/wallchart/wallchart.pdf.
[1054] *Herber/Czerwenka*, Art. 9 CISG Rdnr. 16; MünchKommHGB-*Benicke*, Art. 9 CISG Rdnr. 18.
[1055] *Herber/Czerwenka*, Art. 31 CISG Rdnr. 8; Schlechtriem-*Huber*, Art. 30 CISG Rdnr. 3.
[1056] so Bianca/Bonell-*Bonell*, Art. 9 CISG Anm. 3.5; *Herber/Czerwenka*, Art. 9 CISG Rdnr. 16.
[1057] so Schlechtriem-*Huber*, Art. 30 CISG Rdnr. 3; MünchKommHGB-*Benicke*, Art. 9 CISG Rdnr. 18; dazu tendierend wohl auch BGH, NJW-RR 2013, 309, 311.
[1058] so Bianca/Bonell-*Lando*, Art. 31 CISG Anm. 2.2.
[1059] BGH, WM 1975, 917; OLG München, NJW 1958, 426.
[1060] Staudinger-*Magnus*, Art. 31 CISG Rdnr. 31; *Piltz*, NJW 2011, 2261, 2263f.
[1061] Staudinger-*Magnus*, Art. 31 CISG Rdnr. 31; *Piltz*, NJW 2005, 2126, 2128 m.w.N.
[1062] So BGH, NJW 1997, 871, 872; OLG Koblenz, IHR 2003, 2061; OLG Köln, IHR 2002, 66 (reine Kostenklausel); a.A. OLG Köln v. 08.01.1997, CISG-Online Case 217; OLG Karlsruhe, NJW-RR 1993, 1316, 1317 (Verschiebung des Lieferorts).
[1063] Vgl. dazu die Beispiele bei Staudinger-*Magnus*, Art. 31 CISG Rdnr. 32; *Piltz*, NJW 2003, 2056, 2061.
[1064] *Piltz*, NJW 2003, 2056, 2061.

Handelskammer ergebenden Inhalt anzuwenden, wenn dies nicht ausdrücklich vereinbart ist.[1065]

b) Fehlen einer Liefervereinbarung. Soweit eine vorrangige Vereinbarung dem Vertrag oder den sonst maßgeblichen Gebräuchen und Gepflogenheiten nicht zu entnehmen ist, bestimmt sich der Lieferort nach Art. 31 Buchst. a–c CISG. Dabei muss zunächst danach differenziert werden, **ob** der Kaufvertrag „eine **Beförderung der Ware erfordert**" – dann richtet sich die Lieferung nach Art. 31 Buchst. a CISG – oder ob dies nicht der Fall ist, so dass dann Art 31 Buchst. b oder c CISG eingreifen. Die dafür entscheidende Beförderung ist nur diejenige, **die vom Verkäufer zu veranlassen** ist,[1066] was letztlich bereits aus dem Wortlaut des Art. 32 Abs. 2 CISG folgt („hat der Verkäufer für die Beförderung der Ware zu sorgen."). Erfolgt der **Abtransport durch den Käufer oder durch ein vom Käufer beauftragtes Unternehmen,** so gilt nicht Art. 31 Buchst. a CISG, sondern der Ort der Lieferung ist dann nach Art. 31 Buchst. b oder c CISG zu bestimmen. 525

aa) Lieferpflicht bei erforderlicher Beförderung der Ware. Im Anwendungsbereich des Art. 31 Buchst. a CISG erfüllt der Verkäufer seine Lieferpflicht bereits mit der Übergabe der Ware an den ersten Beförderer zur Übermittlung an den Käufer. Art. 31 Buchst. a CISG regelt somit den typischen Fall eines Versendungskaufs, der mangels gegenteiliger Absprachen bei einem Distanzkauf mit Beförderungserfordernis den Regelfall bildet,[1067] innerhalb der deutschen Rechtspraxis wird sogar ein dahingehender Handelsbrauch angenommen.[1068] 526

Erster Beförderer ist dabei jeder mit dem Transport beauftragte **eigenständige Unternehmer,** der den Transport außerhalb der innerbetrieblichen Weisungssphäre des Verkäufers (z.B. aufgrund eines Fracht- oder Speditionsvertrags i.S.d. §§ 407, 453 HGB) selbständig durchführt und die Ware während des Transportes in seiner Obhut hat.[1069] Setzt der Verkäufer zur Durchführung einer erforderlichen Beförderung **eigene Transportmittel,** eigenes Personal oder auch eine eigene unselbständige Betriebsabteilung (die Transportabteilung) ein, so erfüllt dies die Voraussetzung des Art. 31 Buchst. a CISG **nicht.**[1070] Entscheidend ist die eigenständige Rechtspersönlichkeit des Beförderers, so dass z.B. ein selbständiger Transporteur, auch wenn er zum selben Konzern wie das Unternehmen des Verkäufers gehört, unter Art. 31 Buchst. a CISG fällt.[1071] 527

Als Beförderer in Betracht kommen insbesondere die **Frachtführer** (§ 407 HGB), die Verfrachter im Übersee- und Luftverkehr sowie Eisenbahn, Post- und Paketdienste. Obwohl der **Spediteur** nach dem gesetzlichen Leitbild der §§ 453 ff. HGB die Beförderung nur organisiert, aber nicht selbst vornimmt,[1072] wird auch er als Beförderer i.S.d. Art. 31 Buchst. a CISG angesehen.[1073] 528

[1065] BGH, NJW-RR 2013, 309, 311 f. zur Klausel „DDP"; BGH, NJW 2009, 2606, 2607 zur Klausel „FOB".
[1066] Str., wie hier MünchKommHGB-*Benicke*, Art. 31 CISG Rdnr. 4; *Herber/Czerwenka*, Art. 31 CISG Rdnr. 4; *Achilles*, Art. 31 CISG Rdnr. 3; *Piltz*, NJW 2003, 2056, 2061; a.A. Soergel-*Lüderitz/Schüßler-Langenheine*, Art. 31 CISG Rdnr. 2; Staudinger-*Magnus*, Art. 31 CISG Rdnr. 16 (gleichgültig, wer für die Beförderung zu sorgen hat).
[1067] *Piltz*, NJW 2000, 553, 556; *ders.*, NJW 1994, 1101, 1104.
[1068] Palandt-*Weidenkaff*, § 447 Rdnr. 6, 7.
[1069] Staudinger-*Magnus*, Art. 31 CISG Rdnr. 18; Schlechtriem-*Huber*, Art. 31 CISG Rdnr. 17; Bamberger/Roth-*Saenger*, Art. 31 CISG Rdnr. 8.
[1070] Staudinger-*Magnus*, Art. 31 CISG Rdnr. 18; Soergel-*Lüderitz/Schüßler-Langenheine*, Art. 31 CISG Rdnr. 4, 16; *Piltz*, Int. KaufR, § 4 Rdnr. 23.
[1071] Schlechtriem-*Huber*, Art. 31 CISG Rdnr. 25.
[1072] Vgl. dazu Schlechtriem-*Huber*, Art. 31 CISG Rdnr. 26 ff.
[1073] MünchKomm-*Gruber*, Art. 31 CISG Rdnr. 18; Bamberger/Roth-*Saenger*, Art. 31 CISG Rdnr. 6; MünchKommHGB-*Benicke*, Art. 31 CISG Rdnr. 12; a.A. Staudinger-*Magnus*, Art. 31 Rdnr. 18; *Herber/Czerwenka*, Art. 31 CISG Rdnr. 6, die den Spediteur nur als Beförderer i.S.d. Art. 31 Buchst. a CISG ansehen, wenn er den Transport im Wege des Selbsteintritts (§ 458 HGB) selbst durchführt.

529 Die nach Art. 31 Buchst. a CISG erforderliche **Übergabe an den ersten Beförderer** beinhaltet den **Übergang des Gewahrsams** vom Verkäufer auf diesen Beförderer. Vollzogen ist die Übergabe, sobald der Beförderer den körperlichen Gewahrsam zum Zweck der Beförderung erlangt hat.[1074] Damit bedeutet „Übergabe" hier das gleiche wie bei § 447 BGB (siehe dazu Rdnr. 231), nämlich Auslieferung der Sache an den Frachtführer.[1075] Geschuldet wird hier also ein tatsächlicher Erfolg, nicht ein bloßes Verhalten.[1076] Bei Abholung der Ware auf dem Grundstück des Verkäufers ist die Ware übergeben, wenn sie auf dem Transportmittel des Frachtführers verstaut wird,[1077] das bloße Bereitstellen der Ware zur Versendung genügt bei Art. 31 Buchst. a CISG nicht. Genau wie bei § 447 BGB liegt auch noch keine Übergabe vor, wenn dem Beförderer lediglich der mittelbare Besitz verschafft wird oder ihm ein Traditionspapier übergeben wird (z. B. ein Lagerschein, mit der Beförderer die Ware im Lager abholen kann).[1078] Ist der Beförderer bei der Verstauung abwesend, wird die Übergabe vollzogen, wenn der Frachtführer das bereits beladene Fahrzeug übernimmt.

530 Die Ware muss dem Beförderer **zur Übermittlung an den Käufer** übergeben werden. Eine solche Zweckbestimmung[1079] setzt den Abschluss oder das Bestehen eines Frachtvertrags zwecks Transports der Ware zum Käufer voraus. Liegt ein solcher vor, ist dieses Erfordernis auch dann erfüllt, wenn der Beförderer die Ware bis zur Abwicklung des Transports wegen Transportschwierigkeiten noch kurzfristig auf Lager nehmen oder das Transportmittel vorübergehend abstellen muss.[1080] Eine **Übergabe** i. S. d. Art. 31 Buchst. a CISG liegt jedoch dann **nicht** vor, wenn der Verkäufer dem Beförderer zunächst nur den Auftrag erteilt, die Ware einzulagern, sich aber die Erteilung eines Beförderungsauftrags vorbehält oder überhaupt keine Zweckbestimmung trifft, es fehlt hier an einer Übergabe zum Zweck der Übermittlung an den Käufer.[1081] Auch wenn der Verkäufer nach Übergabe die zunächst getroffene Zweckbestimmung ändert und die Ware zu einem anderen Abnehmer umleitet, entfällt die Übergabewirkung nachträglich wieder.[1082] Ist im Kaufvertrag die Versendung an einen Dritten vorgesehen, oder weist der Käufer den Verkäufer nachträglich zur Versendung an einen Dritten an, tritt dieser an die Stelle des Käufers,[1083] d. h. die Übergabe muss dann zum Zwecke der Übermittlung an diesen Dritten vorgenommen werden.

531 **bb) Erfüllung der Lieferpflicht bei fehlender Beförderungsvereinbarung.** Soweit der Verkäufer weder eine Beförderung i. S. d. Art. 31 Buchst. a CISG schuldet noch dem Vertrag bzw. den maßgeblichen Handelsbräuchen eine Beförderungsvereinbarung zu entnehmen ist, muss der Verkäufer zur Erfüllung seiner Lieferpflichten dem Käufer die Ware lediglich **zur Verfügung stellen.** Der hierfür maßgebliche Ort bestimmt sich in erster Linie nach Art. 31 Buchst. b CISG (dazu sogleich Rdnr. 532 ff.), subsidiär nach Art. 31 Buchst. c CISG (Rdnr. 537).[1084]

[1074] Schlechtriem-*Huber*, Art. 31 CISG Rdnr. 30.
[1075] Bamberger/Roth-*Faust*, § 447 BGB Rdnr. 8 ff.
[1076] Soergel-Lüderitz/*Schüßler-Langenheine*, Art. 31 CISG Rdnr. 6; *Achilles*, Art. 31 CISG Rdnr. 5.
[1077] BGHZ 113, 106, 114 (zu § 447 BGB); Schlechtriem-*Huber*, Art. 31 CISG Rdnr. 30.
[1078] *Achilles*, Art. 31 CISG Rdnr. 5; Palandt-*Weidenkaff*, § 447 BGB Rdnr. 14.
[1079] Staudinger-*Magnus*, Art. 31 CISG Rdnr. 22.
[1080] Schlechtriem-*Huber*, Art. 31 CISG Rdnr. 31; *Achilles*, Art. 31 CISG Rdnr. 5. Siehe auch die ergänzende Vorschrift des Art. 32 CISG.
[1081] Schlechtriem-*Huber*, Art. 31 CISG Rdnr. 31; *Achilles*, Art. 31 CISG Rdnr. 5.
[1082] MünchKomm-*Gruber*, Art. 31 CISG Rdnr. 21; MünchKomm-HGB-*Benicke*, Art. 31 CISG Rdnr. 13; *Achilles*, Art. 31 CISG Rdnr. 5.
[1083] Honsell-*Karollus*, Art. 31 CISG Rdnr. 22; Schlechtriem-*Huber*, Art. 31 CISG Rdnr. 31.
[1084] MünchKommHGB-*Benicke*, Art. 31 CISG Rdnr. 23; Schlechtriem-*Huber*, Art. 31 CISG Rdnr. 46.

B. Verkäuferpflichten nach UN-Kaufrecht

(1) Art. 31 Buchst. b CISG. Die Vorschrift des Art. 31 Buchst. b CISG erfasst vier Grundfälle, in denen sich der Vertrag entweder auf eine **Stückschuld,** auf eine **Gattungsschuld** oder auf **vom Verkäufer oder Dritten noch herzustellende** oder **zu erzeugende** Ware bezieht. In allen Fällen erfordert Art. 31 Buchst. b CISG, dass **beide Parteien** bei Vertragsschluss **wussten, wo die Ware sich befindet** bzw. wo sie hergestellt oder erzeugt werden soll. Ferner erfasst Art. 31 Buchst. b CISG auch diejenigen Fälle, bei denen die Ware bei einem Dritten (z. B. einem selbständigen Lagerhalter) gelagert wird, sofern beide Parteien Kenntnis von dem Ort dieser Lagerung haben.[1085] Erforderlich ist jeweils positiv übereinstimmendes Wissen; Wissenkönnen, Wissenmüssen oder nachträglich erlangtes Wissen genügen nicht.[1086] Art. 31 Buchst. b CISG bestimmt sodann, dass der Verkäufer zur Erfüllung seiner Lieferpflicht die Ware dem Käufer an dem beiderseits bekannten, jeweiligen Ort der Herstellung, der Erzeugung bzw. der Lagerung zur Verfügung zu stellen hat; es handelt sich also um eine **Holschuld.**[1087]

Nicht erfasst von Art. 31 Buchst. b CISG ist **Ware auf dem Transport,** also der Verkauf rollender, schwimmender oder fliegender Ware. Hier ergibt der mutmaßliche Parteiwille, den Art. 31 Buchst. b CISG zum Ausdruck bringen will,[1088] dass der Verkäufer die Ware jedenfalls nicht dort zur Verfügung stellen und der Käufer sie sicherlich nicht dort abholen will, wo sie sich zum Zeitpunkt des Vertragsschlusses gerade befindet. In diesen Fällen ist vielmehr davon auszugehen, dass der Verkäufer seine Lieferpflicht durch „Zur-Verfügung-Stellen" der Ware am jeweiligen Bestimmungsort der Ware erfüllt.[1089]

Das nach Art. 31 Buchst. b CISG erforderliche, aber auch ausreichende **zur-Verfügung-Stellen** bedeutet lediglich, dass der Verkäufer alles seinerseits Erforderliche veranlassen muss, um dem Käufer oder einem von ihm beauftragten Dritten das **Abholen der Ware zu ermöglichen.**[1090] Dazu genügt schon das vertragsgerechte Bereitstellen der Ware mit der tatsächlichen Möglichkeit der Übergabe an den Käufer bzw. der Übernahme durch den Käufer.[1091] Der Verkäufer muss die Ware auch nicht eigens aussondern oder besonders kennzeichnen, solange der Käufer ohne weiteres selbst auf die Ware zugreifen kann.[1092] Des weiteren erfordert das „Zur-Verfügung-Stellen" eine Kenntnis des Käufers davon, dass die Ware für ihn bereitgestellt wurde, mithin eine entsprechende **Benachrichtigung des Käufers** (vgl. Rdnr. 600).[1093] Das Erfordernis einer solchen Benachrichtigung entfällt jedoch, wenn die Parteien einen festen Abholtermin vereinbart haben, und der Verkäufer die Ware zu diesem Termin auch bereitstellt.[1094] Ebenso entbehrlich ist eine Benachrichtigung, wenn die Ware schon bei Vertragsschluss abholbereit ist und der Käufer dies weiß.[1095] Im Übrigen muss der Verkäufer die Ware so bereitstellen, dass der Käufer sie ohne weiteres abholen

532

533

534

[1085] *Achilles*, Art. 31 CISG Rdnr. 12; Schlechtriem-*Huber*, Art. 31 CISG Rdnr. 57.
[1086] Schlechtriem-*Huber*, Art. 31 CISG Rdnr. 49; *Achilles*, Art. 31 CISG Rdnr. 12.
[1087] MünchKommHGB-*Benicke*, Art. 31 CISG Rdnr. 18.
[1088] Schlechtriem-*Huber*, Art. 31 CISG Rdnr. 47.
[1089] MünchKommHGB-*Benicke*, Art. 31 CISG Rdnr. 28; Bamberger/Roth-*Saenger*, Art. 31 CISG Rdnr. 14; Schlechtriem-*Huber*, Art. 31 CISG Rdnr. 48, 83 f.; a. A. *Herber/Czerwenka*, Art. 31 CISG Rdnr. 7, der davon ausgeht, dass die Ware in diesen Fällen durch ein Traditionspapier (Konnossement, Ladeschein, Lagersichein) zur Verfügung gestellt wird.
[1090] OLG Hamm, RIW 1999, 85, 787; Bamberger/Roth-*Saenger*, Art. 31 CISG Rdnr. 13; Soergel-*Lüderitz/Schüßler-Langeheine*, Art. 31 CISG Rdnr. 8.
[1091] Cour de Cassation Paris, CLOUT Case 242.
[1092] *Piltz*, Int. KaufR, § 4 Rdnr. 26; Honsell-*Karollus*, Art. 31 CISG Rdnr. 34; *Achilles*, Art. 31 CISG Rdnr. 10.
[1093] Honsell-*Karollus*, Art. 31 CISG Rdnr. 34; Soergel-*Lüderitz/Schüßler-Langeheine*, Art. 31 CISG Rdnr. 17.
[1094] *Piltz*, Int. KaufR, § 4 CISG Rdnr. 26; Soergel-*Lüderitz/Schüßler-Langeheine*, Art. 31 CISG Rdnr. 17.
[1095] Bamberger/Roth-*Saenger*, Art. 31 CISG Rdnr. 14; MünchKomm-*Gruber*, Art. 31 CISG Rdnr. 8.

kann. Soweit die Ware nur in verpacktem Zustand transportfähig ist, gehört deshalb auch das **Verpacken** zur Lieferpflicht des Verkäufers,[1096] die Kosten hierfür trägt er selbst (näher dazu Rdnr. 567 f.). **Nicht** zur Lieferpflicht des Verkäufers gehört dagegen das **Verladen** der Ware auf das Transportmittel des Käufers, dies ist vielmehr Teil der Übernahme durch den Käufer, die zu seiner Abnahmeobliegenheit aus Art. 53, 60 b) CISG zählt[1097] (dazu Rdnr. 1362 f.).

535 Befindet sich die **Ware bei einem Dritten** (z. B. einem Lagerhalter), erfüllt der Verkäufer seine Lieferpflicht dadurch, dass er es dem Käufer ermöglicht, die Ware bei dem Dritten abzuholen, sie ihm also dort „zur Verfügung stellt". Dies kann dadurch geschehen, dass der Verkäufer dem Käufer seinen Herausgabeanspruch gegen den Dritten abtritt und dem Dritten diese Zession anzeigt, oder auch nur dem Käufer die an den Dritten gerichtete Abtretungsanzeige aushändigt.[1098] In der Praxis üblicher ist, dass der Verkäufer den Dritten anweist, die Ware an den Käufer auszuhändigen. Diese Anweisung kann direkt gegenüber dem Dritten ausgesprochen werden,[1099] es genügt jedoch auch, wenn dem Käufer eine schriftliche Anweisung an den Dritten (delivery order, Lieferschein) übergeben wird.[1100] Grundsätzlich ist der Verkäufer nicht verpflichtet, dem Käufer den Herausgabeanspruch gegen den Dritten in wertpapiermäßig verbriefter Form (Orderlagerschein, Hinterlegungsschein) zu übertragen, es genügt die Aushändigung eines einfachen Lieferscheins.[1101] Bei **frei zugänglicher Ware** (z. B. Holz im Wald) stellt der Verkäufer diese dem Käufer dadurch zur Verfügung, dass er sich vorbehaltlos mit der Abholung durch den Käufer einverstanden erklärt.[1102]

536 Schließlich muss der Verkäufer die Ware **vorbehaltlos** zur Verfügung stellen, d. h. seine Bereitschaft zur Übergabe darf nicht unter einer aufschiebenden Bedingung (z. B. Kaufpreiszahlung vor Übernahme) stehen. Das ergibt sich daraus, dass das Bereitstellen der Ware allein nicht für die Erfüllung der Lieferpflicht genügt, erforderlich ist ebenso das grundsätzlich unbedingte Einverständnis des Verkäufers mit der Übernahme der Ware durch den Käufer.[1103] Möglich ist hingegen, dass der Verkäufer sein Einverständnis davon abhängig macht, dass gleichzeitig, also **Zug-um-Zug,** die fällige Kaufpreiszahlung durch den Käufer zu erfüllen ist.[1104]

537 **(2) Art. 31 Buchst. c CISG.** Art. 31 Buchst. c CISG regelt diejenigen Fälle, in denen sich weder aus dem Vertrag noch aus den maßgeblichen Gebräuchen ein bestimmter Lieferort entnehmen lässt, der Vertrag keinen Transport i. S. d. Art. 31 Buchst. a CISG erfordert und auch die Voraussetzungen des Art. 31 Buchst. b CISG nicht vorliegen. Hier hat der Verkäufer die Ware an seiner **Niederlassung zur Verfügung zu stellen,** es liegt also ebenfalls eine **Holschuld** vor.[1105] Bei **mehreren Niederlassungen** des Verkäufers ergibt sich der Lieferort aus Art. 10 CISG, wonach zunächst die Niederlassung maßgebend ist, die die „engste Beziehung zu dem Vertrag und seiner Erfüllung" aufweist (Art. 10 Buchst. a CISG). Hat der Verkäufer keine gewerbliche oder freiberufliche Niederlassung, ist der Lieferort nach Art. 10 Buchst. b CISG sein gewöhnlicher Aufenthaltsort, also sein Wohnsitz. Maßgeblich für die Bestimmung dieses Ortes ist gem. Art. 31 Buchst. c CISG

[1096] OLG Düsseldorf, IHR 2005, 24; OLG Düsseldorf, NJOZ 2004, 3118; Staudinger-*Magnus*, Art. 31 CISG Rdnr. 10; Honsell-*Karollus*, Art. 31 CISG Rdnr. 34; *Piltz*, NJW 2005, 2126, 2129.
[1097] Schlechtriem-*Huber*, Art. 31 CISG Rdnr. 56.
[1098] MünchKomm-*Gruber*, Art. 31 CISG Rdnr. 11; Staudinger-*Magnus*, Art. 31 CISG Rdnr. 27.
[1099] OLG Braunschweig, TranspR-IHR 2000, 4 ff.
[1100] MünchKommHGB-*Benicke*, Art. 31 CISG Rdnr. 27; Honsell-*Karollus*, Art. 31 CISG Rdnr. 35.
[1101] Schlechtriem-*Huber*, Art. 31 CISG Rdnr. 58.
[1102] BGHZ 93, 338.
[1103] BGHZ 93, 338, 346; Schlechtriem-*Huber*, Art. 31 CISG Rdnr. 61; vgl. auch *Tiedtke*, NJW 1988, 2578, 2580 f. zu analogen Fällen im deutschen Recht.
[1104] Schlechtriem-*Huber*, Art. 31 CISG Rdnr. 62.
[1105] MünchKommHGB-*Benicke*, Art. 31 CISG Rdnr. 18; *Stürner*, BB 2006, 2029, 2031.

immer der **Zeitpunkt des Vertragsschlusses;** eine spätere Verlegung der Niederlassung bzw. des Wohnsitzes ist unerheblich.[1106] Der Verkäufer ist in solchen Fällen zwar grundsätzlich zur Bereitstellung der Ware an dem Ort seiner ehemaligen Niederlassung bzw. seines ehemaligen Wohnsitzes verpflichtet, jedoch kann der Käufer nach Treu und Glauben (Art. 7 CISG) zur Abnahme der Ware an dem neuen Niederlassungsort bzw. Wohnsitz verpflichtet sein, wenn dies für ihn nicht mit unzumutbaren Mehrkosten verbunden ist und der Verkäufer die Erstattung etwaiger Mehrkosten übernimmt.[1107] Der Begriff des „Zur-Verfügung-Stellens" entspricht im Übrigen dem des Art. 31 Buchst. b CISG (dazu bereits Rdnr. 534).

2. Lieferzeit

Art. 33 CISG regelt den Zeitpunkt, zu dem der Verkäufer zu liefern hat; wobei sowohl die **538** **Fälligkeit** der Lieferpflicht **als auch** deren **Erfüllbarkeit** erfasst sind.[1108] Auch hier haben ausweislich des Wortlauts des Art. 33 CISG etwaige Parteivereinbarungen Vorrang. Art. 33 Buchst. b CISG kommt jedoch auch dann zur Anwendung, wenn zwar eine Parteivereinbarung existiert oder jedenfalls aus den maßgeblichen Gebräuchen und Gepflogenheiten abgeleitet werden kann, diese Vereinbarung jedoch keinen bestimmten Zeitpunkt, sondern lediglich einen **bestimmten Zeitraum** enthält (dazu Rdnr. 540f.). Art. 33 Buchst. c CISG schließlich greift in den Fällen, in denen keinerlei vertragliche Vereinbarung besteht (Rdnr. 542f.). In allen Fällen vertraglicher Vereinbarungen oder des Art. 33 CISG hat der Verkäufer seine Lieferfrist eingehalten, wenn er bis zu deren Ablauf die von ihm nach dem Vertrag oder Art. 31 CISG jeweils geschuldete **Leistungshandlung vorgenommen** hat.[1109]

a) Vereinbarter Lieferzeitpunkt. Ein Lieferzeitpunkt i. S. d. Art. 33 Buchst. a CISG kann **539** sowohl kalendermäßig als auch durch Bezugnahme auf ein bestimmtes Ereignis festgelegt werden.[1110] Erforderlich ist jedenfalls immer, dass sich der Vereinbarung ein **bestimmtes Lieferdatum** entnehmen lässt.[1111] Der Verkäufer hat dann genau zu diesem Zeitpunkt zu liefern, eine frühere Lieferung entgegen dem Käuferwillen ist nicht zulässig (Art. 52 Abs. 1 CISG), eine spätere Lieferung ist Vertragsverletzung (Art. 45 Abs. 1 CISG, dazu Rdnr. 1019ff.). Bei Bezugnahme auf ein bei Vertragsschluss bereits **bestimmtes Ereignis** (z. B. „zwei Monate nach Vertragsschluss", „zehn Tage nach Beginn der CeBit-Messe") kann und wird allerdings die Auslegung nach dem mutmaßlichen Parteiwillen oft ergeben, dass die Lieferung nicht nur genau und ausschließlich an dem errechneten Tag nach diesem Ereignis erfolgen, sondern dass spätestens dann geliefert werden soll. In diesem Fall ist aber kein bestimmter Zeitpunkt festgelegt, sondern nur ein bestimmter Zeitraum, so dass hier nicht Art. 33 Buchst. a, sondern Art. 33 Buchst. b CISG einschlägig ist.[1112] Gleiches gilt, wenn im Vertrag auf ein objektives Ereignis Bezug genommen wird, das bei Vertragsschluss aber zeitlich noch nicht genau zu datieren ist (z. B. „nach Abruf", „zehn Tage nach Beendi-

---

[1106] Staudinger-*Magnus*, Art. 31 CISG Rdnr. 29; MünchKommHGB-*Benicke*, Art. 31 CISG Rdnr. 20.
[1107] Honsell-*Karollus*, Art. 31 CISG Rdnr. 40; Schlechtriem-*Huber*, Art. 31 CISG Rdnr. 51; *Achilles*, Art. 31 CISG Rdnr. 13.
[1108] MünchKommHGB-*Benicke*, Art. 33 CISG Rdnr. 1; Soergel-Lüderitz/*Schüßler-Langenheine*, Art. 33 CISG Rdnr. 1.
[1109] Bamberger/Roth-*Saenger*, Art. 33 CISG Rdnr. 1; Schlechtriem-*Huber*, Art. 33 CISG Rdnr. 12.
[1110] *Herber/Czerwenka*, Art. 33 CISG Rdnr. 3; Soergel-*Lüderitz/Schüßler-Langenheine*, Art. 33 CISG Rdnr. 2.
[1111] Staudinger-*Magnus*, Art. 33 CISG Rdnr. 8.
[1112] So auch MünchKommHGB-*Benicke*, Art. 33 CISG Rdnr. 4; Staudinger-*Magnus*, Art. 33 CISG Rdnr. 8; Schlechtriem-*Huber*, Art. 33 CISG Rdnr. 5; a. A. Soergel-*Lüderitz/Schüßler-Langenheine*, Art. 33 Rdnr. 2 die diese Fälle ohne Begründung unter Art. 33 Buchst. a CISG susbsumieren.

4. Kapitel. Die Pflichten des Verkäufers

gung des Streiks", „eine Woche nach Wareneingang beim Verkäufer"), auch dies sind Vereinbarungen eines bestimmten Zeitraums i. S. d. Art. 33 Buchst. b CISG.[1113]

540 **b) Vereinbarter Lieferzeitraum.** Ein **Zeitraum i. S. d. Art. 33 Buchst. b CISG** ist vereinbart, wenn der Vertrag eine Lieferzeit von mehr als einem Tag festlegt,[1114] die sich entweder anhand des Kalenders (z. B. „Mai/Juni", „innerhalb von 14 Tagen nach Neujahr") oder anhand bestimmter oder objektiv bestimmbarer Ereignisse ermitteln lässt (z. B. „innerhalb eines Monats nach Abruf", „binnen 14 Tagen nach Vertragsschluss").[1115] Nicht ausreichend ist es, wenn lediglich ein Anfangstermin bestimmt worden ist, jedoch kein Endtermin aus dem Vertrag hervorgeht, oder wenn zwar eine genaue Lieferfrist genannt ist, diese aber als „unverbindlich" oder nur als „ungefähre Angabe" bezeichnet worden ist. In solchen Fällen ist Art. 33 Buchst. c (angemessene Frist) anzuwenden[1116] (dazu Rdnr. 542). Allerdings gilt Art. 33 Buchst. b CISG entsprechend auch bei Tagesfristen, wenn für den jeweiligen Tag eine Zeitspanne für die Lieferfrist vereinbart ist (z. B. „10. Dezember, 09.00–14.00 Uhr").[1117]

541 Wurde ein Lieferzeitraum vereinbart, kann der Verkäufer grundsätzlich **jederzeit innerhalb dieses Zeitraums** liefern, womit er seine dahingehende Pflicht erfüllt und gleichzeitig die Fälligkeit des Kaufpreises herbeiführt (Art. 58 Abs. 1 CISG, dazu Rdnr. 1358 ff.).[1118] Das Leistungsbestimmungsrecht liegt danach also beim Verkäufer. Allerdings lässt es Art. 33 Buchst. b CISG auch zu, dass sich „aus den Umständen" ein **Bestimmungsrecht des Käufers** ergibt. Solche Umstände können vertragliche Abrufvereinbarungen sein (etwa „Lieferung im Oktober nach Abruf durch den Käufer"),[1119] aber auch andere Gegebenheiten hinsichtlich der Vertragsabwicklung, wie insbesondere Fälle, in denen der Käufer für das Transportmittel zu sorgen hat.[1120] Liegen aber solche Umstände nicht vor, so kann ein bloßes sonstiges Interesse des Käufers an einem genauen, von ihm bestimmbaren Lieferzeitpunkt ein vom Regelfall des Art. 33 Buchst. b CISG abweichendes Bestimmungsrecht des Käufers nicht begründen.[1121]

542 **c) Fehlende vertragliche Vereinbarung.** Soweit für die Lieferung kein Zeitpunkt bzw. Zeitraum vereinbart worden ist, hat der Verkäufer gem. Art 33 Buchst. c CISG innerhalb einer **„angemessenen Frist"** nach Vertragsschluss zu liefern. Die Angemessenheit der Fristdauer beurteilt sich nach den **Umständen des Einzelfalls**, nach der **Branchenüblichkeit** und letztlich nach der **Billigkeit**,[1122] wobei auch die Interessen beider Vertragsparteien gleichgewichtig abzuwägen sind.[1123] Dabei dürfen jedoch nur solche Um-

---

[1113] So Bamberger/Roth-*Saenger*, Art. 33 CISG Rdnr. 4; Staudinger-*Magnus*, Art. 33 CISG Rdnr. 14; Schlechtriem-*Huber*, Art. 33 CISG Rdnr. 5; a. A. *Herber/Czerwenka*, Art. 33 CISG Rdnr. 3, die derartige Vereinbarungen als zu unbestimmt ansehen und daher Art. 33 Buchst. c CISG anwenden wollen, was aber nicht mit dem Vorrang der vertraglichen Vereinbarung vereinbar sein dürfte.

[1114] Schlechtriem-*Huber*, Art. 33 CISG Rdnr. 6; Soergel-Lüderitz/*Schüßler-Langenheine*, Art. 33 CISG Rdnr. 3.

[1115] Schlechtriem-*Huber*, Art. 33 CISG Rdnr. 6; *Achilles*, Art. 33 CISG Rdnr. 3.

[1116] *Achilles*, Art. 33 CISG Rdnr. 3; Soergel-Lüderitz/*Schüßler-Langenheine*, Art. 33 CISG Rdnr. 9.

[1117] Soergel-Lüderitz/*Schüßler-Langenheine*, Art. 33 CISG Rdnr. 3.

[1118] MünchKomm-*Gruber*, Art. 33 CISG Rdnr. 7; *Herber/Czerwenka*, Art. 33 CISG Rdnr. 5.

[1119] Soergel-Lüderitz/*Schüßler-Langenheine*, Art. 33 CISG Rdnr. 5; Schlechtriem-*Huber*, Art. 33 CISG Rdnr. 9 f., der allerdings von einem Ausschluss des Art. 33 Buchst. b CISG kraft vertraglicher Vereinbarung ausgeht.

[1120] Honsell-*Karollus*, Art. 33 CISG Rdnr. 9; *Piltz*, Int. KaufR, § 4 Rdnr. 57; *Herber/Czerwenka*, Art. 33 CISG Rdnr. 5.

[1121] Schlechtriem-*Huber*, Art. 33 CISG Rdnr. 9; Bamberger/Roth-*Saenger*, Art. 33 CISG Rdnr. 5, a. A. offensichtlich *Herber/Czerwenka*, Art. 33 CISG Rdnr. 5.

[1122] *Achilles*, Art. 33 CISG Rdnr. 5, *Herber/Czerwenka*, Art. 33 CISG Rdnr. 6.

[1123] Schlechtriem-*Huber*, Art. 33 CISG Rdnr. 16; anders Soergel-Lüderitz/*Schüßler-Langenheine*, Art. 33 CISG Rdnr. 8, der nur auf Verkäuferinteressen abstellt.

stände berücksichtigt werden, die auch der Gegenpartei bei Vertragsschluss bekannt oder zumindest erkennbar waren.[1124] Ergibt sich z. B. bei Vertragsschluss, dass der Käufer mit einer kurzfristigen Lieferung rechnet (z. B. bei Saisonware), so muss der Verkäufer den Käufer auf bestehende Lieferhindernisse (z. B. Ware nicht vorrätig, Ware noch nicht produziert) hinweisen,[1125] ansonsten bleiben derartige Umstände unberücksichtigt.[1126] Umgekehrt muss auch der Käufer auf eine etwaige besondere Eilbedürftigkeit der Lieferung aufmerksam machen, um die Lieferfrist abzukürzen.[1127] Innerhalb der angemessenen Frist kann der Verkäufer grundsätzlich jederzeit liefern; ausgenommen ist nach Treu und Glauben lediglich eine **Lieferung zur Unzeit**. Auf die Fristberechnung selbst ist im Zweifel Art. 20 Abs. 2 CISG anzuwenden.[1128]

Ist im Vertrag zwar eine **Lieferfrist** vereinbart, diese jedoch als „**unverbindlich**" oder „**freibleibend**" bezeichnet, so haben die Parteien damit weder einen Zeitpunkt oder einen Zeitraum i. S. d. Art. 33 Buchst a, b CISG vereinbart, noch stellt diese Frist eine angemessene Frist i. S. d. Art. 33 Buchst. c CISG dar, denn mit dem Ablauf der Frist des Art. 33 Buchst. c CISG sind unmittelbare Rechtsfolgen verbunden, deren Eintritt die Parteien durch solche Bezeichnungen gerade vermeiden wollten.[1129] Eine solche unverbindliche Frist ist folglich um eine weitere, angemessene Nachfrist i. S. d. Art. 33 Buchst. c CISG zu ergänzen.[1130] Im Übrigen ist diese Vorschrift analog auf Vereinbarungen „**Lieferung nach Abruf**" anzuwenden, wenn nichts darüber vereinbart ist, wann nach Abruf zu liefern ist. Hier wird mit dem Abruf eine angemessene Frist i. S. d. Art. 33 Buchst. c CISG in Gang gesetzt,[1131] die in der Regel kurz zu bemessen ist.[1132]

543

III. Übergabe von Dokumenten

Art. 34 CISG regelt einige Detailaspekte hinsichtlich der Übergabe von warenbezogenen Dokumenten. Ob und gegebenenfalls welche Dokumente zu übergeben sind, legt das CISG hingegen nicht fest. Dies muss sich vielmehr aus dem Vertrag, aus dessen Auslegung (Art. 8 CISG) bzw. aus den maßgeblichen Gebräuchen (Art. 9 CISG) ergeben.[1133] Detaillierte Regelungen hierzu finden sich insbesondere in den bereits erwähnten Incoterms. Aber auch ohne entsprechende Vereinbarung ist der Verkäufer jedenfalls zur Übergabe von solchen **Dokumenten** verpflichtet, **die der Käufer benötigt**, um die Ware vom Beförderer zu erhalten (Konnossement, Ladeschein, Lagerschein) und in das jeweilige Bestimmungsland einführen zu können (Ein- bzw. Ausfuhrgenehmigungen, Zertifikate).[1134] Art. 34 CISG bezieht sich auf alle rechtlich und wirtschaftlich erheblichen Dokumente und Bescheinigungen,[1135] nicht jedoch auf Gebrauchsanweisungen, Bauanleitungen etc, da solche Unterlagen Teil der

544

[1124] MünchKomm-*Gruber*, Art. 33 CISG Rdnr. 11; Schlechtriem-*Huber*, Art. 33 CISG Rdnr. 16.
[1125] Soergel-*Lüderitz/Schüßler-Langenheine*, Art. 33 CISG Rdnr. 8.
[1126] Honsell-*Karollus*, Art. 33 CISG Rdnr. 11.
[1127] Schlechtriem-*Huber*, Art. 33 CISG Rdnr. 16, Honsell-*Karollus*, Art. 33 CISG Rdnr. 11.
[1128] MünchKomm-*Gruber*, Art. 33 CISG Rdnr. 14; *Achilles*, Art. 33 CISG Rdnr. 5 f.
[1129] Soergel-*Lüderitz/Schüßler-Langenheine*, Art. 33 CISG Rdnr. 9; Schlechtriem-*Huber*, Art. 33 CISG Rdnr. 14.
[1130] MünchKomm-*Gruber*, Art. 33 CISG Rdnr. 11; Staudinger-*Magnus*, Art. 33 CISG Rdnr. 16.
[1131] Schlechtriem-*Huber*, Art. 33 CISG Rdnr. 10.
[1132] Honsell-*Karollus*, Art. 33 CISG Rdnr. 10.
[1133] *Herber/Czerwenka*, Art. 34 CISG Rdnr. 2; *Achilles*, Art. 34 CISG Rdnr. 1.
[1134] MünchKommHGB-*Benicke*, Art. 34 CISG Rdnr. 2; Staudinger-*Magnus*, Art. 34 CISG Rdnr. 8; Honsell-*Karollus*, Art. 34 CISG Rdnr. 6; Soergel-*Lüderitz/Schüßler-Langenheine*, Art. 34 CISG Rdnr. 2; *Piltz*, NJW 2005, 2126, 2128.
[1135] Soergel-*Lüderitz/Schüßler-Langenheine*, Art. 34 CISG Rdnr. 3; Staudinger-*Magnus*, Art. 34 CISG Rdnr. 7.

Ware und somit schon Bestandteil der diesbezüglichen Liefer- und Instruktionspflichten des Verkäufers sind.[1136]

545 Für die von Art. 34 CISG erfassten Dokumente wird die Übergabepflicht des Verkäufers hinsichtlich Zeit, Ort und Form der Übergabe präzisiert. Danach sind hinsichtlich des **Übergabezeitpunkts** zunächst wiederum die vertraglichen Bestimmungen maßgebend. Existiert keine Vereinbarung, sind die Dokumente bei einem Versendungskauf (Art. 31 Buchst. a CISG, dazu Rdnr. 526 ff.) so rechtzeitig zu übergeben, dass der Käufer spätestens bei Eintreffen der Ware über sie verfügt.[1137] Genügt ein Zur-Verfügung-Stellen der Ware durch den Verkäufer (Art. 31 Buchst. b, c CISG, dazu Rdnr. 532 ff.), so muss der Käufer die Dokumente so rechtzeitig erhalten, dass er die Ware noch innerhalb der Lieferfrist übernehmen kann.[1138] Bei einer Verpflichtung des Käufers zur Stellung eines Dokumentenakkreditivs müssen die Dokumente innerhalb der Laufzeit des Akkreditivs übergeben werden.[1139] Sind überhaupt keine Anhaltspunkte hinsichtlich der Übergabezeit ersichtlich, kann hilfsweise auf Art. 33 Buchst. c CISG als allgemeinen Grundsatz i. S. d. Art. 7 Abs. 2 CISG zurückgegriffen werden, so dass der Verkäufer die Dokumente innerhalb einer „angemessenen Frist" zu übergeben hat[1140] (siehe dazu Rdnr. 542).

546 Auch der **Übergabeort** der Dokumente ist primär dem Vertrag zu entnehmen. Fehlt eine Vereinbarung, folgt dieser Ort häufig aus der vereinbarten Zahlungsmodalität: Bei Stellung eines Dokumentenakkreditivs durch den Käufer hat die Dokumentenübergabe am Ort der Niederlassung der Akkreditivbank bzw. der von ihr benannten Zahlstelle zu erfolgen.[1141] Bei der Klausel „Kasse gegen Dokumente" ist im Zweifel die Niederlassung des Käufers Übergabeort.[1142] Ansonsten ist als Übergabeort derjenige Ort anzusehen, an welchem der Käufer die Dokumente zur Erreichung der damit verfolgten Zwecke benötigt.[1143] Aus der Dokumentenübergabepflicht des Verkäufers folgt, dass im Zweifel er die Dokumente auf eigene Gefahr und eigene Kosten dem Käufer übermitteln muss.[1144] Notfalls muss der Verkäufer verlorengegangene Dokumente sogar neu beschaffen.[1145]

547 Die **Art der Übergabe** richtet sich ebenfalls nach dem Vertrag und zudem nach der Art der Dokumente, so müssen z.B. Orderpapiere in indossierter Form (mit einem auf den Käufer lautenden oder Blankoindossament) übergeben werden,[1146] bei Versendungskäufen über Land genügt dagegen im allgemeinen das einfache Frachtbriefdoppel.[1147]

548 Übergibt der Verkäufer **Dokumente, die nicht den vertraglichen Anforderungen entsprechen,** hat er gem. Art. 34 S. 2 CISG jedenfalls bis zu dem sich aus Art. 34 S. 1 CISG ergebenden Zeitpunkt der Fälligkeit der Übergabepflicht das Recht zur **zweiten Andienung** der Dokumente. Gleiches gilt, wenn vertragswidrige Dokumente zwar noch nicht übergeben, aber vom Verkäufer angeboten und vom Käufer aufgrund der Vertragswidrigkeit zurückgewiesen wurden.[1148] **Vertragswidrig** in diesem Sinne ist insbesondere die Über-

---

[1136] *Piltz*, Int. KaufR, § 4 Rdnr. 77; Staudinger-*Magnus*, Art. 34 CISG Rdnr. 7, *Achilles*, Art. 34 CISG Rdnr. 1.
[1137] Honsell-*Karollus*, Art. 34 CISG Rdnr. 6; Staudinger-*Magnus*, Art. 34 CISG Rdnr. 8.
[1138] *Achilles*, Art. 34 CISG Rdnr. 2; Schlechtriem-*Huber*, Art. 34 CISG Rdnr. 2
[1139] Honsell-*Karollus*, Art. 34 CISG Rdnr. 6.
[1140] Schlechtriem-*Huber*, Art. 34 CISG Rdnr. 2; Honsell-*Karollus*, Art. 34 CISG Rdnr. 6.
[1141] MünchKommHGB-*Benicke*, Art. 34 CISG Rdnr. 4; Schlechtriem-*Huber*, Art. 34 CISG Rdnr. 3.
[1142] MünchKomm-*Gruber*, Art. 34 CISG Rdnr. 6; Honsell-*Karollus*, Art. 34 CISG Rdnr. 7.
[1143] *Achilles*, Art. 34 CISG Rdnr. 3; a. A. MünchKommHGB-*Benicke*, Art. 34 CISG Rdnr. 4: im Zweifel Niederlassung des Käufers; noch anders Staudinger-*Magnus*, Art. 34 CISG Rdnr. 8: Lieferort der Ware.
[1144] Bamberger/Roth-*Saenger*, Art. 34 CISG Rdnr. 4; Schlechtriem-*Huber*, Art. 34 CISG Rdnr. 3.
[1145] *Achilles*, Art. 34 CISG Rdnr. 3.
[1146] Honsell-*Karollus*, Art. 34 CISG Rdnr. 8.
[1147] Schlechtriem-*Huber*, Art. 34 CISG Rdnr. 4.
[1148] Honsell-*Karollus*, Art. 34 CISG Rdnr. 13; Schlechtriem-*Huber*, Art. 34 CISG Rdnr. 9.

gabe von unvollständigen[1149] oder von sog. unreinen Dokumenten (Dokumente, in denen Mängel der Leistung wie z. B. Qualitätsmängel der Ware oder verspätete Verladung[1150] dokumentiert sind). Die Ersetzungsbefugnis des Verkäufers scheidet gem. Art. 34 S. 2 CISG allerdings dann aus, wenn ihre Ausübung für den Käufer **unzumutbare Unannehmlichkeiten** oder **unverhältnismäßige Kosten** verursachen würde, was aber kaum praktische Bedeutung hat.[1151]

IV. Verschaffung des Eigentums

Art 30 CISG normiert als weitere Pflicht des Verkäufers diejenige zur Übertragung des Eigentums an der Ware auf den Käufer. Das CISG statuiert dabei aber nur die Existenz dieser Pflicht, regelt dagegen aber nicht, wie diese Pflicht zu erfüllen ist. Eigentumsfragen sind vielmehr durch Art. 4 S. 2 Buchst. b CISG ausdrücklich vom Regelungsbereich des Übereinkommens ausgeschlossen worden. Der **Eigentumsübergang** richtet sich deshalb **nach dem jeweiligen durch das IPR berufenen nationalen Sachenrecht.**[1152] In der Regel und insbesondere auch nach dem deutschen IPR[1153] ist dies das Recht der Belegenheit der Sache (lex rei sitae). Soweit – wie nach fast allen Rechtsordnungen – zum Eigentumsübergang auch die **Übergabe** der Sache erforderlich ist (vgl. § 929 BGB), kann der Verkäufer auch nach der Übergabe an den Beförderer i. S. d. Art. 31 Buchst. a CISG oder nach dem Zur-Verfügung-Stellen i. S. d. Art. 31 Buchst. b, c CISG – also nach Lieferung – noch zur Übergabe an den Käufer zum Zweck der Eigentumsübertragung verpflichtet bleiben.[1154] Dies ergibt sich daraus, dass die Übergabe i. S. d. §§ 929, 433 I 1 BGB den Leistungs*erfolg,* also den Besitzerwerb des Käufers, mit einschließt, während für die Lieferung i. S. d. Art. 30, 31 CISG nur die Leistungs*handlung* des Verkäufers erforderlich ist.[1155] Allein durch Vornahme der Lieferung ist folglich das Eigentum noch nicht i. S. d. § 929 BGB übergegangen. Allerdings findet schon vorher, nämlich bei Lieferung (vgl. Art. 66 CISG) der **Gefahrübergang** auf den Käufer statt, so dass der Verkäufer bei einem von ihm nicht verschuldeten Untergang der Sache von der Eigentumsübertragungspflicht frei wird. Stellt das maßgebliche nationale Sachenrecht dazu noch weitere Erfordernisse auf, wie z. B. die dingliche Einigung i. S. d. § 929 BGB, sind auch diese im Rahmen der Eigentumsverschaffungspflicht des Verkäufers aus Art. 30 CISG zu erfüllen.[1156] Im Falle des § 929 BGB ist allerdings regelmäßig davon auszugehen, dass ein entsprechendes dingliches Einigungsangebot des Verkäufers konkludent in der Lieferung der Sache enthalten ist[1157] und mit Annahme der Ware durch den Käufer die dingliche Einigung zustande kommt. Ferner entscheidet auch über die Zulässigkeit und Wirksamkeit eines **Eigentumsvorbehalts** das nach IPR maßgebliche nationale Sachenrecht[1158] (zum Eigentumsvorbehalt im deutschem Recht vgl. Rdnr. 254 ff.).

549

[1149] BGHZ 132, 290, 301; Staudinger-*Magnus*, Art. 34 CISG Rdnr. 12.

[1150] MünchKomm-*Gruber*, Art. 34 CISG Rdnr. 7; Bamberger/Roth-*Saenger*, Art. 34 CISG Rdnr. 6; Schlechtriem-*Huber*, Art. 34 CISG Rdnr. 8; a. A. *Herber/Czerwenka*, Art. 34 CISG Rdnr. 6, der Papiere, die Mängel der Leistung dokumentieren, nicht als vertragswidrig ansieht.

[1151] *Herber/Czerwenka*, Art. 34 CISG Rdnr. 6; Bamberger/Roth-*Saenger*, Art. 34 CISG Rdnr. 6.

[1152] Schlechtriem-*Huber*, Art. 30 CISG Rdnr. 7; *Herber/Czerwenka*, Art. 30 CISG Rdnr. 7; Soergel-*Lüderitz/Schüßler-Langenheine*, Art. 30 CISG Rdnr. 7.

[1153] Palandt-*Heldrich*, Art. 43 EGBGB Rdnr. 1, 3 m. w. N.; Staudinger-*Magnus*, Art. 30 CISG Rdnr. 11.

[1154] MünchKomm-*Gruber*, Art. 30 CISG Rdnr. 6; *Herber/Czerwenka*, Art. 30 CISG Rdnr. 8; a. A. Schlechtriem-*Huber*, Art. 30 CISG Rdnr. 7, der offenbar davon ausgeht, dass mit Vornahme der nach Art. 31 CISG gebotenen Handlungen der Verkäufer auch schon i. S. d. § 929 BGB übergeben hat.

[1155] So (insoweit widersprüchlich) auch Schlechtriem-*Huber*, Art. 30 CISG Rdnr. 5.

[1156] Staudinger-*Magnus*, Art. 30 CISG Rdnr. 10.

[1157] Schlechtriem-*Huber*, Art. 30 CISG Rdnr. 7.

[1158] OLG Koblenz, RIW 1992, 1019 ff. = IPRax 1994, 27 ff.; Staudinger-*Magnus*, Art. 30 CISG Rdnr. 12; ausführlich *Schlüter*, IHR 2001, 141 ff.

V. Lieferung mangelfreier Ware

550 Die vom Verkäufer gelieferte **Ware** muss selbstverständlich auch **mangelfrei** sein. Hierbei ist jedoch zu beachten, dass das CISG strikt zwischen Lieferung und Mängelfreiheit der Ware trennt (siehe Rdnr. 521). Der Verkäufer erfüllt seine Lieferpflichten immer dann, wenn er die hierfür jeweils erforderlichen Handlungen vorgenommen hat, auf die Beschaffenheit der Ware kommt es insofern nicht an. Daher kann auch mit mangelhafter Ware die Lieferpflicht als solche erfüllt werden.[1159] Trotz der in den Incoterms enthaltenen, missverständlichen Formulierung „Lieferung vertragsgemäßer Ware" liegt auch ihnen dieselbe strikte Trennung zugrunde.[1160] Die Pflicht zur Lieferung vertragsgemäßer Ware ergibt sich freilich aus Art. 35 CISG. Bei Vorliegen von Sach- oder Rechtsmängeln treffen den Käufer, anders als bei anderen Pflichtverletzungen des Verkäufers, **Untersuchungs- und Rügeobliegenheiten** aus Art. 38, 39, 43 CISG (dazu Rdnr. 1161 ff., 1201 ff.), bei deren Versäumung er die Rechtsbehelfe aus Art. 45 ff. CISG zu verlieren droht.

1. Unterscheidung zwischen Sach- und Rechtsmängeln

551 Anders als das deutsche BGB nach der Schuldrechtsmodernisierung (vgl. Rdnr. 425), trennt das CISG nicht nur auf der Tatbestandsseite in Art. 35, 41, 42 CISG zwischen Sach- und Rechtsmängeln, sondern es ergeben sich auch auf der Rechtsfolgenseite einige, wenn auch eher geringe, Unterschiede.[1161] So ist z. B. die **Haftung** des Verkäufers für Sachmängel gem. Art. 35 Abs. 3 CISG bereits dann **ausgeschlossen,** wenn der Käufer über den Mangel „nicht in Unkenntnis sein konnte" (diese Formulierung bedeutet „grob fahrlässige Unkenntnis", vgl. Rdnr. 1158 ff.), wohingegen nach Art. 41 CISG die Haftung für Rechtsmängel nur bei Einwilligung des Käufers entfällt. Des weiteren ist der Käufer bei Sachmängeln gem. Art. 38, 39 CISG zur **Untersuchung und Rüge** verpflichtet (Rdnr. 1161 ff.), während ihm bei Rechtsmängeln gem. Art. 43 CISG nur eine Rügepflicht, aber keine Untersuchungspflicht obliegt.[1162] Diese Untersuchungs- und Rügepflichten des Käufers erübrigen sich ferner bei Sachmängeln gem. Art. 40 CISG schon dann, wenn der Verkäufer über den Mangel „nicht in Unkenntnis sein konnte", während bei Rechtsmängeln hierfür gem. Art. 43 Abs. 2 CISG positive Kenntnis des Verkäufers von dem Rechtsmangel erforderlich ist (näher Rdnr. 1208). Weiter bezieht sich auch die zweijährige **Ausschlussfrist** des Art. 39 Abs. 2 CISG nur auf Sach-, nicht jedoch auf Rechtsmängel[1163] (dazu Rdnr. 1206). Schließlich ist umstritten, ob die Rechtsbehelfe des Art. 46 Abs. 2, 3 CISG **(Ersatzlieferung und Nachbesserung)** dem Käufer nur bei Vorliegen von Sachmängeln oder auch bei Rechtsmängeln zur Verfügung stehen (hierzu Rdnr. 1031, 1039).

552 Die Anforderungen an die **Sachmangelfreiheit** der Ware, die nach den Begrifflichkeiten des CISG als „**Vertragsmäßigkeit der Ware**" (conformity of goods) bezeichnet wird,[1164] sind näher in Art. 35 CISG normiert (dazu sogleich Rdnr. 553 ff.), während Art. 41 CISG die **Rechtsmangelfreiheit** der Ware regelt (Rdnr. 577 ff.) und Art. 42 CISG eine Sonderregelung für den Fall der **Belastung der Ware mit Schutzrechten Dritter** trifft (Rdnr. 582 ff.).

[1159] Staudinger-*Magnus*, Art. 30 CISG Rdnr. 5; Honsell/*Karollus*, Art. 30 CISG Rdnr. 8; Herber/*Czerwenka*, Art. 30 CISG Rdnr. 2.

[1160] Honsell-*Karollus*, Art. 30 CISG Rdnr. 8.

[1161] Vgl. dazu auch Staudinger-*Magnus*, Vorbem. Art. 35 ff. CISG Rdnr. 4; Honsell-*Magnus*, Vorbem. Art. 35–44 CISG Rdnr. 2.

[1162] MünchKomm-*Gruber*, Art. 43 CISG Rdnr. 2; Schlechtriem-*Schwenzer*, Art. 38 CISG Rdnr. 7, Art. 43 CISG Rdnr. 4.

[1163] Schlechtriem-*Schwenzer*, Art. 35 CISG Rdnr. 5.

[1164] Staudinger-*Magnus*, Vorbem. Art. 35 ff., CISG Rdnr. 2.

2. Sachmängel (Vertragswidrigkeit) der Ware

Art. 35 CISG regelt zunächst die Anforderungen an die körperliche Beschaffenheit der Ware. **553** Der **Sachmangelbegriff** des Art. 35 CISG erfasst dabei nicht nur Qualitätsabweichungen, sondern auch Abweichungen hinsichtlich Art, Menge, Verpackung und Behältnis.[1165]

a) Vertragliche Leistungsbeschreibung. Die maßgeblichen Anforderungen an die Be- **554** schaffenheit der Ware bestimmen sich gem. Art. 35 Abs. 1 CISG in erster Linie nach den vertraglichen Vereinbarungen.[1166] Damit geht das Übereinkommen, ebenso wie das BGB (siehe dazu Rdnr. 330), primär von einem **subjektiven Fehlerbegriff** aus,[1167] der durch die in Art. 35 Abs. 2 CISG genannten, nur bei Fehlen vertraglicher Vereinbarungen eingreifenden, objektiven Kriterien ergänzt wird.[1168] Solche **vertraglichen Leistungsbeschreibungen** können **ausdrücklich**, aber auch **stillschweigend**[1169] erfolgen. Ebenso sind Vereinbarungen hinsichtlich der Vertragsmäßigkeit der Ware in **Allgemeinen Geschäftsbedingungen**[1170] sowohl des Käufers als auch des Verkäufers sowie durch **die Bezugnahme auf Gebräuche und Standards** (z.B. DIN-Normen)[1171] zulässig. Schließlich können u.U. sogar, ähnlich § 434 Abs. 1 S. 3 BGB (vgl. Rdnr. 366 ff.), der **Werbung** des Verkäufers Anhaltspunkte zur Bestimmung der Anforderungen an die Vertragsmäßigkeit der Ware entnommen werden.[1172] Nicht zuletzt kann sich auch aus dem **Vertragszweck** ein Anforderungsprofil an die Beschaffenheit der Ware ergeben,[1173] so z.B. wenn die Ware nur zu einem bestimmten Zweck angeboten und bestellt wird.[1174]

Die Aufzählung von Vertragsvereinbarungen über Qualität, Menge, Art, Verpackung und **555** Behältnis der Ware in Art. 35 Abs. 1 CISG ist dabei keinesfalls als abschließend zu verstehen. Die Parteien können vielmehr auch andere **Eigenschaften** vereinbaren, die für die Vertragsmäßigkeit der Ware **ausschlaggebend sein sollen**.[1175] Insbesondere wird hier in der Praxis häufig die Übereinstimmung der Ware mit gesetzlichen oder sonstigen Normen (z.B. den DIN-Normen) vorgesehen.[1176] Ohne eine ausdrückliche, entsprechende Vereinbarung ist der Verkäufer aber nicht verpflichtet, derartige gesetzliche oder sonstige Regeln des Importlandes einzuhalten.[1177] Stillschweigende Vereinbarungen können insoweit nicht unterstellt werden.[1178]

Der Begriff **Qualität** i.S.d. Art. 35 Abs. 1 CISG meint alle der Ware selbst anhaftenden **556** Eigenschaften,[1179] insbesondere ihre stoffliche Beschaffenheit und Unversehrtheit einschließ-

---

[1165] *Achilles*, Art. 35 CISG Rdnr. 1; Honsell-*Magnus*, Art. 35 CISG Rdnr. 3 ff.; Schlechtriem-*Schwenzer*, Art. 35 CISG Rdnr. 8 ff.
[1166] Hovioikeus Turku, IHR 2003, 277; Staudinger-*Magnus*, Art. 35 CISG Rdnr. 13.
[1167] Schlechtriem-*Schwenzer*, Art. 35 CISG Rdnr. 6; Honsell-*Magnus*, Art. 35 CISG Rdnr. 10.
[1168] Staudinger-*Magnus*, Art. 35 CISG Rdnr. 10; Bianca/Bonell-*Bianca*, Art. 35 CISG Anm. 2.1.
[1169] Honsell-*Magnus*, Art. 35 CISG Rdnr. 10; Schlechtriem-*Schwenzer*, Art. 35 CISG Rdnr. 7.
[1170] *Achilles*, Art. 35 CISG Rdnr. 3; Schlechtriem-*Schwenzer*, Art. 35 CISG Rdnr. 7.
[1171] OGH Wien, IHR 2004, 25; *Herber/Czerwenka*, Art. 35 CISG Rdnr. 3; Staudinger-*Magnus*, Art. 35 CISG Rdnr. 13, 14.
[1172] Schlechtriem-*Schwenzer*, Art. 35 CISG Rdnr. 7; Bianca/Bonell-*Bianca*, Art. 35 CISG Anm. 2.3.
[1173] *Piltz*, Int. KaufR, § 5 Rdnr. 25; MünchKommHGB-*Benicke*, Art. 35 CISG Rdnr. 8.
[1174] BGH, WM 1999, 1466, 1468 ff.; MünchKommHGB-*Benicke*, Art. 35 CISG Rdnr. 8.
[1175] *Herber/Czerwenka*, Art. 35 CISG Rdnr. 3; Staudinger-*Magnus*, Art. 35 CISG Rdnr. 15; Bamberger/Roth-*Saenger*, Art. 35 CISG Rdnr. 3.
[1176] Honsell-*Magnus*, Art. 35 CISG Rdnr. 10; Staudinger-*Magnus*, Art. 35 CISG Rdnr. 13, 15.
[1177] OLG Frankfurt, RIW 1994, 593; LG Siegen, RIW 1977, 427; MünchKomm-*Gruber*, Art. 35 CISG Rdnr. 9 f.; Bamberger/Roth-*Saenger*, Art. 35 CISG Rdnr. 3.
[1178] BGH, NJW 1995, 2099 m. Anm. *Magnus*, LM CISG Nr. 2; OGH Wien, IHR 2001, 117; OLG Frankfurt a.M., RIW 1994, 593; Staudinger-*Magnus*, Art. 35 CISG Rdnr. 15; a. A. Cour d'Appel Grenoble v. 13.09.1995, CLOUT Case 202.
[1179] Staudinger-*Magnus*, Art. 35 CISG Rdnr. 8.

lich aller Verwendungs- und Gebrauchsmöglichkeiten.[1180] Eine Abweichung hinsichtlich der vereinbarten **Menge** und damit eine Vertragswidrigkeit liegt sowohl bei Zuviel- als auch bei Zuwenig- (Teil-) lieferungen vor,[1181] deren Rechtsfolgen sind jedoch in Art. 51, 52 CISG gesondert geregelt. Als Abweichung von der vereinbarten **Art** der Ware ist insbesondere die Lieferung eines **aliuds** anzusehen.[1182] Dies gilt gleichermaßen für Spezies- wie auch für Gattungsschulden.[1183] Soweit eine vertragliche Leistungsbeschreibung Vereinbarungen hinsichtlich der **Verpackung** oder dem **Behältnis** der Ware enthält, führen auch Abweichungen von diesen Festlegungen zur Vertragswidrigkeit der Ware.[1184]

557 Werden vertraglich vereinbarte Leistungselemente nicht eingehalten, ist es unerheblich, ob die Abweichung wegen ihrer Art und Dauer die Brauchbarkeit oder den Wert der Ware beeinflusst.[1185] Eine **Vertragswidrigkeit** i. S. d. Art. 35 CISG liegt bei **jeglicher Abweichung vom Vertrag** vor-[1186] Dabei ist der Schweregrad der Abweichung grundsätzlich ebenso gleichgültig,[1187] wie es keinen Unterschied macht, ob es sich um mindere oder bessere Qualität, Art, Menge etc. als vom Vertrag vorgesehen handelt.[1188] Dies wird vielmehr erst im Rahmen der Frage relevant, ob eine „wesentliche" Vertragsverletzung i. S. d. Art. 46 Abs. 2, 49 Abs. 1 Buchst. a CISG vorliegt (dazu Rdnr. 1040 ff.) oder bei der Bezifferung eines etwaigen dem Käufer entstandenen **Schadens**. Etwas anderes kann allenfalls dann gelten, wenn die Mengen- oder Qualitätsfehler derart geringfügig sind, dass sie noch innerhalb von **Toleranzgrenzen** liegen, die nach den maßgeblichen Handelsbräuchen und Gepflogenheiten noch als zulässig anzusehen sind. In einem solchen Fall liegt schon keine Vertragswidrigkeit i. S. d. Art. 35 CISG vor.[1189]

558 **b) Objektive Vertragsmäßigkeit der Ware.** Haben die Parteien die Anforderungen an die Vertragsmäßigkeit der Ware nicht vertraglich festgeschrieben, und lassen sich auch den maßgeblichen Gebräuchen hierfür keine Anhaltspunkte entnehmen, ist die Vertragsmäßigkeit anhand des subsidiären Art. 35 Abs. 2 CISG zu beurteilen, der als **Auslegungsregel**[1190] für verschiedene Fallgestaltungen einen zu erwartenden **Mindeststandard** normiert.[1191] Maßgeblich sind danach neben dem gewöhnlichen oder einem bestimmten Gebrauchszweck (dazu sogleich Rdnr. 559 ff.) auch vorgelegte Proben oder Muster (siehe Rdnr. 567 ff.) sowie die übliche oder angemessene Verpackung (vgl. Rdnr. 571 f.).

559 **aa) Tauglichkeit zum gewöhnlichen Gebrauchszweck.** Gem. Art. 35 Abs. 2 Buchst. a CISG muss sich die Ware auch ohne entsprechende Vereinbarung für die mit ihr **gewöhnlich verfolgten Zwecke** eignen. Das bedeutet, die Ware muss in ihrer Qualität den Erwartungen, die ein durchschnittlicher Nutzer an sie stellt, gerecht werden.[1192] Die Ware

---

[1180] Achilles, Art. 35 CISG Rdnr. 2.
[1181] Piltz, Int. KaufR, § 5 Rdnr. 29; MünchKomm-Gruber, Art. 35 CISG Rdnr. 3; Schlechtriem-Schwenzer, Art. 35 CISG Rdnr. 8.
[1182] OGH Wien, TranspR-IHR 1999, 48; Piltz, NJW 2003, 2056, 2062.
[1183] Soergel-Lüderitz/Schüßler-Langenheine, Art. 35 CISG Rdnr. 5 f.; Honsell-Magnus, Art. 35 CISG Rdnr. 6.
[1184] Achilles, Art. 35 CISG Rdnr. 2; Schlechtriem-Schwenzer, Art. 35 CISG Rdnr. 11.
[1185] Schlechtriem-Schwenzer, Art. 35 CISG Rdnr. 9.
[1186] Herber/Czerwenka, Art. 35 CISG Rdnr. 2; Honsell-Magnus, Art. 35 CISG Rdnr. 8; Staudinger-Magnus, Art. 35 CISG Rdnr. 11; Piltz, Int. KaufR, § 5 Rdnr. 27; ders.,NJW 2005, 2126, 2129; Schwenzer, NJW 1990, 605; OLG Düsseldorf, RIW 1987, 221.
[1187] Bamberger/Roth-Saenger, Art. 35 CISG Rdnr. 2; Achilles, Art. 35 CISG Rdnr. 2.
[1188] Schlechtriem-Schwenzer, Art. 35 CISG Rdnr. 9.
[1189] Staudinger-Magnus, Art. 35 CISG Rdnr. 11; Honsell-Magnus, Art. 35 CISG Rdnr. 8; Soergel-Lüderitz/Schüßler-Langenheine, Art. 35 CISG Rdnr. 7.
[1190] MünchKommHGB-Benicke, Art. 35 CISG Rdnr. 7; Achilles, Art. 35 CISG Rdnr. 4.
[1191] Honsell-Magnus, Art. 35 CISG Rdnr. 12; Soergel-Lüderitz/Schüßler-Langenheine, Art. 35 CISG Rdnr. 10; Schlechtriem-Schwenzer, Art. 35 CISG Rdnr. 12.
[1192] BGH, NJW 2013, 304, 305; Staudinger-Magnus, Art. 35 CISG Rdnr. 18.

muss sich deshalb jedenfalls für solche Verwendungszwecke eignen, die nach ihrer stofflichen und technischen Auslegung und der hieran anknüpfenden Verkehrserwartung nahe liegen.[1193] Der Käufer darf daher **Ware „mittlerer Art und Güte"** erwarten, wie dies auch in § 243 Abs. 1 BGB und § 360 HGB vorgesehen ist.[1194] Deshalb genügt es nicht, dass die Ware gerade noch handelbar (merchantable) ist,[1195] sondern sie muss jedenfalls **ohne weiteres absetzbar** (honestly resaleable) sein.[1196] Diese zum gewöhnlichen Gebrauch i. S. d. Art. 35 Abs. 2 Buchst. a CISG gehörende **Wiederverkäuflichkeit** der Ware ist z. B. bei Lebensmitteln nicht mehr gegeben, wenn ein **begründeter Verdacht** auf eine gesundheitsschädliche Beschaffenheit vorliegt, dieser zu öffentlich-rechtlichen Maßnahmen wie einer Beschlagnahme geführt hat und der Verkäufer den Verdacht nicht entkräften kann.[1197] Ein bloßer, durch nichts begründeter oder erhärteter Mangelverdacht allein kann aber eine Vertragswidrigkeit noch nicht begründen, da sonst der Käufer die Möglichkeit hätte, durch eine schlichte dahingehende Behauptung die Ware als vertragswidrig abzulehnen.[1198]

Die Rechtsprechung hat eine „Tauglichkeit zum gewöhnlichen Gebrauch" ferner verneint bei Schuhen mit Rissen,[1199] bei selbstklebender Schutzfolie, die sich nicht ohne Rückstände vom Blech abziehen lässt,[1200] Konfektionskleidung in unzutreffenden Größen,[1201] bei Pullovern mit deutlichen Passformmängeln,[1202] bei Kleiderstoff, der bei einer Toleranzgrenze von 1% beim Bügeln um 5% einläuft,[1203] bei unsterilen Blutleitungen[1204] oder bei Mehl mit krebserregendem, kaliumbromathaltigem Brotverbesserer.[1205] **560**

Der jeweilige Maßstab für die Beurteilung der Ware ist die **Verkehrsanschauung eines gewöhnlichen Nutzerkreises**.[1206] Ob als „gewöhnlicher Nutzerkreis" dabei derjenige des Verkäufer- oder derjenige des Käuferstaates anzusehen ist, wird unterschiedlich beantwortet. Teilweise wird auf das Verkäuferland abgestellt,[1207] teils aber auch auf das Verwendungs-(Käufer-)land.[1208] Interessengerecht erscheint eine differenzierte Einzelfallbetrachtung;[1209] **561**

[1193] BGH, NJW 2013, 304, 305.
[1194] OLG Hamm, IPRax 1983, 231; LG Berlin v. 15.09.1994, CISG-Online Case 399; Bamberger/Roth-*Saenger*, Art. 35 CISG Rdnr. 5; Honsell-*Magnus*, Art. 35 CISG Rdnr. 13; *Achilles*, Art. 35 CISG Rdnr. 6, a. A. Soergel-*Lüderitz/Schüßler-Langenheine*, Art. 35 CISG Rdnr. 10, wonach u. U. auch unterdurchschnittliche Ware ausreichen soll, mit Hinweis auf einen kanadischen Antrag, der die Formulierung „fair average quality" in das Übereinkommen aufnehmen wollte. Dieses Argument vermag aber nicht zu überzeugen, da dieser Antrag nicht abgelehnt wurde, sondern als „bereits geregelt" zurückgezogen wurde (vgl. näher Staudinger-*Magnus*, Art. 35 CISG Rdnr. 19; Schlechtriem-*Schwenzer*, Art. 35 CISG Rdnr. 16).
[1195] *Herber/Czerwenka*, Art. 35 CISG Rdnr. 4; Staudinger-*Magnus*, Art. 35 CISG Rdnr. 19.
[1196] BGH, NJW-RR 2005, 1218, 1220; Staudinger-*Magnus*, Art. 35 CISG Rdnr. 19; *Herber/Czerwenka*, Art. 35 Rdnr. 4.
[1197] BGH, NJW-RR 2005, 1218, 1219f. m. Anm. Wertenbruch, LMK 2005 Nr. 151525 zum Verdacht einer Dioxinbelastung von belgischem Schweinefleisch, ebenso schon die Vorinstanz OLG Frankfurt a.M., NJOZ 2004, 2851, 2852f.
[1198] Staudinger-*Magnus*, Art. 35 CISG Rdnr. 25; allerdings offengelassen von BGH, NJW-RR 2005, 1218, 1220.
[1199] OLG Köln, RIW 1994, 972.
[1200] BGH, NJW 1999, 1259.
[1201] OLG Karlsruhe, RIW 1978, 544.
[1202] OLG Hamm, in: Schlechtriem-*Magnus*, Art. 33 CISG Rdnr. 6, 13.
[1203] OLG Hamm, IPRax 1983, 231.
[1204] Obergericht Luzern, SJZ 1998, 515.
[1205] Hof's-Gravenhage, IHR 2004, 119.
[1206] *Piltz*, Int. KaufR, § 5 Rdnr. 40; Honsell-*Magnus*, Art. 35 CISG Rdnr. 12; Staudinger-*Magnus*, Art. 35 CISG Rdnr. 21.
[1207] Bianca/Bonell-*Bianca*, Art. 35 CISG Anm. 2.5.1.; *Piltz*, Int. KaufR, § 5 Rdnr. 41; wohl auch *Herber/Czerwenka*, Art. 35 CISG Rdnr. 4.
[1208] Staudinger-*Magnus*, Art. 35 CISG Rdnr. 21.
[1209] So auch Herber/Czerwenka, Art. 35 CISG Rdnr. 5.

Existieren mit Hinblick auf bestimmte Sacheigenschaften **internationale Handelsbräuche**, so sind diese als Mindestanforderungen an die Vertragsmäßigkeit der Ware anzusehen.[1210] Gleiches gilt für Standards, die sowohl im Verkäufer- als auch im Käuferland gelten.[1211] Soweit in den Vertragsstaaten **unterschiedliche Standards** gelten, muss der Käufer den Verkäufer darauf hinweisen, wenn er gerade auf die Einhaltung von Standards seines eigenen Staates Wert legt,[1212] dann ist, soweit keine zweiseitige Vereinbarung i. S. d. Art. 35 Abs. 1 CISG getroffen wird, Art. 35 Abs. 2 Buchst. b CISG einschlägig[1213] (dazu Rdnr. 564 ff.). Unterbleibt dies, ist davon auszugehen, dass die Ware vertragsgemäß ist, wenn sie den Standards eines gewöhnlichen Nutzerkreises des **Verkäuferlandes** entspricht, denn es kann dem Verkäufer in der Regel nicht zugemutet werden, sich ohne besondere Vereinbarung über die Standards eines gewöhnlichen Nutzerkreises im jeweiligen Käuferstaat informieren zu müssen.[1214]

562 Ähnliches gilt für die Frage, ob die Ware etwaigen im Käuferstaat bestehenden **öffentlich-rechtlichen Vorschriften** (etwa in Bezug auf Gesundheitsschutz, Produktsicherheit oder Lebensmittelrecht) genügen muss. Auch dies ist grundsätzlich zu verneinen.[1215] Etwas anderes gilt nur dann, wenn der Käufer den Verkäufer auf derartige Vorschriften hingewiesen hat (dann gilt Art. 35 Abs. 2 Buchst. b CISG, dazu Rdnr. 564 ff.) oder eine entsprechende vertragliche Vereinbarung getroffen wurde (dann greift Art. 35 Abs. 1 CISG),[1216] es sei denn, die betreffenden Vorschriften gelten nicht nur im Käuferstaat, sondern auch im Land des Verkäufers, denn dann kann der Käufer deren Einhaltung üblicherweise erwarten.[1217] So muss etwa beim Verkauf von „Bio-Ware" von Belgien nach Deutschland der Verkäufer die Kontrollverfahren der europäischen Verordnung (EWG) Nr. 2092/91 über den ökologischen Landbau (Ökolandbau-VO) beachten.[1218] Genügt die Ware darüber hinaus schon nicht den Vorschriften des eigenen Landes des Verkäufers, so ist sie ohne weiteres vertragswidrig.[1219] Vom Verkäufer zu beachten sind öffentlich-rechtliche Vorschriften des Käuferlandes ferner auch dann, wenn sie gerade durch die veräußerte Warengattung veranlasst worden sind.[1220]

563 Im Übrigen gehört zur gewöhnlichen Tauglichkeit der Ware jedenfalls, dass die Ware für eine normal zu erwartende Dauer verwendbar bleibt[1221] sowie dass der Verkäufer den ge-

---

[1210] So auch Schlechtriem-*Schwenzer*, Art. 35 CISG Rdnr. 16.

[1211] *Achilles*, Art. 35 CISG Rdnr. 6; Schlechtriem-*Schwenzer*, Art. 35 CISG Rdnr. 16; *Piltz*, NJW 2011, 2261, 2264.

[1212] BGH, NJW 1995, 2099; OGH Wien, IPRax 2001, 149 m.Anm. *Schlechtriem* 161 f.; vgl. auch MünchKomm-*Gruber*, Art. 35 CISG Rdnr. 18 ff. m.w.N.

[1213] Honsell-*Magnus*, Art. 35 CISG Rdnr. 18 f.

[1214] BGH, NJW-RR 2005, 1218, 1220; BGH, NJW 1995, 1099; Bamberger/Roth-*Saenger*, Art. 35 CISG Rdnr. 5; *Achilles*, Art. 35 CISG Rdnr. 6; *Piltz*, Int. KaufR, § 5 Rdnr. 41; ders., NJW 2011, 2261, 2264.

[1215] BGH, NJW 1995, 1099; OGH Wien, IHR 2004, 113; Audiencia Provincial de Granada, IHR 2002, 82 (keine Vertragswidrigkeit wegen Vermarktungsverbot im Importland, soweit Ware den Vorschriften des Exportlandes entspricht); OGH Wien, IHR 2001, 117 (keine Vertragswidrigkeit, wenn bei Maschinenlieferung von Deutschland nach Österreich ein in Österreich vorgeschriebenes Sicherheitszertifikat fehlt); *Piltz*, NJW 2005, 2126, 2129.

[1216] Staudinger-*Magnus*, Art 35 CISG Rdnr. 22; Bianca/Bonell-*Bianca*, Art. 35 CISG Anm. 8; *Achilles*, Art. 35 CISG Rdnr. 6; Schlechtriem-*Schwenzer*, Art. 35 CISG Rdnr. 17.

[1217] BGH, NJW-RR 2005, 1218, 1220; BGH, NJW 1995, 2099; *Piltz*, Int. KaufR, § 5 Rdnr. 36; *Achilles*, Art. 35 CISG Rdnr. 6; Staudinger-*Magnus*, Art. 35 CISG Rdnr. 22.

[1218] OLG München, NJW-RR 2003, 849, 850; *Piltz*, NJW 2005, 2126, 2129.

[1219] Hof's-Gravenhage, IHR 2004, 119; MünchKomm-*Gruber*, Art. 35 CISG Rdnr. 26; Staudinger-*Magnus*, Art. 35 CISG Rdnr. 22; *Piltz*, NJW 2005, 2126, 2129.

[1220] Siehe BGH, NJW-RR 2005, 2118, 2119 f. und die Vorinstanz OLG Frankfurt a.M., NJOZ 2004, 2851, 2852 für den Fall, dass gerade der Verdacht auf Dioxinbelastung von verkauftem Schweinefleisch den Erlass einer entsprechenden (belgischen) Ministerialverordnung ausgelöst hatte.

[1221] LG München, IHR 2003, 233; Staudinger-*Magnus*, Art. 35 CISG Rdnr. 23; *Achilles*, Art. 35 CISG Rdnr. 5.

lieferten Warenbestand hinreichend **kennzeichnet und beschreibt** und insbesondere die notwendigen **Gebrauchsinstruktionen** mitliefert, soweit der Abnehmer darauf angewiesen ist, um die Ware überhaupt bestimmungsgemäß verwenden zu können.[1222]

bb) Tauglichkeit für bestimmte Zwecke. Anders als im nationalen deutschen Kaufrecht, können im UN-Kaufrecht die vertraglichen Anforderungen an die Beschaffenheit der Ware nicht nur durch zweiseitige Vereinbarungen, sondern gem. Art. 35 Abs. 2 Buchst. b CISG u. U. auch durch **einseitige Hinweise und Erklärungen des Käufers** bestimmt werden, wenn nämlich der Käufer den Verkäufer bei Vertragsschluss ausdrücklich oder implizit darauf aufmerksam gemacht hat, dass die Ware einem **besonderen Zweck** (particular purpose) genügen muss, und hierbei auf die **Sachkunde des Verkäufers** vertraut hat und dieses Vertrauen vernünftig war.[1223] Erklärt sich dagegen der Verkäufer damit einverstanden, Ware zu liefern, die einem solchen besonderen Zweck genügt, liegt eine zweiseitige vertragliche Leistungsbeschreibung vor, die bereits von Art. 35 Abs. 1 CISG erfasst wird, so dass für den subsidiären Art. 35 Abs. 2 Buchst. b CISG kein Raum ist. **564**

Die Formulierung **„zur Kenntnis bringen"** des Art. 35 Abs. 2 Buchst. b CISG erfordert keine positive Kenntnis des Verkäufers. Es genügt schon, wenn er **hinreichend deutliche Hinweise** – ob vom Käufer, von Dritten oder durch eigene Quellen[1224] – erhalten hat, aus denen er entnehmen konnte, dass die Ware einem besonderen Verwendungszweck zugeführt werden soll.[1225] Es reicht also aus, dass ein vernünftiger Verkäufer aus den Umständen den besonderen Gebrauchszweck hätte erkennen können.[1226] Der bloßen Benennung des Bestimmungslandes durch den Käufer muss der Verkäufer aber noch nicht ohne weiteres entnehmen, dass die Ware allen in diesem Importland geltenden **öffentlich-rechtlichen Normen** zu entsprechen hat,[1227] es sei denn, der Käufer hat dies ausdrücklich gefordert,[1228] der Verkäufer verfügt diesbezüglich erkenntlich über eine besondere Sachkunde, etwa als Spezialist für Exporte in dieses Land,[1229] oder die fraglichen Normen stimmen in Export- und Importland erkennbar überein[1230] (dazu bereits Rdnr. 562). Mit Hinblick auf mögliche Beweisschwierigkeiten ist dem Käufer in jedem Falle eine ausdrückliche und genaue Mitteilung über den Verwendungszweck anzuraten. Ein derartiger besonderer Verwendungszweck muss dem Verkäufer im Übrigen spätestens zum **Zeitpunkt des Vertragsschlusses** zur Kenntnis gebracht werden, eine spätere Mitteilung ist nicht mehr ausreichend.[1231] **565**

Da durch Art. 35 Abs. 2 Buchst. b CISG in gewissem Umfang eine **einseitige Festlegung des Vertragsinhalts** möglich ist, bedarf es einer Eingrenzung. Diese wird dadurch erreicht, dass der Verkäufer für die Eignung der Ware zu einem ihm mitgeteilten bestimmten Gebrauchszweck dann nicht einzustehen hat, wenn der Käufer sich auf den **Sachverstand des Verkäufers erkennbar nicht verlassen hat oder verlassen durfte**.[1232] Die dop- **566**

[1222] Cour d'Appel Grenoble v. 13.09.1995, CLOUT Case 202.
[1223] Handelsgericht Kanton Aargau, IHR 2003, 178; Staudinger-*Magnus*, Art. 35 CISG Rdnr. 26; Schlechtriem-*Schwenzer*, Art. 35 CISG Rdnr. 18.
[1224] Staudinger-*Magnus*, Art. 35 CISG Rdnr. 29.
[1225] *Piltz*, Int. KaufR, § 5 Rdnr. 34; Honsell-*Magnus*, Art. 35 CISG Rdnr. 19.
[1226] Schlechtriem-*Schwenzer*, Art. 35 CISG Rdnr. 21; Staudinger-*Magnus*, Art. 35 CISG Rdnr. 28.
[1227] US Dist. Court Los Angeles v. 17.05.1999, Unilex; BGH, NJW 1995, 2099; *Achilles*, Art. 35 CISG Rdnr. 8; Schlechtriem-*Schwenzer*, Art. 35 CISG Rdnr. 17; Staudinger-*Magnus*, Art. 35 CISG Rdnr. 34; *Piltz*, Int. KaufR, § 5 Rdnr. 35 f; Soergel-*Lüderitz/Schüßler-Langeheine*, Art. 35 CISG Rdnr. 13.
[1228] *Piltz*, Int. KaufR, § 5 Rdnr. 35.
[1229] BGH, NJW-RR 2005, 1218, 1220; Staudinger-*Magnus*, Art. 35 CISG Rdnr. 34; Soergel-*Lüderitz/Schüßler-Langeheine*, Art. 35 CISG Rdnr. 13.
[1230] BGH, NJW-RR 2005, 1218, 1220; LG Trier, NJW-RR 1996, 564.
[1231] Schlechtriem-*Schwenzer*, Art. 35 CISG Rdnr. 22.
[1232] MünchKommHGB-*Benicke*, Art. 35 CISG Rdnr. 9; *Herber/Czerwenka*, Art. 35 CISG Rdnr. 5.

pelte Verneinung in der Formulierung des Art. 35 Abs. 2 Buchst. b CISG deutet allerdings an, dass der Käufer **im Zweifel** auf die Sachkunde des Verkäufers **vertrauen** darf, soweit nicht besondere Umstände im Einzelfall ein solches Vertrauen als ungerechtfertigt erscheinen lassen.[1233] Dies kann etwa dann der Fall sein, wenn der Käufer in mindestens dem gleichen Maße wie der Verkäufer sachkundig ist, denn das Interesse des Käufers erscheint dann nicht mehr als schutzwürdig, wenn er die Verwendbarkeit der Ware zu dem angestrebten Zweck mindestens ebenso gut wie der Verkäufer einschätzen kann.[1234] Bleibt offen, welche der Parteien nun über höhere Sachkunde verfügt, darf der Käufer nach der Auslegungsregel des Art. 35 Abs. 2 Buchst. b CISG darauf vertrauen, der Verkäufer sei sachkundiger als er selbst.[1235] Besondere Umstände, aufgrund derer der Käufer nicht auf die Sachkunde des Verkäufers vertrauen darf, liegen beispielsweise auch dann vor, wenn der Verkäufer nur als **Zwischenhändler** der Ware auftritt und hierbei deutlich macht, dass er über spezielle Produktkenntnisse nicht verfügt,[1236] wenn der Käufer sich über Ratschläge des Verkäufers hinwegsetzt[1237] oder selbst durch spezielle Vorgaben die Untauglichkeit der Ware verursacht hat.[1238] Soweit der Verkäufer trotz fehlender Sachkunde erkennt, dass sich die Ware nicht für den besonderen Verwendungszweck eignet, trifft ihn eine aus Treu und Glauben folgende **Warnpflicht**.[1239] Der Verkäufer kann seine Haftung für die Tauglichkeit der Ware zu einem ihm mitgeteilten besonderen Verwendungszweck schließlich auch vermeiden, indem er **widerspricht**,[1240] denn in diesem Fall ist ein schutzwürdiges Vertrauen des Käufers in die besondere Sachkunde des Verkäufers nicht ersichtlich.

567 **cc) Kauf nach Probe oder Muster.** Haben die Parteien den Vertrag auf der Grundlage einer Probe oder eines Musters geschlossen, sind gem. Art. 35 Abs. 2 Buchst. c CISG die jeweiligen Eigenschaften der Probe oder des Musters **verbindlicher Maßstab** für die Vertragsmäßigkeit der Ware.[1241] Die bloße Vorlage einer Probe bzw. eines Musters genügt hierfür indessen noch nicht, sondern die **Parteien müssen** sich darüber **einig sein**, dass der Vertrag gerade auf der Basis der Eigenschaften der Probe bzw. des Musters geschlossen wird.[1242] Die Haftung aus Art. 35 Abs. 2 Buchst. c CISG kann der Verkäufer im Übrigen dadurch ausschließen, dass er dem Käufer die Probe oder das Muster nur **unverbindlich** zur Ansicht vorlegt.[1243] Kein Kauf nach Probe oder Muster i. S. d. Art. 35 Abs. 2 Buchst. c CISG, sondern vielmehr eine vertragliche Leistungsbeschreibung i. S. d. Art. 35 Abs. 1 CISG oder ein Hinweis auf einen besonderen Gebrauchszweck i. S. d. Art. 35 Abs. 2 Buchst. b CISG liegt dann vor, wenn die Probe i. S. einer **Bestellprobe** vom Käufer vorgelegt wurde oder wenn der Käufer bei einer Nachbestellung auf Eigenschaften von **zuvor gelieferter Ware** Bezug nimmt.[1244]

[1233] Bamberger/Roth-*Saenger*, Art. 35 CISG Rdnr. 8; Honsell-*Magnus*, Art. 35 CISG Rdnr. 21; Bianca/Bonell-*Bianca*, Art. 35 CISG Anm. 2.5.3; Staudinger-*Magnus*, Art. 35 CISG Rdnr. 31.
[1234] So die überwiegende Auffassung, Honsell-*Magnus*, Art. 35 CISG Rdnr. 22; *Achilles*, Art. 35 CISG Rdnr. 9; Staudinger-*Magnus*, Art. 35 CISG Rdnr. 32; a. A. Schlechtriem-*Schwenzer*, Art. 35 CISG Rdnr. 23; wonach das Vertrauen des Käufers erst dann nicht mehr schutzwürdig ist, wenn er über *höhere Sachkunde* als der Verkäufer verfügt.
[1235] Staudinger-*Magnus*, Art. 35 CISG Rdnr. 32; Honsell-*Magnus*, Art. 35 CISG Rdnr. 32.
[1236] *Achilles*, Art. 35 CISG Rdnr. 9; Schlechtriem-*Schwenzer*, Art. 35 CISG Rdnr. 23.
[1237] MünchKomm-*Gruber*, Art. 35 CISG Rdnr. 13; Staudinger-*Magnus*, Art. 35 CISG Rdnr. 33.
[1238] Herber/Czerwenka, Art. 35 CISG Rdnr. 5; Honsell-*Magnus*, Art. 35 CISG Rdnr. 22.
[1239] Staudinger-*Magnus*, Art. 35 CISG Rdnr. 35; Schlechtriem-*Schwenzer*, Art. 35 CISG Rdnr. 23; *Otto*, MDR 1992, 533, 534.
[1240] MünchKomm-Gruber, Art. 35 CISG Rdnr. 13; Schlechtriem-*Schwenzer*, Art. 35 CISG Rdnr. 21.
[1241] *Piltz*, Int. KaufR, Art. 35 Rdnr. 33; Honsell-*Magnus*, Art. 35 CISG Rdnr. 24
[1242] *Achilles*, Art. 35 CISG Rdnr. 10; Staudinger-*Magnus*, Art. 35 CISG Rdnr. 36.
[1243] Schlechtriem-*Schwenzer*, Art. 35 CISG Rdnr. 26; *Achilles*, Art. 35 CISG Rdnr. 10; Staudinger-*Magnus*, Art. 35 CISG Rdnr. 36.
[1244] Schlechtriem-*Schwenzer*, Art. 35 CISG Rdnr. 27; Staudinger-*Magnus*, Art. 35 CISG Rdnr. 40; *Achilles*, Art. 35 CISG Rdnr. 10.

Entspricht die Ware den Eigenschaften der Probe bzw. des Musters, ist sie **vertragsgemäß**, dem Käufer ist dann der Einwand aus Art. 35 Abs. 2 Buchst. a CISG, die Ware eigne sich nicht zum gewöhnlichen Gebrauch, abgeschnitten.[1245] Insoweit ist die Beschaffenheit der Probe bzw. des Musters als eine Form der Parteivereinbarung anzusehen, der **Vorrang** vor dem rein objektiven Maßstab des Art. 35 Abs. 2 Buchst. a CISG zukommt.[1246]   568

Ist neben der Maßgeblichkeit einer Probe bzw. eines Musters auch ein Hinweis des Käufers auf einen **besonderen Gebrauchszweck** i. S. d. Art. 35 Abs. 2 Buchst. b CISG erfolgt, ist in der Regel die Ware dann als vertragsgemäß anzusehen, wenn sie der Beschaffenheit der Probe bzw. des Musters entspricht, auch wenn sie nicht für den besonderen Gebrauch tauglich ist. Sinn oder Zweck einer Probe bzw. eines Musters ist es nämlich gerade, dem Käufer eine Untersuchung, probeweise Verarbeitung etc. zu ermöglichen.[1247] Es ist folglich vom **Vorrang** des Art. 35 Abs. 2 Buchst. c CISG auch vor Art. 35 Abs. 2 Buchst. b CISG auszugehen.[1248]   569

Haben die Parteien dagegen sowohl eine **vertragliche Leistungsbeschreibung** i. S. d. Art. 35 Abs. 1 CISG getroffen als auch den Vertrag auf der Grundlage einer Probe bzw. eines Musters geschlossen, so ist bei einem Widerspruch zwischen der Leistungsbeschreibung und den Eigenschaften der Probe bzw. des Musters durch **Auslegung** zu ermitteln, welche Eigenschaften nach dem Parteiwillen ausschlaggebend für die Vertragsmäßigkeit der Ware sein sollten.[1249]   570

dd) Verpackung der Ware. Zur Vertragsmäßigkeit der Ware gehört gem. Art. 35 Abs. 2 Buchst. d CISG auch, dass der Verkäufer sie in üblicher, zumindest aber in einer zu ihrer Erhaltung und Schutz angemessenen Weise verpackt.[1250] Maßgebend für die **„Üblichkeit" der Verpackung** sind die Gepflogenheiten des internationalen Warenverkehrs,[1251] hierzu kann auch die Abfüllung in Behältnissen (z. B. Fässern) oder die Unterbringung in Containern gehören, ebenso wie eine Verschweißung in Folie[1252] oder die Lieferung in offenen Halterungen wie etwa Blumentöpfen, Setz- oder Flaschenkästen oder auch Käfigen bei Tierlieferungen.[1253] **„Angemessen" verpackt** ist die Ware, wenn sie gegen durchschnittliche, typischerweise bei Benutzung des gewählten Transportmittels auftretende Gefahren hinreichend gesichert ist.[1254] Die Verpackungspflicht greift sowohl bei **Versendungskäufen** i. S. d. Art. 31 Buchst. a CISG als auch bei **Holschulden** i. S. d. Art. 31 Buchst. b, c CISG. Sie schließt auch die Pflicht zur Übernahme der **Verpackungskosten** ein.[1255] Das **Eigentum an der Verpackung** hat der Verkäufer nur bei Einwegverpackungen an den Käufer zu übertragen, wiederverwendbares Verpackungsmaterial wie z. B. Container, Säcke, Fässer etc. verbleibt dagegen im Eigentum des Verkäufers,[1256] insoweit trifft den Käufer aus Art. 86 CISG sogar eine Erhaltungspflicht.[1257]   571

[1245] Honsell-*Magnus*, Art. 35 CISG Rdnr. 24; Bianca/Bonell-*Bianca*, Art. 35 CISG Anm. 2.6.1.
[1246] Bianca/Bonell-*Bianca*, Art. 35 CISG Anm. 2.6.1.; Staudinger-*Magnus*, Art. 35 CISG Rdnr. 37.
[1247] Schlechtriem-*Schwenzer*, Art. 35 CISG Rdnr. 25.
[1248] So auch Bianca/Bonell-*Bianca*, Art. 35 CISG Anm. 2.6.1.; *Achilles*, Art. 35 CISG Rdnr. 11; a. A. Honsell-*Magnus*, Art. 35 CISG Rdnr. 24; differenzierend Schlechtriem-*Schwenzer*, Art. 35 CISG Rdnr. 25; Staudinger-*Magnus*, Art. 35 CISG Rdnr. 38.
[1249] *Herber/Czerwenka*, Art. 35 CISG Rdnr. 6; Schlechtriem-*Schwenzer*, Art. 35 CISG Rdnr. 25.
[1250] OLG Düsseldorf, IHR 2005, 24; OLG Düsseldorf, NJOZ 2004, 3118.
[1251] OLG Saarbrücken, IHR 2008, 55; *Achilles*, Art. 35 CISG Rdnr. 12; Honsell-*Magnus*, Art. 35 CISG Rdnr. 25.
[1252] Honsell-*Magnus*, Art. 35 CISG Rdnr. 25.
[1253] Staudinger-*Magnus*, Art. 35 CISG Rdnr. 42.
[1254] Commisión para la Protección del Comercio Exterior de México v. 29.04.1996, Unilex; Bamberger/Roth-*Saenger*, Art. 35 CISG Rdnr. 10; Soergel-*Lüderitz/Schüßler-Langenheine*, Art. 35 CISG Rdnr. 19.
[1255] Staudinger-*Magnus*, Art. 35 CISG Rdnr. 45; *Achilles*, Art. 35 CISG Rdnr. 15.
[1256] *Achilles*, Art. 35 CISG Rdnr. 15; Staudinger-*Magnus*, Art. 35 CISG Rdnr. 45.
[1257] Staudinger-*Magnus*, Art. 35 CISG Rdnr. 45; MünchKomm-*Gruber*, Art. 35 CISG Rdnr. 33.

572 Da die Verpackung grundsätzlich nur dem **Schutz der Ware** dient, ist die Ware nicht schon allein wegen Schäden an der Verpackung vertragswidrig, solange nur die Ware selbst unbeeinträchtigt bleibt. Etwas anderes kann aber gelten, wenn die Verpackung noch für einen **Weiterverkauf** benötigt wird (z. B. bei Konserven),[1258] oder bei **Markenware,** bei welcher der unbeschädigten Originalverpackung im Verkehr ein gewisser Eigenwert zukommt.[1259] Für **Mängel der Ware,** die **aufgrund fehlerhafter Verpackung** entstehen, haftet der Verkäufer andererseits auch dann, wenn diese Mängel erst nach Gefahrübergang auftreten,[1260] weil dann mit dem Verpackungsfehler schon bei Gefahrübergang eine objektive Vertragswidrigkeit i. S. d. Art. 36 Abs. 1 CISG vorlag.[1261]

c) Maßgeblicher Ort und Zeitpunkt der Vertragsmäßigkeit

573 **aa) Maßgeblicher Ort.** Der für die Erfüllung der sich aus Art. 35 CISG ergebenden Verkäuferpflichten maßgebliche Ort ist identisch mit dem sich aus Art. 31 CISG ergebenden Ort, an dem der Verkäufer seine **Lieferpflicht** zu erfüllen hat.[1262] Daher kann auf die diesbezüglichen Ausführungen (Rdnr. 522 ff.) verwiesen werden.

574 **bb) Maßgeblicher Zeitpunkt.** Der Verkäufer haftet für Sachmängel der Ware i. S. d. Art. 35 CISG (sog. Vertragswidrigkeit – lack of conformity) gem. Art. 36 Abs. 1 CISG zunächst nur, wenn die Ware bereits zum **Zeitpunkt des Gefahrübergangs** auf den Käufer vertragswidrig war. Dieser Zeitpunkt ist, soweit nichts anderes vereinbart ist, in der Regel der **Zeitpunkt der Lieferung**[1263] (dazu Rdnr. 538 ff.), Modifikationen können sich aber aus den Art. 67–69 CISG ergeben. Es reicht aus, wenn die Ware bei Gefahrübergang objektiv vertragswidrig war, wogegen es nicht entscheidend ist, ob sich der Mangel bereits gezeigt hat oder auch nur erkennbar war.[1264] Insoweit genügt eine bloße „Anlage von Fehlern".[1265] Dennoch ist in der Praxis aufgrund der **Untersuchungs- und Rügepflicht** des Käufers (hierzu Rdnr. 1161 ff.) die Sachmängelhaftung auf solche Mängel beschränkt, die auch bei verkehrsüblicher Sorgfalt nicht entdeckt werden konnten[1266] (z. B. wenn bei Lebensmitteln bereits vor Gefahrübergang ein nicht erkennbarer Zersetzungsprozess begonnen hat, der erst später die Ware verdirbt,[1267] oder wenn Stoff erst später beim ordnungsgemäßen Waschen einläuft). Hierher gehört auch der Fall, dass die Ware aufgrund **mangelhafter Verpackung** auf dem Transport, also im Falle des Art. 31 Buchst. a CISG, Schaden nimmt.[1268]

575 Art. 36 Abs. 2 CISG weitet die Sachmängelhaftung auch auf solche Vertragswidrigkeiten aus, die zwar **objektiv erst nach Gefahrübergang** eintreten, **aber** auf eine **Verletzung der Pflichten des Verkäufers** zurückzuführen **oder** von einer **Garantie** (dazu Rdnr. 1497 ff.) erfasst sind. Hierbei genügt jede objektive Verletzung einer Pflicht des Verkäufers, die diesem nach dem Vertrag bzw. dem CISG obliegt, sofern sie nur kausal zu

---

[1258] Staudinger-*Magnus*, Art. 35 CISG Rdnr. 44; *Herber/Czerwenka*, Art. 35 CISG Rdnr. 7.

[1259] *Herber/Czerwenka*, Art. 35 CISG Rdnr. 7; *Achilles*, Art. 35 CISG Rdnr. 13; Schlechtriem-*Schwenzer*, Art. 35 CISG Rdnr. 31.

[1260] Schlechtriem-*Schwenzer*, Art. 35 CISG Rdnr. 31; Honsell-*Magnus*, Art. 35 CISG Rdnr. 27; *Piltz*, Int. KaufR, § 5 Rdnr. 32.

[1261] Commisión para la Protección del Comercio Exterior de México v. 29.04.1996, Unilex; näher Rdnr. 533.

[1262] Cour d'Appel Paris v. 04.03.1998, CLOUT Case 224; Cour d'Appel Paris v. 18.03.1998, CLOUT Case 243.

[1263] Soergel-*Lüderitz/Schüßler-Langeheine*, Art. 36 CISG Rdnr. 2.

[1264] BGH, JZ 2006, 844, 846; OLG Innsbruck v. 01.07.1994, CLOUT Case 107.

[1265] Bianca/Bonell-*Bianca*, Art. 36 CISG Anm. 2.3.; Schlechtriem-*Schwenzer*, Art. 36 CISG Rdnr. 4; Soergel-Lüderitz/*Schüßler-Langeheine*, Art. 36 CISG Rdnr. 4; Staudinger-*Magnus*, Art. 36 CISG Rdnr. 9.

[1266] *Herber/Czerwenka*, Art. 36 CISG Rdnr. 2.

[1267] BGH, IHR 2002, 16; Staudinger-*Magnus*, Art. 36 CISG Rdnr. 9.

[1268] Schlechtriem-*Schwenzer*, Art. 36 CISG Rdnr. 4.

einer Vertragswidrigkeit der Ware geführt hat.[1269] Dies können insbesondere auch ausdrücklich vereinbarte oder stillschweigend zu erwartende Nebenpflichten sein wie diejenige zur Montage und Wartung der Ware,[1270] zur Auswahl eines geeigneten Transporteurs, zur ordnungsgemäßen Verpackung der Ware,[1271] zur Lieferung einer tauglichen Gebrauchsanleitung etc.[1272] Ob die **Pflichtverletzung vor oder nach Gefahrübergang** stattfand,[1273] ist dabei ebenso gleichgültig wie ein etwaiges Verschulden[1274] des Verkäufers.

Für die **Verursachung** der Vertragswidrigkeit durch die Pflichtverletzung gilt der allgemeine, mit der Bedingungslehre des BGB übereinstimmende Kausalitätsbegriff des CISG.[1275] Danach müsste die Vertragswidrigkeit bei Beachtung der Pflicht mit Wahrscheinlichkeit vermieden worden sein.[1276] **576**

3. Rechtsmängel der Ware

Die vom Verkäufer gelieferte Ware muss des weiteren auch frei von Rechtsmängeln sein. Dies ordnet Art. 41 CISG allgemein für **Rechte und Ansprüche Dritter** an, während für Belastungen der Ware mit **Immaterialgüterrechten** Art. 42 CISG eine Sonderregelung enthält. In Bezug auf die Belastung der Ware mit Schutzrechten ist Art. 42 CISG als **abschließende Regelung** zu verstehen, so dass dann, wenn die Voraussetzungen des Art. 42 CISG fehlen, ein Rückgriff auf die allgemeine, weitergefasste Rechtsmängelhaftung des Art. 41 CIS nicht in Betracht kommt.[1277] Soweit nach einer dieser Normen eine Vertragsverletzung des Verkäufers gegeben ist, bestimmen sich die Rechtsfolgen einheitlich nach Art. 45 ff. CISG (vgl. dazu Rdnr. 1019 ff.). Darüber hinaus obliegt dem Käufer, soweit er den Rechtsmangel erkennt oder hätte erkennen müssen, gem. Art. 43 CISG auch bei Rechtsmängeln eine **Rügepflicht,** jedoch keine Untersuchungspflicht[1278] (zur Rügeobliegenheit vgl. Rdnr. 1161 ff.). **Maßgeblicher Zeitpunkt** für die Rechtsmangelfreiheit ist für Art. 41 und 42 CISG gleichermaßen der jeweilige Zeitpunkt der Lieferung der Ware.[1279] Entstehen Ansprüche, Rechte oder Immaterialgüterrechte Dritter aus Umständen, die erst danach eintreten, haftet der Verkäufer hierfür nicht, er hat vielmehr rechtsmangelfreie Ware geliefert.[1280] **577**

a) Rechte und Ansprüche Dritter. Rechte Dritter i. S. d. Art. 41 CISG sind **alle tatsächlich an der Ware bestehenden Rechtspositionen,** die ein Dritter dem Käufer unmittelbar entgegenhalten kann;[1281] ausgenommen sind gem. Art. 41 S. 2 CISG freilich Immaterialgüterrechte Dritter, für die der speziellere Art. 42 CISG zur Anwendung kommt (Rdnr. 582 ff.). Soweit solche Rechte zwar tatsächlich nicht bestehen, aber dennoch unberechtigterweise von Dritten gegenüber dem Käufer geltend gemacht werden, sind auch diese **578**

[1269] Staudinger-*Magnus*, Art. 36 CISG Rdnr. 11; MünchKomm-*Gruber*, Art. 36 CISG Rdnr. 9 ff.
[1270] Schiedsgericht der Handelskammer Stockholm v. 05.06.1998, CLOUT Case 237.
[1271] OLG Koblenz v. 14.12.2006, Az. 2 U 923/06 (Beck RS 2007, 10389).
[1272] Honsell-*Magnus*, Art. 36 CISG Rdnr. 8; MünchKommHGB-*Benicke*, Art. 36 CISG Rdnr. 4.
[1273] Schlechtriem-*Schwenzer*, Art. 36 CISG Rdnr. 5; Honsell-*Magnus*, Art. 36 CISG Rdnr. 9, *Achilles*, Art. 36 CISG Rdnr. 4.
[1274] Schlechtriem-*Schwenzer*, Art. 36 CISG Rdnr. 6; Honsell-*Magnus*, Art. 36 CISG Rdnr. 10.
[1275] Näher zum Kausalitätsbegriff des CISG vgl. Staudinger-*Magnus*, Art. 74 CISG Rdnr. 28 ff.; Schlechtriem-*Schwenzer*, Art. 74 CISG Rdnr. 12.
[1276] MünchKomm-*Gruber*, Art. 36 CISG Rdnr. 13; Staudinger-*Magnus*, Art. 36 CISG Rdnr. 12.
[1277] Bamberger/Roth-*Saenger*, Art. 42 CISG Rdnr. 1; Staudinger-*Magnus*, Art. 42 CISG Rdnr. 7.
[1278] MünchKomm-*Gruber*, Art. 43 CISG Rdnr. 2; *Piltz*, Int. KaufR, § 5 Rdnr. 91.
[1279] Schlechtriem-*Schwenzer*, Art. 41 CISG Rdnr. 15, Art. 42 Rdnr. 8; Staudinger-*Magnus*, Art. 41 CISG Rdnr. 19, Art. 42 Rdnr. 25; *Herber/Czerwenka*, Art. 41 CISG Rdnr. 8, Art. 42 Rdnr. 4.
[1280] Bamberger/Roth-*Saenger*, Art. 41 CISG Rdnr. 7; Soergel-*Lüderitz/Schüßler-Langeheine*, Art. 41 CISG Rdnr. 8.
[1281] BGH, NJW 2006, 1343, 1344; *Achilles*, Art. 41 CISG Rdnr. 2; Honsell-*Magnus*, Art. 41 CISG Rdnr. 3; Staudinger-*Magnus*, Art. 41 CISG Rdnr. 9.

Konstellationen von dem Begriff „Ansprüche Dritter" des Art. 41 CISG erfasst.[1282] Zweck dieser Regelung ist es, den Käufer nicht nur vor tatsächlich bestehenden Rechten Dritter, sondern auch vor Streitigkeiten mit **vermeintlichen Rechtsinhabern** zu schützen,[1283] denn derartige Auseinandersetzungen erweisen sich in der Praxis nicht selten als erhebliche Belastung. Es soll dem Käufer also ein störungsfreier Besitz der Ware gewährleistet werden.[1284] Aus diesem Grunde haftet der Verkäufer beispielsweise auch dann, wenn der Käufer zwar nach dem jeweils einschlägigen nationalen Sachenrecht gutgläubig oder lastenfrei erworben hat, der Dritte aber dennoch Ansprüche wegen seines vermeintlich noch bestehenden Rechts gegen ihn geltend macht.[1285] Ein Rechtsmangel liegt im Übrigen auch dann vor, wenn der Dritte seinen bestehenden oder vermeintlichen Anspruch **formlos** erhebt, eine Klageerhebung oder sonstige förmliche Geltendmachung ist nicht erforderlich.[1286]

579 Dies muss sogar dann gelten, wenn der Dritte einen **offensichtlich unbegründeten Anspruch** erhebt.[1287] Schon die Abgrenzung zwischen einer noch ernsthaften und einer schon offensichtlich unbegründeten oder leichtfertigen Rechtsverfolgung ist in der Praxis, gerade mit Hinblick auf die unterschiedlichen nationalen Rechtsordnungen, kaum mit zufriedenstellenden Ergebnissen vorzunehmen.[1288] Darüber hinaus würde dem Käufer ansonsten auch zugemutet, die Begründetheit von Drittansprüchen selbst prüfen bzw. prüfen lassen zu müssen, was die ratio des Art. 41 CISG aber gerade verhindern will, denn von einem „störungsfreien Besitz" könnte dann nicht mehr die Rede sein. Es kommt daher allein darauf an, ob der Dritte gegenüber dem Käufer ein Recht oder einen Anspruch behauptet, es fällt dann in die Risiko- und Haftungssphäre des Verkäufers, sich mit dem Dritten auseinander zusetzen und den Käufer freizuhalten.[1289]

580 Rechte und Ansprüche i. S. d. Art. 41 CISG können ohne Differenzierung sowohl **dingliche Rechte** wie Eigentum,[1290] dingliche Besitzrechte, dingliche Sicherungen wie Sicherungseigentum und Pfandrechte[1291] als auch **obligatorische Rechte** wie Miete, Pacht oder Zurückbehaltungsrechte sein, soweit diese nur unmittelbar dem Käufer entgegengehalten werden können.[1292] Ebenfalls erfasst sind etwaige Anfechtungsrechte aus Anfechtungs- oder Insolvenzrecht.[1293] Obwohl der Wortlaut nur Rechte „Dritter" erwähnt, besteht doch weitgehend Einigkeit, dass Art. 41 CISG auch die Belastung der Ware mit **Rechten oder Ansprüchen des Verkäufers** erfasst,[1294] so z.B. Sicherungsrechte wegen ausstehender Kauf-

---

[1282] Soergel-*Lüderitz/Schüßler-Langenheine*, Art. 41 CISG Rdnr. 7; Staudinger-*Magnus*, Art. 41 CISG Rdnr. 15.
[1283] BGH, NJW 2006, 1343, 1344; Staudinger-*Magnus*, Art. 41 CISG Rdnr. 15; MünchKomm-HGB-*Benicke*, Art. 41 CISG Rdnr. 6.
[1284] MünchKomm-*Gruber*, Art. 41 CISG Rdnr. 1; *Herber/Czerwenka*, Art. 41 CISG Rdnr. 5.
[1285] MünchKomm-*Gruber*, Art. 41 CISG Rdnr. 6; Schlechtriem-*Schwenzer*, Art. 41 CISG Rdnr. 12.
[1286] Schlechtriem-*Schwenzer*, Art. 41 CISG Rdnr. 11; *Achilles*, Art. 41 CISG Rdnr. 3; Soergel-*Lüderitz/Schüßler-Langenheine*, Art. 41 CISG Rdnr. 7.
[1287] Str., wie hier MünchKommHGB-*Benicke*, Art. 41 CISG Rdnr. 7 f.; Bamberger/Roth-*Saenger*, Art. 41 CISG Rdnr. 5; Staudinger-*Magnus*, Art. 41 CISG Rdnr. 16; Schlechtriem-*Schwenzer*, Art. 41 CISG Rdnr. 10; Honsell-*Magnus*, Art. 41 CISG Rdnr. 10; wohl auch *Piltz*, Int. KaufR, § 5 Rdnr. 97; a. A. Soergel-*Lüderitz/Schüßler-Langenheine*, Art. 41 CISG Rdnr. 7; *Achilles*, Art. 41 CISG Rdnr. 3; *Herber/Czerwenka*, Art. 41 CISG Rdnr. 6; offen gelassen von BGH, NJW 2006, 1343, 1344.
[1288] MünchKomm-*Gruber*, Art. 41 CISG Rdnr. 8; Schlechtriem-*Schwenzer*, Art. 41 CISG Rdnr. 10.
[1289] Staudinger-*Magnus*, Art 41 CISG Rdnr. 17; MünchKommHGB-*Benicke*, Art. 41 CISG Rdnr. 7 f.
[1290] Vgl. BGH, NJW 2006, 1343 f.: Verkauf eines gestohlenen PKW.
[1291] z. B. Bauhandwerkerpfandrecht, vgl. Schweizerisches BG, IHR 2010, 209, 212.
[1292] *Herber/Czerwenka*, Art. 41 CISG Rdnr. 3; *Piltz*, Int. KaufR, § 5 Rdnr. 95; Staudinger-*Magnus*, Art. 41 CISG Rdnr. 11.
[1293] Honsell-*Karollus*, Art. 41 CISG Rdnr. 6; Schlechtriem-*Schwenzer*, Art. 41 CISG Rdnr. 4.
[1294] OGH Wien, ZfRV 1996, 248; Staudinger-*Magnus*, Art. 41 CISG Rdnr. 18a; MünchKomm-*Gruber*, Art. 41 CISG Rdnr. 11; Honsell-*Magnus*, Art. 41 CISG Rdnr. 5; Schlechtriem-*Schwenzer*,

preiszahlung oder vertragswidrige erklärte Rechtsvorbehalte. Sogar die in einigen Staaten existenten gesetzlichen Sicherungsrechte dürften eine Haftung aus Art. 41 CISG auslösen, da das Übereinkommen – vorbehaltlich anderweitiger Vereinbarungen – von dem Leitbild einer unbedingten Übereignungspflicht ausgeht.[1295]

Die Haftung des Verkäufers für die Freiheit der Ware von Rechten oder Ansprüchen Dritter ist des weiteren grundsätzlich **verschuldensunabhängig**.[1296] Die Rechtsmängelhaftung trifft den Verkäufer aber nicht in Hinblick auf Sicherungs- oder andere Rechte, die der Käufer selbst bereits vor Lieferung Dritten eingeräumt hat[1297] oder die sonst auf ein **Verhalten des Käufers** zurückzuführen sind.[1298] Ebenfalls nicht erfasst sind **öffentlich-rechtliche Verfügungs- oder Nutzungsbeschränkungen, Beschlagnahmen o. ä.**[1299] und zwar auch dann nicht, wenn die Beschlagnahme lediglich im Zusammenhang mit dem Recht eines Dritten erfolgt (z. B. Beschlagnahme gestohlener Ware, behördliche Herausgabeverweigerung wegen Schutzrechtsverletzung).[1300] Dies folgt aus der Formulierung „Rechte eines Dritten" (rights of a third party), die deutlich macht, dass ausschließlich Rechte **privater Dritter** der Norm unterfallen.[1301] Erfolgt aufgrund der Beschaffenheit der Ware ein öffentlich-rechtlicher Eingriff, mag dies eine Vertragswidrigkeit der Ware i. S. d. Art. 35 CISG darstellen,[1302] jedoch keinen Rechtsmangel i. S. d. Art. 41 CISG, was allerdings im Ergebnis zu den gleichen Rechtsfolgen führt. **581**

b) Immaterialgüterrechte Dritter. Art. 42 CISG qualifiziert auch die Belastung der Ware mit Rechten und Ansprüchen, die sich aus immaterialgüterrechtlichen Positionen Dritter ergeben, als einen Fall der Rechtsmängelhaftung. Da derartige Schutzrechte aber in der Regel einen **räumlich begrenzten Geltungsbereich** haben, haftet der Verkäufer für diese Rechtsmängel nur dann, wenn die Schutzrechte gerade in dem Staat bestehen, in dem die Ware verwendet werden soll, oder – hilfsweise – im Staat der Niederlassung des Käufers[1303] (dazu Rdnr. 585). Darüber hinaus ist die Einstandspflicht gem. Art. 42 Abs. 1 CISG auf solche **Schutzrechte** beschränkt, **die der Verkäufer kannte oder kennen musste** (Rdnr. 587). Selbst in diesem Fall kann u. U. eine Haftung entfallen, wenn nämlich der Käufer selbst das Bestehen des Schutzrechtes kannte oder grob fahrlässig nicht kannte (Art. 42 Abs. 2 Buchst. a CISG, näher dazu Rdnr. 1209). Der Verkäufer haftet ferner gem. Art. 43 CISG auch dann nicht, wenn der Käufer den Rechtsmangel nicht **rechtzeitig gerügt** hat, wobei dieser Ausschluss gem. Art. 43 Abs. 2 CISG wiederum dann nicht gilt, wenn der Verkäufer den Mangel kannte (dazu Rdnr. 1211, 1208). Ebenso wie bei Art. 41 CISG lösen auch **Schutzrechte des Verkäufers** dessen Haftung nach Art. 42 CISG aus, denn es macht für den Käufer keinen Unterschied, ob er durch Schutzrechte Dritter oder des Verkäufers behindert wird.[1304] **582**

Art. 41 CISG Rdnr. 14; Soergel-*Lüderitz/Schüßler-Langenheine*, Art. 41 CISG Rdnr. 4; a. A. Münch-KommHGB-*Benicke*, Art. 41 CISG Rdnr. 5.

[1295] Bamberger/Roth-*Saenger*, Art. 41 CISG Rdnr. 6; Schlechtriem-*Schwenzer*, Art. 41 CISG Rdnr. 14.
[1296] Soergel-*Lüderitz/Schüßler-Langenheine*, Art. 41 CISG Rdnr. 9; Staudinger-*Magnus*, Art. 41 CISG Rdnr. 7.
[1297] *Achilles*, Art. 41 CISG Rdnr. 4; Schlechtriem-*Schwenzer*, Art. 41 CISG Rdnr. 11.
[1298] MünchKomm-*Gruber*, Art. 41 CISG Rdnr. 8; Schlechtriem-*Schwenzer*, Art. 41 CISG Rdnr. 13.
[1299] So auch Staudinger-*Magnus*, Art. 41 CISG Rdnr. 13; *Herber/Czerwenka*, Art. 41 CISG Rdnr. 4; *Piltz*, Int. KaufR, § 5 Rdnr. 94; *Achilles*, Art. 41 CISG Rdnr. 2; teilw. a. A. Schlechtriem-*Schwenzer*, Art. 41 CISG Rdnr. 6 f.; Soergel-*Lüderitz/Schüßler-Langenheine*, Art. 41 CISG Rdnr. 5; offengelassen von OLG Frankfurt, RIW 1994, 593.
[1300] So aber Schlechtriem-*Schwenzer*, Art. 41 CISG Rdnr. 7.
[1301] MünchKomm-*Gruber*, Art. 41 CISG Rdnr. 12 f.; Staudinger-*Magnus*, Art. 41 CISG Rdnr. 13.
[1302] BGH, NJW 1995, 2099; *Piltz*, Int. KaufR, § 5 Rdnr. 94.
[1303] OGH Wien v. 12.09.2006, CISG-Online Case 1364; Staudinger-*Magnus*, Art. 42 CISG Rdnr. 1.
[1304] MünchKomm-*Gruber*, Art. 42 CISG Rdnr. 9; Schlechtriem-*Schwenzer*, Art. 42 CISG Rdnr. 7.

583 So wie es für die allgemeine Rechtsmängelhaftung aus Art. 41 CISG genügt, dass Dritte vermeintliche Rechte geltend machen, setzt auch Art. 42 CISG nicht voraus, dass Schutzrechte Dritter tatsächlich bestehen, sondern es reicht aus, wenn ein Dritter **unzutreffend behauptet,** dass ihm ein Schutzrecht hinsichtlich der Ware zustünde.[1305] Sobald dem Käufer die uneingeschränkte Verwendung der Ware unter Berufung auf ein Schutzrecht streitig gemacht wird, liegt ein Rechtsmangel i. S. d. Art. 42 CISG vor.[1306] In der Praxis häufig vorkommen dürfte der Fall, dass Ware unter einer Marke veräußert wird, die einer anderen, geschützten Marke ähnelt, und der Verkäufer eine Verwechslungsgefahr nicht befürchtet, diese aber vom Schutzrechtsinhaber geltend gemacht wird.[1307] Bezüglich der **Ernsthaftigkeit** der Behauptung eines vermeintlichen Schutzrechts gilt das zu Art. 41 CISG Ausgeführte gleichermaßen (siehe Rdnr. 579). Anders als bei Art. 41 CISG hat der Verkäufer hier allerdings die Möglichkeit, den Käufer vor Vertragsschluss darauf **hinzuweisen,** dass sich Dritte vermeintlicher Schutzrechte berühmen, sofern er selbst hiervon Kenntnis hat, und kann damit gem. Art. 42 Abs. 2 Buchst. a CISG seine Haftung ausschließen (dazu Rdnr. 1209). Der **maßgebliche Zeitpunkt** für der Freiheit der Ware von Schutzrechten Dritter ist derselbe wie bei der allgemeinen Rechtsmangelfreiheit (vgl. dazu Rdnr. 577).

584 Für die Bestimmung der von Art. 42 CISG **erfassten Schutzrechte** aus „gewerblichem oder anderem geistigem Eigentum" ist die Definition des Art. 2 Abs. 8 des Übereinkommens zur Errichtung der Weltorganisation für geistiges Eigentum vom 14.07.1967[1308] heranzuziehen, wonach **alle** Rechte erfasst sind, die sich **„aus der geistigen Tätigkeit auf gewerblichem, wissenschaftlichem, literarischem oder künstlerischem Gebiet"** ergeben.[1309] Entscheidend für die Subsumtion unter Art. 42 CISG ist also, ob es sich um ein Recht handelt, das dem Schutz einer geistigen Leistung dient und sich negativ auf die Verwendung und/oder den Vertrieb der Ware auswirken kann.[1310] Damit erfasst die Norm insbesondere Patente,[1311] Urheber-, Lizenz-, Marken-, Gebrauchs- und Geschmacksmusterrechte, Verfahrenspatente, geschützte Herkunfts- oder Ursprungsangaben und Warenzeichen.[1312] **Persönlichkeits-, Namens- und Verbietungsrechte** Dritter schützen zwar keine geistige Leistung als solche, sie fallen daher jedenfalls nicht direkt unter den Begriff des „geistigen Eigentums"[1313] i. S. d. Art. 42 CISG. Sie stehen ihm aber funktional sehr nahe, so dass es sachgerecht erscheint, auf Persönlichkeits- oder Namensrechte, soweit sie den freien Gebrauch oder den Vertrieb der Ware beeinträchtigen, Art. 42 CISG analog anzuwenden, mit der Folge, dass auch dessen regionale Haftungsbeschränkung zum Tragen kommt.[1314]

[1305] OGH Wien v. 12.09.2006, CISG-Online Case 1364; Honsell-*Magnus*, Art. 42 CISG Rdnr. 7; Schlechtriem-*Schwenzer*, Art. 42 CISG Rdnr. 6; Soergel-*Lüderitz/Schüßler-Langenheine*, Art. 42 CISG Rdnr. 5; *Herber/Czerwenka*, Art. 42 CISG Rdnr. 2.

[1306] Honsell-*Magnus*, Art. 42 CISG Rdnr. 7; *Piltz*, Int. KaufR, § 5 Rdnr. 104.

[1307] Schlechtriem-*Schwenzer*, Art. 42 CISG Rdnr. 6.

[1308] BGBl. 1970 II, S. 293.

[1309] Bamberger/Roth-*Saenger*, Art. 42 CISG Rdnr. 4; Schlechtriem-*Schwenzer*, Art. 42 CISG Rdnr. 4; Honsell-*Magnus*, Art. 42 CISG Rdnr. 5; enger *Herber/Czerwenka*, Art. 42 CISG Rdnr. 2.

[1310] Soergel-*Lüderitz/Schüßler-Langenheine*, Art. 42 CISG Rdnr. 2; *Piltz*, Int. KaufR, § 5 Rdnr. 101.

[1311] OGH Wien v. 12.09.2006, CISG-Online Case 1364.

[1312] *Herber/Czerwenka*, Art. 42 CISG Rdnr. 2; *Achilles*, Art. 42 CISG Rdnr. 2; Staudinger-*Magnus*, Art. 42 CISG Rdnr. 11; Schlechtriem-*Schwenzer*, Art. 42 CISG Rdnr. 11; *Piltz*, Int. KaufR, § 5 Rdnr. 101.

[1313] BGHZ 81, 75 (Carrera); BGH, NJW 1990, 1986 (Emil Nolde); BGH, NJW 1975, 778 (Schloss Tegel); BGHZ 110, 197; *Achilles*, Art. 42 CISG Rdnr. 2.

[1314] So auch MünchKomm-*Gruber*, Art. 42 CISG Rdnr. 7; Bamberger/Roth-*Saenger*, Art. 42 CISG Rdnr. 5; Schlechtriem-*Schwenzer*, Art. 42 CISG Rdnr. 5; Honsell-*Magnus*, Art. 42 CISG Rdnr. 6; *Achilles*, Art. 42 CISG Rdnr. 2; Soergel-*Lüderitz/Schüßler-Langenheine*, Art. 42 CISG Rdnr. 2; Staudinger-*Magnus*, Art. 42 CISG Rdnr. 12.

Da dem Verkäufer nicht zugemutet werden kann, sich weltweit über das Bestehen oder **585** Nichtbestehen von Schutzrechten zu informieren, werden durch Art. 42 Abs. 1 CISG die relevanten Schutzgebiete regional beschränkt.[1315] Grundsätzlich haftet der Verkäufer gem. Art. 42 Abs. 1 Buchst. a CISG nur für die **Schutzrechtsfreiheit** der Ware **in dem Staat, in dem die Ware verwendet oder weiterverkauft werden soll,** sofern die Parteien dies bei Vertragsschluss in Betracht gezogen haben. Dies erfordert zwar keine dahingehende vertragliche Abrede, es muss aber **für den Verkäufer** aus den Umständen **erkennbar** gewesen sein, dass die Ware nach den Erwartungen des Käufers in bestimmten Staaten frei von Schutzrechten Dritter zur Verfügung stehen muss.[1316] Allein die Angabe eines Versendungsortes genügt hierfür (ebenso wie bei der Festlegung einer bestimmten Gebrauchstauglichkeit i. S. d. Art. 35 Abs. 2 Buchst. b CISG, vgl. Rdnr. 524) jedoch nicht,[1317] wenn nicht noch weitere Umstände hinzukommen, aus denen sich ergibt, dass die Ware auch dort verwendet werden soll (wie etwa bei einer festen Anlage, die am Versendungsort zu errichten ist).[1318] In jedem Falle ist dem Käufer, da er das „In-Betracht-Ziehen" eines Verwendungs- oder Absatzstaates im Streitfall beweisen muss,[1319] eine ausdrückliche Klarstellung im Vertragswerk zu empfehlen.[1320] Haben die Parteien die Verwendung und/oder den Weiterverkauf der Ware in **mehreren Staaten** (oder Weiterverkauf in dem einen, Verwendung in dem anderen Staat) in Betracht gezogen, muss die Ware in allen diesen Staaten schutzrechtsfrei sein.[1321]

Soweit die Parteien die Verwendung bzw. den Absatz der Ware in einem bestimmten **586** Staat nicht in Betracht gezogen haben, kommt der subsidiäre Art. 42 Abs. 1 Buchst. b CISG zur Geltung. Danach hat der Verkäufer nur für die Schutzrechtsfreiheit **im Staat der Niederlassung des Käufers** einzustehen. Welcher Staat dies ist, beurteilt sich, wie im Falle des Art. 31 Buchst. c CISG (dazu Rdnr. 537), nach Art. 10 CISG.[1322] Die Schutzrechtsfreiheit in einem bloßen **Transitstaat** hat der Verkäufer dagegen nicht zu gewährleisten, da insoweit in der Regel noch kein „In-Verkehr-Bringen" i. S. d. Art. 9 Abs. 4 PVÜ[1323] und somit auch keine Schutzrechtsverletzung vorliegt. Anderes kann aber dann gelten, wenn die Ware nicht nur durch den Transitstaat transportiert, sondern dort auch ver- oder bearbeitet, komplettiert oder umverpackt wird.[1324]

Im Gegensatz zur allgemeinen, verschuldensunabhängigen Rechtsmängelhaftung des **587** Art. 41 CISG braucht der Verkäufer gem. Art. 42 Abs. 1 CISG für Belastungen der Ware mit Schutzrechten Dritter nur dann einzustehen, wenn er diese Schutzrechte **bei Vertragsschluss**[1325] positiv kannte oder darüber „nicht in Unkenntnis sein konnte". Welchen Verschuldensgrad die im CISG weit verbreitete Formulierung „nicht in Unkenntnis sein konnte" (could not have been unaware) erfordert, ist streitig. Einfache Fahrlässigkeit genügt nach allgemeiner Ansicht jedenfalls nicht. Fraglich ist jedoch, ob grobe Fahrlässigkeit

---

[1315] Staudinger-*Magnus*, Art. 42 CISG Rdnr. 14; *Herber/Czerwenka*, Art. 42 CISG Rdnr. 3.
[1316] *Achilles*, Art. 42 CISG Rdnr. 5; Schlechtriem-*Schwenzer*, Art. 42 CISG Rdnr. 11; *Herber/Czerwenka*, Art. 42 CISG Rdnr. 3.
[1317] Str., wie hier Soergel-*Lüderitz/Schüßler-Langenheine*, Art. 42 CISG Rdnr. 3; Staudinger-*Magnus*, Art. 42 CISG Rdnr. 17, a. A. Schlechtriem-*Schwenzer*, Art. 42 CISG Rdnr. 11; MünchKommHGB-*Benicke*, Art. 42 CISG Rdnr. 7.
[1318] Staudinger-*Magnus*, Art. 42 CISG Rdnr. 17.
[1319] Honsell-*Magnus*, Art. 42 CISG Rdnr. 20; *Achilles*, Art. 42 CISG Rdnr. 5, 15.
[1320] Bamberger/Roth-*Saenger*, Art. 42 CISG Rdnr. 8.
[1321] Soergel-*Lüderitz/Schüßler-Langenheine*, Art. 42 CISG Rdnr. 3; *Herber/Czerwenka*, Art. 42 CISG Rdnr. 3; Schlechtriem-*Schwenzer*, Art. 42 CISG Rdnr. 10; *Piltz*, Int. KaufR, § 5 Rdnr. 107.
[1322] Staudinger-*Magnus*, Art. 42 CISG Rdnr. 21; Bamberger/Roth-*Saenger*, Art. 42 CISG Rdnr. 9.
[1323] Pariser Verbandsübereinkunft zum Schutz des gewerblichen Eigentums (PVÜ), BGBl. 1970 II, S. 391 ff.
[1324] Vgl. näher Schlechtriem-*Schwenzer*, Art. 42 CISG Rdnr. 13a m.w. N.
[1325] Soergel-*Lüderitz/Schüßler-Langenheine*, Art. 42 CISG Rdnr. 4; Staudinger-*Magnus*, Art. 42 CISG Rdnr. 23.

ausreicht,[1326] oder ob vielmehr ein „nicht in Unkenntnis sein können" nur dann vorliegt, wenn es sich um „gleichsam ins Auge springende" Rechtsmängel handelt, ob also mehr als grobe Fahrlässigkeit erforderlich ist.[1327] Für letztere Ansicht lassen sich jedoch dem Übereinkommen keine Anhaltspunkte entnehmen, es ist vielmehr mit der überwiegenden Meinung davon auszugehen, dass hier **grob fahrlässige Unkenntnis** gemeint ist, zumal dies ebenfalls voraussetzt, dass die Mängel so offensichtlich sind, dass sie jeder Verkäufer bei Vertragsschluss erkannt hätte.[1328] Für Art. 42 CISG ergibt sich daraus, dass dem Verkäufer eine **Erkundigungspflicht** jedenfalls hinsichtlich **registrierter,** nach Art. 42 Abs. 1 Buchst. a oder b CISG territorial relevanter Schutzrechte obliegt.[1329] Ist ein Schutzrecht allerdings nur in öffentlich unzugänglichen Registern verzeichnet oder existiert überhaupt kein Register, so kann vom Verkäufer schlechterdings nicht erwartet werden, dass er alle sonstigen schutzrechtsrelevanten Veröffentlichungen in den betreffenden Staaten recherchiert. Bösgläubigkeit ist in solchen Fällen allenfalls dann anzunehmen, wenn der Verkäufer ständig in diesen Staat liefert oder wenn die Veröffentlichung leicht zugänglich oder feststellbar war.[1330] Es kommt insoweit immer auf die näheren Einzelfallumstände an.[1331]

VI. Nebenpflichten des Verkäufers

588 Ausdrücklich im CISG geregelte Nebenpflichten des Verkäufers sind die **Beförderungs- und Versicherungspflichten** aus Art. 32 Abs. 2, 3 CISG (dazu Rdnr. 548 ff. und Rdnr. 555 f.) sowie die **Anzeigepflicht** aus Art. 32 Abs. 1 CISG. Dies schließt aber das Bestehen weiterer, vertraglich begründeter **Nebenpflichten** nicht aus (vgl. Rdnr. 610).

1. Beförderungspflicht

589 Die in Art. 32 Abs. 2 CISG normierte Beförderungspflicht setzt voraus, dass der **Verkäufer** nach dem Vertrag oder nach den maßgeblichen Gebräuchen **zur Versendung verpflichtet** ist. Dies ist immer dann der Fall, wenn der Vertrag eine Beförderung i. S. d. Art. 31 Buchst. a CISG „erfordert", denn damit sind alle diejenigen Fälle gemeint, in denen der Verkäufer den Transport zu veranlassen hat (dazu Rdnr. 523). Aus der Notwendigkeit einer Beförderung folgt zwangsläufig auch die Notwendigkeit der Organisation dieser Beförderung. Die Vorschrift des Art. 32 Abs. 2 CISG ergänzt daher diejenige des Art. 31 Buchst. a CISG.[1332]

[1326] So Honsell-*Magnus*, Art. 35 CISG Rdnr. 29; *Herber/Czerwenka*, Art. 35 CISG Rdnr. 10; Soergel-Lüderitz/*Schüßler-Langenheine*, Art. 35 CISG Rdnr. 21; *Achilles*, Art. 35 CISG Rdnr. 16; Staudinger-*Magnus*, Art. 35 CISG Rdnr. 48, Art. 42 Rdnr. 22; Bianca/Bonell-*Bianca*, Art. 35 CISG Anm. 2.8.1.

[1327] So Schlechtriem-*Schwenzer*, Art. 35 CISG Rdnr. 34.

[1328] OLG Celle, IHR 2004, 106 f.; Staudinger-*Magnus*, Art. 35 CISG Rdnr. 48; ähnlich MünchKomm-*Gruber*, Art. 42 CISG Rdnr. 19; Bamberger/Roth-*Saenger*, Art. 42 CISG Rdnr. 11.

[1329] Honsell-*Magnus*, Art. 42 CISG Rdnr. 12; MünchKommHGB-Benicke, Art. 42 CISG Rdnr. 16; *Piltz*, Int. KaufR, § 5 Rdnr. 109; *Herber/Czerwenka*, Art. 42 CISG Rdnr. 5; *Achilles*, Art. 42 CISG Rdnr. 9; Staudinger-*Magnus*, Art. 42 CISG Rdnr. 22; a. A. Soergel-*Lüderitz/Schüßler-Langenheine*, Art. 42 CISG Rdnr. 4, die eine Erkundigungspflicht nur dann annehmen, wenn „Anlass zur Vermutung des Bestehens eines Schutzrechts" besteht.

[1330] Staudinger-*Magnus*, Art. 42 CISG Rdnr. 22.

[1331] Ähnlich *Herber/Czerwenka*, Art. 42 CISG Rdnr. 5; *Piltz*, Int. KaufR, § 5 Rdnr. 109; *Achilles*, Art. 42 CISG Rdnr. 9; weiter differenzierend MünchKommHGB-*Benicke*, Art. 42 CISG Rdnr. 15 ff.

[1332] Str., wie hier *Achilles*, Art. 32 CISG Rdnr. 4; Schlechtriem-*Huber*, Art. 32 CISG Rdnr. 16; Soergel-*Lüderitz/Schüßler-Langenheine*, Art. 32 CISG Rdnr. 8, Art. 31 Rdnr. 14; a. A. *Herber/Czerwenka*, Art. 32 CISG Rdnr. 7; Staudinger-*Magnus*, Art. 32 CISG Rdnr. 15 f., die davon ausgehen, dass der Verkäufer nur dann zum Abschluss eines Transportvertrags verpflichtet sei, wenn dies vertraglich vereinbart ist. Der Anwendungsbereich des Art. 32 Abs. 2 CISG wäre danach also enger als der des Art. 31 Buchst. a CISG.

Der Verkäufer ist hier zwar nicht zur Durchführung des Transports verpflichtet, er muss ihn aber veranlassen. Art. 32 Abs. 2 stellt für diesen Fall klar, dass zu dieser Lieferpflicht auch die Pflicht gehört, die erforderlichen Beförderungsverträge abzuschließen, und regelt teilweise den notwendigen Inhalt dieser Verträge.[1333] Wie bei Versendungskäufen im deutschen Recht (§ 447 BGB),[1334] gehört es damit auch im Rahmen des CISG zu den Verkäuferpflichten, den **Transport zu veranlassen** und die **erforderlichen Verträge abzuschließen,** wenn auch der sich an die Übergabe anschließende Transport bereits außerhalb des Pflichtenkreises des Verkäufers liegt.[1335]

Anders liegt es nur, wenn abweichend von Art. 31 Buchst. a CISG der **Transport Sache des Käufers** sein soll (z. B. durch Vereinbarung entsprechender Incoterms), dann hat selbstverständlich auch der Käufer die erforderlichen Verträge abzuschließen.[1336] Dies ist kein Fall des Art. 32 Abs. 2 CISG. Nicht anwendbar ist Art 32 Abs. 2 CISG ferner auf **Holschulden** i. S. d. Art. 31 Buchst. b, c CISG (dazu Rdnr. 532 ff.), bei denen sich die Verkäuferpflichten auf ein Zur-Verfügung-Stellen der Ware beschränken, ebenso nicht bei **Bringschulden,** bei denen der Verkäufer zum Transport der Ware bis zum Käufer verpflichtet ist. In den letzteren Fällen muss der Verkäufer den Transport selbst durchführen. Auch wenn der Verkäufer hiermit selbständige Beförderer beauftragt, besteht dennoch aufgrund seiner Kosten- und Gefahrtragung kein Anlass, ihm vorzugeben, wie er seine eigenen Interessen zu wahren hat, Art. 32 Abs. 2 CISG greift folglich auch hier nicht ein.[1337]

590

Nach Art. 32 Abs. 2 CISG muss der Verkäufer solche Verträge abschließen, die „zur Beförderung an den festgesetzten Ort mit den nach den Umständen angemessenen Beförderungsmitteln und zu den für solche Beförderungen üblichen Bedingungen erforderlich" sind. Der maßgebliche **Ort** der Versendung ergibt sich regelmäßig aus dem Vertrag oder dessen Auslegung; ist kein Ort festgesetzt, muss der Verkäufer an die Niederlassung des Käufers versenden,[1338] bei mehreren Niederlassungen ist nach Art. 10 Buchst. a CISG auszuwählen (hierzu Rdnr. 537). Der Begriff „**angemessene Beförderungsmittel**" meint sowohl die Art des eingesetzten Transportmittels als auch die gewählte Route.[1339] Soweit hierzu vertraglich keine konkreten Transportmodalitäten festgelegt sind, muss der Verkäufer die Ware auf der üblichen, im Zweifel auf der kürzesten Route versenden. Umladungen sind beim Transport nach Möglichkeit zu vermeiden,[1340] ebenso wie Krisen- und Streikgebieten auszuweichen ist.[1341] Im Übrigen steht dem Verkäufer aber die Wahl der Transportart frei.[1342]

591

Die Pflicht der Versendung zu „**üblichen Bedingungen**" beinhaltet insbesondere, die üblichen **Beförderungsentgelte** und die üblichen Haftungsregelungen zu vereinbaren.[1343] Bestehen feste Beförderungstarife, hat der Verkäufer insoweit allerdings keinen Entscheidungsspielraum.[1344] Liegen dem Verkäufer mehrere Transportangebote vor, muss er nicht unbedingt den günstigsten Anbieter auswählen, sondern er hat auch auf die Zuverlässig-

592

[1333] Bamberger/Roth-*Saenger*, Art. 32 CISG Rdnr. 8 ff.; Schlechtriem-*Huber*, Art. 32 CISG Rdnr. 16.
[1334] Palandt-*Weidenkaff*, § 447 BGB Rdnr. 11 ff.
[1335] MünchKommHGB-*Benicke*, Art. 32 CISG Rdnr. 11; *Achilles*, Art. 32 CISG Rdnr. 4.
[1336] Bamberger/Roth-*Saenger*, Art. 32 CISG Rdnr. 9; Schlechtriem-*Huber*, Art. 32 CISG Rdnr. 17.
[1337] Honsell-*Karollus*, Art. 32 CISG Rdnr. 15; *Achilles*, Art. 32 CISG Rdnr. 4.
[1338] Schlechtriem-*Huber*, Art. 32 CISG Rdnr. 21.
[1339] Bamberger/Roth-*Saenger*, Art. 32 CISG Rdnr. 10; *Achilles*, Art. 32 CISG Rdnr. 5.
[1340] Bianca/Bonell-*Lando*, Art. 32 CISG Anm. 2.3.1.; *Piltz*, Int. KaufR, § 4 Rdnr. 101; Honsell-*Karollus*, Art. 32 CISG Rdnr. 18.
[1341] Schlechtriem-*Huber*, Art. 32 CISG Rdnr. 22; *Achilles*, Art. 32 CISG Rdnr. 5.
[1342] Bezirksgericht der Saane v. 20.02.1997, CLOUT Case 261; Staudinger-*Magnus*, Art. 32 CISG Rdnr. 17.
[1343] Bamberger/Roth-*Saenger*, Art. 32 CISG Rdnr. 10; Staudinger-*Magnus*, Art. 32 CISG Rdnr. 18; *Achilles*, Art. 32 CISG Rdnr. 6.
[1344] MünchKomm-*Gruber*, Art. 32 CISG Rdnr. 11; Schlechtriem-*Huber*, Art. 32 CISG Rdnr. 23.

des Beförderers zu achten.[1345] Die anzuwendenden **Haftungsregeln** ergeben sich vielfach bereits aus zwingendem Recht (so z. B. aus den CIM für den internationalen Schienenverkehr und den CMR für den internationalen LKW-Transport),[1346] so dass auch insoweit kein Entscheidungsspielraum besteht. Aber auch bei Vertragsfreiheit existieren i. d. R. **Formularbedingungen** hinsichtlich der Haftung des Beförderers (so z. B. Charterformulare der Seeschifffahrt, Konnossementbedingungen der Binnenschifffahrt o. ä.). Die in diesen Formularen enthaltenen Bedingungen sind als „üblich" i. S. d. Art. 32 Abs. 2 CISG anzusehen,[1347] so dass der Verkäufer, der diese Formulare akzeptiert, sich pflichtgemäß verhält. Ungewöhnliche Haftungsfreizeichnungen des Beförderers darf der Verkäufer hingegen zumindest dann nicht akzeptieren, wenn kein Versicherungsschutz für die Ware besteht[1348] (zur Versicherungspflicht vgl. Rdnr. 596 f.).

593 In der Praxis ist es nicht selten, dass der Verkäufer den Abschluss der Beförderungsverträge **Dritten** überlässt. In diesen Fällen ist zu differenzieren: Beauftragt der Verkäufer einen **Spediteur** nicht nur mit der Organisation der eigentlich dem Verkäufer obliegenden Versendung, sondern auch mit dem Abschluss der Beförderungsverträge (auf Rechnung des Verkäufers), haftet er grundsätzlich auch für die Erfüllung der Pflichten aus Art. 32 Abs. 2 CISG durch den Spediteur.[1349] Dieser wird als Erfüllungsgehilfe des Verkäufers (Art. 79 Abs. 2 CISG) in dessen Pflichtenkreis tätig.[1350] Soweit man den Spediteur selbst als „ersten Beförderer" i. S. d. Art. 31 Buchst. a CISG ansieht (siehe dazu Rdnr. 528), erfüllt der Verkäufer seine Lieferpflicht hingegen bereits mit der Übergabe an ihn, hier genügt es in Hinblick auf Art. 32 Abs. 2 CISG, wenn der Verkäufer mit dem Spediteur einen dem Art. 32 Abs. 2 CISG entsprechenden Beförderungsvertrag schließt.[1351]

594 Soweit der Verkäufer dementsprechend seine Pflichten aus Art. 32 Abs. 2 CISG durch Abschluss eines entsprechenden Vertrags mit dem Beförderer erfüllt, hat er mit der weiteren Entwicklung nichts mehr zu tun. Beauftragt der Beförderer nun seinerseits einen sog. **Unterfrachtführer,** wird er bei dessen Auswahl und Instruktion nicht mehr als Erfüllungsgehilfe des Verkäufers tätig, da dies außerhalb des Pflichtenkreises des Verkäufers liegt. Etwaige in diesem Bereich auftretenden Fehler gehen daher zu Lasten des Käufers.[1352]

595 Vereinbaren die Parteien ein **Streckengeschäft,** erfüllt der Verkäufer seine Pflichten aus Art. 32 Abs. 2 CISG, wenn der Vorlieferant einen den Anforderungen des Art. 32 Abs. 2 CISG entsprechenden Beförderungsvertrag mit dem Beförderer schließt. Hierbei ist der Vorlieferant Erfüllungsgehilfe des Verkäufers i. S. d. Art. 79 Abs. 2 CISG, letzterer haftet daher für Fehler des Vorlieferanten.[1353]

2. Versicherungs- und Auskunftspflicht

596 Das Übereinkommen selbst normiert für den Verkäufer grundsätzlich **keine Pflicht,** die Ware zu **versichern.** Etwas anderes kann sich aber aus dem Vertrag (insbesondere aus den Incoterms) oder aus den maßgeblichen Gepflogenheiten und Gebräuchen ergeben.[1354]

[1345] Honsell-*Karollus*, Art. 32 CISG Rdnr. 18.
[1346] Herber/*Czerwenka*, Art. 32 CISG Rdnr. 7 m.w.Bsp.
[1347] Schlechtriem-*Huber*, Art. 32 CISG Rdnr. 23; Herber/*Czerwenka*, Art. 32 CISG Rdnr. 7; Honsell-*Karollus*, Art. 32 CISG Rdnr. 19.
[1348] Staudinger-*Magnus*, Art. 32 CISG Rdnr. 18; Bianca/Bonell-*Lando*, Art. 32 CISG Anm. 2.3.1.
[1349] Bamberger/Roth-*Saenger*, Art. 32 CISG Rdnr. 10; Schlechtriem-*Huber*, Art. 32 CISG Rdnr. 24.
[1350] Bamberger/Roth-*Saenger*, Art. 32 CISG Rdnr. 10; Honsell-*Karollus*, Art. 32 CISG Rdnr. 22; insoweit zustimmend auch Herber/*Czerwenka*, Art. 32 CISG Rdnr. 7.
[1351] Bamberger/Roth-*Saenger*, Art. 32 CISG Rdnr. 10; eingehend Schlechtriem-*Huber*, Art. 32 CISG Rdnr. 25 ff.
[1352] Schlechtriem-*Huber*, Art. 32 CISG Rdnr. 26.
[1353] Honsell-*Karollus*, Art. 32 CISG Rdnr. 22; Schlechtriem-*Huber*, Art. 32 CISG Rdnr. 26.
[1354] Staudinger-*Magnus*, Art. 32 CISG Rdnr. 22; Soergel-*Lüderitz/Schüßler-Langenheine*, Art. 32 CISG Rdnr. 10; *Achilles*, Art. 32 CISG Rdnr. 7.

Eine Versicherungspflicht ist zudem auch dann anzunehmen, wenn der Abschluss einer **Transportversicherung** zu den „**üblichen Bedingungen**" i. S. d. Art. 32 Abs. 2 CISG zählt. Eine solche Üblichkeit ist nicht nur dann gegeben, wenn ein entsprechender Handelsbrauch i. S. d. Art. 9 Abs. 2 CISG feststellbar ist,[1355] sondern auch schon dann, wenn ein **ordentlicher und vorsichtiger Kaufmann** eine solche Versicherung abschließen würde.[1356] Eine solche Annahme liegt insbesondere nahe, wenn der Wert der Ware die beim Transport frachtrechtlich vereinbarten oder gesetzlich vorgeschriebenen Haftungshöchstgrenzen des Beförderers erheblich übersteigt.[1357] Auch wenn der Käufer den Verkäufer zum Abschluss einer Transportversicherung anweist, ist der Verkäufer hierzu verpflichtet,[1358] jedenfalls dann, wenn der Käufer die Versicherungskosten übernimmt und für den Verkäufer kein unangemessener Aufwand entsteht, wobei aber letzteres in der Praxis nur schwer vorstellbar ist.

Besteht unter diesen Aspekten jedoch keine Versicherungspflicht, ist der Verkäufer jedenfalls gem. Art. 32 Abs. 3 CISG verpflichtet, dem Käufer auf dessen Verlangen alle ihm verfügbaren, **für den Abschluss einer Versicherung notwendigen Auskünfte** zu erteilen. **597**

3. Anzeigepflichten des Verkäufers

Ausdrücklich geregelt sind Anzeigepflichten im CISG lediglich in dem – nur Versendungskäufe erfassenden – **Art. 32 Abs. 1 CISG** (dazu sogleich Rdnr. 599). Im Falle einer Lieferung durch „Zur-Verfügung-Stellen" i. S. d. Art. 31 Buchst. b, c CISG gehört eine Benachrichtigung des Käufers über das Bereitstellen der Ware aber bereits zur Lieferpflicht des Verkäufers (siehe Rdnr. 600), auch wenn hierfür keine gesonderte Regelung existiert. Anzeige- und Benachrichtigungspflichten können sich darüber hinaus auch aus **vertraglichen Vereinbarungen** oder **Handelsbräuchen** ergeben. **598**

a) Anzeigepflicht bei Versendung der Ware. Die Anzeigepflicht aus Art. 32 Abs. 1 CISG trifft den Verkäufer in allen Fällen, in denen er seine Lieferpflicht durch Übergabe der Ware an einen selbständigen Dritten (Beförderer) erfüllt. Damit sind sowohl die einfachen **Versendungskäufe** i. S. d. Art. 31 Buchst. a CISG als auch Versendungskäufe mit einem besonders bestimmten Versendungsort (hierzu Rdnr. 523) erfasst.[1359] Nicht unter die Vorschrift fallen dagegen Holschulden i. S. d. Art. 31 Buchst. b, c CISG und Bringschulden.[1360] **599**

b) Anzeigepflicht bei Lieferung durch „Zur-Verfügung-Stellen". Bei Lieferungen, die i. S. d. Art 31 Buchst. b, c CISG durch „**Zur-Verfügung-Stellen**" erfolgen (Holschulden), ist jedoch zu beachten, dass diese erst mit Kenntnis des Käufers von dem „Zur-Verfügung-Stellen" erfolgt sind (dazu Rdnr. 534). Auch hier ist also regelmäßig (außer bei Vereinbarung eines festen Abholtermins) eine **Benachrichtigung des Käufers erforderlich**. Allerdings ergibt sich diese Pflicht nicht aus Art. 32 Abs. 1 CISG, sondern gehört schon zur Lieferpflicht des Art. 31 Buchst. b, c CISG.[1361] **600**

[1355] So aber *Herber/Czerwenka*, Art. 32 CISG Rdnr. 8; *Piltz*, Int. KaufR, § 4 Rdnr. 107; wohl auch MünchKommHGB-*Benicke*, Art. 32 CISG Rdnr. 13.

[1356] Schlechtriem-*Huber*, Art. 32 CISG Rdnr. 28; anders wohl Staudinger-*Magnus*, Art. 32 CISG Rdnr. 22.

[1357] Schlechtriem-*Huber*, Art. 32 CISG Rdnr. 28.

[1358] So auch MünchKommHGB-*Benicke*, Art. 32 CISG Rdnr. 13; Honsell-*Karollus*, Art. 32 CISG Rdnr. 18; *Achilles*, Art. 32 CISG Rdnr. 7; Schlechtriem-*Huber*, Art. 32 CISG Rdnr. 30; zu weitgehend *Herber/Czerwenka*, Art. 32 CISG Rdnr. 8, wonach der Käufer stets den Abschluss einer Transportversicherung verlangen könne.

[1359] Ebenso Staudinger-*Magnus*, Art. 32 CISG Rdnr. 8; Honsell-*Karollus*, Art. 32 CISG Rdnr. 3.

[1360] Staudinger-*Magnus*, Art. 32 CISG Rdnr. 8; Soergel-*Lüderitz/Schüßler-Langenheine*, Art. 32 CISG Rdnr. 2; Bamberger/Roth-*Saenger*, Art. 32 CISG Rdnr. 3; MünchKomm-Gruber, Art. 32 CISG Rdnr. 3.

[1361] Schlechtriem-*Huber*, Art. 32 CISG Rdnr. 13; Art. 31 CISG Rdnr. 53.

601 c) Vereinbarte Anzeigepflichten. Schließlich können sich auch aus **vertraglichen Vereinbarungen oder Handelsbräuchen** Anzeigepflichten für den Verkäufer ergeben. Insbesondere die **Incoterms** sehen durchweg derartige Anzeigepflichten vor.[1362] Sie haben den Zweck, dem Käufer Kenntnis darüber zu verschaffen, ob der Verkäufer seine Lieferpflichten erfüllt hat und wann mit dem Eintreffen der Ware zu rechnen ist, um die entsprechenden Dispositionen rechtzeitig vornehmen zu können.[1363] Diese Anzeigepflichten gehen daher häufig weiter als Art. 32 Abs. 1 CISG und bestehen auch dann, wenn die Ware bereits hinreichend konkretisiert bzw. dem Vertrag hinreichend zugeordnet ist.[1364]

602 d) Zuordnung der Ware zum Vertrag. Die Anzeigepflichten aus Art. 32 Abs. 1, 31 Buchst. b, c CISG haben den Zweck, die Ware eindeutig dem Vertrag zuordnen zu können,[1365] um im eigenen Interesse des Verkäufers den **Gefahrübergang** auf den Käufer herbeizuführen (vgl. Art. 67 Abs. 2, 69 Abs.3 CISG),[1366] aber auch um **Spekulationsmöglichkeiten** zu verhindern.[1367] Die Anzeigepflichten greifen folglich gem. Art. 32 Abs. 1 CISG nur dann ein, wenn eine solche Zuordnung nicht bereits auf andere Weise hinreichend erfolgt ist. Bei Stückgut wird letzteres regelmäßig der Fall sein,[1368] so dass sich die Anzeigepflicht in der Praxis auf Gattungskäufe beschränkt. Eine solche **Zuordnung auf andere Weise** kann der Verkäufer in jeder beliebigen Art vornehmen.[1369] Sinnvoll ist z.B. die Angabe des Käufers auf der Verpackung oder entsprechende Bestimmungsangaben in den Begleitpapieren.[1370] Bei Spezieskäufen genügt es aber auch schon, wenn von vornherein nicht verwechslungsfähige Kennzeichen der Ware festgelegt sind (z.B. die Fahrgestellnummer eines KFZ).[1371]

603 Wird **Gattungsware** als **Sammelladung** für mehrere Käufer versandt, stellt der Verkäufer den Ladeschein oder das Konnossement vielfach zunächst auf sich selbst oder auf einen Empfangsspediteur aus, die Aufteilung auf die Käufer wird dann erst am Bestimmungsort vorgenommen. In diesen Fällen fehlt eine eindeutige Zuordnung der Ware; hier greift dann die Anzeigepflicht aus Art. 32 Abs. 1 CISG.[1372] Wurden dagegen in den Papieren bereits mehrere Käufer benannt, ist zumindest der Gesamtbestand der Ware diesem Käuferkreis zugeordnet. Eine genauere Individualisierung muss aber dennoch am Bestimmungsort erfolgen.[1373]

604 e) Inhalt, Form und Zeit der Anzeige. Ist nach diesen Grundsätzen eine Anzeige erforderlich, so muss diese eine Mitteilung über die erfolgte Versendung, das benutzte Transportmittel (z.B. Schiffsnamen) sowie – falls erforderlich – die genaue Bezeichnung der Ware oder des Sammelbestandes (in diesem Fall genügt die Angabe der verladenen Einheiten bzw. des Gewichtes) enthalten.[1374] Die Anzeige selbst kann durch gesonderte Mitteilung an den Käufer erfolgen, es genügt aber auch die Übersendung eines **Transportdokuments,** das die erforderlichen Angaben enthält.[1375] Wann die Anzeige zu erfolgen hat, ist im Überein-

---

[1362] Schlechtriem-*Huber*, Art. 32 CISG Rdnr. 14; *Piltz*, Int. KaufR, § 4 Rdnr. 103.
[1363] Honsell-*Karollus*, Art. 32 CISG Rdnr. 7; Schlechtriem-*Huber*, Art. 32 CISG Rdnr. 14.
[1364] Bamberger/Roth-*Saenger*, Art. 32 CISG Rdnr. 7; *Herber/Czerwenka*, Art. 32 CISG Rdnr. 6.
[1365] MünchKomm-*Gruber*, Art. 32 CISG Rdnr. 2; *Piltz*, Int. KaufR, § 4 Rdnr. 104.
[1366] Bamberger/Roth-*Saenger*, Art. 32 CISG Rdnr. 6; Staudinger-*Magnus*, Art. 32 CISG Rdnr. 1.
[1367] Honsell-*Karollus*, Art. 32 CISG Rdnr. 4.
[1368] Soergel-*Lüderitz/Schüßler-Langenheine*, Art. 32 CISG Rdnr. 3.
[1369] MünchKommHGB-*Benicke*, Art. 32 CISG Rdnr. 4; *Herber/Czerwenka*, Art. 32 CISG Rdnr. 3; *Achilles*, Art. 32 CISG Rdnr. 3.
[1370] MünchKomm-*Benicke*, Art. 32 CISG Rdnr. 4.
[1371] MünchKomm-*Gruber*, Art. 32 CISG Rdnr. 4; Honsell-*Karollus*, Art. 32 CISG Rdnr. 5.
[1372] Schlechtriem-*Huber*, Art. 32 CISG Rdnr. 4; Honsell-*Karollus*, Art. 32 CISG Rdnr. 6.
[1373] Honsell-*Karollus*, Art. 32 CISG Rdnr. 6; vgl. weiterführend Staudinger-*Magnus*, Art. 67 CISG Rdnr. 28 ff.
[1374] MünchKomm-*Gruber*, Art. 32 CISG Rdnr. 5; Schlechtriem-*Huber*, Art. 32 CISG Rdnr. 5.
[1375] *Herber/Czerwenka*, Art. 32 CISG Rdnr. 4; *Piltz*, Int. KaufR, § 4 Rdnr. 104.

kommen nicht normiert, es ist aber – soweit sich dem Vertrag oder den Handelsbräuchen hierzu nichts entnehmen lässt – nach Art. 7 Abs. 2 CISG als allgemeiner Grundsatz anzusehen, dass die Absendung innerhalb einer **angemessenen Frist** nach Versendung der Ware zu erfolgen hat.[1376]

f) Erfüllung der Anzeigepflicht. Die Erfüllung der Anzeigepflicht aus Art. 32 Abs. 1 CISG (dazu Rdnr. 599) richtet sich nach Art. 27 CISG. Danach trägt, anders als nach der im deutschen Recht geltenden Zugangstheorie (§ 130 BGB), das Risiko eines Übermittlungsfehlers oder einer Übermittlungsverzögerung der Käufer. Der Verkäufer hat seine Anzeigepflicht somit bereits dann erfüllt, wenn er die entsprechende Mitteilung an den Käufer „mit den nach den Umständen geeigneten Mitteln" auf den Weg gebracht hat[1377] (Absendetheorie[1378]). Dies bedeutet, dass auch die Rechtsfolge der Anzeige, nämlich gemäß dem für Versendungskäufe einschlägigen Art. 67 Abs. 2 CISG die Konkretisierung der Ware und damit der Übergang der Gefahr auf den Käufer, bereits **mit Absendung,** nicht erst mit Zugang der Anzeige beim Käufer eintritt.[1379] Erhält allerdings der Verkäufer Kenntnis davon, dass die Mitteilung dem Käufer nicht zugegangen ist, ist er nach Treu und Glauben (Art. 7 Abs. 1 CISG) zur Wiederholung der Benachrichtigung verpflichtet.[1380]

Ergibt sich die Anzeigepflicht nicht aus Art. 32 Abs. 1 CISG, sondern aus der Lieferpflicht des Art. 31 Buchst. b, c CISG (hierzu Rdnr. 600, 534), treten deren Wirkungen, nämlich der Gefahrübergang auf den Käufer, gemäß dem dann einschlägigen Art. 69 Abs. 2 CISG erst mit Kenntnis des Käufers von der „Zur-Verfügung-Stellung" ein. Daraus folgt, dass mit Art. 69 Abs. 2 CISG hier eine „andere Bestimmung" i.S.d. Art. 27 CISG existiert, so dass die Absendetheorie des Art. 27 CISG nicht gilt, sondern vielmehr die Anzeige erst mit **Zugang beim Käufer** wirksam wird. In diesen Fällen trägt also der Verkäufer das Übermittlungsrisiko.[1381]

g) Widerruflichkeit der Anzeige. Die Frage, ob der Verkäufer, der nach Absendung einer Anzeige noch umdisponieren will, hierzu die **Anzeige widerrufen und** die **Ware durch erneute Anzeige einem anderen Käufer zuweisen** kann, wird nicht einheitlich beantwortet. Einerseits soll der Verkäufer bereits mit Absendung der Anzeige an diese gebunden sein,[1382] andererseits soll analog Art. 15, 22 CISG bis zum Zugang der Anzeige beim Käufer ein Widerruf zulässig sein.[1383] Andere schließlich lehnen eine Bindung des Verkäufers durch die Anzeige generell ab.[1384] Allerdings scheint eine differenziertere Betrachtung geboten: Sinnvoll kann es nur sein, den Verkäufer erst mit dem Zeitpunkt des Gefahrübergangs an seine Anzeige zu binden. Es ist weder ersichtlich, warum er vor diesem Zeitpunkt

---

[1376] Str., wie hier MünchKommHGB-*Benicke*, Art. 32 CISG Rdnr. 7; Schlechtriem-*Huber*, Art. 32 CISG Rdnr. 6; Honsell-*Karollus*, Art. 32 CISG Rdnr. 10; Bianca/Bonell-*Lando*, Art. 32 CISG Anm. 2.2.2.; *Piltz*, Int. KaufR, § 4 Rdnr. 105, Staudinger-*Magnus*, Art. 32 CISG Rdnr. 10; a.A. Soergel-*Lüderitz/Schüßler-Langenheine*, Art. 32 CISG Rdnr. 5, wonach die Anzeige bis zum Eintreffen der Ware am Bestimmungsirt abgesandt werden muss, für diese Auslegung lassen sich jedoch im CISG keine Anhaltspunkte finden.
[1377] Staudinger-*Magnus*, Art. 32 CISG Rdnr. 10; Bamberger/Roth-*Saenger*, Art. 32 CISG Rdnr. 5.
[1378] Vgl. hierzu OLG Koblenz v. 19.10.2006, CISG-Online Case 1407; OLG München v. 17.11.2006, CISG-Online Case 1395; Schlechtriem-*Schlechtriem*, Art. 27 CISG Rdnr. 1 ff. m.w.N.
[1379] Bamberger/Roth-*Saenger*, Art. 32 CISG Rdnr. 6; Staudinger-*Magnus*, Art. 67 CISG Rdnr. 27; Honsell-*Karollus*, Art. 67 CISG Rdnr. 23.
[1380] Schlechtriem-*Huber*, Art. 31 CISG Rdnr. 53.
[1381] *Piltz*, Int. KaufR, § 4 Rdnr. 204.
[1382] So MünchKomm-*Gruber*, Art. 32 CISG Rdnr. 8; Schlechtriem-*Huber*, Art. 32 CISG Rdnr. 9; Honsell-*Karollus*, Art. 32 CISG Rdnr. 11.
[1383] So Bamberger/Roth-*Saenger*, Art. 32 CISG Rdnr. 6; Staudinger-*Magnus*, Art. 32 CISG Rdnr. 12.
[1384] So Soergel-*Lüderitz/Schüßler-Langenheine*, Art. 32 CISG Rdnr. 7; wohl auch MünchKommHGB-*Benicke*, Art. 32 CISG Rdnr. 10.

die Anzeige nicht widerrufen und die Ware einem anderen Käufer zuweisen dürfte, noch ist im Hinblick auf die Interessen des Käufers nachvollziehbar, weshalb dem Verkäufer nach Gefahrübergang noch derartige Rechte zustehen sollten. Es ist daher davon auszugehen, dass mit dem Zeitpunkt des Gefahrübergangs auch eine Bindung des Verkäufers an seine Versendungsanzeige eintritt. Da dieser Zeitpunkt sich jedoch nach der Art des Kaufs richtet (siehe Rdnr. 533), gilt Folgendes: Handelt es sich um einen **Versendungskauf** und ergibt sich somit die Anzeigepflicht aus Art. 32 Abs. 1 CISG (Rdnr. 599), geht die Gefahr gem. Art. 67 Abs. 2 CISG mit **Absendung der Anzeige** auf den Käufer über. Danach ist folglich ein Widerruf der Anzeige nicht mehr möglich. Bei Lieferung durch **„Zur-Verfügung-Stellen"** i. S. d. Art. 31 Buchst. b, c CISG (Rdnr. 599, 534) ist für den Gefahrübergang allerdings gem. Art. 69 Abs. 3 CISG der **Zugang der Anzeige** maßgeblich, so dass der Verkäufer hier auch bis zum Zugang der Anzeige selbige noch widerrufen kann. Ausnahmen von diesen Grundregeln können sich, nicht zuletzt aufgrund der allgemeinen Kooperationspflicht aus Art. 7 Abs. 1 CISG, lediglich dann ergeben, wenn ein vorzeitiger Widerruf der Anzeige (auch) im Interesse des Käufers liegt,[1385] so z.B. wenn der Verkäufer einer nach Versendung aufgetretenen Transportstörung ausweichen will. Immer zulässig ist jedenfalls die bloße **Berichtigung** einer inhaltlich unrichtigen Anzeige (z. B. Korrektur der Angabe des falschen Schiffsnamens).[1386]

4. Kostentragungspflichten des Verkäufers

608 Das Übereinkommen legt, anders als das BGB (vgl. etwa § 448 BGB, dazu Rdnr. 233 ff.) nicht fest, welche Partei welche Kosten zu tragen hat. In der Praxis ist diese Frage jedoch regelmäßig Gegenstand vertraglicher Vereinbarungen, so enthalten insbesondere die Incoterms detaillierte Kostentragungsregeln.[1387] Soweit eine Regelungslücke besteht, ist aufgrund international anerkannter Gebräuche (Art. 7 Abs. 2 CISG) grundsätzlich von dem Prinzip auszugehen, dass jede Partei die **Kosten ihrer eigenen Leistungen** zu tragen hat.[1388] Danach hat der Verkäufer die Kosten der jeweiligen ihm obliegenden Lieferhandlung zu tragen, der Käufer trägt dagegen die Kosten der Übernahme der Ware.[1389] Bei einem **Versendungskauf** i. S. d. Art. 31 Buchst. a CISG schuldet der Verkäufer nur Übergabe an den ersten Beförderer, die ab diesem Punkt entstehenden Frachtkosten hat er folglich nicht zu tragen. Gem. Art. 32 Abs. 2 CISG muss der Verkäufer zwar den Transportvertrag abschließen (siehe Rdnr. 589), er kann dies aber auf Rechnung des Käufers tun (unfrei).[1390] Anders ist es hingegen bei einer **Holschuld** i. S. d. Art. 31 Buchst. b, c CISG: Hier muss der Verkäufer dem Käufer die Ware zur Verfügung stellen, die Kosten des Transports zum jeweiligen Lieferort trägt er also selbst.[1391] Da beim Verkauf bereits **schwimmender, rollender oder fliegender Ware** jedoch ihr jeweiliger Bestimmungsort der Lieferort ist (näher Rdnr. 533), fallen die Kosten des Transports bis zu diesem Zielort als Kosten der Lieferung auch dem Verkäufer zur Last.[1392]

609 Nach den gleichen Grundsätzen zu behandeln sind im Zweifel auch **sonstige Lasten** wie Zölle, Steuern, Ex- oder Importabgaben sowie -lizenzen.[1393] Der Verkäufer trägt da-

---

[1385] Honsell-*Karollus*, Art. 32 CISG Rdnr. 11; Schlechtriem-*Huber*, Art. 32 CISG Rdnr. 9.
[1386] MünchKomm-*Gruber*, Art. 32 CISG Rdnr. 8; Schlechtriem-*Huber*, Art. 32 CISG Rdnr. 9.
[1387] Honsell-*Karollus*, Art. 31 CISG Rdnr. 47.
[1388] MünchKommHGB-*Benicke*, Art. 31 Rdnr. 32 f.; Schlechtriem-*Huber*, Art. 31 CISG Rdnr. 87; Staudinger-*Magnus*, Art. 31 CISG Rdnr. 30.
[1389] Vgl. auch Kantonsgericht St. Gallen, TranspR-IHR 1999, 12.
[1390] Schlechtriem-*Huber*, Art. 31 CISG Rdnr. 87.
[1391] *Achilles*, Art. 31 CISG Rdnr. 17.
[1392] Schlechtriem-*Huber*, Art. 31 CISG Rdnr. 87; Piltz, Int. KaufR, § 4 Rdnr. 111.
[1393] So auch Staudinger-*Magnus*, Art. 31 CISG Rdnr. 30; Piltz, Int. KaufR, § 4 Rdnr. 111; wohl auch Honsell-*Karollus*, Art. 31 CISG Rdnr. 48; a. A. Schlechtriem-*Huber*, Art. 31 CISG Rdnr. 88, der aus ähnlichen Regeln in den Incoterms auf einen allgemeinen Handelsbrauch schließt, wonach der Verkäufer grds. die Ausfuhrabgaben und der Käufer die Einfuhrabgaben tragen soll.

her regelmäßig die zum Erreichen des jeweiligen Lieferortes notwendigen Lasten.[1394] Ist der Verkäufer zum Abschluss einer **Transportversicherung** verpflichtet (dazu Rdnr. 596), folgen auch deren Kosten nach dem dargestellten Prinzip den Transportkosten. Sie sind also bei Versendungskäufen grundsätzlich vom Verkäufer und bei Holschulden in der Regel vom Käufer zu tragen.[1395] Soweit für den Transport Maß, Zahl oder Gewicht der Ware zu bestimmen ist oder sich der Kaufpreis hiernach richtet, gehört auch das **Messen, Zählen oder Wiegen** noch zur Lieferpflicht, die Kosten hierfür trägt demnach der Verkäufer.[1396] Nicht zu den Transportkosten gehören hingegen die **Verpackungskosten** (zu den Verpackungspflichten siehe sogleich Rdnr. 611). Hat der Verkäufer die Ware zu verpacken, fallen ihm auch die hierbei entstehenden Kosten zur Last.[1397] Auch die **Kosten der Übergabe oder Übersendung von Dokumenten** i. S. d. Art. 34 CISG trägt der Verkäufer.[1398]

5. Sonstige Nebenpflichten

Weitere Nebenpflichten des Verkäufers können sich **aus verschiedenen Rechtsgrundlagen** ergeben, insbesondere aus dem Vertrag selbst bzw. dessen Auslegung,[1399] vereinbarten Klauseln wie den Incoterms, aus Verkehrsgebräuchen und -sitten[1400] und/oder aus dem Grundsatz von Treu und Glauben.[1401] Zwar können im UN-Kaufrecht die zu § 242 BGB entwickelten Grundsätze und Fallgruppen nicht ohne weiteres übernommen werden, jedoch ist die Generalklausel des guten Glaubens (Art. 7 Abs. 1 CISG) anhand der im internationalen Handel anerkannten Prinzipien des ehrbaren Verhaltens auszulegen.[1402] **610**

Im Zusammenhang mit der Lieferung schuldet der Verkäufer gem. Art. 35 Abs. 2 Buchst. d CISG auch die **Verpackung** der Ware, soweit eine Verpackung üblich, sie für den Erhalt bzw. den Schutz der Ware notwendig oder die Ware nur in verpacktem Zustand transportfähig ist (vgl. dazu bereits Rdnr. 571). Dies gilt sowohl bei Lieferung durch Übergabe (Art. 31 Buchst. a CISG) als auch bei Lieferung durch Zur-Verfügung-Stellen (Art. 31 Buchst. b, c CISG). Eine Pflicht zur Rücknahme von Verpackungsmaterial besteht dagegen nur bei entsprechenden Vereinbarungen.[1403] **611**

Als **weitere Verkäuferpflichten** kommen insbesondere in Betracht Pflichten zur Montage, Wartung und/oder Instruktion,[1404] Qualitätssicherungspflichten, Bindungen bzgl. der Verwendung von Warenzeichen des Käufers,[1405] Geheimhaltungspflichten, Verpflichtungen zur Beschaffung von Ausfuhr- und Transportgenehmigungen[1406] oder zur Erledigung sonstiger Formalitäten[1407] sowie Pflichten zur Beibringung von Sicherheiten.[1408] **612**

Darüber hinaus verbietet es allgemein die aus Art. 7 Abs. 1 CISG abgeleitete gegenseitige **Kooperationspflicht,** welche auch in der Versicherungsauskunftspflicht des Art. 32 Abs. 3 **613**

[1394] Bamberger/Roth-*Saenger*, Art. 31 CISG Rdnr. 20.
[1395] MünchKommHGB-*Benicke*, Art. 31 CISG Rdnr. 32; Schlechtriem-*Huber*, Art. 32 CISG Rdnr. 28; *Piltz*, Int. KaufR, § 4 Rdnr. 112.
[1396] Schlechtriem-*Huber*, Art. 31 CISG Rdnr. 87, *Piltz*, Int. KaufR, § 4 Rdnr. 112.
[1397] *Piltz*, Int. KaufR, § 4 Rdnr. 112; Honsell-*Karollus*, Art. 31 CISG Rdnr. 45.
[1398] Schlechtriem-*Huber*, Art. 34 CISG Rdnr. 3.
[1399] Auslegungsregeln im CISG: Art. 7, 8, 9, 18, 19 CISG.
[1400] Zur Bedeutung von Handelsbräuchen im UN-Kaufrecht vgl. Art. 9 CISG.
[1401] Bamberger/Roth-*Saenger*, Art. 30 CISG Rdnr. 5; Soergel-*Lüderitz/Budzikiewicz/Schüßler-Langenheine*, Art. 30 CISG Rdnr. 3.
[1402] Soergel-*Lüderitz/Fenge*, Art. 7 CISG Rdnr. 7; Schlechtriem-*Ferrari*, Art. 7 CISG Rdnr. 27.
[1403] *Piltz*, Int. KaufR, § 4 Rdnr. 109.
[1404] *Piltz*, Int. KaufR, § 4 Rdnr. 114; *Achilles*, Art. 30 CISG Rdnr. 5.
[1405] OLG Frankfurt a.M., NJW 1992, 633; Honsell-*Karollus*, Art. 30 CISG Rdnr. 17.
[1406] Vgl. MünchKomm-*Gruber*, Art. 30 CISG Rdnr. 7; weiter Herber/Czerwenka, Art. 30 CISG Rdnr. 9, die insoweit von einer generellen Nebenpflicht ausgehen.
[1407] Staudinger-*Magnus*, Art. 30 CISG Rdnr. 15; Herber/Czerwenka, Art. 30 CISG Rdnr. 9.
[1408] Honsell-*Karollus*, Art. 30 CISG Rdnr. 17.

CISG Ausdruck findet,[1409] Vertragszwecke des Käufers zu durchkreuzen.[1410] Der Verkäufer hat somit alle Handlungen zu unterlassen, die den Vertragserfolg vereiteln oder gefährden würden.[1411] So darf er beispielsweise nicht durch eigene Werbemaßnahmen den Absatz des Käufers beeinträchtigen.[1412] Des weiteren ist dem CISG, namentlich Art. 45 Abs. 1 Buchst. b CISG, die an sich selbstverständliche Pflicht zu entnehmen, Rechtsgüter des Vertragspartners bei der Vertragsdurchführung nicht zu verletzen.[1413]

614 Für den Fall **aufkommender Leistungsstörungen** finden sich einige Nebenpflichten in den Normen des CISG: Treten auf Seiten des Verkäufers **Leistungshindernisse** auf, so ist er gem. Art. 79 Abs. 4 CISG verpflichtet, diese dem Käufer **mitzuteilen.** Nimmt der Käufer die Ware aufgrund von Störungen auf seiner Seite nicht ab, und kann der Verkäufer noch über die Ware verfügen, so muss er gem. Art. 85 ff. CISG **für deren Erhaltung** sorgen. Dies umfasst auch das Recht und unter bestimmten Voraussetzungen (vgl. Art. 88 CISG) sogar die Pflicht zum Selbsthilfeverkauf.[1414] Eine der aus § 254 BGB abgeleiteten allgemeinen **Schadensminderungspflicht** ähnliche Regelung stellt Art. 77 CISG dar (dazu auch Rdnr. 1127 ff.), wonach eine Partei, die sich auf eine Vertragsverletzung der anderen Partei beruft, zur Minderung des aus dieser Vertragsverletzung entstehenden Schadens verpflichtet ist. Bei einer Verletzung dieser Pflicht kann die vertragsbrüchige Partei eine Minderung des Schadensersatzanspruches in entsprechender Höhe verlangen. Aus Art. 8 Abs. 3, 7 Abs. 1 CISG lassen sich schließlich auch ergänzende Verkäuferpflichten wie z. B. eine **Loyalitätspflicht** gegenüber dem Vertragspartner und auch **nachvertragliche Schutzpflichten** ableiten.[1415] Bei der Anwendung der aus dem deutschen Recht bekannten (Rdnr. 488) **Schutz- und Sorgfaltspflichten** ist indessen aufgrund des Grundsatzes der internationalen Auslegung des Übereinkommens (Art. 7 Abs. 1 CISG) Zurückhaltung geboten.[1416]

[1409] Staudinger-*Magnus*, Art. 32 CISG Rdnr. 24; Soergel-*Lüderitz/Schüßler-Langenheine*, Art. 32 CISG Rdnr. 11.
[1410] Soergel-*Lüderitz/Budzikiewicz/Schüßler-Langenheine*, Art. 30 CISG Rdnr. 3.
[1411] MünchKomm-*Gruber*, Art. 30 CISG Rdnr. 8; Staudinger-*Magnus*, Art. 30 CISG Rdnr. 16.
[1412] BGH, NJW 1997, 3304 f.; BGH, NJW 1997, 3309 f. (Benetton I u. II).
[1413] MünchKomm-*Gruber*, Art. 30 CISG Rdnr. 8; Staudinger-*Magnus*, Art. 30 CISG Rdnr. 17.
[1414] *Piltz*, Int. KaufR, § 4 Rdnr. 266.
[1415] Näher Honsell-*Karollus*, Art. 30 CISG Rdnr. 19; MünchKomm-*Gruber*, Art. 30 CISG Rdnr. 10.
[1416] Honsell-*Karollus*, Art. 30 CISG Rdnr. 18.

5. Kapitel. Die Rechte des Käufers bei Pflichtverletzungen des Verkäufers

A. Rechte des Käufers nach BGB

Im Kaufrecht sind durch das Gesetz zur Modernisierung des Schuldrechts insbesondere die Vorschriften, die die Rechte und Ansprüche des Käufers bei einem Verstoß des Verkäufers gegen seine vertraglichen Pflichten regeln, grundlegend überarbeitet worden. Das bis zum 31.12.2001 geltende Recht war geprägt von einem Nebeneinander zwischen Regelungen über die Haftung des Verkäufers für Nichterfüllung und einem Gewährleistungsrecht, das die Rechte des Käufers gegen den Verkäufer bei Lieferung einer mangelhaften Sache regelte. Erstere (Rechtsmängelhaftung) ergaben sich über § 440 Abs. 1 BGB a. F. aus den Bestimmungen des allgemeinen Leistungsstörungsrechts, für letztere sah das Kaufrecht besondere Gewährleistungsbestimmungen in den §§ 459 ff. BGB a. F. vor. Das Verhältnis zwischen diesen beiden Regelungsbereichen war indes in der Vergangenheit weithin ungeklärt und hatte in der Praxis zu einer Fülle von Zweifelsfragen und nicht überzeugenden Ergebnissen geführt. Erinnert sei an dieser Stelle an die in nicht wenigen Fällen kaum zuverlässig zu treffende Unterscheidung zwischen der Lieferung einer anderen als der vertraglich versprochenen Sache (aliud-Lieferung), die zur Anwendbarkeit des allgemeinen Leistungsstörungsrechts führte, und der Lieferung einer mangelhaften Sache (peius-Lieferung) mit Anwendung des kaufrechtlichen Gewährleistungsrechts oder an die Abgrenzung der Schadensersatzansprüche aus §§ 463, 480 Abs. 2 BGB a. F. von den Schadensersatzansprüchen aus positiver Vertragsverletzung, die bekanntlich anhand der immer wieder problematischen Begriffe „Mangelschaden" und „Mangelfolgeschaden" getroffen wurde. In der Beseitigung des Nebeneinanders dieser beiden Regelungsbereiche lag eines der wesentlichen Anliegen des Gesetzes zur Modernisierung des Schuldrechts. Ziel des Gesetzes war es, dass sich auch beim Kaufvertrag die Rechte des Käufers bei jedweder Pflichtverletzung des Verkäufers aus den **Regelungen des allgemeinen Schuldrechts über Leistungsstörungen** ergeben. Ganz konnte der Gesetzgeber dabei auf Sonderregelungen **im Kaufrecht** nicht verzichten, wie noch darzustellen sein wird. Diese verstehen sich aber stets nur als **Ergänzung und Modifikation** der schon nach allgemeinem Leistungsstörungsrecht bestehenden Rechte des Käufers in Einzelheiten. Dies ist zum Verständnis der Neukonzeption des Kaufrechts und bei der Anwendung des neuen Rechts von besonderer Bedeutung. Die Sonderregelungen gelten bei Lieferung einer mangelhaften Sache (dazu Rdnr. 328 ff.), wobei diese Bestimmungen beim Kauf von Rechten und sonstigen Gegenständen gem. § 435 Abs. 1 BGB entsprechende Anwendung finden (dazu Rdnr. 450 ff.). Die Rechte des Käufers bei sonstigen Pflichtverletzungen des Verkäufers sind nach dem allgemeinen Leistungsstörungsrecht zu beurteilen (siehe Rdnr. 909 ff.).

615

I. Rechte bei Lieferung einer mangelhaften Sache

1. Überblick

Die Lieferung einer mangelfreien Sache gehört wegen der ausdrücklichen Regelung in § 433 Abs. 1 S. 2 BGB sowohl beim Gattungs- als auch beim Stückkauf zu den vertraglichen Pflichten des Verkäufers (siehe ausführlich Rdnr. 328 ff.). **§ 437 BGB** knüpft daran an und enthält eine **Aufzählung der Rechte, die dem Käufer** gegen den Verkäufer **zustehen,** wenn letzterer diese Verpflichtung nicht erfüllt. Die Vorschrift enthält lediglich als eine Art „Lesehilfe" des Gesetzgebers Verweise auf die Bestimmungen, denen die Rechtsfolgen

616

mangelhafter Erfüllung zu entnehmen sind. Sie stellt daher keine eigene Anspruchsgrundlage dar.

617 Wenn § 437 BGB eingangs eine mangelhafte Sache nennt, so ist damit auf die §§ 434 und 435 BGB (Sach- und Rechtsmangel) Bezug genommen. Der Mangelbegriff wurde bereits dargestellt (Rdnr. 328 ff.). Dabei ist in § 437 BGB ebenso wie an anderer Stelle des Gesetzes (vor allem in § 438 BGB) zu beachten, dass das Gesetz dort, wo nur von einem „Mangel" oder einer „mangelhaften" Sache die Rede ist, hierunter stets sowohl **Sach-** als auch **Rechtsmängel** versteht. Beide Mangelarten sollen, wenn auch in § 434 und in § 435 BGB gesondert umschrieben, bei den Rechtsfolgen möglichst **weitgehend gleich behandelt** werden. Die folgenden Ausführungen zu den Rechten des Käufers, die in § 437 BGB aufgezählt sind, betreffen also Rechts- und Sachmängel gleichermaßen.

618 **Maßgeblicher Zeitpunkt** für die Beurteilung der Mangelhaftigkeit oder -freiheit einer Sache ist der **Gefahrübergang** (vgl. § 434 Abs. 1 S. 1 BGB für den Sachmangel; dazu Rdnr. 404 ff.).[1] Für den Rechtsmangel kann nichts anderes gelten. Die nachfolgenden Ausführungen, die sich mit den Mängelansprüchen des Käufers befassen, betreffen also nur den Fall, dass die Sache bei Gefahrübergang einen Mangel aufweist. **Vor diesem Zeitpunkt**[2] **gelten die allgemeinen Vorschriften** insbesondere des allgemeinen Leistungsstörungs- und Verjährungsrechts ohne die in den §§ 437 ff. BGB geregelten Besonderheiten. Wegen der Neukonzeption des Kaufrechts, das auch die Mängelrechte des Käufers mit nur relativ geringen kaufrechtlichen Besonderheiten weitgehend den allgemeinen Regeln unterstellt, sind die Auswirkungen aber begrenzt. Abweichungen ergeben sich insbesondere hinsichtlich der Verjährung, da § 438 BGB besondere Fristen für die Verjährung der Mängelansprüche des Käufers regelt. Diese die Lieferung einer mangelhaften Sache voraussetzende Vorschrift kann mithin erst nach Gefahrübergang angewandt werden. Für die Zeit davor gilt: Bemerkt der Käufer vor Gefahrübergang, dass die vom Verkäufer zur Lieferung vorgesehene Sache nicht der vertraglichen Beschaffenheit entspricht, so kann er die Annahme ablehnen. Damit gerät er nicht in Annahmeverzug, weil ihm die Leistung (Kaufsache) nicht so angeboten wird, wie sie zu bewirken ist (§§ 294, 433 Abs. 1 S. 2 BGB). Der Käufer kann dann gegen den Verkäufer nach den allgemeinen Vorschriften vorgehen, also unter den Voraussetzungen des § 323 BGB vom Vertrag zurücktreten und nach den §§ 280, 281 BGB Schadensersatz verlangen. Diese Ansprüche verjähren in der regelmäßigen Frist des § 195 BGB mit dem Verjährungsbeginn des § 199 BGB, hinsichtlich des Rücktritts in Verbindung mit § 218 BGB.

619 **An erster Stelle** nennt § 437 Nr. 1 BGB das Recht des Käufers, gemäß § 439 BGB **Nacherfüllung** zu verlangen. Dieser Anspruch dient dazu, die Kaufsache durch nachträgliche Handlungen des Verkäufers in den vertraglich geschuldeten Zustand zu versetzen. Die nähere inhaltliche Ausgestaltung dieses Anspruchs regelt § 439 BGB. Nach § 439 Abs. 1 BGB stehen dem Käufer zwei auf Nacherfüllung gerichtete Arten dieses Anspruchs zur Wahl, gerichtet zum einen auf die Beseitigung des Mangels **(Nachbesserung)**, zum anderen auf die Lieferung einer anderen mangelfreien Sache **(Nachlieferung)**. Näheres zu dem Nacherfüllungsanspruch ist weiter unten dargestellt (Rdnr. 623 ff.).

620 **An zweiter Stelle** ist in § 437 Nr. 2 BGB der **Rücktritt des Käufers vom Kaufvertrag** gemäß § 323 und § 326 Abs. 5 BGB erwähnt. Die Voraussetzungen des Rücktritts ergeben sich, dem bereits angesprochenen Zweck der Verweisungsnorm des § 437 BGB entsprechend, aus den in Bezug genommenen Vorschriften. § 323 BGB regelt dabei die Rücktrittsvoraussetzungen bei möglicher Nacherfüllung, da er eine „fällige Leistung" voraussetzt. Voraussetzung ist insbesondere, dass der Käufer dem Verkäufer erfolglos unter Fristsetzung eine

---

[1] Vgl. eingehend MünchKomm-*Westermann*, § 437 Rdnr. 6.
[2] MünchKomm-*Westermann*, § 437 Rdnr. 6 m.w. Nachw., auch zu Recht gegen die Ansicht, die auf die Annahme als Erfüllung abstellen möchte; so Bamberger/Roth-*Faust*, § 437 Rdnr. 6; *Reinicke/Tiedtke*, KaufR, Rdnr. 399.

Gelegenheit zur Nacherfüllung eingeräumt hat. Aus diesem Erfordernis folgt die **Nachrangigkeit** des Rücktritts **gegenüber dem Nacherfüllungsanspruch** aus § 437 Nr. 1, § 439 BGB. Da eine Fristsetzung dann sinnlos ist, wenn dem Verkäufer die Nacherfüllung unmöglich ist, sieht der ebenfalls in § 437 Nr. 2 BGB genannte § 326 Abs. 5 BGB den Rücktritt ohne Fristsetzung vor. Nähere Einzelheiten zum Rücktrittsrecht des Käufers sind unten (Rdnr. 681 ff.) dargestellt.

§ 437 Nr. 2 BGB räumt dem Käufer sodann als weiteres, **alternativ zum Rücktritt** bestehendes Gestaltungsrecht das Recht ein, unter Aufrechterhaltung des Kaufvertrags im Übrigen den Kaufpreis nach den näher in § 441 BGB bestimmten Maßgaben zu **mindern** (dazu Rdnr. 759 ff.). 621

Schließlich nimmt § 437 Nr. 3 BGB auch für die Lieferung einer mangelhaften Sache die Vorschriften des allgemeinen Leistungsstörungsrechts in Bezug, die dort in allgemeiner Form den **Schadensersatzanspruch** des Gläubigers (Käufers) bei Schlechtleistung des Schuldners (Verkäufers) regeln. Das ist insbesondere als neue zentrale Vorschrift des allgemeinen Schadensersatzrechts § 280 BGB, ergänzt durch die §§ 281 und 283 BGB für den Schadensersatz **statt der Leistung**. Die Voraussetzungen für letzteren entsprechen im wesentlichen den Rücktrittsvoraussetzungen. Aus dem Erfordernis einer Fristsetzung gemäß § 281 Abs. 1 S. 1 BGB folgt auch insoweit der Vorrang der Nacherfüllung. Schadensersatz, der nicht statt, sondern **neben der Leistung** verlangt wird, kann dagegen gemäß § 280 BGB ohne Fristsetzung auch neben dem Nacherfüllungsanspruch geltend gemacht werden. § 311 a BGB, der ebenfalls in § 437 Nr. 3 BGB erwähnt ist, betrifft den Sonderfall einer anfänglich unmöglichen Nacherfüllung. § 284 BGB regelt den **Ersatz vergeblicher Aufwendungen.** Andere Vorschriften des Schadensersatzrechts, wie etwa § 282 BGB, können unter den in ihnen genannten Voraussetzungen ohne Zweifel ebenfalls Rechte des Käufers begründen. Sie sind in § 437 Nr. 3 BGB allerdings deshalb nicht genannt, weil sie an andere Umstände anknüpfen als an die Lieferung einer mangelhaften Sache.[3] 622

Näheres hierzu ist unten (Rdnr. 771 ff.) ausgeführt. 622a

2. Nacherfüllung

a) Bedeutung und Wahlrecht. Nach § 433 Abs. 1 S. 2 BGB hat der Verkäufer dem Käufer die Sache frei von Sach- und Rechtsmängeln zu verschaffen. Liefert der Verkäufer entgegen dieser Verpflichtung eine mangelhafte Sache, so hat er seine Verpflichtungen aus dem Kaufvertrag noch nicht vollständig erfüllt, der Käufer behält in diesem Fall seinen **ursprünglichen Erfüllungsanspruch.** Das Gesetz bezeichnet diesen auf die vollständige Erbringung der vertraglichen Leistung gerichteten Erfüllungsanspruch des Käufers nach dem ersten, wegen der Mangelhaftigkeit der Sache nicht vollständig erfolgreichen Erfüllungsversuch des Verkäufers als „Nacherfüllungsanspruch".[4] Der maßgebliche Zeitpunkt, ab dem dieser Anspruch derart zu bezeichnen ist, ist der Gefahrübergang, auf den § 434 Abs. 1 S. 1 BGB abstellt.[5] Aus dem Charakter des Nacherfüllungsanspruchs als Erfüllungsanspruch folgt bereits, dass dieser Anspruch nicht von einem Vertretenmüssen des Verkäufers abhängt. Er steht dem Käufer ferner unabhängig davon zu, ob ein Stück- oder Gattungskauf oder ein Sach- oder Rechtsmangel vorliegt.[6] Inhaltlich näher ausgestaltet ist der Anspruch in § 439 BGB, auf den § 437 Nr. 1 BGB bei den Rechten des Käufers an erster Stelle verweist. 623

Diesen Nacherfüllungsanspruch gibt es in zwei Formen, nämlich zum einen als **Nachbesserungsanspruch** (§ 439 Abs. 1 Alt. 1 BGB) und zum anderen als **Nachlieferungs-** 624

---

[3] Die Verweisung ist deshalb auch nicht „lückenhaft", wie Bamberger/Roth-*Faust*, § 437 vor Rdnr. 1 meint.
[4] Dazu *Huber*, NJW 2002, 1004 ff.
[5] *Reinking/Eggert*, Autokauf, Rdnr. 647.
[6] Das ist für den Nachlieferungsanspruch beim Stückkauf zu Unrecht in Zweifel gezogen worden; näher hierzu Rdnr. 635.

anspruch (§ 439 Abs. 1 Alt. 2 BGB). Zwischen beiden Ansprüchen hat nach der ausdrücklichen gesetzlichen Regelung in § 439 Abs. 1 BGB der **Käufer** ein **Wahlrecht**.[7] Der Verkäufer kann allerdings ggf. Gegenrechte, vor allem bei Unverhältnismäßigkeit der vom Käufer gewählten Art der Nacherfüllung, geltend machen.

625 Der Käufer ist mit der Ausübung des Wahlrechts **nicht** an seine **Wahl gebunden.**[8] Die Beantwortung dieser umstrittenen Frage hängt damit zusammen, ob man das Wahlrecht des Käufers als **Wahlschuld** im Sinne des § 262 BGB ansieht oder einen Fall sog. **elektiver Konkurrenz**[9] annimmt. In ersterem Fall gälte die vom Käufer gewählte Art der Nacherfüllung gemäß § 263 Abs. 2 BGB als die von Anfang an allein geschuldete. Das entspräche aber nicht den schutzwürdigen Interessen des Käufers und dem Gesetzeszweck, wie er in § 439 Abs. 3 BGB zum Ausdruck kommt. Nach dessen Satz 3 beschränkt sich der Nacherfüllungsanspruch des Käufers auf die zunächst nicht gewählte Art der Nacherfüllung, wenn der Verkäufer von seiner Einrede aus § 439 Abs. 3 S. 1 BGB Gebrauch macht (dazu näher Rdnr. 655). Das setzt die Überlegung voraus, dass sich der Inhalt des Schuldverhältnisses nicht bereits mit der Ausübung der (ersten) Wahl des Käufers auf die damit bestimmte Variante der Nacherfüllung beschränkt, sondern die nicht gewählte Art der Nacherfüllung vielmehr wieder aufleben kann. Letzteres kann sich naturgemäß immer erst nach der Wahl des Käufers für eine bestimmte Art der Nacherfüllung ergeben, weil erst bezogen hierauf die Voraussetzungen der Einrede des § 439 Abs. 3 BGB geprüft werden können und festgestellt werden kann, ob der Verkäufer sich auf die Einrede beruft. Beispielsweise zeigen die Fälle, in denen die Voraussetzungen der Einrede zwar vorliegen mögen, aber unklar ist, ob der Verkäufer sich darauf berufen will, dass es dem Käufer möglich sein muss, die Ungewissheit bei der weiteren Abwicklung des Kaufvertrages durch eine Änderung seiner ursprünglichen Wahl, dem Verkäufer gleichsam zuvor kommen, zu beseitigen. Dies weicht von den Regelungen ab, die § 265 BGB für die Unmöglichkeit bei der Wahlschuld vorsieht. Der Käufer kann auf die **Ausübung des Wahlrechts** auch **verzichten** und sie dem Verkäufer überlassen.[10]

626 Nicht ausdrücklich gesetzlich geregelt ist, wer innerhalb der vom Käufer gewählten Art der Nacherfüllung die Wahl zwischen möglicherweise bestehenden verschiedenen **Ausführungsvarianten** hat. So mag etwa die Nachbesserung bei einem defekten Teil des Motors in einem gekauften PKW durch Austausch einer ganzen bestimmten Einheit (Lichtmaschine z. B.) oder durch deren Reparatur denkbar sein. Sind beide Möglichkeiten gleichermaßen geeignet, den vertraglich geschuldeten Erfolg herbeizuführen, so steht das Wahlrecht insoweit dem Verkäufer zu.[11] Er ist sachnäher und muss eigenständig beurteilen können, auf welche Weise er der vom Käufer gewählten Art der Nacherfüllung nachkommt. Der Käufer hat insoweit allein ein Interesse an dem Erfolg der von ihm gewählten Nacherfüllung.

627 Der **Nacherfüllungsanspruch** ist – anders als der Rücktritt, die Minderung und der Anspruch auf Schadensersatz statt der Leistung – **nicht** von einer **Fristsetzung** durch den Käufer abhängig.[12] Daraus folgt, dass der Käufer nicht sämtliche Rechte, die aus der Lieferung einer mangelhaften Sache folgen, von vornherein nebeneinander zur Wahl hat. Die Konzeption des Gesetzes sieht vielmehr vor, dass dem Verkäufer primär eine zweite Gelegenheit eingeräumt werden muss, den vertraglich geschuldeten Erfolg (Übergabe und

---

[7] Zu diesem Wahlrecht näher *Schroeter*, NJW 2006, 1761 ff.
[8] *Reinicke/Tiedtke*, KaufR, Rdnr. 413; Bamberger/Roth-*Faust*, § 439 BGB Rdnr. 9; a. A. Amann/Brambring/Hertel-*Brambring*, Vertragspraxis, S. 158.
[9] Dazu näher und m.w.N. *Reinicke/Tiedtke*, KaufR, Rdnr. 412; *Schroeter*, NJW 2006, 1761 ff.
[10] *Reinking/Eggert*, Autokauf, Rdnr. 677 f.
[11] Ebenso OLG Düsseldorf, Urteil vom 22.1.2007-I-1 U 149/06 (juris); *Huber*, NJW 2002, 1004, 1006; *Reinking/Eggert*, Autokauf, Rdnr. 237; *Reinicke/Tiedtke*, KaufR, Rdnr. 671 ff.; a. A. Dauner-Lieb/Konzen/Schmidt-*Jacobs*, Neues Schuldrecht, S. 377: Analogie zu § 439 BGB.
[12] Unrichtig insoweit Westermann-*Buck*, SchuldR, S. 123.

A. Rechte des Käufers nach BGB

Übereignung einer mangelfreien Sache) doch noch zu erreichen, bevor der Käufer Rechte geltend machen kann, die dazu führen, dass der Vertrag nicht mehr in dem ursprünglich vereinbarten Umfang durchgeführt wird. Die Frist, die die §§ 323 und 281 BGB vorsehen, wird gerade „zur Nacherfüllung" gesetzt, wie auch im Wortlaut des § 281 Abs. 1 S. 1 a. E. BGB und des § 323 Abs. 1 BGB zum Ausdruck kommt. Das hat die **Vorrangigkeit des Nacherfüllungsanspruchs** zur Folge, auch ohne dass dies ausdrücklich in § 439 Abs. 1 BGB ausgesprochen ist.

Nicht einheitlich beantwortet wurde bislang die Frage, wo sich der **Erfüllungsort der Nacherfüllungsverpflichtung** befindet. Das ist von Bedeutung für die Frage, mit welchen Handlungen Käufer und Verkäufer zur Durchführung der Nacherfüllung beizutragen haben. So stellt sich nämlich häufig die Frage, ob der Verkäufer sich zur Durchführung einer Reparatur zum Käufer begeben bzw. die nachzuliefernde Ersatzsache dort anliefern muss oder ob umgekehrt der Käufer die Kaufsache dem Verkäufer zur Reparatur oder zum Umtausch bringen muss. Dass grundsätzlich der Verkäufer die Kosten – auch für einen vom Käufer vorzunehmenden Transport – zu tragen hat, folgt aus § 439 Abs. 2 BGB. Gleichwohl ist die Frage des Erfüllungsorts nicht ohne Belang, weil der Käufer vor der Geltendmachung von Sekundärrechten dem Verkäufer die Gelegenheit zur Nacherfüllung so gewähren muss, wie sie vom Verkäufer geschuldet wird. So mag die Wirksamkeit eines Rücktritts daran scheitern, dass der Käufer zuvor nicht – wie von ihm geschuldet – die Sache dem Verkäufer zur Vornahme der Nacherfüllung gebracht, sondern letzteren nur unter Fristsetzung dazu aufgefordert hat, die Sache bei ihm – dem Käufer – abzuholen[13].

Der Erfüllungsort für den Nacherfüllungsanspruch ist im Kaufrecht nicht speziell geregelt und auch den Bestimmungen über den Nacherfüllungsanspruch und die Kostentragungspflicht nicht zu entnehmen, wie der Bundesgerichtshof inzwischen gegen einige Stimmen in der Literatur[14] entschieden hat[15]. Maßgeblich ist deshalb § 269 BGB als die den Erfüllungsort regelnde Vorschrift des allgemeinen Schuldrechts[16]. Nach § 269 Abs. 1 BGB sind in erster Linie die von den Parteien getroffenen **Vereinbarungen** maßgeblich. Fehlen sie, ist auf **die jeweiligen Umstände,** insbesondere auf die Natur des Schuldverhältnisses abzustellen. Lassen sich auch hieraus keine abschließenden Erkenntnisse gewinnen, ist der Erfüllungsort letztlich an dem Ort anzusiedeln, an welchem der Schuldner zur Zeit der Entstehung des Schuldverhältnisses seinen Wohnsitz hatte.

Danach kommt es auch beim Fehlen einer vertraglichen Vereinbarung ganz auf die Umstände des Einzelfalls an. Der Erfüllungsort kann nicht für sämtliche Konstellationen einheitlich bestimmt werden[17]. **In vielen Fällen** wird der Erfüllungsort nach den Umständen des Falles **am Sitz des Verkäufers** anzunehmen sein. Bei Geschäften des täglichen Lebens, etwa beim Kauf im Ladengeschäft, entspricht es der Verkehrsauffassung, dass die Kunden ihre Reklamationen regelmäßig unter Vorlage der mangelhaften Ware am Sitz des Verkäufers vorbringen[18]. Beim Kauf eines Kraftfahrzeuges etwa kann eine geforderte Reparatur ohnehin nur in der Werkstatt des Verkäufers, nicht beim Käufer, erfolgen[19]. Hat der Käufer

---

[13] Fall nach BGHZ 189, 196 = NJW 2011, 2278.
[14] Vgl. etwa den Überblick bei *Reinking*, NJW 2008, 3608 sowie die in der nachfolgenden Fußnote genannte Literatur.
[15] BGHZ 189, 196 = NJW 2011, 2278; zum Problem und zu der Entscheidung *Kaiser*, JZ 2011, 978; *Gsell*, JZ 2011, 988; *Staudinger/Artz*, NJW 2011, 3121; *Augenhofer/Appenzeller*, JuS 2011, 680; *Picker/Nemeczek*, ZGS 2011, 447; *Ludwig*, ZGS 2011, 544; *Eisenberg*, BB 2011, 2634; *Schüßler/Feurer*, MDR 2011, 1077; *Purnhagen*, EuZW 2011, 626; *Wösthoff/Klönne*, EWiR 2011, 487; *Schwenker*, IBR 2011, 731; *Popescu*, BauR 2011, 1734.
[16] BGH a.a.O.
[17] BGH a.a.O.
[18] BGH a.a.O. unter Bezugnahme auf OLG München NJW 2007, 3214; *Reinking*, NJW 2008, 3608.
[19] BGH a.a.O. m.w. Nachw.

631 dagegen die Kaufsache bei sich eingebaut, dann ist regelmäßig anzunehmen, dass etwa auch eine Reparatur nach den Umständen des Schuldverhältnisses beim Käufer zu erfolgen hat.

631 Das ist auch **richtlinienkonform,** weil die Verbrauchsgüterkaufrichtlinie die Frage, wo die Nacherfüllung zu erbringen ist, nicht regelt[20]. Mit Kosten wird der Käufer jedenfalls – unabhängig von der Ausgestaltung seiner Mitwirkungspflichten – nicht belastet. Erfordert die Nacherfüllung nämlich, dass der Käufer die Kaufsache zum Verkäufer bringt oder versendet, fallen die Transport- oder Versandkosten zwar beim Käufer an. Er kann jedoch gemäß § 439 Abs. 2 BGB vom Verkäufer Erstattung, ggf. auch einen Vorschuss verlangen. Im Übrigen ist nach dieser Rechtsprechung des Bundesgerichtshofs die Unannehmlichkeit, die jede Transportleistung für den Käufer zwangsläufig bedeutet, bei der Frage mit zu berücksichtigen, ob die Umstände des Vertrages dazu führen, den Erfüllungsort beim Käufer anzunehmen. Die im Hinblick auf Art. 3 Abs. 3 der Verbrauchsgüterkaufrichtlinie zu stellende Frage, ob die Durchführung des Transports oder dessen Organisation erhebliche Unannehmlichkeiten für den Verbraucher mit sich bringen, ist nämlich im Rahmen einer richtlinienkonformen Auslegung bei der Anwendung des § 269 Abs. 1 BGB zu berücksichtigen. Sie können dazu führen, den Erfüllungsort nach den Umständen des Vertrages beim Käufer anzusiedeln.

632 b) **Nachbesserung.** Eine Art der Nacherfüllung ist die Nachbesserung, in § 439 Abs. 1 BGB „**Beseitigung des Mangels**" genannt. Einen derartigen Nachbesserungsanspruch kannte das Bürgerliche Gesetzbuch in seiner bisherigen Fassung im Kaufrecht nicht. Er war aber der Praxis auch bislang schon geläufig, weil in Allgemeinen Geschäftsbedingungen häufig als primäres Recht des Käufers vorgesehen. Die bisherige Rechtsprechung und Literatur zu Einzelfragen zum Inhalt dieses Anspruchs bleibt deshalb auch unter der Neuregelung im wesentlichen verwertbar. Freilich ist der Nachbesserungsanspruch nun ausdrücklich im Kaufrecht geregelt, so dass sich eine entsprechende Anwendung werkvertraglicher Regelungen weitgehend verbietet, wie es zu der bisherigen Rechtslage vertreten wurde.[21]

633 Der Käufer ist lediglich verpflichtet, den Mangel, den er gegenüber dem Verkäufer geltend machen will, seinen Erkenntnismöglichkeiten entsprechend hinreichend **nachvollziehbar zu benennen.**[22] Eine **Untersuchungspflicht** trifft ihn aber **nicht.** Der Verkäufer hat dann – wie bereits ausgeführt (Rdnr. 626) – die Wahl, auf welche Weise er die Nachbesserung durchführt – also zum Beispiel durch Reparatur oder Austausch eines defekten Teils. Auf eine bestimmte Art der Nachbesserung hat der Käufer regelmäßig keinen Anspruch.[23] Allerdings kann nur dann von einer erfolgreichen Nachbesserung gesprochen werden, wenn als deren Ergebnis die Sache insgesamt die **vertraglich geschuldete Beschaffenheit** hat. Verwendet also beispielsweise der Verkäufer eines PKW für dessen Reparatur Ersatzteile, so hat der Käufer zwar keinen generellen Anspruch auf die Verwendung von Neuteilen[24]. Allerdings dürfen diese hinsichtlich ihres Alters und des Grades ihres Verschleißes von den entnommenen Teilen nicht zum Nachteil des Käufers abweichen. Bei einer neuen Sache stellt eine Reparatur unter Verwendung gebrauchter Ersatzteile regelmäßig keine ordnungsgemäße Nachbesserung dar.[25]

634 Liegt der den Nachbesserungsanspruch begründende Mangel in einem **Mangel der Montageanleitung** (§ 434 Abs. 2 S. 2 BGB), so wird gelegentlich die Frage aufgeworfen, was der Käufer im Wege der Nachbesserung verlangen kann. Die Antwort ist einfach, wenn man sich vor Augen führt, was Nachbesserung bedeutet. Im Wege der Nachbesserung hat der Verkäufer nämlich grundsätzlich sämtliche Arbeiten vorzunehmen, die erforderlich

---

[20] Vgl. im einzelnen BGH a.a.O.
[21] BGH, NJW 1991, 1882.
[22] Vgl. *Reinking/Eggert*, Autokauf, Rdnr. 688 ff.; vgl. auch OLG München, MDR 2006, 1338 für den Fall einer unzureichenden Bedienungsanleitung.
[23] OLG Düsseldorf, Urteil vom 22.1.2007-I-1 U 149/06 (juris).
[24] OLG Düsseldorf, a.a.O.
[25] S. zum Neuwagenkauf näher *Reinking/Eggert*, Autokauf, Rdnr. 700, 704: „Original-Ersatzteile".

sind, um die gelieferte Sache in den geschuldeten Zustand zu versetzen. Der Nachbesserungsanspruch ist deshalb zunächst und **in erster Linie** auf die **Lieferung einer mangelfreien Montageanleitung** gerichtet.[26] Der Käufer kann nicht die Montage der Sache selbst verlangen, weil dies nach dem Kaufvertrag nicht geschuldet ist und der Nachbesserungsanspruch nur dem Erreichen der geschuldeten Leistung dient, nicht aber darüber hinaus gehen darf. Die Lieferung einer mangelfreien Montageanleitung kann dem Verkäufer freilich unmöglich sein, zumindest mag eine Einrede nach § 439 Abs. 3 BGB bestehen, wenn es sich nicht um seine eigene Montageanleitung, sondern um eine solche des Herstellers handelt. Das kommt gerade bei technisch komplexeren Geräten in Betracht. Der Verkäufer mag dann nicht in der Lage sein, die vorhandene Montageanleitung des Herstellers durch eine fehlerfreie andere zu ersetzen. Die Neuherstellung einer Montageanleitung kann der Käufer dann von dem Verkäufer, der selbst die fehlerhafte Anleitung nicht erstellt, sondern sich einer Anleitung des Herstellers bedient hatte, nicht ohne weiteres verlangen. Es kommt aber stets auf die Umstände des Einzelfalls an. Gerade bei einfachen Massengütern („Ikea-Regal") kann die Nachbesserung auch darin bestehen, dass der Verkäufer – ohne komplette Neulieferung einer Montageanleitung – **ergänzende Hinweise** zu der erforderlichen, von der fehlerhaften Anleitung abweichenden Montage gibt.

c) Nachlieferung

aa) Inhalt des Nachlieferungsanspruchs. § 439 Abs. 1 BGB nennt als weitere Art der Nacherfüllung die **Lieferung einer mangelfreien Sache** (Nachlieferung). Das entspricht inhaltlich weitgehend dem bisherigen § 480 Abs. 1 S. 1 BGB a. F. Allerdings ist dieser Nachlieferungsanspruch anders als nach bisherigem Recht nicht auf **Gattungskäufe** beschränkt, sondern **auch** beim **Stückkauf** gegeben. Die Frage ist insbesondere in der Literatur ausführlich erörtert worden.[27] Inzwischen liegt auch eine Entscheidung des BGH dazu vor.[28] Danach ist die Nacherfüllung durch Lieferung einer anderen, mangelfreien Sache nicht von vorneherein bereits deshalb ausgeschlossen, weil Gegenstand des Kaufvertrags ein Stückkauf ist.[29] Eine Nachlieferung kommt nämlich nicht selten auch bei einem Stückkauf in Betracht, so zum Beispiel dann, wenn zwar ein bestimmter, bei dem Händler im Schaufenster stehender Neuwagen verkauft wird, der aber weiter in Serie hergestellt wird, oder auch bei Kaufverträgen in einem Selbstbedienungsladen bzw. Kaufhaus, wo der Kaufvertrag durch Erklärungen an der Kasse über die zuvor vom Käufer ausgewählte Sache als Stückkauf zustande kommt. Auch in diesen Fällen ist eine Nachlieferung in aller Regel **möglich** und sinnvoll. Zum Teil wird dies abgelehnt und darauf verwiesen, dass für die Frage eines Nachlieferungsanspruchs beim Stückkauf maßgeblich sei, was die Parteien vereinbart hätten, weil das, was ni cht vereinbart sei, auch nicht Gegenstand des Nachlieferungsanspruches sein könne, der inhaltlich nichts anderes als der Primäranspruch sei.[30] Daran ist die zuletzt genannte Aussage sicher richtig. Es ist aber zu berücksichtigen, dass das Gesetz den Nachlieferungsanspruch an keiner Stelle davon abhängig macht, dass ein Gattungskauf vorliegt.[31] Im Gegenteil ergibt sich aus der Begründung des Gesetzentwurfs, dass zwischen **Stück- und Gattungs-**

635

---

[26] Ist die zu montierende Sache bereits von dem Käufer fehlerhaft montiert worden, so schuldet der Verkäufer im Rahmen der Nachbesserung zusätzlich zur Übergabe der korrekten Montageanleitung auch die Demontage, jedenfalls soweit der Mangel betroffen ist, weil nur auf diese Weise der vertraglich geschuldete Zustand hergestellt werden kann – eine zu montierende Sache mit korrekter Montageanleitung.
[27] Eingehend etwa *Reinicke/Tiedtke*, KaufR, Rdnr. 420 ff. mit ausführlichen Nachw.
[28] BGH, NJW 2006, 2839; zust. *Lorenz*, NJW 2007, 1, 4.
[29] So zuvor in der Rechtsprechung bereits LG Ellwangen, NJW 2003, 517; OLG Braunschweig, NJW 2003, 1053.
[30] *Huber*, NJW 2002, 1004, 1006; *Huber/Faust*, Schuldrechtsmodernisierung, 13. Kap. Rdnr. 20 m.w.N.
[31] BGH, NJW 2006, 2839, 2841.

kauf auch bei der Nacherfüllung **nicht** mehr **unterschieden** werden soll.[32] Auch die Verbrauchsgüterkaufrichtlinie, deren Umsetzung die Neuregelung des Kaufrechts dient, enthält keine Ansätze zu einer entsprechenden Unterscheidung.

636 Wesentlicher Grundgedanke des Gesetzes ist, dass über den Nachlieferungsanspruch der **Durchführung des Vertrags** Vorrang vor seiner „Liquidierung" eingeräumt werden soll. Gerade dann ist aber regelmäßig auch beim Stückkauf ein Nachlieferungsanspruch möglich.[33] Erwirbt der Käufer einen bestimmten, beim KfZ-Händler vorrätigen Neuwagen aus laufender Modellreihe mit bestimmten Ausstattungsmerkmalen, so widerspricht es dem Vertragswillen der Parteien nicht, wenn der im Rahmen dieses Stückkaufs veräußerte, mangelhafte Wagen durch einen identischen anderen, mangelfreien Wagen ersetzt wird. Es dient geradezu der erfolgreichen Durchführung des Vertrages, wenn der Verkäufer dem Käufer einen Ersatzwagen mit genau denselben Ausstattungsmerkmalen liefert. Die Unterscheidung zwischen Stück- und Gattungskauf spielt für die Frage eines Nachlieferungsanspruchs keine Rolle mehr. Es kann nur noch darum gehen, ob die **Nachlieferung möglich** ist.[34] Ob eine Ersatzlieferung danach in Betracht kommt, ist nach dem durch Auslegung zu ermittelnden Willen der Vertragsparteien bei Vertragsschluss zu beurteilen.[35] Möglich ist die Ersatzlieferung nach der Vorstellung der Parteien auch beim Stückkauf dann, wenn die Kaufsache im Falle ihrer Mangelhaftigkeit durch eine gleichartige und gleichwertige ersetzt werden kann.[36] Ist Gegenstand des Kaufs eine **gebrauchte Sache**, wird dies regelmäßig zu verneinen sein.[37]

637 Nicht selten wird die gekaufte Sache vom Käufer **bestimmungsgemäß weiter verarbeitet**. Als Beispiel mag hier der Fall dienen, dass der Käufer im Baustoffhandel Fliesen kauft und sie durch einen Dritten in seinem Haus verlegen lässt. Stellen die Fliesen sich später als mangelhaft heraus und kommt eine Nachbesserung als unmöglich nicht in Betracht, erhebt sich die Frage, wie weit der Nachlieferungsanspruch des Käufers reicht. Diesen Fall hatte der Europäische Gerichtshof auf eine Vorlage des Bundesgerichtshofs zu entscheiden.[38] Dieser Entscheidung zufolge ist Artikel 3 Abs. 2 und 3 der Verbrauchsgüterkaufrichtlinie dahin auszulegen, dass, wenn der vertragsgemäße Zustand eines vertragswidrigen Verbrauchsguts, das vor Auftreten des Mangels vom Verbraucher gutgläubig gemäß seiner Art und seinem Verwendungszweck eingebaut wurde, durch Ersatzlieferung hergestellt wird, der Verkäufer verpflichtet ist, entweder selbst den Ausbau dieses Verbrauchsguts aus der Sache, in die es eingebaut wurde, vorzunehmen und das als Ersatz gelieferte Verbrauchsgut in diese Sache einzubauen, oder die Kosten zu tragen, die für diesen Ausbau und den Einbau des als Ersatz gelieferten Verbrauchsguts notwendig sind. Der Europäische Gerichtshof weist ausdrücklich darauf hin, dass diese Verpflichtung des Verkäufers nicht voraussetze, dass er sich im Kaufvertrag verpflichtet habe, die Kaufsache einzubauen. Diesen Grundsätzen folgend hat der Bundesgerichtshof § 439 Abs. 1 Alt. 2 BGB richtlinienkonform dahin ausgelegt, dass der Nachlieferungsanspruch auch den Ausbau und den Abtransport der mangelhaften

---

[32] Z. B. BT-Drucks. 14/6040, S. 230; vgl. insbesondere S. 89: „Ihm [dem Käufer] geht es vor allem darum, eine mangelfreie Sache zu erhalten. Dieses Interesse kann in den meisten Fällen – auch beim Stückkauf – durch Nachbesserung oder Lieferung einer anderen gleichartigen Sache befriedigt werden."

[33] So auch LG Ellwangen, NJW 2003, 517, das zutreffend darauf abstellt, ob mit der Nachlieferung das Leistungsinteresse des Gläubigers – Käufers – befriedigt wird. Die gelegentlich anzutreffende Feststellung, dass bei einer Stückschuld eine Nacherfüllung durch Nachlieferung nicht in Frage komme, ist deshalb in dieser Allgemeinheit nicht zutreffend, s. etwa Westermann-*Buck*, SchuldR, S. 125.

[34] BGH, NJW 2006, 2839, 2841.

[35] BGH, NJW 2006, 2839, 2841.

[36] BGH, NJW 2006, 2839, 2841; der Nachlieferungsanspruch beim Stückkauf ist entgegen *Huber*, NJW 2002, 1004, 1006 nicht auf die Fälle des „Identitäts-Aliud" beschränkt.

[37] Vgl. auch die Entwurfsbegründung in BT-Drucks. 14/6040, S. 232.

[38] NJW 2011, 2269.

Kaufsache erfasse.³⁹ In diesen Fällen wird sich sodann häufig die Frage stellen, unter welchen Voraussetzungen der Verkäufer wegen der ihm entstehenden Kosten die so umfassend verstandene Nachlieferung verweigern kann.⁴⁰ Diesen umfassenden Inhalt hat der Nachlieferungsanspruch als Folge richtlinienkonformer Auslegung allerdings nur beim Verbrauchsgüterkaufvertrag. Bei anderen Verträgen umfasst die Nachlieferung weder den Ausbau der mangelhaften noch den Einbau der als Ersatz gelieferten Sache.⁴¹

bb) Rückgewähr der mangelhaften Sache und Nutzungsersatz. Liefert der Verkäufer zum Zwecke der Nacherfüllung eine mangelfreie Sache, so muss der Käufer die ihm zuvor gelieferte, **mangelhafte Sache** selbstverständlich dem Verkäufer **zurückgeben**. Das stellt § 439 Abs. 4 BGB klar und bestimmt gleichzeitig, dass sich dieser Anspruch inhaltlich nach den Vorschriften über den Rücktritt vom Vertrag, den §§ 346 bis 348 BGB richtet. Andernfalls könnte nämlich zweifelhaft sein, ob auf diesen Anspruch Bereicherungsrecht anzuwenden ist. **638**

Das hat zur Folge, dass der **Käufer**, dem der Verkäufer eine neue Sache zu liefern und der die zunächst gelieferte fehlerhafte Sache zurückzugeben hat, gemäß § 439 Abs. 4, § 346 Abs. 1 BGB die **Nutzungen**, also gemäß § 100 BGB auch die **Gebrauchsvorteile, herausgeben** muss. Von Bedeutung ist die Nutzungsherausgabe allerdings nur in den Fällen, in denen der Käufer die Sache trotz der Mangelhaftigkeit noch nutzen kann. Das mag aber in der Praxis durchaus in nicht seltenen Fällen, besonders beim Autokauf eine Rolle spielen. Angesichts der inzwischen deutlich verlängerten Frist für die Verjährung der Mängelansprüche kann es vorkommen, dass der Käufer erst nach einer längeren Zeit der Nutzung der Kaufsache mangelbedingte Nachlieferungsansprüche geltend macht. So mag ein Sachmangel zwar von Anfang an vorhanden gewesen sein, aber erst nach längerer Nutzung zu Tage treten. Nicht zuletzt dieser Zusammenhang mit der verlängerten Verjährungsfrist hat den Gesetzgeber bewogen, eine Pflicht zur Nutzungsherausgabe zu bestimmen. **639**

Umstritten war zunächst die Frage, ob diese Regelung mit der **Verbrauchsgüterkaufrichtlinie** vereinbar war. Der Gesetzgeber hatte dies angenommen, die Vorauflage ist dem gefolgt. Inzwischen hat allerdings der Europäische Gerichtshof auf eine Vorlage des Bundesgerichtshofs⁴² hin diese Frage verneint.⁴³ Danach steht Artikel 3 der Verbrauchsgüterkaufrichtlinie einer nationalen Regelung entgegen, die dem Verkäufer, wenn er ein vertragswidriges Verbrauchsgut geliefert hat, gestattet, vom Verbraucher Wertersatz für die Nutzung des vertragswidrigen Verbrauchsguts bis zu dessen Austausch durch ein neues Verbrauchsgut zu verlangen.⁴⁴ Der Europäische Gerichtshof entnimmt der Verbrauchsgüterkaufrichtlinie eine vom Gemeinschaftsgesetzgeber gewollte **Garantie der Unentgeltlichkeit der Nacherfüllung** des Inhalts, dass jede finanzielle Forderung des Verkäufers im Rahmen der Erfüllung seiner Verpflichtung zur Herstellung des vertragsmäßigen Zustands des Verbrauchsguts, auf das sich der Vertrag bezieht, ausgeschlossen ist.⁴⁵ Der Bundesgerichtshof⁴⁶ hat daraufhin § 439 Abs. 4 BGB richtlinienkonform rechtsfortbildend dahin angewandt, dass die dort in Bezug genommenen Vorschriften über den Rücktritt nur für die Rückgewähr der mangelhaften Sache selbst eingreifen, hingegen nicht zu einem Anspruch des Verkäufers auf Herausgabe der gezogenen Nutzungen oder auf Wertersatz für die Nutzung der mangelhaften Sache führen. Er hat allerdings auch ausgeführt, dass es in all den Fällen, in denen kein Ver- **640**

---

³⁹ ZIP 2012, 430; ebenso BGH, NJW 2013, 220; anders noch BGHZ 177, 224 = NJW 2008, 2837.
⁴⁰ Dazu unten Rdnr. 655 ff. im Zusammenhang mit § 439 Abs. 3 BGB.
⁴¹ BGH, NJW 2013, 220.
⁴² NJW 2006, 3200.
⁴³ NJW 2008, 1433.
⁴⁴ Zur Begründung der abweichenden Ansicht vgl. die Vorauflage Rdnr. 595 bis 597.
⁴⁵ A.a.O. Rdnr. 34.
⁴⁶ BGHZ 179, 27 = NJW 2009, 427.

brauchsgüterkauf im Sinne des § 474 Abs. 1 Satz 1 BGB vorliegt, bei der uneingeschränkten Anwendung des § 439 Abs. 4 BGB verbleibe. Ein anderes Ergebnis widerspreche – so der Bundesgerichtshof – dem Wortlaut und dem eindeutig erklärten Willen des Gesetzgebers, dem Verkäufer für den Fall der Ersatzlieferung einen Anspruch auf Herausgabe der vom Käufer gezogenen Nutzungen zuzubilligen.

641 Der Gesetzgeber hat hieraus die Konsequenzen gezogen und nunmehr in § 474 Abs. 2 Satz 1 BGB[47] ausdrücklich eine Anwendung des § 439 Abs. 4 BGB auf Verbrauchsgüterkaufverträge nur mit der Maßgabe vorgesehen, dass Nutzungen nicht herauszugeben oder durch ihren Wert zu ersetzen sind. Damit stellt sich die Frage nach der Richtlinienkonformität des § 439 Abs. 4 BGB nicht mehr. Für andere als Verbrauchsgüterkaufverträge, für die eine Richtlinienbindung des Gesetzgebers nicht besteht, verbleibt es indes bei der uneingeschränkten Anwendung des § 439 Abs. 4 BGB.[48]

642 Im Zusammenhang mit der Rückgabe der mangelhaften Sache wird in der Literatur ein Problem erörtert, das sich aus dem erweiterten Mangelbegriff des § 434 Abs. 3 BGB (siehe Rdnr. 390 ff.) ergeben kann. Danach steht es einem Sachmangel gleich, wenn der Verkäufer eine **andere als die geschuldete** Sache liefert, und zwar selbst dann, wenn das Geleistete höherwertiger als das Geschuldete ist (siehe Rdnr. 395 ff.). Liefert der Verkäufer also statt des geschuldeten Kleinwagens eine Luxuslimousine, so stellt letztere nach dem Gesetzeswortlaut einen mangelhaften Kleinwagen dar, da der Käufer jedenfalls nicht die vereinbarte Leistung erhält. Die weitere Abwicklung des Kaufvertrags ist demnach grundsätzlich dem Mängelrecht unterstellt, so dass dem Käufer die Rechte aus § 437 BGB zustehen. Der Fall mag theoretisch erscheinen und wird mit diesem Extrem in der Praxis kaum anzutreffen sein, obwohl er als Folge eines schlichten Auslieferungsversehens auch nicht völlig undenkbar ist. Der Käufer wird in diesen Fällen aber oft kein Interesse daran haben, „Mängelrechte" geltend zu machen. Der Rückgabeanspruch des Verkäufers aus § 439 Abs. 4 in Verbindung mit § 346 Abs. 1 BGB ist aber an die Erfüllung eines Nachlieferungsanspruchs des Käufers geknüpft. Fraglich ist, ob der Verkäufer die **versehentliche Falschlieferung** zurückbekommen kann, auch wenn der Käufer Mängelrechte nicht geltend macht.[49]

643 Dabei wird selbst in den Extremfällen, wie sie in der Literatur gebildet werden, ein Mangel auch unter dem Aspekt kaum zu verneinen sein, dass die Lieferung des **aliud** für den Käufer ausschließlich vorteilhaft ist. Zwar setzt die Annahme eines Mangels eine dem Käufer nachteilige Abweichung der geleisteten von der geschuldeten Beschaffenheit voraus. Der Nachteil wird bei der Lieferung einer anderen Sache aber unabhängig von den Wertverhältnissen des Einzelfalls in aller Regel allein darin liegen, dass der Käufer die geschuldete Sache nicht bekommt. Es kann somit für das Eingreifen des kaufvertraglichen Gewährleistungsrechts regelmäßig nicht auf einen Vergleich der Werteverhältnisse ankommen (siehe bereits Rdnr. 396)

644 Für die Lösung des vorliegenden Problems kann auf die Begründung des Regierungsentwurfs zurückgegriffen werden. Danach ist Voraussetzung für die Gleichstellung von Falsch- und auch Zuweniglieferungen mit Sachmängeln, dass für den Käufer erkennbar ein **Zusammenhang zwischen Leistung und Verpflichtung** besteht,[50] der Käufer also davon ausgehen muss, dass der Verkäufer mit der Leistung seine Verpflichtung aus dem Kaufvertrag

---

[47] § 474 Abs. 5 Satz 1 BGB in der am 13.6.2014 in Kraft tretenden Fassung des Gesetzes zur Umsetzung der Verbraucherrechte-Richtlinie und zur Änderung des Gesetzes zur Regelung der Wohnungsvermittlung; siehe den Beschluss des Rechtsausschusses, BT-Drucks. 17/13951, S. 42 mit Begründung S. 106.

[48] Vgl. auch Bamberger/Roth-*Faust*, § 439 Rn. 34. Allerdings sah der Regierungsentwurf eines Gesetzes zur Umsetzung der Verbraucherrechte-Richtlinie und zur Änderung des Gesetzes zur Regelung der Wohnungsvermittlung vom 6.3.2013 (BT-Drucks. 17/12637) eine Neufassung des § 474 BGB vor, der diese Regelung zur Anwendbarkeit des § 439 Abs. 4 BGB nicht mehr enthält.

[49] Eingehend *Musielak*, NJW 2003, 89 ff.; *Schulze*, NJW 2003, 1022 f.

[50] BT-Drucks. 14/6040, S. 216.

erfüllen will. Ist dagegen für den Käufer sofort ohne weiteres erkennbar, dass es sich um eine versehentlich an ihn gerichtete Lieferung handelt, so kann diese Lieferung nicht als Erfüllung angesehen werden. Auch dann, wenn man die Theorie der „finalen Leistungsbewirkung"[51] ablehnt, so muss sich die Leistung doch einem bestimmten Schuldverhältnis zuordnen lassen[52] (siehe bereits Rdnr. 397). Das gilt nach der insoweit eindeutigen Gesetzesbegründung auch unter Berücksichtigung des Umstands, dass in dem der BT-Drucks. 14/6040 vorangehenden Referentenentwurf noch die Einschränkung enthalten war: „... es sei denn, dass sie [die Sache] als Erfüllung offensichtlich nicht in Betracht kommt", dies aber später entfallen ist. Das ändert nichts an der Notwendigkeit, zur Herbeiführung der Erfüllungswirkung die Leistung einem bestimmten Schuldverhältnis zuordnen zu müssen.

Liegt also – wie in dem oben Rdnr. 642 gebildeten Beispiel – eine derartig extreme Abweichung des Gelieferten von dem Geschuldeten vor, dass auch aus der Sicht des Käufers diese Zuordnung zu dem betreffenden Kaufvertrag ausgeschlossen ist, so kann diese Lieferung regelmäßig deshalb nicht nach § 434 Abs. 3 BGB behandelt werden, weil eine Tilgungsbestimmung des Verkäufers nicht erkennbar ist oder er diese mit der Geltendmachung eines Rückforderungsanspruchs konkludent angefochten hat (vgl. auch Rdnr. 397). Der Verkäufer hat dann einen Rückgabeanspruch aus § 812 Abs. 1 BGB. Darauf, ob im Einzelfall ein **Stück- oder Gattungskauf** vorlag, kann es dabei nicht ankommen; diese Unterscheidung sollte nach der Gesamtkonzeption des Gesetzes für die Mängelansprüche des Käufers **nicht maßgeblich** sein. So macht es in dem genannten Fall keinen Unterschied, ob der Kleinwagen im Rahmen eines Stückkaufs als präsentes Einzelstück verkauft oder nach Katalog als erst noch zu beschaffender Wagen bestellt wurde. **645**

d) Einwendungen und Einreden des Verkäufers

aa) Unmöglichkeit der Nacherfüllung. Die Nacherfüllung kann dem Verkäufer im Einzelfall nicht möglich sein. Das kann sowohl auf eine vom Käufer gewählte Nachlieferung als auch auf die Nachbesserung zutreffen. Die Unmöglichkeit der Nacherfüllung ist in § 439 Abs. 3 BGB nicht besonders erwähnt. § 439 Abs. 3 S. 1 BGB enthält vielmehr nur einen klarstellenden Hinweis („unbeschadet des...") darauf, dass § 275 Abs. 2 und 3 BGB durch die Regelung der Einrede in § 439 Abs. 3 BGB nicht berührt werden (dazu sogleich Rdnr. 651 ff.). Die in § 275 Abs. 1 BGB geregelte Unmöglichkeit der Leistung ist indes nicht ausdrücklich erwähnt. § 275 Abs. 1 BGB findet aber als Regelung des allgemeinen Schuldrechts selbstverständlich auch auf den Nacherfüllungsanspruch des Käufers Anwendung. Deshalb ist **bei Unmöglichkeit** der **Anspruch des Käufers auf Nacherfüllung ausgeschlossen.** Wenn die Unmöglichkeit sich auf eine Art der Nacherfüllung, also auf die Nachlieferung oder Nachbesserung, beschränkt, die andere Art dem Verkäufer aber möglich bleibt, so ist auch nur insoweit ein Ausschluss des Nacherfüllungsanspruchs anzunehmen (vgl. „Soweit" in § 275 Abs. 1 BGB).[53] Der **Anspruch** des Käufers **beschränkt** sich dann **auf die noch mögliche Art der Nacherfüllung,** unbeschadet eines eventuell bestehenden, hierauf bezogenen Leistungsverweigerungsrechts des Verkäufers nach § 439 Abs. 3 S. 1 oder nach § 275 Abs. 2 oder 3 BGB (dazu Rdnr. 651 ff.). **646**

Ist zum Beispiel eine **gebrauchte Sache** verkauft, so dürfte im Regelfall eine Nachlieferung ausscheiden. Dies folgt nach den vorstehenden Ausführungen zum Inhalt des Nachlieferungsanspruchs (Rdnr. 635) freilich nicht bereits aus dem Umstand, dass in derartigen Fällen häufig ein Stückkauf anzunehmen sein wird. Eine Nachlieferung wird dem Verkäufer aber in aller Regel unmöglich im Sinne des § 275 Abs. 1 BGB sein, weil es sich bei einer gebrauchten Sache schon mit Blick auf den von Fall zu Fall unterschiedlichen Grad der Ab- **647**

---

[51] Dazu *Musielak*, NJW 2003, 89, 91; Bamberger/Roth-*Faust*, § 437 BGB Rdnr. 206 erörtert eine Anfechtung der Tilgungsbestimmung bei einem höherwertigen aliud.
[52] BGH, NJW 1992, 2698, 2699 m.w.N.
[53] Vgl. *Huber*, NJW 2002, 1004, 1007.

nutzung durch den bisherigen Gebrauch regelmäßig um ein Unikat handelt.⁵⁴ Ausnahmen mögen aber auch bei gebrauchten Sachen denkbar, wenn auch selten sein. Letztlich ist dies eine Frage des Einzelfalls. Erwähnt sei der Verkauf eines PKW, der nur für eine ganz kurze Zeit zugelassen war („Tageszulassung"). Obwohl es sich um den Verkauf einer gebrauchten Sache handelt, ist eine Nachlieferung nicht allein wegen der kurzzeitigen Zulassung unmöglich, die sich kaum oder gar nicht auf den Zustand des PKW ausgewirkt und die ihn daher auch nicht wegen der Abnutzung „individualisiert" haben dürfte.

648 Eine Nachbesserung wird dagegen bei gebrauchten Sachen häufig möglich sein. Aber auch dies gilt nicht allgemein: Ist zum Beispiel ein Unfallwagen als unfallfrei verkauft worden, so scheidet auch die Nachbesserung aus.⁵⁵ Kein KfZ-Mechaniker ist in der Lage, einen Unfallwagen zu einem unfallfreien Wagen zu machen. Des Weiteren sind auch Konstellationen denkbar, in denen – etwa aus technischen Gründen – ein Mangel nur teilweise behoben werden kann.⁵⁶

649 An § 275 Abs. 1 BGB scheitert der Nacherfüllungsanspruch in beiden Arten regelmäßig auch bei einem Kaufvertrag, mit dem eine **Gemäldekopie** als echt verkauft wird, auch wenn das nach dem Vertrag geschuldete Original tatsächlich in einem Museum existiert, das aber nicht zur Herausgabe an den Verkäufer bereit ist. Unmöglich wird die Nacherfüllung auch dann, wenn der Käufer sie eigenmächtig, das heißt ohne dem Verkäufer hierzu zuvor Gelegenheit gegeben zu haben, vornimmt.⁵⁷

650 Ist die Nacherfüllung ganz oder teilweise unmöglich, so hat dies nicht ohne weiteres die Folge, dass auch der **Anspruch** des Verkäufers **auf** die vertragliche Gegenleistung, also auf die **Zahlung des Kaufpreises,** ganz oder teilweise entfällt. Das stellt § 326 Abs. 1 S. 2 BGB in Abweichung von S. 1 der Vorschrift klar. Eine **Minderung kraft Gesetzes** gibt es also **nicht.** Unter welchen Voraussetzungen und in welchem Umfang die Unmöglichkeit der Nacherfüllung das Fortbestehen des Kaufpreisanspruchs des Verkäufers beeinflusst, ergibt sich allein aus den in § 437 BGB genannten Vorschriften der §§ 326 Abs. 5 und 441 BGB (siehe dazu Rdnr. 759 ff.).

bb) Unverhältnismäßigkeit der Nacherfüllung

651 **(1) § 275 Abs. 2 und 3 BGB.** Liegt Unmöglichkeit nach § 275 Abs. 1 BGB nicht vor, kann die Nacherfüllung doch mit einem **erheblichen Aufwand** verbunden sein. Dann kommt zunächst nach den allgemeinen Vorschriften ein **Leistungsverweigerungsrecht** nach § 275 Abs. 2 oder 3 BGB in Betracht. § 439 Abs. 3 S. 1 BGB stellt klar, dass diese Einreden nicht durch die kaufrechtliche Sonderregelung des § 439 Abs. 3 BGB ersetzt werden, sondern daneben anwendbar bleiben sollen.

652 Nach § 275 Abs. 2 BGB kann der Schuldner die Leistung verweigern, soweit diese einen Aufwand erfordert, der unter Beachtung des Inhalts des Schuldverhältnisses und der Gebote von Treu und Glauben in einem **groben Missverhältnis** zu dem Leistungsinteresse des Gläubigers steht.⁵⁸ Ohne dass an dieser Stelle sämtliche Ausprägungen dieser Einrede erörtert werden können, sei hier auf das Folgende, für die Anwendung gerade auch im Kaufrecht besonders Wichtige hingewiesen:

653 Die Einrede des § 275 Abs. 2 BGB kommt **nur in besonders gelagerten Ausnahmefällen,** die wertungsmäßig der Unmöglichkeit in § 275 Abs. 1 BGB nahe kommen, in Betracht. Bei den meisten Leistungserschwerungen werden die Voraussetzungen dieser Einrede nicht vorliegen. Besonders zu beachten ist nämlich, dass nur ein „grobes" Missverhältnis zu

---

⁵⁴ Vgl. BGH, NJW 2006, 2839, 2841; BGH, BB 2007, 573.
⁵⁵ BGH, NJW 2006, 2839, 2840.
⁵⁶ Vgl. dazu *Gutzeit*, NJW 2007, 956 ff., der für diese Fälle einen sog. „Ausbesserungsanspruch" befürwortet.
⁵⁷ *Lorenz*, NJW 2003, 1417, 1418.
⁵⁸ Vgl. dazu BGH, NJW 2005, 2852.

berücksichtigen ist und die Bezugsgröße für die Verhältnismäßigkeitsprüfung das Interesse des Gläubigers an der Leistung darstellt.[59] Letzteres ist naturgemäß regelmäßig darauf gerichtet, trotz vielleicht zunächst nicht vorhergesehener Leistungserschwerungen die Leistung zu erhalten. Daraus wird deutlich, dass für die Anwendung des § 275 Abs. 2 BGB nur ein besonders krasses Missverhältnis ausreicht, das dazu führt, dass der Gläubiger eine Leistung – obwohl diese theoretisch möglich ist – nach Treu und Glauben vernünftigerweise nicht mehr erwarten kann.

§ 275 Abs. 3 BGB lässt – diese Grundsätze des allgemeinen Schuldrechts ergänzend – in **654** weitergehendem Umfang eine Leistungsverweigerung des Schuldners als Ergebnis einer Abwägung des Leistungshindernisses mit dem Leistungsinteresse des Gläubigers zu und stellt darauf ab, dass die **Leistung dem Schuldner „nicht zugemutet"** werden kann. Diese Vorschrift ist zwar in § 439 Abs. 3 S. 1 BGB mit erwähnt. Sie setzt allerdings voraus, dass der Schuldner die **Leistung „persönlich"** zu erbringen hat. Gedacht hat der Gesetzgeber dabei vor allem an Arbeitsverträge.[60] Eine Anwendung dieser Bestimmung **im Kaufrecht** dürfte indes **kaum in Betracht** kommen, weil der den Kaufvertrag prägende Austausch von Sache gegen Geld kaum je durch einen bestimmten Schuldner persönlich zu erbringen ist.

(2) § 439 Abs. 3 BGB. Auch eine mögliche Nacherfüllung kann – über den wie darge- **655** stellt (Rdnr. 653) sehr engen Anwendungsbereich des § 275 Abs. 2 BGB hinaus – mit einem **Aufwand** verbunden sein, der den **Verkäufer unangemessen belastet**. In diesen Fällen gibt § 439 Abs. 3 BGB seinem Wortlaut nach dem Verkäufer eine weitere Einrede, mit der er das Nacherfüllungsbegehren des Käufers abwehren kann. Danach kann der Verkäufer die vom Käufer gewählte Art der Nacherfüllung verweigern, wenn sie nur mit **unverhältnismäßigen Kosten** möglich ist. Vorbild war für den Gesetzgeber die Regelung des § 633 Abs. 2 S. 3 BGB a. F. im Werkvertragsrecht, der zufolge auch bislang schon der Werkunternehmer die Beseitigung des Mangels verweigern konnte, wenn sie einen unverhältnismäßigen Aufwand erforderte. Dem Charakter des § 439 Abs. 3 BGB als Einrede entspricht es, dass der Verkäufer sich darauf berufen muss, wenn er die Unverhältnismäßigkeit geltend machen will.[61]

Das System, das der deutsche Gesetzgeber diesem Gegenrecht des Verkäufers an sich **656** zugrunde gelegt hatte, ist in der jüngsten Zeit durch Entscheidungen des Europäischen Gerichtshofs[62] und – ihm folgend – des Bundesgerichtshofs[63] für die der Verbrauchsgüterkaufrichtlinie unterfallenden Kaufverträge **in erheblichem Umfang in Frage gestellt worden**. Danach ist § 439 Abs. 3 BGB so, wie er vom Gesetzgeber beabsichtigt war und bislang auch verstanden wurde, mit der Verbrauchsgüterkaufrichtlinie nicht zu vereinbaren. Der Bundesgerichtshof hat die Vorschrift daher im Wege richtlinienkonformer Rechtsfortbildung teleologisch reduziert angewandt. Das betrifft aber nur die von der Verbrauchsgüterkaufrichtlinie erfassten Kaufverträge. Für die Praxis wird künftig von diesen Grundsätzen, die sogleich noch darzustellen sein werden, auszugehen sein. Damit gelten zu den Voraussetzungen der Verkäufereinrede aus § 439 Abs. 3 BGB unterschiedliche Regeln, je nachdem, ob ein Verbrauchsgüter- oder ob ein sonstiger Kaufvertrag zugrunde

---

[59] BAG NZA 2005, 118: „Bezugsgröße ist (…) ausschließlich das Gläubigerinteresse"; *Lorenz*, NJW 2007, 1, 5.
[60] BT-Drucks. 14/6040, S. 130.
[61] BGH, NJW 2006, 1195, 1197.
[62] NJW 2011, 2269; vgl. dazu etwa *Staudinger*, DAR 2011, 502; *Lorenz*, NJW 2011, 2241; *Schulte-Nölke*, ZGS 2011, 289; *Kaiser*, JZ 2011, 978; *Gsell*, JZ 2011, 988; *Schüßler/Feurer*, MDR 2011, 1077; *Büdenbender/Binder*, DB 2011, 1736; *Piltz*, EuZW 2011, 636; *Klees*, EWiR 2011, 489; *Kroll-Schlüter*, JR 2011, 463; *Picker/Nemeczek*, ZGS 2011, 447; *Weber*, ZGS 2011, 539; *Augenhofer/Appenzeller*, JuS 2011, 680; *Eisenberg*, BB 2011, 2634; *Popescu*, BauR 2011, 1734.
[63] BGHZ 192, 148 = NJW 2012, 1073; fortgeführt in BGH NJW 2013, 220.

liegt. Der Gesetzgeber hatte zunächst beabsichtigt, diese Situation festzuschreiben.[64] Im Folgenden seien zunächst die Voraussetzungen des § 439 Abs. 3 BGB so dargestellt, wie sie sich ohne Rücksicht auf die neueren Erkenntnisse des Europäischen Gerichtshofs zur Verbrauchsgüterkaufrichtlinie ergeben und wie sie für Verträge, die keine Verbrauchsgüterkaufverträge im Sinne des § 474 Abs. 1 Satz 1 BGB sind, nach wie vor maßgeblich sind. Anschließend soll dann auf die für Verbrauchsgüterkaufverträge geltenden Besonderheiten eingegangen werden.

657 § 439 Abs. 3 BGB knüpft an die **Unverhältnismäßigkeit der Kosten** an, die der Verkäufer für die vom Käufer gewählte Art der Nacherfüllung aufwenden muss. Dabei geht das Gesetz von dem Begriff einer **absoluten Unverhältnismäßigkeit** aus.[65] Die Frage, ob eine Nacherfüllungsart mit unverhältnismäßigen Kosten verbunden ist, beantwortet sich nach der gesetzlichen Regelung nämlich nicht allein durch einen Vergleich zwischen den beiden Arten der Nacherfüllung. Es geht nicht nur darum zu beurteilen, ob die vom Käufer gewählte Art der Nacherfüllung im Vergleich zu der anderen Art der Nacherfüllung als unverhältnismäßig anzusehen ist (relative Unverhältnismäßigkeit). Vielmehr geht § 439 Abs. 3 BGB davon aus, dass die Unverhältnismäßigkeit absolut zu beurteilen ist, was dazu führen kann, dass beide Arten der Nacherfüllung als mit unverhältnismäßigen Kosten verbunden eingestuft und vom Verkäufer verweigert werden können. § 440 Satz 1 BGB spricht diesen Fall ausdrücklich an. Das entspricht auch der gesetzgeberischen Absicht, die – wie erwähnt – § 633 Abs. 2 Satz 3 BGB a. F. als Vorbild genommen hat,[66] der ebenfalls als Regelung einer absoluten Unverhältnismäßigkeit zu verstehen war.

658 Wann danach die Kosten für eine Nacherfüllungsart unverhältnismäßig sind, ist nicht immer leicht zu beantworten und weitgehend eine Frage des **Einzelfalls**. § 439 Abs. 3 S. 2 BGB gibt für diese Prüfung einige **Kriterien** vor, nämlich vor allem den Wert der Sache in mangelfreiem Zustand und die Frage, ob der Erfolg, der mit der Nacherfüllung erreicht werden soll, nicht ohne erhebliche Nachteile für den Käufer auch mit der anderen, vom Käufer nicht gewählten Art der Nacherfüllung erreicht werden könnte. Darunter fallen insbesondere die Fälle, in denen der Käufer sein Wahlrecht nach § 439 Abs. 1 BGB missbraucht, indem er zum Beispiel kleine Mängel, die durch eine einfache Reparatur beseitigt werden könnten, zum Anlass nimmt, die Lieferung einer neuen Ersatzsache zu fordern. Kauft also zum Beispiel der Käufer von einem PKW-Händler einen fabrikneuen PKW im Wert von 50.000,– €, an dem nach Auslieferung eine Glühbirne des Blinklichts nicht funktioniert, so könnte der Verkäufer eine vom Käufer verlangte Lieferung eines neuen Ersatzwagens nach § 439 Abs. 3 BGB verweigern. Auf diese Weise kommt der Gedanke der relativen Verhältnismäßigkeit in § 439 Abs. 3 Satz 2 BGB zwar auch zum Ausdruck. Das Gesetz nennt ihn aber nur als einen Fall der Unverhältnismäßigkeit. Bei der Prüfung der **Verhältnismäßigkeit des Nacherfüllungsaufwands** kann auch berücksichtigt werden, ob der Verkäufer den Mangel zu vertreten hat, weil dem Verkäufer dann regelmäßig höhere Anstrengungen zur Mangelbeseitigung zuzumuten sind.[67] Dies entspricht der gesetzlichen Wer-

---

[64] Referentenentwurf des Bundesministeriums der Justiz für ein Gesetz zur Umsetzung der Verbraucherrechterichtlinie, zur Änderung des Verbrauchsgüterkaufrechts und zur Änderung des Gesetzes zur Regelung der Wohnungsvermittlung, der die Einfügung eines neuen § 474a BGB „Sonderbestimmungen für die Nacherfüllung" vorsah, der die Rechtsprechung von EuGH und BGH aufgreifen sollte. Diese Bestimmung ist allerdings im Regierungsentwurf eines Gesetzes zur Umsetzung der Verbraucherrechterichtlinie und zur Änderung des Gesetzes zur Regelung der Wohnungsvermittlung vom 6.3.2013 (BT-Drs. 17/12637) und auch in der am 14.6.2013 beschlossenen Fassung des Gesetzes (vgl. Beschlussempfehlung des Rechtsausschusses, BT-Drucks. 17/13951) nicht mehr enthalten.
[65] BGH a.a.O.
[66] BT-Drucks. 14/6040, S. 232.
[67] Vgl. OLG Karlsruhe, OLGR 2004, 465.

tung in § 275 Abs. 2 BGB, als dessen nähere kaufrechtliche Ausprägung § 439 Abs. 3 BGB zu verstehen ist.[68]

Zum Teil wird versucht, **Richtwerte** für die Frage der Unverhältnismäßigkeit zu begründen. Danach soll eine Unverhältnismäßigkeit vorliegen, wenn die Nacherfüllungskosten zum Beispiel 150% des Wertes der Sache in mangelfreiem Zustand übersteigen.[69] Derartige Richtwerte sind **bedenklich,**[70] weil sie dazu verleiten können, die weiteren Umstände des Einzelfalls nicht in ausreichendem Umfang zu berücksichtigen. **659**

Anhand des Einzelfalls ist die Frage einer Unverhältnismäßigkeit der Nacherfüllungskosten nicht in erster Linie nach deren Verhältnis zum Kaufpreis zu bestimmen; vielmehr sind sie auch in Beziehung zu setzen zu der durch die Nacherfüllung für den Käufer zu erzielenden **Werterhöhung.**[71] Freilich wird sich diese Werterhöhung regelmäßig mit dem Wert der Kaufsache in mangelfreiem Zustand decken, der im Kaufpreis seinen Ausdruck gefunden hat. Abweichen kann dies in Fällen, in denen der Käufer die Kaufsache bereits weiterverwendet, etwa gekaufte Baumaterialien eingebaut hat. So hatte im soeben zitierten Fall des OLG Karlsruhe der Käufer in einem Baumarkt mangelhafte Bodenfliesen für etwa 1.100,– € gekauft und diese anschließend in seinem Wohnhaus verlegt. Eine Beseitigung der Mängel erforderte daher den Austausch der schadhaften Fliesen, was mehr als 10.000,– € kosten würde. Das OLG Karsruhe hat dem Verkäufer mit Recht gleichwohl die Einrede des § 439 Abs. 3 BGB versagt und maßgeblich auf das Interesse des Käufers an dem mit der Nacherfüllung zu erzielenden Vorteil unter Berücksichtigung der Bedeutung der Mängel abgestellt.[72] **660**

Verweigern kann der Verkäufer nach dem ausdrücklichen Wortlaut des Gesetzes in § 439 Abs. 3 S. 1 BGB „die vom Käufer gewählte Art der Nacherfüllung". Das **Verweigerungsrecht** des Verkäufers **bezieht sich** deshalb stets **auf** die vom Käufer in Ausübung seines Wahlrechts nach § 439 Abs. 1 BGB **geltend gemachte Art der Nacherfüllung** (Nachbesserung oder Ersatzlieferung), wie in § 439 Abs. 3 S. 3 BGB nochmals ausdrücklich klargestellt wird. Verlangt der Käufer zum Beispiel Nachbesserung und sind die Aufwendungen des Verkäufers hierfür als unverhältnismäßig zu beurteilen, so ist damit keine Entscheidung über die Frage getroffen, ob der Käufer stattdessen Ersatzlieferung verlangen kann oder ob auch insoweit eine auf § 439 Abs. 3 S. 1 BGB gestützte Einrede des Verkäufers besteht. Denkbar ist auch, dass die andere Art der Nacherfüllung unmöglich ist und deshalb nicht in Betracht kommt. Hat zum Beispiel ein Verbraucher seinen gebrauchten PKW verkauft und verlangt der Käufer Nachbesserung eines Motorschadens, der als Mangel im Sinne des § 434 BGB anzusehen ist, so dürfte der Verbraucher regelmäßig die Einrede aus § 439 Abs. 3 BGB erheben können, wenn er nicht etwa als „Bastler" über eine eigene Reparaturmöglichkeit verfügt. Die Nachbesserung ist in einem solchen Fall dem Verbraucher zwar nicht unmöglich. Es liegt auch keine subjektive Unmöglichkeit im Sinne des § 275 Abs. 1 BGB vor, weil der Verbraucher ja eine Werkstatt mit der Reparatur beauftragen und so unter Einsatz eines Erfüllungsgehilfen die geschuldete Reparatur bewirken könnte. Das wird aber vor allem bei einem Verbraucher in aller Regel mit unverhältnismäßigen Kosten verbunden sein; bei einem Händler ohne eigene Reparaturwerkstatt dürfte man hier großzügiger sein. **661**

---

[68] *Huber,* NJW 2002, 1004, 1007; bei der Berücksichtigung des Leistungsinteresses des Gläubigers ist aber Zurückhaltung geboten, weil andernfalls der Zweck des § 439 Abs. 3 BGB, über die allgemeine Regelung des § 275 Abs. 2 BGB hinauszugehen, nicht erreicht wird.
[69] *Bitter/Meidt,* ZIP 2001, 2114, 2121 f.; vgl. auch *Huber,* NJW 2002, 1004, 1008.
[70] Amann/Brambring/Hertel-*Brambring,* Vertragspraxis, S. 157; s. auch Dauner-Lieb/Konzen/Schmidt-*Jacobs,* Neues Schuldrecht, S. 385 f.: Keine Schematisierung, Einzelfall entscheidend.
[71] OLG Karlsruhe, OLGR 2004, 465.
[72] Die Einbeziehung der Kosten für den Ausbau der schadhaften und den Einbau mangelfreier Fliesen in die Verhältnismäßigkeitsprüfung setzt freilich die Überlegung voraus, dass der Verkäufer überhaupt verpflichtet ist, diese Kosten zu tragen; s. dazu sogleich zu § 439 Abs. 2 BGB, Rdnr. 621 f.

5. Kapitel. Die Rechte des Käufers bei Pflichtverletzungen des Verkäufers

662 Kann der Verkäufer gegenüber der vom Käufer gewählten Art der Nacherfüllung die Einrede aus § 439 Abs. 3 BGB erheben, so beschränkt sich nach § 439 Abs. 3 S. 3 BGB der Nacherfüllungsanspruch zunächst auf die **andere Art der Nacherfüllung**. Der Käufer ist dann also darauf beschränkt, diese Art der Nacherfüllung geltend zu machen. Nur wenn der Verkäufer auch diese nach § 439 Abs. 3 BGB verweigern kann oder die Erfüllung dem Verkäufer unmöglich ist (§ 275 Abs. 1 BGB), besteht ein durchsetzbarer Nacherfüllungsanspruch insgesamt nicht und der Käufer kann weitere Rechte wie Minderung oder Rücktritt geltend machen. In dem soeben (Rdnr. 661) geschilderten Beispiel des Verbrauchers, der seinen gebrauchten PKW verkauft, kann der Verbraucher einem Nachbesserungsanspruch des Käufers also – wie erwähnt – die Einrede des § 439 Abs. 3 BGB entgegensetzen. Ein Anspruch auf Ersatzlieferung ist wegen § 275 Abs. 1 BGB nicht gegeben, so dass der Käufer keinen durchsetzbaren Nacherfüllungsanspruch hat.

663 Die Einrede des § 439 Abs. 3 BGB kann nicht mehr in einem **Zeitpunkt** erhoben werden, in dem die Nacherfüllungsfrist bereits abgelaufen und ein Rücktrittsrecht des Käufers bereits entstanden oder sogar schon ausgeübt worden ist.[73] Im zuletzt genannten Fall ist der Kaufvertrag nämlich bereits in ein Rückgewährschuldverhältnis umgewandelt, das für eine Anwendung der auf die Erfüllung des Kaufvertrages bezogenen Einrede keinen Raum lässt. Aber auch vor Erklärung des Rücktritts kann der Verkäufer das mit Fristablauf entstandene Rücktrittsrecht des Käufers nicht mehr durch Verweis auf die andere Art der Nacherfüllung zu Fall bringen, auch wenn letztere allein verhältnismäßig sein mag. Sind beide Arten der Nacherfüllung mit unverhältnismäßigen Kosten verbunden, gilt ohnehin § 440 Satz 1 BGB.

664 Das System, das der deutsche Gesetzgeber dem Gegenrecht des Verkäufers aus § 439 Abs. 3 BGB zunächst zugrunde gelegt hatte, ist – wie bereits angedeutet – in der jüngsten Zeit durch Entscheidungen des Europäischen Gerichtshof[74] und des Bundesgerichtshofs[75] für die der Verbrauchsgüterkaufrichtlinie unterfallenden Kaufverträge in erheblichem Umfang **modifiziert** worden. Zugrunde lag ein Fall, in dem der Käufer Fliesen in einem Baustoffhandel erworben hatte und sie durch einen Dritten in seinem Haus hatte einbauen lassen. Die Fliesen erwiesen sich erst nach dem Einbau als mangelhaft; eine Nachbesserung war nicht möglich. Das Verlangen des Käufers richtete sich deshalb auf Nachlieferung, wozu auch der Ausbau und Abtransport der mangelhaften und der Einbau der nachgelieferten mangelfreien Fliesen gehört.[76] Das war für den Verkäufer mit erheblichen Kosten verbunden, die den wirtschaftlichen Rahmen des Kaufvertrags weit überstiegen. Im konkreten Fall betrug der Kaufpreis der Fliesen etwa 1.400,– € brutto und die Kosten für den Austausch der Fliesen etwa 5.900,– € brutto.

665 Der Europäische Gerichtshof hat ausgeführt, dass allein dieses **wirtschaftliche Missverhältnis** nach der Richtlinie dem Verkäufer nicht das Recht gebe, die Nachlieferung insgesamt zu verweigern. § 439 Abs. 3 BGB dient nämlich der Umsetzung des Artikels 3 Abs. 3 der Verbrauchsgüterkaufrichtlinie. Danach gilt eine „Abhilfe", also Nachbesserung oder Nachlieferung, als unverhältnismäßig, wenn sie dem Verkäufer Kosten verursachen würde, die
– angesichts des Werts, den das Verbrauchsgut ohne die Vertragswidrigkeit hätte,
– unter Berücksichtigung der Bedeutung der Vertragswidrigkeit und
– nach Erwägung der Frage, ob auf die alternative Abhilfemöglichkeit ohne erhebliche Unannehmlichkeiten für den Verbraucher zurückgegriffen werden könnte,
verglichen mit der alternativen Abhilfemöglichkeit unzumutbar wären. Diese Vorschrift hat der Europäische Gerichtshof dahin ausgelegt, dass ihr eine nationale gesetzliche Regelung widerspricht, die dem Verkäufer das Recht gewährt, die Ersatzlieferung für ein vertragswidriges Verbrauchsgut als einzig mögliche Art der Abhilfe zu verweigern, weil sie ihm we-

---

[73] OLG Celle, NJW-RR 2007, 353, 354; *Lorenz*, NJW 2007, 1, 5.
[74] NJW 2011, 2269.
[75] ZIP 2012, 430.
[76] Vgl. oben Rdnr. 591a.

gen der Verpflichtung, den Ausbau dieses Verbrauchsguts aus der Sache, in die es eingebaut wurde, und den Einbau des als Ersatz gelieferten Verbrauchsguts in diese Sache vorzunehmen, Kosten verursachen würde, die verglichen mit dem Wert, den das Verbrauchsgut hätte, wenn es vertragsgemäß wäre, und der Bedeutung der Vertragswidrigkeit unverhältnismäßig wären. Das Gericht meint,[77] dass die Richtlinie den Begriff „unverhältnismäßig" ausschließlich **in Beziehung zur anderen Abhilfemöglichkeit** definiere und damit auf Fälle der **relativen Unverhältnismäßigkeit** eingrenze. Ausgeschlossen soll danach sein, dass der Verkäufer die einzig mögliche Art der Abhilfe wegen einer absoluten Unverhältnismäßigkeit verweigern kann.

Das hat zur Folge, dass der Verkäufer nur in sehr eingeschränktem Umfang dem Nacherfüllungsbegehren des Käufers begegnen kann. Bleibt eine der beiden Nacherfüllungsvarianten möglich, so hat der Verkäufer dem hierauf gerichteten Begehren des Käufers nachzukommen. Er kann dem nicht unter Berufung auf eine absolute Unverhältnismäßigkeit entgehen. Freilich kann dies – wie im oben geschilderten Ausgangsfall – **erhebliche finanzielle Belastungen für den Verkäufer** zur Folge haben, die den wirtschaftlichen Rahmen des Kaufvertrags weit übersteigen. Der Europäische Gerichtshof trägt den berechtigten Interessen des Verkäufers durch die Auffassung Rechnung, dass das nationale Recht ohne Richtlinienverstoß den **Anspruch des Verbrauchers auf Erstattung der Kosten** für den Ausbau der mangelhaften Kaufsache und den Einbau der als Ersatz gelieferten Sache auf die Übernahme eines angemessenen Betrags durch den Verkäufer **beschränken könne**.[78]

666

Der Bundesgerichtshof, auf dessen Vorlage die Entscheidung des Europäischen Gerichtshofs ergangen war, hat dies inzwischen umgesetzt[79] und die Vorschrift des § 439 Abs. 3 BGB – nur für Verbrauchsgüterkaufverträge – im Wege richtlinienkonformer Rechtsfortbildung dahin teleologisch reduziert, dass ein Verweigerungsrecht des Verkäufers dann nicht besteht, wenn nur eine Art der Nacherfüllung möglich ist oder der Verkäufer die andere Art der Nacherfüllung zu Recht verweigert. In diesen Fällen – so der Bundesgerichtshof weiter – beschränke sich das Recht des Verkäufers, die Nacherfüllung in Gestalt der Ersatzlieferung wegen unverhältnismäßiger Kosten zu verweigern, auf das Recht, den Käufer bezüglich des Ausbaus der mangelhaften Kaufsache und des Einbaus der als Ersatz gelieferten Kaufsache auf die **Kostenerstattung in Höhe eines angemessenen Betrags** zu verweisen.

667

Damit kann der Verkäufer die Nachlieferung gleichsam „teilweise" verweigern. Er bleibt zwar zur erneuten Lieferung mangelfreier Fliesen verpflichtet, schuldet aber nicht deren Einbau nach vorherigem Ausbau der mangelhaften Fliesen. Der Nachlieferungsanspruch wird doch entsprechend beschränkt. Der Käufer muss selbst für einen Aus- und Einbau der Fliesen sorgen; die hierfür entstandenen Kosten hat der Verkäufer gemäß § 439 Abs. 2 BGB dem Käufer zu erstatten. In diesem Rahmen gewährt der Bundesgerichtshof dem Verkäufer dann das Recht, diesen Kostenerstattungsanspruch des Käufers zu reduzieren. Der Verkäufer bleibt also zusätzlich zu dem von ihm durchgeführten Teil der Nachlieferung verpflichtet, einen auf das Angemessene reduzierten Teil der Kosten zu zahlen, den der Käufer für die von ihm selbst gleichsam als Ersatzvornahme vorzunehmende Nacherfüllung benötigt. Im Fall des Bundesgerichtshofs sind beispielsweise 600,– € als angemessen angenommen worden. Maßgeblich für die Bemessung des Betrags sind insbesondere die Bedeutung des Mangels und der Wert der Kaufsache in mangelfreiem Zustand. Zu beachten ist allerdings, dass dies kein Wahlrecht des Käufers im Rahmen des Nacherfüllungsverlangens dahin begründet, ob er dem Verkäufer den Aus- und Einbau gestattet oder diese Arbeiten selbst durchführt und den Verkäufer nur auf Kostenerstattung in Anspruch nimmt. Der Bundesgerichtshof räumt dem Käufer ein solches Wahlrecht nicht ein.[80] Er legt dem Verkäufer

668

---

[77] A.a.O. Rdnr. 68.
[78] A.a.O. Rdnr. 78.
[79] BGHZ 192, 148 = NJW 2012, 1073; ebenso BGH, NJW 2013, 220.
[80] BGH ZIP 2012, 430, Rn. 27.

lediglich die Verpflichtung auf, entweder selbst die notwendigen Aus- und Einbauarbeiten vorzunehmen oder die hierfür anfallenden Kosten zu tragen, ggf. auf einen angemessenen Betrag reduziert.

669 Was dies für andere als die beispielhaft aufgeführten Einbaufälle im einzelnen bedeutet, ist derzeit nicht geklärt. Auch im Übrigen mag es nämlich Fälle geben, in denen die vom Käufer geltend gemachte Art der Nacherfüllung mit einer (absolut) unverhältnismäßigen Belastung des Verkäufers verbunden ist. So mag die Kaufsache vom Käufer an einen entfernten Ort verbracht worden sein, die die verlangte Nachbesserung für den Verkäufer sehr aufwendig erscheinen lässt (z. B. Reparatur des in das Ferienhaus auf Mallorca verbrachten Fernsehgeräts). Ist eine (günstigere) Nachlieferung nicht möglich, so stellt sich auch hier die Frage eines Leistungsverweigerungsrechts des Verkäufers. Die Entscheidung des Europäischen Gerichtshofs spricht für die Annahme, dass es beim Verbrauchsgüterkaufvertrag dem Verkäufer schlechthin versagt ist, eine mögliche Art der Nacherfüllung, die der Käufer verlangt, zu verweigern. Man wird aber auch in derartigen Fällen dem Verkäufer nicht unter allen Umständen die Möglichkeit versagen können, die Nacherfüllung nicht selbst vorzunehmen und stattdessen den Käufer auf einen **beschränkten Kostenerstattungsanspruch** zu verweisen. Das kann dann allerdings auch zur Folge haben, dass der Verkäufer eben doch die Nacherfüllung in vollem Umfang verweigert und lediglich verpflichtet wird, dem Käufer – in einem auf das Angemessene beschränkten Umfang – die Kosten der vom Käufer anderweitig zu erzielenden Nacherfüllung zu erstatten.

670 Der Käufer, der sich derart auf einen reduzierten Erstattungsanspruch verweisen lassen muss, ist auf dessen Geltendmachung allerdings nicht beschränkt. Er kann, wie vom Europäischen Gerichtshof und vom Bundesgerichtshof ausdrücklich angeführt, dann zur Geltendmachung von **Sekundärrechten** übergehen, ohne dass es einer – weiteren – Fristsetzung bedürfte. § 440 Satz 1 BGB sieht nämlich die Entbehrlichkeit der Fristsetzung für einen Rücktritt oder einen Anspruch auf Schadensersatz statt der Leistung unter anderem dann vor, wenn die dem Käufer zustehende Art der Nacherfüllung unzumutbar ist. Das ist auch dann anzunehmen, wenn der Käufer nicht sämtliche mit der Nacherfüllung verbundene Kosten erstattet bekommt. Wegen § 441 Abs. 1 Satz 1 BGB kann der Käufer dann auch die Minderung erklären.

671 **e) Kosten der Nacherfüllung.** § 439 Abs. 2 BGB bestimmt, dass der **Verkäufer** die zum Zwecke der Nacherfüllung **erforderlichen Aufwendungen zu tragen** hat. Beispielhaft sind im Gesetz die Transport-, Wege-, Arbeits- und Materialkosten genannt. Das ist selbstverständlich, weil dem Käufer wegen der durch die Lieferung einer mangelhaften Sache notwendigen Nacherfüllung nicht auch noch weitere zusätzliche Kosten entstehen dürfen. Im bis zum 31.12.2001 geltenden Recht war dies in ähnlicher Weise für die vertragliche Vereinbarung eines Nachbesserungsrechts in § 476a BGB a. F. geregelt.

672 § 439 Abs. 2 BGB **bezieht sich** nicht nur auf die Nachbesserung, sondern **auf beide Formen der Nacherfüllung**. Also sind nicht nur eventuelle Reparaturkosten, sondern auch die im Zusammenhang mit einer Nachlieferung entstehenden zusätzlichen Kosten vom Verkäufer zu tragen. So fallen also auch die Kosten für den Transport der Ersatzsache zum Käufer oder der mangelhaften Kaufsache zum Verkäufer zum Zwecke der Nachbesserung[81] nach § 439 Abs. 2 BGB dem Verkäufer zur Last.

673 Die Nacherfüllungskosten können insbesondere wegen **Umständen,** die nach **Abwicklung des Kaufvertrages** eingetreten sind, im Einzelfall besonders hoch sein. Zu nennen ist in erster Linie der schon weiter oben erwähnte Fall, dass der Käufer die Kaufsache bereits weiter verarbeitet, also zum Beispiel gekaufte Baumaterialien bereits in ein Haus eingebaut hat. Dann sind für eine erfolgreiche Nacherfüllung auch der **Ausbau** der mangelhaften **und** der **Einbau** mangelfreier Materialien erforderlich. Die dafür entstehenden Kosten sind

---

[81] BGH, NJW 2006, 1195, 1197.

ebenfalls von § 439 Abs. 2 BGB erfasst.[82] Der Käufer soll durch die Nacherfüllung nämlich in die Lage versetzt werden, mit der Kaufsache so zu verfahren, als wäre sie von vornherein mangelfrei gewesen.[83]

Eine **Gegenansicht**[84] sieht diese Nachteile als Schäden an, die nur unter den Voraussetzungen eines **Schadensersatzanspruchs** zu ersetzen sein sollen. Dem ist nicht zu folgen. Richtig ist, dass der Kaufvertrag zunächst gemäß § 433 Abs. 1 S. 1 BGB nur die Verpflichtung des Verkäufers zur Übergabe und Übereignung der Kaufsache begründet. Werkvertragliche Herstellungspflichten gehören nicht zu den vertragstypischen Pflichten des Kaufvertrags. Der Verkäufer schuldete damit ursprünglich nicht den Einbau des Baumaterials, geschweige denn dessen Ausbau. Indes folgt daraus noch nicht die Lösung des Problems. Es geht im vorliegenden Zusammenhang nämlich nicht um die vertragstypischen Pflichten des § 433 BGB, sondern um den Umfang der Nacherfüllungspflichten des Verkäufers. Zwar hat der Nacherfüllungsanspruch seine Grundlage in dem ursprünglichen Erfüllungsanspruch. Inhaltlich wird dieser aber in einer in § 439 BGB näher umschriebenen Weise modifiziert. Dabei kann es keinem Zweifel unterliegen, dass in diesem Rahmen auch **Verpflichtungen des Verkäufers** begründet werden, die ihn nach dem Kaufvertrag **vor der mangelhaften Erfüllung zunächst nicht trafen.** Der Nachbesserungsanspruch des Käufers verpflichtet den Verkäufer nämlich zu werkvertragsähnlichen Tätigkeiten. Die Ansicht des OLG Köln berücksichtigt dies nicht in ausreichendem Umfang. Die Einführung dieser **an die Mangelhaftigkeit anknüpfenden zusätzlichen Handlungspflichten** unterscheidet das neue wesentlich von dem bisherigen Kaufrecht. Wegen der Ergänzung der Verkäuferpflichten um gewisse werkvertragliche Elemente kann hier nichts anderes gelten, als bereits zu § 633 Abs. 2 S. 2 BGB a. F. mit § 476a BGB a. F. seit langem anerkannt war. Danach hatte der zur Nachbesserung verpflichtete Werkunternehmer insbesondere auch die Schäden am sonstigen Eigentum des Bestellers zu beheben, die im Zuge der Nachbesserung zwangsläufig entstehen.[85] Dagegen kann nicht eingewandt werden, dass den Unternehmer schon nach dem ursprünglichen Vertragsinhalt Herstellungspflichten treffen. Die Arbeiten zur Beseitigung von Schäden, die bei der Nachbesserung entstehen und die mit der zwischenzeitlichen Fertigstellung weiterer Gewerke zusammen hängen mögen, waren ebenso wenig Gegenstand der ursprünglichen Vereinbarung der Parteien wie der Aus- und Einbau von Baumaterialen durch deren Verkäufer.

Die Nacherfüllungskosten können auch abgesehen von den Einbaufällen dann besonders hoch ausfallen, wenn der Käufer die **Kaufsache nach Übergabe** an einen weit vom Sitz des Verkäufers **entfernten Ort gebracht** hat (zum Beispiel in Deutschland gekaufter Fernseher für das Ferienhaus auf Mallorca). Hier ist § 476a S. 2 BGB a. F. weggefallen, der eine Kostentragungspflicht des Verkäufers unter bestimmten Voraussetzungen ausschloss, soweit die Kosten sich durch eine Verbringung der Sache nach der Lieferung an einen anderen Ort als den Wohnsitz des Käufers erhöhten. Dieser Sonderfall sollte ursprünglich allein im Rahmen des § 439 Abs. 3 BGB und des dort geregelten Leistungsverweigerungsrechts des Verkäufers eine Rolle spielen. Allerdings ist zu beachten, dass nach der bereits dargestellten (Rdnr. 664 ff.) neueren Rechtsprechung von Europäischem Gerichtshof und Bundesgerichtshof diese Bestimmung dem Verkäufer ein Leistungsverweigerungsrecht nur noch bei relativer Unverhältnismäßigkeit gibt, also bei der Frage, ob der Verkäufer den Käufer auf die von letzterem nicht gewählte Art der Nacherfüllung verweisen kann, weil sie für den Verkäufer weniger belastend ist. Eine absolute Unverhältnismäßigkeit begründet kein Leistungsverweigerungsrecht des Verkäufers. Man wird indes auch in den hier erörterten Fällen

674

675

---

[82] Oben Rdnr. 668; OLG Karlsruhe, OLGR 2004, 465; Bamberger/Roth-*Faust*, § 439 BGB Rdnr. 18.
[83] OLG Karlsruhe a. a. O.
[84] OLG Köln, NJW-RR 2006, 677; *Thürmann*, NJW 2006, 3457 m.w.N.
[85] BGH, NJW 1985, 381.

einer Verbringung der Sache die Möglichkeit anzuerkennen haben, die grundsätzlich bestehende Kostentragungspflicht des Verkäufers der Höhe nach zu begrenzen.

676 Die Frage, wer die Kosten der Nacherfüllung zu tragen hat, ist nach den vorstehend dargestellten Grundsätzen damit umfassend in § 439 Abs. 2 BGB geregelt. Damit ist noch nichts dazu ausgesagt, wo der Erfüllungsort für die Nacherfüllung liegt.[86] Von Bedeutung ist letzteres für die Frage, zu welchen Mitwirkungshandlungen der Käufer im Rahmen der Nacherfüllung verpflichtet ist, ob er etwa selbst die Sache zum Verkäufer zur Reparatur bringen muss oder ob die Reparatur beim Käufer stattfinden muss. Dass die Kosten hierfür in jedem Fall dem Verkäufer zur Last fallen, bestimmt § 439 Abs. 2 BGB. Die hiervon unabhängige Frage nach dem Erfüllungsort wird deshalb an anderer Stelle behandelt.[87]

677 Auf die Kosten für den Rücktransport der mangelhaften Sache vom Käufer zum Verkäufer, die nicht zum Zwecke der Nachbesserung, sondern in Erfüllung der Rückgabepflicht des Käufers nach Lieferung einer Ersatzsache erfolgt, ist die Bestimmung dagegen nicht anwendbar. Die Rückgabepflicht ergibt sich vielmehr aus § 439 Abs. 4 i.V.m. § 346 Abs. 1 BGB. Verlangt danach der Verkäufer die **Herausgabe der mangelhaften Sache,** so muss er die **Rückgabekosten** deshalb tragen, weil der Erfüllungsort für diese Verpflichtung des Käufers aus § 346 Abs. 1 BGB sich dort befindet, wo sich die Sache zur Zeit vertragsgemäß befindet. Aus diesem Grunde ist die Abholung der Sache beim Käufer Sache des Verkäufers, der Käufer schuldet nur die Bereitstellung zur Abholung.[88]

678 Aus § 439 Abs. 2 BGB kann sich auch ein **Zahlungsanspruch des Käufers** gegen den Verkäufer, gerichtet auf Erstattung von Nacherfüllungskosten, ergeben.[89] Allerdings ist der Anspruch des Käufers aus § 439 Abs. 1 BGB zunächst auf die Vornahme der Nacherfüllung durch den Verkäufer gerichtet. Sämtliche damit verbundenen Kosten fallen dann beim Verkäufer an, so dass sich die Frage eines Anspruchs auf Erstattung von beim Käufer angefallener Kosten nicht stellt. Ausnahmsweise kann dies indes auch einmal anders sein. Zu denken ist insbesondere an die Fälle, in denen der Erfüllungsort für die Nacherfüllungsverpflichtung beim Verkäufer liegt. Dann hat der Käufer für den Transport der Kaufsache zum Verkäufer zu sorgen; die ihm hierfür angefallenen Kosten kann er anschließend vom Verkäufer, gestützt auf § 439 Abs. 2 BGB, erstattet verlangen. Aber auch in den Einbaufällen, in denen der Erfüllungsort beim Käufer liegt, in denen der Verkäufer aber nach der oben[90] dargestellten Rechtsprechung eine Reduzierung der Nacherfüllungskosten auf das Angemessene verlangen kann, mag sich die Notwendigkeit für den Käufer ergeben, ihm entstandene Kosten der Nacherfüllung vom Verkäufer ersetzt zu verlangen.[91] Soweit danach kostenträchtige Handlungen vom Käufer vorzunehmen sind, kann der Käufer vom Verkäufer auch einen **Vorschuss** verlangen.[92] Allerdings besteht kein Wahlrecht des Käufers im Rahmen des Nacherfüllungsverlangens, ob er dem Verkäufer die Nacherfüllungshandlungen, zum Beispiel den Aus- und Einbau der Kaufsache, überlässt oder diese Arbeiten selbst durchführt und den Verkäufer nur auf Kostenerstattung in Anspruch nimmt.[93]

679 f) **Selbstvornahme.** Ein **Recht des Käufers zur Selbstvornahme,** also zur Beseitigung der Mängel auf eigene Kosten verbunden **mit** einem **Anspruch auf Ersatz der Mangelbeseitigungskosten gegen den Verkäufer, gibt es nicht.**[94] Der Gesetzgeber

---

[86] Vgl. BGHZ 189, 196 = NJW 2011, 2278.
[87] Oben Rdnr. 628.
[88] BGHZ 87, 104 zur Wandelung alten Rechts.
[89] BGHZ 189, 196 = NJW 2011, 2278 Rn. 37.
[90] Rdnr. 667.
[91] Vgl. BGH ZIP 2012, 430 Rn. 49.
[92] BGH a.a.O.
[93] BGH ZIP 2012, 430 Rn. 27.
[94] BGH, NJW 2006, 988; BGH, NJW 2005, 1348; nach BGHZ 164, 196 = NJW 2006, 47 ist sogar eine Klausel in Käufer-AGB im Verkehr unter Kaufleuten gemäß § 307 Abs 2 Nr. 1 BGB unwirksam, in denen ein Selvstvornahmerecht des Käufers vereinbart wird.

hat davon abgesehen, eine dem § 637 BGB im Werkvertragsrecht entsprechende Vorschrift in das Kaufrecht aufzunehmen, obwohl die Unterschiede zwischen Kauf- und Werkvertragsrecht mit der Einführung eines Nacherfüllungsanspruchs im Kaufrecht nur noch gering sind und ein Selbstvornahmerecht des Käufers nicht grundsätzlich undenkbar erscheint. Gleichwohl ist die Grundentscheidung des Gesetzgebers zu akzeptieren. Sie kann nicht dadurch umgangen werden, dass man dem gleichwohl den Mangel selbst beseitigenden Käufer einen Anspruch auf Ersatz (ggf. eines Teils) der Mangelbeseitigungskosten mit der Begründung zugesteht, der eigentlich zur Mangelbeseitigung verpflichtete Verkäufer habe entsprechende Aufwendungen erspart.[95] Der Käufer hat die Möglichkeit, seinen Nacherfüllungsanspruch durchzusetzen, indem er eine Klage erhebt. Er kann weiter die Voraussetzungen für sekundäre Rechte mit einer Fristsetzung herbeiführen und dann insbesondere Schadensersatz verlangen, der inhaltlich auf Ersatz der Mangelbeseitigungskosten gerichtet sein kann (Schadensersatz statt der Leistung gemäß §§ 280, 281 BGB). Dieses ausgewogene System würde unterlaufen, wenn man, auch ohne dass die Voraussetzungen des Schadensersatzanspruchs vorliegen, dem Käufer einen Anspruch auf Ersatz der Mangelbeseitigungskosten geben würde.

Insoweit ist die Situation nicht anders als nach dem bis zum 31.12.2001 geltenden Werkvertragsrecht, in dem § 633 Abs. 3 BGB a. F. bestimmte Voraussetzungen (Verzug des Werkunternehmers) dafür aufstellte, dass der Besteller die Mängel auf Kosten des Unternehmers beseitigen konnte. Hielt der Besteller sich nicht daran und beseitigte er die Mängel, ohne zuvor den Verzug des Unternehmers herbeizuführen, so schied ein Anspruch auf Ersatz der Mangelbeseitigungskosten aus, auch wenn der Unternehmer in diesen Fällen eigene Aufwendungen erspart hatte. Auch Ansprüche aus Geschäftsführung ohne Auftrag oder ungerechtfertigter Bereicherung waren durch die Sondervorschriften der §§ 633 ff. BGB ausgeschlossen.[96] Ebenso wenig wie diese Lösung einen „Nachgeschmack"[97] hinterließ, trifft dies auf das neue Kaufrecht zu. Der Käufer kann nicht die Folgen eines Schadensersatzanspruchs statt der Leistung verlangen, ohne die hierfür vorgesehenen Voraussetzungen herbeigeführt zu haben. Der Anspruch des Käufers folgt insbesondere nicht aus § 326 Abs. 2 S. 2 BGB (analog).[98] Wegen § 326 Abs. 1 S. 2 BGB ist diese Vorschrift auf die Lieferung einer mangelhaften Sache beim Kauf nicht anwendbar. Das gilt auch dann, wenn es dem Käufer aus besonderen Gründen nicht zuzumuten war, dem Verkäufer zuvor Gelegenheit zur Nacherfüllung zu geben.[99] Dieser Grundsatz erfährt allenfalls dann **Einschränkungen**, wenn der **Käufer** die **Unbehebbarkeit des Mangels** durch den Verkäufer **nicht zu verantworten** hat, wenn also **keine dem Käufer zurechenbare Obliegenheitsverletzung** vorliegt.[100]

3. Rücktritt

Auch die Neuregelung des Kaufrechts durch das Gesetz zur Modernisierung des Schuldrechts sieht (selbstverständlich) ein Recht des Käufers vor, bei Lieferung einer mangelhaften Sache durch den Verkäufer den Kaufvertrag rückgängig zu machen. Entsprechend der Neukonzeption des Verhältnisses zwischen allgemeinen und besonderen Leistungsstörungsregeln ergibt sich dieses Käuferrecht aber nun aus den allgemeinen Vorschriften über den Rücktritt von Verträgen, das sind die §§ 323 und 326 Abs. 5 BGB. § 437 Nr. 2 BGB verweist deshalb auf diese **Bestimmungen des allgemeinen Schuldrechts**. Das **Kaufrecht** selbst enthält

---

[95] BGH, NJW 2005, 1348; a. A. *Lorenz*, NJW 2003, 1417 ff.
[96] BGHZ 92, 123 m.w.N.
[97] So zum neuen Recht *Lorenz*, NJW 2003, 1417, 1418.
[98] BGH, NJW 2006, 988, 989; BGH, NJW 2005, 1348; BGH, NJW 2005, 3211, 3212; gegen *Lorenz*, NJW 2003, 1417 ff.
[99] BGH, NJW 2006, 988.
[100] BVerfG, BeckRS 2006, 26166; BGH, NJW 2006, 1195 m. Anm. *Lorenz*, NJW 2006, 1175; *Lorenz*, NJW 2007, 1, 4 f.

keine Sonderbestimmung mehr, die ein Recht zum Rücktritt oder einen Anspruch auf Wandelung speziell für den Fall der Lieferung einer mangelhaften Sache durch den Käufer begründet. Dort findet sich in § 440 BGB **lediglich eine Ergänzung** der im Übrigen im allgemeinen Schuldrecht enthaltenen Regelungen bezogen auf bestimmte Einzelheiten der Rücktrittsvoraussetzungen.

a) Voraussetzungen

682 **aa) Fristsetzung.** Liefert der Verkäufer eine mangelhafte Sache, so erbringt er seine nach dem Kaufvertrag geschuldete Leistung nicht vertragsgemäß im Sinne des § 323 Abs. 1 BGB, weil er gegen seine vertragliche Verpflichtung aus § 433 Abs. 1 S. 2 BGB verstößt. Es stellt sich dann die Frage, ob der Käufer nach § 323 Abs. 1 BGB zurücktreten kann. Die Vorschrift knüpft daran an, dass der Schuldner (Verkäufer) die geschuldete Leistung nicht oder nicht wie geschuldet erbringt. Das legt nahe, dass sie auch den Fall der Unmöglichkeit mit erfasst. Dies trifft indes aus zwei Gründen nicht zu: zum einen ist der **Rücktritt bei unmöglicher Leistung** in der Sondervorschrift des § 326 Abs. 5 BGB geregelt, die als die speziellere Regelung Vorrang vor § 323 BGB hat, freilich auf diesen verweist. Zum anderen setzt § 323 Abs. 1 BGB eine „fällige Leistung" voraus, die bei einer Unmöglichkeit der Leistung nach § 275 BGB nicht gegeben ist. Eine „fällige Leistung" erfordert nämlich einen durchsetzbaren Anspruch. Dieser ist nicht nur im Falle des § 275 BGB zu verneinen. Auch wenn ihm sonstige Einreden entgegen stehen, so ist eine fällige Leistung jedenfalls dann nicht gegeben, wenn der Schuldner sich auf die Einrede beruft.[101]

683 Der Käufer kann deshalb bei möglicher Nacherfüllung nach § 323 Abs. 1 BGB zurücktreten, wenn er dem Verkäufer erfolglos eine angemessene **Frist zur** Nacherfüllung gesetzt hat. Damit ist die **Nacherfüllung im Sinne des § 439 BGB** gemeint. Gegenstand der Fristsetzung nach § 323 Abs. 1 BGB ist also bei Lieferung einer mangelhaften Sache durch den Verkäufer der inhaltlich für das Kaufrecht in § 439 BGB näher ausgestaltete Nacherfüllungsanspruch des Käufers.

684 Daraus ergibt sich eine wesentliche Änderung gegenüber dem bis zum 31.12.2001 geltenden Recht: Während bisher der Käufer sofort Wandelung des Kaufvertrages verlangen konnte, ist ihm ein **Rücktritt** jetzt **erst nach erfolglosem Fristablauf** gestattet. Dadurch erhält der Verkäufer eine „zweite Chance", ein Recht zur zweiten Andienung, um den von ihm nach dem Vertrag geschuldeten Erfolg doch noch herbeizuführen, bevor der Käufer mit seinem Rücktritt das Scheitern des Vertrages bewirken kann. Aus dieser Rücktrittsvoraussetzung folgt der bereits angesprochene Vorrang der Nacherfüllung vor dem Rücktritt.

685 Die Fristsetzung bezieht sich auf die **Art der Nacherfüllung,** die der Käufer in Ausübung seines Wahlrechts nach § 439 Abs. 1 BGB gewählt hat. Wählt der Käufer also zum Beispiel die Nachbesserung und setzt dem Verkäufer zu deren Vornahme eine Frist, so ist die Frist erfolglos abgelaufen, wenn innerhalb dieser Frist die Nachbesserung nicht bewirkt ist. Ist das Wahlrecht des Käufers wegen § 439 Abs. 3 S. 3 BGB auf eine der beiden Arten der Nacherfüllung beschränkt, so muss sich die gesetzte Frist auf die Nacherfüllungsart beziehen, die dem Käufer verbleibt. Begehrt der Käufer also zunächst Nachbesserung und beruft der Verkäufer sich demgegenüber zu Recht auf seine Einrede aus § 439 Abs. 3 BGB, so muss der Käufer dem Verkäufer eine Frist zur Nachlieferung einräumen. Bei der Beurteilung der Angemessenheit der Frist wird häufig eine bereits zuvor zur Nachbesserung gesetzte Frist mit zu berücksichtigen sein. Trifft der Käufer keine Wahl zwischen den beiden Arten der Nacherfüllung, so kann er gleichwohl eine Frist zur Nacherfüllung setzen und es dem Verkäufer überlassen, auf welche Art er den Nacherfüllungserfolg herbeiführt, wie bereits hin-

---

[101] Das gilt bei den meisten dauernden oder aufschiebenden Einreden sogar dann, wenn der Schuldner sich zunächst nicht auf die Einrede beruft, s. Palandt-*Grüneberg*, § 323 BGB Rdnr. 11. Das Problem ist nicht anders zu behandeln als nach früherem Recht die Wirkung von Einreden auf den Eintritt des Schuldnerverzugs.

A. Rechte des Käufers nach BGB

sichtlich des Nacherfüllungsanspruchs ausgeführt wurde (vgl. Rdnr. 625). Eine Fristsetzung kann sich auch aus den Umständen der Aufforderung zur Nachlieferung ergeben, also etwa daraus, dass der Verkäufer eine Lieferzeit nennt und der Käufer sich damit einverstanden erklärt.

Der Käufer muss dem Verkäufer – nach Eintritt der Fälligkeit[102] – eine „angemessene" **686** Frist zur Nacherfüllung setzen. Die Frage der **„Angemessenheit" der Frist** ist eine Frage des Einzelfalls und kann nicht generell bestimmt werden. Es kommt darauf an, welche Frist dem Verkäufer **nach dem Inhalt und den Gesamtumständen des Vertrags** noch zugebilligt werden muss, um die Nacherfüllung vorzunehmen. Gerade bei den Alltagsgeschäften des täglichen Lebens kann diese Frist auch sehr kurz sein. Erwirbt der Käufer zum Beispiel einen Reisewecker in einem Kaufhaus, der sich beim Ausprobieren zu Hause als defekt herausstellt, so genügt es, wenn der Käufer dem Verkäufer zum „Umtausch" (= Nachlieferung) des Radios die Gelegenheit gibt, ein anderes Exemplar aus dem Regal zu nehmen und gegen das defekte Radio auszutauschen. Das ist eine Sache von wenigen Minuten. Stets ist auch zu berücksichtigen, dass die Nachfrist nicht den Zweck hat, den Verkäufer in die Lage zu versetzen, nun erst die Bewirkung seiner Leistung in die Wege zu leiten; sie soll dem Verkäufer nur eine letzte Gelegenheit gewähren, die begonnene Erfüllung zu vollenden.[103] Der Käufer muss nicht unbedingt einen bestimmten Zeitraum oder einen konkreten Endtermin angeben, wenn dies auch sicher aus Klarstellungsgründen zweckmäßig ist. Es kann vielmehr genügen, wenn die Aufforderung darauf gerichtet wird, innerhalb „angemessener Frist", „unverzüglich" oder „umgehend" zu leisten und dem Verkäufer dadurch verdeutlicht wird, dass ihm für die Erfüllung nur ein begrenzter Zeitraum zur Verfügung steht.[104]

Setzt der Käufer eine **Frist, die unangemessen kurz** ist, so hat dies nicht die Unwirksamkeit der Fristsetzung, sondern nur zur Folge, dass eine angemessene Frist in Lauf gesetzt wird. Insoweit gilt nichts anderes, als in der Rechtsprechung bereits nach bis zum 31.12.2001 geltenden Recht im Rahmen des § 326 Abs. 1 BGB anerkannt war.[105] **687**

Zu beachten ist, dass § 323 Abs. 1 BGB neben der Fristsetzung **keine weiteren Voraussetzungen** für den Rücktritt enthält. Der Käufer muss mit der Fristsetzung also insbesondere keine Androhung verbinden, die Nacherfüllung durch den Verkäufer nach Ablauf der Frist abzulehnen. Weiter kommt es nicht darauf an, ob der Verkäufer die Mangelhaftigkeit der Kaufsache zu vertreten hat im Sinne der §§ 276 ff. BGB. **688**

Droht der **Ablauf der Verjährungsfrist,** so kann sich für den Käufer das Problem ergeben, dass eine von ihm zu setzende angemessene Frist erst nach Eintritt der Verjährung ablaufen würde.[106] Das Gesetz enthält für diesen Fall keine Regelung, die dies ohne weiteres verhindern würde. Der Gesetzgeber hat hiervon bewusst angesichts der erheblichen Verlängerung der Verjährungsfristen im Kaufrecht und wegen der erweiterten Möglichkeiten, durch Verhandlungen eine Hemmung mit einer Nachfrist von drei Monaten zu erreichen (§ 203 BGB) oder abweichend von § 225 BGB a. F. Vereinbarungen über die Verjährung zu treffen (§ 202 BGB), abgesehen. Gelingt es dem Käufer nicht, rechtzeitig bei dem Verkäufer einen Verjährungsverzicht oder wenigstens die Aufnahme von Verhandlungen zu erreichen, so bleibt ihm nichts anderes übrig, als die Hemmung durch Rechtsverfolgung herbeizufüh- **689**

---

[102] BGH MDR 2012, 953.
[103] BGH, NJW 1985, 320, 323 und BGH, NJW 1985, 855, 857, jeweils zu § 326 BGB a. F.; das ist auf das neue Recht auch insoweit übertragbar, als der BGH ausführt, die Nachfrist dürfe nicht zu einer Ersatzlieferungsfrist werden. Zwar ist genau diese Ersatzlieferung – bei entsprechender Wahl des Käufers – Gegenstand der Fristsetzung; gleichwohl ändert dies nichts an der Fristsetzung als „letzter Chance". Von dem vertragswidrig handelnden Verkäufer können dabei besondere Anstrengungen erwartet werden.
[104] BGH NJW 2009, 3153 zu § 281 BGB; hierzu etwa *Keil*, EWiR 2010, 13; *Faust*, JZ 2010, 202; *Ludes/Lube*, MDR 2009, 1317; *Klein*, NJW 2009, 3154; *Koch*, NJW 2010, 1636.
[105] Vgl. nur BGH, NJW 1985, 2640.
[106] Dazu eingehend *Ritzmann*, MDR 2003, 430 ff.

ren, also vor allem nach § 204 Abs. 1 Nr. 1 BGB (Klageerhebung) oder nach § 204 Abs. 1 Nr. 7 BGB (selbständiges Beweisverfahren). Eine Klage müsste den Nacherfüllungsanspruch zum Gegenstand haben; ein Rücktrittsrecht, also auch die hieraus folgenden Rückgabeansprüche aus § 346 Abs. 1 BGB sind mangels Fristablaufs ja noch nicht entstanden. Die mit Klageerhebung eingetretene Hemmung des Nacherfüllungsanspruchs bewirkt aber wegen § 218 Abs. 1 BGB, dass auch ein Rücktritt möglich bleibt. Es verbleibt allerdings ein Kostenrisiko des Käufers (§ 93 ZPO). Ausgeschlossen ist jedenfalls, dass der Käufer, der gleichwohl die Verjährung während des Fristlaufs eintreten lässt, sich gegenüber der Verjährungseinrede des Verkäufers auf § 242 BGB berufen kann.[107]

690 **bb) Erfolglosigkeit der Fristsetzung.** § 323 Abs. 1 BGB knüpft die Möglichkeit des Rücktritts an die **Erfolglosigkeit der** Fristsetzung. Dies ist stets auf die **Nacherfüllungshandlungen** zu beziehen, die der Verkäufer im jeweiligen Fall vorgenommen hat. Hat sich also der Käufer für die **Nachbesserung** entschieden, so ist diese erfolglos, wenn danach derselbe Mangel wieder auftritt, also durch die Reparatur nicht behoben wurde. Ist etwa bei einem neuen PKW die Lichtmaschine defekt und funktioniert sie auch nach einem Reparaturversuch des Verkäufers immer noch nicht, kann der Käufer nach § 323 Abs. 1 BGB zurücktreten.

691 Hat der Käufer sich wegen der defekten Lichtmaschine für die **Nachlieferung** entschieden und nimmt man an, dass der Verkäufer dem gegenüber die Einrede aus § 439 Abs. 3 BGB nicht mit Erfolg geltend machen kann, so ist diese Art der Nacherfüllung bereits dann erfolglos, wenn die Ersatzsache ihrerseits wieder einen Mangel aufweist. Dabei ist gleichgültig, ob es sich wieder um denselben oder um einen anderen Mangel handelt. Für die Beurteilung der Erfolglosigkeit der Nacherfüllung kommt es nämlich auf die in diesem Rahmen geschuldete Leistung des Verkäufers an. Bei der Nachlieferung schuldet der Verkäufer eine mangelfreie Ersatzsache; ist diese mangelhaft, hat er nicht erfolgreich „nacherfüllt".

692 Wählt der Käufer die Nachbesserung, also die Reparatur die Lichtmaschine, und ist diese nach dem ersten Nachbesserungsversuch zwar mangelfrei, zeigt sich aber später ein **anderer Fehler** des PKW, etwa ein Defekt des Scheibenwischers, so ändert dies nichts daran, dass die Reparatur der Lichtmaschine erfolgreich war. Auf die Ausbesserung des Scheibenwischers bezog sich das Nachbessungsverlangen des Käufers nicht, hierfür muss der Käufer dem Verkäufer deshalb erneut unter Fristsetzung Gelegenheit geben.

693 Erfolglos kann die Nachbesserung auch dann sein, wenn der gerügte Mangel zwar äußerlich zunächst beseitigt ist, dadurch aber **weitere Beeinträchtigungen** in Kauf genommen werden müssen. Dies hat der BGH in einem Fall angenommen, in dem ein Hund mit einer Fehlstellung des Sprunggelenks verkauft wurde, die zu übermäßigen O-Beinen führte. Die Fehlstellung des Gelenks konnte zwar operativ im Wege der Nachbesserung behoben werden; es verblieb aber als Folge des Eingriffs eine am Schienbein verschraubte Platte und damit verbunden dauerhaft gesundheitliche Risiken sowie die Erforderlichkeit von halbjährlichen tierärztlichen Kontrolluntersuchungen. Das stellt keine vollständige Mangelbeseitigung im Sinne des § 439 BGB dar.[108]

694 Ist die vom Käufer gesetzte Frist dagegen nicht erfolglos abgelaufen, hat also der Verkäufer rechtzeitig innerhalb der Frist den Mangel beseitigt, so besteht kein Rücktrittsrecht des Käufers. Das gilt sogar dann, wenn es ursprünglich gar nicht erforderlich gewesen wäre, dem Verkäufer eine Frist zu setzen und das Rücktrittsrecht des Käufers damit bereits ohne die Fristsetzung entstanden war. Der Bundesgerichtshof[109] hat dies in einem Fall so entschieden, in dem der Verkäufer arglistig gehandelt hatte, was die Entbehrlichkeit der Fristsetzung gemäß § 323 Abs. 2 Nr. 3 BGB zur Folge hatte. Gleichwohl hatte der Käufer dem Verkäufer eine Frist zur Nacherfüllung gesetzt und damit zu erkennen gegeben, dass sein Vertrauen

---

[107] Zutreffend *Ritzmann*, MDR 2003, 430 ff.
[108] BGH, NJW 2005, 2852.
[109] BGH NJW 2010, 1805.

A. Rechte des Käufers nach BGB

in die Bereitschaft zur ordnungsgemäßen Nacherfüllung trotz des arglistigen Verhaltens des Verkäufers weiterhin besteht. Dann muss der Käufer eine fristgerechte Nacherfüllung auch gegen sich gelten lassen; sein zuvor bereits entstandenes Rücktrittsrecht erlischt.

Die **Beweislast für die Erfolglosigkeit der Nacherfüllung** trägt der Käufer jedenfalls 695 dann, wenn er die Kaufsache nach einer erfolgten Nachbesserung wieder entgegengenommen hat[110]. Das ist aus § 363 BGB abzuleiten und gilt auch für den Fall, dass der Käufer eine nachgelieferte Sache entgegengenommen hat, für die Mangelhaftigkeit der Ersatzsache. Dabei muss der Käufer grundsätzlich nur beweisen, dass das von ihm gerügte Mangelsymptom trotz des Nachbesserungsversuchs weiterhin auftritt, nicht dagegen, auf welche Ursache dies zurückzuführen ist[111]. Etwas anderes gilt nur dann, wenn eine unsachgemäße Behandlung der Kaufsache durch den Käufer nach erfolgter Nachbesserung in Betracht kommt und die Möglichkeit besteht, dass das erneute Auftreten des Mangels hierauf zurückzuführen sein könnte[112].

cc) Entbehrlichkeit der Fristsetzung. Die Fristsetzung ist in bestimmten Fällen entbehrlich[113], die das Gesetz zunächst in § 323 Abs. 2 BGB regelt. Hinzuweisen ist in dem vorliegenden Zusammenhang vor allem auf § 323 Abs. 2 Nr. 1 BGB. Danach bedarf es keiner Fristsetzung, wenn der Schuldner die Leistung (bzw. die Nacherfüllung) **ernsthaft und endgültig verweigert**. Eine Frist, die dem Schuldner Gelegenheit zu einer Leistung geben soll, die er nicht erbringen will, ist sinnlos und deshalb auch nicht erforderlich. Eine derartige endgültige Leistungsverweigerung liegt aber noch nicht in der Erklärung des Schuldners, er werde zum Fälligkeitszeitpunkt nicht leisten können, weil dann offen bleibt, ob die Leistung innerhalb der angemessenen Nachfrist erbracht werden wird.[114]

In diesem Zusammenhang kann auf die bisherige Rechtsprechung zur Entbehrlichkeit 697 einer Fristsetzung mit Ablehnungsandrohung zurückgegriffen werden, wie sie insbesondere im Werkvertragsrecht zu § 634 Abs. 1 a. F. BGB entwickelt worden ist und in der Praxis eine durchaus wichtige Rolle spielte. Danach kann beispielsweise auch das **Verhalten des verklagten Verkäufers im Prozess** ergeben, dass eine Fristsetzung entbehrlich ist, weil sie den Verkäufer ohnehin nicht zur Nacherfüllung veranlassen könnte.[115] Allein das Bestreiten von Mängeln genügt indes zur Entbehrlichkeit der Fristsetzung nicht ohne weiteres, weil das Bestreiten ein prozessuales Recht des Schuldners ist.[116]

§ 323 Abs. 2 Nr. 2 BGB betrifft das relative Fixgeschäft (§ 361 BGB a. F.), das im vorliegenden Zusammenhang der Lieferung einer mangelhaften Sache nicht von Bedeutung ist. 698

Nach § 323 Abs. 2 Nr. 3 BGB ist die Fristsetzung entbehrlich, wenn **besondere Um-** 699 **stände** vorliegen, die unter Abwägung der beiderseitigen Interessen den **sofortigen Rücktritt rechtfertigen**. Dabei handelt es sich um einen Ausnahmefall, der nicht häufig anzunehmen sein wird. Er kann zum Beispiel im Einzelfall vorliegen bei Saisonartikeln, die wegen der nacherfüllungsbedingten Verzögerung nicht mehr verkäuflich wären. Die Un-

---

[110] BGH NJW 2009, 1341 m. Anm. Bruns EWiR 2009, 435 und Schwenker IBR 2009, 207.
[111] BGH NJW 2011, 1664.
[112] BGH NJW 2011, 1664.
[113] Dazu: *Martis*, MDR 2010, 1293.
[114] BGH MDR 2012, 953.
[115] Vgl. z. B. BGH, NJW 2003, 580: Dort hatte der Unternehmer in der Klageerwiderung seine Mängelbeseitigungspflicht kategorisch bestritten und unter Berufung auf ein Sachverständigengutachten behauptet, es lägen keine Mängel vor. Außerdem hatte er mit Hinweis darauf, dass er in unverjährter Zeit keine Mängelbeseitigung abgelehnt habe, die Einrede der Verjährung erhoben. Daraus hat der BGH gefolgert, dass der Unternehmer spätestens seit der Klageerwiderung nicht mehr bereit war, die behaupteten Mängel zu beseitigen. Der BGH hat von diesem Zeitpunkt an eine weitere Fristsetzung mit Ablehnungsandrohung im Sinne des § 634 Abs. 1 BGB a. F. für entbehrlich gehalten.
[116] OLG Bamberg, OLGR 2006, 502, unter Hinweis auf BGH, NJW-RR 1993, 882; dort hatte der Schuldner zugleich ernsthafte Verhandlungen über die Streitpunkte angeboten; weiteres Beispiel einer Abwägung in OLG Celle, NJW-RR 2007, 352 f. zu § 281 BGB.

gewissheit des Käufers, ob ein nach Übergabe aufgetretener Defekt der Kaufsache auf einen Sachmangel zurückzuführen ist, stellt dagegen keine derartigen „besonderen Umstände" dar und befreit den Käufer nicht von seiner Obliegenheit, den Verkäufer unter Fristsetzung zur Nacherfüllung aufzufordern.[117] Der Vorrang der Nacherfüllung soll dem Verkäufer nämlich auch die eigene Feststellung dazu ermöglichen, ob die gekaufte Sache einen Mangel aufweist.[118] Besondere Umstände, die zur Entbehrlichkeit der Fristsetzung führen, liegen jedoch bei einer arglistigen Täuschung des Verkäufers über einen Mangel der Kaufsache bei Vertragsschluss vor.[119]

700 § 323 Abs. 2 Nr. 3 BGB ist keinesfalls generell dahin auszulegen, dass bei **Verbrauchsgüterkaufverträgen** im Sinne des § 474 BGB immer eine Fristsetzung entbehrlich ist.[120] Das soll aus einer richtlinienkonformen Auslegung folgen, weil die Verbrauchsgüterkaufrichtlinie in Art. 3 das Recht des Verbrauchers zur Vertragsauflösung nur daran knüpft, dass die Nacherfüllung nicht innerhalb einer angemessenen Frist erfolgt ist, ohne weiter zu verlangen, dass der Verbraucher zusätzlich eine Frist setzen muss. Es ist eine ausdrückliche Entscheidung des Gesetzgebers zu dieser im Gesetzgebungsverfahren immer wieder angesprochenen Frage, hinsichtlich der Fristsetzung in den §§ 474 ff. BGB keine Ausnahme vorzusehen. Das ist zu akzeptieren.

701 Die Frage, ob das deutsche Recht die **Verbrauchsgüterkaufrichtlinie** damit ausreichend umsetzt, ist streitig,[121] aber mit der Begründung des Gesetzentwurfs[122] zu bejahen. Hingewiesen sei insbesondere auf Folgendes: Zunächst muss auch nach der Konzeption der Verbrauchsgüterkaufrichtlinie der Verbraucher – selbstverständlich – aktiv werden, nämlich sich an den Verkäufer wenden und ihm gegenüber seine Rechte geltend machen. Insoweit ist auch nach der Richtlinie ein Tätigwerden des Verbrauchers gefordert. Wenn dies noch zusätzlich mit der Bestimmung einer Frist zu verbinden ist, so führt dies dazu, dass Rechtssicherheit bei der Frage geschaffen wird, ab welchem Zeitpunkt dem Verbraucher Sekundärrechte zustehen. Letzterer hat es zudem selbst in der Hand, diesen Zeitraum zu bestimmen, solange die Frist nicht unangemessen kurz ist. Vor allem aber ist Folge einer unterbliebenen Fristsetzung keineswegs, dass der Verkäufer ewig zur Nacherfüllung berechtigt bliebe und der Verbraucher niemals zurücktreten könnte. Die Richtlinie sieht in Art. 3 Abs. 5 Spiegelstrich 2 vor, dass der Verbraucher eine Vetragsauflösung verlangen kann, wenn der Verkäufer nicht innerhalb angemessener Frist Abhilfe geschaffen hat. Genau dieses Ergebnis wird nach deutschem Recht durch § 440 S. 1 BGB erreicht. Nach dessen S. 1 bedarf es einer Fristsetzung nicht, wenn die Nacherfüllung fehlgeschlagen ist. Das ist zumindest bei Verbrauchsgüterkaufverträgen mit Blick auf eine richtlinienkonforme **Auslegung** immer schon dann anzunehmen, wenn – auch ohne Fristsetzung – eine Nacherfüllung innerhalb angemessener Frist nicht erfolgt.[123]

702 Ergänzt wird der Katalog der Gründe, aus denen eine Fristsetzung entbehrlich ist, durch den soeben bereits angesprochenen § 440 BGB. Danach bedarf es einer Fristsetzung zunächst dann nicht, wenn der **Verkäufer beide Arten der Nacherfüllung** nach § 439 Abs. 3 BGB **verweigert.** Für den Verbrauchsgüterkauf hat diese Variante keine Bedeutung mehr, da als Folge richtlinienkonformer Auslegung der Verkäufer nicht beide Arten der Nacherfüllung nach § 439 Abs. 3 BGB verweigern kann.[124] Als Anwendungsbereich verbleiben die sonstigen Kaufverträge. Nach dem ausdrücklichen Gesetzeswortlaut muss der Verkäufer die Nacherfüllung verweigert, also seine Einrede nach § 439 Abs. 3 BGB auch

---

[117] BGH, NJW 2006, 1195.
[118] BGH, NJW 2006, 1195, 1197.
[119] BGH, NJW 2007, 835, 836 f.
[120] So aber Bamberger/Roth-*Faust*, § 437 BGB Rdnr. 18.
[121] Nachw. bei Gebauer/Wiedmann-*Leible*, Zivilrecht, Kap. 10 Rdnr. 97.
[122] BT-Drucks. 14/6040, S. 222.
[123] BT-Drucks. 14/6040, S. 222; Gebauer/Wiedmann-*Leible*, Zivilrecht, Kap. 10 Rdnr. 97 m.w.N.
[124] Vgl. oben Rdnr. 667.

A. Rechte des Käufers nach BGB

erhoben haben. Es genügt nicht, dass lediglich die Einredevoraussetzungen vorliegen. Dies muss sich auf beide Arten der Nacherfüllung beziehen, weil bei einer Einrede nur gegen eine der beiden Arten die andere Gegenstand der geschuldeten Nacherfüllung ist (§ 439 Abs. 3 S. 3 BGB). Zur Erfüllung dieser Art der Nacherfüllung ist eine Fristsetzung nicht entbehrlich. Ist die Erfüllung beider Arten der Nacherfüllung, diese also insgesamt dem Verkäufer unmöglich, so kann der Käufer nach § 437 Nr. 2 in Verbindung mit § 326 Abs. 5 BGB ohne Fristsetzung zurücktreten. Ist lediglich eine der beiden Arten der Nacherfüllung unmöglich, so bleibt die Nacherfüllung in der anderen Art möglich; hierfür muss der Käufer dem Verkäufer dann eine Frist setzen, bevor er zurücktreten kann.

Weiter ergänzt § 440 S. 1 BGB die Gründe für eine Entbehrlichkeit der Fristsetzung um den Fall, dass die **Nacherfüllung fehlgeschlagen** ist. Das betrifft ausdrücklich beide Arten der Nacherfüllung, also nicht nur die Nachbesserung, sondern auch die Nachlieferung. Dann kann dem Käufer eine (weitere) Fristsetzung nicht zugemutet werden. Dabei kommt es nur darauf an, dass die „dem Käufer zustehende" Art der Nacherfüllung fehlgeschlagen ist. Dem Käufer steht die Art der Nacherfüllung zu, die er gewählt und die der Verkäufer nicht zu Recht zum Beispiel nach § 439 Abs. 3 oder § 275 BGB verweigert hat.[125] Es ist dem Käufer nicht zuzumuten, nach vergeblichen Nach**besserungs**versuchen des Verkäufers erst noch weitere, in ihrem Erfolg wieder ungewisse Nach**lieferungs**versuche des Verkäufers abzuwarten, bevor er zurücktreten kann.

703

Bei der Frage, wann ein „**Fehlschlagen**" der Nacherfüllung in diesem Sinne **anzunehmen** ist, kann auf die Rechtsprechung zu dem bis zum 31.12.2001 geltenden § 11 Nr. 10 Buchst. b AGBG a. F. zurückgegriffen werden. Der Gesetzgeber hat sich ausdrücklich bei der Wahl des Begriffs „Fehlschlagen" hierauf bezogen.[126] Danach war ein „Fehlschlagen" im Wesentlichen anzunehmen bei objektiver oder subjektiver Unmöglichkeit, Unzulänglichkeit, unberechtigter Verweigerung, ungebührlicher Verzögerung und bei einem misslungenen Versuch der Nachbesserung bzw. Ersatzlieferung.[127] Die Zahl der Fälle, in denen es auf ein Fehlschlagen der Nacherfüllung ankommt, wird künftig allerdings wesentlich geringer sein, als dies nach altem Recht bei einer vertraglichen Vereinbarung eines Nachbesserungsanspruchs der Fall war. Es verbleiben im wesentlichen das **Unterlassen**, die **Unzulänglichkeit** und der **misslungene Versuch** der Nacherfüllung. Bei einer Unmöglichkeit der Nacherfüllung (§§ 275 Abs. 1 bis 3 BGB) kann der Käufer ohnehin bereits nach § 326 Abs. 5 BGB ohne Fristsetzung zurücktreten, die Verweigerung der Nacherfüllung durch den Verkäufer ermöglicht dies bereits nach § 323 Abs. 2 Nr. 1 BGB.

704

In dem Fall, dass sich bereits während des Laufs einer vom Käufer gesetzten Frist herausstellt, dass die **Nacherfüllung bis zum Fristablauf nicht erfolgreich vorzunehmen** sein wird, braucht der Käufer den Ablauf der Frist nicht abzuwarten, um zurückzutreten. Dazu bedarf es aber keines Rückgriffs auf § 440 S. 1 BGB. Dies folgt vielmehr bereits aus dem Rechtsgedanken des § 323 Abs. 4 BGB. Wenn nämlich der Gläubiger (Käufer) bereits vor dem Eintritt der Fälligkeit zurücktreten kann, wenn offensichtlich ist, dass die Voraussetzungen des Rücktritts eintreten werden, dann muss dies erst recht für einen Rücktritt nach Fälligkeit, aber vor Fristablauf gelten.

705

Einer der Hauptanwendungsbereiche des § 440 BGB sind „**Mängelketten**", also Fälle, in denen trotz der Nacherfüllungsbemühungen des Verkäufers stets **neue Mängel** auftreten. Hier muss es einen Zeitpunkt geben, ab dem für einen Rücktritt des Käufers (weitere) Fristsetzungen nicht (mehr) erforderlich sind. Diese Frage beantwortet sich danach, wann ein „Fehlschlagen" der Nachbesserung angenommen werden kann. Man mag zwar daran denken, diese Fälle nach der „Zumutbarkeit" weiterer Nachbesserungsversuche im Sinne von § 440 S. 1 letzter Halbs. BGB zu lösen. § 440 S. 2 BGB zeigt aber, dass der Gesetzgeber die

706

---

[125] BGH, NJW 2007, 504, 505.
[126] BT-Drucks. 14/6040, S. 233.
[127] BGH, NJW 1998, 679; BGH, NJW 1994, 1004, 1005; BGHZ 93, 29, 62 f.

Anzahl der Nachbesserungsversuche als eine Frage des Fehlschlagens verstanden hat. Einer Fristsetzung bedarf es also in derartigen Fällen nicht, sobald von einem Fehlschlagen der Nachbesserung ausgegangen werden kann. Dann kann der Käufer sofort zurücktreten und die Kette der Nacherfüllungsversuche beenden.

707 § 440 S. 2 BGB bestimmt als gesetzliche Regel hinsichtlich der Frage, wie viele Nachbesserungsversuche der Käufer sich gefallen lassen muss, bevor man von einem **„Fehlschlagen" der Nachbesserung** sprechen kann, dass dies **nach dem zweiten erfolglosen Versuch** anzunehmen ist. Fordert der Käufer also den Verkäufer erfolgreich zur Reparatur der defekten Lichtmaschine auf, so müsste der Käufer sich bei einem anschließende Defekt des Scheibenwischers dem Verkäufer auch noch zu dessen Reparatur Gelegenheit geben Tritt danach ein Defekt der Fahrertür auf, kann der Käufer nach der gesetzlichen Regel ohne weitere Fristsetzung zurücktreten.

708 Hiervon kann es aber nach den Umständen des jeweiligen Einzelfalles **in beiden Richtungen Abweichungen** geben, die § 440 S. 2 letzter Halbsatz BGB regelt. Danach kann sich aus der Art der Sache, der Art des Mangels oder aus den sonstigen Umständen etwas anderes ergeben – also entweder die Notwendigkeit, mehr als zwei Nacherfüllungsversuche abzuwarten oder die Annahme eines **„Fehlschlagens" schon nach der ersten Nachbesserung.** Letzteres kann anzunehmen sein, wenn sich der Verkäufer als unzuverlässig erwiesen hat oder wenn der Käufer dringend auf die Kaufsache angewiesen ist, sie dem Verkäufer aber bereits für den ersten Nachbesserungsversuch längere Zeit zur Verfügung gestellt hatte. Ersteres **(mehr als zwei Nacherfüllungsversuche)** kann bei technisch komplizierten Geräten oder schwer zu behebenden Mängeln in Betracht kommen.[128]

709 Besonders hingewiesen sei darauf, dass entgegen gelegentlich anzutreffender Missständnisse aus § 440 S. 2 BGB **keinesfalls** eine generelle Regel dahin folgt, dass der Käufer **stets zwei erfolglose Nachbesserungsversuche** des Verkäufers hinnehmen muss, bevor er zurücktreten kann. Die Regelung entfaltet ihre Wirkung vielmehr ausschließlich als Ergänzung des § 440 S. 1 BGB, dessen Rechtsfolge die Entbehrlichkeit der Fristsetzung ist. Hat der Käufer für die Reparatur nur eines der Mängel in der Mängelkette eine Frist gesetzt und wird dieser Mangel nicht fristgemäß erfolgreich repariert, so kommt es auf die soeben erörterten Fragen zu § 440 BGB nicht an, auch nicht darauf, ob es sich um den ersten oder zweiten Mangel handelt und ob eine der Ausnahmen des § 440 S. 2 BGB gegeben ist. Der Käufer muss sich dann auf keinerlei weitere Reparaturversuche mehr einlassen. Von Bedeutung ist § 440 S. 2 BGB als Unterfall des Fehlschlagens nur dann, wenn eine solche Fristsetzung bei früheren Mängeln nicht erfolgte oder wenn die Fristsetzungen sich auf verschiedene, für sich genommen erfolgreich beseitigte Mängel bezogen.[129]

710 § 440 S. 2 BGB nennt ausdrücklich nur die Nach**besserung.** Das entspricht seinem soeben behandelten hauptsächlichen Anwendungsbereich bei Mängelketten und dem Umstand, dass – wie dargelegt (Rdnr. 691) – die Verschiedenheit von Mängeln bei der Nach**lieferung** nach Fristsetzung bereits unmittelbar zur Erfolglosigkeit der Nacherfüllung im Sinne des § 323 Abs. 1 BGB führt, § 440 BGB also nicht anwendbar ist. Gleichwohl kann sich auch die Frage stellen, ob der Käufer sich **mehrere Nachlieferungsversuche** gefallen lassen muss. Das betrifft die Fälle, in denen der Käufer die Nachlieferung gewählt und der Verkäufer eine fehlerhafte Ersatzsache geliefert hat, ein Rücktritt unmittelbar nach § 323 Abs. 1 BGB aber an dem Fehlen einer Fristsetzung scheitert. In derartigen Fällen kann nicht von vornherein ein Fehlschlagen bejaht werden. Vielmehr kommt es darauf an, ob zu befürchten ist, dass eine weitere Ersatzlieferung wiederum mangelhaft ist.[130] Das kann bei Produk-

---

[128] BGH, NJW 2007, 504, 505. Beispiele aus der früheren Rechtsprechung zu § 11 Nr. 10 b) AGBG a. F., vgl. Palandt-*Heinrichs*, (61. Aufl.), § 11 AGBG Rdnr. 57a.
[129] Anders wohl BGH, Urteil vom 23.1.2013-VIII ZR 140/12.
[130] Bamberger/Roth-*Faust*, § 440 BGB Rdnr. 33; *Reinicke/Tiedtke*, KaufR, Rdnr. 485.

tionsfehlern in Betracht kommen. Ansonsten wird der Käufer sich auf einen weiteren Erfüllungsversuch des Verkäufers einlassen müssen.

§ 440 S. 1 BGB nennt schließlich als weiteren Fall für die **Entbehrlichkeit der Fristsetzung,** dass die **Nacherfüllung für den Käufer „unzumutbar"** ist.[131] Man mag zwar auch in diesen Fällen von einem Fehlschlagen der Nacherfüllung sprechen.[132] Der Gesetzgeber hat diesen Fall jedoch herausgegriffen, um eine Umsetzung auch des Art. 3 Abs. 5, 3. Spiegelstrich der Verbrauchsgüterkaufrichtlinie in deutsches Recht sicherzustellen, der von „erheblichen Unannehmlichkeiten" für den Verbraucher (Käufer) spricht.[133] Eine Unzumutbarkeit der Nacherfüllung wird zum Teil auch dann befürwortet, wenn der Verkäufer den Käufer arglistig getäuscht hat,[134] der BGH erreicht das gleiche Ergebnis – die Entbehrlichkeit der Fristsetzung – hingegen über § 323 Abs. 2 Nr. 3 BGB (vgl. Rdnr. 699).

711

Die **Fristsetzung** ist weiter **entbehrlich,** wenn die **Nacherfüllung** (anfänglich oder nachträglich) **unmöglich** ist (wird). Das Rücktrittsrecht für diesen Fall ist in § 326 Abs. 5 BGB geregelt. Danach kann der Käufer nach § 323 BGB zurücktreten, wenn der Verkäufer nach § 275 Abs. 1 bis 3 BGB nicht zu leisten braucht, und zwar mit der Maßgabe, dass eine Fristsetzung entbehrlich ist. Sämtliche übrigen Voraussetzungen und Folgen eines Rücktritts bestimmen sich – mit Ausnahme der in diesem Fall überflüssigen Fristsetzung – auch im Fall der Unmöglichkeit nach § 323 BGB. Ein Beispiel für anfängliche Unmöglichkeit der Nacherfüllung wurde bereits erwähnt: Der als unfallfrei verkaufte Unfallwagen. Nachträglich wird die Nacherfüllung – abgesehen vom Untergang der Kaufsache – auch dann unmöglich, wenn der Käufer den Mangel selbst beseitigt, ohne dem Verkäufer zuvor Gelegenheit zur Nacherfüllung gegeben zu haben.[135]

712

b) Ausschluss des Rücktrittsrechts. § 323 Abs. 5 und 6 BGB enthält Gründe, aus denen der Rücktritt des Käufers ausgeschlossen sein kann. Besonders hervorzuheben ist an dieser Stelle, dass nach § 323 Abs. 5 S. 2 BGB bei einer nicht vertragsgemäßen Leistung, also im Kaufrecht der Lieferung einer mangelhaften Sache, der Rücktritt ausgeschlossen ist, wenn die **Pflichtverletzung,** also der **Mangel, unerheblich** ist. Führte die „unerhebliche" Wert- oder Tauglichkeitsminderung nach dem bis zum 31.12.2001 geltenden Recht dazu, dass schon kein Fehler vorlag (§ 459 Abs. 1 S. 2 BGB a. F.), so spielt dieses Kriterium für die Frage der Mangelhaftigkeit nach § 434 BGB jetzt keine Rolle mehr. Auch ein unerheblicher Mangel führt zur Anwendung der Vorschriften über die Mängelhaftung des Verkäufers. Eine wichtige Einschränkung gibt es allerdings beim Rücktritt, der in diesem Fällen ausgeschlossen ist.

713

Wann ein Mangel als „unerheblich" anzusehen ist, ist eine Frage des Einzelfalls. Hierbei ist aber Zurückhaltung angezeigt und § 323 Abs. 5 S. 2 BGB **eng auszulegen,** weil Rechtsfolge einer Unerheblichkeit stets ist, dass der Käufer die Sache behalten muss und vom Kaufvertrag auch dann nicht zurücktreten darf, wenn der Verkäufer den Mangel nicht beseitigt. Nach der für die Praxis maßgeblichen Rechtsprechung des Bundesgerichtshofs ist ein den Rücktritt ausschließender geringfügiger (unerheblicher) Mangel anzunehmen, wenn er **behebbar** ist und die **Kosten der Mangelbeseitigung** im Verhältnis zum Kauf-

714

---

[131] Beispiel einer Zumutbarkeitsprüfung beim Gebrauchtwagenkauf: BGH, Urteil vom 23.1.2013- VIII ZR 140/12 zu einem „Montagsauto": wertende Betrachtung im Einzelfall; OLG Bamberg, OLGR 2006, 502; danach ist unter anderem auch zu berücksichtigen, dass der Verkäufer im Streitfall bei früheren Werkstattterminen dem Käufer jeweils kostenlos ein Ersatzfahrzeug zur Verfügung gestellt hatte.

[132] Nach Bamberger/Roth-*Faust*, § 440 BGB Rdnr. 34 ist das Fehlschlagen der Nacherfüllung letztlich ein Unterfall der Zumutbarkeit.

[133] BT-Drucks. 14/6040, 233.

[134] Vgl. *Derleder/Sommer*, JZ 2007, 338 ff.

[135] Freilich ist in diesem Fall der Rücktritt nach § 326 Abs. 5 BGB i. V. m. § 323 Abs. 6 BGB ausgeschlossen, zutreffend *Lorenz*, NJW 2003, 1417, 1418; zu § 323 Abs. 6 BGB sogleich.

preis **geringfügig** sind[136]. Diese Beurteilung erfordert nach der Rechtsprechung des Bundesgerichtshofs eine **umfassende Interessenabwägung,** in deren Rahmen ein Verstoß gegen eine Beschaffenheitsvereinbarung aber die Erheblichkeit der Pflichtverletzung in der Regel indiziert[137]. Dabei stellt der Bundesgerichtshof grundsätzlich auf die **Kosten der Mängelbeseitigung** und nicht auf das Ausmaß der Funktionsbeeinträchtigung, die der betreffende Mangel zur Folge hat, ab. Die Kosten für die Mangelbeseitigung sind in ein Verhältnis zum Kaufpreis zu setzen. Ein fester Prozentsatz, dessen Überschreiten die Annahme eines geringfügigen Mangels ausschließt, ist bislang trotz einiger Tendenzen in der Rechtsprechung[138] noch nicht anerkannt. Der Bundesgerichtshof hat bislang lediglich entschieden, dass Mängel, deren Beseitigung Aufwendungen in Höhe von nur knapp einem Prozent des Kaufpreises erfordern, „unzweifelhaft" als unerheblich einzustufen seien[139]. Darüber hinaus kann es nach dieser Rechtsprechung aber auch auf das Ausmaß der **Funktionsbeeinträchtigung** ankommen. Das gilt dann, wenn der Mangel überhaupt nicht oder nur mit hohen Kosten behebbar ist oder wenn die Mangelursache im Zeitpunkt der Rücktrittserklärung ungeklärt ist[140]. Damit können auch Mängel, die nicht oder nur mit großem Aufwand beseitigt werden können, als unerheblich angesehen werden, wenn es sich nur um Bagatellen handelt, etwa weil sie nur äußerst geringfügige optische Beeinträchtigungen zur Folge haben[141]. Das kann allerdings anders sein, wenn nach dem Vertrag – wie etwa beim Neuwagenkauf – die auch optische Fehlerfreiheit eine nicht unwesentliche Rolle spielt und ihr eine nennenswerte wirtschaftliche Bedeutung zukommt[142]. Für die Beurteilung der Unerheblichkeit ist auf den Zeitpunkt der Rücktrittserklärung abzustellen[143].

715 Unabhängig von den zuvor erörterten Kriterien ist eine unerhebliche Pflichtverletzung im Regelfall zu verneinen, wenn dem **Verkäufer arglistiges Verhalten** zur Last fällt.[144] Die Verletzung der Pflicht zur Verschaffung einer mangelfreien Sache erhält nämlich bei Arglist des Verkäufers ein anderes Gewicht als im Regelfall eines redlichen Verkäufers.[145]

716 Wie bereits dargestellt (Rdnr. 618), sind die Vorschriften über die Mängelansprüche des Käufers erst ab Gefahrübergang, also regelmäßig der Übergabe der Kaufsache anwendbar. Das bedeutet auch, dass man von der in der Lieferung einer mangelhaften Sache liegenden nicht vertragsgemäßen Leistung im Sinne des § 323 Abs. 5 S. 2 BGB erst nach Gefahrübergang sprechen kann. Vor Gefahrübergang gilt die Einschränkung dieser Vorschrift nicht. Der

---

[136] BGH NJW 2011, 2872 m. Anm. Schnell BB 2011, 2579; Klöhn/Haesen EWiR 2011, 735; Schwenker IBR 2011, 730; Höpfner NJW 2011, 3693.
[137] BGH MDR 2013, 400 = BB 2013, 976; BGH NJW-RR 2010, 1289.
[138] Vgl. OLG Düsseldorf (3. Zivilsenat), OLG-Report 2004, 186, 187; danach soll bei einem Gebrauchtwagenkauf die Erheblichkeit der Pflichtverletzung davon abhängen, ob und mit welchem Kostenaufwand sich die Mängel beseitigen lassen. Das OLG hat die Erheblichkeit im Streitfall für Mangelbeseitigungskosten, die es auf 2 bis 3% des Kaufpreises geschätzt hat, verneint. Der 1. Zivilsenat des OLG Düsseldorf geht ebenfalls davon aus, dass bei einem Reparaturaufwand von unter 3% die Erheblichkeit zu verneinen sei, vertritt aber wie hier die Auffassung, dass dies nicht unbedingt das allein zu berücksichtigende Kriterium sei, vgl. OLG Düsseldorf, ZGS 2004, 393, 394; vgl. auch OLG Düsseldorf – 1. Zivilsenat, v. 24.10.2005, Az. I-1 U 84/05 (juris); OLG Düsseldorf v. 08.01.2007, Az. 1 U 177/06 (BeckRS 2007 02255); OLG Köln v. 12.12.2006, Az. 3 U 70/06 (BeckRS 2007 00699); OLG Bamberg, OLGR 2006, 502; offen gelassen von BGH, NJW 2006, 1960, 1961 m.w.N.
[139] BGH NJW 2011, 2872.
[140] BGH NJW 2011, 2872.
[141] Zum Beispiel OLG Düsseldorf NJW 2005, 2235, 2236 für einen optisch kaum wahrnehmbaren Versatz der Seitentüren eines Kleinwagens zur angrenzenden Karosserie.
[142] BGH, MDR 2013, 400 = BB 2013, 976.
[143] BGH NJW 2011, 3708; NJW 2011, 1664; NJW 2009, 508.
[144] BGH, NJW 2006, 1960 m.w.N. auch zum Meinungsstand der nicht einheitlich beantworteten Frage; zust. *Wertenbruch*, LMK 2006, 182969; a.A. *Lorenz* NJW 2006, 1925; *Roth*, JZ 2006, 1026; vgl. auch *Lorenz*, NJW 2007, 1, 4.
[145] BGH a.a.O.

A. Rechte des Käufers nach BGB

Käufer kann daher die **Annahme einer auch nur in geringem Umfang mangelhaften Leistung ablehnen**. Wenn der Verkäufer innerhalb einer vom Käufer gesetzten Nachfrist eine vollständig mangelfreie Sache nicht liefert, so kann der Käufer auch dann nach § 323 Abs. 1 BGB zurücktreten, wenn der Mangel nur als unerheblich einzuordnen ist.[146] Letztlich bringt also die Annahme der mangelhaften Kaufsache dem Käufer gewisse Einschränkungen seiner Rechte. Das ist freilich nichts Ungewöhnliches, sondern gilt auch in anderer Beziehung, nämlich hinsichtlich der Beweislast (vgl. § 363 BGB).

Nach § 323 Abs. 6 BGB ist der Rücktritt ausgeschlossen bei einer **Verantwortlichkeit des Gläubigers (Käufers) für den Mangel**. Das kann der Fall sein, wenn nach Kaufvertragsschluss, aber vor Gefahrübergang (Übergabe in der Regel) der Käufer die Sache beschädigt, zum Beispiel den noch beim Verkäufer stehenden PKW zerkratzt oder ihn bei einer Probefahrt beschädigt. § 323 Abs. 6 BGB schließt den Rücktritt weiter dann aus, wenn der **Mangel während des Annahmeverzugs des Käufers** gemäß den §§ 293 ff. BGB (siehe dazu Rdnr. 1382 ff.) entsteht. Da es für die Frage der Mangelhaftigkeit auf den Zeitpunkt des Gefahrübergangs (Übergabe) ankommt (§ 434 Abs. 1 S. 1 BGB), kann ein Verhalten des Käufers nach der Übergabe der Kaufsache nicht die Folgen des § 326 Abs. 6 Fall 1 BGB auslösen und zum Ausschluss des Rücktrittsrechts führen. Bereits aus diesem Grund ist zum Beispiel beim Kauf eines PKW die Nichteinhaltung von Inspektionsterminen durch den Käufer kein Grund für einen Ausschluss des Rücktritts.[147]

717

c) Rechtsfolgen

aa) Gestaltungsrecht. Als Rücktritt ist das Recht des Käufers zur Aufhebung des Vertrags – anders als die Wandelung nach dem bis zum 31.12.2001 geltenden Recht – ein Gestaltungsrecht (§ 349 BGB).[148] Das Gesetz sieht also keinen Anspruch auf Rückgängigmachung des Vertrags mehr vor. Das hat die Folge, dass der **Käufer an den erklärten Rücktritt gebunden** ist, weil damit der Kaufvertrag in ein Rückabwicklungsschuldverhältnis umgewandelt wird. Er kann die Rücktrittserklärung nicht nach seinem freien Willen zurücknehmen und wieder Erfüllung verlangen oder andere Mängelrechte geltend machen, die ihm wie die Minderung nur alternativ zu dem Rücktritt zur Verfügung stehen.

718

Der **Ausschluss des Erfüllungsanspruchs** tritt aber erst mit der Erklärung des Rücktritts ein, nicht schon mit dem Ablauf der vom Käufer zur Nacherfüllung gesetzten Frist. Hierdurch unterscheidet sich die Neuregelung von den §§ 326, 634 BGB a. F. Das „ius variandi" des Käufers entfällt aber auch nach einer **Rücktrittserklärung** nur, wenn der Rücktritt wirksam ist. Nur wenn die Voraussetzungen eines Rücktrittsgrundes vorliegen, kann das Schuldverhältnis in ein Rückgewährschuldverhältnis umgestaltet werden. Hat der Käufer also zum Beispiel den Rücktritt auf die Lieferung einer mangelhaften Sache gestützt und gelingt es ihm im Prozess nicht, die Mangelhaftigkeit der Sache zu beweisen, so bestehen die wechselseitigen Erfüllungsansprüche fort und sind nicht etwa als Folge der (unwirksamen) Rücktrittserklärung des Käufers erloschen.

719

Zudem ist an dieser Stelle bereits auf § 325 BGB hinzuweisen, wonach auch ein wirksamer Rücktritt das Recht, bei einem gegenseitigen Vertrag **Schadensersatz** zu verlangen, nicht ausschließt. Das gilt insbesondere für den Schadensersatz statt der Leistung, der **neben dem Rücktritt** geltend gemacht werden kann. Ein Alternativverhältnis zwischen Rücktritt und dem Schadensersatzanspruch besteht deshalb auch insoweit nicht, als letzterer auf das Erfüllungsinteresse gerichtet ist. Das stellt eine der bedeutsamen Neuerungen durch das Ge-

720

---

[146] Amann/Brambring/Hertel-*Hertel*, Vertragspraxis, S. 160 f.; vgl. auch MünchKomm-*Westermann*, § 437 Rdnr. 16 f.

[147] OLG Hamm, NZV 2006, 421, das allerdings darauf abstellt, dass der Käufer dem Verkäufer ohne entsprechende Vereinbarung nicht zur Einhaltung der Inspektionstermine verpflichtet sei.

[148] Auf die Möglichkeit des Rücktritts neben einem im Prozess geltend gemachten Schadensersatzanspruch und die Erforderlichkeit einer noch ausstehenden Rücktrittserklärung muss das Gericht im Prozess nicht hinweisen: OLG Frankfurt, OLGR 2006, 756

setz zur Modernisierung des Schuldrechts dar. Schadensersatz statt der Leistung kann allerdings auch in der Form des kleinen Schadensersatzes verlangt werden. Dabei behält der Käufer die Kaufsache und macht nur den mangelbedingten Minderwert und ggf. weitere Schadenspositionen im Wege des Schadensersatzes geltend. Dem steht ein eventuell zuvor erklärter Rücktritt nicht entgegen,[149] obwohl der kleine Schadensersatz nicht auf Rückabwicklung des Vertrags gerichtet ist. Das Ziel des Gesetzes in § 325 BGB war es, den Schadensersatzanspruch in jeder Beziehung unbeeinflusst von einem eventuell „voreilig" erklärten Rücktritt zu lassen. Die Vorschrift ist deshalb auch auf den Fall anzuwenden, dass der kleine Schadensersatz geltend gemacht wird. Das zuvor mit dem Rücktritt bereits begründete Rückgewährschuldverhältnis wird dann mit dem nachträglichen Schadensersatzverlangen des Käufers entsprechend modifiziert.

721 Der Schadensersatzanspruch wird auch nicht durch einen Vorrang der Vorschriften, die die Folgen des Rücktritts regeln (§§ 346, 347 BGB) beschränkt. Einen solchen Vorrang gibt es gerade nicht, und zwar auch nicht bezogen auf den Nutzungsausfallschaden[150]. Vielmehr ist der Käufer wie sonst, so auch im Rahmen der Rückabwicklung hinsichtlich seines Schadensersatzanspruchs nach der Differenztheorie so zu stellen, wie er stünde, wenn der Vertrag ordnungsgemäß erfüllt worden wäre[151], der Verkäufer ihm also keine mangelhafte Sache geliefert hätte. Dieser auf Ersatz des Erfüllungsinteresses gerichtete Anspruch umfasst bei Lieferung einer mangelhaften Sache auch den Ersatz eines Nutzungsausfallschadens, der dadurch entsteht, dass dem Käufer infolge des Mangels die Nutzung der Sache entgeht[152]. Widersprüche zu den §§ 346, 347 BGB bestehen nicht. Das gilt auch insoweit, als der Käufer und Rücktrittsgläubiger zwar einerseits für gezogene und mögliche Nutzungen nach den §§ 346, 347 BGB Wertersatz an den Verkäufer zu leisten hat, andererseits aber einen gegenläufigen Anspruch auf Nutzungsausfallentschädigung nach den §§ 280, 281 BGB geltend machen kann. Dieses Ausgleichssystem ist kein Widerspruch in sich, sondern logische Konsequenz des vom Gesetzgeber gewollten Nebeneinanders von Rücktritt und Schadensersatz[153].

722 Die Gestaltungswirkung des Rücktritts steht nicht der Geltendmachung von **Hilfsanträgen im Prozess** entgegen. So kann der an einer Erfüllung interessierte Käufer mit seiner Klage in erster Linie Nacherfüllung und hilfsweise – beispielsweise für den Fall, dass sein Nacherfüllungsanspruch wegen § 439 Abs. 3 BGB nicht durchsetzbar ist – Rückzahlung des Kaufpreises, Zug um Zug gegen Rückgabe der Kaufsache (§ 348 BGB) verlangen. Das gilt jedenfalls dann, wenn der Rücktritt zuvor nicht bereits unbedingt und wirksam erklärt worden war; andernfalls wäre der Hauptantrag schon deshalb unbegründet. Näheres ist im Zusammenhang mit dem Schadensersatz statt der Leistung ausgeführt (Rdnr. 804ff.), bei dem sich die Frage wegen § 281 Abs. 4 BGB in gleicher Weise stellt.

723 **bb) Rückgewähr der empfangenen Leistungen.** Die **Rechtsfolgen eines** gemäß § 349 BGB **erklärten Rücktritts** ergeben sich aus den §§ 346 ff. BGB. Nach § 346 Abs. 1 BGB hat der Verkäufer den erhaltenen Kaufpreis zurückzuzahlen und der Käufer die Kaufsache an den Verkäufer zurückzugeben und zurückzuübereignen.

724 **cc) Wertersatz statt Rückgabe der Kaufsache.** Die zentrale Neuerung des überarbeiteten Rücktrittsrechts gegenüber dem bis zum 31.12.2001 geltenden Recht sind die Folgen, die eintreten, wenn die **Kaufsache nicht mehr in dem Zustand zurückgegeben werden kann, in dem der Käufer sie empfangen hat**. Das bisherige Recht sah hier Fälle vor, in denen der Rücktritt selbst ausgeschlossen war. Anders das überarbeitete Rücktrittsrecht: Danach schließt selbst ein vollständiger Untergang und eine dadurch eingetretene

---

[149] Eingehend *Derleder*, NJW 2003, 998 ff.; vgl. dazu auch LG Frankfurt a. M. v. 31.01.2007, Az. 2-16 S 3/06.
[150] BGH NJW 2010, 2426.
[151] BGH a. a. O.
[152] BGH a. a. O.
[153] BGH a. a. O.

A. Rechte des Käufers nach BGB

Unmöglichkeit der Rückgabe der Kaufsache den Rücktritt unter keinen Umständen mehr aus. Vielmehr tritt nach § 346 Abs. 2 BGB an die Stelle der Sache, die nicht mehr zurückgegeben werden kann, ein Ersatz ihres Wertes, den der rückgabepflichtige Käufer zu leisten hat. Man kann in diesen Fällen von einer **„Rückabwicklung dem Werte nach"**[154] sprechen. Dies gilt jeweils in dem Umfang, in dem Rückgabehindernisse nach § 346 Abs. 2 S. 1 Nr. 1 bis 3 BGB vorliegen („soweit").

Deshalb ist der Käufer auch nicht verpflichtet, die Kaufsache vor ihrer Rückgabe erst **725** noch zu reparieren und so auch Schäden zu beseitigen, die nicht mit der Mangelhaftigkeit der Sache zusammenhängen. Im Fall der Verschlechterung der Kaufsache beschränkt sich der Anspruch des Verkäufers aus § 346 Abs. 1 BGB vielmehr auf die Herausgabe im gegenwärtigen Zustand; wegen der Verschlechterung steht ihm ein Anspruch auf Wertersatz gemäß § 346 Abs. 2 Satz 1 Nr. 3 BGB zu[155].

§ 346 Abs. 2 S. 1 Nr. 1 BGB betrifft den Fall, dass Rückgewähr bzw. **Herausgabe nach** **726** **der Natur des Erlangten ausgeschlossen** ist. Das wird für den Regelfall eines Kaufvertrags nur selten Bedeutung haben.

Nach § 346 Abs. 2 S. 1 Nr. 2 BGB hat der Käufer Wertersatz zu leisten in dem Umfang, **727** in dem er den **empfangenen Gegenstand verbraucht, veräußert, belastet, verarbeitet oder umgestaltet** hat. In einzelnen Fällen kann aber der Rückerwerb der veräußerten Kaufsache von dem Dritten denkbar sein, ebenso die Beseitigung einer eingetretenen Belastung. Hier ist von einem Vorrang der Rückgabepflicht auszugehen. Der Käufer ist deshalb dann nicht zum Wertersatz, sondern zur Rückgabe der Sache verpflichtet, wenn er mit Anstrengungen bis zu den Grenzen des § 275 Abs. 1, 2 BGB in der Lage ist, die Sache wiederzubeschaffen.[156]

§ 346 Abs. 2 S. 1 Nr. 3 BGB schließlich erfasst den Fall, dass die Kaufsache sich **ver-** **728** **schlechtert** hat oder **untergegangen** ist. Dabei spielt es keine Rolle, ob der Käufer den Untergang oder die Verschlechterung zu vertreten hat. Wertersatz wird – vorbehaltlich der Ausnahmen in § 346 Abs. 3 BGB – auch bei einem zufälligen Untergang geschuldet. Eine Kreditsicherung bedeutet keine Verschlechterung des empfangenen Gegenstands (Grundstück). Für deren Beseitigung ist deshalb kein Wertersatz zu leisten. Vielmehr ist der Käufer zur Beseitigung der Kreditsicherung verpflichtet, weil sich dies als Aufgabe einer dauernden Nutzung des Grundstücks darstellt, die der Käufer nach § 346 Abs. 1 BGB schuldet.[157]

Eine Verschlechterung stellt an sich auch die Wertminderung dar, die durch die **Abnut-** **729** **zung** der Sache **infolge bestimmungsgemäßen Gebrauchs** eintritt. Diese ist indes von der Vorschrift schon deshalb nicht erfasst, weil hierfür bereits § 346 Abs. 1 BGB einen Anspruch auf Nutzungsersatz vorsieht. Das deckt die Einbuße durch Abnutzung der Sache ab, soweit sie allein aus deren bestimmungsgemäßem Gebrauch folgt.[158] Wertersatz nach § 346 Abs. 2 S. 1 Nr. 3 BGB hat der Käufer dagegen für alle Verschlechterungen zu leisten, die darüber hinausgehen, also vor allem durch eine übermäßige, nicht mehr bestimmungsgemäße Benutzung der Kaufsache. Eine Verschlechterung kann darüber hinaus aber auch durch Schadensereignisse wie zum Beispiel einen Verkehrsunfall verursacht sein.

§ 346 Abs. 2 S. 1 Nr. 3 BGB stellt weiter klar, dass der **Wertverlust durch** die **bestim-** **730** **mungsgemäße Ingebrauchnahme** nicht von der Wertersatzpflicht erfasst ist. Das meint nicht die bereits erwähnte Abnutzung durch den bestimmungsgemäßen Gebrauch, sondern die Wertminderung, die allein dadurch eintritt, dass der Käufer die Kaufsache in Gebrauch nimmt. Ein allein hierdurch verursachter Wertverlust mag nicht selten gar nicht feststell-

---

[154] BT-Drucks. 14/6040, S. 195.
[155] BGHZ 178, 182 = NJW 2009, 63, m. Anm. Grunewald EwiR 2008, 739; Benicke LMK 2009, 277237; Volmer ZfIR 2009, 297; dazu auch Derleder NJW 2009, 1034; Meyer Jura 2011, 244.
[156] Palandt-*Grüneberg*, § 346 BGB Rdnr. 8 a; *Gaier*, WM 2002, 1, 9; *Schwab*, JuS 2002, 630, 632; wohl auch AnwKomm-*Hager*, § 346 BGB Rdnr. 34.
[157] BGHZ 178, 182 = NJW 2009, 63.
[158] *Reinking/Eggert*, Autokauf, Rdnr. 1103.

bar sein (zum Beispiel beim Kauf gebrauchter Sachen). Ihm kommt aber insbesondere beim Kauf neuer Kraftfahrzeuge eine erhebliche Bedeutung zu. Hier bewirkt in der Regel allein der Umstand, dass ein Wagen zum Straßenverkehr zugelassen wird, einen erheblichen Wertverlust, unabhängig davon, ob und wie viel der Wagen während seiner Zulassung tatsächlich gefahren wurde; letzteres ist der „bestimmungsgemäße Gebrauch".

731 Für die Höhe des Wertersatzes ist an sich der objektive Wert des Teils der Kaufsache maßgeblich, der nicht mehr zurückgegeben werden kann, ganz ähnlich wie in § 818 Abs. 2 BGB. Um aber Schwierigkeiten bei der Bestimmung des „objektiven" Wertes zu vermeiden und um an den insoweit von den Parteien der Vereinbarung zugrunde gelegten Bewertungen von Leistung und Gegenleistung festzuhalten, bestimmt § 346 Abs. 2 S. 2 BGB, dass eine im Vertrag bestimmte Gegenleistung bei der Berechnung des Wertersatzes zugrunde zu legen ist. Wertersatz für eine zerstörte Kaufsache ist damit regelmäßig in Höhe des vereinbarten Kaufpreises zu leisten. Die Gegenleistung bestimmt nach dem ausdrücklichen Wortlaut des Gesetzes aber nicht uneingeschränkt die Höhe des Wertersatzes, sondern ist dessen Berechnung nur „zugrunde zu legen". Das hat zur Folge, dass etwa der mangelbedingte Minderwert, berechnet nach § 441 Abs. 3 BGB, abzuziehen ist, weil der Verkäufer ansonsten mehr erhalten würde, als wenn er die Kaufsache zurückbekäme.[159]

732 Die Umstände, die für die Frage bedeutsam sind, ob der Käufer zur Rückgabe der Kaufsache oder zum Wertersatz verpflichtet ist, mögen für den Verkäufer im Einzelfall nur schwer zu beurteilen sein. Dies gilt besonders für die Veräußerung der Kaufsache durch den Käufer und die Frage einer Möglichkeit zum Rückerwerb. Das wird aber abgemildert durch die **Darlegungs- und Beweislast**, die den Käufer trifft, wenn er gegenüber dem Rückgabeverlangen des Verkäufers einen Fall des § 346 Abs. 2 BGB einwendet.[160] Macht der Verkäufer von vornherein nicht die Rückgabe der Sache, sondern einen Wertersatzanspruch geltend, so muss freilich er beweisen, dass dessen Voraussetzungen nach § 346 Abs. 2 BGB gegeben sind.

733 **dd) Wegfall der Wertersatzpflicht.** § 346 Abs. 3 BGB enthält einige Fälle, in denen die Pflicht des Käufers zum Wertersatz entfällt. Nr. 1 dieser Vorschrift betrifft dabei den Fall, dass sich der zum Rücktritt berechtigende **Mangel erst während der Verarbeitung oder Umgestaltung gezeigt** hat, die zunächst die Wertersatzpflicht nach § 346 Abs. 2 Nr. 2 BGB ausgelöst hatte. Die Vorschrift übernimmt damit den Gedanken aus § 467 S. 1 Halbsatz 2 BGB a. F.

734 § 346 Abs. 3 Nr. 2 BGB regelt den Fall, dass der **Verkäufer** die **Verschlechterung oder** den **Untergang** (Auslöser der Wertersatzpflicht nach § 346 Abs. 2 Nr. 3 BGB) **zu vertreten** hat **oder** der **Schaden bei ihm gleichfalls eingetreten** wäre. In diesen Fällen darf die Unmöglichkeit der Rückgabe nicht zum Nachteil des Käufers gehen.

735 § 346 Abs. 3 Nr. 3 BGB schließlich bezieht sich auf das gesetzliche Rücktrittsrecht, ist also auch auf den Fall anwendbar, dass der **Rücktritt wegen eines Mangels der Kaufsache** erklärt wird, weil hier das Rücktrittsrecht aus § 323 BGB folgt. Nach dieser Bestimmung **haftet** der Rücktrittsberechtigte, also der **Käufer, nur für die eigenübliche Sorgfalt.** Die Privilegierung gegenüber dem Berechtigten, dessen Rücktrittsrecht auf einem Vertrag beruht, ist deshalb berechtigt, weil bei einem vertraglichen Rücktrittsrecht der Berechtigte vom Empfang der Leistung an damit rechnen muss, dass es später zu einem Rücktritt und damit zur Entstehung der Rückgewährpflichten aus § 346 Abs. 1 BGB kommt, während bei einem gesetzlichen Rücktrittsrecht der Berechtigte von der Dauerhaftigkeit seines Erwerbs ausgehen kann und an sein Verhalten keine über die eigenübliche Sorgfalt hinausgehenden Anforderungen gestellt werden können.

---

[159] BGH NJW 2011, 3085 für den Werk-(Bau-)vertrag; Palandt-*Grüneberg*, § 346 BGB Rdnr. 10 m.w.N.; *Reinking/Eggert*, Autokauf, Rdnr. 1123.

[160] Palandt-*Grüneberg*, § 346 BGB Rdnr. 21.

A. Rechte des Käufers nach BGB

§ 346 Abs. 3 Nr. 3 BGB enthält freilich für die **Privilegierung keine zeitliche Begrenzung** etwa bis zu dem Zeitpunkt, in dem der Rücktrittsberechtigte von den Voraussetzungen seines Rücktrittsrechts erfährt, also der Käufer den Mangel der Kaufsache entdeckt. Deshalb wird teilweise die Vorschrift einschränkend nur bis zur Kenntnis des Rücktrittsberechtigten vom Rücktrittsgrund angewandt.[151] Dieses Verständnis der Vorschrift findet im Gesetzeswortlaut keine Stütze. § 346 Abs. 3 Nr. 3 BGB ist auch nicht in diesem Sinne gewollt gewesen. Vielmehr hat sich der Gesetzgeber für eine Privilegierung des gesetzlich zum Rücktritt Berechtigten auch über den Zeitpunkt seiner Kenntniserlangung hinaus entschieden. Dafür sprechen gute Gründe. Auch wenn der Käufer von dem Mangel der gekauften Sache erfährt, kann er sich nicht sofort für den Rücktritt entscheiden. Er muss ja dem Verkäufer zunächst eine Gelegenheit zur Nacherfüllung geben. Auch darf er seine verschiedenen, zum Teil nur alternativ zum Rücktritt zur Verfügung stehenden Rechte (Minderung) näher prüfen, bevor er sich eventuell für den Rücktritt entscheidet. Dies muss ihm ohne nachteilige Auswirkungen auf seine Rechte vor allem auch deshalb möglich sein, weil er zunächst den Gebrauch der Sache im guten Glauben an die Dauerhaftigkeit des Erwerbs aufgenommen und erst später wegen der Nichterfüllung von Vertragspflichten durch den Verkäufer dazu gezwungen wird, über eine Rückabwicklung des Vertrages nachdenken zu müssen. All dies unterscheidet den aufgrund der Mangelhaftigkeit der Kaufsache rücktrittsberechtigten Käufer von einem Käufer, der aufgrund einer vertraglichen Vereinbarung zum Rücktritt berechtigt ist.[162] Man wird deshalb nicht umhinkommen, die Grundentscheidung des Gesetzgebers für die Privilegierung des kraft Gesetzes zum Rücktritt Berechtigten zu akzeptieren. Eine teleologische Reduktion der Vorschrift und ihre einschränkende Anwendung nur auf die Zeit bis zur Kenntnis des Käufers vom Rücktrittsgrund (Mangel der Kaufsache) ist nicht möglich.[163]

736

Nach § 346 Abs. 4 BGB kann der Verkäufer **Schadensersatz** nach den §§ 280 ff. BGB verlangen, **wenn der Käufer seine Rückgewährpflichten** aus § 346 Abs. 1 BGB **verletzt**. Das betrifft zum einen nach dem ausdrücklichen Wortlaut die Zeit nach der Erklärung des Rücktritts, weil erst mit letzterer die Rückgewährpflichten aus § 346 Abs.1 BGB entstehen. Ein Schadensersatzanspruch kommt nach den Vorstellungen des Gesetzgebers aber auch bereits für den Zeitraum vor Entstehung der Rückgewährpflichten des § 346 Abs. 1 BGB in Betracht.[164] Dabei ist aber, um Wertungswidersprüche zu § 346 Abs. 3 S. 1 Nr. 3 BGB zu vermeiden, die dort genannte Haftungsprivilegierung bis zur Erklärung des Rücktritts auch im Rahmen des Vertretenmüssens nach § 280 Abs. 1 S. 2 BGB zu beachten.[165] Große praktische Bedeutung wird diese umstrittene Frage freilich kaum haben, weil ein fahrlässiges Verhalten dem Käufer nur dann nicht nachteilig ist, wenn er nachweist, dass dies seiner eigenüblichen Sorgfalt entspricht.

737

Von Bedeutung kann ein **Schadensersatzanspruch des Verkäufers vor Rücktrittserklärung** etwa dann sein, wenn der Käufer unter Verstoß gegen seine Rücksichtnahmepflichten aus § 241 Abs. 2 BGB rechtsmissbräuchlich die Erklärung des Rücktritts nach Kenntnis vom Mangel hinauszögert, um weitere Vorteile aus dem Gebrauch der Sache zu erlangen. Entsprechende Befürchtungen sind im Gesetzgebungsverfahren gelegentlich geäußert worden. Freilich dürfte ein derartiger Schadensersatzanspruch auf wenige extreme Ausnahmefälle beschränkt sein, weil eine Frist zur Mängelanzeige gerade nicht eingeführt

738

---

[161] *Gaier*, WM 2002, 1, 11; AnwKomm-*Hager*, § 346 BGB Rdnr. 50; *Reinicke/Tiedtke*, KaufR, Rdnr. 256.
[162] Überzeugend Palandt-*Grüneberg*, § 346 BGB Rdnr. 13.
[163] So auch *Kamanabrou*, NJW 2003, 30 ff. mit Nachweisen auch zu den abweichenden Auffassungen.
[164] Vgl. die Ausführungen des Rechtsausschusses des Deutschen Bundestages in seiner Beschlussempfehlung in BT-Drucks. 14/7052, S. 193 f.
[165] Palandt-*Grüneberg*, § 346 BGB Rdnr. 18; LG Trier v. 21.03.2005, Az. 4 O 185/03 (juris); nicht ganz klar sind die Ausführungen des Rechtsausschusses a. a. O.; a. A. *Kamanabrou*, NJW 2003, 30, 31.

5. Kapitel. Die Rechte des Käufers bei Pflichtverletzungen des Verkäufers

wurde und grundsätzlich erst die Verjährung die zeitlichen Grenzen für die Geltendmachung der Mängelrechte setzt. Dem Verkäufer verbleibt im übrigen außerhalb des Schadensersatzanspruchs jedenfalls stets der Anspruch auf Herausgabe bzw. Ersatz der Nutzungen aus § 346 Abs. 1, § 347 BGB (dazu sogleich).

739 **ee) Nutzungsersatz.** Gemäß § 346 Abs. 1 BGB hat der Verkäufer auch einen Anspruch auf Herausgabe der **gezogenen Nutzungen.** Das bedeutet insbesondere, dass der Käufer dem Verkäufer die **Gebrauchsvorteile** (§ 100 BGB) herausgeben, das heißt deren **Wert vergüten** muss. Dies betrifft nicht nur die Zeit vor, sondern auch die nach Erklärung des Rücktritts **bis zur Rückgabe der Sache.**[166] Verweigert der Verkäufer die Rücknahme der Kaufsache nach Rücktritt des Käufers, ist der Einwand des Käufers, ihm seien die Nutzungen vom Verkäufer gleichsam „aufgedrängt" worden, ausgeschlossen, weil er – der Käufer – die Nutzungen tatsächlich gezogen hat.[167] Nicht gezogene Nutzungen sind unter den weiteren Voraussetzungen des § 347 Abs. 1 BGB zu ersetzen. Die Verpflichtung zum Nutzungsersatz verstößt nicht gegen die Verbrauchsgüterkaufrichtlinie.[168]

740 Die **Höhe der herauszugebenden Nutzungen** berechnet sich auch nach der Neuregelung entsprechend den Grundsätzen, die zu der bisherigen Vorschriften entwickelt worden sind.[169] Grundsätzlich, insbesondere beim praktisch bedeutsamen Autokauf, sind nicht die fiktiven Kosten einer Mietsache maßgeblich, weil sich die Situation eines rückgabepflichtigen Käufers nicht mit der eines Mieters vergleichen lässt. Ebenso wenig können die Tabellen, die für den Nutzungsausfall beschädigter KFZ im Schadensrecht existieren, herangezogen werden. Auch insoweit ist die schadensrechtliche Situation der einer kaufrechtlichen Rückabwicklung nicht vergleichbar. Ausnahmsweise können freilich Mietaufwendungen die Schätzungsgrundlage (§ 287 ZPO) dort bilden, wo Sachen betroffen sind, die durch Gebrauch nicht an Wert verlieren.[170]

741 Abgesehen von derartigen Sonderfällen ist im Regelfall die lineare **Wertminderung maßgeblich, die die Kaufsache beim Käufer erlitten hat.**[171] Auszugehen ist von der Überlegung, dass der Kaufpreis für die gesamte Nutzungsdauer gezahlt wird, die für die Kaufsache noch zu erwarten ist. Die Gebrauchsvorteile des Käufers entsprechen dann dem Anteil, den der Käufer in der Zeit seiner Nutzung von der Gesamtnutzungszeit „verbraucht" hat. Das lässt sich in der Formel[172] ausdrücken

$$\text{Gebrauchsvorteil} = \frac{\text{Bruttokaufpreis} \times \text{Nutzungsdauer beim Käufer}}{\text{voraussichtliche Gesamtnutzungsdauer}}$$

742 Daraus ergibt sich **beispielsweise beim Autokauf** eine Nutzungsvergütung von 0,67 % des Kaufpreises je gefahrener 1.000 km, wenn man eine Gesamtfahrleistung von 150.000 km zugrunde legt.[173] Dies dürfte traditionell den am häufigsten in der Rechtsprechung angenommenen Wert darstellen,[174] wenn auch die Gesamtfahrleistung der KFZ heute zum Teil

---

[166] *Reinking/Eggert,* Autokauf, Rdnr. 1157.
[167] *Reinking/Eggert,* Autokauf, Rdnr. 1159.
[168] BGHZ 182, 241 = NJW 2010, 148.
[169] Im einzelnen hierzu mit den Besonderheiten beim praktisch bedeutsamen Autokauf *Reinking/ Eggert,* Autokauf, Rdnr. 1161 ff.
[170] Bamberger/Roth-*Grothe,* § 346 BGB Rdnr. 36, der Antiquitäten als Beispiel nennt.
[171] Bamberger/Roth-*Grothe,* § 346 BGB Rdnr. 36; ausführlich *Reinking/Eggert,* Autokauf, Rdnr. 1162 ff.
[172] Vgl. *Reinking/Eggert,* Autokauf, Rdnr. 1166 für den Autokauf; dabei entspricht die tatsächliche Nutzungsdauer den vom Käufer gefahrenen Kilometern, die Gesamtnutzungsdauer der erwarteten Gesamtfahrleistung; zum neuen Kaufrecht etwa OLG Saarbrücken, OLGR 2005, 698.
[173] Näher mit weiteren Beispielen aus der Rechtsprechung *Reinking/Eggert,* Autokauf, Rdnr. 1168.
[174] Z.B. aus neuerer Zeit und ohne nähere Begründung in LG Bonn v. 15.03.2006, Az. 2 O 445/05 (juris).

A. Rechte des Käufers nach BGB

deutlich höher liegen dürfte.[175] Nähme man höhere Gesamtfahrleistungen an, verringerte sich entsprechend der Nutzungsersatz je 1.000 km.

Gestrichen ist die bis zum 31.12.2001 geltende Verzinsungspflicht aus § 347 Abs. 1 S. 3 BGB a. F. Der **Verkäufer** ist deshalb zur Zahlung von **tatsächlich erzielten Zinsen** als gezogenen Nutzungen des ihm überlassenen Kapitals nach § 346 Abs. 1 BGB verpflichtet. Hat der Verkäufer keine Nutzungen in Form von Zinsen gezogen, kommt ein Anspruch des Käufers aus § 347 Abs. 1 S. 1 BGB in Betracht. Praktisch bedeutsam wird diese Möglichkeit kaum sein, zumal der Käufer eine Verzinsungspflicht des Verkäufers nach § 288 Abs. 1 BGB dadurch erreichen kann, dass er den Verkäufer mit seiner Verpflichtung zur Rückzahlung des Kaufpreises in Verzug setzt. **743**

ff) Verwendungsersatz. Nach § 347 Abs. 2 S. 1 BGB sind dem Käufer **notwendige Verwendungen** (§ 994 BGB) zu **ersetzen,** wenn der Vertrag rückabgewickelt wird, also der Käufer die Kaufsache nach § 346 Abs. 1 BGB zurückgibt, nach § 346 Abs. 2 BGB Wertersatz leistet oder seine Wertersatzpflicht nach § 346 Abs. 3 S. 1 Nr. 1 oder 2 BGB ausgeschlossen ist. Eine Pflicht zum Ersatz notwendiger Verwendungen im Falle des § 346 Abs. 3 S. 1 Nr. 3 BGB ist deshalb nicht vorgesehen, weil der Verkäufer aus Gründen außerhalb seines Risikobereichs weder die Sache noch Wertersatz erhält. Dann soll er nicht noch mit der Zahlung von Verwendungen zusätzlich belastet werden.[176] Der Verwendungsersatzanspruch erstreckt sich abweichend von § 994 Abs. 1 S. 2 BGB **auch auf die gewöhnlichen Erhaltungskosten,** da der Rückgewährschuldner die Nutzungen herausgeben oder vergüten muss.[177] **744**

Wegen des **Begriffs der Verwendungen** kann ohne weiteres an die traditionelle Rechtsprechung zum bisherigen Recht angeknüpft werden. Danach sind Verwendungen Vermögensaufwendungen, die der Sache zugute kommen sollen, das heißt Maßnahmen, die der Erhaltung, Wiederherstellung oder Verbesserung der Sache dienen.[178] **Notwendig** sind in der Regel diejenigen Aufwendungen, die zur Erhaltung oder ordnungsgemäßen Bewirtschaftung der Sache erforderlich sind und nicht nur Sonderzwecken des Besitzers dienen.[179] Alle anderen Aufwendungen auf die Sache, auf die dies nicht zutrifft, muss der Verkäufer dem Käufer gemäß § 347 Abs. 2 S. 2 BGB nur im Umfang der beim Gläubiger (Verkäufer) vorhandenen Bereicherung ersetzen (nützliche Verwendungen). **745**

Notwendige Verwendungen sind danach **beispielsweise** Aufwendungen für Reparaturen, die der Erhaltung der Gebrauchsfähigkeit der Sache dienen, wie etwa beim Autokauf eine erforderliche Motorreparatur,[180] Reparatur der Bremsanlage[181] oder auch Reparaturen des Kühlsystems, der Heizbetätigung, der Scheinwerferwaschanlage, der Sitzheizung, der Kopfstützen, der Heizungsregelung sowie der Fensterheber[182] oder der Austausch von Stoßdämpfern.[183] Bei Tieren stellen Futterkosten oder Aufwendungen für eine erforderliche tierärztliche Behandlung notwendige Verwendungen dar.[184] Es kommen aber auch weitere Aufwendungen als ersatzfähig in Betracht, so etwa notwendige Kosten für das Abschleppen des (eventl. mangelbedingt) unterwegs liegen gebliebenen KFZ usw.[185] **Keine notwendigen Verwendungen** sind beim Grundstückskauf Kosten für den Abriss vorhande- **746**

---

175 *Reinking/Eggert,* Autokauf, Rdnr. 1169.
176 Palandt-*Grüneberg,* § 347 Rdnr. 3.
177 BT-Drucks. 14/6040, S. 197.
178 BGH, NJW 1996, 921 m.w. N. zu § 994 BGB.
179 BGH a. a. O. m.w. N.
180 OLG Saarbrücken, OLGR 2005, 698.
181 OLG Karlsruhe, MDR 1998, 467.
182 OLG Bamberg, DAR 2001, 455.
183 OLG Düsseldorf v. 08.08.2003, Az. I-1 W 45/03 (juris).
184 BGH, NJW 2007, 674, 678.
185 Weitere Beispiele zum Autokauf bei *Reinking/Eggert,* Autokauf, Rdnr. 1136 ff.

ner Baulichkeiten und die Errichtung eines neuen Gebäudes (sachändernde Verwendung).[186] Sie mögen aber im Einzelfall nützliche Verwendungen darstellen.[187] Nicht notwendig, aber möglicherweise nützlich sind Aufwendungen zum Beispiel für eine Anhängerkupplung[188] oder ein Autoradio.[189]

747 **gg) Vertragskosten.** Bis zum 31.12.2001 sah § 467 S. 2 BGB a. F. vor, dass der Verkäufer dem Käufer im Falle der Wandelung des Kaufvertrages die Vertragskosten zu ersetzen hatte. Eine entsprechende Regelung enthält das Kaufrecht nach der Überarbeitung durch das Gesetz zur Modernisierung des Schuldrechts als Rücktrittsfolge nicht mehr. § 467 S. 2 BGB a. F. stellte im Zusammenhang mit der Rückabwicklung ohnehin eine Sonderregelung dar, weil sie über die bloße Rückgewähr der empfangenen Leistungen hinausging. Der Käufer kann nach neuem Kaufrecht daher die **Vertragskosten nur über § 284 BGB als vergebliche Aufwendungen ersetzt** verlangen. Dazu folgen Ausführungen noch weiter unten im Zusammenhang mit den Schadensersatzansprüchen des Käufers (vgl. Rdnr. 816 ff.). An dieser Stelle sei aber bereits auf eine damit verbundene sachliche Änderung hingewiesen: Im Unterschied zu § 467 S. 2 BGB a. F. kann der Verkäufer den Anspruch aus § 284 BGB durch den Nachweis abwehren, dass er den Mangel nicht zu vertreten hat (§ 284 i. V. m. § 280 Abs. 1 S. 2 BGB).

748 **d) Teilrücktritt.** Die **Mangelhaftigkeit** kann sich auf einen **abgrenzbaren Teil des Kaufgegenstands** beziehen. Das kann insbesondere dann vorkommen, wenn eine Mehrheit von Sachen verkauft wurde, so zum Beispiel, wenn der Käufer mit einem einheitlichen Kaufvertrag für sein Fischgeschäft eine Ladeneinrichtung kauft, die aus einer Kühltheke nebst Zubehör und weiteren Einrichtungsgegenständen (Frittiereinrichtungen, Kundentische etc.) besteht. Ist die zur Kühlung verwendete Maschine der Kühltheke mangelhaft, so stellt sich die Frage, ob der Käufer nur hinsichtlich der Kühltheke zurücktreten und die restliche Einrichtung behalten kann bzw. unter welchen Voraussetzungen er auch den Rücktritt von dem gesamten Kaufvertrag erklären kann. Dasselbe Problem ergibt sich bei einem Verkauf von 10 LKW, von denen nur einer mangelhaft ist, mit einem einheitlichen Vertrag für einen Gesamtpreis.

749 Im bis zum 31.12.2001 geltenden Kaufrecht regelten dies die §§ 469 bis 471 BGB a. F. mit dem Grundsatz der Einzelwandelung in § 469 S. 1 BGB a. F. Diese kaufrechtlichen Vorschriften hat das Gesetz zur Modernisierung des Schuldrechts aufgehoben. Die Antwort ist nun in den Rücktrittsvorschriften zu suchen. Sie ergibt sich aus § 323 Abs. 5 S. 2 BGB. Danach ist der **Rücktritt vom Vertrag** wegen einer nicht vertragsgemäßen Leistung **ausgeschlossen,** wenn die Pflichtverletzung, also der Mangel, unerheblich ist. Daraus folgt, dass der Käufer dann vom gesamten Vertrag zurücktreten kann, **wenn der Mangel** – mag er sich auch auf einen **abgrenzbaren Teil der Gesamtleistung** beschränken – hinsichtlich des Vertrags als Ganzes **nicht mehr als unerheblich** bezeichnet werden kann.

750 Der Käufer kann aber grundsätzlich den Rücktritt auch auf den Teil des Vertrags beschränken, der von der Lieferung der mangelhaften Sache betroffen ist. Der Gesetzgeber geht davon aus, dass grundsätzlich auch ein **Teilrücktritt möglich** ist.[190] Das folgt aus § 323 Abs. 5 S. 1 BGB, der bestimmt, dass bei Bewirken einer Teilleistung der Gläubiger nur unter bestimmten Voraussetzungen (Interessewegfall) vom „ganzen" Vertrag zurücktreten kann. Das setzt die Überlegung voraus, dass ein Rücktritt von dem von der Pflichtverletzung betroffenen Teil des Vertrags ansonsten möglich bleibt. Die Möglichkeit des Teilrücktritts besteht auch bei § 323 Abs. 5 S. 2 BGB.

---

[186] BGH, NJW 2002, 3478 m. w. N.
[187] Offen gelassen von BGH a. a. O.
[188] OLG Köln, DAR 1986, 320.
[189] OLG Nürnberg, DAR 1978, 324.
[190] BGH NJW 2010, 146; MünchKomm-*Ernst*, § 323 BGB Rdnr. 201.

Ein **Teilrücktritt** kommt freilich von vornherein **nicht** in Betracht, **wenn die Leistung nicht teilbar** ist. Die Unteilbarkeit wird sich häufig aus tatsächlichen Gründen ergeben; so wird eine teilbare Leistung außerhalb der Lieferung einer Mehrheit von Sachen nur selten zu bejahen sein. Die Unteilbarkeit kann sich aber auch aus rechtlichen Gründen oder aus der Parteivereinbarung ergeben. **Bilden** die tatsächlich teilbaren mehreren **Kaufsachen** nach der Parteivereinbarung **eine Einheit,** so ist ein Teilrücktritt ausgeschlossen.[191] So mag in dem obigen Beispiel das Thekenzubehör der defekten Kühltheke zwar tatsächlich von letzterer trennbar sein. Gleichwohl dient es der Benutzung der Theke, ist hierauf zugeschnitten und ohne die Theke nicht in vollem Umfang zweckentsprechend verwendbar. In derartigen Fällen wird daher regelmäßig eine Auslegung des Vertrags zu der Annahme führen, dass sich der Rücktritt auch auf die mit verkaufte andere Sache zu erstrecken hat, wie dies der aufgehobene § 470 S. 1 BGB a. F. bis zum 31.12.2001 für die Wandelung vorsah. Eine Teilbarkeit der Leistung und damit die Möglichkeit eines Teilrücktritts scheidet dann aus. 751

Abgesehen von diesen Fällen bleibt als Zwischenergebnis festzuhalten, dass der **Käufer** bei einem für den Gesamtvertrag nicht unerheblichen Mangel, der ausschließlich einen Teil einer teilbaren Leistung betrifft, die **Wahl** hat, ob von dem gesamten Vertrag oder nur von dem durch die Mangelhaftigkeit der Kaufsache betroffenen Teil des Vertrags zurücktreten will. Hat der Käufer sich für eine Möglichkeit entschieden und den Teil- oder Gesamtrücktritt erklärt (§ 349 BGB), ist er an diese Wahl wegen der Gestaltungswirkung des Rücktritts gebunden.[192] 752

Es verbleiben die Fälle, in denen sich der Mangel auf einen Teil einer teilbaren Leistung bezieht und **für den Gesamtvertrag unerheblich** ist. Ein Rücktritt vom Gesamtvertrag ist dann nach § 323 Abs. 5 S. 2 BGB ausgeschlossen. Ob ein Teilrücktritt möglich ist, beurteilt sich danach, ob der Mangel, wenn schon nicht für den Gesamtvertrag, so doch wenigstens für den abtrennbaren Teil erheblich ist. Ist auch dies nicht der Fall, scheidet ein Rücktritt überhaupt aus. Besteht also im zweiten der oben (Rdnr. 748) genannten Beispiele der Mangel des einen LKW in einem winzigen, leicht auszubessernden Kratzer, so ist mit Blick darauf, dass dies nur als unerheblich angesehen werden kann, der Teilrücktritt bezogen auf diesen LKW ausgeschlossen, erst recht dann natürlich der Rücktritt vom ganzen Vertrag. Besteht der Mangel in einem Getriebeschaden, ist ein erheblicher Mangel zu bejahen, der den Käufer zum Teilrücktritt bezogen auf diesen LKW berechtigt. Ob der Käufer darüber hinaus nach seiner Wahl auch vom gesamten Vertrag zurücktreten kann, hängt davon ab, ob man den Mangel des einen LKW als erheblich hinsichtlich des ganzen Vertrages ansieht.[193] Das kommt auf die Umstände des Falles an, wird aber bei teilbaren Leistungen wie in dem LKW-Beispiel häufig zu verneinen sein, wenn es auch unter Berücksichtigung des Vertragszwecks nicht schlechthin ausgeschlossen ist. Dann muss der Käufer der 10 LKW den Rücktritt auf den einen mangelhaften LKW beschränken. Im Falle der Kühltheke kann der Käufer jedenfalls hinsichtlich der Theke nebst Zubehör zurücktreten. Da die übrigen Sachen (Frittiereinrichtung, Tische) mit der Kühltheke nicht zusammen hängen, muss der Käufer sie von dem Rücktritt ausnehmen. Bezogen auf diese Sachen ist nämlich die Mangelhaftigkeit der Theke wegen der Teilbarkeit der Leistung unerheblich im Sinne des § 323 Abs. 5 S. 2 BGB. 753

Bei berechtigtem Teilrücktritt des Käufers ist der **Kaufpreis anzupassen.** Das stößt auf keine besonderen Schwierigkeiten, wenn die Parteien bereits in dem ursprünglichen Kaufvertrag gesonderte Preise für die einzelnen Teile der Kaufsache vereinbart hatten. Ist – wie in dem LKW-Beispiel (Rdnr. 748) – lediglich ein Gesamtpreis vereinbart, so ist die- 754

---

[191] S. zu allem MünchKomm-*Ernst*, § 323 BGB Rdnr. 201.
[192] BGH NJW 2010, 146; MünchKomm-*Ernst*, § 323 BGB Rdnr. 203.
[193] Vgl. die Gegenäußerung der Bundesregierung zu der Stellungnahme des Bundesrates, BT-Drucks. 14/6857, S. 62.

ser entsprechend der Berechnung bei der Minderung (§ 441 Abs. 3 BGB) herabzusetzen.[194] Das Gesetz selbst zieht diese Vorschrift ausdrücklich bei der Teilunmöglichkeit heran (§ 326 Abs. 1 S. 1 BGB). Nichts anderes kann in dem vorliegenden Zusammenhang gelten.

755　Hinsichtlich der **Beweislast** ist die Regel des § 323 Abs. 1 BGB als Ausgangspunkt zu beachten, nämlich der Rücktritt vom gesamten Vertrag bei nicht vertragsgemäßer Leistung. Der Ausschluss des Gesamtrücktritts wegen Unerheblichkeit der Pflichtverletzung stellt die Ausnahme dar. Tritt also der Käufer vom gesamten Vertrag zurück und wendet der Verkäufer ein, dass wegen der Teilbarkeit der Leistung und der Unerheblichkeit des mangelhaften für den mangelfreien Teil ein Gesamtrücktritt nicht möglich sei, so hat der Verkäufer dies darzulegen und zu beweisen. Tritt umgekehrt der Käufer nur von einem Teil des Vertrags zurück und wendet der Verkäufer ein, dass ein Teilrücktritt mangels Teilbarkeit der Leistung nicht möglich sei, so hat der Käufer die Voraussetzungen für den Teilrücktritt, also auch die Teilbarkeit der Leistung, darzulegen und zu beweisen.

756　Die Frage des **Teilrücktritts** stellt sich auch in dem Fall, in dem der Verkäufer eine **geringere Menge** als die vertraglich versprochene (90 kg statt 100 kg Weizen) liefert.[195] Auch dies ist ein Sachmangel, § 434 Abs. 3 BGB. In einem derartigen Fall stellt sich die Frage, ob der Käufer vom ganzen Vertrag zurücktreten kann oder ob dies nur hinsichtlich des von der Pflichtverletzung betroffenen Teils (ausgebliebene Lieferung von 10 kg) möglich ist. Diesen Fall einer Teilleistung betrifft an sich § 323 Abs. 5 S. 1 BGB, so dass es auf den Interessewegfall ankäme. Diese Lösung ließe aber unberücksichtigt, dass § 434 Abs. 3 BGB für das Kaufrecht die Lieferung von Mindermengen ausdrücklich dem Sachmangelbegriff unterstellt, also auch diese Pflichtverletzung als die Erbringung einer nicht vertragsgemäßen Leistung ansieht. Der Fall löst sich wegen der kaufrechtlichen Sonderregelung des § 434 Abs. 3 BGB deshalb über § 323 Abs. 5 S. 2 BGB. Maßstab für die Rücktrittsmöglichkeiten des Käufers ist die Erheblichkeit der Minderlieferung.[196] Auf einen Interessewegfall des Käufers kommt es dagegen nicht an. Der Käufer kann vom gesamten Vertrag zurücktreten, wenn die Minderlieferung bezogen auf die gesamte geschuldete Leistung erheblich ist. Ansonsten bleibt ihm nur der Teilrücktritt.

757　Die Streitfrage dürfte allerdings nur begrenzte Auswirkungen haben. Auch wenn die **Zuwenig-Lieferung** nach § 323 Abs. 5 S. 2 BGB und nicht nach dessen Satz 1 zu beurteilen ist, so dürfte das Interesse des Käufers daran, den gelieferten Teil der Kaufsache zu behalten, für die Beurteilung der Unerheblichkeit des ausgebliebenen Teils für den Gesamtvertrag nicht ohne jede Bedeutung sein. Freilich ist die **Beweislast** in den beiden Sätzen des § 323 Abs. 5 BGB anders zu beurteilen: Nach § 323 Abs. 5 S. 1 BGB ist der Interessefortfall Voraussetzung des Gesamtrücktritts, so dass der vom gesamten Vertrag zurücktretende Käufer darlegen und beweisen muss, dass er an der Teilleistung kein Interesse hat.

758　Im Übrigen ist § 434 Abs. 3 BGB überhaupt nur anwendbar, wenn der Verkäufer eine Kaufsache liefert, die er als vollständige Erfüllung seiner Lieferverpflichtung ausgibt, während sich später nach Entgegennahme durch den Käufer herausstellt, dass Teile fehlen. Anders ist dies bei einer z.B. **wegen Beschaffungsproblemen offen gelegten Teillieferung,** die der Käufer als solche akzeptiert. Seine Rechte wegen der dann ausgebliebenen Lieferung ergeben sich aus allgemeinem Leistungsstörungsrecht ohne die Besonderheiten des kaufrechtlichen Mängelrechts, also auch ohne Anwendung des § 434 Abs. 3 BGB.[197]

---

[194] MünchKomm-*Ernst*, § 323 BGB Rdnr. 209; Bamberger/Roth-*Faust*, § 437 BGB Rdnr. 44.
[195] Hierzu MünchKomm-*Ernst*, § 323 BGB Rdnr. 213 ff.
[196] Zutreffend Bamberger/Roth-*Faust*, § 434 BGB Rdnr. 114 m. umfangreichen Nachweisen zum Meinungsstand; so auch die Begründung des Regierungsentwurfs, BT-Drucks. 14/6040, S. 187; offen gelassen indes vom Rechtsausschuss des Deutschen Bundestages, BT-Drucks. 14/7052, S. 185, zu § 281 BGB.
[197] So mit Recht MünchKomm-*Ernst*, § 323 BGB Rdnr. 216.

4. Minderung

Hat die **gelieferte Sache** einen Mangel, so kann der Käufer ein Interesse daran haben, sie zu **behalten** und den **Kaufpreis herabzusetzen**. Diesem Ziel dient die Minderung. Sie ist jetzt in § 441 BGB geregelt, auf den § 437 Nr. 2 Alt. 2 BGB verweist. Die Minderung ist das einzige Recht des Käufers, das speziell im Kaufrecht geregelt ist und sich nicht aus den Vorschriften des allgemeinen Leistungsstörungsrechts ergibt. **759**

a) Voraussetzungen. § 441 Abs. 1 BGB knüpft die **Voraussetzungen der Minderung** an diejenigen des **Rücktrittsrechts** an. Dies kommt dadurch zum Ausdruck, dass der Käufer „statt zurückzutreten" mindern kann. Die Minderung setzt also insbesondere auch den erfolglosen Ablauf einer Frist zur Nacherfüllung voraus. Die Fristsetzung ist unter denselben Voraussetzungen, wie dies beim Rücktritt der Fall ist, entbehrlich. Wegen der näheren Einzelheiten kann deshalb insoweit an dieser Stelle auf die vorstehenden Erläuterungen zum Rücktrittsrecht Bezug genommen werden (siehe Rdnr. 682 ff.). Das **Minderungsrecht** hat der Käufer nur **alternativ zum Rücktritt**, eben „statt" desselben. **760**

Zu beachten ist, dass § 441 Abs. 1 S. 2 BGB die Anwendung des § 323 Abs. 5 S. 2 BGB ausdrücklich ausnimmt. Eine **Minderung** ist deshalb im Unterschied zum Rücktritt **auch bei einem unerheblichen Mangel** möglich. Das stellt ebenfalls eine nicht unbedeutende Änderung gegenüber dem bisherigen Rechtszustand dar, weil eine unerhebliche Wert- oder Tauglichkeitsminderung gemäß § 459 Abs. 1 S. 2 BGB a. F. bereits zur Verneinung der Mangelhaftigkeit selbst führte, so dass in einem derartigen Fall gar keine Rechte des Käufers, also auch kein Anspruch auf Minderung, gegeben waren. **761**

Die Minderung knüpft ebenso wie der Rücktritt an einen Mangel der Sache an, wie sich aus § 437 Nr. 2 BGB ergibt, der von einer mangelhaften Sache spricht. Wie bereits erwähnt (Rdnr. 617), versteht das Gesetz unter einem „Mangel" **sowohl Rechts- als auch Sachmängel**. Daraus folgt eine wichtige Neuerung des Gesetzes zur Modernisierung des Schuldrechts gegenüber dem bis zum 31.12.2001 geltenden Recht: Der Käufer kann den Kaufpreis nämlich jetzt auch beim Vorliegen eines Rechtsmangels in gleicher Weise wie beim Vorliegen eines Sachmangels mindern. **762**

b) Rechtsfolgen

aa) Gestaltungsrecht. Ebenso wie beim Rücktritt hat das Gesetz zur Modernisierung des Schuldrechts auch hinsichtlich der Minderung den „Anspruch auf Minderung" des § 462 BGB a. F. durch ein Gestaltungsrecht ersetzt. In § 441 Abs. 1 S. 1 BGB kommt das dadurch zum Ausdruck, dass der Käufer den Kaufpreis „durch Erklärung gegenüber dem Verkäufer" mindern kann. Eine **Folge** der Einführung eines Gestaltungsrechts ist § 441 Abs. 2 BGB, dem zufolge – abweichend von § 474 BGB a. F. – die Minderung bei Käufer- oder Verkäufermehrheit nur von allen oder gegen alle erklärt werden kann. **763**

Mit der **Erklärung der Minderung** wird also der Kaufvertrag in der Weise umgestaltet, dass der Käufer nur noch den geminderten Kaufpreis schuldet. Diese **Gestaltungswirkung** der Minderung schließt die Erfüllungsansprüche nach dem ursprünglichen Vertrag, soweit sie von der Minderung betroffen sind, aus. Der Käufer kann nach erklärter Minderung nicht einseitig hiervon wieder Abstand nehmen, auch nicht wegen desselben Mangels zurücktreten. Der Schadensersatzanspruch des Käufers wird wegen § 325 BGB allerdings nicht berührt. Der BGH hat den Übergang zum Schadensersatz nach erklärter Minderung jedenfalls bei deren Fehlschlagen gebilligt.[198] **764**

Die Erklärung der Minderung wegen eines bestimmten Mangels schließt die Rechte des Käufers aber hinsichtlich weiterer, erst **später entdeckter Mängel** nicht aus.[199] Auch in- **765**

---

[198] BGH NJW 2011, 1217, wo die Minderung daran scheiterte, dass die Berechnung des Minderungsbetrages nach der gesetzlichen Berechnungsmethode nicht möglich war.
[199] *Reinking/Eggert*, Autokauf, Rdnr. 1226.

soweit kann er dann – bei Vorliegen der entsprechenden Voraussetzungen – mindern oder auch zurücktreten. Rücktritt und Minderung sind zwar an sich nur alternativ möglich (siehe Rdnr. 760). Das gilt aber nur bezogen auf denselben Mangel.

766 **bb) Berechnung der Minderung.** Die Berechnung der Minderung ist in § 441 Abs. 3 S. 1 BGB ebenso wie in dem bis zum 31.12.2001 geltenden Recht, dort in § 472 Abs. 1 BGB a. F., geregelt. Der Kaufpreis ist danach in dem Verhältnis herabzusetzen, in dem bei Vertragsschluss der Wert der Sache in mangelfreiem Zustand zu dem wirklichen Wert gestanden haben würde. Der geminderte Preis wird also nach der **Formel** berechnet

$$\text{Geminderter Preis} = \frac{\text{Wert der mangelhaften Sache} \times \text{vereinbarter Preis}^{200}}{\text{Wert der mangelfreien Sache.}}$$

Durch diese relative Berechnungsmethode bleiben die Wertverhältnisse, die die Parteien ihrer ursprünglichen Vereinbarung zugrunde gelegt haben, erhalten.

767 § 441 Abs. 3 S. 2 BGB bestimmt jetzt ausdrücklich, dass der Minderungsbetrag auch durch **Schätzung** ermittelt werden kann. Auf § 287 ZPO braucht deshalb nicht (mehr) zurückgegriffen zu werden. Zu beachten ist aber, dass der Minderungsbetrag wie beschrieben **anhand der Wertverhältnisse** bestimmt werden muss und nicht unmittelbar selbst geschätzt werden kann. Gegenstand der Schätzung sind danach die maßgeblichen Werte.[201] Allerdings dürfte es häufig so liegen, dass der Wert der Kaufsache in mangelfreiem Zustand und der vereinbarte Kaufpreis identisch sind. Dann ist eine gesonderte Ermittlung eines hypothetischen Wertes der Kaufsache nicht erforderlich. In einem solchen Fall ist der herabgesetzte Kaufpreis gleich dem wirklichen Wert der verkauften Sache.[202]

768 Besonders hingewiesen sei darauf, dass entgegen einer verbreiteten Praxis der Minderungsbetrag nach der ausdrücklichen gesetzlichen Regelung nicht ohne weiteres stets mit dem Nachbesserungsaufwand gleich zusetzen ist. Freilich ist in der Rechtsprechung des BGH zum bisherigen Werkvertragsrecht anerkannt, dass die Minderung des Werklohns auch durch Abzug der Kosten der Nachbesserung erfolgen kann.[203] Darüber hinaus hat der BGH eine entsprechende Berechnung für das Kaufrecht in einem Einzelfall nicht beanstandet, in dem der Kaufpreis eines Fahrzeugs dessen objektivem Wert entsprach.[204] Danach mag die **Orientierung an den Nachbesserungskosten** für die Praxis eine wichtige Hilfe sein. Es sollte aber stets bedacht werden, dass die gesetzliche Regelung einen anderen Ausgangspunkt enthält. Das kann auch zu nicht unerheblichen Abweichungen führen. Ist zum Beispiel ein Grabstein aus einem bestimmten Material verkauft, das in Hochglanz poliert sein soll, und wird der Stein in einem matten Ton geliefert, so mag der Aufwand für das nachträgliche Polieren wegen der Notwendigkeit, die bereits angebrachte Inschrift wieder zu entfernen, den Stein wieder in die Werkstatt zu transportieren etc. sehr hoch sein, während der objektive Wert des Steins kaum geringer sein kann als der für einen auf Hochglanz polierten. Für die Wertverhältnisse sind eben andere Kriterien, wie vor allem die Nachfrage am Markt, maßgeblich als für die Höhe der Nachbesserungskosten.

769 **cc) Rückzahlung des zuviel gezahlten Kaufpreises.** § 441 Abs. 4 S. 1 BGB bestimmt einen Anspruch des Käufers gegen den Verkäufer auf Erstattung eines den geminderten Kaufpreis übersteigenden Mehrbetrages, wenn der Käufer diesen bereits an den Verkäufer

---

[200] Vgl. nur Bamberger/Roth-*Faust*, § 441 BGB Rdnr. 7.
[201] Vgl. etwa Bamberger/Roth-*Faust*, § 441 BGB Rdnr. 13.
[202] BGH, NJW 1989, 2388, 2389.
[203] Vgl. etwa BGH, NJW 1991, 2630, 2632 m.w. N.
[204] BGH, NJW 1989, 719, 720: Berechnung des Minderungsbetrages nach den Reparaturkosten; hierzu wird ausgeführt: „Diese von § 472 Abs. 1 BGB abweichende Berechnungsweise ist, wenn der vereinbarte Kaufpreis dem objektiven Wert der Kaufsache in mangelfreiem Zustand entspricht, nicht zu beanstanden".

gezahlt hat. Die Vorschrift stellt eine eigene **Anspruchsgrundlage** dar. § 441 Abs. 4 S. 2 BGB bestimmt die entsprechende Anwendbarkeit des § 346 Abs. 1 und des § 347 Abs. 1 BGB. Aus diesen Vorschriften ergeben sich die Voraussetzungen, unter denen der Verkäufer die Nutzungen (Zinsen) herauszugeben hat. Nach der eindeutigen gesetzlichen Regelung bestimmt sich der Rückzahlungsanspruch nicht nach den §§ 812 ff. BGB.

dd) Kein Ausschluss des Schadensersatzanspruchs. Ebenso wie beim Rücktritt schließt auch die Erklärung der Minderung das Recht des Käufers nicht aus, **daneben** noch **Schadensersatz wegen desselben Mangels** zu verlangen, etwa wenn sich erst nach Erklärung der Minderung herausstellt, dass der Käufer einen zunächst nicht erkannten Schaden aufgrund des Mangels hat, zum Beispiel einen entgangenen Gewinn.[205] Für den Rücktritt regelt § 325 BGB ausdrücklich, dass seine Erklärung das Recht des Käufers nicht ausschließt, Schadensersatz zu verlangen. Dasselbe gilt für die Minderung, die schon wegen der Formulierung „statt zurückzutreten" in § 441 Abs. 1 S. 1 BGB eng mit dem Rücktritt verknüpft ist. Zum Ausdruck kommt dies auch in § 437 BGB, in dessen Nummer 2 Rücktritt und Minderung zwar alternativ, beide aber kumulativ („und") zu dem in Nummer 3 geregelten Schadensersatzanspruch genannt sind.

770

5. Schadensersatz

Auch bei dem Schadensersatzanspruch des Käufers gegen den Verkäufer, der aus der Mangelhaftigkeit der Kaufsache folgt, verzichtet die Neuregelung des Kaufrechts auf besondere kaufrechtliche Anspruchsgrundlagen. § 437 Nr. 3 BGB verweist vielmehr auch insoweit auf die **Regelungen des allgemeinen Schuldrechts** über die Schadensersatzansprüche bei Leistungsstörungen. Lediglich in § 440 BGB finden sich ebenso wie hinsichtlich des Rücktrittsrechts besondere Bestimmungen zur Entbehrlichkeit der Fristsetzung, die **als Ergänzung** zu den allgemeinen Vorschriften zu verstehen und durch **kaufrechtliche Besonderheiten** veranlasst sind. Das hat eine Angleichung der Schadensersatzhaftung des Verkäufers an diejenige sonstiger Schuldner zur Folge. Der Verkäufer, der seine Verpflichtung zur Übereignung einer mangelfreien Sache verletzt, wird damit auch hinsichtlich des Schadensersatzanspruchs nicht mehr grundsätzlich anders behandelt als der Verkäufer, der sonstige Pflichten aus dem Schuldverhältnis verletzt, und als sonstige Schuldner bei anderen Schuldverhältnissen, bei denen Leistungsstörungen nach dem allgemeinem Leistungsstörungsrecht abgewickelt werden. Auf die wichtige Ausnahme der Verjährung der Ansprüche sei freilich bereits an dieser Stelle hingewiesen (dazu Rdnr. 840 ff.).

771

Bereits erwähnt (Rdnr. 770) wurde eine Neuerung der Überarbeitung des Kaufrechts, die an dieser Stelle nur kurz in Erinnerung gerufen sei: Der **Rücktritt** oder die **Minderung schließt** jetzt das Recht des Käufers, **Schadensersatz** zu verlangen, **nicht** mehr **aus**. Das war nach bisherigem Recht ab Vollzug der Wandelung oder Minderung nach § 465 BGB a. F. anders.

772

a) Schadensersatz gemäß § 280 BGB

aa) Grundkonzeption der gesetzlichen Regelung. Gleichsam **Grundnorm** eines jeglichen Schadensersatzanspruchs ist **§ 280 BGB**, auf den § 437 Nr. 3 BGB zunächst verweist. Nach § 280 Abs. 1 S. 1 BGB ist der Schuldner zum Schadensersatz verpflichtet, wenn er eine **Pflicht** aus dem Schuldverhältnis verletzt. Das trifft auch auf den Fall zu, dass der Verkäufer dem Käufer eine **mangelhafte Sache liefert,** weil der Verkäufer damit seine Pflicht aus § 433 Abs. 1 S. 2 BGB verletzt.

773

§ 437 Nr. 3 BGB verweist neben § 280 BGB noch auf die weiteren, den Schadensersatzanspruch des Gläubigers nach allgemeinem Leistungsstörungsrecht regelnden Vorschriften.

774

---

[205] Vgl. etwa OLG Stuttgart, ZGS 2008, 479; *Berscheid,* ZGS 2009, 17; a. A. *Lögering,* MDR 2009, 664.

Dem Gesetz liegt für das Verhältnis dieser Bestimmungen zueinander folgende **Konzeption** zugrunde: § 280 BGB stellt die Grundnorm für sämtliche Fälle von Pflichtverletzungen dar. Die Verweisung auf die übrigen, in § 437 Nr. 3 BGB genannten Vorschriften betrifft den **Schadensersatz statt der Leistung** bzw. den nach Wahl des Käufers an seine Stelle tretenden Aufwendungsersatzanspruch nach § 284 BGB. „Schadensersatz statt der Leistung" meint den Nichterfüllungsschaden, also den Schaden, der dem Käufer dadurch entsteht, dass der Verkäufer die vertraglich geschuldete Leistung (Lieferung einer mangelfreien Sache) nicht mehr (vollständig) erbringt. Es geht um den Schadensersatzanspruch, der die ursprünglich vereinbarte Leistung ersetzt, also an ihre Stelle tritt und dem Interesse des Käufers an der vertragsgemäßen Lieferung der Kaufsache entspricht. Auch in diesen Fällen bleibt § 280 Abs. 1 BGB grundsätzlich die Anspruchsgrundlage, sie wird nur in einzelnen Beziehungen ergänzt. Das folgt daraus, dass die §§ 281 bis 283 BGB, auf die § 280 Abs. 3 BGB verweist, jeweils auf die Voraussetzungen des § 280 BGB Bezug nehmen. Ausnahme ist § 311 a Abs. 2 BGB, der eine eigene Anspruchsgrundlage darstellt. Diese Vorschrift betrifft den Anspruch auf Schadensersatz statt der Leistung bei anfänglicher Unmöglichkeit, im vorliegenden Zusammenhang der Lieferung einer mangelhaften Sache also bei anfänglich unbehebbaren Mängeln.

775 § 437 Nr. 3 BGB verweist allgemein auf § 280 BGB, also auch auf dessen Absatz 2. Danach kann der Gläubiger (Käufer) einen **Verzögerungsschaden** nur unter den zusätzlichen Voraussetzungen des § 286 BGB mit Erfolg geltend machen. Letztgenannte Vorschrift enthält überhaupt keine Anspruchsgrundlage, sondern lediglich die Voraussetzungen des Schuldnerverzugs, wie sie vor der Neuregelung in den §§ 284 f. BGB a. F. enthalten waren. Diese Verweisung des § 437 Nr. 3 BGB entfaltet insoweit keine Wirkung, als die **Pflichtverletzung** im Sinne des § 280 Abs. 1 S. 1 BGB darin liegt, dass der Verkäufer eine **mangelhafte Sache geliefert** hat. Liefert der Verkäufer also beispielsweise schuldhaft einen mangelhaften PKW und versäumt der Käufer einen wichtigen geschäftlichen Termin, weil der Wagen auf dem Weg dorthin mangelbedingt ausfällt, so ist der dadurch entstandene Schaden unabhängig von den weiteren Voraussetzungen des Verzugs unmittelbar nach § 280 Abs. 1 BGB zu ersetzen.[206] § 280 Abs. 2 BGB macht nur den Ersatz des Schadens, der ausschließlich aus einer Pflichtverletzung hergeleitet wird, die in der Verzögerung der geschuldeten Leistung besteht, von dem Vorliegen der weiteren Voraussetzungen des § 286 BGB abhängig. Man mag zwar in der Lieferung einer mangelhaften Sache durch den Verkäufer auch eine Verzögerung der Lieferung einer mangelfreien Sache sehen. Gleichwohl verletzt der Verkäufer unabhängig davon (auch) seine vertraglichen Pflichten aus § 433 Abs. 1 S. 2 BGB mit der Folge, dass er unmittelbar aus § 280 Abs. 1 BGB dem Käufer alle daraus entstehenden Schäden zu ersetzen hat, ohne dass es noch auf eine Mahnung oder das Vorliegen eines Mahnungssurrogats ankäme. Das gilt auch für den Ersatz des Nutzungsausfalls beim Kauf eines PKW, den der Käufer unabhängig von den weiteren Voraussetzungen des § 286 BGB verlangen kann.[207]

776 Ein Schaden, der dadurch entsteht, dass der Verkäufer die **Nacherfüllung verzögert,** ist allerdings gemäß § 437 Nr. 3 BGB in Verbindung mit § 280 Abs. 1 und 2 BGB nur unter den zusätzlichen Voraussetzungen des § 286 BGB zu ersetzen. Bevor der Käufer insoweit einen Verzögerungsschaden geltend machen kann, muss also Verzug des Verkäufers mit der Erfüllung des Anspruchs des Käufers aus § 439 BGB gegeben sein. Das spielt in den Fällen des **mangelbedingten Nutzungsausfallschadens**[208] dann keine Rolle, wenn der Verkäufer bereits den Mangel selbst zu vertreten hat, wie soeben anhand eines Beispiels (Rdnr. 775)

---

[206] BT-Drucks. 14/6040, S. 225; Dauner-Lieb/Konzen/Schmidt-*Grunewald*, Neues Schuldrecht, S. 316; MünchKomm-*Ernst*, § 280 BGB Rdnr. 55 m.w.N. und eingehender Begründung; *Ernst*, MDR 2003, 4, völlig zu Recht gegen AnwKomm/*Dauner-Lieb*, § 280 BGB Rdnr. 43 u. a.

[207] BGHZ 181, 317 = NJW 2009, 2674 mit Anm. *Grunewald*, EWiR 2009, 731.

[208] Vgl. hierzu OLG Hamm, BeckRS 2006 07007; *Lorenz*, NJW 2007, 1, 2; *ders.*, NJW 2005, 1889, 1891 mw.N.

ausgeführt.[209] Von Bedeutung kann dies aber für den Fall sein, dass der Verkäufer zwar die Mangelhaftigkeit der Sache selbst nicht zu vertreten hat, aber im Rahmen der Nacherfüllung eine ihm vom Käufer gesetzte Frist beispielsweise zur Reparatur des PKW schuldhaft nicht einhält und dem Käufer, der auf die Verfügbarkeit des Wagens zu einem bestimmten Termin vertraut hat, durch die mangelnde Benutzbarkeit des Wagens ein Schaden entsteht. In diesem Fall scheitert ein allein auf § 280 Abs. 1 BGB gestützter, mit der Lieferung einer mangelhaften Sache begründeter Schadensersatzanspruch daran, dass der Verkäufer sich nach § 280 Abs. 1 S. 2 BGB entlasten kann. Der Käufer kann Schadensersatz nach § 280 Abs. 1 BGB allerdings wegen Verzögerung der Nacherfüllung verlangen, was wegen § 280 Abs. 2 BGB Verzug des Verkäufers mit seiner Nacherfüllungspflicht nach § 286 BGB voraussetzt.[210] Praktisch werden sich hier hinsichtlich des Schuldnerverzuges des Verkäufers Probleme in aller Regel nicht ergeben: Die Aufforderung zur Nacherfüllung, erst recht in Verbindung mit einer Fristsetzung wird regelmäßig als (befristete) Mahnung gemäß § 286 Abs. 1 BGB anzusehen sein, so dass jedenfalls mit Ablauf der zur Nacherfüllung gesetzten Frist Verzug des Verkäufers mit der Nacherfüllung eintritt, ohne dass es weiterer Schritte des Käufers bedarf.

Aus dem bis zum 31.12.2001 geltenden Recht sind für den Einstieg in die Prüfung des Schadensersatzanspruchs und die Wahl der Anspruchsgrundlage noch die Begriffe „Mangelschaden" (dann §§ 463, 480 Abs. 2 BGB a. F.) und „Mangelfolgeschaden" (dann positive Vertragsverletzung) bekannt. Diesem Begriffspaar können selbstverständlich auch künftig bestimmte Schadenspositionen zugeordnet werden. So liegt der **Mangelschaden** darin, dass die Sache wegen des Mangels nicht den Wert hat, den sie ohne Mangel hätte, der Käufer also für den vereinbarten Kaufpreis nicht die vertraglich versprochene Gegenleistung in vollem Umfang erhält. Der **Mangelfolgeschaden** betrifft einen Schaden, der über den den Mangel begründenden Nachteil an der verkauften Sache hinausgeht, etwa weil das verkaufte Regal infolge eines Sachmangels zusammenstürzt und weitere Einrichtungsgegenstände des Käufers beschädigt. Die Einordnung eines Schadens in die eine oder andere Kategorie hat jedoch nach dem neuen Recht für die Wahl der Anspruchsgrundlage keine Bedeutung mehr. In beiden Fällen stellt § 280 BGB den „Einstieg" zu einem Schadensersatzanspruch des Käufers dar.[211] Auch wenn man den Mangelschaden zumindest im Regelfall als den Schaden begreifen kann, der als Schadensersatz statt der Leistung nur unter den zusätzlichen Voraussetzungen des § 281 BGB (Fristsetzung) ersatzfähig ist, folgt aus einer derartigen Einordnung keine weitere Rechtsfolge. Für die Anwendung des überarbeiteten Schuldrechts sollte man sich deshalb von dieser überkommenen Begrifflichkeit lösen;[212] für die Anwendung der §§ 280 ff. BGB stellt sie weder eine notwendige noch eine hinreichende Voraussetzung dar.

bb) Voraussetzungen des § 280 Abs. 1 BGB. § 280 Abs. 1 S. 1 BGB enthält als tatbestandliche Voraussetzung eines derartigen Schadensersatzanspruchs neben dem Bestehen eines Schuldverhältnisses allein die **Pflichtverletzung**, also in dem hier zu behandelnden Zusammenhang die **Lieferung einer mangelhaften Sache durch den Verkäufer**. Für die Anwendung des § 280 BGB spielt keine Rolle, ob es sich um einen Sach- oder einen Rechtsmangel handelt; in beiden Fällen verletzt der Verkäufer seine Verpflichtung aus § 433 Abs. 1 S. 2 BGB. Ein bei Vertragsschluss vorliegender Rechtsmangel wird freilich häufig zu einer anfänglichen Unmöglichkeit im Sinne des § 311 a Abs. 1 BGB führen, so dass sich der Schadensersatzanspruch dann nach § 311 a Abs. 2 BGB richtet. Das betrifft etwa den Fall, in dem die Eigentumsübertragung auf den Käufer daran scheitert, dass die Sache dem wahren Eigentümer gestohlen war (§ 935 BGB) und dem Verkäufer ein Erwerb der Sache nicht möglich ist.

---

[209] So auch *Lorenz*, NJW 2007, 1, 2.
[210] Siehe dazu auch *Canaris*, ZIP 2003, 321.
[211] Mit der Ausnahme des § 311 a Abs. 2 BGB für anfänglich unbehebbare Mängel.
[212] Vgl. auch MünchKomm-*Ernst*, § 280 BGB Rdnr. 65.

5. Kapitel. Die Rechte des Käufers bei Pflichtverletzungen des Verkäufers

779 § 280 Abs. 1 S. 2 BGB formuliert als **Ausnahme des Anspruchs** („dies gilt nicht, wenn...") den Fall, dass die **Pflichtverletzung** von dem Schuldner, also hier **von dem Verkäufer nicht zu vertreten** ist. Im Prozess muss also der Käufer nicht zum Vertretenmüssen des Verkäufers vortragen, sondern umgekehrt muss der Verkäufer sich hinsichtlich des Mangels entlasten; das betrifft sowohl seine **Darlegungs-** als auch seine **Beweislast**.

780 Was der **Verkäufer zu vertreten** hat,[213] ergibt sich aus den §§ 276 bis 278 BGB. Das ist nach § 276 Abs. 1 S. 1 BGB zunächst und vor allem **Vorsatz und jede Fahrlässigkeit**. Eine der entscheidenden Änderungen, die das Gesetz zur Modernisierung des Schuldrechts gebracht hat, ist damit die Einführung einer Schadensersatzhaftung des Verkäufers auch für den „eigentlichen Mangelschaden" bei einem nur fahrlässigen Verhalten. Das Fehlen einer zugesicherten Eigenschaft oder die Arglist des Verkäufers ist im Unterschied zu den §§ 463, 480 Abs. 2 BGB a. F. nicht mehr erforderlich für einen auf den Ersatz von Mangelschäden gerichteten Anspruch des Käufers.

781 **Fahrlässig** handelt der Verkäufer, der die **im Verkehr erforderliche Sorgfalt außer Acht lässt,** (§ 276 Abs. 2 BGB). Bezugspunkt ist die Pflichtverletzung, hier also die Lieferung einer mangelhaften Sache. Hätte der Verkäufer erkennen können, dass er eine Sache geliefert hat, die nicht der vertraglich geschuldeten Beschaffenheit entspricht, so ist Fahrlässigkeit zu bejahen. Bei den **Geschäften des täglichen Lebens,** die den **Kauf neuer Sachen** betreffen, wird dies nicht häufig vorliegen, weil den Verkäufer regelmäßig keine Untersuchungspflicht trifft[214] (dazu Rdnr. 478 ff.). Erschöpft sich seine Tätigkeit darin, eine vom Hersteller hergestellte und fertig verpackte Ware an den Käufer „weiterzureichen", so wird trotz der Beweislastumkehr nur selten ein fahrlässiges Verhalten des Verkäufers bezogen auf die Mangelhaftigkeit der Ware anzunehmen sein. Der Vorwurf einer Sorgfaltswidrigkeit des Verkäufers kann auch in seinem Verhalten vor Vertragsschluss gründen, wie zum Beispiel beim Kauf eines Tieres, bei dessen Zucht dem Verkäufer ein Fehler unterlaufen ist, der zu dem späteren Mangel geführt hat.[215] Ist dagegen der Mangel des Tieres genetisch bedingt, ohne dass dem Verkäufer ein Zuchtfehler unterlaufen ist und ohne dass er den Mangel bei Vertragsschluss hätte erkennen können, so hat er ihn nicht zu vertreten.[216]

782 Häufiger kann ein fahrlässiges Verhalten beim **Verkauf gebrauchter Sachen** in Betracht kommen, weil hier auf Verkäuferseite regelmäßig weitergehende Erkenntnismöglichkeiten vorhanden sind – und sei es nur durch die vorangehende Benutzung der als gebraucht verkauften Sache. Letztlich geht es stets um die anhand des Einzelfalls zu beantwortende Frage, welche **Sorgfaltsanforderungen** an das Verhalten des Verkäufers **hinsichtlich der Überprüfung** zu stellen sind, dass die Kaufsache auch seinem vertraglichen Versprechen, eben der vertraglichen Beschaffenheitsvereinbarung entspricht.

783 § 276 Abs. 1 S. 1 BGB lässt darüber hinaus auch eine **eingeschränkte („mildere") oder erweiterte („strengere") Haftung** des Verkäufers zu. Das kann sich zunächst aus **gesetzlichen Bestimmungen** ergeben. Als Beispiel für eine mildere Haftung sei nur § 300 Abs. 1 BGB genannt, eine Haftungserleichterung, die dem Verkäufer im Annahmeverzug des Käufers (siehe dazu Rdnr. 1382 ff.) zugute kommt. Ein Beispiel für eine gesetzlich bestimmte strengere Haftung ist § 287 BGB im gleichsam umgekehrten Fall des Schuldnerverzugs, der der Verkäufer ausgesetzt ist, wenn er sich mit der Lieferung der Kaufsache gemäß § 286 BGB in Verzug befindet (näher dazu Rdnr. 925 ff.).

784 Praktisch bedeutsamer dürften die Fälle einer vertraglichen abweichenden Bestimmung des Haftungsmaßstabs sein. Für eine derartige **vertragliche Haftungsverschärfung** zu Lasten des Verkäufers nennt § 276 Abs. 1 S. 1 BGB zwei Beispiele: Das ist zum einen die Übernahme eines **Beschaffungsrisikos.** Diese Regelung soll nach dem Willen des Gesetz-

---

[213] Eingehend dazu *Lorenz*, NJW 2002, 2497 ff.
[214] Bamberger/Roth-*Faust*, § 437 BGB Rdnr. 87; *Reinking/Eggert*, Autokauf, Rdnr. 1244 f. zum Neuwagenkauf.
[215] Vgl. BGH, NJW 2005, 2852, 2853.
[216] BGH a. a. O.

gebers den mit dem Gesetz zur Modernisierung des Schuldrechts aufgehobenen § 279 BGB a. F. ersetzen.[217] Der Verkäufer übernimmt also durch das Versprechen, eine nur der Gattung nach bestimmte Sache zu liefern, regelmäßig das Risiko, dass diese Sache von ihm auch beschafft werden kann. Ist das nicht der Fall, so haftet er auf Schadensersatz regelmäßig auch dann, wenn ihm ein Fahrlässigkeitsvorwurf hinsichtlich der Möglichkeiten, sich die Kaufsache rechtzeitig zu beschaffen, nicht gemacht werden kann.

Das zweite in § 276 Abs. 1 S. 1 BGB erwähnte Beispiel für eine **strengere Haftung** des Verkäufers ist die **Übernahme einer Garantie** (ausführlich dazu Rdnr. 1415 ff.). Garantiert der Verkäufer eine bestimmte Beschaffenheit der Kaufsache oder deren Haltbarkeit während eines bestimmten Zeitraums, so haftet er bei einer garantiewidrigen Mangelhaftigkeit der Kaufsache auch ohne Fahrlässigkeit. Das ersetzt die nach bisherigem Recht mögliche Zusicherung von Eigenschaften (§§ 463, 480 Abs. 2 BGB a. F).[218] Auch dabei handelte es sich der Sache nach um die Übernahme einer Garantie, nämlich um das Versprechen, verschuldensunabhängig für die Folgen einstehen zu wollen, die sich aus dem Fehlen der zugesicherten Eigenschaft ergeben. Das bleibt auch nach neuem Recht mit denselben Folgen einer verschuldensunabhängigen Haftung auf Schadensersatz weiterhin möglich. Anknüpfungspunkt ist nur keine besondere Schadensersatznorm im Kaufrecht mehr, sondern der das Vertretenmüssen des Schuldners (Verkäufers) regelnde § 276 BGB. In den Fällen, in denen nach bisherigem Recht die Zusicherung von Eigenschaften angenommen wurde, wird man auch künftig von der Übernahme einer Garantie ausgehen können.[219] Wie sich die Rechtsprechung in diesem Punkt entwickeln wird, bleibt abzuwarten.[220] Soweit allerdings in der Vergangenheit in manchen Fällen gerade im Autohandel relativ großzügig eine Zusicherung von Eigenschaften bejaht wurde, um als unbillig empfundene Einschränkungen der Käuferrechte zu vermeiden, dürfte sich dieser Hintergrund mit dem geänderten, deutlich käuferfreundlicheren Kaufrecht gewandelt haben. Dies könnte zu einer Reduzierung der Fälle führen, in denen die Übernahme einer Beschaffenheitsgarantie durch den Verkäufer bejaht wird.

785

Diskutiert wird, ob der Verkäufer bei einem **Gattungskauf** garantiert, dass die Kaufsache von **mittlerer Art und Güte** (§ 243 Abs. 1 BGB) sei.[221] Das hätte zur Folge, dass der Verkäufer einer Gattungssache stets verschuldensunabhängig für Mängel der Kaufsache haftet. Diese Ansicht trifft indes nicht zu.[222] § 243 Abs. 1 BGB besagt nur, dass als Teil der vertraglichen Beschaffenheitsvereinbarung eine Sache mittlerer Art und Güte geschuldet wird mit der Folge, dass eine Mangelhaftigkeit der gelieferten Sache anzunehmen ist, die diesen Maßstäben zum Nachteil des Käufers nicht entspricht. Daraus folgt aber keineswegs **automatisch und zwingend** eine entsprechende **Garantieübernahme** durch den Verkäufer. Diese kann sich vielmehr allein aus einer über den Abschluss eines Gattungskaufvertrags hinausgehenden (auch konkludenten) Erklärung des Verkäufers ergeben. Der Verkäufer übernimmt mit dem Versprechen allein, eine der Gattung nach bestimmte Sache zu liefern, zwar ein „Beschaffungsrisiko" im Sinne des § 276 Abs. 1 S. 1 BGB. Das bezieht sich aber nur darauf, dass eine Leistung von Sachen mit der Beschaffenheit des § 243 Abs. 1 BGB aus der Gattung möglich ist und enthält noch kein Garantieversprechen, das eine verschuldensunabhängige Schadensersatzhaftung des Verkäufers für Mängel der einzelnen, gelieferten Sache begründen soll.

786

Die Frage, ob der Verkäufer sich ein **Verschulden seines Vorlieferanten oder des Herstellers** gemäß § 278 BGB zurechnen lassen muss, ist wie nach bisherigem Recht zu

787

---

[217] BT-Drucks. 14/6040, S. 132.
[218] BT-Drucks. 14/6040, S. 132; vgl. auch BGH, BB 2007, 573.
[219] Beispiele für den praktisch wichtigen Autokauf bei *Reinking/Eggert*, Autokauf, Rdnr. 2594 f..
[220] Vgl. für das neue Recht z. B. OLG Koblenz, NJW 2004, 1670 und jetzt auch BGH, BB 2007, 573.
[221] So v. *Westphalen*, ZGS 2002, 154 ff.
[222] So auch *Lorenz*, NJW 2002, 2497, 2504; *Canaris*, DB 2001, 1815.

verneinen.²²³ **Erfüllungsgehilfe** ist nur derjenige, der im Pflichtenkreis des Schuldners tätig wird. Zu den Pflichten des Schuldners gehört aber nur die Übereignung einer mangelfreien Sache gemäß § 433 Abs. 1 BGB, nicht deren Herstellung. Daran hat sich mit der Überarbeitung des Schuldrechts nichts geändert, auch nicht dadurch, dass die Lieferung einer mangelfreien Sache nun gemäß § 433 Abs. 1 S. 2 BGB zu den Erfüllungspflichten des Verkäufers gehört und dass den Verkäufer mit der Nacherfüllung (§ 439 BGB) gewisse Herstellungspflichten treffen. Diese bestehen nur im Rahmen der Nacherfüllung, sind also nicht Bestandteil der nach dem Kaufvertrag ursprünglich geschuldeten Leistung. Bedient sich der Schuldner vorbereitender Leistungen Dritter, deren Erbringung er nach dem Kaufvertrag nicht schuldet, liegt kein Fall des § 278 BGB vor.²²⁴ Zur Erfüllung des Nacherfüllungsanspruchs ist der Hersteller erst recht nicht als Erfüllungsgehilfe des Verkäufers eingeschaltet.

788   Das bedeutet aber nicht, dass eine Anwendung des § 278 BGB zu Lasten des Verkäufers schlechthin ausscheidet. Dieser mag im Einzelfall nach dem Inhalt des Kaufvertrags Pflichten übernommen haben, zu deren Erfüllung er sich des **Vorlieferanten oder des Herstellers** bedient. Ist der Verkäufer beispielsweise verpflichtet, die Sache zum Käufer zu transportieren, und bedient er sich seines Vorlieferanten **zur Erfüllung dieser Verpflichtung,** indem er den Transport unmittelbar von diesem zum Käufer durchführen lässt, so ist der Vorlieferant insoweit Erfüllungsgehilfe des Verkäufers.²²⁵ Dasselbe gilt, wenn der Verkäufer nach dem Kaufvertrag etwa wegen der Komplexität der Kaufsache als Nebenpflicht²²⁶ bestimmte Gebrauchshinweise zu erteilen hat und dieser Verpflichtung bzw. Obliegenheit durch Übergabe einer fehlerhaften Gebrauchsanweisung des Herstellers unzureichend nachkommt. Erleidet der Käufer wegen dieses Fehlers der Gebrauchsanweisung einen Schaden, ist zu Lasten des Verkäufers § 278 BGB ebenfalls anwendbar.²²⁷

789   **b) Schadensersatz statt der Leistung.** Den Schadensersatz statt der Leistung betrifft § 280 Abs. 3 BGB. Die Vorschrift verweist auf die §§ 281 bis 283 BGB, die für diesen Schadensersatzanspruch zusätzliche Voraussetzungen, aber keine eigenen, selbständig neben § 280 Abs. 1 BGB tretenden Anspruchsgrundlagen enthalten. Vielmehr bleibt **§ 280 Abs. 1 BGB** auch für den Anspruch auf Schadensersatz statt der Leistung Anspruchsgrundlage, nur **ergänzt durch weitere Erfordernisse,** in erster Linie die Fristsetzung im Falle des § 281 Abs. 1 S. 1 BGB. Das kommt dadurch zum Ausdruck, dass die §§ 281 bis 283 BGB jeweils ausdrücklich auf die „Voraussetzungen des § 280 Abs. 1 BGB" Bezug nehmen. Insbesondere besteht selbstverständlich auch für den Anspruch des Käufers auf Schadensersatz statt der Leistung die Möglichkeit des Verkäufers, sich nach § 280 Abs. 1 S. 2 BGB hinsichtlich seines Vertretenmüssens zu entlasten. Dies stellt einen wichtigen Unterschied zum Rücktrittsrecht des § 323 Abs. 1 dar, das verschuldensunabhängig ist.

790   **aa) Nacherfüllung möglich (§§ 281, 440 BGB).** Den **Regelfall** noch möglicher Nacherfüllung betrifft **§ 281 BGB.** Die Vorschrift knüpft ebenso wie § 323 BGB daran an, dass der Schuldner (Verkäufer) die geschuldete **Leistung nicht oder nicht wie geschuldet** erbringt. Aus denselben, bereits bei § 323 erörterten Gründen (Rdnr. 682) ist hiervon die unmögliche Leistung nicht erfasst. Im übrigen ist auch für § 281 BGB ein durchsetzbarer Anspruch erforderlich.²²⁸

---

²²³ BGH, NJW 1981, 1269, 1270; für das neue Recht OLG Frankfurt, OLGR 2006, 756; OLG Sachsen-Anhalt, Urteil vom 30.12.2011–10 U 10/11 (juris); so auch MünchKomm-*Ernst*, § 280 BGB Rdnr. 61; zweifelnd Bamberger/Roth-*Faust*, § 437 BGB Rdnr. 85 f.
²²⁴ So zutreffend MünchKomm-*Ernst*, § 280 BGB Rdnr. 61.
²²⁵ MünchKomm-*Ernst*, § 280 BGB Rdnr. 61.
²²⁶ Gleichgültig, ob dies im Einzelfall als leistungsbezogene Nebenpflicht oder als Pflicht nach § 241 Abs. 2 BGB einzuordnen ist.
²²⁷ OLG Düsseldorf, NJW-RR 2004, 672, rechtskräftig nach Zurückweisung der gegen die Nichtzulassung der Revision gerichteten Beschwerde durch den BGH.
²²⁸ Palandt-*Grüneberg*, § 281 BGB Rdnr. 8.

791 Bei **noch möglicher Nacherfüllung** hängt der Ersatzanspruch des Käufers statt der Leistung gemäß § 281 Abs. 1 BGB von **zusätzlichen Voraussetzungen** ab. Die Vorschrift betrifft den **Nichterfüllungsschaden,** also den Schaden, der dem Käufer dadurch entsteht, dass der Verkäufer die vertraglich geschuldete Leistung (Lieferung einer mangelfreien Sache) nicht mehr erbringt. Es geht um den Schadensersatzanspruch, der die ursprünglich vereinbarte Leistung ersetzt, also an ihre Stelle tritt und dem Interesse des Käufers an der vertragsgemäßen Lieferung der Kaufsache entspricht. Letztlich führt dieser Schadensersatzanspruch also zu einer „Liquidierung" des Kaufvertrags, nämlich dazu, dass der Vertrag nicht mehr so, wie ursprünglich vereinbart, durchgeführt wird. Deshalb hat der Gesetzgeber in § 281 BGB diesen Schadensersatzanspruch zusätzlich, über die Voraussetzungen des § 280 Abs. 1 BGB hinaus, davon abhängig gemacht, dass der Verkäufer eine **zweite Gelegenheit zur vertragsgemäßen Erfüllung** nicht nutzt. Voraussetzung für einen Schadensersatzanspruch statt der Leistung ist also nach § 281 Abs. 1 S. 1 BGB, dass eine dem Verkäufer vom Käufer zur Nacherfüllung bestimmte angemessene Frist erfolglos abgelaufen ist. Die Voraussetzungen für diesen Anspruch sind nahezu vollständig an diejenigen zum Rücktritt in § 323 BGB angeglichen. Dadurch wird ein Gleichlauf bei den beiden Rechten des Käufers erreicht, die gleichermaßen eine „Liquidierung", ein Scheitern des Vertrages zur Folge haben – allerdings mit der wichtigen Ausnahme des Vertretenmüssens.

792 Wegen des Erfordernisses der Fristsetzung und seiner Ausnahmen kann deshalb auf die obigen Ausführungen zum Rücktrittsrecht des Käufers Bezug genommen werden (Rdnr. 682 ff.). § 323 Abs. 2 BGB, der die Ausnahmen vom Fristsetzungserfordernis enthält, entspricht im wesentlichen dem § 281 Abs. 2 BGB, mit nur einer Ausnahme: Nach § 323 Abs. 2 Nr. 2 BGB ist bei einem relativen Fixgeschäft der Rücktritt ohne weitere Fristsetzung möglich, während der Käufer noch eine zusätzliche Frist setzen muss, wenn er darüber hinaus Schadensersatz statt der Leistung geltend machen will. Eine dem § 323 Abs. 2 Nr. 2 BGB entsprechende Bestimmung enthält § 281 BGB nicht. Auch wegen der Einzelheiten zu § 440 BGB kann auf die Ausführungen im Zusammenhang mit dem Rücktrittsrecht Bezug genommen werden (dazu Rdnr. 702 ff.); die Vorschrift betrifft in gleicher Weise die Fristsetzung nach § 323 BGB wie nach § 281 BGB.

793 Gemäß § 280 Abs. 1 S. 2 BGB kann sich der Verkäufer – wie ausgeführt (Rdnr. 779) – durch den Nachweis entlasten, dass er die Mangelhaftigkeit der Kaufsache nicht zu vertreten hat. Das **Verschulden des Verkäufers** kann sich zunächst darauf beziehen, dass er dem Käufer eine mangelbehaftete Sache liefert, etwa weil der Verkäufer wusste oder hätte wissen müssen, dass die gelieferte Kaufsache nicht die vertraglich vereinbarte Beschaffenheit aufweist. Der Verkäufer hat die Pflichtverletzung, also die Lieferung einer mangelhaften Sache, aber auch zu vertreten, wenn er die ihm vom Käufer zur Nacherfüllung gesetzte Frist aus von ihm zu vertretenden Gründen erfolglos hat verstreichen lassen. Das gilt auch dann, wenn der Verkäufer die Mangelhaftigkeit bei Lieferung der Kaufsache zunächst nicht zu vertreten hatte, sich sein Verschulden vielmehr auf die Nichteinhaltung der Nacherfüllungsfrist beschränkt. Auch in derartigen Fällen hat der Verkäufer nämlich zu vertreten im Sinne des § 280 Abs. 1 S. 2 BGB, dass der Käufer die ihm geschuldete Leistung letztlich nicht erhält.[229] Dass sich das Verschulden des Verkäufers auf die Nacherfüllungsphase, also gleichsam auf den „zweiten Anlauf" zur Erfüllung beschränkt, ändert an diesem Ergebnis nichts. Der Verkäufer ist deshalb in diesen Fällen nicht nur zum Ersatz des Verzögerungsschadens aus §§ 280, 286 BGB wegen schuldhafter Verzögerung der Nacherfüllung, sondern – nach Wahl des Käufers – auch zum Schadensersatz statt der Leistung verpflichtet.

---

[229] OLG Celle, NJW-RR 2007, 353, 354; Palandt-*Grüneberg*, § 281 BGB Rdnr. 16; Münch-Komm-*Ernst*, § 281 BGB Rdnr. 47.

794 Inhaltlich kann der Käufer den Anspruch **nach** seiner **Wahl** als **großen oder kleinen Schadensersatzanspruch** statt der Leistung geltend machen.[230] Der Käufer kann deshalb zunächst die Kaufsache behalten und deren Minderwert als Schadensersatz geltend machen. Dabei handelt es sich um die Differenz zwischen dem Wert der Kaufsache in geschuldetem und in tatsächlichem Zustand. Anders als bei der Berechnung der Minderung nach § 441 Abs. 3 BGB bleibt hierbei die Gegenleistung außer Betracht.[231] Der Käufer kann im **Rahmen des kleinen Schadensersatzes** den Minderwert auch anhand der zur Mängelbeseitigung erforderlichen Kosten berechnen.[232] Das ist nur dann ausgeschlossen, wenn die Nachbesserungskosten ein Ausmaß erreichen, das sie unverhältnismäßig erscheinen lässt.[233] Ob dies der Fall ist, ist anhand des Maßstabs des § 439 Abs. 3 BGB zu beurteilen.[234] Wenn der Verkäufer nämlich die Nacherfüllung wegen unverhältnismäßiger Kosten verweigern kann, so hat der Käufer keinen durchsetzbaren Anspruch auf Nachbesserung. Er kann dasselbe Ergebnis einer Nachbesserung dann auch nicht über den Umweg eines Schadensersatzanspruchs erreichen. Den nach den Wertverhältnissen berechneten Minderwert kann er aber stets, so auch in diesem Fall verlangen.

795 Gegenstand des **kleinen Schadensersatzes** sind auch **sonstige Folgeschäden**,[235] wie zum Beispiel entgangener Gewinn oder Gutachterkosten, die bei komplexeren Sachen ohne Verstoß gegen § 254 BGB zur Ermittlung der Mangelursache erforderlich gewesen sein mögen. Letztere könnte der Käufer freilich auch neben dem Nacherfüllungsanspruch (nicht nur an seiner Stelle, eben „statt der Leistung") unmittelbar aus § 280 Abs. 1 BGB geltend machen, ohne dass es einer Fristsetzung bedarf. Der Käufer kann derartige Schäden aber auch als Rechnungsposten in seinen umfassenderen Anspruch auf Schadensersatz statt der Leistung einstellen.

796 Der Käufer kann, statt den kleinen Schadensersatzanspruch geltend zu machen, auch den Kaufgegenstand zurückweisen und Ersatz des gesamten ihm durch die Nichterfüllung des Vertrags entstandenen Schadens verlangen **(großer Schadensersatz)**.[236] Bereits abgewickelte Teile des Kaufvertrags sind dann rückabzuwickeln. Der Käufer hat die mangelhafte Kaufsache zurückzugeben. Der **gezahlte Kaufpreis** stellt dann den **Mindestschaden** des Käufers dar. Auch hier kann der Käufer **ggf. weitere Folgeschäden** zusätzlich ersetzt verlangen.

797 Ebenso wie hinsichtlich der Fristsetzung entspricht auch die Regelung zu dem Fall, dass die **Kaufsache nur teilweise mangelhaft** ist, ganz derjenigen zum Rücktrittsrecht (§ 281 Abs. 1 BGB sowie § 323 Abs. 5 BGB; siehe dazu Rdnr. 748 ff.). Nach § 281 Abs. 1 S. 1 BGB ist Schadensersatz statt der Leistung bei erfolgloser Fristsetzung zunächst nur insoweit geschuldet, als die Leistung ausgeblieben ist („soweit"). Das bedeutet, dass der Käufer bei einer mangelhaften Leistung Schadensersatz statt der Leistung nur für den mangelhaften Teil der Leistung beanspruchen kann, wenn die Leistung überhaupt teilbar ist. Sind also von 100 bestellten und gelieferten Flaschen Wein nur 90 einwandfrei, während der Wein in den übrigen Flaschen nach Kork schmeckt, kann der Käufer nach erfolgloser Fristsetzung als Schadensersatz statt der Leistung die Ersatzbeschaffungskosten für die mangelhaften 10 Flaschen beanspruchen. Dieser Anspruch folgt bereits aus § 281 Abs. 1 S. 1 BGB.

---

[230] Bamberger/Roth-*Faust*, § 437 BGB Rdnr. 131; insoweit hat sich gegenüber dem bisherigen Recht nichts geändert, s. hierzu etwa BGHZ 96, 283, 287; BGHZ 108, 56.
[231] MünchKomm-*Ernst*, § 281 BGB Rdnr. 127.
[232] BGHZ 108, 56 m.w.N.
[233] Eine ähnliche Grenze war auch nach dem bis zum 31.12.2001 geltenden Werkvertragsrecht anerkannt: Hier konnte der Besteller nach § 635 BGB a.F. grundsätzlich die Kosten der Mangelbeseitigung ersetzt verlangen, was ihm aber bei „grober Unverhältnismäßigkeit" versagt wurde, siehe etwa OLG Düsseldorf, NJW-RR 2001, 522, 523, m.w.N.
[234] Teilweise. a. A. MünchKomm-*Ernst*, § 281 BGB Rdnr. 131.
[235] MünchKomm-*Ernst*, § 281 BGB Rdnr. 134.
[236] Etwa BGHZ 108, 56; LG Frankfurt a. M. v. 31.01.2007, Az. 2-16 S 3/06.

Der Gläubiger kann aber **Schadensersatz statt der ganzen Leistung** („großen Schadensersatz") auch dann verlangen, wenn nur von der **Mangelhaftigkeit eines Teils der Leistung** gesprochen werden kann, und so den die Leistung ersetzenden Schadensersatzanspruch auch auf die an sich vertragsgemäßen Teile der Leistung erstrecken. Schadensersatz statt der ganzen Leistung bedeutet in dem erwähnten Beispiel des Weinkaufs, dass der Käufer nicht nur Ersatz für die fehlerhaften 10, sondern auch für die restlichen einwandfreien 90 Flaschen Wein verlangt. § 281 Abs. 1 S. 3 BGB zieht für diesen Anspruch allerdings eine Grenze: Statt der ganzen Leistung kann der Käufer Schadensersatz dann **nicht** verlangen, **wenn** die **Mangelhaftigkeit** insgesamt, **bezogen auf die Gesamtleistung** also, **unerheblich** ist. Diese gesteigerten Anforderungen an den Schadensersatzanspruch statt der ganzen Leistung sind deshalb berechtigt, weil die Belastung des Käufers durch diese Schadensersatzverpflichtung höher ist und weil dies zum Scheitern des gesamten Vertrags führt. Der Gesetzgeber hat die Erwartung ausgesprochen, dass der begrenzte Schadensersatz statt der mangelhaften Leistung nur genügen kann, wenn es sich um abgrenzbare Mängel handelt, die ohne Schwierigkeiten behoben werden können.[237] 798

Im Übrigen soll das **Interesse des Gläubigers an der geschuldeten Leistung** oft den **Schadensersatz statt der ganzen Leistung** erforderlich machen.[238] Damit kommt zum Ausdruck, dass auch für die Beurteilung der Unerheblichkeit im Sinne des § 281 Abs. 1 S. 3 BGB ganz ähnlich wie im Falle der Teilleistung nach § 281 Abs. 1 S. 2 BGB zumindest auch auf das Interesse des Gläubigers abzustellen ist. Ohnehin ist die Unerheblichkeit der Pflichtverletzung in § 281 Abs. 1 S. 3 BGB als Ausnahme formuliert, so dass der Verkäufer hierzu die **Darlegungs- und Beweislast** trägt und nicht umgekehrt der Käufer die Erheblichkeit des Mangels vorzutragen und zu beweisen hat. Auch damit kommt der Regelfall zum Ausdruck, dass der Käufer bei einem Mangel Schadensersatz statt der ganzen Leistung verlangen kann. Im übrigen kann auf die Ausführungen zum Rücktritt und dort zu § 323 Abs. 5 S. 2 BGB Bezug genommen werden (Rdnr. 748 ff.). Auch in dieser Frage sieht das Gesetz dieselben Voraussetzungen für einen (Teil-)Rücktritt und einen Schadensersatz statt der ganzen (statt eines Teils der) Leistung vor.[239] 799

Weil also das Interesse des Käufers an der insgesamt mangelfreien Leistung des Verkäufers auch bei der Frage der Unerheblichkeit des Mangels mit zu berücksichtigen ist, dürfte eine Abgrenzungsfrage zwischen § 281 Abs. 1 S. 2 und 3 BGB keine größeren praktischen Auswirkungen haben: § 434 Abs. 3 BGB stellt **Mengenabweichungen** dem Sachmangel gleich. In dem Weinbeispiel macht es deshalb für die Beurteilung der Weinlieferung als mangelhaft keinen Unterschied, ob der Verkäufer von 100 bestellten Flaschen Wein nur 90 liefert oder ob er zwar 100 liefert, von denen aber 10 mangelhaft sind. Wegen der kaufrechtlichen, die Teilleistung betreffenden Sonderregelung des § 434 Abs. 3 BGB muss deshalb auch bei der Anwendung des § 281 Abs. 1 BGB die Lieferung nur eines Teils der bestellten Flaschen als eine nicht wie geschuldete Leistung angesehen werden, was in derartigen Fällen zur Anwendung des § 281 Abs. 1 S. 3 BGB führt. Auch insoweit gilt nichts anderes, als bereits zu § 323 Abs. 5 BGB ausgeführt[240] (siehe Rdnr. 756). 800

Ganz parallel zum Rücktritt bestimmt § 281 Abs. 4 BGB, dass der Anspruch des Gläubigers auf die Leistung, also hier der **Anspruch** des Käufers **auf Lieferung einer mangelfreien Sache**, dann **ausgeschlossen ist, wenn** er **Schadensersatz statt der Leistung „verlangt"** hat. Dabei muss es sich um ein ernstliches Schadensersatzverlangen handeln, aus dem der Verkäufer den Schluss ziehen darf, dass er nun keinerlei Anstrengungen zur Erbringung der vertraglich versprochenen Leistung mehr schuldet. Inhaltlich ist die Situation mit der beim Rücktritt vergleichbar, wo ebenfalls die Rücktrittserklärung des Gläu- 801

---

[237] BT-Drucks. 14/6040, S. 140.
[238] BT-Drucks. 14/6040, S. 140.
[239] Vgl. auch BGH, NJW 2006, 1960, 1962.
[240] Der Gesetzgeber hat die Frage der Rechtsprechung überlassen, vgl. die Beschlussempfehlung des Rechtsausschusses in BT-Drucks. 14/7052, S. 184 f.

bigers (Käufers) zum Ausschluss seines Erfüllungsanspruchs führt und wo sich auch die Erforderlichkeit ergeben kann, entsprechende Erklärungen des Schuldners auszulegen. Das Schadensersatzbegehren des Käufers muss auf die Erlangung von Schadensersatz *statt der Leistung* gerichtet sein; die Geltendmachung sonstigen Schadensersatzes, zum Beispiel wegen einer Verzögerung der Leistung oder wegen Mangelfolgeschäden, genügt selbstverständlich nicht.

802 Ebenso wie beim Rücktritt kann diese **Ausschlusswirkung** auch beim Schadensersatz statt der Leistung gemäß § 281 Abs. 4 BGB **nur** einem **berechtigten Schadensersatzverlangen** des Käufers zukommen. Gelingt dem Verkäufer im Prozess also der Entlastungsbeweis des § 280 Abs. 1 S. 2 BGB, so besteht kein Schadensersatzanspruch statt der Leistung, letztere (= den Nacherfüllungsanspruch) kann der Käufer dann wieder geltend machen,[241] wenn er nicht bereits zuvor zurückgetreten war und wegen § 325 BGB den Schadensersatzanspruch neben den Rücktrittsfolgen geltend gemacht hatte. Dann bleibt der verschuldensunabhängige Rücktritt wirksam; der Nacherfüllungsanspruch ist zwar nicht nach § 281 Abs. 4 BGB, wohl aber wegen der Gestaltungswirkung des Rücktritts ausgeschlossen.

803 § 281 Abs. 4 BGB steht dem praktischen Vorgehen nicht entgegen, dass der Käufer **in einem Rechtsstreit in erster Linie (Nach-)Erfüllung** und **hilfsweise** – also etwa für den Fall, dass der Verkäufer dem Nacherfüllungsanspruch erfolgreich die Einrede nach § 439 Abs. 3 BGB entgegenhält – **Schadensersatz** verlangt. Das Schadensersatzverlangen ist dann mit der Bedingung verknüpft, dass das primär verfolgte Erfüllungsbegehren keinen Erfolg hat. Es kann deshalb nicht bereits vor Bedingungseintritt die Wirkungen des § 281 Abs. 4 BGB auslösen.[242] Das gilt freilich nur dann, wenn nicht bereits vor Klageerhebung die Voraussetzungen des § 281 Abs. 1 BGB eingetreten waren und der Käufer nicht bereits vor Klageerhebung Schadensersatz statt der Leistung im Sinne des § 281 Abs. 4 BGB verlangt hatte. In derartigen Fällen ist der Nacherfüllungsanspruch des Käufers bereits vorprozessual ausgeschlossen und kann nicht erfolgreich eingeklagt werden. Ein entsprechender Hauptantrag wäre dann von vornherein unbegründet.

804 Ist dies nicht geschehen, könnte die **Klage** des Käufers zum Beispiel primär auf **Nachlieferung, hilfsweise auf Nachbesserung** und **weiter hilfsweise auf Schadensersatz** gerichtet sein. Ein Erfolg dieses letzten Hilfsantrags setzt freilich voraus, dass die Voraussetzungen des § 281 Abs. 1 BGB vor Schluss der letzten mündlichen Verhandlung eingetreten sind. Eine Nacherfüllungsfrist muss also abgelaufen oder entbehrlich sein, was wegen des Verhaltens des Verkäufers im Prozess (Bestreiten der Leistungspflicht) nicht selten gemäß § 281 Abs. 2 Alt. 1 BGB anzunehmen sein wird. Der Käufer hat aber – falls dies noch nicht geschehen war – auch die Möglichkeit, die Fristbestimmung gemäß § 255 Abs. 1 ZPO dem Gericht zu überlassen und dies – falls die weiteren prozessualen Voraussetzungen hierfür gegeben sind – mit einer **Klage auf künftige Schadensersatzleistung** (§ 259 ZPO) zu verbinden. Auch diesem Vorgehen steht § 281 Abs. 4 BGB nicht entgegen, weil das Schadensersatzverlangen in diesem Fall durch den erfolglosen Ablauf der Frist bedingt ist. Den primär geltend gemachten Nacherfüllungsanspruch hat der Käufer vor Eintritt dieser Bedingung noch nicht verloren, so dass eine entsprechende Verurteilung des Verkäufers erfolgen kann.[243]

805 Der häufigste **Anlass für den Käufer**, derart **gestuft vorzugehen,** wird allerdings wohl der Fall sein, in dem der primär an der Erfüllung interessierte Käufer nicht weiß, ob der Verkäufer in der Lage ist, die Kaufsache zu reparieren oder eine andere Sache nachzuliefern. Stellt sich später die Unmöglichkeit des Nacherfüllungsanspruchs heraus, steht § 281 Abs. 4 BGB einem derartigen abgestuften Vorgehen ohnehin nicht entgegen. Der Schadensersatz-

---

[241] Vgl. BT-Drucks. 14/6857, S. 50 (Gegenäußerung der Bundesregierung zur Stellungnahme des Bundesrats).
[242] Vgl. *Wieser*, NJW 2003, 2432, 2433.
[243] Eingehend *Wieser*, NJW 2003, 2432 ff.

anspruch richtet sich dann nach § 283 BGB, der auf § 281 Abs. 4 BGB gerade nicht verweist, weil es in diesem Fall kein „Konkurrenzproblem" mit einem Erfüllungsanspruch gibt, dem § 275 BGB entgegensteht.

bb) Nacherfüllung unmöglich. § 437 Nr. 3 BGB nimmt außerdem die Vorschriften in Bezug, die im allgemeinen Leistungsstörungsrecht die Schadensersatzpflicht des Schuldners bei Unmöglichkeit der Leistung regeln, nämlich die §§ 283 und 311a BGB. Damit sind in dem hier maßgeblichen Zusammenhang die Fälle angesprochen, in denen die **Erfüllung des Nacherfüllungsanspruchs aus § 439 BGB unmöglich** ist. In diesen Fällen ist zunächst zu beachten, dass die sonst erforderliche Fristsetzung keinen Sinn macht, weil der Schuldner die Leistung ja nicht nachholen, die Nacherfüllung nicht erbringen kann. **Weder** § 283 BGB **noch** § 311a Abs. 2 BGB sehen deshalb eine **Fristsetzung** vor. Darüber hinaus ist die Regelung leider mit der Aufnahme des § 311a Abs. 2 BGB unnötig kompliziert geraten, wenngleich manche Schwierigkeiten in der Praxis eher theoretischer Natur sein dürften. Ist dem Käufer nämlich **nicht klar, ob** ein bestimmter **Mangel behebbar** ist **oder** nicht bzw. ob dies **schon bei Vertragsschluss** der Fall war oder erst nachträglich eingetreten ist, so kann ihm nur der Rat erteilt werden, im Zweifel dem Käufer eine angemessene Frist zur Nacherfüllung einzuräumen. Verweigert der Verkäufer die Nacherfüllung vor Ablauf der Frist unter Hinweis auf das Leistungshindernis, so kann der Käufer sicher sein, Schadensersatz statt der Leistung verlangen zu können, ohne den Ablauf der Frist abwarten zu müssen, entweder wegen § 281 Abs. 2 Alt. 1 BGB oder – wenn das Leistungshindernis, auf das der Verkäufer sich beruft, zur Unmöglichkeit der Nacherfüllung führen sollte – nach § 283 oder § 311a Abs. 2 BGB – vorbehaltlich einer Entlastung des Verkäufers hinsichtlich seines Vertretenmüssens, zu dem aber der Verkäufer vortragen muss. Läuft die Frist erfolglos ab, ohne dass der Verkäufer sich weiter erklärt hat, so ist der Weg des Käufers zum Schadensersatz statt der Leistung ebenfalls eröffnet. Auch dann ist es Sache des Verkäufers, sich hinsichtlich seines Verschuldens zu entlasten.

(1) Anfängliche Unmöglichkeit (§ 311a Abs. 2 BGB). § 311a BGB betrifft die anfängliche Unmöglichkeit, also im hier zu erörternden Zusammenhang den Fall, dass **bereits bei Vertragsschluss** ein **Mangel der Kaufsache** vorhanden ist, **dessen Beseitigung** entweder nur dem Verkäufer oder jedermann **nicht möglich** ist. Nachdem § 311a Abs. 1 BGB klargestellt hat, dass dies nicht, auch nicht im Fall der anfänglichen objektiven Unmöglichkeit zur Unwirksamkeit des Vertrags führt, enthält § 311a Abs. 2 BGB eine eigene Anspruchsgrundlage für einen Schadensersatzanspruch des Käufers in diesem Fall.

Die Notwendigkeit einer eigenen Regelung für anfängliche Leistungshindernisse hat der Gesetzgeber – abgesehen von der schon erwähnten Entbehrlichkeit der Fristsetzung – in zweierlei Hinsicht gesehen: § 311a Abs. 2 BGB stellt zunächst in seinem Satz 1 klar, dass **auch bei anfänglichen Hindernissen** der Gläubiger (Käufer) sein **positives Interesse** (Schadensersatz statt der Leistung) verlangen kann. Damit wird die auch denkbare Möglichkeit ausgeschlossen, wegen des im Vorfeld des Vertragsschlusses liegenden Fehlverhaltens des Schuldners, sich trotz Leistungsunvermögens vertraglich verpflichtet zu haben, dem Gläubiger nur einen Anspruch gerichtet auf das negative Interesse zu geben.

Sodann liegt die Bedeutung des § 311a Abs. 1 S. 2 BGB in dem gegenüber nachträglichen Leistungshindernissen abweichenden **Bezugspunkt des Verschuldens** des Schuldners. Die Vorschrift stellt darauf ab, ob der Schuldner das **Leistungshindernis bei Vertragsschluss kannte bzw. seine Unkenntnis zu vertreten hatte.** Hintergrund ist, dass den Schuldner in Bezug auf den Leistungsgegenstand vor Vertragsschluss keine Sorgfaltspflichten (§ 276 Abs. 2 BGB) treffen können, so dass es nur auf seine Kenntnis oder zu vertretende Unkenntnis davon ankommen kann, dass er zu der vertraglich versprochenen Leistung nicht in der Lage ist.

Der Verkäufer, der eine Vase zu übereignen verspricht, die er einige Tage vor dem Kaufvertragsschluss zerstört hatte, kann hinsichtlich der Zerstörung der Vase keine **Sorgfaltspflichten** aus dem zu diesem Zeitpunkt noch gar nicht existierenden Kaufvertrag verletzt haben, weil ihn **vor Vertragsschluss** besondere vertragliche Sorgfaltspflichten bezogen auf die Vase nicht treffen und er im übrigen als Eigentümer mit seinen Sachen nach Belieben verfahren kann (§ 903 BGB). Zum Vorwurf kann ihm erst gemacht werden, dass er über die nicht mehr existierende Vase einen Kaufvertrag abschließt, obwohl er von der Zerstörung wusste. Existiert dagegen die Vase im Zeitpunkt des Vertragsschlusses unversehrt, so ist bei ihrer nachträglichen, vor Übergabe vom Verkäufer verursachten Zerstörung im Rahmen eines Anspruchs aus §§ 283, 280 BGB maßgeblich, ob der Verkäufer mit Blick auf seine Übereignungsverpflichtungen hinreichend sorgfältig mit der Vase umgegangen ist.

811 Allein für diesen unterschiedlichen Bezugspunkt des Verschuldens hätte es freilich keiner Sonderregelung über § 283 BGB hinaus bedurft. Die Grenzen verschwimmen ohnehin, wenn man sich die Fälle vor Augen führt, in denen der Zeitpunkt der Unmöglichkeit bezogen auf den Zeitpunkt des Vertragsschlusses eher zufällig ist. So mag der auf einem Parkplatz abgestellte PKW, über den die Parteien gerade in der Wohnung des Verkäufers einen Kaufvertrag schließen, just in diesem Moment gestohlen werden. Hinsichtlich der Frage, ob dem Verkäufer sein Unvermögen zur Leistung subjektiv vorwerfbar ist, kann es nicht darauf ankommen, ob der Diebstahl 5 Minuten vor oder 5 Minuten nach dem Vertragsschluss geschehen ist. In derartigen Fällen kann es nur darauf ankommen, ob der Verkäufer mit dem Diebstahl hätte rechnen müssen, vor allem weil er schuldhaft hierzu begetragen hat, etwa indem er den Wagen unverschlossen in einer unsicheren Gegend abgestellt hatte. In der **Praxis** wird man in derartigen Fällen nicht selten offen lassen können, ob sich die Anspruchsgrundlage aus § 311 a Abs. 2 BGB oder aus §§ 283, 280 BGB ergibt.

812 Ein **anfänglich unbehebbarer Mangel,** der zur Anwendung des § 311 a Abs. 2 BGB führt, dürfte in der Praxis durchaus vorkommen. Als Beispiel sei der als unfallfrei verkaufte Unfallwagen genannt, den niemand unfallfrei machen kann. Hierunter fällt auch das Gemälde, das fälschlich als von einem bestimmten Maler stammend verkauft wird.[244] Schließlich ist auch der Fall zu nennen, dass der Verkäufer ein gestohlenes Fahrzeug verkauft, an dem er dem Käufer wegen § 935 BGB und fehlender Erwerbsmöglichkeiten kein Eigentum verschaffen kann.

813 In derartigen Fällen hat der Käufer **auch ohne Fristsetzung** einen **auf das positive Interesse gerichteten Schadensersatzanspruch.** Der **Verkäufer** kann sich nach § 311 a Abs. 2 S. 2 BGB dadurch **entlasten,** dass er vorträgt und ggf. im Prozess beweist, dass er von den die Unmöglichkeit begründenden Umständen (dem Unfall des Unfallwagens, der anderweitigen Herkunft des Gemäldes oder dem Diebstahl des Wagens) keine Kenntnis hatte und seine Unkenntnis auch nicht zu vertreten hat im Sinne der §§ 276 ff. BGB. Daraus ergibt sich für den Fall des anfänglichen Unvermögens eine wichtige Änderung gegenüber dem bisherigen Recht: Auch in diesen Fällen, also zum Beispiel dem Verkauf eines gestohlenen Wagens, kann der Verkäufer sich nach § 311 a Abs. 2 S. 2 BGB entlasten. Eine **Garantiehaftung** des Verkäufers für anfängliches Unvermögen gibt es **nicht** mehr.

814 **(2) Nachträgliche Unmöglichkeit (§ 283 BGB).** Der Käufer kann bei nachträglicher Unmöglichkeit **auch ohne Fristsetzung,** die in diesem Fall sinnlos ist, gemäß § 283 S. 1 BGB **Schadensersatz statt der Leistung verlangen.** Der einzige Unterschied zu § 281 BGB besteht darin, dass die Fristsetzung entbehrlich ist. Wie bereits erwähnt (Rdnr. 806), wird es sich in der Praxis deshalb empfehlen, im Zweifel dem Schuldner eine Frist zur Nacherfüllung zu setzen. Nach deren erfolglosem Ablauf kann die für den Gläubiger/Käufer oft nicht einfach zu beurteilende Frage offen bleiben, ob die Nacherfüllung deshalb nicht erfolgt ist, weil sie dem Verkäufer nicht möglich ist, oder ob andere Gründe vorliegen.

---

[244] Anders kann es sein bei einem Gemälde, das eine Fälschung eines echten, in einem Museum befindlichen Originals darstellt und als echt verkauft wird. Hier mag eine Nachlieferung jedenfalls dann in Betracht kommen, wenn man die Beschaffung des echten Gemäldes nicht wegen fehlender Herausgabebereitschaft des Museums als unmöglich im Sinne des § 275 BGB ansieht.

c) **Schadensersatz nach Deliktsrecht. Neben** den in § 437 Nr. 3 BGB genannten **ver-** 815
traglichen Schadensersatzvorschriften kommt auch ein **Anspruch aus Delikt** nach
den §§ 823 ff. BGB in Betracht. So können als Folge des Mangels eines oder mehrere der in
§ 823 Abs. 1 BGB genannten Rechte oder Rechtsgüter verletzt werden. Stürzt das gekaufte
Regal ein und beschädigt eine danebenstehende Vase des Käufers oder erleidet der Käufer
infolge eines Mangels des gekauften PKW einen Verkehrsunfall und wird verletzt, so kann
der Käufer diese Sach- und Körperschäden auch aus § 823 Abs. 1 BGB ersetzt verlangen,
wenn der Verkäufer schuldhaft gehandelt hat. Für derartige **Mangelfolgeschäden** werden
die §§ 823 ff. BGB durch die §§ 280 ff. BGB nicht verdrängt.[245] Fraglich kann dies nur sein
für die sog. „**Weiterfresserschäden**", das heißt also die Schäden an der Kaufsache selbst,
die mit der mangelbedingten Entwertung nicht „stoffgleich" sind. Hier hat das Gesetz zur
Modernisierung des Schuldrechts keine Änderungen gebracht. Eine Eigentumsverletzung
kommt wie bisher in Betracht, wenn die „Stoffgleichheit" fehlt.[246] Innerhalb sog. Käufer-
ketten kommt auch eine Haftung des Verkäufers aus § 826 BGB in Betracht.[247]

6. Ersatz vergeblicher Aufwendungen (§ 284 BGB)

Der Käufer hat auch die Möglichkeit, gemäß § 284 BGB **an der Stelle des Schadenser-** 816
satzes statt der Leistung Ersatz vergeblicher Aufwendungen zu verlangen. Auf diese Vorschrift wird in § 437 Nr. 3 BGB ebenfalls verwiesen. Hierunter fallen auch die **Vertrags-**
kosten, die nach § 467 S. 2 BGB a. F. im Falle der Wandelung zu ersetzen waren und deren
Ersatz sich jetzt nach § 284 BGB richtet.[248] Der Gesetzgeber hat damit eine sachliche Änderung verbunden: Die Vertragskosten konnte der Käufer bisher nach § 467 S. 2 BGB a. F.
verschuldensunabhängig als Folge der Wandelung ersetzt verlangen. Jetzt folgt aus § 284 in
Verbindung mit §§ 281, 280 Abs. 1 S. 2 BGB, dass dieser Anspruch von einem – wenn auch
vermuteten – **Verschulden des Verkäufers** abhängt. Der Sache nach handelt es sich zum
Beispiel um die Kosten für die Überführung und die Zulassung eines Neuwagens,[249] Ver-
sand-, Einbau-, Montage- und Finanzierungskosten.[250]

Der Ersatz **vergeblicher Aufwendungen** kann nach dem ausdrücklichen Gesetzeswort- 817
laut nicht neben dem Schadensersatz statt der Leistung oder als dessen Bestandteil, sondern
nur an seiner Stelle verlangt werden. Das hängt damit zusammen, dass beim Schadensersatz
statt der Leistung der Käufer so zu stellen ist, wie er **bei ordnungsgemäßer Erfüllung** des
Verkäufers stünde. Dann hätte der Käufer die Aufwendungen für den Vertrag aber **in glei-**
cher Weise gehabt. Sie sind ihm nicht wegen, sondern trotz der mangelhaften Leistung entstanden.

Der Gesetzgeber wollte mit § 284 BGB vor allem eine Regelung für die Fälle schaffen, in 818
denen **frustrierte Aufwendungen für nicht kommerzielle** (ideelle oder konsumptive)
Zwecke entstehen.[251] In derartigen Fällen kam es früher für die Ersatzfähigkeit auf eine

---

[245] MünchKomm-*Ernst*, § 280 BGB Rdnr. 78; siehe auch OLG Koblenz OLGR 2008, 882: Lie-
ferung mangelhafter Korken zum Verschließen von Weinflaschen, durch deren Mangelhaftigkeit der
Wein beschädigt wird.
[246] BGHZ 67, 359 („Schwimmerschalter"); BGH, NJW 1978, 2241 („Reifen"); BGHZ 86, 256
(„Gaszug"); näher Bamberger/Roth-*Faust*, § 437 BGB Rdnr. 198; MünchKomm-*Ernst*, § 280 BGB
Rdnr. 78; zurückhaltend MünchKomm-*Westermann*, § 437 Rdnr. 62.
[247] Vgl. dazu OLG Braunschweig, NJW 2007, 609 f.; OLG München, DAR 1999, 506; OLG
Hamm, NJW 1997, 2121; MünchKomm-*Mertens*, § 826 BGB Rdnr. 63; Soergel-*Hönn/Dönneweg*,
§ 826 BGB Rdnr. 65.
[248] BGHZ 167, 19 = NJW 2006, 1960, 1962.
[249] BGHZ 163, 381 = NJW 2005, 2848, 2850.
[250] BGH, NJW 2006, 1198, 1199: Makler-, Beurkundungs-, Finanzierungs- und Umzugskosten
bei Grundstücks-kaufvertrag; OLG Hamm, NZV 2006, 421: Kosten einer nutzlos gewordenen Finanzierung eines PKW-Kaufs; *Reinicke/Tiedtke*, KaufR, Rdnr. 227.
[251] BT-Drucks. 14/6040, S. 142 ff.; siehe auch *Lorenz*, NJW 2007, 1, 3.

„Rentabilitätsvermutung" an.²⁵² Derartige Gesichtspunkte sind für § 284 BGB nicht mehr maßgeblich. Das bedeutet aber nicht, dass der Anwendungsbereich des § 284 BGB auf den Ersatz solcher nicht kommerziellen Aufwendungen beschränkt wäre.²⁵³

819 Zu beachten ist, dass sich das angesprochene **Alternativverhältnis** in § 284 BGB nur auf den Schadensersatz statt der Leistung, **nicht** aber **auf den Schadensersatz** bezieht, **der neben der Leistung** aus § 280 BGB **verlangt werden kann.**²⁵⁴ Das hat zur Folge, dass zum Beispiel ein Anspruch auf Erstattung außergerichtlicher, zur Mangelfeststellung erforderlicher Gutachterkosten aus § 280 BGB ohne weiteres neben einem Aufwendungsersatzanspruch geltend gemacht werden kann.²⁵⁵

820 Vergebliche Aufwendungen sind **freiwillige Vermögensopfer,** die der Käufer **im Vertrauen auf den Erhalt der Leistung** erbracht hat, die sich aber wegen der nicht vertragsgerechten Leistung des Verkäufers als nutzlos erweisen.²⁵⁶ Aufwendungen des Käufers auf eine gekaufte Sache, die sich später als mangelhaft herausstellt, sind demnach in der Regel vergeblich, wenn der Käufer die Kaufsache wegen ihrer Mangelhaftigkeit zurückgibt oder sie jedenfalls nicht bestimmungsgemäß nutzen kann.²⁵⁷ Ob Zubehörteile, die der Käufer eines PKW in das später wegen Mangelhaftigkeit zurückgegebene Fahrzeug hat einbauen lassen, für ihn anderweit verwendbar wären, ist für die Ersatzpflicht des Verkäufers grundsätzlich ohne Bedeutung.²⁵⁸

821 Der Anspruch aus **§ 284 BGB** steht dem Käufer wegen § 325 BGB **auch** dann zu, **wenn er vom Kaufvertrag zurückgetreten** ist.²⁵⁹ Die Vorschrift wird nicht durch § 347 Abs. 2 BGB verdrängt.²⁶⁰

7. Händlerrückgriff

822 Im Zusammenhang mit den Rechten des Käufers gegenüber dem Verkäufer bei Mangelhaftigkeit der gelieferten Sache steht auch der in § 478 BGB geregelte Händlerrückgriff.²⁶¹ Diese Regelung ist zutreffend nur zu verstehen, wenn man den gesetzlichen Zusammenhang betrachtet, in dem sie steht. § 478 BGB steht in dem Untertitel über den **Verbrauchsgüterkauf,** gehört also zu den Vorschriften, deren Geltung § 474 Abs. 1 S. 1 BGB „ergänzend" zu den sonstigen kaufrechtlichen Bestimmungen anordnet. Vorausgesetzt ist danach der Fall, dass ein **Verbraucher** (§ 13 BGB) von einem **Unternehmer** (§ 14 BGB) eine **bewegliche Sache** kauft. Ein derartiger Kaufvertrag gehört deshalb zwingend zu den Voraussetzungen des § 478 BGB.²⁶² Schon aus diesem Grunde **scheidet** eine **Anwendung** der Bestimmung von vornherein **aus, wenn bereits der Händler die Mangelhaftigkeit** der Kaufsache noch vor dem Weiterverkauf **entdeckt** und dieser unterbleibt. Das gilt auch dann, wenn die Sache zum Weiterverkauf an einen Verbraucher bestimmt war – unabhängig davon, dass auch dies kaum je zuverlässig festgestellt werden kann, weil die meisten neu hergestellten Sachen von ihrer Zweckbestimmung her „neutral" sind: Ein PKW kann beruflich oder privat genutzt werden. Ob ihn jemand als Verbraucher oder als Unternehmer kauft, kann nur im Zeitpunkt der Kaufvertrags beurteilt werden, weshalb auch die Definition des § 13 BGB auf die Vornahme des Rechtsgeschäfts abstellt.

---

[252] Z.B. BGH, NJW 2000, 2342 m.w.N.
[253] BGH, NJW 2005, 2848, 2850 m. umfangr. Nachw.
[254] BGH, NJW 2005, 2848, 2850.
[255] BGH, NJW 2005, 2848, 2850.
[256] BGH, NJW 2005, 2848, 2850.
[257] BGH a.a.O.
[258] BGH a.a.O.
[259] BGH, NJW 2006, 1960, 1962.
[260] BGH, NJW 2005, 2848, 2849.
[261] Dazu *Ernst*, MDR 2003, 4 ff.; Dauner-Lieb/Konzen/Schmidt-*Schmidt*, Neues Schuldrecht, S. 427 ff.
[262] So auch *Ernst*, MDR 2003, 4, 5.

A. Rechte des Käufers nach BGB

Auch eine **analoge Anwendung** des § 478 BGB **auf** die **Fälle, in denen es nicht zu einem Weiterverkauf der Sache an einen Verbraucher gekommen ist, scheidet aus.**[263] Zweck der Vorschrift ist nämlich eine Umsetzung des Artikels 4 der Verbrauchsgüterkaufrichtlinie, die den Mitgliedstaaten aufgibt, eine Rückgriffsmöglichkeit zugunsten des Letztverkäufers des Verbrauchsguts vorzusehen. Damit soll verhindert werden, dass der letzte Unternehmer allein die Bürde eines verbesserten Verbraucherschutzes tragen muss, obwohl der Mangel, für den er dem Verbraucher gegenüber einstehen muss, nicht in seinem Verantwortungsbereich entstanden ist.[264] Dieser dem § 478 BGB zugrunde liegende Zweck verbietet eine analoge Anwendung in den Fällen, in denen es zu einem Verbrauchsgüterkauf im Sinne des § 474 BGB nicht kommt.[265] Dann ist der Händler nämlich auch keinen Ansprüchen des Verbrauchers mit ihrer weitgehenden Unabdingbarkeit (§ 475 BGB), der Beweislastumkehr des § 476 BGB etc. ausgesetzt. Die von § 478 BGB gewährten Erleichterungen stehen dem Händler dann nicht zu.

823

Dem § 478 BGB liegt vor diesem Hintergrund die Überlegung zugrunde, dass dem **Letztverkäufer** seinerseits selbstverständlich die in § 437 BGB bezeichneten Rechte und Ansprüche wie jedem anderen Käufer gegenüber seinem Lieferanten zustehen. Dem „Rückgriff" des Letztverkäufers dienen deshalb in erster Linie seine **eigenen kaufrechtlichen Rechte und Ansprüche.** Demgemäss begründet § 478 Abs. 1 BGB keinen neuartigen Anspruch des Letztverkäufers, sondern enthält gewisse Erleichterungen zu seinen Gunsten bei der Geltendmachung der Rechte und Ansprüche aus § 437 BGB. Der **Rückgriff** erfolgt damit **innerhalb der jeweiligen Vertragsbeziehungen;** gesetzliche Ansprüche zwischen den an einer Lieferkette Beteiligten, die keinen Vertrag geschlossen haben, werden nicht begründet. Ein unmittelbarer Anspruch des Letztverkäufers gegen den Hersteller ist daher durch die Vorschrift jedenfalls dann nicht begründet, wenn bei dem Vertrieb der mangelhaften Sache eine unmittelbare vertragliche Beziehung zwischen beiden nicht besteht, der Letztverkäufer die Sache also etwa von einem Großhändler bezogen hatte.

824

§ 478 BGB knüpft daran an, dass der **Letztverkäufer die mangelhafte Sache** infolge des Mangels von dem Verbraucher im Rahmen der Nachlieferung (§ 439 Abs. 4 BGB), nach einem Rücktritt des Verbrauchers oder nach Erfüllung eines Verlangens des Verbrauchers nach „großem Schadensersatz" **zurücknehmen musste.** Dann soll der Letztverkäufer die Sache möglichst problemlos an seinen Lieferanten „durchreichen", also weitergeben können. Zu diesem Zweck bestimmt § 478 Abs. 1 S. 1 BGB, dass es für die eigenen kaufrechtlichen Rechte und Ansprüche des Letztverkäufers einer sonst, also insbesondere nach § 323 Abs. 1 BGB erforderlichen **Fristsetzung nicht** bedarf. Der Letztverkäufer kann demnach unmittelbar nach Rücknahme der mangelhaften Sache seinerseits von dem Kaufvertrag mit seinem Lieferanten zurücktreten, ohne diesem noch eine Gelegenheit zu einer in dieser Situation zumeist sinnlosen Nacherfüllung geben zu müssen.

825

Diese Erleichterung – wie überhaupt die gesamte Vorschrift – betrifft nach dem ausdrücklichen Wortlaut des § 478 Abs. 1 S. 1 BGB „die verkaufte neu hergestellte Sache". § 478 Abs. 5 BGB dehnt die Regelung der vorhergehenden Absätze auf die **übrigen Käufer in der Lieferkette** aus – gemeint ist dies deshalb selbstverständlich auch nur insoweit, als eben diese Sache zuvor durch andere Hände gegangen war. Davon kann man aber nicht sprechen, wenn der Kaufvertrag ein Teil betrifft, das ein Zulieferer dem Hersteller geliefert hatte. Die Regelung ist **auf** die **Kaufverträge zwischen dem Hersteller** der Sache **und dem Zulieferer nicht anwendbar.**[266] Der Gesetzgeber wollte zur Vermeidung eines uferlosen, „atomisierten" Regresses bei der Verantwortlichkeit des Herstellers einen Schluss-

826

---

[263] So zutreffend *Matthes*, NJW 2002, 2505 gegen *Büdenbender*, Neues Schuldrecht, § 8 Rdnr. 100.
[264] BT-Drucks. 14/6040, S. 247; BGH, NJW 2006, 47, 50.
[265] Vgl. auch BGH, NJW 2006, 47, 50: Danach ist in AGB des Letztverkäufers eine Klausel, mit der die Anwendung des § 478 BGB auch für andere als Verbrauchsgüterkäufe vereinbart wird, unwirksam, weil sie gegen den Grundgedanken der gesetzlichen Regelung verstößt.
[266] *Ernst*, MDR 2003, 4, 5; *Matthes*, NJW 2002, 2505, 2506.

strich ziehen; in einem früheren Stadium, nämlich vor ihrer Herstellung existierte die Sache noch nicht und kann auch nicht Gegenstand einer Vertriebskette sein.

827 § 478 Abs. 1 BGB setzt weiter voraus, dass die **Rücknahme der Sache** durch den Letztverkäufer **Folge der Mangelhaftigkeit** ist. Wenn der Vertrag aus anderen Gründen, zum Beispiel wegen eines vertraglich vereinbarten Rücktrittsrechts oder wegen der Ausübung eines Widerrufsrechts des Verbrauchers rückabgewickelt wird, findet die Vorschrift keine Anwendung. Verdeutlicht wird dies auch durch die Voraussetzung, dass der Letztverkäufer die Sache zurücknehmen „musste", die **Rücknahme** also **Folge eines entsprechenden Anspruchs des Verbrauchers** war. § 478 Absatz 1 S. 1 BGB gilt deshalb nicht, wenn der Letztverkäufer die Sache etwa aus **Kulanz** zum Beispiel im Rahmen eines in der Praxis üblichen „Umtauschs" zurückgenommen hat. Schließlich ist zu beachten, dass die Vorschrift **nur auf „neu hergestellte" Sachen** Anwendung findet.

828 Da § 478 Abs. 1 S. 1 BGB selbst keine Anspruchsgrundlage darstellt, sondern nur Modifikationen der an anderer Stelle geregelten Ansprüche des Käufers wegen der Lieferung einer mangelhaften Sache enthält, müssen für einen derartigen Rückgriffsanspruch die **Voraussetzungen** gegeben sein, die das Gesetz an anderer Stelle für die jeweiligen Ansprüche aufstellt. Voraussetzung ist für alle in **§ 437 BGB** bezeichneten Rechte und Ansprüche die **Lieferung einer bei Gefahrübergang mangelhaften Sache** durch den Verkäufer. Dabei kommt es auf den Gefahrübergang im Verhältnis des Letztverkäufers zu seinem Lieferanten und nicht auf die Lieferung an den Verbraucher an, wie schon aus den allgemeinen Vorschriften außerhalb des Verbrauchsgüterkaufs folgt (§ 434 BGB). Dies dürfte wegen der einheitlichen Gestaltung des Mangelbegriffs in § 434 BGB, der nicht zwischen Verbrauchsgüterkaufverträgen und anderen Kaufverträgen differenziert, in der Praxis in der Regel keine Probleme bereiten. Liegen freilich im Einzelfall besondere Vereinbarungen über die Beschaffenheit vor, so können diese auch in den **einzelnen Vertragsbeziehungen** voneinander abweichen. So kann zum Beispiel ein äußerlich beim Hersteller beschädigtes Fernsehgerät von dem Hersteller unter Hinweis auf diesen Defekt mit einem entsprechenden Preisnachlass an einen Händler verkauft worden sein. Ein Mangel liegt wegen der entsprechenden Beschaffenheitsvereinbarung dann in diesem Verhältnis nicht vor. Verschweigt der Händler den Schaden gegenüber seinem Kunden und verkauft das Gerät als einwandfrei weiter, so ist in diesem Vertragsverhältnis sehr wohl ein Mangel gegeben. Die Nachteile hieraus kann der Händler dann aber selbstverständlich nicht an den Hersteller weitergeben, weil die Sache in Anbetracht der getroffenen besonderen Vereinbarungen mangelfrei war, als er sie von dem Hersteller gekauft hatte.

829 Abweichungen können sich hinsichtlich der Mangelhaftigkeit auch bei **Werbeaussagen des Herstellers** ergeben, wenngleich derartige Fälle in der Praxis nicht häufig vorkommen dürften.[267] Diese können, wenn sie unzutreffend sind, nach § 434 Abs. 1 S. 3 BGB die Mangelhaftigkeit der Kaufsache begründen (Rdnr. 366 ff.). Erfolgt die unzutreffende Werbung erst nach der Auslieferung der Sache durch den Hersteller oder gar erst nach deren Weiterverkauf durch den Großhändler an den Einzelhändler, so war die Sache bei Lieferung durch den Hersteller an den Abnehmer noch nicht mangelhaft; eine unzutreffende Werbeaussage gab es in diesem Zeitpunkt noch nicht. Mängelansprüche des Abnehmers bestehen deshalb nicht. Gleichwohl ist der Abnehmer aber nicht rechtlos gestellt: Der Hersteller verletzt nämlich eine Pflicht aus dem Vertrag mit seinem Abnehmer, weil er nicht zu dessen Lasten **nachträglich unzutreffend werben** und ihn dadurch schädigen darf. Er haftet deshalb dem Händler aus § 280 Abs. 1 BGB. In den Schutzbereich dieses Vertrags sind auch weitere Händler in der Vertragskette einbezogen, zu deren Nachteil sich ein derartiges Verhalten des Herstellers auswirkt.[268]

---

[267] *Matthes*, NJW 2002, 2505, 2506.
[268] BT-Drucks. 14/6040, S. 248.

A. Rechte des Käufers nach BGB

Ein weiteres Problem für den Letztverkäufer kann sich daraus ergeben, dass der Verbraucher sich zu seinen Gunsten auf die **Beweislastumkehr** des § 476 BGB berufen kann. Abweichend von den allgemeinen Regeln hat beim Verbrauchsgüterkauf innerhalb der ersten 6 Monate ab Gefahrübergang nicht der Käufer die Mangelhaftigkeit der Kaufsache schon bei Gefahrübergang, sondern umgekehrt der Verkäufer die Mangelfreiheit in diesem Zeitpunkt zu beweisen (siehe Rdnr. 409 ff.). Ein Unterliegen des Letztverkäufers gegenüber dem Verbraucher kann auch mit der Anwendung dieser Vorschrift zusammen hängen, weil der genaue Zeitpunkt, zu dem die Sache den Mangel erstmals aufgewiesen hat, nicht mehr feststellbar ist. Deshalb bestimmt § 478 Abs. 3 BGB, dass § 476 BGB **auf das Verhältnis des Letztverkäufers zu seinem Lieferanten entsprechende Anwendung** findet. Die Sechsmonatsfrist beginnt in diesen Fällen allerdings mit dem Übergang der Gefahr auf den Verbraucher und nicht bereits mit der Lieferung an den Letztverkäufer. 830

Eine im Unterschied zu § 478 Abs. 1 BGB eigene Anspruchsgrundlage stellt § 478 Abs. 2 BGB dar. Geregelt ist dort ein **verschuldensunabhängiger Anspruch des Letztverkäufers gegen seinen Lieferanten auf Ersatz der Aufwendungen,** die er gegenüber dem Verbraucher gemäß § 439 Abs. 2 BGB zu tragen hat (siehe dazu Rdnr. 671 ff.). Dabei handelt es sich um die Aufwendungen **für die Nacherfüllung,** die ohne § 478 Abs. 2 BGB regelmäßig beim Letztverkäufer verblieben. Zu ersetzen sind nur die Aufwendungen, die der Letztverkäufer gemäß § 439 Abs. 2 BGB „zu tragen hatte". Übernimmt der Letztverkäufer etwa zur Kundenpflege aus Kulanz darüber hinaus Kosten, die ihn an sich zur Verweigerung der Nacherfüllung gemäß § 439 Abs. 3 BGB berechtigen würden, so kann er diese auch nicht nach § 478 Abs. 2 BGB von seinem Lieferanten ersetzt verlangen.[269] 831

Auch der Anspruch aus § 478 Abs. 2 BGB setzt voraus, dass der **Mangel bereits bei Lieferung der Sache an den Letztverkäufer vorhanden** war und nicht erst etwa durch falsche Lagerung bei diesem selbst entstanden ist. Ebenso wie die Regelung des § 478 Abs. 1 BGB enthält auch § 478 Abs. 2 BGB eine Beschränkung auf **neu hergestellte Sachen.** 832

§ 478 Abs. 5 BGB dehnt die vorstehend erläuterten Grundsätze auf die **übrigen Verträge einer Lieferkette** aus. Dadurch wird erreicht, dass die Nachteile aus der Mangelhaftigkeit einer Sache letztlich der zu tragen hat, in dessen Bereich der Mangel entstanden ist. Allerdings sollen hiervon nur Unternehmer betroffen sein (§ 478 Abs. 5 BGB letzter Halbsatz). 833

Die Kaufverträge zwischen dem Händler und dem Lieferanten sowie zwischen den anderen Gliedern der Lieferkette bis hin zum Hersteller sind **Handelskäufe** und unterliegen daher den diesbezüglichen **besonderen Bestimmungen des Handelsgesetzbuchs.** Zu diesen gehört auch **§ 377 HGB.** Nach dieser Vorschrift hat der Handelskäufer die vom Handelsverkäufer abgelieferte Ware, soweit dies nach ordnungsgemäßem Geschäftsgang tunlich ist, unverzüglich nach Erhalt der **Ware zu untersuchen** und, wenn sich hierbei ein **Mangel** zeigt, diesen auch **unverzüglich anzuzeigen** (dazu näher unter Rdnr. 978 ff.). Entsprechendes gilt, wenn sich ein Mangel später zeigt. An dieser Pflicht hat sich nichts geändert, wie § 478 Abs. 6 BGB klarstellt. 834

8. Ausschluss der Mängelrechte des Käufers

a) Kenntnis des Käufers vom Mangel. § 442 Abs. 1 S. 1 BGB sieht einen Ausschluss der Mängelrechte des Käufers vor, wenn dieser den Rechts- oder Sachmangel bei Vertragsschluss kennt. „Kenntnis" bedeutet **positive Kenntnis** vom Mangel. Dem Käufer schadet nach dem ausdrücklichen Wortlaut der Vorschrift nur eine Kenntnis **im Zeitpunkt des Vertragsschlusses.** Eine nachträgliche Kenntniserlangung des Käufers, also auch eine solche nach Vertragsschluss, aber vor der Übergabe der Kaufsache, führt nicht zum Ausschluss der Mängelrechte des Käufers. § 464 BGB a. F. ist nämlich ersatzlos aufgehoben. Danach musste der Käufer, der eine mangelhafte Sache trotz Kenntnis vom Mangel annahm, sich 835

---

[269] BT-Drucks. 14/6040, S. 249.

seine Rechte wegen des Mangels bei der Annahme vorbehalten. Dies gilt in dieser Form nicht mehr. Der Gesetzgeber hat bewusst auf eine entsprechende Regelung verzichtet, weil sie mit Art. 2 Abs. 3 der Verbrauchsgüterkaufrichtlinie nicht vereinbar gewesen wäre, der allein auf die Kenntnis des Käufers beim Vertragsschluss abstellt.[270] Es handelt sich mithin nicht um eine planwidrige Lücke, die durch Analogie geschlossen werden könnte.

836 Gleichwohl stehen dem Käufer bei der **vorbehaltlosen Entgegennahme einer als mangelhaft erkannten Sache** nicht stets ohne weiteres seine Mängelrechte einschränkungslos zu, auch **wenn** er **bei Vertragsschluss** von dem Mangel **noch keine Kenntnis** gehabt hatte oder der Mangel zu diesem Zeitpunkt vielleicht auch noch gar nicht vorhanden war. In derartigen Fällen wird man nicht selten annehmen können, dass die Vertragsparteien eine Änderung der Beschaffenheitsvereinbarung vorgenommen haben mit der Folge, dass die Sache in der beiden Parteien bekannten Beschaffenheit bei Übergabe nicht mangelhaft ist, weil sie der jetzt geschuldeten vertraglichen Beschaffenheit entspricht.[271] Darüber hinaus wird man in der Geltendmachung von Mängelrechten durch den Käufer nach vorangegangener vorbehaltloser Entgegennahme der als mangelhaft erkannten Sache angesichts der klaren gesetzgeberischen Entscheidung allenfalls im besonders gelagerten Einzelfällen einen Verstoß gegen das Verbot widersprüchlichen Verhaltens (§ 242 BGB) sehen können.[272] Das kommt dann in Betracht, wenn der Verkäufer aus dem Verhalten des Käufers hinreichend deutlich entnehmen kann, dass dieser wegen des Mangels keine Rechte geltend machen wird. **In der Regel** sind dem Käufer aber auch ohne einen ausdrücklichen Vorbehalt die **Mängelrechte nicht abgeschnitten.**

837 § 442 Abs. 1 S. 2 BGB betrifft den Fall **grob fahrlässiger Unkenntnis des Käufers vom Mangel,** ebenfalls bei **Vertragsschluss** und ebenfalls bezogen auf Rechts- und Sachmängel gleichermaßen. In diesem Fall hat der Käufer Rechte wegen dieses Mangels nur dann, wenn der Verkäufer den Mangel arglistig verschwiegen oder eine Garantie für die Beschaffenheit der Sache übernommen hat (dazu Rdnr. 1437). Ob grobe Fahrlässigkeit vorliegt, ist im wesentlichen eine Frage des Einzelfalls. Sie ist zum Beispiel bejaht worden bei einem KFZ-Händler mit eigener Werkstatt, der von einem Verbraucher einen gebrauchten Wagen ankauft, zu dem der Verbraucher mitteilt, er habe einen größeren Unfallschaden selbst repariert, wenn der Händler gleichwohl eine eingehendere Untersuchung des Wagens unterlässt.[273]

838 Nach § 442 Abs. 2 BGB hat der Verkäufer ein im Grundbuch eingetragenes Recht in jedem Fall auch dann zu beseitigen, wenn es der Käufer kennt. Bei Grundstückskaufverträgen wird dem Käufer die Kenntnis der im Grundbuch eingetragenen Rechte durch den Notar vermittelt; diese Kenntnis darf in keinem Fall zum Anspruchsverlust führen.

839 **b) Öffentliche Versteigerung.** § 445 BGB betrifft den Fall, dass die **Kaufsache auf Grund eines Pfandrechts in einer öffentlichen Versteigerung** (§ 383 Abs. 3 BGB) unter der Bezeichnung als Pfand verkauft wird. Rechte wegen Mängeln stehen dem Käufer in diesen Fällen nur dann zu, wenn der Verkäufer den Mangel arglistig verschwiegen oder eine Beschaffenheitsgarantie übernommen hat (hierzu Rdnr. 1437). Diese Regelung hat das Gesetz zur Modernisierung des Schuldrechts aus dem § 461 BGB a. F. übernommen.

---

[270] BT-Drucks. 14/6040, S. 205.
[271] BT-Drucks. 14/6040, S. 205.
[272] Beispiel in der Entscheidung des OLG Celle, MDR 2005, 143: Dort hatte der Verkäufer dem Käufer bei Übergabe des verkauften PKW gesagt, dass Umbauten vorhanden seien, die noch in den KFZ-Brief eingetragen werden müssten und deretwegen es „Probleme" geben könnte; insbesondere in derartigen Fällen dürfte es nahe liegen, in der gleichwohl widerspruchslos erfolgten Entgegennahme der Kaufsache eine vom ursprünglichen Vertrag abweichende Beschaffenheitsvereinbarung zu sehen. Das OLG Celle hat seine Entscheidung freilich auf § 242 BGB gestützt.
[273] OLG Schleswig, MDR 2006, 629.

9. Verjährung

a) Überblick. Das Gesetz zur Modernisierung des Schuldrechts hat die **Verjährung der** **840** **Mängelansprüche** des Käufers grundlegend umgestaltet. Das gilt in erster Linie für die Verjährungsfristen, die jetzt in § 438 BGB geregelt sind. § 438 Abs. 1 BGB knüpft an die in § 437 Nr. 1 und 3 BGB geregelten Ansprüche, also den Anspruch auf **Nacherfüllung** (§ 437 Nr. 1 BGB) und den Anspruch auf **Schadensersatz** wegen eines Mangels der Kaufsache (§ 437 Nr. 3 BGB) an. § 438 BGB bestimmt hinsichtlich dieser Ansprüche die Verjährungsfristen und den Verjährungsbeginn.

Die alleinige Bezugnahme in § 438 Abs. 1 BGB auf diese Ansprüche unter **Auslassung** **841** **des Rücktritts- und des Minderungsrechts** des § 437 Nr. 2 BGB ist kein gesetzgeberisches Versehen, sondern hängt mit der grundsätzlichen **Ausgestaltung** der dem Käufer zur Verfügung stehenden Fristen als **Verjährungsfristen** zusammen, an der das Gesetz zur Modernisierung des Schuldrechts gegenüber dem bisher geltenden Recht nichts geändert hat. Es gibt deshalb auch nach neuem Recht **keine Ausschlussfristen oder Fristen zur Anzeige des Mangels**. Auch stellen die in § 438 Abs. 1 BGB genannten Fristen keine gesetzlichen Garantiefristen dar – anders als gelegentlich in nichtjuristischen Veröffentlichungen dargestellt.

Vor diesem Hintergrund kann eine Verjährungsregelung die in § 437 Nr. 2 BGB gere- **842** gelten Rechte des Käufers nicht erfassen. Diese Rechte sind – wie erwähnt – abweichend von dem bis zum 31.12.2001 geltenden Recht als Gestaltungsrechte und nicht als Ansprüche ausgestaltet. Da das Verjährungsrecht des BGB auch in seiner Neufassung an dem überkommenen Grundsatz festhält, dass nur Ansprüche, nicht aber Gestaltungsrechte der Verjährung unterliegen (§ 194 Abs. 1 BGB), musste **für die Gestaltungsrechte des § 437 Nr. 2 BGB eine eigene Regelung geschaffen** werden, die die **Verjährung** des Nacherfüllungsanspruchs mit der Möglichkeit, wegen eines Mangels der Sache zurückzutreten oder den Kaufpreis zu mindern, verknüpft. Diese Regelung findet sich für das **Rücktrittsrecht** in § 218 BGB, auf den § 438 Abs. 4 S. 1 BGB verweist. Letztgenannte Verweisung hat lediglich eine klarstellende Bedeutung. § 218 Abs. 1 S. 1 BGB bestimmt eine Unwirksamkeit des Rücktritts, wenn der Nacherfüllungsanspruch (§ 439 BGB) verjährt ist und der Schuldner (Verkäufer) sich darauf beruft. Letztlich wird damit erreicht, dass auch bei den Gestaltungsrechten des Käufers eine dem § 214 Abs. 1 BGB, der die Wirkung der Verjährung regelt, vergleichbare Rechtsfolge erreicht wird. Unwirksam ist der Rücktritt nur, wenn der Verkäufer sich auf die Verjährung des Nacherfüllungsanspruchs beruft. Es handelt sich also – genauso wie im Falle des § 214 Abs. 1 BGB – um eine **Einrede des Verkäufers**. Dabei kommt es für die **Rechtzeitigkeit des Rücktritts** auf dessen Erklärung, also auf die **Ausübung des Gestaltungsrechts, nicht** auf den **Zeitpunkt der gerichtlichen Geltendmachung** von Ansprüchen aus dem Rückgewährschuldverhältnis der §§ 346 ff. BGB an.[274] Maßgeblich ist also, dass der Rücktritt erklärt wird, bevor der Nacherfüllungsanspruch verjährt ist. Die Ansprüche des Käufers aus dem mit seinem Rücktritt entstandenen Rückgewährschuldverhältnis (§§ 346 ff. BGB) unterliegen dann der regelmäßigen Verjährung der §§ 195, 199, 222 a BGB.

Da in den allgemeinen Vorschriften über die Leistungsstörungen eine Minderung nicht **843** vorgesehen, diese vielmehr im Kaufrecht in Ergänzung der allgemeinen Vorschriften speziell geregelt ist, findet sich für dieses Gestaltungsrecht im allgemeinen Verjährungsrecht auch keine eigene Sonderregelung. § 438 Abs. 5 BGB dehnt aber die für den Rücktritt geltenden Grundsätze auch auf die Minderung aus. Insoweit gilt deshalb nichts Abweichendes.

Auch die **Verjährungsregelung unterscheidet** entsprechend dem allgemeinen Ansatz **844** **nicht zwischen Sach- und Rechtsmängeln**. Dies stellt eine wesentliche Änderung gegenüber dem bisherigen Rechtszustand dar, wenn auch besondere Fälle von Rechtsmängeln

---

[274] BGH, NJW 2007, 674, 677; BGH, NJW 2006, 2839, 2842.

ausgenommen und mit einer längeren Verjährungsfrist versehen worden sind (vgl. § 438 Abs. 1 Nr. 1 BGB). Sonstige Rechtsmängel werden aber den Sachmängeln gleichgestellt.

845 § 438 Abs. 1 BGB bezieht sich neben dem Nacherfüllungsanspruch (§ 437 Nr. 1, § 439 BGB) auch auf die in § 437 Nr. 3 BGB genannten **Schadensersatzansprüche**. Damit sind nach dem ausdrücklichen Wortlaut des Gesetzes **nur die** dort genannten **vertraglichen** Schadensersatzansprüche aus dem allgemeinen Leistungsstörungsrecht und **nicht** auch weitere **Ansprüche aus Delikt** gemäß den §§ 823 ff. BGB in Bezug genommen. Die Frage, mit welcher Reichweite die kaufrechtliche Sonderregelung zur Verjährung ausgestattet werden soll, ist im Gesetzgebungsverfahren immer wieder diskutiert worden. Der Gesetzgeber hat sich schließlich für einen auf die kaufvertraglichen Ansprüche des § 437 Nr. 3 BGB beschränkten Anwendungsbereich entschieden. Das ist zu respektieren. Etwaige daneben bestehende Ansprüche aus §§ 823 ff. BGB verjähren also in der Frist des § 195 BGB und mit dem Verjährungsbeginn und den Höchstfristen des § 199 BGB.[275] Deshalb wird der Frage, wann die tatbestandlichen Voraussetzungen der §§ 823 ff. BGB vorliegen, weiter eine gewisse, wenn auch angesichts der Verlängerung der kaufrechtlichen Verjährungsfrist eingeschränkte Bedeutung zukommen. Das gilt vor allem für die Behandlung der sog. „Weiterfresserschäden" (Rdnr. 815). Ansprüche aus §§ 823 ff. BGB können danach insbesondere dann eine Rolle spielen, wenn der Käufer nach Eintritt der kürzeren kaufrechtlichen Verjährung, aber vor Ablauf der Höchstfristen des § 199 Abs. 2 und 3 BGB erstmals einen Mangel entdeckt.

b) Verjährungsfristen

846 **aa) Zweijährige Verjährungsfrist (§ 438 Abs. 1 Nr. 3 BGB).** Nach § 438 Abs. 1 Nr. 3 BGB gilt „im Übrigen" eine Verjährungsfrist von zwei Jahren. Dabei handelt es sich um den **Regelfall der Verjährungsfrist**, die immer dann eingreift, wenn keine der in § 438 Abs. 1 Nr. 1 und 2 genannten Ausnahmefälle vorliegt. Die zweijährige Frist des § 438 Abs. 1 Nr. 3 BGB wird deshalb **für die meisten Geschäfte des täglichen Lebens maßgeblich** sein. Um dies zu verdeutlichen, sei sie hier an erster Stelle genannt. Sie ersetzt die bisher in § 477 BGB a. F. geregelte sechsmonatige, für die meisten Kaufverträge viel zu kurze Frist.

847 Diese Verlängerung von bisher sechs Monaten auf zwei Jahre dürfte zu manchen Fragestellungen führen, die zwar nicht theoretisch, jedoch in der täglichen Praxis neu sind. So hat sich bisher bei der nur kurzen Frist von 6 Monaten beispielsweise kaum je die Frage gestellt, ob ein Sachmangel darin gesehen werden kann, dass eine Sache eine bestimmte **Lebensdauer** nicht erreicht. Wo man sich diese Frage auch in der Vergangenheit hätte stellen können, hat sie praktisch keine Rolle gespielt: So hat etwa auch bislang schon die **Haltbarkeit** gekaufter Milch den Ablauf der Verjährungsfrist nicht erreicht. Künftig werden sich aber vermehrt derartige Fragen stellen, etwa wenn der gekaufte Toaster nach einem Jahr durchbrennt, an dem Fahrrad nach 20 Monaten die Kette reißt, an einem Kühlschrank schon nach 16 Monaten ein Scharnier ausgewechselt werden muss etc. Voraussetzung der Mängelrechte des Käufers ist stets, dass der Mangel bereits bei Gefahrübergang, also regelmäßig bei Übergabe der Kaufsache (§ 446 BGB), vorlag. Das hat außerhalb des Anwendungsbereichs des § 476 BGB der Käufer zu beweisen. In den Haltbarkeitsfällen stellt sich also die Frage, ob der spätere Mangel der Sache bereits bei Übergabe, zum Beispiel konstruktionsbedingt oder wegen eines Materialfehlers, derart angelegt war, dass man bereits zu diesem Zeitpunkt von einer Mangelhaftigkeit der Kaufsache sprechen kann. Zum somit entscheidenden Mangelbegriff siehe Rdnr. 330 ff.

848 Zu beachten ist, dass **auch der Schadensersatzanspruch und** der Anspruch auf **Ersatz vergeblicher Aufwendungen** (§ 437 Nr. 3 BGB) der **zweijährigen Verjährungsfrist unterstellt** werden. Der Gesetzgeber hat es – zu Recht – als nicht sinnvoll angesehen,

---

[275] Zutreffend Bamberger/Roth-*Faust*, § 437 BGB Rdnr. 197; gegen AnwKomm-*Mansel*, § 195 BGB Rdnr. 50; vgl. auch OLG Koblenz OLGR 2008, 882.

die aus der Mangelhaftigkeit einer Sache herrührenden vertraglichen Ansprüche einer unterschiedlichen Verjährungsfrist zu unterwerfen. Damit ist für die Frage der Verjährungsfrist auch **nicht maßgeblich,** ob es sich um **Mangel- oder Mangelfolgeschäden** handelt. Sämtliche Schadensersatzansprüche, die der Käufer gegen den Verkäufer mit der Begründung geltend macht, die Kaufsache sei mangelhaft im Sinne des §§ 434, 435 BGB, verjähren einheitlich.

bb) Fünfjährige Verjährungsfrist (§ 438 Abs. 1 Nr. 2 BGB). Von der Grundregel der zweijährigen Verjährungsfrist hat der Gesetzgeber in einem praktisch nicht unwichtigen Bereich eine Ausnahme vorgesehen: Nach § 438 Abs. 1 Nr. 2 BGB beträgt die Verjährungsfrist fünf Jahre **bei einem Bauwerk** (Buchst. a) **und** bei einer **Sache, die** entsprechend ihrer üblichen Verwendungsweise **für ein Bauwerk verwendet wird** und dessen Mangelhaftigkeit verursacht hat (Buchst. b). Damit wurde die fünfjährige Verjährungsfrist, die auch das bis zum 31.12.2001 geltende Verjährungsrecht im Werkvertragsrecht bereits für Bauwerke vorsah (§ 638 BGB a. F.), in das Kaufrecht übernommen und auf bestimmte bewegliche Sachen ausgedehnt. Als Bauwerke kommen nicht nur aufstehende Gebäude in Betracht, sondern auch Produkte des Tiefbaus und des sonstigen Hochbaus, auch technische Anlagen, die nicht nur eine lose Verbindung mit dem Boden aufweisen.[276] 849

Die fünfjährige Frist für Bauwerke in § 438 Abs. 1 Nr. 2 Buchst. a) BGB erreicht einen weitgehenden **Gleichlauf mit dem Werkvertragsrecht,** das auch in seiner überarbeiteten Fassung diese Frist in § 634 a Abs. 1 Nr. 2 BGB enthält. Damit ist ein wesentlicher Grund entfallen, der die Rechtsprechung bislang dazu veranlasst hatte, bestimmte Verträge (Kauf eines schlüsselfertigen Hauses etwa) als Werk- und nicht als Kaufverträge einzuordnen (siehe dazu Rdnr. 66). Wie die Einordnung derartiger Verträge sich in der Rechtsprechung künftig entwickeln wird, bleibt abzuwarten; ihr kommt jedenfalls nach neuem Recht eine weitaus geringere Bedeutung zu. Eine vom Kaufrecht abweichende werkvertragliche, längere Verjährungsfrist dürfte jedenfalls nach der Neuregelung keinen Grund mehr für die Anwendung des Werkvertragsrechts darstellen.[277] 850

Besonders zu beachten ist, dass § 438 Abs. 1 Nr. 2 Buchst. a) BGB nicht zwischen neuen und „gebrauchten" Bauwerken unterscheidet. Die **Verjährungsfrist gilt** deshalb **auch für Altbauten.** Entsprechend findet auch die in § 438 Abs. 1 Nr. 2 Buchst. b) BGB enthaltene Verjährungsregelung in gleicher Weise für den Einbau der Baumaterialen in Neu- wie in Altbauten Anwendung. 851

Die Frist des § 438 Abs. 1 Nr. 2 Buchst. Buchst. b) BGB gilt für Ansprüche wegen eines Mangels einer **Sache, die „entsprechend ihrer üblichen Verwendungsweise für ein Bauwerk verwendet worden ist** und dessen Mangelhaftigkeit verursacht hat". Gesetzgeberischer Grund für die Einbeziehung bestimmter beweglicher Sachen in die lange fünfjährige Verjährungsfrist war, eine Gewährleistungslücke zu schließen.[278] Bauhandwerker haften nach § 634a Abs. 1 Nr. 2 BGB nämlich stets innerhalb der fünf Jahre dauernden Verjährungsfrist für ein mangelhaftes Bauwerk. Beruht die Mangelhaftigkeit des Bauwerks auf der Mangelhaftigkeit von Sachen, die ein Bauhandwerker seinerseits von einem Lieferanten erworben hat, ist der Bauhandwerker in seinen Regressmöglichkeiten stark beschränkt, wenn seine Ansprüche gegenüber seinem Lieferanten in einer wesentlich kürzeren Frist verjähren. Das wird durch § 438 Abs. 1 Nr. 2 Buchst. b) BGB vermieden. Dabei ist die fünfjährige Verjährungsfrist nicht nur **für Ansprüche der Bauhandwerker gegen ihre Lieferanten maßgebend.** Sie erfasst **auch Ansprüche der Zwischenhändler.**[279] Ferner gilt die Frist der Nummer 2 auch dann, wenn der Bauherr die Sachen selbst erworben hat und Regress- 852

---

[276] Z. B. OLG Bamberg MDR 2012, 904: Eine mit zahlreichen Metallpfosten im Erdreich verankerte Freiland-Photovoltaikanlage.
[277] Vgl. auch Amann/Brambring/Hertel-*Amann*, Vertragspraxis, S. 319.
[278] BT-Drucks. 14/6040, S. 227.
[279] BT-Drucks. 14/6040, S. 227.

fragen im Verhältnis Bauhandwerker/Lieferant keine Rolle spielen, denn auch in diesen Fällen wird der Bauherr die Mängel häufig erst nach dem Einbau erkennen.[280] Ein Rest-Regressrisiko trägt der die fehlerhaften Materialien Einbauende nur insoweit, als der Verjährungsbeginn von Ansprüchen nach § 634 a Abs. 1 Nr. 2 BGB insbesondere wegen der Zwischenlagerung der Baumaterialien zeitlich dem Verjährungsbeginn von Ansprüchen nach § 438 Abs. 1 Nr. 2 BGB nachfolgt.

853 Der Begriff „entsprechend ihrer **üblichen Verwendungsweise**" ist nach dem Willen des Gesetzgebers **objektiv** zu verstehen. Es kommt daher nicht darauf an, ob der Lieferant im Einzelfall von der konkreten Verwendung Kenntnis hat. Die Bezugnahme auf die „übliche" Verwendung bezweckt eine Beschränkung des Anwendungsbereichs: Nicht erfasst sind Sachen, deren bauliche Verwendung außerhalb des Üblichen liegt, etwa um künstlerische Vorstellungen zu verwirklichen.[281]

854 Eine weitere, bedeutende Beschränkung des Anwendungsbereiches der fünfjährigen Verjährungsfrist wird durch das **Erfordernis eines Kausalzusammenhangs** vorgenommen: Die fünfjährige Verjährungsfrist gilt nur bei denjenigen Sachen, deren **Mangelhaftigkeit zugleich** auch **ursächlich für die Mangelhaftigkeit des Bauwerkes** ist. Das ist nicht der Fall, wenn der Mangel in der Einbauleistung und nicht in der Fehlerhaftigkeit des Baumaterials liegt. Entsprechendes gilt, wenn das Baumaterial gerade wegen seiner Mangelhaftigkeit oder aus anderen Gründen im konkreten Einzelfall nicht bei einem Bauwerk verwendet wird. Dann kann es eine Mangelhaftigkeit des Bauwerks auch nicht verursacht haben.

855 **cc) Dreißigjährige Verjährungsfrist (§ 438 Abs. 1 Nr. 1 BGB).** § 438 Abs. 1 Nr. 1 BGB schließlich enthält eine Sonderregelung **für bestimmte Rechtsmängel**. Generell besteht hierbei das Problem, dass Rechtsmängel einer Sache regelmäßig (aber nicht notwendigerweise) schwerer anzusehen sind als Sachmängel. Für bestimmte Rechtsmängel ist die Verjährungsfrist vor diesem Hintergrund deutlich, nämlich auf 30 Jahre verlängert worden.

856 § 438 Abs. 1 Nr. 1 Buchst. a) BGB betrifft den Fall eines **dinglichen Rechts eines Dritten,** auf Grund dessen **Herausgabe der Kaufsache** verlangt werden kann. Diese Fälle werden auch – in Anlehnung an die aus dem römischen Recht bekannte Begrifflichkeit – als „Eviktionsfälle" bezeichnet. Hintergrund dieser Regelung ist wieder eine Regresssituation, in der zwei Verjährungsfristen aufeinander abgestimmt werden müssen: Nach § 197 Abs. 1 Nr. 1 BGB verjähren Herausgabeansprüche aus Eigentum und anderen dinglichen Rechten nämlich erst in 30 Jahren. Bei einer nur zweijährigen Verjährungsfrist im Verhältnis des Käufers gegen den Verkäufer wären die Ansprüche des Käufers wegen des Rechtsmangels regelmäßig bereits verjährt, bevor der Käufer von dem Recht des Dritten erfährt und diesem die Sache herausgeben muss. Das wird mit der Angleichung der Verjährungsfristen für den Herausgabeanspruch des Dritten einerseits und für den als Folge davon gegebenen Regressanspruch des Käufers andererseits vermieden.

857 § 438 Abs. 1 Nr. 1 b) BGB erstreckt die Verjährungsfrist von 30 Jahren auf **Rechtsmängel von Grundstücken,** die darin bestehen, dass **im Grundbuch Rechte Dritter eingetragen** sind. Gesetzgeberischer Grund hierfür war die beim Grundstückskauf bestehende Gefahr, dass zwischen Vertragsschluss und Gefahrübergang Rechte eingetragen werden können, die vom Käufer nicht zu übernehmen sind und von denen der Käufer auch nichts erfährt, weil er nach Vertragsschluss keinen Anlass mehr hat, das Grundbuch einzusehen.[282] Da er in der Regel zu diesem Zeitpunkt noch nicht als Rechtsinhaber eingetragen sein wird, wird er regelmäßig auch keine Eintragungsnachricht erhalten.

---

[280] BT-Drucks. 14/6040, S. 227.
[281] BT-Drucks. 14/6040, S. 227.
[282] Beschlussempfehlung des Rechtsausschusses des Deutschen Bundestages, BT-Drucks. 14/7052, S. 196 f.

dd) **Regelmäßige Verjährungsfrist (§ 438 Abs. 3 BGB).** Auch die regelmäßige Verjährungsfrist von **drei Jahren (§ 195 BGB)** kann auf die Mängelansprüche des Käufers anzuwenden sein. Dies bestimmt § 438 Abs. 3 BGB **für den Fall**, dass der **Verkäufer den Mangel arglistig verschwiegen** hat. Zweck ist, die Regelung des § 438 Abs. 1 BGB insoweit zu ersetzen, als aus ihr eine Privilegierung des Verkäufers gegenüber den allgemeinen Verjährungsvorschriften folgt. Mit der Anwendung der regelmäßigen Verjährungsfrist verbunden ist nämlich ihr **Beginn** nach § 199 BGB. Deshalb beginnt die Verjährung **in den Arglistfällen** nicht nach § 438 Abs. 2 BGB bereits mit der Ablieferung bzw. der Übergabe, sondern **erst, wenn** der **Käufer** auch von dem Mangel **Kenntnis erlangt** oder ohne grobe Fahrlässigkeit **erlangen müsste** (§ 199 Abs. 1 Nr. 2 BGB). Damit wird der Gefahr begegnet, dass die Verjährung der Mängelansprüche zu laufen beginnt, obwohl der Käufer gerade wegen des arglistigen Handelns des Verkäufers den Mangel nicht zeitnah nach der Ablieferung der Sache entdecken kann. 858

c) Verjährungsbeginn. Nach § 438 Abs. 2 BGB beginnt die Verjährung der Mängelansprüche **bei Grundstücken mit der Übergabe, im Übrigen mit der Ablieferung der Sache.** Dieser Verjährungsbeginn entspricht § 477 Abs. 1 S. 1 BGB a. F., der freilich nur die Gewährleistungsansprüche des Käufers wegen Sachmängeln betraf. 859

Die bei beweglichen Sachen maßgebliche **Ablieferung** wird regelmäßig mit der Übergabe der Sache anzunehmen sein, ist aber hiermit nicht identisch. Bei einer Holschuld hat die Rechtsprechung entschieden, dass die Kaufsache „abgeliefert" ist, wenn sie dem Käufer tatsächlich übergeben wird.[283] Maßgeblich ist stets, ob der Käufer in die Lage versetzt wird, die Mangelhaftigkeit der Kaufsache zu erkennen und seine daraus folgenden Rechte geltend zu machen. In diesem Zeitpunkt ist das Einsetzen der Verjährung gerechtfertigt. Mit Übergabe der Sache ist deshalb in der Regel abgeliefert, **wenn die Sache dem Käufer so überlassen ist, dass er sie untersuchen kann.**[284] Die Ablieferung ist auch für die Baumaterialien, die nach § 438 Abs. 2 Buchst. b) BGB der fünfjährigen Verjährungsfrist unterliegen, der maßgebliche Verjährungsbeginn. 860

Die erstmalige Ablieferung der Kaufsache ist grundsätzlich auch dann der maßgebliche Verjährungsbeginn, wenn ein Nacherfüllungsversuch des Verkäufers gescheitert ist, weil zum Beispiel die gelieferte Ersatzsache ebenfalls einen Mangel aufweist oder die Nachbesserung nicht zur Beseitigung des Mangels geführt hat. Entgegen einer weit verbreiteten Auffassung[285] gibt es **keinen** aus § 438 Abs. 2 BGB herzuleitenden **Neubeginn der Verjährung, wenn** der **Verkäufer mangelhaft nacherfüllt** hat.[286] Das folgt aus dem eindeutigen Wortlaut des § 438 Abs. 2 BGB, denn bei einem Kaufvertrag gibt es nur eine Ablieferung der Kaufsache. Diese Verneinung einer „doppelten Verjährung" entspricht auch der Absicht des Gesetzgebers, die Fristen im Kaufrecht abweichend von der allgemeinen Regelung des § 199 BGB zugunsten des Verkäufers zu begrenzen. 861

Das kann für den Käufer eine gewisse Härte jedenfalls dann bedeuten, wenn er kurz vor Ablauf der Verjährungsfrist einen Mangel entdeckt und Mängelrechte deshalb auch erst zu 862

---

[283] BGH, NJW 1995, 3381.
[284] BGHZ 93, 338, 345.
[285] Bamberger/Roth-*Faust*, § 438 BGB Rdnr. 59; Palandt-*Weidenkaff*, § 438 BGB Rdnr. 16 a; *Lorenz*, NJW 2007, 1, 5; in der Regel mit dem Argument, dass nur so gewährleistet sei, dass dem Käufer die vom Gesetzgeber für angemessen erachtete Frist zur Entdeckung von Mängeln zur Verfügung steht. Eine Nachbesserung hingegen kann nach dieser Ansicht den Neubeginn der Verjährung nur für den jeweils nachgebesserten Mangel bewirken, vgl. *Lorenz*, NJW 2007, 1, 5.
[286] OLG Celle, NJW 2006, 2643 für die Nachbesserung; *Reinking/Eggert*, Autokauf, Rdnr. 4158; *Auktor*, NJW 2003, 120, 121; wohl auch BGH, NJW 2006, 47, 48, der die Frage nur – wie hier – im Rahmen der Hemmung gemäß § 203 BGB oder des Neubeginns gemäß § 212 Abs. 1 Nr. 1 BGB erörtert, allerdings für den Fall der Nachlieferung eine doppelte Verjährung für möglich hält.

5. Kapitel. Die Rechte des Käufers bei Pflichtverletzungen des Verkäufers

diesem Zeitpunkt geltend machen kann.[287] Der Käufer mag dann im Einzelfall nicht mehr viel Zeit haben, den Nacherfüllungsversuch des Verkäufers (Nachbesserung oder Nachlieferung) auf seine Mangelfreiheit zu untersuchen. Abhilfe zugunsten des Käufers können hier aber nur die Regelungen des allgemeinen Verjährungsrechts schaffen. So ist die **Verjährung des Nacherfüllungsanspruchs während der Nacherfüllung** in aller Regel gemäß § 203 BGB **gehemmt**.[288] Dem Käufer verbleiben deshalb zur Überprüfung des Nacherfüllungserfolgs, also zur Untersuchung der Ersatzsache oder der Reparatur auf Mangelfreiheit, mindestens noch drei Monate (vgl. § 203 S. 2 BGB).

863 In dem Einverständnis des Verkäufers mit der **Vornahme der Nacherfüllung kann** auch **ein den Neubeginn der Verjährung** gemäß § 212 Abs. 1 Nr. 1 BGB **bewirkendes Anerkenntnis** liegen. Dies ist freilich eine Frage des Einzelfalls, weil die Nacherfüllung auch aus anderen Gründen, wie etwa Kundenpflege/Kulanz, vorgenommen werden kann, ohne gleichzeitig einen entsprechenden Anspruch des Käufers anzuerkennen.[289] Ohne weitere Umstände stellt daher die **Nacherfüllung allein kein Anerkenntnis** dar.[290] Ein Anerkenntnis ist aber etwa anzunehmen, wenn der Verkäufer die Mangelhaftigkeit der Kaufsache einräumt und deshalb dem Nacherfüllungsverlangen des Käufers zustimmt.[291] Der Neubeginn der Verjährung betrifft bei der Nachlieferung alle Mängel der neuen Sache, bei der Nachbesserung allerdings nur die gerügten und nicht beseitigten sowie die bei der Nachbesserung neu entstandenen Mängel.[292]

864 Ist nach diesen Grundsätzen eine **Hemmung oder ein Neubeginn der Verjährung** anzunehmen, so bezieht sich dies zunächst auf den Nacherfüllungsanspruch des Käufers aus § 439 BGB. Wegen §§ 218, 438 Abs. 4 und 5 BGB hat dies aber auch Auswirkungen auf das Rücktritts- und das Minderungsrecht. Gemäß § 213 BGB ist auch die Verjährung des Schadensersatzanspruchs statt der Leistung, der auf dasselbe (Erfüllungs-)Interesse gerichtet ist, gehemmt.[293]

865 Bei dem Verkauf von Grundstücken beginnt die Verjährung mit der Übergabe, weil von einer „Ablieferung" hier nicht gesprochen werden kann. Das **gilt auch für** die auf **Bauwerke** bezogene fünfjährige Verjährungsfrist des § 438 Abs. 1 Nr. 2 Buchst. a) BGB und in diesen Fällen **auch** dann, **wenn** etwa die neu errichtete Eigentumswohnung zunächst eine gewisse Zeit **leer gestanden** hat, bevor sie verkauft werden kann. Es kommt dann auf den Zeitpunkt der **Übergabe an den Käufer** und nicht auf die Vollendung des Bauwerks oder dessen Abnahme an.[294] Das kann dazu führen, dass mögliche Regressansprüche des Verkäufers wegen einer Mangelhaftigkeit des Bauwerks bereits verjährt sind, wenn der Käufer die Mängel ihm gegenüber erstmals geltend macht. Damit unterscheidet sich der Kauf von Bauwerken nicht von anderen Lieferketten, in denen ebenfalls die Verjährung in den jeweiligen

---

[287] Vgl. auch OLG Celle, NJW 2006, 2643; OLG Koblenz, ZGS 2006, 117, 118; *Lorenz*, NJW 2007, 1, 5; es sei denn, der Verkäufer lehnt die Nacherfüllung rundweg ab.

[288] Vgl. nur *Auktor*, NJW 2003, 120, 122, der allerdings § 203 BGB während des Nachbesserungsversuchs nur analog anwenden will. Auch ein Nacherfüllungsversuch stellt aber eine Reaktion des Verkäufers auf das Nacherfüllungsverlangen dar und begründet schon deshalb „Verhandlungen" im Sinne des § 203 BGB, weil die Überprüfung des Nacherfüllungsverlangens, für die auch *Auktor* eine unmittelbare Anwendung des § 203 BGB annimmt, hiervon gar nicht getrennt werden kann. Das zeigt sich etwa an dem Fall, in dem sich zunächst nicht vorhergesehene Schwierigkeiten mit der Nacherfüllung erst während ihres Versuchs zeigen.

[289] Vgl. BGH, NJW 2006, 47, 48; *Lorenz*, NJW 2007, 1, 5.

[290] OLG Bamberg v. 10.04.2006, Az. 4 U 295/05 (BeckRS 2006 04936); *Reinking/Eggert*, Autokauf, Rdnr. 4155 zur Nachbesserung.

[291] LG Koblenz, NJW-RR 2007, 272, 273; *Auktor*, NJW 2003, 120, 121; BGH, NJW 2006, 47, 48 hält es für möglich, den Neubeginn der Verjährung im Falle der Lieferung einer Ersatzsache nach § 439 BGB als Regel anzunehmen.

[292] *Auktor*, NJW 2003, 120, 122.

[293] *Auktor*, NJW 2003, 120, 122.

[294] Kritisch Amann/Brambring/Hertel-*Amann*, Vertragspraxis, S. 320.

A. Rechte des Käufers nach BGB

Vertragsverhältnissen zu unterschiedlichen Zeitpunkten beginnen und demzufolge auch ablaufen kann.

Auch bei Rechtsmängeln kommt es jetzt entsprechend der grundsätzlichen Gleichbehandlung von Sach- und Rechtsmängeln auf die **Ablieferung bzw. Übergabe** an. Hier stellt sich zwar das bereits angedeutete Problem einer für den Käufer regelmäßig schweren Erkennbarkeit der Mängel. Das wird indes ausgeglichen durch die in § 438 Abs. 1 Nr. 1 BGB deutlich verlängerte Verjährungsfrist, nicht durch einen hinausgeschobenen Verjährungsbeginn. **866**

Nach **§ 199 BGB** bestimmt sich der **Verjährungsbeginn** in den Fällen des § 438 Abs. 3 BGB, auf den schon in Rdnr. 858 hingewiesen wurde. Ebenso gilt § 199 BGB selbstverständlich für Ansprüche aus **Pflichtverletzungen, die mit der Mängelhaftung nichts zu tun haben,** insbesondere also für die Ansprüche aus sonstigen Vertragsverstößen des Käufers. **867**

d) Wirkungen der Verjährung. Der Eintritt der Verjährung begründet zugunsten des Verkäufers ein **Leistungsverweigerungsrecht (Einrede)** gemäß § 214 BGB. Dies gilt ohne weitere Besonderheiten für den Nacherfüllungsanspruch und den Anspruch auf Schadensersatz bzw. Ersatz vergeblicher Aufwendungen (§ 437 Nr. 1 und 3 BGB). Hinsichtlich des Rücktritts- und des Minderungsrechts des Käufers gilt wegen § 438 Abs. 4 und 5 BGB der bereits erwähnte § 218 BGB (siehe Rdnr. 842). **868**

§ 438 Abs. 4 S. 2 BGB erhält dem Käufer trotz der Verjährung des Nacherfüllungsanspruchs und trotz einer Unwirksamkeit des Rücktritts nach § 218 Abs. 1 BGB die Möglichkeit, die **Mangelhaftigkeit** der Kaufsache **einredeweise gegenüber dem Kaufpreiszahlungsanspruch** des Verkäufers **geltend zu machen.** Eine Mängelanzeige ist im Unterschied zu dem bis zum 31.12.2001 geltenden Recht nicht mehr erforderlich. Der Käufer soll nicht gezwungen sein, Zahlung des Kaufpreises trotz inzwischen erkannter Mangelhaftigkeit der Kaufsache leisten zu müssen. Das hat Bedeutung vor allem auch vor folgendem Hintergrund: Ist die zweijährige Verjährungsfrist des Nacherfüllungsanspruchs nach § 438 Abs. 1 Nr. 3 BGB abgelaufen, kann der Verkäufer nach § 218 Abs. 1 S. 1 BGB die Unwirksamkeit des Rücktritts herbeiführen. Der Kaufpreisanspruch des Verkäufers kann aber in diesem Zeitpunkt noch nicht verjährt sein, weil er der dreijährigen Regelverjährungsfrist des § 195 BGB unterliegt. Angesichts des Fristunterschieds kann es für den Käufer wichtig sein, dass ihm die Mängeleinrede gegenüber dem Kaufpreisanspruch erhalten bleibt. Denkbar sind derartige Konstellationen etwa beim Abzahlungskauf. § 438 Abs. 4 S. 3 BGB sieht ergänzend vor, dass der **Verkäufer seinerseits vom Kaufvertrag zurücktreten** kann, wenn der Käufer von seiner Möglichkeit aus Satz 2 Gebrauch macht. Der Verkäufer erhält so eine Möglichkeit, die Kaufsache zurückzubekommen; der Käufer soll nicht sowohl die Kaufsache behalten als auch die Zahlung des Kaufpreises verweigern können. **869**

Wegen § 438 Abs. 5 BGB gilt Entsprechendes für den Fall, dass der Käufer die Minderung des Kaufpreises erklärt. Danach finden auf das Minderungsrecht des Käufers § 218 BGB und § 438 Abs. 4 S. 2 BGB entsprechende Anwendung. Letztgenannte Verweisung bedeutet, dass auch eine nach § 218 BGB unwirksame Minderung des Kaufpreises die Folge hat, dass der Käufer die Zahlung des noch ausstehenden Kaufpreises oder -teils verweigern kann. Auf § 438 Abs. 4 S. 3 BGB verweist der Absatz 5 bewusst nicht. Im Falle der Minderung **kann** also der **Verkäufer nicht seinerseits zurücktreten.** Diese Möglichkeit soll der Verkäufer nur dann haben, wenn der Käufer zuvor (wegen § 218 BGB unwirksam) zurückgetreten war und damit zum Ausdruck gebracht hatte, den Kaufvertrag rückabwickeln zu wollen. Dann soll dem Verkäufer eine Möglichkeit in die Hand gegeben werden, die Kaufsache nach einem (wirksamen) Rücktritt seinerseits zurückzuerhalten, damit der Käufer nicht sowohl die Zahlung des Kaufpreises verweigern als auch die Kaufsache behalten kann. Diese Situation besteht im Fall der Minderung nicht, bei der der Käufer die Kaufsache behalten und lediglich den Kaufpreis an die Mangelhaftigkeit „anpassen" will. **870**

Eine Notwendigkeit für die Einführung eines Rücktrittsrechts des Verkäufers gibt es in diesem Fall nicht.[295]

871   e) **Verjährung beim Händlerrückgriff (§ 479 BGB).** § 478 Abs. 2 BGB begründet, wie erwähnt, im Rahmen des Händlerrückgriffs einen eigenen **Aufwendungsersatzanspruch des Letztverkäufers.** Die Verjährung dieses Anspruchs regelt § 479 Abs. 1 BGB. Danach verjährt der Anspruch in **zwei Jahren ab Ablieferung** der Kaufsache. Das meint die Ablieferung **durch den Lieferanten an den Letztverkäufer.**[296]

872   § 479 Abs. 2 BGB enthält eine **Ablaufhemmung** und bestimmt, dass die Rückgriffsansprüche des Unternehmers **frühestens zwei Monate nach dem Zeitpunkt** verjähren, **in dem** der **Unternehmer** die **Ansprüche des Verbrauchers erfüllt hat.**[297] Das ermöglicht dem Unternehmer eine Durchsetzung seiner Rückgriffsansprüche auch in den Fällen, in denen der Beginn der Verjährungsfristen im Verhältnis zum Verbraucher und im Rückgriffsverhältnis (deutlich) auseinanderfallen. Das kann geschehen, wenn die Ablieferung der Sache durch den Lieferanten an den Unternehmer und der daraus folgende Verjährungsbeginn erheblich früher liegt als die nachfolgende Ablieferung durch den Unternehmer an den Verbraucher. Entsprechendes gilt gemäß § 479 Abs. 3 BGB **auch für die übrigen Vertragsverhältnisse in der Lieferkette.**

10. Abweichende Vereinbarungen

873   a) **Bedeutung und allgemeine Grenzen.** Die Bestimmungen des Kaufrechts sind **grundsätzlich dispositiv,** das heißt abweichenden Vereinbarungen der Kaufvertragsparteien zugänglich, soweit das Gesetz nicht ausdrücklich etwas anderes bestimmt. Durch **vertragliche Haftungserleichterungen oder -freizeichnungen** können die Rechte des Käufers eingeschränkt bzw. ausgeschlossen werden. Hierbei sind vielfältige Gestaltungsmöglichkeiten denkbar. So kann sich eine Haftungsbeschränkung etwa nur auf bestimmte Verschuldensgrade, nur auf einzelne konkrete Ansprüche, nur auf vertragliche oder deliktische Ansprüche oder auch nur auf bestimmte Schäden erstrecken. Eine Haftungserleichterung kann überdies auch durch eine **Abkürzung der Verjährungsfrist**[298] oder durch **summenmäßige Haftungsbeschränkungen** erreicht werden. Derartige Vereinbarungen können sowohl individualvertraglich als auch durch Allgemeine Geschäftsbedingungen (dazu Rdnr. 892 ff.) getroffen werden, wobei allerdings die jeweils unterschiedlichen gesetzlichen Grenzen zu beachten sind.

874   Eine absolute Schranke für einzelvertragliche Haftungserleichterungen enthält § 276 Abs. 3 BGB, wonach ein Ausschluss der Haftung wegen Vorsatzes im Voraus nicht möglich ist. Diese Schranke gilt auch für summenmäßige Haftungsbeschränkungen[299] und gem. § 202 Abs. 1 BGB ausdrücklich auch für eine Haftungsmilderung durch Verkürzung von Verjährungsfristen. Zulässig ist ein Ausschluss der Vorsatzhaftung gem. § 278 S. 2 BGB nur in Bezug auf gesetzliche Vertreter und Erfüllungsgehilfen. Haftungserleichterungen, die gegen §§ 276 Abs. 3, 202 Abs. 1 BGB verstoßen, sind gem. § 134 BGB nichtig. Weitere Grenzen bestehen hinsichtlich der Verträge über den Verkauf von Verbrauchsgütern (dazu sogleich Rdnr. 875 ff.), wobei teilweise auch der Händlerrückgriff erfasst wird (vgl. Rdnr. 888 ff.). Eine kaufrechtsspezifische Grenze für vertragliche Haftungsbegrenzungsregelungen enthält

---

[295] Vgl. zu alledem BT-Drucks. 14/6857, S. 26 f. (Antrag Nr. 92 des Bundesrats) und S. 60 (Gegenäußerung der Bundesregierung dazu). Der Rechtsausschuss des Deutschen Bundestages hat sich der Auffassung der Bundesregierung angeschlossen, BT-Drucks. 14/7052, S. 196 f.

[296] BT-Drucks. 14/6040, S. 250.

[297] Die Verweisung auf die „in ... § 437 ... bestimmten Ansprüche" ist freilich ungenau, weil § 437 Nr. 2 BGB Gestaltungsrechte, nicht aber Ansprüche regelt; richtig gewesen wäre hier eine an § 438 Abs. 1 BGB angepasste Formulierung, die nur auf § 437 Nr. 1 und Nr. 3 BGB Bezug nimmt.

[298] Zu den hierfür geltenden Einschränkungen vgl. BGH, NJW 2007, 674 und Rdnr. 827.

[299] Palandt-*Grüneberg*, § 276 BGB Rdnr. 34.

A. Rechte des Käufers nach BGB

§ 444 BGB im Hinblick auf arglistiges Verhalten des Verkäufers oder eine von ihm gegebene Garantie (vgl. Rdnr. 890 f.). Auch soweit eine bestimmte Beschaffenheit oder ein bestimmter Verwendungszweck vereinbart wurde, kann sich der Verkäufer jedenfalls auf einen pauschalen und umfassenden Gewährleistungsausschluss in der Regel nicht berufen.[300]

b) Verbrauchsgüterkauf. Den Grundsatz der Abdingbarkeit der Haftungsnormen hat das Gesetz zur Modernisierung des Schuldrechts in sehr viel weitergehendem Umfang eingeschränkt, als das nach bisherigem Recht der Fall war. Das betrifft den Verbrauchsgüterkauf im Sinne des § 474 BGB, für den § 475 BGB eine **Sonderregelung über die Zulässigkeit abweichender Vereinbarungen** enthält. Diese Bestimmung wird ergänzt durch § 478 Abs. 4 BGB für das **Rückgriffsverhältnis zwischen dem Unternehmer und seinem Lieferanten**. Beide Vorschriften gehen auf Vorgaben der Verbrauchsgüterkaufrichtlinie zurück (Art. 7 Abs. 1 und Art. 4). 875

aa) Einschränkungen zu Lasten des Verbrauchers. Nach § 475 Abs. 1 BGB kann der Unternehmer sich auf eine vor Mitteilung des Mangels durch den Verbraucher getroffene Vereinbarung, die zum Nachteil des Verbrauchers von den §§ 433 bis 435, 437, 439 bis 443 BGB oder von den Vorschriften der §§ 474 ff. BGB über den Verbrauchsgüterkauf abweicht, nicht berufen. Die Einschränkungen hinsichtlich der Abdingbarkeit kaufrechtlicher Regelungen gehen damit deutlich über die des bisherigen Rechts hinaus. Das Kaufrecht ist **zugunsten des Verbrauchers weitgehend zwingendes Recht** geworden. Zum Schutz des Verbrauchers werden nicht mehr nur Einschränkungen für **Allgemeine Geschäftsbedingungen** gesetzlich geregelt, sondern über die §§ 307 bis 309 BGB hinaus auch **sämtliche Individualverträge** mit erfasst. § 475 Abs. 1 S. 1 BGB übernimmt ausdrücklich die Einschränkung aus Artikel 7 Abs. 1 S. 1 der Verbrauchsgüterkaufrichtlinie, der zufolge nur vor Mitteilung des Mangels an den Verkäufer erfolgte Vereinbarungen betroffen sind. Damit werden insbesondere **Vergleiche** von dem Verbot abweichender Vereinbarungen **nicht erfasst**. 876

Bestimmt ist nicht, dass eine den Verbraucher benachteiligende Vereinbarung nichtig ist. Damit wollte der Gesetzgeber zum Ausdruck bringen, dass die Aufnahme einer derartigen Vereinbarung nicht schlechthin zur Nichtigkeit des Vertrages führt, sondern dass der **Unternehmer** eben nur **aus** dieser **Vereinbarung keine Rechte herleiten** kann. 877

§ 475 Abs. 1 S. 2 BGB betrifft mit einer in Verbraucherschutzgesetzen üblichen Formulierung die Umsetzung von Artikel 7 Abs. 1 S. 1 der Verbrauchsgüterkaufrichtlinie insoweit, als die dem **Verbraucher gewährten Rechte** durch eine Vereinbarung **auch nicht „mittelbar" außer Kraft gesetzt** werden dürfen. Auch wenn der Unternehmer Vertragsgestaltungen wählt, die eine **Umgehung**[301] des mit § 475 Abs. 1 S. 1 BGB bezweckten Verbraucherschutzes bewirken sollen, kann der Unternehmer sich hierauf nicht berufen und es sind die gesetzlichen Vorschriften anzuwenden. Dabei ist zu beachten, dass eine Reihe von Tatbeständen, die als „Umgehung" derzeit diskutiert werden, in Wirklichkeit **keine Umgehung** darstellen. Darunter fallen **bestimmte Beschaffenheitsvereinbarungen,** mit denen insbesondere Gebrauchtwagenhändler ihre Haftung beschränken möchten.[302] So werden beispielsweise PKW als „rollender Schrott", als „Bastlerfahrzeug" oder „zum Ausschlachten" verkauft.[303] Bevor man hier die Frage einer Umgehung erörtern kann, sind die entsprechenden Formulierungen in den Kaufverträgen auszulegen. Ergibt sich danach, dass tatsächlich ein nicht fahrtüchtiges Fahrzeug zum Ausschlachten verkauft werden sollte, so gehört die fehlende Fahrtüchtigkeit zur vertraglich vereinbarten Beschaffenheit. Häufig wird dies aber nicht so sein und festgestellt werden können, dass die Parteien tatsächlich nach dem sonsti- 878

---

[300] So BGH, NJW 2007, 1346, 1349 zu einer Beschaffenheitsvereinbarung.
[301] Dazu eingehend *Müller*, NJW 2003, 1975 ff.
[302] Vgl. dazu *Girkens/Baluch/Mischke*, ZGS 2007, 130 ff.
[303] Vgl. etwa *Müller*, NJW 2003, 1975, 1976 ff.

gen Vertragsinhalt, nach Einzelheiten der Beschaffenheit des Wagens (Alter, Unfallfreiheit, Laufleistung etc.) und vor allem nach dem vereinbarten Preis von einem dem Alter, Erhaltungszustand etc. entsprechenden durchschnittlichen fahrtüchtigen Gebrauchtwagen ausgingen. Dann ist ein solcher auch geschuldet, die Frage der Umgehung stellt sich nicht. Die **Auslegung des Vertrages** hat hier Vorrang. Schiebt der Unternehmer bei einem Kaufvertrag mit einem Verbraucher für sich einen Verbraucher als Strohmann vor, um den Einschränkungen des § 475 BGB zu entgehen, so liegt regelmäßig kein Scheingeschäft i. S. d. § 117 BGB vor.[304]

879 Auch sonst ist zunächst der **Umfang der Freizeichnung durch Auslegung zu ermitteln.**[305] Mit der verbreiteten Klausel „gekauft wie gesehen" sollen regelmäßig nur solche Mängel ausgeschlossen werden, die bei einer ordnungsgemäßen Besichtigung ohne Zuziehung eines Sachverständigen wahrnehmbar sind.[306] Aus den Umständen des Einzelfalles kann aber auch zu entnehmen sein, dass der Haftungsausschluss ausnahmsweise umfassend gemeint sein sollte.[307]

880 Gelegentlich wird versucht, die dem Verkäufer nachteiligen Beschränkungen der Vertragsfreiheit durch **Agenturgeschäfte** zu umgehen. Das betrifft typischerweise die **Inzahlunggabe eines Gebrauchtwagens** durch einen Verbraucher, der bei einem Händler einen Neuwagen erwirbt. Beim **Weiterverkauf** des in Zahlung gegebenen Altwagens tritt der Gebrauchtwagenhändler sodann nicht selbst als Vertragspartei, sondern gemäß § 164 BGB als Vertreter des Verbrauchers auf.[308] Das hat zur Folge, dass als Verkäufer des Altwagens ein Verbraucher, vertreten durch den Gebrauchtwagenhändler, erscheint, was zur Verneinung eines Verbrauchsgüterkaufs im Sinne des § 474 BGB führt. Es spricht einiges dafür, derartige Geschäfte **weitgehend** als **Umgehungsgeschäfte** im Sinne des § 475 Abs. 1 S. 2 BGB anzusehen. § 475 BGB bezweckt nämlich den Schutz des Verbrauchers, hier desjenigen, der den in Zahlung gegebenen Gebrauchtwagen als Käufer bei einem Gebrauchtwagenhändler erwirbt. Dieser Schutz wäre stark eingeschränkt, wenn der Verbraucher als Bestandteil des Agenturgeschäfts auf seine Mängelrechte entgegen § 475 Abs. 1 S. 1 BGB wirksam verzichten könnte, obwohl er die maßgeblichen Vertragsgespräche mit einem Händler geführt hatte und auch erwarten durfte, mit diesem Händler und nicht einem ihm unbekannten Dritten den Kaufvertrag zu schließen. Gerade die rechtliche Konstruktion eines Vertretergeschäfts und dessen Folgen dürfte vielen Kunden bei Vertragsabschluss nicht deutlich sein. Mängelrechte hat der Käufer dann gegen den Unternehmer, obwohl dieser nur als Vertreter handelt.[309]

881 Der **BGH** hat derartige Gestaltungen allerdings auch nach dem überarbeiteten Kaufrecht als „seit langem bekannte Erscheinung" gebilligt und ein **Umgehungsgeschäft** im Sinne des § 475 Abs. 1 S. 2 BGB **für den Regelfall verneint.**[310] Es ist seiner Ansicht nach aber im Einzelfall zu prüfen, ob das Agenturgeschäft missbräuchlich dazu eingesetzt wird, ein in Wahrheit vorliegendes Eigengeschäft des Unternehmers zu verschleiern.[311] Dann kann eine Umgehung zu bejahen sein. Maßgebliche Bedeutung hat danach, wie bei wirtschaftlicher Betrachtung die Chancen und Risiken des Gebrauchtwagenverkaufs zwischen dem bisherigen Eigentümer des Fahrzeugs und dem Fahrzeughändler verteilt sind.[312] Bei wirtschaft-

---

[304] BGH, NJW-RR 2013, 687.
[305] Z. B. BGH, BB 2007, 573.
[306] OLG Saarbrücken, MDR 2006, 749; auch LG Hannover, RdL 2006, 98 zu einem Pferdekauf und der Klausel „wie Probe geritten und gesehen".
[307] Das hat das OLG Saarbrücken a. a. O. aufgrund der dort zu beurteilenden Vertragsgestaltung angenommen.
[308] Dazu *Lorenz*, NJW 2007, 1, 7; *Lorenz*, DAR 2006, 611; *Müller*, NJW 2003, 1975, 1978 ff.
[309] Vgl. BGH, NJW 2007, 759.
[310] BGH, NJW 2005, 1039.
[311] BGH, NJW 2005, 1039, 1040 m. umfangr. Nachw.
[312] BGH a. a. O.

licher Betrachtungsweise kann von einem verschleierten Ankauf des Fahrzeugs durch den Händler etwa ausgegangen werden, wenn der Händler dem sein Altfahrzeug in Zahlung gebenden Verbraucher einen Mindestverkaufspreis garantiert und einen entsprechenden Teil des Kaufpreises für das Neufahrzeug stundet.[313] In ähnlicher Weise kann ein Umgehungsgeschäft auch darin liegen, dass ein Firmenfahrzeug einer GmbH von dem Geschäftsführer im eigenen Namen verkauft wird.[314]

882 Eine **Umgehung** wird auch für den Fall diskutiert, dass der Händler sich von dem Verbraucher eine **Klausel** unterschreiben lässt, **wonach der Verbraucher Unternehmer sei.**[315] Indes ist eine derartige **Klausel** regelmäßig **unwirksam,** ohne dass es auf die Frage der Umgehung ankäme. Eine solche Bestimmung enthält nämlich im Ergebnis die Vereinbarung, dass § 475 BGB nicht anzuwenden ist. Diese Vorschrift ist aber selbstverständlich selbst ebenfalls nicht abdingbar. Das kann auch nicht durch eine Vereinbarung geschehen, dass die Voraussetzungen des § 475 BGB – obwohl im Einzelfall gegeben – nicht vorliegen. Die **Eigenschaft** des Käufers **als Verbraucher** folgt im übrigen aus § 13 BGB und unterliegt ebenfalls nicht der Parteivereinbarung, ist also **nicht dispositiv.** Das schließt nicht aus, dass der Verbraucher – eventuell auf Nachfrage des Unternehmers – unzutreffende Angaben zu den tatsächlichen Verhältnissen, aus denen seine Verbrauchereigenschaft folgt, macht und der Unternehmer deshalb darauf vertrauen konnte, dass es sich nicht um einen Verbraucher handelt. In letzterem Fall kann sich der Verbraucher später ohnehin nicht mehr auf seine Verbrauchereigenschaft berufen (§ 242 BGB, vgl. dazu bereits Rdnr. 97).[316] Eine Umgehung liegt ferner vor, wenn eine neue Sache als „gebraucht" deklariert wird, um sodann über § 475 Abs. 2 BGB die Verjährung auf ein Jahr verkürzen zu können. Ob eine Sache neu oder gebraucht ist, ist nach einem objektiven Maßstab zu bestimmen und einer Parteivereinbarung entzogen.[317]

883 Eine **Ausnahme von dem zwingenden Charakter** der gesetzlichen Regelung der Käuferrechte macht § 475 Abs. 3 BGB **für den Schadensersatzanspruch.** Für den Gesetzgeber war hierfür maßgeblich, dass dieser Anspruch von der Verbrauchsgüterkaufrichtlinie nicht erfasst ist. Es sollte das Kaufrecht nämlich nur in dem durch die Richtlinienvorgaben unbedingt erforderlichen Mindestumfang zwingend ausgestaltet werden. Hinsichtlich des Schadensersatzanspruchs erfolgt eine **Kontrolle über die §§ 307 bis 309 BGB.** Das gilt im übrigen auch für die sonstigen, in § 475 Abs. 1 S. 1 BGB nicht in Bezug genommenen Vorschriften des Kaufrechts.

884 Die die **Verjährung** betreffende Bestimmung des § 438 BGB ist in § 475 Abs. 1 S. 1 BGB nicht genannt. Hinsichtlich abweichender Vereinbarungen insoweit enthält § 475 Abs. 2 BGB eine Sonderregelung für den Verbrauchsgüterkauf. Danach **kann** einschränkend gegenüber § 202 BGB die Verjährung **nicht erleichtert werden, wenn** sie zu einer Verjährungsfrist ab dem gesetzlichen Verjährungsbeginn (§ 438 Abs. 2 BGB) von **weniger als zwei Jahren, bei gebrauchten Sachen** von **weniger als einem Jahr** führt. Unzulässig ist damit nicht nur eine ausdrückliche Verkürzung der Verjährungsfrist, sondern auch eine sonstige Vereinbarung über eine Erleichterung der Verjährung, wenn sie im Ergebnis eine kürzere Frist als zwei Jahre ab Lieferung der Kaufsache zur Folge hätte. Das wäre zum Beispiel bei einer Vorverlegung des Verjährungsbeginns denkbar. Für gebrauchte Sachen enthält die Bestimmung eine Untergrenze von einem Jahr, die nicht unterschritten werden darf. Auch für gebrauchte Sachen gilt ohne eine solche Vereinbarung die Verjährungsregelung des § 438 BGB, der nicht zwischen neu hergestellten und gebrauchten Sachen unterscheidet. Will der Verkäufer eine kürzere Verjährungsfrist erreichen, so muss dies vertraglich ver-

---

[313] BGH a.a.O.
[314] Offen gelassen von BGH, NJW 2007, 759; der Geschäftsführer ist jedenfalls regelmäßig „Verbraucher", BGH, a.a.O.
[315] *Müller*, NJW 2003, 1975, 1979 f.
[316] AG Halle, Urteil vom 17.3.2011 – 93 C 230/10 (juris).
[317] BGH, NJW 2007, 674, 677; MünchKomm-*Lorenz*, § 475 BGB Rdnr. 20.

einbart werden, was bei gebrauchten Sachen in den Grenzen des § 475 Abs. 2 BGB zulässig ist. **Unzulässig** ist dagegen die **vertragliche Bezeichnung einer neuen Sache als „gebraucht"**, um eine bis zu einem Jahr verkürzte Verjährungsfrist vereinbaren zu können[318] (vgl. dazu auch Rdnr. 885). Eine geltungserhaltende Reduktion einer Vertragsklausel, die mit der Vereinbarung einer zu kurzen Frist gegen § 475 Abs. 2 BGB verstößt, ist nicht zulässig.[319]

885 Inwieweit **Tiere als „gebrauchte Sachen"** im Sinne des § 475 Abs. 2 BGB angesehen werden können, war im Gesetzgebungsverfahren und ist auch danach immer wieder als problematisch angesehen worden.[320] **Grundsätzlich gilt** die Ausnahmeregelung des **§ 475 Abs. 2 BGB auch beim Kauf von Tieren.** Die Verbrauchsgüterkaufrichtlinie, die für den Gesetzgeber für die Fassung des § 475 BGB maßgeblich war, enthält ebenfalls keine Sonderregelung für Tiere. Auch für Tiere ist deshalb nach § 90a S. 3 BGB die (gebrauchte und neue) Sachen betreffende Vorschrift des § 475 Abs. 2 BGB anzuwenden. Inwieweit tatsächlich im Einzelfall ein Tier als gebraucht bezeichnet werden kann, ist freilich problematisch, wenn auch die Frage nicht neu ist, weil bereits § 11 Nr. 10 AGBG bis zum 31.12.2001 diese Differenzierung enthielt. So sind etwa junge Haustiere oder lebende Fische als „neu" angesehen worden.[321] Der Gesetzgeber wollte an der bis zum 31.12.2001 geltenden Rechtslage insoweit nichts ändern.[322]

886 Es ist allerdings zu bezweifeln, ob die Kategorie „neu" und „gebraucht" überhaupt auf Tiere passt. Das kann bei der nach § 90 a S. 3 BGB gebotenen entsprechenden Anwendung der für Sachen geltenden Vorschriften nicht unberücksichtigt bleiben. Der eigentliche Grund dafür, dass bei gebrauchten Sachen eine gegenüber dem Kauf neuer Sachen weitergehende Erleichterung der Verjährung zulässig ist, liegt darin, dass bei einer gebrauchten Sache infolge der Abnutzung jederzeit Mängel auftreten können, die auch für einen sorgfältigen Verkäufer nicht erkennbar sind, während umgekehrt der Käufer von diesem Risiko weiß. In ähnlicher Weise sind auch Tiere zwar nicht unbedingt einer „Abnutzung", wohl aber einer lebenden Organismen eigenen ständigen Veränderung ausgesetzt. Das legt die Schlussfolgerung nahe, dass **Tiere stets wie gebrauchte und niemals wie neue Sachen zu behandeln** sind.[323] Dieser Auffassung ist der **BGH** allerdings **nicht gefolgt** und hat ein Fohlen, das zur Zeit seines Verkaufs weder als Reittier noch zur Zucht verwendet worden war, als „neu" angesehen.[324] Die Frage, ob ein Tier „neu" oder „gebraucht" ist, bestimmt sich zudem nach einem objektiven Maßstab und ist der Vereinbarung der Parteien entzogen.[325]

887 Auch hinsichtlich der **Verjährung** gilt, dass diese bezüglich der **Schadensersatzansprüche** nicht von § 475 Abs. 2 BGB erfasst ist, wie Absatz 3 der Vorschrift bestimmt. Insoweit enthält die Vorschrift also **keine Einschränkungen der Abdingbarkeit.**

888 bb) **Händlerrückgriff.** Ergänzt wird § 475 BGB durch § 478 Abs. 4 BGB. Während erstgenannte Vorschrift das Verhältnis zwischen dem Letztverkäufer und dem Verbraucher betrifft, regelt § 478 Abs. 4 BGB die **Abdingbarkeit der gesetzlichen Regelungen,** die das Rückgriffsverhältnis **zwischen** dem **Unternehmer und seinem Lieferanten** betreffen.[326] Die Rückgriffsrechte sind grundsätzlich dispositiv, was dem im kaufmännischen Geschäfts-

---

[318] BGH, NJW 2007, 674, 677 zum Tierkauf.
[319] OLG Hamm, MDR 2011, 1344.
[320] Dazu eingehend *Brückner/Böhme,* MDR 2002, 1406 ff.
[321] BGH, NJW-RR 1986, 52: Forellen; LG Aschaffenburg, NJW 1990, 915: neun Wochen alte Hundewelpen.
[322] BT-Drucks. 14/6040, S. 245.
[323] So Palandt-*Heinrichs* (61. Aufl.) § 11 AGBG Rdnr. 47; in dieser Richtung wohl auch *Brückner/Böhme,* MDR 2002, 1406, 1408 f.
[324] BGH, NJW 2007, 674, 676 m. Anm. *Fischer* und *Herrlim,* 678.
[325] BGH a. a. O. und oben Rdnr. 827.
[326] Dazu ausführlich *Matthes,* NJW 2002, 2505, 2507 ff.

A. Rechte des Käufers nach BGB

verkehr Üblichen Rechnung trägt. Gleichwohl **schränkt** § 478 Abs. 4 BGB diese **Abdingbarkeit** der vorstehenden Absätze und des diese ergänzenden, die Verjährung betreffenden § 479 BGB allerdings zum Schutze der meist schwächeren Händler **ein**. Danach kann der Lieferant sich **auf** eine **zum Nachteil des** Unternehmers **(Letztverkäufers) getroffene Vereinbarung,** die Abweichungen von den §§ 433 bis 435, 437, 439 bis 443 BGB sowie von § 478 Abs. 1 bis 3 und § 479 BGB vorsieht, **nicht berufen, wenn** dem Unternehmer in dem Vertrag **kein gleichwertiger Ausgleich eingeräumt wird.** Diese Regelung soll verhindern, dass Vereinbarungen einseitig zu Lasten des Einzelhändlers ausfallen, etwa indem die Mängelansprüche des Unternehmers vollständig ausgeschlossen werden oder deren Verjährung einseitig unangemessen reduziert wird. Die Vorschrift ist als eine Ergänzung und Erweiterung zu § 307 BGB gedacht.[327] Entsprechende Klauseln sind deshalb nicht nur nach den für Allgemeine Geschäftsbedingungen geltenden Grundsätzen auf ihre Angemessenheit zu überprüfen. Eine Einschränkung der in den in Bezug genommenen Vorschriften geregelten Rechte des Unternehmers ist darüber hinaus vielmehr nur dann wirksam, wenn dem Rückgriffsgläubiger ein „**gleichwertiger Ausgleich**" eingeräumt wird. Der Gesetzgeber hat hier zum Beispiel an pauschale Abrechnungssysteme gedacht, in denen zwar Einzelansprüche des Händlers aus § 478 Abs. 2 BGB ausgeschlossen werden, die aber insgesamt auch den berechtigten Interessen des Handels Rechnung tragen.[328] Ein gleichwertiger Ausgleich kann auch bei der Gewährung von Rabatten o. ä. angenommen werden.[329]

Auch insoweit gelten die **Einschränkungen nicht für den Schadensersatzanspruch** des Unternehmers, wie § 478 Abs. 4 S. 2 BGB ausdrücklich bestimmt. Soweit auf die Verträge zwischen dem Unternehmer und seinem Lieferanten das CISG anwendbar ist, weil sie ihre Niederlassungen in verschiedenen Staaten haben (Art. 1 Abs. 1; siehe zur Anwendbarkeit Rdnr. 116 ff.), ist freilich das deutsche Kaufrecht insgesamt und deshalb auch § 478 BGB nicht anwendbar.[330]

889

c) Arglist oder Garantie (§ 444 BGB). Eine weitere Einschränkung für **Vereinbarungen, welche die Rechte des Käufers wegen eines Mangels ausschließen oder beschränken,** enthält § 444 BGB. Auf eine derartige Vereinbarung kann der Verkäufer sich – unabhängig davon, ob ein Verbrauchsgüterkauf vorliegt – **nicht berufen, wenn** er **arglistig gehandelt oder** ausdrücklich eine **bestimmte Beschaffenheit der Kaufsache garantiert** hat, deren Fehlen nun den Mangel darstellt (zur Bedeutung der Vorschrift im Zusammenhang mit Garantien vgl. Rdnr. 1467 ff.). Eine eigenständige Bedeutung hat diese Vorschrift nur, soweit ein Ausschluss oder eine Beschränkung der Gewährleistungsrechte des Käufers überhaupt zulässig ist, was vor allem beim Verbrauchsgüterkauf weitgehend nicht der Fall ist (§ 475 BGB).

890

Hinsichtlich des arglistig Handelnden kommt der auch sonst dem BGB bekannte Grundsatz zum Ausdruck, dass dieser keinen Schutz der Rechtsordnung verdient. **Arglistig** handelt, wer unrichtige Erklärungen in Kenntnis ihrer Unrichtigkeit abgibt; **bedingter Vorsatz reicht** hierfür aus.[331] Nach der ständigen Rechtsprechung des BGH handelt ein Verkäufer bereits dann arglistig, wenn er zu Fragen, deren Beantwortung erkennbar maßgebliche Bedeutung für den Kaufentschluss seines Kontrahenten hat, ohne tatsächliche Grundlagen **ins Blaue hinein** unrichtige Angaben macht.[332] Im Übrigen kann ein arglistiges Verschweigen angenommen werden, wenn dem Verkäufer der Mangel bekannt ist oder er ihn zumindest für möglich hält und er billigend in Kauf nimmt, dass dem Käufer dieser Fehler nicht bekannt ist und dieser bei Offenlegung den Kaufvertrag nicht oder nur mit anderem Inhalt ge-

891

---

[327] BT-Drucks. 14/6040, 249.
[328] BT-Drucks. 14/6040, 249.
[329] Eingehender mit weiteren Beispielen *Matthes*, NJW 2002, 2505, 2507 ff.
[330] Dazu *Gruber*, NJW 2002, 1180 ff.
[331] BGH, NJW 2006, 2839, 2840 zu § 123 BGB.
[332] BGH a. a. O.

schlossen hätte.³³³ Wie nach bisherigem Recht kann als **arglistig** damit auch ein Verhalten des Verkäufers in Betracht kommen, das **durch ein „Inkaufnehmen"** geprägt ist und mit dem kein moralisches Unwerturteil verbunden sein muss.³³⁴ Entsprechende Fallkonstellationen werden vor allem bei gebrauchten Sachen in Betracht kommen, die der Verkäufer bereits aus eigener Anschauung kennt und bei denen deshalb gefragt werden kann, ob ihm aus dem früheren Gebrauch die Mängel nicht bekannt geworden sein müssen. In der Praxis spielen Mängel und deren Erkennbarkeit beim Kauf eines Hauses eine gewisse Rolle.³³⁵ Darüber hinaus stellt sich die Frage einer Arglist des Verkäufers immer wieder bei Gebrauchtwagenkäufen.³³⁶ Das arglistige Verhalten des Verkäufers muss für den Kaufentschluss des getäuschten Käufers nicht ursächlich geworden sein.³³⁷ Die Darlegungs- und Beweislast für die die Arglist begründenden Umstände trägt der Käufer.³³⁸

892 **d) Inhaltskontrolle Allgemeiner Geschäftsbedingungen.** Neben den genannten kaufrechtlichen Vorschriften können einzelne Vertragsklauseln wie bereits nach früherem Recht aufgrund der Vorschriften über die Inhaltskontrolle Allgemeiner Geschäftsbedingungen unwirksam sein. Die maßgeblichen Bestimmungen finden sich jetzt in den §§ 307 bis 309 BGB. Für die Haftung des Verkäufers für Mängel der Kaufsache ist **vor allem § 309 Nr. 7 und 8 BGB** zu nennen (siehe dazu auch Rdnr. 1013 ff.). Beide Nummern **betreffen Klauselverbote für Haftungsausschlüsse bei Pflichtverletzungen,** wozu nach der Neukonzeption des Kaufrechts auch die Lieferung einer mangelhaften Sache gehört.

893 Nach § 309 Nr. 7 Buchst. a) BGB ist eine **Einschränkung oder** gar ein **Ausschluss der Schadensersatzansprüche** des anderen Teils gegen den Verwenders dann **unwirksam, wenn** es um den Ersatz von **Schäden an** besonders wertvollen Rechtsgütern geht. Darunter fallen das **Leben, der Körper und die Gesundheit.** In diesen Fällen kann auch eine Haftung für leichte Fahrlässigkeit in Allgemeinen Geschäftsbedingungen nicht wirksam ausgeschlossen werden,³³⁹ und zwar auch dann nicht, wenn eine vorsätzliche oder fahrlässige Pflichtverletzung des Erfüllungsgehilfen oder des gesetzlichen Vertreters betroffen ist. Das geht über die allgemeinen Bestimmungen des § 276 Abs. 3 BGB (kein Ausschluss der Haftung für Vorsatz des Schuldners) und des § 278 S. 2 BGB (Ausschluss der Haftung für Vorsatz des Erfüllungsgehilfen oder gesetzlichen Vertreters möglich) hinaus.

894 § 309 Nr. 7 Buchst. b) BGB betrifft den Ersatz **sonstiger Schäden.** Hier ist eine **Haftungsfreizeichnung** in weitergehendem Umfang möglich. **Unwirksam** ist sie danach nur **bei grober Fahrlässigkeit des Verwenders,** wobei eine Unwirksamkeit des Ausschlusses einer Haftung für Vorsatz schon aus § 276 Abs. 3 BGB folgt. § 309 Nr. 7 Buchst. b) BGB erklärt **zudem** eine Haftungsbeschränkung für **Vorsatz oder grober Fahrlässigkeit des Erfüllungsgehilfen oder gesetzlichen Vertreters** des Verwenders für unwirksam. Eine unzulässige Haftungsbegrenzung i. S. d. § 309 Nr. 7 BGB liegt im Übrigen auch bereits in einer Verkürzung der gesetzlichen Verjährungsfrist oder der Vereinbarung von Ausschlussfristen für Gewährleistungsrechte.³⁴⁰

---

³³³ OLG Köln v. 13.03.2007, Az. 22 U 170/06 zum sog. „Tauschtacho"; OLG Koblenz, OLGR 2006, 527 unter Bezugnahme auf die Rechtsprechung des BGH zum früheren Recht: BGH, NJW-RR 1996, 1332; BGH, NJW-RR 1992, 333.
³³⁴ OLG Koblenz a. a. O.
³³⁵ Dazu erging auch die bereits angeführte Entscheidung des OLG Koblenz; außerdem KG, MDR 2006, 200 zu Feuchtigkeitsschäden im Keller eines Hauses.
³³⁶ Z. B. aus neuerer Zeit zum Verschweigen von Unfallschäden durch einen Gebrauchtwagenhändler: BGH, NJW 2008, 53; BGH, NJW 2006, 2839; LG Berlin v. 20.12.2005, Az. 5 O 210/05 (juris).
³³⁷ BGH, NJW 2011, 3640.
³³⁸ BGH, NJW 2011, 1280.
³³⁹ BGH, NJW 2007, 759, 759.
³⁴⁰ BGH, NJW 2007, 674, 675 f.

§ 309 Nr. 8 BGB regelt ergänzend hierzu die **sonstigen Haftungsausschlüsse bei** **895** **Pflichtverletzungen des Verwenders.** Dabei betrifft § 309 Nr. 8 Buchst. a) BGB Pflichtverletzungen, die nicht in der Lieferung einer mangelhaften Sache bestehen. Im vorliegenden Zusammenhang einschlägig ist dagegen **§ 309 Nr. 8 Buchst. b) BGB,** der eine Sonderregelung für **Haftungsausschlüsse** bei Pflichtverletzungen enthält, die in der **Lieferung einer mangelhaften Sache** bestehen. Die Bestimmung entspricht inhaltlich dem bis zum 31.12.2001 geltenden § 11 Nr. 10 AGBG. Diese Vorschrift zählte bislang zu den zentralen Klauselverboten des AGB-Gesetzes. Die Regelung erleidet aber gerade in dem hier zu behandelnden Zusammenhang einen erheblichen Bedeutungsverlust, weil das Kaufrecht für Verbrauchsgüterkaufverträge bereits wegen § 475 BGB weitgehend zwingend ausgestaltet ist, so dass eine Haftungserleichterung für den Verwender von vornherein nicht in Betracht kommt. Es ist aber gerade der Verbrauchsgüterkaufvertrag, der für eine Anwendung der Klauselverbote des § 309 Nr. 8 Buchst. b) BGB in erster Linie gedacht ist. Diese Vorschrift findet nach § 310 Abs. 1 S. 1 BGB nämlich keine Anwendung auf Allgemeine Geschäftsbedingungen, die gegenüber einem Unternehmer verwendet werden. Damit verbleiben für den unmittelbaren Anwendungsbereich im Wesentlichen die Werkverträge, bei denen Allgemeine Geschäftsbedingungen gegenüber einem Verbraucher verwendet werden und auf die nicht bereits wegen § 651 BGB Kaufrecht und damit auch § 475 BGB anzuwenden ist (Verträge über Bauleistungen vor allem).

Darüber hinaus wird § 309 Nr. 8 Buchst. b) BGB mittelbar auch bei **Verträgen zwi-** **896** **schen Unternehmern** deshalb nicht ohne Bedeutung bleiben, weil die dort zum Ausdruck kommenden gesetzlichen Wertungen auch im Rahmen einer Inhaltskontrolle nach § 307 BGB mit zu erwägen sein werden.[341] Weiterhin ist § 309 Nr. 8 Buchst. b) BGB unmittelbar auf **Verträge zwischen Verbrauchern** anwendbar, wenngleich bei derartigen Verträgen Allgemeine Geschäftsbedingungen nicht sehr häufig verwendet werden dürften, zumal die Vorschrift nur Verträge über neu hergestellte Sachen und Werkleistungen betrifft; der Kauf eines Gebrauchtwagens an den Nachbarn unter Verwendung eines vorformulierten ADAC-Formulars ist also von § 309 Nr. 8 Buchst. b) BGB nicht erfasst. Schließlich stellen auch Kaufverträge über Grundstücke keine Verbrauchsgüterkaufverträge dar (vgl. § 474 Abs. 1 S. 1 BGB), so dass auch § 475 BGB für diese Fälle nicht gilt. Bei einer Verwendung von Allgemeinen Geschäftsbedingungen gegenüber einem Verbraucher kann § 309 Nr. 8 Buchst. b) BGB deshalb anwendbar sein, wenn das verkaufte Haus als „neu hergestellt" bezeichnet werden kann.

Näher hingewiesen sei an dieser Stelle nur auf § 309 Nr. 8 Buchst. b) ff) BGB, der die **897** **Erleichterung der Verjährung für die Mängelansprüche des Käufers** betrifft. Gemäß § 202 BGB sind Verkürzungen der Verjährungsfristen – außerhalb von Verbrauchsgüterkaufverträgen – regelmäßig zulässig. Dagegen regelt § 475 Abs. 2 BGB – wie ausgeführt (Rdnr. 884) –, dass eine Verjährungserleichterung beim Verbrauchsgüterkauf wegen Mängeln der Sache nur bei gebrauchten Sachen und auch nur bis zu einer Verjährungsfrist von einem Jahr zulässig ist. Die Regelung des **§ 309 Nr. 8 Buchst. b) ff) BGB** bestimmt nunmehr, dass **auch außerhalb von Verbrauchsgüterkaufverträgen** für die Verjährung von Ansprüchen wegen Mängeln neu hergestellter Sachen im Kauf- und Werkvertragsrecht eine **einjährige Mindestfrist** einzuhalten ist. Dies gilt allerdings nicht für die **fünfjährige Verjährungsfrist für Bau- und Baustoffmängel** gemäß § 438 Abs. 1 Nr. 2 BGB, die wie bisher „AGB-fest" ist. Daraus ergibt sich, dass beim Verkauf gebrauchter Sachen (außerhalb von Verbrauchsgüterkäufen) eine darüber hinausgehende Verkürzung der Verjährungsfrist ebenso wie sogar ein völliger Gewährleistungsausschluss grundsätzlich zulässig ist. Verkauft also etwa ein Verbraucher seinen gebrauchten PKW an seinen Nachbarn, so kann er in

---

[341] Nach BGH, NJW 2007, 3774 stellt ein Verstoß einer Klausel gegen § 309 BGB sogar ein Indiz für eine unangemessene Benachteiligung im unternehmerischen Geschäftsverkehr dar.

dem Vertrag, auch in Allgemeinen Geschäftsbedingungen, seine Haftung für Mängel dieses PKW vollständig ausschließen.

898 Bei der Anwendung des § 309 Nr. 8 Buchst. b) ff) BGB ist zu beachten, dass die Verkürzung der Verjährungsfristen wegen eines Mangels in Allgemeinen Geschäftsbedingungen auch an den Klauselverboten des § 309 Nr. 7 BGB zu messen sind. Denn auch die **Verkürzung von Verjährungsfristen** stellt eine **Haftungsbeschränkung bzw. -begrenzung** dar,[342] was nunmehr auch der BGH ausdrücklich anerkannt hat.[343] Danach ist eine Verkürzung der Verjährungsfristen für den Schadensersatzanspruch nur in den zusätzlichen Grenzen des § 309 Nr. 7 BGB möglich, d. h. die dort aufgeführten **Ansprüche müssen** in der Klausel **ausdrücklich** von der Verjährungsverkürzung **ausgenommen** werden.[344]

899 Nicht ausdrücklich geregelt ist die **Verlängerung von Verjährungsfristen.** Auch für sie gilt grundsätzlich § 202 BGB, dessen Absatz 2 die Erschwerung der Verjährung, also insbesondere die Verlängerung der Verjährungsfrist, bis zu einer Höchstgrenze von 30 Jahren zulässt. Erfolgt die Verlängerung in **Allgemeinen Geschäftsbedingungen,** unterliegt sie allerdings der **Inhaltskontrolle** des § 307 BGB. Der BGH hat zum Beispiel eine maßvolle Verlängerung der zweijährigen Verjährungsfrist des § 438 Abs. 1 Nr. 3 BGB auf drei Jahre in Allgemeinen Einkaufsbedingungen eines Betreibers von Baumärkten für zulässig, die Verfünffachung der Verjährungsfrist des § 438 Abs. 1 Nr. 3 BGB von zwei auf zehn Jahre bei Rechtsmängeln dagegen für unzulässig gehalten.[345]

900 Neben den besonderen Klauselverboten ist auch im vorliegenden Zusammenhang wie soeben bereits angesprochen die Inhaltskontrolle gemäß § 307 BGB von Bedeutung. Nach dessen Absatz 1 Satz 1 sind Bestimmungen in Allgemeinen Geschäftsbedingungen unwirksam, die den Vertragspartner des Verwenders entgegen den Geboten von Treu und Glauben unangemessen benachteiligen. Was darunter zu verstehen ist, wird in § 307 Abs. 2 BGB näher ausgeführt. Der BGH hatte in der schon mehrfach angeführten Entscheidung aus dem Jahre 2005[346] einige **Klauseln in Allgemeinen Einkaufsbedingungen** eines Baumarktbetreibers zur Verwendung **gegenüber** seinen **Lieferanten** bereits anhand des neuen Kaufrechts zu beurteilen. Sie hielten sämtlich – mit der soeben behandelten Ausnahme einer **Verlängerung der Verjährungsfrist** für Mängelansprüche auf drei Jahre – einer Inhaltskontrolle nach § 307 BGB nicht stand. **Unwirksam** ist demzufolge auch im unternehmerischen Geschäftsverkehr die **Vereinbarung eines Neubeginns der Verjährungsfrist** für im Wege der Nachlieferung neu gelieferte oder nachgebesserte Teile (dazu Rdnr. 861), die Verlängerung der Frist des § 476 BGB (dazu Rdnr. 409 ff.) von sechs auf zwölf Monate, die Vereinbarung eines gesetzlich (wie dargestellt, Rdnr. 679) nicht vorgesehenen **Selbstvornahmerechts des Verwenders** (Käufers), auch nicht „in dringenden Fällen", die Vereinbarung einer verschuldensunabhängigen Haftung (auf Schadensersatz) für Rechtsmängel,[347] die Verfünffachung der Verjährungsfrist des § 438 Abs. 1 Nr. 3 BGB von zwei auf zehn Jahre bei Rechtsmängeln und die Ausdehnung der Rückgriffsregelung der §§ 478, 479 BGB auf Fälle, in denen der Letztverkauf keinen Verbrauchsgüterkauf darstellt.

---

[342] OLG München, NJW 2007, 227, 228; OLG Düsseldorf, NJW-RR 95, 440; *Lorenz*, NJW 2007, 1, 8; *Leenen*, JZ 2001, 552, 558.
[343] BGH, NJW 2007, 674, 675.
[344] BGH, NJW 2007, 674, 675.
[345] BGH, NJW 2006, 47 f., 50.
[346] BGH, NJW 2006, 47.
[347] Hier verwirft der BGH, a. a. O., S. 50 auch mit Recht den Gesichtspunkt, dass die Klausel dem früheren Recht einer Garantiehaftung des Verkäufers für anfängliche Rechtsmängel entspricht; die Klausel ist jedenfalls mit wesentlichen Grundgedanken der gesetzlichen Neuregelung (§ 307 Abs. 2 Nr. 1 BGB) nicht zu vereinbaren, die eine Schadensersatzpflicht des Verkäufers generell verschuldensabhängig ausgestaltet hat.

11. Konkurrenz der Mängelrechte des Käufers zu den allgemeinen Rechtsbehelfen

a) Bedeutung der Konkurrenz. Unter dieser Überschrift wurde unter der Geltung des bisherigen Rechts eine Reihe von Konkurrenzfragen behandelt, die sich daraus ergaben, dass das bisherige Kaufrecht ein eigenständiges Gewährleistungsrecht enthielt, das die Rechte des Käufers weitgehend abweichend von den allgemeinen Bestimmungen über Leistungsstörungen regelte. Vor diesem Hintergrund kam dem Verhältnis des **kaufrechtlichen Gewährleistungsrechts** zu den **allgemeinen Leistungsstörungsregeln** eine besondere Bedeutung zu, was eine ganze Reihe von Streitfragen aufwarf. Viele hiervon haben sich mit der Neuregelung erübrigt oder sind doch – wo sie nicht vollständig verschwunden sind – entschärft durch die Abschaffung besonderer Gewährleistungsregeln. Wo die Haftung des Verkäufers für Mängel der verkauften Sache sich ohnehin nach dem allgemeinen Leistungsstörungsrecht richtet, können Konkurrenzfragen **kaum noch von Bedeutung** sein. Gleichwohl gibt es einige Bereiche, in denen die Frage nach dem Konkurrenzverhältnis auch künftig nicht vollständig zu vermeiden sein wird. Auf die Schadensersatzhaftung des Verkäufers nach Deliktsrecht wurde bereits hingewiesen (Rdnr. 815).   **901**

Von einer „Konkurrenz" kann von vornherein nur dann die Rede sein, wenn auch die Anwendung der allgemeinen Regeln auf den Umstand gestützt werden soll, dass der Verkäufer eine mangelhafte, also nicht der vertraglichen Beschaffenheitsvereinbarung entsprechende Sache geliefert hat. Konkurrenzfragen stellen sich also immer dann nicht, wenn die Anwendung allgemeiner Regeln hiermit nichts zu tun hat, wie zum Beispiel bei der Frage, ob der Kaufvertrag nach den **§§ 134 oder 138 BGB** nichtig ist. Ebenso hat eine Anfechtung des Verkäufers oder Käufers wegen eines Irrtums **nach § 119 Abs. 1 BGB** nichts mit einer vielleicht außerdem noch gegebenen Mangelhaftigkeit der Sache zu tun, sondern betrifft einen Irrtum bei der Äußerung des rechtsgeschäftlichen Willens. Derartige Vorschriften sind also unabhängig davon und **ohne Rücksicht darauf anzuwenden, ob die verkaufte Sache außerdem noch mangelhaft ist.** Ähnliches gilt für eine Anfechtung wegen arglistiger Täuschung gemäß § 123 BGB, mag die Täuschung durch den Verkäufer auch Mängel der Kaufsache betreffen.[348]   **902**

b) Anfechtung wegen Eigenschaftsirrtums i.S.d. § 119 Abs. 2 BGB. Dagegen ergibt sich eine Konkurrenz bei der Irrtumsanfechtung nach § 119 Abs. 2 BGB. Nach der Rechtsprechung zum bisherigen Recht war dem Verkäufer eine **Anfechtung wegen eines Eigenschaftsirrtums** im Sinne des § 119 Abs. 2 BGB **versagt,** wenn sie dazu führen würde, dass der Käufer – mangels wirksamen Kaufvertrags – keine Mängelrechte hätte.[349] Diese Grundsätze gelten auch nach dem überarbeiteten Kaufrecht fort.   **903**

In entsprechender Weise verbleibt es bei dem nach bisherigem Recht in der Rechtsprechung anerkannten Grundsatz, dass auch der Käufer wegen eines **Irrtums über die Beschaffenheit der Kaufsache** jedenfalls **nach Gefahrübergang** nicht mehr anfechten kann. Ab diesem Zeitpunkt (vgl. § 434 Abs. 1 S. 1 BGB) **gehen die kaufrechtlichen Sonderregeln über** seine **Mängelrechte dem allgemeinen Anfechtungsrecht vor.**[350] Auch soweit danach – vor Gefahrübergang – ein Anfechtungsrecht des Käufers gegeben ist, wird für den Käufer regelmäßig kaum ein Interesse an einer Anfechtung bestehen, weil er damit seinen sonstigen Ansprüchen, vor allem seinem Schadensersatzanspruch die Grundlage entzieht.   **904**

c) Haftung des Verkäufers aus culpa in contrahendo. Ein weiteres Konkurrenzproblem betrifft die Frage nach einer Haftung des Verkäufers aus culpa in contrahendo. Nach dem überarbeiteten Schuldrecht ist auch die Haftung für culpa in contrahendo, die zuvor   **905**

---

[348] Z.B. BGH, NJW 2006, 2839: Täuschung über die Unfallfreiheit des verkauften Gebrauchtwagens; *Lorenz*, NJW 2007, 1, 4.
[349] Z.B. BGH, NJW 1988, 2597.
[350] *Reinking/Eggert*, Autokauf, Rdnr. 4471 ff. mit Nachweisen der früheren Rechtsprechung.

5. Kapitel. Die Rechte des Käufers bei Pflichtverletzungen des Verkäufers

gewohnheitsrechtlich anerkannt war, nunmehr in § 280 Abs. 1 BGB geregelt. Die Pflichten, deren Verletzung einen Schadensersatzanspruch nach dieser Vorschrift begründet, können nach § 311 Abs. 2 und 3 BGB auch bereits vor Vertragsschluss begründet sein. Insofern kann ein Käufer auf den Gedanken kommen, den Verkäufer mit der Begründung in Anspruch zu nehmen, dieser habe wegen der Vertragswidrigkeit der Kaufsache nicht nur seine vertraglichen Pflichten aus § 433 Abs. 1 S. 2 BGB, sondern auch seine **vorvertragliche Pflicht verletzt, den Käufer über die entsprechende Beschaffenheit der Kaufsache aufzuklären.** Wollte man einen Anspruch aus § 280 Abs. 1 BGB mit dieser Begründung anerkennen, so hätte dies vor allem **Auswirkungen auf die Verjährung:** Ein derartiger Anspruch könnte nämlich der regelmäßigen Verjährungsfrist und nicht den Fristen des § 438 BGB unterliegen. Die schuldhafte Verletzung einer derartigen Aufklärungspflicht käme freilich nur dann in Betracht, wenn der Verkäufer davon wusste oder hätte wissen müssen, dass die Kaufsache nicht der vertraglich vereinbarten Beschaffenheit entspricht, was bei dem Verkauf neuer Sachen häufig mangels Untersuchungspflicht des Verkäufers gegenüber dem Käufer ohnehin ausscheiden müsste.

906 Soweit in der Literatur ein derartiger Anspruch bejaht wird,[351] ist dem nicht zu folgen. Vielmehr sind **Ansprüche aus § 280 Abs. 1 BGB wegen eines vorvertraglichen Verschuldens in Bezug auf die Beschaffenheit der Kaufsache ausgeschlossen.**[352] Ein anderes Ergebnis bedeutete eine Umgehung der gesetzlichen Wertungen insbesondere des § 438 BGB.

907 Liefert der Verkäufer eine **Sache,** die bereits **bei Vertragsschluss nicht der vertraglichen Beschaffenheitsvereinbarung entspricht,** so kann der Käufer stets den Vorwurf erheben, der Verkäufer habe ihn über die wahre Beschaffenheit der Sache nicht richtig aufgeklärt. Dies ändert aber nichts daran, dass der Käufer seine **Ansprüche** auch dann **darauf stützt, dass** der Verkäufer ihm eine **mangelbehaftete Sache geliefert** hat. Wollte man einen Anspruch aus § 280 Abs. 1 BGB unter dem geringfügig veränderten Blickwinkel der Verletzung einer Aufklärungspflicht durch den Verkäufer zulassen und diesen Anspruch in der regelmäßigen Verjährungsfrist verjähren lassen, so widerspräche dies der gesetzgeberischen Wertung des § 438 BGB. Diese geht dahin, sämtliche aus der Mangelhaftigkeit folgenden Ansprüche des Käufers in den dort genannten Fristen verjähren zu lassen. Auch wenn man dies hinsichtlich der Verschuldenshaftung als „systemwidrig"[353] bezeichnen möchte, so muss diese gesetzgeberische Entscheidung akzeptiert werden. Sie wurde mit Blick auf rechtspolitische Erwägungen und der Vermeidung einer übermäßigen Belastung der Verkäufer getroffen und muss deshalb auch sämtliche Schadensersatzansprüche des Käufers erfassen, die mit der Mangelhaftigkeit der Kaufsache zusammenhängen. Im übrigen sind die Hauptfälle einer denkbaren Haftung des Verkäufers wegen einer Aufklärungspflichtverletzung – unbehebbarer Mangel der Kaufsache schon bei Vertragschluss – ohnehin von § 311 a Abs. 2 BGB erfasst und dort speziell geregelt. Ebenso wie nach dem bisherigen Recht ist deshalb auch nach der Überarbeitung des Kaufrechts ein **eigenständiger Anspruch des Käufers aus culpa in contrahendo,** jetzt § 280 Abs. 1 BGB, **wegen der schuldhaft unterbliebenen Aufklärung über die tatsächliche Beschaffenheit der Kaufsache neben** den sonstigen **Schadensersatzansprüchen** des Käufers **wegen der Verletzung der Pflicht des Verkäufers aus § 433 Abs. 1 S. 2 BGB nicht anzuerkennen.**[354] Dabei kann auch insoweit nichts anderes gelten, als der Verkäufer vorsätzlich gehandelt hat.[355]

---

[351] So *Häublein*, NJW 2003, 388 ff.
[352] Eingehend MünchKomm-*Westermann*, § 437, Rdnr. 57 ff., 59.
[353] *Häublein*, NJW 2003, 388, 392.
[354] So jetzt auch BGH, NJW 2009, 2120; *Reinking/Eggert*, Autokauf, Rdnr. 4599; Palandt-*Grüneberg*, § 311 BGB Rdnr. 14; Palandt-*Weidenkaff*, § 437 BGB Rdnr. 51 a.
[355] Str., wie hier *Schulze/Ebers*, JuS 2004, 462 m.w.N.; a. A. (für Anwendbarkeit der c.i.c. im Fall der Arglist): BGH, NJW 2009, 2120; BGH, NJW 2010, 858; OLG Köln, NJW 2005, 1666; Bamberger/Roth-*Faust*, § 437 BGB Rdnr. 190; *Lorenz*, NJW 2007, 1, 4; *Lorenz*, NJW 2006, 1925, 1927; *Häublein*, NJW 2003, 388; *Grigoleit/Herresthal*, JZ 2003, 118.

12. Keine Mängeleinrede

Abweichend von dem bis zum 31.12.2001 geltenden Recht gibt es jetzt **keine Mängeleinrede des Käufers** mehr.[356] Diese im bisherigen Recht anerkannte Einrede hatte insbesondere die Bedeutung, in der Zeit zwischen der Geltendmachung der Wandelung bzw. Minderung und Eintritt der Gestaltungswirkung (Vollzug) zu verhindern, dass der Käufer trotz Mangelhaftigkeit der Kaufsache zu deren Bezahlung verpflichtet war. Diese Grundlage ist jetzt entfallen. Rücktritt und Minderung haben unmittelbar gestaltende Wirkung. Während der Nacherfüllungsphase hat der Käufer die Einrede aus § 320 BGB, weil die Lieferung einer mangelfreien Sache jetzt zur (Haupt-)Leistungspflicht des Verkäufers gehört (§ 433 Abs. 1 S. 2 BGB). Es gibt **kein Bedürfnis** für eine gesondert daneben bestehende Mängeleinrede des Käufers, die im übrigen lediglich dazu führen müsste, dass dem Käufer entgegen der Intention des Gesetzgebers das ius variandi ungebührlich lange erhalten bliebe.[357] Anzuerkennen ist deshalb die Mängeleinrede **nur nach Eintritt der Verjährung** in dem Sonderfall des § 438 Abs. 4 S. 2 BGB. 908

II. Rechte bei sonstigen Pflichtverletzungen

Die Rechtsfolgen von Pflichtverletzungen, die nicht in der Lieferung einer mangelhaften Sache bestehen, richten sich ohne kaufrechtliche Modifikationen nach den Regelungen des allgemeinen Leistungsstörungsrechts. Eine Folge und ein Vorzug der Neuregelung durch das Gesetz zur Modernisierung des Schuldrechts ist, dass diese Pflichtverletzungen weitgehend denselben Grundsätzen folgen wie die Mängelhaftung des Verkäufers. Es sei in Erinnerung gerufen, dass ein besonderes Kaufgewährleistungsrecht ersetzt wurde durch die Haftung des Verkäufers für Nichterfüllung (siehe Rdnr. 615). Ob eine Sache mangelhaft ist oder ob der Verkäufer sonstige Pflichten aus dem Kaufvertrag verletzt, ist für die Rechte des Käufers weitgehend ohne Belang geworden. Deshalb kann im Folgenden überwiegend auf die obigen Ausführungen zu den Möglichkeiten des Käufers, vom Kaufvertrag zurückzutreten oder Schadensersatz zu verlangen, Bezug genommen werden. Abweichungen ergeben sich vor allem hinsichtlich des Rechts des Käufers zur Minderung, das es nach dem allgemeinen Leistungsstörungsrecht außerhalb der Mängelrechte des Käufers nicht gibt, und hinsichtlich der Verjährung. 909

1. Ausbleiben der Leistung

Der Verkäufer kann zunächst seine Pflicht aus § 433 Abs. 1 S. 1 BGB zur Übereignung und Übergabe der Kaufsache verletzen. Scheitert die Übereignung daran, dass der Verkäufer die Sache wegen Rechten Dritter nicht übereignen kann, so liegt ein Rechtsmangel gemäß § 435 BGB vor und es gelten die vorstehenden Ausführungen zu den **Mängelrechten** des Käufers. Diese sind **nicht anwendbar, wenn der Verkäufer die Lieferung der Kaufsache schlicht unterlässt** und gar **keinen Erfüllungsversuch unternimmt** oder auch – wie bereits angesprochen – wenn der **Käufer die Abnahme der Sache** wegen eines Mangels **ablehnt**. 910

Auch in letzterem Fall gelten **ausschließlich** die **allgemeinen Vorschriften**, weil eine Anwendung der kaufrechtlichen Besonderheiten den Gefahrübergang voraussetzt (siehe dazu Rdnr. 615). In allen diesen Fällen des Ausbleibens der Leistung kommen die folgenden Rechte des Käufers in Betracht: 911

a) Rücktritt. Unter den Voraussetzungen des § 323 BGB kann der Käufer von dem Vertrag zurücktreten, weil der Verkäufer seine fällige Leistung nicht erbringt. Insoweit kann auf 912

---

[356] So mit Recht Bamberger/Roth-*Faust*, § 437 BGB Rdnr. 167 f.
[357] Bamberger/Roth-*Faust*, § 437 BGB Rdnr. 168.

die vorstehenden Ausführungen zum Rücktrittsrecht des Käufers bei Lieferung einer mangelhaften Sache durch den Verkäufer Bezug genommen werden (siehe Rdnr. 681 ff.). Besonderheiten ergeben sich in dem Fall des **schlichten Ausbleibens der Leistung** – abgesehen von der fehlenden Anwendbarkeit des § 440 BGB – nicht. Der Käufer kann also vom Kaufvertrag zurücktreten, wenn er dem Verkäufer **erfolglos** eine angemessene **Nachfrist** zur Erfüllung gesetzt hat. Zu beachten ist, dass § 323 BGB – anders als § 326 Abs. 1 BGB a. F. – nicht den Leistungsverzug des Verkäufers voraussetzt. Die **Leistung** muss lediglich **fällig** und zum vertraglich versprochenen Zeitpunkt **nicht erbracht** worden sein. Es kommt also darüber hinaus nicht darauf an, ob die Voraussetzungen des § 286 BGB vorliegen. In aller Regel wird dies aber der Fall sein, weil im Regelfall in der Fristsetzung eine (befristete) Mahnung zu sehen ist. Abweichungen können sich allenfalls dann ergeben, wenn der Verkäufer die Nichtleistung nicht zu vertreten hat. Dann scheitert der Eintritt des Schuldnerverzuges an § 286 Abs. 4 BGB, während der Käufer auch in diesem Fall zurücktreten kann. Der **von** einem **Verschulden** des Schuldners **unabhängige Rücktritt** des Gläubigers ist eine der größeren Neuerungen des Gesetzes zur Modernisierung des Schuldrechts.

913 Erfasst ist von § 323 BGB, wie bereits ausgeführt (Rdnr. 682), nicht die **Unmöglichkeit** der Leistung. Dann folgt das Rücktrittsrecht vielmehr aus § 326 Abs. 5 BGB. Auch wenn sich erst während des Laufs einer zunächst gesetzten Nachfrist die Unmöglichkeit herausstellt, richtet sich die Rücktrittsmöglichkeit des Käufers nach § 326 Abs. 5 BGB; der Ablauf der Frist muss nicht abgewartet werden.

914 Weiter zu beachten ist, dass anders als nach § 326 BGB a. F. neben der Fristsetzung eine zusätzliche **Ablehnungsandrohung nicht Voraussetzung** für das Rücktrittsrecht des Gläubigers ist.[358] Der Gläubiger muss lediglich eine Frist setzen. Er braucht keine besondere Ablehnungsandrohung oder andere Maßnahmen zu ergreifen, um die Ernsthaftigkeit dieser Fristsetzung zu unterstreichen. Er muss insbesondere auch nicht androhen oder sonst erkennen lassen, ob er Schadensersatz, Rücktritt oder beides in Anspruch zu nehmen gedenkt. Allerdings hat der Schuldner die Möglichkeit darzulegen, dass die konkret ausgesprochene Fristsetzung ihm keine Veranlassung gab, mit dem Rücktritt zu rechnen. Hier mögen in Einzelfällen aus § 242 BGB zu begründende Ausnahmen dann denkbar sein, wenn das Verhalten des Gläubigers Zweifel an der Ernsthaftigkeit einer Fristsetzung aufkommen lässt. Dies darzulegen und zu beweisen ist Sache des Schuldners (Verkäufers).

915 Auch zu den Ausnahmen, die § 323 Abs. 2 BGB von dem Erfordernis der Fristsetzung vorsieht, wurden bereits Ausführungen gemacht (vgl. Rdnr. 696 ff.). Nach § 323 Abs. 2 Nr. 1 BGB ist eine **Fristsetzung entbehrlich,** wenn der Schuldner die Leistung ernsthaft und endgültig verweigert hat. Die ernsthafte und endgültige Erfüllungsverweigerung war bereits nach bisherigem Recht als Tatbestand anerkannt, bei dessen Vorliegen eine Fristsetzung entbehrlich weil überflüssig war.

916 § 323 Abs. 2 Nr. 2 BGB regelt den Fall des relativen **Fixgeschäftes** und ist Nachfolgebestimmung zu § 361 BGB a. F. Abweichend hiervon ist jedoch jetzt nicht nur eine Auslegungsregel – „im Zweifel" – formuliert, sondern ein gesetzliches Rücktrittsrecht wegen Pflichtverletzung durch Terminüberschreitung. Nach § 323 Abs. 2 Nr. 2 BGB muss der Gläubiger **im Vertrag** den **Fortbestand seines Leistungsinteresses an die Rechtzeitigkeit der Leistung gebunden** haben. Das entspricht der bisherigen Rechtsprechung, wonach der Vertrag mit der Einhaltung des Termins „stehen oder fallen" sollte.[359] Daraus, dass der Gläubiger den Fortbestand seines Leistungsinteresses an die Rechtzeitigkeit der Leistung „im Vertrag" gebunden haben muss, folgt, dass die entscheidenden Umstände für den Schuldner bekannt sein müssen.[360]

---

[358] BGH, NJW 2006, 3494; *Lorenz*, NJW 2007, 1, 3.
[359] RGZ 51, 347 ff.
[360] BT-Drucks. 14/6040, 186.

A. Rechte des Käufers nach BGB

Nach § 323 Abs. 2 Nr. 3 BGB ist eine **Fristsetzung** auch dann **entbehrlich, wenn besondere Umstände vorliegen,** die unter Abwägung der beiderseitigen Interessen den sofortigen Rücktritt rechtfertigen. Dies stellt einen Auffangtatbestand zu den vorangehenden Nummern des § 323 Abs. 2 BGB dar und soll nach dem Willen des Gesetzgebers der Rechtsprechung den Gerichten entsprechende Bewertungsspielräume geben.[361] Erfasst sind auch die bisher in § 326 Abs. 2 BGB a. F. geregelten Fälle, soweit nicht das besondere Interesse durch Bestimmung eines Liefertermins oder einer Lieferfrist bereits im Vertrag so herausgehoben worden ist, dass von einem Fixgeschäft ausgegangen werden kann. 917

Nach § 323 Abs. 4 BGB kann der Käufer auch **schon vor der Fälligkeit der Leistung,** also seines Anspruchs aus § 433 Abs. 1 BGB, vom Kaufvertrag **zurücktreten,** wenn offensichtlich ist, dass die Voraussetzungen des Rücktritts eintreten werden, etwa weil der Verkäufer unmissverständlich und endgültig Leistungsverweigerung ankündigt. 918

Nach § 323 Abs. 6 BGB ist der **Rücktritt ausgeschlossen, wenn der Käufer** als Gläubiger **selbst für das Ausbleiben** der Leistung allein oder weit überwiegend **verantwortlich** ist oder wenn er sich in **Annahmeverzug** befindet. Damit bleibt die Gläubigerverantwortung auch dann, wenn die Nichtleistung des Schuldners auf anderen Umständen als den in § 275 BGB genannten beruht,[362] nicht unberücksichtigt. Während bei dem Schadensersatzanspruch statt der Leistung die Mitverantwortung des Gläubigers über eine Kürzung des Anspruchs gemäß § 254 BGB angemessen berücksichtigt werden kann, ist dies beim Rücktrittsrecht des Gläubigers nicht in gleicher Weise möglich. Hier gibt es nur die Möglichkeit, das Rücktrittsrecht insgesamt auszuschließen und den Gläubiger so an dem Vertrag und auch an der Verpflichtung zur Erbringung der Gegenleistung festzuhalten. Diese Folge sieht § 323 Abs. 6 BGB bei alleiniger oder zumindest „weit überwiegender" Verantwortung des Gläubigers (hier des Käufers) als gegeben an. Damit ist nach der Vorstellung des Gesetzgebers ein **Grad der Mitverantwortung** gemeint, der über § 254 BGB ebenfalls auch einen Schadensersatzanspruch ausschließen würde. Auf diese Weise werden auch insoweit der Anspruch auf Schadensersatz statt der Leistung und das Rücktrittsrecht gleich behandelt.[363] 919

Braucht der Verkäufer nach § 275 Abs. 1 bis 3 BGB nicht zu leisten, so kann der Käufer nach § 326 Abs. 5 BGB zurücktreten; auf dieses Rücktrittsrecht findet § 323 BGB entsprechende Anwendung mit der einzigen Ausnahme, dass eine Fristsetzung entbehrlich ist. Um eine Befreiung von der Verpflichtung zur Zahlung des Kaufpreises zu erreichen, muss der Käufer freilich nicht zurücktreten: Der Kaufpreisanspruch entfällt vielmehr bereits nach § 326 Abs. 1 BGB. Soweit der Käufer den Kaufpreis bereits gezahlt hatte, kann er ihn nach Rücktrittsrecht zurückfordern (§ 326 Abs. 4 BGB). Die Rücktrittsmöglichkeit dürfte daher in den Fällen der **Unmöglichkeit** regelmäßig keine besondere Bedeutung für den Käufer besitzen. Sie wurde insbesondere deshalb in das Gesetz aufgenommen, um **Abgrenzungsschwierigkeiten zu vermeiden.** Für den Käufer kann nämlich oft nicht leicht zu beurteilen sein, warum der Verkäufer nicht leistet. Setzt der Käufer dem Verkäufer dann eine angemessene Frist zur Leistung, so kann er nach deren erfolglosem Ablauf sicher sein, zurücktreten zu können, ohne dass es auf die Frage, ob einer der Fälle des § 275 Abs. 1 bis 3 BGB der Grund für die Nichtleistung war, weiter ankäme. Das Rücktrittsrecht des Käufers ergibt sich dann nämlich jedenfalls aus § 323 Abs. 1 BGB, gegebenenfalls eben in Verbindung mit § 326 Abs. 5 BGB. Im für den Käufer ungünstigsten Fall war die Fristsetzung überflüssig. 920

b) Schadensersatz. Auch **beim vollständigen oder teilweisen Ausbleiben der Leistung** kann der Käufer nach den vorstehend für die Lieferung einer mangelhaften Sache dargestellten Grundsätzen (Rdnr. 771 ff.) Schadensersatz verlangen. Der Käufer kann also insbesondere nach § 281 i.V.m. § 280 BGB nach Ablauf einer angemessenen **Nachfrist** 921

---

[361] BT-Drucks. 14/6040, 186.
[362] Dann gilt § 323 Abs. 6 BGB freilich gemäß § 326 Abs. 5 BGB entsprechend.
[363] BT-Drucks. 14/6040, S. 187.

Schadensersatz statt der Leistung geltend machen. Auch insoweit gilt, dass der **Rücktritt und** der **Schadensersatz statt der Leistung nebeneinander** geltend gemacht werden können (§ 325 BGB). Nochmals betont sei, dass beide Rechte des Käufers in ihren Voraussetzungen weitgehend angeglichen worden sind, mit der wichtigen Ausnahme, dass gegenüber dem Schadensersatzanspruch der Verkäufer sich nach § 280 Abs. 1 S. 2 BGB entlasten kann. Das ist bei dem jetzt verschuldensunabhängigen Rücktritt nicht möglich.

922 Beruht das Ausbleiben der Leistung auf **Unmöglichkeit,** so kann der Käufer Schadensersatz statt der Leistung nach §§ 283, 280 BGB ohne Fristsetzung verlangen. Lag die Unmöglichkeit bereits bei Vertragsschluss vor, gilt auch hier § 311 a Abs. 2 BGB (siehe dazu Rdnr. 807 ff.).

2. Verzögerung der Leistung

923 Bleibt die Leistung des Verkäufers nicht teilweise oder vollständig aus, sondern wird sie nur verzögert erbracht, so ist unter den Voraussetzungen der §§ 280, 286 BGB ein Anspruch des Käufers auf **Ersatz des Verzögerungsschadens** gegeben. Das ist wie nach bisherigem Recht im Rahmen des § 286 Abs. 1 BGB a. F. der Schaden, der dadurch entsteht, dass die Lieferung der Kaufsache verzögert, also „zu spät" erfolgt.

924 **a) Schadensersatz wegen Pflichtverletzung (§ 280 BGB).** Anspruchsgrundlage für den Ersatz des Verzögerungsschadens ist **§ 280 Abs. 1 BGB.** Auch die **nicht rechtzeitige Leistung** (Lieferung einer Kaufsache) stellt eine **Pflichtverletzung** dar.

925 **b) Verzug (§ 286 BGB).** Gemäß § 280 Abs. 2 BGB kann der Käufer Schadensersatz wegen Verzögerung der Leistung nur unter den **zusätzlichen Voraussetzungen** des § 286 BGB verlangen. Damit stellt das Gesetz klar, dass nicht bereits die bloße Nichtleistung trotz Fälligkeit ausreicht, um einen Schadensersatzanspruch des Gläubigers (Käufers) zu begründen. Vielmehr müssen zusätzlich die Voraussetzungen für den **Schuldnerverzug** gemäß § 286 BGB gegeben sein. Dieser setzt Vertretenmüssen des Schuldners sowie eine Mahnung oder einen gleichgestellten Umstand voraus. § 286 BGB in der Fassung des Gesetzes zur Modernisierung des Schuldrechts entspricht weitgehend dem bis zum 31.12.2001 geltenden § 284 BGB.

926 Danach ist gemäß § 286 Abs. 1 BGB zur Begründung des Schuldnerverzugs weiter eine **Mahnung oder** die **Erhebung einer Klage oder** die Zustellung eines **Mahnbescheids** erforderlich. Dies stellt den für sämtliche Forderungen, also auch für den Anspruch des Käufers auf Übergabe und Übereignung der Kaufsache, geltenden Grundsatz dar.

927 In Ergänzung dieser Grundregel sieht § 286 Abs. 2 BGB eine Reihe von Fällen vor, in denen der Schuldner auch **ohne eine Mahnung** des Gläubigers in Verzug gerät. Diese Konstellationen sind ganz überwiegend bereits aus dem bisherigen Recht bekannt.

928 Nach § 286 Abs. 2 Nr. 1 BGB bedarf es einer **Mahnung** dann **nicht, wenn** für die Leistung eine **Zeit nach dem Kalender bestimmt** ist. Das entspricht dem bisherigen Rechtszustand und setzt voraus, dass unmittelbar oder mittelbar ein bestimmter Kalendertag festgelegt ist.[364] Die bloße Berechenbarkeit nach dem Kalender genügt für diese Nummer 1 nach wie vor nicht. Erforderlich ist eine „Bestimmung" der Leistungszeit, das heißt, diese muss gesetzlich oder vertraglich vorgesehen sein. Eine **einseitige Bestimmung** durch den Käufer **genügt nicht.**[365]

929 Nach § 286 Abs. 2 Nr. 2 BGB ist eine **Mahnung** ferner dann **nicht erforderlich, wenn** der Leistung ein **Ereignis vorauszugehen hat und** eine **angemessene Zeit** für die Leistung in der Weise bestimmt ist, **dass sie sich** von dem Ereignis an **nach dem Kalender berechnen** lässt. Diese **Vorschrift** ist in dieser Form neu. Sie ist hervorgegangen aus § 284 Abs. 2 S. 2 BGB a. F., der eine entsprechende, aber auf die Kündigung beschränkte Rege-

---

[364] Palandt-*Grüneberg*, § 286 BGB Rdnr. 22.
[365] BGH, NJW 2008, 50; Palandt-*Grüneberg*, § 286 BGB Rdnr. 22.

A. Rechte des Käufers nach BGB

lung enthielt. Die Kündigung ist jetzt durch jedes „Ereignis" ersetzt. Damit ist **vor allem** an die **Lieferung der Kaufsache oder** die **Rechnungserteilung** gedacht. Nach dieser Nummer 2 **genügt** deshalb – anders als nach § 286 Abs. 2 Nr. 1 BGB – die **kalendermäßige Berechenbarkeit** der Leistungszeit. Genau wie in Nummer 1 genügt aber auch in § 286 Abs. 2 Nr. 2 BGB für die „Bestimmung" einer entsprechenden Leistungszeit eine einseitige Bestimmung nicht; sie muss sich vielmehr aus Gesetz, Urteil und aus dem Vertrag ergeben.[366] In der Praxis werden das vor allem Klauseln wie „Lieferung 10 Tage nach Eingang der Anzahlung" oder „Zahlung 2 Wochen nach Lieferung" o. ä. sein, wobei eine Klausel „Zahlung sofort nach Lieferung" nicht genügen soll, weil sie keinerlei Frist vorsieht. Daher reicht sie zur Verzugsbegründung unter keinem Gesichtspunkt aus.[367] Nicht ausreichend ist also auch die vom Käufer *einseitig* gesetzte Frist zur Leistung im Sinne der §§ 281, 323 BGB. In den praktischen Ergebnissen werden sich aber keine Unterschiede ergeben, weil – wie bereits erwähnt – eine Fristsetzung im Sinne der §§ 281, 323 BGB stets eine (befristete) Mahnung im Sinne des § 286 Abs. 1 S. 1 BGB darstellt, so dass mit dem Ablauf der Frist Schuldnerverzug eintritt, ohne dass es auf das Vorliegen der Voraussetzungen des § 286 Abs. 2 Nr. 2 BGB ankäme.

Gemäß § 286 Abs. 2 Nr. 3 BGB bedarf es der **Mahnung** weiter dann **nicht, wenn** der Schuldner die **Leistung ernsthaft und endgültig verweigert.** Diese Folge der Erfüllungsverweigerung war auch nach dem bisherigen Recht anerkannt und wurde aus § 242 BGB hergeleitet. Eine Mahnung in diesen Fällen wäre sinnlos. Die Vorschrift entspricht § 323 Abs. 2 Nr. 1 und § 281 Abs. 2 Alt. 1 BGB hinsichtlich der Entbehrlichkeit der Fristsetzung. 930

Schließlich sieht § 286 Abs. 2 Nr. 4 BGB die **Entbehrlichkeit der Mahnung** dann vor, wenn der sofortige Eintritt des Verzuges **aus besonderen Gründen unter Abwägung der beiderseitigen Interessen gerechtfertigt** ist. Auch diese Fallgruppe war bereits nach dem bis zum 31.12.2001 geltenden Recht in der Rechtsprechung anerkannt. Zu denken ist an ein die Mahnung verhinderndes Verhalten des Schuldners, insbesondere wenn dieser sich einer Mahnung entzieht[368] oder an den Fall, dass der Verkäufer die Leistung zu einem bestimmten Termin selbst angekündigt hat und damit einer Mahnung zuvorgekommen ist.[369] 931

Einen weiteren Fall des Verzugseintritts ohne Mahnung behandelt § 286 Abs. 3 BGB, der aus dem zu Recht vielfach kritisierten, mit dem Gesetz zur Beschleunigung fälliger Zahlungen mit Wirkung ab dem 01.05.2000 eingefügten § 284 Abs. 3 BGB a. F. hervorgegangen ist. Die Vorschrift ist – da nur bestimmte Geldforderungen betreffend – auf den Leistungsverzug des Verkäufers nicht anwendbar. 932

Aus § 286 Abs. 4 BGB folgt, dass – wie nach bisherigem Recht – der Verkäufer nicht in Verzug gerät, wenn die Leistung infolge eines Umstandes unterbleibt, den er nicht **zu vertreten** hat. Wie bisher trägt der Schuldner (Verkäufer) insoweit die **Darlegungs- und Beweislast.** Für den Schadensersatzanspruch steht das Erfordernis des Vertretenmüssens zwar schon in § 280 Abs. 1 S. 2 BGB. Trotzdem enthält auch § 286 BGB ein entsprechendes Erfordernis, weil dort auch die Voraussetzungen für die anderen Verzugsfolgen, z.B. Haftungsverschärfung (§ 287 BGB), Verzinsungspflicht (§ 288 BGB), Kündigungsmöglichkeit des Vermieters bei Zahlungsverzug des Mieters (§ 543 Abs. 2 S. 1 Nr. 3 BGB) oder auch Verpflichtung zur Zahlung rückständigen Unterhalts (§ 1613 Abs. 1 S. 1 BGB) geregelt sind. 933

---

[366] BT-Drucks. 14/6040, S. 145 f.
[367] BT-Drucks. 14/6040, S. 146; die Klausel stellt auch keine Mahnung dar, da sie vor Eintritt der Fälligkeit erfolgt (vgl. § 286 Abs. 1 Satz 1 BGB).
[368] OLG Köln, NJW-RR 1999, 4.
[369] BT-Drucks. 14/6040, S. 146; vgl. auch BGH, NJW 2011, 2871: Verlassen des Tankstellengeländes nach dem Tanken, ohne zu bezahlen.

3. Verletzung von Nebenpflichten

934 Neben der vollständigen Nichtleistung oder der verzögerten Lieferung der Kaufsache kann der Verkäufer auch Nebenpflichten verletzen, zum Beispiel eine für die Benutzung der Kaufsache gebotene Gebrauchsanweisung gar nicht, lücken- oder fehlerhaft vornehmen. Der Gesetzgeber hat davon abgesehen, derartige Nebenpflichten auch nur beispielhaft im Kaufrecht zu regeln. Die **Vielfalt** dieser **möglichen Pflichten** ist zu groß, als dass sie auch nur annähernd gesetzlich zu erfassen wären. Sie müssen im Einzelfall aus § 242 BGB hergeleitet werden. Der § 444 BGB a. F., der einen (unvollkommenen) Ausschnitt aus diesem Pflichtenkreis regelte und eine Pflicht des Verkäufers zur Auskunft und Herausgabe von Urkunden betraf, ist ersatzlos aufgehoben worden.

935 **a) Nebenleistungspflichten.** Hat der Käufer einen **vertraglichen Anspruch auf die Leistung,** kann er also aufgrund des eventuell auszulegenden Kaufvertrags die Erfüllung der **Nebenpflicht** verlangen und **gegebenenfalls einklagen,** so gelten keine Besonderheiten gegenüber den vorstehend zu der Lieferverpflichtung des Verkäufers dargestellten Grundsätzen. Auch die unterlassene Lieferung einer nach dem Kaufvertrag geschuldeten **Gebrauchsanweisung** stellt eine Pflichtverletzung im Sinne des § 280 Abs. 1 BGB mit einer entsprechenden Schadensersatzverpflichtung dar, etwa bei Schäden, die durch eine fehlerhafte Bedienung der Maschine durch den Käufer eintreten. Dasselbe gilt auch für den Schadensersatz statt der Leistung (§ 281 BGB) und den Rücktritt (§ 323 BGB). Beide Vorschriften knüpfen lediglich daran an, dass der Schuldner (Verkäufer) eine fällige Leistung nicht erbringt. Es ist unerheblich, ob es sich dabei um eine Haupt- oder Nebenleistungspflicht handelt und ob es sich um eine im Gegenseitigkeitsverhältnis stehende Pflicht handelt. Dies stellt einen Vorzug der Neuregelung und eine deutliche Erleichterung für die Anwendung dar, weil derartige Differenzierungen nicht mehr erforderlich sind.

936 **b) Nicht leistungsbezogene Nebenpflichten.** Verletzt der Verkäufer eine **Nebenpflicht,** auf deren Erfüllung der Käufer **keinen einklagbaren Anspruch** hat (nicht leistungsbezogene Nebenpflicht), so gelten teilweise geringfügige Abweichungen. Gemeint sind die **Schutz- und Sorgfaltspflichten** des § 241 Abs. 2 BGB. So mag im Einzelfall der Käufer aufgrund des Kaufvertrags zwar keinen einklagbaren Anspruch auf eine Gebrauchsanweisung haben, der Verkäufer aber gleichwohl zu einem **Hinweis** auf besondere Gefährdungen verpflichtet sein, die mit dem Gebrauch der Kaufsache verbunden sind. In diesen Fällen ist bei einer schuldhaften Verletzung dieser Verpflichtung durch den Verkäufer ein Schadensersatzanspruch des Käufers aus § 280 Abs. 1 BGB gegeben. Damit wird das Interesse des Käufers regelmäßig auch befriedigt sein.

937 Lediglich **in seltenen Ausnahmefällen** kann der Käufer ein Interesse daran haben, die Verletzung der Nebenpflicht des Verkäufers zum Anlass zu nehmen, sich von dem Vertrag zu lösen. Dem Gesetz liegt die Vorstellung zugrunde, dass dies nicht ohne weiteres möglich sein, die **Verletzung einer bloßen Nebenpflicht** also regelmäßig nicht dazu führen soll, dass der Vertrag „liquidiert" wird. Die **Möglichkeiten des Käufers,** in derartigen Fällen **Schadensersatz statt der Leistung verlangen oder zurücktreten** zu können, schränken daher die §§ 324 und 282 BGB in ganz parallel geregelter Weise ein. Sie betreffen nur den Fall, dass der Käufer über seinen Anspruch aus § 280 Abs. 1 BGB hinaus auch die Leistung des Verkäufers ablehnt und an deren Stelle Schadensersatz eben statt dieser Leistung verlangt und/oder zurücktritt. Es handelt sich um die Fälle, in denen auch nach dem bis zum 31.12.2001 geltenden Recht ein Rücktritt vom Vertrag wegen positiver Vertragsverletzung zugelassen wurde.

938 Nach den §§ 282, 324 BGB ist jeweils über die Pflichtverletzung hinaus **zusätzliche Voraussetzung,** dass die **Leistung dem Käufer nicht mehr zuzumuten** ist. Wann dies der Fall ist, stellt eine Wertungsfrage dar. Dabei müssen die Interessen des Gläubigers und des Schuldners Berücksichtigung finden. Das dürfte gerade bei dem auf einmaligen Leistungsaustausch gerichteten Kaufvertrag nur selten als Folge einer Sorgfaltspflichtverletzung anzunehmen sein. Auch in dem genannten Beispiel (Aufklärung des Käufers über besondere mit der Bedienung der verkauften Maschine verbundene Gefährdungen) wird man dies verneinen müssen, weil die unzureichende Information des Käufers nicht zu einer Unzumutbarkeit der – bereits erfolgten – Leistung des Verkäufers (Übergabe und Übereignung der Maschine) führen kann.[370]

4. Verjährung

Der bereits erörterte § 438 BGB betrifft lediglich die Verjährung der Mängelansprüche des Käufers, gilt mithin nicht für die Verjährung der **Ansprüche, die der Käufer wegen sonstiger Pflichtverletzungen des Verkäufers** hat. Hierauf sind die **allgemeinen Verjährungsregeln der §§ 194 ff. BGB** anwendbar. Die Schadensersatzansprüche verjähren also in der regelmäßigen Verjährungsfrist des § 195 BGB (3 Jahre), deren Beginn sich nach § 199 BGB bestimmt. Dasselbe gilt für den Nacherfüllungsanspruch mit Wirkung auch für das Rücktrittsrecht (§ 218 BGB). Für den Schadensersatzanspruch spielt die nach dem bisherigen Recht gewohnte Unterscheidung nach Schadensarten (Mangel- und Mangelfolgeschaden) für die Verjährungsfrage keine Rolle mehr, weil § 438 BGB sämtliche Schadensersatzansprüche wegen Mängeln der Kaufsache betrifft – unabhängig davon, welchen Schaden der Käufer als Folge der Mangelhaftigkeit ersetzt verlangt. **Unterschiedlich verjähren** aber die **Schadensersatzansprüche, die auf Mängeln** beruhen, und diejenigen Ansprüche, **die auf Nebenpflichtverletzungen beruhen.** Leider hat das Gesetz zur Modernisierung des Schuldrechts in dieser Beziehung keine Angleichung gebracht.

939

III. Besonderheiten beim Rechtskauf

Die §§ 433 ff. BGB betreffen den Kauf von Sachen, die in den einzelnen Vorschriften stets ausdrücklich genannt sind. Als Gegenstand eines Kaufvertrags sind aber auch Rechte oder sonstige Gegenstände, wie etwa Gas, Strom, Wärme, (Leitungs-)Wasser denkbar (siehe Rdnr. 59 f.). Dem trägt § 453 Abs. 1 BGB Rechnung, der in seinem Absatz 1 die **Vorschriften über den Kauf von Sachen** auf den Kauf von Rechten und sonstigen Gegenständen für **entsprechend anwendbar** erklärt. Die Neuregelung des Kaufrechts verzichtet damit darauf, Einzelregelungen bei jeder Vorschrift über den Kauf von sonstigen Gegenständen zu treffen. Soweit es um Mängel des verkauften Rechts geht, stehen daher dem Käufer dieselben Rechte zu wie dem Käufer einer Sache. Sachmängel sind hier naturgemäß nicht vorstellbar. Im einzelnen bedeutet dies folgendes:

940

Ist ein **Recht verkauft, das in Wirklichkeit gar nicht existiert,** so liegt ein Fall anfänglicher Unmöglichkeit vor. Der Vertrag ist gleichwohl nach § 311 a Abs. 1 BGB wirksam, der Verkäufer ist nach § 311 a Abs. 2 BGB unter den dort genannten Voraussetzungen zur Leistung von Schadensersatz verpflichtet. Existiert das Recht bei Kaufvertragsschluss, erlischt aber vor seiner Übertragung auf den Käufer, gilt § 283 BGB. Der Käufer kann in beiden Fällen auch nach § 326 Abs. 5 BGB vom Kaufvertrag zurücktreten. **Existiert das Recht, steht es aber einem Dritten zu** und hat der Verkäufer keinen Anspruch gegen den Dritten auf Abtretung und ist dieser auch nicht zur Abtretung bereit, gilt nichts anderes: Es liegt in diesen Fällen nämlich ebenfalls Unmöglichkeit nach § 275 Abs. 1 BGB vor. Könnte der Verkäufer sich das Recht verschaffen, so kommt gleichwohl eine Einrede nach § 275 Abs. 2 BGB in Betracht, wenn die Anstrengungen unter den dort genannten engen Voraussetzungen im Einzelfall unzumutbar sind. Ist die Beschaffung des Rechts dem Verkäufer möglich oder beruft er sich nicht auf die Einrede aus § 275 Abs. 2 BGB, so kann der Käufer Nacherfüllung gemäß §§ 453, 439 BGB verlangen. Er muss dem Verkäufer hierzu,

941

---

[370] Vgl. auch das aus dem Werkvertragsrecht gewählte Beispiel in der Entwurfsbegründung in BT-Drucks. 14/6040, S. 141.

also zur Beschaffung und Abtretung des Rechts an ihn, den Käufer, eine Frist setzen, bevor er vom Kaufvertrag nach § 323 BGB zurücktreten oder nach § 281 BGB Schadensersatz statt der Leistung verlangen kann.

942 Die entsprechende Anwendung der Vorschriften über den Sachkauf hat eine wichtige und im Gesetzgebungsverfahren immer wieder diskutierte Änderung zur Folge. Nach dem bis zum 31.12.2001 geltenden Recht traf den Verkäufer eine **Garantiehaftung** für den Bestand des verkauften Rechts (§ 437 Abs. 1 i.V.m. § 440 Abs. 1 BGB a.F.). Das hat sich geändert. Nach den maßgeblichen, bereits genannten, auch auf den Rechtskauf anzuwendenden Schadensersatzbestimmungen haftet der Verkäufer nur dann, wenn er die Pflichtverletzung zu vertreten hat (§ 280 Abs. 1 S. 2 BGB) bzw. bei Kenntnis oder zu vertretender Unkenntnis im Falle des § 311 a Abs. 2 BGB. Es ist aber selbstverständlich weiterhin möglich, durch **besondere Vereinbarung einer Garantie** auch beim Rechtskauf etwa für den Bestand des Rechts zu übernehmen (§ 276 Abs. 1 S. 1 BGB). Nicht selten wird im Einzelfall ein Kaufvertrag über eine Forderung entsprechend auszulegen sein.

943 Was die in § 453 Abs. 1 BGB vorgesehene **„entsprechende"** Anwendung der Vorschriften über den Kauf von Sachen im einzelnen bedeutet, ist nicht immer ganz zweifelsfrei.[371] Insbesondere ist nicht ausdrücklich geregelt, wann uneingeschränkt die allgemeinen Regelungen gelten sollen und wann deren besondere Modifikationen des Kaufrechts zu beachten sind. Beim Sachkauf stellt der **Gefahrübergang** den maßgeblichen Zeitpunkt auch hinsichtlich der Rechtsmängel dar, wie bereits dargestellt wurde (Rdnr. 404, 455) Das ist regelmäßig die zur Erfüllung der Verkäuferpflichten aus § 433 Abs. 1 BGB vorgenommene Übergabe (§ 446 BGB). Dem entspricht **bei Rechten der Zeitpunkt, in dem** zur Erfüllung der kaufvertraglichen Verpflichtung das Recht **gemäß § 398,** ggf. mit § 413 BGB, **übertragen** werden soll, also das entsprechende Verfügungsgeschäft vorgenommen wird. Ab diesem Zeitpunkt sind die allgemeinen Vorschriften mit den aus dem Kaufrecht folgenden Besonderheiten anzuwenden.

944 Das hat insbesondere für die **Verjährung** Bedeutung, da § 438 BGB im Kaufrecht hinsichtlich Beginn und Frist von den allgemeinen Vorschriften (§§ 195, 199 BGB) abweicht. Ansprüche wegen der unterbliebenen, auch nicht versuchten Übertragung des Rechts zum Beispiel aus §§ 280, 286 oder 281 BGB wegen Verzugs des Verkäufers oder auch nach § 311 a Abs. 2 BGB verjähren deshalb gemäß §§ 195, 199 BGB. Dasselbe gilt, wenn das Recht nicht existiert.[372] Dieser Fall ist dem vergleichbar, dass die Kaufsache nicht existiert; auch dies ist keine Frage eines Rechtsmangels nach § 435 BGB.

945 Hat es einen **Übertragungsakt** für ein existierendes Recht **gegeben und stellt sich später heraus, dass dieser scheiterte,** weil dem Verkäufer das Recht gar nicht zustand, so bestimmen sich die Ansprüche des Käufers nach § 437 BGB, deren Verjährung in § 438 BGB geregelt ist. Dabei ist dann die Frist des § 438 Abs. 1 Nr. 1 BGB maßgeblich (30 Jahre). Diese Vorschrift betrifft unmittelbar den Fall, dass der Mangel in einem dinglichen Recht eines Dritten besteht, auf Grund dessen die Herausgabe der Kaufsache verlangt werden kann. Gemeint ist also insbesondere der Fall, dass die geschuldete und beabsichtigte Eigentumsübertragung daran scheitert, dass ein Dritter Eigentümer der Kaufsache ist. Das ist beim Rechtskauf dem Fall vergleichbar, dass das Recht deshalb nicht übertragen wurde, weil es **einem Dritten zusteht.** Auch in diesem Fall gilt deshalb die dreißigjährige Frist des § 438 Abs. 1 Nr. 1 BGB.[373] In den verbleibenden Fällen, in denen das Recht zwar dem Käufer übertragen wird, allerdings **nur belastet mit dem Recht eines Dritten,** richtet die Verjährung sich nach § 438 Abs. 1 Nr. 3 BGB.[374]

---

[371] Dazu *Eidenmüller*, NJW 2003, 1625 ff.
[372] *Eidenmüller*, NJW 2003, 1625, 1626.
[373] Ebenso *Eidenmüller*, NJW 2003, 1625, 1626; Amann/Brambring/Hertel-*Amann*, Vertragspraxis, S. 327 f.
[374] *Eidenmüller*, NJW 2003, 1625, 1626.

A. Rechte des Käufers nach BGB

Soweit danach § 438 BGB gilt, ist für den **Verjährungsbeginn** § 438 Abs. 2 BGB zu beachten. Beim Sachkauf ist für den Verjährungsbeginn der Mängelansprüche des Käufers die Ablieferung der Sache maßgeblich. Rechte können aber naturgemäß nicht „abgeliefert" werden. Bei der entsprechenden Anwendung der Vorschrift auf den Rechtskauf kommt es mithin darauf an, welcher Zeitpunkt beim Rechtskauf der Ablieferung der Sache entspricht. Für den Verjährungsbeginn mit Ablieferung ist maßgeblich, dass ab diesem Zeitpunkt der Käufer die Gelegenheit erhält, die gekaufte Sache auf Mängel zu untersuchen und gegebenenfalls seine Mängelrechte geltend zu machen. Übertragen auf den Rechtskauf kann daher nur der **Zeitpunkt maßgeblich sein, zu dem das Recht oder die Forderung übergehen soll.** Ob dieser Rechtsübergang tatsächlich eintritt oder – infolge eines Rechtsmangels – nicht, ist dabei gleichgültig.[375] Ist Gegenstand des Kaufvertrags ein Recht, das zum Besitz einer Sache berechtigt (z. B. ein Dauerwohnrecht), ist der Verkäufer nach § 453 Abs. 3 BGB zur Übergabe der Sache verpflichtet. Da dies der Pflicht des Verkäufers beim Kauf von Sachen nach § 433 Abs. 1 S. 1 BGB entspricht, kann hinsichtlich des Verjährungsbeginns § 438 Abs. 2 BGB ohne Anpassung angewandt werden. 946

IV. Besonderheiten beim Handelskauf

Welche Rechte der Käufer bei Pflichtverletzungen des Verkäufers hat, richtet sich **grundsätzlich** nach den **allgemeinen kaufrechtlichen Regeln** der §§ 433 ff. BGB (vgl. dazu Rdnr. 615 ff.). Allerdings bestehen auch **einige Sondernormen,** die in erster Linie im HGB enthalten sind und die das BGB-Kaufrecht für kaufmännische Kaufverträge teilweise ergänzen, modifizieren bzw. konkretisieren.[376] Praktisch besonders wichtig sind die Untersuchungs- und Rügeobliegenheiten des Käufers aus § 377 HGB (dazu sogleich Rdnr. 948 ff.). Hinzu kommen Besonderheiten beim Fixhandelskauf (dazu Rdnr. 997 ff.). Relevant sind aber auch die Besonderheiten, die das BGB im Hinblick auf die im unternehmerischen Verkehr verwendeten Allgemeinen Geschäftsbedingungen enthält (dazu Rdnr. 1012 ff.), was insbesondere Haftungsfreizeichnungsklauseln betrifft. 947

1. Untersuchungs- und Rügeobliegenheiten des Käufers

Bei **beiderseitigen Handelskäufen** obliegt es dem Käufer gem. § 377 Abs. 1 HGB, die Ware unverzüglich zu **untersuchen** (dazu Rdnr. 961 ff.) und etwaige dabei zutage tretende Mängel dem Verkäufer unverzüglich **anzuzeigen** (vgl. Rdnr. 978 ff.). Versäumt der Käufer diese Obliegenheiten, riskiert er gem. § 377 Abs. 3 HGB den **Verlust sämtlicher Gewährleistungsrechte** (näher Rdnr. 988 ff.). 948

a) Anwendungsbereich. Die Untersuchungs- und Rügeobliegenheiten des § 377 HGB treffen nur die Käuferpartei eines **beiderseitigen Handelsgeschäfts** (§§ 343, 344 HGB), das den **Kauf von beweglicher**[377] **Ware, Wertpapieren** (§ 381 Abs. 1 HGB) oder die **Lieferung herzustellender oder zu erzeugender beweglicher Sachen**[378] (§§ 381 Abs. 2 949

---

[375] BT-Drucks. 14/6857, S. 62.
[376] Zum Verhältnis des BGB-Kaufrechts, insbesondere des Verbrauchsgüterkaufrechts zum Handelskauf vgl. *Hoffmann*, BB 2005, 2090 ff.; *Woitkewitsch*, MDR 2005, 841 ff.
[377] Ebenroth/Boujong/Joost/Strohn-*Müller*, Vor § 373 HGB Rdnr. 5, 6; Baumbach/*Hopt*, Einleitung § 373 HGB Rdnr. 8; a. A. *Dreier*, ZfIR 2004, 416, wonach auch beim (Handels-) Kauf von Immobilien § 377 HGB anwendbar sein soll.
[378] Vgl. BGH, BGH, NJW 2009, 2877, 2878 f.; NJW-RR 2006, 851, 853; OLG Brandenburg, NJW 2912, 2124: Anwendung des § 377 HGB auf Werklieferungsvertrag.

HGB, 651 BGB) zum Inhalt hat.[379] Die Obliegenheiten betreffen im Übrigen ausschließlich **Sachmängel** i. S. d. § 434 BGB, nicht dagegen Rechtsmängel i. S. d. § 435 BGB.[380]

950 Was unter dem Begriff der **„Wertpapiere"** i. S. d. § 381 Abs. 1 HGB zu verstehen ist, wird gesetzlich nicht einheitlich definiert. Eine Rügeobliegenheit aus §§ 377 Abs. 1, 381 Abs. 1 HGB kann jedenfalls nur den Kauf **marktgängiger Wertpapiere** betreffen,[381] dies sind beispielsweise Inhaberschuldverschreibungen (§ 793 BGB), Wechsel, Schecks, Orderpapiere oder Aktien. Nicht erfasst ist dagegen der Kauf von Rechten, die zwar in einem Dokument verkörpert, aber nicht in einem Wertpapier verbrieft sind, wie z. B. von Hypothekenforderungen und GmbH-Anteilen.[382]

951 Die Rügeobliegenheit aus §§ 377 Abs. 1, 381 Abs. 1 HGB bezieht sich nur auf dem Wertpapier selbst unmittelbar anhaftende **Sachmängel** i. S. d. § 434 BGB,[383] also insbesondere auf Beschädigungen der Urkunde, deren Unvollständigkeit (Fehlen von Teilen der Urkunde oder deren Anlagen) oder Unleserlichkeit. Für **Rechtsmängel** trifft den Käufer dagegen keine Rügeobliegenheit, hierunter fallen z. B. eine Kraftloserklärung des Wertpapiers, eine Zahlungssperre, das Fehlen des Aktienbezugsrechts.[384] Bei **gefälschten Urkunden – insbesondere** bei **Banknoten** – sollte immer von einem Rechtsmangel ausgegangen werden, da das Wertpapier hier nicht nur ein mangelhaftes, sondern überhaupt kein Recht verkörpert.[385] Eine Rügeobliegenheit besteht also auch hier nicht. Ein Sachmangel und damit eine Rügeobliegenheit kann bei Wertpapieren im Ergebnis immer nur dann angenommen werden, wenn das Papier zwar das Recht in wertpapierrechtlicher Hinsicht wirksam verkörpert, aber aufgrund seiner **äußeren Beschaffenheit** nicht zur Geltendmachung oder Weiterveräußerung dieses Rechts brauchbar ist.[386]

952 Auf den Kauf von **Unternehmen** oder **Unternehmensbeteiligungen** findet die Rügeobliegenheit – vorbehaltlich anderweitiger vertraglicher Vereinbarungen – weder direkt noch entsprechend Anwendung.[387] Hier handelt es sich nicht um Warenumsatzgeschäfte, sondern um den Kauf sonstiger Gegenstände i. S. d. § 453 Abs. 1 BGB (vgl. Rdnr. 322 ff.), was nun mehr oder weniger ausdrücklich in § 453 Abs. 1 BGB klargestellt sein soll.[388] Zwar hat der BGH (in Bezug auf die bis zum 31.12.2001 geltende Fassung des BGB) in ständiger, wenn auch kritisierter[389] Rechtsprechung zumindest den Kauf eines gesamten Unternehmens nicht als Rechtskauf, sondern als Kauf einer Sach- und Rechtsgesamtheit angesehen.[390] Hintergrund dieser Entscheidungen war jedoch primär das Ziel, das Sachmängelgewährleistungsrecht der §§ 459 ff. BGB a. F. auch auf Unternehmenskäufe anwenden zu können. Nach der neuen Fassung des BGB sind nunmehr jedoch hinsichtlich der Gewähr-

---

[379] Ebenroth/Boujong/Joost/Strohn-*Müller*, § 377 HGB Rdnr. 1; vgl. auch OLG Köln, NJOZ 2004, 4174, 4176: Kauf noch herzustellender Bücher.

[380] MünchKommHGB-*Grunewald*, § 377 HGB Rdnr. 53; Heymann-*Emmerich*, § 381 HGB Rdnr. 3; Ebenroth/Boujong/Joost/Strohn-*Müller*, § 377 HGB Rdnr. 42 ff., § 381 Rdnr. 8; a. A. Baumbach/*Hopt*, § 377 HGB Rdnr. 2 (Erstreckung auch auf Rechtsmängel).

[381] Baumbach/*Hopt*, § 381 HGB Rdnr. 1; Ebenroth/Boujong/Joost/Strohn-*Müller*, § 381 HGB Rdnr. 1.

[382] Baumbach/*Hopt*, § 369 HGB Rdnr. 7; Ebenroth/Boujong/Joost/Strohn-*Müller*, § 381 HGB Rdnr. 1; zum Kauf von Unternehmen oder Unternehmensbeteiligungen siehe sogleich.

[383] Baumbach/*Hopt*, § 381 HGB Rdnr. 1; Ebenroth/Boujong/Joost/Strohn-*Müller*, § 381 HGB Rdnr. 1.

[384] RGZ 109, 296; Staub-*Brüggemann*, § 381 HGB Rdnr. 7.

[385] RGZ 108, 316, 317 f.; Baumbach/*Hopt*, § 381 HGB Rdnr. 1; a. A. (Sachmangel) RGZ 108, 279, 280.

[386] Ebenroth/Boujong/Joost/Strohn-*Müller*, § 381 HGB Rdnr. 5, 6.

[387] Ebenroth/Boujong/Joost/Strohn-*Müller*, § 377 HGB Rdnr. 12.

[388] BT-Drucks. 14/6040 S. 242; Bamberger/Roth-*Faust*, § 453 BGB Rdnr . 25 ff.; Palandt-*Weidenkaff*, § 453 BGB Rdnr. 7; *Gronstedt/Jörgens*, ZIP 2002, 52.

[389] Kritisch *Zimmer*, ZIP 2000, 817; *Müller*, NJW 1997, 2345, jeweils m. w. N.

[390] BGH, NJW 1979, 33 ff.

A. Rechte des Käufers nach BGB

leistungsrechte Sach- und Rechtskauf ohnehin gleichgestellt (vgl. § 453 Abs. 1 BGB), so dass sich die Konstruktion einer „Sach- und Rechtsgesamtheit" erübrigt hat. Unternehmenskäufe sind damit Rechtskäufe, die Rügeobliegenheit findet auf sie keine Anwendung.

Auf **kaufähnliche Verträge** kann § 377 HGB entsprechend anwendbar sein, soweit jedenfalls ein **entgeltliches Umsatzgeschäft** über Waren oder Wertpapiere vorliegt.[391] So hat z. B. der BGH eine Rügeobliegenheit des Käufers bei einem kaufmännischen Tauschvertrag über Waren bejaht.[392] **953**

Bei **reinen Werkverträgen** besteht dagegen für den Besteller keine Rügeobliegenheit.[393] Etwas anderes gilt gem. § 381 Abs. 2 HGB allerdings für solche **Werklieferungsverträge,**[394] die eine Lieferung herzustellender oder zu erzeugender beweglicher Sachen zum Inhalt haben, denn gem. § 651 Abs. 1 BGB gilt hier Kaufrecht. **954**

Leasingnehmer sind **gegenüber dem Leasinggeber** ebenfalls nicht von der Rügeobliegenheit nicht betroffen,[395] denn hier handelt es sich nicht um Kauf-, sondern um atypische Mietverträge.[396] Dem Leasingnehmer kann jedoch durch vertragliche Vereinbarung (zur Disponibilität vgl. Rdnr. 992 ff.) eine Untersuchungs- und Rügelast auferlegt werden, allerdings nur durch individualvertragliche Vereinbarung. Entsprechende AGB-Klauseln dürften – als wesentliche Abweichung vom Grundgedanken des § 377 HGB – an § 307 Abs. 2 Nr. 1 BGB scheitern,[397] der im Übrigen auch im kaufmännischen Verkehr gilt (vgl. § 310 Abs. 1 BGB und die diesbezüglichen Ausführungen Rdnr. 995). **955**

Anders stellt sich allerdings das **Verhältnis zwischen Lieferant und Leasinggeber** beim **Finanzierungsleasing** dar: Hier besteht ein kaufvertragliches Verhältnis. Soweit dieses als beiderseitiger Handelskauf qualifiziert ist, trifft den Leasinggeber daher auch die Rügeobliegenheit des § 377 HGB.[398] Probleme ergeben sich in diesem Zusammenhang dann, wenn der Lieferant – wie in der Praxis allgemein üblich – direkt an den Leasingnehmer durchliefert, so dass der Leasinggeber als Käufer die Ware nie „zu Gesicht bekommt" und deshalb auch keine Möglichkeit zur Untersuchung hat. Der BGH geht jedoch auch in diesen Fällen davon aus, dass der **Leasinggeber** zur Erhaltung seiner Gewährleistungsrechte die Ware zu **untersuchen und** etwaige Mängel **rügen** hat, er müsse sich insoweit des Leasingnehmers als seines Erfüllungsgehilfen bedienen.[399] Dies soll auch dann gelten, wenn der Leasingnehmer selbst kein Kaufmann ist, und darüber hinaus sogar dann, wenn der ursprüngliche Kaufvertrag zwischen Lieferant und Leasingnehmer geschlossen wurde, und der Leasinggeber erst später – durch Schuldübernahme i. S. d. §§ 414 f. BGB oder durch Aufhebung des alten und Abschluss eines neuen Kaufvertrags – als Käufer in den Vertrag eintritt.[400] Diese Rechtsprechung ist in der Literatur auf erhebliche Kritik gestoßen.[401] Hier wird – teils über eine teleologische Reduktion,[402] teils über die Annahme einer konkludenten Abbedin- **956**

---

[391] Vgl. näher Ebenroth/Boujong/Joost/Strohn-*Müller*, vor § 373 HGB Rdnr. 12 ff.
[392] BGH, NJW 1985, 2417 ff.
[393] BGH, CR 2002, 93.
[394] BGH, NJW-RR 2006, 851, 853; BGH, NJW 1993, 2436, 2437 f.: Werklieferungsvertrag über individuell angepasste Software; OLG Köln, NJOZ 2004, 4174, 4176: Kauf noch herzustellender Bücher.
[395] BGH, NJW 1990, 1290 m. Anm. *Lieb*, JZ 1990, 972; *v. Westphalen*, BB 1990, 1, Beil. 19/1990, 16.
[396] BGH, NJW 1990, 1113 m.w.N.; MünchKommHGB-*Grunewald*, Vor § 373 HGB Rdnr. 16; näher Palandt-*Weidenkaff*, Einf. v. § 535 BGB Rdnr. 37 ff.
[397] *v. Westphalen*, BB 1990, 1, 5; *Padeck*, Jura 1987, 454; offengelassen von BGH, NJW 1990, 1290, 1293.
[398] BGH, NJW 1990, 1290; Ebenroth/Boujong/Joost/Strohn-*Müller*, § 377 HGB Rdnr. 12; Baumbach/*Hopt*, § 377 HGB Rdnr. 34 m.w.N.; ebenso OLG Hamm, NJOZ 2005, 2220 f. zum Mietkauf.
[399] Grundlegend BGH, NJW 1990, 1290 ff.
[400] BGH, NJW 1990, 1290, 1292; BGH, NJW 1985, 2528.
[401] Zusammenfassend *Knops*, JuS 1994, 106, 108 f. m.w.N.; *Padeck*, Jura 1987, 454.
[402] *Canaris*, AcP 190 (1990), 410, 428; sympathisierend Baumbach/*Hopt*, § 377 HGB Rdnr. 34.

957 gung der Rügeobliegenheit[403] – versucht, beim Finanzierungsleasing den Leasinggeber von der Rügelast zu entbinden.[404]

957 Indessen ist der Auffassung des BGH zuzustimmen: Unbestritten besteht zwischen Lieferant und Leasinggeber ein Kaufvertrag. Ist dieser als zweiseitiges Handelsgeschäft qualifiziert, so greift auch § 377 HGB ein. Allein die Tatsache, dass der Leasinggeber die Abnahme der Kaufsache direkt durch den Leasingnehmer vereinbart, rechtfertigt es nicht, die den Käufer/Leasinggeber gegenüber seinem Lieferanten treffenden kaufmännischen und kaufvertraglichen Pflichten automatisch zu reduzieren,[405] der Leasingnehmer wird hier lediglich als Erfüllungsgehilfe des Leasinggebers tätig.[406] Auch aus Sicht des Lieferanten – dessen Schutz § 377 HGB ja in erster Linie bezweckt[407] – ist nicht einzusehen, warum er diesen Schutz verlieren sollte, nur weil der Leasinggeber aus Gründen der vereinfachten Vertragsabwicklung die Ware direkt an den (eventuell nichtkaufmännischen) Leasingnehmer liefern lässt.[408] Für eine teleologische Reduktion des § 377 HGB besteht aus diesen Gründen kein Anlass. Auch die Annahme einer stillschweigenden Abbedingung der Rügelast liefe – jedenfalls ohne das Vorliegen zusätzlicher Anhaltspunkte – auf eine reine Fiktion hinaus.[409] Die Tatsache, dass der Leasingnehmer nicht Kaufmann ist, kann also nichts an der Anwendbarkeit des § 377 HGB auf den Leasinggeber als Käufer ändern. Dieser muss vielmehr versuchen, sich – im Verhältnis zum Lieferanten – durch **Abbedingung der Rügelast** zu behelfen, oder sich zur Erfüllung der Rügelast seines Leasingnehmers als Erfüllungsgehilfen bedienen,[410] etwa durch vertragliche Auferlegung einer Rügeobliegenheit. Mit Hinblick auf **die „Unverzüglichkeit"** der Untersuchung und Rüge (dazu Rdnr. 975 ff., 985 ff.) **reicht** es dann aber aus, wenn der **Leasingnehmer die Ware unverzüglich untersucht**, auftretende Mängel unverzüglich gegenüber dem Leasinggeber rügt und dieser wiederum unverzüglich gegenüber dem Lieferanten rügt.[411] Die gleichen Grundsätze gelten im übrigen auch für die sog. **Streckengeschäfte**.[412]

958 Anwendbar ist § 377 HGB – und dies ist von erheblicher praktischer Relevanz – auch dann, wenn der Verkäufer eine **Nachlieferung** oder **Nachbesserung** vorgenommen hat. Hier hat der Käufer zur Erhaltung seiner Rechte die **Kaufsache erneut zu untersuchen** und etwaige – verbliebene oder neu entstandene – Mängel zu **rügen**.[413] In Bezug auf solche Mängel, die zwar **ursprünglich ebenfalls bereits vorhanden**, aber **nicht Gegenstand der Nacherfüllung** waren, wird allerdings differenziert: Da es sich bei der Nachlieferung um den originären Erfüllungsanspruch handele, beginnt die Untersuchungs- und Rügefrist quasi von Neuem. Der Käufer kann daher nach erfolgter Ablieferung der neuen Sache auch solche Mängel noch erfolgreich rügen.[414] Das Verlangen nach einer Nachbesserung lasse hingegen den Schluss zu, dass die Ware im Übrigen vertragsgemäß ist. Ursprünglich nicht gerügte Mängel sollen daher hier auch nach Ablieferung der nachgebesserten Sache nicht mehr gerügt werden können.[415]

---

[403] *Hager*, AcP 190, (1990), 324, 349.
[404] Im Ergebnis ebenso Ebenroth/Boujong/Joost/Strohn-*Müller*, § 377 HGB Rdnr. 12.
[405] BGH, NJW 1990, 1290, 1292.
[406] BGH, NJW 1990, 1290, 1292; BGH, NJW 1984, 2034.
[407] BGH, NJW 1988, 53; BGH, NJW 1985, 2417.
[408] BGH, NJW 1990, 1290, 1292.
[409] BGH, NJW 1990, 1290, 1292; *v. Westphalen*, BB 1990, 1, 4.
[410] BGH, NJW 1990, 1290, 1293.
[411] BGH, NJW 1990, 1290, 1293.
[412] BGHZ 110, 139; Baumbach/*Hopt*, § 377 HGB Rdnr. 34; Ebenroth/Boujong/Joost/Strohn-*Müller*, § 377 HGB Rdnr. 67, 72 m.w.N.
[413] BGH ZIP 2000, 456, 459 m.w.N.; BGH, NJW 1985, 2526; BGH, NJW 1983, 1495; OLG Saarbrücken, NJOZ 2011, 1011, 1013; OLG Düsseldorf, NJW-RR 2005, 832, 833.
[414] So OLG Düsseldorf, NJW-RR 2005, 832, 833; ebenso MünchKommHGB-*Grunewald*, § 377 HGB Rdnr. 95; *Mankowski*, NJW 2006, 865, 866.
[415] OLG Düsseldorf, NJW-RR 2005, 832, 833; MünchKommHGB-*Grunewald*, § 377 HGB Rdnr. 96; *Mankowski*, NJW 2006, 865, 868.

A. Rechte des Käufers nach BGB

Hat der Verkäufer im Zusammenhang mit dem Kaufvertrag eine besondere **Beratungspflicht** (dazu Rdnr. 474 ff.) übernommen, die auf einem **eigenständigen,** vom Kaufvertrag losgelösten **Beratungsvertrag** i. S. d. § 675 BGB[416] beruht, so geht ein etwaiger, aus einer Verletzung dieser Beratungspflicht resultierender Ersatzanspruch des Käufers nicht etwa deshalb unter, weil der Käufer die Pflichtverletzung nicht rügt. Die Unanwendbarkeit des § 377 HGB ergibt sich – wie bei selbständigen Garantieverträgen (dazu Rdnr. 1492 ff.) – auch hier aus der rechtlichen Selbständigkeit und Unabhängigkeit des Beratungsvertrags vom Kaufvertrag.[417] Anders ist dies allenfalls dann, wenn eine Pflicht zur **Beratung und Auskunft** bezüglich der Ware nur **als Nebenpflicht** im Rahmen des Kaufvertrags[418] übernommen wurde. Hier dürfte eine Rügeversäumnis auch auf die Haftung für die Verletzung der Beratungs (neben-) pflicht durchschlagen.[419] Ob es sich im Einzelfall nur um eine Nebenpflicht oder weitergehend um einen gesonderten Beratungsvertrag handelt, ist wiederum durch **Auslegung** zu ermitteln, insbesondere ist dabei zu berücksichtigen, was ein Verkäufer für die sachgerechte Anwendung bzw. den Einsatz der Kaufsache in beratender oder empfehlender Weise normalerweise ohnehin leisten muss[420] (dazu Rdnr. 474 ff.).

959

Im Übrigen besteht die Rügeobliegenheit nunmehr auch uneingeschränkt im Hinblick auf **Falschlieferungen (aliud).** Die Falschlieferung wurde im Rahmen der Schuldrechtsmodernisierung ausdrücklich als Sachmangel anerkannt (§ 434 Abs. 3 BGB, dazu Rdnr. 390 ff.), so dass § 378 HGB a. F. gegenstandslos und deshalb aufgehoben wurde. Damit hat sich sowohl die Unterscheidung zwischen qualitativen und quantitativen als auch zwischen erheblichen und unerheblichen Falschlieferungen erübrigt.[421] Die Untersuchungs- und Rügeobliegenheiten bestehen daher in jedem Fall.

960

b) Untersuchung. Ist der Anwendungsbereich des § 377 HGB eröffnet, hat der Käufer die Ware nach deren Ablieferung zunächst unverzüglich zu untersuchen. Die **praktische Bedeutung** dieser Obliegenheit ist jedoch – im Vergleich zur Rügeobliegenheit – sehr gering. Soweit der Käufer etwaige Mängel fristgerecht gerügt hat, ist es vollkommen unerheblich, ob er die Ware auch untersucht hat oder nicht. Woraus sich die Kenntnis des Käufers von dem Mangel ergibt, ist gleichgültig, es kommt für die Erhaltung der Gewährleistungsrechte allein auf die rechtzeitige Rüge an. Das Unterlassen der Untersuchung allein löst daher noch keinen Rechtsverlust aus.[422] Die praktisch relevante Bedeutung der Untersuchungsobliegenheit besteht aber darin, dass der Ablauf der Untersuchungsfrist den Beginn und damit auch das Ende der Rügefrist determiniert,[423] wie dies auch der Situation im UN-Kaufrecht entspricht (vgl. dazu Rdnr. 1184). Bedeutsam ist die Untersuchung damit vor allem hinsichtlich der **Erkennbarkeit** des Mangels,[424] welche gem. § 377 Abs. 3 HGB Voraussetzung für die Rügelast ist (vgl. dazu Rdnr. 986).

961

aa) Art und Intensität. Nach dem Wortlaut des § 377 Abs. 1 HGB hat der Käufer die Ware zu untersuchen, „**soweit** dies **nach einem ordnungsgemäßen Geschäftsgang tunlich** ist". Daraus folgt, dass sich Art und Intensität der vorzunehmenden Untersuchung nach den Umständen des **Einzelfalls** richten und gegebenenfalls durch die einschlägigen **Handelsbräuche konkretisiert** werden. Dabei sind insbesondere **objektive Krite-**

962

---

[416] Vgl. näher Palandt-*Sprau*, § 675 BGB Rdnr. 32 ff.
[417] Ebenroth/Boujong/Joost/Strohn-*Müller*, § 377 HGB Rdnr. 197 ff.
[418] BGH, NJW 1999, 3192; vgl. näher Palandt-*Sprau*, § 675 BGB Rdnr. 39.
[419] BGH, NJW 1996, 1537.
[420] Ebenroth/Boujong/Joost/Strohn-*Müller*, § 377 HGB Rdnr. 197.
[421] LG Ellwangen, NJW 2003, 517, 518; Staudinger/*Matusche-Beckmann*, § 434 BGB Rdnr. 115; Palandt-*Weidenkaff*, § 434 BGB Rdnr. 52 a.
[422] OLG Koblenz, NJW-RR 2004, 1553; Ebenroth/Boujong/Joost/Strohn-*Müller*, § 377 HGB Rdnr. 39 f.; *Grunewald*, NJW 1995, 777, 778.
[423] BGH LM HGB § 377 Nr. 1; MünchKommHGB-*Grunewald*, § 377 HGB Rdnr. 32.
[424] Baumbach/*Hopt*, § 377 HGB Rdnr. 7.

rien maßgeblich, wie z. B. Kosten, Zeitaufwand, technische Kenntnisse und Möglichkeiten, Risiko besonders hoher Mangelfolgeschäden u. ä.[425] Daneben darf aber der Umfang der Untersuchungsobliegenheit auch den dem Käufer **subjektiv zumutbaren Rahmen** nicht überschreiten,[426] es dürfen also die für die Untersuchung erforderlichen Aufwendungen des Käufers in keinem unvernünftigen Verhältnis zu dem materiellen Interesse des Verkäufers an einer baldigen Rechtsklarheit stehen.[427] Unzumutbarkeit in diesem Sinne liegt z. B. dann vor, wenn die Kosten eines für die Untersuchung erforderlichen Sachverständigen den durch einen Weiterverkauf der Ware erzielbaren Gewinn erheblich überschreiten.[428] Grundsätzlich lässt sich aber festhalten, dass der Käufer immer eine **genaue Untersuchung mit fachmännischer Sorgfalt** vornehmen muss, auch wenn dies eine gewisse Zeit erfordert und besondere Kenntnisse und/oder betriebliche Einrichtungen voraussetzt.[429] Sind diese Kenntnisse bzw. Einrichtungen nicht verfügbar, muss sich der Käufer grundsätzlich – im Rahmen des Zumutbaren – **sachkundiger Dritter** bedienen.[430]

963 Im Übrigen haben sich in Rechtsprechung und Literatur folgende praxisrelevante **Einzelfallgruppen** herausgebildet: Bei der Lieferung **gleichartiger Massengüter** genügt in der Regel die Entnahme und Untersuchung von repräsentativen (also gleichmäßig auf die Gesamtmenge verteilten) **Stichproben**.[431] Werden die Stichproben durch die Untersuchung wertlos (z. B. wenn etwaige Mängel nur durch Verarbeitung oder Zerstörung der Probe erkennbar sind),[432] so genügt eine geringe Zahl von Stichproben.[433] **Gelieferte Maschinen** sind in Gang zu setzen, ggf. auch einem längeren Probelauf zu unterziehen.[434] Beim Verkauf von **Markenware** sowie in den Fällen, in denen die Qualität der Ware durch neutrale **Behörden** oder Überwachungsorganisationen kontrolliert und zertifiziert wurde, wird in der Literatur teilweise die Auffassung vertreten, dass die aus solchen Umständen folgende objektiv geringe Fehlerwahrscheinlichkeit eine nochmalige Untersuchung durch den Käufer überflüssig mache und die Untersuchungsobliegenheit daher konkludent abbedungen sei.[435] Während sich diese Auffassung in der Rechtsprechung zum UN-Kaufrecht bereits durchgesetzt hat (vgl. Rdnr. 1163), überwiegt im Rahmen des deutschen Handelskaufs noch die gegenteilige Meinung, nach welcher allein die Tatsache, dass in diesen Situationen Mängel i. d. R. nur selten auftreten, die Untersuchungsobliegenheit nicht automatisch entfallen lasse.[436] Eine solche objektiv geringe Fehlerwahrscheinlichkeit könne allenfalls die an Umfang und Intensität der Untersuchung zu stellenden Anforderungen herabsetzen, so dass sich der Käufer etwa auf eine rein **äußerliche Prüfung** der Ware beschränken könne.[437] In der Praxis sollte daher auch beim Kauf von Markenware bzw. von Ware, die durch neutrale Stellen überprüfte und zertifiziert wurde, immer eine Untersuchung vorgenommen werden, um nicht den Verlust etwaiger Gewährleistungsrechte zu riskieren.

---

[425] BGH, WM 1977, 822; BGH, NJW 1976, 625; BGH BB 1970, 1416.
[426] Baumbach/*Hopt*, § 377 HGB Rdnr. 25; Schlegelberger-*Hefermehl*, § 377 HGB Rdnr. 67.
[427] Ebenroth/Boujong/Joost/Strohn-*Müller*, § 377 HGB Rdnr. 52.
[428] Staub-*Brüggemann*, § 377 HGB Rdnr. 97 m.w.N.
[429] Ebenroth/Boujong/Joost/Strohn-*Müller*, § 377 HGB Rdnr. 50.
[430] BGH, NJW 1975, 2011, 2012; OLG München, NJOZ 2006, 861, 866, Staub-*Brüggemann*, § 377 HGB Rdnr. 87.
[431] BGH, WM 1977, 555; OLG Frankfurt a.M., NJW-RR 1986, 838.
[432] OLG Köln, BB 1988, 20.
[433] BGH, WM 1977, 555: Entnahme von 5 Stichproben bei Lieferung von 2.400 Konservendosen ausreichend.
[434] MünchKommHGB-*Grunewald*, § 377 HGB Rdnr. 51; Ebenroth/Boujong/Joost/Strohn-*Müller*, § 377 HGB Rdnr. 64 m.w.N.
[435] Staub-*Brüggemann*, § 377 HGB Rdnr. 98.
[436] OLG Köln, MDR 1957, 233; Ebenroth/Boujong/Joost/Strohn-*Müller*, § 377 HGB Rdnr. 62; Staub-*Brüggemann*, § 377 HGB Rdnr. 85; *Grunewald*, NJW 1995, 1777, 1779.
[437] Ebenroth/Boujong/Joost/Strohn-*Müller*, § 377 HGB Rdnr. 62.

A. Rechte des Käufers nach BGB

Ein ähnliches Problem stellt sich bei den sog. **Just-in-time-Lieferungen,** bei denen **964** Ware zu einem festgelegten Zeitplan oder auf Abruf praktisch unmittelbar „in die Produktion hinein" geliefert wird, um Kosten für Lagerkapazitäten zu sparen. Regelmäßig werden solche Lieferungen mit sog. **Qualitätssicherungsvereinbarungen** kombiniert, eben weil bei der hier vorzunehmenden zeitgenauen (mitunter sogar stundengenauen) Anlieferung kein zeitlicher Spielraum für eine detaillierte Untersuchung durch den Käufer bleibt. Würde man hier dennoch eine genaue Untersuchung durch den Käufer verlangen, wäre der Hauptzweck solcher Verträge – Zeit- und Kostenersparnis – nicht zu erreichen.

Während im UN-Kaufrecht auch in diesen Fällen wieder eine **konkludente Abbedingung** der Untersuchungs- und Rügeobliegenheiten angenommen wird (siehe Rdnr. 1163), **965** gehen die Meinungen im deutschen Handelsrecht auseinander: Teilweise wird vertreten, dass solche Vertragsgestaltungen neben dem kaufrechtlichen Austauschelement dominante gesellschafts- und dienstvertragsrechtliche Züge aufwiesen, so dass im Ergebnis gar kein Kaufvertrag und damit auch keine Untersuchungs- und Rügelast bestünde.[438] Eine – wohl praxisnähere – Auffassung sieht demgegenüber in den Qualitätssicherungsvereinbarungen **selbständige Garantieverträge** i.S.d. §§ 311, 241 BGB,[439] auf welche § 377 HGB von vornherein unanwendbar ist (vgl. dazu Rdnr. 1495). In eine gänzlich andere Richtung geht die Ansicht, dass die Untersuchungs- und Rügeobliegenheit grundsätzlich zwar bestünde, aber durch entsprechende Vereinbarungen abbedungen werden müsse,[440] wobei dies in Allgemeinen Geschäftsbedingungen nur in Verbindung mit einer geeigneten Kompensation für den Verkäufer möglich ist[441] (vgl. dazu Rdnr. 996). Im Ergebnis ist wohl davon auszugehen, dass sich jedenfalls ein **Handelsbrauch,** nach welchem bei Just-in-time-Lieferungen mit Qualitätssicherungsvereinbarungen eine Untersuchungs- und Rügelast nicht bestünde, **noch nicht gebildet** hat.[442] Anders als im Rahmen des UN-Kaufrechts kann daher auch hier für die Praxis nur **empfohlen** werden, entsprechende **Vereinbarungen** über eine **Abbedingung** des § 377 HGB **zu treffen,** um nicht Gefahr zu laufen, bei Mängeln keinerlei Gewährleistungsrechte mehr geltend machen zu können. Hierbei sind allerdings die Zulässigkeitsgrenzen derartiger Vereinbarungen zu beachten (Rdnr. 996).

Handelt es sich um **Sukzessivlieferungen,** muss der Käufer **jede einzelne Teillieferung untersuchen,**[443] wobei allerdings die unterlassene Rüge hinsichtlich einer Teilliefe- **966** rung dem Käufer auch nur die Gewährleistungsrechte hinsichtlich dieser einen Lieferung abschneidet.[444]

Die Behandlung der Fälle, in denen der Käufer die Ware ohne Umladung **direkt** an **967** einen Zweitkäufer **weiterverkauft,** ist umstritten. Allein der Umstand, dass das Ausladen, Untersuchen und Wiederaufladen der Ware zum Weiterversand an den Zweitkäufer (der dann ggf. seinerseits nochmals untersuchen muss) für den Käufer besonders lästig sein mag, rechtfertigt es aber jedenfalls noch nicht, den (Erst-) Käufer von seiner gesetzlichen Untersuchungsobliegenheit zu entbinden.[445] Näher liegt hier – soweit der Verkäufer von dem direkten Weiterverkauf der Ware Kenntnis hat – die auch vom BGH vertretene Annahme einer **stillschweigenden Vereinbarung,** nach welcher es der Verkäufer genügen lassen will, wenn der **Zweitkäufer untersucht,** etwaige Mängelrügen an den Käufer sendet und

---

[438] *Lehmann*, BB 1990, 1849, 1852f.
[439] *Martinek*, Zulieferverträge, S. 49.
[440] *Zirkel*, NJW 1990, 345, *Borgwardt*, ZIP 1992, 966, 968; *Steinmann*, BB 1993, 873, 876ff.
[441] BGH, NJW 1991, 2633, 2634; vgl. näher MünchKommHGB-*Grunewald*, § 377 HGB Rdnr. 135ff., 136, 138.
[442] So auch Ebenroth/Boujong/Joost/Strohn-*Müller*, § 377 HGB Rdnr. 81.
[443] BGHZ 101, 337, 339 m. Anm. *Schubert*, JR 1988, 414; OLG Frankfurt a.M., WM 1986, 1566.
[444] Ebenroth/Boujong/Joost/Strohn-*Müller*, § 377 HGB Rdnr. 65.
[445] Ebenroth/Boujong/Joost/Strohn-*Müller*, § 377 HGB Rdnr. 72.

dieser die Rügen an den Verkäufer weiterleitet.⁴⁴⁶ Ähnlich wie in den Fällen des **Finanzierungsleasings** und der **Streckengeschäfte** (vgl. Rdnr. 957) erklärt sich der Verkäufer hier mit einer entsprechend längeren Rügefrist (konkludent) einverstanden.⁴⁴⁷

968 Besonderheiten hinsichtlich der Untersuchungsobliegenheit können sich im Übrigen auch aus einer **ständigen Geschäftsverbindung** zwischen den Vertragspartnern ergeben. Zwar lässt sich – wie auch im UN-Kaufrecht (siehe Rdnr. 1163) – ohne weitere Anhaltspunkte aus einer solchen Beziehung noch nicht ein konkludenter Verzicht auf die Untersuchungs- und Rügelast ableiten,⁴⁴⁸ jedoch sind an die Intensität und den Umfang der gebotenen Untersuchung umso **geringere Anforderungen** zu stellen, je länger die Geschäftsbeziehung andauerte, soweit die bisherigen Lieferungen nicht zu beanstanden waren und der Käufer deshalb in gewissem Maße auf die Qualität der Lieferungen vertrauen durfte.⁴⁴⁹ So hat auch der BGH in einem Fall, in dem zwischen den Parteien eine rund zehnjährige Geschäftsbeziehung bestand und der Käufer im Vertrauen auf die Qualität der Ware eine Untersuchung unterlassen hatte, die Rügelast zwar für gleichwohl anwendbar erklärt, aber die Regeln über die Rüge eines „verborgenen Mangels" i.S.d. § 377 Abs. 3 HGB (vgl. dazu Rdnr. 987) entsprechend angewandt, sobald der Fehler später – entdeckt wurde und damit das (bislang bestehende) Vertrauen des Käufers entfallen war.⁴⁵⁰

969 **bb) Ort.** Gemäß § 377 Abs. 1 HGB ist die Ware unverzüglich nach der Ablieferung zu untersuchen, der **Untersuchungsort** ist damit i.d.R. auch der **Ort der Ablieferung**.⁴⁵¹ Die Ablieferung ist erfolgt, wenn die Ware dem Empfänger bzw. dessen Beauftragten in der Art zugänglich gemacht wurde, dass er sie auf ihre Beschaffenheit prüfen kann.⁴⁵² Insoweit ist zu differenzieren:

970 Handelt es sich um eine **Holschuld,** ist die Ablieferung erst dann erfolgt, wenn der Käufer bzw. dessen Beauftragte die Ware tatsächlich bei dem Verkäufer abgeholt und übernommen haben.⁴⁵³ Die bloße Bereitstellung der Ware und eine entsprechende Mitteilung an den Käufer genügt noch nicht, auch dann nicht, wenn der Käufer sich mit der Abholung bereits in Annahmeverzug befindet.⁴⁵⁴ Etwas anderes soll nach der Rechtsprechung des BGH allerdings dann gelten, wenn sich die Ware **im Besitz eines Dritten** befindet, von welchem der Käufer vereinbarungsgemäß die Ware abholen soll. Hier genüge die bloße Bereitstellung zur Abholung; da sich der Verkäufer – wie beim Versendungskauf – bereits seiner Verfügungsmacht begeben habe, komme es auf eine tatsächliche Abholung nicht mehr an.⁴⁵⁵ Diese Ansicht hat jedoch zu Recht starke Kritik erfahren,⁴⁵⁶ denn es kann jedenfalls für die Rügeobliegenheit keinen Unterschied machen, ob der Käufer die Ware direkt vom Verkäufer oder von Dritten übernehmen soll. Eine tatsächliche Möglichkeit zur Untersuchung der Ware hat er in dem einen wie dem anderen Fall erst mit der Übernahme der Ware. Bei Hol-

---

⁴⁴⁶ BGH BB 1954, 954; BGHZ 110, 139; Heymann-*Emmerich*, § 377 HGB Rdnr. 25; Ebenroth/Boujong/Joost/Strohn-Müller, § 377 HGB Rdnr. 72.
⁴⁴⁷ Heymann-*Emmerich*, § 377 HGB Rdnr. 26.
⁴⁴⁸ BGHZ 101, 337, 339 m. Anm. *Schubert*, JR 1988, 414; Ebenroth/Boujong/Joost/Strohn-*Müller*, § 377 HGB Rdnr. 54.
⁴⁴⁹ Ebenroth/Boujong/Joost/Strohn-*Müller*, § 377 HGB Rdnr. 173 ff. m.w. N.
⁴⁵⁰ BGH, NJW 1996, 1537 („Schuhlederfall"); kritisch *Olshausen*, JR 1997, 62, 64; Ebenroth/Boujong/Joost/Strohn-*Müller*, § 377 HGB Rdnr. 175 ff.
⁴⁵¹ Baumbach/*Hopt*, § 377 HGB Rdnr. 24; Staub-*Brüggemann*, § 377 HGB Rdnr. 74 m.w. N.; anders bei abweichender Parteivereinbarung oder Handelsbrauch, vgl. BGH, NJW 1986, 317.
⁴⁵² BGHZ 93, 345; BGHZ 60, 6; BGH, NJW 1986, 317; OLG Hamm, NJOZ 2005, 2220.
⁴⁵³ BGH, NJW 2000, 1415, 1416; BGH, NJW 1995, 3381; Ebenroth/Boujong/Joost/Strohn-*Müller*, § 377 HGB Rdnr. 20; Baumbach/*Hopt*, § 377 HGB Rdnr. 7.
⁴⁵⁴ BGH, NJW 1995, 3381; *Tiedtke*, JZ 1996, 549, 550 ff.
⁴⁵⁵ BGH, NJW 1995, 3381; ebenso MünchKommHGB-*Grunewald*, § 377 HGB Rdnr. 24.
⁴⁵⁶ *Tiedtke*, JZ 1996, 549, 552 ff.

schulden ist daher der **Untersuchungsort** als derjenige der **tatsächlichen Übernahme der Ware** anzusehen.

Bei **Versendungskäufen** darf die „Ablieferung" i. S. d. § 377 Abs. 1 HGB nicht mit dem Gefahrübergang i. S. d. § 447 Abs. 1 BGB gleichgesetzt werden,[457] dies würde bedeuten, dass die Untersuchung bereits am Ort der Übergabe an den Spediteur bzw. Frachtführer vorzunehmen wäre – an diesem Ort haben jedoch i. d. R. weder der Käufer noch dessen Beauftragte eine reelle Untersuchungsmöglichkeit. Unter „Ablieferung" ist deshalb beim Versendungskauf grundsätzlich die **Übergabe der Ware** durch den Spediteur bzw. Frachtführer **an den Käufer** oder von diesem empfangsbevollmächtigte Personen zu verstehen.[458] Nach ganz überwiegender Auffassung liegt eine Ablieferung hier aber – anders als bei der Holschuld – bereits dann vor, wenn die **Ware** am **vereinbarten Bestimmungsort eingetroffen** ist und der Beförderer den **Käufer zur Übernahme aufgefordert** hat.[459] Entscheidend sei, dass der Verkäufer dem Käufer die Ware durch den Beförderer in vertragsgerechter Weise angeboten habe. 971

Beim **Streckenkauf,** bei dem die Ware direkt an den Abnehmer des Käufers durchgeliefert wird, ist der Ort der Ablieferung und damit der Untersuchung dementsprechend der Ort, an dem der Beförderer des Verkäufers dem **Endabnehmer die Ware vereinbarungsgemäß zur Verfügung stellt.**[460] Ist die Ware dem Käufer bzw. dessen Abnehmer nicht „ins Haus" zu liefern, sondern werden **auf beiden Seiten Beförderer bzw. Lagerhalter** beauftragt, ist der Untersuchungsort den jeweils geltenden – in der Regel durch Beförderungsklauseln wie cif, fob konkretisierten – **Handelsbräuchen** zu entnehmen.[461] 972

Bringschulden unterscheiden sich vom Versendungskauf nur dadurch, dass der Verkäufer die Transportgefahr trägt, die Ablieferung liegt auch hier in der **Übergabe der Ware an den Käufer am Bestimmungsort.**[462] 973

Bei jeder Art von Kauf ist eine **Ablieferung** i. S. d. § 377 Abs. 1 HGB im Übrigen immer **erst** dann erfolgt, **wenn** der Verkäufer seine vertraglichen **Lieferpflichten vollständig erfüllt** hat, denn dem Käufer muss die Untersuchung der gesamten verkauften Ware möglich sein.[463] Hat der Verkäufer beispielsweise eine **Montagepflicht** übernommen, liegt eine Ablieferung erst dann vor, wenn die Ware geliefert und montiert wurde.[464] Ebenso gehört bei Verkauf von **Computeranlagen,** die aus Hard- und Software bestehen, zur Ablieferung auch die Übergabe der Software[465] und der entsprechenden Handbücher,[466] teilweise gehen die Instanzgerichte noch weiter und fordern zur Ablieferung i. S. d. § 377 Abs. 1 HGB sogar einen „im wesentlichen ungestörten" Probelauf[467] oder eine „ausführliche und fehlerfreie" Erprobungsphase[468] im Betrieb des Käufers, mit dem Argument, dass die Feststellung von Fehlern bei komplizierter Software regelmäßig nur sehr schwierig möglich ist. Diesen 974

---

[457] BGHZ 60, 5 ff.
[458] Ebenroth/Boujong/Joost/Strohn-*Müller*, § 377 HGB Rdnr. 25.
[459] BGHZ 93, 338, 345; BGH, NJW 1988, 2608 m. Anm. *Tiedtke*, NJW 1988, 2578; Ebenroth/Boujong/Joost/Strohn-*Müller*, § 377 HGB Rdnr. 25 ff.; Baumbach/*Hopt*, § 377 HGB Rdnr. 8.
[460] BGH, NJW 1978, 2394; MünchKommHGB-*Grunewald*, § 377 HGB Rdnr. 21; Ebenroth/Boujong/Joost/Strohn-*Müller*, § 377 HGB Rdnr. 29.
[461] Näher dazu vgl. Ebenroth/Boujong/Joost-*Müller*, § 377 HGB Rdnr. 25 m. w. N.
[462] MünchKommHGB-*Grunewald*, § 377 HGB Rdnr. 22; Palandt-*Grüneberg*, § 269 BGB Rdnr. 1.
[463] OLG Hamm, NJOZ 2005, 2220, 2221; MünchKommHGB-*Grunewald*, § 377 HGB Rdnr. 27; Baumbach/*Hopt*, § 377 HGB Rdnr. 5 f.
[464] BGH, NJW 1961, 730; OLG Hamm, NJOZ 2004, 2220, wo eine Installationspflicht in Bezug auf einen Thermodrucker aber abgelehnt wurde.
[465] BGH, NJW 1994, 1720.
[466] BGH, NJW 1993, 2436; BGH, NJW 1993, 461.
[467] OLG Stuttgart, MDR 1998, 463; OLG Hamburg, OLG-Rep. 1996, 273; OLG Koblenz, BB 1993, 8.
[468] OLG Düsseldorf, NJW 1989, 2627; OLG Düsseldorf, ZIP 1989, 580; *Gaul*, MDR 2000, 549, 554 ff. m. w. N.

Ausweitungen ist der BGH jedoch zu Recht nicht gefolgt, er lässt es vielmehr auch hier für die Ablieferung genügen, dass die – vollständige – Kaufsache in den Machtbereich des Käufers gelangt ist.[469] Den typischen Schwierigkeiten bei der Feststellung von Softwaremängeln begegnet der BGH – interessengerecht – mit einer entsprechenden Verlängerung der Rügefrist.[470]

975 **cc) Frist.** Soweit keine bestimmte Frist **vereinbart** (zur Disponibilität vgl. Rdnr. 992 ff.) wurde, erfordert § 377 Abs. 1 HGB eine Untersuchung „**unverzüglich**" nach Ablieferung, „**soweit dies nach ordnungsmäßigem Geschäftsgang tunlich ist**". Unverzüglich bedeutet dabei „ohne schuldhaftes Zögern" (§ 121 BGB) und enthält damit eine subjektive Komponente (Rdnr. 977), wohingegen das Merkmal „nach ordnungsmäßigem Geschäftsgang tunlich" objektiver Natur ist. Es kommt dabei jedoch nicht auf den im Betrieb des Käufers üblichen Geschäftsgang an, entscheidend ist vielmehr der in der betreffenden **Branche** allgemein herrschende bzw. übliche Geschäftsgang.[471] Existieren hier **Handelsbräuche,** so sind diese maßgeblich.[472] Im Allgemeinen werden strenge Anforderungen gestellt, schon geringe, vermeidbare Nachlässigkeiten führen zur Verspätung.[473]

976 Die **Dauer der Untersuchungsfrist** hängt damit in erster Linie von den **objektiven Umständen des Einzelfalles** ab. Zu berücksichtigen sind vor allem die Art des Kaufgeschäfts und die Beschaffenheit der Ware.[474] Besonders **kurze Fristen** gelten immer dann, wenn es sich um schnell verderbliche Ware[475] oder Saisonware handelt. Auch bei Ware, deren Vermischung oder Verarbeitung ansteht, oder wenn aus sonstigen Gründen eine kurzfristige Veränderung der Ware zu besorgen ist, ist eine sofortige Untersuchung geboten.[476] Kommt aufgrund der Umstände die Einholung eines Sachverständigengutachtens in Betracht, darf der Käufer nach der Rechtsprechung des BGH zunächst grundsätzlich eine Woche überlegen, ob die Beauftragung des Sachverständigen notwendig und sinnvoll ist. Sodann werden dem Käufer bzw. dem Sachverständigen ca. zwei bis drei Wochen für die Erstellung des Gutachtens zugebilligt.[477] Zuzüglich der sich anschließenden Rügefrist (dazu Rdnr. 1184 ff.) können so durchaus Fristen von insgesamt bis zu zwei Monaten bestehen. Auch wenn ein Sachverständigengutachten nicht erforderlich ist, es sich aber dennoch um komplizierte Ware handelt, bei der die Feststellung von Mängeln erhebliche Schwierigkeiten bereitet oder aufwendige Untersuchungsverfahren erfordert, ist eine **längere Frist** anzusetzen.[478] Der BGH hält in solchen Fällen eine Untersuchungsdauer von einem Monat noch für angemessen.[479]

977 Schließlich sind auch in der Person oder dem Unternehmen des Käufers liegende, **subjektive Umstände** bei der Bemessung der Fristdauer zu berücksichtigen. Obwohl das

---

[469] BGH ZIP 2000, 456, 457 f. m. Anm. *Saenger*, EWir 2000, 341.
[470] Ebenroth/Boujong/Joost/Strohn-*Müller*, § 377 HGB Rdnr. 33.
[471] OLG Hamm, NJOZ 2005, 2220, 2222; Ebenroth/Boujong/Joost/Strohn-*Müller*, § 377 HGB Rdnr. 90; Baumbach/*Hopt*, § 377 HGB Rdnr. 23.
[472] OLG Köln, BB 1957, 910.
[473] OLG Hamm, NJOZ 2005, 2220, 2222; Baumbach/*Hopt*, § 377 HGB Rdnr. 23.
[474] BGH NJOZ 2003, 867, 869, dort wurde für die Fristdauer auch berücksichtigt, dass die einer Warenlieferung beigefügte Dokumentation fehlerhaft bzw. unvollständig war.
[475] OLG München, BB 1957, 663 (zwei Tage nach Lieferung von Obst verspätet); OLG Saarbrücken, NJW-RR 1999, 780 (zu Art. 38 CISG, Untersuchung von Blumen grds. am Tag der Lieferung); OLG München, BB 1955, 748.
[476] Ebenroth/Boujong/Joost/Strohn-*Müller*, § 377 HGB Rdnr. 95.
[477] BGH ZIP 2000, 234, 236, m. Anm. *Schlechtriem*, EWiR 2000, 125.
[478] OLG Koblenz, NJW-RR 2004, 1553 (eine Woche für Ballongastankstelle); OLG München, NJW-RR 2001, 1712; OLG Saarbrücken, OLG-Rep. 2001, 239 (ein Monat); OLG Karlsruhe, OLG-Rep. 1998, 25 (zwei Wochen).
[479] BGH ZIP 2000, 234, 236; BGH, NJW-RR 1995, 1135; Ebenroth/Boujong/Joost/Strohn-*Müller*, § 377 HGB Rdnr. 96.

HGB – im Gegensatz zu Art. 44 CISG (vgl. Rdnr. 1212 ff.) – die Entschuldigung einer Fristversäumung nicht vorsieht, können subjektive Umstände u. U. die Dauer der Frist verlängern.[480] Dies wird teilweise auch bei solchen Umständen angenommen, die allein **in der Person des Käufers** liegen – so sollen z.B. eine zeitweilige Überlastung oder eine kurze Abwesenheit des Käufers diesen entschuldigen.[481] Derartige Ansätze werden von der Rechtsprechung indessen zu Recht abgelehnt, da ein Kaufmann grundsätzlich dafür sorgen muss, dass er – für den Fall seiner persönlichen Verhinderung – in seinem Gewerbebetrieb ausreichend und zuverlässig vertreten ist.[482] Eine Fristverlängerung kann aber durchaus dann anzunehmen sein, wenn es sich um **Störungen des Geschäftsbetriebes** handelt, die auch bei ordnungsgemäßer Organisation und Führung des Betriebes nicht zu verhindern sind, so z.B. bei **Unruhen** und **Arbeitskämpfen**.[483] Feste bzw. starre Untersuchungsfristen lassen sich nach diesen Grundsätzen nicht festlegen. Die Beurteilung der „Angemessenheit" der Untersuchungsdauer liegt damit im Streitfall im **Ermessensspielraum der Gerichte,** die ihrerseits die jeweiligen objektiven und subjektiven Einzelfallumstände entsprechend zu würdigen haben.

c) Rüge. Hat der Käufer bei der Untersuchung **Mängel** der Ware festgestellt, muss er **978** diese gem. § 377 Abs. 1 HGB **unverzüglich dem Verkäufer anzeigen,** um sich seine Gewährleistungsrechte hinsichtlich dieser Mängel zu bewahren. Diese Anzeige dient nicht dazu, bestimmte Rechtsfolgen herbeizuführen, sondern soll lediglich den Verkäufer schnell und umfassend über Sachmängel seiner Ware informieren und ist Voraussetzung für die spätere Geltendmachung von Gewährleistungsrechten durch den Käufer. Sie ist daher keine Willenserklärung, sondern eine **rechtsgeschäftsähnliche Handlung** in Form einer **Tatsachenmitteilung,**[484] auf die aber die Vorschriften über Willenserklärungen (§§ 116 ff. BGB) analog angewendet werden.[485]

aa) Inhalt. Der Verkäufer muss der Mängelrüge mit der gebotenen Klarheit **Art und** **979** **Umfang des Mangels** entnehmen können, damit er angemessen reagieren und der Käufer nicht später unpräzisierte Mängel „nachschieben" kann.[486] Zwar dürfen an die Mängelanzeige auch keine übertriebenen Anforderungen gestellt werden – so ist eine fachlich exakte, sich auf alle Details erstreckende Bezeichnung des Mangels grundsätzlich nicht notwendig.[487] Dennoch ist zu empfehlen, die Mängelrüge stets so genau und spezifisch wie möglich abzufassen. Keinesfalls ausreichend sind **pauschale Wendungen** wie „nicht einsatzbereit",[488] „schlechte Ware", „unvollständig", „Ware ist beschädigt" oder „Ware funktioniert nicht".[489] Liegen **mehrere Mängel** vor, ist jeder gesondert zu rügen. Bei **mehreren** (gleichartigen[490] oder verschiedenen[491]) **Lieferungen** muss sich aus dem Inhalt der Rüge eindeutig ergeben, welche von ihnen mangelhaft war. Liegt der Mangel in einer **Mengenabweichung,** sind

---

[480] Ebenroth/Boujong/Joost/Strohn-*Müller*, § 377 HGB Rdnr. 105 ff.
[481] Schlegelberger-*Hefermehl*, § 377 HGB Rdnr. 72; Staub-*Brüggemann*, § 377 HGB Rdnr. 77.
[482] OLG Hamburg, OLGE 32, 169; RGZ 170, 155.
[483] Staub-*Brüggemann*, § 377 HGB Rdnr. 234; Ebenroth/Boujong/Joost/Strohn-*Müller*, § 377 HGB Rdnr. 107.
[484] Schlegelberger-*Hefermehl*, § 377 HGB Rdnr. 53; Ebenroth/Boujong/Joost/Strohn-*Müller*, § 377 HGB Rdnr. 122 f.; *Beckmann/Glose*, BB 1989, 857.
[485] Ebenroth/Boujong/Joost/Strohn-*Müller*, § 377 HGB Rdnr. 123; Schlegelberger-*Hefermehl*, § 377 HGB Rdnr. 272.
[486] BGH, NJW 1996, 2228; BGH BB 1978, 1489; OLG Hamm, NJOZ 2005, 2220, 2222; Baumbach/*Hopt*, § 377 HGB Rdnr. 30.
[487] BGH, NJW 1986, 3137.
[488] OLG Hamm, NJOZ 2005, 2220, 2222.
[489] OLG Düsseldorf, NJW-RR 2001, 821, 822; Ebenroth/Boujong/Joost/Strohn-*Müller*, § 377 HGB Rdnr. 140, 142.
[490] OLG Köln, NJW 1993, 2627 (Lieferungen von Notebooks).
[491] BGH BB 1978, 1489.

grundsätzlich genaue Angaben über die fehlenden Mengen erforderlich, damit der Verkäufer entsprechend nachliefern kann.[492]

980 Bei einer **Qualitätsabweichung** muss das Ausmaß des Unterschieds des Ist-Zustandes von der vertraglich vereinbarten Qualität genau bezeichnet werden, insbesondere wenn eine Qualitätsmarge vereinbart war.[493] Besonders hohe Anforderungen an die Substantiierung der Mängelanzeige bestehen bei **schnell verderblichen Waren,** da sich der Verkäufer hier in der Regel selbst kein Bild mehr machen können wird.[494] Bei **Funktionsstörungen** an komplizierten technischen Anlagen und Maschinen kann hingegen regelmäßig nicht verlangt werden, dass der Käufer die genaue Fehlerquelle angibt. Hier reicht es aus, dass in der Mängelanzeige genau dargestellt wird, um welche Funktionsstörung es sich handelt und in welchen Symptomen sich dies äußert. Anschließend ist es dann Sache des Verkäufers, die Ursache dieser Mängelsymptome festzustellen.[495]

981 Eine Mitteilung darüber, ob und welche **rechtlichen Schritte** der Käufer aufgrund der Mangelhaftigkeit der Ware einleiten will, muss die Mängelrüge dagegen nicht enthalten.[496] Das gilt auch nach dem Wegfall des § 466 BGB a. F., der dem Verkäufer die Möglichkeit gab, den Käufer unter Fristsetzung zur Mitteilung aufzufordern, ob er Wandelung verlange. Die Mängelrüge hat nämlich nicht den Zweck, Rechtsbehelfe zu erklären bzw. einzuleiten, sondern sie soll den Verkäufer zunächst nur über Mängel informieren und dem Käufer seine Rechtsbehelfe und damit auch die spätere Wahl zwischen ihnen erhalten.

982 **bb) Form.** Grundsätzlich muss die Mängelrüge **vom Käufer ausgehen** und **an den Verkäufer gerichtet** sein. Wird hiervon abgewichen, beurteilt sich die Frage der Wirksamkeit der Mängelrüge danach, ob die betreffende Person mit Vertretungsmacht (§§ 164 ff. BGB) für den Käufer bzw. den Verkäufer handelte. Die Vertretungsmacht eines Handlungsgehilfen bzw. Handelsvertreters beurteilt sich dabei nach den speziellen Regelungen der §§ 54 f. HGB, insbesondere sind diese Personen auf Seiten des Verkäufers zur Entgegennahme von Mängelrügen berechtigt (§§ 55 Abs. 4, 75 Buchst. g, 91 Abs. 1 HGB). Keine **Empfangsberechtigung** für Mängelrügen hat dagegen ein Fahrer, der die Waren lediglich ausliefert,[497] es sei denn, eine solche wurde ihm vom Verkäufer gesondert erteilt.

983 Besondere **Formerfordernisse** für die Mängelrüge bestehen nicht,[498] sie ist daher auch mündlich, fernmündlich, per Telefax, E-mail etc. wirksam. Dennoch ist aus Beweisgründen ein Übertragungsmedium zu empfehlen, das einen **Nachweis der** (rechtzeitigen, vgl. dazu Rdnr. 984) **Absendung** der Mängelrüge ermöglicht.

984 Gemäß § 377 Abs. 4 HGB genügt zur Erhaltung der Gewährleistungsrechte das **rechtzeitige Absenden** der Mängelrüge. Dieser Grundsatz gilt nach der Rechtsprechung aber nur dann, wenn die Rüge **auf geschäftsübliche Art und Weise** abgesandt wurde,[499] d. h. durch ein zuverlässiges Transportmittel wie Post oder Telefax. Darüber hinaus soll die Mängelrüge – nach Ansicht des BGH und des Großteils der Literatur – in analoger Anwendung des § 130 Abs. 1 S. 1 BGB auch **zugangsbedürftig** sein[500] und zudem der **Käufer**

---

[492] Ebenroth/Boujong/Joost/Strohn-*Müller*, § 377 HGB Rdnr. 146.
[493] BGH BB 1978, 1489.
[494] Ebenroth/Boujong/Joost/Strohn-*Müller*, § 337 HGB Rdnr. 146.
[495] BGH ZIP 2000, 234, 236; *Gaul*, MDR 2000, 549, 553; *Michalski*, DB 1997, 81, 83.
[496] BGH ZIP 1996, 1379 f.; BGH LM § 377 HGB Nr. 4; Baumbach/*Hopt*, § 377 HGB Rdnr. 42; *Michalski*, DB 1997, 81 m. w. N.
[497] OLG Köln, BB 1964, 613; Staub-*Brüggemann*, § 377 HGB Rdnr. 138.
[498] BGH LM § 377 HGB Nr. 1; Baumbach/*Hopt*, § 377 HGB Rdnr. 28.
[499] BGH LM § 377 HGB Nr. 8; Staub-*Brüggemann*, § 377 HGB Rdnr. 206; Ebenroth/Boujong/Joost/Strohn-*Müller*, § 377 HGB Rdnr. 127.
[500] BGH, NJW 1987, 2235; OLG Köln, NJOZ 2004, 4174, 4177; Schlegelberger-*Hefermehl*, § 377 HGB Rdnr. 76; Heymann-*Emmerich*, § 377 HGB Rdnr. 58; MünchKommHGB-*Grunewald*, § 377 HGB Rdnr. 71 ff.; Palandt-*Ellenberger*, § 130 BGB Rdnr. 3.

die **Beweislast** für den Zugang tragen.[501] Aus § 377 Abs. 4 HGB ergebe sich nur, dass der Verkäufer zwar das Verzögerungsrisiko tragen müsse, nicht aber das Verlustrisiko. Dem kann nicht zugestimmt werden. Auch wenn die Regelungen der §§ 116 ff. BGB grundsätzlich analog auf geschäftsähnliche Handlungen anzuwenden sind, so ist doch bei jedem Handlungstyp dessen Eigenart und der typischen Interessenlage Rechnung zu tragen.[502] Insoweit ist zu berücksichtigen, dass die Mängelanzeige eine Handlung ist, die auf einer Schlechtleistung des Verkäufers beruht, nämlich dessen mangelhafter Lieferung, so dass die Interessen des Verkäufers hinreichend gewahrt sind, wenn der Käufer die Mängelrüge rechtzeitig mit verkehrsüblichen Mitteln abgesendet hat.[503] Eine Zugangsbedürftigkeit würde im Übrigen auch dem Wortlaut des § 377 Abs. 4 HGB widersprechen, der ausdrücklich regelt, dass zur Erhaltung der Gewährleistungsrechte eben die rechtzeitige Absendung der Rüge genügt. Unter diesen Gesichtspunkten ist weder eine Regelungslücke noch ein Regelungsbedürfnis erkennbar, die eine analoge Anwendung des § 130 Abs. 1 S. 1 BGB hier rechtfertigen würden. Im Ergebnis ist nach der hier vertretenen Ansicht ein **Zugang** der Mängelrüge dann **nicht erforderlich, wenn** der Käufer die Rüge **rechtzeitig** und **mit verkehrsüblichen Mitteln abgesendet** hat,[504] wie dies im übrigen auch der Regelung im UN-Kaufrecht entspricht (vgl. hierzu Rdnr. 1188). Für die **Praxis** ist aber dennoch zu berücksichtigen, dass der **BGH** – und damit in der Regel auch die Instanzgerichte[505] – auf einer analogen Anwendung des § 130 Abs. 1 S. 1 BGB bestehen, wonach der Käufer im Bestreitensfalle nicht nur die rechtzeitige Absendung, sondern auch den Zugang der Mängelrüge beim Verkäufer darlegen und beweisen muss.

cc) Frist. Ebenso wie die Untersuchung (dazu Rdnr. 975 ff.) hat gem. § 377 Abs. 1 HGB **985** auch die Anzeige von etwaigen Mängeln an den Verkäufer „**unverzüglich**", also wiederum ohne schuldhaftes Zögern, zu erfolgen, jedenfalls soweit keine feste Rügefrist vereinbart wurde. Anders als bei der Untersuchung, bei der jeweils die konkreten Einzelfallumstände zu beachten und zu prüfen sind, geht es nach der Untersuchung, wenn also etwaige Mängel bzw. deren Symptome bereits erkannt sind, bei der Rüge nur noch um eine **ordnungsgemäße und zügige Abwicklung der eigenen Geschäftskorrespondenz.**[506] Seitens der Rechtsprechung werden daher an das Merkmal der „Unverzüglichkeit" der Rüge zu Recht deutlich **strengere Anforderungen** gestellt[507] als an die Unverzüglichkeit der vorherigen Untersuchung. Aber auch hier bedeutet „unverzüglich" nicht unbedingt „sofort". So wird dem Käufer in aller Regel eine Rügefrist von **ein bis zwei Tagen** zugebilligt.[508] Etwas anderes gilt wiederum dann, wenn es sich um leicht und **schnell verderbliche Ware** handelt,[509] insbesondere um Obst, Gemüse o. ä. – hier kann u. U. sogar eine Rügefrist von

---

[501] BGH, NJW 1987, 2235; OLG Köln, NJOZ 2004, 4147, 4177.
[502] BGH, NJW 2001, 289; Palandt-*Ellenberger*, vor § 104 BGB Rdnr. 7.
[503] Ebenroth/Boujong/Joost/Strohn-*Müller*, § 377 HGB Rdnr. 131; *Reinicke*, JZ 1987, 1030, 1032.
[504] Str., wie hier Ebenroth/Boujong/Joost/Strohn-*Müller*, § 377 HGB Rdnr. 131 ff.; Baumbach/Hopt, § 377 HGB Rdnr. 41; *Mössle*, NJW 1988, 1190f; *Hager*, JR 1988, 287.
[505] So OLG Köln, NJOZ 2004, 4147, 4177 unter Bezugnahme auf BGH, NJW 1987, 2235.
[506] BGH, NJW-RR 2006, 851, 853; OLG Koblenz v. 4.1.2012, Az. 5 U 980/11 (Beck RS 2012, 09537); OLG Koblenz, NJW-RR 2004, 1553; Schlegelberger-*Hefermehl*, § 377 HGB Rdnr. 74, Ebenroth/Boujong/Joost/Strohn-*Müller*, § 377 HGB Rdnr. 110.
[507] BGH, NJW-RR 2006, 851, 853; BGH, NJW 1954, 1841; OLG Koblenz, NJW-RR 2004, 1553; vgl. auch OLG Köln, NJOZ 2004, 4174, 4176: zehn Tage bei Druckerzeugnissen nicht „unverzüglich".
[508] BGH, NJW-RR 1986, 52, 53; OLG Koblenz, NJW-RR 2004, 1553; OLG Köln, NJOZ 2004, 4174, 4176; *Grunewald*, NJW 1995, 1777, 1780.
[509] Ebenroth/Boujong/Joost/Strohn-*Müller*, § 377 HGB Rdnr. 110.

wenigen Stunden nach Entdeckung des Mangels gelten.[510] In diesen Fällen ist der Käufer zur Einhaltung solch kurzer Fristen auch gehalten, auf entsprechend **rasche Übermittlungsmethoden** wie z. B. Telefon,[511] Telefax oder E-mail zurückzugreifen. Bei der Beurteilung der Frage, ob eine Rüge rechtzeitig erfolgte, bleiben allerdings Wochenenden sowie gesetzliche Feiertage unberücksichtigt.[512]

986 Die **Rügefrist beginnt** gem. § 377 Abs. 1 HGB, wenn sich ein Mangel „zeigt". Insoweit ist **zwischen** den sog. **offenen** und den **verdeckten Mängeln zu unterscheiden:** Ein **offener Mangel** liegt vor, wenn der Mangel bei der Ablieferung oder der Untersuchung zu Tage tritt oder jedenfalls bei einer ordnungsgemäßen Untersuchung hätte erkannt werden können.[513] Erkannt ist der Fehler dabei, wenn der Käufer oder andere Personen, die in seinem Bereich tätig sind – und von denen nach der Verkehrsanschauung eine entsprechende Mitteilung an den Käufer erwartet werden konnte – den Mangel **wahrgenommen** haben.[514] Zeigt sich ein Mangel bereits **vor der Untersuchung,** beginnt die Rügefrist schon in diesem Moment, eine Untersuchungsfrist steht dem Käufer in Bezug auf diesen Mangel nicht mehr zu.[515] Die Rügefrist beginnt aber **frühestens mit der Ablieferung.**[516] Zeigt sich ein Mangel bereits vor Ablieferung, kann der Käufer zwar sofort rügen, er kann aber auch bis zum Zeitpunkt der Ablieferung warten.

987 Als **verdeckter Mangel** wird derjenige bezeichnet, der weder bei einer ordnungsgemäßen Untersuchung noch auf sonstige Weise zu Tage getreten ist und der – bei einer unterlassenen Untersuchung – mit an Sicherheit grenzender Wahrscheinlichkeit auch nicht in Erscheinung getreten wäre.[517] In letzterem Fall ist obliegt dem Käufer die **Beweislast** dafür, dass der Mangel auch bei einer ordnungsgemäßen Untersuchung nicht erkannt worden wäre.[518] Liegt ein solcher verborgener Mangel vor, regelt § 377 Abs. 3 HGB, dass eine Rüge **unverzüglich nach dessen Hervortreten** zu erfolgen hat,[519] wie etwa nach dem ersten Auftreten von Schäden oder Mängeln bei Endabnehmern.[520] Bezüglich der Dauer dieser Rügefrist gelten insoweit dieselben Grundsätze wie bei den offenen Mängeln.

988 **d) Rechtsfolgen der Versäumung.** Hat der Käufer seine Rügeobliegenheit versäumt, bestimmt § 377 Abs. 2 HGB, dass die Ware „als genehmigt" gilt. Das hat zur Folge, dass die **Ware als vertragsgerecht** gilt und dem Käufer **sämtliche Rechte,** die auf dem Mangel beruhen, **abgeschnitten** sind. Dies betrifft insbesondere die Gewährleistungsrechte aus § 437 BGB, also Nacherfüllung, Rücktritt, Minderung und Schadensersatz, aber auch Rechte aus unselbständigen Garantien (hierzu Rdnr. 1494).

989 Daneben sind aber auch Ansprüche auf **Ersatz von Mangelfolgeschäden** ausgeschlossen, was sich nach der Schuldrechtsreform bereits daraus ergibt, dass diese Ansprüche nun direkt den Gewährleistungsrechten des § 437 BGB unterfallen.[521] Ob durch die Genehmi-

---

[510] OLG München, BB 1957, 663 (Rüge am zweiten Tag nach Tomatenlieferung verspätet); Schlegelberger-*Hefermehl,* § 377 HGB Rdnr. 74.
[511] OLG München, BB 1957, 663.
[512] BGHZ 132, 175, 179
[513] BGH LM § 377 HGB Nr. 13.
[514] Ebenroth/Boujong/Joost/Strohn-*Müller,* § 377 HGB Rdnr. 118; *Grunewald,* NJW 1995, 1777, 1780.
[515] OLG Koblenz, NJW-RR 2004, 1553; Baumbach/*Hopt,* § 377 HGB Rdnr. 20.
[516] BGH, NJW 2000, 1415, 1416; BGH, NJW 1993, 461, 462; OLG Bremen, NJOZ 2002, 1432, 1436; MünchKommHGB-*Grunewald,* § 377 HGB Rdnr. 60; Baumbach/*Hopt,* § 377 HGB Rdnr. 19.
[517] OLG Köln, NJW-RR 2004, 1141; Ebenroth/Boujong/Joost/Strohn-*Müller,* § 377 HGB Rdnr. 119.
[518] Baumbach/*Hopt,* § 377 HGB Rdnr. 55.
[519] BGH, NJW-RR 2006, 851, 853.
[520] OLG Stuttgart, NJW-RR 2010, 933, 934; OLG München, NJOZ 2006, 861, 865.
[521] Zur dahingehenden Rechtsprechung vor der Schuldrechtsreform vgl. BGHZ 107, 331, 337; BGH, NJW 1996, 1537; Staub-*Brüggemann,* § 377 HGB Rdnr. 166.

A. Rechte des Käufers nach BGB

gungsfiktion der versäumten Rüge auch **deliktische Ersatzansprüche** des Käufers ausgeschlossen sind, ist strittig, im Einklang mit der Auffassung des BGH[522] aber zu verneinen. Dies ergibt sich schon aus der primär unterschiedlichen Schutzrichtung der vertraglichen und deliktischen Ersatzansprüche. Der Zweck der Rügeobliegenheit betrifft nur den vertraglichen Abwicklungsschutz des Verkäufers, nicht dagegen dessen Schutz vor deliktischer Verantwortung.[523] Im Rahmen der Deliktsnormen haftet der Verkäufer für das Integritätsinteresse, nicht dagegen für das durch den Vertrag geschützte Äquivalenzinteresse. Daher werden etwaige deliktische Ersatzansprüche des Käufers, jedenfalls soweit es um das gerade nicht von der kaufvertraglichen Haftung geschützte Integritätsinteresse geht, nicht von vornherein durch eine Versäumung der Rügeobliegenheit ausgeschlossen.[524] Allerdings kann eine solche Versäumung, je nach den Umständen des Einzelfalls, über die Berücksichtigung als **Mitverschulden** i. S. d. § 254 BGB zu einem anderen Ergebnis führen.[525]

Hat der Verkäufer allerdings den **Mangel arglistig verschwiegen,** so bestimmt § 377 Abs. 5 HGB, dass ihm die Berufung auf die Genehmigungsfiktion der unterlassenen Rüge versagt ist. In diesem Fall bleiben dem Käufer also trotz versäumter Rüge alle Rechte erhalten. Dies entspricht der Überlegung, dass das Interesse des Verkäufers an rascher Rechtsklarheit dann keinen Schutz verdient, wenn er dem Käufer einen Mangel arglistig verschweigt.[526] Die erforderliche **Arglist** setzt dabei eine Täuschungsabsicht voraus, also das Wissen oder zumindest den begründeten Verdacht, dass ein Mangel besteht, dass der Käufer ihn nicht erkennt und dass der Käufer bei Kenntnis die Ware beanstanden würde.[527] Ein **Verschweigen** liegt ferner nur dann vor, wenn der Verkäufer bewusst die nach Treu und Glauben gebotene Mitteilung des Mangels unterlässt,[528] was wiederum eine Aufklärungs- bzw. Offenbarungspflicht des Verkäufers voraussetzt.[529] Dem arglistigen Verschweigen eines Mangels ist im Übrigen auch das arglistige Vorspiegeln einer nicht vorhandenen Eigenschaft gleichzustellen.[530] Maßgeblicher **Zeitpunkt** für das arglistige Verschweigen/Vorspiegeln ist der der **Ablieferung.**[531]

990

Ob es sich bei der **Rügeversäumung** um eine von Amts wegen zu beachtende **Einwendung** oder aber um eine bloße (vom Verkäufer geltend zu machende) Einrede handelt, ist umstritten. Obwohl der auf den Schutz des Verkäufers abzielende Zweck des § 377 HGB mit der Zielrichtung der durch § 214 Abs. 1 BGB als Einrede ausgestalteten Verjährungsregeln weitgehend übereinstimmt,[532] und eine Einstufung als Einrede daher näher liegen würde,[533] soll es sich nach Ansicht des BGH und eines Großteils der Literatur um eine von Amts wegen zu beachtende Einwendung handeln.[534] Dies ist in der Praxis insofern bedeutsam, als danach eine Gewährleistungsklage des Käufers bereits unschlüssig ist, soweit sich aus

991

---

[522] BGH, NJW 1989, 707, 709; BGH, NJW 1988, 52.
[523] Ebenroth/Boujong/Joost/Strohn-*Müller*, § 377 HGB Rdnr. 207.
[524] So auch Staub-*Brüggemann*, § 377 HGB Rdnr. 168; Schlegelberger-*Hefermehl*, § 377 HGB Rdnr. 82; Baumbach/*Hopt*, § 377 HGB Rdnr. 50; *Müller*, ZIP 2002, 1181; a. A. *Schwark*, JZ 1990, 374, 379 f.; *ders.*, AcP 179 (1979), 57, 77 f.
[525] BGHZ 105, 346; BGHZ 101, 337.
[526] Ebenroth/Boujong/Joost-*Müller*, § 377 HGB Rdnr. 166.
[527] BGH, NJW 1986, 317.
[528] MünchKommHGB-*Grunewald*, § 377 HGB Rdnr. 89 f.; Baumbach/*Hopt*, § 377 HGB Rdnr. 52.
[529] Vgl. näher Baumbach/*Hopt*, § 377 HGB Rdnr. 52 m. w. N.
[530] BGH, NJW-RR 1992, 1076 m. w. N.; MünchKommHGB-*Grunewald*, § 377 HGB Rdnr. 89.
[531] BGH MDR 1955, 31; BGH, NJW 1986, 317; Baumbach/*Hopt*, § 377 HGB Rdnr. 51; a. A. MünchKommHGB-*Grunewald*, § 377 HGB Rdnr. 90 (Zeitpunkt des Gefahrübergangs).
[532] Ebenroth/Boujong/Joost/Strohn-*Müller*, § 377 HGB Rdnr. 153.
[533] *Müller*, ZIP 1997, 661, 665.
[534] BGH, NJW 1980, 782, 784; Staub-*Brüggemann*, § 377 HGB Rdnr. 148; Schlegelberger-*Hefermehl*, § 377 HGB Rdnr. 85.

ihr die Anwendbarkeit des § 377 HGB ergibt und der Kläger nicht vorträgt, den Mangel rechtzeitig gerügt zu haben.[535]

992 **e) Disponibilität der Untersuchungs- und Rügelast.** Die Vorschrift des § 377 HGB steht **grundsätzlich zur Disposition der Parteien.** Die Untersuchungs- und Rügeobliegenheiten und ihre Rechtsfolgen können daher durch Vereinbarung aufgehoben, verschärft oder abgemildert werden.[536] Dies ist auch **stillschweigend** möglich. Ob ein **Verzicht** auf den Einwand der verspäteten Mängelrüge vorliegt, kann nur im Wege der Würdigung der jeweiligen Einzelfallumstände beurteilt werden. Die Rechtsprechung hat beispielsweise in der vorbehaltlosen Zusage einer Nachbesserung oder Rücknahme der Ware[537] einen konkludenten Verzicht auf die Geltendmachung des Rügeversäumnisses gesehen, nicht dagegen bereits in einem Verhandeln über die Rüge zwecks gütlicher Einigung,[538] in einem Nachbesserungsangebot bei gleichzeitigem Insistieren auf sofortiger Bezahlung des Kaufpreises,[539] in der Vereinbarung eines sog. Reklamationsschemas,[540] in der nachträglichen Vereinbarung eines Probelaufs ohne Verzicht auf unverzügliche Kaufpreiszahlung[541] und auch noch nicht im Unterlassen des Verspätungseinwands in der ersten Instanz[542] (letzteres ergibt sich bereits aus dem von der Rechtsprechung angenommen Charakter des Verspätungseinwands als von Amts wegen zu beachtende Einwendung, vgl. Rdnr. 991).

993 **Modifizierungen der Rügelast** können z.B. in der Vereinbarung der Schriftform für die Rüge, in der Vereinbarung von bestimmten Rügefristen[543] (anstelle der gesetzlichen „unverzüglichen" Rüge), in der Festlegung eines abweichenden Zeitpunkts für den Beginn der Rügefrist oder auch in der teilweisen Einschränkung der Rügelast liegen.

994 Für die Modifizierung der Rügelast durch Allgemeine Geschäftsbedingungen gilt dies jedoch nur eingeschränkt. Auch wenn im unternehmerischen Verkehr aufgrund von § 310 Abs. 1 BGB die speziellen Klauselverbote der §§ 308 f. BGB keine Anwendung finden, so sind doch jedenfalls §§ 307, 305 c BGB zu beachten. Allgemein gilt hier, dass eine Verschärfung der Rügelast – auf welche Art und Weise auch immer – nur ausnahmsweise und nur bei einem besonderen Interesse des Verkäufers möglich ist, da § 377 HGB ohnehin schon hohe Anforderungen an den Käufer stellt und ein Rügeversäumnis weitreichende Wirkungen hat.[544] Deshalb darf z.B. nur eine solche Rügefrist festgelegt werden, die dem Käufer noch eine angemessene Reaktionszeit gibt. Hat der – schnell reagierende – Käufer dagegen praktisch keine reale Chance mehr zur Fristwahrung, weicht die entsprechende Klausel i.S.d. § 307 Abs. 2 Nr. 1 BGB von den wesentlichen Grundgedanken des § 377 HGB ab und ist somit unwirksam.[545]

---

[535] Ebenroth/Boujong/Joost/Strohn-*Müller*, § 377 HGB Rdnr. 152.

[536] Allg. Ansicht, vgl. BGH LM § 377 HGB Nr. 1; MünchKommHGB-*Grunewald*, § 377 HGB Rdnr. 119ff.; Staub-*Brüggemann*, § 377 HGB Rdnr. 172 m.w.N., Ebenroth/Boujong/Joost/Strohn-*Müller*, § 377 HGB Rdnr. 221 ff. m.w.N.

[537] BGH, NJW 1999, 1259; BGH, NJW 1991, 2633; OLG München, NJW 1986, 1111.

[538] BGH, NJW 1999, 1260; OLG München v. 7.2.2013, Az. 23 U 4160/12 (Beck RS 2013, 03054); Baumbach/*Hopt*, § 377 HGB Rdnr. 47; Ebenroth/Boujong/Joost/Strohn-*Müller*, § 377 HGB Rdnr. 221.

[539] BGH BB 1978, 1489, 1490.

[540] OLG München, NJOZ 2006, 861, 865.

[541] BGH BB 1978, 1489, 1490; OLG Koblenz, NJW-RR 2004, 1553, 1554.

[542] BGH, NJW 1991, 2633, 2634; BGH BB 1978, 1489, 1491 m.w.N.

[543] Vgl. aber OLG Koblenz, NJW-RR 2004, 1553, wonach auch die Vereinbarung einer Rüge „spätestens in zwei Wochen" nicht von der Obliegenheit der unverzüglichen Rüge nach Entdeckung des Mangels entbinden soll.

[544] Ebenroth/Boujong/Joost/Strohn-*Müller*, § 377 HGB Rdnr. 230.

[545] Ebenroth/Boujong/Joost/Strohn-*Müller*, § 377 HGB Rdnr. 235; MünchKommHGB-*Grunewald*, § 377 HGB Rdnr. 125ff.; noch strenger Baumbach/*Hopt*, § 377 HGB Rdnr. 58, die eine Verschärfung der Rügepflicht durch AGB generell für unzulässig halten.

Streitig ist, ob in Allgemeinen Geschäftsbedingungen eine **generelle Ausschlussfrist für verborgene Mängel** vorgesehen werden kann. Auch bei dieser Frage sollte beachtet werden, dass bereits die gesetzliche Regelung dem Käufer einiges abverlangt und eine generelle Ausschlussfrist für verborgene Mängel gerade nicht vorschreibt. Hat der Käufer die Ware sorgfältig untersucht (zu den Anforderungen siehe Rdnr. 962 ff.), und konnte der Sachmangel dadurch nicht entdeckt werden, ist kein Grund ersichtlich, für solche Fehler starre Fristen vorzusehen. Nach der hier vertretenen Auffassung widersprechen folglich auch Ausschlussfristen für verborgene Mängel den Grundgedanken des § 377 HGB und sind damit gem. § 307 Abs. 2 Nr. 1 BGB **nichtig**.[546] Eine Klausel, nach welcher Mängel nur binnen drei Tagen und ohne Rücksicht auf die Erkennbarkeit des Mangels gerügt werden können, ist in jedem Falle nichtig, da sie faktisch zum Ausschluss jeglicher Haftung des Verkäufers für verborgene Mängel führen würde.[547]

995

Umgekehrt kann die Rügepflicht – jedenfalls für offen zutage liegende Mängel – auch nicht durch den Käufer in dessen **Einkaufsbedingungen** komplett und ohne jegliche Kompensation für den Verkäufer abbedungen werden, da auch dies ein unzulässiger Eingriff in den Kernbereich des § 377 HGB wäre und an § 307 Abs. 1, Abs. 2 Nr. 1 BGB scheitern würde.[548] Eine solche unzulässige Rügeverzichtsklausel kann auch in einer in den AGB des Käufers enthaltenen **Garantiezusage** des Verkäufers liegen (dazu Rdnr. 1496). In den Fällen des Finanzierungsleasings und der Streckengeschäfte ist es ferner unzulässig, dem **nichtkaufmännischen Abnehmer** durch Allgemeine Geschäftsbedingungen eine Untersuchungs- und Rügeobliegenheit aufzuerlegen (vgl. dazu Rdnr. 955).

996

2. Fixhandelskauf

§ 376 HGB gibt dem Käufer – gemäß § 345 HGB **auch bei einseitigen Handelskäufen** – das Recht zu **Rücktritt** oder **Schadensersatz wegen Nichterfüllung,** sofern es sich bei dem Kauf um einen Fixhandelskauf handelt und der Verkäufer die **Lieferung nicht** zu dem **vereinbarten Liefertermin** bzw. nicht innerhalb der **vereinbarten Lieferfrist** bewirkt.

997

a) Voraussetzungen. Der Begriff des Fixhandelskaufs i. S. d. § 376 HGB meint **relative Fixgeschäfte,** bei denen die Einhaltung eines bestimmten Liefertermins bzw. einer bestimmten Lieferfrist ein so wesentlicher Bestandteil des Vertrags ist, dass nach dem Parteiwillen das **Geschäft mit der zeitgerechten Leistung stehen und fallen** soll und eine **verspätete Leistung** deshalb **nicht mehr** als **Erfüllung** angesehen werden kann.[549] Eine einseitige Bestimmung des Liefertermins genügt dafür nicht, sondern es muss vielmehr zwischen den Vertragsparteien Einigkeit darüber bestehen, dass ein bestimmter Liefertermin besteht und dass diesem **Fixcharakter** zukommt, dass also der Kauf mit der Einhaltung des Termins „stehen und fallen" soll.[550]

998

Eine solche Fixabrede setzt jedoch nicht unbedingt eine präzise Terminsvorgabe („12. November 2005") voraus, sondern kann auch in einer Fristbestimmung liegen, sofern diese präzise formuliert ist und sich der genaue Endzeitpunkt der Frist ohne weiteres feststellen lässt[551] (z. B. „Lieferung binnen zwei Monaten nach Vertragsschluss"). Allerdings macht auch

999

---

[546] Str., wie hier Ebenroth/Boujong/Joost/Strohn-*Müller*, § 377 HGB Rdnr. 232; Baumbach/Hopt, § 377 HGB Rdnr. 51; a. A. Schlegelberger-*Hefermehl*, § 377 HGB Rdnr. 81; MünchKommHGB-*Grunewald*, § 377 HGB Rdnr. 130 (Rügefrist für verdeckte Mängel zulässig, wenn sie nicht kürzer als die Verjährungsfrist ist).

[547] BGHZ 115, 326, ähnlich BGH, WM 1985, 1145.

[548] BGH, NJW 1991, 2633, 2634; MünchKommHGB-*Grunewald*, § 377 HGB Rdnr. 134, 144 m. w. N; Ebenroth/Boujong/Joost/Strohn-*Müller*, § 377 HGB Rdnr. 239.

[549] BGH, NJW-RR 1989, 1373; Ebenroth/Boujong/Joost/Strohn-*Müller*, § 376 HGB Rdnr. 1; MünchKommHGB-*Grunewald*, § 376 HGB Rdnr. 6; Palandt-*Grüneberg*, § 323 BGB Rdnr. 19 f.

[550] BGH, NJW-RR 1989, 1373; Ebenroth/Boujong/Joost/Strohn-*Müller*, § 376 HGB Rdnr. 2.

[551] BGH, NJW-RR 1998, 1489; MünchKommHGB-*Grunewald*, § 376 HGB Rdnr. 6.

5. Kapitel. Die Rechte des Käufers bei Pflichtverletzungen des Verkäufers

die genaueste Vereinbarung eines Liefertermins/einer Lieferfrist den Kauf allein noch nicht zu einem Fixgeschäft.[552] Erforderlich ist vielmehr zusätzlich eine Abrede, aus der sich auch der Fixcharakter der Terminsbestimmung, also das **überragende Interesse** des Käufers an der **zeitgerechten Lieferung** und das fehlende Interesse an einer verspäteten Erfüllung ergibt.[553] Bei der Annahme eines Fixgeschäfts ist allerdings grundsätzlich Zurückhaltung geboten. Jedwede nicht ausräumbare Zweifel gehen daher zu Lasten dessen, der sich auf das Vorliegen eines Fixhandelskaufs beruft.[554]

1000 **Kein Fixgeschäft** begründen daher Klauseln wie „ohne Nachfrist"[555] oder „Liefertermin Ernte 1991",[556] auch nicht Vereinbarungen wie „sofort" oder „binnen kürzester Frist".[557] Der **Fixcharakter** eines Handelskaufs kann aber durch **Termins- oder Fristbestimmungsklauseln** wie etwa „fix",[558] „genau", „prompt", „präzis", „spätestens", „Nachlieferung ausgeschlossen", oder auch „Lieferung zum Verkauf für Weihnachten"[559] begründet werden,[560] jedenfalls wenn diese Klauseln mit einer exakten Terminsangabe kombiniert werden.[561] Ein Fixgeschäft kann auch durch einen entsprechenden **Handelsbrauch** (dazu Rdnr. 513 ff.) begründet werden, wie z. B. bei Verwendung der **Incoterm-Klauseln** „cif" oder „fob".[562]

1001 Wird allerdings eine Fixklausel **nicht ausgehandelt**, sondern lediglich einseitig in den **AGB** einer Partei festgelegt (z. B. „alle vereinbarten Liefertermine und Lieferfristen gelten fix"), so ist dies nach der Rechtsprechung auch im kaufmännischen Verkehr überraschend i. S. d. § 305 c Abs. 1 BGB sowie unangemessen i. S. d. § 307 Abs. 1 BGB und folglich unwirksam, sofern keine weiteren konkreten Hinweise darauf vorliegen, dass der Vertrag nach dem Parteiwillen mit der Einhaltung des Liefertermins „stehen und fallen soll".[563] Anders sind solche AGB-Klauseln aber dann zu beurteilen, wenn es sich bei dem Vertrag schon „seiner Natur nach" um ein Fixgeschäft handelt (z. B. bei just-in-time-Lieferungen[564] oder bei Flugbeförderungsverträgen)[565] oder wenn Fixgeschäfte **branchenüblich** sind, denn hier verweist die Klausel lediglich auf einen ohnehin bereits bestehenden Fixcharakter.[566]

1002 **b) Rechte des Käufers bei Nichteinhaltung des Fixtermins.** Gemäß § 376 I HGB kann der Käufer, sofern ein Fixhandelskauf vorliegt und der Liefertermin bzw. die Lieferfrist nicht eingehalten wurden, ohne weiteres vom Vertrag **zurücktreten** (dazu sogleich Rdnr. 1003 ff.), oder, wenn der Verkäufer sich in **Verzug** befinden, **stattdessen auch Scha-**

---

[552] BGH DB 2001, 1553; OLG Brandenburg v. 3.5.2012, Az. 6 U 56/11 (Beck RS 2012, 25570); Palandt-*Grüneberg*, § 323 BGB Rdnr. 19 f.
[553] Ebenroth/Boujong/Joost/Strohn-*Müller*, § 376 HGB Rdnr. 11; MünchKommHGB-*Grunewald*, § 376 HGB Rdnr. 7.
[554] BGH, WM 1984, 639, 641; OLG Hamm, NJW-RR 1995, 350 f.
[555] BGH, NJW 1959, 933.
[556] OLG Hamm, NJW-RR 1995, 350, 351.
[557] MünchKommHGB-*Grunewald*, § 376 HGB Rdnr. 7; Baumbach/*Hopt*, § 376 HGB Rdnr. 8.
[558] BGH BB 1983, 1814.
[559] OLG Kassel, OLGE 43, 38.
[560] OLG München, DB 1975, 1789; MünchKommHGB-*Grunewald*, § 376 HGB Rdnr. 7; Ebenroth/Boujong/Joost/Strohn-*Müller*, § 376 HGB Rdnr. 12; Baumbach/*Hopt*, § 376 HGB Rdnr. 8; Palandt-*Grüneberg*, § 323 BGB Rdnr. 20, jeweils m. w. N.
[561] MünchKommHGB-*Grunewald*, § 376 HGB Rdnr. 7; Baumbach/*Hopt*, § 376 HGB Rdnr. 8.
[562] BGH MDR 1955, 344; OLG Karlsruhe, VersR 1975, 1043; Schlegelberger-*Hefermehl*, § 376 HGB Rdnr. 6.
[563] BGH, NJW 1990, 2065, 2067; BGH, WM 1989, 1180; BGH, NJW-RR 1989, 1373; MünchKommHGB-*Grunewald*, § 376 HGB Rdnr. 14.
[564] Ebenroth/Boujong/Joost/Strohn-*Müller*, § 376 HGB Rdnr. 20.
[565] OLG Düsseldorf, NJW-RR 1997, 930; OLG Düsseldorf, NJW-RR 1993, 823 f.; OLG Frankfurt a. M., NJW-RR 1997, 1136.
[566] Ebenroth/Boujong/Joost/Strohn-*Müller*, § 376 HGB Rdnr. 20; ähnlich MünchKommHGB-*Grunewald*, § 376 HGB Rdnr. 14 (nur bei Branchenüblichkeit); offengelassen von BGH, NJW 1990, 2065, 2067.

densersatz wegen Nichterfüllung** verlangen (Rdnr. 1006 ff.). Auf **Erfüllung** kann der Käufer dagegen nur dann bestehen, wenn er dies dem Verkäufer gegenüber „sofort" nach Verstreichen des Liefertermins bzw. nach Ablauf der Lieferfrist erklärt (hierzu Rdnr. 1010).

aa) Rücktritt. Das Rücktrittsrecht aus § 376 Abs. 1 HGB ist **allein** an die **Nichteinhaltung des Liefertermins** bzw. der **Lieferfrist** gebunden, insbesondere kommt es hier **nicht** auf ein **Vertretenmüssen** bzw. einen **Verzug** des Verkäufers an.[567] Allerdings kann die Ausübung des Rücktrittsrechts in Ausnahmefällen rechtsmissbräuchlich sein, so z. B. wenn die **Verspätung** der Leistung **geringfügig** und unter Würdigung der Einzelfallumstände unwesentlich war.[568] 1003

Ein **Rücktrittsrecht** ist ferner auch dann **ausgeschlossen,** wenn der Käufer selbst die Nichteinhaltung des Termins zu vertreten hat,[569] z. B. wenn er eine ihm obliegende, für die Terminseinhaltung wesentliche Mitwirkungspflicht nicht bzw. nicht rechtzeitig erfüllt hat. Des weiteren kommt ein Rücktritt auch dann nicht in Betracht, wenn der Verkäufer allein aufgrund eines ihm zustehenden Leistungsverweigerungsrechts – also rechtmäßigerweise – nicht termingerecht geliefert hat.[570] 1004

Die **Ausübung des Rücktrittsrechts** erfolgt durch formlose, einseitige und empfangsbedürftige Willenserklärung,[571] sie ist unwiderruflich.[572] Im Übrigen ist das Rücktrittsrecht unbefristet, es kann also sogar noch im Prozess gegenüber dem erfüllungsbereiten Verkäufer erklärt werden.[573] 1005

bb) Schadensersatz wegen Nichterfüllung. Anstatt den Rücktritt zu erklären, kann der Käufer gem. § 376 Abs. 1 HGB auch Schadensersatz wegen Nichterfüllung verlangen. Dies setzt jedoch zusätzlich voraus, dass sich der **Verkäufer** mit der Lieferung in **Verzug** befindet. Dies ist zwar gemäß § 286 Abs. 1, Abs. 2 Nr. 1 BGB bei der Überschreitung eines kalendermäßigen Liefertermins immer der Fall, der Unterschied zum Rücktrittsrecht liegt aber darin, dass der Verkäufer gemäß § 286 Abs. 4 BGB die Versäumung des Liefertermins bzw. der Lieferfrist auch **zu vertreten** haben muss, wobei die Beweislast für fehlendes Verschulden den Verkäufer trifft.[574] 1006

Schadensersatz kann ferner **nur statt des Rücktritts** verlangt werden, der Käufer kann nach Erklärung eines Rücktritts auch nicht mehr nachträglich zum Schadensersatzverlangen überwechseln, da der Vertrag dann bereits aufgelöst und in ein Rückabwicklungsschuldverhältnis umgewandelt worden ist.[575] Der Käufer muss sich daher vor einer Rücktrittserklärung genau überlegen, welches Vorgehen seinen Interessen am besten dient. Im Übrigen wird ein **Schadensersatzverlangen** – ebenso wie ein Rücktritt – durch formlose, einsei- 1007

---

[567] RGZ 108, 159; Ebenroth/Boujong/Joost/Strohn-*Müller*, § 376 HGB Rdnr. 1; MünchKomm-HGB-*Grunewald*, § 376 HGB Rdnr. 19; Baumbach/*Hopt*, § 376 HGB Rdnr. 10; a. A. KG, NJW 1960, 632.
[568] MünchKommHGB-*Grunewald*, § 376 HGB Rdnr. 19; Baumbach/*Hopt*, § 376 HGB Rdnr. 10.
[569] BGH DB 1965, 138; Ebenroth/Boujong/Joost/Strohn-*Müller*, § 376 HGB Rdnr. 31.
[570] BGH MDR 1965, 377; MünchKommHGB-*Grunewald*, § 376 HGB Rdnr. 19.
[571] Ebenroth/Boujong/Joost/Strohn-*Müller*, § 376 HGB Rdnr. 32.
[572] Baumbach/*Hopt*, § 376 HGB Rdnr. 10; Ebenroth/Boujong/Joost/Strohn-*Müller*, § 376 HGB Rdnr. 32.
[573] Str., wie hier Baumbach/*Hopt*, § 376 HGB Rdnr. 10; *Leßmann*, JA 1990, 143, 147; ähnlich Ebenroth/Boujong/Joost/Strohn-*Müller*, § 376 HGB Rdnr. 33; MünchKommHGB-*Grunewald*, § 376 HGB Rdnr. 17, die zwar keine Befristung des Rücktrittsrechts, wohl aber eine analoge Anwendung des § 350 BGB annehmen, so dass der Verkäufer dem Käufer eine angemessene Frist für die Ausübung des Rücktritts setzen kann; strenger RGZ 30, 62, wonach der Rücktritt „alsbald" bzw. „sofort" erklärt werden muss; offengelassen von BGH, NJW 1991, 1192, 1194.
[574] Ebenroth/Boujong/Joost/Strohn-*Müller*, § 376 HGB Rdnr. 36; näher Palandt-*Grüneberg*, § 286 BGB Rdnr. 39 ff.
[575] BGH, NJW 1988, 2878; BGH DB 1983, 385, 386.

tige und empfangsbedürftige Willenserklärung geltend gemacht, auch hier ist – abgesehen von einer etwaigen Verwirkung – bis zur Verjährungsgrenze keine Frist zu beachten.[576]

1008 Hinsichtlich der **Schadensberechnung** hat der Käufer zwei Möglichkeiten: Er kann zum einen den Nichterfüllungsschaden aufgrund eines Deckungskaufs **konkret**,[577] oder andererseits auch **abstrakt** berechnen, z. B. nach § 252 S. 2 BGB anhand der Differenz zwischen Markteinkaufspreis (Selbstkosten) und Vertragspreis.[578] Hat die Ware einen Börsen- oder Markteinkaufspreis, sind allerdings gemäß § 376 Abs. 2, 3 HGB bei der Schadensberechnung einige Besonderheiten zu beachten: Hier kann der Käufer zunächst – als zweite Möglichkeit einer abstrakten Schadensberechnung – als (Mindest-) Schaden die Differenz zwischen dem vertraglich vereinbarten Kaufpreis und dem Börsen- oder Markteinkaufspreis zur Zeit und am Ort der geschuldeten Leistung verlangen.

1009 Will der Käufer dabei allerdings der Schadensberechnung einen **Deckungskauf** zugrunde legen, ist dies gemäß § 376 Abs. 3 HGB zur Vermeidung von Preisspekulationen nur möglich, wenn dieser Deckungskauf **sofort nach Ablauf des Fixtermins** vorgenommen wird. „Sofort" bedeutet hier so rasch, wie es nach Handelsbrauch und Einzelfallumständen möglich ist, ohne dass es dabei auf schuldhaftes Zögern i. S. d. § 121 BGB ankäme.[579] Des weiteren muss der Deckungskauf (sofern er nicht in öffentlicher Versteigerung erfolgt) gemäß § 376 Abs. 3 S. 2 HGB durch einen hierzu öffentlich ermächtigten Handelsmakler oder eine zur öffentlichen Versteigerung befugte Person zum laufenden Preis erfolgen. Im Übrigen muss der Käufer den Verkäufer gemäß § 376 Abs. 4 S. 2 HGB von einem solchen Deckungskauf **unverzüglich benachrichtigen**.

1010 **cc) Erfüllung.** Obwohl ein Fixgeschäft in aller Regel gerade dadurch gekennzeichnet ist, dass eine Erfüllung nach Verstreichen des Fixtermins für den Käufer **wertlos** ist, ist es nicht ausgeschlossen, dass der Käufer in bestimmten Situationen – entgegen der ursprünglichen Fixvereinbarung – immer noch ein **Interesse an der Erfüllung des Vertrags** hat. Für diese Fälle sieht § 376 Abs. 1 S. 1 HGB vor, dass der Käufer – statt den Rücktritt zu erklären oder Schadensersatz zu verlangen – auch weiterhin **Erfüllung verlangen** kann. Da dies aber dem Wesen des Fixgeschäfts grundsätzlich widerspricht, kann ein solches Erfüllungsverlangen nur „**sofort**" nach Verstreichen des fixen Liefertermins oder der Lieferfrist erklärt werden, wobei sofort auch hier „ohne jede Verzögerung" bedeutet.[580] Diese **Anzeige des Erfüllungsverlangens** ist wiederum eine formlose, einseitige und empfangsbedürftige Willenserklärung. Sie kann auch konkludent erklärt werden, so wird z. B. in einer (vorbehaltlosen) Nachfristsetzung trotz Fristablaufs regelmäßig ein Erfüllungsverlangen zu sehen sein.[581] Das (wirksame) Erfüllungsverlangen hat dann zur Folge, dass sich das vertragliche Verhältnis von einem Fixhandelskauf in einen „gewöhnlichen" Handelskauf umwandelt,[582] es kann aber dennoch vertraglich (nicht einseitig) erneut zu einem Fixgeschäft mit einem neuen Fixtermin qualifiziert werden.

3. Vertragliche Haftungsmilderungen und -ausschlüsse

1011 **a) Bedeutung und Grenzen der Vereinbarungsmöglichkeit.** Auch im Handelsverkehr können vertragliche Vereinbarungen die Haftung des Verkäufers ausschließen oder mildern. In diesem Bereich sind grundsätzlich zunächst ebenfalls die **allgemeinen Schranken**

---

[576] Ebenroth/Boujong/Joost/Strohn-*Müller*, § 376 HGB Rdnr. 37.
[577] MünchKommHGB-*Grunewald*, § 376 HGB Rdnr. 23; Baumbach/*Hopt*, § 376 HGB Rdnr. 12.
[578] BGH, NJW-RR 2001, 985; MünchKommHGB-*Grunewald*, § 376 HGB Rdnr. 22.
[579] Baumbach/*Hopt*, § 376 HGB Rdnr. 12.
[580] BGH, NJW-RR 1998, 1489, 1490; Ebenroth/Boujong/Joost/Strohn-*Müller*, § 376 HGB Rdnr. 57.
[581] BGH, NJW-RR 1998, 1489, 1490; MünchKommHGB-*Grunewald*, § 376 HGB Rdnr. 27; Baumbach/*Hopt*, § 376 HGB Rdnr. 9.
[582] Ebenroth/Boujong/Joost/Strohn-*Müller*, § 376 HGB Rdnr. 61; Baumbach/*Hopt*, § 376 HGB Rdnr. 9.

zu beachten, die sich aus § 444 BGB (siehe Rdnr. 890 ff.) und § 276 Abs. 3 BGB (dazu Rdnr. 893 f.) sowie im Hinblick auf Haftungsbegrenzungsklauseln in vorformulierten, Allgemeinen Geschäftsbedingungen zusätzlich aus §§ 305 ff. BGB (dazu Rdnr. 165 ff. und sogleich Rdnr. 1012 ff.) ergeben. Bei § 276 Abs. 3 BGB, der einen Ausschluss der Haftung wegen Vorsatzes im Voraus untersagt, ist bezüglich der sich aus § 278 S. 2 BGB ergebenden Ausnahme, die eine solche Haftungsbeschränkung für vorsätzliches Verhalten von Erfüllungsgehilfen zulässt, für den Handelsverkehr bedeutsam, dass § 278 S. 2 BGB nicht auf Organe juristischer Personen anwendbar ist.[583] Diese sind zwar gesetzliche Vertreter, doch ist die Haftung von juristischen Personen für ihre Organe in §§ 31, 89, 276 BGB vorrangig geregelt. Die **Vorsatzhaftung für Organe** kann somit ebenfalls **nicht im Voraus ausgeschlossen** werden. Dies gilt gewohnheitsrechtlich auch für die Haftung persönlich haftender Gesellschafter einer OHG,[584] einer KG[585] oder einer Genossenschaft.[586]

b) Haftungsfreizeichnungen in Allgemeinen Geschäftsbedingungen. In AGB unter- **1012** liegen Haftungsbeschränkungsklauseln aufgrund der Inhaltskontrolle nach den §§ 305 ff. BGB strengeren Regeln. Für den Handelskauf bestehen allerdings mehrere **Besonderheiten,** die sich aus § 310 Abs. 1 BGB ergeben: Zum einen gelten hier gem. § 310 Abs. 1 S. 1 BGB **nicht** die **strengen Einbeziehungsvorschriften** des § 305 Abs. 2 und 3 BGB (vgl. dazu Rdnr. 168). Zum anderen erklärt § 310 Abs. 1 S. 1 BGB auch die expliziten Klauselverbote der §§ 308, 309 BGB (zu diesen vgl. Rdnr. 1013 ff.) für unanwendbar. Diese Einschränkungen des § 310 Abs. 1 BGB gelten immer dann, wenn die betreffenden Allgemeinen Geschäftsbedingungen **gegenüber einem Unternehmer** verwendet werden. Dies betrifft also auch einseitige Handelsgeschäfte, bei denen der Klauselverwender kein Unternehmer ist.

Maßstab der Inhaltskontrolle von Haftungsbeschränkungen ist beim Handelskauf auf- **1013** grund der Unanwendbarkeit der §§ 308, 309 BGB **allein die Generalklausel** des § 307 BGB. Sinn und Zweck dieser Beschränkung ist jedoch nicht etwa eine Reduktion des mit §§ 308, 309 BGB erreichten Schutzniveaus.[587] Vielmehr soll eine flexiblere Anwendung der Maßstäbe der §§ 305 ff. BGB im unternehmerischen Verkehr ermöglicht werden.[588] Daher stellt § 310 Abs. 1 S. 2 BGB ausdrücklich klar, dass Klauseln, die gegen §§ 308, 309 BGB verstoßen, aufgrund einer „Parallelwertung in der Unternehmersphäre[589]" nach § 307 BGB unwirksam sein können. Für die Praxis ist daher zu empfehlen, bei der Prüfung von Haftungsbeschränkungsklauseln trotz § 310 Abs. 1 S. 1 BGB zunächst den Maßstab der **§§ 308, 309 BGB** anzulegen. Wäre die Klausel danach unwirksam, so ist dies ein **Indiz** dafür, dass sie auch im Handelsverkehr zu einer unangemessenen Benachteiligung führt und damit nach § 307 BGB **unwirksam** ist,[590] es sei denn, sie kann gem. § 310 Abs. 1 S. 2, 2. Halbs. BGB mit Rücksicht auf die „im Handelsverkehr geltenden **Gewohnheiten und Gebräuche**" ausnahmsweise als angemessen angesehen werden. Als solche „Gewohnheit" des Handelsverkehrs kann z. B. berücksichtigt werden, dass ein Großhändler Geschäfte der betreffenden Art häufiger abschließt als ein Einzelhändler und daher mit deren Risiken besser vertraut ist als andere.[591] Mit dem Begriff „Gebräuche" meint § 310 Abs. 1 S. 2 BGB die Handelsbräuche i. S. d. § 346 HGB (vgl. dazu bereits Rdnr. 513 ff.). Die Inkorporation dieser handelsrechtlichen Besonderheiten in die Inhaltskontrolle bedeutet jedoch nicht, dass im Handelsverkehr auf die Interessenlage bzw. Schutzbedürftigkeit im Einzelfall abzustellen

---

583 BGH, NJW 1973, 456, 457; BGHZ 13, 198, 202 f.
584 Bamberger/Roth-*Grüneberg*, § 278 BGB Rdnr. 10.
585 BGH, NJW 1952, 537, 538; Palandt-*Grüneberg*, § 278 BGB Rdnr. 6.
586 BGH, NJW 1959, 379.
587 MünchKomm-*Wurmnest*, § 307 BGB Rdnr. 74; Bamberger/Roth-*Becker*, § 310 BGB Rdnr. 3.
588 Ulmer/Brandner/Hensen-*Brandner*, § 24 AGBG Rdnr. 7.
589 MünchKomm-*Basedow*, § 310 BGB Rdnr. 7 f.
590 BGH, NJW 2007, 3774, 3775; MünchKomm-*Wurmnest*, § 307 BGB Rdnr. 73; Palandt-*Grüneberg*, § 307 BGB Rdnr. 41; kritisch dazu *Berger*, NJW 2010, 465.
591 MünchKomm-*Wurmnest*, § 307 BGB Rdnr. 76; Palandt-*Grüneberg*, § 307 BGB Rdnr. 40.

wäre. Vielmehr ist auch hier bei der Inhaltskontrolle von AGB ein abstrakter, generalisierender Maßstab anzulegen.[592]

1014 Grenzen für die Vereinbarung von Haftungsbeschränkungen in Allgemeinen Geschäftsbedingungen werden insbesondere von den Klauselverboten des § 309 Nr. 7, 8 BGB gezogen (vgl. dazu Rdnr. 1015 ff.). Nach § 309 Nr. 7 Buchst. a BGB ist in Bezug auf **Schäden an Leben, Körper und Gesundheit** eine Freizeichnung von der Haftung des Verwenders oder seines gesetzlichen Vertreters oder Erfüllungsgehilfen – ohne Rücksicht auf den Verschuldensgrad – überhaupt nicht möglich, was über §§ 276 Abs. 3, 278 S. 2 BGB weit hinausgeht[593] (vgl. hierzu Rdnr. 893 f.).

1015 Bei **sonstigen Schäden** ist dagegen gem. § 309 Nr. 7 Buchst. b BGB ein Ausschluss leichter Fahrlässigkeit zulässig. Diese Verbote gelten über § 307 BGB grundsätzlich auch im Handelsverkehr.[594] Auch hier ist der Ausschluss der Vorsatzhaftung für Erfüllungsgehilfen nicht möglich. Bei grober und leichter Fahrlässigkeit wird jedoch nach der Art der Pflichtverletzung differenziert: Handelt es sich um wesentliche Vertragspflichten – sog. **Kardinalpflichten**[595] – kommt eine Haftungsfreizeichnung weder bei leichter[596] noch bei grober Fahrlässigkeit in Betracht,[597] auch nicht bei Erfüllungsgehilfen.[598] Bei der Verletzung **nicht wesentlicher Vertragspflichten** wird die Möglichkeit einer Haftungsfreizeichnung für leichte[599] und in Bezug auf Erfüllungsgehilfen auch für grobe Fahrlässigkeit[600] teilweise bejaht, eine verlässliche Rechtsprechung hat sich hierzu jedoch noch nicht herausgebildet.[601] Der BGH hat zuletzt einen Ausschluss der Haftung für grobe Fahrlässigkeit auch im unternehmerischen Verkehr untersagt; ob dagegen eine Beschränkung dieser Haftung möglich ist, hat er ausdrücklich offen gelassen.[602] Für die Praxis kann daher nur empfohlen werden, Haftungsbeschränkungen **nur für nichtwesentliche Pflichtverletzungen und leichte Fahrlässigkeit** zu vereinbaren. Zulässig ist dagegen im Handelsverkehr eine Haftungsbegrenzung auf „**typischerweise** bei Geschäften der betreffenden Art **entstehende Schäden**".[603] Von hoher praktischer Relevanz ist in diesem Zusammenhang ferner der Umstand, dass auch die **Verkürzung von Verjährungsfristen** und die Vereinbarung von Ausschlussfristen für Mängelrechte eine Haftungsbeschränkung i. S. d. § 309 Nr. 7 BGB darstellen,[604] so dass auch bei verjährungsverkürzenden Klauseln ein Vorbehalt für die § 309 Nr. 7 BGB unterfallenden Ansprüche notwendig ist.

---

[592] Bamberger/Roth-*Schmidt*, § 307 BGB Rdnr. 63; Palandt-*Grüneberg*, § 307 BGB Rdnr. 40.

[593] BGH, NJW 2007, 3774, 3775: Dieses Klauselverbot gilt uneingeschränkt auch im unternehmerischen Verkehr.

[594] Bamberger/Roth-*Becker*, § 309 Nr. 7 BGB Rdnr. 46; Palandt-*Grüneberg*, § 307 BGB Rdnr. 40.

[595] Näher zu diesem Begriff MünchKomm-*Wurmnest*, § 309 Nr. 7 BGB Rdnr. 26; Palandt-*Grüneberg*, § 307 BGB Rdnr. 33 ff.

[596] BGH, NJW 2001, 742, 743; BGH, NJW-RR 1988, 559, 561; näher MünchKomm-*Wurmnest*, § 309 Nr. 7 BGB Rdnr. 35.

[597] Palandt-*Grüneberg*, § 309 BGB Rdnr. 48; Bamberger/Roth-*Becker*, § 309 Nr. 7 BGB Rdnr. 47.

[598] BGH, NJW-RR 1996, 783, 788; BGH, NJW 1990, 255; BGH, NJW 1985, 915.

[599] BGH ZIP 1985, 687, 689.

[600] BGH, NJW 1988, 1785, 1788; OLG Oldenburg, VersR 1985, 57 f.; Jauernig-*Stadler*, § 309 BGB Rdnr. 9.

[601] Vgl. BGH, NJW-RR 2001, 342 f.; sowie die Zweifel bei Bamberger/Roth-*Becker*, § 309 Nr. 7 BGB Rdnr. 49; MünchKomm-*Wurmnest*, § 309 Nr. 7 BGB Rdnr. 34; Palandt-*Grüneberg*, § 309 BGB Rdnr. 48.

[602] BGH, NJW 2007, 3774, 3775 f.

[603] BGH, NJW 1993, 335; MünchKomm-*Wurmnest*, § 309 Nr. 7 BGB Rdnr. 36; Bamberger/Roth-*Becker*, § 309 Nr. 7 BGB Rdnr. 47; Ebenroth/Boujong/Joost/Strohn-*Joost*, § 347 HGB Rdnr. 48, 49.

[604] BGH, NJW 2007, 674, 675 f.; BGH, NJW 1995, 2224, 2225; OLG Nürnberg, NJW-RR 2000, 436; MünchKomm-*Wurmnest*, § 309 Nr. 7 BGB Rn. 23; Palandt-*Grüneberg*, § 309 BGB Rn. 44; Bamberger/Roth-*Henrich*, § 202 BGB Rn. 1.

A. Rechte des Käufers nach BGB

Bei den einzelnen Klauselverboten des § 309 Nr. 8 Buchst. a und b BGB ist zu differenzieren: § 309 Nr. 8 Buchst. a BGB, wonach das **Rücktrittsrecht** wegen einer **vom Verwender zu vertretenden Pflichtverletzung** (womit nicht Mängel der Kaufsache i. S. d. § 434 BGB gemeint sind, insoweit ist § 309 Nr. 8 Buchst. b BGB vorrangig, vgl. dazu sogleich Rdnr. 1017) nicht ausgeschlossen oder eingeschränkt werden darf, gilt über § 307 BGB auch beim Handelskauf.[605] Die Klauselverbote des § 309 Nr. 8 Buchst. b lit. aa–ff BGB gelten nur für den Kauf **neu hergestellter Sachen**.[606] Diesbezüglich ergeben sich für den Handelsverkehr einige Besonderheiten: Das Verbot eines **vollständigen Ausschlusses der Gewährleistungsrechte** des Käufers und der **Ersetzung der Eigenhaftung des Verkäufers durch** Einräumung von **Ansprüchen gegen Dritte** (§ 309 Nr. 8 Buchst. b lit. aa BGB) gilt auch beim Handelskauf.[607] Zulässig ist hier aber eine Klausel, wonach die Eigenhaftung des Verwenders nur subsidiär greift und von der vorherigen gerichtlichen Inanspruchnahme eines Dritten abhängig gemacht wird, sofern der Verwender dabei die bei dem Dritten nicht eintreibbaren Kosten der Inanspruchnahme zu ersetzen hat.[608]

1016

Eine **Beschränkung** der Mängelrechte **auf Nacherfüllung** (§ 309 Nr. 8 Buchst. b lit. bb BGB) ist dagegen auch im Handelskauf nicht möglich.[609] Ebenso ist § 309 Nr. 8 Buchst. b lit. cc BGB, der eine **Abwälzung von Nacherfüllungskosten** (§ 439 Abs. 2 BGB, vgl. dazu Rdnr. 671 ff.) auf den Käufer verbietet, grundsätzlich auch zwischen Unternehmern anzuwenden.[610] Allerdings sollen hier Kostenpauschalierungen zulässig sein, sofern dem Käufer eine angemessene Kompensation eingeräumt wird.[611] Zum Teil wird auch die Überwälzung unbedeutender Nacherfüllungskosten, die den Wert der Nachbesserung nicht in Frage stellen (z. B. Kosten der Rücksendung mangelhafter Ware) als zulässig erachtet.[612] Dies dürfte jedoch angesichts des Wortlauts des § 439 Abs. 2 BGB, welcher derartige Transportkosten ausdrücklich erwähnt, nur in Ausnahmefällen möglich sein. Ebenso gilt das Klauselverbot des § 309 Nr. 8 Buchst. b lit. dd BGB, wonach der Verkäufer eine Nacherfüllung nicht von einer **vorherigen Kaufpreiszahlung** des Käufers abhängig machen darf, uneingeschränkt auch im unternehmerischen Verkehr.[613]

1017

Die Regelung des § 309 Nr. 8 Buchst. b lit. ee BGB, die **zu kurze Mängelrügefristen** untersagt, ist dagegen beim Handelskauf nicht anwendbar.[614] Der Prüfungsmaßstab für Vereinbarungen über die Rügeobliegenheit ergibt sich hier allein aus § 307 Abs. 2 Nr. 1 BGB i. V. m. § 377 HGB. Danach sind z. B. Klauseln, nach denen auch verborgene Mängel innerhalb von drei Tagen nach Ablieferung zu rügen sind, unwirksam[615] (vgl. dazu auch Rdnr. 993 ff.). § 309 Nr. 8 Buchst. b lit. ff BGB, der die **Verkürzung der Verjährungsfristen** des § 438 Abs. 1 Nr. 2 BGB absolut untersagt und für sonstige Verjährungsfristen eine Untergrenze von einem Jahr vorsieht, ist in dieser starren Form im Handelsverkehr nicht

1018

---

[605] Bamberger/Roth-*Becker*, § 309 Nr. 8 Rdnr. 19; MünchKomm-*Wurmnest*, § 309 Nr. 8 BGB Rdnr. 9.
[606] Vgl. dazu BGH, NJW 2007, 674, 676 f.: Auch ein sechs Monate altes Hengstfohlen ist noch als „neu" anzusehen.
[607] BGH, NJW-RR 1993, 561; BGH, NJW 1991, 2632; Palandt-*Grüneberg*, § 309 BGB Rdnr. 60.
[608] BGHZ 92, 123; MünchKomm-*Wurmnest*, § 309 Nr. 8 BGB Rdnr. 30; Palandt-*Grüneberg*, § 309 BGB Rdnr. 60.
[609] BGH, NJW-RR 1986, 52, 53; MünchKomm-*Wurmnest*, § 309 Nr. 8 BGB Rdnr. 47.
[610] BGH, NJW 1981, 1510; Bamberger/Roth-*Becker*, § 309 Nr. 8 BGB Rdnr. 39.
[611] BGH, NJW 1996, 389; Jauernig-*Stadler*, § 309 BGB Rdnr. 14.
[612] Bamberger/Roth-*Becker*, § 309 BGB Rdnr. 39; Wolf/Horn/Lindacher, § 11 Nr. 10 Buchst. c AGBG Rdnr. 9.
[613] Jauernig-*Stadler*, § 309 BGB Rdnr. 15; Palandt-*Grüneberg*, § 309 BGB Rdnr. 30.
[614] Bamberger/Roth-*Becker*, § 309 Nr. 8 BGB Rdnr. 46.
[615] BGH, NJW 1992, 576; MünchKomm-*Wurmnest*, § 309 Nr. 8 BGB Rdnr. 67.

anzuwenden.⁶¹⁶ Gleichwohl muss auch einem Unternehmer noch ein hinreichender Zeitraum zur Prüfung und Geltendmachung seiner Rechte zur Verfügung stehen.⁶¹⁷ Unangemessene Verjährungserleichterungen sind insoweit nach § 307 BGB unwirksam,⁶¹⁸ soweit nicht schon § 309 Nr. 7 BGB eingreift (siehe Rdnr. 1015).

B. Rechte des Käufers nach UN-Kaufrecht

I. Überblick

1019 Unterfällt der Kaufvertrag dem Geltungsbereich des UN-Kaufrechts (dazu Rdnr. 50 ff.) so bestimmen sich die Rechte des Käufers, wenn der Verkäufer die ihm obliegenden, Pflichten (Rdnr. 519 ff.) nicht oder nicht hinreichend erfüllt, nach den Art. 45 ff. CISG. Danach kann der Käufer als **Rechtsbehelfe** insbesondere die **weitere Erfüllung** einschließlich **Nachbesserung** bzw. **Ersatzlieferung** (Art. 46–48 CISG), **Vertragsaufhebung** (Art. 49 CISG), **Minderung** (Art. 50 CISG), und **Schadensersatz** (Art. 45 Abs. 1 Buchst. b i.V. m. Art. 74–77 CISG) verlangen (zu den Rechtsbehelfen im Einzelnen vgl. Rdnr. 1029 ff.). Mit dem Begriff „Rechtsbehelfe" meint das CISG also alle klagbaren Ansprüche sowie Gestaltungsrechte des Käufers.⁶¹⁹ Die Vorschriften der Art. 46–52 CISG selbst stellen noch weitere Tatbestandsvoraussetzungen auf, so dass Art. 45 CISG, abgesehen von dem Schadensersatzanspruch aus Art. 45 Abs. 1 Buchst. b CISG, lediglich eine Rechtsgrundverweisung darstellt.⁶²⁰

1020 Die **Rechtsbehelfe** der Art. 45 ff. CISG stehen dem Käufer **unabhängig von der Art der** vorliegenden **Pflichtverletzung** zu. So macht es grundsätzlich keinen Unterschied, ob der Verkäufer nun überhaupt nicht, zu spät oder schlecht geliefert hat, ob das Eigentum nicht oder nur mit Rechten Dritter verschafft werden konnte oder ob eine Pflicht aus dem Vertrag oder dem CISG oder ob eine Haupt- oder Nebenpflicht verletzt wurde.⁶²¹ Art. 45 CISG erfasst vielmehr **jegliche Vertragsverletzung** des Verkäufers, wobei das CISG die Begriffe Vertragsverletzung und Nichterfüllung synonym gebraucht.⁶²² Es kommt insoweit jegliches Verhalten des Verkäufers in Betracht, das nicht dem Programm des konkreten Vertrags entspricht.

1021 Es ist auch **kein Verschulden** erforderlich.⁶²³ Der Verkäufer unterliegt damit einer rein objektiven Haftung, die allein daran anknüpft, dass er irgendeine Vertragspflicht („any of his obligations") nicht erfüllt hat. Dies gilt selbst dann, wenn die Nichterfüllung auf einem Grund beruht, die den Verkäufer gem. Art. 79 CISG von seiner Pflicht befreit, denn Art. 79 Abs. 5 CISG lässt die Rechtsbehelfe des Käufers ausdrücklich unberührt und lässt nur die

---

⁶¹⁶ Str., wie hier MünchKomm-*Basedow*, (4. Aufl.), § 309 Nr. 8 BGB Rdnr. 78 unter Hinweis auf die Gesetzesbegründung (BT-Drucks. 14/6040, S. 159); Bamberger/Roth-*Becker*, § 309 Nr. 8 BGB Rdnr. 50; nach a. A. soll § 309 Nr. 8 Buchst. b lit. ff BGB dagegen auch im Handelsverkehr anwendbar sein, vgl. Palandt-*Grüneberg*, § 309 BGB Rdnr. 77; ähnlich HK/*Schulte-Nölke*, § 309 BGB Rdnr. 42.

⁶¹⁷ Die Verkürzung der Rügefrist auf eine Woche wurde als wirksam angesehen, KG, NJW–RR 2007, 998, 999.

⁶¹⁸ BGH, NJW 1993, 2054; Bamberger/Roth-*Becker*, § 309 BGB Rdnr. 50.

⁶¹⁹ Soergel-*Lüderitz/Schüßler-Langenheine*, Art. 45 CISG Rdnr. 1.

⁶²⁰ *Achilles*, Art. 45 CISG Rdnr. 4; Staudinger-*Magnus*, Art. 45 CISG Rdnr. 14.

⁶²¹ Staudinger-*Magnus*, Art. 45 CISG Rdnr. 9 ff; *Herber/Czerwenka*, Art. 45 CISG Rdnr. 2; MünchKomm-*Huber*, Art. 45 CISG Rdnr. 4; Honsell-*Schnyder/Straub*, Art. 45 CISG Rdnr. 16 ff.

⁶²² Bianca/Bonell-*Will*, Art. 45 CISG Anm. 2.1.2.; Schlechtriem-*Huber*, Art. 45 CISG Rdnr. 6; Honsell-*Schnyder/Straub*, Art. 45 CISG Rdnr. 14.

⁶²³ MünchKomm-*Huber*, Art. 45 CISG Rdnr. 3; *Herber/Czerwenka*, Art. 45 CISG Rdnr. 3; Staudinger-*Magnus*, Art. 45 CISG Rdnr. 11.

B. Rechte des Käufers nach UN-Kaufrecht

Schadensersatzpflicht des Verkäufers entfallen[624] (hierzu Rdnr. 1103). Anders ist dies lediglich im Falle des Art. 80 CISG, der die Selbstverständlichkeit regelt, dass sich eine Partei nicht auf eine Vertragsverletzung der anderen Partei berufen kann, die sie selbst verursacht hat, d. h. der Käufer kann weder die Rechtsbehelfe der Art. 46–52 CISG noch Schadensersatz aus Art. 45 Abs. 1 Buchst. b CISG verlangen, wenn er selbst die Pflichtverletzung des Verkäufers zu vertreten hat[625] – dies entspricht dem Verbot des widersprüchlichen Verhaltens (venire contra factum proprium), das im nationalen Recht unter § 242 BGB fällt.

1022 Allerdings ist die **Schwere der Pflichtverletzung** ausschlaggebend dafür, welche der Rechtsbehelfe der Art. 46 ff. CISG dem Käufer im konkreten Leistungsstörungsfall zustehen. Das Übereinkommen unterscheidet hier danach, ob die Pflichtverletzung eine sog. **wesentliche Vertragsverletzung** war oder nicht.[626] Nur bei Vorliegen einer solchen – in Art. 25 CISG legaldefinierten (dazu Rdnr. 1040) – wesentlichen Vertragsverletzung kann der Käufer beispielsweise Ersatzlieferung (Art. 46 Abs. 2 CISG) oder Vertragsaufhebung (Art. 49 CISG) verlangen.

1023 Art. 71 ff. CISG regeln darüber hinaus weitere **Rechte,** die bei Pflichtverletzungen entstehen und auf die sich **beide Parteien** berufen können. So steht dem Käufer z. B. das Recht zur **Zurückhaltung seiner Leistungen,** also insbesondere der Kaufpreiszahlung zu, wenn der Verkäufer seine Pflichten nicht erfüllt (Rdnr. 1139 ff.).

1024 Zwar ist die Ausübung der Rechtsbehelfe des Käufers teilweise zeitgebunden (vgl. Art. 46 Abs. 2, 49 Abs. 2 CISG), ihr Entstehen ist aber nicht davon abhängig, dass der Käufer zuvor auf Pflichtverletzungen des Verkäufers in bestimmter Weise, z. B. durch eine Mahnung o. ä., reagiert hat. Anders ist dies lediglich bei Lieferung vertragswidriger oder rechtsmangelbehafteter (zum Begriff der Vertragswidrigkeit und des Rechtsmangels vgl. Rdnr. 1031 und Rdnr. 551 f., 577 ff.) Ware. Hier obliegt dem Käufer aufgrund der Art. 38, 39, 43, 44 CISG eine – in der Praxis äußerst bedeutsame – **Untersuchungs- und Rügepflicht,** welche derjenigen des § 377 HGB (Rdnr. 948 ff.) vergleichbar ist. Kommt der Käufer diesen Obliegenheiten nicht nach, riskiert er den Verlust sämtlicher Rechtsbehelfe (hierzu Rdnr. 1189 ff.), soweit die Unterlassung der Rüge nicht i. S. d. Art. 44 CISG entschuldigt war (dazu Rdnr. 1212 ff.). Diese Rügepflichten können jedoch auch entfallen, so insbesondere, wenn bei vertragswidriger Ware der Verkäufer den Mangel kennt oder grob fahrlässig nicht kennt, Art. 40 CISG (Rdnr. 1195 ff.). Bei Rechtsmängeln gilt dies jedoch gem. Art. 43 Abs. 2 CISG nur dann, wenn der Verkäufer den Mangel tatsächlich kennt[627] (vgl. Rdnr. 1208).

1025 Im Übrigen stehen auch die sich aus dem CISG ergebenden Rechte des Käufers bei Pflichtverletzungen des Verkäufers gem. Art. 6 CISG immer unter dem Vorbehalt, dass die Parteien keine **abweichenden Vereinbarungen** getroffen haben (zu vertraglichen Haftungsbeschränkungen vgl. Rdnr. 1223) und sich auch aus den maßgeblichen **Gebräuchen und Gepflogenheiten** nichts anderes ergibt.[628] Insoweit können die Parteien z. B. auch vereinbaren, dass bei einer gerichtlichen Auseinandersetzung das Gericht dem Verkäufer eine Frist zur Beseitigung der Vertragsverletzung setzen darf, was ansonsten durch Art. 45 Abs. 3 CISG untersagt ist.[629]

---

[624] Schlechtriem-*Huber*, Art. 45 CISG Rdnr. 10; Staudinger-*Magnus*, Art. 45 CISG Rdnr. 11; a. A. *Herber/Czerwenka*, Art. 45 CISG Rdnr. 3 der die Befreiungsmöglichkeit des Art. 79 CISG auf alle Rechtsbehelfe des Käufers ausweitet, allerdings ohne Begründung.
[625] Bamberger/Roth-*Saenger*, Art. 80 CISG Rdnr. 2; Staudinger-*Magnus*, Art. 45 CISG Rdnr. 12.
[626] Honsell-*Schnyder/Straub*, Art. 45 CISG Rdnr. 36; Staudinger-*Magnus*, Art. 45 CISG Rdnr. 10; *Stürner*, BB 2006, 2029, 2032.
[627] Honsell-*Magnus*, Vorbem. Art. 35–44 CISG Rdnr. 2.
[628] MünchKomm-*Huber*, Art. 45 CISG Rdnr. 30; *Piltz*, Int. KaufR, § 5 Rdnr. 8.
[629] Soergel-*Lüderitz/Schüßler-Langenheine*, Art. 45 CISG Rdnr. 13; Staudinger-*Magnus*, Art. 45 CISG Rdnr. 41.

5. Kapitel. Die Rechte des Käufers bei Pflichtverletzungen des Verkäufers

1026 Soweit allerdings die Gewährleistungsvorschriften des **CISG** anwendbar sind, stellen sie eine **abschließende Regelung** dar. Ein Rückgriff auf nationale Rechtsinstitute, wie etwa die Irrtumsanfechtung i. S. d. § 119 BGB, ist daneben ausgeschlossen.[630] So kann z. B. der Käufer, der die Rügefrist des Art. 39 Abs. 1 CISG versäumt hat, nicht noch durch Anfechtung des Vertrags, etwa wegen eines Eigenschaftsirrtums, seiner Zahlungspflicht entgehen.[631]

II. Verhältnis der Rechtsbehelfe untereinander

1027 Soweit ihre speziellen Voraussetzungen (vgl. dazu sogleich Rdnr. 1029 ff.) nebeneinander vorliegen, kann der **Käufer** zwischen den verschiedenen Rechtsbehelfen aus Art. 46 ff. CISG grundsätzlich **wählen**[632] – ihm steht insoweit ein ius variandi zu. Dabei stellt Art. 45 Abs. 2 CISG aber klar, dass der Anspruch auf **Schadensersatz** immer neben den anderen Rechtsbehelfen steht, also **zusätzlich** geltend gemacht werden kann.[633]

1028 Da die verschiedenen Rechtsfolgen der Rechtsbehelfe aus Art. 46 ff. CISG miteinander **nicht immer vereinbar**[634] sind, muss der Käufer eine solche Wahl auch treffen.[635] Weil die Rechtsbehelfe Vertragsaufhebung und Minderung Gestaltungsrechte sind,[636] kommt der Ausübung dieses Wahlrechts, also der Erklärung, dass ein konkreter Rechtsbehelf nunmehr geltend gemacht wird, mit ihrem Zugang beim Verkäufer (vgl. Rdnr. 1079) Gestaltungs- und damit **Bindungswirkung** zu. Der Käufer kann daher, nachdem er einen dieser Rechtsbehelfe zu Recht geltend gemacht hat, nicht mehr einseitig auf einen der anderen Rechtsbehelfe überwechseln. Verlangt der Käufer dagegen eine der Erfüllungsvarianten aus Art. 46 CISG, so tritt eine Bindungswirkung nur ein, wenn er dem Verkäufer hierfür auch eine Nachfrist i. S. d. Art. 47 CISG gesetzt hat, oder wenn dem Verkäufer gem. Art. 48 Abs. 1 CISG ein **Nacherfüllungsrecht** zusteht und er den Käufer gem. Art. 48 Abs. 2 CISG unter Fristsetzung zur Mitteilung darüber aufgefordert hat, ob er die Erfüllung annehme. In beiden Fällen ist die Bindungswirkung ausdrücklich angeordnet, Art. 47 Abs. 2, 48 Abs. 2 S. 2 CISG (Rdnr. 1038, 1087).

III. Einzelne Rechtsbehelfe

1. Erfüllung, Ersatzlieferung und Nachbesserung

1029 **a) Allgemeines und Systematik.** Art. 46 CISG steht an der Spitze der Rechtsbehelfe der Art. 45 ff. CISG und bringt damit zum Ausdruck, dass das Übereinkommen – wie auch das BGB (Rdnr. 619, 684) – die **Erfüllung und Durchführung des Vertrags** als **primäres** Ziel ansieht.[637] Der Verkäufer soll nicht die Möglichkeit haben, sich durch Leistung von

---

[630] OGH Wien, IHR 2001, 39; LG Aachen, RIW 1993, 761; MünchKommHGB-*Benicke*, Art. 45 CISG Rdnr. 3; *Herber/Czerwenka*, Art. 45 CISG Rdnr. 3, Art. 4 Rdnr. 13; Staudinger-*Magnus*, Vorbem. Art. 45 ff. CISG Rdnr. 6, Art. 45 CISG Rdnr. 43, Art. 4 Rdnr. 48 ff.

[631] MünchKommHGB-*Benicke*, Art. 45 CISG Rdnr. 3; Honsell-*Magnus*, Vorbem. Art. 35–44 CISG Rdnr. 5; näher MünchKomm-*Huber*, Art. 45 CISG Rdnr. 19 ff.

[632] Staudinger-*Magnus*, Art. 45 CISG Rdnr. 16 f.; Schlechtriem-*Huber*, Art. 45 CISG Rdnr. 19; *Achilles*, Art. 45 CISG Rdnr. 8.

[633] Bamberger/Roth-*Saenger*, Art. 45 CISG Rdnr. 8; Staudinger-*Magnus*, Art. 45 CISG Rdnr. 4.

[634] *Achilles*, Art. 45 CISG Rdnr. 8, Schlechtriem-*Huber*, Art. 45 CISG Rdnr. 19.

[635] Honsell-*Schnyder/Straub*, Art. 45 CISG Rdnr. 60.

[636] Staudinger-*Magnus*, Art. 45 CISG Rdnr. 17; a. A. in Bezug auf die Minderung: Schlechtriem-*Stoll*, Art. 45 CISG Rdnr. 30 (kein Gestaltungsrecht).

[637] BGH, NJW 1996, 2364, 2366; Bamberger/Roth-*Saenger*, Art. 46 CISG Rdnr. 2; Staudinger-*Magnus*, Art. 46 CISG Rdnr. 3; *Stürner*, BB 2006, 2029, 2032; a. A. Soergel-*Lüderitz/Schüßler-Langeheine*, Art. 46 CISG Rdnr. 1, die einen Vorrang des Erfüllungsanspruchs ablehnen.

Geldersatz seiner Naturalerfüllungspflicht zu entziehen, und der Käufer soll nicht jede Vertragsverletzung sofort zum Anlass zu nehmen können, statt der Leistung den Nichterfüllungsschaden zu liquidieren. Aus diesem Grunde sehen die Art. 46–49 CISG vor, dass der Käufer grundsätzlich erst nach Setzung einer **Nachfrist für die Lieferung** i. S. d. Art. 47 CISG den Vertrag aufheben (Art. 49 Abs. 1 Buchst. b CISG) und Schadensersatz wegen Nichterfüllung (Art. 45 Abs. 1 Buchst. b CISG) verlangen kann (zur Fristsetzung vgl. Rdnr. 1056 ff.).

Nach der **Systematik des Art. 46 CISG** kann der Käufer gem. Abs. 1 grundsätzlich **Erfüllung** (näheres Rdnr. 1035 ff.) verlangen, soweit er nicht bereits einen Rechtsbehelf ausgeübt hat, der mit einem solchen Erfüllungsverlangen unvereinbar ist.[638] Abs. 2 der Vorschrift stellt klar, dass auch bei Lieferung vertragswidriger Gattungsware und im Fall des Spezieskaufs bei Lieferung eines aliuds der Erfüllungsanspruch bestehen bleibt und sich weiter auf die Lieferung vertragsgemäßer Ware richtet (**Ersatzlieferung**, dazu Rdnr. 1039 ff.). Allerdings steht dieser Anspruch unter der Voraussetzung, dass die Vertragswidrigkeit eine wesentliche Vertragsverletzung i. S. d. Art. 25 CISG war (dazu Rdnr. 1040) und der Käufer die Ersatzlieferung innerhalb einer angemessenen Frist nach Absendung der Mängelanzeige verlangt hat. Sowohl bei Gattungs- als auch bei Spezieskäufen kann der Käufer nach Art. 46 Abs. 3 CISG auch **Nachbesserung** (dazu Rdnr. 1052 ff.) der vertragswidrigen Ware verlangen, soweit dies dem Verkäufer zumutbar ist. Auch dieser Rechtsbehelf muss innerhalb einer angemessenen Frist nach Absendung der Mängelrüge geltend gemacht werden. **1030**

Diese zusätzlichen Voraussetzungen des Art. 46 Abs. 2, 3 CISG gelten indessen **nur bei Sachmängeln, nicht** hingegen **bei Rechtsmängeln**. Dies ergibt sich daraus, dass das Übereinkommen in Art. 46 Abs. 2, 3 CISG ausschließlich von „nicht vertragsgemäßer", also vertragswidriger Ware spricht. Der Begriff der Vertragswidrigkeit ist jedoch ein terminus technicus, den das CISG ausschließlich für Sachmängel verwendet.[639] Zudem knüpfen Art. 46 Abs. 2, 3 CISG bei der Frist zur Geltendmachung der Rechtsbehelfe „Ersatzlieferung" und „Nachbesserung" auch ausschließlich an die Sachmängelrüge des Art. 39 CISG an, nicht jedoch an die Rechtsmängelrüge des Art. 43 CISG. Deshalb kann der Käufer bei Rechtsmängeln und Schutzrechtsbelastungen i. S. d. Art. 41, 42 CISG sein Erfüllungsverlangen unmittelbar auf Art. 46 Abs. 1 CISG stützen, ohne die Einschränkungen der Abs. 2, 3 beachten zu müssen.[640] **1031**

Im Übrigen ist nicht nur der Erfüllungsanspruch aus Art. 46 Abs. 1 CISG, sondern auch Ersatzlieferungs- und Nachbesserungsansprüche aus Art. 46 Abs. 2, 3 CISG[641] dann **ausgeschlossen, wenn** der Käufer bereits einen mit diesen Rechtsbehelfen **unvereinbaren, anderen Rechtsbehelf** (dazu Rdnr. 1037) ausgeübt hat. Ebenso stehen alle Rechtsbehelfe des Art. 46 CISG unter dem Vorbehalt des Art. 28 CISG.[642] Danach braucht das angerufene Gericht eine Pflicht zur **Naturalerfüllung** nur dann zu tenorieren, wenn das materielle Recht des angerufenen Gerichts einen solchen Erfüllungsanspruch kennt. Hiermit ist das **nationale Recht des Gerichts** gemeint, nicht das ansonsten über IPR berufene nationale Recht.[643] **1032**

---

[638] Grundlegend *Lehmkuhl*, Das Nacherfüllungsrecht des Verkäufers im UN-Kaufrecht, 2002.

[639] Schlechtriem-*Huber*, Art. 46 CISG Rdnr. 27; Schlechtriem-*Schwenzer*, Art. 41 CISG Rdnr. 20, Art. 42 Rdnr. 25.

[640] Str., wie hier MünchKomm-*Huber*, Art. 46 CISG Rdnr. 9; Soergel-*Lüderitz/Schüßler-Langenheine*, Art. 46 CISG Rdnr. 13; Staudinger-*Magnus*, Art. 46 CISG Rdnr. 17; Honsell-*Schnyder/Straub*, Art. 46 CISG Rdnr. 17; *Piltz*, Int. KaufR, § 5 Rdnr. 154; a. A. *Herber/Czerwenka*, Art. 46 CISG Rdnr. 6; Bianca/Bonell-*Will*, Art. 46 CISG Anm. 3.1.

[641] MünchKomm-*Huber*, Art. 46 CISG Rdnr. 12; Soergel-*Lüderitz/Schüßler-Langenheine*, Art. 46 CISG Rdnr. 14.

[642] Staudinger-*Magnus*, Art. 46 CISG Rdnr. 18, 31, 64; *Herber/Czerwenka*, Art. 46 CISG Rdnr. 3, 11.

[643] Näher hierzu Bamberger/Roth-*Saenger*, Art. 28 CISG Rdnr. 5 ff.; MünchKommHGB-*Benicke*, Art. 28 CISG Rdnr. 7 ff.

1033 Umstritten ist, wie sich eine **Entlastung des Verkäufers** i. S. d. Art. 79 CISG (näher dazu Rdnr. 1133 ff.), wonach er nicht für einen außerhalb seines Einflussbereichs liegenden Hinderungsgrund einstehen muss, auf den Erfüllungsanspruch des Käufers und damit auf die Rechtsbehelfe aus Art. 46 CISG auswirkt. Nach dem Wortlaut des Art. 79 Abs. 5 CISG bleiben zwar trotz der Befreiung des Verkäufers von seiner Leistungspflicht alle Rechtsbehelfe des Käufers außer Schadensersatzansprüchen bestehen. Dennoch wäre es widersprüchlich, dem Käufer einen Anspruch auf Erfüllung derjenigen Pflichten zuzugestehen, von denen der Verkäufer gem. Art. 79 Abs. 1 CISG gerade befreit werden soll.[644] Daher sind auch in diesen Fällen die Rechtsbehelfe des Art. 46 CISG ausgeschlossen.[645] Allerdings greift eine solche Befreiung und damit auch der Ausschluss der Rechtsbehelfe gem. Art. 79 Abs. 3 CISG immer nur für die Dauer des Leistungshindernisses, so dass nach Wegfall des Hindernisses die Rechtsbehelfe des Art. 46 CISG wieder aufleben.

1034 Eine Entlastung nach Art. 79 CISG ist sowohl bei objektiver als auch bei subjektiver **Unmöglichkeit** (Unvermögen) denkbar,[646] und zwar immer dann, wenn die Unmöglichkeit i. S. d. Art. 79 Abs. 1 CISG auf Gründen beruht, die außerhalb des Einflussbereichs des Verkäufers lagen und deren Überwindung von ihm vernünftigerweise nicht zu erwarten war (näher hierzu Rdnr. 1133 f.). Kommt eine solche Entlastung nicht in Betracht, erlöschen die Erfüllungsansprüche des Käufers aus Art. 46 CISG dennoch, soweit es sich um eine **objektive Unmöglichkeit** handelt, denn tatsächlich Unmögliches kann der Schuldner nicht leisten.[647] Bei lediglich **subjektiver Unmöglichkeit** (Unvermögen) bleibt dagegen beim Fehlen einer Entlastungsmöglichkeit – dies wird der Regelfall sein – der Erfüllungsanspruch bestehen.[648]

1035 **b) Erfüllung.** Art. 46 Abs. 1 CISG stellt klar, dass der Anspruch des Käufers **vorrangig auf Erfüllung in Natur** gerichtet ist.[649] Kommt der Verkäufer seinen Pflichten nicht nach, kann der Käufer gem. Art. 46 Abs. 1 CISG also die vertragsgemäße Erfüllung einfordern. Dies gilt gleichermaßen für **Haupt-** und **Nebenpflichten**.[650] Der Erfüllungsanspruch des Art. 46 Abs. 1 CISG besteht immer dann, wenn der Verkäufer die Ware **überhaupt nicht** oder **nicht am richtigen Ort** (zum Lieferort vgl. Rdnr. 522 ff.) liefert oder wenn er Nebenpflichten wie z. B. die Pflicht zur Übergabe der Dokumente (dazu Rdnr. 544 ff.) nicht erfüllt. Auch bei **unvollständiger Lieferung** ist Art. 46 CISG über die Verweisung des Art. 51 Abs. 1 CISG anwendbar.[651]

---

[644] Staudinger-*Magnus*, Art. 46 CISG Rdnr. 25; Schlechtriem-*Huber*, Art. 46 CISG Rdnr. 11.

[645] Str., wie hier Schlechtriem-*Huber*, Art. 46 CISG Rdnr. 11; Bianca/Bonell-*Tallon*, Art. 79 CISG Anm. 2.10.; Soergel-*Lüderitz/Schüßler-Langenheine*, Art. 46 CISG Rdnr. 15; Staudinger-*Magnus*, Art. 46 CISG Rdnr. 25; ähnlich MünchKomm-*Huber*, Art. 46 CISG Rdnr. 17; a. A. *Herber/Czerwenka*, Art. 79 CISG Rdnr. 23; Honsell-*Schnyder/Straub*, Art. 46 CISG Rdnr. 28; Schlechtriem-*Stoll*, Art. 79 CISG Rdnr. 55.

[646] Vgl. näher MünchKomm-*Huber*, Art. 46 CISG Rdnr. 18 f.; Soergel-*Lüderitz/Schüßler-Langenheine*, Art. 46 CISG Rdnr. 15; Schlechtriem-*Huber*, Art. 46 CISG Rdnr. 13; Staudinger-*Magnus*, Art. 46 CISG Rdnr. 26.

[647] Str., wie hier Schlechtriem-*Huber*, Art. 46 CISG Rdnr. 15; Staudinger-*Magnus*, Art. 46 CISG Rdnr. 26; Honsell-*Schnyder/Straub*, Art. 46 CISG Rdnr. 30; a. A. *Herber/Czerwenka*, Art. 46 CISG Rdnr. 4, Art. 79 Rdnr. 23, die den Erfüllungsanspruch grundsätzlich bestehen lassen, aber unter Rückgriff auf Art. 28 CISG darauf abstellen, ob dieser nach dem jeweiligen nationalen Recht auch bei Unmöglichkeit klagbar wäre.

[648] Soergel-*Lüderitz/Schüßler-Langenheine*, Art. 46 CISG Rdnr. 15; Staudinger-*Magnus*, Art. 46 CISG Rdnr. 27; Schlechtriem-*Huber*, Art. 46 CISG Rdnr. 17.

[649] Bamberger/Roth-*Saenger*, Art. 46 CISG Rdnr. 2; Honsell-*Schnyder/Straub*, Art. 46 CISG Rdnr. 1.

[650] Soergel-*Lüderitz/Schüßler-Langenheine*, Art. 46 CISG Rdnr. 2; Schlechtriem-*Huber*, Art. 46 CISG Rdnr. 9.

[651] Bamberger/Roth-*Saenger*, Art. 51 CISG Rdnr. 3; Honsell-*Schnyder/Straub*, Art. 46 CISG Rdnr. 15–17.

B. Rechte des Käufers nach UN-Kaufrecht

Ist allerdings eine **Lieferung erfolgt,** so kann der Erfüllungsanspruch in Bezug auf Sachmängel – dies gilt auch für die Lieferung eines aliuds[652] – nur noch unter den Einschränkungen der Abs. 2 und 3 verfolgt werden.[653] Die Erfüllung **vertraglicher Zusatzverpflichtungen** kann dagegen auch nach Lieferung noch nach Abs. 1 verlangt werden, die Einschränkungen der Abs. 2, 3 gelten für diese Ansprüche nicht.[654] **1036**

Ausgeschlossen ist der Erfüllungsanspruch des Art. 46 Abs. 1 CISG, **wenn** der Käufer bereits einen mit dem Erfüllungsverlangen **unvereinbaren Rechtsbehelf geltend gemacht** hat. Hierzu zählen die Rechtsbehelfe Vertragsaufhebung, Minderung und Schadensersatz wegen Nichterfüllung.[655] Hat der Käufer einen dieser Rechtsbehelfe geltend gemacht, so hat diese Erklärung Gestaltungswirkung und ist für den Käufer verbindlich,[656] womit der Erfüllungsanspruch erlischt.[657] Im Falle eines Vertragsaufhebungsverlangens ergibt sich diese Folge bereits ausdrücklich aus Art. 81 Abs. 1 S. 1 CISG. Ein Schadensersatzverlangen schließt weitere Erfüllungsansprüche jedoch nur aus, wenn **Schadensersatz wegen Nichterfüllung** verlangt wird, die bloße Liquidierung von **Mangelfolgeschäden** berührt den Erfüllungsanspruch dagegen nicht.[658] Auch tritt die Gestaltungswirkung nur dann ein, wenn der Käufer den jeweiligen Rechtsbehelf **zu Recht** geltend macht. Ist sein Verlangen dagegen unberechtigt, ist zu differenzieren: Erklärt sich der Verkäufer – etwa aus Kulanz – mit dem zu Unrecht geltend gemachten Rechtsbehelf einverstanden, liegt eine einverständliche Umgestaltung des Vertrags vor, mit der Folge, dass der Erfüllungsanspruch ebenfalls erlischt.[659] Widerspricht allerdings der Verkäufer dem unberechtigten Rechtsbehelf des Käufers, bleibt der Vertrag und damit auch der Erfüllungsanspruch unverändert bestehen, der Käufer kann in diesem Fall weiter gem. Art. 46 Abs. 1 CISG Erfüllung verlangen.[660] Sofern jedoch der Käufer trotz des Widerspruchs weiterhin auf der Durchführung des unberechtigten Rechtsbehelfs besteht, liegt darin in aller Regel seinerseits eine wesentliche Vertragsverletzung, die jetzt den Verkäufer zur Vertragsaufhebung und Geltendmachung von Schadensersatzansprüchen (Art. 61, 64 CISG, zu den Rechtsbehelfen des Verkäufers vgl. Rdnr. 1409 ff.) berechtigt.[661] **1037**

Wenn der Käufer seinen **Erfüllungsanspruch** gem. Art. 46 Abs. 1 CISG **geltend macht,** führt dies dagegen nicht zu einer Umgestaltung der vertraglichen Beziehungen. Der Käufer kann hier jederzeit von seinem Erfüllungsverlangen abgehen und **andere Rechtsbehelfe** geltend machen. Ihm steht insoweit ein **ius variandi** zu.[662] Hierfür gilt auch – anders als bei Art. 46 Abs. 2, 3 CISG – **keine Frist.** Eine zeitliche Grenze zieht lediglich das jeweils anwendbare nationale Verjährungsrecht.[663] Allerdings kann der Verkäufer den Käufer an dessen Erfüllungsverlangen binden, indem er ihn gem. Art. 48 Abs. 2 CISG auffordert, innerhalb einer angemessenen Frist zu erklären, ob er die Erfüllung annehme. Ferner **1038**

---

[652] Staudinger-*Magnus*, Art. 46 CISG Rdnr. 14, 34 f., 39; Honsell-*Schnyder/Straub*, Art. 46 CISG Rdnr. 18.
[653] *Herber/Czerwenka*, Art. 46 CISG Rdnr. 2; Staudinger-*Magnus*, Art. 46 CISG Rdnr. 10.
[654] Schlechtriem-*Huber*, Art. 46 CISG Rdnr. 9; Staudinger-*Magnus*, Art. 46 CISG Rdnr. 11 f.
[655] *Herber/Czerwenka*, Art. 46 CISG Rdnr. 5; Soergel-*Lüderitz/Schüßler-Langenheine*, Art. 46 CISG Rdnr. 14; Staudinger-*Magnus*, Art. 46 CISG Rdnr. 19; Honsell-*Schnyder/Straub*, Art. 46 CISG Rdnr. 24.
[656] Str., nach der Gegenansicht tritt eine Bindung erst ein, wenn sich der Verkäufer mit dem geltend gemachten Rechtsbehelf einverstanden erklärt, vgl. näher Rdnr. 971.
[657] Wie hier Staudinger-*Magnus*, Art. 46 CISG Rdnr. 19; Soergel-*Lüderitz/Schüßler-Langenheine*, Art. 46 CISG Rdnr. 14.
[658] Bianca/Bonell-*Will*, Art. 46 CISG Anm. 2.1.2.; Staudinger-*Magnus*, Art. 46 CISG Rdnr. 24.
[659] Schlechtriem-*Huber*, Art. 46 CISG Rdnr. 10, Art. 49 Rdnr. 67; Staudinger-*Magnus*, Art. 46 CISG Rdnr. 21; vgl. auch BGH, WM 1987, 1254 = IPRax 1988, 169 (für Vertragsaufhebung).
[660] MünchKomm-*Huber*, Art. 46 CISG Rdnr. 14; Staudinger-*Magnus*, Art. 46 CISG Rdnr. 22.
[661] Staudinger-*Magnus*, Art. 46 CISG Rdnr. 22.
[662] MünchKomm-*Huber*, Art. 46 CISG Rdnr. 23; Staudinger-*Magnus*, Art. 46 CISG Rdnr. 30.
[663] Vgl. Art. 3 VertragsG.

tritt eine **Selbstbindung** des Käufers an sein Erfüllungsverlangen dann ein, wenn er dem Verkäufer eine Nachfrist zur Erfüllung i. S. d. Art. 47 CISG setzt. Während dieser Fristen kann der Käufer nicht zu Vertragsaufhebung, Minderung oder Schadensersatz wegen Nichterfüllung übergehen, da diese Rechtsbehelfe i. S. d. Art. 47 Abs. 2, 48 Abs. 2 S. 2 CISG mit einem Erfüllungsverlangen unvereinbar sind.[664]

1039 **c) Ersatzlieferung.** Hat der Verkäufer tatsächlich **geliefert,** ist die Ware **aber nicht vertragsgemäß** und stellt die Vertragswidrigkeit zudem (bei Sachmängeln[665]) eine **wesentliche Vertragsverletzung** dar, kann der Käufer gem. Art. 46 Abs. 2 CISG Ersatzlieferung verlangen. Für **Gattungskäufe** ergibt sich im Prinzip schon aus Art. 46 Abs. 1, dass der Käufer bei Lieferung mangelhafter Gattungsware weiterhin Erfüllung des Vertrags, d. h. Lieferung vertragsgemäßer Ware, verlangen kann. Art. 46 Abs. 2 CISG kommt insoweit nur eine klarstellende und beschränkende Funktion zu.[666] Bei **Spezieskäufen** ist der Verkäufer von vornherein nicht verpflichtet, eine andere als gerade die verkaufte Ware zu liefern. Wird die verkaufte Sache geliefert, kommt ein Ersatzlieferungsanspruch daher nicht in Betracht, auch wenn die Ware mit Sachmängeln behaftet, also vertragswidrig, ist. Wird dagegen eine andere als die verkaufte Sache – also ein aliud – geliefert, besteht der Erfüllungsanspruch fort, und der Käufer kann auch Ersatzlieferung gem. Art. 46 Abs. 2 CISG verlangen.[667]

1040 Der Ersatzlieferungsanspruch setzt voraus, dass der vorliegende Mangel (vgl. Art. 35 CISG, dazu Rdnr. 553 ff.) sich als eine **wesentliche Vertragsverletzung** (fundamental breach of contract) darstellt.[668] Dieser Begriff ist in Art. 25 CISG abstrakt definiert. Danach ist ein wirtschaftlicher, kein technischer **Maßstab** anzulegen.[669] Der Vertragswidrigkeit der Ware muss zunächst **objektiv** ein **gravierendes Gewicht** zukommen.[670] Das ist beispielsweise bejaht worden bei völlig unbrauchbaren Schuhen[671] oder bei verbotswidrig gezuckertem Wein.[672] Entscheidend ist, ob dem Käufer zuzumuten ist, die Ware trotz des Mangels zu behalten und sich mit Schadensersatz bezüglich des Minderwerts oder Minderung zu begnügen, oder ob ihm in diesem Fall i. S. d. der Definition des Art. 25 CISG „im Wesentlichen das entgehen würde, was er nach dem Vertrag hätte erwarten dürfen".[673] Dies ist eine Einzelfallfrage, bei deren Beantwortung in erster Linie die Zweckbestimmung der Ware zu berücksichtigen ist.[674] Die Rechtsprechung tendiert z. T. dazu, den Begriff restriktiv auszulegen und im Zweifel eine wesentliche Vertragsverletzung zu verneinen.[675] Bei **Einzelhändlern** und bei Bestimmung der Ware zur Weiterverarbeitung oder zum eigenen Ge- oder Verbrauch wird ein objektiv gravierendes Gewicht des Mangels bei nahezu jedem Sachmangel anzunehmen sein, denn einem Einzelhändler ist der Weiterverkauf minderwer-

---

[664] Schlechtriem-*Huber*, Art. 47 CISG Rdnr. 18 ff; Art. 48 Rdnr. 32; Staudinger-*Magnus*, Art. 46 CISG Rdnr. 30.

[665] Bei Rechtsmängeln gelten die Einschränkungen des Art. 46 Abs. 2, 3 CISG nicht, vgl. Rdnr. 974

[666] MünchKomm-*Huber*, Art. 46 CISG Rdnr. 38; Schlechtriem-*Huber*, Art. 46 CISG Rdnr. 42.

[667] Staudinger-*Magnus*, Art. 46 CISG Rdnr. 34; Schlechtriem-*Huber*, Art. 46 CISG Rdnr. 22.

[668] *Stürner*, BB 2006, 2029, 2032; LG Frankfurt, EuZW 1994, 255.

[669] Soergel-*Lüderitz/Schüßler-Langeheine*, Art. 46 CISG Rdnr. 5.

[670] Staudinger-*Magnus*, Art. 46 CISG Rdnr. 39; Schlechtriem-*Huber*, Art. 46 CISG Rdnr. 31 ff.; a. A. offenbar OLG Hamburg, IHR 2001, 19, wonach es bereits ausreiche, wenn die Ware „insgesamt nicht der vertraglich vereinbarten Qualität" entspreche.

[671] OLG Frankfurt, NJW 1994, 1013, 1014 m. Anm. *Kappus*, NJW 1994, 984 ff.

[672] LG Trier, NJW-RR 1996, 564; Cour de Cassation Paris v. 23.01.1996, CLOUT Case 150.

[673] OLG Koblenz v. 21.11.2007, Az. 1 U 486/07 (Beck RS 2008, 19974); OLG Frankfurt, NJW 1994, 1013, 1014; LG Berlin v. 22.09.2006, Az. 3 O 124/05 (BeckRS 2007 03479); Bamberger/Roth-*Saenger*, Art. 25 CISG Rdnr. 3.

[674] Schlechtriem-*Huber*, Art. 46 CISG Rdnr. 35 ff.

[675] Schweizerisches BG, JHR 2010, 27, 28; zustimmend *Piltz*, NJW 2011, 2261, 2265.

tiger Ware an seine Kunden⁶⁷⁶ in aller Regel ebenso wenig wie einem sonstigen Käufer die eigene Verwendung minderwertiger Ware⁶⁷⁷ zuzumuten. Bei **Großhändlern** ist entscheidend, ob die Ware trotz ihrer Mängel marktgängig ist, ob sie sich also ohne besondere Schwierigkeiten zu einem angemessenen Preis absetzen lässt.⁶⁷⁸ Auch wenn insofern ein objektiv gravierender Mangel bejaht wird, kann eine wesentliche Vertragsverletzung weitergehend nur dann angenommen werden, wenn dieser Mangel nicht durch eine zumutbare Nachbesserung vollständig behoben werden kann und der Verkäufer sich einer solchen Nachbesserung nicht verweigert.⁶⁷⁹

Die Vertragsparteien können durch **vertragliche Vereinbarungen** – z. B. durch **Garantievereinbarungen** (dazu Rdnr. 1497 ff.) – auch konkretisieren, was als wesentliche Vertragsverletzung anzusehen ist.⁶⁸⁰ Auch aus **Gebräuchen** und **Gepflogenheiten** können sich Anhaltspunkte zur Bestimmung der Wesentlichkeitsgrenze ergeben. **1041**

Der Käufer kann gem. Art. 46 Abs. 2 CISG Nachlieferung nur **innerhalb** einer **angemessenen Frist nach** – **rechtzeitiger** – **Absendung der Mängelanzeige** i. S. d. Art. 39 CISG (dazu Rdnr. 1184 ff.) verlangen. Eine verspätete Mängelrüge setzt diese Frist nicht mehr in Gang. Das gilt selbst dann, wenn für die Verspätung eine Entschuldigung i. S. d. Art. 44 CISG (hierzu Rdnr. 1212 ff.) bestand.⁶⁸¹ War eine Mängelanzeige ausnahmsweise entbehrlich, etwa nach Art. 40 CISG (Rdnr. 1195 ff.), so beginnt die Frist in dem Zeitpunkt, zu dem die Mängelanzeige ohne Eingreifen der Ausnahme hätte abgesandt werden müssen.⁶⁸² **1042**

Eine bestimmte **Form** für die Erklärung des Ersatzlieferungsverlangens schreibt Art. 46 Abs. 2 CISG nicht vor. Es genügt daher – vorbehaltlich vertraglicher Formvereinbarungen – jede Art der Mitteilung. Sofern der Käufer die Mitteilung auf einem nach den Umständen geeigneten Weg absendet, trägt gem. Art. 27 CISG der Verkäufer das **Übermittlungsrisiko**. Hinsichtlich der **Fristdauer** sind auch hier die im Rahmen des Art. 38 f. CISG geltenden Grundsätze anzuwenden (vgl. Rdnr. 1174 ff., 1184 ff.), wonach eine Regelfrist von ca. einer Woche (fünf Arbeitstagen) zugrundegelegt werden kann, die ggf. aufgrund der jeweiligen Einzelfallumstände nach unten oder nach oben zu korrigieren ist.⁶⁸³ **1043**

Wenn der Verkäufer auf die Mängelanzeige hin zunächst eine Nachbesserung vorgeschlagen oder der Käufer zunächst gem. Art. 46 Abs. 3 CISG Nachbesserung verlangt hat, diese aber fehlschlägt, so ist dieser Umstand bei der Bemessung der Frist zu berücksichtigen. Ein Ersatzlieferungsanspruch muss dann innerhalb einer **angemessenen** Frist, nachdem das **Fehlschlagen der Nachbesserung** feststeht, geltend gemacht werden.⁶⁸⁴ **1044**

Die **Kosten einer Ersatzlieferung** trägt der Verkäufer. Dies ist zwar nicht ausdrücklich geregelt, folgt aber implizit bereits aus Art. 48 Abs. 1 S. 1 CISG. Die Kosten sind insoweit eine Schadensposition innerhalb des – gem. Art. 45 Abs. 2 CISG neben den ande- **1045**

---

⁶⁷⁶ Schlechtriem-*Huber*, Art. 46 CISG Rdnr. 37.
⁶⁷⁷ Schweizerisches BG, IHR 2010, 27; Schlechtriem-*Huber*, Art. 46 CISG Rdnr. 38.
⁶⁷⁸ BGH, NJW 1996, 2364, 2365; Schweizer BG, SZIER 1999, 179 ff.; Staudinger-*Magnus*, Art. 46 CISG Rdnr. 39; Schlechtriem-*Huber*, Art. 46 CISG Rdnr. 36.
⁶⁷⁹ OLG Köln, NJOZ 2003, 323; Schlechtriem-*Huber*, Art. 46 CISG Rdnr. 42; Staudinger-*Magnus*, Art. 46 CISG Rdnr. 40; *Piltz*, NJW 2005, 2126, 2129; *Kappus*, NJW 1994, 984, 985.
⁶⁸⁰ BGH, NJW 1996, 2364, 2366; MünchKommHGB-*Benicke*, Art. 25 CISG Rdnr. 11; Staudinger-*Magnus*, Art. 46 CISG Rdnr. 42.
⁶⁸¹ Soergel-*Lüderitz*/*Schüßler-Langenheine*, Art. 46 CISG Rdnr. 10; Staudinger-*Magnus*, Art. 46 CISG Rdnr. 44.
⁶⁸² So auch MünchKommHGB-*Benicke*, Art. 46 CISG Rdnr. 11; *Herber*/*Czerwenka*, Art. 46 CISG Rdnr. 8; a. A. Staudinger-*Magnus*, Art. 46 CISG Rdnr. 45; MünchKomm-*Huber*, Art. 46 Rdnr. 34, die ohne Begründung auf den Zeitpunkt der Entdeckung des Mangels abstellen.
⁶⁸³ Ähnlich Staudinger-*Magnus*, Art. 46 CISG Rdnr. 43; großzügiger MünchKomm-*Huber*, Art. 46 CISG Rdnr. 34.
⁶⁸⁴ MünchKomm-*Huber*, Art. 46 CISG Rdnr. 34; Schlechtriem-*Huber*, Art. 46 CISG Rdnr. 52.

ren Rechtsbehelfen verfolgbaren – Schadensersatzanspruchs des Käufers aus Art. 45 Abs. 1 Buchst. b CISG.[685]

1046 Gem. Art. 82 Abs. 1 CISG ist ein Ersatzlieferungsverlangen (und auch der Rechtsbehelf der Vertragsaufhebung aus Art. 49 CISG, dazu Rdnr. 1068 ff.) des Käufers **ausgeschlossen, wenn** dieser die **gelieferte Ware nicht im Wesentlichen unverändert zurückgeben** kann, soweit nicht eine der Ausnahmen des Art. 82 Abs. 2 Buchst. a–c CISG eingreift. Diese Rückgabepflicht entsteht in dem Moment, in dem der Käufer sein Ersatzlieferungsverlangen geltend macht.[686] Auch ein Zurückbehaltungsrecht bis zur Lieferung der Ersatzware steht dem Käufer nicht zu.[687] Rückgabe der Ware „**im wesentlichen unverändert**" (substantially in the condition ... received) bedeutet dabei, dass **geringfügige Abweichungen unbeachtlich** sind.[688] Bei der Beurteilung der Wesentlichkeit ist ein objektiver Maßstab einer vernünftigen Person in gleicher Lage anzulegen.[689] Insbesondere die Minderung des Handelswerts der Ware durch deren ordnungsgemäße Ingebrauchnahme[690] oder durch normale Abnutzung[691] wird in der Regel als unwesentliche Veränderung im Sinne dieser sog. Bagatellklausel anzusehen sein.

1047 Liegt jedoch eine **wesentliche Veränderung** der Ware vor, kommt es auf ein Verschulden des Käufers nicht an.[692] Ein Ersatzlieferungsverlangen (und auch die Vertragsaufhebung) ist in diesem Fall – vorbehaltlich der Ausnahmen des Art. 82 Abs. 2 CISG – ausgeschlossen. Dies wird regelmäßig bei **Zerstörung,**[693] **Untergang,**[694] **Verarbeitung,**[695] **Veräußerung**[696] (soweit dies nicht im normalen Geschäftsverkehr i. S. d. Art. 82 Abs. 2 Buchst. c CISG erfolgt ist), **Beschädigung** oder **sonstiger wesentlicher Verschlechterung**[697] der Ware der Fall sein. Ob der Käufer zur Rückgewähr der empfangenen Leistungen in der Lage ist oder nicht, ist im **Zeitpunkt** der Absendung des Ersatzlieferungsverlangens (bzw. der Vertragsaufhebungserklärung) zu beurteilen.[698] Wird die Rückgabe erst danach unmöglich, berührt dies den bereits geltend gemachten Rechtsbehelf nicht mehr.[699] Der Käufer, der seine Rückgabepflicht dann nicht mehr erfüllen kann, haftet jedoch dem Verkäufer auf Schadensersatz, da er für die Ware gem. Art. 86 CISG erhaltungspflichtig ist.[700]

1048 Greift einer der (abschließenden)[701] **Ausnahmetatbestände** des Art. 82 Abs. 2 CISG ein, so kann der Käufer **trotz** der **Unmöglichkeit der Rückgewähr** der Ware Ersatzlie-

---

[685] Schlechtriem-*Huber*, Art. 46 CISG Rdnr. 54; Honsell-*Schnyder/Straub*, Art. 46 CISG Rdnr. 42, 77.
[686] MünchKomm-*Huber*, Art. 82 CISG Rdnr. 6; Schlechtriem-*Huber*, Art. 46 CISG Rdnr. 53.
[687] Ein Antrag Norwegens, insoweit eine Zug-um-Zug-Verpflichtung vorzusehen, wurde auf der Wiener Konferenz abgelehnt, gleichwohl ist die Frage str., wie hier MünchKomm-*Huber*, Art. 46 CISG Rdnr. 43; Schlechtriem-*Huber*, Art. 46 CISG Rdnr. 53; Staudinger-*Magnus*, Art. 46 CISG Rdnr. 49; Honsell-*Schnyder/Straub*, Art. 46 CISG Rdnr. 62, a. A. *Herber/Czerwenka*, Art. 46 CISG Rdnr. 7.
[688] Honsell-*Weber*, Art. 82 CISG Rdnr. 7; Schlechtriem-*Leser/Hornung*, Art. 82 CISG Rdnr. 11.
[689] MünchKomm-*Huber*, Art. 82 CISG Rdnr. 4; Staudinger-*Magnus*, Art. 82 CISG Rdnr. 6.
[690] *Herber/Czerwenka*, Art. 82 CISG Rdnr. 3; a. A. MünchKommHGB-*Benicke*, Art. 82 CISG Rdnr. 3.
[691] MünchKomm-*Huber*, Art. 82 CISG Rdnr. 4; Soergel-*Lüderitz/Dettmeier*, Art. 82 CISG Rdnr. 3.
[692] Schlechtriem-*Leser/Hornung*, Art. 82 CISG Rdnr. 9; Staudinger-*Magnus*, Art. 82 CISG Rdnr. 9.
[693] Schlechtriem-*Leser/Hornung*, Art. 82 CISG Rdnr. 9.
[694] MünchKomm-*Huber*, Art. 82 CISG Rdnr. 4; Soergel-*Lüderitz/Dettmeier*, Art. 82 CISG Rdnr. 3.
[695] BGH, NJW 1997, 3311; OLG Hamm, IPRax 1983, 231 (zum EKG).
[696] OLG Düsseldorf, RIW 1994, 1050; Staudinger-*Magnus*, Art. 82 CISG Rdnr. 5.
[697] Staudinger-*Magnus*, Art. 82 CISG Rdnr. 5.
[698] MünchKomm-*Huber*, Art. 82 CISG Rdnr. 6; Schlechtriem-*Leser/Hornung*, Art. 82 CISG Rdnr. 6; Staudinger-*Magnus*, Art. 82 CISG Rdnr. 10 f.
[699] BGH, NJW 1997, 3311, 3312; OLG Frankfurt a. M., RIW 1991, 950, 952.
[700] Näher Schlechtriem-*Leser/Hornung*, Art. 82 CISG Rdnr. 13 ff.; Staudinger-*Magnus*, Art. 82 CISG Rdnr. 10 f., 14 f.; Honsell-*Weber*, Art. 82 CISG Rdnr. 13.
[701] Staudinger-*Magnus*, Art. 82 CISG Rdnr. 16.

ferung oder Vertragsaufhebung verlangen. Art. 82 Abs. 2 Buchst. a CISG bestimmt dabei zunächst, dass die Rechtsbehelfe Ersatzlieferung und Vertragsaufhebung dem Käufer erhalten bleiben, soweit die **Unmöglichkeit der Rückgewähr nicht auf** eine **Handlung** oder **Unterlassung des Käufers zurückzuführen** ist. Auf ein Verschulden des Käufers kommt es auch hier nicht an. Entscheidend ist allein, ob die Ursache der Verschlechterung oder Unmöglichkeit der Rückgabe der Sphäre des Käufers zuzurechnen war.[702] Soweit es um eine **Unterlassung** des Käufers geht, hat er hierfür allerdings nur dann einzustehen, wenn er – z. B. durch die Erhaltungspflicht aus Art. 86 CISG – zur Schadensabwendung verpflichtet war.[703] Aus der Erhaltungspflicht kann sich hier beispielsweise eine Pflicht zur Versicherung, sorgfältigen Lagerung oder Bewachung der Ware ergeben, deren Unterlassung bei einer – ansonsten nicht in die Sphäre des Käufers fallenden – Beschädigung der Ware dann zum Ausschluss von Ersatzlieferung und Vertragsaufhebung führen kann.[704]

Art. 82 Abs. 2 Buchst. b CISG regelt, dass ein Rechtsbehelfsausschluss dann nicht in Betracht kommt, wenn sich die **Ware nur infolge** der gem. Art. 38 CISG vom Käufer vorzunehmenden **Untersuchung** ganz oder teilweise **verschlechtert** hat **oder untergegangen** ist. Voraussetzung für diese Ausnahme ist, dass die Untersuchung nicht über das gebotene und angemessene Maß (zum Umfang und der Intensität der Untersuchung Rdnr. 1169 ff.) hinaus vorgenommen wurde.[705] Erfasst sind damit einerseits die Fälle, in denen eine Untersuchung notwendigerweise den (teilweisen) Verbrauch, die Verarbeitung o. ä. der Ware erfordert (z. B. bei Stichproben),[706] andererseits aber auch diejenigen Fälle, in denen die Ware aufgrund der ihr anhaftenden Mängel bei der Untersuchung – z. B. einem Probelauf einer Maschine – ganz oder teilweise zerstört oder beschädigt wird.[707]

1049

Art. 82 Abs. 2 Buchst. c CISG schließlich erhält dem Käufer die Rechtsbehelfe der Ersatzlieferung und Vertragsaufhebung, wenn die **Ware** nicht mehr zurückgegeben werden kann, weil sie **im normalen Geschäftsverkehr verkauft** wurde oder der **normalen Verwendung** entsprechend **verbraucht** oder **verändert** wurde, **bevor** der Käufer die **Vertragswidrigkeit entdeckt** hat **oder hätte entdecken müssen**. Diese auf den ersten Blick verwundernde Regelung wird verständlicher, wenn Art. 84 Abs. 2 Buchst. b CISG berücksichtigt wird. Denn danach muss der Käufer dem Verkäufer den Wert der durch den Verkauf oder die Verwendung der Ware erlangten Surrogate erstatten.[708] Neben Weiterveräußerung oder Verbrauch/Veränderung entsprechend der normalen Verwendung erfasst Art. 82 Abs. 2 Buchst. c CISG auch Veränderungen der Ware (insbesondere deren Abnutzung) durch **normalen Gebrauch**,[709] wobei hier in der Regel schon keine wesentliche Veränderung i. S. d. Art. 82 Abs. 1 CISG vorliegen wird.[710] Voraussetzung ist aber stets, dass der Käufer im Rahmen des **normalen Geschäftsgangs** (normal course of business) gehandelt hat. Maßstab hierfür ist wiederum gem. Art. 8 Abs. 2 CISG das Verhalten einer vernünftigen Person in objektiv gleicher Lage.[711] Daneben setzt der Ausnahmetatbestand des Art. 82 Abs. 2 Buchst. c CISG voraus, dass der Käufer bei der Weiterveräußerung oder -verwendung der Ware den Mangel ohne Fahrlässigkeit noch nicht kannte.[712]

1050

---

[702] Soergel-*Lüderitz/Dettmeier*, Art. 82 CISG Rdnr. 5; *Herber/Czerwenka*, Art. 82 CISG Rdnr. 6.
[703] Schlechtriem-*Leser/Hornung*, Art. 82 CISG Rdnr. 20; *Herber/Czerwenka*, Art. 82 CISG Rdnr. 6.
[704] MünchKomm-*Huber*, Art. 86 CISG Rdnr. 6; Staudinger-*Magnus*, Art. 82 CISG Rdnr. 20f.
[705] Honsell-*Weber*, Art. 82 CISG Rdnr. 21; Soergel-*Lüderitz/Dettmeier*, Art. 82 CISG Rdnr. 7.
[706] MünchKomm-*Huber*, Art. 82 CISG Rdnr. 17; Staudinger-*Magnus*, Art. 82 CISG Rdnr. 24.
[707] MünchKommHGB-*Benicke*, Art. 82 CISG Rdnr. 11; *Herber/Czerwenka*, Art. 82 CISG Rdnr. 8.
[708] Näher dazu Staudinger-*Magnus*, Art. 84 CISG Rdnr. 21ff.; Schlechtriem-*Leser/Hornung*, Art. 84 CISG Rdnr. 23ff.
[709] Staudinger-*Magnus*, Art. 82 CISG Rdnr. 27; *Piltz*, Int. KaufR, § 5 Rdnr. 173.
[710] Soergel-*Lüderitz/Dettmeier*, Art. 82 CISG Rdnr. 3.
[711] MünchKommHGB-*Benicke*, Art. 82 CISG Rdnr. 17; Schlechtriem-*Leser/Hornung*, Art. 82 CISG Rdnr. 82.
[712] *Herber/Czerwenka*, Art. 82 CISG Rdnr. 10; Soergel-*Lüderitz/Dettmeier*, Art. 82 CISG Rdnr. 10.

5. Kapitel. Die Rechte des Käufers bei Pflichtverletzungen des Verkäufers

1051 Ein Ausschluss nach Art. 82 Abs. 1 CISG bezieht sich im Übrigen immer nur auf die Rechtsbehelfe Ersatzlieferung und Vertragsaufhebung. **Andere Rechtsbehelfe** wie Minderung und Schadensersatz bleiben dem Käufer gem. Art. 83 CISG ausdrücklich **erhalten**.

1052 d) **Nachbesserung.** Sowohl bei Gattungs- als auch bei Spezieskäufen[713] kann der Käufer gem. Art. 46 Abs. 3 CISG wahlweise[714] auch Nachbesserung verlangen. Hierfür ist, anders als beim Ersatzlieferungsverlangen, auch **keine wesentliche Vertragsverletzung erforderlich**,[715] sondern Nachbesserung kann bereits dann verlangt werden, wenn die Ware **vertragswidrig** ist, der Käufer dies **rechtzeitig gerügt** sowie die Nachbesserung innerhalb einer **angemessenen Frist** nach der Rüge verlangt[716] hat und die Nachbesserung für den Verkäufer **zumutbar** ist. Nachbesserung umfasst nicht nur Reparaturen als solche, sondern auch die Auswechslung von defekten Teilen oder die Lieferung von Ersatzteilen.[717]

1053 Nicht zumutbar – hier ist in erster Linie auf die **Zumutbarkeit für den Verkäufer** abzustellen[718] – ist eine Nachbesserung insbesondere dann, wenn sie unwirtschaftlich ist,[719] z.B. wenn sie mit **unverhältnismäßig hohem Aufwand und Kosten** verbunden wäre und die Kosten einer Ersatzbeschaffung übersteigen würde.[720] Der für die Nachbesserung erforderliche Aufwand darf nicht in einem objektiven Missverhältnis zu dem Vorteil, den der Käufer durch die Nachbesserung erlangen würde, stehen.[721] Unzumutbar ist eine Nachbesserung folglich auch dann, wenn der Verkäufer weder Hersteller ist noch leicht einzuschaltende Dritte (z.B. Vertragswerkstätten) mit einer Reparatur betrauen kann[722] oder wenn der Käufer die erforderlichen Nachbesserungsarbeiten – etwa in einer eigenen Werkstatt – günstiger und effektiver ausführen könnte.[723] Auch ein Nachbesserungsverlangen muss der Käufer mit der Mängelrüge oder innerhalb einer **angemessenen Frist** danach **geltend machen**.[724]

1054 Wie die Rechtsbehelfe aus Art. 46 Abs. 1, 2 CISG ist auch eine Nachbesserung ausgeschlossen, wenn der Käufer bereits einen hiermit **unvereinbaren Rechtsbehelf** geltend gemacht hat (vgl. dazu Rdnr. 1037). Ebenso steht auch der Nachbesserungsanspruch unter dem Vorbehalt des Art. 28 CISG, ist also nur dann durchsetzbar, wenn das **nationale Recht** des angerufenen Gerichts für Ansprüche aus Kaufverträgen eine **Klage auf Erfüllung zulässt**.[725] Die Nachbesserung selbst ist vom **Verkäufer** auf **seine Kosten**[726] innerhalb an-

---

[713] MünchKomm-*Huber*, Art. 46 CISG Rdnr. 52; Schlechtriem-*Huber*, Art. 46 CISG Rdnr. 57.
[714] MünchKommHGB-*Benicke*, Art. 46 CISG Rdnr. 28; Staudinger-*Magnus*, Art. 46 CISG Rdnr. 53.
[715] Honsell-*Schnyder/Straub*, Art. 46 CISG Rdnr. 91; Soergel-*Lüderitz/Schüßler-Langenheine*, Art. 46 CISG Rdnr. 7.
[716] LG Oldenburg, NJW-RR 1995, 328; Cour d'Appel de Versailles v. 29.01.1998, CLOUT Case 225.
[717] OLG Hamm, OLGR 1995, 169 = IPRax 1996, 269; *Piltz*, Int. KaufR, § 5 Rdnr. 150; *Herber/Czerwenka*, Art. 46 CISG Rdnr. 9.
[718] MünchKomm-*Huber*, Art. 46 CISG Rdnr. 54; *Herber/Czerwenka*, Art. 46 CISG Rdnr. 10;
[719] Bamberger/Roth-*Saenger*, Art. 46 CISG Rdnr. 12; Staudinger-*Magnus*, Art. 46 CISG Rdnr. 61.
[720] Bianca/Bonell-*Will*, Art. 46 CISG Anm. 2.2.2.2.; Honsell-*Schnyder/Straub*, Art. 46 CISG Rdnr. 97.
[721] *Piltz*, Int. KaufR, § 5 Rdnr. 152, Schlechtriem-*Huber*, Art. 46 CISG Rdnr. 58.
[722] Soergel-*Lüderitz/Schüßler-Langenheine*, Art. 46 CISG Rdnr. 9.
[723] *Herber/Czerwenka*, Art. 46 CISG Rdnr. 10; Staudinger-*Magnus*, Art. 46 CISG Rdnr. 63.
[724] LG Oldenburg, NJW-RR 1995, 328; Cour d'Appel de Versailles v. 29.01.1998, CLOUT Case 225; Staudinger-*Magnus*, Art. 46 CISG Rdnr. 56.
[725] MünchKomm-*Huber*, Art. 46 CISG Rdnr. 53; Staudinger-*Magnus*, Art. 46 CISG Rdnr. 64.
[726] OLG Hamm, NJW-RR 1996, 179, 180; Schlechtriem-*Huber*, Art. 46 CISG Rdnr. 65; Staudinger-*Magnus*, Art. 46 CISG Rdnr. 65.

gemessener Frist am **Bestimmungsort der Ware**[727] vorzunehmen. Muss er die Ware zur Nachbesserung abtransportieren, hat er auch für Verladung und Transport zu sorgen, der Käufer muss ihm die Ware allerdings verladetauglich zur Verfügung stellen.[728]

Schlägt die **Nachbesserung fehl** oder wird sie vom Verkäufer **verweigert,** stehen dem Käufer wiederum sämtliche Rechtsbehelfe der Art. 45 ff. CISG zu.[729] Liegt ein objektiv gravierender Mangel vor, und schlägt eine mögliche und zumutbare Nachbesserung fehl oder wird sie vom Verkäufer verweigert, ist immer eine wesentliche Vertragsverletzung anzunehmen[730] (vgl. auch Rdnr. 1040), so dass der Käufer in diesem Fall auch Ersatzlieferung nach Art. 46 Abs. 2 CISG (hierzu Rdnr. 1039 ff.) oder Vertragsaufhebung nach Art. 49 CISG (dazu Rdnr. 1068 ff.) verlangen kann. Der Käufer kann aber auch die unterlassene oder fehlgeschlagene Nachbesserung im Wege der **Ersatzvornahme** selbst durchführen (lassen) und die dadurch entstandenen **Kosten** dem Verkäufer **als Schadensersatz** i. S. d. Art. 45 Abs. 1 Buchst. b, 74 ff. CISG in Rechnung stellen.[731]   1055

e) Nachfristsetzung zur Erfüllung. Den Käufer trifft zwar keine Pflicht, dem Verkäufer eine Nachfrist zur Erfüllung seiner Pflichten zu setzen,[732] Art. 47 Abs. 1 CISG räumt ihm eine solche **Möglichkeit** aber ausdrücklich ein. Die Norm bezieht sich auf die Erfüllung **jeder Vertragspflicht** des Verkäufers. Eine Nachfristsetzung ist daher nicht nur hinsichtlich der Lieferpflicht, sondern auch hinsichtlich der Pflicht zur Ersatzlieferung oder Nachbesserung (Art. 46 CISG) und für alle weiteren vereinbarten oder gesetzlichen Vertragspflichten des Verkäufers möglich.[733]   1056

Hat der Käufer eine solche Frist gesetzt, kann er gem. Art. 47 Abs. 2 CISG vor ihrem Ablauf keine weiteren Rechtsbehelfe außer dem Ersatz des Verzugsschadens (Art. 47 Abs. 2 S. 2 CISG) geltend machen. Diese **Bindungswirkung** tritt gem. Art. 47 Abs. 2 S. 1, 2. Halbs. CISG nur ausnahmsweise dann nicht ein, wenn der Verkäufer **mitgeteilt** hat, dass er seine Pflichten nicht innerhalb der Frist erfüllen werde. Hat der Käufer **bereits vor** der Setzung einer **Nachfrist** (berechtigterweise) **Minderung** oder **Vertragsaufhebung** verlangt, so geht die Nachfristsetzung ins Leere, denn in diesem Fall ist der Erfüllungsanspruch aus Art. 46 CISG bereits erloschen, eine Nachfrist kann folglich für diesen Anspruch nicht mehr gesetzt werden.[734] Ebenso ist eine **Nachfristsetzung wirkungslos,** wenn dem Verkäufer ein **Leistungsverweigerungsrecht,** etwa aus Art. 71 CISG (vgl. Rdnr. 1409 ff.), zusteht.[735]   1057

Neben dieser Beschränkung liegt die **Bedeutung** des Art. 47 CISG aber in erster Linie darin, dass er dem Käufer den Zugang zu dem Rechtsbehelf der **Vertragsaufhebung** gem. Art. 49 CISG **erleichtert.** Eine Vertragsaufhebung ist gem. Art. 49 Abs. 1 Buchst. a CISG grundsätzlich nur bei einer wesentlichen Vertragsverletzung i. S. d. Art. 25 CISG möglich. Diese Voraussetzung besteht jedoch nicht, wenn der Käufer eine Nachfrist i. S. d. Art. 47 CISG gesetzt hat, denn dann kann er gem. Art. 49 Abs. 1 Buchst. b CISG (dazu Rdnr. 1069) nach deren ergebnislosen Ablauf oder wenn der Verkäufer erklärt, innerhalb   1058

---

[727] Str., wie hier Honsell-*Schnyder/Straub*, Art. 46 CISG Rdnr. 104; Staudinger-*Magnus*, Art. 46 CISG Rdnr. 66; Bamberger/Roth-*Saenger*, Art. 46 CISG Rdnr. 14; a. A. MünchKomm-*Huber*, Art. 46 Rdnr. 59; MünchKommHGB-*Benicke*, Art. 46 CISG Rdnr. 25 (Ort der Belegenheit der Sache).
[728] OLG Karlsruhe, RIW 2003, 544 (BeckRS 2003 09235); *Piltz*, NJW 2005, 2126, 2130.
[729] Schlechtriem-*Huber*, Art. 46 CISG Rdnr. 67 f.; Bamberger/Roth-*Saenger*, Art. 46 CISG Rdnr. 14.
[730] Schlechtriem-*Huber*, Art. 46 CISG Rdnr. 43, 67.
[731] OLG Hamm, NJW-RR 1996, 179, 180; Honsell-*Schnyder/Straub*, Art. 46 CISG Rdnr. 109; Schlechtriem-*Huber*, Art. 46 CISG Rdnr. 67.
[732] Soergel-*Lüderitz/Schüßler-Langenheine*, Art. 47 CISG Rdnr. 1.
[733] Staudinger-*Magnus*, Art. 47 CISG Rdnr. 8; Honsell-*Schnyder/Straub*, Art. 47 CISG Rdnr. 8; mit anderer Begründung (analoge Anwendung), aber gleichem Ergebnis auch *Herber/Czerwenka*, Art. 47 CISG Rdnr. 9.
[734] *Herber/Czerwenka*, Art. 47 CISG Rdnr. 7.
[735] OLG Hamm, NJW 1984, 1307 f. (zum EKG).

der Frist nicht zu erfüllen, auch bei unwesentlichen Vertragsverletzungen Vertragsaufhebung verlangen. Dies vermeidet im Rechtsstreit die Diskussion, ob eine wesentliche Vertragsverletzung vorgelegen hat, wofür der Käufer im Regelfall des Art. 49 Abs. 1 Buchst. a CISG darlegungs- und beweispflichtig[736] wäre.[737]

1059 Eine weitere Funktion des Art. 47 CISG besteht darin, dass die Erklärungsfrist des Käufers für ein Vertragsaufhebungsverlangen nicht bereits ab dem Zeitpunkt der Kenntnis oder des Kennenmüssens der Vertragsverletzung läuft, sondern erst dann, wenn die dem Verkäufer gesetzte **Nachfrist** zur Erfüllung der Ersatzlieferungs- bzw. Nachbesserungspflicht abgelaufen ist oder dieser erklärt hat, dass er nicht innerhalb der Nachfrist erfüllen wird (vgl. Art. 49 Abs. 2 Buchst. b ii CISG, zum Ganzen auch Rdnr. 1087).[738]

1060 Das Recht zur **Nachfristsetzung entsteht erst, wenn** der für die jeweilige Verkäuferpflicht geltende **Erfüllungstermin verstrichen** ist und der Verkäufer **nicht geleistet** hat.[739] Bezogen auf die Lieferpflicht des Verkäufers bedeutet dies, dass der Käufer eine Nachfrist erst nach Verstreichen des Liefertermins oder des Lieferzeitraums (Art. 33 CISG, vgl. dazu Rdnr. 538 ff.) setzen kann. Zwar verlangt Art. 47 CISG nicht ausdrücklich einen Verzug des Verkäufers, doch ergibt sich aus dem Begriff der **Nachfrist** (additional period of time), dass die dem Verkäufer für die Leistung eingeräumte Zeit zuvor vollständig verstrichen sein muss.[740]

1061 Die **Fristsetzung** selbst kann **formlos** erfolgen,[741] was jedoch zu Beweisproblemen führen kann. Für ihre Wirksamkeit gilt auch hier die Absendetheorie des Art. 27 CISG, wonach es genügt, dass die Erklärung mit einem nach den Umständen geeigneten Mittel auf den Weg gebracht wurde. Die Nachfristsetzung muss weiterhin eine **ausdrückliche Leistungsaufforderung** enthalten. Es muss deutlich werden, dass der Käufer auf Erfüllung innerhalb der gesetzten Frist besteht.[742] Welche Rechtsbehelfe der Käufer bei ergebnislosem Fristablauf auszuüben beabsichtigt, muss er hingegen nicht mitteilen. Tut er es dennoch, kann er unter Umständen nach Treu und Glauben daran gebunden sein.[743]

1062 Die Nachfristsetzung des Käufers muss jedoch eine **bestimmte Frist** und daneben eine **konkrete Aufforderung** zur Erbringung der ausstehenden Leistung beinhalten. Eine Frist ist nur bestimmt, wenn sich aus ihr ein konkreter, kalendermäßig bestimmter oder bestimmbarer **Termin** entnehmen lässt (z. B. „bis zum 20.05." oder „innerhalb von drei Wochen"), Aufforderungen wie „dringend", „alsbald" oder „so schnell wie möglich" genügen dem nicht, sie sind wirkungslos.[744] Darüber hinaus muss der Fristsetzung ein gewisser **Nachdruck** zu entnehmen sein, allzu höfliche Formulierungen wie „wir hoffen, dass die Lieferung bis zum 20.05. eintrifft", genügen daher ebenfalls nicht.[745]

1063 Die gesetzte **Nachfrist** muss schließlich **angemessen** sein. Dies ist wiederum nach den **Umständen des Einzelfalls** zu beurteilen. Zu berücksichtigen sind insbesondere die Länge der vertraglichen Lieferzeit, das dem Verkäufer bei Vertragsschluss erkennbare Käuferinteresse an rascher Pflichterfüllung, Umfang und Schwierigkeit der Erfüllung der jeweiligen Leistungspflicht, der Grund ihrer Nichterfüllung sowie die Schwere der Verzögerungsfolgen

---

[736] BGH, NJW 1996, 2364; Honsell-*Schnyder/Straub*, Art. 49 CISG Rdnr. 125.
[737] Schlechtriem-*Huber*, Art. 47 CISG Rdnr. 2; Soergel-*Lüderitz/Schüßler-Langenheine*, Art. 47 CISG Rdnr. 1.
[738] Str., wie hier *Piltz*, Int. KaufR, § 5 Rdnr. 280; Schlechtriem-*Huber*, Art. 47 CISG Rdnr. 3, Art. 49 Rdnr. 52 ff.; a. A. Staudinger-*Magnus*, Art. 49 CISG Rdnr. 42; Honsell-*Schnyder/Straub*, Art. 49 CISG Rdnr. 86.
[739] Honsell-*Schnyder/Straub*, Art. 46 CISG Rdnr. 9 ff.; Staudinger-*Magnus*, Art. 47 CISG Rdnr. 14.
[740] Herber/Czerwenka, Art. 47 CISG Rdnr. 5; Schlechtriem-*Huber*, Art. 47 CISG Rdnr. 14.
[741] Bianca/Bonell-*Will*, Art. 47 CISG Anm. 2.1.3.1.; Herber/Czerwenka, Art. 47 CISG Rdnr. 3.
[742] MünchKomm-*Huber*, Art. 47 CISG Rdnr. 10; Schlechtriem-*Huber*, Art. 47 CISG Rdnr. 7.
[743] MünchKommHGB-*Benicke*, Art. 47 CISG Rdnr. 4; Herber/Czerwenka, Art. 47 CISG Rdnr. 3.
[744] Schlechtriem-*Huber*, Art. 47 CISG Rdnr. 6 f.; Bianca/Bonell-*Will*, Art. 47 CISG Anm. 2.1.3.1.
[745] Herber/Czerwenka, Art. 47 CISG Rdnr. 3; Staudinger-*Magnus*, Art. 47 CISG Rdnr. 18.

B. Rechte des Käufers nach UN-Kaufrecht

für den Käufer.[746] Vorrangig ist dabei auf die Sicht eines vernünftigen Käufers abzustellen.[747] Ist die vom Käufer gesetzte Frist zu kurz bemessen, **setzt dies eine angemessene Frist in Lauf.**[748] Da diese Fristverlängerung im Interesse des Käufers geschieht, dessen Fristsetzung ansonsten wirkungslos wäre, muss sich die Verlängerung einer zu kurzen Frist auch auf die Bindungswirkung des Art. 47 Abs. 2 CISG (hierzu Rdnr. 1057) erstrecken.[749] Der Käufer kann daher vor Ablauf der angemessenen Frist weder die Vertragsaufhebung nach Art. 49 Abs. 1 Buchst. b CISG verlangen noch – wegen der Bindungswirkung aus Art. 47 Abs. 2 S. 1 CISG – auf andere Rechtsbehelfe umschwenken.

Verweigert der Käufer **nach** Ablauf der **zu kurzen Frist**, aber **vor** Ablauf der **angemessenen Frist** die **Annahme** der Ware, liegt hierin seinerseits eine Vertragsverletzung, die jetzt den Verkäufer zur Aufhebung des Vertrags gem. Art. 72 Abs. 1, 3 CISG berechtigt.[750] Hat der Käufer hingegen eine **zu lang bemessene Frist** gesetzt, kann er auch erst nach deren Ablauf Vertragsaufhebung verlangen, auch die Geltendmachung anderer Rechtsbehelfe ist ihm bis dahin gem. Art. 47 Abs. 2 S. 1 CISG versperrt, da dem Verkäufer innerhalb dieser Frist Erfüllung erlaubt ist und der Käufer mit einer großzügigen Frist angezeigt hat, dass sein Erfüllungsverlangen offenbar nicht allzu dringlich ist.[751]

1064

Die in Art. 47 Abs. 2 S. 1 CISG angeordnete **Bindungswirkung** der Fristsetzung hat auch zur **Folge**, dass der Käufer während des Fristlaufs **keine Rechte** aus der Vertragsverletzung des Verkäufers herleiten darf.[752] Hiervon **ausgenommen** ist gem. Art. 47 Abs. 2 S. 2 CISG lediglich der **Schadensersatz wegen Verzugs.** Diese Regelung schützt den Verkäufer, der im Vertrauen auf die Nachfrist kostspielige Erfüllungsmaßnahmen eingeleitet hat, daneben verbietet sie dem Käufer, sich in Widerspruch zu seinem befristeten Erfüllungsverlangen zu setzen, beispielsweise indem er vor Fristablauf Vertragsaufhebung verlangen würde.[753] Der **Erfüllungsanspruch** selbst wird davon nicht berührt, er ist für die Dauer der Frist lediglich **nicht durchsetzbar.**[754] Die Bindungswirkung entfällt gem. Art. 47 Abs. 2 S. 1, 2. HS CISG jedoch dann, wenn der Verkäufer vor Fristablauf die **Erfüllung verweigert,** wenn er also unzweifelhaft und endgültig deutlich macht, dass er nicht erfüllen wird. In diesem Fall kann der Käufer sofort den Vertrag aufheben (Art. 49 Abs. 1 Buchst. b CISG) oder andere Rechtsbehelfe seiner Wahl geltend machen. Die **Verweigerungserklärung** muss dem Käufer allerdings – abweichend von Art. 27 CISG – **zugehen.**[755] Ebenso entfällt

1065

---

[746] OLG Stuttgart v. 31.03.2008, Az. 6 U 220/07 (Beck RS 2008, 06273); OLG Celle v. 24.05.1995, CISG-Online Case 152; Bianca/Bonell-*Will*, Art. 47 CISG Anm. 2.1.3.2.; Schlechtriem-*Huber*, Art. 47 CISG Rdnr. 9; Staudinger-*Magnus*, Art. 47 CISG Rdnr. 19.

[747] LG Hannover, IPRax 1985, 103 (zum EKG); *Piltz*, IPRax 1985, 84, 85; *Herber/Czerwenka*, Art. 47 CISG Rdnr. 4.

[748] So auch OLG Karlsruhe v. 14.02.2008, Az. 9 U 46/07 (Beck RS 2008, 06001); OLG Naumburg, TranspR-IHR 2000, 22, 23; OLG Celle v. 24.05.1995, CISG-Online Case 152; Schlechtriem-*Huber*, Art. 47 CISG Rdnr. 10 ff.; Staudinger-*Magnus*, Art. 47 CISG Rdnr. 20; Soergel-*Lüderitz/Schüßler-Langenheine*, Art. 47 CISG Rdnr. 7; *Herber/Czerwenka*, Art. 47 CISG Rdnr. 4; a. A. Honsell-*Schnyder/Straub*, Art. 47 CISG Rdnr. 24 (zu kurze Frist hat keinerlei Wirkung).

[749] Str., wie hier Staudinger-*Magnus*, Art. 47 CISG Rdnr. 20; Soergel-*Lüderitz/Schüßler-Langenheine*, Art. 47 CISG Rdnr. 7; a. A. MünchKomm-*Huber*, Art. 47 CISG Rdnr. 13; Schlechtriem-*Huber*, Art. 47 CISG Rdnr. 11 f. (Aufhebungsrecht zwar erst nach hypothetischer, angemessener Frist, Bindung jedoch nur an die tatsächlich gesetzte, kurze Frist).

[750] *Piltz*, Int. KaufR, § 5 Rdnr. 234; *Herber/Czerwenka*, Art. 47 CISG Rdnr. 4.

[751] So auch Schlechtriem-*Huber*, Art. 47 CISG Rdnr. 13; Soergel-*Lüderitz/Schüßler-Langenheine*, Art. 47 CISG Rdnr. 3; MünchKommHGB-*Benicke*, Art. 47 CISG Rdnr. 8; a. A. Honsell-*Schnyder/Straub*, Art. 47 CISG Rdnr. 25.

[752] Bamberger/Roth-*Saenger*, Art. 47 CISG Rdnr. 7; Schlechtriem-*Huber*, Art. 47 CISG Rdnr. 18.

[753] Staudinger-*Magnus*, Art. 47 CISG Rdnr. 21; *Herber/Czerwenka*, Art. 47 CISG Rdnr. 7

[754] Schlechtriem-*Huber*, Art. 47 CISG Rdnr. 18; MünchKomm-*Huber*, Art. 47 CISG Rdnr. 16.

[755] Honsell-*Schnyder/Straub*, Art. 47 CISG Rdnr. 31; Staudinger-*Magnus*, Art. 47 CISG Rdnr. 25.

die Sperrwirkung, wenn der Verkäufer vor Ablauf der Nachfrist eine **erneute Vertragsverletzung** begeht.[756]

1066 Etwaige vereinbarte **Vertragsstrafen** kann der Käufer aber auch für die Zeit, während derer die Nachfrist läuft, vom Verkäufer verlangen. Aus Art. 47 Abs. 2 S. CISG, der ausdrücklich die Aufrechterhaltung des Verzugsschadenersatzanspruchs anordnet, ergibt sich, dass eine Nachfrist gerade nicht als Stundungsangebot zu verstehen ist, sondern lediglich als eine Art Gnadenfrist, die der Käufer gewähren kann.[757] Die – etwaige Vertragsstrafen auslösende – Vertragsverletzung des Verkäufers wird dadurch nicht beseitigt.

1067 Ist die **Nachfrist abgelaufen**, ohne dass der Verkäufer seine Pflicht erfüllt hat, stehen dem Käufer wieder **alle Rechtsbehelfe** zu, selbst Erfüllung kann er weiterhin verlangen. Auch wenn keine wesentliche Vertragsverletzung vorliegt, kann er jetzt gem. Art. 49 Abs. 1 Buchst. b CISG die Aufhebung des Vertrags verlangen (siehe bereits Rdnr. 1065).

2. Vertragsaufhebung

1068 Aufgrund der praktischen Bedeutung des Rechtsbehelfs der Vertragsaufhebung ist Art. 49 CISG eine der zentralen Normen des Übereinkommens.[758] Außer Nachbesserung/Nachlieferung, Minderung oder Schadensersatz kann der Käufer – als **ultima ratio**[759] – unter bestimmten Voraussetzungen danach den Vertrag aufheben. Die damit verbundenen Rechtsfolgen sind in den Art. 81–84 CISG normiert. Die Regelung des Art. 49 CISG beschränkt unter Berücksichtigung der hohen Kosten der Rückabwicklung internationaler Kaufverträge das Recht zur Vertragsaufhebung auf **gravierende Vertragsverstöße** (Rdnr. 1040), und selbst in diesen Fällen erhalten andere Rechtsbehelfe (insbesondere Schadensersatz) Vorrang, wenn der Käufer nicht gem. Art. 49 Abs. 2 CISG angemessen schnell reagiert[760] (dazu Rdnr. 1082 ff.). Die Aufhebung des Vertrags hat jedoch nicht die völlige Durchtrennung der vertraglichen Beziehungen zur Folge, sondern es erlöschen lediglich die gegenseitigen Leistungspflichten (Art. 81 Abs. 1 S. 1 CISG) und es sind gem. Art. 81 Abs. 2 CISG die bereits **erbrachten Leistungen zurückzuerstatten** (näher Rdnr. 1089). Insbesondere ist gem. Art. 82 Abs. 1 CISG eine Vertragsaufhebung nur möglich, wenn der Käufer zur Rückgewähr der bereits empfangenen Leistungen noch in der Lage ist, sofern nicht einer der Ausnahmetatbestände des Art. 82 Abs. 2 CISG eingreift (dazu Rdnr. 1047 ff.).

1069 **a) Voraussetzungen.** Die tatbestandlichen Voraussetzungen eines Aufhebungsrechts sind **abschließend** in Art. 49 Abs. 1 CISG geregelt: Primär kann der Käufer die Aufhebung gem. Art. 49 Abs. 1 Buchst. a CISG immer dann erklären, wenn seitens des Verkäufers eine **wesentliche Vertragsverletzung** i. S. d. Art. 25 CISG vorliegt.[761] Auf die Art der verletzten Pflicht kommt es auch hier nicht an (vgl. schon bei Art. 45 CISG, Rdnr. 1020). So kann auch eine Verletzung von Nebenpflichten eine wesentliche Vertragsverletzung sein. Auch eine etwaige Entlastung des Verkäufers von seinen Pflichten i. S. d. Art. 79 Abs. 1 CISG berührt das Vertragsaufhebungsrecht des Käufers nicht,[762] dies ordnet Art. 79 Abs. 5 CISG ausdrücklich an. Aber auch bei **unwesentlichen Verletzungen der Lieferpflicht** kann der Käufer die Vertragsaufhebung erklären, gem. Art. 49 Abs. 1 Buchst. b CISG jedoch nur dann, wenn er dem Verkäufer eine **Nachfrist** i. S. d. Art. 47 CISG (dazu Rdnr. 1056 ff.) ge-

---

[756] Schlechtriem-*Huber*, Art. 47 CISG Rdnr. 19; Honsell-*Schnyder/Straub*, Art. 47 CISG Rdnr. 32.
[757] Staudinger-*Magnus*, Art. 47 CISG Rdnr. 24; Staudinger-*Magnus*, Art. 47 CISG Rdnr. 22.
[758] Grundlegend *Krebs*, Die Rückabwicklung im UN-Kaufrecht, 2000.
[759] BGH, NJW 1996, 2364; OLG Köln, RIW 2003, 300, 301; OGH Wien, IHR 2001, 42; Bamberger/Roth-*Saenger*, Art. 49 CISG Rdnr. 1; *Stürmer*, BB 2006, 2029, 2032; *Piltz*, NJW 2005, 2126, 2130.
[760] Staudinger-*Magnus*, Art. 49 CISG Rdnr. 4; MünchKommHGB-*Benicke*, Art. 49 CISG Rdnr. 1.
[761] Liegt eine solche noch nicht vor, ist sie aber für die Zukunft zu befürchten, gewährt Art. 72 CISG u. U. ein vorzeitiges Aufhebungsrecht, vgl. dazu Rdnr. 1094 ff.
[762] Schlechtriem-*Huber*, Art. 49 CISG Rdnr. 4; Honsell-*Schnyder/Straub*, Art. 49 CISG Rdnr. 12.

setzt hat und diese ergebnislos verstrichen ist oder der Verkäufer erklärt hat, innerhalb dieser Frist nicht zu liefern. Bei wesentlichen Vertragsverletzungen ist eine derartige Frist jedoch nicht zwingend notwendig.[763] Etwas anderes kann sich ergeben, wenn die Voraussetzung einer Nachfristsetzung vertraglich vereinbart worden ist. In AGB wird ein solches Erfordernis jedoch sowohl als überraschend sowie auch als erhebliche Abweichung vom Leitbild des CISG und damit als unwirksam angesehen.[764]

Für die Beurteilung, ob eine Vertragsverletzung **wesentlich** ist oder nicht, sind die gleichen Maßstäbe anzulegen wie bei Art. 46 Abs. 2 CISG (siehe dazu Rdnr. 1040). Da die Frage der Wesentlichkeit oft zweifelhaft und häufig erst nach einem Prozess zu klären ist, kann dem Käufer im Falle einer Nichtlieferung nur angeraten werden, vor Vertragsaufhebung immer eine Nachfrist zu setzen,[765] da es dann gem. Art. 49 Abs. 1 Buchst. b CISG auf die Frage der Wesentlichkeit der Vertragsverletzung nicht mehr ankommt. Für andere Fälle als die Nichtlieferung kann und sollte die in Art. 49 Abs. 1 Buchst. b CISG vorgesehene Konsequenz (Vertragsaufhebungsrecht nach Fristsetzung und -ablauf) **vertraglich vereinbart** werden. Auch kann vertraglich festgeschrieben werden, welche Vertragsverletzungen die **Wesentlichkeitsgrenze** überschreiten und welche nicht, um für etwaige Streitfälle Klarheit über das Bestehen eines Vertragsaufhebungsrecht zu schaffen.[766]

1070

Fehlt eine derartige vertragliche Konkretisierung und wurde auch keine Nachfrist gesetzt, so kommt es auf die **Wesentlichkeit der Vertragsverletzung** an, was durch eine Einzelfallbeurteilung zu ermitteln ist, bei der in erster Linie die objektive Schwere der Vertragsverletzung und der Zeitfaktor zu berücksichtigen sind.[767] Dabei haben sich bestimmte **Fallgruppen**[768] herausgebildet, bei denen in aller Regel eine wesentliche Vertragsverletzung angenommen werden kann: So liegt z. B. bei **Fixgeschäften**[769] und auch bei **just-in-time-Geschäften** bei Überschreiten des Liefertermins i. d. R. eine wesentliche Vertragsverletzung vor. Dies gilt auch, wenn dem Liefertermin zwar ohne ausdrückliche Vereinbarung, aber auf sonstige Weise erkennbar zentrale Bedeutung zugemessen wird und der Termin deutlich überschritten wird,[770] so etwa wenn der Verkäufer „schnellstmögliche Lieferung" nach Zahlungseingang zugesagt hat.[771] Ist dies nicht der Fall, liegt in der bloßen Verspätung der Lieferung regelmäßig keine wesentliche Vertragsverletzung,[772] der Käufer kann aber durch Nachfristsetzung über die Art. 49 Art. 1 Buchst. b, 47 CISG dennoch zu einem Vertragsaufhebungsrecht gelangen (vgl. Rdnr. 1065).

1071

Ebenfalls für die Beurteilung der „wesentlichen Vertragsverletzung" von Bedeutung ist ferner die **Bereitschaft des Verkäufers,** den **Mangel ohne unzumutbare Verzögerungen und Belastungen** für den Käufer **zu beseitigen.** Selbst ein schwerwiegender Mangel

1072

---

[763] OLG Koblenz v. 21.11.2007, Az. 1 U 486/07 (Beck RS 2008, 19974); Staudinger-*Magnus*, Art. 47 CISG Rdnr. 13; *Achilles*, Art. 47 CISG Rdnr. 1; a. A. aber offenbar OLG Düsseldorf, NJW-RR 1994, 506; missverständlich auch OLG München, IHR 2003, 176 m. Anm. *Herber*, wonach die Nachfristsetzung immer „unabdingbare Voraussetzung" einer Vertragsaufhebung sei.

[764] OLG Düsseldorf, IHR 2005, 24.

[765] *Herber/Czerwenka*, Art. 49 CISG Rdnr. 6.

[766] Bamberger/Roth-*Saenger*, Art. 25 CISG Rdnr. 5; Staudinger-*Magnus*, Art. 49 CISG Rdnr. 20.

[767] *Piltz*, Int. KaufR, § 5 Rdnr. 257; Schlechtriem-*Huber*, Art. 49 CISG Rdnr. 17.

[768] Näher Schlechtriem-*Huber*, Art. 49 CISG Rdnr. 4ff; Staudinger-*Magnus*, Art. 49 CISG Rdnr. 10ff.; Soergel-*Lüderitz/Schüßler-Langeheine*, Art. 49 CISG Rdnr. 3ff.; *Karollus*, NJW 1994, 984, 985.

[769] Soergel-*Lüderitz/Schüßler-Langeheine*, Art. 49 CISG Rdnr. 4.

[770] Pretura circondariale di Parma v. 24.11.1989, CLOUT Case 90; OLG Hamburg, OLGR 1997, 149; LG Halle v. 27.03.1998, CISG-Online 521; *Herber/Czerwenka*, Art. 49 CISG Rdnr. 4; Schlechtriem-*Huber*, Art. 49 CISG Rdnr. 5.

[771] OLG Düsseldorf, IHR 2005, 24.

[772] OLG München v. 01.07.2002, CISG-Online 656; LG Oldenburg v. 27.03.1996, CISG-Online Case 188; Staudinger-*Magnus*, Art. 49 CISG Rdnr. 12.

stellt dann keine wesentliche Vertragsverletzung dar, wenn der Verkäufer zur Nachlieferung ohne unzumutbare Belastung des Käufers bereit ist.[773]

1073 Auch wenn der Verkäufer ausdrücklich erklärt, dass er eine Hauptpflicht[774] (Lieferung, Eigentumsverschaffung) oder eine **Nebenpflicht mit grundlegender Bedeutung**[775] nicht erfüllen werde (**ernsthafte und endgültige Erfüllungsverweigerung**[776]), liegt darin eine wesentliche Vertragsverletzung.[777] Erfolgt eine solche Erklärung schon vor Fälligkeit der jeweiligen Pflicht, ergibt sich das Vertragsaufhebungsrecht bereits aus Art. 72 Abs. 1 CISG.[778] Steht zum Fälligkeitszeitpunkt fest, dass die Leistung objektiv unmöglich ist, so stellt dies ebenfalls eine zur Vertragsaufhebung berechtigende wesentliche Vertragsverletzung dar.[779] Das gleiche gilt ferner bei einer vom Verkäufer zu Unrecht erklärten Vertragsaufhebung und damit einhergehender Lieferverweigerung.[780]

1074 Die **Lieferung vertragswidriger Ware** ist dann als wesentliche Vertragsverletzung anzusehen, wenn es sich um **gravierende Mängel** handelt, die unter zumutbarem Aufwand in angemessener Zeit nicht behebbar sind und der Käufer die mangelhafte Ware nicht verwenden kann.[781] Das ist nicht der Fall, wenn der Verkäufer zur Nachlieferung oder Nachbesserung bereit ist und dies für den Käufer keine unzumutbare Belastung darstellt.[782] Wesentliche Vertragsverletzungen sind insoweit beispielsweise bejaht worden bei der Lieferung verbotswidrig gezuckerten Weins,[783] krebserregenden Mehls,[784] brüchigen Natursteins[785] oder bei praktischer Unverkäuflichkeit saisongebundener Damenmode aufgrund groben Verschnitts.[786] Sofern der Käufer dagegen die Ware auch mangelbehaftet noch – wenn auch verbilligt – weiterveräußern kann, wird eine wesentliche Vertragsverletzung in der Regel abgelehnt,[787] er ist dann auf die übrigen Rechtsbehelfe beschränkt. Der Käufer kann sich allerdings auch auf schwerwiegende Mängel nur dann berufen, wenn er sie rechtzeitig gerügt hat (hierzu Rdnr. 1161 ff.). Auch eine **krasse aliud-Lieferung,** für die der Käufer keine

---

[773] OLG Köln, RIW 2003, 300, 301; OLG Koblenz, OLGR 1997, 37.

[774] OLG München, NJOZ 2005, 1896, 1897; OLG Celle v. 24.05.1995, CLOUT Case 136; *Piltz*, Int. KaufR, § 5 Rdnr. 222; Soergel-*Lüderitz/Schüßler-Langenheine*, Art. 49 CISG Rdnr. 3.

[775] LG Frankfurt, RIW 1991, 952; OLG Frankfurt, NJW 1992, 633; *Piltz*, NJW 1994, 1105; Staudinger-*Magnus*, Art. 49 CISG Rdnr. 18.

[776] OLG Düsseldorf, NJW-RR 1994, 506: eine Erklärung „zur Zeit" nicht liefern zu können, genügt nicht; zu weitgehend aber jedenfalls OLG Hamburg v. 28.02.1997, Unilex, wonach schon dann eine wesentliche Vertragsverletzung vorliegen soll, wenn der Verkäufer den Käufer im Ungewissen darüber lässt, ob und ggf. wann Erfüllung erfolgen wird.

[777] OLG Karlsruhe, IHR 2003, 125; OLG Celle v. 24.05.1995, CLOUT Case 136; Staudinger-*Magnus*, Art. 49 CISG Rdnr. 13; Schlechtriem-*Huber*, Art. 49 CISG Rdnr. 6; *Piltz*, Int. KaufR, § 5 Rdnr. 253.

[778] Schlechtriem-*Huber*, Art. 49 CISG Rdnr. 6; MünchKommHGB-*Mankowski*, Art. 72 CISG Rdnr. 7.

[779] Schlechtriem-*Huber*, Art. 49 CISG Rdnr. 7; Staudinger-*Magnus*, Art. 49 CISG Rdnr. 13.

[780] Cour d'Appel Grenoble, TranspR-IHR 1999, 43; *Piltz*, NJW 2003, 2056. 2063.

[781] BGHZ 132, 290; Schweizerisches BG, IHR 2010, 27; OLG Frankfurt, NJW 1994, 1013; LG München v. 27.02.2002, CISG-Online Case 654; LG Landshut v. 05.04.1995, CISG-Online Case 193; Cour d'Appel Grenoble v. 26.04.1995, CLOUT Case 152; Staudinger-*Magnus*, Art. 49 CISG Rdnr. 14; Schlechtriem-*Huber*, Art. 49 CISG Rdnr. 8ff; *Herber/Czerwenka*, Art. 49 CISG Rdnr. 4f.

[782] OLG Köln, NJOZ 2003, 323; OLG Koblenz, IHR 2003, 172; Handelsgericht Aargau, IHR 2003, 178; *Piltz*, NJW 2005, 2126, 2130.

[783] Cour de Cassation Paris, IPRax 1996, 126 m.Anm. *Schlechtriem*, IPRax 1996, 132.

[784] Hof's Gravenhage, IHR 2004, 119.

[785] LG Stendal, IHR 2001, 30.

[786] OLG Köln, NJOZ 2003, 323.

[787] BGH, NJW 1996, 2364; OLG Frankfurt, NJW 1994, 1013; OLG München, RIW 1994, 594; LG München, IHR 2003, 233; Staudinger-*Magnus*, Art. 49 CISG Rdnr. 14; *Piltz*, NJW 2005, 2126, 2130; *ders.*, NJW 2003, 2056, 2063.

B. Rechte des Käufers nach UN-Kaufrecht

Verwendung hat, ist eine wesentliche Vertragsverletzung.[788] Ebenso können **Rechtsmängel** eine wesentliche Vertragsverletzung begründen, sofern sie unbehebbar sind und der Käufer aufgrund dessen die Ware nicht verwenden kann.[789]

Ist der Verkäufer zur Übergabe von **Dokumenten** verpflichtet (dazu Rdnr. 544 ff.), kommt es auf deren Bedeutung an. Jedenfalls dann, wenn der Käufer die Dokumente benötigt, um über die Ware verfügen zu können (z. B. Traditionspapiere wie Konnossement, Ladeschein, Lagerschein) ist bei Verweigerung der Übergabe oder – bei Fixgeschäften – auch bei verspäteter Übergabe eine wesentliche Vertragsverletzung anzunehmen.[790] **1075**

Liefert der Verkäufer nur einen **Teil der Ware,** oder ist die Ware nur **teilweise vertragswidrig,** kann der Käufer den Vertrag gem. Art. 51 Abs. 1 CISG i.V. m. Art. 49 CISG auch teilweise aufheben, soweit die vertragliche Leistung des Verkäufers in eigenständige Teile zerlegbar ist.[791] Eine **Aufhebung des gesamten Vertrags** kommt hier gem. Art. 51 Abs. 2 CISG nur dann in Betracht, wenn gerade in der Teillieferung eine wesentliche Verletzung auch des gesamten Vertrags liegt.[792] Dies ist z. B. dann der Fall, wenn verschiedenartige Sachen als zusammengehörig verkauft sind und der fehlerfreie Teil ohne den fehlerhaften Teil für den Käufer nicht von Interesse ist.[793] (z. B. mangelhafte Software bei gemeinsamen Kauf von Hard- und Software). Bei der Teillieferung von gleichartigen Sachen wird dies nur ausnahmsweise der Fall sein, insbesondere dann, wenn ein hoher Prozentsatz der Ware fehlt oder mangelhaft ist[794] (z. B. 80 % einer Schuhlieferung mangelhaft). **1076**

Für die Aufhebung von **Sukzessivlieferungsverträgen** gilt die Spezialregelung des Art. 73 CISG.[795] Danach kann der Käufer bei einer wesentlichen Vertragsverletzung in Bezug auf eine Teillieferung eine entsprechende **Teilaufhebung** erklären (Art. 73 Abs. 1 CISG).[796] Können die restlichen bereits erfolgten oder noch erwarteten Teillieferungen aufgrund eines Gesamtzusammenhangs zwischen den einzelnen Lieferungen nicht mehr für den bei Vertragsschluss zugrunde gelegten Zweck verwendet werden, kann der Käufer den Vertrag auch gleichzeitig ex tunc für alle bereits erbrachten und noch ausstehenden Lieferungen, also insgesamt aufheben (Art. 73 Abs. 3 CISG).[797] Schließlich gewährt Art. 73 Abs. 2 CISG ein Aufhebungsrecht für künftige Teillieferungen, wenn der Verkäufer eine auf eine Teillieferung bezogene Pflicht nicht erfüllt und dies objektiv befürchten lässt, dass in Bezug auf die noch ausstehenden Lieferungen eine wesentliche Vertragsverletzung zu erwarten ist.[798] **1077**

In allen Fällen einer **wesentlichen Vertragsverletzung** ist eine **Fristsetzung nicht erforderlich,** der Käufer kann vielmehr sofort den Vertrag aufheben (dazu bereits Rdnr. 1069). Dies gilt auch, wenn die wesentliche Vertragsverletzung eine Nichtlieferung ist. Zwar regelt hier Art. 49 Abs. 1 Buchst. b CISG, dass im Falle der Nichtlieferung eine Vertragsaufhebung **1078**

---

[788] Staudinger-*Magnus*, Art. 49 CISG Rdnr. 15; *Bitter/Bitter*, BB 1993, 2320 f.; anders wohl MünchKommHGB-*Benicke*, Art. 49 CISG Rdnr. 7.
[789] Bamberger/Roth-*Saenger*, Art. 49 CISG Rdnr. 6; Schlechtriem-*Huber*, Art. 49 CISG Rdnr. 15; Staudinger-*Magnus*, Art. 49 CISG Rdnr. 16.
[790] BGH, NJW 1996, 2364; *Herber/Czerwenka*, Art. 49 CISG Rdnr. 9; Honsell-*Schnyder/Straub*, Art. 49 CISG Rdnr. 27.
[791] BGH, NJW 1982, 2730 ff. (zum EKG); *Herber/Czerwenka*, Art. 51 CISG Rdnr. 3.
[792] Staudinger-*Magnus*, Art. 51 CISG Rdnr. 18; MünchKommHGB-*Benicke*, Art. 51 CISG Rdnr. 11.
[793] Schlechtriem-*Huber*, Art. 51 CISG Rdnr. 14 f.; Soergel-*Lüderitz/Schüßler-Langenheine*, Art. 51 CISG Rdnr. 4.
[794] Schlechtriem-*Huber*, Art. 51 CISG Rdnr. 15; MünchKomm-Huber, Art. 51 CISG Rdnr. 19.
[795] Vgl. näher Soergel-*Lüderitz/Dettmeier*, Art. 73; *Herber/Czerwenka*, Art. 73.
[796] Soergel-*Lüderitz/Dettmeier*, Art. 73 CISG Rdnr. 5; Bamberger/Roth-*Saenger*, Art. 73 CISG Rdnr. 1 ff.
[797] Staudinger-*Magnus*, Art. 73 CISG Rdnr. 29 ff.; Bamberger/Roth-*Saenger*, Art. 73 CISG Rdnr. 13 ff.
[798] OLG Brandenburg v. 05.02.2013, Az. 6 U 5/12 (Beck RS 2013, 03287); näher hierzu *Herber/Czerwenka*, Art. 73 CISG Rdnr. 3 ff.; MünchKommHGB-*Mankowski*, Art. 73 CISG Rdnr. 10 ff.

5. Kapitel. Die Rechte des Käufers bei Pflichtverletzungen des Verkäufers

erst nach Ablauf einer Nachfrist i. S. d. Art. 47 CISG (dazu Rdnr. 1056 ff.) erklärt werden kann, dies betrifft aber nur diejenigen Fälle, in denen die Nichtlieferung gerade keine wesentliche Vertragsverletzung darstellt. Auch die Nichtlieferung kann aber eine wesentliche Vertragsverletzung sein, so dass der Käufer in diesem Fall gem. Art. 49 Abs. 1 Buchst. a CISG ohne Nachfristsetzung – sofort – den Vertrag aufheben kann. Art. 49 Abs. 1 Buchst. b CISG ist daher keinesfalls so zu verstehen, dass im Falle einer Nichtlieferung eine Fristsetzung immer zusätzliche Tatbestandsvoraussetzung einer Vertragsaufhebung wäre, vielmehr soll Art. 49 Abs. 1 Buchst. b CISG dem Käufer nur die **zusätzliche Möglichkeit** geben, sich durch eine Nachfristsetzung den ansonsten von ihm zu führenden Beweis der Wesentlichkeit der Vertragsverletzung zu ersparen.[799]

1079 Will der Käufer den **Vertrag aufheben**, muss er dies gem. Art. 26 CISG dem Verkäufer gegenüber erklären. Hierfür genügt eine **einseitige, formlose Erklärung**[800] des Käufers, die dieser aufgrund der Absendetheorie des Art. 27 CISG (vgl. Rdnr. 605) mit einem nach den Umständen geeigneten Mittel auf den Weg bringen muss. Das Übermittlungsrisiko trägt hierbei der Verkäufer.[801] **Inhaltlich** muss der Erklärung eindeutig zu entnehmen sein, dass der Käufer sich vom Vertrag lösen will,[802] das bloße kommentarlose Zurücksenden der Ware[803] oder die Durchführung eines Deckungskaufs[804] genügen hierfür jedenfalls nicht. Die Verwendung des Begriffs Vertragsaufhebung (avoidance of the contract) ist aber nicht erforderlich, Formulierungen wie Rücktritt, Wandelung, Stornierung, Annullierung o. ä. genügen ebenso wie der Erklärung des Käufers, er „rüge die Ware, könne die Ausschussmenge nicht gebrauchen und stelle sie dem Verkäufer zur Verfügung".[805] Eine schlüssige Vertragsaufhebungserklärung kann insoweit auch in der Klage auf Rückzahlung des Kaufpreises zu sehen sein.[806] Als **Gestaltungsrecht** ist die Vertragsaufhebungserklärung **bedingungsfeindlich**.[807] Sie wandelt das Vertragsverhältnis in ein Rückabwicklungsverhältnis (vgl. Art. 81 ff., vgl. hierzu Rdnr. 1089 f.) um und ist **ab** ihrem **Zugang** beim Verkäufer **nicht einseitig widerruflich**.[808] Die Bedingungsfeindlichkeit gilt allerdings nicht für solche (Potestativ-) Bedingungen, die ausschließlich von dem eigenen Verhalten des Verkäufers abhängen und über deren Eintritt bzw. Ausfall er daher nicht im Unklaren sein kann.[809] Die Aufhebungserklärung kann daher **mit** einer **Nachfrist** i. S. d. Art. 47 CISG in dem Sinne **verbunden** werden, dass die Aufhebung des Vertrags nur für den Fall erklärt wird, dass der Verkäufer seine Pflichten nicht innerhalb der Frist erfüllt.[810]

---

[799] So auch BGH, NJW 1996, 2364, 2365; Soergel-*Lüderitz/Schüßler-Langenheine*, Art. 49 CISG Rdnr. 2ff; Honsell-*Schnyder/Straub*, Art. 49 CISG Rdnr. 14; MünchKommHGB-*Benicke*, Art. 49 CISG Rdnr. 4f.; offenbar übersehen von OLG Düsseldorf, NJW-RR 1994, 506; OLG München, IHR 2003, 177.

[800] OGH Wien, IHR 2002, 73; *Herber/Czerwenka*, Art. 49 CISG Rdnr. 11; Staudinger-*Magnus*, Art. 49 CISG Rdnr. 14; *Piltz*, Int. KaufR, § 5 Rdnr. 272.

[801] OLG München v. 17.11.2006, CISG-Online Case 1395.

[802] OLG Köln, IHR 2003, 15, 17; OGH Wien, IHR 2001, 206; Schlechtriem-*Huber*, Art. 49 CISG Rdnr. 29; *Herber/Czerwenka*, Art. 49 CISG Rdnr. 11; *Piltz*, NJW 2003, 2056, 2063.

[803] LG Frankfurt RIW 1991, 950, 952; differenzierend MünchKomm-*Huber*, Art. 49 CISG Rdnr. 13.

[804] OLG Bamberg, IHR 2000, 17; Staudinger-*Magnus*, Art. 49 CISG Rdnr. 24.

[805] BGH, NJW 1997, 3311, 3312.

[806] OGH Wien, IHR 2002, 73; Staudinger-*Magnus*, Art. 49 CISG Rdnr. 24; *Piltz*, NJW 2003, 2056, 2063.

[807] *Herber/Czerwenka*, Art. 49 CISG Rdnr. 11; *Piltz*, Int. KaufR, § 5 Rdnr. 273.

[808] Staudinger-*Magnus*, Art. 49 CISG Rdnr. 24; Soergel-*Lüderitz/Schüßler-Langenheine*, Art. 49 CISG Rdnr. 12; *Herber/Czerwenka*, Art. 49 CISG Rdnr. 17; Schlechtriem-*Huber*, Art. 49 CISG Rdnr. 65; *Piltz*, Int. KaufR, § 5 Rdnr. 273.

[809] MünchKomm-*Huber*, Art. 49 CISG Rdnr. 14; Schlechtriem-*Huber*, Art. 49 CISG Rdnr. 31.

[810] BGH, NJW 1982, 2730 (zum EKG); *Herber/Czerwenka*, Art. 49 CISG Rdnr. 11; Staudinger-*Magnus*, Art. 49 CISG Rdnr. 26; Honsell-*Schnyder/Straub*, Art. 49 CISG Rdnr. 37; *Piltz*, Int. KaufR, § 5 Rdnr. 273.

B. Rechte des Käufers nach UN-Kaufrecht

b) Ausschluss. Wie auch alle anderen Rechtsbehelfe, ist eine Vertragsaufhebung dann ausgeschlossen, wenn der Käufer seinen **Untersuchungs- und Rügeobliegenheiten** aus Art. 38 f., 43 CISG (dazu Rdnr. 1161 ff.) nicht ordnungsgemäß nachgekommen ist, es sei denn, es greifen Art. 40 oder 44 CISG ein (Rdnr. 1212 ff.).[811] Auch wenn die in Frage stehende **Vertragsverletzung** nicht vom Verkäufer, sondern **vom Käufer selbst verursacht** wurde, kann dieser keine Vertragsaufhebung verlangen,[812] dies ergibt sich schon aus dem in Art. 80 CISG normierten Verbot widersprüchlichen Verhaltens. 1080

Ist die Vertragsverletzung allerdings vom Verkäufer verursacht, kommt es auf dessen **Verschulden** nicht an. Der Käufer kann deshalb gem. Art. 79 Abs. 5 CISG z. B. auch dann den Vertrag aufheben, wenn der Verkäufer **Entlastungsgründe** i. S. d. Art. 79 Abs. 1 CISG vorbringen kann.[813] Hat der Verkäufer bereits **Ware geliefert**, so kann der Käufer eine Vertragsaufhebung gem. Art. 82 Abs. 1 CISG nur verlangen, wenn er in der Lage ist, die Ware im wesentlichen in dem Zustand, in dem er sie erhalten hat, **zurückzugeben** (hierzu Rdnr. 1046). Einzelne Ausnahmen hiervon regelt Art. 82 Abs. 2 CISG. 1081

Den wichtigsten Ausschlusstatbestand regelt jedoch Art. 49 Abs. 2 CISG selbst. Danach **verliert** der **Käufer** sein **Vertragsaufhebungsrecht, wenn** er dieses **nicht innerhalb einer angemessenen Frist geltend macht,** wobei gem. Art. 37 CISG auch hier die Absendung der Erklärung zur Fristwahrung genügt.[814] Die Fristen des Art. 49 Abs. 2 CISG greifen allerdings nur dann ein, wenn der Verkäufer bereits (vollständig)[815] geliefert und der Käufer bis dahin noch keine Vertragsaufhebung erklärt hat.[816] 1082

Vor Lieferung ist das Vertragsaufhebungsrecht dagegen an **keine Frist** gebunden,[817] unabhängig davon, ob der Käufer die Vertragsaufhebung auf Art. 49 Abs. 1 Buchst. a CISG (wesentliche Vertragsverletzung) oder auf Art. 49 Abs. 1 Buchst. b CISG (Verstreichen einer Nachfrist) stützt.[818] Darin liegt auch keine korrekturbedürftige Regelungslücke,[819] denn einerseits ist der Verkäufer durch Art. 48 Abs. 2 CISG hinreichend geschützt,[820] zum anderen kann er diesen Zustand jederzeit durch Lieferung beenden.[821] 1083

Soweit die Vertragsverletzung in einer **verspäteten Lieferung** liegt, **beginnt** die **Frist** für die Erklärung der Vertragsaufhebung gem. Art. 49 Abs. 2 Buchst. a CISG, wenn der Käufer erfahren hat, dass die **Lieferung erfolgt** ist, wenn er also weiß, dass die Ware – bei Versendungskäufen i. S. d. Art. 31 Buchst. a CISG (dazu Rdnr. 526 ff.) – dem Beförderer übergeben worden oder dass sie – in den Fällen des Art. 31 Buchst. b, c CISG (vgl. Rdnr. 491 ff.) – dem Käufer zur Verfügung gestellt worden ist. Die **Dauer** der so in Lauf gesetzten Frist dürfte im allgemeinen eher kurz (zwei bis drei Tage) zu bemessen sein, da der Käufer hier in der Lage ist, bei Kenntnis von der erfolgten Lieferung zu entscheiden, ob er 1084

---

[811] OGH Wien, IHR 2001, 40, 41; Staudinger-*Magnus*, Art. 49 CISG Rdnr. 29.
[812] MünchKomm-*Huber*, Art. 49 CISG Rdnr. 16; Staudinger-*Magnus*, Art. 49 CISG Rdnr. 29.
[813] Honsell-*Schnyder/Straub*, Art. 49 CISG Rdnr. 15.
[814] Staudinger-*Magnus*, Art. 49 CISG Rdnr. 31; *Herber/Czerwenka*, Art. 49 CISG Rdnr. 15.
[815] Soergel-*Lüderitz/Schüßler-Langenheine*, Art. 49 CISG Rdnr. 15; Staudinger-*Magnus*, Art. 49 CISG Rdnr. 32.
[816] Schlechtriem-*Huber*, Art 49 CISG Rdnr. 40; Staudinger-*Magnus*, Art. 49 CISG Rdnr. 34.
[817] OLG München v. 08.02.1995, CLOUT Case 133; Soergel-*Lüderitz/Schüßler-Langenheine*, Art. 49 CISG Rdnr. 14; Schlechtriem-*Huber*, Art. 49 CISG Rdnr. 35; Staudinger-*Magnus*, Art. 49 CISG Rdnr. 30; *Piltz*, Int. KaufR, § 5 Rdnr. 276
[818] Schlechtriem-*Huber*, Art. 49 CISG Rdnr. 35; MünchKommHGB-*Benicke*, Art. 49 CISG Rdnr. 17.
[819] So aber Schlechtriem-*Leser/Hornung*, Art. 26 CISG Rdnr. 14; der über Art. 7 CISG eine Analogie zu den Fristen der Art. 43, 47 Abs. 2, 48 CISG bildet.
[820] So auch Staudinger-*Magnus*, Art. 49 CISG Rdnr. 30; MünchKommHGB-*Benicke*, Art. 49 CISG Rdnr. 18.
[821] *Herber/Czerwenka*, Art. 49 CISG Rdnr. 14.

wegen der Verspätung den Vertrag aufheben will oder nicht.[822] Will der Käufer dagegen den Vertrag nicht wegen einer verspäteten Lieferung, sondern aufgrund einer **sonstigen Vertragsverletzung** des Verkäufers aufheben, also insbesondere wegen Mängeln oder Nebenpflichtverletzungen, so bestimmt sich der **Beginn** der **Frist** zur Erklärung der Vertragsaufhebung nach Art. 49 Abs. 2 Buchst. b i–iii CISG:

1085 Grundsätzlich beginnt dann der Fristlauf gem. Art. 49 Abs. 2 Buchst. b i CISG, sobald der Käufer die betreffende **Vertragsverletzung kannte oder kennen musste**.[823] In Bezug auf die Kenntnis von Mängeln gilt der Maßstab der Untersuchungsobliegenheit aus Art. 38 CISG. Hier beginnt die Frist also, wenn eine ordnungsgemäße Untersuchung den Mangel zutage gebracht hätte,[824] ansonsten dann, wenn der Käufer ihn tatsächlich entdeckt hat. Als **zeitliche Obergrenze** ist auch hier die **zweijährige Ausschlussfrist** des Art. 39 Abs. 2 CISG (dazu Rdnr. 1185) anzusehen.[825]

1086 Die **Dauer der Frist** ist hier etwas länger als die Rügefrist des Art. 39 CISG (dazu Rdnr. 1184 ff.) zu bemessen, denn dem Käufer muss – wie Art. 46 Abs. 2, 3 CISG für Ersatzlieferung und Nachbesserung ausdrücklich regeln – nach der Mängelanzeige noch ein angemessener Zeitraum für die Entscheidung, welche Rechtsbehelfe er ausüben will, zugebilligt werden.[826] Allerdings kann er hierfür nicht mehrere Monate beanspruchen.[827]

1087 Hat der Käufer dem Verkäufer gem. Art. 47 Abs. 1 CISG eine Nachfrist gesetzt (dazu Rdnr. 1056 ff.), beginnt die **Frist** zur **Erklärung der Vertragsaufhebung** gem. Art. 49 Abs. 2 Buchst. b ii CISG erst **nach** fruchtlosem **Ablauf dieser Nachfrist**, oder, wenn der Verkäufer vor Ablauf der Frist die **Erfüllung verweigert** hat, zu diesem Zeitpunkt. Dies ergänzt die Regelung des Art. 47 Abs. 2 CISG, der dem Käufer alle Rechtsbehelfe (außer Verzugsschadenersatz) bis zum Ablauf der Nachfrist sperrt. Hat dagegen der Verkäufer gem. Art. 48 Abs. 2 CISG eine **Nacherfüllung angeboten** und den Käufer aufgefordert, innerhalb angemessener Frist mitzuteilen, ob er die Erfüllung annehme, so ist dem Käufer auch hier gem. Art. 48 Abs. 2 S. 2 CISG die Vertragsaufhebung bis zum Ablauf dieser Frist versperrt. Dementsprechend beginnt in diesem Fall die Frist für die Erklärung der Vertragsaufhebung gem. Art. 49 Abs. 2 Buchst. b iii CISG auch erst mit Ablauf dieser vom Verkäufer gesetzten Erklärungsfrist, oder, falls der Käufer vorher erklärt hat, dass er die Erfüllung nicht annehme, zu diesem Zeitpunkt.

1088 Die Fristen des Art. 49 Abs. 2 Buchst. b CISG sind **Ausschlussfristen**[828] und als solche **von Amts wegen zu beachten.**[829] Nach Ablauf der Fristen kann der Käufer grundsätzlich nicht mehr einseitig den Vertrag aufheben, möglich bleibt aber selbstverständlich eine einverständliche Vertragsaufhebung.[830] Andere Rechtsbehelfe bleiben von dem Ausschluss unberührt.[831] Eine **Ausnahme** von der absoluten Ausschlusswirkung der Fristen des Art. 49

---

[822] Soergel-*Lüderitz/Schüßler-Langenheine*, Art. 49 CISG Rdnr. 15; Honsell-*Schnyder/Straub*, Art. 49 CISG Rdnr. 43; zu großzügig *Kappus*, RIW 1992, 532, der dem Käufer hier ein bis zwei Monate einräumt.

[823] Honsell-*Schnyder/Straub*, Art. 49 CISG Rdnr. 53 f.; MünchKomm-*Huber*, Art. 49 CISG Rdnr. 68.

[824] OLG Frankfurt, RIW 1994, 593, 595; Schlechtriem-*Huber*, Art. 49 CISG Rdnr. 43.

[825] Staudinger-*Magnus*, Art. 49 CISG Rdnr. 37.

[826] OLG Hamburg, IHR 2001, 19: 22 Tage noch angemessen; Soergel-*Lüderitz/Schüßler-Langenheine*, Art. 49 CISG Rdnr. 16; *Piltz*, Int. KaufR, § 5 Rdnr. 282; *Kindler*, IPRax 1996, 18.

[827] BGH, NJW 1995, 2101: fünf Monate jedenfalls verfristet; Schweizerisches BG, IHR 2010, 27: ein bis zwei Monate grundsätzlich angemessen; OLG Frankfurt, RIW 1994, 593, 595: zwei Monate nach erkennbar vertragswidriger Lieferung ebenfalls verfristet, ebenso OLG Koblenz, OLGR 1997, 37; ähnlich OLG München, RIW 1994, 595, 596; siehe aber LG Freiburg, IHR 2003, 22: drei Monate noch angemessen; Berufungsgericht Turku, IHR 2003, 277: drei Jahre jedenfalls verfristet, „at most a few months".

[828] *Herber/Czerwenka*, Art. 49 CISG Rdnr. 13; Staudinger-*Magnus*, Art. 49 CISG Rdnr. 42.

[829] Schlechtriem-*Huber*, Art. 49 CISG Rdnr. 42; MünchKomm-*Huber*, Art. 49 CISG Rdnr. 82.

[830] OLG Köln, RIW 1994, 972; Soergel-*Lüderitz/Schüßler-Langenheine*, Art. 49 CISG Rdnr. 19.

[831] Staudinger-*Magnus*, Art. 49 CISG Rdnr. 44; MünchKomm-*Huber*, Art. 49 CISG Rdnr. 81.

Abs. 2 Buchst. b CISG besteht nur dann, wenn der Käufer zunächst gem. Art. 46 Abs. 2, 3 CISG Ersatzlieferung oder Nachbesserung verlangt hat, und deshalb die Frist des Art. 49 Abs. 2 Buchst. b i CISG hat verstreichen lassen. Schlagen nun Ersatzlieferung bzw. Nachbesserung fehl oder werden sie vom Verkäufer verweigert, wäre es unbillig, dem Käufer auch noch die Aufhebung des Vertrags wegen Fristablaufs zu versagen. Daher muss in diesem Fall dem Käufer die Möglichkeit eingeräumt werden, dem Verkäufer gem. Art. 47 CISG eine Nachfrist für Ersatzlieferung und Nachbesserung zu setzen. Nach deren Ablauf kann er dann gem. Art. 49 Abs. 2 Buchst. b ii CISG wieder den Vertrag aufheben, auch wenn die Frist des Art. 49 Abs. 2 Buchst. b i CISG bereits abgelaufen ist.[832]

c) Rechtsfolgen. Hat der Käufer **zu Recht** eine **Vertragsaufhebung** erklärt, werden **1089** beide Parteien gem. Art. 81 Abs. 1 CISG **von** ihren **Vertragspflichten befreit.** Es besteht jedoch nunmehr ein **Rückgewährschuldverhältnis,**[833] welches durch das Übereinkommen in Art. 81 ff. CISG näher ausgestaltet wird. Danach sind die Parteien verpflichtet, einander bereits erbrachte **Leistungen zurückzuerstatten** (Art. 81 Abs. 2 CISG). Der maßgebliche Leistungsort für diese Rückabwicklungspflichten entspricht spiegelbildlich demjenigen der vertraglichen Primärpflichten[834] (dazu Rdnr. 522 ff. und Rdnr. 1352 ff.). Ist dem Käufer die Rückgewähr der bereits gelieferten Ware hingegen nicht möglich, so kann er gem. Art. 82 Abs. 1 CISG von vornherein keine Vertragsaufhebung erklären (dazu bereits Rdnr. 1046 ff.).

Ist das **Vertragsaufhebungsverlangen** dagegen **unberechtigt** – etwa weil keine wesent- **1090** liche Vertragsverletzung vorliegt oder weil der Käufer die Fristen des Art. 49 Abs. 2 Buchst. b CISG nicht eingehalten hat – richten sich die weiteren **Rechtsfolgen** nach dem Verhalten des Verkäufers[835]: Dieser kann uneingeschränkt am **Vertrag festhalten,** wozu es auch keiner besonderen Erklärung bedarf.[836] Daneben kann der Verkäufer aber auch seinerseits den **Vertrag aufheben,** denn in einem unberechtigten Vertragsaufhebungserklärung des Käufers ist stets auch eine (unberechtigte) Erfüllungsverweigerung enthalten, was den Verkäufer seinerseits gem. Art. 72 CISG zur Vertragsaufhebung berechtigt[837] (dazu Rdnr. 1405 f.). Schließlich kann der Verkäufer auch der **Vertragsaufhebung zustimmen,**[838] etwa konkludent durch Rücknahme der gelieferten Ware oder durch Rückzahlung des Kaufpreises.[839] In diesem Fall wandelt sich das Vertragsverhältnis ebenfalls in ein Rückgewährschuldverhältnis um, es gelten wiederum die Art. 81 ff. CISG. Eine solche Zustimmung ist für beide Seiten bindend, der Verkäufer kann also nicht später einwenden, der Käufer sei zur Vertragsaufhebung nicht berechtigt gewesen.[840]

3. Minderung

Liefert der Verkäufer vertragswidrige Ware, kann der Käufer gem. Art. 50 CISG den Kauf- **1091** preis auch mindern.[841] Eine berechtigte Minderung hat zur **Folge,** dass die **Kaufpreisfor-**

---

[832] Str., wie hier *Piltz*, Int. KaufR, § 5 Rdnr. 280; Schlechtriem-*Huber*, Art. 47 CISG Rdnr. 3, Art. 49 Rdnr. 52 ff.; a. A. Staudinger-*Magnus*, Art. 49 CISG Rdnr. 42; Honsell-*Schnyder/Straub*, Art. 49 CISG Rdnr. 86.
[833] Bamberger/Roth-*Saenger*, Art. 81 CISG Rdnr. 4; *Herber/Czerwenka*, Art. 49 CISG Rdnr. 16.
[834] OGH Wien, TranspR-IHR 1999, 48; *Piltz*, NJW 2003, 2056, 2063.
[835] MünchKomm-*Huber*, Art. 49 CISG Rdnr. 84; Schlechtriem-*Huber*, Art. 49 CISG Rdnr. 66 ff.
[836] MünchKomm-*Huber*, Art. 49 CISG Rdnr. 85; Schlechtriem-*Huber*, Art. 49 CISG Rdnr. 69 f.
[837] Schlechtriem-*Huber*, Art. 49 CISG Rdnr. 68, Art. 45 Rdnr. 29.
[838] OLG Köln, RIW 1994, 972; Soergel-*Lüderitz/Schüßler-Langenheine*, Art. 49 CISG Rdnr. 19; Honsell/*Schnyder-Straub,* Art. 49 CISG Rdnr. 115 ff.
[839] Schlechtriem-*Huber*, Art. 49 CISG Rdnr. 67.
[840] BGH, WM 1987, 1254 = ZIP 1987, 1125 (zum EKG); MünchKomm-*Huber*, Art. 49 CISG Rdnr. 85.
[841] Grundlegend *Hirner*, Der Rechtsbehelf der Minderung nach UN-Kaufrecht, 2000.

derung in Höhe des Minderungsbetrags erlischt.[842] Der Käufer muss diesen Betrag nicht mehr zahlen bzw. kann ihn zurückfordern.[843]

1092 Im Gegensatz zu den Rechtsbehelfen Vertragsaufhebung (Art. 49 CISG, vgl. Rdnr. 1068 ff.) und Ersatzlieferung (Art. 46 II CISG, dazu Rdnr. 1039 ff.) ist hierfür eine **wesentliche Vertragsverletzung nicht Voraussetzung.** Das Minderungsrecht besteht vielmehr bei jeglicher Vertragswidrigkeit der Ware i. S. d. Art. 35 CISG, also insbesondere bei Sachmängeln, Verpackungsmängeln und aliud-Lieferungen.[844] Eine Überschreitung der Lieferfrist ist dagegen kein Minderungsgrund.[845] Bei teilweiser Nichterfüllung (insbesondere bei Quantitätsmängeln) kann gem. Art. 51 Abs. 1 CISG i. V. m. Art. 50 CISG Minderung hinsichtlich des nicht oder nicht vertragsgemäß gelieferten Teils der Ware verlangt werden.[846]

1093 Ein Minderungsrecht besteht dagegen **nicht bei Rechtsmängeln** i. S. d. Art. 41, 42 CISG. Der Begriff „Vertragswidrigkeit" ist ein im Übereinkommen einheitlich verwendeter terminus technicus, der ausschließlich **Sachmängel** i. S. d. Art. 35 CISG erfasst (dazu Rdnr. 553, 577). Wie auch Ersatzlieferung und Nachbesserung (Art. 46 Abs. 2, 3 CISG) ist eine Minderung daher bei Rechtsmängeln ausgeschlossen.[847] Die gegenteilige Auffassung[848] ist weder mit Wortlaut noch mit Entstehungsgeschichte[849] des Art. 50 CISG vereinbar. Es besteht überdies auch kein Bedürfnis, bei Rechtsmängeln ein Minderungsrecht zu gewähren, denn über den Schadensersatzanspruch der Art. 45 Abs. 1 Buchst. b CISG i. V. m. Art. 74 ff. CISG kann der Käufer das gleiche Ergebnis wie bei einer Minderung erzielen.[850]

1094 Grundsätzlich setzt der Rechtsbehelf der Minderung gem. Art. 50 CISG voraus, dass die Ware **bereits geliefert** wurde. Steht jedoch ausnahmsweise bereits **vor Lieferung** fest, dass die Ware einen **unbehebbaren Fehler** aufweist, kann der Käufer auch schon vor Lieferung den Kaufpreis reduzieren.[851] Für das Minderungsrecht unerheblich ist, ob der Verkäufer die Vertragswidrigkeit verschuldet hat.[852] Auch wenn der Verkäufer gem. Art. 79 CISG von der Erfüllung seiner Pflichten entlastet ist, berührt dies den Rechtsbehelf der Minderung nicht,[853] sondern schließt lediglich gem. Art. 79 Abs. 5 CISG ein Schadensersatzverlangen aus. Es **genügt** also die **objektive Vertragswidrigkeit** der Ware, um eine Minderung erklären zu können. Ebenso irrelevant ist, ob der Käufer den Kaufpreis bereits gezahlt hat oder nicht, dies stellt Art. 50 S. 1 CISG ausdrücklich klar. Bis zur Zahlung des Kaufpreises kann

---

[842] *Herber/Czerwenka*, Art. 50 CISG Rdnr. 8; Staudinger-*Magnus*, Art. 50 CISG Rdnr. 24.

[843] Staudinger-*Magnus*, Art. 50 CISG Rdnr. 24 ff. m. w. N.; Schlechtriem-*Huber*, Art. 50 CISG Rdnr. 16.

[844] Staudinger-*Magnus*, Art. 50 CISG Rdnr. 8; Honsell-*Schnyder/Straub*, Art. 50 CISG Rdnr. 8 ff.

[845] LG Düsseldorf v. 05.03.1996, Unilex; Soergel-*Lüderitz/Schüßler-Langenheine*, Art. 50 CISG Rdnr. 2.

[846] Honsell-*Schnyder/Straub*, Art. 50 CISG Rdnr. 10; Staudinger-*Magnus*, Art. 50 CISG Rdnr. 8.

[847] So auch MünchKomm-*Huber*, Art. 50 CISG Rdnr. 8; Art. 46 Rdnr. 27; Schlechtriem-*Schwenzer*, Art. 41 CISG Rdnr. 20, Art. 42 Rdnr. 25 f.; Bamberger/Roth-*Saenger*, Art. 50 CISG Rdnr. 3; Honsell-*Schnyder/Straub*, Art. 50 CISG Rdnr. 11.

[848] Für eine Erstreckung von Art. 50 CISG auf Rechtsmängel: Soergel-*Lüderitz/Schüßler-Langenheine*, Art. 50 CISG Rdnr. 2; *Herber/Czerwenka*, Art. 50 CISG Rdnr. 3; Staudinger-*Magnus*, Art. 50 CISG Rdnr. 9 f.

[849] So wurde ein Antrag Norwegens, das Minderungsrecht ausdrücklich auch auf Rechtsmängel zu erstrecken, zurückgenommen, allerdings auf der Grundlage, dass diese Frage gerichtlich zu klären sei; vgl. Staudinger-*Magnus*, Art. 50 CISG Rdnr. 7.

[850] Schlechtriem-*Huber*, Art. 50 CISG Rdnr. 8; Bamberger/Roth-*Saenger*, Art. 50 CISG Rdnr. 2, Fn. 3.

[851] Soergel-*Lüderitz/Schüßler-Langenheine*, Art. 50 CISG Rdnr. 3; Staudinger-*Magnus*, Art. 50 CISG Rdnr. 12; Schlechtriem-*Huber*, Art. 50 CISG Rdnr. 4.

[852] Honsell-*Schnyder/Straub*, Art. 50 CISG Rdnr. 17; Schlechtriem-*Huber*, Art. 50 CISG Rdnr. 4.

[853] Soergel-*Lüderitz/Schüßler-Langenheine*, Art. 50 CISG Rdnr. 1; Staudinger-*Magnus*, Art. 50 CISG Rdnr. 13.

sich der Käufer also einredeweise auf sein Minderungsrecht berufen, danach kann er den zuviel gezahlten Kaufpreis zurückverlangen.[854]

Als **Gestaltungsrecht**[855] muss die Minderung **erklärt** werden, dies ist aber **formfrei** möglich. Eine Minderung kann also auch konkludent, z.B. vor Zahlung des Kaufpreises durch Zurückhaltung eines entsprechenden Teils des Kaufpreises, nach Zahlung durch Rückforderung des Minderungsbetrages, erklärt werden.[856] Eine konkludente Minderungserklärung wurde sogar bereits im Abweisungsantrag des Käufers auf eine Kaufpreiszahlungsklage des Verkäufers gesehen.[857] Wird die Minderung ausdrücklich erklärt, **genügt** gem. Art. 27 CISG zu ihrer Wirksamkeit die **Absendung** auf einem zur Übermittlung geeigneten Weg (zu dieser sog. Absendetheorie vgl. Rdnr. 605). Ist die Erklärung dann dem Verkäufer **zugegangen,** ist sie – wie auch eine Vertragsaufhebungserklärung (Rdnr. 1079) – für den Käufer **bindend** und **nicht einseitig widerrufbar.**[858] Aus einer solchen Erklärung muss eindeutig das Minderungsverlangen zu entnehmen sein, einen bestimmten Minderungsbetrag braucht der Käufer in der Erklärung hingegen **nicht** zu nennen.[859]

1095

Eine **Frist** für die Erklärung der Minderung sieht das Übereinkommen **nicht** vor. Soweit der Käufer also die Ware rechtzeitig untersucht und Mängel gerügt hat, kann er daher **bis zum Ablauf** der – aus dem nach IPR berufenen jeweiligen nationalen Recht zu entnehmenden – **Verjährungsfrist** die Minderung erklären.[860]

1096

Der Käufer kann den Kaufpreis in dem **Umfang** herabsetzen, in dem sich der Wert der gelieferten, vertragswidrigen Ware von dem (hypothetischen) Wert vertragsgemäßer Ware unterscheidet.[861] Ausschlaggebend sind – anders als im deutschen Recht (vgl. dazu Rdnr. 766) – gem. Art. 50 S. 1 CISG die **Wertverhältnisse im Zeitpunkt der tatsächlichen** (nicht: der vereinbarten) **Lieferung.** Auch der Ort, an dem die Wertverhältnisse zu bestimmen sind, hat hierbei nicht zu verkennende Bedeutung. Grundsätzlich sind die Marktverhältnisse an dem sich aus Art. 31 CISG ergebenden Lieferort maßgeblich,[862] bei Versendungskäufen und Verkauf von Ware auf dem Transport muss dagegen der Bestimmungsort der Ware zugrunde gelegt werden, weil die Ware hier genutzt werden und für den Käufer ihren Wert entfalten soll.[863] Es ergibt sich damit aus Art. 50 CISG folgende Formel:[864]

1097

$$\text{herabgesetzter Kaufpreis} = \frac{\text{Wert der vertragswidrigen Ware bei Lieferung} \times \text{Vertragspreis}}{\text{hypothetischer Wert mangelfreier Ware bei Lieferung}}$$

---

[854] BGH, NJW-RR 2005, 1218, 1219; OLG Koblenz v. 14.12.2006, Az. 2 U 923/06; Soergel-*Lüderitz/Schüßler-Langenheine*, Art. 50 CISG Rdnr. 6; Staudinger-*Magnus*, Art. 50 CISG Rdnr. 15.
[855] *Herber/Czerwenka*, Art. 50 CISG Rdnr. 4; *Piltz*, Int. KaufR, § 5 Rdnr. 307; Staudinger-*Magnus*, Art. 50 CISG Rdnr. 15 f.
[856] Schlechtriem-*Huber*, Art. 50 CISG Rdnr. 16.
[857] Hof van Beroep Antwerpen v. 04.11.1998, CISG-Online Case 1310; *Piltz*, NJW 2003, 2056, 2062.
[858] OLG München, NJW-RR 1994, 1075; Staudinger-*Magnus*, Art. 50 CISG Rdnr. 15; MünchKomm-*Huber*, Art. 50 CISG Rdnr. 14; a. A. Schlechtriem-*Huber*, Art. 50 CISG Rdnr. 17 (Bindung erst dann, wenn Verkäufer sich mit Minderung einverstanden erklärt hat).
[859] OLG München, RIW 1994, 595; Honsell-*Schnyder/Straub*, Art. 50 CISG Rdnr. 25 ff.
[860] Soergel-*Lüderitz/Schüßler-Langenheine*, Art. 50 CISG Rdnr. 7; Staudinger-*Magnus*, Art. 50 CISG Rdnr. 17.
[861] Schlechtriem-*Huber*, Art. 50 CISG Rdnr. 9; *Herber/Czerwenka*, Art. 50 CISG Rdnr. 5.
[862] Staudinger-*Magnus*, Art. 50 CISG Rdnr. 22; Schlechtriem-*Huber*, Art. 50 CISG Rdnr. 12; *Piltz*, Int. KaufR, § 5 Rdnr. 309.
[863] Schlechtriem-*Huber*, Art. 50 CISG Rdnr. 12; *Herber/Czerwenka*, Art. 50 CISG Rdnr. 7; *Piltz*, Int. KaufR, § 5 Rdnr. 309.
[864] Staudinger-*Magnus*, Art. 50 CISG Rdnr. 19; *Herber/Czerwenka*, Art. 50 CISG Rdnr. 5; Bamberger/Roth-*Saenger*, Art. 50 CISG Rdnr. 4.

5. Kapitel. Die Rechte des Käufers bei Pflichtverletzungen des Verkäufers

1098 Ist es nicht möglich, diese Werte exakt festzulegen, können sie auch durch **Schätzung** festgelegt werden, für das deutsche Recht ergibt sich dies schon aus § 287 ZPO.[865] Ist die **Ware völlig wertlos,** ist auch eine Kaufpreisminderung bis auf Null möglich.[866] Obwohl der Käufer in einem solchen Fall regelmäßig den Vertrag aufheben wird, ist dies von praktischer Bedeutung, wenn eine Vertragsaufhebung wegen Ablaufs der Frist des Art. 49 Abs. 2 Buchst. b CISG oder wegen einer Unmöglichkeit der Rückgabe der Ware (Art. 82 CISG) ausgeschlossen ist.

1099 Allgemein hält sich die **praktische Bedeutung** des Rechtsbehelfs der Minderung jedoch in Grenzen. Dies ergibt sich schon daraus, dass das Übereinkommen bei Lieferung vertragswidriger Ware auch einen verschuldensunabhängigen Schadensersatzanspruch des Käufers (Art. 45 Abs. 1 Buchst. b CISG i. V. m. Art. 74 ff. CISG, vgl. dazu Rdnr. 1101 ff.) vorsieht, der in der Regel weiter reicht als eine Minderung und darüber hinaus auch meist einfacher zu beziffern sein wird. Eigenständige Bedeutung hat das Minderungsrecht daher wohl nur, wenn der Verkäufer gem. Art. 79 CISG entlastet ist (dann entfällt gem. Art. 79 Abs. 5 CISG ein Schadensersatzanspruch, vgl. Rdnr. 1103), wenn zwischen Vertragsschluss und Lieferung der Preis der Ware gefallen ist (dann ist der nach Art. 50 CISG zu errechnende geminderte Kaufpreis höher als die tatsächliche Wertdifferenz der mangelfreien und mangelhaften Sache bei Lieferung), oder wenn der Käufer Schwierigkeiten bei der Bezifferung seiner Schadensersatzansprüche hat.[867]

1100 Art. 50 S. 2 CISG stellt schließlich nochmals klar, dass das Übereinkommen auch bei Auftreten von Vertragsstörungen die Erfüllung und Durchführung des Vertrags als primäres Ziel ansieht,[868] und räumt daher dem **Nacherfüllungsrecht des Verkäufers** (Art. 37, 48 CISG) **Vorrang** vor einem Minderungsverlangen des Käufers ein. Das bedeutet, dass der Verkäufer auch nach einer bereits erklärten Minderung noch nacherfüllen kann,[869] soweit hierfür die Voraussetzungen der Art. 37 CISG (Nacherfüllungsrecht bei vorzeitiger Lieferung bis zum Liefertermin) oder Art. 48 CISG (Zumutbarkeit der Nacherfüllung nach Lieferung) vorliegen. Die Minderungserklärung ist in diesem Fall durch das Nacherfüllungsangebot auflösend bedingt,[870] dem steht auch ihre – aus der Natur als Gestaltungsrecht folgende – Bedingungsfeindlichkeit (Rdnr. 1079) nicht entgegen. Hat der Verkäufer **ordnungsgemäß nachgebessert,**[871] oder verweigert der Käufer eine – zulässige – Nachbesserung, erlischt das Minderungsrecht endgültig[872] Ein Minderungsverlangen kann ferner gem. Art. 47 Abs. 2 CISG solange nicht ausgeübt werden, wie eine gem. Art. 47 Abs. 1 CISG vom Käufer gesetzte **Nachfrist** zur Erfüllung läuft (vgl. dazu bereits Rdnr. 1056 ff.).

4. Schadensersatz

1101 Gemäß Art. 45 Abs. 1 Buchst. b CISG kann der Käufer bei einer Vertragsverletzung des Verkäufers auch **Schadensersatz** nach den Art. 74–77 CISG verlangen. Diesen Rechtsbehelf gewährt Art. 45 Abs. 2 CISG ausdrücklich **neben den anderen Rechtsbehelfen** des

---

[865] *Herber/Czerwenka,* Art. 50 CISG Rdnr. 6; Staudinger-*Magnus,* Art. 50 CISG Rdnr. 20.

[866] So BGH, NJW-RR 2005, 1218, 1219 für die Lieferung von Schweinefleisch, das unter dem Verdacht einer Dioxinbelastung stand; OGH Wien, IHR 2005, 165, 166 f.; Staudinger-*Magnus,* Art. 50 CISG Rdnr. 23; Schlechtriem-*Huber,* Art. 50 CISG Rdnr. 13.

[867] Vgl. Schlechtriem-*Huber,* Art. 50 CISG Rdnr. 3; *Piltz,* Int. KaufR, § 5 Rdnr. 298.

[868] OLG Koblenz, IHR 2003, 172; MünchKomm-*Huber,* Art. 50 CISG Rdnr. 11; Staudinger-*Magnus,* Art. 46 CISG Rdnr. 3.

[869] *Herber/Czerwenka,* Art. 50 CISG Rdnr. 9; Staudinger-*Magnus,* Art. 50 CISG Rdnr. 27; *Piltz,* Int. KaufR, § 5 Rdnr. 300 ff.

[870] Bamberger/Roth-*Saenger,* Art. 50 CISG Rdnr. 7; Soergel-*Lüderitz/Schüßler-Langeheine,* Art. 50 CISG Rdnr. 9; Honsell-*Schnyder/Straub,* Art. 50 CISG Rdnr. 22; a. A., aber gleiches Ergebnis Schlechtriem-*Huber,* Art. 50 CISG Rdnr. 6 (Unwirksamkeit des Minderungsverlangens).

[871] MünchKomm-*Huber,* Art. 50 CISG Rdnr. 13; Staudinger-*Magnus,* Art. 50 CISG Rdnr. 27.

[872] Soergel-*Lüderitz/Schüßler-Langeheine,* Art. 50 CISG Rdnr. 10.

Käufers. Dieser kann also stets Schadensersatz verlangen, gleichgültig, ob er daneben auch Erfüllung, Minderung oder Vertragsaufhebung wählt.[873] Anders als Minderung oder Vertragsaufhebung kann der Käufer Ersatz seiner Schäden somit auch dann verlangen, wenn noch eine von ihm gesetzte **Nachfrist** i. S. d. Art. 47 CISG läuft (Rdnr. 1056 ff.) oder wenn der Verkäufer noch gem. Art. 37 oder 48 CISG zur **Nacherfüllung** berechtigt ist.[874] Dies gilt aber nur für das Bestehen des Schadensersatzanspruchs dem Grunde nach, die **Höhe und** die **Art der Berechnung** des Schadensersatzes werden hingegen gem. Art. 74–77 CISG von der Ausübung anderer Rechtsbehelfe beeinflusst, denn die kumulative Geltendmachung von Schadensersatz neben anderen Rechtsbehelfen soll nicht zu einer Überentschädigung des Käufers führen, sondern lediglich diejenigen **Schäden** erfassen, **die nach Ausübung eines anderen Rechtsbehelfs** noch **verbleiben**.[875]

1102 Art. 45 Abs. 1 Buchst. b CISG beinhaltet damit die **Anspruchsgrundlage** für einen Schadensersatzanspruch des Käufers und **Art. 74 CISG** regelt die Grundregeln der **Berechnung** des Ersatzanspruchs (dazu Rdnr. 1105 ff.). Art. 75, 76 CISG enthalten sodann Sondervorschriften für den Fall einer Vertragsaufhebung (Rdnr. 1068 ff.) und der Vornahme eines Deckungsgeschäfts (Rdnr. 1116 ff.), und Art. 77 CISG statuiert schließlich die Schadensminderungspflicht des Gläubigers[876] (vgl. Rdnr. 1127 ff.). Wird der Käufer vom Verkäufer auf Kaufpreiszahlung in Anspruch genommen, kann er seine Schadensersatzansprüche ferner auch zur **Aufrechnung** bringen. Die Wirksamkeitsvoraussetzungen einer solchen Aufrechnung sind jedoch dem jeweils einschlägigen **nationalen Recht** zu entnehmen.[877]

1103 a) **Voraussetzungen.** Der Schadensersatzanspruch ist **unabhängig** von einem **Verschulden des Verkäufers**.[878] Er kann allerdings gem. Art. 79 Abs. 5 CISG entfallen, wenn sich der Verkäufer auf einen **Entlastungsgrund** i. S. d. Art. 79 CISG (dazu Rdnr. 1133 ff.) berufen kann.[879] Das Übereinkommen geht damit von einer Garantiehaftung des Verkäufers aus, die lediglich die objektive Nicht- oder Schlechterfüllung irgendeiner seiner Vertragspflichten (any of his obligations) voraussetzt – nach den Begrifflichkeiten des CISG also irgendeine **Vertragsverletzung**.[880] Insoweit kommen sämtliche Pflichten aus dem Vertrag oder dem CISG in Betracht[881] (siehe Rdnr. 1020). Da eine Vertragsaufhebung i. S. d. Art. 49 CISG den Vertrag nicht insgesamt zunichte macht, sondern diesen vielmehr in ein Rückgewährschuldverhältnis umwandelt, kann beispielsweise auch eine Verletzung der sich aus diesem Verhältnis ergebenden Pflichten (Art. 81 CISG) einen Schadensersatzanspruch auslösen.[882] Die Versäumung einer bloßen Obliegenheit löst dagegen keine Schadensersatzpflichten aus.[883] Praktische Bedeutung hat dies allerdings kaum, da die Anzeige- und Auskunftspflichten des Verkäufers aus Art. 32 Abs. 1, 3 CISG eben Pflichten und nicht bloße Obliegenheiten sind (vgl. dazu Rdnr. 598 ff.).

---

[873] Schlechtriem-*Huber*, Art. 45 CISG Rdnr. 39 ff.; Soergel-*Lüderitz/Schüßler-Langenheine*, Art. 45 CISG Rdnr. 7.
[874] Vgl. Art. 37 S. 2, 47 Abs. 2 S. 2, 48 Abs. 1 S. 2 CISG; Staudinger-*Magnus*, Art. 74 CISG Rdnr. 8.
[875] *Herber/Czerwenka*, Art. 45 CISG Rdnr. 6; Staudinger-*Magnus*, Art. 45 CISG Rdnr. 21; *Piltz*, Int. KaufR, § 5 Rdnr. 320.
[876] *Herber/Czerwenka*, Art. 74 CISG Rdnr. 2; Bamberger/Roth-*Saenger*, Art. 77 Rdnr. 1.
[877] OLG Stuttgart, IPRax 1996, 139.
[878] OLG Brandenburg v. 05.02.2013, Az. 6 U 5/12 (Beck RS 2013, 03287); Staudinger-*Magnus*, Art. 45 CISG Rdnr. 18; *Stürner*, BB 2006, 2029, 2032.
[879] Staudinger-*Magnus*, Art. 45 CISG Rdnr. 18; *Stürner*, BB 2006, 2029, 2032; *Piltz*, NJW 2005, 2126, 2131.
[880] Schlechtriem-*Huber*, Art. 45 CISG Rdnr. 37; Staudinger-*Magnus*, Art. 45 CISG Rdnr. 18.
[881] OLG Brandenburg v. 05.02.2013, Az. 6 U 5/12 (Beck RS 2013, 03287); *Piltz*, NJW 2005, 2126, 2131.
[882] Staudinger-*Magnus*, Art. 74 CISG Rdnr. 9, Honsell-*Schönle*, Art. 74 CISG Rdnr. 19.
[883] Staudinger-*Magnus*, Art. 74 CISG Rdnr. 13; *Herber/Czerwenka*, Art. 74 CISG Rdnr. 2; *Piltz*, Int. KaufR, § 5 Rdnr. 424.

1104 Auch die Verletzung von nur allgemein bestehenden **Verhaltens-** oder **Verkehrssicherungspflichten** begründet noch keinen Schadensersatzanspruch aus Art. 45 Abs. 1 Buchst. b CISG,[884] soweit eine solche Pflicht nicht ausnahmsweise ausdrücklich oder konkludent zur Vertragspflicht geworden ist. Ebenso begründet die Verletzung von **Verhaltenspflichten bei Vertragsverhandlungen** keinen Ersatzanspruch aus dem Übereinkommen. Sofern solche Pflichten nicht Gegenstand eines ausdrücklich oder stillschweigend geschlossenen Vorvertrags geworden sind, sind auch sie keine Vertragspflichten. Die Haftung für eine Verletzung derartiger Pflichten liegt damit außerhalb des Anwendungsbereichs des CISG und **beurteilt sich nach dem** jeweiligen **nationalen Recht,**[885] im Rahmen des deutschen Rechts also nach der – nunmehr normierten – culpa in contrahendo-Haftung aus §§ 311 Abs. 2, 3, 241 Abs. 2 BGB (hierzu Rdnr. 905 ff.).

1105 **b) Umfang und Berechnung.** Umfang und Berechnung eines Schadensersatzanspruchs ergeben sich aus Art. 74–77 CISG. Dabei regelt Art. 74 CISG allgemein den Umfang eines Schadensersatzanspruchs (dazu sogleich Rdnr. 1106 ff.), die Art. 75, 76 CISG enthalten Sondervorschriften für die Fälle, in denen nach Aufhebung des Vertrags ein Deckungsgeschäft vorgenommen wird (Art. 75 CISG, dazu Rdnr. 1116 ff.) oder in denen die Ware einen Marktpreis hat (Art. 76 CISG, vgl. Rdnr. 1124 ff.).

1106 **aa) Grundsatz der Totalreparation.** Art. 74 CISG geht zunächst von dem Grundgedanken der **Totalreparation** aus – der Käufer hat Anspruch auf **vollen Ausgleich aller Nachteile,** die ihm durch die Vertragsverletzung des Verkäufers entstanden sind.[886] Welche Nachteile dies sind, ist durch einen **Vergleich der tatsächlichen** wirtschaftlichen Lage, in der sich der Käufer durch die Vertragsverletzung befindet, **mit der hypothetischen Lage,** in der er sich bei ordnungsgemäßer Durchführung des Vertrags befinden würde (the same economic position (...) if the contract had been performed), zu ermitteln.[887] Der Käufer ist also so zu stellen, wie er bei ordnungsgemäßer Erfüllung durch den Verkäufer stehen würde.[888] Der Schadensersatz umfasst dabei zunächst **sämtliche** dem Käufer durch die Vertragsverletzung **entstandene Verluste** (suffered loss) **und** den **entgangenen Gewinn** (loss of profit). Die Unterscheidung zwischen entstandenen Verlusten und entgangenem Gewinn hat lediglich klarstellende Funktion,[889] beachtlich wird sie nur in den Fällen des Art. 44 CISG, der bei entschuldigter Rügeversäumung zwar die Rechtsbehelfe des Käufers bestehen lässt, aber Ersatz für entgangenen Gewinn ausschließt (dazu Rdnr. 1212 ff.).

1107 Zu den **entstandenen Verlusten** zählen dabei insbesondere Schäden[890] wie z. B. Produktionsausfallkosten,[891] durch die Vertragsverletzung verursachte Kosten für vergebliche Mangelbeseitigungsversuche,[892] **Verzugsschäden** (z. B. Kosten einer aufgrund des Verzugs notwendig gewordenen vorübergehenden Ersatzbeschaffung[893] oder Kreditaufnahme,[894]

---

[884] Staudinger-*Magnus*, Art. 74 CISG Rdnr. 9; wohl auch Schlechtriem-*Stoll*, Art. 74 CISG Rdnr. 10.
[885] Schlechtriem-*Stoll*, Art. 74 CISG Rdnr. 10; *Herber/Czerwenka*, Art. 4 CISG Rdnr. 21; *Bonell*, RIW 1990, 693 ff.
[886] OLG Brandenburg v. 05.02.2013, Az. 6 U 5/12 (Beck RS 2013, 03287); *Herber/Czerwenka*, Art. 74 CISG Rdnr. 4; Soergel-*Lüderitz/Dettmeier*, Art. 74 CISG Rdnr. 2.
[887] Schlechtriem-*Stoll*, Art. 74 CISG Rdnr. 2; Bianca/Bonell-*Knapp*, Art. 74 CISG Anm. 3.1.
[888] Rechtbank van Koophandel te Kortrjik v. 26.05.2004, CISG-Online Case 989; Cour de Justice de Genève v. 15.11.2002, CISG-Online Case 853; dies entspricht im deutschen Recht dem durch die Differenzhypothese zu ermittelnden Nichterfüllungsschaden, vgl. Palandt-*Heinrichs*, § 281 BGB Rdnr. 18 f.
[889] Staudinger-*Magnus*, Art. 74 CISG Rdnr. 19.
[890] Schlechtriem-*Stoll*, Art. 74 CISG Rdnr. 13 ff.; Staudinger-*Magnus*, Art. 74 CISG Rdnr. 40 ff.
[891] Staudinger-*Magnus*, Art. 74 CISG Rdnr. 40.
[892] OLG Hamm, IPRax 1996, 296; LG Oldenburg, RIW 1996, 65, 66; Schlechtriem-*Stoll*, Art. 74 CISG Rdnr. 15.
[893] OLG Köln v. 08.01.1997, CISG-Online Case 217; Schlechtriem-*Stoll*, Art. 74 CISG Rdnr. 16.
[894] OLG Frankfurt a. M., NJW 1994, 1013; LG Saarbrücken, IHR 2003, 70; *Neumayer*, RIW 1994, 99, 106.

B. Rechte des Käufers nach UN-Kaufrecht

Kursverluste),[895] außergerichtliche Kosten angemessener **Rechtsverfolgung**[896] (hinsichtlich der Prozesskosten hat die durch das jeweilige Prozessrecht zu treffende Kostenentscheidung Vorrang)[897] sowie u. U. auch frustrierte **Aufwendungen,** soweit diese im Vertrauen auf den Vertrag getätigt wurden und durch die Vertragsverletzung ihren Sinn verloren haben.[898] Obwohl das Übereinkommen primär das Äquivalenzinteresse des Käufers schützen will, umfasst der Schadensersatz **auch** Verletzungen des **Integritätsinteresses,**[899] also **Mangelfolgeschäden** wie z. B. die Belastung des Käufers mit Schadensersatzansprüchen Dritter (insbesondere der Abnehmer des Käufers)[900] und Sachschäden, die auf der Vertragsverletzung beruhen (insbesondere die sog. Weiterfresserschäden).[901] Den **Minderwert** der Ware kann der Käufer nach Belieben entweder im Rahmen einer Minderung oder als Position eines Schadensersatzanspruchs geltend machen.[902]

Der ebenfalls zu ersetzende, **entgangene Gewinn umfasst** jegliche durch die Vertragsverletzung verhinderte Vermehrung des Vermögens des Käufers.[903] Zu vergüten ist jedoch nicht nur der bis zum Zeitpunkt der gerichtlichen Entscheidung entgangene Gewinn, sondern auch sämtlicher in der Zukunft in voraussehbarer Weise erzielbare und berechenbare Gewinn, der dem Käufer durch die Vertragsverletzung entgeht.[904]

1108

Ausdrücklich vom Regelungsbereich des CISG **ausgenommen** ist gem. Art. 5 CISG die Haftung des Verkäufers für durch die Ware verursachten **Tod** oder **Körperverletzungen** einer Person. Insoweit können Schadensersatzansprüche nur auf das jeweilige **nationale Recht** gestützt werden.[905] Auf der Grundlage des Übereinkommens können des weiteren auch **nur materielle Schäden** ersetzt werden.[906] Zwar fehlt eine dem § 253 Abs. 1 BGB entsprechende, den Ersatz immaterieller Schäden beschränkende Vorschrift. Die Gewährung von immateriellem Schadensersatz würde aber dem Sinn der Ausschlussregelung des Art. 5 CISG zuwiderlaufen.[907] **Pönaler** oder **präventiver Schadensersatz** (punitive damages, exemplary damages) kommt ebenfalls **nicht** in Betracht, dies ergibt sich bereits aus den Schadensberechnungsgrundsätzen des Art. 74 CISG.[908]

1109

Ersatzberechtigt ist nur der von der Vertragsverletzung betroffene **Vertragspartner.**[909] **Dritte** können daher **keine Ersatzansprüche** gegenüber dem Verkäufer geltend machen. Rechtsfiguren wie den dem deutschen Recht bekannten Vertrag mit Schutzwirkung zu-

1110

---

[895] OLG Düsseldorf v. 14.01.1994, CISG-Online Case 119; *Herber/Czerwenka*, Art. 74 CISG Rdnr. 6.

[896] OLG Düsseldorf v. 22.07.2004, CISG-Online Case 916; OLG Düsseldorf, RIW 1996, 958; LG Berlin, IHR 2003, 228 (alle zu anwaltlichen Mahnkosten); Kantonsgericht Zug, SZIER 2000, 114 (Inkassogebühren) Staudinger-*Magnus*, Art. 74 CISG Rdnr. 51; *Piltz*, NJW 2005, 2126, 2131; ablehnend im Hinblick auf Inkassokosten OLG Köln v. 03.04.2006, Az. 16 U 65/03 (BeckRS 2006 05619).

[897] OLG Düsseldorf v. 14.01.1994, CLOUT Case 130; Staudinger-*Magnus*, Art. 74 CISG Rdnr. 52.

[898] OGH Wien, IHR 2002, 76, 80; LG Freiburg, IHR 2003, 22; Honsell-*Schönle*, Art. 74 CISG Rdnr. 16; Staudinger-*Magnus*, Art. 74 CISG Rdnr. 21, 53.

[899] Schlechtriem-*Stoll*, Art. 74 CISG Rdnr. 20 f.; Staudinger-*Magnus*, Art. 74 CISG Rdnr. 45 f.

[900] BGH, NJW 1999, 1259; *Herber/Czerwenka*, Art. 74 CISG Rdnr. 12; *Piltz*, Int. KaufR, § 5 Rdnr. 444.

[901] Handelsgericht Zürich, SZIER 1996, 51; Staudinger-*Magnus*, Art. 74 CISG Rdnr. 46.

[902] Staudinger-*Magnus*, Art. 74 CISG Rdnr. 41, Art. 50 Rdnr. 30.

[903] Handelsgericht Zürich v. 05.02.1997, Unilex; ICC-Schiedsspruch v. 23.08.1994, Unilex; Soergel-*Lüderitz/Dettmeier*, Art. 74 CISG Rdnr. 10.

[904] Bianca/Bonell-*Knapp*, Art. 74 CISG Anm. 3.5.; Schlechtriem-*Stoll*, Art. 74 CISG Rdnr. 24.

[905] Soergel-*Lüderitz/Fenge*, Art. 5 CISG Rdnr. 1; *Herber*, MDR 1993, 105; Honsell-*Siehr*, Art. 5 CISG Rdnr. 2.

[906] OLG München, NJW-RR 1994, 1075; *Herber/Czerwenka*, Art. 74 CISG Rdnr. 5; Honsell-*Schönle*, Art. 74 CISG Rdnr. 7; Schlechtriem-*Stoll*, Art. 74 CISG Rdnr. 11.

[907] Soergel-*Lüderitz/Dettmeier*, vor Art. 74 CISG Rdnr. 6; MünchKommHGB-*Mankowski*, Art. 74 CISG Rdnr. 11.

[908] Staudinger-*Magnus*, Art. 74 CISG Rdnr. 17; Honsell-*Schönle*, Art. 74 CISG Rdnr. 10.

[909] Schlechtriem-*Stoll*, Art. 74 CISG Rdnr. 26.

gunsten Dritter[910] kennt das CISG nicht,[911] was aber nicht ausschließt, dass Käufer und Verkäufer durch **vertragliche Vereinbarung** Dritten eigene Forderungsrechte einräumen.[912]

1111 Zu ersetzen ist ausschließlich der **kausal** durch die Vertragsverletzung entstandene Schaden. Hierfür ist erforderlich – aber auch genügend – dass die Vertragsverletzung eine kausale Bedingung im Sinne der conditio sine qua non-Lehre für den Schadenseintritt war.[913] Kann dies bejaht werden, kommt es nicht darauf an, ob der Schaden unmittelbar oder nur mittelbar durch die Vertragsverletzung verursacht wurde.[914] Einschränkende juristische Kausalitätslehren (wie z. B. im deutschen Recht die Adäquanztheorie bzw. die Einschränkung durch den Schutzweck der Norm) sind international nicht anerkannt und daher im Rahmen des Übereinkommens nicht anwendbar.[915] Die dennoch zwingend gebotene **Begrenzung der strengen objektiven Ersatzpflicht** erfolgt im CISG vielmehr über die Regelung des Art. 74 S. 2 CISG.[916] Danach ist nur derjenige Schaden ersatzpflichtig, der für die vertragsbrüchige Partei bei Vertragsschluss **voraussehbar** war.[917] Diese aus dem anglo-amerikanischen Rechtskreis übernommene sog. contemplation rule[918] hat den Zweck, die vertragsbrüchige Partei nur für den Schaden einstehen zu lassen, den sie bei Vertragsschluss vernünftigerweise als Haftungsrisiko erkennen, damit ihrer Kalkulation zugrunde legen und ggf. durch eine Versicherung abdecken konnte.[919]

1112 Die **Vorhersehbarkeit** i. S. d. Art. 74 S. 2 CISG bezieht sich ausschließlich auf den als **Folge einer Vertragsverletzung eingetretenen Schaden** und dessen **Umfang**. Auf die Vorhersehbarkeit der Vertragsverletzung oder das diesbezügliche Verschulden kommt es dagegen nicht a.n[920] Abweichend von der anglo-amerikanischen Rechtsprechung[921] ist in Art. 74 S. 2 CISG auch nicht die Wahrscheinlichkeit des Schadenseintritts (probable result of the breach) als rein empirische Feststellung anzuwenden. Es genügt vielmehr, dass die vertragsbrüchige Partei – bei Vertragsschluss – den **Schaden als „mögliche Folge"** der Vertragsverletzung **voraussehen** konnte.[922] Hierfür ist nicht erforderlich, dass der eingetretene Schaden in präzisem Umfang vorhersehbar war, andererseits genügt auch nicht die – stets voraussehbare – Möglichkeit, dass die Vertragsverletzung irgendeinen Schaden auslöst. Notwendig ist vielmehr, dass der Schuldner erkennen konnte, dass seine Vertragsverletzung einen Schaden im Wesentlichen der Art und des Umfangs nach sich ziehen würde, wie er tatsächlich eingetreten ist.[923] Insoweit gilt ein objektiver Maßstab. Vorhersehbar ist derjenige Schaden, dessen Eintritt eine verständige Vertragspartei i. S. d. Art. 8 Abs. 2 CISG in der Situation des Schuldners bei Vertragsschluss unter Berücksichtigung

---

[910] Vgl. dazu Palandt-*Grüneberg*, § 328 BGB Rdnr. 13 ff.
[911] BGH, NJW 1998, 3205, 3206; Bianca/Bonell-*Knapp*, Art. 74 CISG Anm. 2.1.; Staudinger-*Magnus*, Art. 74 CISG Rdnr. 14.
[912] Soergel-*Lüderitz/Dettmeier*, vor Art. 74 CISG Rdnr. 8; Staudinger-*Magnus*, Art. 74 CISG Rdnr. 14; Bianca/Bonell-Knapp, Art. 74 CISG Anm. 2.1.; weiter MünchKomm-*Huber*, Art. 74 CISG Rdnr. 6, der darüber hinaus eine Einbeziehung Dritter nach nationalem Recht für möglich hält.
[913] Schlechtriem-*Stoll*, Art. 74 CISG Rdnr. 12; Honsell-*Schönle*, Art. 74 CISG Rdnr. 21.
[914] Bamberger/Roth-*Saenger*, Art. 74 CISG Rdnr. 8; Staudinger-*Magnus*, Art. 74 CISG Rdnr. 28.
[915] Soergel-*Lüderitz/Dettmeier*, vor Art. 74 CISG Rdnr. 6; Schlechtriem-*Stoll*, Art. 74 CISG Rdnr. 12.
[916] Schlechtriem-*Stoll*, Art. 74 CISG Rdnr. 34.
[917] Grundlegend *Faust*, Die Vorhersehbarkeit des Schadens gemäß Art. 74 Satz 2 UN-Kaufrecht (CISG), 1996.
[918] Näher Staudinger-*Magnus*, Art. 74 CISG Rdnr. 5; MünchKomm-*Huber*, Art. 74 CISG Rdnr. 2.
[919] Soergel-*Lüderitz/Dettmeier*, Art. 74 CISG Rdnr. 13.; Staudinger-*Magnus*, Art. 74 CISG Rdnr. 31; Schlechtriem-*Stoll*, Art 74 CISG Rdnr. 36; *Piltz*, Int. KaufR, § 5 Rdnr. 450.
[920] OGH Wien, IHR 2002, 76, 80; *Herber/Czerwenka*, Art. 74 CISG Rdnr. 10; Bianca/Bonell-*Knapp*, Art. 74 CISG Anm. 2.9.; *Piltz*, Int. KaufR, § 5 Rdnr. 451.
[921] Vgl. die Nachweise bei Schlechtriem-*Stoll*, Art. 74 CISG Rdnr. 34.
[922] Staudinger-*Magnus*, Art. 74 CISG Rdnr. 37; Schlechtriem-*Stoll*, Art. 74 CISG Rdnr. 36.
[923] *Herber/Czerwenka*, Art. 74 CISG Rdnr. 10; Staudinger-*Magnus*, Art. 74 CISG Rdnr. 34.

aller Umstände, die er zu diesem Zeitpunkt kannte oder hätte kennen müssen, voraussehen konnte.[924] Für ungewöhnliche Risiken (z. B. aus einer ungewöhnlichen Verwendung der Ware) haftet der Verkäufer daher nur bei Kenntnis dieses Risikos.[925] Eine nach dem Zeitpunkt des Vertragsschlusses **gewonnene Voraussehbarkeit** schadet dem Schuldner jedenfalls nicht mehr.[926]

Vorhersehbar in diesem Sinne sind dabei **regelmäßig alle Schäden, die unmittelbar durch die Vertragsverletzung entstanden** sind,[927] wie z. b. der Minderwert der Ware,[928] Untersuchungs-[929] und Reparaturkosten[930] oder Kosten der Lagerung und des Rücktransports[931] der Ware. Bei Handelsgeschäften unter Kaufleuten ist – im Rahmen der üblichen Handelsspanne – auch der entgangene Gewinn in der Regel voraussehbar, da hier stets mit einer Weiterveräußerung gerechnet werden muss.[932] Das gleiche kann für den gesetzlichen Zinssatz übersteigende Zinsschäden[933] und Kreditkosten[934] gelten. Voraussehbar sind bei Kaufleuten ferner auch Haftungsschäden, d. h. Ersatzansprüche Dritter,[935] sowie außergewöhnliche Rechtsanwaltskosten, soweit die Beauftragung eines Anwalts als geboten erscheint.[936] Ob auch derjenige Schaden voraussehbar ist, der einem mit mangelhafter Ware oder überhaupt nicht belieferten Kaufmann durch die Beeinträchtigung seines geschäftlichen Rufs und/oder dem Verlust von Kunden droht (sog. good will-Schaden) ist umstritten, wohl aber nur unter besonderen Umständen zu bejahen,[937] etwa wenn der Verkäufer nach Art des Geschäfts mit dem Bekanntwerden der Vertragsverletzung rechnen musste und dies eine Rufschädigung oder Kundenverlust nahe legte (z. B. bei Weiterverkauf in einem empfindlichen Markt)[938] oder wenn der Verkäufer bei Vertragsschluss auf die Gefahr eines solchen Schadens hingewiesen wurde.[939]

1113

Art. 74 CISG verlangt schließlich grundsätzlich eine **konkrete Schadensberechnung.** Der Käufer muss den ihm entstandenen Schaden also genau darlegen.[940] Das betrifft auch etwaigen entgangenen Gewinn, die Vermutungsregel des § 252 S. 2 BGB kann im Rahmen

1114

---

[924] BGH IPRax 1981, 96 = RIW 1980, 143; Soergel-*Lüderitz/Dettmeier*, Art. 74 CISG Rdnr. 12; Staudinger-*Magnus*, Art. 74 CISG Rdnr. 35; Schlechtriem-*Stoll*, Art. 74 CISG Rdnr. 37.

[925] OLG Bamberg, TranspR-IHR 2000, 17; Staudinger-*Magnus*, Art. 74 CISG Rdnr. 36.

[926] Bianca/Bonell-*Knapp*, Art. 74 CISG Anm. 2.13; Staudinger-*Magnus*, Art. 74 CISG Rdnr. 38.

[927] OGH Wien, IHR 2002, 76, 80; Staudinger-*Magnus*, Art. 74 CISG Rdnr. 40.

[928] Soergel-*Lüderitz/Dettmeier*, Art. 74 CISG Rdnr. 14.

[929] Staudinger-*Magnus*, Art. 74 CISG Rdnr. 41.

[930] BGH, NJW 1997, 3311; OLG Hamm, IPRax 1996, 269.

[931] Staudinger-*Magnus*, Art. 74 CISG Rdnr. 41; *Herber/Czerwenka*, Art. 74 CISG Rdnr. 12.

[932] OLG München, IHR 2008, 253 ff.; Rechtbank van Koophandel te Kortrjik v. 04.06.2004, CISG-Online Case 945 (entgangener Gewinn in Höhe von 10% des Kaufpreises vorhersehbar); Kantonsgericht Zug, IHR 2004, 65; ICC-Schiedsspruch v. 20.12.1999, IHR 2004, 21; OLG Hamburg, IHR 2001, 19, 21; Handelsgericht Zürich, SZIER 1998, 75; *Herber/Czerwenka*, Art. 74 CISG Rdnr. 12; Schlechtriem-*Stoll*, Art. 74 CISG Rdnr. 41; Bianca/Bonell-*Knapp*, Art. 74 CISG Anm. 3.10.

[933] Kantonsgericht Appenzell-Ausserhoden, IHR 2004, 254; Cour de Justice de Genève v. 15.11.2002, CISG-Online Case 853.

[934] LG Saarbrücken, IHR 2003, 70; Handelsgericht Zürich, SZIER 1997, 131; Staudinger-*Magnus*, Art. 74 CISG Rdnr. 44.

[935] BGH, NJW 1999, 1259; OGH Wien, IHR 2002, 76, 80; Soergel-*Lüderitz/Dettmeier*, Art. 74 CISG Rdnr. 16.

[936] LG Potsdam, IHR 2009, 205.

[937] Staudinger-*Magnus*, Art. 74 CISG Rdnr. 50; MünchKommHGB-*Mankowski*, Art. 74 CISG Rdnr. 41 ff.

[938] Schweizer Bundesgericht, SZIER 1999, 179, 181.

[939] Wie hier Soergel-*Lüderitz/Dettmeier*, Art. 74 CISG Rdnr. 17; Staudinger-*Magnus*, Art. 74 CISG Rdnr. 50, enger (Voraussehbarkeit nur bei Hinweis) Schlechtriem-*Stoll*, Art. 74 CISG Rdnr. 43; weiter (regelmäßige Voraussehbarkeit) *Herber/Czerwenka*, Art. 74 CISG Rdnr. 12.

[940] OLG Celle, IHR 2001, 107; OLG Hamburg, IHR 2001, 19, 21; Staudinger-*Magnus*, Art. 74 CISG Rdnr. 25; *Piltz*, NJW 2005, 2126, 2131.

des CISG nicht angewendet werden.[941] Da sich aber das anzuwendende Prozessrecht nach dem Sitz des angerufenen Gerichts richtet, kann bei einer Entscheidung deutscher Gerichte von der **Schätzungsbefugnis** des § 287 ZPO Gebrauch gemacht werden.[942] Dies gilt auch für die Beurteilung der Vorhersehbarkeit eines Schadens.[943] Der maßgebliche **Zeitpunkt** für die Berechnung des dem Käufer entstandenen Schadens ist der Zeitpunkt der letzten mündlichen **Verhandlung**.[944]

1115 Im Übrigen sind immer nur dem Gläubiger **tatsächlich entstandene Verluste** zu ersetzen. Sind ihm durch das Schadensereignis **Vorteile zugeflossen** oder hat er dadurch eigene **Aufwendungen erspart,** sind diese – sofern dies der Billigkeit entspricht – **anzurechnen**.[945] Insoweit ist der auch dem deutschen Recht bekannte[946] Grundsatz der Vorteilsanrechnung anzuwenden, denn eine Schadensersatzleistung soll dem Gläubiger keinen Gewinn bringen.[947] Der **Ausgleich** sämtlicher Schäden hat stets **in Geld** zu erfolgen. Den Grundsatz der Naturalrestitution des § 249 Abs. 1 BGB kennt das Übereinkommen nicht.[948]

1116 bb) **Konkrete Schadensberechnung bei Vertragsaufhebung und Deckungskauf.** Hat der Käufer **nach** einer **Vertragsaufhebung** einen **Deckungskauf** vorgenommen, erleichtert ihm Art. 75 CISG den Nachweis des ihm entstandenen Schadens.[949] Er kann jetzt die **Differenz** zwischen dem mit dem Verkäufer vertraglich vereinbarten **Kaufpreis** (contract price) und dem für das Deckungsgeschäft aufgewendeten **höheren Preis** (price in the substitute transaction) **als Schaden** geltend machen.[950] **Daneben** kann er gem. Art. 75 CISG ausdrücklich jeglichen **weiteren Schaden** nach Art. 74 CISG geltend machen. Eine solche Differenzberechnung nach Art. 75 CISG ist jedoch immer nur dann möglich, wenn die Parteien sich vertraglich über einen konkreten Kaufpreis geeinigt haben, wenn also ein Vertragspreis existiert. Ist dies nicht der Fall, ist der Vertragspreis ausnahmsweise gem. Art. 55 CISG nach dem Marktpreis festzulegen. Art. 75 CISG ist dann aber nicht anwendbar, die Schadensberechnung hat in diesen Fällen nach Art. 74 CISG zu erfolgen.[951]

1117 Der Käufer ist nach einer Vertragsaufhebung allerdings nicht verpflichtet, ein Deckungsgeschäft abzuschließen.[952] Eine solche Verpflichtung kann sich allenfalls ausnahmsweise aus der Schadensminderungspflicht des Art. 77 CISG ergeben, wenn z.B. leicht erkennbar ist, dass ein konkretes Deckungsgeschäft deutlich günstiger ist, als dies nach der Marktsituation zu erwarten war.[953] Zu eingehender Erforschung solcher Möglichkeiten ist der Käufer aber nicht verpflichtet.[954] Eine Schadensberechnung nach Art. 75 CISG ist jedoch nur dann zulässig, wenn der **Vertrag aufgehoben** worden (dazu Rdnr. 1068 ff.) und danach

---

[941] Bamberger/Roth-*Saenger*, Art. 74 CISG Rdnr. 7; Schlechtriem-*Stoll*, Art. 74 CISG Rdnr. 24, 29; differenzierend Staudinger-*Magnus*, Art. 74 CISG Rdnr. 61; a.A. offenbar Soergel-*Lüderitz/Dettmeier*, Art. 74 CISG Rdnr. 22.
[942] LG Trier NJW-RR 1996, 564; LG Hamburg IPRax 1991, 400, 403; Soergel-*Lüderitz/Dettmeier*, vor Art. 74 CISG Rdnr. 12, Art. 74 Rdnr. 22; *Herber/Czerwenka*, Art. 74 CISG Rdnr. 13.
[943] Schiedsgericht der Handelskammer Hamburg, NJW 1996, 3229; Soergel-*Lüderitz/Dettmeier*, Art. 74 CISG Rdnr. 22.
[944] Staudinger-*Magnus*, Art. 74 CISG Rdnr. 55; Soergel-*Lüderitz/Dettmeier*, vor Art. 74 CISG Rdnr. 12.
[945] Staudinger-*Magnus*, Art. 74 CISG Rdnr. 22; Honsell-*Schönle*, Art. 74 CISG Rdnr. 11.
[946] Vgl. Bamberger/Roth-*Schubert*, § 249 BGB Rdnr. 107 ff.
[947] Schlechtriem-*Stoll*, Art. 74 CISG Rdnr. 31 f.
[948] *Herber/Czerwenka*, Art. 74 CISG Rdnr. 4; Bianca/Bonell-*Knapp*, Art. 74 CISG Anm. 1.
[949] Soergel-*Lüderitz/Dettmeier*, Art. 75 CISG Rdnr. 1; MünchKommHGB-*Mankowski*, Art. 75 CIS Rdnr. 1; vgl. dazu auch *Bach*, IPrax 2009, 299.
[950] OLG Düsseldorf, CLOUT Case 130; *Piltz*, Int. KaufR, § 5 Rdnr. 431.
[951] Staudinger-*Magnus*, Art. 76 CISG Rdnr. 25; Schlechtriem-*Stoll*, Art. 76 CISG Rdnr. 10.
[952] OLG München v. 08.02.1995, CLOUT Case 133; *Herber/Czerwenka*, Art. 75 CISG Rdnr. 7.
[953] OLG München v. 08.02.1995, CLOUT Case 133, Bianca/Bonell-*Knapp*, Art. 75 CISG Anm. 3.1.
[954] Schlechtriem-*Stoll*, Art. 75 CISG Rdnr. 7; Staudinger-*Magnus*, Art. 75 CISG Rdnr. 4.

B. Rechte des Käufers nach UN-Kaufrecht

ein konkretes **Deckungsgeschäft tatsächlich abgeschlossen** worden ist. Die tatsächliche Vertragsaufhebung kann ausnahmsweise dann entbehrlich sein, wenn ihre Voraussetzungen gegeben sind und mit Sicherheit feststeht, dass der Verkäufer keinesfalls mehr erfüllen wird, was insbesonder bei ernsthafter und endgültiger Erfüllungverweigerung der Fall ist.[955]

Die **Vertragsaufhebung** selbst muss **zu Recht erklärt** worden und **wirksam** sein.[956] **1118** Die bloße rechtliche Möglichkeit zur Vertragsaufhebung eröffnet die Berechnungsmöglichkeit des Art. 75 CISG grundsätzlich noch nicht.[957] Hiervon wird teilweise eine **Ausnahme** für die Fälle bejaht, in denen der Vertrag zwar noch nicht (ausdrücklich) aufgehoben ist, aber feststeht, dass der Verkäufer seine Pflichten keinesfalls erfüllen wird, so insbesondere bei einer endgültigen und ernsthaften Erfüllungsverweigerung des Verkäufers: Zwar ist der Käufer hier gem. Art. 49 Abs. 1 Buchst. a CISG zur Vertragsaufhebung berechtigt (vgl. Rdnr. 1073), eine **Aufhebungserklärung** sei in diesen Fällen aber **entbehrlich,** die Schadensberechnung nach Art. 75 CISG also auch ohne erklärte Vertragsaufhebung zulässig.[958] Dem ist zuzustimmen. Durch eine derartige Erfüllungsverweigerung wird ein Vertrauenstatbestand geschaffen, auf den sich der Käufer verlassen kann.[959] Schließt er nun ein Deckungsgeschäft ab, zieht er nur die wirtschaftlichen Konsequenzen aus dem eindeutigen Verhalten des Verkäufers. Es wäre bloße Förmelei, in diesen Fällen eine Vertragsaufhebungserklärung des Käufers zu verlangen.[960]

Des weiteren muss ein **Deckungsgeschäft tatsächlich abgeschlossen** worden sein, es **1119** braucht dagegen aber noch nicht erfüllt worden sein.[961] Ein Deckungskauf liegt immer dann vor, wenn der Käufer in eigenem Interesse und auf eigene Kosten einen Kaufvertrag mit einem Dritten abschließt, der dazu geeignet und bestimmt ist, das ursprüngliche Erfüllungsinteresse des Käufers zu befriedigen.[962] Erforderlich ist dabei ein hinreichender **zeitlicher und sachlicher Zusammenhang mit dem ursprünglichen Vertrag,**[963] die vertraglich geschuldeten und ersatzweise angekauften Sachen müssen sich insoweit tatsächlich „decken", wobei geringe Abweichungen aber unschädlich sind sind.[964] Kein Deckungsgeschäft ist z. B. die ersatzweise Herstellung der Ware im eigenen Betrieb.[965]

Eine Schadensberechnung nach Art. 75 CISG ist ferner nur dann statthaft, wenn der **1120** Deckungskauf „**in angemessener Weise**" und innerhalb eines „**angemessenen Zeitraums nach der Aufhebung**" vorgenommen wurde.[966] Angemessen in diesem Sinne ist ein Deckungskauf dann, wenn sich der Käufer bei dessen Abschluss wie ein **vor- und**

---

[955] OLG Brandenburg v. 05.02.2013, Az. 6 U 5/12 (Beck RS 2013, 03287); OLG Frankfurt IHR 2010, 250; MünchKomm-*Huber,* Art. 75 CISG Rdnr. 4f.

[956] Herber/Czerwenka-*Knapp,* Art. 75 CISG Rdnr. 3; Bianca/Bonell-*Knapp,* Art. 75 CISG Anm. 2.1.

[957] OLG Bamberg, TranspR-IHR 2000, 17; Staudinger-*Magnus,* Art. 75 CISG Rdnr. 8; Herber/Czerwenka, Art. 75 CISG Rdnr. 3.

[958] So OLG München, NJOZ 2005, 1896, 1897 m. zust. Anm. *Huber,* IPRax 2005, 436; OLG Hamburg v. 28.02.1997, CISG-Online Case 261; MünchKomm-*Huber,* Art. 75 CISG Rdnr. 4; Staudinger-*Magnus,* Art. 75 CISG Rdnr. 8; Schlechtriem-*Stoll,* Art. 75 CISG Rdnr. 5, a. A. OLG Bamberg, TranspR-IHR 2000, 17, 18; MünchKommHGB-*Mankowski,* Art. 75 CISG Rdnr. 4; Soergel-*Lüderitz/Dettmeier,* Art. 75 CISG Rdnr. 3; Bamberger/Roth-*Saenger,* Art. 75 CISG Rdnr. 3, die bei fehlender Aufhebungserklärung Rechtsunsicherheit befürchten.

[959] Schlechtriem-*Stoll,* Art. 75 CISG Rdnr. 5; MünchKomm-*Huber,* Art. 75 CISG Rdnr. 4.

[960] OLG München, NJOZ 1896, 1897; Schlechtriem-*Stoll,* Art. 75 CISG Rdnr. 5 unter Hinweis auf die Rechtsprechung zu § 326 BGB a. F., insb. BGH JZ 1977, 129.

[961] Staudinger-*Magnus,* Art. 75 CISG Rdnr. 13; *Piltz,* Int. KaufR, § 5 Rdnr. 431.

[962] Schlechtriem-*Stoll,* Art. 75 CISG Rdnr. 3f.; Herber/Czerwenka-*Knapp,* Art. 75 CISG Rdnr. 4.

[963] OLG München v. 08.02.1995, CLOUT Case 133; OLG Hamburg, CISG-Online Case 261; Staudinger-*Magnus,* Art. 75 CISG Rdnr. 10.

[964] OLG Hamburg, CISG-Online Case 261; Soergel-*Lüderitz/Dettmeier,* Art. 75 CISG Rdnr. 4.

[965] Staudinger-*Magnus,* Art. 75 CISG Rdnr. 11; Soergel-*Lüderitz/Schüßler-Langenheine,* Art. 75 CISG Rdnr. 4.

[966] Vgl. Kantonsgericht Zug, IHR 2004, 65; OLG München v. 08.02.1995, CLOUT Case 133.

umsichtiger Geschäftsmann im Rahmen der einschlägigen kaufmännischen Übung um einen **möglichst günstigen Kauf** bemüht hat.[967] Insbesondere müssen die marktüblichen Einkaufspreise eingehalten werden, überteuerte Kaufpreise sind nicht angemessen.[968]

1121 Unter einem **angemessenen Zeitraum** nach Vertragsaufhebung oder nach einer endgültigen Erfüllungsverweigerung (vgl. Rdnr. 1073) ist eine den Umständen angepasste Frist zu verstehen.[969] In Regelfällen kann hier eine Frist von zwei Wochen zugrunde gelegt werden,[970] die bei besonderen Einzelfallumständen nach oben oder unten korrigiert werden muss.[971] Aus dem Erfordernis der Angemessenheit des Deckungsgeschäfts ergibt sich auch, dass die „**Voraussehbarkeit**" des Schadens i. S. d. Art. 74 CISG (hierzu Rdnr. 1111 ff.) bei der Berechnung nach Art. 75 CISG in aller Regel keine Rolle spielt, denn mit der Vornahme eines angemessenen Deckungskaufs muss der Verkäufer immer rechnen.[972]

1122 Hat der Käufer nach Vertragsaufhebung ein solches Deckungsgeschäft vorgenommen, scheidet eine abstrakte Schadensberechnung nach Art. 76 CISG aus. Es besteht insoweit **kein Wahlrecht zwischen** der **abstrakten** Methode des Art. 76 CISG und der **konkreten Schadensberechnung** nach Art. 75 CISG.[973]

1123 Jedoch erfasst Art. 75 CISG nur den **unmittelbaren Erfüllungsschaden,** der durch das Deckungsgeschäft beseitigt wird.[974] **Weitere** dem Käufer entstandene **Schäden** kann er, wie Art. 75 CISG ausdrücklich festlegt, nach Art. 74 CISG liquidieren, wobei dann hier allerdings wieder die Vorhersehbarkeit dieser Schäden eine Rolle spielt. Das betrifft auch Fälle, in denen nicht der Käufer selbst, sondern dessen **Abnehmer Deckungsgeschäfte** vornehmen und die daraus entstehenden Mehrkosten dem Käufer in Rechnung stellen.[975] Auch hier ist nicht Art. 75 CISG, sondern allein Art. 74 CISG einschlägig. Des weiteren kommen hier insbesondere **Verzugsschäden** in Betracht, aber auch sonstige **Begleitschäden** wie z.B. Mangelfolgeschäden, Untersuchungs- und Aufbewahrungskosten, Rücksendekosten sowie Makler-, Lager- und Frachtkosten aufgrund des Deckungsgeschäfts.[976] Ob der Käufer daneben auch **entgangenen Gewinn** verlangen kann, ist umstritten. In der Regel wird dies aber zu verneinen sein, da der Käufer bereits durch die Berechnung nach Art. 75 CISG einen **durchschnittlichen Gewinn realisiert**.[977] Sinn des Art. 75 CISG ist es ja gerade, dem Gläubiger die Berechnung seines entgangenen Gewinns zu erleichtern und ihm die mit der Erfüllung des Vertrags verbundenen Gewinnchancen zu erhalten.[978]

---

[967] Kantonsgericht Zug, IHR 2004, 65; Schlechtriem-*Stoll*, Art. 75 CISG Rdnr. 7, *Herber/Czerwenka*, Art. 75 CISG Rdnr. 4

[968] Soergel-*Lüderitz/Dettmeier*, Art. 75 CISG Rdnr. 5; Staudinger-*Magnus*, Art. 75 CISG Rdnr. 16.

[969] Kantonsgericht Zug, IHR 2004, 65; OLG Hamburg, CISG-Online Case 261; *Piltz*, Int. KaufR, § 5 Rdnr. 430.

[970] OLG Hamburg, CISG-Online Case 261; Staudinger-*Magnus*, Art. 75 CISG Rdnr. 18.

[971] OLG Düsseldorf v. 14.01.1994, CLOUT Case 130 (Deckungsverkauf): zwei Monate wegen saisonal bedingter Marktsättigung; Kantonsgericht Zug, IHR 2004, 65: Bei stark schwankenden Preisen ist rasches Reagieren erforderlich, zwei Tage aber noch rechtzeitig; vgl. auch Staudinger-*Magnus*, Art. 75 CISG Rdnr. 18.

[972] Schlechtriem-*Stoll*, Art. 75 CISG Rdnr. 9; Staudinger-*Magnus*, Art. 75 CISG Rdnr. 3.

[973] Staudinger-*Magnus*, Art. 75 CISG Rdnr. 22; *Piltz*, Int. KaufR, § 5 Rdnr. 432; a. A. OGH Wien, IHR 2001, 206, 208 (Wahlrecht des Geschädigten).

[974] Staudinger-*Magnus*, Art. 75 CISG Rdnr. 5; MünchKomm-*Huber*, Art. 75 CISG Rdnr. 19 ff.

[975] ICC-Schiedsspruch v. 20.12.1999, IHR 2004, 21, 22; Staudinger-*Magnus*, Art. 75 CISG Rdnr. 5.

[976] LG Hamburg, RIW 1977, 425, 426 (zum EKG); *Herber/Czerwenka*, Art. 75 CISG Rdnr. 5; Honsell-*Schönle*, CISG Rdnr. 7; Soergel-*Lüderitz/Dettmeier*, Art. 75 CISG Rdnr. 8.

[977] So auch Soergel-*Lüderitz/Dettmeier*, Art. 75 CISG Rdnr. 9, 1; Schlechtriem-*Stoll*, Art. 75 CISG Rdnr. 11; *Achilles*, Art. 75 CISG Rdnr. 5; a. A. Bamberger/Roth-*Saenger*, Art. 75 CISG Rdnr. 7; MünchKomm-*Huber*, Art. 75 CISG Rdnr. 20; *Herber/Czerwenka*, Art. 75 CISG Rdnr. 5: entgangener Gewinn ersatzfähig.

[978] Schlechtriem-*Stoll*, Art. 75 CISG Rdnr. 11.

cc) Abstrakte Schadensberechnung bei Vertragsaufhebung ohne Deckungskauf. 1124

Auch die Vorschrift des Art. 76 CISG soll dem Käufer den Nachweis seines Schadens erleichtern.[979] Ist der Vertrag aufgehoben, aber **kein Deckungskauf** getätigt worden, und hat die Ware einen feststellbaren Marktpreis (current price), so ermöglicht Art. 76 CISG eine **abstrakte Schadensberechnung,** bei der angenommen wird, dass der Käufer einen Deckungskauf zu diesem Marktpreis vorgenommen habe. Er kann dann die **Differenz** zwischen dem **Vertragspreis** und dem **Marktpreis** der Ware als **Mindestschaden** verlangen. Ob ein Schaden in dieser Höhe tatsächlich eingetreten ist, ist dabei ohne Bedeutung.[980] Daneben kann, wie bei Art. 75 CISG, jeder **weitere Schaden** nach Art. 74 CISG geltend gemacht werden. Auch hier muss **der Vertrag zu Recht** und **wirksam aufgehoben** worden sein, eine Ausnahme hiervon gilt – wie bei Art. 75 CISG – in den Fällen einer ernsthaften und endgültigen Erfüllungsverweigerung[981] (dazu Rdnr. 1073). Außerdem darf **kein Deckungsgeschäft** abgeschlossen worden sein, ansonsten gilt allein Art. 75 CISG.[982] Art. 76 CISG ist aber auch dann anwendbar, wenn zwar ein Deckungsgeschäft wirksam abgeschlossen wurde, dieses aber nicht „angemessen" i.S.d. Art. 75 CISG (hierzu Rdnr. 1120) war, z.B. bei überteuertem Kaufpreis.[983]

Schließlich muss die Ware einen **feststellbaren Marktpreis** haben. Dies ist der Preis, 1125
der allgemein für Waren gleicher Art berechnet wird, die in dem betreffenden Geschäftszweig unter vergleichbaren Umständen gehandelt werden.[984] Ein solcher kann sich insbesondere aus amtlichen oder nichtamtlichen **Preisnotierungen** ergeben,[985] es genügt aber auch, wenn sich aufgrund regelmäßiger Geschäftsabschlüsse für Waren gleicher Art ein laufender, durch Sachverständigengutachten feststellbarer Preis gebildet hat.[986] Dieser Marktpreis ist gem. Art. 76 Abs. 2, 1. Alt. CISG **grundsätzlich** am **Lieferort** (Art. 31 CISG, vgl. Rdnr. 522 ff.) zu bestimmen. Lässt sich dort ein Marktpreis nicht bestimmen, genügt jedoch gem. Art. 76 Abs. 2, 2. Alt. CISG auch ein an einem „angemessenen Ersatzort" feststellbarer Marktpreis. Dies sind Orte, an denen vergleichbare Marktbedingungen herrschen und an denen die gleichen Waren gehandelt werden, bei mehreren solchen Orten ist der räumlich nächste ausschlaggebend.[987]

Um Spekulationsmöglichkeiten zu verhindern, ist für die **Bestimmung des Marktprei-** 1126
ses gem. Art. 76 Abs. 1 S. 1 CISG der **Zeitpunkt der Vertragsaufhebung** maßgeblich. Dies ist gem. Art. 27 CISG die Absendung der Aufhebungserklärung.[988] Bei Aufhebung nach Übernahme der Ware durch den Käufer (Art. 60 Buchst. b CISG) ist dagegen gem. Art. 76 Abs. 1 S. 2 CISG der Zeitpunkt der Übernahme (der Besitzergreifung durch den Käufer oder von ihm autorisierte Personen)[989] ausschlaggebend. Ist ein **Marktpreis** nach

---

[979] Soergel-*Lüderitz/Dettmeier*, Art. 76 CISG Rdnr. 1; MünchKommHGB-*Mankowski*, Art. 76 CISG Rdnr. 1.
[980] Staudinger-*Magnus*, Art. 76 CISG Rdnr. 6f.; *Herber/Czerwenka*, Art. 76 CISG Rdnr. 10
[981] OLG München, NJOZ 2005, 1896, 1897; Staudinger-*Magnus*, Art. 76 CISG Rdnr. 10; Art. 75 CISG Rdnr. 8.
[982] MünchKommHGB-*Mankowski*, Art. 76 CISG Rdnr. 3; Soergel-*Lüderitz/Dettmeier*, Art. 76 CISG Rdnr. 3; Honsell-*Schönle*, Art. 75 CISG Rdnr. 8; Staudinger-*Magnus*, Art. 75 CISG Rdnr. 3, 22; a.A. OGH Wien, IHR 2001, 206, 208 (Wahlrecht des Geschädigten).
[983] OLG Düsseldorf v. 14.01.1994, CLOUT Case 130; OLG Hamm v. 22.09.1992, CLOUT Case 227; *Herber/Czerwenka*, Art. 76 CISG Rdnr. 5; Staudinger-*Magnus*, Art. 75 CISG Rdnr. 3, Art. 76 CISG Rdnr. 12; *Piltz*, Int. KaufR, § 5 Rdnr. 434.
[984] Schlechtriem-*Stoll*, Art. 76 CISG Rdnr. 7; Honsell-*Schönle*, Art. 76 CISG Rdnr. 14.
[985] Staudinger-*Magnus*, Art. 76 Rdnr. 13; *Piltz*, Int. KaufR, § 5 Rdnr. 436; Bianca/Bonell-*Knapp*, Art. 76 CISG Anm. 3.2.
[986] OLG München, NJOZ 2005, 1896, 1898; ähnlich Staudinger-*Magnus*, Art. 76 CISG Rdnr. 13.
[987] Honsell-*Schönle*, Art. 76 CISG Rdnr. 14; Soergel-*Lüderitz/Dettmeier*, Art. 76 CISG Rdnr. 4.
[988] Staudinger-*Magnus*, Art. 76 CISG Rdnr. 15; Soergel-*Lüderitz/Dettmeier*, Art. 76 CISG Rdnr. 4.
[989] Staudinger-*Magnus*, Art. 76 CISG Rdnr. 16; MünchKommHGB-*Mankowski*, Art. 76 CISG Rdnr. 6.

diesen Grundsätzen **nicht feststellbar,** scheidet eine Anwendung des Art. 76 CISG aus, die Schadensberechnung muss dann nach Art. 74 CISG erfolgen.[990] Ebenfalls ist erforderlich, dass die Parteien einen **konkreten Vertragspreis** vereinbart haben, ansonsten ist eine Differenzberechnung nicht möglich und Art. 76 CISG ebenfalls unanwendbar.[991] Hinsichtlich der **Ersatzes weiterer Schäden** aus Art. 74 CISG gelten die gleichen Grundsätze wie für Art. 75 CISG (siehe Rdnr. 1116 ff.).

1127 **c) Schadensminderungspflicht.** Im Anschluss an die Schadensbemessungsregeln der Art. 74–76 CISG begründet Art. 77 CISG für den jeweils Ersatzberechtigten (hier den Käufer) eine **Obliegenheit zur Schadensvermeidung**[992] **sowie zur Schadensminderung.** Wie sich aus Art. 77 S. 2 CISG ergibt, ist dies keine eigenständige, vom Ersatzpflichtigen klagbare Pflicht, sondern lediglich eine Obliegenheit,[993] bei deren Versäumnis der Ersatz von denjenigen Schäden, die hätten verhindert werden können, ausgeschlossen ist.

1128 Nach dem Wortlaut des Art. 77 S. 2 CISG und dessen systematischer Stellung innerhalb des Kapitel 5, Abschnitt 2 CISG („Schadensersatz") **betrifft** die Norm unmittelbar **nur Schadensersatzansprüche** aufgrund einer Vertragsverletzung.[994] Ein Antrag der USA, die Vorschrift darüber hinaus auch auf andere Rechtsbehelfe oder sogar auf Erfüllungsansprüche zu erstrecken, wurde als zu weitgehend abgelehnt.[995] Eine Abwehr von Erfüllungs-, Vertragsaufhebungs- oder Minderungsrechten unter Berufung auf Art. 77 CISG ist daher ausgeschlossen.[996] Die Schadensminderungspflicht besteht nicht nur in Fällen eines bereits **entstandenen Schadens.** Dem Käufer obliegt es vielmehr auch, bereits die **Entstehung eines Schadens zu vermeiden,**[997] z. B. bei einer ernsthaft drohenden Vertragsverletzung des Verkäufers (etwa einer Erfüllungsverweigerung). Die Vorschrift erfasst allerdings nur diejenigen Fälle, in denen der Käufer es nach Kenntniserlangung von den Umständen des (drohenden) Schadenseintritts unter Verstoß gegen eine dann einsetzende Obliegenheit unterlassen hat, den durch eine Vertragsverletzung des Verkäufers verursachten Schaden durch Vornahme angemessener Maßnahmen zu mindern oder zu vermeiden.[998]

1129 Gem. Art. 77 S. 1 CISG hat der Käufer alle **nach den Umständen angemessenen Maßnahmen** zur Verringerung des aus der Vertragsverletzung des Verkäufers folgenden Verlusts – einschließlich des entgangenen Gewinns – zu treffen. Welche Maßnahmen dies sind, ist aus einer **konkreten Einzelfallbetrachtung** heraus festzustellen.[999] Die Angemessenheit der Maßnahmen ist dabei nach der Anschauung eines vernünftigen Kaufmanns in derselben Situation zu beurteilen.[1000] Insbesondere hat der Käufer den Verkäufer rechtzei-

---

[990] OLG Celle, IHR 2001, 107, 108: Art. 76 CISG nicht anwendbar, weil kein Marktpreis für „no-name"-Staubsauger feststellbar; Staudinger-*Magnus,* Art. 76 CISG Rdnr. 14; *Herber/Czerwenka,* Art. 76 CISG Rdnr. 6.
[991] Schlechtriem-*Stoll,* Art. 76 CISG Rdnr. 10; Staudinger-*Magnus,* Art. 76 CISG Rdnr. 25.
[992] BGH, NJW 1987, 290 (zum EKG); Staudinger-*Magnus,* Art. 77 CISG Rdnr. 8; MünchKommHGB-*Mankowski,* Art. 77 CISG Rdnr. 6.
[993] BGH, NJW 1999, 2440, 2441; *Herber/Czerwenka,* Art. 77 CISG Rdnr. 2; Honsell-*Schönle,* Art. 77 CISG Rdnr. 3.
[994] *Herber/Czerwenka,* Art. 77 CISG Rdnr. 3; Staudinger-*Magnus,* Art. 77 CISG Rdnr. 6; *Piltz,* Int. KaufR, § 5 Rdnr. 456.
[995] Näher zur Entstehungsgeschichte vgl. Staudinger-*Magnus,* Art. 77 CISG Rdnr. 4; Schlechtriem-*Stoll,* Art. 77 CISG Rdnr. 2.
[996] OGH Wien, IHR 2001, 39, 40; *Herber/Czerwenka,* Art. 77 CISG Rdnr. 3; Soergel-*Lüderitz/Dettmeier,* Art. 77 CISG Rdnr. 2; Bianca/Bonell-*Knapp,* Art. 77 CISG Anm. 3.1.-3.13.
[997] BGH, NJW 1987, 290, 291 (zum EKG); Schlechtriem-*Stoll,* Art. 77 CISG Rdnr. 6; Bianca/Bonell-*Knapp,* Art. 77 CISG Anm. 3.11.
[998] BGH, NJW 2013, 304, 307; BGH, NJW 1999, 2440.
[999] Staudinger-*Magnus,* Art. 77 CISG Rdnr. 11; Soergel-*Lüderitz/Dettmeier,* Art. 77 CISG Rdnr. 4.
[1000] OLG Köln v. 08.01.1997, Unilex; *Herber/Czerwenka,* Art. 77 CISG Rdnr. 5; Schlechtriem-*Stoll,* Art. 77 CISG Rdnr. 9; Honsell-*Magnus,* Art. 77 CISG Rdnr. 6.

tig über die Gefahr besonderer oder besonders hoher Schäden zu informieren,[1001] wobei bei einer entsprechenden Unterlassung häufig schon die Vorhersehbarkeit des Schadens i. S. d. Art. 74 CISG zu verneinen sein wird,[1002] was einen Ersatzanspruch von vornherein ausschließt (hierzu Rdnr. 1111 ff.). Bei marktgängiger Ware kann zur Verringerung insbesondere des entgangenen Gewinns auch ein Deckungskauf geboten sein.[1003] Ist die Ware bereits geliefert worden, ist der Käufer bereits gem. Art. 85 ff. CISG zu deren Erhaltung verpflichtet, ein Verstoß gegen diese Erhaltungspflicht unterfällt ebenfalls Art. 77 CISG.[1004] Handelt es sich um mangelhafte Unikate, so kann die Schadensminderungspflicht des Käufers sogar beinhalten, die Ware in ihre Einzelteile zu zerlegen und diese zu veräußern, sofern die Teile einen erheblichen Wert haben und dabei kein unvertretbarer Aufwand entsteht.[1005] Des weiteren hat der Käufer, soweit er Mängel der Ware erkannt hat, deren Verwendung einzustellen, insbesondere um daraus drohende Mangelfolgeschäden zu verhindern.[1006] Hat der Käufer die Mängel aufgrund einer Versäumung der Untersuchungspflicht (Art. 38 CISG, dazu Rdnr. 1161 ff.) nicht erkannt, sind allerdings Ersatzansprüche bereits gem. Art. 39 CISG ausgeschlossen, auf Art. 77 CISG kommt es dann nicht mehr an. Bei geringfügigen Mängeln kommt unter Umständen auch eine Obliegenheit des Käufers zur Beseitigung dieser Mängel in Betracht, wenn er dazu in der Lage ist, weiterreichender Schaden dadurch vermieden werden kann und der Verkäufer zur schnellen Abhilfe nicht in der Lage ist.[1007] Die Kosten einer solchen Mangelbeseitigung trägt selbstverständlich der Verkäufer.[1008]

Versäumt es der **Käufer**, solche oder andere, gebotene und **angemessene Handlungen** zur Vermeidung oder Verminderung eines Schadens vorzunehmen, bestimmt Art. 77 S. 2 CISG als **Rechtsfolge**, dass sein Schadensersatzanspruch in dem Umfang entfällt, in dem der Käufer den Schaden – entstandenen Verlust und/oder entgangenen Gewinn – hätte vermeiden können.[1009] Eine Schadensverteilung unter Berücksichtigung der beiderseitigen Verschuldens- oder Verursachungsbeiträge wie bei § 254 BGB findet damit nicht statt, sondern der **Ersatzanspruch entfällt in Höhe des vermeidbaren Schadens**.[1010] Soweit der gesamte Schaden hätte vermieden werden können, entfällt auch der Ersatzanspruch insgesamt.[1011] 1130

Die Versäumung der Obliegenheit aus Art. 77 CISG ist eine **von Amts wegen** zu berücksichtigende **Einwendung**.[1012] Bei der Ermittlung des vermeidbaren Schadens kann im deutschen Prozessrecht auf eine Schätzung gem. § 287 ZPO zurückgegriffen werden.[1013] Die **Kosten** für derartige, vom Käufer durchgeführte und angemessene Maßnahmen – auch wenn sie vergeblich waren – hat jedenfalls der Verkäufer zu tragen, sie sind voraussehbare 1131

[1001] Bamberger/Roth-*Saenger*, Art. 77 CISG Rdnr. 4; *Herber/Czerwenka*, Art. 77 CISG Rdnr. 6; *Piltz*, Int. KaufR, § 5 Rdnr. 462.
[1002] Staudinger-*Magnus*, Art. 77 CISG Rdnr. 17; Soergel-*Lüderitz/Dettmeier*, Art. 77 CISG Rdnr. 6.
[1003] OLG Celle, IHR 2001, 107; OLG Braunschweig, TranspR-IHR 2000, 4; OLG Hamburg, OLGR 1997, 149; OLG München v. 08.02.1995, CLOUT Case 133; OLG Düsseldorf v. 14.01.1994 CLOUT Case 130; Staudinger-*Magnus*, Art. 77 CISG Rdnr. 11; *Herber/Czerwenka*, Art. 77 CISG Rdnr. 6.
[1004] Schlechtriem-*Stoll*, Art. 77 CISG Rdnr. 9; Staudinger-*Magnus*, Art. 77 CISG Rdnr. 13.
[1005] Handelsgericht St. Gallen, IHR 2003, 181, 185 f.; Staudinger-*Magnus*, Art. 77 CISG Rdnr. 11.
[1006] BGH, NJW 1999, 2440, 2441; Staudinger-*Magnus*, Art. 77 CISG Rdnr. 11, 14; *Piltz*, Int. KaufR, § 5 Rdnr. 462.
[1007] Staudinger-*Magnus*, Art. 77 CISG Rdnr. 15; MünchKommHGB-*Mankowski*, Art. 77 CISG Rdnr. 12; *Herber/Czerwenka*, Art. 77 CISG Rdnr. 6; Bianca/Bonell-*Knapp*, Art. 77 CISG Anm. 2.2.
[1008] BGH, NJW 1997, 3311; Staudinger-*Magnus*, Art. 77 CISG Rdnr. 15.
[1009] Schlechtriem-*Stoll*, Art. 77 CISG Rdnr. 12; Soergel-*Lüderitz/Dettmeier*, Art. 77 CISG Rdnr. 9.
[1010] Staudinger-*Magnus*, Art. 77 CISG Rdnr. 19; Schlechtriem-*Stoll*, Art. 77 CISG Rdnr. 12.
[1011] BGH, NJW 1999, 2440, 2441; Bamberger/Roth-*Saenger*, Art. 77 CISG Rdnr. 7.
[1012] BGH, NJW 1999, 2440, 2441; Schlechtriem-*Stoll*, Art. 77 CISG Rdnr. 12.
[1013] Soergel-*Lüderitz/Dettmeier*, Art. 77 CISG Rdnr. 9; *Herber/Czerwenka*, Art. 77 CISG Rdnr. 9.

Folgen seiner Vertragsverletzung und damit Positionen des Schadensersatzanspruchs aus Art. 74 ff. CISG.[1014]

1132 **d) Ausschluss.** Schadensersatzansprüche können aufgrund verschiedener Aspekte ganz oder teilweise ausgeschlossen sein. So ist gem. Art. 5 CISG die Haftung des Verkäufers für durch die Ware verursachte Körperverletzungen oder den Tod einer Person ausdrücklich vom Regelungsbereich des Übereinkommens ausgenommen. Mit dieser Bestimmung soll die Problematik von Überschneidungen mit einzelstaatlichen Produkthaftungsgesetzen entschärft werden.[1015] Folglich richten sich nicht nur deliktische,[1016] sondern auch etwaige vertragliche Ersatzansprüche insoweit ausschließlich nach dem jeweils über das IPR berufenen, unvereinheitlichten nationalen Recht.[1017]

1133 Zwar geht das Übereinkommen grundsätzlich von einer verschuldensunabhängigen Haftung des Verkäufers aus, doch hat dieser gem. Art. 79 CISG für die Nicht- oder Schlechterfüllung seiner Pflichten dann nicht einzustehen, wenn die Vertragsverletzung auf einer „unvermeidlichen Leistungsbehinderung" (impediment beyond his control) beruht und von ihm vernünftigerweise nicht erwartet werden konnte, den Hinderungsgrund bei Vertragsschluss in Betracht zu ziehen oder ihn zu vermeiden bzw. zu überwinden. Diese Leistungsbehinderung muss alleinige Ursache der Vertragsverletzung sein. Ist der Verkäufer – auch nur geringfügig – mitverantwortlich, ist Art. 79 nicht anwendbar.[1018] Erfasst sind ausschließlich solche Umstände, die ihren Ursprung außerhalb des Machtbereichs des Schuldners haben,[1019] Hauptanwendungsfälle der Vorschrift sind damit Naturkatastrophen, Krieg oder auch behördliche Verbote.[1020] Ob ein Streik oder sonstige Arbeitskampfmaßnahmen im Betrieb des Verkäufers, des Herstellers oder Zulieferers einen Entlastungsgrund stellen können, ist im Einzelnen streitig.[1021] Eine generelle Entscheidung dürfte sich jedoch verbieten, vielmehr ist nach dem für Art. 79 CISG maßgeblichen Grundgedanken der mangelnden Beherrschbarkeit einer Behinderung nach den konkreten Einzelfallumständen zu prüfen, ob der Arbeitskampf den Machtbereich des Verkäufers überschreitet oder nicht.[1022] Dabei ist ein etwaiges Verschulden ohne Bedeutung, es geht allein um die Abgrenzung der betroffenen Risikosphären.[1023] Zumindest für Streiks im Betrieb des Verkäufers dürfte hier jedenfalls Zurückhaltung geboten sein, da der Verkäufer grundsätzlich das Betriebs- und Personalrisiko seines Unternehmens trägt und Art. 79 CISG auch nur Ausnahmecharakter zukommt.[1024]

[1014] Bianca/Bonell-*Knapp*, Art. 77 CISG Anm. 2.6.; Staudinger-*Magnus*, Art. 77 CISG Rdnr. 20.

[1015] Vgl. näher Schlechtriem-*Stoll*, Art. 5 CISG Rdnr. 1; Staudinger-*Magnus*, Art. 5 CISG Rdnr. 3.

[1016] Zum Verhältnis nationaler Deliktsansprüche zum CISG vgl. Rdnr. 95.

[1017] Herber/Czerwenka, Art. 5 CISG Rdnr. 22 ff.; Staudinger-*Magnus*, Art. 5 CISG Rdnr. 4 ff., 15 ff.

[1018] Bamberger/Roth-*Saenger*, Art. 79 CISG Rdnr. 3; Bianca/Bonell-*Tallon*, Art. 79 CISG Anm. 2.6.6.; Schlechtriem-*Stoll*, Art. 79 CISG Rdnr. 26.

[1019] BGH v. 27.11.2007, Az. X ZR 111/04 (Beck RS 2008, 00816); BGH, NJW 1999, 2440, 2441; OLG München, NJW-RR 2008, 1285, 1286; Schlechtriem-*Stoll*, Art. 79 CISG Rdnr. 20 f.; Soergel-*Lüderitz/Dettmeier*, Art. 79 CISG Rdnr. 8.

[1020] Vgl. aber auch LG Freiburg, IHR 2003, 22: Keine Entlastung nach Art. 79 CISG bei behördlicher Beschlagnahme eines verkauften, aber gestohlenen Autos, weil der Verkäufer für die Freiheit der Ware von Rechten Dritter einzustehen hat (dazu Rdnr. 537 ff.).

[1021] Vgl. näher MünchKommHGB-*Mankowski*, Art. 79 CISG Rdnr. 29 ff. (Entlastungsgrund, wenn keine alternative Möglichkeit zur Erfüllung besteht); Staudinger-*Magnus*, Art. 79 CISG Rdnr. 21 (Entlastungsgrund, wenn Streik bei Vertragsschluss nicht vorhersehbar war); Bamberger/Roth-*Saenger*, Art. 79 CISG Rdnr. 6; Soergel-*Lüderitz/Dettmeier*, Art. 79 CISG Rdnr. 5 (grundsätzlich kein Entlastungsgrund, Ausnahme für politische Streiks); Herber/Czerwenka, Art. 79 CISG Rdnr. 13 (Entlastungsgrund, wenn der Verkäufer den Streik bzw. dessen Folgen nicht beseitigen kann oder ihm dies nicht zumutbar ist); MünchKomm-*Huber*, Art. 79 CISG Rdnr. 15 (Entlastung bei unvorhersehbaren, überbetrieblichen Streiks).

[1022] Schlechtriem-*Stoll*, Art. 79 CISG Rdnr. 41.

[1023] Schlechtriem-*Stoll*, Art. 79 CISG Rdnr. 42; Soergel-*Lüderitz/Dettmeier*, Art. 79 CISG Rdnr. 5.

[1024] Soergel-*Lüderitz/Dettmeier*, Art. 79 CISG Rdnr. 5; Schlechtriem-*Stoll*, Art. 79 CISG Rdnr. 42.

Eine Befreiung kommt immer nur dann in Betracht, soweit die jeweiligen Umstände nicht **vorhersehbar** waren. So ist beispielsweise bei Verkäufen in Krisengebieten mit Leistungsbehinderungen zu rechnen, so dass eine Entlastung i. S. d. Art. 79 CISG in solchen Fällen ausscheidet.[1025] Darüber hinaus müssen die Hinderungsgründe auch unvermeidbar bzw. unüberwindbar gewesen sein. Eine Entlastung ist daher auch bei Unvorhersehbarkeit des Hinderungsgrundes nicht möglich, wenn dieser in zumutbarer Art und Weise vermeidbar oder überwindbar war.[1026] **1134**

Gem. Art. 79 Abs. 4 CISG muss der Verkäufer dem Käufer etwaige Entlastungsgründe **innerhalb einer angemessenen Frist,** nachdem er die Leistungsbehinderung kannte oder kennen musste, mitteilen. Diese Mitteilung ist zwar nicht Voraussetzung für die Befreiung des Verkäufers, unterbleibt sie jedoch, löst dies gem. Art. 79 Abs. 4 S. 2 CISG eine Ersatzpflicht des Verkäufers für den durch die fehlende Mitteilung verursachten Schaden aus.[1027] Art. 79 Abs. 3 CISG stellt im Übrigen klar, dass die Befreiung von der Leistungspflicht nur für den Zeitraums des Bestehens des Hinderungsgrundes greift. Nach dessen Wegfall leben die betroffenen Pflichten und damit auch die Haftung für deren Nichterfüllung wieder auf.[1028] Der Ausschluss betrifft nur Schadensersatzansprüche, andere Rechtsbehelfe wie Vertragsaufhebung oder Minderung bleiben dem Käufer gem. Art. 79 Abs. 5 CISG unbenommen. **1135**

Als gesetzliche Ausformung des Verbots widersprüchlichen Verhaltens schließt Art. 80 CISG Rechtsbehelfe des Käufers aus, wenn die Nichterfüllung einer Verkäuferpflicht durch eine Handlung oder Unterlassung des Käufers verursacht wurde.[1029] Auch hier kommt es auf ein Verschulden des Käufers nicht an, entscheidend ist ausschließlich, ob der Käufer die Nichterfüllung kausal verursacht hat.[1030] Hat der Käufer die Mängelrüge der Art. 39 Abs. 1, 43 Abs. 1 CISG versäumt, führt dies ebenfalls zu Anspruchsausschlüssen. Besteht für die unterlassene Rüge aber ein vernünftiger Entschuldigungsgrund, kann der Käufer gleichwohl gem. Art. 44 CISG weiterhin Minderung oder Schadensersatz verlangen (siehe dazu Rdnr. 1212 ff.). Ausgeschlossen sind hier aber ausdrücklich Ansprüche auf Ersatz entgangenen Gewinns. **1136**

Ein Ausschluss von Schadensersatzansprüchen kommt ferner auch aufgrund vertraglicher Haftungsfreizeichnungen – wie z. B. einer Pauschalierung oder summenmäßigen Begrenzung von Ersatzansprüchen oder der Vereinbarung von Vertragsstrafen – in Betracht,[1031] Zulässigkeit und Wirksamkeit derartiger Vereinbarungen richten sich jedoch allein nach dem jeweils anwendbaren nationalen Recht (zur Situation im deutschen Recht vgl. Rdnr. 873 ff., 1011 ff.). **1137**

5. Rechte des Käufers bei drohenden Leistungsstörungen

a) Überblick. Die Art. 71 f. CISG eröffnen dem Käufer unter bestimmten Voraussetzungen auch schon **vor dem tatsächlichen Eintritt von Leistungsstörungen** gewisse Befugnisse. Ist nach Vertragsschluss eine **Vertragsverletzung** zwar noch nicht eingetreten, aber **absehbar,** so kann der Käufer nach Art. 71 Abs. 1 CISG die **Erfüllung seiner eigenen Pflichten aussetzen** (hierzu sogleich Rdnr. 1139 ff.) oder nach Art. 72 CISG den **Vertrag aufheben** (Rdnr. 1151 ff.). **1138**

[1025] ICC-Schiedsspruch Nr. 7197/1992, Unilex; *Herber/Czerwenka*, Art. 79 CISG Rdnr. 8; Soergel-*Lüderitz/Dettmeier*, Art. 79 CISG Rdnr. 2, 8; Staudinger-*Magnus*, Art. 79 CISG Rdnr. 32 f.
[1026] ICC-Schiedsspruch Nr. 7197/1992, Unilex; *Piltz*, Int. KaufR, § 5 Rdnr. 233 f.
[1027] *Herber/Czerwenka*, Art. 79 CISG Rdnr. 21; Honsell-*Magnus*, Art. 79 CISG Rdnr. 20; Schlechtriem-*Stoll*, Art. 79 CISG Rdnr. 59.
[1028] Staudinger-*Magnus*, Art. 79 CISG Rdnr. 44; MünchKomm-*Huber*, Art. 79 CISG Rdnr. 25.
[1029] BGH, NJW 2013, 304, 307.
[1030] *Herber/Czerwenka*, Art. 80 CISG Rdnr. 4; Staudinger-*Magnus*, Art. 80 CISG Rdnr. 11; *Piltz*, Int. KaufR, § 4 Rdnr. 214.
[1031] Soergel-*Lüderitz/Dettmeier*, vor Art. 74 CISG Rdnr. 13; Staudinger-*Magnus*, Art. 74 CISG Rdnr. 59 f.; Schlechtriem-*Stoll*, Art. 79 CISG Rdnr. 46

5. Kapitel. Die Rechte des Käufers bei Pflichtverletzungen des Verkäufers

1139 **b) Aussetzungsrecht bei drohender Pflichtverletzung.** Art. 71 Abs. 1 CISG gewährt **beiden Parteien** das Recht, die „Erfüllung ihrer Pflichten auszusetzen" (suspend the performance of his obligations), wenn sich nach Vertragsschluss herausstellt, dass die andere Partei einen wesentlichen Teil ihrer Pflichten nicht erfüllen wird. **Sinn dieser Vorschrift** ist es, die vertragstreue Partei von ihren eigenen Leistungspflichten zu entbinden, wenn klar ist, dass die andere Partei nicht erfüllen wird. Niemand soll zur Leistung verpflichtet bleiben, sofern hinreichend erkennbar ist, dass die versprochene Gegenleistung nicht erfolgen wird.[1032] Des weiteren soll vermieden werden, dass zunächst Leistungen erbracht werden, deren spätere Rückabwicklung bereits zu befürchten steht und damit nur unnötigen Aufwand erfordern würde.[1033] Die Vorschrift erfasst damit Fälle, für die im nationalen Recht bei mangelnder Leistungsfähigkeit § 321 BGB oder ansonsten das Institut des Wegfalls der Geschäftsgrundlage (§ 313 BGB) herangezogen würde.[1034]

1140 Voraussetzung des Aussetzungsrechts ist zunächst ein **bevorstehender Vertragsbruch** der anderen Partei, hier des Verkäufers. Dies muss noch keine wesentliche Vertragsverletzung i. S. d. Art. 25 CISG (zu diesem Begriff Rdnr. 1040) sein,[1035] ist es aber eine solche, gewährt Art. 72 CISG unter weiteren Voraussetzungen sogar ein vorzeitiges Vertragsaufhebungsrecht (siehe dazu Rdnr. 1151 ff.). Es muss aber jedenfalls **nach Vertragsschluss erkennbar** werden, dass der Verkäufer einen wesentlichen Teil seiner Vertragspflichten verletzen wird. Die dafür ausschlaggebenden Tatsachen brauchen nicht erst nach Vertragsschluss eingetreten zu sein, maßgeblich ist vielmehr, dass sie erst **nach Vertragsschluss offenbar geworden** sind.[1036] Waren diese Tatsachen den Parteien bei Vertragsschluss bekannt oder zumindest erkennbar, kommt ein Aussetzungsrecht nicht in Betracht. Auch wenn keine wesentliche Vertragsverletzung notwendig ist, muss doch die drohende Nichterfüllung einen **objektiv erheblichen Teil der geschuldeten Leistung** betreffen.[1037] Dies ist immer dann der Fall, wenn es sich um eine Pflicht handelt, deren Verletzung die Erbringung der vertragsgemäßen Gegenleistung als unzumutbar erscheinen lässt.[1038] Die Art der verletzten Pflicht spielt dabei keine Rolle.[1039]

1141 Ferner muss der **Eintritt der Pflichtverletzung** zwar nicht mit letzter Sicherheit feststehen, aber – nach der Einschätzung eines objektiven Dritten in gleicher Lage und unter Berücksichtigung aller erkennbaren Umstände[1040] – zumindest **mit hoher Wahrscheinlichkeit zu erwarten** sein.[1041] Diese Voraussetzung hat die Rechtsprechung z. B. in einem Fall bejaht, in dem ein Schuhhersteller exklusiv für den Käufer gefertigte Markenware auf einer Messe ausgestellt und trotz Abmahnung dort belassen hatte.[1042] Die objektiven **Umstände,**

[1032] OLG Köln, IHR 2008, 181, 183; Staudinger-*Magnus*, Art. 71 CISG Rdnr. 5; MünchKomm-*Huber*, Art. 71 CISG Rdnr. 2.

[1033] Honsell-*Schnyder/Straub*, Art. 71 CISG Rdnr. 2; Soergel-*Lüderitz/Dettmeier*, Art. 71 CISG Rdnr. 1.

[1034] Staudinger-*Magnus*, Art. 71 CISG Rdnr. 12.

[1035] Bianca/Bonell-*Bennett*, Art. 71 CISG CISG Anm. 2.4.; Honsell-*Schnyder/Straub*, Art. 71 CISG Rdnr. 14; Schlechtriem-*Leser/Hornung*, Art. 71 CISG Rdnr. 8; *Piltz*, Int. KaufR, § 4 Rdnr. 250.

[1036] *Herber/Czerwenka*, Art. 71 CISG Rdnr. 3; Soergel-*Lüderitz/Dettmeier*, Art. 71 CISG Rdnr. 8.

[1037] OGH Wien v. 12.02.1998, CISG-Online Case 349; OLG Hamm v. 22.09.1992, CISG-Online Case 57; Bamberger/Roth-*Saenger*, Art. 71 CISG Rdnr. 2.

[1038] Soergel-*Lüderitz/Dettmeier*, Art. 71 CISG Rdnr. 9; Staudinger-*Magnus*, Art. 71 CISG Rdnr. 15.

[1039] Staudinger-*Magnus*, Art. 71 CISG Rdnr. 15; MünchKomm-*Huber*, Art. 71 CISG Rdnr. 4; *Piltz*, Int. KaufR, § 4 Rdnr. 249; a. A. Bamberger/Roth-*Saenger*, Art. 71 CISG Rdnr. 2, der jedenfalls Nebenpflichtverletzungen ausschließt.

[1040] Bianca/Bonell-*Bennett*, Art. 71 CISG Anm. 3.3.; Staudinger-*Magnus*, Art. 71 CISG Rdnr. 19.

[1041] OGH Wien v. 12.02.1998, CISG-Online Case 349; Staudinger-Magnus, Art. 71 CISG Rdnr. 18; *Herber/Czerwenka*, Art. 71 CISG Rdnr. 4; Schlechtriem-*Leser/Hornung*, Art. 71 CISG Rdnr. 17.

[1042] OLG Frankfurt, NJW 1992, 633, weitere Beispiele: OGH Wien v. 12.02.1998, CISG-Online Case 349; OLG Hamm, NJW 1984, 1307 (zum EKG).

auf welche eine derartige hohe Wahrscheinlichkeit einer Vertragsverletzung gestützt werden kann, nennt das Übereinkommen in Art. 71 Abs. 1 Buchst. a, b CISG **abschließend,**[1043] wobei die Formulierung hier aber so weit gefasst ist, dass nahezu alle objektiv erklärbaren Erfüllungsgefahren darunter fallen können.[1044]

Nach Art. 71 Abs. 1 Buchst. a, 1. Alt. CISG kommt zunächst ein **schwerwiegender Mangel der Fähigkeit des Verkäufers zur Vertragserfüllung** (serious deficiency in his ability to perform) in Betracht. Ein solcher **Mangel** kann beispielsweise auf technischen Schwierigkeiten der Warenherstellung (etwa Schließung eines Betriebes), rechtlichen Hindernissen (Verkauf eines Betriebes oder dessen Insolvenz) oder auch wirtschaftlichen Problemen (Unterbrechung der Rohstoff- oder Teilezulieferung) beruhen.[1045] Als **schwerwiegend** ist ein solcher Mangel dann anzusehen, wenn er die Möglichkeit des Verkäufers zur Erfüllung des konkreten Vertrags ganz oder im wesentlichen herabsetzt[1046] und diesem auch keine anderen Alternativen verbleiben.[1047] 1142

Art. 71 Abs. 1 Buchst. a, 2. Alt. erwähnt ausdrücklich auch einen **schwerwiegenden Mangel der Kreditwürdigkeit.** Ein solcher liegt insbesondere vor, wenn über das Vermögen des Verkäufers ein Insolvenz- oder sonstiges Liquidationsverfahren eröffnet wurde oder er allgemein sämtliche Zahlungen oder Lieferungen eingestellt hat.[1048] Einzelne Zahlungsverzögerungen genügen hierfür noch nicht. 1143

Gem. Art. 71 Abs. 1 Buchst. b CISG kommt schließlich auch das **Verhalten des Verkäufers bei der Erfüllung des Vertrags oder der Vorbereitung der Erfüllung** in Betracht. Damit ist insbesondere Nachlässigkeit, Uninteressiertheit oder Unwilligkeit gemeint,[1049] z. B. wenn notwendige Vorbereitungsmaßnahmen (Beschaffung von Material, Lizenzen etc.) nicht oder nicht rechtzeitig vorgenommen werden, erkennbar ungeeignete Materialien oder Transportmittel eingesetzt werden[1050] oder der Schuldner die Erfüllung seiner Pflichten von nicht vereinbarten Bedingungen abhängig macht.[1051] 1144

Werden derartige Umstände nach Vertragsschluss offenbar, lösen sie das Aussetzungsrecht des Käufers aus. Hierbei ist es **unerheblich,** ob den Verkäufer hinsichtlich seiner Leistungshinderung ein **Verschulden** trifft.[1052] Auch eine etwaige Entlastung nach Art. 79 CISG, wie sie für den Bereich des Schadensersatzes möglich ist (dazu Rdnr. 1133 ff.), berührt das Aussetzungsrecht nicht.[1053] 1145

Die aus einer drohenden Pflichtverletzung resultierende **Befugnis zum „Aussetzen der eigenen Pflichten"** i. S. d. Art. 71 CISG bedeutet, dass der Käufer zum Leistungstermin selbst nicht erfüllen muss, ohne dass er hierdurch eine Vertragsverletzung begeht und Rechtsbehelfe des Verkäufers befürchten müsste.[1054] Praktische Bedeutung hat dies vor 1146

[1043] Soergel-*Lüderitz/Dettmeier*, Art. 71 CISG Rdnr. 4, 7; Honsell-*Schnyder/Straub*, Art. 71 CISG Rdnr. 15.

[1044] Schlechtriem-*Leser/Hornung*, Art. 71 CISG Rdnr. 10; Soergel-*Lüderitz/Dettmeier*, Art. 71 CISG Rdnr. 7.

[1045] *Herber/Czerwenka*, Art. 71 CISG Rdnr.7; Soergel-*Lüderitz/Dettmeier*, Art. 71 CISG Rdnr. 4.

[1046] Staudinger-*Magnus*, Art. 71 CISG Rdnr. 23; Honsell-*Schnyder/Straub*, Art. 71 CISG Rdnr. 17.

[1047] OGH Wien v. 12.02.1998, CISG-Online Case 349; MünchKomm-*Huber*, Art. 71 CISG Rdnr. 8.

[1048] OGH Wien v. 12.02.1998, CISG-Online Case 349; OLG Hamm, RIW 1983, 952 (zum EKG); Schlechtriem-*Leser/Hornung*, Art. 71 CISG Rdnr. 11.

[1049] *Herber/Czerwenka*, Art. 71 CISG Rdnr. 9; MünchKommHGB-*Mankowski*, Art. 71 CISG Rdnr. 17.

[1050] Staudinger-*Magnus*, Art. 71 CISG Rdnr. 27; Soergel-*Lüderitz/Dettmeier*, Art. 71 CISG Rdnr. 6; Schlechtriem-*Leser/Hornung*, Art. 71 CISG Rdnr. 12.

[1051] Staudinger-*Magnus*, Art. 71 CISG Rdnr. 27.

[1052] Schlechtriem-*Leser/Hornung*, Art. 71 CISG Rdnr. 9; Staudinger-*Magnus*, Art. 71 CISG Rdnr. 13.

[1053] Schlechtriem-*Leser/Hornung*, Art. 71 CISG Rdnr. 9; Staudinger-*Magnus*, Art. 71 CISG Rdnr. 13.

[1054] OLG Hamm, NJW 1984, 1307 (zum EKG); Soergel-*Lüderitz/Dettmeier*, Art. 71 CISG Rdnr. 16.

allem für Käufer, die ansonsten (kraft des Vertrags) **vorleistungspflichtig** wären, denn in allen anderen Fällen kann der Käufer gem. Art. 58 CISG ohnehin auf einer Zug-um-Zug Leistung bestehen.[1055] Das Aussetzungsrecht betrifft auch Leistungsvorbereitungshandlungen[1056] (Herstellung, Beschaffung u.ä.), des weiteren können auch Verhandlungen über die Vertragsdurchführung abgebrochen, Überweisungen oder Akkreditivaufträge widerrufen oder Schecks gesperrt werden.[1057] Allerdings gewährt Art. 71 CISG **nur** ein **vorläufiges Aussetzungs-,** aber **kein Aufhebungsrecht.**[1058] Der Käufer darf daher keine Maßnahmen ergreifen, die eine spätere Erfüllung unmöglich machen würden, z.B. Deckungskäufe.[1059]

1147 **Ausüben** darf der Käufer das Aussetzungsrecht **jederzeit,** er verliert es auch nicht etwa, wenn er nicht unverzüglich reagiert, sobald er von den maßgeblichen Aussetzungsgründen Kenntnis erlangt[1060] Die Ausübung des Aussetzungsrecht hängt im Übrigen auch von **keiner Form** ab, das tatsächliche Zurückhalten der eigenen Leistung genügt.[1061]

1148 Jedoch ist der Käufer gem. Art. 71 Abs. 3 CISG verpflichtet, den **Verkäufer von der Ausübung des Aussetzungsrechts** sofort zu **informieren.** Diese Anzeigepflicht wird teilweise[1062] – insbesondere in der Rechtsprechung[1063] – als Wirksamkeitsvoraussetzung für das Entstehen des Aussetzungsrechts verstanden. Unterbleibe die Mitteilung, so bestünde kein Aussetzungsrecht, das Zurückhalten der eigenen Leistung stelle dann selbst eine Vertragsverletzung mit allen sich daraus ergebenden Konsequenzen dar. Dies folge schon aus der allgemeinen Kooperationspflicht der Parteien.[1064] Nach der zustimmungswürdigen Gegenansicht ist die Pflicht zur Mitteilung dagegen nicht Voraussetzung, sondern lediglich Rechtsfolge des bereits entstandenen Aussetzungsrechts.[1065] Schon die Verortung der Mitteilungspflicht in Art. 71 Abs. 3 CISG, der anordnet, dass die Erfüllung „fortzusetzen" sei, wenn die andere Partei auf die Mitteilung hin Sicherheit leiste, zeigt, dass der Sinn der Mitteilungspflicht lediglich darin liegt, Verkäufer die Möglichkeit zu geben, den Verdacht einer drohenden Vertragsverletzung durch Sicherheitsleistung auszuräumen.[1066] Aus dem Wortlaut „fortzusetzen" ergibt sich auch, dass bereits vor der Mitteilung die Leistung des Käufers ausgesetzt werden kann. Unterbleibt daher die Mitteilung, berührt dies nicht die Rechtmäßigkeit der Aussetzung, begründet aber eine Ersatzpflicht des Aussetzenden für Schäden, die durch die unterbliebene Mitteilung entstanden sind.[1067] Inhaltlich muss die Mitteilung zwar die Gründe für die Aussetzung, nicht aber alle Einzelheiten darlegen.[1068] Sie muss dem

---

[1055] *Herber/Czerwenka,* Art. 71 CISG Rdnr. 10; Staudinger-*Magnus,* Art. 71 CISG Rdnr. 30.

[1056] Schlechtriem-*Leser/Hornung,* Art. 71 CISG Rdnr. 6; Staudinger-*Magnus,* Art. 71 CISG Rdnr. 30.

[1057] Soergel-*Lüderitz/Dettmeier,* Art. 71 CISG Rdnr. 10.

[1058] Ein solches kann sich aber aus Art. 72 CISG ergeben, vgl. Rdnr. 1094 ff.

[1059] Soergel-*Lüderitz/Dettmeier,* Art. 71 CISG Rdnr. 10, 21; Schlechtriem-*Leser/Hornung,* Art. 71 CISG Rdnr. 7, 23.

[1060] Staudinger-*Magnus,* Art. 71 CISG Rdnr. 29.

[1061] MünchKommHGB-*Mankowski,* Art. 71 CISG Rdnr. 21.

[1062] Bamberger/Roth-*Saenger,* Art. 71 CISG Rdnr. 6; Achilles, Art. 71 CISG Rdnr. 11; Schlechtriem-*Leser/Hornung,* Art. 71 CISG Rdnr. 21.

[1063] Netherlands Arbitration Institute, IHR 2003, 283, 290f.; LG Darmstadt, IHR 2001, 160; LG Stendal, IHR 2001, 30, 34; AG Frankfurt/Main, IPRax 1991, 345; offen gelassen von OLG Karlsruhe, IHR 2004, 246, 249.

[1064] Schlechtriem-*Leser/Hornung,* Art. 71 CISG Rdnr. 21.

[1065] So auch *Herber/Czerwenka,* Art. 71 CISG Rdnr. 12; Honsell-*Schnyder/Straub,* Art. 71 CISG Rdnr. 38, 76; Staudinger-*Magnus,* Art. 71 CISG Rdnr. 47; Soergel-*Lüderitz/Dettmeier,* Art. 76 CISG Rdnr. 18; *Piltz,* Int. KaufR, § 4 Rdnr. 262.

[1066] Staudinger-*Magnus,* Art. 71 CISG Rdnr. 47; MünchKommHGB-*Mankowski,* Art. 71 CISG Rdnr. 27.

[1067] MünchKomm-*Huber,* Art. 71 CISG Rdnr. 19; *Herber/Czerwenka,* Art. 71 CISG Rdnr. 12; Soergel-*Lüderitz/Dettmeier,* Art. 71 CISG Rdnr. 18; *Piltz,* NJW 2009, 2258, 2262.

[1068] OLG Hamm, TranspR-IHR 20000, 7.

Schuldner aber zu erkennen geben, dass und warum die Aussetzung erfolgt, weil nur dies dem Schuldner eine Sicherheitsleistung i. S. d. Art. 71 Abs. 3 CISG (dazu Rdnr. 1092 ff.) ermöglicht.[1069] Es genügt daher nicht, wenn der Käufer lediglich seine Kaufpreiszahlung einstellt und sich erst später im Prozess auf das Aussetzungsrecht beruft.[1070] Es gilt ferner wiederum Art. 27 CISG, die Mitteilung ist daher nicht zugangsbedürftig, soweit der Käufer sie mit einem geeigneten Mittel auf den Weg gebracht hat.[1071]

Das **Aussetzungsrecht** entfällt gem. Art. 71 Abs. 3 CISG, wenn der Verkäufer auf die Mitteilung des Käufers hin „**ausreichende Gewähr**" (adequate assurance) **für die Erfüllung** seiner Pflichten gibt. Eine solche Sicherheit muss nach Art und Umfang geeignet sein, den Verdacht der drohenden Vertragsverletzung auszuräumen.[1072] Dies ist zumindest dann der Fall, wenn die Sicherheit der Höhe nach ausreicht, den dem Käufer bei Nichterfüllung des Verkäufers drohenden Schaden abzudecken.[1073] Hierfür kommen insbesondere Garantien (Rdnr. 1497 ff.), Bürgschaften, Patronatserklärungen, Kautionen, Hinterlegung und andere Sicherungsrechte in Betracht.[1074] Bloße Absichts- oder sonstige Erklärungen genügen jedenfalls nicht.[1075] Die Sicherheit muss in der Art und Weise bereit gestellt werden, dass der Käufer im Ernstfall sofort über sie verfügen könnte,[1076] das bloße Angebot einer Sicherheitsleistung reicht daher nicht aus.[1077] Ausreichend soll der Nachweis des Verkäufers sein, dass er die mangelhafte Qualität der bisher gelieferten Ware dauerhaft verbessert habe.[1078] Wann der Verkäufer die Sicherheit stellt, ist ihm überlassen, insbesondere ist er nicht verpflichtet, dies innerhalb einer bestimmten Frist nach der Mitteilung tun. Solange der Vertrag nicht aufgehoben ist, kann er vielmehr jederzeit Sicherheit stellen und damit das Aussetzungsrecht beenden.[1079]

Wird keine Sicherheit gestellt, entfällt das Aussetzungsrecht erst dann, wenn der **Verdacht** der drohenden Vertragsverletzung **wegfällt**[1080] **oder** der Verkäufer seine **Pflichten erfüllt**.[1081] Hierbei kommt es insbesondere nicht darauf an, ob die Erfüllung auch vertragsgemäß war, sondern allein die Erfüllung als solche lässt das Aussetzungsrecht wegfallen. War die Erfüllung verspätet[1082] oder in sonstiger Weise mangelhaft,[1083] stehen dem Käufer die allgemeinen Rechtsbehelfe zur Verfügung. Ist der Erfüllungstermin dagegen verstrichen,

---

[1069] Staudinger-*Magnus*, Art. 71 CISG Rdnr. 45; MünchKommHGB-*Mankowski*, Art. 71 CISG Rdnr. 27.

[1070] LG Stendal, IHR 2001, 30, 34; Staudinger-*Magnus*, Art. 71 CISG Rdnr. 45.

[1071] *Herber/Czerwenka*, Art. 71 CISG Rdnr. 12; MünchKommHGB-*Mankowski*, Art. 71 CISG Rdnr. 27; *Piltz*, Int. KaufR, § 4 Rdnr. 261.

[1072] Soergel-*Lüderitz/Dettmeier*, Art. 71 CISG Rdnr. 19; ähnlich Staudinger-*Magnus*, Art. 71 CISG Rdnr. 49.

[1073] *Herber/Czerwenka*, Art. 71 CISG Rdnr. 14; *Piltz*, Int. KaufR, § 4 Rdnr. 263.

[1074] Staudinger-*Magnus*, Art. 71 CISG Rdnr. 48; Soergel-*Lüderitz/Dettmeier*, Art. 71 CISG Rdnr. 19.

[1075] Bianca/Bonell-*Benett*, Art. 71 CISG Anm. 3.4.; Soergel-*Lüderitz/Dettmeier*, Art. 71 CISG Rdnr. 19.

[1076] Staudinger-*Magnus*, Art. 71 CISG Rdnr. 50; MünchKommHGB-*Mankowski*, Art. 71 CISG Rdnr. 32.

[1077] MünchKommHGB-*Mankowski*, Art. 71 CISG Rdnr. 32; Staudinger-*Magnus*, Art. 71 CISG Rdnr. 48; a. A. *Herber/Czerwenka*, Art. 71 CISG Rdnr. 14, die ein bloßes Angebot ausreichen lassen.

[1078] So implizit Netherlands Arbitration Institute, IHR 2003, 283; Staudinger-*Magnus*, Art. 71 CISG Rdnr. 48.

[1079] Staudinger-*Magnus*, Art. 71 CISG Rdnr. 50; MünchKommHGB-*Mankowski*, Art. 71 CISG Rdnr. 29.

[1080] *Herber/Czerwenka*, Art. 71 CISG Rdnr. 11; Staudinger-*Magnus*, Art. 71 CISG Rdnr. 37; Schlechtriem-*Leser/Hornung*, Art. 71 CISG Rdnr. 24.

[1081] Staudinger-*Magnus*, Art. 71 CISG Rdnr. 33 ff.; MünchKommHGB-*Mankowski*, Art. 71 CISG Rdnr. 22.

[1082] Staudinger-*Magnus*, Art. 71 CISG Rdnr. 35; MünchKommHGB-*Mankowski*, Art. 71 CISG Rdnr. 22.

[1083] Staudinger-*Magnus*, Art. 71 CISG Rdnr. 34.

ohne dass der Verkäufer überhaupt erfüllt hat, bleibt das Aussetzungsrecht bestehen.[1084] Dann liegt aber nicht nur eine drohende, sondern eine **tatsächliche Vertragsverletzung** vor, die zugleich den Weg zu den entsprechenden **allgemeinen Rechtsbehelfen** des Käufers eröffnet.

1151 c) **Vertragsaufhebung bei drohender Vertragsverletzung.** Ist die drohende Vertragsverletzung eine **wesentliche Vertragsverletzung** i. S. d. Art. 25 CISG (siehe zu diesem zentralen Erfordernis Rdnr. 1040), so gewährt Art. 72 CISG über das Aussetzungsrecht des Art. 71 CISG hinaus auch ein **Recht zur vorzeitigen Vertragsaufhebung.**[1085] Obwohl Art. 72 CISG als Spezialregelung den Art. 71 CISG an sich verdrängt, steht es dem Käufer dennoch frei, den Vertrag nicht aufzuheben, sondern zunächst nur das Aussetzungsrecht aus Art. 71 CISG geltend zu machen.[1086]

1152 Das Aufhebungsrecht des Art. 72 CISG besteht unter den **Voraussetzungen, dass vor dem für die Vertragserfüllung festgesetzten Zeitpunkt** (prior to the date for performance) offensichtlich ist, dass der Verkäufer eine wesentliche Vertragsverletzung begehen wird. Dieser Zeitpunkt meint die Fälligkeit der von dem Verkäufer zu erbringenden Leistungen.[1087] Ist dieser Zeitpunkt bereits erreicht, ist Art. 72 CISG nicht mehr anwendbar, ab Fälligkeit kann eine Vertragsaufhebung nur noch auf der Grundlage und unter den Voraussetzungen des Art. 49 CISG erklärt werden.[1088]

1153 Des weiteren muss die drohende **wesentliche Vertragsverletzung „offensichtlich"** sein. Insoweit wird teils vertreten, dass der hierfür erforderliche Wahrscheinlichkeitsgrad der gleiche wie in Art. 71 CISG (dort genügt eine „hohe Wahrscheinlichkeit", vgl. Rdnr. 1141 ff.) sei.[1089] Dies ist allerdings weder mit dem Wortlaut des Art. 72 Abs. 1 CISG noch mit dessen einschneidenden Rechtsfolgen zu vereinbaren. Art. 71 CISG lässt es genügen, wenn sich eine Nichterfüllung „herausstellt" *(apparent, apparaît)*, für Art. 72 Abs. 1 CISG muss die drohende Vertragsverletzung hingegen „offensichtlich" *(clear, manifeste)* sein. Insbesondere aus dem englischen und dem französischen Wortlaut wird deutlich, dass dafür ein **höherer Wahrscheinlichkeitsgrad** als bei Art. 71 CISG zu fordern ist.[1090] Auch wenn hier ebenfalls eine absolute Sicherheit nicht notwendig ist, liegt eine solche Offensichtlichkeit doch erst dann vor, wenn ein objektiver Dritter unter Berücksichtigung aller ihm bekannten Umstände an dem Eintritt der Vertragsverletzung keinen Zweifel hegen kann.[1091] Auch die Rechtsprechung fordert daher zu Recht eine „sehr hohe Wahrscheinlichkeit".[1092]

1154 Ebenfalls unterschiedlich zu Art. 71 CISG setzt das vorzeitige Aufhebungsrecht nicht voraus, dass sich die drohende Vertragsverletzung aus bestimmten Umständen ergibt,[1093] vielmehr **genügt jede Tatsache, die** eine **drohende wesentliche Vertragsverletzung offensichtlich macht.**[1094] Insbesondere kommt dies bei einer Erfüllungsverweigerung

---

[1084] Staudinger-*Magnus*, Art. 71 CISG Rdnr. 36; *Piltz*, Int. KaufR, § 4 Rdnr. 254.

[1085] Für Sukzessivlieferungsverträge ist die Sondervorschrift des Art. 73 Abs. 2 CISG zu beachten; näher *Herber/Czerwenka*, Art. 73 CISG Rdnr. 3 ff.

[1086] Soergel-*Lüderitz/Dettmeier*, Art. 72 CISG Rdnr. 2.

[1087] Staudinger-*Magnus*, Art. 72 CISG Rdnr. 14; Soergel-*Lüderitz/Dettmeier*, Art. 72 CISG Rdnr. 2.

[1088] BGH, NJW 1996, 2364; BGH, NJW 1995, 2101; Staudinger-*Magnus*, Art. 72 CISG Rdnr. 6, 14.

[1089] So *Herber/Czerwenka*, Art. 72 CISG Rdnr. 2.

[1090] So auch Schlechtriem-*Leser/Hornung*, Art. 72 CISG Rdnr. 12 („sehr hohe naheliegende Wahrscheinlichkeit"); Staudinger-*Magnus*, Art. 72 CISG Rdnr. 9; MünchKommHGB-*Mankowski*, Art. 72 CISG Rdnr. 5; Bamberger/Roth-*Saenger*, Art. 72 CISG Rdnr. 4; *Piltz*, Int. KaufR, § 5 Rdnr. 225.

[1091] Soergel-*Lüderitz/Dettmeier*, Art. 72 CISG Rdnr. 6; ähnlich MünchKomm-*Huber*, Art. 72 CISG Rdnr. 7.

[1092] OLG Düsseldorf v. 24.04.1997, CISG-Online Case 385; LG Berlin v. 20.09.1992, Unilex.

[1093] *Herber/Czerwenka*, Art. 72 CISG Rdnr. 3; Bianca/Bonell-*Benett*, Art. 72 CISG Anm. 2.2.

[1094] Staudinger-*Magnus*, Art. 72 CISG Rdnr. 11.

in Betracht, wenn die Prognose ergibt, dass diese ernsthaft und endgültig ist.[1095] Als ausreichend angesehen wurde aber z. B. auch ein die Lieferung unmöglich machendes, vom Hersteller gegenüber dem Verkäufer ausgesprochenes Vertriebsverbot,[1096] ein staatliches Handelsembargo,[1097] eine Insolvenz des Verkäufers,[1098] die Nichterfüllung früherer Zahlungsansprüche unter Nichtbeachtung eines nunmehrigen Verlangens nach Sicherheiten,[1099] ein unberechtigtes Ableugnen des Vertrags[1100] oder die Veräußerung der Ware an Dritte.[1101]

1155 Will der Käufer aufgrund von Art. 72 CISG den Vertrag aufheben, muss er dies dem Verkäufer gegenüber erklären. Diese **Erklärung** muss den gleichen Anforderungen genügen stellen wie eine Aufhebungserklärung nach Art. 49 CISG (dazu Rdnr. 1079). Die Erklärung ist allerdings an **keine Frist** gebunden und kann bis zum Erfüllungstermin jederzeit erfolgen.[1102] Vor der Erklärung der Aufhebung muss der Käufer dem Verkäufer gem. Art. 72 Abs. 2 CISG **anzeigen, dass** er die **Aufhebung des Vertrags beabsichtigt,** sofern „es die Zeit erlaubt und es nach den Umständen vernünftig ist". Die Anzeigepflicht besteht jedoch gem. Art 72 Abs. 3 CISG nicht, wenn der Verkäufer bereits ernstlich und endgültig die Erfüllung verweigert hat.[1103] Diese Anzeigepflicht soll, wie auch Art. 71 Abs. 3 CISG, der anderen Partei die Möglichkeit geben, die Aufhebung durch Stellung von **Sicherheiten** abzuwenden.[1104] Wie die Anzeige der Aussetzung der eigenen Leistung i. S. d. Art. 71 Abs. 3 CISG, ist auch die Anzeige der beabsichtigten Vertragsaufhebung **nicht Wirksamkeitsvoraussetzung** der Vertragsaufhebung selbst.[1105] Unterlässt der Käufer die Anzeige, macht er sich lediglich schadensersatzpflichtig, sein Aufhebungsrecht bleibt hingegen unberührt.[1106] Für die Stellung ausreichender Sicherheiten i. S. d. Art. 72 Abs. 2 CISG gelten schließlich die gleichen Grundsätze wie bei Art. 71 Abs. 3 CISG (dazu Rdnr. 1149 f.).

1156 Hat der Käufer den Vertrag zu Recht vorzeitig aufgehoben, zieht dies die gleichen **Rechtsfolgen** nach sich wie eine „reguläre", auf Art. 49 CISG gestützte Vertragsaufhebung.[1107] Somit erlöschen die vertraglichen Pflichten und das Vertragsverhältnis wandelt sich in ein Rückgewährschuldverhältnis um. Dieses richtet sich nach Art. 81 ff. CISG (hierzu Rdnr. 1089).

[1095] BGH, NJW 1984, 2034, 2036 (zum EKG); Soergel-*Lüderitz/Dettmeier*, Art. 72 CISG Rdnr. 6; MünchKommHGB-*Huber*, Art. 72 CISG Rdnr. 2.
[1096] BGH, NJW 1995, 2101.
[1097] *Herber/Czerwenka*, Art. 72 CISG Rdnr. 3.
[1098] Rechtbank van Koophandel Turnhout, RIW 1983, 598; Soergel-*Lüderitz/Dettmeier*, Art. 72 CISG Rdnr. 6.
[1099] OLG Düsseldorf v. 14.01.1994, CLOUT Case 130.
[1100] Staudinger-*Magnus*, Art. 72 CISG Rdnr. 11.
[1101] Staudinger-*Magnus*, Art. 72 CISG Rdnr. 11.
[1102] BGH, NJW 1995, 2101; Soergel-*Lüderitz/Dettmeier*, Art. 72 CISG Rdnr. 9.
[1103] Schlechtriem-*Leser/Hornung*, Art. 72 CISG Rdnr. 27; Soergel-*Lüderitz/Dettmeier*, Art. 72 CISG Rdnr. 13.
[1104] *Herber/Czerwenka*, Art. 72 CISG Rdnr. 7; Staudinger-*Magnus*, Art. 72 CISG Rdnr. 20.
[1105] Str., wie hier MünchKomm-*Huber*, Art. 72 CISG Rdnr. 16; Staudinger-*Magnus*, Art. 72 CISG Rdnr. 28; *Herber/Czerwenka*, Art. 72 CISG Rdnr. 5; Soergel-*Lüderitz/Dettmeier*, Art. 72 CISG Rdnr. 14; *Piltz*, Int. KaufR, § 5 Rdnr. 275; a. A. Schlechtriem-*Leser/Hornung*, Art. 72 CISG Rdnr. 21; Honsell-*Schnyder/Straub*, Art. 72 CISG Rdnr. 36; Bianca/Bonell-*Benett*, Art. 72 CISG Anm. 3.2.; vgl. zum Streitstand auch die Ausführungen zu Art. 71 Abs. 3 CISG, Rdnr. 1091.
[1106] MünchKommHGB-*Mankowski*, Art. 72 CISG Rdnr. 21; *Herber/Czerwenka*, Art. 72 CISG Rdnr. 5; Staudinger-*Magnus*, Art. 72 CISG Rdnr. 28.
[1107] MünchKomm-*Huber*, Art. 72 CISG Rdnr. 10; Staudinger-*Magnus*, Art. 72 CISG Rdnr. 17; Soergel-*Lüderitz/Dettmeier*, Art. 72 CISG Rdnr. 10.

IV. Ausschluss der Mängelhaftung des Verkäufers

1157 Das Übereinkommen enthält **diverse Haftungsausschlusstatbestände,** die dazu führen, dass der Käufer trotz Vorliegens einer Vertragsverletzung keine Rechte gegen den Verkäufer geltend machen kann. Teilweise sind solche Ausschlussregelungen direkt innerhalb der haftungsbegründenden Normen enthalten, wie insbesondere die Ausschlüsse aufgrund Kenntnis des Käufers von der Vertragswidrigkeit (Art. 35 Abs. 3, 42 Abs. 2 CISG, dazu Rdnr. 1158 ff.). Teilweise sind Haftungsausschlusstatbestände aber auch eigenständig geregelt, wie vor allem die Untersuchungs- und Rügeobliegenheiten (Art. 38, 39, 43 CISG, siehe dazu Rdnr. 1161 ff.). Schließlich sind grundsätzlich auch vertragliche Haftungsfreizeichnungen möglich (vgl. dazu Rdnr. 1223).

1. Ausschluss der Sachmängelhaftung

1158 **a) Aufgrund Kenntnis des Käufers.** Die Haftung des Verkäufers für Sachmängel der Ware (Vertragswidrigkeit) ist gem. Art. 35 Abs. 3 CISG ausgeschlossen, wenn der Käufer **bei Vertragsschluss** die Vertragswidrigkeit **positiv kannte** oder darüber **nicht in Unkenntnis sein konnte**. Kenntnis des Käufers bedeutet, dass dieser die Vertragswidrigkeit der Ware **tatsächlich erkannt** hat. Formularmäßige Kenntnisnahmeklauseln im Vertragswerk wie z.B. „gekauft wie besichtigt" entlasten den Verkäufer daher nur dann, wenn die Mängel bei einer Besichtigung ohne weiteres erkennbar waren.[1108] Daneben ist die Haftung des Verkäufers auch dann ausgeschlossen, wenn der Käufer über die Vertragswidrigkeit „nicht in Unkenntnis sein konnte". Dies bedeutet, wie bei Art. 42 Abs. 1 CISG, **grob fahrlässige Unkenntnis** des Käufers, so dass der Ausschluss nur solche Mängel betreffen kann, die so offensichtlich sind, dass sie jeder Käufer bei Vertragsschluss erkannt hätte[1109] (vgl. zur Auslegung des Begriffs „nicht in Unkenntnis sein konnte" Rdnr. 587). Eine solche grob fahrlässige Unkenntnis liegt nicht schon dann vor, wenn der Verkäufer dem Käufer vor Vertragsschluss eine Untersuchung der Ware anbietet, der Käufer diese aber ablehnt und nur deshalb von der Vertragswidrigkeit keine Kenntnis hat,[1110] denn der Käufer ist vor Vertragsschluss nicht zur Untersuchung verpflichtet.[1111] Der Verkäufer kann seine Haftung nur dadurch sicher ausschließen, dass er Fehler der Ware dem Käufer offenbart, so dass dieser Kenntnis i.S.d. Art. 35 Abs. 3 CISG hat.[1112] Schließlich muss sich der Käufer auch die **Kenntnis oder grob fahrlässige Unkenntnis von Vertretern** zurechnen lassen.[1113]

1159 Hat der Verkäufer eine bestimmte **Eigenschaft** der Ware **zugesichert** oder einen **Sachmangel arglistig verschwiegen,** entfällt seine Haftung allerdings nur bei positiver Kenntnis, nicht bei grob fahrlässiger Unkenntnis des Käufers von der Vertragswidrigkeit.[1114] Dies ergibt sich daraus, dass – wie auch der Rechtsgedanke des Art. 40 CISG bestätigt – der Käufer in diesem Fall trotz seiner grob fahrlässigen Unkenntnis schutzwürdiger ist.[1115] Ebenfalls greift der Haftungsausschluss des Art. 35 Abs. 3 CISG dann nicht ein, wenn der Käufer den Fehler zwar kannte, aber auf geeignete Weise deutlich macht, dass er auf vertragsgemäßer

---

[1108] Staudinger-*Magnus*, Art. 35 CISG Rdnr. 47; MünchKomm-*Gruber*, Art. 35 CISG Rdnr. 36.
[1109] MünchKommHGB-*Benicke*, Art. 35 Rdnr. 21, der von „ins Auge springenden Mängeln" spricht.
[1110] Schlechtriem-*Schwenzer*, Art. 35 CISG Rdnr. 35
[1111] Bamberger/Roth-*Saenger*, Art. 35 CISG Rdnr. 11; *Achilles*, Art. 35 CISG Rdnr. 16; MünchKommHGB-*Benicke*, Art. 35 Rdnr. 21; *Piltz*, Int. KaufR, § 5 Rdnr. 44.
[1112] Staudinger-*Magnus*, Art. 35 CISG Rdnr. 48.
[1113] MünchKomm-*Gruber*, Art. 35 CISG Rdnr. 36; MünchKomm-*Huber*, Art. 79 CISG Rdnr. 23; Soergel-*Lüderitz/Schüßler-Langeheine*, Art. 35 CISG Rdnr. 22.
[1114] OLG Köln v. 21.05.1996, CLOUT Case 168; Schlechtriem-*Schwenzer*, Art. 35 CISG Rdnr. 37; Honsell-*Magnus*, Art. 35 CISG Rdnr. 31; Soergel-*Lüderitz/Schüßler-Langeheine*, Art. 35 CISG Rdnr. 22.
[1115] *Achilles*, Art. 35 CISG Rdnr. 16; Schlechtriem-*Schwenzer*, Art. 35 CISG Rdnr. 37.

B. Rechte des Käufers nach UN-Kaufrecht

Lieferung besteht und der Verkäufer sich hierauf eingelassen bzw. **Beseitigung des Mangels** vor Lieferung **zugesagt** hat.[1116]

Der Haftungsausschluss des Art. 35 Abs. 3 CISG erfasst nach seinem Wortlaut nur die Fälle der objektiven Vertragswidrigkeit des Art. 35 Abs. 2 CISG, nicht jedoch diejenigen, bei denen die Bösgläubigkeit eines Käufers eine Negativabweichung der Kaufsache von einer **vertraglichen Leistungsbeschreibung** i. S. d. Art. 35 Abs. 1 CISG betrifft. Der Ausschluss greift damit in solchen Situationen nicht, in denen dem Käufer bewusst ist, dass die Ware einem subjektiv vereinbartem Beschaffenheitsprofil nicht entspricht. Das macht jedenfalls dann Sinn, wenn die Beschaffenheitsanforderungen bis zum Liefertermin noch erfüllt werden können.[1117] Eine analoge Anwendung des Art. 35 Abs. 3 CISG auf Art. 35 Abs. 1 CISG ist daher, auch angesichts der Entstehungsgeschichte der Norm[1118] und der ausdrücklichen Beschränkung auf Abs. 2 im Wortlaut des Abs. 3, ausgeschlossen.[1119] Hat der Käufer jedoch **positive Kenntnis** darüber, dass die Ware einem vereinbarten Eigenschaftsprofil i. S. d. Abs. 1 nicht entspricht, kann er den Verkäufer gleichwohl nicht in Haftung nehmen, dies wäre als widersprüchliches Verhalten **treuwidrig** i. S. d. Art. 7 Abs. 1 CISG.[1120] Grob fahrlässige Unkenntnis schadet insoweit allerdings noch nicht.[1121]

1160

b) Aufgrund versäumter Untersuchung bzw. Rüge

aa) Allgemeines. Ein Ausschluss der Sachmängelhaftung des Verkäufers kann sich gem. Art. 38 f. CISG auch daraus ergeben, dass der Käufer die Ware nicht unverzüglich untersucht und etwaige hierbei zu Tage tretende Mängel dem Verkäufer nicht anzeigt.[1122] Diese Regelung dient, wie auch der vergleichbare § 377 HGB (vgl. hierzu Rdnr. 948 ff.), in erster Linie den **Interessen des Verkäufers,** der in die Lage versetzt werden soll, eine etwaige Vertragswidrigkeit durch Nach- oder Ersatzlieferung bzw. Nachbesserung zu beheben oder ggf. einen Schaden des Käufers zu vermindern.[1123] Daneben soll alsbald **Klarheit** darüber geschaffen werden, ob der Verkäufer ordnungsgemäß erfüllt hat und Streitigkeiten, die auf später eingetretenen Mängeln beruhen, vermieden werden.[1124] Schließlich trägt die Regelung auch dem Interesse des Verkäufers Rechnung, bei etwaigen Mängeln noch innerhalb der Gewährleistungsfristen bei seinem Hersteller bzw. Lieferanten Regress zu nehmen.[1125] Allerdings statuieren die Art. 38 f. CISG keine Rechtspflichten des Käufers zur Untersuchung und Rüge, sondern lediglich **Obliegenheiten,** deren Versäumung zwar den **Verlust von Rechten des Käufers,** nämlich der Rechtsbehelfe der Art. 45 ff. CISG (näher dazu

1161

[1116] Piltz, Int. KaufR, § 5 Rdnr. 45; Herber/Czerwenka, Art. 35 CISG Rdnr. 10; Achilles, Art. 35 CISG Rdnr. 16.

[1117] Soergel-Lüderitz/Schüßler-Langenheine, Art. 35 CISG Rdnr. 8.

[1118] Ein Antrag Norwegens, auch Abs. 1 in den Geltungsbereich des Abs. 3 einzubeziehen, wurde abgelehnt, näher hierzu Schlechtriem-Schwenzer, Art. 35 CISG Rdnr. 38.

[1119] Str., wie hier Achilles, Art. 35 CISG Rdnr. 17; Schlechtriem-Schwenzer, Art. 35 CISG Rdnr. 38; Bianca/Bonell-Bianca, Art. 35 CISG Anm. 2.9.2.; Soergel-Lüderitz/Schüßler-Langenheine, Art. 35 CISG Rdnr. 8; a. A. Herber/Czerwenka, Art. 35 CISG Rdnr. 11; offengelassen bei Staudinger-Magnus, Art. 35 CISG Rdnr. 49.

[1120] So auch Bamberger/Roth-Saenger, Art. 35 CISG Rdnr. 12; Achilles, Art. 35 CISG Rdnr. 17; im Ergebnis ebenso, aber durch Teilanalogie: Honsell-Magnus, Art. 35 CISG Rdnr. 30, ablehnend MünchKommHGB-Benicke, Art. 35 CISG Rdnr. 22.

[1121] MünchKomm-Gruber, Art. 35 CISG Rdnr. 35.

[1122] Grundlegend zu den Untersuchungs- und Rügeobliegenheiten im CISG: Freiburg, IHR 2005, 56 ff.; Janssen, Die Untersuchungs- und Rügepflichten im deutschen, niederländischen und Internationalen Kaufrecht, 2001.

[1123] Schlechtriem-Schwenzer, Art. 38 CISG Rdnr. 4.

[1124] BGH, NJW 1982, 2730 (zum EKG), OLG Köln MDR 1980, 1023; Honsell-Magnus, Art. 38 CISG Rdnr. 4, Art. 39 CISG Rdnr. 1; Piltz, Int. KaufR, § 5 Rdnr. 49.

[1125] Schlechtriem-Schwenzer, Art. 38 CISG Rdnr. 4; Achilles, Art. 38 CISG Rdnr. 1; Staudinger-Magnus, Art. 39 CISG Rdnr. 3.

Rdnr. 1189 ff.) nach sich zieht, aber keine gegen den Käufer gerichteten Ansprüche des Verkäufers auslöst.[1126]

1162 Die Maßstäbe für die vom Verkäufer vorzunehmende Untersuchung und Rüge sind allein aus dem Übereinkommen zu bestimmen. Dem Art. 38 f. CISG **ähnliche nationale Rechtsnormen**[1127] spielen dagegen allenfalls dann eine Rolle, wenn dies vereinbart wurde oder sie die für den Vertrag maßgebliche Verkehrsanschauung wiederspiegeln.[1128] Insoweit muss aber immer auch beachtet werden, dass die Verantwortung für die Lieferung vertragsgemäßer Ware gem. Art. 35 CISG in der Sphäre des Verkäufers liegt. An die **Anforderungen,** die der Käufer bei Untersuchung und Rüge zu wahren hat, dürfen daher keine zu strengen und überzogenen Maßstäbe angelegt werden, denn ansonsten würden dem Käufer aufgrund übertrieben förmlicher Anforderungen nach kurzer Zeit berechtigte Ansprüche abgeschnitten, was mit der grundsätzlichen Haftung des Verkäufers für die Vertragswidrigkeit der Ware nicht vereinbar wäre.[1129]

1163 Die Untersuchungs- und Rügepflichten stehen gem. Art. 6 CISG grundsätzlich zur **Disposition** der Parteien. Sie können also (auch stillschweigend) konkretisiert, modifiziert, ganz oder teilweise abbedungen werden.[1130] Beispielsweise wird aufgrund des Zeitdrucks bei Verträgen über Just-in-time-Lieferungen (bei denen die Ware zu einem genau bestimmten Zeitpunkt geliefert werden soll) eine mehr als oberflächliche Untersuchung kaum möglich sein. Daher wird hier in der Regel von einer konkludenten **Befreiung** des Käufers **von sämtlichen Untersuchungs- und Rügeobliegenheiten** auszugehen sein.[1131] Ähnliches gilt, wenn der Käufer davon ausgehen kann, dass die Ware – z. B. aufgrund von sog. **Qualitätssicherungsvereinbarungen**[1132] oder bei **Untersuchung durch neutrale Stellen** und entsprechende **Zertifizierung** – bereits eine zuverlässige Qualitätskontrolle durchlaufen hat und sich daher eine nochmalige Untersuchung erübrigt.[1133] Eine langjährige Geschäftsbeziehung zwischen den Parteien allein rechtfertigt aber ohne zusätzliche Indizien noch nicht den Rückschluss auf einen Verzicht auf die Untersuchungsobliegenheit,[1134] ebenso nicht der bloße Umstand, dass es sich um einen Kauf nach Muster handelt.[1135] Ein stillschweigender **Verzicht** des Verkäufers ist aber dann anzunehmen, wenn er deutlich gemacht hat, trotz fehlender oder verspäteter Rüge für Mängel einstehen zu wollen,[1136] etwa wenn er dennoch Ersatzlieferung[1137] verspricht, vorbehaltlos Schadensersatz für die Folgen der Vertragswidrigkeit der Ware anbietet[1138] oder die beanstandete Ware vorbehaltlos zurücknimmt.[1139] Im

---

[1126] BGH, NJW 1997, 331, 332; *Herber/Czerwenka*, Art. 38 CISG Rdnr. 2; Soergel-*Lüderitz/Schüßler-Langenheine*, Art. 38 CISG Rdnr. 1; Staudinger-*Magnus*, Art. 38 CISG Rdnr. 12.

[1127] Z. B. § 377 HGB (Deutschland, Österreich), Art. 201 OR (Schweiz), Sec. 2–607 (3)(a) UCC (USA), Sec. 35 (1) SGA (Großbritannien), Art. 1495 I CC (Italien), Art. 7:23.1 BW (Niederlande).

[1128] OLG Jena v. 26.05.1998, OLGR 1999, 4, 5; MünchKomm-*Gruber*, Art. 38 CISG Rdnr. 6.

[1129] BGH, NJW 1982, 2730 (zum EKG); Honsell-*Magnus*, Art. 38 CISG Rdnr. 2; Schlechtriem-*Schwenzer*, Art. 39 CISG Rdnr. 6; *Piltz*, Int. KaufR, § 5 Rdnr. 49; *Magnus*, IPRax 1993, 392.

[1130] OLG Düsseldorf, NJW-RR 1993, 999, 1000; OLG München v. 11.03.1998, OLGR 1998, 298, 299; OLG Saarbrücken v. 13.01.1993, CISG-Online Case 83; näher MünchKomm-*Gruber*, Art. 39 CISG Rdnr. 44 ff.

[1131] MünchKomm-*Gruber*, Art. 38 CISG Rdnr. 68; *Piltz*, Int. KaufR, § 5 Rdnr. 50; Staudinger-*Magnus*, Art. 38 CISG Rdnr. 16; *Nagel*, DB 1991, 319 ff.

[1132] Hierzu *Ernsthaler*, NJW 1994, 817 ff.

[1133] OLG Köln v. 21. 08.1997, OLGR 1998, 2, 3 f.; *Achilles*, Art. 38 CISG Rdnr. 4; a. A. OLG Jena, TranspR-IHR 2000, 25: Veterinärzertifikat entbindet nicht von der Rügeobliegenheit.

[1134] OLG Karlsruhe BB 1998, 393, 394; *Achilles*, Art. 38 CISG Rdnr. 4.

[1135] LG Berlin v. 25.05.1999, CISG-Online Case 1311; *Piltz*, NJW 2003, 2056, 2062.

[1136] BGH, NJW 1999, 1259; BGH, NJW 1997, 3311, 3312; Staudinger-*Magnus*, Art. 38 CISG Rdnr. 26, Art. 39 Rdnr. 18.

[1137] BGH, NJW 1997, 3311, 3312.

[1138] BGH, NJW 1999, 1259 ff.

[1139] Handelsgericht Zürich, SZIER 1999, 185, 186 f.

B. Rechte des Käufers nach UN-Kaufrecht

bloßen Verhandeln über zu spät angezeigte Vertragswidrigkeiten liegt allerdings noch kein derartiger Verzicht.[1140] Nach dem Grundsatz von Treu und Glauben ist der Käufer jedoch dann von Untersuchung und Rüge befreit, wenn der Verkäufer für bestimmte Eigenschaften der Ware eine **unbedingte Einstandspflicht** übernommen hat,[1141] was sich auch aus einer Garantie ergeben kann (dazu Rdnr. 1497 ff.) Werden die Untersuchungs- und Rügeobliegenheiten in **Allgemeinen Geschäftsbedingungen** modifiziert oder abbedungen, ist deren Wirksamkeit gem. Art. 4 Buchst. a CISG nach dem jeweiligen über IPR berufenen nationalen Recht zu beurteilen[1142] (zum deutschen Recht vgl. Rdnr. 892 ff., 1012 ff.).

Die **Kosten für Untersuchung und Rüge** trägt, mangels abweichender Vereinbarung, der Käufer.[1143] Ist die Ware jedoch tatsächlich mangelhaft, so kann der Käufer die entstandenen Untersuchungs- und Rügekosten vom Verkäufer ersetzt verlangen.[1144] **1164**

bb) Anwendungsbereich der Untersuchungs- und Rügepflichten. Die Untersuchungs- und Rügepflichten erstrecken sich auf **alle Vertragswidrigkeiten der Ware i. S. d. Art. 35 CISG** (zu diesem Begriff vgl. Rdnr. 557), also auch auf Verpackungsmängel,[1145] Quantitätsabweichungen[1146] und – auch krasseste – aliud-Lieferungen.[1147] **Nicht erfasst** sind allgemeine **Rechtsmängel** und **Schutzrechte Dritter** i. S. d. Art. 41 f. CISG, für diese gilt die Sondervorschrift des Art. 43 CISG, der nur eine Rüge-, aber keine Untersuchungspflicht normiert[1148] (dazu Rdnr. 1201 ff.). Nicht erfasst sind auch die sog. **verdeckten Mängel**, die auch eine angemessene Untersuchung der Ware nicht aufdecken würde,[1149] z. B. die ausschließlich erst durch einen längeren Gebrauch der Ware zutage treten (z. B. Blumen, die die vertragliche Blühzeit nicht erreichen).[1150] Insoweit sind die Rechtsbehelfe des Käufers nicht schon deshalb ausgeschlossen, weil er überhaupt keine Untersuchung vorgenommen hat. **1165**

Hinsichtlich der sich „auf die Ware beziehenden" und vom Verkäufer übergebenen **Dokumente** i. S. d. Art. 34 CISG (zu Dokumentenübergabepflichten vgl. Rdnr. 544 ff.) enthält das Übereinkommen zwar keine ausdrückliche Untersuchungs- und Rügepflicht, insoweit sind aber Art. 38 f. CISG **analog** anzuwenden.[1151] Dafür spricht zum Einen schon die mit der Einfügung des Art. 34 CISG verfolgte Absicht, Mängel der Dokumente solchen der **1166**

[1140] OLG Oldenburg, IHR 2001, 112, 114; OLG Koblenz, OLGR 1999, 49; OLG Karlsruhe, RIW 1998, 235, 237.
[1141] Staudinger-*Magnus*, Art. 38 CISG Rdnr. 26.
[1142] MünchKomm-*Gruber*, Art. 38 CISG Rdnr. 69; *Achilles*, Art. 38 CISG Rdnr. 17; Art. 39 Rdnr. 15.
[1143] Schlechtriem-*Schwenzer*, Art. 38 CISG Rdnr. 27; MünchKomm-*Gruber*, Art. 38 CISG Rdnr. 66.
[1144] Staudinger-*Magnus*, Art. 38 CISG Rdnr. 27; Soergel-*Lüderitz/Schüßler-Langenheine*, Art. 38 CISG Rdnr. 2.
[1145] Bamberger/Roth-*Saenger*, Art. 38 CISG Rdnr. 2; Staudinger-*Magnus*, Art. 38 CISG Rdnr. 9.
[1146] So OLG Rostock, IHR 2003, 19 für eine offene, in der Rechnung ausgewiesene Mankolieferung; ebenso Staudinger-*Magnus*, Art. 38 CISG Rdnr. 9.
[1147] OGH Wien, IHR 2001, 40; Schlechtriem-*Schwenzer*, Art. 38 CISG Rdnr. 7, Art. 39 CISG Rdnr. 5; Honsell-*Magnus*, Art. 38 CISG Rdnr. 7, Art. 39 CISG Rdnr. 6; Herber/Czerwenka, Art. 39 CISG Rdnr. 4.
[1148] BGH, NJW 2006, 1343 f. m. Anm. *Benicke*, LMK 2006, 182242.
[1149] BGH TranspR-IHR 2000, 1 m. Anm. *Taschner*, BGH, NJW 1982, 2730 (zum EKG); Staudinger-*Magnus*, Art. 38 CISG Rdnr. 14, 26; Soergel-*Lüderitz/Schüßler-Langenheine*, Art. 38 CISG Rdnr. 9.
[1150] OLG Innsbruck v. 01.07.1994, CLOUT Case 107.
[1151] Str., wie hier OLG München, NJW-RR 2003, 849, 850 (Fehlen erforderlicher Begleitpapiere i. S. d. ÖkolandbauVO muss rechtzeitig gerügt werden); Schlechtriem-*Schwenzer*, Art. 38 CISG Rdnr. 7; Staudinger-*Magnus*, Art. 38 CISG Rdnr. 9; Soergel-*Lüderitz/Schüßler-Langenheine*, Art. 38 CISG Rdnr. 6; *Herber/Czerwenka*, Art. 34 CISG Rdnr. 7; Honsell-*Magnus*, Art. 38 CISG Rdnr. 8; a. A. MünchKomm-*Gruber*, Art. 38 CISG Rdnr. 13; *Achilles*, Art. 38 CISG Rdnr. 2; Schlechtriem-*Huber*, Art. 34 CISG Rdnr. 5.

1167 Ware selbst gleichzustellen,[1152] zum Anderen würde ansonsten auch das Recht zur zweiten Andienung der Dokumente aus Art. 34 S. 2 CISG praktisch leer laufen.[1153] Im Übrigen gelten die Art. 38 f. CISG nicht nur für die ursprüngliche Lieferung der Ware, sondern auch für **Nach-** und **Ersatzlieferungen, Nachbesserungen,**[1154] für jede Teillieferung bei Sukzessiv- oder Teillieferungsverträgen[1155] und für vertragswidrige Teillieferungen, sofern der Käufer diese annimmt.[1156] Versäumt der Käufer die Untersuchung bzw. Rüge hinsichtlich einer Teillieferung, beraubt ihn dies aber noch nicht seiner Rechte in Bezug auf die nächsten Teillieferungen.[1157]

1168 Die Obliegenheiten der Art. 38 f. CISG können, anders als § 377 HGB, nicht nur kaufmännische Käufer, sondern **auch Verbraucher** treffen,[1158] wenn auch letztere im internationalen Warenverkehr aufgrund von Art. 2 Buchst. a CISG die Ausnahme sein werden[1159] (zur Anwendbarkeit des CISG auf Verbraucherverträge vgl. Rdnr. 126). Eine der unterschiedlichen Erfahrung und Stellung von Unternehmern und Verbrauchern im Wirtschaftsverkehr gerecht werdende Differenzierung sollte jedoch über eine entsprechende Abstufung der Anforderungen an die Untersuchungs- und Rügepflicht vorgenommen werden.[1160] Ein **Zwischenhändler** hat die Ware selbst zu untersuchen. Wenn er seinerseits Gelegenheit hatte, die Vertragswidrigkeit durch eine Untersuchung feststellen zu können, kann er sich gegenüber dem Verkäufer nicht auf spätere Untersuchungen und Rügen seiner Abnehmer berufen.[1161]

cc) Untersuchung

1169 **(1) Art.** Art. 38 CISG trifft keine Regelung hinsichtlich der Art und Weise der vom Käufer vorzunehmenden Untersuchung. Diese Anforderungen richten sich vielmehr primär nach den **vertraglichen Vereinbarungen** bzw. nach den maßgeblichen **Gebräuchen und Gepflogenheiten.**[1162] Auf Untersuchungsmaßstäbe, die sich aus dem nationalen Recht des Untersuchungsortes oder auch aus internationalprivatrechtlichen Regelungen ergeben, darf jedenfalls nur dann zurückgegriffen werden, wenn dies vereinbart wurde oder diese Regeln als internationale Handelsbräuche zu qualifizieren sind.[1163] Sofern sich dem Vertrag oder den maßgeblichen Gebräuchen keine Anforderungen an die Art und Weise der Untersuchung entnehmen lassen, muss der Käufer die Ware unter Berücksichtigung aller **Einzelfallumstände,** insbesondere entsprechend ihrer Art, Menge und Verpackung in **angemessener Art und Weise** untersuchen.[1164]

[1152] *Herber/Czerwenka,* Art. 34 CISG Rdnr. 7.
[1153] Schlechtriem-*Schwenzer,* Art. 38 CISG Rdnr. 7.
[1154] LG Oldenburg, NJW-RR 1995, 438; Staudinger-*Magnus,* Art. 38 CISG Rdnr. 9.
[1155] OLG Köln, VersR 1998, 1513, 1515, OLG Karlsruhe, EWiR Art. 39 EKG 1/86, 1199 f. (zum EKG); MünchKomm-*Gruber,* Art. 38 CISG Rdnr. 14; Honsell-*Magnus,* Art. 38 CISG Rdnr. 10; Schlechtriem-*Schwenzer,* Art. 38 CISG Rdnr. 9, Staudinger-*Magnus,* Art. 38 CISG Rdnr. 23 f.
[1156] Staudinger-*Magnus,* Art. 38 CISG Rdnr. 25.
[1157] OGH Wien, ZfRV 1998, 215, MünchKomm-*Gruber,* Art 38 CISG Rdnr. 14.
[1158] Bamberger/Roth-*Saenger,* Art. 38 CISG Rdnr. 2.
[1159] *Herber/Czerwenka,* Art. 39 CISG Rdnr. 2; Staudinger-*Magnus,* Art. 39 CISG Rdnr. 13; Schlechtriem-*Schwenzer,* Art. 38 CISG Rdnr. 8.
[1160] Schlechtriem-*Schwenzer,* Art. 38 CISG Rdnr. 8, 18, Art. 39 Rdnr. 7.
[1161] OLG Stuttgart NJOZ 2001, 792, 794 f.; Staudinger-*Magnus,* Art. 38 CISG Rdnr. 11.
[1162] OGH Wien v. 12.02.1998, CISG-Online Case 349 (zur Geltung der österreichischen Handelsusancen); Thüringer OLG, TranspR-IHR 2000, 25, 28 (zur Geltung lokaler Gebräuche); Bianca/Bonell-*Bianca,* Art. 38 CISG Anm. 2.2.; *Herber/Czerwenka,* Art. 38 CISG Rdnr. 4; Staudinger-*Magnus,* Art. 38 CISG Rdnr. 19.
[1163] Honsell-*Magnus,* Art. 38 CISG Rdnr. 14; Schlechtriem-*Schwenzer,* Art. 38 CISG Rdnr. 12; *Herber/Czerwenka,* Art. 38 CISG Rdnr. 3; Staudinger-*Magnus,* Art. 38 CISG Rdnr. 19; insoweit zu weitgehend OLG Jena v. 26.05.1998, OLGR 1999, 4, 5.
[1164] OLG Köln v. 27.04.2007, Az. 19 U 11/07 (Beck RS 2007, 12857); BGH RIW 1982, 594 ff. (zum EKG), *Piltz,* Int. KaufR, § 5 Rdnr. 56.

Die Untersuchung muss **gründlich und fachmännisch** durchgeführt werden,[1165] d. h. **1170**
sie muss geeignet sein, etwaige Mängel aufzudecken.[1166] Hierbei können durchaus auch
subjektive Umstände, wie z. B. mangelnde Fachkenntnis des Käufers (z. B. eines Verbrauchers) oder das Fehlen einer für eine fachmännische Untersuchung erforderlichen Infrastruktur am Untersuchungsort[1167] sowie u. U. sogar eine verspätete Lieferung des Verkäufers[1168] berücksichtigt werden. Bei fehlender eigener Sachkunde des Käufers oder auch bei
schwer überprüfbaren Eigenschaften der Ware kann aber im Einzelfall auch – jedenfalls im
kaufmännischen Verkehr – erwartet werden, dass der Käufer die Untersuchung dann durch
sachverständige Dritte vornehmen lässt,[1169] soweit sich dies, insbesondere mit Hinblick
auf die dadurch entstehenden Kosten, im Rahmen des Zumutbaren und Üblichen hält.[1170]
Generell ist der Käufer aber nicht zu unüblichen oder unzumutbar aufwendigen Untersuchungen verpflichtet,[1171] er muss seine Untersuchung auch nicht so intensiv vornehmen,
dass jeder noch so geringe Mangel entdeckt würde, es genügt vielmehr, wenn die Untersuchung geeignet ist, die **wesentlichen Eigenschaften** der Ware zu erfassen.[1172]

Rechtsprechung und Literatur haben hierzu praktisch bedeutsame Einzelfragen herausgearbeitet: Will der Käufer die Ware weiterverarbeiten, muss er u. U. zunächst eine **Probeverarbeitung** vornehmen,[1173] es sei denn, es gab bei einer längeren Geschäftsbeziehung zwischen den Parteien bislang keinerlei Grund zu Beanstandungen.[1174] Technische Geräte sind einem **Probelauf** zu unterziehen.[1175] Bei **Textilien** werden in Bezug auf das Einlaufverhalten Bügel-[1176] und hinsichtlich der Farbechtheit teilweise auch Waschproben[1177] und sogar Einfärbetests[1178] verlangt, Schuhe und Kleidung müssen im Rahmen der Untersuchung anprobiert werden.[1179] Eine Klebefolie muss im Rahmen einer Probeverarbeitung Klebeversuchen unterzogen werden.[1180] Wird die Ware in großen Mengen geliefert, genügt es, wenn der Käufer **repräsentative Stichproben** entnimmt und diese untersucht.[1181] Diese Mindestanforderung besteht aber auch dann, wenn die Verpackung der Stichproben geöffnet werden muss[1182] und/oder die Stichproben durch die Untersuchung verbraucht oder sonst unbrauch- **1171**

[1165] LG Stuttgart, RIW 1989, 984 f. = IPRax 1990, 317; Honsell-*Magnus*, Art. 38 CISG Rdnr. 15.
[1166] MünchKommHGB-*Benicke*, Art. 38 CISG Rdnr. 3; Staudinger-*Magnus*, Art. 38 CISG Rdnr. 29.
[1167] Schlechtriem-*Schwenzer*, Art. 38 CISG Rdnr. 13; *Achilles*, Art. 38 CISG Rdnr. 3; *Herber/Czerwenka*, Art. 38 CISG Rdnr. 5.
[1168] OGH Wien, IHR 2002, 76.
[1169] OLG Köln v. 21.08.1997, OLGR 1998, 2, 3 f.; Honsell-*Magnus*, Art. 38 CISG Rdnr. 17; *Herber/Czerwenka*, Art. 38 CISG Rdnr. 5.
[1170] LG Paderborn v. 25.06.1996, CISG-Online Case 262; LG Trier, NJW-RR 1996, 564; Schlechtriem-*Schwenzer*, Art. 38 CISG Rdnr. 13; Staudinger-*Magnus*, Art. 38 CISG Rdnr. 31.
[1171] BGH, NJW 1982, 2730 (zum EKG), Honsell-*Magnus*, Art. 38 CISG Rdnr. 17.
[1172] *Achilles*, Art. 38 CISG Rdnr. 6; Staudinger-*Magnus*, Art. 38 CISG Rdnr. 32.
[1173] OLG Karlsruhe, CISG-Online Case 263; *Piltz*, NJW 2000, 553, 558.
[1174] OLG Hamm, NJW-RR 1988, 1460 (zum EKG).
[1175] OLG Oldenburg, IHR 2001, 112; *Piltz*, NJW-RR 2003, 2056, 2062.
[1176] OLG Hamm, IPRax 1983, 231.
[1177] So AG Kehl, RIW 1996, 957; Honsell-*Magnus*, Art. 38 CISG Rdnr. 15, a. A. LG Landshut v. 05.04.1995, CISG-Online Case 193.
[1178] LG Berlin, IHR 2003, 228.
[1179] LG Stuttgart, RIW 1989, 984
[1180] OLG Karlsruhe, BB 1998, 393, 394.
[1181] OLG Köln, IHR 2007, 200; OLG Köln v. 31.08.2006, CISG-Online Case 1406; OLG Köln, OLGR 2001, 155 = CISG Online Case 657; OLG Saarbrücken v. 13.01.1993, CISG-Online Case 83; OLG Jena v. 26.05.1998, OLGR 1999, 4, 5; Handelsgericht Zürich v. 30.11.1998, SZIER 1999, 185, 186; OLG Hamburg, RIW 1982, 435 (zum EKG); Soergel-*Lüderitz/Schüßler-Langenheine*, Art. 38 CISG Rdnr. 7; Honsell-*Magnus*, Art. 38 CISG Rdnr. 16; Schlechtriem-*Schwenzer*, Art. 38 CISG Rdnr. 14.
[1182] OG Luzern, SJZ 1998, 515 (sterile Blutleitungen); Rechtbank Roermond, NIPR 1992, Nr. 324 (tiefgefrorener Käse muss aufgetaut werden).

bar werden.[1183] Hat der Käufer allerdings eine solche angemessene Stichprobenuntersuchung vorgenommen, und sind dabei keine Mängel zutage getreten, bleiben ihm seine Rechte in Bezug auf später auftretende Mängel der Gesamtlieferung erhalten,[1184] sofern er diese rechtzeitig rügt. Hingegen muss beispielsweise eine Weinlieferung nicht auf Wasserzusätze untersucht werden, da solche Zusätze unüblich und zudem in der EU regelmäßig strafbar sind.[1185]

1172 Eine Untersuchung von Stichproben reicht selbstverständlich nicht aus, soweit es um die **Quantität** der Ware geht.[1186] Hier muss der Käufer die Ware, auch bei größeren Stückzahlen, **zählen**, wobei ihm aber hierfür eine angemessene Zeit eingeräumt werden muss.[1187] Bei **verderblicher Ware** schließt allein schon das Erfordernis einer besonders raschen Mängelanzeige eine zeitaufwendige Untersuchung aus, hier genügen i. d. R. einfache Untersuchungen wie z. B. Besichtigung, Riechen, Tasten, oder die Probe einzelner Früchte.[1188] Waren schon **frühere Lieferungen** desselben Verkäufers **mangelhaft**, erhöht dies nach Ansicht der Rechtsprechung die Anforderungen an den Umfang und die Intensität der Untersuchung, da der Käufer bereits vorgewarnt ist.[1189] Dem beggenet die Literatur jedoch zu Recht mit Bedenken, da hierdurch allein eine Vertragswidrigkeit des Verkäufers zu einer Erhöhung des Risikos des Käufers führen würde.[1190] Es ist nicht einzusehen, warum der Käufer strenger behandelt werden soll, nur weil es schon in der Vergangenheit zu Vertragsverletzungen des Verkäufers gekommen ist.[1191]

1173 **(2) Ort.** Der Untersuchungsort ist **grundsätzlich** der sich aus Art. 31 CISG ergebende **Lieferort**[1192] (zu Art. 31 CISG vgl. Rdnr. 522ff.), wobei Art. 38 CISG allerdings in Abs. 2, 3 einige Ausnahmeregeln enthält: Bei **Versendungskäufen** i. S. d. Art. 31 Buchst. a CISG ist der Lieferort bereits der Ort der Übergabe an den ersten Beförderer, so dass es hier unbillig wäre, wenn der Käufer die Ware an diesem Ort untersuchen müsste. Daher legt Art. 38 Abs. 2 CISG fest, dass der Käufer in diesen Fällen die Ware erst an deren **Bestimmungsort** untersuchen muss. Dies ist derjenige Ort, an den die Ware nach der vertraglichen Vereinbarung versandt werden soll.[1193] Fungiert der Käufer lediglich als Zwischenstation und wird die Ware von ihm **um- oder weitergeleitet**,[1194] so ist Untersuchungsort gem. Art. 38 Abs. 3 CISG grundsätzlich erst der **nächste Bestimmungsort**. Dies gilt allerdings nur dann, wenn die Um- oder Weiterleitung für den Verkäufer erkennbar war. Auf die Ausnahme des Art. 38 Abs. 3 CISG kann sich der Käufer ferner dann nicht berufen, wenn er selbst ausreichende Gelegenheit zur Untersuchung hatte, z. B. wenn er die Ware vor deren Um- oder Weiterleitung bei sich **eingelagert** hatte.[1195] Erfolgt die Untersuchung an einem anderen Ort als den nach den genannten Vorschriften bestimmten, verletzt der Käufer hierdurch jedoch nicht seine Untersuchungsobliegenheit. Die Bedeutung des Untersuchungsortes liegt vielmehr allein darin, dass die **Frist zur Untersuchung** (dazu sogleich

---

[1183] OLG Saarbrücken v. 13.01.1993, Unilex; Rechtbank Roermond, NIPR 1992 Nr. 394; OG Luzern SJZ 1998, 515; Staudinger-*Magnus*, Art. 38 CISG Rdnr. 30; Soergel-*Lüderitz/Schüßler-Langenheine*, Art. 38 CISG Rdnr. 7; *Achilles*, Art. 38 CISG Rdnr. 5.

[1184] Honsell-*Magnus*, Art. 38 CISG Rdnr. 16; Bianca/Bonell-*Bianca*, Art. 38 CISG Anm. 2.4.

[1185] LG Trier, NJW-RR 1996, 564; Staudinger-*Magnus*, Art. 38 CISG Rdnr. 32.

[1186] Staudinger-*Magnus*, Art. 38 CISG Rdnr. 30.

[1187] LG Landshut v. 05.04.1995, CISG-Online Case 193.

[1188] MünchKomm-*Gruber*, Art. 38 CISG Rdnr. 30; Schlechtriem-*Schwenzer*, Art. 38 CISG Rdnr. 14.

[1189] LG Stuttgart, RIW 1989, 894; OLG Hamburg, RIW 1982, 435 (zum EKG).

[1190] Staudinger-*Magnus*, Art. 38 CISG Rdnr. 33; Soergel-*Lüderitz/Schüßler-Langenheine*, Art. 38 CISG Rdnr. 7; Honsell-*Magnus*, Art. 38 CISG Rdnr. 18.

[1191] Honsell-*Magnus*, Art. 38 CISG Rdnr. 20.

[1192] Soergel-*Lüderitz/Schüßler-Langenheine*, Art. 38 CISG Rdnr. 8; Honsell-*Magnus*, Art. 38 CISG Rdnr. 19; Staudinger-*Magnus*, Art. 38 CISG Rdnr. 34; *Achilles*, Art. 38 CISG Rdnr. 7.

[1193] LG Frankfurt, IHR 2005, 163, 164.

[1194] Bamberger/Roth-*Saenger*, Art. 38 CISG Rdnr. 8; OLG Köln, RIW 1994, 972.

[1195] Obergericht Luzern v. 08.01.1997, Unilex; OLG Saarbrücken v. 13.01.1993, Unilex.

B. Rechte des Käufers nach UN-Kaufrecht

Rdnr. 1174 ff.) der Ware erst in dem Moment zu laufen beginnt, an dem die Ware am Untersuchungsort eintrifft.[1196]

(3) Frist. Grundsätzlich **beginnt** die Untersuchungsfrist **mit dem tatsächlichen Zurverfügungstellen** der Ware an den Käufer.[1197] Auch wenn ein bestimmter **Lieferzeitraum** i.S.d. Art. 33 Buchst. b CISG vereinbart ist (hierzu Rdnr. 540 ff.), innerhalb dessen der Verkäufer liefern darf, beginnt die Frist mit der tatsächlichen Lieferung, und nicht erst mit dem Ablauf des Lieferzeitraums.[1198] Erfolgt die **Lieferung verfrüht,** also vor dem Beginn eines Lieferzeitraums oder vor einem Liefertermin i.S.d. Art. 33 Buchst. a CISG (dazu Rdnr. 539), beginnt die Untersuchungsfrist dennoch – auch bei vorbehaltloser Abnahme durch den Käufer – erst mit Beginn des Lieferzeitraums bzw. mit dem Liefertermin.[1199] Bei **verspäteter Lieferung** beginnt die Frist, wie sonst auch, mit der Lieferung, also dem tatsächlichen Zurverfügungstellen der Ware. Jedoch kann sich die Verspätung auf die Dauer der Frist auswirken, so z.B. wenn der Käufer wegen der Verspätung umdisponieren musste und deshalb die Ware nicht in der ansonsten angemessenen Zeit untersuchen konnte.[1200] Liefert der Verkäufer die **Ware nicht vollständig,** und kann der Käufer aufgrund dessen eine sachgerechte Untersuchung noch gar nicht vornehmen, beginnt freilich auch die Lieferfrist noch nicht zu laufen.[1201] Dies gilt ebenso für **fehlende Bedienungs- oder Montageanleitungen,** ohne die eine sachgerechte Inbetriebnahme und/oder Benutzung nicht möglich ist.[1202]

1174

Auch wenn der Verkäufer an einen **anderen als den vereinbarten oder sich aus Art. 31 ergebenden Ort** liefert, beginnt die Frist erst, wenn die Ware dem Käufer am richtigen Lieferort zur Verfügung steht, es sei denn, der Käufer nimmt die Ware an dem falschen Lieferort ab, um sie dort zu verwerten (nicht, um sie von dort weiterzuversenden, dann gilt Art. 38 Abs. 3 CISG).[1203] Bei **Teillieferungen** beginnt die Frist gesondert für jede Teillieferung mit deren Lieferung.[1204] Bei **Versendungskäufen** beginnt die Frist gem. Art. 38 Abs. 2 CISG, wenn die Ware an ihrem Bestimmungsort eingetroffen ist. Voraussetzung für die Anwendbarkeit des Art. 38 Abs. 2 CISG ist, dass der **Vertrag „eine Beförderung der Ware erfordert".** Wann dies der Fall ist, richtet sich nach Art. 31 Buchst. a CISG (vgl. hierzu die Erläuterungen in Rdnr. 525). Entscheidend ist somit, dass es sich weder um eine Hol- noch um eine Bringschuld handelt, sondern dass ein selbständiger Dritter die Beförderung besorgt.[1205] In der Praxis ist der **Beförderer** häufig aufgrund des Transportvertrags verpflichtet, die transportierten Waren äußerlich zu **überprüfen und** etwaige Mängel in den Transportpapieren, etwa den Konnossementen, zu **dokumentieren.**[1206] Die Kenntnis von derart vermerkten Mängel muss sich der Käufer ab Übergabe der Transportpapiere zurechnen lassen, den Beginn der Untersuchungsfrist berührt dies aber nicht.[1207] Auch wenn ein Versendungskauf vorliegt, kann die Untersuchungsfrist abweichend von Art. 38 Abs. 2 CISG bereits am **Verladeort** beginnen, wenn die Parteien z.B. vereinbart

1175

[1196] Honsell-*Magnus*, Art. 38 CISG Rdnr. 34.
[1197] Bamberger/Roth-*Saenger*, Art. 38 CISG Rdnr. 6; Soergel-*Lüderitz/Schüßler-Langenheine*, Art. 38 CISG Rdnr. 5, 8; *Achilles*, Art. 38 CISG Rdnr. 8.
[1198] Schlechtriem-*Schwenzer*, Art. 38 CISG Rdnr. 19; Staudinger-*Magnus*, Art. 38 CISG Rdnr. 36; Herber/Czerwenka, Art. 38 CISG Rdnr. 8.
[1199] Honsell-*Magnus*, Art. 38 CISG Rdnr. 21; Herber/Czerwenka, Art. 38 CISG Rdnr. 8; Schlechtriem-*Schwenzer*, Art. 38 CISG Rdnr. 20; *Piltz*, Int. KaufR, § 5 Rdnr. 53.
[1200] OGH Wien, IHR 2002, 76; Staudinger-*Magnus*, Art. 38 CISG Rdnr. 37; *Achilles*, Art. 38 CISG Rdnr. 8.
[1201] *Achilles*, Art. 38 CISG Rdnr. 8; zum deutschen Recht vgl. OLG Hamm, CR 1991, 335.
[1202] Schlechtriem-*Schwenzer*, Art. 38 CISG Rdnr. 19.
[1203] MünchKomm-*Gruber*, Art. 38 CISG Rdnr. 37; Staudinger-*Magnus*, Art. 38 CISG Rdnr. 38.
[1204] MünchKomm-*Gruber*, Art. 38 CISG Rdnr. 39; Staudinger-*Magnus*, Art. 38 CISG Rdnr. 39.
[1205] Honsell-*Karollus*, Art. 38 CISG Rdnr. 26; MünchKomm-*Gruber*, Art. 38 CISG Rdnr. 40.
[1206] Herber/Czerwenka, Art. 38 CISG Rdnr. 9; Schlechtriem-*Schwenzer*, Art. 38 CISG Rdnr. 21.
[1207] Staudinger-*Magnus*, Art. 38 CISG Rdnr. 54; Herber/Czerwenka, Art. 38 CISG Rdnr. 9.

haben, dass der Kaufpreis durch Vertreter des Käufers am Verladeort nach „Gutbefund der Ware" zu zahlen ist.[1208]

1176 Wird die Ware vom Käufer umgeleitet oder weiterversendet, verschiebt Art. 38 Abs. 3 CISG den Beginn der Untersuchungsfrist auf die Ankunft der Ware am neuen Bestimmungsort, sofern die Umleitung bzw. Weiterversendung für den Verkäufer **erkennbar** war und der Käufer vorher **keine hinreichende Untersuchungsmöglichkeit** hatte. **Umgeleitet** (redirected in transit) i. S. d. Art. 38 Abs. 3 CISG wird die Ware, wenn sie schon vor Erreichen des ursprünglichen Bestimmungsortes an einen anderen Bestimmungsort umdirigiert wird,[1209] dies kann auch ein anderer Ablieferungsort im gleichen Hafen/der gleichen Stadt sein.[1210] Dabei ist unerheblich, wer und zu welchem Zweck die Umleitung der Ware veranlasst hat.[1211] Eine **Weiterversendung** (redispatch) liegt vor, wenn der Käufer (oder, bei Direktversand, sein autorisierter Abnehmer) die Ware nach Empfangnahme am Bestimmungsort – unmittelbar oder nach Umladung – an einen anderen Ort weitertransportiert.[1212] Allerdings genügt die bloße Tatsache des Weiterverkaufs und eine damit einhergehende Zwischenlagerung noch nicht. Entscheidend für die Verlagerung des Beginns der Untersuchungsfrist ist vielmehr, dass sich der Weitertransport derart an die Ankunft der Ware anschließt, dass dem Käufer **keine ausreichende Gelegenheit zur Untersuchung** bleibt.[1213] Dies ist indessen nicht ausschließlich nach einem zeitlichen Rahmen zu beurteilen, vielmehr bleibt dem Käufer auch dann keine hinreichende und zumutbare Untersuchungsmöglichkeit, wenn z. B. der Inhalt eines Containers für die Untersuchung zeit- und kostenaufwendig umgepackt werden müsste,[1214] wenn eine Zerstörung der anschließend wieder zu erneuernden Transportverpackung erforderlich wäre[1215] oder wenn eine Marke entfernt werden müsste, die die Echtheit der Ware bestätigt.[1216] Soweit möglich, sind aber auch in diesen Fällen Stichproben zu nehmen und die Ware jedenfalls oberflächlich zu prüfen.[1217]

1177 Im Übrigen muss gem. Art. 38 Abs. 3 CISG die Umleitung bzw. Weiterversendung der Ware für den Verkäufer **bei Vertragsschluss erkennbar** gewesen sein. Davon wird in der Praxis schon dann auszugehen sein, wenn der Käufer ein **Handelsunternehmen** ist.[1218] Ansonsten sind **konkrete Anhaltspunkte** erforderlich, aus denen ein durchschnittlicher Verkäufer bei Vertragsschluss die Absicht einer Umleitung bzw. Weiterversendung entnehmen konnte. Hierfür kann auch schon ein besonderer Verpackungshinweis (z. B. „seefeste Verpackung" bei Versendung auf dem Landweg) genügen.[1219] Dem Käufer ist aber dennoch in jedem Fall anzuraten, den Verkäufer bei Vertragsschluss ausdrücklich auf eine beabsichtigte Umleitung oder Weiterversendung **aufmerksam zu machen.** Eine Zustimmung des Verkäufers ist aber nicht erforderlich.[1220]

1178 Hinsichtlich der **Dauer der Untersuchungsfrist** gilt gem. Art. 38 Abs. 1 CISG, dass der Käufer die Ware so rasch zu untersuchen hat, „wie es die Umstände erlauben", wobei

---

[1208] OLG Düsseldorf, NJW-RR 1993, 999, 1000.
[1209] *Achilles*, Art. 38 CISG Rdnr. 14; Honsell-*Magnus*, Art. 38 CISG Rdnr. 30.
[1210] *Herber/Czerwenka*, Art. 38 CISG Rdnr. 10.
[1211] Schlechtriem-*Schwenzer*, Art. 38 CISG Rdnr. 23; *Achilles*, Art. 38 CISG Rdnr. 14.
[1212] Honsell-*Magnus*, Art. 38 CISG Rdnr. 30; Schlechtriem-*Schwenzer*, Art. 38 CISG Rdnr. 23.
[1213] MünchKommHGB-*Benicke*, Art. 38 CISG Rdnr. 11; *Achilles*, Art. 38 CISG Rdnr. 14; eine Unzumutbarkeit folgt aber nicht schon daraus, dass der Käufer nicht am Ort der Weiterveräußerung ansässig ist, vgl. LG Frankfurt, IHR 2005, 163, 164 f.
[1214] *Achilles*, Art. 38 CISG Rdnr. 14; MünchKomm-*Gruber*, Art. 38 CISG Rdnr. 52.
[1215] MünchKomm-*Gruber*, Art. 38 CISG Rdnr. 52; Staudinger-*Magnus*, Art. 38 CISG Rdnr. 60.
[1216] Schlechtriem-*Schwenzer*, Art. 38 CISG Rdnr. 25; MünchKomm-*Gruber*, Art. 38 CISG Rdnr. 52.
[1217] OG Luzern, SJZ 1998, 515, 516 f.; Staudinger-*Magnus*, Art. 38 CISG Rdnr. 60; *Herber/Czerwenka*, Art. 38 CISG Rdnr. 13.
[1218] Staudinger-*Magnus*, Art. 38 CISG Rdnr. 62; *Achilles*, Art. 38 CISG Rdnr. 15; *Herber/Czerwenka*, Art. 38 CISG Rdnr. 14.
[1219] Honsell-*Magnus*, Art. 38 CISG Rdnr. 32, *Herber/Czerwenka*, Art. 38 CISG Rdnr. 14.
[1220] *Achilles*, Art. 38 CISG Rdnr. 15; Staudinger-*Magnus*, Art. 38 CISG Rdnr. 63.

die Parteien selbstverständlich auch hier eine konkrete Frist vereinbaren können. Ansonsten richtet sich die Fristdauer, wie auch bei der Festlegung von Art und Intensität der Untersuchung (dazu Rdnr. 1169), in erster Linie nach den **objektiven Umständen des Einzelfalls,**[1221] insbesondere nach den objektiven **Möglichkeiten des Käufers,** die Ware unter zumutbaren Kosten in üblicher Weise zu prüfen.[1222] Berücksichtigt werden muss die **Art der Ware,** so ist insbesondere bei schnell verderblichen Waren und bei Lebendvieh eine **sofortige Untersuchung**[1223] geboten. Aber auch bei Saisonware[1224] oder wenn aus sonstigen Gründen eine Veränderung der Ware zu besorgen ist,[1225] ist eine **kurze Frist** einzuhalten. Ähnliches gilt für Ware, deren Vermischung oder Verarbeitung ansteht.[1226]

Andererseits ist dem Käufer bei komplizierteren, mit technischen Aufwand verbundenen Untersuchungen (z. B. Probeläufe, mehrfache Tests, aufwendige Prüfverfahren) eine **längere Untersuchungsdauer** zuzubilligen.[1227] Auf die Bemessung der Untersuchungsfrist können sich auch **andere objektive Umstände** wie z. B. der Umfang der Lieferung, die Art des Mangels,[1228] und die Größe des Unternehmens[1229] des Käufers auswirken. Ferner sind auch dem Verkäufer bekannte Gegebenheiten am Ort des Käufers zu berücksichtigen,[1230] so z. B. die dortige Infrastruktur,[1231] die Verfügbarkeit erforderlicher technischer Untersuchungsmittel,[1232] oder Streik.[1233] Rein **subjektive Faktoren** in der Person des Käufers, wie etwa Krankheit oder betriebsinterne Organisationsschwierigkeiten **bleiben** dagegen bei der Fristbemessung **außer Betracht,** sie können jedoch ggf. einen Entschuldigungsgrund i. S. d. Art. 44 CISG (dazu Rdnr. 1212 ff.) darstellen. Bei langlebigen Gütern, die ohne besonderen Aufwand untersucht werden können, kann insoweit als **grober Anhaltspunkt** ein Mittelwert von einer Woche – fünf Arbeitstagen – zugrunde gelegt werden, der je nach den Fallumständen nach unten oder oben korrigiert werden muss.[1234] **Ordentliche Feiertage**

1179

[1221] OLG Oldenburg, DB 2001, 1088; Schlechtriem-*Schwenzer*, Art. 38 CISG Rdnr. 15; Staudinger-*Magnus*, Art. 38 CISG Rdnr. 40.

[1222] OLG Jena, OLGR 1999, 4, 5; OLG Hamburg, RIW 1982, 435, 437; OLG Köln, RIW 1985, 404; OGH Wien, ZfRV 2000, 31; Soergel-*Lüderitz/Schüßler-Langenheine*, Art. 38 CISG Rdnr. 4.

[1223] OGH Wien, IHR 2001, 81, 83; OLG Schleswig, IHR 2003, 20 (bei Schlachtschafen Untersuchung spätestens am Tag der Lieferung); OLG Saarbrücken, NJW-RR 1999, 780 (Blumenlieferung: Untersuchung am Lieferungstag); OLG Hamburg, RIW 1982, 435; LG Flensburg, IHR 2001, 67; *Piltz*, NJW 2005, 2126, 2129.

[1224] Vestre Landsret Viborg, ZEuP 2002, 580; *Achilles*, Art. 38 CISG Rdnr. 9; Staudinger-*Magnus*, Art. 38 CISG Rdnr. 42.

[1225] MünchKommHGB-*Benicke*, Art. 38 CISG Rdnr. 7; Schlechtriem-*Schwenzer*, Art. 38 CISG Rdnr. 16.

[1226] OLG Köln v. 21.08.1997, OLGR 1998, 2, 3 f.

[1227] OLG Oldenburg, DB 2001, 1088 f.; OLG Koblenz, RIW 1989, 310, 312; LG Düsseldorf v. 23.06.1994; CISG-Online Case 179; Schlechtriem-*Schwenzer*, Art. 38 CISG Rdnr. 17; *Herber/Czerwenka*, Art. 38 CISG Rdnr. 7.

[1228] Honsell-*Magnus*, Art. 38 CISG Rdnr. 22.

[1229] MünchKomm-*Gruber*, Art. 38 CISG Rdnr. 64; Staudinger-*Magnus*, Art. 38 CISG Rdnr. 45.

[1230] Insoweit zu weitgehend aber Soergel-*Lüderitz/Schüßler-Langenheine*, Art. 38 CISG Rdnr. 4, die sogar „kulturell bedingte Gelassenheit" berücksichtigen wollen.

[1231] Schlechtriem-*Schwenzer*, Art. 38 CISG Rdnr. 18, *Herber/Czerwenka*, Art. 38 CISG Rdnr. 7.

[1232] OGH Wien, IHR 2001, 81, 83; OGH Wien, ZfRV 1999, 63.

[1233] Staudinger-*Magnus*, Art. 38 CISG Rdnr. 44.

[1234] OLG Koblenz, IHR 2001, 109 m. Anm. *Thiele* (eine Woche bei Glasfasergewebe); OLG Oldenburg, IHR 2001, 112 (höchstens zwei Wochen für Testlauf von Maschinen); Kantonsgericht Schaffhausen v. 25.02.2002, CISG-Online Case 723 (ein Monat für Untersuchung von Baumaschinen); Handelsgericht St. Gallen v. 11.02.2003, CISG-Online Case 900 („wenige Arbeitstage" für Lieferung von CDs); LG Darmstadt, IHR 2001, 160 m. Anm. *Piltz* (zehn Tage bei zerlegten Holzmöbeln); *Herber/Czerwenka*, Art. 38 CISG Rdnr. 7; Staudinger-*Magnus*, Art. 38 CISG Rdnr. 50; *Piltz*, Int. KaufR, § 5 Rdnr. 52; *Magnus*, TranspR-IHR 1999, 30.

im Staat des Käufers sind in die Fristdauer jedenfalls nicht mit einzubeziehen, da der Käufer an diesen Tagen keine zumutbare Untersuchungsmöglichkeit hat.[1235]

1180 **dd) Rüge.** Die Untersuchung (Rdnr. 1169 ff.) der gelieferten Waren allein reicht nicht aus, wenn der Käufer sich seine Rechtsbehelfe wegen eines Mangels der Ware erhalten will. Er muss darüber hinaus diese Vertragswidrigkeit dem Verkäufer auch anzeigen. Hierzu regelt Art. 39 CISG, wie und in welcher Frist dies zu erfolgen hat.

1181 **(1) Inhalt.** Die Rüge muss die **Art und den Umfang der Vertragswidrigkeit** der Ware so **genau bezeichnen,** wie dies dem Käufer möglich ist,[1236] denn dem Verkäufer soll eine sachgerechte Entscheidung über seine weitere Vorgehensweise ermöglicht werden.[1237] Dies setzt zunächst eine hinreichende Präzisierung des betroffenen Liefervorgangs und der von der Rüge erfassten Ware voraus.[1238] Weiter sind die **Mängel nach Art, Umfang**[1239] **und Erscheinungsbild**[1240] so konkret zu bezeichnen, dass Missverständnisse ausgeschlossen sind und der Verkäufer eindeutig erkennen kann, was gemeint ist.[1241] Liegen **mehrere Mängel** vor, sind sie in der Rüge einzeln zu bezeichnen und zu konkretisieren,[1242] ebenso wie bei Teil- und Sukzessivlieferungen jede vertragswidrige Lieferung konkret und rechtzeitig für sich zu rügen ist.[1243] Sind bei größeren Liefermengen nur Teile davon mangelhaft so muss der Käufer zumindest ungefähr deren **quantitativen Umfang** angeben.[1244] Ferner sind auch etwaige **Zuviellieferungen** zu rügen,[1245] um die Rechtsfolge des Art. 52 Abs. 2 S. 2 CISG (hierzu Rdnr. 1190 ff.) zu verhindern. **Pauschale Unmutsäußerungen oder Beanstandungen** (wie z.B. „falsche Teile",[1246] „schlechte Verarbeitung und Passform"[1247] „Miserabilität der Ware",[1248] „Maschine musste repariert werden",[1249] „erhebliche Mängel am Fahrzeug",[1250] „zweite Wahl",[1251] „mit den Tieren nicht einverstanden")[1252] reichen daher nicht aus.[1253] Andererseits dürfen die Anforderungen an die Substantiierung der Rüge auch nicht überspannt werden, denn es geht letztlich nicht um eine Vertragsverletzung des

---

[1235] BGHZ 129, 75, 85; *Achilles,* Art. 38 CISG Rdnr. 10; Honsell-*Magnus,* Art. 38 CISG Rdnr. 22.

[1236] BGH ZIP 2000, 234, 236; BGH, NJW 1997, 3311, 3312; LG München, IPRax 1990, 316; OLG Saarbrücken, NJW-RR 1999, 780.

[1237] ÖstOGH, IHR 2011, 85, 88; LG Köln, IHR 2001, 69; Handelsgericht Zürich, TranspR-IHR 2000, 14; *Piltz,* NJW 2003, 2056, 2062.

[1238] Bamberger/Roth-*Saenger,* Art. 39 CISG Rdnr. 5; *Piltz,* NJW 1996, 2768, 2772; *Achilles,* Art. 39 CISG Rdnr. 3.

[1239] OLG Bamberg, RIW 1978, 566; OLG Koblenz, RIW 1989, 310, 311; OLG Koblenz, RIW 1991, 592; OLG Koblenz v. 31.01.1997, CISG-Online Case 256; *Herber/Czerwenka,* Art. 39 CISG Rdnr. 7; Schlechtriem-*Schwenzer,* Art. 39 CISG Rdnr. 8.

[1240] OLG Köln, VersR 1971, 194; MünchKommHGB-*Benicke,* Art. 39 Rdnr. 3; *Achilles,* Art. 39 CISG Rdnr. 4.

[1241] BGH, NJW-RR 1997, 690, 691.

[1242] BGH, NJW-RR 1996, 690; OLG Celle, IHR 2004, 106; Staudinger-*Magnus,* Art. 39 CISG Rdnr. 22; Schlechtriem-*Schwenzer,* Art. 39 CISG Rdnr. 10; *Piltz,* Int. KaufR, § 5 Rdnr. 67.

[1243] Staudinger-*Magnus,* Art. 39 CISG Rdnr. 22, Schlechtriem-*Schwenzer,* Art. 39 CISG Rdnr. 10.

[1244] LG Köln, IHR 2001, 69, m. krit. Anm. *Taschner,* IHR 2001, 61 ff.; Staudinger-*Magnus,* Art. 39 CISG Rdnr. 25.

[1245] Schweizer BG, IHR 2004, 252; OLG Rostock, IHR 2003, 19, 20; LG Tübingen, IHR 2003, 236; Staudinger-*Magnus,* Art. 39 CISG Rdnr. 10: „jeder Mengenfehler".

[1246] Kantonsgericht Nidwalden, SZIER 1998, 81.

[1247] LG München, IPRax 1990, 316.

[1248] OLG Saarbrücken, NJW-RR 1999, 780.

[1249] OLG Köln v. 08.01.1997, CISG-Online Case 217.

[1250] OLG Hamm, NJW-RR 2010, 708, 710.

[1251] OLG Oldenburg, IHR 2001, 159.

[1252] LG Flensburg, IHR 2001, 67.

[1253] BGH, NJW 1997, 331; OG Luzern v. 29.07.2002, CISG-Online Case 721; Handelsgericht Zürich v. 17.02.2000; CISG-Online Case 637; LG Saarbrücken, IHR 2002, 27; LG Erfurt, IHR

Käufers, sondern um eine solche des Verkäufers. Es genügt daher, wenn der Käufer die Symptome der Vertragswidrigkeit so genau wie möglich darlegt.[1254] Dagegen muss er nicht deren Ursache erforschen und diese in der Rüge mitteilen.[1255] Die deutsche Rechtsprechung, die oftmals die zu § 377 HGB entwickelten (sehr strengen) Anforderungen praktisch unverändert auf Art. 39 CISG übertragen hat,[1256] wird daher in der Literatur zu Recht überwiegend als zu eng kritisiert.[1257]

Über die konkrete Bezeichnung der Vertragswidrigkeit und den entsprechenden Beanstandungswillen des Käufers[1258] hinaus muss die Rüge nichts Weiteres beinhalten. Insbesondere muss der Käufer hier noch nicht spezifizieren, ob und welcher **Rechtsbehelfe** er sich bedienen will.[1259] Zu beachten ist allerdings, dass sowohl die Ansprüche auf Ersatzlieferung, Nachbesserung (Art. 46 Abs. 2, 3 CISG) als auch auf Vertragsaufhebung (Art. 49 Abs. 2 Buchst. b i) von einer entsprechenden Mitteilung an den Verkäufer innerhalb einer angemessenen Frist nach der Mängelrüge bzw. nach Kenntnis/Kennenmüssen der Vertragswidrigkeit abhängig sind. Es kann in der Praxis also nicht schaden, die Mängelrüge bereits mit einem derartigen Verlangen zu kombinieren, sofern der Käufer sich bereits für einen der Rechtsbehelfe entschieden hat.[1260] **1182**

(2) Form. Die vom Käufer ausgebrachte Rüge unterliegt – soweit nichts anderes vereinbart ist – **keinen besonderen Formerfordernissen,**[1261] es genügt also auch eine telefonische[1262] oder per E-Mail übermittelte Rüge.[1263] Eine Einschränkung ergibt sich nur im Verhältnis zu Staaten, die einen Formvorbehalt i. S. d. Art. 96 CISG eingelegt haben.[1264] Gleichwohl ist in der Praxis schon aus **Beweisgründen** immer **Schriftform** zu empfehlen. Die Rüge muss allerdings, dies ergibt sich schon aus Art. 8 CISG, dem Verkäufer sprachlich verständlich sein.[1265] Auch hier trägt nach der in Art. 27 CISG geregelten Absendetheorie (dazu Rdnr. 605) der Verkäufer das Übermittlungsrisiko, sofern nur der Käufer die Rüge „mit den nach den Umständen geeigneten Mitteln" auf den Weg gebracht hat.[1266] **Adressat** der Rüge ist grundsätzlich der Verkäufer, aber auch dessen **empfangszuständiges Per- 1183**

2001, 200; Schlechtriem-*Schwenzer*, Art. 39 CISG Rdnr. 7; *Herber/Czerwenka*, Art. 39 CISG Rdnr. 7; Honsell-*Magnus*, Art. 39 CISG Rdnr. 11; *Piltz*, Int. KaufR, § 5 Rdnr. 67; *ders.*, NJW 2005, 2126, 2130.

[1254] OLG Koblenz v. 14.12.2006, Az. 2 U 923/06; Staudinger-*Magnus*, Art. 39 CISG Rdnr. 24.

[1255] BGH, NJW-RR 2000, 1361; *Piltz*, NJW 2003, 2056, 2062.

[1256] BGH, NJW-RR 1997, 690, 691; OLG Düsseldorf, NJW-RR 1994, 506; OLG Frankfurt, NJW 1994, 1013, 1014; OLG Saabrücken, NJW-RR 1999, 780; LG München v. 08.02.1995, CISG-Online Case 203.

[1257] Schlechtriem-*Schwenzer*, Art. 39 CISG Rdnr. 6; Staudinger-*Magnus*, Art. 39 CISG Rdnr. 5; Honsell-*Magnus*, Art. 39 CISG Rdnr. 9; *Magnus*, IPRax 1993, 392.

[1258] OLG Hamburg, IHR 2008, 98; LG Stuttgart, IHR 2010, 207, 208; MünchKomm-*Gruber*, Art. 39 CISG, Rdnr. 7; kritisch zu dieser Voraussetzung *Piltz*, NJW 2011, 2261, 2264.

[1259] *Achilles*, Art. 39 CISG Rdnr. 4; Schlechtriem-*Schwenzer*, Art. 39 CISG Rdnr. 11; Staudinger-*Magnus*, Art. 39 CISG Rdnr. 26.

[1260] MünchKommHGB-*Benicke*, Art. 39 CISG Rdnr. 4; *Piltz*, Int. KaufR, § 5 Rdnr. 69; Staudinger-*Magnus*, Art. 39 CISG Rdnr. 26.

[1261] OLG Karlsruhe, IHR 2003, 226ff.; OGH Wien, ZfRV 1999, 63; LG Frankfurt, NJW-RR 1994, 1264; Honsell-*Magnus*, Art. 39 CISG Rdnr. 24; Soergel-*Lüderitz/Schüßler-Langeheine*, Art. 39 CISG Rdnr. 10.

[1262] OG Wien, ZfRV 1999, 63; OLG Koblenz, IHR 2001, 109 m. Anm. *Thiele*; LG Köln, IHR 2001, 69, 71.

[1263] Staudinger-Magnus, Art. 39 CISG Rdnr. 51.

[1264] Näher Staudinger-*Magnus*, Art. 39 CISG Rdnr. 52, dies sind derzeit Argentinien, China, Chile, Lettland, Litauen, Russland, Ungarn, Ukraine und Weißrussland, eine ständig aktualisierte Übersicht findet sich unter http://www.uncitral.org/uncitral/en/uncitral_texts/sale_goods/1980CISG_status.html.

[1265] *Achilles*, Art. 39 CISG Rdnr. 6; *Piltz*, Int. KaufR, § 5 Rdnr. 69.

[1266] OGH Wien, JBl 1999, 252; Staudinger-*Magnus*, Art. 39 CISG Rdnr. 53.

sonal.[1267] Wer als solches anzusehen ist, bestimmt das jeweils über IPR berufene nationale Vertretungsrecht,[1268] die betreffende Person muss jedenfalls immer „im Lager des Verkäufers stehen".[1269] Nach deutschem Recht empfangszuständig wären danach z. B. der Handelsreisende (§ 55 Abs. 4 HGB), der Handelsvertreter (§ 91 Abs. 2 HGB),[1270] nicht aber der Fahrer des Verkäufers, des Spediteurs oder der Spediteur selbst[1271] und auch nicht der selbständige Handelsmakler.[1272] Setzt der Käufer letztere, nicht empfangszuständige Personen als **Boten** ein, trägt er das Übermittlungsrisiko selbst, denn eine solche Übermittlung der Rüge erfolgt nicht mit einem „nach den Umständen geeigneten Mittel" i. S. d. Art. 27 CISG.[1273] Die Rüge muss dagegen nicht unbedingt durch den Käufer ausgesprochen werden. Dem Sinn und Zweck des Art. 39 CISG genügt es vielmehr auch, wenn z. B. **Abnehmer des Käufers** Mängel der Ware frist- und formwahrend direkt beim Verkäufer rügen.[1274]

1184 **(3) Frist.** Um sich die Rechtsbehelfe der Art. 45 ff. CISG zu erhalten, muss der Käufer die Vertragswidrigkeit gem. Art. 39 Abs. 1 CISG innerhalb einer **angemessenen Frist,** nachdem er sie festgestellt hat oder hätte feststellen müssen, anzeigen. Art. 39 Abs. 2 CISG enthält darüber hinaus eine **generelle Ausschlussfrist** von zwei Jahren ab Übergabe der Ware. Die **Rügefrist** des Art. 39 Abs. 1 CISG **beginnt** bei **erkennbaren Mängeln** – dies sind alle Mängel, die bei einer sachgerechten Untersuchung hätten aufgedeckt werden können[1275] – unmittelbar im Anschluss an die Untersuchungsfrist[1276] (dazu Rdnr. 1174 ff.), denn spätestens zu diesem Zeitpunkt hätte der Käufer i. S. d. Art. 39 Abs. 1 CISG Kenntnis von erkennbaren Mängeln haben müssen. Dies gilt auch unabhängig davon, ob der Käufer die Ware innerhalb der Untersuchungsfrist tatsächlich untersucht hat oder nicht.[1277] Sofern allerdings der Käufer bereits vor Ablauf der Untersuchungsfrist – unabhängig wodurch[1278] – positive Kenntnis eines Mangels erlangt hat, beginnt die Rügefrist bereits zu diesem Zeitpunkt,[1279] denn es besteht hier kein schutzwürdiges Interesse des Käufers an einem späteren Fristbeginn.[1280] Allerdings gilt dies nicht, wenn der Verkäufer verfrüht liefert, hier beginnt die Rügefrist auch bei positiver Mangelkenntnis des Käufers frühestens mit dem Fälligkeitstermin.[1281] Bei **verborgenen Mängeln,** die auch bei einer ordnungsgemäßen Untersuchung nicht zu erkennen waren, beginnt die Rügefrist immer erst mit tatsächlicher Kenntnis des Käufers.[1282]

[1267] Bamberger/Roth-*Saenger*, Art. 39 CISG Rdnr. 6; Honsell-*Magnus*, Art. 39 CISG Rdnr. 26.
[1268] *Herber/Czerwenka*, Art. 39 CISG Rdnr. 13; *Achilles*, Art. 39 CISG Rdnr. 7; Schlechtriem-*Schwenzer*, Art. 39 CISG Rdnr. 14.
[1269] LG Kassel, NJW-RR 1996, 1146.
[1270] MünchKomm-*Gruber*, Art. 39 CISG Rdnr. 20; *Taschner*, IHR 2001, 62 f.
[1271] Schlechtriem-*Schwenzer*, Art. 39 CISG Rdnr. 14, *Herber/Czerwenka*, Art. 39 CISG Rdnr. 13.
[1272] OLG Hamm NJW-RR 1988, 1460.
[1273] BGH RIW 1992, 584 f.; OLG Bamberg, OLGZ 78, 341; LG Braunschweig, RIW 1983, 371; LG Kassel, NJW-RR 1996, 1146; Schlechtriem-*Schwenzer*, Art. 39 CISG Rdnr. 14; Honsell-*Magnus*, Art. 39 CISG Rdnr. 26.
[1274] Staudinger-*Magnus*, Art. 39 CISG Rdnr. 55; MünchKomm-*Gruber*, Art. 39 CISG Rdnr. 47.
[1275] Schlechtriem-*Schwenzer*, Art. 39 CISG Rdnr. 20; Bamberger/Roth-*Saenger*, Art. 39 CISG Rdnr. 9.
[1276] OLG Köln, OLGR 1998, 2, 3 f.; *Achilles*, Art. 39 CISG Rdnr. 8; Honsell-*Magnus*, Art. 39 CISG Rdnr. 16; *Piltz*, Int. KaufR, § 5 Rdnr. 63.
[1277] Staudinger-*Magnus*, Art. 39 CISG Rdnr. 30; *Achilles*, Art. 39 CISG Rdnr. 8.
[1278] OLG München, OLGR 1998, 298, 299; MünchKomm-*Gruber*, Art. 39 CISG Rdnr. 26
[1279] Schlechtriem-*Schwenzer*, Art. 39 CISG Rdnr. 19; *Piltz*, Int. KaufR, § 5 Rdnr. 61.
[1280] Soergel-*Lüderitz/Schüßler-Langenheine*, Art. 39 CISG Rdnr. 5.
[1281] Staudinger-*Magnus*, Art. 39 CISG Rdnr. 33; Schlechtriem-*Schwenzer*, Art. 39 CISG Rdnr. 21; *Piltz*, Int. KaufR, § 5 Rdnr. 61.
[1282] *Achilles*, Art. 39 CISG Rdnr. 8; *Herber/Czerwenka*, Art. 39 CISG Rdnr. 9; Staudinger-*Magnus*, Art. 39 CISG Rdnr. 31.

B. Rechte des Käufers nach UN-Kaufrecht

Eine **Obergrenze** zieht hier die **Ausschlussfrist** von **zwei Jahren** ab Übergabe gem. Art. 39 Abs. 2 CISG, die im Übrigen für sämtliche Mängelansprüche des Käufers gilt.[1283] Diese Ausschlussfrist kann weder unterbrochen noch gehemmt werden, allein eine ordnungsgemäße Rüge des Käufers vor Fristablauf kann ihm seine Rechte erhalten.[1284] Diese Frist setzt sich im Übrigen auch gegenüber Art. 44 CISG durch, d. h. auch bei Vorliegen von Entschuldigungsgründen i. S. d. Art. 44 CISG (dazu Rdnr. 1212 ff.) kann sich der Käufer nach Ablauf der Zwei-Jahres-Frist nicht mehr auf verborgene Mängel der Ware berufen.[1285] **1185**

Die **Ausschlussfrist** wie auch die „reguläre" Rügefrist gelten dagegen nicht, soweit Art. 40 CISG eingreift (vgl. dazu Rdnr. 1195 ff.), wonach der Verkäufer sich nicht auf die Versäumung der Rügefrist berufen kann, wenn er die Tatsachen, auf denen die Vertragswidrigkeit beruhte, kannte oder zumindest kennen musste.[1286] Ebenso wie die reguläre Rügefrist ist aber gem. Art. 39 Abs. 2 CISG auch die zweijährige Ausschlussfrist **dispositiv**, sie kann also sowohl verkürzt als auch verlängert werden. Hiervon ist insbesondere dann auszugehen, wenn die Ausschlussfrist mit einer Garantie des Verkäufers unvereinbar wäre[1287] (dazu Rdnr. 1507 ff.). Schließlich kann der Verkäufer auch auf die Rüge ausdrücklich oder konkludent **verzichten,**[1288] z. B. durch das vorbehaltlose Anerkenntnis von (mangelbedingten) Rechtsbehelfen des Käufers.[1289] **1186**

Festgestellt i. S. d. Art. 39 CISG hat der Käufer die Vertragswidrigkeit nicht bereits bei einem Mangelverdacht, sondern erst dann, wenn er sich ihrer so sicher sein kann, dass ein verständiger Käufer daraufhin Schritte zur Anspruchsverfolgung einleiten würde,[1290] wobei man einen verständigen Käufer freilich bei dem Verdacht eines Mangels für verpflichtet halten muss, diesem nachzugehen,[1291] beispielsweise durch Einholung eines Gutachtens. **1187**

Die **Anzeige** hat – anders als im Rahmen des § 377 HGB (vgl. dazu Rdnr. 985 ff.) – nicht unverzüglich, sondern innerhalb einer **angemessenen Frist** zu erfolgen. Diese muss hinsichtlich ihrer **Dauer** den jeweiligen **Einzelfallumständen** angepasst werden.[1292] Insoweit kann auf die Prinzipien für die Festlegung der Untersuchungsfrist des Art. 38 CISG zurückgegriffen werden (vgl. dazu Rdnr. 1174 ff.). Zusätzlich kann auch die Art des Rechtsbehelfs, dessen der Käufer sich bedienen will, Einfluss auf die Fristdauer haben – will er z. B. die Ware behalten und Schadensersatz oder Minderung geltend machen, kann die Frist länger zu bemessen sein, als wenn er den Vertrag aufheben und die Ware zurückgeben will.[1293] **1188**

[1283] OLG Hamburg, TranspR-IHR 1999, 37, 39; *Achilles*, Art. 39 CISG Rdnr. 14.

[1284] Honsell-*Magnus*, Art. 39 CISG Rdnr. 29; *Piltz*, Int. KaufR, § 5 Rdnr. 66.

[1285] *Herber/Czerwenka*, Art. 39 CISG Rdnr. 10; Schlechtriem-*Schwenzer*, Art. 39 CISG Rdnr. 22; Staudinger-*Magnus*, Art. 39 CISG Rdnr. 65.

[1286] Schiedsgericht der Handelskammer Stockholm v. 05.06.1998, CLOUT Case 237; Soergel-*Lüderitz/Schüßler-Langenheine*, Art. 39 CISG Rdnr. 7; Honsell-*Magnus*, Art. 39 CISG Rdnr. 31.

[1287] Schlechtriem-*Schwenzer*, Art. 39 CISG Rdnr. 26; MünchKomm-*Gruber*, Art. 39 CISG Rdnr. 41.

[1288] Vgl. dazu MünchKomm-*Gruber*, Art. 39 CISG Rdnr. 44 ff. m.w. N.

[1289] BGH, NJW 1999, 1259, 1261; OLG Oldenburg, IHR 2001, 112, 114; *Piltz*, NJW 2000, 553, 559; MünchKommHGB-*Benicke*, Art. 39 CISG Rdnr. 14.

[1290] BGH, NJW 1982, 2730 (zum EKG); Staudinger-*Magnus*, Art. 39 CISG Rdnr. 32; *Achilles*, Art. 39 CISG Rdnr. 8; BGH TranspR-IHR 2000, 1, 2 m.Anm. *Taschner*: offengelassen, ob Zeitpunkt der Erkennbarkeit oder der tatsächlichen Kenntnisnahme entscheidend ist.

[1291] Staudinger-*Magnus*, Art. 39 CISG Rdnr. 32.

[1292] OLG Karlsruhe, IHR 2003, 226 ff.; Staudinger-*Magnus*, Art. 39 CISG Rdnr. 42; Soergel-*Lüderitz/Schüßler-Langenheine*, Art. 39 CISG Rdnr. 2; Schlechtriem-*Schwenzer*, Art. 39 CISG Rdnr. 16.

[1293] OGH Wien, ZfRV 1999, 63; Schlechtriem-*Schwenzer*, Art. 39 CISG Rdnr. 16; Staudinger-*Magnus*, Art. 39 CISG Rdnr. 48.

Sofern es nicht um **schnell verderbliche**[1294] oder **Saisonware**[1295] geht, die in der Regel eine **umgehende Rüge** erfordert,[1296] oder sonstige Umstände für eine kürzere oder längere Frist sprechen, wird, wie auch bei Art. 38 CISG, die **Regelfrist** teilweise mit **einer Woche** – also **fünf Werktagen** – angesetzt,[1297] so dass sich für den Käufer eine **Gesamtfrist** von **zwei Wochen** ergibt, innerhalb derer er im Normalfall die Ware untersuchen und ggf. rügen muss.[1298] Der BGH[1299] spricht dagegen von einer „regelmäßigen" Rügefrist von einem Monat, was sich mit der belgischen[1300] und der schweizerischen[1301] Rechtsprechung in etwa deckt.[1302] Zur **Fristwahrung** genügt wegen Art. 27 CISG (vgl. dazu Rdnr. 605) die rechtzeitige **Absendung** der Mängelrüge.[1303]

1189 ee) **Rechtsfolgen der Versäumung.** Hat der Käufer die Vertragswidrigkeit nicht entsprechend den vorstehend dargelegten Anforderungen gerügt, so **verliert** er gem. Art. 39 Abs. 1 CISG das **Recht,** sich auf die Vertragswidrigkeit der Ware zu berufen. Die Ware **gilt unwiderleglich als „vertragsgemäß"** genehmigt,[1304] der Käufer kann die Rechtsbehelfe der Art. 45 ff. CISG nicht mehr geltend machen. Er kann seine (ausgeschlossenen) Gewährleistungsansprüche auch weder einredeweise dem Verkäufer entgegenhalten noch zur Aufrechnung bringen.[1305] Der Rechtsverlust bezieht sich jedoch immer nur auf Ansprüche aus der konkreten Vertragswidrigkeit, die der Käufer zu rügen versäumt hat. Seine aus anderen Mängeln resultierenden Rechte, die er ordnungsgemäß gerügt hat oder die er erst später entdeckt, so dass die Rügefrist noch läuft, bleiben davon unberührt.[1306]

1190 Hinsichtlich der einzelnen Erscheinungsformen der Vertragswidrigkeit ergibt sich daraus Folgendes: Besteht die Vertragswidrigkeit in einer **Minderlieferung,** einer **aliud-Lieferung** oder in einer Lieferung von Ware **minderer Qualität,** so muss der Käufer dennoch

---

[1294] OLG Köln v. 14.08.2006, CISG-Online Case 1405: 24 Stunden; OLG Düsseldorf, IPRax 1993, 412 (bei verderblicher Ware sieben Tage verspätet).

[1295] Vestre Landsret, ZEuP 2002, 580 f. m. Anm. *Fogt* (bei Weihnachtsbäumen Rüge nach zwei Tagen angemessen, nach acht Tagen verspätet).

[1296] OLG Saarbrücken, NJW-RR 1999, 780; OLG Hamburg, RIW 1982, 435; Rechtbank Roermond v. 19.12.1991, CLOUT Case 98; Staudinger-*Magnus*, Art. 39 CISG Rdnr. 43.

[1297] OLG Köln, RIW 1994, 972; LG Stuttgart, RIW 1989, 984 f.; LG Tübingen, IHR 2003, 236 (acht Tage bei Computerlieferung verspätet); LG Aachen, RIW 1989, 491 f.; *Herber/Czerwenka*, Art. 39 CISG Rdnr. 9; Honsell-*Magnus*, Art. 39 CISG Rdnr. 21; *Piltz*, Int. KaufR, § 5 Rdnr. 59; Staudinger-*Magnus*, Art. 39 CISG Rdnr. 49.

[1298] OGH Wien, JBl 1999, 318, 320; OLG Düsseldorf v. 23.01.2004, CISG-Online Case 918 (vier Wochen verspätet); OLG München, NJW-RR 2003, 849; OLG Karlsruhe, IHR 2003, 226 (elf Tage angemessen); OLG Koblenz, IHR 2001, 109; OLG Thüringen, IHR 2001, 25; Tribunale di Cuneo v. 31.01.1996, Unilex; Honsell-*Magnus*, Art. 38 CISG Rdnr. 24; Art. 39 Rdnr. 22; ab einem Monat wird im Regelfall Verspätung anzunehmen sein, vgl. BGH IPRax 1996, 12; LG Darmstadt, IHR 2001, 160 m. Anm. *Piltz*.

[1299] BGH, NJW-RR 2000, 1361, 1362; BGH, NJW 1995, 2099; ebenso OLG Hamm, NJW-RR 2010, 708, 710; MünchKomm-*Gruber*, Art. 39 CISG Rdnr. 34; *Piltz*, NJW 2011, 2261, 2264.

[1300] Rechtbank van Koophandel te Kortrjik v. 04.06.2004 und v. 06.01.2004; CISG-Online Case 945 und 829; Hof van Beroep te Gent v. 12.05.2003 und v. 02.12.2002, CISG-Online Case 949 und 1054; Rechtbank van Koophandel te Veurne v. 25.04.2001, CISG-Online Case 765.

[1301] Obergericht Luzern v. 12.05.2003; CISG-Online Case 846; Kantonsgericht Schaffhausen v. 27.01.2004 und v. 25.02.2002, CISG-Online Case 960 und 723.

[1302] *Piltz*, NJW 2005, 2126, 2129 f.; *ders.*, NJW 2003, 2056, 2062.

[1303] OLG Koblenz v. 19.10.2006, CISG-Online Case 1407; OLG München v. 17.11.2006, CISG-Online Case 1395; Schlechtriem-*Schwenzer*, Art. 39 CISG Rdnr. 18; Honsell-*Magnus*, Art. 39 CISG Rdnr. 23; *Achilles*, Art. 39 CISG Rdnr. 11; Staudinger-*Magnus*, Art. 39 CISG Rdnr. 50; *Piltz*, NJW 2003, 2056, 2062; a. A. LG Darmstadt, IHR 2001, 160 (Zugang entscheidend).

[1304] Bamberger/Roth-*Saenger*, Art. 39 CISG Rdnr. 13; *Herber/Czerwenka*, Art. 39 CISG Rdnr. 14.

[1305] Bamberger/Roth-*Saenger*, Art. 39 CISG Rdnr. 13; Schlechtriem-*Schwenzer*, Art. 39 CISG Rdnr. 30.

[1306] OLG Celle, IHR 2004, 106; Staudinger-*Magnus*, Art. 39 CISG Rdnr. 58.

B. Rechte des Käufers nach UN-Kaufrecht

den vereinbarten Kaufpreis zahlen.[1307] Handelt es sich um eine **quantitative Mehrlieferung,** muss der Käufer gem. Art. 52 Abs. 2 S. 2 CISG den entsprechend erhöhten Kaufpreis zahlen.[1308] Anders als im Rahmen des § 377 HGB (dazu Rdnr. 960, 986) kommt es hier weder bei einer Minder- noch bei einer Mehrlieferung darauf an, ob die Quantitätsabweichung offen oder verdeckt erfolgte.

Umstritten ist, ob der Käufer auch bei einer **qualitativen Mehrlieferung,** wenn also der Verkäufer höherwertige Ware als vereinbart liefert, analog Art. 52 Abs. 2 S. 2 CISG einen entsprechend höheren Kaufpreis zu zahlen hat. Ein erheblicher Teil der Kommentarliteratur bejaht diese Frage,[1309] und zwar mit Hinweis darauf, dass sich der Grundgedanke des Art. 52 Abs. 2 S. 2 CISG (Zurückweisungsrecht nach Rüge oder Abnahme mit erhöhter Zahlungspflicht) ohne weiteres auch auf die qualitative Mehrlieferung, die ebenfalls ein typisches Problem des Kaufrechts darstelle, übertragen lasse.[1310] Außerdem müsse andernfalls auf außerkaufrechtliche Rechtsbehelfe des Verkäufers nach unvereinheitlichtem nationalen Recht zurückgegriffen werden, was zu Wertungswidersprüchen zum CISG führe.[1311] Eine derartige Analogie zu Art. 52 Abs. 2 S. 2 CISG ist indessen abzulehnen.[1312] Dies folgt schon daraus, dass es sich bei dieser Norm um eine nicht analogiefähige Ausnahme im Vertragsschlusssystem des CISG handelt.[1313] Nach der Systematik des CISG ist – insoweit besteht Einigkeit – die Lieferung qualitativ höherwertiger Ware immer eine Vertragswidrigkeit i. S. d. Art. 35 CISG (siehe Rdnr. 553 ff.). Wird diese nicht gem. Art. 38 f. CISG durch den Käufer gerügt, gilt die Ware so, wie sie geliefert wurde, als vertragsgemäß. Daraus ergibt sich jedoch, dass der Käufer auch nur den **vertragsgemäßen Kaufpreis** zu zahlen hat. Es besteht somit weder ein Regelungsbedürfnis noch eine Regelungslücke, die eine Analogie zu Art. 52 Abs. 2 S. 2 CISG rechtfertigen könnten.[1314] Eine Heranziehung des Art. 52 Abs. 2 S. 2 CISG scheidet daneben auch schon aufgrund dessen eindeutigen Wortlauts, der sich ausdrücklich nur auf mengenmäßige Zuviellieferungen (quantity of goods greater than that provided for in the contract) beschränkt, aus. Im Übrigen ergäben sich sonst auch erhebliche praktische Probleme, denn der (Mehr-) Wert einer qualitativen Mehrlieferung dürfte ungleich schwieriger zu beziffern sein als der einer quantitativen Mehrlieferung.[1315]

Die Fälle der **Lieferung einer höherwertigen Ware** sind demnach wie folgt zu behandeln: **Macht der Verkäufer** die **höhere Qualität** der Ware **kenntlich** (z. B. durch entsprechend höher ausfallende Rechnung), ist dies als ein **neues Vertragsangebot** zu werten, das der Käufer annehmen kann, aber nicht muss.[1316] Bloßes Schweigen des Käufers ist jedenfalls gem. Art. 18 Abs. 1 S. 2 CISG noch keine Annahme. Wird die Qualitätsabweichung der Ware **nicht** vom Verkäufer **kenntlich** gemacht, und wird sie durch den Käufer auch **nicht gerügt,** kann der Käufer die höherwertige Ware behalten, bezahlen muss er lediglich **den vertraglich vereinbarten Kaufpreis.** Der Verkäufer ist dann auf außerkaufrechtliche Rechtsbehelfe des nationalen Rechts (Irrtumsanfechtung, Vindikation,

1191

1192

[1307] OLG Düsseldorf, NJW-RR 1993, 999, 1000; OLG Koblenz v. 31.01.1997, CISG-Online Case 256; Staudinger-*Magnus,* Art. 39 CISG Rdnr. 61; Schlechtriem-*Schwenzer,* Art. 39 CISG Rdnr. 30.

[1308] OLG Rostock, IHR 2003, 19, 20; Honsell-*Magnus,* Art. 39 CISG Rdnr. 27, *Piltz,* Int. KaufR, Art. 39 Rdnr. 74.

[1309] So *Herber/Czerwenka,* Art. 39 CISG Rdnr. 15; Staudinger-*Magnus,* Art. 52 CISG Rdnr. 28 f.; Schlechtriem-*Schwenzer,* Art. 39 CISG Rdnr. 30; Honsell-*Magnus,* Art. 39 CISG Rdnr. 27.

[1310] Staudinger-*Magnus,* Art. 52 CISG Rdnr. 29.

[1311] Schlechtriem-*Schwenzer,* Art. 39 CISG Rdnr. 30.

[1312] So auch Bamberger/Roth-*Saenger,* Art. 52 CISG Rdnr. 5; MünchKommHGB-*Benicke,* Art. 52 CISG Rdnr. 20 ff.; Honsell-*Schnyder/Straub,* Art. 52 CISG Rdnr. 42; Soergel-*Lüderitz/Schüßler-Langenheine,* Art. 52 CISG Rdnr. 9; Schlechtriem-*Huber,* Art. 52 CISG Rdnr. 11.

[1313] Schlechtriem-*Huber,* Art. 52 CISG Rdnr. 11; *Achilles,* Art. 52 CISG Rdnr. 8.

[1314] *Achilles,* Art. 52 CISG Rdnr. 8.

[1315] Soergel-*Lüderitz/Schüßler-Langenheine,* Art. 52 CISG Rdnr. 7.

[1316] MünchKomm-*Huber,* Art. 52 CISG Rdnr. 26; *Achilles,* Art. 52 CISG Rdnr. 8; Schlechtriem-*Huber,* Art. 52 CISG Rdnr. 11; Soergel-*Lüderitz/Schüßler-Langenheine,* Art. 52 CISG Rdnr. 9.

Kondiktion) beschränkt.[1317] Aber auch wenn man der Auffassung folgt, dass analog Art. 52 Abs. 2 S. 2 CISG die Lieferung höherwertiger Ware ohne Rüge des Käufers zu einer erhöhten Zahlungspflicht führt, wird es dem Verkäufer in der Praxis schon aufgrund von Art. 40 CISG (dazu Rdnr. 1195 ff.) wegen seiner regelmäßig vorhandenen Kenntnis (-möglichkeit) verwehrt sein, sich darauf zu berufen, so dass es auch hier bei dem vertraglichen Kaufpreis verbleibt.[1318]

1193 Uneinigkeit besteht auch in der Frage, ob sich der aus einer Versäumung der Untersuchungs- und Rügeobliegenheit folgende Rechtsverlust auch auf etwaige **deliktische Ersatzansprüche** des Käufers, die aus der Vertragswidrigkeit der Ware entstehen, erstreckt. Für den Anwendungsbereich des § 377 HGB wird dies vom BGH in ständiger Rechtsprechung verneint,[1319] die Versäumung wird allenfalls als Mitverschulden i.R.d. § 254 BGB berücksichtigt (vgl. dazu Rdnr. 989). Im Rahmen des UN-Kaufrechts wird dieses Problem nur dann relevant, soweit es um Ansprüche auf Ersatz von – durch mangelhafte Ware verursachte – **Sachschäden** geht, denn in Bezug auf **Personenschäden** findet das Übereinkommen gem. Art. 5 CISG ohnehin keine Anwendung (siehe Rdnr. 128). Insoweit stellt sich zunächst die Frage, ob neben dem – grundsätzlich abschließenden – vertraglichen Haftungssystem des CISG überhaupt **deliktische Ansprüche aus dem nationalen Recht,** die sich ebenfalls auf eine Vertragswidrigkeit der Ware stützen, **bestehen** können. Dies ist schon unter dem Aspekt, dass das CISG von vornherein nicht das außervertragliche Schuldverhältnis zwischen den Parteien regelt, sondern sich gem. Art. 4 S. 1 CISG ausdrücklich auf die Normierung allein des vertraglichen Verhältnisses zwischen ihnen beschränkt, zu bejahen.[1320] Jedoch werden derartige deliktische Ansprüche des Käufers, jedenfalls soweit es um das gerade nicht durch das CISG geschützte Integritätsinteresse geht, **nicht** von vornherein **durch eine Versäumung der Untersuchungs- und Rügeobliegenheiten** aus Art. 38 f. CISG **ausgeschlossen,**[1321] denn der Zweck der Rügeobliegenheit betrifft nur den vertraglichen Abwicklungsschutz des Verkäufers, nicht dagegen dessen Schutz vor deliktischer Verantwortung.[1322] **Allerdings** kann eine solche Versäumung, je nach den Umständen des Einzelfalls, auch im Rahmen des UN-Kaufrechts über die Berücksichtigung als **Mitverschulden** nach dem jeweiligen nationalen Deliktsrecht zu einem anderen Ergebnis führen.[1323]

1194 Einer Versäumung der Untersuchungs- und Rügeobliegenheit steht es im Übrigen gleich, wenn der Käufer die Ware zwar **untersucht, aber** dem Verkäufer gegenüber **rügelos** und **ausdrücklich als vertragsgemäß abgenommen** hat. In diesem Fall muss davon ausgegangen werden, dass der Käufer hiermit auf sämtliche Rechtsbehelfe hinsichtlich bei der Untersuchung erkennbarer Mängel **verzichtet** hat. Auch eine spätere, fristgemäße Rüge i.S.d. Art. 39 CISG vermag daran nichts mehr zu ändern.[1324]

[1317] Schlechtriem-*Huber*, Art. 52 CISG Rdnr. 11; a.A. MünchKommHGB-*Benicke*, Art. 52 CISG Rdnr. 22, der einen entsprechenden vertraglichen Rückforderungsanspruch des Verkäufers annimmt.

[1318] Schlechtriem-*Schwenzer*, Art. 39 CISG Rdnr. 30.

[1319] Grundlegend BGHZ 101, 337 ff. (Korkenfall); BGHZ 105, 346 ff. (Fischfutterfall).

[1320] BGH IPRax 1996, 124; OLG München, RIW 1996, 955, 956; MünchKomm-*Gruber*, Art. 39 CISG Rdnr. 52 ff.; Honsell-*Siehr*, Art. 5 CISG Rdnr. 4; Staudinger-*Magnus*, Art. 5 CISG Rdnr. 13 f.; Soergel-*Lüderitz/Fenge*, Art. 5 CISG Rdnr. 4; MünchKomm-*Gruber*, Art. 39 CISG Rdnr. 52; *Achilles*, Art. 5 CISG Rdnr. 1; *Huber*, IPRax 1997, 23; *ders.*, IPRax 1996, 91, 93 f.; *Schwenzer*, NJW 1990, 602, 603; a.A. aber Bianca/Bonell-*Khoo*, Art. 5 CISG Anm. 3.3.5; *Herber/Czerwenka*, Art. 5 CISG Rdnr. 5; *Piltz*, Int. KaufR, § 2 Rdnr. 128 f.; *Herber*, MDR 1993, 105; *Otto*, MDR 1992, 533, 537.

[1321] Str., wie hier OLG München IPRax 1997, 38, 40; Staudinger-*Magnus*, Art. 39 CISG Rdnr. 62; *Achilles*, Art. 39 CISG Rdnr. 12; Schlechtriem-*Huber*, Art. 45 CISG Rdnr. 58 ff.; a.A. OLG Thüringen, TranspR-IHR 2000, 25; OLG Jena, OLGR 1999, 4, 6; *Herber/Czerwenka*, Art. 39 CISG Rdnr. 14; *ders.*, TranspR-IHR 2000, 25.

[1322] Ebenroth/Boujong/Joost/Stroh-*Müller*, § 377 HGB Rdnr. 207.

[1323] MünchKomm-*Gruber*, Art. 39 CISG Rdnr. 54.

[1324] OLG Düsseldorf, IPRax 1993, 412; Staudinger-*Magnus*, Art. 39 CISG Rdnr. 20.

B. Rechte des Käufers nach UN-Kaufrecht

Gem. Art. 40 CISG kann sich der **Verkäufer** auf den Einwand **der Versäumung der Rügeobliegenheit** dann **nicht berufen, wenn** die nicht oder nicht ordnungsgemäß gerügte Vertragswidrigkeit auf **Tatsachen** beruhte, die er **kannte** oder **kennen musste,** dem Käufer aber nicht bis spätestens zur Übergabe[1325] offenbart hat.[1326] Hinter dieser Norm steht die Überlegung, dass es reiner Formalismus wäre, vom Käufer zu verlangen, den Verkäufer über solche Mängel zu unterrichten, die diesem schon bekannt sind oder hätten bekannt sein müssen.[1327] **1195**

Die Wendung „darüber nicht in Unkenntnis sein konnte" ist dabei, wie allgemein im CISG, mit **grober Fahrlässigkeit** gleichzusetzen[1328] (vgl. Rdnr. 587). Eine solche ist zu bejahen, wenn der Verkäufer, insbesondere wenn er zugleich Hersteller ist, augenfällige und gravierende **Mängel** seiner Ware übersehen hat,[1329] die schon bei Anwendung einfachster Sorgfalt zu erkennen gewesen wären, oder wenn die Ware praktisch unbrauchbar und unverkäuflich[1330] war. Die Rechtsprechung hat dies z.B. bejaht bei ständigem Einbau falscher Motoren in Elektrogeräte (Europaversion für US-Geräte),[1331] bei Schuhen mit derart kleinen Einschlupflöchern, dass niemand sie anziehen konnte,[1332] bei Damenpullovern mit auffällig engem Taillenbund,[1333] bei der Lieferung von tiefgefrorenem Mozzarellakäse mit Maden,[1334] bei krassen aliud-Lieferungen,[1335] aber auch dann, wenn ein **Handelsbrauch** besteht, wonach die Ware eine bestimmte Beschaffenheit haben muss.[1336] Andererseits reicht es noch nicht aus, wenn der Verkäufer als Zwischenhändler die verpackte Ware ohne eigene Untersuchung weiterliefert und deshalb keine Kenntnis von Mängeln hat.[1337] **1196**

Die **Beweislast** für das Vorliegen der Voraussetzungen des Art. 40 CISG trifft grundsätzlich den Käufer, der verspätet Rechtsbehelfe geltend machen will.[1338] Etwas anderes kann jedoch dann gelten, wenn eine Beweisführung mit unzumutbaren Beweisschwierigkeiten für den Käufer verbunden wäre, was insbesondere in Hinblick auf die Bösgläubigkeit des Verkäufers oft der Fall sein wird.[1339] **1197**

Für die Befreiung des Käufers von der Rügeobliegenheit genügt es, wenn der Verkäufer **bis zum Ablauf der Rügefrist** Kenntnis der die Vertragswidrigkeit begründenden Tat- **1198**

[1325] OGH Wien v. 30.11.2006, CISG-Online Case 1417.
[1326] BGH, NJW 2013, 304, 305f.; Hof van Beroep te Gent v. 04.10.2004, CISG Online Case 985; vgl. auch OLG Rostock, IHR 2003, 19 (Art. 40 CISG scheidet aus, wenn Verkäufer auf Mehrlieferung in der Rechnung offen hinweist).
[1327] Honsell-*Magnus*, Art. 40 CISG Rdnr. 1; MünchKommHGB-*Benicke*, Art. 39 CISG Rdnr. 1.
[1328] BGH, NJW 2004, 3181, 3182; OLG Celle, IHR 2004, 106f.; Staudinger-*Magnus*, Art. 40 CISG Rdnr. 5; Bamberger/Roth-*Saenger*, Art. 40 CISG Rdnr. 2.
[1329] Schiedesgericht der schwedischen Handelskammer Stockholm v. 05.06.1998, CLOUT Case 237; Bamberger/Roth-*Saenger*, Art. 40 CISG Rdnr. 2; Honsell-*Magnus*, Art. 40 CISG Rdnr. 4.
[1330] Staudinger-*Magnus*, Art. 40 CISG Rdnr. 5; Bamberger/Roth-*Saenger*, Art. 40 CISG Rdnr. 2.
[1331] BGH, NJW 1989, 3097.
[1332] OLG Hamm in Honsell-*Magnus*, Art. 40 CISG Rdnr. 4.
[1333] OLG Hamm in Honsell-*Magnus*, Art. 40 CISG Rdnr. 4.
[1334] Rechtbank Roermond v. 19.12.1991, CISG-Online Case 29.
[1335] OGH Wien, IHR 2001, 40, 41 (Rasenmäher statt Kleidern); ähnlich OLG Zweibrücken v. 02.02.2004, CISG-Online Case 877 (Lieferung einer anderen Marke, wenn Verwechslung ausgeschlossen ist); *Piltz*, NJW 2005, 2126, 2130.
[1336] OGH Wien, IHR 2004, 25 (Handelsbrauch, dass Fisch aus laufendem Fang und nicht aus dem Vorjahr stammt); Staudinger-*Magnus*, Art. 40 CISG Rdnr. 5.
[1337] OLG Oldenburg, IHR 2001, 159; Staudinger-*Magnus*, Art. 40 CISG Rdnr. 5.
[1338] BGH, NJW 2004, 3181 m.Anm. *Saenger*, LMK 2004, 202f.; Hof van Beroep te Gent v. 24.03.2004; CISG-Online Case 864; Staudinger-*Magnus*, Art. 40 CISG Rdnr. 13; *Piltz*, NJW 2005, 2126, 2130.
[1339] BGH, NJW 2004, 3181; *Saenger*, LMK 2004, 201, 202; a.A. OLG München, TranspR-IHR 1999, 20; OLG Karlsruhe, BB 1998, 393.

sachen erlangt oder darüber grob fahrlässig in Unkenntnis ist.[1340] Ist der Käufer gem. Art. 40 CISG von seiner Rügeobliegenheit befreit, gilt auch die **zweijährige Ausschlussfrist** des Art. 39 Abs. 2 CISG **nicht** mehr,[1341] die zeitliche Grenze seiner Ansprüche zieht dann allein das jeweils anwendbare **nationale Verjährungsrecht**. Das CISG selbst enthält keine Verjährungsregeln. Gemäß Art. 3 VertragsG[1342] ist jedoch im Falle der Kenntnis bzw. grob fahrlässigen Unkenntnis des Verkäufers – also im Anwendungsbereich des Art. 40 CISG – nicht die kurze Gewährleistungsfrist des § 438 Abs. 1 BGB, sondern über § 438 Abs. 3 BGB die **regelmäßige Verjährungsfrist** des § 195 BGB maßgeblich.[1343]

1199 Soweit der Käufer die Vertragswidrigkeit nicht ordnungsgemäß gerügt hat, und auch ein Ausschluss der Rügeobliegenheit aus Art. 40 CISG nicht in Betracht kommt, kann er dennoch gem. Art. 44 CISG **Minderung** oder **Schadensersatz** verlangen, wenn er eine **hinreichende Entschuldigung** für die Versäumung vorbringen kann. Da diese Entschuldigungsmöglichkeit – anders als Art. 40 CISG – jedoch nicht nur die Rügelast bei der Sachmängelhaftung betrifft, sondern auch bei der Rügeobliegenheit in Bezug auf Rechtsmängel und Schutzrechte Dritter Anwendung findet, wird diese Möglichkeit im Anschluss an letztere dargestellt (Rdnr. 1212 ff.).

2. Ausschluss der allgemeinen Rechtsmängelhaftung

1200 **a) Aufgrund Einwilligung des Käufers.** Anders als die Haftung für Sachmängel der Ware wird die Haftung des Verkäufers für die Freiheit der Ware von Rechten und Ansprüchen Dritter gem. Art. 41 Abs. 1 CISG (soweit dies nicht Schutzrechte Dritter betrifft, für die allein Art. 42 Abs. 2 Buchst. a CISG gilt, dazu Rdnr. 1209) nicht bereits aufgrund Kenntnis oder grob fahrlässiger Unkenntnis des Käufers von Rechtsmängeln ausgeschlossen, sondern nur dann, wenn der **Käufer** in die Annahme der mit Rechtsmängeln belasteten Ware **eingewilligt** hat. Eine solche Einwilligung setzt eine rechtsgeschäftlich bindende Erklärung des Käufers voraus, die, wenn nicht vertraglich etwas anderes vereinbart ist,[1344] in **jeder Form** – also insbesondere auch **stillschweigend**[1345] – und **jederzeit,** also auch nach Vertragsschluss, abgegeben werden kann.[1346] Aus dem Erfordernis einer rechtsgeschäftlichen Erklärung mit Bindungswillen folgt auch, dass es für sich allein noch nicht genügt, dass der Käufer in Kenntnis des Rechtsmangels die Ware **vorbehaltlos annimmt,** es muss sich vielmehr noch aus weiteren Indizien ergeben, dass der Käufer tatsächlich damit einverstanden ist, dass die Ware einen Rechtsmangel aufweist, für den der Verkäufer nicht haften soll.[1347] Letzteres ist z. B. dann der Fall, wenn der Verkäufer ausdrücklich auf die Belastung hingewiesen hat und deren Beseitigung angeboten hat, der Käufer hierauf jedoch nicht eingegangen ist.[1348]

[1340] Str., wie hier MünchKomm-*Gruber*, Art. 40 CISG Rdnr. 8; Soergel-*Lüderitz/Schüßler-Langenheine*, Art. 40 CISG Rdnr. 2; Schlechtriem-*Schwenzer*, Art. 40 CISG Rdnr. 8; MünchKommHGB-*Benicke*, Art. 40 CISG Rdnr. 4; Bamberger/Roth-*Saenger*, Art. 40 CISG Rdnr. 3; nach a. A. soll der Zeitpunkt der Übergabe der Ware maßgeblich sein, vgl. Staudinger-*Magnus*, Art. 40 CISG Rdnr. 8; Herber/Czerwenka, Art. 40 CISG Rdnr. 4.

[1341] Bamberger/Roth-*Saenger*, Art. 40 CISG Rdnr. 5; Soergel-*Lüderitz/Schüßler-Langenheine*, Art. 40 CISG Rdnr. 4.

[1342] BGBl. 1989 II, S. 586 ff.

[1343] Bamberger/Roth-*Saenger*, Art. 40 CISG Rdnr. 5; Herber/Czerwenka, Art. 3 VertragsG Rdnr. 12; Honsell-*Magnus*, Art. 40 CISG Rdnr. 11; Piltz, Int. KaufR, § 5 Rdnr. 77.

[1344] Herber/Czerwenka, Art. 41 CISG Rdnr. 9.

[1345] MünchKomm-*Gruber*, Art. 41 CISG Rdnr. 19 f.; Bamberger/Roth-*Saenger*, Art. 41 CISG Rdnr. 9 f.

[1346] Schlechtriem-*Schwenzer*, Art. 41 CISG Rdnr. 17 f.; Honsell-*Magnus*, Art. 41 CISG Rdnr. 15.

[1347] Staudinger-*Magnus*, Art. 41 Rdnr. 22; MünchKommHGB-*Benicke*, Art. 41 CISG Rdnr. 12; Honsell-*Magnus*, Art. 41 CISG Rdnr. 15; Piltz, Int. KaufR, § 5 Rdnr. 99; a. A. Herber/Czerwenka, Art. 41 CISG Rdnr. 9; Soergel-*Lüderitz/Schüßler-Langenheine*, Art. 41 CISG Rdnr. 10.

[1348] *Achilles*, Art. 41 CISG Rdnr. 6.

B. Rechte des Käufers nach UN-Kaufrecht

b) Aufgrund versäumter Rüge. Entsprechend der Regelung des Art. 39 CISG muss der Käufer dem Verkäufer gem. Art. 43 CISG auch Rechtsmängel der Ware anzeigen, um sich seine diesbezüglichen Gewährleistungsrechte zu erhalten. Die **Rügeobliegenheit** aus Art. 43 CISG erstreckt sich sowohl auf **allgemeine Rechtsmängel** i. S. d. Art. 41 CISG (hierzu Rdnr. 578 ff.) als auch auf die Belastung der Ware mit **Schutzrechten Dritter** i. S. d. Art. 42 CISG (dazu Rdnr. 582 ff.). Hinsichtlich der Abdingbarkeit der Rügeobliegenheiten, des Vorrangs von Gebräuchen und möglichen Ausnahmen von der Rügepflicht gelten die Ausführungen zu Art. 38 f. CISG (vgl. Rdnr. 1186, 1212 ff.) entsprechend. **1201**

Eine dem Art. 38 CISG entsprechende Norm enthält das CISG hinsichtlich der Rechtsmängelhaftung jedoch nicht; dem Käufer obliegt folglich in Bezug auf Rechtsmängel **keine Untersuchungspflicht**.[1349] Da die Rügefrist gem. Art. 43 Abs. 1 CISG jedoch, wie bei Art. 39 CISG, auch durch **grob fahrlässige Unkenntnis** des Käufers in Gang gesetzt wird, muss der Käufer zum Erhalt seiner Rechte jedenfalls offensichtlichen und **sich aufdrängenden Anhaltspunkten,** die auf die Belastung der Ware mit Rechtsmängeln hindeuten, nachgehen.[1350] Solche Anhaltspunkte können beispielsweise fremde Namens- oder Markenzeichen auf der Ware oder Hinweise auf Drittrechte in den Begleitpapieren sein.[1351] Hat der Käufer positive Kenntnis oder grob fahrlässige Unkenntnis eines Rechtsmangels, muss er diesen zum Erhalt seiner Rechte dem Verkäufer anzeigen. **1202**

Für diese erforderliche Anzeige ist auch im Rahmen des Art. 43 CISG eine nur allgemein gehaltene Erklärung, aus der sich lediglich ergibt, dass die Ware mit Drittrechten belastet ist, nicht ausreichend. Da die Anzeige dem Verkäufer ermöglichen soll, diese Drittrechte erfolgreich abzuwehren, muss sie vielmehr zumindest die **Art des geltend gemachten Rechts** oder Anspruchs sowie die **Person des Dritten** enthalten.[1352] Bei eingetragenen Rechten hat der Käufer – soweit ihm bekannt – die Einzelheiten der Eintragung (Aktenzeichen, Blattnummer etc.) mitzuteilen.[1353] Darüber hinaus muss der Verkäufer auch über etwaige vom Dritten bereits eingeleitete rechtliche oder sonstige Schritte zur Verfolgung des (auch vermeintlichen) Anspruchs unterrichtet werden,[1354] z.B. durch Übersendung der bislang geführten Korrespondenz (z.B. etwaiger Abmahnschreiben o.ä.).[1355] Im Übrigen gelten für Inhalt und Form der Anzeige dieselben Grundsätze wie im Rahmen des Art. 39 CISG (dazu Rdnr. 1181 ff.). **1203**

Wie bei Sachmängeln gem. Art. 39 CISG, hat der Käufer **auch Rechtsmängel innerhalb** einer **angemessenen Frist,** nachdem er von ihnen Kenntnis erlangt hat oder hätte erlangen müssen, **anzuzeigen**.[1356] Die Frist beginnt demnach, sobald ein Dritter ein Recht bzw. einen Anspruch geltend macht, bzw. dann, wenn dem Käufer deutliche Anhaltspunkte vorliegen, aus denen ein durchschnittlich sorgfältiger Käufer auf etwaige Drittrechte geschlossen hätte.[1357] Ob dieses Recht bzw. dieser Anspruch tatsächlich bestehen, ist dabei unerheblich, der Käufer darf folglich mit der Rüge auch **nicht bis zur Klärung der Be- 1204**

[1349] Soergel-*Lüderitz/Schüßler-Langenheine*, Art. 43 CISG Rdnr. 3; *Achilles*, Art. 43 CISG Rdnr. 1; Honsell-*Magnus*, Art. 43 CISG Rdnr. 1.
[1350] *Herber/Czerwenka*, Art. 43 CISG Rdnr. 3; Soergel-*Lüderitz/Schüßler-Langenheine*, Art. 43 CISG Rdnr. 3; MünchKommHGB-*Benicke*, Art. 43 CISG Rdnr. 4; Honsell-*Magnus*, Art. 43 CISG Rdnr. 8; *Piltz*, Int. KaufR, § 5 Rdnr. 119.
[1351] Staudinger-*Magnus*, Art. 43 CISG Rdnr. 8
[1352] Schlechtriem-*Schwenzer*, Art. 43 CISG Rdnr. 2; *Herber/Czerwenka*, Art. 43 CISG Rdnr. 2; *Achilles*, Art. 43 CISG Rdnr. 3.
[1353] MünchKomm-*Gruber*, Art. 43 CISG Rdnr. 6; Honsell-*Magnus*, Art. 43 CISG Rdnr. 5.
[1354] Staudinger-*Magnus*, Art. 43 CISG Rdnr. 12; *Piltz*, Int. KaufR, § 5 Rdnr. 120.
[1355] *Achilles*, Art. 43 CISG Rdnr. 3.
[1356] BGH, NJW 2006, 1343 m.Anm. *Benicke*, LM 2006, 182242; Staudinger-*Magnus*, Art. 43 CISG Rdnr. 15.
[1357] Honsell-*Magnus*, Art. 43 CISG Rdnr. 7 f.; Schlechtriem-*Schwenzer*, Art. 43 CISG Rdnr. 4.

rechtigung des geltend gemachten Rechts bzw. Anspruchs – etwa durch Einholung eines Rechtsgutachtens – **warten**.[1358] Auch hier beginnt die Rügefrist jedoch frühestens mit dem vereinbarten Liefertermin.[1359]

1205 Für die **Fristdauer** gelten grundsätzlich ebenfalls die zu Art. 38 f. CISG dargelegten Prinzipien (Rdnr. 1184 ff.). Entscheidend ist hier die Zeit, die der Käufer benötigt, um sich von der Rechtslage ein ungefähres Bild zu machen.[1360] Die Frist zur Rüge von Rechtsmängeln wird insoweit in den meisten Fällen **länger** als diejenige zur Rüge von Sachmängeln zu bemessen sein,[1361] denn für eine ordnungsgemäße Anzeige muss dem Käufer Gelegenheit gegeben werden, zu klären, welcher Dritte welche Rechtsposition für sich in Anspruch nimmt.[1362] Andererseits muss der Käufer z. B. dann **unverzüglich** anzeigen, wenn der Verkäufer andernfalls seine Rechte an der Ware zu verlieren droht.[1363] Für die **Fristwahrung** genügt es gem. Art. 27 CISG (hierzu Rdnr. 605) auch hier, wenn der Käufer die Anzeige innerhalb der Frist auf einem geeigneten Übermittlungsweg absendet.[1364]

1206 Eine **generelle Ausschlussfrist** – wie in Art. 39 Abs. 2 CISG für die Rüge von Sachmängeln normiert (Rdnr. 1184 ff.) – existiert für die Anzeige von Rechtsmängeln nicht.[1365] Insbesondere Schutzrechte Dritter werden in aller Regel erst viel später als Sachmängel erkennbar, eine generelle Ausschlussfrist würde die Haftung des Verkäufers deshalb praktisch bedeutungslos machen.[1366]

1207 Die **Rechtsfolgen einer Versäumung** der Rügeobliegenheit sind dieselben wie bei der Versäumung der Rüge von Sachmängeln,[1367] nämlich der Verlust sämtlicher (vertraglicher) auf dem Rechtsmangel beruhender Rechte des Käufers (Rdnr. 1189 ff.). Trotz Versäumung der rechtzeitigen Anzeige kann der Käufer aber auch hier gem. Art. 44 CISG zumindest noch Minderung und Schadensersatz verlangen, wenn er eine **hinreichende Entschuldigung** für die Versäumung vorbringen kann (dazu Rdnr. 1212 ff.).

1208 Entsprechend Art. 40 CISG regelt Art. 43 Abs. 2 CISG eine **Ausnahme** von der Anzeigepflicht. Danach ist **keine Rüge** des Käufers **erforderlich**, wenn der **Verkäufer Kenntnis** des Rechtsmangels hatte. Anders als bei Art. 40 CISG greift diese Ausnahmeregelung jedoch ausdrücklich nur bei **positiver Kenntnis** des Verkäufers. Wie bei Art. 40 CISG ist auch hier davon auszugehen, dass es für die Befreiung des Käufers von der Rügeobliegen-

---

[1358] Str., wie hier Bamberger/Roth-*Saenger*, Art. 43 CISG Rdnr. 5; Honsell-*Magnus*, Art. 43 CISG Rdnr. 7; *Herber/Czerwenka*, Art. 43 CISG Rdnr. 3; Staudinger-*Magnus*, Art. 43 CISG Rdnr. 15; *Piltz*, Int. KaufR, § 5 Rdnr. 118; a. A. (Fristbeginn erst nach genauer sachverständiger Prüfung) Soergel-*Lüderitz/Schüßler-Langenheine*, Art. 43 CISG Rdnr. 2; wohl auch *Achilles*, Art. 43 CISG Rdnr. 4; noch anders MünchKomm-*Gruber*, Art. 43 CISG Rdnr. 12 f., der noch zwischen „Ansprüchen" und „Rechten" Dritter differenziert.

[1359] Bamberger/Roth-*Saenger*, Art. 43 CISG Rdnr. 5; Honsell-*Magnus*, Art. 43 CISG Rdnr. 9; *Piltz*, Int. KaufR, § 5 Rdnr. 118; a. A. MünchKommHGB-*Benicke*, Art. 43 CISG Rdnr. 5 (Fristbeginn bei Kenntnis oder vorwerfbarer Unkenntnis auch schon vor Lieferung).

[1360] BGH, NJW 2006, 1343 (zwei Monate für Rüge von dem Käufer bekannten Fremdeigentum an der Ware verspätet); vgl. dazu auch *Benicke*, LM 2006, 182242 (bei explizit geltend gemachten Drittrechten ein Monat als Obergrenze); Schlechtriem-*Schwenzer*, Art. 43 CISG Rdnr. 3; *Piltz*, Int. KaufR, § 5 Rdnr. 116; Staudinger-*Magnus*, Art. 43 CISG Rdnr. 20.

[1361] Honsell-*Magnus*, Art. 43 CISG Rdnr. 10; *Piltz*, Int. KaufR, § 5 Rdnr. 116.

[1362] MünchKommHGB-*Benicke*, Art. 43 CISG Rdnr. 7; Honsell-*Magnus*, Art. 43 CISG Rdnr. 10.

[1363] Bamberger/Roth-*Saenger*, Art. 43 CISG Rdnr. 5; *Achilles*, Art. 43 CISG Rdnr. 5; Schlechtriem-*Schwenzer*, Art. 43 CISG Rdnr. 3.

[1364] Staudinger-*Magnus*, Art. 43 CISG Rdnr. 22, *Herber/Czerwenka*, Art. 43 CISG Rdnr. 3.

[1365] Ein Antrag der ehemaligen DDR, auch hier eine zweijährige Ausschlussfrist vorzusehen, wurde auf der Wiener Konferenz ausdrücklich abgelehnt, vgl. Staudinger-*Magnus*, Art. 43 CISG Rdnr. 7.

[1366] Schlechtriem-*Schwenzer*, Art. 43 CISG Rdnr. 6.

[1367] Honsell-*Magnus*, Art. 43 CISG Rdnr. 15; Schlechtriem-*Schwenzer*, Art. 43 CISG Rdnr. 8.

heit genügt, wenn der Verkäufer bis zum Ablauf der Rügefrist Kenntnis des Rechtsmangels erlangt.[1368]

3. Ausschluss der Haftung für Immaterialgüterrechte Dritter

a) Aufgrund Kenntnis des Käufers. Ähnlich der Haftung des Verkäufers für Sachmängel ist auch diejenige für die Belastung der Ware mit Schutzrechten Dritter gem. Art. 42 Abs. 2 Buchst. a CISG ausgeschlossen, wenn der Käufer zum Zeitpunkt des Vertragsschlusses die betreffenden **Schutzrechte entweder positiv kannte oder darüber nicht in Unkenntnis sein konnte.** Der Begriff „darüber nicht in Unkenntnis sein konnte" ist hier, ebenso wie in Art. 35 Abs. 3 CISG und in Art. 42 Abs. 1 CISG, im Sinne grober Fahrlässigkeit (dazu Rdnr. 587) zu verstehen. Im Gegensatz zum Verkäufer (zu dessen Erkundigungspflichten vgl. Rdnr. 587) obliegt dem Käufer allerdings **keine Erkundigungs- und Recherchepflicht,** auch nicht bezüglich registrierter Schutzrechte,[1369] da der Käufer regelmäßig nicht über die hierfür erforderliche Kenntnis des Produkts verfügen wird und ansonsten auch die Erkundigungspflicht des Verkäufers praktisch leer liefe.[1370] Etwas anderes wird nur dann anzunehmen sein, wenn der Käufer es kraft vertraglicher Vereinbarung übernommen hat, sich um etwaige Schutzrechte im Verwendungs- oder Absatzstaat zu kümmern oder wenn es sich um international bekannte und/oder stark beworbene Marken handelt, die der Käufer schlechthin kennen musste.[1371] 1209

b) Aufgrund spezieller Vorgaben des Käufers. Eine Haftung des Verkäufers für Immaterialgüterrechte Dritter entfällt gem. Art. 42 Abs. 2 Buchst. b CISG schließlich auch dann, wenn **technische oder sonstige Vorgaben des Käufers** die Schutzrechtsverletzung kausal ausgelöst haben, was im Prinzip nur eine spezielle Ausformung des Verbots widersprüchlichen Verhaltens aus Art. 80 CISG ist.[1372] Gemeint sind hiermit technische Vorgaben für die Fertigung oder Gestaltung der Ware wie Zeichnungen, Entwürfe, Formeln oder ähnliche Spezifizierungen, die der Verkäufer ohne eigene Prüfung einhalten soll.[1373] Sonstige Vorgaben können beispielsweise solche über die Verpackung der Ware sein, durch welche der Schutzbereich fremder Warenzeichen berührt sein kann.[1374] Der Haftungsausschluss aus Art. 42 Abs. 2 Buchst. b CISG greift jedoch immer nur dann, wenn die **Vorgaben des Käufers** so **präzise und bindend** sind, dass für den Verkäufer praktisch keine Alternative verbleibt, die Ware schutzrechtsfrei zu liefern.[1375] Allgemein und unverbindlich gehaltene Angaben, Wünsche oder Gebrauchsanforderungen des Käufers unterfallen der Regelung daher nicht.[1376] Derartige unverbindliche Angaben können im Einzelfall aber durchaus nach der allgemeinen Regel des Art. 80 CISG zu einem Haftungsausschluss führen.[1377] Art. 42 Abs. 2 Buchst. b CISG ist insoweit nicht als abschließend zu verstehen. Dass der Käufer weiß, dass 1210

[1368] Str., wie hier MünchKommHGB-*Benicke*, Art. 43 CISG Rdnr. 9; *Achilles*, Art. 43 CISG Rdnr. 7; Staudinger-*Magnus*, Art. 43 CISG Rdnr. 32; Honsell-*Magnus*, Art. 43 CISG Rdnr. 19; MünchKomm-*Gruber*, Art. 43 CISG Rdnr. 19; a.A. Piltz, Int. KaufR, § 5 Rdnr. 124 (Zeitpunkt der Lieferung maßgeblich)

[1369] Honsell-*Magnus*, Art. 42 CISG Rdnr. 16; Soergel-*Lüderitz/Schüßler-Langenheine*, Art. 42 CISG Rdnr. 6; *Herber/Czerwenka*, Art. 42 CISG Rdnr. 6.

[1370] *Herber/Czerwenka*, Art. 42 CISG Rdnr. 6; Staudinger-*Magnus*, Art. 42 CISG Rdnr. 26; *Piltz*, Int. KaufR, § 5 Rdnr. 111.

[1371] Schlechtriem-*Schwenzer*, Art. 42 CISG Rdnr. 17; *Achilles*, Art. 42 CISG Rdnr. 11.

[1372] Staudinger-*Magnus*, Art. 42 CISG Rdnr. 28.

[1373] Honsell-*Magnus*, Art. 42 CISG Rdnr. 18; Schlechtriem-*Schwenzer*, Art. 42 CISG Rdnr. 19.

[1374] *Herber/Czerwenka*, Art. 42 CISG Rdnr. 7.

[1375] Bamberger/Roth-*Saenger*, Art. 42 CISG Rdnr. 13; Schlechtriem-*Schwenzer*, Art. 42 CISG Rdnr. 20; *Piltz*, Int. KaufR, § 5 Rdnr. 112.

[1376] *Herber/Czerwenka*, Art. 42 CISG Rdnr. 7; Staudinger-*Magnus*, Art. 42 CISG Rdnr. 29; MünchKomm-*Gruber*, Art. 42 CISG Rdnr. 23.

[1377] Soergel-*Lüderitz/Schüßler-Langenheine*, Art. 42 CISG Rdnr. 7.

seine Angaben zu einer Schutzrechtsverletzung führen, ist für den Haftungsausschluss dagegen nicht relevant.[1378] Erkennt dagegen der Verkäufer diese Folge, ist er aus der allgemeinen Kooperationspflicht des Art. 7 Abs. 1 CISG und dem Grundsatz von Treu und Glauben verpflichtet, dem Käufer dies mitzuteilen, andernfalls kann er sich nicht auf den Haftungsausschluss berufen.[1379]

1211 **c) Aufgrund versäumter Rüge.** Auch eine Belastung der Ware mit Immaterialgüterrechten Dritter muss der Käufer dem Verkäufer gegenüber **anzeigen**, sofern er sich seine diesbezüglichen Gewährleistungsrechte erhalten will. Die Rügepflicht sowie die Anforderungen an die Anzeige ergeben sich hier ebenfalls aus Art. 43 CISG, so dass ohne Einschränkung auf die obigen Ausführungen verwiesen werden kann (Rdnr. 1201 ff.).

4. Entschuldigte Versäumung der Rüge

1212 Wenn der Käufer seiner Rügeobliegenheit nicht nachgekommen ist, für diese Versäumung aber einen **vernünftigen Entschuldigungsgrund** vorbringen kann, so stehen ihm gem. Art. 44 CISG – abweichend von dem durch Art. 39 Abs. 1, 43 Abs. 1 CISG angeordneten Rechtsverlust – noch zwei Rechtsbehelfe zur Verfügung: Er kann den **Kaufpreis mindern** oder **Schadensersatz** verlangen, wobei letzterer hier nicht den entgangenen Gewinn umfasst. Diese Regelung soll die ansonsten sehr scharfe Präklusionswirkung der Art. 39, 43 CISG etwas abmildern.[1380] Die Ausnahme gilt sowohl für die Rüge von **Sach-** als auch von **Rechtsmängeln** und **Schutzrechten Dritter.** Anders als die Ausnahmeregel des Art. 40 CISG (hierzu Rdnr. 1195 ff.) kann ein Entschuldigungsgrund i. S. d. Art. 44 CISG aber nicht die bei Sachmängeln eingreifende **zweijährige Ausschlussfrist** des Art. 39 Abs. 2 CISG (dazu Rdnr. 1184 ff.) überwinden.[1381] Entgegen einer verbreiteten Auffassung[1382] ist eine Entschuldigungsmöglichkeit nach Art. 44 CISG aber nicht bereits dann ausgeschlossen, wenn eine **feste Rügefrist** (ohne Entschuldigungsmöglichkeit) **vertraglich festgelegt** wurde oder sich eine solche aus den **maßgeblichen Gebräuchen** ergibt. Zwar haben solche Vereinbarungen gem. Art. 6 CISG Vorrang vor dem Übereinkommen, jedoch werden derartige Regelungen regelmäßig nur die Rügefristen der Art. 39, 43 CISG konkretisieren wollen und keine weiterreichende Wirkung haben. Soll auch die Entschuldigungsmöglichkeit des Art. 44 CISG ausgeschlossen werden, muss dies ebenfalls vereinbart werden. Allein der Vereinbarung einer konkreten Fristdauer ist ein solcher Ausschluss jedenfalls nicht zu unterstellen.[1383]

1213 Obwohl der Wortlaut des Art. 44 CISG nur von einer **Unterlassung der Anzeige** (failure to give the required notice) spricht, ist er auf **jede Form der Verletzung der Rügeobliegenheit** anzuwenden, also auch dann, wenn der Käufer **zu spät, zu unspezifisch** oder auf einem **falschen Übermittlungsweg** gerügt hat.[1384] Zwar findet Art. 38 CISG in Art. 44 CISG keine Erwähnung, gleichwohl ist Art. 44 CISG darüber hinaus auch dann

---

[1378] *Achilles*, Art. 42 CISG Rdnr. 12; Schlechtriem-*Schwenzer*, Art. 42 CISG Rdnr. 20; Soergel-*Lüderitz/Schüßler-Langenheine*, Art. 42 CISG Rdnr. 7.

[1379] Soergel-*Lüderitz/Schüßler-Langenheine*, Art. 42 CISG Rdnr. 7, Honsell-*Magnus*, Art. 42 CISG Rdnr. 18; *Piltz*, Int. KaufR, § 5 Rdnr. 112.

[1380] MünchKommHGB-Benicke, Art. 44 CISG Rdnr. 1; *Herber/Czerwenka*, Art. 44 CISG Rdnr. 1; Honsell-*Magnus*, Art. 44 CISG Rdnr. 1.

[1381] OGH Wien, JBl 1999, 318, 321; Staudinger-*Magnus*, Art. 44 CISG Rdnr. 7; *Herber/Czerwenka*, Art. 44 CISG Rdnr. 1.

[1382] Schlechtriem-*Huber*, Art. 44 CISG Rdnr. 18; Bianca/Bonell-*Sono*, Art. 44 CISG Anm. 3.3.; *Achilles*, Art. 44 CISG Rdnr. 5.

[1383] So auch Staudinger-*Magnus*, Art. 44 CISG Rdnr. 9; Soergel-*Lüderitz/Schüßler-Langenheine*, Art. 44 CISG Rdnr. 8.

[1384] Honsell-*Magnus*, Art. 44 CISG Rdnr. 3; Soergel-*Lüderitz/Schüßler-Langenheine*, Art. 44 CISG Rdnr. 2.

B. Rechte des Käufers nach UN-Kaufrecht

anzuwenden, wenn der Käufer die rechtzeitige Untersuchung unterlassen und nur deshalb überhaupt nicht oder zu spät rügt,[1385] denn hat der Käufer einen Entschuldigungsgrund für eine Verletzung der Untersuchungsobliegenheit, hat er gleichzeitig auch einen Entschuldigungsgrund für die unterlassene oder verspätete Anzeige der Mängel.[1386]

Eine **vernünftige Entschuldigung** (reasonable excuse) i. S. d. Art. 44 CISG liegt dann vor, wenn die Verletzung der Obliegenheiten des Käufers im Gesamtergebnis so leicht wiegt, dass sie einem Käufer im redlichen Geschäftsverkehr üblicherweise noch nachgesehen werden muss und deshalb billigerweise nicht die schwerwiegende Folge eines umfassenden Gewährleistungsausschlusses rechtfertigen kann.[1387] Hierbei darf man sich nicht von den dogmatischen Vorstellungen des jeweiligen nationalen Rechts leiten lassen, so spielt z. B. der Verschuldensgrad i. S. d. § 276 BGB keine Rolle.[1388] Es handelt sich vielmehr um eine **Billigkeitsentscheidung,** bei der die **Einzelfallumstände** und die jeweiligen **Interessen der Parteien** untereinander abzuwägen sind.[1389] Allerdings muss man dabei immer den Ausnahmecharakter der Vorschrift im Auge behalten, an die Voraussetzungen des Art. 44 CISG sind deshalb **strenge Anforderungen** zu stellen.[1390] Aus diesem Grunde sind auch solche Verletzungen der Rügeobliegenheit kaum entschuldbar, die ersichtlich auf Sorglosigkeit schließen lassen,[1391] oder wenn trotz gewisser Bemühungen die Anforderungen der Art. 38, 39, 43 CISG grundlegend verfehlt wurden.[1392] Voraussetzung für eine Entschuldigung ist ferner stets, dass der Käufer – auch wenn er den objektiven Standard verfehlt hat – dennoch mit der ihm **nach den Umständen subjektiv zuzumutenden Sorgfalt** gehandelt hat, also im Rahmen seiner konkreten Möglichkeiten angemessen reagiert hat.[1393]

Vor der Abwägung der Einzelfallumstände muss immer erst ein grundsätzlich als Entschuldigung anerkennenswerter **Grund für die Versäumung** feststellbar sein.[1394] Dies können vor allem solche **subjektiven Umstände**[1395] sein, die in die Sphäre des Käufers fallen und bei der Festlegung der Reichweite der Untersuchung und der Länge der Rügefrist i. S. d. Art. 38, 39, 43 CISG (vgl. Rdnr. 1188, 1178 ff.) nicht ohne weiteres berücksichtigt werden können – also z. B. Krankheit, betriebliche Organisationsschwierigkeiten, Übermittlung der Rüge an unzuständige Personen.[1396] Nicht ausreichend ist hingegen etwa die Behauptung des Käufers, den Verkäufer innerhalb der Rügefrist telefonisch nicht erreicht zu

1214

1215

[1385] Str., wie hier Bamberger/Roth-*Saenger*, Art. 44 CISG Rdnr. 3; Staudinger-*Magnus*, Art. 44 CISG Rdnr. 5, Schlechtriem-*Huber*, Art. 44 CISG Rdnr. 5a; *Achilles*, Art. 38 CISG Rdnr. 3; a. A. OLG Karlsruhe, BB 1998, 393, 395; *Piltz*, Int. KaufR, § 5 Rdnr. 78; wonach eine Berufung auf Art. 44 CISG bei bei Verletzung der Untersuchungsobliegenheit nicht möglich sei.

[1386] Schlechtriem-*Huber*, Art. 44 CISG Rdnr. 5a; MünchKomm-*Gruber*, Art. 44 CISG Rdnr. 3.

[1387] BGH, NJW 2006, 1343; OLG Zweibrücken v. 02.02.2004, Az. 7 U 4/03 (Beck RS 2009, 14256); OLG München v. 08.02.1995, CISG-Online Case 142; *Achilles*, Art. 44 CISG Rdnr. 3; Staudinger-*Magnus*, Art. 44 CISG Rdnr. 10.

[1388] Bamberger/Roth-*Saenger*, Art. 44 CISG Rdnr. 2; Schlechtriem-*Huber*, Art. 44 CISG Rdnr. 5, a. A. MünchKomm-*Gruber*, Art. 44 CISG Rdnr. 7 ff.

[1389] Schlechtriem-*Huber*, Art. 44 CISG Rdnr. 5; Soergel-*Lüderitz/Schüßler-Langenheine*, Art. 44 CISG Rdnr. 6.

[1390] BGH, NJW 2006, 1343; OGH Wien v. 15.10.1998, Unilex; Staudinger-*Magnus*, Art. 44 CISG Rdnr. 11; *Herber/Czerwenka*, Art. 44 CISG Rdnr. 2; *Benicke*, LMK 2006, 182242.

[1391] OLG Koblenz v. 11.09.1998, OLGR 1999, 49, 50; *Achilles*, Art. 43 CISG Rdnr. 3; MünchKommHGB-*Benicke*, Art. 44 CISG Rdnr. 4.

[1392] *Achilles*, Art. 44 CISG Rdnr. 3.

[1393] MünchKommHGB-*Benicke*, Art. 44 CISG Rdnr. 4; Staudinger-*Magnus*, Art. 44 CISG Rdnr. 12.

[1394] OGH Wien v. 15.10.1998, Unilex; Staudinger-*Magnus*, Art. 44 CISG Rdnr. 11.

[1395] BGH, NJW 2006, 1343 m. Anm. *Benicke*, LMK 2006, 182242; Honsell-*Magnus*, Art. 44 CISG Rdnr. 6.

[1396] Staudinger-*Magnus*, Art. 44 CISG Rdnr. 13; Honsell-*Magnus*, Art. 44 CISG Rdnr. 8.

5. Kapitel. Die Rechte des Käufers bei Pflichtverletzungen des Verkäufers

haben.[1397] Ist insoweit jedoch ein Entschuldigungsgrund erkennbar, so ist bei der daraufhin vorzunehmenden Abwägung in erster Linie die **Schwere der Verletzung der Rügeobliegenheit** zu berücksichtigen.[1398] Nachsicht ist hier nur bei einem minder schweren Verstoß zu gewähren, so z. B. wenn die angemessene Rügefrist nur geringfügig überschritten wurde oder wenn zwar gerügt wurde, aber der Mangel nicht hinreichend genau spezifiziert wurde.[1399] Auf die Schwere der Pflichtverletzung kann auch die Art des **Unternehmens des Käufers** Einfluss haben. So wiegt ein Verstoß von Käufern, die ein Einzelhandelsgeschäft, ein Handwerk, Landwirtschaft oder einen freien Beruf betreiben, weniger schwer als ein Versehen von Großkaufleuten, deren Betrieb auf rasche und pünktliche Abwicklung eingerichtet sein muss.[1400]

1216 Ebenfalls wertend in die Abwägung einzubeziehen ist die Schwere des Nachteils für den **Verkäufer**,[1401] wenn eine Entschuldigung des Käufers angenommen würde. So ist z. B. eine Entschuldigung in der Regel ausgeschlossen, wenn der Verkäufer aufgrund der Verspätung der Rüge seinen Lieferanten gegenüber keinerlei Regressansprüche mehr hätte und auch eine dem Art. 44 CISG vergleichbare Nachsicht aus dem jeweiligen nationalen Recht nicht beanspruchen kann.[1402] Ähnlich verhält es sich, wenn der Verkäufer bei schnell verderblicher Ware auf eine rasche Beweissicherung und damit auf eine rechtzeitige und konkrete Mängelanzeige angewiesen ist.[1403]

1217 Ebenso kommt auch der **Schwere des Verlusts der Gewährleistungsrechte für den Käufer** Bedeutung zu.[1404] So ist z. B. eine Entschuldigungsmöglichkeit eher zu bejahen, wenn der Käufer die Rügefrist nur geringfügig überschritten hat, die Ware aber erhebliche Vertragswidrigkeiten aufweist, die dem Käufer schwerwiegende Einbußen verursachen, der Zeitablauf die Position des Verkäufers jedoch noch nicht verschlechtert hat.[1405] Schließlich kann auch die **Erfahrenheit des Käufers**,[1406] z. B. dessen mangelnde Rechtskenntnis,[1407] zu berücksichtigen sein, so etwa wenn ein international unerfahrener Käufer aus seinem nationalen Rechtssystem keinerlei Rügeobliegenheiten kennt.[1408] Daneben können auch die **Art der Ware** und die **Art des Mangels**[1409] – beispielsweise bei einem Mangel, mit dem normalerweise nicht gerechnet wird und auf den der Käufer die Ware nicht untersucht hat[1410] – eine Rolle spielen.

1218 Führt die unter Berücksichtigung dieser Umstände vorzunehmende Billigkeitsabwägung jedoch zu **keinem eindeutigen Ergebnis**, ist dem Käufer eine **Entschuldigungsmöglichkeit zu versagen,** dies gebietet schon der Ausnahmecharakter des Art. 44 CISG.[1411] Liegt ein Entschuldigungsgrund vor, ist dieser jedoch lediglich **vorübergehender Natur**

[1397] LG Stuttgart v. 30.11.2995, n.v., zit. bei Staudinger-*Magnus*, Art. 44 CISG Rdnr. 14.

[1398] Achilles, Art. 44 CISG Rdnr. 6; Soergel-*Lüderitz/Schüßler-Langenheine*, Art. 44 CISG Rdnr. 3.

[1399] Schlechtriem-*Schwenzer*, Art. 44 CISG Rdnr. 6; Soergel-*Lüderitz/Schüßler-Langenheine*, Art. 44 CISG Rdnr. 3.

[1400] OLG München v. 08.02.1995, CISG-Online Case 142; Schlechtriem-*Huber*, Art. 44 CISG Rdnr. 6.

[1401] Staudinger-*Magnus*, Art. 44 CISG Rdnr. 11; Soergel-*Lüderitz/Schüßler-Langenheine*, Art. 44 CISG Rdnr. 3.

[1402] Bianca/Bonell-*Sono*, Art. 44 CISG Anm. 3.1.

[1403] MünchKommHGB-*Benicke*, Art. 44 CISG Rdnr. 5; *Achilles*, Art. 44 CISG Rdnr. 3.

[1404] Bamberger/Roth-*Saenger*, Art. 44 CISG Rdnr. 2; *Achilles*, Art. 44 CISG Rdnr. 3.

[1405] Staudinger-*Magnus*, Art. 44 CISG Rdnr. 11.

[1406] Schlechtriem-*Huber*, Art. 44 CISG Rdnr. 9a; Soergel-*Lüderitz/Schüßler-Langenheine*, Art. 44 CISG Rdnr. 3; *Piltz*, Int. KaufR, Int. KaufR, § 5 Rdnr. 79.

[1407] *Herber/Czerwenka*, Art. 44 CISG Rdnr. 2; Staudinger-*Magnus*, Art. 44 CISG Rdnr. 14.

[1408] MünchKomm-*Gruber*, Art. 44 CISG Rdnr. 10; Bamberger/Roth-*Saenger*, Art. 44 CISG Rdnr. 2; Honsell-*Magnus*, Art. 44 CISG Rdnr. 9.

[1409] Bamberger/Roth-*Saenger*, Art. 44 CISG Rdnr. 2; Schlechtriem-*Huber*, Art. 44 CISG Rdnr. 9.

[1410] Schlechtriem-*Huber*, Art. 44 CISG Rdnr. 6.

[1411] *Achilles*, Art. 44 CISG Rdnr. 3.

B. Rechte des Käufers nach UN-Kaufrecht

(z. B. Krankheit), obliegt es dem Käufer, nach Wegfall des Hinderungsgrundes die **Mängelrüge nachzuholen.** Hierfür läuft ab dem Zeitpunkt des Wegfalls des Entschuldigungsgrundes die sich aus Art. 39, 43 CISG ergebende, angemessene Frist.[1412]

Ist die Versäumung des Käufers im Ergebnis nach Art. 44 CISG entschuldigt, kann er entgegen Art. 39, 43 CISG trotz der Versäumung noch **Minderung** des Kaufpreises oder **Schadensersatz** geltend machen, letzteres jedoch nicht für entgangenen Gewinn. Das **Minderungsrecht** entspricht dem der Art. 45 Abs. 1 Buchst. a, 50 CISG (vgl. dazu Rdnr. 1091 ff.). Der **Schadensersatzanspruch** erfasst in erster Linie den aus der Vertragswidrigkeit der Ware folgenden **Minderwert und auch** etwaige **Mangelfolgeschäden**, jedoch ausdrücklich nicht den entgangenen Veräußerungsgewinn.[1413] Die Höhe des Ersatzanspruchs ist entsprechend Art. 74 CISG zu bestimmen (hierzu Rdnr. 1106 ff.). **1219**

Teilweise wird befürwortet, dem **Verkäufer** einen **eigenen,** sich aus der Versäumung der Rüge bzw. der Untersuchung des Käufers ergebenden **Schadensersatzanspruch** zuzubilligen, mit dem er gegen den Schadensersatzanspruch des Käufers **aufrechnen** könne.[1414] Diese Konstruktion ist indessen abzulehnen. Dies folgt schon aus dem Charakter der Untersuchungs- und Rügeobliegenheiten: Sie sind – insoweit besteht Einigkeit – gerade keine Pflichten des Käufers, sondern lediglich **Obliegenheiten** (vgl. Rdnr. 1161). Versäumt er sie, verliert er zwar eigene Rechte, begründet dadurch aber keinesfalls Ansprüche des Verkäufers.[1415] Ein anderes Ergebnis würde zudem auch dem Sinn des Art. 44 CISG, dem entschuldigten Käufer seine Gewährleistungsrechte wenigstens teilweise zu erhalten, zuwiderlaufen.[1416] **1220**

Die Versäumung der Untersuchungs- oder Rügeobliegenheit des Käufers kann ihm aus den gleichen Gründen auch nicht über Art. 77 CISG als **Mitverschulden** angelastet werden.[1417] Für ein Minderungsverlangen ergibt sich dies bereits aus Art. 50 CISG, der die Höhe des Minderungsbetrages abschließend regelt. Das Verhalten des Käufers hat darauf keinen Einfluss. Darüber hinaus kann – weder bei der Minderung noch beim Schadensersatz – ein Verhalten des Käufers, das nach Art. 44 CISG entschuldigt ist, nicht zugleich als Mitverschulden gewertet werden. Auch dies würde die Entschuldigungsmöglichkeit praktisch sinnlos machen.[1418] Zudem schaltet Art. 44 CISG Ersatzansprüche bezüglich des entgangenen Gewinns von vornherein aus, ein wesentlicher Fall mitverschuldeter Schadenspositionen ist damit bereits gesetzlich berücksichtigt. Etwas anderes gilt nur in Fällen, in denen der Käufer den entstandenen Schaden durch ein **eigenes Verhalten,** das aber mit der Versäumung der Untersuchungs- und Rügeobliegenheiten **nichts zu tun** hat, **vergrößert** hat.[1419] So ist z. B. die Weiterbenutzung der Ware trotz Kenntnis oder klarer Erkennbarkeit ihrer **1221**

[1412] Herber/Czerwenka, Art. 44 CISG Rdnr. 3; Honsell-*Magnus*, Art. 44 CISG Rdnr. 10; *Piltz*, Int. KaufR, Int. KaufR, § 5 Rdnr. 80.

[1413] Staudinger-*Magnus*, Art. 44 CISG Rdnr. 17; Soergel-*Lüderitz/Schüßler-Langeheine*, Art. 44 CISG Rdnr. 6; Schlechtriem-*Huber*, Art. 44 CISG Rdnr. 10.

[1414] Ein Antrag zur Aufnahme einer solchen Regelung in Art. 44 CISG wurde auf der Wiener Konferenz ausdrücklich abgelehnt (vgl. dazu Staudinger-*Magnus*, Art. 44 CISG Rdnr. 4, 20), die Frage ist dennoch str., für einen solchen Anspruch Bianca/Bonell-*Sono*, Art. 44 CISG Anm. 3.1.

[1415] Wie hier Bamberger/Roth-*Saenger*, Art. 44 CISG Rdnr. 6; MünchKommHGB-*Benicke*, Art. 44 CISG Rdnr. 9; Schlechtriem-*Huber*, Art. 44 CISG Rdnr. 16; Staudinger-*Magnus*, Art. 44 CISG Rdnr. 21.

[1416] Honsell-*Magnus*, Art. 44 CISG Rdnr. 18.

[1417] Str., wie hier Bamberger/Roth-*Saenger*, Art. 44 CISG Rdnr. 5; Schlechtriem-*Huber*, Art. 44 CISG Rdnr. 11 ff.; Staudinger-*Magnus*, Art. 44 CISG Rdnr. 19 f., Honsell-*Magnus*, Art. 44 CISG Rdnr. 15 f., a. A. (für Berücksichtigung als Mitverschulden) Herber/Czerwenka, Art. 44 CISG Rdnr. 4; *Achilles*, Art. 44 CISG Rdnr. 4.

[1418] So auch MünchKomm-*Gruber*, Art. 44 CISG Rdnr. 20.

[1419] MünchKomm-*Gruber*, Art. 44 CISG Rdnr. 21; Schlechtriem-*Huber*, Art. 44 CISG Rdnr. 13; Honsell-*Magnus*, Art. 44 CISG Rdnr. 17.

Mängel als Mitverschulden i. S. d. Art. 77 CISG zu werten.[1420] Dies läuft auch nicht Art. 44 CISG zuwider, denn ein solches Verhalten hat mit der entschuldigten Versäumung der Rügeobliegenheit nichts zu tun.

1222 **Andere Rechte** des Käufers, wie z. B. **Nacherfüllung** (Ersatzlieferung, Nachbesserung, Rechtsmängelbeseitigung) oder **Vertragsaufhebung** bleiben dagegen auch bei einer entschuldigten Versäumung der Rügeobliegenheit **ausgeschlossen**. Unberührt bleibt aber das **Recht des Verkäufers zur Nacherfüllung** aus Art. 48 CISG,[1421] d. h. der Verkäufer kann Minderungs- oder Schadensersatzansprüche des Käufers auch im Falle des Art. 44 CISG durch eigene Nacherfüllung abwenden.

5. Ausschluss durch vertragliche Haftungsfreizeichnungen

1223 Auch die Haftung des Verkäufers für Sach- und Rechtsmängel ist **abdingbar.**[1422] Selbst wenn die Parteien eine vertragliche Leistungsbeschreibung i. S. d. Art. 35 Abs. 1 CISG getroffen haben, hindert dies nicht die Vereinbarung einer Haftungsfreizeichnung.[1423] Sind derartige Haftungsausschlüsse in **Allgemeinen Geschäftsbedingungen** enthalten, richtet sich deren Einbeziehung in den Vertrag nach Art. 14 ff. CISG und ihre Auslegung nach den Grundsätzen des Art. 8 CISG.[1424] Die Frage der Zulässigkeit von Freizeichnungsklauseln und damit deren **Wirksamkeit** regelt das Übereinkommen indessen ausdrücklich nicht (Art. 4 Buchst. a CISG), sondern unterstellt dies dem jeweils über IPR berufenen nationalen Recht[1425] (zur deutschen Rechtslage siehe Rdnr. 873 ff., 1011 ff.). Ein **vollständiger Haftungsausschluss** ist jedenfalls von dem gesetzlichen Leitbild des Übereinkommens so weit entfernt, dass entsprechende AGB-Klauseln – bei Anwendbarkeit deutschen Rechts – gem. § 307 Abs. 2 Nr. 1 BGB **unwirksam** sind.[1426] Ebenso ist auch ein **Ausschluss des Vertragsaufhebungsrechts** des Art. 49 CISG durch AGB als unwirksam erachtet worden, jedenfalls soweit weder Nachbesserung noch Nachlieferung erfolgen und dem Käufer auch kein anderweitiger Ausgleich gewährt wird.[1427]

[1420] Staudinger-*Magnus*, Art. 44 CISG Rdnr. 19; MünchKomm-*Gruber*, Art. 44 CISG Rdnr. 21.
[1421] Schlechtriem-*Huber*, Art. 44 CISG Rdnr. 15; Honsell-*Magnus*, Art. 44 CISG Rdnr. 14.
[1422] Staudinger-*Magnus*, Art. 35 CISG Rdnr. 53; MünchKomm-*Gruber*, Art. 35 CISG Rdnr. 38.
[1423] Schlechtriem-*Schwenzer*, Art. 35 CISG Rdnr. 41.
[1424] Schlechtriem-*Huber*, Art. 35 CISG Rdnr. 42.
[1425] Schlechtriem-*Schwenzer*, Art. 35 CISG Rdnr. 42; Bamberger/Roth-*Saenger*, Art. 4 CISG Rdnr. 22; MünchKomm-*Gruber*, Art. 4 CISG Rdnr. 6.
[1426] BGH, WM 1999, 1466 (noch zu § 9 AGBG); Staudinger- *Magnus*, Art. 35 CISG Rdnr. 53.
[1427] OGH Wien, IHR 2001, 42; *Piltz*, NJW 2003, 2056, 2062.

6. Kapitel. Pflichten des Käufers

A. Käuferpflichten nach deutschem Zivilrecht

I. Überblick

Ebenso wie die Pflichten des Verkäufers werden auch diejenigen des Käufers in § 433 BGB umschrieben. Absatz 2 bestimmt dabei zum einen, dass der Käufer zur Zahlung des Kaufpreises verpflichtet ist (dazu Rdnr. 1227 ff.) und zum anderen, dass er die vom Verkäufer angebotene Kaufsache abnehmen muss (dazu Rdnr. 1311 ff.). Die **Zahlung des Kaufpreises** als Geldschuld ist Wesensmerkmal des Kaufvertrages, so dass dann, wenn eine andere Leistung als diese geschuldet wird, kein oder zumindest nicht der Normaltypus eines Kaufvertrages vorliegt (zu den Abgrenzungen siehe Rdnr. 61 ff.). Die Kaufpreiszahlung ist Hauptleistungspflicht des Käufers und steht im Synallagma zur Pflicht des Verkäufers, die Sache zu übergeben und dem Käufer daran Eigentum zu verschaffen.[1] Das Gesetz geht dabei grundsätzlich von einem Barkauf aus, d. h. der Kaufpreis wird in Geld festgelegt[2] und die Zahlungspflicht durch Übergabe und Übereignung der erforderlichen Geldscheine und -münzen (§§ 929 ff. BGB) erfüllt,[3] wobei allerdings in der Praxis auch andere Zahlungsarten gebräuchlich sind (dazu siehe Rdnr. 1292 ff.). Der Kaufpreis kann auch in ausländischer Währung vereinbart werden.[4] Jedoch muss diese als Geld und nicht als Sachleistung geschuldet sein, da sonst ein Tausch vorliegt[5] (siehe Rdnr. 61). 1224

Die in § 433 Abs. 2 BGB außerdem normierte Abnahmepflicht des Käufers stellt keine Gegenleistung für die Übertragung des Kaufgegenstandes dar, so dass sie nicht im Synallagma steht. Sie ist grundsätzlich nur vertragliche Nebenpflicht[6] (Näheres, auch zu den Ausnahmen, Rdnr. 1311 ff.), wobei freilich die Unterscheidung zwischen Haupt- und Nebenpflichten nach der Neuregelung des Leistungsstörungsrechts an Bedeutung verloren hat, da im Ausgangspunkt alle Pflichtverletzungen gleich behandelt werden[7] (siehe Rdnr. 934 ff., 1386). Jedenfalls stellt die Abnahme eine eigenständige, selbständig einklagbare Pflicht des Käufers dar.[8] 1225

Neben den Bestimmungen in § 433 BGB enthält das Gesetz noch an anderen Stellen Regelungen über Pflichten des Käufers, welche aber regelmäßig nur **Nebenpflichten** (näher Rdnr. 1317 ff.) und zudem dispositiv sind[9] (siehe z. B. §§ 446 S. 2, 448 Abs. 1, 2. HS, 448 Abs. 2 BGB, 375, 379 HGB). Die Begründung weiterer Pflichten steht den Vertragsparteien frei, wobei sie auch selbst das Rangverhältnis der einzelnen Pflichten bestimmen können. Solange die Pflicht zur Kaufpreiszahlung als Hauptleistungspflicht erhalten bleibt, wird 1226

---

[1] MünchKomm-*Westermann*, § 433 BGB Rdnr. 72; Palandt-*Weidenkaff*, § 433 BGB Rdnr. 38; Bamberger/Roth-*Faust*, § 433 BGB Rdnr. 52.
[2] Staudinger-*Beckmann*, § 433 BGB Rdnr. 124; MünchKomm-*Westermann*, § 433 BGB Rdnr. 72 f.
[3] Staudinger-*Beckmann*, § 433 BGB Rdnr. 124; Hk-*Schulze*, § 433 BGB Rdnr. 16.
[4] PWW-*Schmidt*, § 433 BGB Rdnr. 36; Palandt-*Weidenkaff*, § 433 BGB Rdnr. 38; MünchKomm-*Westermann*, § 433 BGB Rdnr. 18.
[5] PWW-*Schmidt*, § 433 BGB Rdnr. 36.
[6] Staudinger-*Beckmann*, § 433 BGB Rdnr. 163; Bamberger/Roth-*Faust*, § 433 BGB Rdnr. 59; Erman-*Grunewald*, § 433 BGB Rdnr. 52; MünchKomm-*Westermann*, § 433 BGB Rdnr. 76.
[7] Vgl. die Begründung des RegE, BT-Drucks. 14/6040, S. 93 und 134.
[8] Staudinger-*Beckmann*, § 433 BGB Rdnr. 165; Bamberger/Roth-*Faust*, § 433 BGB Rdnr. 59; Erman-*Grunewald*, § 433 BGB Rdnr. 57.
[9] MünchKomm-*Westermann*, § 433 BGB Rdnr. 81.

durch die Vereinbarung weiterer Nebenpflichten der Charakter des Kaufs i. S. d. §§ 433 ff. BGB nicht in Frage gestellt.[10]

II. Pflicht zur Kaufpreiszahlung

1. Kaufpreis

1227 **a) Grundsatz der Vertragsfreiheit.** Wie der gesamte vertragliche Inhalt ist vor allem auch der Kaufpreis als solcher Gegenstand der individuellen Vereinbarung. Nach dem Grundsatz der Vertragsfreiheit bestimmen die Parteien eigenständig den Gegenwert für die Kaufsache.[11] Am Markt soll sich eine **freie Preisbildung** vollziehen, in die der Staat grundsätzlich nicht eingreifen will und kann.[12] Dieser Gedanke des freien Aushandelns zwischen den Vertragsparteien stößt aber dort an seine Grenzen, wo eine ungleiche Stellung der Beteiligten zu einer Überlegenheit der einen gegenüber der anderen führt. Die Vertragsfreiheit beschränkt sich dann nämlich auf die Entscheidung, dem vorgegebenen Kaufpreis zuzustimmen oder auf den Vertragsschluss zu verzichten. Unter verschiedenen Aspekten können aber gerade in solchen Fällen der Vertragsfreiheit Grenzen gesetzt sein (dazu sogleich Rdnr. 1228 ff.). Haben die Parteien den Kaufpreis dagegen nicht festgelegt, so kann dessen Bestimmung einer von ihnen oder aber auch einem Dritten überlassen sein (vgl. §§ 315 ff. BGB), wie z. B. beim Verkauf eines Grundstücks „zum Schätzwert", wobei ein Sachverständiger die Schätzung und somit die Bestimmung der Höhe des Preises vornimmt[13] (näher dazu Rdnr. 1245 ff.). Unter Umständen kann auch die Bestimmbarkeit des Kaufpreises ausreichend sein (siehe Rdnr. 1237 ff.). Die **Beweislast** für die Höhe des verlangten Kaufpreises im Rahmen einer Zahlungsklage obliegt dem Verkäufer.[14]

b) Schranken der Preisfreiheit

1228 **aa) Zivilrechtliche Grenzen.** Insbesondere wenn **zwischen** den **Vertragsparteien kein Gleichgewicht** besteht und die stärkere Partei ihre überlegene Stellung ausnutzt, können der Freiheit der Preisbestimmung Grenzen gesetzt sein. Primärer Anknüpfungspunkt ist hierfür im Zivilrecht § 138 BGB, auf dessen Grundlage die ständige Rechtsprechung eine Preisgestaltung dann als gegen **die guten Sitten** verstoßend ansieht, wenn der Wert der Leistung knapp doppelt so hoch ist wie der Wert der Gegenleistung.[15] Bei einem derartigen **besonders krassen Missverhältnis** wird das notwendige Vorliegen einer verwerflichen Gesinnung beim Verkäufer vermutet.[16] Daraus kann jedoch nicht das grundsätzliche Erfordernis eines „gerechten" bzw. „fairen" Preises (justum pretium) abgeleitet werden.[17] Selbst ein auffälliges Missverhältnis zwischen Leistung und Gegenleistung rechtfertigt grundsätzlich noch kein gerichtliches Eingreifen in die vertragliche Gestaltungsfreiheit. Erst wenn der durch die

---

[10] Erman-*Grunewald*, § 433 BGB Rdnr. 13, 38; Hk-*Schulze*, § 433 BGB Rdnr. 9.

[11] Soergel-*Huber*, vor § 433 BGB Rdnr. 163; Staudinger-*Beckmann*, § 433 BGB Rdnr. 47; Münch-Komm-*Westermann*, § 433 BGB Rdnr. 18.

[12] MünchKomm-*Westermann*, vor § 433 BGB Rdnr. 11; Staudinger-*Beckmann*, § 433 BGB Rdnr. 48.

[13] Soergel-*Huber*, vor § 433 BGB Rdnr. 143.

[14] BGH, NJW 1983, 2944; Jauernig-*Berger*, § 433 BGB Rdnr. 33; Palandt-*Weidenkaff*, § 433 BGB Rdnr. 56; Staudinger-*Beckmann*, § 433 BGB Rdnr. 64.

[15] BGH, WM 2006, 1194, 1200; 2004, 417; 1992, 1916; BGH, NJW 2003, 2529, 2530; BGHZ 146, 298, 302 ff.

[16] BGH WuM 2005, 205, 206; BGHZ 146, 298, 302 ff.; BGH, NJW 2000, 1255; BGHZ 125, 135; MünchKomm-*Armbrüster*, § 138 BGB Rdnr. 116; zur Erschütterung der Vermutung durch besondere Umstände vgl. BGH-Rep. 2004, 776 f.; BGH, WM 2003, 154, 156.

[17] BGH MDR 1976, 916; Soergel-*Huber*, vor § 433 BGB Rdnr. 165; Staudinger-*Beckmann*, § 433 BGB Rdnr. 47; Jauernig-*Berger*, § 433 BGB Rdnr. 17.

Preisbestimmung Begünstigte seine dominante Stellung in zu missbilligender Art und Weise ausnutzt, muss eine Vertragskorrektur erfolgen.[18] Im Hinblick auf **standardisierte** und andere **einseitig vorformulierte Verträge** findet eine Angemessenheitskontrolle von Preisbestimmungsklauseln nicht statt (§ 307 Abs. 3 S. 1 BGB), so dass Klauseln, die unmittelbar die Höhe des Kaufpreises regeln, nicht nach §§ 307 ff. BGB kontrollfähig sind.[19] Die Prüfung der Transparenz und der Verständlichkeit der Preisvereinbarung entfällt dagegen nicht (§ 307 Abs. 3 S. 2 BGB). Kontrollfähig sind Preisnebenabreden und Preisberechnungsbestimmungen, da sie zwar unmittelbare Auswirkungen auf Preis und Leistung haben, an ihre Stelle aber, wenn eine wirksame vertragliche Regelung fehlt, dispositives Gesetzesrecht treten kann[20] (zu Preisanpassungs-, Wertsicherungs- und ähnlichen Klauseln vgl. Rdnr. 1261 ff.).

Eine weitere Einschränkung des Grundsatzes der freien Vertragsgestaltung kann sich unter bestimmten Voraussetzungen aus einer **richterlichen Preiskontrolle** in entsprechender Anwendung des § 315 Abs. 3 BGB ergeben. So können die Preisbestimmungen auf dem Gebiet der Daseinsvorsorge, die von Unternehmen der öffentlichen Hand in einer **Monopolstellung** erbracht werden, einer Billigkeitskontrolle i. S. v. § 315 Abs. 3 BGB unterworfen werden.[21] Vor allem in diesem Bereich ist der Verbraucher auf die Leistung des Unternehmens angewiesen, so dass dieses die Zwangslage ausnutzen könnte, um die Preise vorzudiktieren. Oftmals würde sich dann sogar eine Sittenwidrigkeit nach § 138 BGB ergeben,[22] wobei aber die Rechtsfolge des nichtigen Rechtsgeschäfts nur eine ultima ratio darstellt, die außerdem in solchen Fällen nicht interessengerecht wäre, weil es dem Verbraucher gerade auf einen Vertragsschluss ankommt. Aus diesem Grund obliegt der Judikative gem. § 315 Abs. 3 BGB analog eine **nachträgliche Preiskorrektur,** die einen für den Verbraucher **angemessenen Preis** ergeben soll.[23] Angemessenheit liegt dabei dann vor, wenn der festgelegte Preis sich in ähnlichen Fällen im Rahmen des Üblichen hält und zugleich die besonderen Umstände des Einzelfalls berücksichtigt werden.[24] Da diese Grundsätze auf die besondere Abhängigkeit des auf bestimmte Waren oder Leistungen angewiesenen Verbrauchers abstellen, sind sie wohl mangels vergleichbarer Interessenlage nicht anwendbar, wenn der Abnehmer kein Letztverbraucher, sondern Zwischenhändler ist.[25]

1229

bb) Kartell- und wettbewerbsrechtliche Preiskontrollen. Ferner können auch im Rahmen des Kartell- und Wettbewerbsrechts Preiskontrollen erfolgen, wobei die Zielrichtung hier regelmäßig in einem Schutz der Konkurrenten und des freien Wettbewerbs liegt. Aus wettbewerbsrechtlicher Sicht werden dem Grundsatz der freien Preisbestimmung und der darin eingeschlossenen grundsätzlich zulässigen Preisunterbietung,[26] z. B. durch einen Ver-

1230

---

[18] BGH, NJW 2000, 1255; Staudinger-*Beckmann*, § 433 BGB Rdnr. 47; MünchKomm-*Westermann*, vor § 433 BGB Rdnr. 11.
[19] BGH VIZ 2002, 437, 438; BGHZ 146, 331 ff.; BGH, NJW 2001, 2399, 2401; Erman-*Roloff*, § 307 BGB Rdnr. 45.
[20] BGH, NJW-RR 2005, 1717; BGH VIZ 2002, 437, 438 m.w.N.; BGH, NJW 2000, 651; Erman-*Roloff*, § 307 BGB Rdnr. 45; Staudinger-*Beckmann*, § 433 BGB Rdnr. 51; MünchKomm-*Wurmnest*, § 307 BGB Rdnr. 16.
[21] Für Stromlieferverträge z. B. BGH, NJW 1992, 171, 173 m.w.N.; zu Fernwärmelieferverträgen z. B. BGH WuM 1990, 608, 610; für Gasbezugsveträge vgl. OLG Karlsruhe, NJOZ 2006, 2833 auch zur Konkurrenz zu § 19 GWB; für Wasserversorgungsverträge z. B. BGH, NJW 2003, 3131; zu Abwasser siehe BGH, NJW 1992, 171; Baukostenzuschüsse und Hausanschlusskosten nach AVBGasV: BGH, NJW 1987, 1828; Soergel-*Huber*, vor § 433 BGB Rdnr. 166 a; allgemein instruktiv: *Held*, NZM 2004, 169 ff; dagegen jedoch Staudinger-*Rieble*, § 315 BGB Rdnr. 39 ff., 51.
[22] Staudinger-*Beckmann*, § 433 BGB Rdnr. 51.
[23] Soergel-*Huber*, vor § 433 BGB Rdnr. 166a.
[24] AG Heilbronn, NJOZ 2005, 3544, 3548; ausführlich *Held*, NZM 2004, 169, 175 f.
[25] So LG Ulm, RdE 2006, 24, 26 m. zust. Anm. v. *Hill*, RdE 2006, 27 f.; LG Köln, RdE 2004, 306 f.
[26] Zu diesen Grundsätzen vgl. Köhler/Bornkamm-*Köhler*, § 4 UWG Rdnr. 10.184 u. 10.185 ff.; Piper/Ohly-*Ohly*, § 4 UWG Rdnr. 10/91 m.w.N.

kauf „unter Einstandspreisen" oder „unter Selbstkosten" nur enge Grenzen gesetzt. So kann die **Preisunterbietung unlauter** i. S. d. §§ 3 i. V. m. 4 Nr. 10 **UWG** sein, wenn eine nicht kostendeckende Preiskalkulation auf Dauer angelegt ist und dazu dient, den Mitbewerber vom Markt zu verdrängen.[27] Den Wettbewerb in seinem Bestand gefährdende Preisunterbietungen können unter dem Gesichtspunkt der allgemeinen Marktstörung unlauter gem. § 3 UWG sein.[28] Die Preisunterbietung stellt eine nach **Kartellrecht unzulässige Beschränkung des Wettbewerbs** dar, wenn eine Unterbietungsabsprache mehrerer Unternehmer vorliegt (Art. 81 Abs. 1 EG; § 1 GWB), wenn sie gegen das Missbrauchsverbot des Art. 82 EG verstößt oder wenn ein Unternehmen, mit „gegenüber kleineren und mittleren Wettbewerbern überlegener Marktmacht", Waren nicht nur gelegentlich unter dem Einstandspreis anbietet, soweit hierfür kein sachlicher Grund vorliegt (§ 20 Abs. 4 S. 1, 2 GWB).[29] Ferner kann, wenn eine Machtstellung am Markt oder eine Wettbewerbsbeschränkung dazu genutzt wird, für Waren des lebenswichtigen Bedarfs unangemessen hohe Entgelte zu fordern, auch eine Nichtigkeit des betreffenden Kaufvertrags nach § 134 BGB i. V. m. § 4 WiStG in Betracht kommen.[30]

1231 Generell sind auch sog. **vertikale Preisbindungen**, bei denen dem Händler vom Hersteller ein bestimmter Endverkaufspreis vorgegeben wird, untersagt, was nach der GWB-Novelle nunmehr direkt aus § 1 GWB folgt.[31] Eine Ausnahme hiervon gilt gem. § 30 GWB nur hinsichtlich von Zeitungen und Zeitschriften, sowie nach §§ 3, 5 BPrBindG, wonach Buchverleger oder -importeure sogar verpflichtet sind, einen Endabnehmerpreis für Bücher festzulegen, der nicht unterschritten werden darf. Unzulässig ist hier auch die Einräumung von Preisnachlässen (Skonti).[32] Ebenfalls nicht zulässig sind Fördermodelle, bei denen der Endkunde effektiv nur 90 % des Buchpreises entrichtet und 10 % von Förderern getragen werden.[33] Diese **Buchpreisbindung** gilt gem. § 3 S. 2 BPrBindG nicht für gebrauchte Bücher. Unverbindliche Preisempfehlungen des Herstellers sind jedoch nach wie vor zulässig und üblich, was nach dem Wegfall des § 23 GWB a. F. auch nicht mehr nur für Markenware gilt.[34]

1232 **cc) Hoheitliche Preisfestsetzungen.** Hoheitliche Preisfestsetzungen sind heute die Ausnahme. Staatliche Preislenkung erfolgt jetzt im Wesentlichen nur noch auf dem Gebiet des **Arzneimittelrechts**[35] durch die Arzneimittelpreisverordnung.[36] Für Verträge über die Lieferung von Elektrizität bestehen seit dem Wegfall der Genehmigungspflicht für Stromtarife keine preisrechtlichen Beschränkungen mehr.[37] Ansonsten ergeben sich Abweichungen bei **öffentlichen Aufträgen,** d. h. bei Kaufverträgen, bei denen ein Beteiligter Bund, Land,

---

[27] Köhler/Bornkamm-*Köhler*, § 4 UWG Rdnr. 10.10 ff., auch zu weiteren wettbewerbsrechtlichen Schranken der Preisunterbietung; Piper/Ohly-*Ohly*, § 4 UWG Rdnr. 10/94 m. w. N; Staudinger-*Beckmann*, § 433 BGB Rdnr. 50 m. w. N.

[28] BGH, GRUR 1990, 371, 372; Piper/Ohly-*Ohly*, § 4 UWG Rdnr. 10/94, 10/95 ff.; Staudinger-*Beckmann*, § 433 BGB Rdnr. 50 m. w. N.

[29] Zu den einzelnen Fallgruppen vgl. Köhler/Bornkamm-*Köhler*, § 4 UWG Rdnr. 10.11 ff. jeweils m. w. N.; BGHZ 67, 104; 68, 23.

[30] BGH, NJW 1989, 2470 f.; Erman-*Grunewald*, § 433 BGB Rdnr. 47; MünchKomm-*Westermann*, § 433 BGB Rdnr. 23; Staudinger-*Beckmann*, § 433 BGB Rdnr. 48.

[31] Köhler/Bornkamm-*Köhler*, § 4 UWG Rdnr. 10.10; Martinek/Semler/Habermeier-*Flohr/Pohl* § 30 Rdnr. 84; *Pischel*, EuZW 2005, 459, 464.

[32] BGH, NJW 2003, 2525 ff.

[33] LG Hamburg, GRUR-RR 2012, 38 f.; vgl. auch *Jacobi*, WRP 2011, 703 ff.; *Weitner*, GRUR-RR 2012, 1 ff.; *Mees*, GRUR 2012, 353 ff.

[34] *Pischel*, EuZW 2005, 459, 465.

[35] MünchKomm-*Westermann*, § 433 BGB Rdnr. 23.

[36] BGBl. I S. 2147.

[37] Vgl. Erman-*Grunewald*, § 433 BGB Rdnr. 47; zur Kontrolle siehe BGH, NJW 2009, 504 (Gas); *Kessel/Schwab*, BB 2010, 589.

Gemeinde oder eine sonstige juristische Person des öffentlichen Rechts ist. Hier bestimmt die Verordnung über die Preise bei öffentlichen Aufträgen (VPöA)[38] u. a., dass bei marktgängigen Leistungen die verkehrsüblichen Preise nicht überschritten werden sollen bzw. andernfalls ein Selbstkostenpreis die Grundlage zu bilden hat.[39]

Ein **Verstoß gegen eine hoheitliche Preisvorgabe** führt nicht grundsätzlich zur Unwirksamkeit des gesamten Vertrages nach § 134 BGB. Vielmehr kommt es entscheidend auf den Zweck der öffentlich-rechtlichen Preisvorschrift an. Regelmäßig will die betreffende Regelung nicht das Zustandekommen eines Vertrags, sondern nur die Vereinbarung von überhöhten Preisen verhindern, weshalb ein Verstoß meist nur zu einer Vertragsanpassung führt, nach der der Vertrag dann mit dem hoheitlich festgesetzten Preis zustande kommt.[40]   **1233**

dd) Mehrwertsteuer als Teil des Kaufpreises. Grundsätzlich ist im Kaufpreis auch die vom Verkäufer nach §§ 1, 13 UStG abzuführende Mehrwertsteuer (Umsatzsteuer) enthalten.[41] Die Mehrwertsteuer ist letztlich also vom Verbraucher zu tragen, obwohl sie unmittelbar den Verkäufer trifft, der diese wiederum zulässigerweise **in** seine **Preise einkalkuliert.**[42] Beim Kauf zwischen Unternehmern, die beide der Umsatzsteuerpflicht unterliegen, kann der Käufer von seiner Steuerschuld die an den Verkäufer geleistete Umsatzsteuer (Vorsteuer) gem. § 15 UStG abziehen (Vorsteuerabzug).[43] Um dem Käufer dies zu ermöglichen, ergibt sich für den Verkäufer eine vertragliche Nebenpflicht bezüglich der Ausstellung einer Rechnung mit gesonderter Aufführung der vom Käufer geleisteten Umsatzsteuer (§ 14 Abs. 1, Abs. 2 Nr. 2 S. 2 UStG).[44]   **1234**

Problematisch ist es, wenn ein **Kaufpreis** nicht erkennen lässt, ob die zu leistende Mehrwertsteuer bereits enthalten ist oder noch zusätzlich anfällt. Dann ist durch Auslegung zu ermitteln, ob die Parteien einen Brutto- oder Nettopreis vereinbart haben.[45] Aus § 1 Abs. 1 der Preisangabenverordnung (PAngV) ergibt sich zum einen, dass Angebote **gegenüber Letztverbrauchern** immer **einschließlich** der **Mehrwertsteuer** abzugeben sind. Demnach hat der Käufer nur den angegebenen Preis zu zahlen, ohne dass der Verkäufer nachträglich die zusätzliche Zahlung der Mehrwertsteuer verlangen kann, es sei denn, die vertragliche Vereinbarung ergibt etwas anderes.[46] Vor allem dem Preis angefügte Zusätze wie „Preise sind Nettopreise + MwSt." sind in der Weise auszulegen, dass der angegebene Preis den Endpreis einschließlich der zu erbringenden Mehrwertsteuer darstellt.[47] Soll die **Mehrwertsteuer** jedoch **zusätzlich** erbracht werden, so muss der Verkäufer darauf besonders hinweisen, z. B. durch „Nettopreise (ohne Mehrwertsteuer)".[48] Beruht die Kaufpreisgestal-   **1235**

---

[38] Verordnung PR Nr. 30/53 i. d. F. v. 08.12.2010, BGBl. I S. 1864; vgl. dazu *Berstermann*, Öffentliche Auftragspreisverordnung, Einleitung Rdnr. 1 ff.; Immenga/Mestmäcker-*Dreher*, vor §§ 97 ff. GWB Rdnr. 110 ff.; *Moritz*, BB 1994, 1871 ff.
[39] Soergel-*Huber*, vor § 433 BGB Rdnr. 173.
[40] BGH, NJW 1989, 2471; BGH, NJW 1973, 1371; Staudinger-*Beckmann*, § 433 BGB Rdnr. 48; MünchKomm-*Westermann*, § 433 BGB Rdnr. 23.
[41] BGH, NJW-RR 2005, 1496, 1503; BGH, NJW 2002, 2312; BGH, NJW 2001, 2464; BGH, NJW 1991, 2484; *Reinicke/Tiedtke*, KaufR, Rdnr. 129.
[42] Bamberger/Roth-*Faust*, § 433 BGB Rdnr. 54; MünchKomm-*Westermann*, § 433 BGB Rdnr. 26 m.w.N.
[43] *Reinicke/Tiedtke*, KaufR, Rdnr. 129; Soergel-*Huber*, § 433 BGB Rdnr. 183; MünchKomm-*Westermann*, § 433 BGB Rdnr. 26.
[44] BGHZ 120, 315; 103, 284; MünchKomm-*Westermann*, § 433 BGB Rdnr. 26.
[45] Vgl. BGH, NJW-RR 2005, 1496, 1503; BGH, NJW 2002, 2312.
[46] BGH, NJW 2002, 2312; BGHZ 115, 50; 103, 284; MünchKomm-*Westermann*, § 433 BGB Rdnr. 26; *Reinicke/Tiedtke*, KaufR, Rdnr. 129.
[47] OLG München, NJW 1970, 662; Soergel-*Huber*, § 433 BGB Rdnr. 183; Staudinger-*Beckmann*, § 433 BGB Rdnr. 59.
[48] Vgl. BGH, NJW-RR 2005, 1496, 1503; BGH, NJW 2001, 2464; BGH MDR 1978, 834; OLG München, NJW 1970, 662; Staudinger-*Beckmann*, § 433 BGB Rdnr. 59.

tung auf der irrtümlichen Vorstellung der Parteien, das Geschäft sei umsatzsteuerpflichtig und unterlag es in Wirklichkeit nicht der Umsatzsteuer, so ergibt sich im Wege der Vertragsauslegung, dass die Verpflichtung zur Zahlung der Mehrwertsteuer von vornherein entfiel.[49] Die Regeln der ergänzenden Vertragsauslegung greifen auch, wenn beide Parteien irrtümlich davon ausgegangen sind, das Geschäft sei nicht umsatzsteuerpflichtig.[50]

1236 Als Teil des Kaufpreises fällt die Mehrwertsteuer auch unter die Bestimmung des § 309 Nr. 1 BGB, so dass es dem Verwender vorformulierter Vertragsbedingungen **untersagt** ist, eine **Erhöhung der Mehrwertsteuer**, die innerhalb von 4 Monaten zwischen Vertragsschluss und Leistungserbringung erfolgt, auf den Käufer **abzuwälzen**.[51] Das gleiche soll mit Hinblick auf § 306 a BGB gelten, wenn der Verkäufer versucht, diese Bestimmung zu umgehen, indem er dem Kaufpreis die Klausel „zuzüglich MwSt" anfügt.[52]

c) Bestimmtheit oder Bestimmbarkeit des Kaufpreises

1237 aa) **Essenzielle Erfordernisse.** Als wesentlicher Bestandteil des Kaufvertrages muss der **Kaufpreis** in irgendeiner Weise **der Parteivereinbarung zu entnehmen** sein.[53] Insbesondere auch um eine Abgrenzung zu anderen Vertragstypen vornehmen zu können, muss sich zumindest die Pflicht des Käufers, überhaupt ein Entgelt für die Ware zu leisten, aus der Vereinbarung selbst oder aus den zugrunde liegenden Umständen (§§ 133, 157 BGB) ergeben.[54] Meist wird der Kaufpreis als bestimmter Geldbetrag im Vertrag festgelegt. Der Verkäufer ist dabei grundsätzlich nicht verpflichtet, seine Berechnungsgrundlagen offen zu legen.[55] Tut er es gleichwohl doch und wurden die Faktoren auf diese Weise zum Vertragsinhalt erhoben, so kann der Verkäufer im nachhinein nicht ohne weiteres von dieser Grundlage abweichen.

1238 Eine **ausdrückliche, summenmäßige Bezeichnung** des Kaufpreises ist allerdings nicht zwingend notwendig, sondern es reicht aus, wenn der Preis sich unter Zuhilfenahme von objektiven, im Zusammenhang mit dem Rechtsgeschäft stehenden Kriterien ermitteln lässt.[56] Haben die Parteien vor oder bei Vertragsschluss den Preis überhaupt nicht zur Sprache gebracht, war ihnen aber bewusst, dass die Leistung deshalb erfolgt, weil eine Gegenleistung erwartet wird, so kann nicht mangels Einigung über einen wesentlichen Vertragsbestandteil schon das Zustandekommen eines Vertrages verneint werden. Vielmehr beziehen sich die Parteien stillschweigend auf einen Preis, der für die Leistung üblicherweise erbracht wird, z.B. den Preis, den der Verkäufer verlangt, wenn er die gleichartige Ware sonst verkauft **(konkludente Preisbestimmung)**.[57] Es kommt auch eine Bestimmbarkeit nach objektiven Kriterien in Betracht (dazu nachfolgend Rdnr. 1239 ff.). Eine konkludente Preisbestimmung ist etwa dann anzunehmen, wenn der Kaufgegenstand einen Markt-, Listen- oder ortsüblichen Preis hat, der dann als geschuldet gilt.[58] Fehlt es an jeglichen Maßstäben zur Bestimmung des Kaufpreises, dann muss die Wirksamkeit der Vereinbarung ver-

---

[49] BGH, NJW-RR 2005, 205, 206 f.; BGH, NJW-RR 1990, 1199 = WM 1990, 1322, 1323.
[50] BGH, NJW-RR 2000, 1653; Staudinger-*Beckmann*, § 433 BGB Rdnr. 59; Erman-*Grunewald*, § 433 BGB Rdnr. 43.
[51] BGH, NJW 1980, 2133; Bamberger/Roth-*Becker*, § 309 Nr. 1 BGB Rdnr. 7; MünchKomm-*Basedow*, § 309 Nr. 1 BGB Rdnr. 17; Erman-*Roloff*, § 309 BGB Rdnr. 6.
[52] BGH, NJW 1981, 980; Staudinger-*Beckmann*, § 433 BGB Rdnr. 62; Erman-*Roloff*, § 309 BGB Rdnr. 6.
[53] Staudinger-*Beckmann*, § 433 BGB Rdnr. 52.
[54] Soergel-*Huber*, vor § 433 BGB Rdnr. 137; zur Abgrenzung von Spiel (§ 762 BGB) und Kauf bei Online-Auktionen siehe BGH, NJW 2002, 363.
[55] BGH, NJW 1981, 2050; *Basedow*, NJW 1982, 1030.
[56] BGH, NJW 1990, 1903; Erman-*Grunewald*, § 433 BGB Rdnr. 3; MünchKomm-*Westermann*, § 433 BGB Rdnr. 19; Staudinger-*Beckmann*, § 433 BGB Rdnr. 53.
[57] BGH, WM 1982, 849; Soergel-*Huber*, vor § 433 BGB Rdnr. 139; Staudinger-*Beckmann*, § 433 BGB Rdnr. 54.
[58] Staudinger-*Beckmann*, § 433 BGB Rdnr. 54.

neint werden.[59] Haben sich die Parteien nicht (weder ausdrücklich noch konkludent) auf einen Kaufpreis oder eine Methode zu seiner Berechnung geeinigt, so besteht nicht nur eine Vertragslücke, die durch ergänzende Vertragsauslegung geschlossen werden könnte, sondern es fehlt an einer Einigung über einen wesentlichen Vertragsbestandteil, ohne die ein Kaufvertrag – vorbehaltlich eines einseitigen Leistungsbestimmungsrechts nach §§ 315 ff. BGB (siehe Rdnr. 1242 ff.) – gem. § 154 Abs. 1 S. 1 BGB nicht wirksam zustande kommen kann.[60]

bb) Bestimmbarkeit anhand objektiver Merkmale. Ist die Geldschuld nicht konkret betragsmäßig festgelegt, so kann sich die Preisbestimmung an objektiven Merkmalen orientieren.[61] Die relevanten **Berechnungsgrößen** können entweder mit der Kaufsache selbst verbunden sein, es kommen aber auch Ereignisse außerhalb des Kaufvertrages in Betracht. Ist der Ladenpreis oder auch der kundenübliche Preis vereinbart, so bezeichnet dies den Kaufpreis, den der Verkäufer gewöhnlich für die betreffende Ware in seinem Geschäft verlangt.[62] Wird der ortsübliche Preis geschuldet, so orientiert sich dieser regelmäßig an den Preisen anderer Geschäfte des Ortes oder eines Gebietes.[63] Eine Kaufpreisbestimmung in Form des Selbstkostenpreises beinhaltet nur die Gestehungskosten hinsichtlich des Kaufgegenstandes.[64] Dies erscheint zwar für den Verkäufer wirtschaftlich nicht zweckmäßig, ist aber grundsätzlich zulässig.[65] Bedenken können sich allerdings dann ergeben, wenn der Kaufgegenstand unter dem Selbstkostenpreis oder auch unter dem Konkurrenzpreis, d.h. unter dem Kaufpreis, den die Konkurrenten des Verkäufers vom Käufer fordern würden,[66] angeboten wird und damit gleichzeitig versucht wird, einen Konkurrenten auszuschalten bzw. wenn sich der Verkäufer in sonst unlauterer Weise verhält[67] (siehe dazu auch Rdnr. 1230 ff.). Schließlich kann auch der sog. Fabrikpreis, d.h. der vom Hersteller dem Wiederverkäufer berechnete Preis ohne Zuschlag,[68] durch die Parteien vereinbart werden. Entsprechend ist der vom Großhändler gegenüber dem Einzelhändler verlangte Großhandelspreis zu beurteilen.[69]

Die Bestimmtheit des Kaufpreises kann außerdem bejaht werden, wenn er sich z.B. bei geleasten Sachen anhand des jeweiligen Finanzierungsstandes ermitteln lässt.[70] Möglich ist auch der **Verkauf eines Grundstücks** zu einem Preis, der sich nach der hypothetischen Höhe einer Enteignungsentschädigung richtet, um einer solchen entgegenzuwirken.[71] Schließlich kann sich die Leistung des Schuldners auch nach dem von ihm erzielten

1239

1240

---

[59] Soergel-*Huber*, vor § 433 BGB Rdnr. 147; Staudinger-*Beckmann*, § 433 BGB Rdnr. 54 f.; Erman-*Grunewald*, § 433 BGB Rdnr. 4
[60] BGH BB 2006, 1356, 1357; Staudinger-*Beckmann*, § 433 BGB Rdnr. 54.
[61] MünchKomm-*Westermann*, § 433 BGB Rdnr. 19; Soergel-*Huber*, § 433 BGB Rdnr. 180; Staudinger-*Beckmann*, § 433 BGB Rdnr. 53 ff.
[62] MünchKomm-*Westermann*, § 433 BGB Rdnr. 20; Staudinger-*Beckmann*, § 433 BGB Rdnr. 54; Erman-*Grunewald*, § 433 BGB Rdnr. 42.
[63] MünchKomm-*Westermann*, § 433 BGB Rdnr. 20; Staudinger-*Beckmann*, § 433 BGB Rdnr. 54.
[64] BGHZ 44, 288; 46, 168; OLG Hamm, BB 1965, 1369; Erman-*Grunewald*, § 433 BGB Rdnr. 42; Soergel-*Huber*, § 433 BGB Rdnr. 181; Hefermehl/Köhler/Bornkamm-*Köhler*, § 4 UWG Rdnr. 10.187.
[65] Vgl. Hefermehl/Köhler/Bornkamm-*Köhler*, § 4 UWG Rdnr. 10.187 m.w.N.
[66] Staudinger-*Beckmann*, § 433 BGB Rdnr. 54; MünchKomm-*Westermann*, § 433 BGB Rdnr. 20; Erman-*Grunewald*, § 433 BGB Rdnr. 42.
[67] BGHZ 28, 387; RGZ 134, 342; Erman-*Grunewald*, § 433 BGB Rdnr. 43; Hefermehl/Köhler/Bornkamm-*Köhler*, § 4 UWG Rdnr. 10.188 ff.
[68] Staudinger-*Beckmann*, § 433 BGB Rdnr. 54.
[69] Staudinger-*Beckmann*, § 433 BGB Rdnr. 54.
[70] BGH, NJW 1990, 1903; Erman-*Grunewald*, § 433 BGB Rdnr. 3; MünchKomm-*Westermann*, § 433 BGB Rdnr. 19; Staudinger-*Beckmann*, § 433 BGB Rdnr. 53.
[71] BGH, NJW 1967, 31; MünchKomm-*Westermann*, § 433 BGB Rdnr. 19; Staudinger-*Beckmann*, § 433 BGB Rdnr. 53.

Gewinn mit der Kaufsache richten.[72] Probleme ergeben diese Preisbestimmungsverfahren jedoch dann, wenn sich die jeweiligen **Berechnungsgrößen nicht eindeutig** feststellen lassen. Kann etwa die Größe eines Grundstücks, auf deren Grundlage der Kaufpreis berechnet werden sollte, nicht ermittelt werden, so muss auch die Bestimmtheit bzw. Bestimmbarkeit des Kaufpreises abgelehnt werden.[73] Allerdings kann die Nennung der jeweiligen Bezugsgröße auch nur einer vorläufigen Bestimmung des Kaufpreises dienen, während die endgültige Berechnung erst mit vollständiger Feststellung der objektiven Kriterien erfolgt.[74]

1241 Eine weitere Möglichkeit der Kaufpreisbestimmung ergibt sich aus solchen Preisklauseln, die auf **Umstände außerhalb des betreffenden Kaufvertrages** zurückgreifen. So ist mit der allgemeinen Bezeichnung eines geschuldeten Marktpreises der Durchschnittspreis gemeint, der am Erfüllungsort (§ 269 BGB) zur Erfüllungszeit (§ 271 BGB) bei normaler Marktlage erzielt werden kann.[75] Lässt sich der Marktpreis nicht ermitteln, z. B. weil auf dem jeweiligen Markt eine Notlage herrscht,[76] so entfällt die Geschäftsgrundlage.[77] Besteht am Erfüllungsort überhaupt kein Markt, dann ist der nächstgelegene entscheidend.[78] Einen Sonderfall bildet dabei der **Börsenpreis**, der sich an dem vom Börsenvorstand gemäß der Börsenordnung festgesetzten Preis für die an der Börse gehandelten Waren und Wertpapiere (Börsenkurs) orientiert, wobei es auf die dem Sitz des Verkäufers am nächsten gelegene Börse ankommt.[79]

1242 **cc) Leistungsbestimmung durch eine Vertragspartei nach §§ 315, 316 BGB.** Ist im Vertrag weder ein konkreter Kaufpreis vereinbart noch der übereinstimmend gewollte Preis aus den Umständen konkludent zu entnehmen, so kommt eine einseitige Preisbestimmung durch einen der Vertragspartner (§§ 315, 316 BGB) oder durch einen Dritten (vgl. § 317 BGB, dazu Rdnr. 1245 ff.) in Betracht, was für die notwendige Bestimmbarkeit ausreichend ist.[80] § 316 BGB enthält eine Auslegungsregel für die Fälle, in denen auch die **Person des Bestimmungsberechtigten** unklar ist. Im Zweifel soll dem Gläubiger der Gegenleistung das Recht zustehen, den Kaufpreis zu bestimmen. Die heranzuziehenden Umstände können aber auch etwas anderes ergeben.[81] Der Bestimmungsberechtigte – nach der Auslegungsregel des § 316 BGB also der Verkäufer[82] – hat gem. § 315 Abs. 1 BGB seine **Entscheidung nach billigem Ermessen** (vgl. dazu Rdnr. 1247) zu treffen, wenn die Vereinbarung nicht einen anderen Maßstab ergibt.[83] Der Verkäufer trägt dabei die **Beweislast** dafür, dass der Kaufpreis auch tatsächlich aufgrund billigen Ermessens bestimmt wurde, wofür die maßgeblichen tatsächlichen Umstände darzulegen sind.[84] Die Billigkeit unterliegt einer gericht-

---

[72] BGH, NJW 1967, 13; RGZ 95, 36; MünchKomm-*Westermann*, § 433 BGB Rdnr. 19; Staudinger-*Beckmann*, § 433 BGB Rdnr. 53.
[73] OLG München, DB 1973, 1743; OLG Frankfurt, MDR 1971, 841.
[74] RGZ 101, 69; MünchKomm-*Westermann*, § 433 BGB Rdnr. 19.
[75] BGHZ 90, 72; Erman-*Grunewald*, § 433 BGB Rdnr. 42.
[76] RGRK-*Mezger*, § 433 BGB Rdnr. 24.
[77] Soergel-*Huber*, § 433 BGB Rdnr. 181; Staudinger-*Beckmann*, § 433 BGB Rdnr. 54.
[78] Soergel-*Huber*, § 433 BGB Rdnr. 181.
[79] Soergel-*Huber*, § 433 BGB Rdnr. 181; Erman-*Grunewald*, § 433 BGB Rdnr. 42; MünchKomm-*Westermann*, § 433 BGB Rdnr. 20.
[80] Staudinger-*Beckmann*, § 433 BGB Rdnr. 55; MünchKomm-*Westermann*, § 433 BGB Rdnr. 19; Erman-*Grunewald*, § 433 BGB Rdnr. 3; Bamberger/Roth-*Faust*, § 433 BGB Rdnr. 53.
[81] Siehe Soergel-*Wolf*, § 316 BGB Rdnr. 7; Soergel-*Huber*, vor § 433 BGB Rdnr. 140; MünchKomm-*Würdinger*, § 316 BGB Rdnr. 6.
[82] Vgl. OLG München, NJW-RR 1994, 161.
[83] Staudinger-*Beckmann*, § 433 BGB Rdnr. 55; Soergel-*Huber*, vor § 433 BGB Rdnr. 140; MünchKomm-*Würdinger*, § 315 BGB Rdnr. 28; Bamberger/Roth-*Gehrlein*, § 315 BGB Rdnr. 5.
[84] BGH, WM 1991, 2065; *Paulusch*, WM 1995, Sonderbeilage Nr. 1, S. 1, 33; allg. MünchKomm-*Würdinger*, § 315 BGB Rdnr. 5.

A. Käuferpflichten nach deutschem Zivilrecht

lichen Kontrolle (§ 315 Abs. 3 S. 2 BGB).[85] Erweist sich dabei der vom Verkäufer festgelegte Preis als unbillig, so trifft das Gericht eine Preisbestimmung.

Wird nach der vertraglichen Vereinbarung ein „angemessener Preis" geschuldet, gelten ebenfalls die §§ 315, 316 BGB, so dass dem Verkäufer – der auch in diesem Fall die Angemessenheit zu beweisen hat – das Bestimmungsrecht zusteht.[86] Selbst für den Fall, dass über den Preis noch gar nicht gesprochen bzw. verhandelt wurde, der vertragliche Bindungswille allerdings offenkundig ist, sollen die §§ 315, 316 BGB gelten, solange die Parteien sich zumindest darüber einig sind, dass überhaupt ein Preis geschuldet wird, über den später noch ein Konsens gefunden werden soll, und der Preis sich nicht aus einem objektiven Bestimmungsmaßstab ergibt.[87] Wollten die Parteien eine solche Bestimmung nicht, etwa weil sie sich später über den Preis einigen wollten, ist kein Kaufvertrag abgeschlossen.[88] Ist der Vertrag wegen eines bestehenden Kontrahierungszwangs abgeschlossen worden, so gilt nicht die Auslegungsregel des § 316 BGB, sondern hier ist das Leistungsbestimmungsrecht nach § 315 BGB der kontrahierungspflichtigen Partei zuzugestehen.[89]

1243

Ist ein einseitiges Leistungsbestimmungsrecht **in Allgemeinen Geschäftsbedingungen** enthalten, so ist dieses, auch wenn es den Preis betrifft, nicht gem. § 307 Abs. 3 BGB einer Inhaltskontrolle nach §§ 307 ff. BGB entzogen (siehe auch Rdnr. 1265 ff.), weil hierdurch von § 305 BGB abgewichen wird, wonach grundsätzlich Leistung und Gegenleistung im Vertrag festzulegen sind.[90] Das Leistungsbestimmungsrecht darf sich der Verwender der Allgemeinen Geschäftsbedingungen nur vorbehalten, wenn dafür ein berechtigtes Interesse besteht, die Voraussetzungen und der Umfang des Leistungsbestimmungsrechts tatbestandlich hinreichend konkretisiert sind und die berechtigten Belange des anderen Teils ausreichend gewahrt sind.[91]

1244

dd) Leistungsbestimmung durch Dritte. Sind sich die Vertragsparteien über den Wert der Leistung im Unklaren, können sie auf die Sachkunde und die Erfahrung eines außenstehenden, also neutralen, Dritten vertrauen[92] und diesem das Preisbestimmungsrecht zuerkennen. Voraussetzung einer solchen Leistungsbestimmung durch einen Dritten i. S. d. § 317 BGB ist die (ausdrückliche oder zumindest stillschweigende) **Einigung zwischen den Vertragsparteien,** dass eben gerade einem Dritten das Recht eingeräumt wird, rechtsgestaltend die mangelnde Bestimmtheit des Kaufpreises durch seine Festlegung zu beseitigen.[93] Die Übertragung des Leistungsbestimmungsrechts auf einen Dritten ist grundsätzlich auch im Rahmen von **Allgemeinen Geschäftsbedingungen** zulässig (die Kontrollfähigkeit scheitert hier nicht an § 307 Abs. 3 BGB), wenn die Interessen des Verwendergegners ausreichend gewahrt sind.[94] Sie ist unwirksam, wenn der Außenstehende sich in einem Nä-

1245

---

[85] Siehe dazu BGH LM Nr. 9 zu § 315; Staudinger-*Beckmann*, § 433 BGB Rdnr. 55; Soergel-*Huber*, vor § 433 BGB Rdnr. 140.
[86] BGH, NJW 1997, 2671; BGH, NJW 1987, 1828, 1829; Erman-*Grunewald*, § 433 BGB Rdnr. 3; MünchKomm-*Westermann*, § 433 BGB Rdnr. 20.
[87] RGZ 60, 177; Soergel-*Huber*, vor § 433 BGB Rdnr. 142; Staudinger-*Beckmann*, § 433 BGB Rdnr. 55.
[88] Erman-*Grunewald*, § 433 BGB Rdnr. 4; Staudinger-*Beckmann*, § 433 BGB Rdnr. 55; Soergel-*Huber*, vor § 433 BGB Rdnr. 148; anders OLG Hamm, NJW 1976, 1212: richterliche Befugnis zur Festsetzung des angemessenen Preises.
[89] BGHZ 41, 275; BGH BB 1971, 1175; RGZ 111, 313; Soergel-*Huber*, vor § 433 BGB Rdnr. 144; Staudinger-*Beckmann*, § 433 BGB Rdnr. 55.
[90] BGH, NJW-RR 2005, 1496, 1500; BGH, NJW 1994, 1060; BGH, NJW 1985, 853; BGH, NJW 1981, 2351.
[91] Vgl. BGH, NJW-RR 2005, 1496, 1501.
[92] Staudinger-*Rieble*, § 317 BGB Rdnr. 6; Soergel-*Wolf*, § 317 BGB Rdnr. 3.
[93] BGHZ 6, 339; Erman-*Hager*, § 317 BGB Rdnr. 1; Staudinger-*Rieble*, § 317 BGB Rdnr. 17; Bamberger/Roth-*Gehrlein*, § 317 BGB Rdnr. 2 ff.
[94] Palandt-*Grüneberg*, § 317 BGB Rdnr. 1.

heverhältnis zum Verwender befindet,[95] wenn eine Schiedsgutachtenklausel den Eindruck erweckt, als sei dadurch der Rechtsweg ausgeschlossen[96] oder wenn der Vertragspartner eine solche Individualvereinbarung gerade nicht getroffen hätte.[97] Damit wird den Interessen des Verwendungsgegners (hier regelmäßig des Käufers) Rechnung getragen, der nicht ohne Weiteres der Preisentscheidung des Dritten unterworfen werden soll, zumal ihm durch die Einbeziehung von Allgemeinen Geschäftsbedingungen bereits ein großer Teil seiner vertraglichen Gestaltungsfreiheit genommen wird.[98]

1246 **Dritter** nach § 317 BGB kann jeder außer den Vertragsparteien selbst sein.[99] Vielfach wird jedoch die Übertragung des Bestimmungsrechts auf ein Gericht als unzulässig angesehen, denn dieses soll nicht durch parteiliche Vereinbarung verpflichtet werden, vertragsgestaltende Tätigkeiten zu übernehmen.[100] Nach anderer Auffassung ist einem Gericht durchaus die Befugnis zuzuerkennen, als bestimmungsberechtigter Dritter zu handeln, jedenfalls dann, wenn dies außerhalb seiner gesetzlichen Zuständigkeit geschieht.[101] Damit der Vertrag trotz Unbestimmtheit des Kaufpreises wirksam ist, muss der Dritte zumindest bestimmbar sein.[102] Oftmals wird es sich um einen sog. Schiedsgutachter handeln, der das Entstehen von Streitigkeiten zwischen den Parteien aufgrund seiner Erfahrung und Sachkunde verhindern soll.[103] Praktisch bedeutsam sind solche Schiedsgutachtervereinbarungen vor allem bei der Zugrundelegung des „DAT-Schätzpreises" im Rahmen des Gebrauchtwagenkaufs,[104] bei der Bestimmung des Restkaufpreises bei Leasingverträgen[105] oder auch hinsichtlich der Wertermittlung eines Grundstücks.[106]

1247 Die **Bestimmung des Kaufpreises** muss der Dritte, wenn sich aus der Vereinbarung kein anderer Maßstab ergibt,[107] gem. § 317 Abs. 1 BGB **nach billigem Ermessen** vornehmen, wobei der Begriff ebenso auszulegen ist wie in § 315 Abs. 1 BGB.[108] Billiges Ermessen meint demnach eine nach objektiven Maßstäben, unter besonderer Berücksichtigung der Interessenlage beider Parteien und deren wirtschaftlicher Verhältnisse getroffene Entscheidung, die nach der allgemeinen Verkehrsanschauung üblich und angemessen erscheinen muss.[109] Aufgrund der zwischen den Vertragsparteien getroffenen Vereinbarung ist die

---

[95] BGHZ 81, 232; Soergel-*Wolf*, § 317 BGB Rdnr. 24; Staudinger-*Rieble*, § 317 BGB Rdnr. 48; *Horn*, NJW 1985, 1118, 1123.
[96] BGHZ 101, 317 ff.; BGH, NJW 1992, 433; Staudinger-*Rieble*, § 317 BGB Rdnr. 50; MünchKomm-*Würdinger*, § 317 BGB Rdnr. 5.
[97] Vgl. BGH, NJW 1992, 433, 434; Staudinger-*Rieble*, § 317 BGB Rdnr. 47.
[98] Hk-*Schulze*, § 317 BGB Rdnr. 2.
[99] Staudinger-*Rieble*, § 317 BGB Rdnr. 26; Erman-*Hager*, § 317 BGB Rdnr. 2.
[100] BGH, WM 1978, 64; RGZ 169, 237; Bamberger/Roth-*Gehrlein*, § 317 BGB Rdnr. 2; MünchKomm-*Würdinger*, § 317 BGB Rdnr. 16: anders jedoch bei mit § 315 Abs. 3 BGB vergleichbarer Sachlage.
[101] So BGH, NJW 1998, 1390; Soergel-*Wolf*, § 317 BGB Rdnr. 9; Hk-*Schulze*, § 317 BGB Rdnr. 3.
[102] Staudinger-*Rieble*, § 317 BGB Rdnr. 40 ff.; MünchKomm-*Würdinger*, § 317 BGB Rdnr. 14; Palandt-*Grüneberg*, § 317 BGB Rdnr. 2.
[103] BGH, WM 1968, 308; Staudinger-*Rieble*, § 317 BGB Rdnr. 6 ff.
[104] BGH, NJW 1983, 1855; BGH LM Nr. 14 zu § 319; BGH LM Nr. 3 zu § 317; Erman-*Hager*, § 317 BGB Rdnr. 8; Bamberger/Roth-*Gehrlein*, § 317 BGB Rdnr. 8.
[105] LG Frankfurt, EWiR 1988, 843; Bamberger/Roth-*Gehrlein*, § 317 BGB Rdnr. 8.
[106] BGH, WM 1975, 256; Erman-*Hager*, § 317 BGB Rdnr. 8; Bamberger/Roth-*Gehrlein*, § 317 BGB Rdnr. 7.
[107] Vgl. BGH, NJW-RR 2004, 1677, 1678; Staudinger-*Rieble*, § 317 BGB Rdnr. 1; Palandt-*Grüneberg*, § 317 BGB Rdnr. 1.
[108] Erman-*Hager*, § 317 BGB Rdnr. 9; Bamberger/Roth-*Gehrlein*, § 317 BGB Rdnr. 1; MünchKomm-*Würdinger*, § 317 BGB Rdnr. 3.
[109] BGHZ 18, 152; 41, 279; RGZ 99, 106; BAG NZA 2005, 359; Palandt-*Grüneberg*, § 315 BGB Rdnr. 10; Erman-*Hager*, § 315 BGB Rdnr. 18.

A. Käuferpflichten nach deutschem Zivilrecht

Entscheidung des Dritten regelmäßig bindend.[110] Unverbindlich ist die Festlegung des Kaufpreises durch den Dritten erst dann, wenn sie nicht den Maßstäben der Billigkeit entspricht (§ 319 Abs. 1 S. 1 BGB). Im Gegensatz zur Kaufpreisbestimmung durch einen der Vertragsbeteiligten selbst (§§ 315 f. BGB) muss hier allerdings eine offenbare Unbilligkeit (§ 319 Abs. 1 S. 1 BGB) vorliegen, d. h. sie muss für jeden sachkundigen und unbefangenen Betrachter – sei es auch nach eingehender Prüfung – ersichtlich sein.[111] Die Kaufpreisfestlegung des Schiedsgutachters ist insbesondere dann **unbillig und** somit **unverbindlich** für die Vertragsparteien, wenn seine Entscheidung nicht allein auf sachverständigen Kriterien beruht.[112] So ist bspw. die Verkehrswertermittlung eines Grundstücks unbillig, wenn kein Vergleich zu den Preisen anderer Grundstücke in unmittelbarer Umgebung angestellt wird.[113] Teilweise wird der Leistungsbestimmung durch einen Schiedsgutachter auch dann die Bindungswirkung abgesprochen, wenn den Vertragsbeteiligten kein rechtliches Gehör gewährt wurde.[114] Ansonsten führt die ordnungsgemäß getroffene Entscheidung dazu, dass der von dem Dritten festgelegte Kaufpreis maßgeblich für das Vertragsverhältnis zwischen den Beteiligten ist.

d) Besondere Vereinbarungen hinsichtlich des Kaufpreises. Die Festsetzung des Kaufpreises kann von vertraglichen Regelungen begleitet sein, die im Ergebnis dazu führen, dass der Käufer den Preis nicht vollständig zahlen muss, etwa weil ihm als Anreiz für eine frühzeitige Zahlung ein Preisnachlass gewährt wird (**Skonto,** dazu sogleich Rdnr. 1249 f.). Außerdem kann vereinbart sein, dass der Käufer seine Verpflichtung auch durch Erbringung einer anderen Leistung erfüllen kann, ihm insbesondere eine Ersetzungsbefugnis zugestanden wird, was im Kfz-Handel bei Inzahlunggabe eines Gebrauchtwagens von großer praktischer Bedeutung ist (**Verrechnungsabreden,** siehe dazu Rdnr. 1251 ff.). Schließlich können bei einem Grundstückskauf auch Belastungen übernommen und auf den zu zahlenden Kaufpreis angerechnet werden (**Anrechnungsklauseln,** vgl. dazu Rdnr. 1259) oder anstelle des Kaufpreises eine Leibrente zu entrichten sein (dazu Rdnr. 1260). Insbesondere bei längerfristig abgeschlossenen Kaufverträgen besteht nicht selten das praktische Bedürfnis für Vereinbarungen, die eine spätere Anpassung des Preises an veränderte Umstände ermöglichen (**Preisanpassungs-, Überprüfungs- und Neuverhandlungs-, sowie Wertsicherungsklauseln,** siehe dazu Rdnr. 1261 ff., Rdnr. 1273 ff. und Rdnr. 1276 ff.).

aa) Vereinbarung eines Skontos. Die Höhe des Kaufpreises kann sich um einen prozentualen Anteil verringern, wenn es dem Käufer gestattet ist, einen sog. **Skonto** abzuziehen, der vom Verkäufer vor allem dafür gewährt wird, dass der Kaufpreis entweder sofort oder zumindest innerhalb eines bestimmten, kurzen Zeitraums gezahlt wird.[115] Für den Käufer stellt sich der Skonto als eine Art Prämie für die pünktliche Erfüllung dar,[116] der rechtlich als aufschiebend bedingter (§ 158 Abs. 1 BGB) Teilerlass (§ 397 BGB) zu werten ist.[117] Er

---

[110] OLG Frankfurt a.M., NJOZ 2006, 4142, 4143; MünchKomm-*Würdinger,* § 319 BGB Rdnr. 2.
[111] OLG Frankfurt a.M., NJOZ 2006, 4142, 4144; OLG Karlsruhe, NJW-RR 2005, 249, 251; MünchKomm-*Würdinger,* § 317 BGB Rdnr. 21; Palandt-*Grüneberg,* § 319 BGB Rdnr. 3.
[112] BGH, NJW 2001, 3775, 3777; BGHZ 9, 198; MünchKomm-*Würdinger,* § 319 BGB Rdnr. 16.
[113] BGH, NJW 1991, 2698; BGH, WM 1982, 102; MünchKomm-*Würdinger,* § 319 BGB Rdnr. 17 m.w.Bsp.; Palandt-*Grüneberg,* § 319 BGB Rdnr. 4.
[114] LG Frankfurt a.M., ZIP 1988, 1260, 1262; MünchKomm-*Würdinger,* § 319 BGB Rdnr. 42 m.w.N.; anders BGHZ 6, 335, 341; OLG Celle, NJW-RR 1995, 1046; Staudinger-*Rieble,* § 317 BGB Rdnr. 63; Palandt-*Grüneberg,* § 319 BGB Rdnr. 5.
[115] Soergel-*Huber,* § 433 BGB Rdnr. 182; PWW-*Schmidt,* § 433 BGB Rdnr. 39; Bamberger/Roth-*Faust,* § 433 BGB Rdnr. 55; Staudinger-*Beckmann,* § 433 BGB Rdnr. 125.
[116] OLG Hamburg, OLGE 8, 57; Soergel-*Huber,* § 433 BGB Rdnr. 182; MünchKomm-*Westermann,* § 433 BGB Rdnr. 76: Vergütung für die Nichtinanspruchnahme von Finanzierungskosten.
[117] BGH, NJW 1998, 1302; Bamberger/Roth-*Faust,* § 433 BGB Rdnr. 55; MünchKomm-*Westermann,* § 433 BGB Rdnr. 76; Staudinger-*Beckmann,* § 433 BGB Rdnr. 125; anders BGH, NJW 1983, 2944.

kann jedoch auch bei sofortiger Zahlung nicht von sich aus den Kaufpreis reduzieren. Vielmehr **bedarf** es **einer vorherigen Vereinbarung oder** zumindest einer einseitigen **Gestattung** von Seiten des Verkäufers.[118] Ohne diese ist der Käufer nur dann zum Abzug berechtigt, wenn es der Verkehrssitte entspricht oder es in dem jeweiligen Geschäftsbereich handelsüblich ist.[119] Aber selbst wenn ein dahingehender Handelsbrauch besteht, kann der Skontoabzug durch bestimmte Klauseln („netto Kasse", „rein netto" oder „Kasse gegen Dokumente") ausdrücklich ausgeschlossen werden.[120] Ist in einem Kaufvertrag nicht nur die Lieferung, sondern auch die Aufstellung z. B. eines Baukrans vereinbart, so bedeutet die Berechtigung zum Skontoabzug bei „sofortiger Zahlung nach Lieferung und Rechnungserhalt", dass auch die Zeitspanne bis zur vollständigen Aufstellung erfasst ist, weil auch diese zur Leistungserfüllung des Verkäufers gehört, womit bis zu deren endgültiger Erfüllung die Fälligkeit des Kaufpreisanspruches hinausgeschoben wird.[121]

1250 Die **Beweislast** hinsichtlich des Skontos liegt nach der Rechtsprechung beim Verkäufer, da es letztlich um den konkret geschuldeten Kaufpreis gehe.[122] Dem ist allerdings das Schrifttum entgegengetreten, da der Skontoabzug eine für den Käufer positive Tatsache beinhaltet, die daher auch von diesem darzulegen und zu beweisen ist.[123]

1251 **bb) Verrechnungsabreden.** Solange der Kaufpreis zunächst in Geld bemessen ist, ändert eine Vereinbarung, die es dem Käufer gestattet, **anstelle des Geldes** eine **andere Leistung** – z. B. Sachen, Rechte, Dienstleistungen – in Anrechnung auf den Kaufpreis zu erbringen, an der Einordnung des Vertrages als Kaufvertrag nichts.[124] So haben die Parteien die Möglichkeit, dem Käufer das Recht einzuräumen, eine Ersatzleistung anstelle des Kaufpreises zu erbringen. Dem Käufer steht dann durch die Vereinbarung mit dem Verkäufer eine **Ersetzungsbefugnis** zu, so dass er die andere Leistung an **Erfüllungs Statt** gem. § 364 Abs. 1 BGB erbringt[125] (zur Inzahlungnahme gebrauchter Pkw siehe sogleich Rdnr. 1252ff.). Sie wird in entsprechender Höhe mit dem Kaufpreis verrechnet. Die andere Leistung kann auch **erfüllungshalber** gem. § 364 Abs. 2 BGB erfolgen.[126] Soll die andere Leistung jedoch ganz oder teilweise die von vornherein geschuldete Käuferleistung sein, dann entsteht in Höhe des zu „verrechnenden" Betrags gar keine Geldschuld[127] und demnach auch keine Kaufpreisforderung. Der Kaufpreis, bzw. der dafür veranlagte Teil, stellt dann lediglich eine Bemessungsgrundlage dar.[128] Häufig ist dies bei der Anrechnung von Grundstücksbelastungen der Fall (siehe Rdnr. 1259). Ist die vereinbarte Gegenleistung (teilweise) eine Ware, so liegt (teilweise) ein Tauschvertrag gem. § 480 BGB vor.[129] Wie

---

[118] BGH BB 1981, 150; MünchKomm-*Westermann*, § 433 BGB Rdnr. 76; Staudinger-*Beckmann*, § 433 BGB Rdnr. 125.

[119] Staudinger-*Beckmann*, § 433 BGB Rdnr. 125; Soergel-*Huber*, § 433 BGB Rdnr. 182; MünchKomm-*Westermann*, § 433 BGB Rdnr. 74; dagegen Bamberger/Roth-*Faust*, § 433 BGB Rdnr. 55.

[120] BGH, WM 1972, 1092; Soergel-*Huber*, § 433 BGB Rdnr. 182; MünchKomm-*Westermann*, § 433 BGB Rdnr. 74; Staudinger-*Beckmann*, § 433 BGB Rdnr. 125.

[121] Staudinger-*Beckmann*, § 433 BGB Rdnr. 125; Soergel-*Huber*, § 433 BGB Rdnr. 182; a.A. LG Hamburg, NJW-RR 1988, 181.

[122] BGH, NJW 1983, 2944; Palandt-*Weidenkaff*, § 433 BGB Rdnr. 56; wohl auch Soergel-*Huber*, § 433 BGB Rdnr. 184; Jauernig-*Berger*, § 433 BGB Rdnr. 33.

[123] Staudinger-*Beckmann*, § 433 BGB Rdnr. 125; MünchKomm-*Westermann*, § 433 BGB Rdnr. 76; PWW-*Schmidt*, § 433 BGB Rdnr. 53.

[124] Palandt-*Weidenkaff*, § 433 BGB Rdnr. 40; Staudinger-*Rieble*, § 433 BGB Rdnr. 45.

[125] Erman-*Grunewald*, § 433 BGB Rdnr. 50; Staudinger-*Beckmann*, § 433 BGB Rdnr. 139; MünchKomm-*Westermann*, § 433 BGB Rdnr. 77.

[126] Palandt-*Weidenkaff*, § 433 BGB Rdnr. 40; Staudinger-*Beckmann*, § 433 BGB Rdnr. 45.

[127] Staudinger-*Beckmann*, § 433 BGB Rdnr. 45 und 139; Soergel-*Huber*, § 433 BGB Rdnr. 185.

[128] BGH, WM 1970, 505f.; Staudinger-*Beckmann*, § 433 BGB Rdnr. 45; Soergel-*Huber*, § 433 BGB Rdnr. 185.

[129] Soergel-*Huber*, § 433 BGB Rdnr. 185; Palandt-*Weidenkaff*, § 433 BGB Rdnr. 38.

die Verrechnungsabrede der Parteien rechtlich einzuordnen ist, ist durch Auslegung zu ermitteln.[130]

(1) Inzahlunggabe eines Gebrauchtwagens. Der **Hauptanwendungsfall** der Verrechnungsabreden ist die **Inzahlunggabe eines Gebrauchtwagens** beim Kauf eines Neuwagens. Dabei gibt der Käufer als Teil des Kaufpreises einen gebrauchten Pkw hin und zahlt nur noch den Restkaufpreis. Das damit verfolgte Ziel, einerseits die Aufbringung des Kaufpreises zu erleichtern und andererseits die Veräußerung des gebrauchten Wagens herbeizuführen, kann durch verschiedene zulässige und praktisch gebräuchliche **Vertragsgestaltungen** erreicht werden.[131] Denkbar ist zunächst, dass der Verkäufer den Gebrauchtwagen mit der Abrede entgegennimmt, den Verkauf mit einem Dritten zu vermitteln, wobei ein garantierter Mindestverkaufspreis auf den vom Käufer für den Neuwagen zu zahlenden Betrag angerechnet wird[132] (dazu Rdnr. 1256). Im Vordergrund stehen aber Vereinbarungen, nach denen der Verkäufer seinen alten Pkw unmittelbar an den Verkäufer des Neuwagens überträgt. Basis können dabei zwei separate Kaufverträge – also einer für den neuen und der andere für den gebrauchten Pkw – sein, die durch eine Verrechnungsabrede verbunden werden.[133] Es kann aber auch ein einheitlicher Kaufvertrag geschlossen werden, der primär auf die volle Kaufpreiszahlung gerichtet ist, verbunden mit der Befugnis des Käufers, die Zahlung teilweise durch die Inzahlunggabe des gebrauchten PKW zu ersetzen.[134]

1252

Haben sich die Parteien zwar über die Inzahlungnahme als solche geeinigt, aber **keine Vereinbarung** hinsichtlich deren rechtlicher Ausgestaltung getroffen, so wird dies von Rechtsprechung[135] und Teilen der Literatur[136] im Sinne der letztgenannten Variante, also als Kauf mit Ersetzungsbefugnis des Käufers ausgelegt. Der Gegenansicht, die einen gemischten Vertrag aus Kauf und Tausch annimmt,[137] ist insbesondere entgegenzuhalten, dass es den Vertragsparteien bei der Hingabe eines Altwagens regelmäßig nicht darum geht, gegenseitige Forderungsansprüche hinsichtlich des jeweiligen Pkws zu begründen, sondern der Erwerb des Neuwagens im Vordergrund steht. Es soll für den Käufer keine Pflicht zur Hingabe des gebrauchten Pkw begründet werden, sondern lediglich ein Recht, dadurch einen Teil des Kaufpreises zu ersetzen.[138]

1253

Treten **Mängel** auf, die das gekaufte **neue Kraftfahrzeug** betreffen, kann der Käufer die Rechte nach § 437 BGB geltend machen (siehe dazu Rdnr. 615 ff.). Erklärt er nach Nr. 2 dieser Vorschrift den Rücktritt, so sind gem. § 346 Abs. 1 BGB die empfangenen Leistungen zurück zu gewähren, so dass der in Zahlung gegebene alte PKW an den Käufer zurück zu übertragen ist. Dieser kann grundsätzlich nicht verlangen, dass der Verkäufer den Altwagen behält und statt dessen den zur Anrechnung gestellten Geldbetrag auszahlt.[139] Dies gilt selbst dann, wenn der Verkäufer den für den Gebrauchtwagen angesetzten Geldbetrag verwendet, um den dafür noch laufenden Kredit des Käufers bei der finanzierenden Bank zu tilgen und

1254

---

[130] Vgl. Soergel-*Huber*, vor § 433 BGB Rdnr. 207 ff.; Staudinger-*Beckmann*, § 433 BGB Rdnr. 43, 45 und 139 f.
[131] Siehe zu den Gestaltungsvarianten Hk-*Schulze*, § 346 BGB Rdnr. 5 ff.; Staudinger-*Olzen*, § 365 BGB Rdnr. 30 ff.; Soergel-*Huber*, vor § 433 BGB Rdnr. 212 ff.; Reinicke/Tiedtke, KaufR, Rdnr. 1025 ff.
[132] BGH, NJW 1980, 2190, 2191; BGH, NJW 1978, 1482; Soergel-*Huber*, vor § 433 BGB Rdnr. 217; Reinicke/Tiedtke, KaufR, Rdnr. 1032.
[133] Soergel-*Huber*, vor § 433 BGB Rdnr. 217; Reinicke/Tiedtke, KaufR, Rdnr. 1026.
[134] Reinicke/Tiedtke, KaufR, Rdnr. 1026 mit Hinweis auf mögliche andere Inhalte eines einheitlichen Vertrages.
[135] BGH, NJW 1996, 2504; BGH JZ 1984, 377; BGHZ 46, 338; OLG Oldenburg, NJW-RR 1995, 689.
[136] So Soergel-*Huber*, vor § 433 BGB Rdnr. 215; Staudinger-*Beckmann*, § 433 BGB Rdnr. 139; Reinicke/Tiedtke, KaufR, Rdnr. 1026; Binder, NJW 2003, 393.
[137] *Reinking/Eggert*, Autokauf, Rdnr. 477 ff.; *Medicus*, NJW 1976, 54 f; *Schulin*, JZ 1984, 379.
[138] BGH JZ 1984, 378; *Schulin*, JA 1983, 161, 164.
[139] Reinicke/Tiedtke, KaufR, Rdnr. 1028.

dieser Betrag über dem Wert des Altfahrzeugs liegt.[140] Hat der Verkäufer des Neuwagens den gebrauchten PKW bereits an einen Dritten weiter veräußert, steht dem Käufer nach § 346 Abs. 2 S. 1 Nr. 2 BGB ein Anspruch auf Wertersatz zu, für dessen Berechnung nach Satz 2 der genannten Vorschrift eine vereinbarte Gegenleistung, hier also der zu ersetzende Geldbetrag zu Grunde zu legen ist.[141] Die Auszahlung des eventuell durch den Weiterverkauf erzielten Mehrerlöses kann der Käufer nach § 285 BGB verlangen, der den Verkäufer zur Herausgabe eines Ersatzvorteils (stellvertretendes commodum) verpflichtet.[142] Der Wert eines vom Verkäufer mit einem symbolischen Preis von 1 Euro in Zahlung genommenen Fahrzeugs ist bei der Rückabwicklung nicht zu berücksichtigen, wenn dieses mit einem unbekannten Kaufpreis weiterveräußert worden ist.[143]

1255 Ist der in Ausübung der Ersetzungsbefugnis übertragene **Altwagen mangelhaft,** so hat der Käufer dafür gem. § 365 BGB wie ein Verkäufer einzustehen. Der Verkäufer des Neuwagens kann also im Hinblick auf den zur Tilgung der Kaufpreisschuld übereigneten gebrauchten Pkw die Rechte aus § 437 BGB geltend machen (siehe dazu Rdnr. 615 ff.). Erklärt er den Rücktritt, so bezieht sich dieser ausschließlich auf den an Erfüllungs statt hingegebenen Gebrauchtwagen, so dass im Ergebnis die Ersetzungsbefugnis hinfällig wird und im Rahmen des Kaufvertrags über den Neuwagen der volle Kaufpreis zu zahlen ist.[144] Dieses Ergebnis wird verschiedentlich als nicht interessengerecht bewertet, weil der Käufer oftmals ohne die Inzahlunggabe des Gebrauchtwagens gar nicht in der Lage wäre, den Neuwagen zu erwerben, und ihm auch der Vorteil einer günstigen Anrechnung verloren gehe.[145] Dem ist jedoch zum einen entgegen zu halten, dass die Störung aus der Sphäre des den Gebrauchtwagen leistenden Käufers stammt und zum anderen ein Gewährleistungsausschluss hinsichtlich dieses Pkw vereinbart werden könnte, es sei denn der Käufer handelte arglistig oder hat hinsichtlich des Gebrauchtwagens eine Garantieerklärung abgegeben (§ 444 BGB). Die den zwingenden Charakter anordnende Verbraucherschutzvorschrift des § 475 Abs. 1 S. 1 BGB steht der Vereinbarung eines Haftungsausschlusses nicht entgegen, da ein solcher nicht zum Nachteil des Verbrauchers führt, sondern im Gegenteil für diesen vorteilhaft ist.[146] Hinsichtlich der Verschleißmängel, die auf normaler Abnutzung und Gebrauch beruhen, wird sogar ein stillschweigender Gewährleistungsausschluss angenommen,[147] der verschiedentlich auch auf Unfallschäden erstreckt wird.[148] Der Verkäufer des Neuwagens wird dadurch nicht unangemessen benachteiligt, da er den in Zahlung genommenen Wagen hinreichend untersuchen und den festgestellten Zustand in die Bewertung der Ersatzleistung einbeziehen kann.

1256 Im Zusammenhang mit dem Kauf eines Neuwagens kann eine **Anrechnungsvereinbarung** hinsichtlich des gebrauchten Pkw des Käufers auch **in der Weise** erfolgen, **dass** der Verkäufer das Altfahrzeug nicht unmittelbar selbst erwirbt (dazu Rdnr. 1252 ff.), sondern er **lediglich** dessen **Verkauf an einen Dritten vermittelt.** Bei dieser Variante wird neben dem Kaufvertrag über den Neuwagen ein zweiter Vertrag (sog. **Agentur- oder Kommissionsvertrag**) geschlossen, im Rahmen dessen der Verkäufer den Gebrauchtwagen als Vermittler zur Weiterveräußerung übernimmt, wobei ein garantierter Mindestpreis festgelegt wird, in dessen Höhe der Kaufpreis gestundet und mit dem späteren Erlös verrechnet

---

[140] BGH, NJW 2008, 2028.
[141] Vgl. OLG Saarbrücken, MDR 2006, 227 f.
[142] So auch *Reinicke/Tiedtke*, KaufR, Rdnr. 1029.
[143] OLG Düsseldorf, SVR 2006, 177.
[144] BGH JZ 1984, 378; Bamberger/Roth-*Faust*, § 433 BGB Rdnr. 14; *Reinicke/Tiedtke*, KaufR, Rdnr. 1030.
[145] Staudinger-*Olzen*, § 365 BGB, Rdnr. 33.
[146] Ebenso *Reinicke/Tiedtke*, KaufR, Rdnr. 1031.
[147] BGHZ 46, 338; 83, 334; *Rupp/Fleischmann*, NJW 1984, 2802, 2804; *Schulin*, JA 1983, 161, 164.
[148] So *Reinicke/Tiedtke*, KaufR, Rdnr. 1031; *Honsell*, Jura 1983, 523, 527.

wird.¹⁴⁹ Ein eventueller Mehrerlös verbleibt dem Verkäufer des Neuwagens, der auch das Risiko eines Mindererlöses trägt.

Diese Anrechnungsvariante wird von der **Zielsetzung** getragen, den Weiterverkauf des Gebrauchtwagens durch den Händler nicht der **Mehrwertsteuer** unterfallen zu lassen. Nachdem durch die Einfügung des § 25 a UStG nur noch der Differenzbetrag zwischen dem Einkaufspreis, der dem Käufer für den Gebrauchtwagen gezahlt wurde und dem gegenüber dem Dritten erzielten Verkaufspreis der Umsatzsteuer unterliegt (sog. Differenzbesteuerung),¹⁵⁰ ist die Bedeutung dieser Vertragskonstruktion zurückgegangen.¹⁵¹ Allerdings könnte sich ein neues praktisches Bedürfnis aus dem Ziel ergeben, die Geltung der **Verbraucherschutznormen** der §§ 474 ff. BGB zu vermeiden.¹⁵² Veräußert nämlich der Kfz-Händler selbst einen vom Käufer des Neuwagens erworbenen Gebrauchtwagen (Vertragsmodell der Rdnr. 1252 ff.), so wird regelmäßig ein Verbrauchervertrag vorliegen. Tritt dieser Unternehmer dagegen lediglich als Vermittler auf, so ist der Käufer des Neuwagens selbst der Verkäufer des gebrauchten Pkw, so dass – da er regelmäßig Verbraucher und somit ein Rechtsgeschäft unter Privaten gegeben ist – kein Verbrauchervertrag vorliegt. Kommen allerdings steuerliche Gründe nicht entscheidend zum Tragen und geht es bei dieser Vertragskonstruktion im Kern darum, die Geltung von Verbraucherschutznormen zu vermeiden, so ist stets zu prüfen, ob nicht ein Umgehungsgeschäft im Sinne des § 475 Abs. 1 S. 1 BGB gegeben ist.¹⁵³ **1257**

Im **Verhältnis zwischen dem Verkäufer und dem Käufer des Neuwagens** treten bei der soeben in Rdnr. 1256 f. erörterten Variante der Verrechnungsabrede im Wesentlichen die gleichen Folgen ein wie bei einer Übertragung des Gebrauchtwagens unmittelbar an den Neuwagenverkäufer. Weist der **neue Pkw** einen **Mangel** auf und tritt der Käufer deshalb vom Kaufvertrag zurück, muss neben der Erstattung des bereits gezahlten Kaufpreises auch der Gebrauchtwagen zurückgegeben werden. Wurde er bereits weiter veräußert, so ist Wertersatz zu leisten oder der Verkaufserlös herauszugeben, falls dieser darüber lag.¹⁵⁴ Mit dem Rücktritt vom Kaufvertrag ist gleichzeitig die Geschäftsgrundlage für den Vermittlungsvertrag entfallen (vgl. § 313 BGB),¹⁵⁵ so dass alle darin getroffenen Vereinbarungen – insbesondere auch über eine Mindestpreis – nicht mehr gelten. Eine Kündigung des Agenturvertrages, etwa wegen eines **Mangels des Gebrauchtwagens,** lässt dagegen den Kaufvertrag nicht entfallen.¹⁵⁶ Allerdings kann eine solche Kündigung aus den bereits im Zusammenhang mit der Ersetzungsbefugnis ausgeführten Gründen (Rdnr. 1255) nur unter engen Voraussetzungen – Arglist oder Garantieerklärung seitens des Neuwagenkäufers – erfolgen.¹⁵⁷ Liegen diese vor, entfällt die Stundungs- und Verrechnungsvereinbarung, so dass der Käufer den vollen Kaufpreis zahlen muss. **1258**

---

¹⁴⁹ Vgl. zu dieser Konstruktion *Reinicke/Tiedtke*, KaufR, Rdnr. 1032 ff.; Hk-*Schulze*, § 364 BGB Rdnr. 6; MünchKomm-*Westermann*, vor § 433 BGB Rdnr. 34a; Soergel-*Huber*, vor § 433 BGB Rdnr. 217 ff.

¹⁵⁰ Näher dazu Sölch/Ringleb-*Mößlang*, § 25 a UStG Rdnr. 26 ff.

¹⁵¹ MünchKomm-*Westermann*, vor § 433 BGB Rdnr. 34a; MünchKomm-*Krüger*, § 262 BGB Rdnr. 9; Soergel-*Huber*, vor § 433 BGB Rdnr. 217; *Reinicke/Tiedtke*, KaufR, Rdnr. 1032; *Reinking/ Eggert*, Autokauf, Rdnr. 972 ff.; *Binder*, NJW 2003, 393, 394.

¹⁵² MünchKomm-*Westermann*, vor § 433 BGB Rdnr. 34a; *Reinicke/Tiedtke*, KaufR, Rdnr. 1032; *Reinking/Eggert*, Autokauf, Rdnr. 466.

¹⁵³ BGH, NJW 2005, 1039, 1040 f. verneint in dieser Konstellation das Vorliegen eines Umgehungsgeschäfts, ein solches läge nur dann vor, wenn der als Vermittler agierende Händler auch das wirtschaftliche Risiko trage; ähnlich Bamberger/Roth-*Faust*, § 474 BGB Rdnr. 7.

¹⁵⁴ Ebenso *Reinicke/Tiedtke*, KaufR, Rdnr. 1033 ff.

¹⁵⁵ Hk-*Schulze*, § 364 BGB Rdnr. 7; *Reinicke/Tiedtke*, KaufR, Rdnr. 1033.

¹⁵⁶ MünchKomm-*Westermann*, vor § 433 BGB Rdnr. 34a; Soergel-*Huber*, vor § 433 BGB Rdnr. 220; *Reinicke/Tiedtke*, KaufR, Rdnr. 1038.

¹⁵⁷ Ebenso *Reinicke/Tiedtke*, KaufR, Rdnr. 1038; Hk-*Schulze*, § 364 BGB Rdnr. 7, der einen wichtigen Grund verlangt; Soergel-*Huber*, vor § 433 BGB Rdnr. 220; BGH, NJW 1982, 1699: jedenfalls bei Fehlen einer zugesicherten Eigenschaft.

1259 **(2) Anrechnung von Grundstücksbelastungen.** Ein weiterer wichtiger Fall der Verrechnung ist die Übernahme von Grundstücksbelastungen unter Anrechnung auf den Kaufpreis. Bei einem Grundstückskauf übernimmt der Käufer nicht selten die **auf dem Grundstück liegenden Belastungen und** die **Verbindlichkeiten des Verkäufers,** für die die Hypothek bzw. die Grundschuld bestellt wurde. Dies reduziert die Zahlungspflicht des Käufers, indem der Kaufpreis entweder von vornherein unter Berücksichtigung der vorhandenen Belastung bestimmt wird, oder – bei Bestimmung anhand des Wertes des unbelasteten Grundstücks – ein Abzug in Höhe der übernommenen Belastung erfolgt.[158] Der Kaufvertrag ist dabei jedenfalls auf den Erwerb eines Grundstücks gerichtet, das nicht frei von Rechten Dritter ist (vgl. § 435 S. 1 BGB).[159] Für die **Übernahme der persönlichen Schuld** des Verkäufers ist nach §§ 415, 416 BGB die Genehmigung des Gläubigers erforderlich. Wird diese erteilt, wird der Verkäufer von der betreffenden Verbindlichkeit befreit und der Käufer hat mit der wirksamen Übernahme der Belastung insofern seine Vertragspflicht erfüllt.[160] Fehlt es an der erforderlichen Genehmigung, so hat im Innenverhältnis der Verkäufer einen Anspruch gegen den Käufer auf Befreiung von der Inanspruchnahme durch den Hypothekengläubiger; der Käufer muss also den Gläubiger gem. § 415 Abs. 3 BGB rechtzeitig befriedigen.[161] Abweichend davon kann im Kaufvertrag aber auch vereinbart sein, dass im Falle einer nicht erteilten Genehmigung der Käufer verpflichtet ist, den vollen Kaufpreis zu entrichten, so dass der Wert der übernommenen Belastung an den Verkäufer nachgezahlt werden muss.[162]

1260 **cc) Leibrentenvereinbarungen.** Im Rahmen von Grundstückskäufen ist auch die Verrentung des Kaufpreises verbreitet.[163] Dabei erhält der Verkäufer anstelle des geschuldeten Kaufpreises regelmäßig wiederkehrende, gleichartige Geldleistungen über einen bestimmten oder auch unbestimmten Zeitraum. Häufig sind sie als Rente für die Lebenszeit des Verkäufers geschuldet. Bei einer solchen Leibrentenverpflichtung i. S. d. § 759 BGB bleibt die Höhe des Kaufpreises zwar bis zum Tode des Verkäufers ungewiss, der Rechtscharakter als Kaufvertrag wird davon aber nicht beeinträchtigt.[164] Nicht selten wird die Leibrente durch eine Wertsicherungsklausel (siehe dazu Rdnr. 1276 ff.) gegen unerwartete wirtschaftliche Entwicklungen geschützt.[165] Die Rente ist dabei nicht zu verwechseln mit den Raten, die gerade nicht anstelle des geschuldeten Entgeltes treten, sondern nur eine Erfüllung dieser Zahlungspflicht in Teilbeträgen darstellen.[166]

dd) Preisänderungsvorbehalte

1261 **(1) Grundlagen einer Preisanpassungsbefugnis.** Besteht auf Seiten des Verkäufers ein Interesse daran, den vertraglich festgelegten Kaufpreis der zukünftigen Entwicklung anpassen zu können, wenn sich für ihn der angebotene Vertragsgegenstand verteuert, so kann dem mit entsprechenden Vertragsgestaltungen Rechnung getragen werden. Fehlen dahingehende Regelungen, so führt die Bindungswirkung der übereinstimmend getroffenen vertraglichen Vereinbarungen dazu, dass grundsätzlich[167] auch der Kaufpreis, der das Äquiva-

---

[158] Soergel-*Huber*, § 433 BGB Rdnr. 186 f.; Staudinger-*Beckmann*, § 433 BGB Rdnr. 140.

[159] RGRK-*Mezger*, § 433 BGB Rdnr. 20; Soergel-*Huber*, § 433 BGB Rdnr. 187.

[160] RGZ 120, 168; 121, 41; MünchKomm-*Westermann*, § 433 BGB Rdnr. 75; RGRK-*Mezger*, § 433 BGB Rdnr. 20.

[161] BGH ZIP 1991, 506; Soergel-*Huber*, § 433 BGB Rdnr. 188; *Reinicke/Tiedtke*, KaufR, Rdnr. 115.

[162] BGH ZIP 1991, 506 = NJW 1991, 1822, 1824; Staudinger-*Beckmann*, § 433 BGB Rdnr. 140; Soergel-*Huber*, § 433 BGB Rdnr. 188; *Reinicke/Tiedtke*, KaufR, Rdnr. 115.

[163] Staudinger-*Beckmann*, § 433 BGB Rdnr. 46.

[164] Soergel-*Huber*, § 433 BGB Rdnr. 13 und 180.

[165] RGZ 141, 7; Staudinger-*Beckmann*, § 433 BGB Rdnr. 45; Soergel-*Huber*, § 433 BGB Rdnr. 180.

[166] RGZ 141, 7; Staudinger-*Beckmann*, § 433 BGB Rdnr. 45.

[167] Ausnahmen können sich in Extremfällen aus § 242 und § 313 BGB ergeben.

A. Käuferpflichten nach deutschem Zivilrecht

lenzverhältnis der ausgetauschten Leistungen bestimmt, nicht durch ein späteres einseitiges Erhöhungsverlangen veränderbar ist. Erforderlich ist dazu vielmehr eine entsprechende **Preisanpassungsklausel als Bestandteil des Vertrages,** die auch in Allgemeinen Geschäftsbedingungen enthalten sein kann[168] (zu deren Einbeziehung siehe Rdnr. 165 ff., zur Inhaltskontrolle Rdnr. 1265 ff.). Die Auslegung solcher Klauseln kann ergeben, dass der Verkäufer bereits die Verbindlichkeit seines Angebots einschränkt, indem er sich das Recht eröffnet, von seinem Angebot Abstand zu nehmen, um dem Käufer ein neues Angebot mit verändertem Kaufpreis zu unterbreiten, das wiederum einer erneuten Annahme bedarf[169] (siehe auch Rdnr. 139 f.).

In der Regel wird dem Verkäufer aber daran gelegen sein, den Kaufvertrag abzuschließen **1262** und auch daran festzuhalten, allerdings verbunden mit der Befugnis, den ursprünglichen Preis zu erhöhen. Ein solcher Preisänderungsvorbehalt begründet also zugunsten des Verkäufers das Recht, im Rahmen der durch die jeweilige Vereinbarung oder durch Gesetz (§§ 315, 307 ff. BGB) gezogenen Grenzen **einseitig** den ursprünglich angegebenen **Preis** zu **verändern,**[170] wobei der zunächst vereinbarte Preis als Richtpreis dient. In der Praxis sind Preisänderungsvorbehalte vor allem dort von Bedeutung, wo die Abwicklung von Kaufverträgen sich über einen längeren Zeitraum erstreckt, wie insbesondere bei Verträgen mit langer Lieferfrist (z. B. beim Kraftfahrzeugkauf) oder bei Sukzessivlieferverträgen (etwa über Zeitschriftenabonnements, Energieversorgung oder auch bei den typischen Bierlieferungsverträgen).[171] Die **Ausgestaltung von Preiserhöhungsklauseln** kann dabei recht vielfältig sein, etwa indem ausdrücklich eine „Preiserhöhung vorbehalten" oder bei Verteuerung bestimmter Kostenelemente eine Berechtigung zur Preisanpassung statuiert wird, durch Bezeichnung des Kaufpreises als „unverbindlich" oder „freibleibend", indem der zur Zeit der Lieferung geltende Tages- oder Listenpreis für maßgeblich erklärt wird oder dadurch, dass die Kaufpreisbestimmung Zusätze enthält wie „etwa", „gegen" oder „cirka".[172] Von den Vertragsbestimmungen, die eine Preiserhöhung durch Erklärung des Verkäufers ermöglichen, sind die **Preisgleitklauseln** zu unterscheiden, bei denen die Preisanpassung automatisch erfolgt. Werden solche Klauseln gegenüber Letztverbrauchern verwendet, bedürfen zu ihrer Wirksamkeit einer Genehmigung des Bundesamtes für Wirtschaft (vgl. § 2 PrAKG i.V.m. § 1 PrKV; siehe auch zu Wertsicherungsklauseln Rdnr. 1276 ff.).[173]

(2) Wirksamkeit eines Preiserhöhungsverlangens. Die Feststellung der Wirksamkeit **1263** eines Preiserhöhungsverlangens auf der Grundlage einer diesbezüglichen Vertragsklausel erfordert eine **Prüfung auf mehreren Ebenen.** Zum einen ist zu fragen, ob die in der Klausel selbst festgelegten Voraussetzungen erfüllt sind, insbesondere ob einer der darin bestimmten Gründe für eine Preisänderung gegeben ist, wie z. B. eine Steigerung der Rohstoffpreise, der Lohnkosten, der Lebenshaltungskosten oder eine Erhöhung der Preise für vergleichbare Waren.[174] Außerdem ist zu fragen, ob gesetzliche Bestimmungen einer Preiserhöhungsklausel Grenzen setzen, die sowohl hinsichtlich der tatbestandlichen Zulässigkeitsvoraussetzungen als auch des Umfangs eines Preiserhöhungsverlangens von Bedeutung sein können.

---

[168] BGH, NJW 1990, 115; OLG Koblenz, NotBZ 2002, 228 f.
[169] BGHZ 1, 353; Erman-*Grunewald*, § 433 BGB Rdnr. 39; MünchKomm-*Westermann*, § 433 BGB Rdnr. 22.
[170] BGH, WM 1983, 680 f.; BGHZ 93, 252, 255; MünchKomm-*Westermann*, § 433 BGB Rdnr. 22; Erman-*Grunewald*, § 433 BGB Rdnr. 39.
[171] Ausführlich Soergel-*Huber*, vor § 433 BGB Rdnr. 149 ff.
[172] Siehe Bamberger/Roth-*Becker*, § 309 Nr. 1 BGB Rdnr. 11, m.w.Bsp. und Hinweis auf die jeweilige Rspr.; Erman-*Roloff*, § 309 BGB Rdnr. 2.
[173] Das Preisangaben- und Preisklauselngesetz (PrAKG) hat mit Wirkung zum 1.1.1999 den außer Kraft getretenen § 3 WährG ersetzt.
[174] Soergel-*Huber*, vor § 433 BGB Rdnr. 149.

1264 **(a) Individuell vereinbarte Preisänderungsvorbehalte.** Bei **individuell vereinbarten Preisänderungsvorbehalten** sind grundsätzlich keine besonderen Zulässigkeitsvoraussetzungen zu beachten,[175] da bereits aus §§ 315, 316 BGB folgt, dass der Verkäufer die Möglichkeit hat, einseitig den Kaufpreis zu bestimmen. Dabei kann es keinen Unterschied machen, ob ursprünglich eine Preisfestsetzung unterblieben ist oder ein bestehender Preis später aufgrund einer dahingehend eingeräumten Befugnis einseitig verändert wird. Allerdings muss dabei die neue Preisbestimmung im Rahmen des billigen Ermessens nach § 315 Abs. 1 BGB erfolgen[176] (siehe dazu auch Rdnr. 1242 ff.), was der richterlichen Kontrolle nach § 315 Abs. 3 BGB unterliegt. Außerdem müssen die Preisanpassungsklauseln sich an §§ 134, 138 BGB messen lassen,[177] wobei jedoch nur bei besonderen Anhaltspunkten, wie dem Ausnutzen einer Monopolstellung, ein Verstoß in Betracht kommen kann.[178]

1265 **(b) Preisänderungsvorbehalte in Allgemeinen Geschäftsbedingungen.** Sind **Preisänderungsvorbehalte in Allgemeinen Geschäftsbedingungen** enthalten, so ist deren Wirksamkeit nach den §§ 307 ff. BGB zu beurteilen, da sie als Preisnebenabrede der **Inhaltskontrolle** unterliegen (siehe Rdnr. 1228). § 309 Nr. 1 BGB erklärt dabei solche Klauseln gegenüber Nichtkaufleuten (zur Verwendung unter Kaufleuten siehe Rdnr. 1330 ff.) für unwirksam, die eine Möglichkeit der Preiserhöhung für Fälle vorsehen, in denen zwischen Vertragsschluss und Leistungserbringung durch den Verkäufer weniger als vier Monate liegen. Die Frist beginnt mit dem Wirksamwerden des Vertrages und endet mit der Fälligkeit der Leistung.[179] Berücksichtigt eine Preiserhöhungsklausel diese Viermonatsfrist und erfasst sie ausschließlich längerfristige Lieferungen, so verstößt sie nicht gegen § 309 Nr. 1 BGB. Somit sind etwa die insbesondere im Kraftfahrzeughandel gebräuchlichen Tagespreisklauseln, die an Lieferfristen von mehr als vier Monaten anknüpfen und als Kaufpreis den am Tag der Lieferung gültigen Listenpreis vorsehen, nicht gemäß § 309 Nr. 1 BGB unwirksam.[180] Damit ist allerdings nicht gesagt, dass sich die Unwirksamkeit derartiger, kurzfristige Preiserhöhungen ausnehmender Klauseln, nicht aus anderen Gründen ergeben kann, wie insbesondere aus der Generalklausel des § 307 BGB. Dies gilt auch im Hinblick auf Dauerschuldverhältnisse, wie etwa Abonnement- und Energieversorgungsverträge, für die nach der Ausnahmeregelung in § 309 Nr. 1 BGB diese Vorschrift nicht gilt, was mit dem in diesen Beziehungen bestehenden erhöhten Anpassungsbedürfnis gerechtfertigt wird.[181] Nachbewertungsklauseln unterliegen dagegen wegen § 307 Abs. 3 BGB nicht der Inhaltskontrolle[182] (siehe Rdnr. 1228).

1266 Eine unangemessene Benachteiligung des Käufers nach § 307 BGB liegt vor, wenn durch eine Preiserhöhungsklausel das festgelegte **Äquivalenzverhältnis** zugunsten des Verwenders verschoben wird (siehe sogleich Rdnr. 1267), wenn die Klausel **nicht** gem. § 307 Abs. 1 S. 2 BGB **hinreichend transparent** zum Ausdruck bringt, aus welchen Gründen und in welchem Umfang mit Preiserhöhungen zu rechnen ist (siehe Rdnr. 1268), sowie dann, wenn dem Käufer **kein Lösungsrecht** eingeräumt wird, obwohl eine fortbeste-

---

[175] Staudinger-*Beckmann*, § 433 BGB Rdnr. 56; Soergel-*Huber*, vor § 433 BGB Rdnr. 149; Erman-*Grunewald*, § 433 BGB Rdnr. 39.
[176] BGH, NJW 1983, 1604; RGZ 104, 306; Erman-*Grunewald*, § 433 BGB Rdnr. 39; *Ulmer*, BB 1982, 1125, 1128.
[177] Staudinger-*Beckmann*, § 433 BGB Rdnr. 56.
[178] BGH JZ 1954, 356.
[179] Hk-*Schulte/Nölke*, § 309 BGB Rdnr. 7; Bamberger/Roth-*Becker*, § 309 Nr. 1 BGB Rdnr. 12.
[180] Soergel-*Huber*, vor § 433 BGB Rdnr. 151; PWW-*Berger*, § 309 BGB Rdnr. 8; *Löwe*, BB 1982, 152.
[181] Soergel-*Huber*, vor § 433 BGB Rdnr. 150; Bamberger/Roth-*Becker*, § 309 Nr. 1 BGB Rdnr. 15; Erman-*Roloff*, § 309 BGB Rdnr. 8; *Hiddemann*, WM 1982, Sonderbeilage Nr. 5, S. 22.
[182] BGH, NJW 2001, 2399; PWW-*Berger*, § 309 BGB Rdnr. 8.

hende Vertragsbindung für ihn unzumutbar erscheint[183] (dazu Rdnr. 1270). Benachteiligt eine Preisanpassungsklausel hiernach unangemessen, kann eine Angemessenheit auch nicht wegen der Möglichkeit der nachträglichen Biligkeitskontrolle gem. § 315 Abs. 3 BGB angenommen werden. Allein die richterliche Kontrolle einer anschließend vom Verkäufer erklärten Preiserhöhung würde dem Schutzbedürfnis des Käufers nicht hinreichend genügen, weil damit keine Aussage über die Klausel als solche getroffen wäre.[184]

Um nicht nach § 307 BGB unwirksam zu sein, muss die Preisanpassungsklausel das **Äquivalenzprinzip**[185] wahren. Dem Verkäufer darf nicht die Möglichkeit eröffnet werden, seine Preise willkürlich und unabhängig von etwaigen betrieblichen Faktoren durchzusetzen oder jegliche entstandene Kostensteigerungen an den Käufer weiterzugeben,[186] Daher dürfen Klauseln eine Preiserhöhung nur hinsichtlich solcher Kostenelemente ermöglichen, die sich auf die Leistung des Verkäufers auch tatsächlich auswirken und die sich seinem Einfluss entziehen. Außerdem dürfen die Kostensteigerungen nicht schon bei Vertragsschluss so sicher und konkret vorhersehbar gewesen sein, dass der Verkäufer sie in seine Preiskalkulation hätte einbeziehen können. Der Verkäufer ist insbesondere dann nicht schutzwürdig, wenn ihm eine Preiserhöhungsklausel nicht nur die Möglichkeit eröffnet, seine Kalkulation zu sichern, sondern auch ein zusätzlicher Gewinn erzielt werden kann.[187] **1267**

Um den laufenden Vertrag veränderten wirtschaftlichen Bedingungen anpassen zu können, muss der Preisänderungsvorbehalt auch dem **Transparenzgebot** des § 307 Abs. 1 S. 2 BGB genügen. Dazu ist erforderlich, dass sich aus der Klausel die relevanten Gründe für eine Preiserhöhung und die maßgeblichen Berechnungsfaktoren zur Ermittlung des neuen Preises, einschließlich der für die Kostensteigerung maßgeblichen Bezugszeitpunkte hinreichend konkret ergeben.[188] Dem Käufer soll also schon bei Vertragsschluss ersichtlich werden, ob und in welchem Maße er mit einer Erhöhung des ursprünglich vereinbarten Kaufpreises zu rechnen hat.[189] Fehlt der Preiserhöhungsklausel diese nach § 307 Abs. 1 S. 2 BGB notwendige Transparenz, so liegt schon darin eine unangemessene Benachteiligung des Verkäufers, die zur Unwirksamkeit der AGB-Klausel führt. **1268**

Sind die genannten Voraussetzungen erfüllt und wird die Preiserhöhungsmöglichkeit auf den Anstieg der allgemeinen Lebenshaltungskosten oder einen entsprechenden Prozentsatz begrenzt, so wird dies bezüglich der Auswirkungen von Kostensteigerungen auf Seiten des Verkäufers als angemessener Interessenausgleich zwischen ihm und dem Käufer gewertet.[190] Ob eine unangemessene Klausel aufrechterhalten werden kann, wenn dem **Käufer** das Recht zusteht, sich **durch Rücktritt oder Kündigung vom Vertrag zu lösen,** ist umstritten. So wird die Auffassung vertreten, dass eine Preisanpassungsklausel, die über die genannten Grundsätze hinausgehende Preiserhöhungen ermöglicht, wirksam sei, wenn dem Käufer ein Lösungsrecht zustehe, da es aufgrund der zahlreichen Faktoren, die für eine zulässige Preiserhöhung maßgebend sein können, nicht möglich sei, einen Preisänderungsvor- **1269**

---

[183] Siehe Bamberger/Roth-*Becker*, § 309 Nr. 1 BGB Rdnr. 17, sowie Rdnr. 18 ff. zu diesen Voraussetzungen im Einzelnen; PWW-*Berger*, § 309 BGB Rdnr. 8; Erman-*Roloff*, § 309 BGB Rdnr. 9.
[184] Vgl. BGHZ 82, 21, 26; Soergel-*Huber*, vor § 433 BGB Rdnr. 151.
[185] BGH, NJW 1985, 2270; Bamberger/Roth-*Becker*, § 309 Nr. 1 BGB Rdnr. 17; PWW-*Berger*, § 309 BGB Rdnr. 8; Erman-*Roloff*, § 309 BGB Rdnr. 9.
[186] BGH, NJW 1990, 116; BGHZ 82, 25; BGH, NJW 1984, 1181; *Löwe*, BB 1982, 152.
[187] Vgl. BGH, NJW-RR 2005, 1717; BGHZ 82, 21, 25; BGH, NJW 1990, 115, 116; Bamberger/Roth-*Becker*, § 309 Nr. 1 BGB Rdnr. 19, 22.
[188] BGH, NJW-RR 2005, 1717 f.; BGHZ 136, 394, 402; BGH, WM 1989, 1729; Bamberger/Roth-*Becker*, § 309 Nr. 1 Rdnr. 26; Staudinger-*Beckmann*, § 433 BGB Rdnr. 76; *Paulusch*, WM 1991, Beilage 9, S. 1, 27; *Löwe*, BB 1982, 152, 158.
[189] BGH, NJW 1986, 3135; OLG Frankfurt, Urt. v. 08.02.2007, Az. 1 U 184/06 (BeckRS 2007, 03558); Staudinger-*Beckmann*, § 433 BGB Rdnr. 57 m.w.N.
[190] Vgl. BGH, NJW 1985, 621, 622; BGHZ 90, 78; BGH, WM 1984, 1645; BGH ZIP 1989, 1196; Bamberger/Roth-*Becker*, § 309 Nr. 1 BGB Rdnr. 28; Soergel-*Huber*, vor § 433 BGB Rdnr. 152.

behalt nachvollziehbar auszugestalten.[191] In einer jüngeren Entscheidung des BGH[192] und von Teilen der Literatur[193] wird es jedoch abgelehnt, ein Lösungsrecht als Kompensation für intransparente Preisanpassungsklauseln heranzuziehen. Der Ansicht, die die Unangemessenheit durch ein Lösungsrecht kompensieren will, wird zu Recht entgegengehalten, dass der Käufer demnach auf der Grundlage einer inhaltlich unangemessenen Preisänderungsklausel an den Vertrag gebunden bliebe, wenn für ihn eine Vertragsbeendigung nicht in Betracht kommt, etwa weil der Kaufgegenstand anderweitig nicht zu erlangen ist.[194] Daher darf die Einräumung eines Lösungsrechts für den Käufer nicht dazu führen, dass eine unangemessene AGB-Bestimmung Wirksamkeit erlangt. Vielmehr muss der Preisänderungsvorbehalt als solcher angemessen nach § 307 BGB sein.[195]

1270 Unabhängig davon ist dem **Käufer** eine **Vertragsauflösungsmöglichkeit** für diejenigen Fälle einzuräumen, in denen eine **erhebliche,** über den Anstieg der allgemeinen Lebenshaltungskosten hinausgehende **Preiserhöhung** erfolgen kann, da es unzumutbar wäre, den Käufer an den Vertrag zu binden, obwohl sich seine Gegenleistungspflicht deutlich erhöht hat.[196] Insofern ist die Regelung in Nr. 1 Buchst. l des Anhangs der EG-Richtlinie über missbräuchliche Klauseln in Verbraucherverträgen[197] zu beachten, wonach ein Rücktrittsrecht zu begründen ist, wenn der bei Lieferung festgesetzte Endpreis im Verhältnis zu dem vertraglich vereinbarten Preis „zu hoch" ist. Diese Bestimmung hat zwar nach Art. 3 Abs. 3 der Richtlinie nur Hinweischarakter, die europarechtliche Wertung kann aber gleichwohl auch zur Beurteilung der Unangemessenheit i. S. d. § 307 BGB herangezogen werden.[198] Die Grenze für die Notwendigkeit eines Vertragsauflösungsrechts des Käufers wird bei einer Preiserhöhung von mehr als 5 % gesehen.[199]

1271 Ist die Preisanpassungsklausel gem. § 307 BGB unwirksam, so gelten die **Rechtsfolgen des § 306 BGB.** Der Kaufvertrag bleibt nach § 306 Abs. 1 BGB grds. wirksam. Steht jedoch fest, dass eine Partei den Vertrag ohne die Klausel nicht geschlossen hätte, kann gem. § 306 Abs. 3 BGB der ganze Vertrag unwirksam sein.[200] Die Klausel kann nicht geltungserhaltend reduziert werden, auch nicht derart, dass die Vereinbarung eines Preisänderungsvorbehalts als solche bestehen bleibt und nur die Art, wie die Änderung vorzunehmen ist, auf das zulässige Maß reduziert wird.[201] Vielmehr ist die entstandene Lücke gem. § 306 Abs. 2 BGB mittels der gesetzlichen Vorschriften zu schließen, wozu nach Rspr. und überwiegender Meinung in der Literatur auch die ergänzende Vertragsauslegung gehört.[202] Nach anderer Ansicht kommt die ergänzende Vertragsauslegung allenfalls in eng begrenzten Aus-

---

[191] BGHZ 82, 21, 27; BGH, NJW 1985, 853; OLG München, BeckRS 2006 11928; Staudinger/*Coester-Waltjen*, § 309 Nr. 1 BGB Rdnr. 21 f.; *Reinicke/Tiedtke*, KaufR, Rdnr. 117; *Ulmer*, BB 1982, 1125, 1132; *Löwe*, BB 1982, 157; offengelassen: OLG Köln, OLG-Rep. 2006, 341, 342.
[192] BGH, NJW 1998, 454, 456.
[193] Bamberger/Roth-*Becker*, § 309 Nr. 1 BGB Rdnr. 29; Erman-*Roloff*, § 309 BGB Rdnr. 14.
[194] So Bamberger/Roth-*Becker*, § 309 Nr. 1 BGB Rdnr. 29; Erman-*Roloff*, § 309 BGB Rdnr. 14; ähnlich LG München, MMR 2006, 693, 697;.
[195] So auch Erman-*Roloff*, § 309 BGB Rdnr. 14.
[196] Ebenso Hk/*Schulte-Nölke*, § 309 BGB Rdnr. 10; Bamberger/Roth-*Becker*, § 309 Nr. 1 BGB Rdnr. 28; wohl auch PWW-*Berger*, § 309 BGB Rdnr. 8.
[197] Richtlinie 93/13/EWG vom 5.4.1993, Abl. EG vom 21.4.1993, Nr. L 95, S. 29 ff., 33.
[198] So auch Hk/*Schulte-Nölke*, § 309 BGB Rdnr. 10.
[199] Bamberger/Roth-*Becker*, § 309 Nr. 1 BGB Rdnr. 28; *Wolf/Horn/Lindacher*, § 11 Nr. 1 AGBG Rdnr. 50; siehe auch Erman-*Roloff*, § 309 BGB Rdnr. 14.
[200] BGH BB 2002,1017 = ZIP 2002, 1253, mit zust. Anm. v. *Littbarski* in: EWiR 2002, 837 f.; Erman-*Grunewald*, § 433 BGB Rdnr. 43.
[201] BGH ZIP 1984, 328, 330; Bamberger/Roth-*Becker*, § 309 Nr. 1 BGB Rdnr. 31 auch mit Hinweisen auf die Gegenansicht; *Reinicke/Tiedtke*, KaufR, Rdnr. 117.
[202] BGHZ 90, 69; BGH, NJW 1985, 621; BGHZ 64, 246, 247; 43, 174; 35, 135; Bamberger/Roth-*Becker*, § 309 Nr. 1 BGB Rdnr. 32; Erman-*Roloff*, § 309 BGB Rdnr. 16; Staudinger-*Beckmann*, § 433 BGB Rdnr. 57.

nahmefällen in Betracht, da für diese mangels Lücke kein Raum sei, denn der Kaufvertrag sei zu dem Preis zustande gekommen, den die Parteien vereinbart haben.[203]

(c) Rechtsfolgen von Preissenkungen. Die Vereinbarung eines Preisänderungsvorbehalts kann auch zu der Frage führen, ob der Käufer einen **Anspruch auf Minderung des Kaufpreises** hat, wenn der Kaufgegenstand aufgrund der Veränderung von Preisfaktoren für den Verkäufer billiger wird, und ob dem Käufer ein solches Recht korrespondierend zur Preiserhöhungsbefugnis des Verkäufers eingeräumt werden muss, um die Klausel als angemessen bewerten zu können.[204] Grundsätzlich haben Preisänderungsklauseln den Zweck, dem Verkäufer und gerade nicht dem Käufer ein Recht zur Leistungsbestimmung nach § 315 BGB zu eröffnen. Das gilt vor allem dann, wenn bereits ein fester Kaufpreis vereinbart wurde, der nur für den Fall des Eintritts bestimmter Umstände auf Seiten des Verkäufers geändert werden soll. Somit ergibt sich aus einem Preisänderungsvorbehalt grundsätzlich kein Anspruch des Käufers auf Minderung des festgelegten Preises.[205] Enthält die Vereinbarung jedoch keine Aussage über den endgültigen Kaufpreis (z. B. Angabe „cirka"), sondern soll dieser erst zu einem späteren Zeitpunkt abschließend bestimmt werden, dann müssen letztlich auch preismindernde Faktoren bei der Ausübung des Leistungsbestimmungsrechts durch den Verkäufer Berücksichtigung finden, es sei denn, die Auslegung der Preisklausel ergibt, dass der ursprünglich angegebene Kaufpreis nicht nur einen Richt-, sondern gleichzeitig auch einen Mindestpreis darstellen sollte.[206] In Anbetracht der verkäuferorientierten Zielsetzung von Preisänderungsvorbehalten ist es für deren Angemessenheit grundsätzlich nicht erforderlich, dass korrespondierend zum Erhöhungsrecht des Verkäufers auch ein Preisminderungsanspruch des Käufers begründet wird.[207] 1272

ee) Überprüfungs- und Neuverhandlungsklauseln. Käufer und Verkäufer können eine Vertragsanpassung an bei Vertragsschluss nicht kalkulierbare Veränderungen auch durch Überprüfungs- und Neuverhandlungsklauseln ermöglichen, in denen sie sich verpflichten, beim Eintreten einer bestimmten Situation die vertragliche Kaufpreisvereinbarung einer Überprüfung zu unterziehen und sie dann im Rahmen von Neuverhandlungen gegebenenfalls anzupassen.[208] Dabei erscheint es im Sinne einer ausgewogenen Lösung vorteilhaft, dass der **neue Preis** nicht durch einseitiges Erhöhungsverlangen bestimmt wird, sondern am Ende das **Ergebnis** eines **gegenseitigen Einvernehmens** ist, wobei sogar eine umfassende Vertragsanpassung erfolgen kann.[209] Die eine Neuverhandlungspflicht auslösenden gravierenden Veränderungen müssen dabei regelmäßig nicht so weit reichen, dass sie einen Wegfall der Geschäftsgrundlage darstellen,[210] sondern es kann – je nach Fassung der betreffenden Klausel – bereits ausreichen, wenn auf Seiten einer Vertragspartei eine gewisse Toleranzgrenze überschritten wurde.[211] Erforderlich ist aber, dass die gegenseitigen Verhandlungspflichten zum Gegenstand der Klauseln gemacht wurden, wobei es sich um schlichte Mit- 1273

---

[203] *Reinicke/Tietdke*, KaufR, Rdnr. 110 ff. m.w.N
[204] BGH JZ 1954, 356; Erman-*Grunewald*, § 433 BGB Rdnr. 42.
[205] BGH JZ 1954, 356; Erman-*Grunewald*, § 433 BGB Rdnr. 42.
[206] BGH JZ 1954, 356; BGHZ 1, 353; RGZ 103, 415; 104, 307; MünchKomm-*Westermann*, § 433 BGB Rdnr. 21; *Wolf*, ZIP 1987, 341, 351.
[207] Bamberger/Roth-*Becker*, § 309 Nr. 1 BGB Rdnr. 24, wo auch auf Ausnahmen bei Dauerschuldverhältnissen hingewiesen wird; *Wolf/Horn/Lindacher*, § 11 Nr. 1 AGBG Rdnr. 51; a. A. *Wolf*, ZIP 1987, 341, 351.
[208] BGH, WM 1979, 1099; BGH, WM 1978, 1389; Soergel-*Huber*, vor § 433 BGB Rdnr. 159; *Martinek*, AcP 198 (1998), 329, 345.
[209] *Martinek*, AcP 198 (1998), 329, 345.
[210] Soergel-*Huber*, vor § 433 BGB Rdnr. 159.
[211] BGH, WM 1979, 1099; Soergel-*Huber*, vor § 433 BGB Rdnr. 159; *Martinek*, AcP 198 (1998), 329, 346.

wirkungspflichten, die Verpflichtung zur Unterbreitung von Anpassungsvorschlägen oder eine Einigungspflicht auf der Grundlage eines Anpassungsangebots handeln kann.[212]

1274 **Rechtliche** Bedenken gegen die Neuverhandlungsklauseln ergeben sich erst, wenn ihrer Anwendung keine **Grenzen** gesetzt sind. Mit der Rechtssicherheit unvereinbar wäre es, wenn jede Partei ohne besondere Voraussetzungen Neuverhandlungen fordern könnte.[213] Im Rahmen vorformulierter Vertragsbedingungen unterfallen Neuverhandlungsklauseln § 309 Nr. 1 BGB, weil sie zu einer Preiserhöhung führen können[214] und unterliegen zudem einer Inhaltskontrolle nach § 307 BGB. Eine unangemessene Benachteiligung wird etwa dann angenommen, wenn dem Käufer das gesetzlich vorgesehene Recht auf Rücktritt bzw. Kündigung des Vertrages, insbesondere bei Dauerschuldverhältnissen gem. § 314 BGB genommen oder zumindest erschwert wird oder wenn die richterliche Vertragsanpassung im Falle eines Wegfalls der Geschäftsgrundlage versperrt wird.[215]

1275 Beschränkt sich die Neuverhandlungsklausel lediglich auf die Verpflichtung, an Neuverhandlungen mitzuwirken, so ist dieser Anforderung auch genügt, wenn es nicht zu einer Einigung kommt. Weil dahingehende Klauseln wenig effizient erscheinen, sind Neuverhandlungsklauseln in der Regel so gefasst und in Zweifelsfällen auch dahingehend auszulegen, dass am Ende eine einvernehmliche Vertragsanpassung erreicht werden soll. Kommt diese nicht zustande, sind die **Rechtsfolgen** problematisch. Besteht für eine Partei Kontrahierungszwang, wie z. B. für Energieversorgungsunternehmen, so geht im Rahmen der fortbestehenden vertraglichen Beziehungen das Leistungsbestimmungsrecht auf die kontrahierungspflichtige Partei über, die gem. § 315 Abs. 1 BGB nach billigem Ermessen zu entscheiden hat, wobei das Ergebnis einer gerichtlichen Billigkeitskontrolle nach § 315 Abs. 3 BGB unterliegt.[216] Besteht kein Kontrahierungszwang, so geht entgegen einer früher vom BGH[217] vertretenen Auffassung das Recht zur Leistungsbestimmung nicht entsprechend § 316 BGB auf eine Vertragspartei über, da die Neuverhandlungsklausel gerade nicht auf einseitiges Bestimmen des Vertragsinhalts abzielte.[218] Eine sachgerechte Lösung der Fälle, in denen trotz bestehender Verhandlungspflicht am Ende eine Einigung unterbleibt, ist zunächst in den vertraglichen Vereinbarungen über die Folgen einer fehlenden Übereinkunft zu suchen, wie insbesondere der Benennung eines Schiedsgutachters. Fehlen dahingehende Regelungen, ist der anpassungsinteressierten Vertragspartei ein Anspruch auf gerichtliche Festsetzung eines neuen Kaufpreises in analoger Anwendung der §§ 315 Abs. 3 S. 2 und 319 Abs. 1 S. 2 BGB zuzusprechen.[219] Die gerichtliche Entscheidung tritt dann an die Stelle der nicht zustande gekommenen parteilichen Einigung.[220]

1276 **ff) Wertsicherungsklauseln.** Eine Anpassung des Kaufpreises an veränderte Umstände kann auch in der Weise erfolgen, dass Klauseln eine – von einseitigen Erhöhungsverlangen oder einer Neuverhandlung unabhängige – automatisch wirkende Preisänderung herbeiführen. Solche Klauseln dienen oft dazu, das grundsätzlich vom Verkäufer zu tragende **Risiko der Geldentwertung** durch Preiserhöhungen zu kompensieren.[221] Bei einer solchen Wertsicherungsklausel wird der Betrag der Geldschuld unmittelbar durch den Wert anderer Güter be-

---

[212] *Martinek*, AcP 198 (1998), 329, 339f.
[213] *Martinek*, AcP 198 (1998), 329, 352.
[214] MünchKomm-*Basedow*, § 309 Nr. 1 BGB Rdnr. 13; PWW-*Berger*, § 309 BGB Rdnr. 5; *Horn*, NJW 1985, 1118.
[215] *Martinek*, AcP 198 (1998), 329, 354.
[216] BGH BB 1971, 1175; RGZ 111, 313; Soergel-*Huber*, vor § 433 BGB Rdnr. 160.
[217] BGH, WM 1979, 253; 1976, 386; 1970, 353; 1967, 1221; 1964, 561; siehe auch Soergel-*Huber*, vor § 433 BGB Rdnr. 161.
[218] *Martinek*, AcP 198 (1998), 329, 355; Erman-*Grunewald*, § 433 BGB Rdnr. 45.
[219] BGH, WM 1978, 228; BGHZ 71, 284; 81, 146; *Martinek*, AcP 198 (1998), 329, 355; zweifelnd Erman-*Grunewald*, § 433 BGB Rdnr. 45.
[220] Soergel-*Huber*, vor § 433 BGB Rdnr. 161; *Martinek*, AcP 198 (1998), 329, 355.
[221] BGH, NJW 1990, 116; *Larenz*, I, § 12 V, S. 171; *Medicus*, AS, Rdnr. 168.

stimmt, die nicht mit den vereinbarten Gütern vergleichbar sind (sog. Preisgleitklauseln), wobei z. B. die Bezugnahme auf eine bestimmte Menge Feingold („Goldwertklauseln") oder eine andere Warengattung (Kohle, Getreide etc.) in Betracht kommt.[222] Um der Funktion des Geldes als alleinigem Wertmesser gerecht zu werden, sind solche Klauseln grundsätzlich nur mit Genehmigung des Bundesamts für Wirtschaft zulässig (vgl. § 3 Abs. 1 Nr. 1, 2 PreisKlG[223]).

Das **Genehmigungserfordernis** besteht nach dem Gesetzeswortlaut allerdings nur dann, wenn der Preis „unmittelbar und selbständig" an den Wert anderer Güter gekoppelt ist, also nicht, wenn die Preiserhöhung an ein bestimmtes Ereignis anknüpft oder auf einem einseitigen Erhöhungsverlangen des Verkäufers oder einer Neuverhandlung durch die Parteien beruht.[224] Erfasste Wertsicherungsklauseln werden ausnahmsweise genehmigt, wenn es sich um eine langfristig zu erbringende Zahlungsverpflichtung handelt bzw. besondere Gründe des Wettbewerbs für eine solche Wertsicherung sprechen und wenn zudem die Bestimmung nicht dazu führt, dass eine Vertragspartei unangemessen benachteiligt wird (§ 2 Abs. 1 2 PrAKG).[225] Genehmigungsfrei ist etwa die für die Gas- und Elektrizitätsversorgung im Großkundenbereich (Industrieunternehmen ect.) übliche Kostenelementeklausel, die sich im Rahmen einer Preisänderung allein an den Änderungen der Gestehungskosten des Lieferanten orientiert.[226] Ebenfalls genehmigungsfrei sind die sog. Spannungsklauseln, die eine Preisbestimmung zwar auch anhand der Werte anderer Güter vornehmen, allerdings mit dem Unterschied, dass die Waren alle vergleichbar sind.[227] **1277**

Selbst wenn eine Wertsicherungsklausel genehmigt wurde, schließt dies nicht das Erfordernis einer **Inhaltskontrolle** nach § 307 BGB aus, wenn die Klausel Bestandteil vorformulierter Vertragsbedingungen ist.[228] Danach müssen aus der automatischen Preisanpassungsklausel zumindest der Grund und der Umfang der Preisänderung ersichtlich sein, um eine unangemessene Behandlung des Käufers zu verhindern.[229] Eine erfolgte Preiserhöhung kann zudem der richterlichen Kontrolle nach § 315 Abs. 3 BGB unterliegen, insbesondere hinsichtlich der Frage, ob eine Änderung der Gestehungskosten wirklich vollständig auf den Kaufpreis umgelegt werden musste oder ob auch eine „Teilausschöpfung" genügt hätte.[230] Schließlich kann auch eine Vertragsanpassung oder gegebenenfalls eine Vertragsauflösung unter dem Aspekt des Wegfalls der Geschäftsgrundlage in Betracht kommen, wenn sich die verwendeten Bezugsgrößen auf unerwartete Weise verändert haben.[231] **1278**

e) Anfechtung der Kaufpreisvereinbarung. Wurde der für den Vertragsgegenstand festgelegte Kaufpreis durch den **Irrtum** einer Partei beeinflusst, so macht dies die betreffende Willenserklärung nicht unwirksam, sondern führt – unter weiteren Voraussetzungen – lediglich zu deren **Anfechtbarkeit**. Damit hat die dem Irrtum unterliegende Vertragspartei bei Vorliegen eines Anfechtungsgrundes (dazu Rdnr. 1281 ff.) das **Wahlrecht**, entweder anzufechten oder an der irrtumsbeeinflussten Erklärung festzuhalten, was insbesondere dann sinnvoll erscheint, wenn der Kauf trotz des Irrtums für sie ein gutes Geschäft darstellte oder sie den Kaufgegenstand etwa für eine beabsichtigte Weiterveräußerung benötigt. **1279**

---

[222] Soergel-*Huber*, vor § 433 BGB Rdnr. 157; *Morsch*, BB 2004, 1803.
[223] Preisklauselgesetz v. 7.9.2007, BGBl I S. 2246.
[224] MünchKomm-*Westermann*, § 433 BGB Rdnr. 24; Bamberger/Roth-*Grothe*, § 244 BGB Rdnr. 19 ff.; vgl. auch *Morsch*, BB 2004, 1803 ff.
[225] Erman-*Grunewald*, § 433 BGB Rdnr. 46; *Morsch*, BB 2004, 1803 ff.
[226] BGH, NJW 1990, 116; Soergel-*Huber*, vor § 433 BGB Rdnr. 157; MünchKomm-*Westermann*, § 433 BGB Rdnr. 24.
[227] BGH, WM 1970, 753; MünchKomm-*Westermann*, § 433 BGB Rdnr. 24; *Morsch*, BB 2004, 1803, 1804.
[228] BGH, WM 1979, 1097; MünchKomm-*Westermann*, § 433 BGB Rdnr. 25; Bamberger/Roth-*Grothe*, § 244 BGB Rdnr. 22; Schmidt-Räntsch, NJW 1998, 3166, 3170.
[229] *Wolf*, ZIP 1987, 341, 352.
[230] Soergel-*Huber*, vor § 433 BGB Rdnr. 158.
[231] BGH BB 1979, 1213; MünchKomm-*Westermann*, § 433 BGB Rdnr. 25.

1280 Die nach § 143 BGB notwendige **Anfechtungserklärung** muss zwar nicht ausdrücklich diesen Begriff verwenden, wohl aber klar zum Ausdruck bringen, dass das Rechtsgeschäft wegen des Willensmangels beseitigt werden soll.[232] Wird eine dahingehende Erklärung abgegeben, so führt dies gem. § 142 Abs. 1 BGB zur rückwirkenden Nichtigkeit des Rechtsgeschäfts. Damit ist nicht nur die angefochtene Willenserklärung von Anfang an unwirksam, sondern es wird der Kaufvertrag insgesamt beseitigt, da nunmehr nicht die notwendigen zwei übereinstimmenden Willenserklärungen (siehe Rdnr. 131 ff.) vorliegen. Es besteht also nicht die Möglichkeit, allein die Kaufpreisvereinbarung anzufechten und im Übrigen am Vertrag festzuhalten. Als einseitige empfangsbedürftige Willenserklärung kann die Anfechtung nicht später wieder zurückgenommen werden.[233] Besteht ein Interesse, den Vertrag durchzuführen, bedarf es einer neuen Vereinbarung. Bestätigt der Anfechtungsberechtigte in Kenntnis der Anfechtungsmöglichkeit das Rechtsgeschäft, so ist die Anfechtung nach § 144 BGB ausgeschlossen. Eine solche **Bestätigung** ist auch durch schlüssiges Verhalten möglich und kann etwa darin liegen, dass durch Lieferung der Ware oder Zahlung des Kaufpreises seitens des Anfechtungsberechtigten freiwillig eine Erfüllungshandlung vorgenommen wird oder dass dieser die Kaufsache weiterveräußert.[234] Dagegen gilt der Rücktritt oder die Geltendmachung von Mängelansprüchen nicht als Bestätigung.[235]

1281 Ein Irrtum berechtigt nicht in jedem Fall zur Anfechtung einer darauf basierenden Willenserklärung. Erforderlich ist vielmehr, dass die Fehlvorstellung unter einen der gesetzlich normierten **Anfechtungsgründe** fällt, die in den §§ 119, 120 und 123 BGB festgelegt sind. Praktisch bedeutsam ist hinsichtlich des Kaufpreises insbesondere der **Erklärungsirrtum** nach § 119 Abs. 1, 2. Alt. BGB, der dann vorliegt, wenn eine Erklärung dieses Inhalts überhaupt nicht abgegeben werden sollte, der Erklärende also nicht das erklärt, was er eigentlich erklären will. Ein solcher Fall ist gegeben, wenn er sich bei der Angabe des Kaufpreises verschreibt oder verspricht.[236] Der Vertrag kommt dann zwar grundsätzlich mit dem Inhalt der abgegebenen Erklärung zustande, der Erklärende hat aber ein Anfechtungsrecht. Einem Erklärungsirrtum steht gem. § 120 BGB die **falsche Übermittlung** der Erklärung durch eine damit betraute Person (Erklärungsbote) oder Einrichtung (z. B. Telegraphendienst oder Internet-Provider)[237] gleich. In diesem Zusammenhang ist problematisch, ob Fehler in **elektronischen** (automatisierten) **Willenserklärungen** zur Anfechtung berechtigen. Ein Irrtum in der Erklärungshandlung liegt vor, wenn es sich um Eingabefehler bei der Auspreisung von Waren handelt, da Tippfehler anerkanntermaßen zur Anfechtung nach § 119 Abs. 1, 2. Alt. BGB berechtigen.[238] Wurde die fehlerhafte Auszeichnung der Ware nach korrekter Eingabe des Preises durch einen Softwarefehler verursacht, ist hierin ein Übermittlungsirrtum i. S. v. § 120 BGB zu sehen.[239] Dass Angebote in Internetkatalogen regelmäßig lediglich als invitatio ad offerendum anzusehen und die Eingabefehler somit der zum Vertragsschluss

---

[232] Vgl. BGH BB 1984, 173; BGH, NJW 1984, 2279, 2280; Erman-*Armbruster*, § 143 BGB Rdnr. 1; Bamberger/Roth-*Wendtland*, § 143 BGB Rdnr. 3.

[233] Vgl. Soergel-*Hefermehl*, § 143 BGB Rdnr. 4; Bamberger/Roth-*Wendtland*, § 143 BGB Rdnr. 2; PWW-*Ahrens*, § 143 BGB Rdnr. 2; Palandt-*Ellenberger*, § 143 BGB Rdnr. 2.

[234] Bamberger/Roth-*Wendtland*, § 144 BGB Rdnr. 5, 6; Soergel-*Hefermehl*, § 144 BGB Rdnr. 3; Erman-*Arnold*, § 144 BGB Rdnr. 3.

[235] BGHZ 110, 222; Palandt-*Ellenberger*, § 144 BGB Rdnr. 2.

[236] Vgl. OLG Oldenburg, NJW 2004, 168; Bamberger/Roth-*Wendtland*, § 119 BGB Rdnr. 33; Erman-*Arnold*, § 119 BGB Rdnr. 22; Palandt-*Ellenberger*, § 119 BGB Rdnr. 10.

[237] Vgl. Bamberger/Roth-*Wendtland*, § 120 BGB Rdnr. 2 m.w.Bsp.; Erman-*Arnold*, § 120 BGB Rdnr. 2; Palandt-*Ellenberger*, § 120 BGB Rdnr. 2.

[238] AG Lahr, NJW 2005, 991, 992; Palandt-*Ellenberger*, § 119 BGB Rdnr. 10; *Bodenstedt*, MMR 2004, 719, 722.

[239] So BGH, NJW 2005, 976, 977; OLG Frankfurt a.M., OLG-Rep. 2003, 88; *Bodenstedt*, MMR 2004, 719, 721; a. A. MünchKomm-*Säcker*, Einl. Band 1, Rdnr. 185; Palandt-*Ellenberger*, § 119 BGB Rdnr. 10; *Medicus*, AT, Rdnr. 256; *Larenz/Wolf*, BGB AT, § 36 Rdnr. 27: lediglich unbeachtlicher Irrtum bei der Willensbildung (Motivirrtum).

führenden Willenserklärung vorgelagert sind, ändert an der Anfechtbarkeit nichts, da der bei der Abgabe der **invitatio ad offerendum** vorliegende **Erklärungsirrtum** regelmäßig im Zeitpunkt der (automatisierten) Annahmeerklärung **fortwirkt**.[240]

Weiterhin kann den Kaufvertragsparteien ein Anfechtungsrecht nach § 119 Abs. 1, 1. Alt. BGB wegen eines **Inhaltsirrtums** zustehen, der dadurch gekennzeichnet ist, dass zwar genau das Gewollte erklärt wird (Annahme des Angebots), dieser Erklärung aber subjektiv eine andere Bedeutung beigemessen wurde, als sie objektiv hatte.[241] Ein solcher Anfechtungsgrund ist bspw. gegeben, wenn der Verkäufer einen Artikel zu einem Mindestpreis von 1 Euro mit einer Laufzeit von 10 Tagen als Angebot bei eBay einstellt, in Unkenntnis der Regelung, dass das Angebot schon am ersten Tag zum Mindestpreis angenommen werden kann.[242] **1282**

Ein **Irrtum über eine verkehrswesentliche Eigenschaft** berechtigt zwar gem. § 119 Abs. 2 BGB zur Anfechtung, allerdings stellt der Preis oder der Wert des Kaufgegenstandes als solcher keine verkehrswesentliche Eigenschaft dar.[243] Ein Anfechtungsrecht nach dieser Vorschrift wird lediglich bei einem Irrtum über sog. wertbildende Faktoren eröffnet, wie etwa die Echtheit eines Kunstwerkes oder das Alter einer Antiquität.[244] Wurde die Willenserklärung hinsichtlich des Kaufpreises durch **arglistige Täuschung** oder **widerrechtliche Drohung** beeinflusst, wird durch § 123 BGB ein Anfechtungsrecht eröffnet. **1283**

Ist dem Erklärenden bei der Kalkulation des Kaufpreises ein Irrtum unterlaufen, sei es wegen eines Rechenfehlers oder aufgrund eines unrichtigen Berechnungsfaktors (**Kalkulationsirrtum**), so berechtigt dies nicht zu einer Anfechtung nach § 119 BGB, da es sich letztlich um eine unbeachtliche Fehlvorstellung über den Wert der Kaufsache handelt und der Verkäufer das Risiko für die Richtigkeit seiner Berechnung trägt.[245] Auch ein Anspruch auf Anpassung des Kaufpreises an die richtige Berechnung besteht nicht ohne weiteres.[246] **1284**

Dies ist allenfalls dann möglich, wenn beide Vertragsparteien die Berechnung des Verkäufers in die Vertragsverhandlungen einbezogen und so zur Geschäftsgrundlage gemacht haben. § 313 Abs. 1 BGB sieht für solche Fälle der **Störung der Geschäftsgrundlage** ein Recht zur Vertragsanpassung vor, wobei allerdings alle Umstände des Einzelfalles zu berücksichtigen sind. Dementsprechend kann der Verkäufer den richtig errechneten höheren Kaufpreis nur dann verlangen, wenn feststeht, dass der Käufer auch diesen höheren Preis gezahlt hätte oder nach Treu und Glauben hätte zahlen müssen.[247] Ist dies nicht der Fall, kann der Verkäufer nach § 313 Abs. 3 S. 1 BGB vom Vertrag zurücktreten, wenn es ihm nicht zumutbar ist, am Vertrag mit dem geringeren Kaufpreis festzuhalten. **1285**

Hat der Käufer den **Kalkulationsirrtum bemerkt** oder entzieht er sich treuwidrig der Kenntnisnahme, so kann es als **unzulässige Rechtsausübung** gewertet werden, wenn er auf dem fehlerhaft berechneten Kaufpreis beharrt.[248] Der BGH hat eine solche Treuwidrigkeit allerdings nur dann angenommen, wenn eine Vertragsdurchführung auf der Grundlage des falsch berechneten Angebots für den Verkäufer wegen damit verbundener wirtschaft- **1286**

---

[240] BGH, NJW 2005, 976, 977; OLG Hamm, NJW 2004, 2601; OLG Frankfurt a.M., OLG-Rep. 2003, 88; AG Lahr, NJW 2005, 991, 992; Palandt-*Ellenberger*, § 119 BGB Rdnr. 10; *Bodenstedt*, MMR 2004, 719, 722 m.N. auch bzgl. der a. A.
[241] Bamberger/Roth-*Wendtland*, § 119 BGB Rdnr. 30.
[242] Vgl. LG Kiel, SchlHA 2004, 308; Palandt-*Ellenberger*, § 119 BGB Rdnr. 15.
[243] Siehe nur Soergel-*Hefermehl*, § 119 BGB Rdnr. 51 m.w.N.
[244] Vgl. Palandt-*Ellenberger*, § 119 BGB Rdnr.27; Erman-*Arnold*, § 119 BGB Rdnr. 47 f.
[245] BGH, NJW 1998, 3193; BGH, NJW-RR 1986, 570; 1987, 1307; Palandt-*Ellenberger*, § 119 BGB Rdnr. 18; *Reinicke/Tiedtke*, KaufR, Rdnr. 138; *Tiedtke*, JZ 1997, 869, 873.
[246] BGH, WM 1995, 2000; BGH, NJW 1981, 1551; Erman-*Grunewald*, § 433 BGB Rdnr. 37; *Tiedtke*, JZ 1997, 869, 873; *Hiddemann*, WM 1982 Sonderbeilage Nr. 5, S. 22.
[247] BGB NJW 1981, 1551, 1552; *Reinicke/Tiedtke*, KaufR, Rdnr. 141, 145.
[248] BGH, NJW 1998, 3194; BGH, WM 1995, 2001; *Reinicke/Tiedtke*, KaufR, Rdnr. 144; Bamberger/Roth-*Wendtland*, § 119 BGB Rdnr. 34; *Tiedtke* JZ 1997, 869 (873).

licher Schwierigkeiten schlechthin unzumutbar ist und der Käufer dies wusste.[249] Kannte der Käufer den Kalkulationsirrtum, so kann die Auslegung der beiden Willenserklärungen jedoch ergeben, dass nicht der unrichtig errechnete, sondern der richtige Preis vereinbart wurde. Dies ist insbesondere dann anzunehmen, wenn Einvernehmen über einzelne Preiselemente bestand und lediglich deren Addition fehlerhaft erfolgte.[250]

2. Zahlungsmodalitäten

1287 Hinsichtlich der Erfüllung der Pflicht des Käufers zur Zahlung des vereinbarten Kaufpreises sind drei Aspekte praktisch bedeutsam. Zunächst geht es um die Frage, an welchem **Ort** die Zahlung zu erfolgen hat, womit auch die Problematik verbunden ist, wer das Risiko von Störungen bei einer Übersendung des Geldes zu tragen hat (dazu sogleich Rdnr. 1288 ff.). Besonders wichtig ist, auf welche **Art und Weise** der Käufer die Leistung des Kaufpreises erbringen kann oder muss. Das Gesetz geht von Barzahlung aus, die aber in der Praxis vielfach durch andere Zahlungsmodalitäten ersetzt wird (dazu Rdnr. 1292 ff.). Bedeutsam ist schließlich auch der **Zeitpunkt,** zu dem der Käufer verpflichtet, aber auch berechtigt ist, den Kaufpreis zu zahlen (siehe dazu Rdnr. 1307 ff.).

1288 **a) Zahlungsort.** Hinsichtlich des Zahlungsortes bestimmt § 270 Abs. 1, 2 BGB, dass der Schuldner Geld im Zweifel auf seine Gefahr und Kosten an den Wohnsitz oder die gewerbliche Niederlassung des Gläubigers zu übermitteln hat, wobei davon aber der Leistungsort unberührt bleiben soll (§ 270 Abs. 4 BGB). Dieser ist nach § 269 Abs. 1, 2 BGB der Wohnsitz oder die gewerbliche Niederlassung des Schuldners, hinsichtlich der Bewirkung der Kaufpreiszahlung also des Käufers. Dies bedeutet, dass die Leistungshandlung, also die Zahlung, am Sitz des Käufers zu erfolgen hat, der Leistungserfolg dann aber am Ort des Verkäufers eintritt. Auf diese Weise fallen Leistungs- und Erfolgsort auseinander. Die **Zahlungspflicht** beinhaltet somit eine **Schickschuld,** wobei der Käufer bei der Übermittlung des Kaufpreises an den Ort des Verkäufers nach § 270 Abs. 1 BGB die Transportgefahr und -kosten trägt (qualifizierte Schickschuld).[251] Nunmehr hat der EuGH entschieden, dass innerhalb des Anwendungsbereichs des Art. 3 I lit. a–c der Zahlungsverzugsrichtlinie[252] bei Überweisungen in Bezug auf die Berechnung der Verzugszinsen auf den Eingang beim Gläubiger abzustellen ist.[253] Vor diesem Hintergrund und zur Vermeidung von Abgrenzungsschwierigkeiten vertritt eine im Vordringen befindliche Meinung, dass Geldschulden unabhängig von der Anwendbarkeit der Zahlungsverzugsrichtlinie als modifizierte Bringschuld anzusehen seien.[254] Danach trägt der Schuldner die Gefahr, dass das Geld trotz rechtzeitiger Leistungshandlung verspätet beim Gläubiger eingeht.

1289 Die bisher h. M. sah als „Gefahr" **nur** die **Verlust-,** nicht aber die **Verzögerungsgefahr.**[255] Sobald der Käufer den Übermittlungsauftrag erteilt und dem Übermittler die geschuldete Leistung, also den Kaufpreis, ausgehändigt hat, wäre er demnach seiner Verpflichtung ordnungsgemäß nachgekommen.[256] Die Rechtzeitigkeit der Zahlung durch den Käufer wäre somit auf die Absendung und nicht auf die Ankunft beim Verkäufer zu bezie-

---

[249] BGHZ 139, 177, 185.
[250] Bamberger/Roth-*Wendtland*, § 119 BGB Rdnr. 34; *Reinicke/Tiedtke*, KaufR, Rdnr. 136.
[251] RGZ 78, 140; Staudinger-*Beckmann*, § 433 BGB Rdnr. 126; Hk-*Schulze*, § 270 BGB Rdnr. 1; Palandt-*Heinrichs*, § 270 BGB Rdnr. 1.
[252] Richtlinie 2000/35/EG v. 29.6.2000 zur Bekämpfung des Zahlungsverzugs im Geschäftsverkehr, ABl. 2000 L 200/35.
[253] EuGH, NJW 2008, 1935.
[254] Jauernig/*Stadler*, § 270 BGB Rdnr. 7; Palandt-*Grüneberg*, § 270 BGB Rdnr. 5; Hk-*Schulze*, § 270 BGB Rdnr. 6; Staudinger/*Bittner*, § 270 BGB Rdnr. 39; a. A. *Faust*, JuS 2009, 81, 83.
[255] BGH, NJW 1964, 499; Bamberger/Roth-*Unberath*, § 270 BGB Rdnr. 12 ff.; Palandt-*Grüneberg*, § 270 BGB Rdnr. 6; Erman-*Ebert*, § 270 BGB Rdnr. 9 f. m. Hinw. auf die a. A.
[256] Bamberger/Roth-*Grüneberg*, § 270 BGB Rdnr. 15; *Larenz*, I, § 14 IV, S. 196.

hen, so dass es bspw. ausreichend ist, wenn bei einer Übersendung des Geldes mittels eingeschriebenen Briefes die Aufgabe desselben bei der Post erfolgt ist.[257] Um einheitliche Lösungen zu erreichen und Wertungswidersprüche zu vermeiden, erscheint es sachgerecht, mit der nun wohl überwiegenden Meinung den Begriff der „Gefahr" in § 270 Abs. 1 BGB weit auszulegen und auch außerhalb des Anwendungsbereichs der Zahlungsverzugsrichtlinie die Verzögerungsrisiken ebenfalls hierunter zu subsumieren.[258] Einvernehmen besteht insofern, dass für Geld, das bei der Übermittlung verloren geht der Käufer nach der Gefahrtragungsregelung in § 270 Abs. 1 BGB selbst einstehen und erneut leisten muss.[259]

1290 Da die gesetzlichen Vorschriften über Leistungs- und Zahlungsort lediglich Auslegungsregeln beinhalten, steht es den Parteien frei, den **Zahlungsort** ausdrücklich oder konkludent **abweichend** festzulegen. Dies ergibt sich nicht selten schon aus der Eigenart des jeweiligen Kaufvertrages, wie etwa bei Ladenkäufen, bei denen meistens Barzahlung an der Niederlassung des Verkäufers erfolgt, womit abweichend vom Normalfall eine **Bringschuld** vorliegt.[260] Gleiches gilt auch, wenn die Niederlassung des Verkäufers als Zahlungsort ausdrücklich vereinbart wurde.[261] Hingegen soll bei einer Zahlungspflicht „Kasse gegen Dokumente", d. h. wenn der Käufer den Kaufpreis noch vor Erhalt der eigentlichen Kaufsache, aber nach Empfang der dazugehörigen Dokumente (Lieferscheine, Rechnungen o. ä.) zahlen muss, eine **Holschuld** gegeben sein,[262] da das Entgelt dann am Übergabeort der Dokumente, also regelmäßig am Sitz des Käufers zu leisten ist. Ebenso ist Holschuld anzunehmen, wenn ein im Handelsverkehr übliches Dokumentenakkreditiv vereinbart wurde (siehe dazu Rdnr. 1302), denn auch dabei findet die Übergabe der Dokumente beim Käufer bzw. bei einer von ihm bestimmten Bank statt, so dass dort ebenfalls die Zahlung des Kaufpreises durch Einlösung des Akkreditivs erfolgt.[263] Besteht der Verkäufer entsprechend § 320 Abs. 1 S. 1 BGB auf einer **Zug-um-Zug-Erfüllung**, bei der mit Übergabe und Übereignung der Kaufsache gleichzeitig der Kaufpreis zu zahlen ist, bestimmt sich der Zahlungsort nach dem Ort der Übereignung.[264] Ist „Lieferung gegen Nachnahme" vereinbart, zieht das Transportunternehmen den Kaufpreis mit Ablieferung ein.[265] Die Wandlung der Zahlungsschuld in eine Holschuld ist für den Käufer vorteilhaft, weil so die Verlustgefahr auf den Verkäufer übergeht.

b) Zahlungsarten

1291 aa) Barzahlung. Ausgangspunkt des Gesetzes ist der Barkauf, bei dem der Käufer den Kaufpreis durch **Übergabe und Übereignung der erforderlichen Geldscheine und -münzen** gem. § 929 BGB zu leisten hat.[266] Praktisch relevant ist dies vor allem im Rahmen der sog. Handkäufe, also wenn der Abschluss des Kaufvertrages zeitgleich mit dem Erfüllungsakt erfolgt. Ausnahmsweise kann das Verlangen des Verkäufers nach Barzahlung jedoch als unzulässig oder rechtsmissbräuchlich anzusehen sein (§ 242 BGB), etwa wenn es sich bei dem Kaufpreis um einen sehr hohen Betrag handelt.[267] Da die Vertragsparteien die

---

[257] BGH, NJW 1969, 876; 1964, 499; RGZ 78, 140; 99, 257; Erman-*Ebert*, § 270 BGB Rdnr. 9 ff. m.w. Bsp.; *Larenz*, I, § 14 IV, S. 197; *Medicus*, AS, Rdnr. 148.
[258] Hk-*Schulze*, § 270 BGB Rdnr. 6 m.w.N.
[259] Erman-*Ebert*, § 270 BGB Rdnr. 9; Bamberger/Roth-*Unberath*, § 270 BGB Rdnr. 12; Palandt-*Grüneberg*, § 270 BGB Rdnr. 10.
[260] RGZ 102, 282; Soergel-*Huber*, § 433 BGB Rdnr. 197.
[261] BGH, NJW 1971, 380.
[262] BGH, WM 1987, 505; BGHZ 41, 215; Hk-*Schulze*, § 433 BGB Rdnr. 17.
[263] BGH, WM 1981, 789; Soergel-*Huber*, § 433 BGB Rdnr. 197; ähnlich wohl *Hiddemann*, WM 1982 Sonderbeilage Nr. 5, S. 24.
[264] Soergel-*Huber*, § 433 BGB Rdnr. 119.
[265] Soergel-*Huber*, § 433 BGB Rdnr. 199.
[266] Hk-*Schulze*, § 433 BGB Rdnr. 16; Erman-*Grunewald*, § 433 BGB Rdnr. 48; Staudinger-*Beckmann*, § 433 BGB Rdnr. 124.
[267] Soergel-*Huber*, § 433 BGB Rdnr. 202; *Medicus*, AS, Rdnr. 156.

gewünschte Zahlungsart frei bestimmen können, ist der Barkauf in vielen Bereichen des Geschäftsverkehrs durch andere Zahlungsformen verdrängt worden. Diese darf der Käufer allerdings nicht eigenmächtig wählen, sondern es bedarf stets des Einverständnisses des Verkäufers.[268]

1292   **bb) Zahlung durch Banküberweisung.** Das **erforderliche Einverständnis des Verkäufers** mit einer Zahlung per Banküberweisung kann zwar nicht bereits in der Eröffnung eines Girokontos gesehen werden, wohl aber in der Angabe einer Bankverbindung auf Geschäftspapieren oder Rechnungen.[269] Will der Verkäufer dann gleichwohl keine Banküberweisung – etwa weil er befürchten muss, dass ihm der Betrag wegen einer Kontopfändung oder seiner finanziellen Situation seitens seiner Hausbank gar nicht erst gut geschrieben wird – so muss er dies durch besondere, dem Kunden erkennbare Umstände deutlich machen. Die Angabe einer neuen Bankverbindung in der Rechnung ist als konkludent erklärter Widerruf der Einverständniserklärung hinsichtlich des zuvor angegebenen Kontos auszulegen.[270] Ein bekundetes Einverständnis kann nur bis zur Vornahme der Überweisung durch den Käufer widerrufen werden, danach ist eine Zurückweisung dieser Leistung regelmäßig nicht mehr möglich.[271] Hat der Verkäufer für eine erfolgte Überweisung ursprünglich keine Zustimmung erteilt, kann er diese Zahlungsart aber nachträglich billigen, und zwar auch durch Schweigen nach Erlangung der Kenntnis über diesen Vorgang.[272]

1293   Obwohl der Verkäufer im Gegensatz zur Barzahlung nicht unmittelbar über den Geldbetrag verfügen kann, sondern er mit der Gutschrift nur einen Anspruch gegen die Bank auf Ermöglichung dieser freien Verfügung erhält,[273] ist der bargeldlose Zahlungsverkehr doch der Barzahlung ökonomisch gleichwertig. Mit der Zahlung des Kaufpreises per Banküberweisung wird daher die geschuldete Leistung bewirkt, so dass sie als Erfüllung nach § 362 Abs. 1 BGB zu werten ist.[274] Zeitlich tritt diese **Erfüllungswirkung** aber nicht bereits mit der Leistungshandlung des Käufers (Veranlassen des Überweisungsvorgangs) ein, sondern erst dann, **wenn** dem Verkäufer der geschuldete **Betrag** vorbehaltlos von der Bank **gutgeschrieben** wurde und er somit einen Zahlungsanspruch gegen sie hat.[275] Unerheblich ist es dabei, ob der Verkäufer bereits Kenntnis von der Gutschrift hat oder nicht.[276]

1294   Hinsichtlich der **Einhaltung eventueller Zahlungsfristen** gelten die Ausführungen in Rdnr. 1288, 1289 hier in besonderer Weise. Jedenfalls im Anwendungsbereich der Richtlinie 2000/35/EG über den Zahlungsverzug kann es nicht als ausreichend angesehen werden, **wenn** der Käufer den **Überweisungsvorgang ordnungsgemäß veranlasst** hat.[277] Jedenfalls ist – wenn nicht eine Bareinzahlung zur Durchführung des Überweisungsauftrags getätigt wird – erforderlich, dass das Konto des Käufers eine ausreichende Deckung aufweist, weil ansonsten von vornherein erkennbar ist, dass die Überweisung nicht durchge-

---

[268] BGHZ 98, 30; Erman-*Grunewald*, § 433 BGB Rdnr. 48; Staudinger-*Beckmann*, § 433 BGB Rdnr. 126, 133; Soergel-*Huber*, § 433 BGB Rdnr. 203; *Giesen*, Jura 1993, 169, 174.
[269] BGH, NJW-RR 2004, 1281; BGH, NJW 1953, 897; 1986, 2429; Erman-*Grunewald*, § 433 BGB Rdnr. 48; Staudinger-*Beckmann*, § 433 BGB Rdnr. 126; *Giesen*, Jura 1993, 169, 174.
[270] BGH, NJW-RR 2004, 1281.
[271] BGH, NJW-RR 2004, 1281; BGHZ 103, 143; Staudinger-*Beckmann*, § 433 BGB Rdnr. 127; Soergel-*Huber*, § 433 BGB Rdnr. 203.
[272] Staudinger-*Beckmann*, § 433 BGB Rdnr. 126.
[273] Staudinger-*Beckmann*, § 433 BGB Rdnr. 126.
[274] Bamberger/Roth-*Dennhardt*, § 362 BGB Rdnr. 22; Palandt-*Grüneberg*, § 362 BGB Rdnr. 9; Soergel-*Huber*, § 433 BGB Rdnr. 203; a. A. noch BGH JZ 1953, 469 (Leistung an Erfüllungs Statt i. S. v. § 364 Abs. 1 BGB); offengelassen von BGH, NJW-RR 2004, 1281.
[275] BGH, NJW 1971, 381; BGHZ 6, 122; Staudinger-*Beckmann*, § 433 BGB Rdnr. 129; Palandt-*Grüneberg*, § 362 BGB Rdnr. 9; *Giesen*, Jura 1993, 169, 174.
[276] BGH, NJW 1987, 313; RGZ 114, 143; Staudinger-*Beckmann*, § 433 BGB Rdnr. 129.
[277] BGH, NJW 1969, 875; RGZ 78, 140; 99, 258; Soergel-*Huber*, § 433 BGB Rdnr. 205.

führt wird.²⁷⁸ Für die Fristwahrung ist zudem erforderlich, dass der geschuldete Betrag auf dem Konto des Gläubigers rechtzeitig gutgeschrieben ist.²⁷⁹ Selbst wenn der Käufer seinerseits alles Erforderliche getan hat, um die Zahlung zu bewirken, muss er nach § 270 Abs. 1 BGB auch dafür einstehen, wenn die weitere Bearbeitung von Seiten der Bank mit Verzögerungen erfolgt.²⁸⁰ Jedenfalls trägt der Käufer das Verlustrisiko (vgl. Rdnr. 1289), so dass er nochmals zahlen muss, wenn das überwiesene Geld unterwegs bis zur Gutschrift auf dem Gläubigerkonto verloren geht.

cc) Zahlung durch Lastschrift. Beim Lastschriftverfahren lässt der Verkäufer über seine Bank den Kaufpreis bei der Bank des Schuldners einziehen, wobei die erforderliche Zustimmung des Käufers entweder dadurch erklärt werden kann, dass er seiner Bank einen Abbuchungsauftrag zugunsten des Gläubigers erteilt oder dadurch, dass er den Verkäufer durch schriftliche Erklärung ermächtigt, Abhebungen in Höhe des geschuldeten Betrages von seinem Konto vorzunehmen.²⁸¹ Die **Leistungshandlung des Käufers** besteht also darin, durch die Erteilung der Ermächtigung den Einzug zu ermöglichen²⁸² und zudem dafür Sorge zu tragen, dass sein Konto über eine entsprechende Deckung verfügt.²⁸³ Hat der Käufer so das seinerseits Erforderliche getan, liegt es im Übrigen beim Verkäufer, sich den ihm zustehenden Kaufpreis zu beschaffen, so dass sich die Zahlungsschuld in diesem Fall in eine Holschuld wandelt mit der Folge, dass er sowohl die Kosten als auch die Gefahren des Lastschriftverfahrens zu tragen hat.²⁸⁴

1295

Sobald die Schuldnerbank die Lastschrift eingelöst hat, ist die Zahlungsverpflichtung gem. § 362 BGB **erfüllt** und somit die Kaufpreisschuld erloschen.²⁸⁵ Allerdings hat der Käufer selbst nach der Einlösung der Lastschrift im Einzugsermächtigungsverfahren die Möglichkeit, einen **Widerspruch gegen die vorgenommene Zahlung** einzulegen. Diesen kann er gegenüber seiner Bank und dem Verkäufer erklären. Der Widerspruch gegenüber dem eigenen Geldinstitut bewirkt eine Rückgängigmachung des getätigten Zahlungsvorgangs, indem die Bank des Käufers ihrerseits Widerspruch bei der Empfängerbank einlegt und diese dann den bereits gutgeschriebenen Betrag beim Verkäufer wieder zurückzieht.²⁸⁶ Möglich ist diese Vorgehensweise aufgrund des zwischen den Banken geschlossenen Lastschriftabkommens,²⁸⁷ das jedoch die Frist für Widersprüche auf acht Wochen nach der Belastung begrenzt (Abschnitt III Nr. 2 LastschrAbk).

1296

Gegenüber dem Verkäufer besteht eine solche Berechtigung zum Widerspruch jedoch nur dann, wenn der Käufer Einwendungen gegen die Kaufpreisforderung erheben kann. Allerdings prüft die Bank die sachliche Berechtigung eines eingelegten Widerspruchs nicht, sondern macht die Einziehung in jedem Fall rückgängig.²⁸⁸ Hat der Käufer den **Widerspruch unberechtigt** eingelegt, so stellt dies eine Vertragsverletzung dar, die nach § 280

1297

---

²⁷⁸ RGZ 78, 142; 99, 25; OLG Köln, NJW-RR 1990, 284; OLG Hamm, VersR 1984, 174; OLG Celle, MDR 1969, 1007; Soergel-*Huber*, § 433 BGB Rdnr. 205; Erman-*Ebert*, § 270 BGB Rdnr. 7; MünchKomm-*Krüger*, § 270 BGB Rdnr. 23.
²⁷⁹ Vgl. EuGH, NJW 2008, 1935. Hk-*Schulze*, § 270 BGB Rdnr. 6; Palandt-*Grüneberg*, § 270 BGB Rdnr. 5 ff.; MünchKomm-*Krüger*, § 270 BGB Rdnr. 22 m. Hinw. auf die Gegenmeinung.
²⁸⁰ Anders noch BGH, NJW 1964, 499; 1969, 875.
²⁸¹ Baumbach/*Hopt*, BankGesch, Rdnr. D/1; Staudinger-*Beckmann*, § 433 BGB Rdnr. 131.
²⁸² Soergel-*Huber*, § 433 BGB Rdnr. 207.
²⁸³ *Schönle*, FS Werner, S. 831.
²⁸⁴ BGH VersR 1985, 448; BGH, NJW 1984, 872; BGHZ 69, 366; Soergel-*Huber*, § 433 BGB Rdnr. 208; Staudinger-*Beckmann*, § 433 BGB Rdnr. 131; Baumbach/*Hopt*, BankGesch, Rdnr. D/22.
²⁸⁵ BGHZ 74, 352; BGH, NJW 1980, 1964; Soergel-*Huber*, § 433 BGB Rdnr. 208; Staudinger-*Beckmann*, § 433 BGB Rdnr. 131; Baumbach/*Hopt*, BankGesch, Rdnr. D/22.
²⁸⁶ Soergel-*Huber*, § 433 BGB Rdnr. 209; Staudinger-*Beckmann*, § 433 BGB Rdnr. 131.
²⁸⁷ Abgedruckt bei Baumbach/*Hopt*, BankGesch.
²⁸⁸ BGHZ 74, 304; 74, 312; 95, 106; 101, 156; Soergel-*Huber*, § 433 BGB Rdnr. 210; Staudinger-*Beckmann*, § 433 BGB Rdnr. 131.

Abs. 1 BGB zum Schadensersatzanspruch führt. In ganz besonders gelagerten Fällen kann ein solcher Anspruch auch aus § 826 BGB hergeleitet werden, etwa dann, wenn der zahlungsunfähige Käufer durch seinen Widerspruch nicht nur dem Verkäufer den Geldbetrag entziehen wollte, sondern auch in der Absicht gehandelt hat, ihn einem anderen Gläubiger zuzuwenden.[289] Wird dem Käufer der Geldbetrag nach ungerechtfertigtem Widerspruch zurückgebucht, ist umstritten, ob damit die durch die ursprüngliche Gutschrift beim Verkäufer bereits erloschene Kaufpreisforderung wieder auflebt,[290] oder ob dieser die Zahlung – von den Schadensersatzansprüchen abgesehen – nur noch wegen ungerechtfertigter Bereicherung (§§ 812 ff. BGB) verlangen kann.[291]

1298 dd) **Zahlung mittels Schecks.** Akzeptiert der Verkäufer zur Erfüllung der Kaufpreisforderung die Hingabe eines Schecks, so muss der Käufer als Element seiner Leistungshandlung auch für eine ausreichende Deckung seines Kontos sorgen.[292] Die Übergabe des Schecks beinhaltet als solche noch nicht die Erfüllung, sondern ist lediglich eine **Leistung erfüllungshalber** i.S.d. § 364 Abs. 2 BGB,[293] und zwar in der Art, dass neben die eigentliche Kaufpreisforderung als weitere Verbindlichkeit diejenige aus dem Scheck tritt. Hat der Käufer Einwendungen gegen die Kaufpreisforderung, kann er diese auch dem Anspruch aus dem Scheck entgegenhalten.[294] Verlangt der Verkäufer die Zahlung des Kaufpreises, kann der Käufer die **Einrede** der Scheckhingabe erheben. Der Verkäufer ist somit zunächst darauf beschränkt, sich aus dem Scheck zu befriedigen,[295] diesen also bei der betreffenden Bank einzulösen. Dies macht die Zahlungsschuld zu einer Holschuld, bei der der Verkäufer nach Erhalt des Schecks die Gefahr des Verlusts und der verspäteten Einlösung zu tragen hat.[296] Geht der Scheck beim Gläubiger verloren, ist ihm die Durchsetzung seines Anspruchs auf Zahlung des Kaufpreises endgültig verwehrt.[297] Wird der Scheck von der bezogenen Bank eingelöst, also entweder der Betrag bar ausgezahlt oder dem Konto des Verkäufers gutgeschrieben, so wird damit nicht nur die Verbindlichkeit aus dem Scheck getilgt, sondern es tritt gleichzeitig auch die **Erfüllung** der Kaufpreisschuld ein.[298]

1299 ee) **Zahlung mittels Wechsels.** Akzeptiert der Verkäufer zur Bezahlung des Kaufpreises einen Wechsel, so liegt auch darin noch keine Erfüllung, sondern ebenfalls nur eine **Leistung erfüllungshalber** i.S.d § 364 Abs. 2 BGB.[299] Der Käufer kann dem Verlangen des Verkäufers auf Kaufpreiszahlung die Einrede der Wechselhingabe solange entgegenhalten, wie sich der Wechsel noch beim Gläubiger befindet bzw. solange er noch nicht versucht hat, den Wechsel einzulösen.[300] Regelmäßig ist mit der Wechselhingabe die Kaufpreisforderung gestundet, so dass deren Fälligkeit erst eintritt, wenn auch der Wechsel fällig ist.[301] Löst

---

[289] BGHZ 74, 300; 101, 156; Baumbach/*Hopt*, BankGesch, Rdnr. D/8; Soergel-*Huber*, § 433 BGB Rdnr. 211.
[290] So Staudinger-*Beckmann*, § 433 BGB Rdnr. 131.
[291] BGH, NJW 2006, 1965; Soergel-*Huber*, § 433 BGB Rdnr. 212 m.w.N.
[292] OLG Köln, NJW 1987, 262; Soergel-*Huber*, § 433 BGB Rdnr. 216.
[293] BGH ZIP 1996, 1005; BGH, NJW 1976, 1842; Staudinger-*Beckmann*, § 433 BGB Rdnr. 136; Erman-*Grunewald*, § 433 BGB Rdnr. 48; Palandt-*Grüneberg*, § 364 BGB Rdnr. 6.
[294] BGH, NJW 1986, 1873; BGHZ 85, 348; Soergel-*Huber*, § 433 BGB Rdnr. 218; Staudinger-*Beckmann*, § 433 BGB Rdnr. 136.
[295] Soergel-*Huber*, § 433 BGB Rdnr. 215; *Larenz*, I, § 18 IV, S. 250.
[296] Soergel-*Huber*, § 433 BGB Rdnr. 217.
[297] BGH ZIP 1996, 1006; Erman-*Grunewald*, § 433 BGB Rdnr. 48.
[298] RGZ 109, 35; Erman-*Grunewald*, § 433 BGB Rdnr. 48; Staudinger-*Beckmann*, § 433 BGB Rdnr. 136.
[299] BGH ZIP 1996, 1005; Erman-*Grunewald*, § 433 BGB Rdnr. 48; Staudinger-*Beckmann*, § 433 BGB Rdnr. 133; Palandt-*Grüneberg*, § 364 BGB Rdnr. 6; MünchKomm-*Fetzer*, § 362 BGB Rdnr. 17.
[300] BGH, WM 1974, 571; BGHZ 96, 193; Soergel-*Huber*, § 433 BGB Rdnr. 220.
[301] BGH, WM 1974, 571; BGH BB 1969, 698; BGHZ 96, 193; RGZ 153, 182; Soergel-*Huber*, § 433 BGB Rdnr. 220; krit. Staudinger-*Beckmann*, § 433 BGB Rdnr. 134.

der Käufer den Wechsel nicht ein, obwohl dieser bei Vorlage fällig ist, so wird damit auch hinsichtlich der Kaufpreisforderung Verzug begründet.[302] Der Verkäufer kann nun **sowohl aus der ursprünglichen Verbindlichkeit als auch aus dem Wechsel** gegen den Schuldner **vorgehen,** wobei dieser allerdings nicht mehr Forderungsrechte begründen kann als der Kaufpreisanspruch.[303] Dem Käufer stehen die Einwendungen, welche er gegen die Kaufpreisforderung hat, auch bei der Geltendmachung der Forderung aus dem Wechsel zu.[304] Die Einlösung des vorgelegten Wechsels durch den Käufer lässt gleichzeitig auch die **Kaufpreisforderung erlöschen,** soweit sich beide Forderungen der Höhe nach entsprechen.[305] Eine Tilgung der ursprünglichen Zahlungsschuld wird auch dann angenommen, wenn der Verkäufer als Aussteller den Wechsel an einen Dritten weitergibt und dafür einen Gegenwert erhält, den er nach Wechselrecht nicht mehr herauszugeben hat.[306] Somit ist die Kaufpreisforderung noch nicht erfüllt, wenn Rückgriffsansprüche des Wechselerwerbers zu erwarten sind.[307]

ff) Zahlung mit Karte. Zahlt der Käufer mittels **Kreditkarte,** so tritt neben die vertragliche Beziehung zwischen ihm und dem Verkäufer diejenige zu dem Kreditkartenunternehmen. Zwischen diesem als Aussteller der Kreditkarte und dem Verkäufer als Vertragsunternehmen besteht ein echter Vertrag zugunsten des Kreditkarteninhabers, der insofern i. S. d. § 328 Abs. 1 BGB zu dessen Gunsten wirkt, als ein Anspruch gegen den Verkäufer besteht, den Kaufpreis mittels Kreditkarte anstelle der sofortigen Barzahlung erbringen zu können.[308] Der Einsatz der Kreditkarte ist dabei lediglich **Leistung erfüllungshalber** i. S. d. § 364 Abs. 2 BGB.[309] Die Tilgung tritt ein, wenn das Kartenunternehmen den Kaufpreis – abzüglich der ihm selbst zustehenden Vergütung – dem Konto des Vertragsunternehmens gutschreibt.[310] Dabei wird die Kaufpreisforderung an das Kreditkartenunternehmen übertragen (Forderungskauf; nach h. M. und der Rechtsprechung des BGH jedoch abstraktes Schuldversprechen, siehe Rdnr. 72), die diese dann wiederum dem Käufer in Rechnung stellt.[311]

1300

Unterschiedlich zu bewerten ist die Zahlung des Kaufpreises unter Einsatz einer **ec-Karte.** Wird nach deren Vorlage eine **vom Käufer zu unterzeichnende Einzugsermächtigung** erstellt, erfolgt die Zahlung nach den Rdnr. 1295 ff. dargestellten Grundsätzen. Eine Besonderheit ergibt sich daraus, dass der Verkäufer die Daten des Käufers, insbesondere dessen Anschrift, nur bei Nichteinlösung der Lastschrift über die die Karte ausgebende Bank erfahren kann, um sodann die Kaufpreisforderung geltend machen zu können. Daher wird auch diese Art der Zahlung mit ec-Karte lediglich als Leistung erfüllungshalber gewertet.[312] Anders ist dies, wenn mit der **ec-Karte unter Eingabe einer Geheimzahl** bezahlt wird. Hier verspricht das kartenausgebende Kreditinstitut eine unbedingte Zahlung, wobei auch ein Widerspruch des Kunden gegen eine Belastung nicht möglich ist. Diese Art der Karten-

1301

---

[302] Soergel-*Huber*, § 433 BGB Rdnr. 224.
[303] BGH, WM 1976, 382; 1986, 415; BGHZ 57, 300; 85, 348; Soergel-*Huber*, § 433 BGB Rdnr. 225.
[304] Soergel-*Huber*, § 433 BGB Rdnr. 225.
[305] Staudinger-*Beckmann*, § 433 BGB Rdnr. 133, 135; Soergel-*Huber*, § 433 BGB Rdnr. 221.
[306] BGHZ 96, 186; Erman-*Grunewald*, § 433 BGB Rdnr. 48.
[307] RGZ 136, 137; 140, 159; Soergel-*Huber*, § 433 BGB Rdnr. 222; Staudinger-*Beckmann*, § 433 BGB Rdnr. 135.
[308] BGHZ 114, 241; Baumbach/Hopt, BankGesch, Rdnr. F/57; Staudinger-*Beckmann*, § 433 BGB Rdnr. 137; Giesen, Jura 1993, 169, 174.
[309] BGH, NJW 1990, 2880; Baumbach/*Hopt*, BankGesch, Rdnr. F/46 u. F/57; Staudinger-*Beckmann*, § 433 BGB Rdnr. 137; MünchKomm-*Wenzel*, § 362 BGB Rdnr. 20.
[310] Bamberger/Roth-*Dennhardt*, § 362 BGB Rdnr. 35; MünchKomm-*Fetzer*, § 362 BGB Rdnr. 18.
[311] BGH, NJW 1990, 2880; Staudinger-*Beckmann*, § 433 BGB Rdnr. 137; Erman-*Grunewald*, § 433 BGB Rdnr. 48; Baumbach/*Hopt*, BankGesch Rdnr. F/57.
[312] Vgl. Bamberger/Roth-*Dennhardt*, § 362 BGB Rdnr. 34 m.w.N.; näher zum System: *Wand*, ZIP 1996, 214, 219 f.

zahlung ist damit als **Erfüllung** anzusehen.³¹³ Das gilt erst recht, wenn die **ec-Karte mit einem Guthaben aufgeladen** ist, das zur Bezahlung eingesetzt wird.³¹⁴

1302 **gg) Zahlung durch Akkreditiv.** Hat sich der Käufer in einer im Kaufvertrag enthaltenen Akkreditivklausel („Kasse gegen Akkreditiv") zur Bewilligung eines Akkreditivs verpflichtet, so muss er als Hauptpflicht für die rechtzeitige Akkreditiveröffnung sorgen.³¹⁵ Hat er einer Bank dementsprechend einen Akkreditivauftrag erteilt und teilt die Akkreditivbank dem Verkäufer die Eröffnung des Akkreditivs mit, so stellt dies ein **abstraktes Schuldversprechen** i. S. d. § 780 BGB dar.³¹⁶ Danach kann der Verkäufer nach Vorlage akkreditivkonformer Dokumente von der Bank Zahlung verlangen. Die Stellung des Akkreditivs ist nur als eine **Leistung erfüllungshalber** anzusehen; der Verkäufer muss zunächst eine Befriedigung daraus versuchen und kann erst bei einem endgültigen Scheitern der Leistung aus dem Akkreditiv auf die Kaufpreisforderung zurückgreifen.³¹⁷ Eine **Erfüllung der Kaufpreisforderung** wird durch die Einlösung des Akkreditivs von Seiten der Bank bewirkt.³¹⁸ Damit wird gleichzeitig die Pflicht der Bank aus dem Akkreditiv getilgt.³¹⁹

1303 **hh) Zahlung auf Notaranderkonto.** Soll die Zahlung des Kaufpreises – wie insbesondere bei Grundstückskaufverträgen – über ein **Treuhandkonto** eines Notars erfolgen, so dient dies der Überwachung der vertragsgerechten Erfüllung der gegenseitigen Pflichten und der Sicherung einer Zug-um-Zug-Leistung durch die Parteien.³²⁰ Der Notar ist somit, soweit er nicht ausnahmsweise nur als Zahlstelle einer Partei fungiert, als neutrale Mittelsperson³²¹ nach ordnungsgemäßer Aufbewahrung des Kaufpreises nur dann zu dessen Weiterleitung berechtigt und verpflichtet, wenn die vereinbarten Auszahlungsvoraussetzungen vorliegen. Mit der Einzahlung des Betrages auf dem Anderkonto des Notars hat der Käufer daher zwar grundsätzlich das seinerseits Erforderliche getan, um die Leistung zu bewirken,³²² **Erfüllung** ist damit aber noch nicht eingetreten.³²³ Diese erfordert vielmehr eine Auszahlung an den Verkäufer, die der Notar jedoch erst bei Vorliegen der Auszahlungsreife vornehmen wird, also regelmäßig erst dann, wenn auch der Verkäufer den ihn obliegenden Verpflichtungen nachgekommen ist³²⁴ und damit das mit der Einschaltung des Notars verbundene Sicherungsinteresse des Käufers entfällt.³²⁵ Den Käufer trifft zwar gem. § 270 Abs. 1 BGB das

---

³¹³ Bamberger/Roth-*Dennhardt*, § 362 BGB Rdnr. 36; Jauernig-*Mansel*, § 676 h BGB Rdnr. 5; Ebenroth/Boujong/Joost-*Grundmann*, BankR, Rdnr. II281; *Gößmann*, WM 1998, 1264, 1270f.; a. A. MünchKomm-*Fetzer*, § 362 BGB Rdnr. 18.

³¹⁴ Siehe Bamberger/Roth-*Dennhardt*, § 362 BGB Rdnr. 36 („Bargeldsurrogat"); Jauernig-*Mansel*, § 676 h BGB Rdnr. 5; *Pfeiffer*, NJW 1997, 1036, 1037f.

³¹⁵ Staudinger-*Beckmann*, § 433 BGB Rdnr. 136; RGRK-*Mezger*, § 433 BGB Rdnr. 62; ausführlich zum Akkreditiv, insbes. im internationalen Handelsverkehr siehe Ebenroth/Boujong/Joost-*Grundmann*, BankR, Rdnr. II456ff.

³¹⁶ Bamberger/Roth-*Gehrlein*, § 783 BGB Rdnr. 19; Ebenroth/Boujong/Joost-*Grundmann*, BankR Rdnr. II472; Staudinger-*Beckmann*, § 433 BGB Rdnr. 138.

³¹⁷ BGH, NJW 1981, 1905; BGH BB 1956, 546; Erman-*Grunewald*, § 433 BGB Rdnr. 48; Staudinger-*Beckmann*, § 433 BGB Rdnr. 138; Ebenroth/Boujong/Joost-*Grundmann*, BankR, Rdnr. II489.

³¹⁸ Erman-*Grunewald*, § 433 BGB Rdnr. 48; Soergel-*Huber*, § 433 BGB Rdnr. 232.

³¹⁹ Soergel-*Huber*, § 433 BGB Rdnr. 232.

³²⁰ BGH, NJW 1994, 1404; Soergel-*Huber*, § 433 BGB Rdnr. 233.

³²¹ BGH, NJW 1994, 1404; Soergel-*Huber*, § 433 BGB Rdnr. 233.

³²² Soergel-*Huber*, § 433 BGB Rdnr. 233; MünchKomm-*Fetzer*, § 362 BGB Rdnr. 14.

³²³ BGH, NJW 1994, 1403, 1404; BGHZ 87, 156, 162ff.; 138, 179, 184f.; Erman-*Grunewald*, § 433 BGB Rdnr. 49; Staudinger-*Beckmann*, § 433 BGB Rdnr. 129; Bamberger/Roth-*Dennhardt*, § 362 BGB Rdnr. 17f.; a.A. Reithmann, NJW 1996, 3227.

³²⁴ BGH, NJW 1998, 2134; Soergel-*Huber*, § 433 BGB Rdnr. 233; MünchKomm-*Fetzer*, § 362 BGB Rdnr. 14.

³²⁵ BGH, NJW 1998, 2135; Erman-*Grunewald*, § 433 BGB Rdnr. 48; *Reithmann*, NJW 1996, 3327, 3327.

Risiko eines Untergangs des Geldes beim Notar oder einer Unterschlagung durch diesen,[326] er hat aber auch die Möglichkeit, im Falle der Insolvenz des Verkäufers den vollen Kaufpreis vom Notar wiederzuerlangen.[327]

ii) Erfüllung durch Aufrechnung. Hat der Käufer gegen den Verkäufer zugleich eine eigene Forderung (Aktiv- oder Gegenforderung), die ihrem Leistungsgegenstand nach der Kaufpreisforderung (Passiv- oder Hauptforderung) gleichartig ist, so kann er nach §§ 387 ff. BGB aufrechnen. Bei Vorliegen einer solchen **Aufrechnungslage** kann der Käufer zum einen seine Schuld unter Ersparung eigener Leistungen tilgen und zum anderen dem Risiko einer u. U. nicht möglichen Durchsetzbarkeit der eigenen Forderung bei Zahlungsunfähigkeit des Verkäufers entgegenwirken.[328] Die Aufrechnung erfordert nach § 388 BGB eine darauf gerichtete unbedingte **Erklärung** des Käufers gegenüber dem Verkäufer. 1304

Aus den vertraglichen Vereinbarungen oder aus den zugrundeliegenden Umständen kann sich ergeben, dass eine **Aufrechung unzulässig** sein soll, wie stets dann, wenn der Verkäufer zum Ausdruck bringt, dass ihm an einer effektiven Zahlung gelegen ist.[329] Dies wird etwa dann angenommen, wenn ausdrücklich Barzahlung vereinbart wurde,[330] oder der Vertrag Zahlungsklauseln wie „Kasse gegen Dokumente", „netto Kasse ohne Abzug" oder „netto Kasse gegen Verladepapiere und Rechnung" enthält.[331] Im Handelsverkehr ist überwiegend anerkannt, dass „Kasse" eine vollständige Erbringung des Kaufpreises, also ohne Aufrechnung, meint.[332] Entsprechendes ergibt sich aus der gesetzlichen Auslegungsregel des § 391 Abs. 2 BGB, wonach im Zweifel keine Aufrechnung stattfinden soll, wenn für die Leistung ein bestimmter Leistungsort und eine bestimmte Leistungszeit festgelegt ist.[333] Von einem Aufrechnungsverbot kann außerdem ausgegangen werden, wenn die Zahlung durch Akkreditiv erfolgen (siehe Rdnr. 1302) oder der Kaufpreis auf ein Notaranderkonto gezahlt (Rdnr. 1303) werden soll.[334] 1305

Aufrechnungsverbote beziehen sich regelmäßig nur auf die Kaufpreisforderung als solche und nicht auf weitere, aus dem Rechtsverhältnis folgende Ansprüche, wie z. B. einen möglichen Schadensersatzanspruch, der an die Stelle der Kaufpreisforderung getreten ist.[335] Zudem kann ein **Aufrechnungsverbot unwirksam** sein, wenn es in vorformulierten Vertragsbedingungen enthalten ist und sich auf unbestrittene oder rechtskräftig festgestellte Gegenforderungen bezieht (§ 309 Nr. 3 BGB).[336] Schließlich kann die **Berufung auf** ein **Aufrechnungsverbot** aus dem Grundsatz von Treu und Glauben nach § 242 BGB **rechtsmissbräuchlich** sein, wie insbesondere wenn der Verkäufer zahlungsunfähig ist, und somit offensichtlich ist, dass der Käufer seine Forderung nicht wird durchsetzen können.[337] 1306

c) Zahlungszeit. Das **Gesetz** enthält hinsichtlich der Leistungszeit zwei Grundsätze, die in der Praxis aber oft nicht beide gleichzeitig durchführbar sind. Zum einen geht § 271 1307

---

[326] BGHZ 87, 156; Soergel-*Huber*, § 433 BGB Rdnr. 233; abweichend bzgl. Unterschlagung durch den Notar: Erman-*Grunewald*, § 433 BGB Rdnr. 49.
[327] BGH, NJW 1994, 1404; OLG Hamburg, NJW 1996, 1289.
[328] *Larenz*, I, § 18 VI, S. 255; *Medicus*, AS, Rdnr. 262.
[329] BGHZ 14, 62; 23, 134; *Larenz*, I, § 18 VI, S. 260.
[330] RGZ 60, 356; Staudinger-*Beckmann*, § 433 BGB Rdnr. 141; *Medicus*, AS, Rdnr. 271.
[331] BGH, WM 1984, 1572; BGH, NJW 1976, 852; ; RGZ 132, 306; OLG Düsseldorf, BB 1995, 1712; Staudinger-*Beckmann*, § 433 BGB Rdnr. 141; Jauernig-*Berger*, § 433 BGB Rdnr. 27.
[332] BGH, WM 1972, 1092; Soergel-*Huber*, § 433 BGB Rdnr. 233 b.
[333] Soergel-*Huber*, § 433 BGB Rdnr. 233 b; *Medicus*, AS, Rdnr. 271.
[334] BGHZ 60, 262; OLG Düsseldorf, DB 1972, 1018; Staudinger-*Beckmann*, § 433 BGB Rdnr. 141; Soergel-*Huber*, § 433 BGB Rdnr. 233 b.
[335] Soergel-*Huber*, § 433 BGB Rdnr. 233 b.
[336] Soergel-*Huber*, § 433 BGB Rdnr. 233 a; Staudinger-*Beckmann*, § 433 BGB Rdnr. 141; *Larenz*, I, § 18 VI, S. 261; *Medicus*, AS, Rdnr. 271.
[337] BGH, WM 1991, 733; BGH, NJW 1975, 442; 1984, 357; Soergel-*Huber*, § 433 BGB Rdnr. 233 c.

Abs. 1 BGB davon aus, dass der Verkäufer vom Käufer **sofortige Zahlung** verlangen kann, so dass der Kaufpreis sogleich im Zeitpunkt des Vertragsschlusses fällig wird. Zum anderen hat der Käufer allerdings das Recht, die Leistung solange zu verweigern, bis der Verkäufer seinerseits seine Verpflichtung erfüllt hat (§ 320 Abs. 1 S. 1 BGB). Nach dieser Einrede des nicht erfüllten Vertrages ist der Kaufpreis also nur **Zug-um-Zug** gegen Übergabe und Übereignung der Kaufsache zu zahlen. Nach der am 13.06.2014 in Kraft tretenden, der Umsetzung der Verbraucherrechterichtlinie dienenden Neuregelung in § 474 Abs. 3 S. 1 BGB (BGBl. I 2013, S. 3642) kann der Verkäufer die Kaufpreiszahlung abweichend von § 271 Abs. 1 BGB nicht sofort, sondern unverzüglich, also gemäß § 121 Abs. 1 BGB ohne schuldhaftes Zögern, verlangen. In der Praxis werden die Ergebnisse dieser Gesetzesänderung zumeist nicht von der bisherigen Rechtslage abweichen, zumal es auch nach § 474 Abs. 3 S. 1 BGB primär darauf ankommt, ob eine Leistungszeit bestimmt oder aus den Umständen zu entnehmen ist. Wenn dies allerdings nicht der Fall ist, wird bedeutsam, wann dem Käufer die Erfüllung seiner Zahlungspflicht subjektiv zugemutet werden kann.[338] Die Geltung der Regelung des § 320 Abs. 1 S. 1 BGB wird durch die Neuregelung nicht berührt.

1308 Diese Zug-um-Zug-Erfüllung sofort oder nach der Neuregelung unverzüglich nach Vertragsschluss entspricht jedoch allenfalls im Rahmen von Barkäufen im Einzelhandel der Realität. Oftmals ist es schon aufgrund des Vertragsgegenstandes nicht möglich, Zug-um-Zug gerade im Zeitpunkt des Vertragsschlusses zu erfüllen, wie insbesondere das Beispiel des Grundstückskaufs zeigt, bei dem bis zum endgültigen Eigentumsübergang wegen der erforderlichen Grundbucheintragung mitunter ein sehr langer Zeitraum vergeht und die **Gleichzeitigkeit beider Leistungen** durch die Zahlungsabwicklung über ein Notaranderkonto erreicht werden soll (Rdnr. 1303). Steht dem Verkäufer der Kaufgegenstand bei Vertragsschluss gar noch nicht zur Verfügung, so kommt zwar zu diesem Zeitpunkt eine Zug-um-Zug-Erfüllung nicht in Betracht, wohl aber dann, wenn die Lieferung der Kaufsache bewirkt wird. Das gilt insbesondere beim Versendungskauf, bei dem der Käufer erst mit Eintreffen der Ware zu zahlen hat, selbst wenn der Verkäufer laut Vertrag zur sofortigen Lieferung verpflichtet ist.[339] Bei einer Bringschuld begründet das Eintreffen der Ware die Fälligkeit der Zahlungsschuld. Ist im Rahmen der Holschuld eine Lieferfrist festgelegt, so tritt Fälligkeit ein, sobald der Verkäufer die Ware bereitgestellt und den Käufer darüber informiert hat.[340] Diesen Zeitpunkt kann der Käufer nicht durch Verweigerung der Annahme hinausschieben; vielmehr gerät er dann selbst in Annahmeverzug[341] (siehe auch Rdnr. 1382 ff.). Der Verkäufer kann seinerseits nicht eine vorzeitige Fälligkeit der Zahlungsschuld bewirken, indem er vor einem festgelegten Termin liefert, es sei denn der Käufer nimmt vorbehaltlos an.[342] Das gilt entsprechend auch für AGB-Klauseln, die die Fälligkeit des Kaufpreises an eine vorzeitige Lieferung oder auch nur Bereitstellung der Kaufsache knüpfen.[343]

1309 Unter Umständen wird von der Zug-um-Zug-Regel dahingehend abgewichen, dass der **Verkäufer vorleistungspflichtig** ist. So kann die Fälligkeit der **Kaufpreisforderung** verschoben sein, weil sie dem Käufer **gestundet** wurde. Dies kann etwa bei der Hingabe eines Wechsels, insbesondere aber in den praktisch bedeutsamen Fällen angenommen werden, in denen dem Käufer ein **Zahlungsaufschub** gewährt wurde, wie vor allem bei einem Teilzahlungskauf. Bei Vorliegen eines Verbrauchergeschäfts (siehe dazu Rdnr. 96 ff.) sind dabei die besonderen Schutzbestimmungen der §§ 506 ff. BGB zu beachten. Die Fälligkeit des Kaufpreises kann bei Stundung in einem genauen Zahlungsplan festgelegt sein, der nach §§ 506 Abs. 1, 492 Abs. 3 S. 2 BGB i.V.m. Art. 247 § 14 EGBGB in der von dem Verbraucher zu unterzeichnenden Vertragserklärung angegeben werden muss. Es ist aber auch mög-

---

[338] Begründung des RegE, BT-Drucks. 17/12637, S. 69, 70.
[339] Staudinger-*Beckmann*, § 433 BGB Rdnr. 143; Soergel-*Huber*, § 433 BGB Rdnr. 236.
[340] Soergel-*Huber*, § 433 BGB Rdnr. 236.
[341] Erman-*Grunewald*, § 433 BGB Rdnr. 54; Soergel-*Huber*, § 433 BGB Rdnr. 237.
[342] Erman-*Grunewald*, § 433 BGB Rdnr. 54; Soergel-*Huber*, § 433 BGB Rdnr. 240.
[343] BGH, NJW 2007, 1198, 1200.

lich, dass lediglich ein Zahlungsziel festgelegt wird und die Zahlung innerhalb eines Zeitraums zu erfolgen hat. Ist der Zahlungszeitpunkt in das Belieben des Käufers gestellt, muss er innerhalb einer angemessenen Frist i. S. d. § 315 BGB leisten.[344] Unabhängig von einer Stundungsvereinbarung können auch die **Umstände des Kaufvertrags** ergeben, dass der Kaufpreis nicht sogleich Zug-um-Zug mit der Lieferung zu zahlen ist. So muss berücksichtigt werden, dass der Käufer das Recht – im Handelsverkehr nach § 377 HGB sogar die Obliegenheit (vgl. dazu Rdnr. 948 ff.) – einer Untersuchung der Ware hat, so dass der Käufer den Kaufpreis erst nach deren Besichtigung zu zahlen braucht.

Eine **Vorleistungspflicht des Käufers** kann sich aus **Zahlungsklauseln** wie „Kasse gegen Dokumente" ergeben, wobei der Käufer seine Zahlungsschuld – ohne die Ware als solche erhalten zu haben – schon beim Empfang der entsprechenden Papiere (Lieferschein, Frachtpapiere, Ladeschein etc.) begleichen muss.[345] Ebenso ist eine Vorleistungspflicht des Käufers gegeben, wenn ihm die Stellung eines Akkreditivs obliegt und auf Seiten der Bank die Einlösung schon bei Aushändigung und Prüfung der Dokumente vorgenommen werden soll[346] (siehe Rdnr. 1302). Bedenklich erscheinen **Vorauszahlungsklauseln,** die vom Käufer die – teilweise oder sogar vollständige – Zahlung des Kaufpreises verlangen, obwohl der Verkäufer seinerseits überhaupt noch keine Leistung erbracht hat, wie z. B. dann, wenn der Käufer sogleich nach Vertragsschluss eine Anzahlung auf die erst eventuell viel später erfolgende Lieferung leisten soll. Nach h. M. unterfallen solche Klauseln i. d. R. nicht dem Klauselverbot des § 309 Nr. 2 BGB, sondern sind an der Generalklausel des § 307 BGB zu messen, da man ansonsten zu einem zwingenden Gebot, dass aus vorformulierten Verträgen stets Zug-um-Zug zu leisten wäre, gelangen würde.[347] Demnach sind Vorausleistungsklauseln nur zulässig, wenn für sie ein sachlich berechtigter Grund gegeben ist und keine überwiegenden Belange des Käufers entgegenstehen,[348] was bspw. beim Kauf von Eintrittskarten oder bei Briefmarkenauktionen angenommen wird.[349] Unzulässig sind sie dagegen beim Kauf von Möbeln oder Elektrogeräten.[350]

1310

III. Pflicht zur Abnahme der Kaufsache

1. Bedeutung und Einordnung der Abnahmepflicht

§ 433 Abs. 2 BGB begründet für den Käufer nicht nur die Pflicht, das vereinbarte Entgelt für die Kaufsache zu erbringen (dazu Rdnr. 1227 ff.), sondern auch eine Verbindlichkeit zur Abnahme der Kaufsache. Damit wird der Verkäufer geschützt, dem es insbesondere darum geht, die Kaufsache möglichst bald zu übertragen und nicht mit den Kosten und Mühen einer Lagerung der Ware belastet zu werden.[351] Deshalb stellt die **Abnahme nicht**

1311

---

[344] RGZ 64, 116; Staudinger-*Beckmann*, § 433 BGB Rdnr. 148.
[345] BGH, WM 1987, 505; BGHZ 41, 215; Staudinger-*Beckmann*, § 433 BGB Rdnr. 146; MünchKomm-*Wurmnest*, § 309 Nr. 2 BGB Rdnr. 20.
[346] Hk-*Schulze*, § 433 BGB Rdnr. 17; Staudinger-*Beckmann*, § 433 BGB Rdnr. 146; Soergel-*Huber*, § 433 BGB Rdnr. 244.
[347] BGH, NJW-RR 2003, 834; BGH, NJW 2001, 292, 294; 1999, 2180, 2182; Bamberger/Roth-*Becker*, § 309 Nr. 2 BGB Rdnr. 7; Palandt-*Grüneberg*, § 309 BGB Rdnr. 13; Erman-*Roloff*, § 309 BGB Rdnr. 21; a. A. MünchKomm-*Wurmnest*, § 309 Nr. 2 BGB Rdnr. 11.
[348] BGH, NJW-RR 2003, 834; BGH, NJW 2001, 292, 294; 1999, 2180, 2182; Palandt-*Grüneberg*, § 309 BGB Rdnr. 13; MünchKomm-*Wurmnest*, § 309 Nr. 2 BGB Rdnr. 11; PWW-*Berger*, § 309 BGB Rdnr. 13.
[349] BGH, NJW 1985, 851; Palandt-*Grüneberg*, § 309 BGB Rdnr. 13; Erman-*Roloff*, § 309 BGB Rdnr. 21; PWW-*Berger*, § 309 BGB Rdnr. 13.
[350] BGH, NJW 1999, 2180; OLG Dresden, OLG-NL 1998, 193; Palandt-*Grüneberg*, § 309 BGB Rdnr. 13; PWW-*Berger*, § 309 BGB Rdnr. 13.
[351] Hk-*Schulze*, § 433 BGB Rdnr. 18; Jauernig-*Berger*, § 433 BGB Rdnr. 28; Staudinger-*Beckmann*, § 433 BGB Rdnr. 153.

eine **bloße Obliegenheit** des Käufers als Gläubiger dar, **sondern** begründet eine **Schuldnerpflicht,** die dem Verkäufer einen selbständig einklagbaren Anspruch zukommen lässt.[352] Demzufolge gerät der Käufer, wenn er die ordnungsgemäß angebotene Sache nicht abnimmt, nicht nur in Annahmeverzug (siehe Rdnr. 1382 ff.) sondern auch in Schuldnerverzug (dazu Rdnr. 1381). Die nach § 433 Abs. 2 BGB geschuldete Abnahme ist als rein **tatsächlicher Vorgang des Besitzwechsels** zu verstehen und nicht mit einer Annahme als Erfüllung i. S. d. § 363 BGB gleichzusetzen[353] oder als Billigung einer Leistung i. S. d. § 364 BGB zu verstehen.[354]

1312 In der Regel steht die Abnahmepflicht aber nicht auf einer Stufe mit der Zahlungsschuld, so dass sie grundsätzlich keine Haupt- sondern nur eine **Nebenpflicht** des Käufers beinhaltet.[355] Die Bedeutung dieser Unterscheidung ist nach der Schuldrechtsreform erheblich gesunken, da nunmehr ein Rücktrittsrecht nach §§ 323, 326 BGB nicht mehr ausgeschlossen ist, wenn lediglich eine Nebenpflicht verletzt wurde[356] (zu diesem Rücktrittsrecht des Verkäufers siehe Rdnr. 1367). Unter Umständen kann die Abnahme aber auch als eine **Hauptpflicht** zu werten sein, wenn nämlich dem Verkäufer in besonderem Maße daran gelegen ist, die Kaufsache aus seinem Besitz zu geben.[357] Dies ist etwa anzunehmen beim Verkauf leichtverderblicher Waren, wie Obst und Gemüse, bei der Veräußerung von Schutt oder Gebäuden zum Abbruch oder beim Räumungsverkauf, wenn erkennbar umgehend freier Raum geschaffen werden soll.[358]

1313 Als eigenständiger Anspruch ist die **Abnahme** auch ohne weiteres im Wege der Leistungsklage **durchsetzbar.**[359] Da der Käufer aber zumeist nicht nur die Abnahme, sondern zugleich auch die Kaufpreiszahlung verweigert, wird regelmäßig keine isolierte **Abnahmeklage** erhoben, sondern auf Zahlung und Abnahme geklagt.[360] Die prozessualen Voraussetzungen richten sich nach der Zahlungsschuld, da diese im Gegensatz zur Abnahmepflicht die Hauptleistungspflicht darstellt.[361] Der Gerichtsstand ist folglich der Ort, an dem der Kaufpreis bewirkt werden sollte und der Streitwert ist ausschließlich der Höhe des Kaufpreises zu entnehmen.[362] Die Abnahme kann dann auch durch **Zwangsvollstreckung** durchgesetzt werden. Bei beweglichen Sachen wird sie auf der Grundlage des § 887 BGB (vertretbare Handlungen) durchgeführt, weil dabei der Verkäufer auch stets die Sache hinterlegen könnte (§§ 372 ff. BGB).[363] Die Übernahme eines Grundstücks und auch die Mitwirkung

---

[352] BGH DB 1975, 1407; MünchKomm-*Westermann,* § 433 BGB Rdnr. 76; Palandt-*Weidenkaff,* § 433 BGB Rdnr. 48; Erman-*Grunewald,* § 433 BGB Rdnr. 57.

[353] RGZ 56, 177; 57, 109; Staudinger-*Beckmann,* § 433 BGB Rdnr. 156; Erman-*Grunewald,* § 433 BGB Rdnr. 53; Palandt-*Weidenkaff,* § 433 BGB Rdnr. 44; *Ernst,* NJW 1997, 896, 897.

[354] BGH DB 1966, 416; RGZ 53, 161; MünchKomm-*Westermann,* § 433 BGB Rdnr. 77; Soergel-*Huber,* § 433 BGB Rdnr. 258; Jauernig-*Berger,* § 433 BGB Rdnr. 28.

[355] BGH, NJW 1972, 99; RGZ 53, 164; 57, 112; *Larenz,* II/1, § 42 I, S. 94; *Hiddemann,* WM 1977, 1242, 1249.

[356] BGH, NJW 1972, 99; Erman-*Grunewald,* § 433 BGB Rdnr. 52; MünchKomm-*Westermann,* § 433 BGB Rdnr. 78; Bamberger/Roth-*Faust,* § 433 BGB Rdnr. 59.

[357] MünchKomm-*Westermann,* § 433 BGB Rdnr. 78; Jauernig-*Berger,* § 433 BGB Rdnr. 29;.

[358] BGH, WM 1975, 863; RGZ 92, 268; OLG München, BB 1957, 663; Palandt-*Weidenkaff,* § 433 Rdnr. 44; Staudinger-*Beckmann,* § 433 BGB Rdnr. 164; PWW-*Schmidt,* § 433 BGB Rdnr. 45; Erman-*Grunewald,* § 433 BGB Rdnr. 52.

[359] BGH DB 1975, 1407; RGZ 53, 162; 56, 177; Jauernig-*Berger,* § 433 BGB Rdnr. 30; Staudinger-*Beckmann,* § 433 BGB Rdnr. 165.

[360] BGH DB 1975, 1407; RGZ 57, 105; MünchKomm-*Westermann,* § 433 BGB Rdnr. 76; Soergel-*Huber,* § 433 BGB Rdnr. 257; Erman-*Grunewald,* § 433 BGB Rdnr. 57; Staudinger-*Beckmann,* § 433 BGB Rdnr. 165.

[361] RGZ 56, 141; Soergel-*Huber,* § 433 BGB Rdnr. 259.

[362] RGZ 56, 141; 57, 15; Soergel-*Huber,* § 433 BGB Rdnr. 259.

[363] OLG Rostock, OLGE 14, 187; OLG Braunschweig, OLGE 39, 85; Erman-*Grunewald,* § 433 BGB Rdnr. 57; Soergel-*Huber,* § 433 BGB Rdnr. 268.

bei der Auflassung (siehe Rdnr. 1314) sind hingegen unvertretbare Handlungen, so dass hier § 887 ZPO und bezüglich der Auflassung § 894 ZPO Anwendung findet.[364] Im Übrigen ist es auch möglich, den bei einer unterlassenen Abnahme entstehenden Annahmeverzug des Käufers mit einer Feststellungsklage bestätigen zu lassen, was den Verkäufer im Rahmen einer späteren Vollstreckung der Kaufpreisforderung gem. § 756 Abs. 1 ZPO vom ihm obliegenden Nachweis des Angebots entbindet.[365]

2. Inhalt der Abnahmepflicht

Abnahme bedeutet vorrangig die **körperliche Übernahme der Kaufsache,** also die Begründung unmittelbaren Besitzes i. S. d. § 854 BGB.[366] Da nach Sinn und Zweck der Abnahmepflicht letztlich die Befreiung des Verkäufers vom Besitz der Kaufsache entscheidend ist, muss zur Erfüllung der Abnahmepflicht nicht unbedingt der Käufer selbst die Verfügungsgewalt über die Kaufsache erlangen; es kommt auch die Vereinbarung eines Übergabesurrogats (§§ 930, 931 BGB) in Betracht.[367] Eine Abnahmepflicht kann aufgrund der Verweisung in § 453 Abs. 1 BGB auch für den Rechtskauf bestehen, wenn damit ebenfalls ein Recht zum Besitz einer Sache verbunden ist,[368] wie insbesondere bei Wertpapieren. Bei Grundstückskäufen knüpfen die Lasten und Obliegenheiten vielfach an die eigentumsrechtliche Position, so dass der Zweck der Abnahmepflicht, den Verkäufer von dem Kaufgegenstand zu entlasten, es auch erforderlich macht, dass der Käufer **bei der Auflassung mitwirkt.**[369]

1314

Die Abnahme setzt voraus, dass der Verkäufer oder ein mit der Herausgabe betrauter Dritter die **Kaufsache** zur Abnahme bereit hält,[370] wozu auch gehört, dass sie sich **in einem vertragsgemäßen Zustand** befindet (vgl. §§ 433 Abs. 1 S. 2, 434 BGB).[371] Ist die Sache hingegen mangelhaft, braucht der Käufer sie nicht abzunehmen, sondern hat vielmehr ein **Zurückweisungsrecht,** das grundsätzlich auch dann besteht, wenn es sich nur um geringfügige Mängel handelt.[372] Ausnahmsweise kann sich aus Treu und Glauben gemäß § 242 BGB eine Pflicht zur Abnahme einer als mangelhaft erkannten Sache ergeben, wenn der Käufer dadurch keinen Rechtsnachteil erleidet, wie etwa dann, wenn der Verkäufer eine unverzügliche Beseitigung des Mangels beim Käufer anbietet und dieser dadurch in keiner Weise belastet wird.[373]

1315

---

[364] Soergel-*Huber,* § 433 BGB Rdnr. 268.
[365] Näher hierzu Zöller-*Stöber,* § 756 ZPO Rdnr. 9 m.w.N.
[366] BGH, NJW 1972, 99; BGH DB 1966, 416; RGZ 53, 162; 56, 175; 57, 109; 57, 406; Jauernig-*Berger,* § 433 BGB Rdnr. 28; Soergel-*Huber,* § 433 BGB Rdnr. 258; Erman-*Grunewald,* § 433 BGB Rdnr. 53; *Giesen,* Jura 1993, 169, 175.
[367] Vgl. Erman-*Grunewald,* § 433 BGB Rdnr. 52; Staudinger-*Beckmann,* § 433 BGB Rdnr. 154.
[368] RGZ 142, 299; Staudinger-*Beckmann,* § 433 BGB Rdnr. 154; Soergel-*Huber,* § 433 BGB Rdnr. 267.
[369] BGH, NJW-RR 1989, 651; BGHZ 58, 249; RGZ 53, 70; 69, 107; MünchKomm-*Westermann,* § 433 BGB Rdnr. 77; Staudinger-*Beckmann,* § 433 BGB Rdnr. 157; Jauernig-*Berger,* § 433 BGB Rdnr. 28.
[370] RGZ 53, 163; 56, 177; Erman-*Grunewald,* § 433 BGB Rdnr. 54; MünchKomm-*Westermann,* § 433 BGB Rdnr. 76.
[371] BGH BB 1957, 92; RGZ 53, 73; 63, 298; OLG Köln NJW 1997, 1016; RGRK-*Mezger,* § 433 BGB Rdnr. 66; Erman-*Grunewald,* § 433 BGB Rdnr. 54; Palandt-*Weidenkaff,* § 433 BGB Rdnr. 46.
[372] Ebenso MünchKomm-*Westermann,* § 433 BGB Rdnr. 77 und insbes. § 437 BGB Rdnr. 16, 17 mit ausführlicher Begründung.
[373] BGH BB 1957, 92; RGZ 53, 74; MünchKomm-*Westermann,* § 437 BGB Rdnr. 17; weitergehend – bei geringfügigen Mängeln –: RGRK-*Mezger,* § 433 BGB Rdnr. 66; Erman-*Grunewald,* § 433 BGB Rdnr. 54.

3. Ort und Zeit der Abnahme

1316 Die Abnahme hat in dem Zeitpunkt zu erfolgen, in welchem dem Käufer die Kaufsache von Seiten des Verkäufers ordnungsgemäß angeboten wird (§ 271 Abs. 1 BGB), und zwar dort, wo der Verkäufer zu leisten hat. Handelt es sich um eine Bring- oder Schickschuld, so findet die Übergabe und damit auch die Abnahme an dem Wohnsitz oder der Niederlassung des Käufers statt.[374] Muss der Käufer die Sache beim Verkäufer abholen (Holschuld), so hat der Verkäufer ihn über die Abholbereitschaft zu benachrichtigen und ihm hinsichtlich der Abnahme eine angemessene Frist einzuräumen,[375] deren Länge sich nach den **Umständen des Einzelfalles** richtet. Entsprechendes gilt, wenn der Verkäufer die Kaufsache an einen anderen Bestimmungsort als die Niederlassung des Käufers versendet, so dass er die Sache dort innerhalb eines bestimmten Zeitraums abzuholen hat (Hafen, Bahnhof u. ä.).[376]

IV. Weitere Pflichten des Käufers

1317 Neben der Zahlungs- und der Abnahmepflicht können sich für den Käufer aus dem Gesetz, vertraglichen Vereinbarung, der Verkehrssitte oder aus etwaigen Handelsbräuchen noch weitere Pflichten ergeben. Diese werden teilweise schon mit dem Eintritt in Vertragsverhandlungen begründet (siehe sogleich Rdnr. 1318 ff.), können die Abwicklung des Vertrages betreffen (dazu Rdnr. 1321 ff.) und unter Umständen sogar darüber hinaus (zu den nachvertraglichen Pflichten siehe Rdnr. 1326) wirken. Je nach Interessenlage kann es sich um Haupt- oder Nebenpflichten oder um bloße Obliegenheiten des Käufers handeln

1. Pflichten des Käufers aufgrund vertraglicher Vorverhandlungen

1318 Schon mit dem Eintritt in Vertragsverhandlungen entsteht die **Pflicht**, auf Rechte, Rechtsgüter und Interessen des potenziellen Vertragspartners **Rücksicht zu nehmen** (vgl. §§ 311 Abs. 2, 241 Abs. 2 BGB). Dementsprechend muss der Käufer z. B. darauf achten, dass er die Ladeneinrichtung oder Ausstellungsgegenstände im Geschäft des Verkäufers nicht beschädigt. Bezogen auf den in Aussicht genommenen Vertragsschluss ist von besonderer Bedeutung, ob und inwieweit **Aufklärungs- und Offenbarungspflichten** des Käufers bestehen. Dabei kommt es auf die Intensität der vertraglichen Beziehungen an. Beschränkt sich diese auf den einmaligen Leistungsaustausch, wird den Käufer kaum die Pflicht treffen, über etwaige Umstände aus seiner Sphäre aufzuklären. Selbst wenn er erkennt, dass dem Verkäufer etwa ein Fehler bei der Berechnung des Kaufpreises unterlaufen sein könnte (siehe Rdnr. 1284 ff.), so begründet das in der Regel noch keine Hinweispflicht, da die Preisbestimmung dem Risikobereich des Verkäufers unterfällt.[377]

1319 Verbindet die Beteiligten eine **dauerhafte Vertragsbeziehung oder** besteht ein **besonderes Vertrauensverhältnis,** so kann der Verkäufer nach Treu und Glauben erwarten, dass der Käufer ihn über solche Punkte informiert, welche die Wirksamkeit des Vertrages oder auch dessen spätere Durchführung in Frage stellen.[378] Dies wird etwa dann angenommen, wenn ein inländischer Käufer bei einem Importgeschäft Kenntnis von devisenrechtlichen Beschränkungen hat, die den Kaufvertrag unwirksam machen würden.[379]

---

[374] RGZ 5, 394; 49, 75; Soergel-*Huber*, § 433 BGB Rdnr. 259; Staudinger-*Beckmann*, § 433 BGB Rdnr. 161.
[375] Soergel-*Huber*, § 433 BGB Rdnr. 260; Staudinger-*Beckmann*, § 433 BGB Rdnr. 161.
[376] Soergel-*Huber*, § 433 BGB Rdnr. 260.
[377] BGH, NJW 1992, 1222; Palandt-*Weidenkaff*, § 433 BGB Rdnr. 52; PWW-*Schmidt*, § 433 BGB Rdnr. 49; Staudinger-*Beckmann*, § 433 BGB Rdnr. 175; *Paulusch*, WM 1995, Sonderbeilage Nr. 1, S. 36; a. A. Erman-*Grunewald*, § 433 BGB Rdnr. 60.
[378] BGH, BB 1967, 651; BGH, NJW 1970, 655; Staudinger-*Beckmann*, § 433 BGB Rdnr. 175.
[379] BGH, NJW 1960, 720; BGH, WM 1955, 1125; 1956, 493; RGRK-*Mezger*, § 433 BGB Rdnr. 71; MünchKomm-*Westermann*, § 433 BGB Rdnr. 82.

Allerdings muss der Käufer nicht offenbaren, wie er mit der Kaufsache verfahren will.[380] Selbst der Käufer eines Kraftfahrzeugs, der zugleich Wiederverkäufer ist, braucht dem Verkäufer seine Wiederverkaufsabsicht nicht zu offenbaren, obwohl er Kenntnis davon hat, dass der Verkäufer an nicht autorisierte Händler nur mit dem Risiko einer Vertragsstrafe von Seiten des Herstellers veräußern kann.[381] Eine andere Beurteilung ist aber dann angebracht, wenn der Käufer auf einen bestimmten Umstand vom Verkäufer direkt angesprochen wird und damit dieser Punkt erkennbar von erheblicher Bedeutung für den Vertragsschluss ist.[382]

Besonders problematisch ist, ob der Käufer über seine eventuell mangelnde Zahlungsfähigkeit aufzuklären hat. Eine dahingehende **Offenbarungspflicht** kann nicht grundsätzlich angenommen werden. Wird der Käufer aber ausdrücklich von Seiten des Verkäufers gefragt, ob er finanziell in der Lage ist, die ihm obliegende Zahlungspflicht zu erfüllen, hat er insbesondere dann wahrheitsgemäß zu antworten, wenn der Kauf auf Kredit erfolgt.[383] Den Käufer trifft ebenfalls eine Aufklärungspflicht bezüglich seiner Zahlungsfähigkeit, wenn es sich um längerfristige geschäftliche Beziehungen handelt, die entweder besondere Risiken in sich bergen, von Natur aus eine große Leistungsfähigkeit voraussetzen oder auch sonst ein erhöhtes Maß an Vertrauen erfordern.[384] Ist der Käufer eine juristische Person, soll sich diese Pflicht sogar schon dann ergeben, wenn diese zwar noch nicht zahlungsunfähig, wohl aber überschuldet ist,[385] da Maßnahmen anderer Gläubiger die Durchsetzung der Kaufpreisforderung gefährden könnten. Hat auf Seiten der insolventen Gesellschaft ein Geschäftsführer den Kreditkauf getätigt, kann dieser unter Umständen über § 311 Abs. 3 BGB persönlich haften, wenn er unrichtige bzw. unvollständige Angaben zur Zahlungsfähigkeit der Gesellschaft macht und dadurch besonderes Vertrauen in Anspruch nimmt,[386] oder wenn er ein nicht unerhebliches, wirtschaftliches Eigeninteresse am Vertrag hat.[387]

1320

2. Pflichten des Käufers bei der Vertragsabwicklung

a) Pflichten aufgrund gesetzlicher Bestimmung. Der Gesetzgeber hat nur punktuell Regelungen hinsichtlich weiterer Pflichten des Käufers getroffen, die dabei dispositiven Charakter haben, so dass es den Parteien freisteht, davon abweichende Vereinbarungen zu treffen.[388] Gem. § 446 S. 2 BGB hat der Käufer nach Gefahrübergang (dazu Rdnr. 404 ff.) die **Lasten der Kaufsache** zu tragen. Da er ab diesem Zeitpunkt den Vertragsgegenstand nutzen kann, soll er auch die mit der Kaufsache verbundenen Nachteile übernehmen. Lasten (vgl. § 103 BGB) sind solche, die auf der Sache selbst ruhen; sie können sowohl privatrechtlicher als auch öffentlich-rechtlicher Art sein.[389] Nach § 448 Abs. 1, 2. HS und Abs. 2 BGB hat der Käufer gewisse, mit der Durchführung des Vertrages verbundene, Kosten zu übernehmen. Dies sind vor allem die Kosten für die Abnahme, wozu neben denjenigen der Übernahme der Kaufsache auch diejenigen der Versendung an einen anderen als den ur-

1321

---

[380] Staudinger-*Beckmann*, § 433 BGB Rdnr. 175; Erman-*Grunewald*, § 433 BGB Rdnr. 62; Palandt-*Weidenkaff*, § 433 BGB Rdnr. 52.
[381] BGH, NJW 1992, 1222; PWW-*Schmidt*, § 433 BGB Rdnr. 48; *Paulusch*, WM 1995, Sonderbeilage Nr. 1, S. 36;.
[382] BGH, WM 1991, 1733; Erman-*Grunewald*, § 433 BGB Rdnr. 60; RGRK-*Mezger*, § 433 BGB Rdnr. 71.
[383] BGH, WM 1991, 1733; BGHZ 87, 27; Staudinger-*Beckmann*, § 433 BGB Rdnr. 176; Erman-*Grunewald*, § 433 BGB Rdnr. 60.
[384] Staudinger-*Beckmann*, § 433 BGB Rdnr. 176.
[385] BGH, NJW 1983, 676; 1983, 1607; 1984, 2284; 1988, 784; Staudinger-*Beckmann*, § 433 BGB Rdnr. 176; Erman-*Grunewald*, § 433 BGB Rdnr. 60.
[386] BGH, WM 1967, 481; BGHZ 87, 27; Soergel-*Huber*, Anh. I § 433 BGB Rdnr. 135.
[387] BGH, WM 1985, 1528; 1986, 856; 1988, 783; Soergel-*Huber*, Anh. I § 433 BGB Rdnr. 135.
[388] Hk-*Schulze*, § 433 BGB Rdnr. 20.
[389] RGRK-*Mezger*, § 433 BGB Rdnr. 70.

sprünglichen Erfüllungsort gehören.³⁹⁰ Von den **Abnahmekosten** sind auch solche erfasst, die der Untersuchung der Ware auf etwaige Mängel und zugesicherte Eigenschaften dienen.³⁹¹ Den Käufer treffen auch die **Kosten** für die **bei** einem **Grundstückskauf** erforderliche Beurkundung, die Auflassung, die Eintragung ins Grundbuch und die weiteren dafür notwendigen Erklärungen der Beteiligten.³⁹²

1322 **b) Pflichten aufgrund rechtsgeschäftlicher Vereinbarung.** Weitere Pflichten des Käufers hinsichtlich einer ordnungsgemäßen Durchführung des Vertrages können sich aus dem Vertragsverhältnis selbst ergeben, sei es aufgrund getroffener rechtsgeschäftlicher Vereinbarungen, der Verkehrssitte oder etwaiger Handelsbräuche.³⁹³ Besteht etwa für den Käufer das vertraglich fixierte Recht, den Zeitpunkt der Lieferung nach Bedarf für die Verwendung der Ware einseitig festzulegen (zur Zeit der Lieferung siehe Rdnr. 228 f., 508 ff.), so ist er auch verpflichtet, diesen **Abruf der Kaufsache** vorzunehmen. Es handelt sich dabei um eine echte, dem Leistungsaustausch vorgelagerte Pflicht des Käufers, da der Verkäufer vor dem Abruf zu einer Leistungserbringung nicht berechtigt ist und mangels Lieferung auch die Zahlung des Kaufpreises noch nicht fällig ist.³⁹⁴ Der Abruf ist innerhalb der von den Parteien festgelegten Frist vorzunehmen. Fehlt es an einer solchen, so muss nach Treu und Glauben eine angemessene Frist bestimmt werden,³⁹⁵ die sich an den Interessen der Beteiligten zu orientieren hat. Erfolgt der Abruf nicht rechtzeitig oder verweigert ihn der Käufer ernsthaft und endgültig, so kann der Verkäufer wegen dieser Pflichtverletzung Ansprüche aus §§ 280 ff. und 323 ff. BGB erheben. Entsprechendes gilt, wenn die Leistungserbringung durch den Verkäufer davon abhängt, dass der Käufer auf der Grundlage eines vertraglichen Destinationsvorbehalts berechtigt und damit auch verpflichtet ist, den **Bestimmungsort bekannt zu geben.**³⁹⁶

1323 **Im Zusammenhang mit der Lieferung der Kaufsache** ergeben sich weitere Pflichten für den Käufer. So hat er etwa die gefahrlose Anlieferung der Ware zu ermöglichen,³⁹⁷ was sich aber schon aus den allgemeinen Verkehrssicherungspflichten ergeben kann. Außerdem muss der Käufer eventuelle Leistungshindernisse aus dem Weg räumen.³⁹⁸ Nicht selten hat der Käufer bestimmte Dokumente oder Genehmigungen zu besorgen, die zur Ablieferung der Kaufsache erforderlich sind, wobei aber grundsätzlich denjenigen diese Pflicht trifft, dessen Leistung genehmigungsbedürftig ist.³⁹⁹ Im Rahmen eines Importgeschäfts obliegt es etwa dem Käufer, die betreffende Einfuhrerlaubnis einzuholen.⁴⁰⁰ Eventuell kann es zur Abnahmepflicht des Käufers (siehe dazu Rdnr. 1311 ff.) gehören, das notwendige Transportmittel zu beschaffen oder jedenfalls zu benennen, also z. B. eine Speditionsfirma zu beauftragen oder das Schiff, mit dem die Überfahrt erfolgen soll, bekannt zu geben.⁴⁰¹ Je nach der getroffenen Vereinbarung kann der Käufer auch die **Kosten für Transport und eventuell Versicherung der Ware** zu tragen haben.⁴⁰²

---

³⁹⁰ Staudinger-*Beckmann*, § 433 BGB Rdnr. 172; *Larenz*, II/1, § 42 I, S. 95; *Giesen*, Jura 1993, 169, 175.
³⁹¹ Palandt-*Weidenkaff*, § 448 BGB Rdnr. 4.
³⁹² Hk-*Schulze*, § 433 BGB Rdnr. 20; Palandt-*Weidenkaff*, § 448 BGB Rdnr. 7; *Giesen*, Jura 1993, 169, 175.
³⁹³ Hk-*Schulze*, § 433 BGB Rdnr. 20; *Giesen*, Jura 1993, 169, 175.
³⁹⁴ Soergel-*Huber*, Anh. I § 433 BGB Rdnr. 114; Palandt-*Weidenkaff*, § 433 BGB Rdnr. 50; *Larenz*, I, § 14 V, S. 198.
³⁹⁵ BGH, WM 1973, 694; RGZ 94, 47; Palandt-*Weidenkaff*, § 433 BGB Rdnr. 50; Soergel-*Huber*, Anh. I § 433 BGB Rdnr. 115; *Larenz*, I, § 6 II, S. 82.
³⁹⁶ Soergel-*Huber*, Anh. I § 433 BGB Rdnr. 120.
³⁹⁷ BGH, NJW 1983, 1109.
³⁹⁸ Staudinger-*Beckmann*, § 433 BGB Rdnr. 178.
³⁹⁹ Staudinger-*Beckmann*, § 433 BGB Rdnr. 182; Erman-*Grunewald*, § 433 BGB Rdnr. 62.
⁴⁰⁰ RGRK-*Mezger*, § 433 BGB Rdnr. 72; Staudinger-*Beckmann*, § 433 BGB Rdnr. 182.
⁴⁰¹ Soergel-*Huber*, Anh. I § 433 BGB Rdnr. 121; Staudinger-*Beckmann*, § 433 BGB Rdnr. 178.
⁴⁰² Hk-*Schulze*, § 433 BGB Rdnr. 20; Jauernig-*Berger*, § 433 BGB Rdnr. 31.

Zeigen sich bei der gelieferten Kaufsache **Mängel,** so muss der Käufer dem Verkäufer die **1324**
Überprüfung der Ware gestatten und, wenn es ihm zumutbar ist, ihm diese auch überlassen.[403] Eine ähnliche Verpflichtung trifft den Käufer im Rahmen von Distanzkäufen, wenn die Sache Transportschäden erlitten hat. Selbst wenn die Störung das Verhältnis des Verkäufers zu dem Transportunternehmen betrifft, muss der Käufer gestatten, dass die Ware in Augenschein genommen wird, und zwar regelmäßig von dem Transporteur als sachnächste Partei. Diesem muss nach entsprechendem Hinweis eine Aufnahme des Transportschadens ermöglicht werden.[404] Gleichzeitig hat der Käufer den Verkäufer davon in Kenntnis zu setzen, um diesem die spätere Durchsetzung eines eventuellen Anspruchs gegen den Transporteur zu ermöglichen.[405]

Aus der vertraglichen Vereinbarung bzw. den zugrundeliegenden Umständen kann sich **1325**
eine Verpflichtung des Käufers ergeben, die mit der Kaufsache erhaltene **Verpackung zurückzugeben.** Normalerweise wird sie mitverkauft, wenn sie als Zubehör anzusehen ist (§§ 97, 311c BGB).[406] Handelt es sich allerdings um hochwertige oder wiederverwertbare Verpackungsmaterialien, kann dem Verkäufer daran gelegen sein, diese wiederzubekommen. Der Käufer hat dann die Verpackung aufzubewahren und später dem Verkäufer zurückzugeben. Je nach Vereinbarung bezieht sich die Rückgabepflicht entweder auf die konkrete hingegebene Sache oder auf andere, aber gleichwertige Sachen.[407] Nach der ersten Alternative würde zwischen Käufer und Verkäufer nicht nur ein Kaufvertrag, sondern in Bezug auf die Verpackung auch ein mietähnliches Verhältnis zustande kommen.[408] Kann der Käufer stattdessen Sachen gleicher Art und gleicher Güte zurückgeben, so besteht hingegen nach Ansicht des BGH ein darlehensähnliches Verhältnis, wobei das zu zahlende **Pfand** die Erfüllung der Rückgabepflicht sichert.[409]

c) Nachvertragliche Pflichten des Käufers. Nachvertragliche Aufklärungs-, Schutz- **1326**
oder Treuepflichten, die zwar ihren Ursprung bereits in der vertraglichen Rechtsbeziehung haben, ihre Wirkung aber erst nach der eigentlichen Vertragsdurchführung entfalten, betreffen eher seltene **Einzelfälle** und bedürfen einer besonderen Grundlage.[410] Grundsätzlich kann der Käufer nach der Erfüllung seiner Pflichten, insbesondere nach Zahlung des Kaufpreises, mit der erhaltenen Kaufsache nach Belieben verfahren.[411] Ausnahmsweise kann sich eine später zu erfüllende Pflicht im Rahmen von Grundstückskaufverträgen etwa daraus ergeben, dass sich der Käufer verpflichtet, nur in bestimmter Weise zu bauen oder alte Gebäude abzureißen und neue zu errichten bzw. Parkplätze anzulegen.[412] Schließlich kann dem Käufer die Pflicht obliegen, ein Umzugsschild zu dulden, etwa wenn eine Arztpraxis oder Anwaltskanzlei verkauft wurde.[413] Ist ein Unternehmenskauf auf der Grundlage einer späteren Umsatzbeteiligung erfolgt, so muss der Käufer diese leisten und dazu auch das Un-

---

[403] BGH LM § 138 Nr. 11; RGRK-*Mezger*, § 433 BGB Rdnr. 72.
[404] BGH, WM 1987, 731; MünchKomm-*Westermann*, § 433 BGB Rdnr. 83; Soergel-*Huber*, Anh. I § 433 BGB Rdnr. 128; Staudinger-*Beckmann*, § 433 BGB Rdnr. 180.
[405] Staudinger-*Beckmann*, § 433 BGB Rdnr. 180; MünchKomm-*Westermann*, § 433 BGB Rdnr. 85.
[406] Soergel-*Huber*, Anh. I § 433 BGB Rdnr. 127.
[407] Erman-*Grunewald*, § 433 BGB Rdnr. 30.
[408] Soergel-*Huber*, Anh. I § 433 BGB Rdnr. 127.
[409] BGH, NJW 1956, 298; MünchKomm-*Westermann*, § 433 BGB Rdnr. 83; a. A. Erman-*Grunewald*, § 433 BGB Rdnr. 30; Soergel-*Huber*, Anh. I § 433 BGB Rdnr. 127; welche wohl eher ein mietähnliches Verhältnis mit Ersetzungsbefugnis annehmen.
[410] Näher zu Inhalt, Umfang und zeitlicher Dauer nachvertraglicher Leistungstreuepflichten: OLG Saarbrücken, OLG-Rep. 2005, 770, 772 ff.
[411] BGH, WM 1963, 137; MünchKomm-*Westermann*, § 433 BGB Rdnr. 84; RGRK-*Mezger*, § 433 BGB Rdnr. 74; Staudinger-*Beckmann*, § 433 BGB Rdnr. 185.
[412] BGH, WM 1970, 1095; LG Hamburg, NJW-RR 1994, 1472; Erman-*Grunewald*, § 433 BGB Rdnr. 62; RGRK-*Mezger*, § 433 BGB Rdnr. 73.
[413] Staudinger-*Beckmann*, § 433 BGB Rdnr. 185.

6. Kapitel. Pflichten des Käufers

ternehmen weiter betreiben, es sei denn, der Betrieb erwirtschaftet lediglich Verluste, so dass ohnehin keine Zahlung mehr möglich wäre.[414]

V. Besonderheiten beim Handelskauf

1. Überblick

1327 Hinsichtlich der Pflicht zur **Kaufpreiszahlung** ergeben sich im Handelskauf nur wenige Besonderheiten. So kann hinsichtlich der Bestimmung bzw. Bestimmbarkeit des Kaufpreises die Regelung des § 380 HGB (Taragewicht, dazu sogleich Rdnr. 1328) und in Bezug auf die Festlegung der Leistungszeit die Auslegungsregel des § 358 HGB (dazu Rdnr. 1333) zu beachten sein. Ferner trifft den Käufer, wenn er die ihm übersandte Ware beanstandet, eine einstweilige **Aufbewahrungspflicht**, die in § 379 HGB besonders normiert ist (hierzu Rdnr. 1337f.). Handelt es sich um einen Spezifikationskauf, so regelt § 375 HGB die **Spezifikationspflicht** des Käufers (dazu Rdnr. 1335f.)

2. Pflicht zur Kaufpreiszahlung

1328 **a) Bestimmbarkeit des Kaufpreises.** Ist der Kaufpreis nicht ausdrücklich summenmäßig vereinbart, so gelten auch im Handelsverkehr zunächst die oben (Rdnr. 1237ff.) erläuterten Grundsätze. Soweit der **Kaufpreis** jedoch **nach dem Gewicht der Ware bemessen** werden soll, enthält § 380 HGB eine spezielle Auslegungsregel. Danach ist **im Zweifel das Nettogewicht** entscheidend, das sich entsprechend § 380 Abs. 1 HGB aus dem Gewicht der Ware ohne die Verpackung (Tara) ergibt.[415] Klauseln wie „brutto für netto" bzw. „gross for net" lassen allerdings darauf schließen, dass die Verpackung davon abweichend ausnahmsweise mitverkauft werden soll und folglich auch bei der Preisberechnung mitberechnet wird.[416]

1329 Hinsichtlich der **Mehrwertsteuer** gilt auch im Handelsrecht der Grundsatz, dass mangels anderweitigem Hinweis davon auszugehen ist, dass ein angegebener Preis auch die Mehrwertsteuer enthält (vgl. dazu Rdnr. 1234ff.). Zwar hat sich insoweit unter Unternehmern der Brauch ergeben, auf Mehrwertsteuern gesondert hinzuweisen, insbesondere im Hinblick auf die meist bestehende Vorsteuerabzugsberechtigung.[417] Fehlt aber ein derartiger Hinweis, ist auch hier der Preis als einschließlich Mehrwertsteuer zu verstehen, so dass einem nachträglichen Zahlungsverlangen bezüglich der Mehrwertsteuer nicht entsprochen werden muss.[418]

1330 **b) Preisanpassungsklauseln im kaufmännischen Geschäftsverkehr.** Auch unter Kaufleuten besteht ein Bedürfnis nach flexibler Preisgestaltung, so dass hier ebenfalls Preisanpassungsklauseln (grundlegend dazu Rdnr. 1261ff.) verwendet werden. Allerdings ergeben sich im kaufmännischen Geschäftsverkehr einige Besonderheiten, die letztlich der regelmäßig vorhandenen Geschäftserfahrung und dem Bedürfnis nach mehr Flexibilität und Gestaltungsfreiheit Rechnung tragen.[419] Hinsichtlich der Inhaltskontrolle von im Handelsverkehr verwendeten Preisanpassungsklauseln finden zwar gem. § 310 Abs. 1 BGB die Klauselverbote der §§ 308, 309 BGB gem. § 310 Abs. 1 BGB keine direkte Anwendung, sie sind gleichwohl aber im Rahmen der allgemeinen Angemessenheitskontrolle des § 307 BGB zu

---

[414] Soergel-*Huber*, Anh. I § 433 BGB Rdnr. 129
[415] MünchKommHGB-*Grunewald*, § 380 HGB Rdnr. 1; Ebenroth/Boujong/Joost/Strohn-*Müller*, § 380 HGB Rdnr. 3.
[416] Ebenroth/Boujong/Joost/Strohn-*Müller*, § 380 HGB Rdnr. 3; Baumbach/*Hopt*, § 380 HGB Rdnr. 1.
[417] Soergel-*Huber*, § 433 BGB Rdnr. 183; MünchKomm-*Westermann*, § 433 BGB Rdnr. 28.
[418] BGH, NJW 1988, 2042; OLG Düsseldorf, NJW 1976, 1268.
[419] Bamberger/Roth-*Becker*, § 310 BGB Rdnr. 3.

A. Käuferpflichten nach deutschem Zivilrecht

berücksichtigen. Somit gelten für Preisanpassungsklauseln im kaufmännischen Bereich letztlich **ähnliche Maßstäbe** wie bei deren Verwendung gegenüber Endverbrauchern (hierzu Rdnr. 1265 ff.), allerdings mit der Möglichkeit einer **Berücksichtigung der spezifischen Interessenlage zwischen Kaufleuten.** Insofern ist insbesondere zu beachten, dass im Rahmen vertraglicher Beziehungen zwischen Unternehmern ein später erhöhter Preis auf den Endverbraucher abgewälzt werden kann, so dass sich die Einstandspreise für Kaufleute oftmals als Durchlaufposten darstellen.[420]

Die im kaufmännischen Verkehr vorzunehmende **Inhaltskontrolle** einer Preisanpassungsklausel am Maßstab des § 307 BGB lässt es auch bei der gegenüber einem Unternehmer eröffneten Erhöhungsmöglichkeit unangemessen erscheinen, wenn sich der Verwender aufgrund einer solchen Klausel auf Kosten des Vertragspartners einen zusätzlichen Gewinn verschaffen könnte.[421] Grundsätzlich sollen aber auch in diesem Verhältnis solche Preisfaktoren, auf die der Verwender selber keinen Einfluss hat, wie etwa Lohn- und Materialkosten, im Falle einer unvorhersehbaren Verteuerung an den Vertragspartner weitergegeben werden können. Darüber hinaus werden im Handelsverkehr Preisanpassungsklauseln auch dann als zulässig angesehen, wenn dem Kunden für den Fall erheblicher Preissteigerungen kein Lösungsrecht eingeräumt wird, jedenfalls soweit seine Interessen in anderer Weise ausreichend gewahrt werden.[422] Bedenken bestehen aber im Hinblick auf Klauseln, in denen sich der Unternehmer eine Änderung von Rabatten, Boni, Provisionen o. ä. vorbehält.[423]

1331

Im Hinblick auf das Verbot, für **kurzfristige Lieferverpflichtungen** Preiserhöhungen vorzusehen, gilt zwar wegen § 310 Abs. 1 BGB nicht die starre Viermonatsfrist des § 309 Nr. 1 BGB,[424] gleichwohl erscheint aber auch im kaufmännischen Geschäftsverkehr eine jederzeitige Erhöhungsmöglichkeit unangemessen. Als Orientierungspunkt wird hier die Entwicklung des Marktpreises angesehen, der in der Regel innerhalb eines Zeitraums von vier bis sechs Wochen überschaubar und somit auch kalkulierbar ist.[425] Innerhalb dieser Zeit sind Preisanpassungsklauseln nach § 307 BGB unwirksam. Ausnahmen können bei einem Markt mit stark schwankenden Preisen bestehen. Auch gegenüber einem Unternehmer verwendete Preiserhöhungsklauseln müssen ferner dem **Transparenzgebot** des § 307 Abs. 1 S. 2 BGB genügen.[426] Insoweit muss die jeweilige Klausel zumindest den Grund und den Umfang der vorbehaltenen Änderung erkennen lassen. Erklärt der Verkäufer eine Preiserhöhung, so ist diese zudem auch an §§ 315 ff. BGB zu messen. In diesem Rahmen wird die **Angemessenheit des neu bestimmten Kaufpreises** etwa dann abgelehnt, wenn der Verkäufer durch nicht wettbewerbsgerechte Preise den Absatz des Käufers an den Endabnehmer erschwert oder sogar unmöglich macht.[427]

1332

c) Zahlungszeit. Hinsichtlich der Zahlungszeit sind im Handelsverkehr die die Grundregel des § 271 BGB ergänzenden Spezialvorschriften der §§ 358 f. HGB zu beachten. Danach kann die geschuldete Kaufpreiszahlung nur **während der gewöhnlichen Geschäftszeit** bewirkt und gefordert werden (näher zu §§ 358 f. HGB Rdnr. 508). Aufgrund des in der Praxis überwiegenden bargeldlosen Zahlungsverkehrs hat die Norm jedoch hinsichtlich der Kaufpreiszahlung keine besondere Bedeutung.

1333

---

[420] BGH, NJW 1985, 853; BGHZ 92, 206; *Wolf*, ZIP 1987, 341, 344.
[421] BGH, NJW-RR 2005, 1717 (Flüssiggaslieferungsvertrag); BGH, NJW 1990, 115; Bamberger/Roth-*Becker*, § 309 Nr. 1 BGB Rdnr. 36; Palandt-*Grüneberg*, § 309 BGB Rdnr. 8.
[422] BGH, NJW 1985, 853; OLG Köln, NJW-RR 1990, 401; Palandt-*Grüneberg*, § 309 BGB Rdnr. 9.
[423] BGH, NJW 2000, 515, 520 f.; MünchKomm-*Wurmnest*, § 309 Nr. 1 BGB Rdnr. 32.
[424] MünchKomm-*Wurmnest*, § 309 Nr. 1 BGB Rdnr. 32; Palandt-*Grüneberg*, § 309 BGB Rdnr. 7.
[425] *Wolf*, ZIP 1987, 341, 347.
[426] Bamberger/Roth-*Becker*, § 309 Nr. 1 BGB Rdnr. 37.
[427] BGH, NJW 1985, 854.

3. Pflicht zur Abnahme der Kaufsache

1334 Hinsichtlich der Abnahme ist im Handelsverkehr zu beachten, dass sich deren **Ort und Zeit** oftmals aus speziellen **Handelsklauseln** („fob", „ab Lager", „ab Werk", „ab Kai") ergibt[428] (näher zu den Handelsklauseln Rdnr. 523 ff.).

4. Spezifikationspflicht

1335 Im Handelsrecht begründet § 375 Abs. 1 HGB beim Kauf einer **beweglichen Sache** die Verpflichtung des Käufers, eine **nähere Bestimmung über Form, Maß oder ähnliche Verhältnisse vorzunehmen,** wenn ihm dies vorbehalten war (sog. Spezifikationskauf). Gerät der Käufer mit der Erfüllung dieser Pflicht der Kaufsache in Verzug, so geht nach § 375 Abs. 2 HGB das Bestimmungsrecht auf den Verkäufer über, wobei letzterer aber auch auch Schadensersatz statt der Leistung gemäß §§ 280, 281 BGB verlangen oder nach § 323 BGB vom Vertrag zurücktreten kann (vgl. dazu Rdnr. 1400, 1367). Diese Sonderregelung für den Spezifikationskauf dient nicht nur einer beschleunigten Vertragsabwicklung, sondern sie soll eine Vertragsdurchführung überhaupt möglich machen, so dass der Spezifikationspflicht des Käufers die Bedeutung einer Hauptleistungspflicht zukommt.[429] Vom **Anwendungsbereich**[430] erfasst sind dabei auch einseitige Handelskäufe[430] sowie über § 381 Abs. 1, 2 HGB auch Verträge über den Kauf von Wertpapieren und Werklieferungsverträge.

1336 Die **Spezifikation** betrifft die Beschaffenheit der Kaufsache in Bezug auf deren Form und Maß, also etwa hinsichtlich Farbe, Verarbeitung, Herkunft, Menge oder Zusammensetzung.[431] Das Bestimmungsrecht kann sich ferner nach § 375 Abs. 1 HGB auch auf „ähnliche Verhältnisse" beziehen, wobei die Bedeutung dieses Merkmals nicht einheitlich beurteilt wird. Nach der Rechtsprechung sollen davon nur Bestimmungsrechte innerhalb von Verträgen über eine **feststehende Warengattung** erfasst werden, wobei es dann nur noch um Festlegungen hinsichtlich unterschiedlicher Ausstattungsvarianten oder Elemente der technischen Ausführung geht.[432] Für die Entscheidung zwischen unterschiedlichen Warengattungen oder Warensorten soll dagegen das Wahlrecht nach § 262 BGB gelten.[433] Der Käufer muss die Spezifikation innerhalb des vereinbarten Zeitraums bzw. zum vereinbarten bestimmten Termin vornehmen, ansonsten gerät er unter den Voraussetzungen des § 286 BGB in Verzug. Besteht keine Vereinbarung, ist die Fälligkeit der Spezifikationspflicht § 271 BGB zu entnehmen.[434] Hierbei kann aber eine sofortige Bestimmung nicht gefordert werden,[435] da ein Spezifikationskauf gerade dazu dienen soll, dem Käufer nähere Überlegungen hinsichtlich der konkreten Beschaffenheit der Kaufsache zu ermöglichen.

5. Aufbewahrungspflicht bei Beanstandung der Ware

1337 § 379 HGB Abs. 1 verpflichtet den Käufer, dem die Ware von einem anderen Ort übersandt wurde **(Distanzkauf)** und der diese als nicht ordnungsgemäß beanstandet hat, für

---

[428] Soergel-*Huber*, § 433 BGB Rdnr. 259; eine Aufzählung und Erläuterung der gebräuchlichsten Handelsklauseln gibt Ebenroth/Boujong/Joost/Strohn-*Joost*, § 346 HGB Rdnr. 105 ff.
[429] MünchKommHGB-*Grunewald*, § 375 HGB Rdnr. 10 f.; Ebenroth/Boujong/Joost/Strohn-*Müller*, § 375 HGB Rdnr. 1.
[430] MünchKommHGB-*Grunewald*, § 375 HGB Rdnr. 1; Baumbach/*Hopt*, § 375 HGB Rdnr. 1.
[431] BGH, WM 1976, 124; Ebenroth/Boujong/Joost/Strohn-*Müller*, § 375 HGB Rdnr. 7.
[432] BGH, WM 1976, 124 f.; BGH, NJW 1960, 674 f.; näher Ebenroth/Boujong/Joost-*Müller*, § 375 HGB Rdnr. 7 f.
[433] Str., wie hier Ebenroth/Boujong/Joost/Strohn-*Müller*, § 375 HGB Rdnr. 7 ff.; MünchKommHGB-*Grunewald*, § 375 HGB Rdnr. 7 ff.; Baumbach/*Hopt*, § 375 HGB Rdnr. 2 f.; a. A. Staub-*Koller*, § 375 HGB Rdnr. 5 ff.
[434] MünchKommHGB-*Grunewald*, § 375 HGB Rdnr. 13.
[435] Ebenroth/Boujong/Joost/Strohn-*Müller*, § 375 HGB Rdnr. 18.

die **einstweilige Aufbewahrung** der Ware zu sorgen. Hintergrund dieser Regelung ist die Überlegung, dass die vom Käufer so nicht gewollte Kaufsache nicht ihrem Schicksal überlassen bleibt, sondern dem Verkäufer eine Rücknahme oder auch eine Untersuchung der Ware auf Mängel ermöglicht werden soll.[436] Der Käufer kann die Sache selbst aufbewahren, er kann dies aber auch einem ordnungsgemäß ausgewählten Dritten überlassen.[437] Die notwendigen Kosten sind – wenn die Beanstandung berechtigt war – vom Verkäufer nach § 354 Abs. 1 HGB zu ersetzen.[438] Unter besonderen Umständen kann ausnahmsweise auch eine Versicherung bezüglich der Kaufsache abzuschließen sein.[439] Die Aufbewahrungspflicht besteht so lange, bis der Verkäufer die Möglichkeit hat, eine Entscheidung über das weitere Schicksal der Sache zu treffen,[440] wobei unter normalen Umständen eine Woche als ausreichend angesehen wird.[441] Danach kann der Käufer – bei verderblichen Waren oder bei Gefahr im Verzug – gemäß § 379 Abs. 2 HGB einen **Notverkauf** unter Berücksichtigung der diesbezüglichen Vorschriften des § 373 HGB **vornehmen** oder die Ware **an den Verkäufer zurücksenden,** wobei eine dahingehende Pflicht des Käufers nur in besonderen Ausnahmefällen besteht.[442]

Obwohl § 379 Abs. 1 HGB ausdrücklich nur für **beiderseitige Handelskäufe** gilt, ist der Käufer grundsätzlich auch **bei einseitigen Handelskäufen** und auch im Rahmen eines rein bürgerlich-rechtlichen Kaufs zur Aufbewahrung der Kaufsache verpflichtet.[443] Dies folgt schon aus der allgemeinen Pflicht der Parteien, auf die gegenseitigen Vermögensinteressen Rücksicht zu nehmen und die andere Partei vor Schäden zu bewahren. Allerdings kann der Käufer hier wahlweise die Ware auch an den Verkäufer zurücksenden, was ihm im Rahmen des § 379 Abs. 1 HGB nicht möglich ist.[444] Darüber hinaus ist § 379 HGB entsprechend anzuwenden, wenn der Kaufvertrag – etwa durch Rücktritt – in ein Rückabwicklungsschuldverhältnis umgewandelt wird.[445]

1338

6. Sonstige Pflichten

Sonstige Pflichten können sich vor allem aus national wie international gebräuchlichen **Handelsklauseln**[446] ergeben. So existieren beispielsweise eine Reihe von Vertragsklauseln, die die entstehenden Transportkosten unterschiedlich verteilen. Haben die Parteien z.B. „cif" (cost, insurance, freight) vereinbart, so bedeutet dies für den Käufer, dass er nur die Kosten für die Löschung und die Verbringung der Ware an Land zu tragen hat, während der Verkäufer die Abladung, Fracht und Seeversicherung zu zahlen hat.[447] Ist hingegen „c&f" bzw. „Kostfracht" bestimmt, so treffen den Käufer zumindest die Kosten für die Seeversi-

1339

---

[436] MünchKommHGB-*Grunewald*, § 379 HGB Rdnr. 1; Baumbach/*Hopt*, § 379 HGB Rdnr. 2.
[437] Ebenroth/Boujong/Joost/Strohn-*Müller*, § 379 HGB Rdnr. 13; MünchKommHGB-*Grunewald*, § 379 HGB Rdnr. 10.
[438] MünchKommHGB-*Grunewald*, § 379 HGB Rdnr. 12; Baumbach/*Hopt*, § 379 HGB Rdnr. 9.
[439] So Ebenroth/Boujong/Joost/Strohn-*Müller*, § 379 HGB Rdnr. 14; abl. MünchKommHGB-*Grunewald*, § 379 HGB Rdnr. 10.
[440] BGH, NJW 1979, 812; ähnlich MünchKommHGB-*Grunewald*, § 379 HGB Rdnr. 11.
[441] Schlegelberger-*Hefermehl*, § 379 HGB Rdnr. 7; Ebenroth/Boujong/Joost/Strohn-*Müller*, § 379 HGB Rdnr. 15, für eine noch kürzere Frist MünchKommHGB-*Grunewald*, § 379 HGB Rdnr. 13, Fn. 32.
[442] RGZ 50, 173; Ebenroth/Boujong/Joost/Strohn-*Müller*, § 379 HGB Rdnr. 16; Baumbach/*Hopt*, § 379 HGB Rdnr. 10, 12.
[443] Erman-*Grunewald*, § 433 BGB Rdnr. 59; MünchKommHGB-*Grunewald*, § 379 HGB Rdnr. 4.
[444] MünchKommHGB-*Grunewald*, § 379 HGB Rdnr. 4.
[445] OLG München, NJOZ 2001, 991992.
[446] Eine Aufzählung und Erläuterung der gebräuchlichsten Handelsklauseln gibt Ebenroth/Boujong/Joost-*Kort*, § 346 HGB Rdnr. 86 ff.
[447] Ebenroth/Boujong/Joost/Strohn-*Joost*, § 346 HGB Rdnr. 107.

cherung.⁴⁴⁸ Sämtliche Versendungskosten obliegen dagegen dem Verkäufer, wenn der Vertrag „frei Bestimmungsort" vorsieht.⁴⁴⁹

B. Käuferpflichten nach UN-Kaufrecht

I. Überblick

1340 Das CISG normiert ebenfalls verschiedene Pflichten des Käufers, wobei qualitativ nicht zwischen Haupt- und Nebenpflichten unterschieden wird.⁴⁵⁰ Bei einer diesbezüglichen Pflichtverletzung stehen dem Verkäufer die gleichen Rechtsbehelfe zu (ausführlich Rdnr. 1402 ff.) wie bei der Verletzung der Zahlungspflicht als solcher.⁴⁵¹ Daneben steht es den Parteien frei, weitere Pflichten zu begründen. Die im Rahmen des UN-Kaufrechts fehlende Differenzierung führt dazu, dass Verletzungen der einzelnen Pflichten nicht unterschiedlich sanktioniert,⁴⁵² sondern grundsätzlich sowohl an die Nichteinhaltung der Grundpflichten als auch an die Verletzung etwaiger zusätzlicher Pflichten die gleichen Rechtsfolgen geknüpft werden (dazu Rdnr. 1402 ff.).

II. Pflicht zur Kaufpreiszahlung

1341 Die in Art. 53 CISG festgelegte Pflicht des Käufers zur Kaufpreiszahlung wird durch die Art. 54–59 CISG näher ausgestaltet. Nach Art. 54 CISG gehört zur Zahlungspflicht des Käufers auch, alle Maßnahmen zu treffen, die eine Zahlung erst ermöglichen (dazu sogleich Rdnr. 1343 ff.). Art. 55, 56 CISG treffen sodann nähere Bestimmungen über den zu zahlenden Kaufpreis, Art. 57 CISG stellt eine Auslegungsregel für die Bestimmung des Zahlungsorts auf (näher Rdnr. 1352 ff.) und Art. 58, 59 CISG regeln Zahlungszeit bzw. Fälligkeit der Kaufpreisforderung (hierzu Rdnr. 1358 ff.).

1. Zahlungsarten

1342 Ebenso wenig wie das deutsche Recht regelt das CISG, auf welche Art der Käufer den Kaufpreis zu erbringen hat. Ausgangspunkt ist aber auch hier die **Barzahlung**,⁴⁵³ die jedoch noch mehr als im inländischen Zahlungsverkehr durch die ebenso zulässige⁴⁵⁴ **Banküberweisung** verdrängt wird. Dabei steht es außer Frage, dass beide Zahlungsarten als gleichwertig zu behandeln sind.⁴⁵⁵ Im internationalen Handelsverkehr erweisen sich Barzahlungen mitunter als äußerst schwierig, zudem verfügen gewerbliche Parteien fast ausnahmslos über Bankkonten. Weit verbreitet dürfte auch die Zahlung mittels Hingabe eines **Schecks** oder eines **Wechsels** sein, wobei keine Unterschiede zum deutschen Recht (vgl. Rdnr. 1298 ff.) auszumachen sind.⁴⁵⁶ Es gilt gleichwohl auch hier der Grundsatz, dass eine von Barzahlung oder Banküberweisung abweichende Zahlungsart nur dann in Betracht kommt, wenn sie

---

⁴⁴⁸ Ebenroth/Boujong/Joost/Strohn-*Joost*, § 346 HGB Rdnr. 107.
⁴⁴⁹ Ebenroth/Boujong/Joost/Strohn-*Joost*, § 346 HGB Rdnr. 110.
⁴⁵⁰ Honsell-*Schnyder/Straub*, Art. 53 CISG Rdnr. 6; Schlechtriem/Schwenzer-*Hager/Maultzsch*, Art. 53 CISG Rdnr. 4.
⁴⁵¹ Schlechtriem/Schwenzer-*Hager/Maultzsch*, Art. 54 CISG Rdnr. 7.
⁴⁵² Honsell-*Schnyder/Straub*, Art. 53 CISG Rdnr. 7; Schlechtriem/Schwenzer-*Hager/Maultzsch*, Art. 53 CISG Rdnr. 4.
⁴⁵³ Bamberger/Roth-*Saenger*, Art. 54 CISG Rdnr. 7.
⁴⁵⁴ MünchKomm-*Huber*, Art. 53 CISG Rdnr. 13; Bamberger/Roth-*Saenger*, Art. 54 CISG Rdnr. 7.
⁴⁵⁵ MünchKomm-*Huber*, Art. 53 CISG Rdnr. 13; Staudinger-*Magnus*, Art. 53 CISG Rdnr. 8.
⁴⁵⁶ Honsell-*Schnyder/Straub*, Art. 54 CISG Rdnr. 13.

2. Pflicht zu zahlungsermöglichenden Maßnahmen

Art. 54 CISG stellt klar, dass die Pflicht zur Kaufpreiszahlung auch alle Handlungen umfasst, die mit der Durchführung der Zahlung in Zusammenhang stehen.[458] Die Norm verpflichtet den Käufer, **auf eigene Kosten solche Handlungen** vorzunehmen, die **zur vertragsgemäßen Erfüllung der Zahlungspflicht erforderlich** sind.[459] Darunter fallen alle Maßnahmen, die nötig sind, damit die Zahlung an den Verkäufer rechtzeitig und ordnungsgemäß bewirkt werden kann.[460] Dies kann sich z.B. auf die **Zahlungsmodalitäten** beziehen. So muss sich der Käufer rechtzeitig um eine **ausreichende Menge der geschuldeten Währung** (dazu Rdnr. 1345 f.) bemühen[461] bzw. seine **Bank** zur Auszahlung bzw. Überweisung **anweisen**.[462] Auch vertraglich vereinbarte Pflichten, die mit der Zahlung in Zusammenhang stehen, fallen unter die Vorschrift, so etwa die Eröffnung eines geschuldeten Akkreditivs oder die Stellung einer Bankbürgschaft.[463] Ebenfalls von Art. 54 CISG erfasst werden – wenn erforderlich – **devisenrechtliche Maßnahmen** wie die zur Einhaltung der maßgeblichen Transfer- und Clearingvorschriften nötigen Schritte und die rechtzeitige und ordnungsgemäße Beantragung erforderlicher Genehmigungen.[464] Mitunter muss der Käufer sogar Rechtsmittel gegen die Versagung bestimmter Genehmigungen einlegen, um die Vertragsdurchführung nicht zu gefährden.[465] Aus der Anknüpfung der Pflichten zur Vornahme derartiger zahlungsermöglichender Maßnahmen an die Zahlungspflicht des Käufers durch Art. 54 CISG folgt, dass eine Verletzung dieser Pflichten nicht etwa nur als vorweggenommene Vertragsverletzung mit den Folgen der Art. 71 ff. CISG (hierzu Rdnr. 1409 ff.), sondern eine reguläre Vertragsverletzung darstellt, so dass dem Verkäufer in diesem Fall neben dem **Erfüllungsanspruch** auch die Rechtsbehelfe der Art. 61 ff. CISG (vgl. dazu Rdnr. 1402 ff.) zustehen.[466]

1343

Neben der Beachtung von behördlichen Vorschriften hat der Käufer auch etwa erforderliche werdende **zahlungssichernde Maßnahmen** zu treffen. Diese können sich z.B. auf die entsprechende Zahlungsart beziehen, wie etwa die Pflicht zur Ausführung der Banküberweisung oder die Über- bzw. Weitergabe eines Schecks.[467] Andere Maßnahmen sollen den Verkäufer zusätzlich schützen, etwa wenn der Käufer Sicherheiten hinsichtlich des Kaufpreises beschaffen oder eine Kaution hinterlegen soll.[468] Zu solchen Maßnahmen ist der Käufer jedoch nur bei einer entsprechenden vertraglichen Vereinbarungen oder einem dahingehenden internationalen Handelsbrauch verpflichtet.[469] Darüber hinaus beruhen die

1344

---

[457] Staudinger-*Magnus*, Art. 53 CISG Rdnr. 8; MünchKommHGB-*Benicke*, Art. 54 CISG Rdnr. 2; MünchKomm-*Huber*, Art. 53 CISG Rdnr. 13.
[458] Bamberger/Roth-*Saenger*, Art. 54 CISG Rdnr. 1; MünchKomm-*Huber*, Art. 54 CISG Rdnr. 1.
[459] MünchKomm-*Huber*, Art. 54 CISG Rdnr. 1.
[460] MünchKomm-*Huber*, Art. 54 CISG Rdnr. 4.
[461] Staudinger-*Magnus*, Art. 54 CISG Rdnr. 4.
[462] MünchKomm-*Huber*, Art. 54 CISG Rdnr. 4.
[463] OGH Wien, RdW 1996, 203, 205; MünchKommHGB-*Benicke*, Art. 54 CISG Rdnr. 4; Staudinger-*Magnus*, Art. 54 CISG Rdnr. 4.
[464] Bamberger/Roth-*Saenger*, Art. 54 CISG Rdnr. 2; MünchKomm-*Huber*, Art. 54 CISG Rdnr. 4.
[465] Honsell-*Schnyder/Straub*, Art. 54 CISG Rdnr. 32; Staudinger-*Magnus*, Art. 54 CISG Rdnr. 6.
[466] OGH Wien, RdW 1996, 203, 205; MünchKommHGB-*Benicke*, Art. 54 CISG Rdnr. 5; Staudinger-*Magnus*, Art. 54 CISG Rdnr. 7, 8.
[467] Honsell-*Schnyder/Straub*, Art. 54 CISG Rdnr. 32; Staudinger-*Magnus*, Art. 54 CISG Rdnr. 4.
[468] Schlechtriem/Schwenzer-*Hager/Maultzsch*, Art. 54 CISG Rdnr. 3; Honsell-*Schnyder/Straub*, Art. 54 CISG Rdnr. 32.
[469] OGH Wien, RdW 1996, 203, 205; Staudinger-*Magnus*, Art. 54 CISG Rdnr. 4; Herber/Czerwenka, Art. 54 CISG Rdnr. 4.

meisten Pflichten zur Absicherung des Zahlungsvorgangs auf den jeweiligen Umständen des konkreten Vertragsverhältnisses. Sie hängen vom Zahlungsort, der Zahlungszeit (vgl. dazu Rdnr. 1352 ff.), aber auch der Zahlungsart und weiteren Nebenabreden der Beteiligten ab. In jedem Fall hat der Käufer, wenn keine andere Vereinbarung getroffen wurde, die **Kosten** für die Durchführung solcher Maßnahmen zu tragen.[470]

3. Währung des Kaufpreises

1345 Im internationalen Warenverkehr kann sich die Frage stellen, in welcher Währung die Zahlung vorzunehmen ist. Das CISG trifft diesbezüglich keine Aussage. Grundsätzlich ist auch hier eine **Vereinbarung der Parteien** maßgeblich,[471] für den Fall des Fehlens einer solchen ist die Rechtslage allerdings umstritten. Nach der sog. kollisionsrechtlichen Lösung soll diejenige Währung geschuldet sein, die sich aus dem durch das Kollisionsrecht berufenen nationalen Recht ergibt.[472] Da dies jedoch dem Streben des CISG nach einer Vereinheitlichung der Rechtsanwendung zuwiderlaufen würde,[473] ist der sog. Einheitslösung der Vorzug zu geben. Danach stellt sich das **Fehlen einer Währungsbestimmung** als Regelungslücke dar, die gem. Art. 7 Abs. 2 nach übereinkommensinternen Grundsätzen zu schließen ist.[474] Innerhalb dieser Auffassung ist allerdings streitig, zu welcher Währung diese Lösung führt. Überwiegend und auch nach der (deutschen) Rechtsprechung wird hier auf die **am Zahlungsort** (siehe dazu Rdnr. 1352) **geltende Währung** abgestellt.[475] Die Gegenansicht hält den Sitz des Verkäufers für maßgeblich,[476] was jedoch in den meisten Fällen wegen Art. 57 Abs. 1 Buchst. a CISG (dazu Rdnr. 1352 ff.) zu dem gleichen Ergebnis führen wird.

1346 Haben die Parteien sich jedoch auf eine Währung geeinigt und lautet diese anders als die nach dem Zahlungsort maßgebliche Währung, so stellt sich außerdem die Frage, ob es dem Käufer gestattet sein soll, von der Vereinbarung abweichend in der Währung des Zahlungsortes zu leisten. Auch hier wird – dem Gedanken der Rechtsvereinheitlichung folgend – überwiegend angenommen, dass dem Käufer eine solche **Ersetzungsbefugnis nicht zusteht,**[477] da hier im eine individuelle und daher vorrangige Regelung getroffen wurde, die der Käufer auch einzuhalten hat. Etwas anderes kann sich nur dann ergeben, wenn die Zahlung in der festgelegten Währung insbesondere aus devisenrechtlichen Gründen nicht oder nur schwer möglich ist, so dass der Verkäufer gegen den Grundsatz von Treu und Glauben verstoßen würde, wenn er eine Zahlung in der Währung des Zahlungsortes ablehnt.[478]

---

[470] Staudinger-*Magnus*, Art. 54 CISG Rdnr. 10; Honsell-*Schnyder/Straub*, Art. 54 CISG Rdnr. 35.
[471] Bamberger/Roth-*Saenger*, Art. 54 CISG Rdnr. 3; MünchKomm-*Huber*, Art. 53 CISG Rdnr. 16.
[472] Kantonsgericht Wallis, SZIER 2004, 106; Kantonsgericht Wallis, SZIER 1999, 192; Bamberger/Roth-*Saenger*, Art. 54 CISG Rdnr. 3; Herber/Czerwenka, Art. 53 CISG Rdnr. 5; Honsell-*Schnyder/Straub*, Art. 54 CISG Rdnr. 26.
[473] Schlechtriem/Schwenzer-*Hager/Maultzsch*, Art. 54 CISG Rdnr. 9; MünchKomm-*Huber*, Art. 53 CISG Rdnr. 19.
[474] MünchKomm-*Huber*, Art. 53 CISG Rdnr. 17; Staudinger-*Magnus*, Art. 53 CISG Rdnr. 20 ff.; Soergel-*Lüderitz/Budzikiewicz*, Art. 53 CISG Rdnr. 3.
[475] KG RIW 1994, 683; OLG Koblenz RIW 1993, 934, 936; Soergel-*Lüderitz/Budzikiewicz*, Art. 53 CISG Rdnr. 3; MünchKommHGB-*Benicke*, Art. 54 CISG Rdnr. 7.
[476] MünchKomm-*Huber*, Art. 53 CISG Rdnr. 19; Staudinger-*Magnus*, Art. 53 CISG Rdnr. 22.
[477] Honsell-*Schnyder/Straub*, Art. 54 CISG Rdnr. 28; Schlechtriem/Schwenzer-*Hager/Maultzsch*, Art. 54 CISG Rdnr. 10.
[478] OGH Wien, IHR 2002, 24; OLG Koblenz, RIW 1993, 936; Staudinger-*Magnus*, Art. 53 CISG Rdnr. 26, 28; MünchKommHGB-*Benicke*, Art. 54 CISG Rdnr. 8; MünchKomm-*Huber*, Art. 53 CISG Rdnr. 20; *Piltz*, Int. KaufR, § 4 Rdnr. 125; a. A. Kantonsgericht Wallis, SZIER 2004, 106; Herber/Czerwenka, Art. 53 CISG Rdnr. 6 (Ersetzungsbefugnis, wenn das anwendbare nationale Recht eine solche vorsieht).

4. Bestimmbarkeit des Kaufpreises

Ebenso wie das deutsche Recht geht auch das CISG davon aus, dass ein Kaufvertrag nicht grundsätzlich deshalb scheitert, weil kein konkreter Preis für die Ware bestimmt ist. Zwar sieht Art. 14 CISG vor, dass die essentialia des Vertrages bestimmt oder zumindest bestimmbar sein müssen.[479] Gleichwohl ist es ausreichend, wenn die Parteien sich **auf** die **Entgeltlichkeit** der Leistung **geeinigt** haben. Nur wenn sich bei den Beteiligten überhaupt kein Preisbindungswille ermitteln lässt, muss der Vertrag als gescheitert angesehen werden. Andernfalls liegt ein wirksam zustande gekommener Kaufvertrag vor, dessen Kaufpreis sich dann anhand der Regelung des Art. 55 CISG feststellen lässt. Art. 55 CISG bezieht sich aufgrund dessen auch nicht auf die Wirksamkeit des Vertragsschlusses als solches (anders als Art. 14 CISG), sondern setzt diesen schon voraus und trifft nur eine Aussage über die Höhe des Kaufpreises.[480] Anwendung findet diese Vorschrift allerdings nur dann, wenn die Parteien sich weder ausdrücklich noch stillschweigend auf einen Preis geeinigt haben,[481] wenn sich also den **Parteiabsprachen in keiner Weise ein Kaufpreis entnehmen lässt.**[482] Art. 55 CISG scheidet daher z.B. schon aus, wenn sich den Umständen eine stillschweigende Verweisung auf – dem Käufer bekannte – Preislisten entnehmen lässt.[483] Im Gegensatz zum innerdeutschen Geschäftsverkehr kommt als zusätzliche Schwierigkeit aber noch dazu, dass der Kaufpreis nicht nur zahlenmäßig **bestimmbar** sein muss, sondern **auch** im Hinblick auf die **Währung** als Bezugsgröße[484] (vgl. zur Währung Rdnr. 1345 ff.). U. U. muss also beides erst ermittelt werden, um die Zahlungspflicht des Käufers zu konkretisieren.

1347

Liegen die genannten Voraussetzungen schließlich vor, so besteht ähnlich dem deutschen Recht nach Art. 55 CISG eine **gesetzliche Vermutung**, dass die Parteien den Willen haben, den **Kaufpreis am Marktpreis zu orientieren.** Zurückgegriffen wird also auf den Preis, der für gleichwertige Waren zur gleichen Zeit im gleichen bzw. zumindest vergleichbaren Wirtschaftsraum unter ähnlichen Vertragsbedingungen verlangt wird.[485] Relativ einfach ist diese Bestimmung, wenn ein Markt- oder Börsenpreis gegeben ist.[486] Im Übrigen wird auf den Zeitpunkt des Vertragsschlusses und auf die zugrunde liegenden Umstände abgestellt,[487] wobei es insbesondere auch auf die jeweiligen Konditionen des Vertrages ankommt, wie etwa Rabatte, Zahlungsbedingungen, Garantien, etwaige Nebenkosten (Transport, Versicherung etc.) oder Zusatzleistungen des Verkäufers (Reparaturen, Inspektionen usw.).[488] Diese müssen ebenso in die Vergleichssituation mit vorhandenen Kaufpreisen einbezogen werden, wie die Beschaffenheit der Kaufsache selber. Örtlich ist der Vergleich auf den Markt begrenzt, der beide Vertragsparteien umfasst.[489] Ist ein solcher grenzüberschrei-

1348

---

[479] OGH Wien, IPRax 1996, 137 m. Anm. *Magnus*, IPRax 1996, 145.
[480] Honsell-*Schnyder/Straub*, Art. 55 CISG Rdnr. 7 ff.; Schlechtriem/Schwenzer-*Hager/Maultzsch*, Art. 55 CISG Rdnr. 6 f.; Staudinger-*Magnus*, Art. 55 CISG Rdnr. 4; a. A. Bamberger/Roth-*Saenger*, Art. 55 CISG Rdnr. 2; im Einzelnen ist das Verhältnis zwischen Art. 14 und 15 CISG str., vgl. MünchKomm-*Huber*, Art. 55 CISG Rdnr. 4 ff.; MünchKommHGB-*Benicke*, Art. 55 CISG Rdnr. 2 ff., jeweils m.w.N.
[481] Staudinger-*Magnus*, Art. 55 CISG Rdnr. 8; MünchKomm-*Huber*, Art. 55 CISG Rdnr. 2.
[482] Cour d'Appel Grenoble v. 26.04.1994, CLOUT Case 151; Staudinger-*Magnus*, Art. 55 CISG Rdnr. 8.
[483] So OLG Rostock, IHR 2003, 17 (Preislisten des Verkäufers maßgebend, da frühere Verträge entsprechend abgewickelt wurden); Staudinger-*Magnus*, Art. 55 CISG Rdnr. 8.
[484] Honsell-*Schnyder/Straub*, Art. 55 CISG Rdnr. 13.
[485] BG St. Gallen, SZIER 1998, 84.
[486] Staudinger-*Magnus*, Art. 55 CISG Rdnr. 9; Bamberger/Roth-*Saenger*, Art. 55 CISG Rdnr. 3.
[487] Schlechtriem/Schwenzer-*Hager/Maultzsch*, Art. 55 CISG Rdnr. 9; MünchKomm-*Huber*, Art. 55 CISG Rdnr. 11.
[488] MünchKomm-*Huber*, Art. 55 CISG Rdnr. 11; Honsell-*Schnyder/Straub*, Art. 55 CISG Rdnr. 17.
[489] MünchKomm-*Huber*, Art. 55 CISG Rdnr. 11; Staudinger-*Magnus*, Art. 55 CISG Rdnr. 9; Schlechtriem/Schwenzer-*Hager/Maultzsch*, Art. 55 CISG Rdnr. 8.

tender Markt nicht feststellbar, wird es auf den Markt desjenigen Staates ankommen, auf den sich die Preisvorstellungen der Parteien am wahrscheinlichsten bezogen, also den Staat des Käufers, wenn der Verkäufer dort auf eigene Initiative Absatztätigkeit entfaltet hat, bzw. den Staat des Verkäufers, wenn der Käufer von sich aus dort nachgefragt hat.[490]

1349　Probleme ergeben sich oftmals auch dann, wenn es sich bei der Kaufsache um Spezialanfertigungen handelt, für die **kein Vergleich möglich** ist, oder wenn sich aus sonstigen Gründen **kein adäquater Markt ermitteln** lässt. Wie bereits eingangs dargestellt, dient Art. 55 CISG zwar nicht dazu, eine Beurteilung über die Wirksamkeit des Kaufvertrages vorzunehmen. Im Hinblick darauf, dass ein wirksamer Vertrag stets die Bestimmbarkeit zumindest seiner wesentlichen Bestandteile voraussetzt, so kann sich in diesen Fällen aber gleichwohl herausstellen, dass diese Bestimmbarkeit nicht einmal durch Art. 55 CISG erbracht werden kann. Selbst wenn also die Beteiligten den Willen haben, am Vertrag festzuhalten und diesen durchzuführen, so fehlt es hier an den entscheidenden Grundlagen. Im Zweifel ist der Vertrag dann sowohl nach nationalem Recht als auch nach einheitlichem UN-Kaufrecht **unwirksam.**[491]

1350　Auch **Preisbestimmungsklauseln** können im internationalen Warenverkehr Anwendung finden. Es besteht hier ebenso wie im innerdeutschen Rechtsverkehr ein gesteigertes Interesse an einer flexiblen Preisgestaltung, insbesondere auf Seiten des Verkäufers. Zu beachten sind aber stets die nationalen devisenrechtlichen Vorgaben der Parteienstaaten. Das CISG sieht selber allerdings keine Anpassungs- oder Neuverhandlungsmöglichkeiten vor,[492] so dass es auch hier auf die Vereinbarungen der Beteiligten ankommt.[493]

1351　Eine weitere Auslegungsregel[494] hinsichtlich der Bestimmung des Kaufpreises enthält Art. 56 CISG. Soweit der **Kaufpreis nach dem Gewicht der Ware zu bemessen** ist und keine andere Vereinbarung besteht (z. B. „brutto für netto", was Gewicht einschließlich Verpackung bedeutet), ist danach **im Zweifel das Nettogewicht maßgeblich**. Der Käufer soll also im Zweifel nicht für das Gewicht der Verpackung zu zahlen haben.

5. Zahlungsort

1352　Das CISG enthält mit Art. 57 CISG eine Auslegungsregel zur Bestimmung des Zahlungsortes für den Fall, dass der Vertrag, welchem grundsätzlich Vorrang eingeräumt wird, keine diesbezügliche Aussage trifft. Ist die Kaufpreiszahlung **Zug-um-Zug gegen Übergabe der Ware** zu erbringen, was wegen Art. 58 Abs. 1 CISG der Regelfall sein wird (vgl. dazu Rdnr. 1356), so ist Zahlungsort gem. Art. 57 Abs. 1 Buchst. b CISG der **Ort der Übergabe**. Ist dagegen **eine Partei vorleistungspflichtig oder hat sie tatsächlich vorgeleistet,** legt der subsidiäre Art. 57 Abs. 1 Buchst. a CISG den **Ort der Niederlassung des Verkäufers** als Zahlungsort fest.[495]

1353　Eine solche zur Anwendbarkeit des Art. 57 Abs. 1 Buchst. a CISG führende Vorleistungspflicht ist z.B. dann gegeben, wenn der **Verkäufer** im Rahmen eines Versendungskaufs sich nicht auf sein Zurückbehaltungsrecht aus Art. 58 Abs. 2 CISG beruft oder wenn er

---

[490] Str., wie hier MünchKommHGB-*Benicke*, Art. 55 CISG Rdnr. 8; ähnlich Staudinger-*Magnus*, Art. 55 CISG Rdnr. 9; a.A. Schlechtriem/Schwenzer-*Hager/Maultzsch*, Art. 55 CISG Rdnr. 8, wonach der Marktpreis am Lieferort maßgeblich sein soll.

[491] BGH, NJW 1990, 3077; Honsell-*Schnyder/Straub*, Art. 55 CISG Rdnr. 23; Schlechtriem/Schwenzer-*Hager/Maultzsch*, Art. 55 CISG Rdnr. 8; a.A. MünchKommHGB-*Benicke*, Art. 55 CISG Rdnr. 11 (ergänzende Vertragsauslegung).

[492] Siehe aber BGH, IHR 2008, 49: Behandlung eines offenen Kalkulationsirrtums nach der Auslegungsregel des Art. 8 Abs. 1 CISG; zur Problematik auch MünchKomm-*Huber*, Art. 53 CISG Rdnr. 10.

[493] Staudinger-*Magnus*, Art. 53 CISG Rdnr. 5; Honsell-*Schnyder/Straub*, Art. 54 CISG Rdnr. 11.

[494] MünchKommHGB-*Benicke*, Art. 56 CISG Rdnr. 2.

[495] OGH Wien, JBl 1995, 253 m.Anm. *Karollus*; LG Krefeld v. 20.09.2006, Az. 11 O 151/05 (BeckRS 2007 05503); MünchKommHGB-*Benicke*, Art. 57 CISG Rdnr. 2, 5, 8; Staudinger-*Magnus*, Art. 57 CISG Rdnr. 15; *Piltz*, NJW 2000, 553, 557.

den Transporteur nicht ermächtigt, den Kaufpreis nur gegen Übergabe der Kaufsache beim Käufer einzuziehen.[496] Ebenso besteht eine Vorleistungspflicht, wenn die Parteien vereinbart haben, dass eine Versendung der Ware mit „offener Rechnung" zu erfolgen hat, weil dann der Verkäufer die Ware und die Rechnung verschicken muss, noch bevor er eine Gegenleistung vom Käufer erhält.[497] Des weiteren begründen Zahlungsklauseln wie etwa „cash before delivery" (Vorauszahlung),[498] „netto Kasse" bzw. „netto Kasse nach Wareneingang und Gutbefund" ebenfalls Vorleistungspflichten.[499]

1354 Ist das Vertragsverhältnis auf eine derartige Weise gestaltet, so muss der Käufer nach Art. 57 Abs. 1 Buchst. a CISG den Kaufpreis an den Ort der Niederlassung des Verkäufers (Art. 10 CISG) bringen. Anders als im deutschen Recht stellt sich die Zahlungsverpflichtung demnach als **Bringschuld** und gerade nicht als qualifizierte Schickschuld dar.[500] Der Unterschied liegt vor allem darin, dass der Käufer hier nicht nur das Verlust-, sondern auch das Verzögerungsrisiko hinsichtlich der Kaufpreiszahlung zu tragen hat.[501] Selbstverständlich hat er auch die **Kosten**[502] zu übernehmen, die durch die Zahlung am Niederlassungsort des Verkäufers entstehen, wie etwa Bankspesen o. ä. Eine weitere Konsequenz der verschiedenen Regelungen ergibt sich im Hinblick auf die Rechtzeitigkeit der Erfüllung der Zahlungspflicht. Während der Käufer im deutschen Recht dadurch begünstigt wird, dass es genügt, wenn er am Tag der Fälligkeit den Kaufpreis auf den Weg zum Gläubiger bringt, so muss im UN-Kaufrecht der Kaufpreis zu diesem Zeitpunkt bereits beim Verkäufer eingetroffen sein.[503]

1355 Des weiteren hat der Käufer den Kaufpreis stets an dem Ort zu leisten, der **zur Zeit der Zahlung** die Niederlassung des Verkäufers bildet. Folglich ändert sich der Erfüllungsort, wenn die **Niederlassung nach Vertragsschluss verlegt** wird. Diese Folge ergibt sich schon aus Art. 57 Abs. 2 CISG, der nur eine Verlagerung der dabei entstehenden Mehrkosten, wie z. B. erhöhte Kosten für Überweisungen, Zinsverluste aufgrund vorzeitig zu bewirkender Zahlung oder vermehrte Aufwendungen durch zusätzliche Devisenregelungen auf den Verkäufer, nicht jedoch eine allgemeine Umverteilung der Gefahren vorsieht.[504] Allerdings obliegt es dem Verkäufer, den **Käufer rechtzeitig über die Ortsveränderung zu informieren**. Unterlässt er dies oder geht die Anzeige dem Käufer nicht zu, so muss er es gegen sich gelten lassen, wenn die Zahlung am ursprünglichen Zahlungsort erbracht wird (Art. 80 CISG).[505] Ansonsten bleibt das Verlust- und Verzögerungsrisiko im vollen Umfang beim Käufer. Er hat weiterhin für die Einhaltung der Zahlungsformalitäten zu sorgen, auch wenn damit für ihn ein größerer als ursprünglich angenommener Aufwand einhergeht. Außerdem muss er beachten, dass er die Zahlung möglicherweise früher auf den Weg bringen muss, um die Rechtzeitigkeit zu gewährleisten. Ausnahmsweise verlagert sich das Verzögerungsrisiko auf den Verkäufer, wenn der Schuldner infolge fehlender Kenntnis des

---

[496] Schlechtriem/Schwenzer-*Hager/Maultzsch*, Art. 57 CISG Rdnr. 3; Soergel-*Lüderitz/Budzikiewicz*, Art. 57 CISG Rdnr. 3; MünchKomm-*Huber*, Art. 57 CISG Rdnr. 16.
[497] Staudinger-*Magnus*, Art. 57 CISG Rdnr. 15; Schlechtriem/Schwenzer-*Hager/Maultzsch*, Art. 57 CISG Rdnr. 3.
[498] LG Nürnberg-Fürth, IHR 2004, 20.
[499] Bamberger/Roth-*Saenger*, Art. 57 CISG Rdnr. 2; Schlechtriem/Schwenzer-*Hager/Maultzsch*, Art. 57 CISG Rdnr. 3.
[500] OLG Düsseldorf, RIW 1993, 845; Soergel-*Lüderitz/Budzikiewicz*, Art. 57 CISG Rdnr. 3; Staudinger-*Magnus*, Art. 57 CISG Rdnr. 14.
[501] Soergel-*Lüderitz/Budzikiewicz*, Art. 57 CISG Rdnr. 3, 6; Schlechtriem/Schwenzer-*Hager/Maultzsch*, Art. 57 CISG Rdnr. 4.
[502] Staudinger-*Magnus*, Art. 57 CISG Rdnr. 19; *Piltz*, Int. KaufR, § 4 Rdnr. 141.
[503] MünchKomm-*Huber*, Art. 57 CISG Rdnr. 17; Schlechtriem/Schwenzer-*Hager/Maultzsch*, Art. 57 CISG Rdnr. 5.
[504] Staudinger-*Magnus*, Art. 57 CISG Rdnr. 16; Honsell-*Schnyder/Straub*, Art. 57 CISG Rdnr. 19.
[505] Soergel-*Lüderitz/Budzikiewicz*, Art. 57 CISG Rdnr. 10; Schlechtriem/Schwenzer-*Hager/Maultzsch*, Art. 57 CISG Rdnr. 6; MünchKomm-*Huber*, Art. 57 CISG Rdnr. 21.

Umzugs bereits an den ursprünglichen Zahlungsort geleistet hat und das Geld aus diesem Grunde wieder beim Käufer eingetroffen ist.[506] Der Käufer muss den Betrag dann zwar erneut an den Verkäufer leisten. Erfolgt die Zahlung jedoch zu spät, so geht dies zu Lasten des Verkäufers. Diese Grundsätze gelten ebenfalls, wenn die Kaufpreisforderung gegen den Käufer **aufgrund einer Abtretung** an einen neuen Gläubiger gelangt ist und somit eine **Änderung des Zahlungsortes** bewirkt wird.[507]

1356 Sind die Beteiligten einander verpflichtet, die geschuldeten Leistungen **Zug-um-Zug** zu gewähren, so bestimmt sich der Zahlungsort nach Art. 57 Abs. 1 Buchst. b CISG. Der Kaufpreis ist dann **an dem Ort** zu erbringen, an welchem **die Ware bzw. die Dokumente übergeben werden** (hierzu Rdnr. 522 ff.). Das CISG begründet selbst keine Vorleistungspflichten,[508] die Zug-um-Zug-Leistung ist daher – wie im deutschen Recht – der Regelfall.[509] Eine solche Zug-um-Zug-Situation kann sich auch aus einer entsprechenden Vereinbarung der Parteien ergeben. Insbesondere Zahlungsklauseln, wie etwa „Kasse gegen Dokumente bzw. Lieferschein" oder „Dokumente gegen Akkreditiv" weisen auf eine solche Vertragsgestaltung hin.[510] Aber auch etwaige Handelsbräuche oder Gepflogenheiten begründen ein solches Austauschverhältnis. Darüber hinaus ist es auch möglich, die Übergabe der Kaufsache erst nach Vertragsschluss von der Kaufpreiszahlung abhängig zu machen, etwa indem eine der Vertragsparteien das **Zurückbehaltungsrecht** aus Art. 58 Abs. 1 S. 2, Abs. 2, 3 CISG geltend macht (sog. faktische Zug-um-Zug-Leistung).[511]

1357 Besteht das Rechtsverhältnis in einem **Versendungskauf**, dann müssen die Beteiligten entweder ausdrücklich bestimmt haben, dass mit der Übergabe der Sache durch den beauftragten Transporteur gleichzeitig der Kaufpreis zu zahlen ist oder der Verkäufer macht von seinem Recht aus Art. 58 Abs. 2 CISG Gebrauch und ermächtigt den Transporteur, das Entgelt beim Käufer einzuziehen.[512] In diesen Fällen richtet sich der Zahlungsort nach dem **Bestimmungsort der Ware.**[513] Im Übrigen meint „Ort der Übergabe" den Platz, an welchem die Kaufsache in den Herrschaftsbereich des Käufers gelangen soll.[514] Beim Verkauf eingelagerter Waren wird dies regelmäßig der Lagerort sein, beim Platzkauf die Niederlassung des Verkäufers und beim Verkauf reisender Waren der Abladeort[515] (zum Übergabeort vgl. auch Rdnr. 522 ff.). Gleichzusetzen mit der Übergabe der Kaufsache ist gem. Art. 57 Abs. 1 Buchst b, 2. Alt. CISG die **Übergabe von Dokumenten.** Darunter sind aber nur solche Dokumente zu verstehen, die eine Berechtigung geben, über die Ware zu verfügen[516] (hierzu Rdnr. 544 ff.). Die Papiere müssen die Kaufsache insoweit repräsentieren und dem Inhaber in eine Lage versetzen, in der er andere von der Einflussnahme ausschlie-

---

[506] Schlechtriem/Schwenzer-*Hager/Maultzsch*, Art. 57 CISG Rdnr. 6.
[507] Str., wie hier OLG Celle, IPRax 1999, 456, 458; Staudinger-*Magnus*, Art. 57 CISG Rdnr. 18; MünchKommHGB-*Benicke*, Art. 57 CISG Rdnr. 13; a. A. Honsell-*Schnyder/Straub*, Art. 57 CISG Rdnr. 24; *Herber/Czerwenka*, Art. 57 CISG Rdnr. 10.
[508] MünchKommHGB-*Benicke*, Art. 57 CISG Rdnr. 5.
[509] Staudinger-*Magnus*, Art. 57 CISG Rdnr. 9; Schlechtriem/Schwenzer-*Hager/Maultzsch*, Art. 57 CISG Rdnr. 12.
[510] Soergel-*Lüderitz/Budzikiewicz*, Art. 57 CISG Rdnr. 4; MünchKomm-*Huber*, Art. 57 CISG Rdnr. 6, 9.
[511] Bamberger/Roth-*Saenger*, Art. 57 CISG Rdnr. 3; Honsell-*Schnyder/Straub*, Art. 57 CISG Rdnr. 9.
[512] OGH Wien, IPRax 1996, 137; Staudinger-*Magnus*, Art. 57 CISG Rdnr. 12; MünchKomm-*Huber*, Art. 57 CISG Rdnr. 11 m.w.N.
[513] Schlechtriem/Schwenzer-*Hager/Maultzsch*, Art. 57 CISG Rdnr. 18; Soergel-*Lüderitz/Budzikiewicz*, Art. 57 CISG Rdnr. 4.
[514] MünchKommHGB-*Benicke*, Art. 57 CISG Rdnr. 6; Honsell-*Schnyder/Straub*, Art. 57 CISG Rdnr. 10.
[515] Honsell-*Schnyder/Straub*, Art. 57 CISG Rdnr. 11; MünchKomm-*Huber*, Art. 57 CISG Rdnr. 14.
[516] BGH, NJW 1996, 2364; Soergel-*Lüderitz/Budzikiewicz*, Art. 57 CISG Rdnr. 5; MünchKomm-*Huber*, Art. 57 CISG Rdnr. 8; Staudinger-*Magnus*, Art. 57 CISG Rdnr. 13.

ßen kann.[517] Dazu gehören vor allem echte Traditionspapiere,[518] Sperrpapiere oder besondere Frachtbriefe.[519] Den Parteien steht es jedoch frei, auch andere Dokumente, denen keine Ausschließlichkeitswirkung, sondern einzig und allein Beweisfunktion hinsichtlich der Warenübernahme zukommt (Lieferschein, Bordempfangsschein, Handelsrechnungen etc.), kraft Vereinbarung in den Anwendungsbereich des Art. 57 Abs. 1 Buchst. b CISG einzubeziehen.[520]

6. Zahlungszeit

Wann der Käufer die Zahlung zu leisten hat, ergibt sich aus Art. 58 CISG. Diese – auch für die Zinspflicht geltende[521] – Norm koppelt in Abs. 1 zunächst den Eintritt der Fälligkeit des Kaufpreises an den Zeitpunkt des **„zur-Verfügung-Stellens"** der Ware i. S. d. Art. 31 CISG (vgl. dazu Rdnr. 534 sowie sogleich Rdnr. 1359 f.) bzw. der die Ware betreffenden Dokumente durch den Verkäufer. Dieser kann nach Art. 58 Abs. 1 S. 2 CISG die **Übergabe von der Zahlung abhängig machen.** Damit bezweckt Art. 58 CISG die Vermeidung einer faktischen Vorleistungspflicht einer Partei, indem ihr entweder ein Zurückbehaltungsrecht bzw. nach Abs. 3 ein Recht, die Sache vor Zahlung zu untersuchen, eingeräumt wird. Art. 58 CISG ist dispositiv,[522] es steht den Beteiligten frei, **abweichende Vereinbarungen** zu treffen.[523] Schließlich stellt Art. 59 CISG klar, dass die Fälligkeit der Zahlungspflicht zu dem sich aus Art. 58 CISG ergebenden Zeitpunkt ipso iure eintritt und dazu keine weiteren Aufforderungen, Mahnungen oder andere Maßnahmen des Verkäufers notwendig sind.[524]

1358

Ausgehend von Art. 58 Abs. 1 S. 1 CISG muss also zunächst geklärt werden, wann der Verkäufer dem Käufer die Ware bzw. die sie repräsentierenden Dokumente „zur Verfügung stellt". Zeitlich gesehen geht dies der eigentlichen Übergabe der Kaufsache voraus.[525] Der Verkäufer händigt sie nämlich noch nicht aus, sondern bietet sie dem Käufer nur an.[526] Trotzdem muss der Käufer schon die Möglichkeit haben, auf die Ware zuzugreifen.[527] Das setzt selbstverständlich voraus, dass der Käufer Kenntnis vom zur-Verfügung-Stellen hat. Es obliegt folglich dem Verkäufer, ihn darüber zu informieren.[528] Vorher muss der Verkäufer aber bereits **alles seinerseits Erforderliche getan** haben, damit der Käufer die **Kaufsache** oder die entsprechenden Dokumente **nur noch übernehmen** muss.[529] Insbesondere hat bei **Gattungsware** eine **Aussonderung** zu erfolgen und die Ware muss **bereitgestellt** werden. Bereitstellen bezieht sich dabei auch stets auf den richtigen Ort und die richtige Zeit, was sich regelmäßig aus dem Vertrag ergibt. Ist kein Zeitpunkt bestimmt und kann der

1359

---

[517] BGH, NJW 1996, 2364; Honsell-*Schnyder/Straub*, Art. 57 CISG Rdnr. 14; Staudinger-*Magnus*, Art. 57 CISG Rdnr. 13.
[518] BGH, NJW 1996, 2364; Staudinger-*Magnus*, Art. 58 CISG Rdnr. 19.
[519] BGH, NJW 1996, 2364.
[520] Soergel-*Lüderitz/Budzikiewicz*, Art. 57 CISG Rdnr. 5; Schlechtriem/Schwenzer-*Hager/Maultzsch*, Art. 57 CISG Rdnr. 24.
[521] BGH, NJW 1995, 997; OLG Rostock, OLGR 1996, 50; LG Mönchengladbach, IHR 2003, 229; Staudinger-*Magnus*, Art. 58 CISG Rdnr. 9.
[522] MünchKommHGB-*Benicke*, Art. 58 CISG Rdnr. 2.
[523] Vgl. OLG München, IHR 2001, 197 (konkludente Abbedingung durch Kaufpreisstundung aufgrund vom Verkäufer eingeräumten Warenkredits).
[524] Bamberger/Roth-*Saenger*, Art. 59 CISG Rdnr. 1; MünchKommHGB-*Benicke*, Art. 59 CISG Rdnr. 1.
[525] Staudinger-*Magnus*, Art. 58 CISG Rdnr. 9; MünchKomm-*Huber*, Art. 58 CISG Rdnr. 12.
[526] Honsell-*Schnyder/Straub*, Art. 58 CISG Rdnr. 22.
[527] Herber/Czerwenka, Art. 58 CISG Rdnr. 3; MünchKomm-*Huber*, Art. 58 CISG Rdnr. 12.
[528] Staudinger-*Magnus*, Art. 58 CISG Rdnr. 12; Honsell-*Schnyder/Straub*, Art. 58 CISG Rdnr. 31.
[529] Soergel-*Lüderitz/Budzikiewicz*, Art. 58 CISG Rdnr. 2; Schlechtriem/Schwenzer-*Hager/Maultzsch*, Art. 58 CISG Rdnr. 4; Staudinger-*Magnus*, Art. 58 CISG Rdnr. 10.

Käufer deshalb nicht wissen, wann ihm die Sache zur Verfügung gestellt wird, so ist ihm zumindest eine angemessene Frist einzuräumen, innerhalb derer er sich auf die Übernahme und die Zahlung vorbereiten kann.[530] Der Kaufpreis wird in diesem Fall erst mit Ablauf der Frist fällig.

1360 Bei **Versendungskäufen** fallen die Leistung des Verkäufers und das zur-Verfügung-Stellen beim Käufer insoweit auseinander, als der Lieferpflicht bereits mit Übergabe an den Transporteur Genüge getan ist, das Bereitstellen der Ware aber erst mit dem Anbieten durch den Transporteur erfolgt[531] (Art. 31 Buchst. a CISG, vgl. dazu Rdnr. 526 ff.). Gleichwohl kann der Verkäufer sich absichern, indem er die Übergabe an den Käufer von der Zahlung des Kaufpreises abhängig macht (Art. 58 Abs. 2 CISG). Auf diesem Wege kann er eine **Zug-um-Zug-Abwicklung** der geschuldeten Leistungen bewirken. Dazu muss der Verkäufer jedoch den Transporteur anweisen, den Kaufpreis beim Schuldner einzuziehen.[532] Im Gegenzug ist der Käufer berechtigt, die Zahlung solange zu verweigern, bis er die Ware begutachten kann (Art. 58 Abs. 3 CISG).[533] Bis dahin wird der Kaufpreis auch nicht fällig. Der Verkäufer hat dem Käufer also den Zugang zur Ware zu gewährleisten, damit sie zumindest oberflächlich in Augenschein genommen werden kann. Diese Untersuchung dient vor allem der Erkennung gravierender äußerer Mängel oder auch Falschlieferungen und ist daher nicht zu vergleichen mit der weitergehenden Untersuchung im Rahmen des Art. 38 CISG[534] (vgl. dazu Rdnr. 1161 ff.).

1361 Nicht selten ist das **Zurückbehaltungsrecht des Käufers** aus Art. 58 Abs. 3 CISG schon von vornherein aufgrund etwaiger Liefer- oder Zahlungsklauseln **ausgeschlossen.** Haben die Parteien etwa eine Vorauszahlungsvereinbarung („cash before delivery" oder „Kasse gegen Lieferschein") getroffen, so muss der Käufer zahlen, noch bevor er die Ware überhaupt besichtigen kann.[535] Das gleiche ist anzunehmen, wenn der Vertrag „Kasse gegen Dokumente bzw. Akkreditiv" vorsieht.[536] Hingegen ist das Untersuchungsrecht nicht ausgeschlossen, wenn der Verkäufer sein Recht aus Art. 58 Abs. 1 S. 2, Abs. 2 CISG geltend macht und die Ware nur gegen Zahlung übergeben will, denn die Untersuchungsmöglichkeit muss dem Käufer trotzdem verbleiben.[537]

III. Pflicht zur Abnahme der Kaufsache

1362 Ebenso wie im deutschen Recht ist der Käufer verpflichtet, die Kaufsache zu übernehmen (Art. 60 Buchst. b CISG). Zusätzlich regelt das UN-Kaufrecht aber auch eine **aktive Mitwirkungspflicht** des Käufers im Hinblick auf das Anbieten der Ware durch den Verkäufer (Art. 60 Buchst. a CISG, näher dazu sogleich Rn. 1306), deren Verletzung ebenfalls die allgemeinen Rechtsbehelfe auslösen kann (vgl. dazu Rdnr. 1402 ff.).

1363 Insoweit ergeben sich kaum Unterschiede zum deutschen Recht (dazu Rdnr. 1311 ff.). Auch im Rahmen des CISG obliegt es dem Käufer, die vom Verkäufer angebotene Ware **körperlich entgegenzunehmen.**[538] Um dies zu ermöglichen, hat er im Rahmen seiner

---

[530] Staudinger-*Magnus*, Art. 58 CISG Rdnr. 11; Honsell-*Schnyder/Straub*, Art. 58 CISG Rdnr. 16.
[531] Staudinger-*Magnus*, Art. 58 CISG Rdnr. 15.
[532] MünchKomm-*Huber*, Art. 58 CISG Rdnr. 23; Honsell-*Schnyder/Straub*, Art. 58 CISG Rdnr. 53.
[533] LG Stendal, IHR 2001, 30; Staudinger-*Magnus*, Art. 58 CISG Rdnr. 22, 24.
[534] Bamberger/Roth-*Saenger*, Art. 58 CISG Rdnr. 7; Honsell-*Schnyder/Straub*, Art. 58 CISG Rdnr. 70, 72; Staudinger-*Magnus*, Art. 58 CISG Rdnr. 26.
[535] OGH Wien v. 06.02.1996, Unilex; LG Nürnberg-Fürth, IHR 2004, 20 (zur Klausel „cash before delivery"); Soergel-*Lüderitz/Budzikiewicz*, Art. 58 CISG Rdnr. 7; Staudinger-*Magnus*, Art. 58 CISG Rdnr. 28.
[536] BGH, NJW 1987, 2435; Schlechtriem/Schwenzer-*Hager/Maultzsch*, Art. 58 CISG Rdnr. 12.
[537] LG Stendal, IHR 2001, 30; Bamberger/Roth-*Saenger*, Art. 58 CISG Rdnr. 7; Staudinger-*Magnus*, Art. 58 CISG Rdnr. 28.
[538] Bamberger/Roth-*Saenger*, Art. 60 CISG Rdnr. 1; Staudinger-*Magnus*, Art. 60 CISG Rdnr. 5.

Mitwirkungspflicht alles ihm Zumutbare zu unternehmen, damit dem Verkäufer bei der Erfüllung seiner Lieferpflicht keine Hindernisse entgegenstehen. Was zumutbar ist, bestimmt sich dabei nach dem Inhalt und Zweck des jeweiligen Vertrages sowie nach etwaigen Handelsbräuchen und Gepflogenheiten.[539] So muss der Käufer beispielsweise, wenn die Kaufsache zum Sitz des Käufers gebracht wird, entsprechende **Vorbereitungsmaßnahmen** treffen (z. B. Beachtung der Besonderheiten des Liefervorgangs, rechtzeitiger Abruf der Ware, Bereitstellung ausreichender Lagerplätze), um die Anlieferung nicht zu behindern oder zu verzögern.[540] Darüber hinaus hat er stets die nötigen **Genehmigungen** zur Ein- und Ausfuhr der Waren zu beschaffen.[541] Schließlich muss der Käufer beachten, dass er seine Mitwirkungshandlung so rechtzeitig vorzunehmen hat, dass der Verkäufer seinerseits auch rechtzeitig erfüllen kann.[542] Fehlt es allerdings an einem bestimmten Termin bezüglich der Erbringung der Mitwirkungshandlung bzw. der Lieferung, so muss dem Käufer zumindest ein angemessener Zeitraum eingeräumt werden.[543]

IV. Sonstige Pflichten

Neben der Zahlungs- und der Abnahmepflicht sowie den dazugehörigen Mitwirkungspflichten sieht das UN-Kaufrecht noch weitere Pflichten für den Käufer vor. Insbesondere besteht auch hier gem. Art. 86 CISG eine **Aufbewahrungspflicht für beanstandete Ware**. Diese Vorschrift beruht auf § 379 HGB,[544] so dass auf die dortigen Ausführungen (Rdnr. 1337 f.) verwiesen werden kann. Ähnlich verhält es sich, wenn der Käufer im Rahmen eines Spezifikationskaufs verpflichtet ist, eine **Spezifikation der Kaufsache vorzunehmen**. Diesbezüglich knüpft Art. 65 CISG an die Regelung des § 375 HGB[545] an (vgl. dazu Rdnr. 1335 f.).

1364

---

[539] Soergel-*Lüderitz/Budzikiewicz*, Art. 60 CISG Rdnr. 2; Honsell-*Schnyder/Straub*, Art. 60 CISG Rdnr. 28.
[540] MünchKomm-*Huber*, Art. 60 CISG Rdnr. 6; Staudinger-*Magnus*, Art. 60 CISG Rdnr. 11.
[541] Bamberger/Roth-*Saenger*, Art. 60 CISG Rdnr. 3; Schlechtriem/Schwenzer-*Hager/Maultzsch*, Art. 60 CISG Rdnr. 2.
[542] Honsell-*Schnyder/Straub*, Art. 60 CISG Rdnr. 32; Staudinger-*Magnus*, Art. 60 CISG Rdnr. 15.
[543] Soergel-*Lüderitz/Budzikiewicz*, Art. 60 CISG Rdnr. 4; Schlechtriem/Schwenzer-*Hager/Maultzsch*, Art. 60 CISG Rdnr. 2a.
[544] Soergel-*Lüderitz/Dettmeier*, Art. 86 CISG Rdnr. 1.
[545] Bamberger/Roth-*Saenger*, Art. 65 CISG Rdnr. 1; Staudinger-*Magnus*, Art. 65 CISG Rdnr. 2.

7. Kapitel. Rechte des Verkäufers bei Pflichtverletzungen des Käufers

A. Verkäuferrechte nach BGB

Verletzt der Käufer eine seiner Verpflichtungen aus dem Kaufvertrag, so stehen ihm dieselben Rechte zu wie dem Käufer bei einer Pflichtverletzung des Verkäufers. Weitgehend kann deshalb an dieser Stelle auf die vorstehenden Ausführungen (Rdnr. 615 ff.) Bezug genommen werden. Auch in diesem Fall regelt das Kaufrecht nur in bestimmter Hinsicht und keineswegs abschließend das Pflichtenprogramm des Käufers (siehe Rdnr. 1224 ff.), enthält aber keine Rechtsfolgen für den Fall, dass der Käufer diesen Pflichten nicht nachkommt. Diese folgen vielmehr aus den bereits angesprochenen **Vorschriften des allgemeinen Leistungsstörungsrechts.** 1365

I. Ausbleiben der Zahlung

Die den Käufer in erster Linie treffende Pflicht ist die zur Zahlung des Kaufpreises (§ 433 Abs. 2 BGB). Zahlt der Käufer nicht, nicht vollständig oder ganz oder teilweise nicht rechtzeitig, so hat der Verkäufer die folgenden Rechte: 1366

1. Rücktritt

Der Verkäufer kann zunächst unter den Voraussetzungen des § 323 BGB vom Kaufvertrag zurücktreten. Der Verkäufer muss dem Käufer eine **angemessene Frist** zur Erfüllung, also **zur Zahlung setzen,** nach deren erfolglosem Ablauf der Verkäufer zurücktreten kann. Wegen der weiteren Einzelheiten kann auf die Ausführungen zu dieser Vorschrift im Zusammenhang mit den Rechten des Käufers Bezug genommen werden (Rdnr. 681 ff.). Hingewiesen sei an dieser Stelle nochmals besonders darauf, dass es zusätzlich zu dieser Fristsetzung keiner Ablehnungsandrohung mehr bedarf. Auch ist Voraussetzung des § 323 BGB nicht mehr der Zahlungsverzug des Käufers. Es kommt also nicht darauf an, ob die Voraussetzungen des § 286 BGB vorliegen, wenngleich dies – wie bereits erörtert – regelmäßig deshalb der Fall sein wird, weil die Fristsetzung stets eine (befristete) Mahnung enthält. Abweichungen zum bisherigen Recht können sich aber dann ergeben, wenn der Käufer das Ausbleiben der Zahlung nicht zu vertreten hat. Ein Zahlungsverzug des Käufers scheidet dann wegen § 286 Abs. 4 BGB aus. Das bleibt aber auf das Rücktrittsrecht des Verkäufers ohne jeden Einfluss, weil ein Zahlungsverzug eben nicht mehr zu den Rücktrittsvoraussetzungen gehört; der Rücktritt des Gläubigers ist nach neuem Recht **verschuldensunabhängig** ausgestaltet. 1367

2. Schadensersatz

Ebenso wie hinsichtlich des Rücktritts gelten auch für den Schadensersatzanspruch dieselben Vorschriften wie oben bereits hinsichtlich der Rechte des Käufers erläutert. Hierauf kann Bezug genommen werden.[1] Zahlt der Käufer also auch innerhalb einer ihm vom Verkäufer gesetzten angemessenen Nachfrist nicht, so kann der Verkäufer **Schadensersatz statt der Leistung** verlangen, §§ 281, 280 BGB. Dazu gehört insbesondere der **entgangene Gewinn.** Eine Anwendung des § 311a Abs. 2 oder des § 283 BGB, die die Unmöglichkeit der Leistung betreffen, scheidet aus. Auf finanzielles Unvermögen kann der Schuldner sich 1368

---

[1] S. Rdnr. 714 ff.

auch nach der Neuregelung nicht mit der Folge des § 275 Abs. 1 bis 3 BGB berufen. Die Frage der Geldschuld hat der Gesetzgeber zwar ungeregelt gelassen, dabei aber die Absicht geäußert, an der bisherigen Rechtslage nichts zu ändern.[2] Dasselbe gilt bei der Frage, was der Schuldner im Sinne des § 280 Abs. 1 Satz 2 BGB zu vertreten hat. Auch insoweit verbleibt es bei dem Grundsatz, dass der Schuldner sein **finanzielles Unvermögen zu vertreten** hat.[3]

II. Zahlungsverzögerung

1369 Neben den bisher erörterten Fällen, dass der Käufer überhaupt nicht vollständig zahlt, sind die Konstellationen denkbar, in denen die Zahlung zwar erfolgt, aber nicht zu dem vertraglich geschuldeten Zeitpunkt, also verspätet. Wie bereits erwähnt, verbleibt es auch nach der Neuregelung dabei, dass ein durch eine derartige Verzögerung entstandener Schaden nur unter den zusätzlichen **Voraussetzungen des Schuldnerverzugs** zu ersetzen ist (§ 280 Abs. 2 BGB i.V. m. § 286 BGB). Auch insoweit kann auf die bereits im Zusammenhang mit den Rechten des Käufers erfolgten Ausführungen Bezug genommen werden (Rdnr. 923 ff.).

1370 Hinsichtlich des Anspruchs des Verkäufers auf Zahlung des Kaufpreises enthält § 286 Abs. 3 BGB einen zusätzlichen Fall, in dem Verzug ohne Mahnung eintreten kann. Diese Vorschrift ist Nachfolgeregelung des zu Recht vielfach kritisierten, mit dem Gesetz zur Beschleunigung fälliger Zahlungen mit Wirkung ab dem 1.5.2000 eingefügten § 284 Abs. 3 BGB. Der Grundgedanke, dass der Ablauf einer Frist von 30 Tagen nach Zugang einer Rechnung den **Zahlungsverzug** herbeiführen soll, wurde beibehalten. Dies war schon zur Umsetzung der Zahlungsverzugsrichtlinie erforderlich. Dabei unterscheidet sich § 286 Abs. 3 BGB von § 284 Abs. 3 BGB a. F. allerdings in einem wesentlichen Punkt: Bis zum 31.12.2001 war die 30-Tages-Regelung als eine Sonderregelung ausgestaltet, die eine Anwendung der vorangehenden Absätze der Vorschrift auf Geldforderungen ausschloss. Der Verkäufer hatte also keine Möglichkeit, den Käufer vor Ablauf der 30 Tage durch eine Mahnung in Verzug zu setzen. Das wurde geändert: Nunmehr gilt auch für Geldforderungen wieder zunächst und in erster Linie § 286 Abs. 1 und 2 BGB. § 286 Abs. 3 BGB ergänzt dies lediglich dahin, dass Verzug „**spätestens**" 30 Tage nach Zugang einer Rechnung oder gleichwertigen Zahlungsaufstellung eintritt. Die Regelung hat also auf den Verzugseintritt keine Auswirkungen, wenn der Verzug bereits durch einen früheren Umstand, zum Beispiel eine **früher erfolgte Mahnung** oder einen früher eintretenden Fall des § 286 Abs. 2 Nr. 1 BGB eingetreten ist.

1371 Eine weitere Änderung, die die Neuregelung gegenüber § 284 Abs. 3 BGB a. F. gebracht hat, bezieht sich auf den Anwendungsbereich. § 286 Abs. 3 BGB betrifft jetzt nurmehr einen Ausschnitt aus den denkbaren Geldforderungen, nämlich „**Entgeltforderungen**". Damit sind Forderungen gemeint, die eine Geldleistung als Gegenleistung für eine andere Leistung zum Gegenstand haben; dazu gehört auch und sogar in erster Linie der Anspruch des Verkäufers gegen den Käufer auf Zahlung des Kaufpreises; gerade diese Konstellation hatte die Zahlungsverzugsrichtlinie in erster Linie vor Augen, deren Umsetzung § 286 Abs. 3 BGB dient.[4]

1372 Gegenüber einem **Käufer,** der Verbraucher im Sinne des § 13 BGB ist, tritt unter den Voraussetzungen des § 286 Abs. 3 Satz 1 BGB Verzug nur ein, wenn **in der Rechnung** oder gleichwertigen Zahlungsaufstellung **auf diese Rechtsfolgen besonders hingewiesen** wurde, § 286 Abs. 3 Satz 1 Halbs. 2 BGB. Damit wollte der Gesetzgeber dem Umstand Rechnung tragen, dass an die Vorstellungen eines Verbrauchers von den Rechtsfolgen

---

[2] Rechtsausschuss des BT, BT-Drucks. 14/7052, S. 183.
[3] Rechtsausschuss des BT, BT-Drucks. 14/7052, S. 184.
[4] Vgl. die Ausführungen des Rechtsausschusses des BT in BT-Drucks. 14/7052, S. 186 f.

A. Verkäuferrechte nach BGB

Ziemlich unklar ist § 286 Abs. 3 Satz 2 BGB. Diese Bestimmung dient der Umsetzung von Art. 3 Abs. 1 b) ii) der Zahlungsverzugsrichtlinie, deren Wortlaut sie weitgehend wörtlich übernimmt. Ist der Zeitpunkt des **Zugangs der Rechnung** oder Zahlungsaufstellung „**unsicher**", so beginnt die 30-Tages-Frist dann zu laufen, wenn Fälligkeit eingetreten ist und der Käufer die Kaufsache empfangen hat. Das gilt nicht, wenn der Käufer Verbraucher ist. Hier ist bereits unsicher, wann eine Unsicherheit des Zugangs der Rechnung angenommen werden kann. Dem Wortlaut der Vorschrift nach sind nur die Fälle betroffen, in dem der Zeitpunkt des Zugangs, nicht aber auch der Zugang als solcher unsicher ist. Nach dem Willen des Gesetzgebers soll allerdings auch der letztgenannte Fall von der Vorschrift erfasst werden.[6] Unsicher ist der Zugang deshalb dann, wenn er selbst oder sein genauer Zeitpunkt zweifelhaft ist.[7]

1373

Im übrigen soll nach dem Willen des Gesetzgebers der **Begriff des „unsicheren" Zugangs** eng auszulegen sein.[8] Für die Annahme einer „Unsicherheit" genügt es deshalb im Prozess nicht, wenn der Zugang oder sein genauer Zeitpunkt zwischen den Parteien streitig ist. Der Schadensersatz (Zinsen) begehrende Verkäufer muss bei einem Bestreiten des Käufers die Möglichkeit haben, die Voraussetzungen seines Anspruchs zu beweisen. Erst wenn die Beweisaufnahme ergebnislos bleibt und nach allgemeinen Beweislastgrundsätzen eine „non-liquet-Entscheidung" zu treffen wäre, ist ein „unsicherer Zugang" im Sinne des § 286 Abs. 3 Satz 2 BGB anzunehmen.

1374

Gelangt man so zur Anwendung des § 286 Abs. 3 Satz 2 BGB, fällt es schwer, der Bestimmung einen sinnvollen Inhalt zu geben. Ihrem Wortlaut nach beginnt die 30-Tages-Frist mit dem Empfang der Kaufsache auch dann zu laufen, wenn dieser weit vor den zwischen den Parteien streitigen Daten liegt. Fristbeginn wäre zum **Beispiel** der 1.3., wenn an diesem Tag die Kaufsache (= Gegenleistung) geliefert wurde und der Verkäufer den Zugang der Rechnung am 1.6., der Käufer den Zugang am 1.7. behaupten. Das Ergebnis ist aber sinnlos, weil damit ein Datum maßgeblich wäre, das von keiner der Parteien behauptet wird. Der Richtliniengeber hat offensichtlich den Regelfall vor Augen gehabt, dass Waren mit Rechnungen zusammen versandt werden und die Parteien im Einzelfall darum streiten, ob der Ware eine Rechnung beigelegen hat. Es sollte eine Vermutung dafür aufgestellt werden, dass – dem Regelfall entsprechend – eine Ware zusammen mit der entsprechenden Rechnung versandt wurde. Das sollte – dem Zweck der Zahlungsverzugsrichtlinie entsprechend – den Verkäufer vor den nachteiligen Folgen daraus schützen, dass der Käufer den Zugang der Rechnung bestreitet, um so seine Zahlungsverpflichtung hinauszuschieben, wohl wissend, dass der Verkäufer in Beweisnot hinsichtlich des Zugangs der Rechnung ist. Vor diesem Hintergrund ist § 286 Abs. 3 Satz 2 BGB nach dem Sinn und Zweck der Richtlinie in dem oben genannten Beispiel dahin auszulegen, dass nicht auf den 1.3. abzustellen ist, sondern nur auf den auch nach dem Vortrag des Verkäufers frühest möglichen, wenn auch nach der Lieferung der Kaufsache liegenden Zugang der Rechnung, also den 1.6. Auf diese Weise wird nur ein gleichsam **„im Rahmen der Unsicherheit" liegender Zeitpunkt**, nicht aber ein solcher gewählt, der außerhalb des von beiden Parteien übereinstimmend Vorgetragenen liegt.

1375

Ein wenig unglücklich ist auch, dass § 286 Abs. 3 BGB **nicht** eine die Fristenberechnung erleichternde Monatsfrist, **sondern** eine solche von **30 Tagen** enthält; dies ist allerdings

1376

---

[5] BT-Drucks. 14/6040, S. 148; die Berechtigung dieser Sonderregelung für Verbraucher ist nicht zweifelsfrei, weshalb der Bundesrat mit Recht, wenn auch ohne Erfolg ihre Streichung beantragte, s. BT-Drucks. 14/6857, S. 14 und die Gegenäußerung der Bundesregierung in BT-Drucks. 14/6857, S. 51.
[6] Rechtsausschuss des Deutschen Bundestages BT-Drucks. 14/7052, 187.
[7] A.A. – am Wortlaut der Vorschrift sich orientierend – OLG Brandenburg, Urteil vom 26.11.2009 – 12 U 2/09 (juris).
[8] BT-Drucks. 14/6857, S. 51.

durch die Notwendigkeiten bei der Umsetzung der Zahlungsverzugrichtlinie bedingt, welche eine derartige Frist vorsieht.

1377 Für die **Praxis** bleibt vor diesem Hintergrund der Unzulänglichkeiten des § 286 Abs. 3 BGB die Erwartung, dass es auf die Anwendung dieser Vorschrift häufig nicht ankommen wird. Nachdem für den Verkäufer der Weg zur Verzugsbegründung über § 286 Abs. 1 oder 2 BGB wieder eröffnet ist, dürfte sich in aller Regel bereits nach diesen Bestimmungen ein früherer Verzugseintritt als nach § 286 Abs. 3 BGB ergeben. Zudem betrifft § 286 Abs. 3 BGB auch nicht mehr sämtliche Geldforderungen.

1378 **Rechtsfolge des Zahlungsverzugs** des Käufers ist in erster Linie die **Verzinsungspflicht** gemäß § 288 Abs. 1 Satz 1 BGB. Die Höhe des Zinssatzes beträgt gemäß § 288 Abs. 1 Satz 2 BGB regelmäßig **fünf Prozentpunkte über dem Basiszinssatz**. Letzterer ist jetzt in § 247 BGB geregelt, nicht mehr in dem Diskontsatzüberleitungsgesetz. Schon gar nicht handelt es sich um einen Basiszinssatz der Europäischen Zentralbank, wie nicht selten in Urteilen und Anwaltsschriftsätzen in der Praxis zu lesen ist. Für Antrag und Tenor richtig ist die Wiedergabe des § 288 Abs. 1 Satz 2 BGB, also „Zinsen in Höhe von fünf Prozentpunkten über dem Basiszinssatz".

1379 Einen höheren Zinssatz kann der Verkäufer dann verlangen, wenn weder er noch der Käufer Verbraucher im Sinne des § 13 BGB sind. Dann gilt gemäß § 288 Abs. 2 BGB ein Zinssatz von **acht Prozentpunkten über dem Basiszinssatz**. In der Praxis oft nicht genügend beachtet wird eine zusätzliche Einschränkung des § 288 Abs. 2 BGB: Er betrifft nämlich – wie § 286 Abs. 3 BGB – ausschließlich Entgeltforderungen. Darunter fällt beispielsweise nicht der Anspruch auf Zahlung einer Vertragsstrafe, für den auch ohne Beteiligung eines Verbrauchers nur der niedrigere Zinssatz des § 288 Abs. 1 BGB verlangt werden kann.

1380 Auch wenn der Verkäufer im Einzelfall einen **höheren Zinsschaden** als den nach § 288 Abs. 1 oder 2 BGB ohne besonderen Nachweis erstattungsfähigen erlitten hat, kann er diesen geltend machen (§ 288 Abs. 3 BGB). Der Verkäufer muss dann aber ggf. die Schadenshöhe beweisen. Diese Möglichkeit wird sicher angesichts der deutlichen Anhebung des Verzugszinssatzes zukünftig eine wesentlich geringere Rolle als nach dem früheren Recht (§ 288 Abs. 2 BGB a. F.) spielen, bleibt aber möglich. Der Anspruch des weitergehenden Zinsschadens ergibt sich dann aus § 280 Abs. 1 BGB.

III. Nichtannahme der Leistung

1. Schuldnerverzug

1381 Der Käufer verletzt auch dann seine Pflichten aus dem Kaufvertrag, wenn er die gekaufte Sache entgegen § 433 Abs. 2 BGB nicht abnimmt. Da es sich um eine **Leistungspflicht des Käufers** handelt (der Verkäufer hat einen einklagbaren Anspruch auf Abnahme; siehe Rdnr. 1311 ff.), stehen dem Verkäufer dieselben Rechte wie in dem Fall zu, dass der Käufer den Kaufpreis nicht zahlt. Entstehen dem Verkäufer also beispielsweise wegen der verweigerten Abnahme zusätzliche Kosten durch die erzwungene weitere Lagerung der Kaufsache, so kann er den Käufer gemäß § 286 BGB in Verzug setzen und die Kosten dann als Schadensersatz gemäß § 280 BGB ersetzt verlangen.[9] Er kann auch unter den Voraussetzungen des § 323 BGB zurücktreten oder nach § 281 BGB Schadensersatz statt der Leistung verlangen. Dabei kommt es für die Anwendung dieser Vorschriften – anders als nach dem bis zum 31.12.2001 geltenden Recht – nicht mehr darauf an, ob die Verpflichtung des Käufers zur Abnahme im Gegenseitigkeitsverhältnis mit der Übereignungs- und Übergabepflicht des Verkäufers steht. Auch bei der Einstufung der Abnahmeverpflichtung des Käufers als einer

---

[9] Unabhängig von einem Anspruch nach § 304 BGB.

bloßen Nebenleistungspflicht des Käufers kann der Verkäufer nach erfolglosem Ablauf einer von ihm gesetzten angemessenen Nachfrist nach den §§ 281 bzw. 323 BGB vorgehen.[10]

2. Gläubigerverzug

Darüber hinaus gerät der Käufer als Gläubiger des Anspruchs auf Übergabe und Übereignung aus § 433 Abs. 1 Satz 1 BGB auch in Gläubigerverzug, wenn er die Kaufsache nicht annimmt (§ 293 BGB). Die **Voraussetzungen** für den Eintritt des Gläubigerverzugs sind im einzelnen in den §§ 294 bis 299 BGB geregelt. Danach hat der Verkäufer zur Herbeiführung des Verzugs des Käufers als Gläubiger grundsätzlich die Leistung, also die Übergabe und Übereignung der Kaufsache, so **tatsächlich anzubieten,** wie sie nach dem Vertrag zu bewirken ist. Der Verkäufer muss dem Käufer die Kaufsache daher insbesondere zu **rechten Zeit** und am **rechten Ort** anbieten. Beides ist in erster Linie der vertraglichen Vereinbarung, bei deren Fehlen dem Gesetz zu entnehmen, also § 271 BGB für die Leistungszeit und § 269 BGB für den Leistungsort. Die Kaufsache muss weiter in der **Art, Güte und Menge** angeboten werden, wie sie nach dem Kaufvertrag geschuldet ist. Wie bereits erwähnt (Rdnr. 618), kann der Käufer das Angebot einer mangelbehafteten Sache deshalb zurückweisen, ohne in Annahmeverzug zu geraten. Zu beachten ist, dass für den Eintritt des Gläubigerverzugs ein Verschulden des Gläubigers nicht erforderlich ist – anders als beim Schuldnerverzug, der gemäß § 286 Abs. 4 BGB nicht eintritt, wenn der Schuldner die Nichtleistung nicht zu vertreten hat. **1382**

Die §§ 295 bis 299 BGB regeln gewisse Modifikationen der Verzugsvoraussetzungen in Sonderfällen. So genügt nach § 295 BGB ein **wörtliches Angebot** des Verkäufers, wenn der Käufer bereits erklärt hat, er werde die Leistung nicht annehmen oder wenn zur Erfüllung eine Handlung des Käufers erforderlich ist, dieser insbesondere die Kaufsache nach dem Vertragsinhalt selbst abzuholen hat. Das von § 294 BGB geforderte tatsächliche Angebot ist in diesen Fällen entbehrlich. § 296 BGB enthält eine ergänzende Regelung zum soeben genannten zweiten Fall des § 295 BGB. Ist zur Bewirkung der Leistung eine Mitwirkung des Käufers erforderlich und ist hierfür eine Zeit nach dem Kalender bestimmt, so bedarf es auch des wörtlichen Angebots nur, wenn der Käufer die Handlung rechtzeitig vornimmt. Unterlässt der Käufer dies, hält er also zum Beispiel einen vereinbarten **Übergabetermin** nicht ein,[11] so kommt er auch ohne ein ausdrückliches Leistungsangebot des Verkäufers in Annahmeverzug. § 296 BGB stellt mit seinen beiden Sätzen gleichsam das „Spiegelbild"[12] zu § 286 Abs. 2 Nr. 1 und Nr. 2 BGB für den Schuldnerverzug dar. § 297 BGB schließt einen Gläubigerverzug aus, wenn der Schuldner (Verkäufer) tatsächlich nicht in der Lage ist, die (angebotene) Leistung zu bewirken. Die §§ 298 und 299 BGB enthalten Sonderregelungen für eine Zug-um-Zug zu bewirkende Leistung (§ 298 BGB) und für die vorübergehende Annahmeverhinderung (§ 299 BGB). **1383**

Die **Rechtsfolgen** des Gläubigerverzugs sind in den §§ 300 bis 304 BGB geregelt und bestehen darüber hinaus in Modifikationen von Ansprüchen, die an anderer Stelle im BGB geregelt sind. Einen Schadensersatzanspruch des Schuldners als unmittelbare Folge des Annahmeverzuges sieht das Gesetz nicht vor. Schadensersatz kann der Verkäufer aber – wie ausgeführt – unter den Voraussetzungen des § 280 BGB verlangen. Die Bedeutung des Annahmeverzugs besteht in erster Linie in seinem Einfluss auf sonstige Ansprüche. So bewirkt er gemäß § 300 Abs. 1 BGB eine **Haftungserleichterung** des **Schuldners** (Verkäufers), der während des Gläubigerverzugs nur Vorsatz und grobe Fahrlässigkeit zu vertreten hat. § 300 Abs. 2 BGB sieht den Übergang der **Leistungsgefahr** bei Gattungsschulden vor. **1384**

---

[10] Bamberger/Roth-*Faust*, § 433 BGB Rdnr. 59 unter Hinweis auf die Begründung des RegE, BT-Drucks. 14/6040, S. 183; a. A. Jauernig-*Berger*, § 433 BGB Rdnr. 30; HK-*Saenger*, § 433 BGB Rdnr. 15 (§ 323 BGB nur bei Hauptpflichtverletzung).
[11] Vgl. BGH, NJW-RR 1991, 267, 268.
[12] BT-Drucks. 14/6040, S. 149.

Gemäß § 326 Abs. 2 Satz 1 BGB behält der Verkäufer abweichend von § 326 Abs. 1 BGB den Anspruch auf die Zahlung des Kaufpreises, wenn die Übergabe und Übereignung der Kaufsache während des Annahmeverzugs des Käufers unmöglich wird. Die Einschränkungen, die mit der Erhebung der Einrede des nichterfüllten Vertrages (§ 320 BGB) für eine anschließende Verurteilung zur Leistung Zug um Zug (§ 322 BGB) und die Zwangsvollstreckung (§ 756 ZPO) verbunden sind, entfallen bei Gläubigerverzug gemäß § 322 Abs. 3 mit § 274 Abs. 2 BGB. Ein eigener Anspruch des Schuldners wegen der durch den Gläubigerverzug bedingten **Mehraufwendungen** ist in § 304 BGB geregelt. Das betrifft insbesondere Kosten für die zusätzliche Lagerung der Kaufsache, die dem Verkäufer durch den Annahmeverzug des Käufers aufgezwungen wird.

1385 Das Interesse des Verkäufers wird über diesen Ersatzanspruch hinaus nicht selten auch dahin gehen, sich von der ihm aufgezwungenen Verantwortung für die Kaufsache zu befreien. Das kann durch **Hinterlegung** gemäß den §§ 372 bis 386 BGB geschehen. § 372 BGB sieht die Hinterlegung durch den Schuldner in seinem Satz 1 insbesondere für den Fall des Annahmeverzugs des Gläubigers vor. § 372 Satz 2 BGB dehnt dies auf bestimmte andere Gründe aus, die für den Schuldner eine Ungewissheit über die Person des Gläubigers begründen. **Hinterlegungsfähig** sind gemäß § 372 Satz 1 BGB allerdings nur **Geld, Wertpapiere und sonstige Urkunden sowie „Kostbarkeiten"** (etwa Gold, Edelsteine, Schmuck, Kunstwerke). Der Verkäufer wird im Regelfall eine danach nicht hinterlegungsfähige Kaufsache schulden. Will er gleichwohl den Weg der Hinterlegung beschreiten, muss er die Sache zunächst verkaufen und dann den Erlös hinterlegen. Das kann gemäß § 383 BGB grundsätzlich nur im Wege der **öffentlichen Versteigerung** (§ 383 Abs. 3 Satz 1 BGB) mit den im Gesetz weiter genannten Maßgaben (a. F. Androhung der Versteigerung, § 384 BGB) geschehen. Der Verkäufer kann dann durch Verzicht auf das Recht zur Rücknahme der hinterlegten Sache (§ 376 Abs. 2 Nr. 1 BGB) bewirken, dass er von seiner Leistungspflicht in gleicher Weise befreit wird, wie wenn er zur Zeit der Hinterlegung an den Käufer geleistet hätte, § 378 BGB. Wegen der Erforderlichkeit einer öffentlichen Versteigerung wird dieser Weg für den Verkäufer im Regelfall eines Verkaufs hinterlegungsunfähiger Sachen freilich in der Praxis gegenüber der Möglichkeit, vom Kaufvertrag zurückzutreten, keine sehr große Rolle spielen. Beim Handelskauf sind die Hinterlegungsmöglichkeiten erweitert (vgl. Rdnr. 1392 f.).

IV. Verletzung von Nebenpflichten

1386 Wegen der Rechte des Verkäufers bei der Verletzung von Nebenpflichten durch den Käufer kann in vollem Umfang auf die obigen Ausführungen zu den Rechten des Käufers (Rdnr. 934 ff.) Bezug genommen werden, wenn der Käufer Nebenpflichten aus dem Vertrag verletzt. Auch hier ergeben sich die **Ansprüche aus dem allgemeinen Leistungsstörungsrecht**.

V. Besonderheiten beim Handelskauf

1387 Ist der Kaufvertrag ein Handelsgeschäft i. S. d. § 343 HGB (vgl. dazu Rdnr. 108 ff.), so ergeben sich hinsichtlich der Rechte des Verkäufers bei Pflichtverletzungen des Käufers einige Besonderheiten. So enthalten §§ 352 f. HGB **Sonderregelungen** für die **Verzinsung** von Kaufpreis- und anderen Geldforderungen (dazu sogleich Rdnr. 1388 ff.). § 373 HGB gibt dem Verkäufer **besondere Rechte** für den Fall eines **Annahmeverzugs** des Käufers (siehe Rdnr. 1391 ff.). Des weiteren sind handelsrechtliche **Besonderheiten bei Bestimmungskäufen** (§ 375 HGB, hierzu Rdnr. 1400 f.) zu beachten.

A. Verkäuferrechte nach BGB

1. Zinsregelungen

Erfüllt der Käufer seine Pflicht zur Zahlung des Kaufpreises (hierzu Rdnr. 1227 ff.) oder anderer Geldforderungen (etwa Schadensersatzforderungen) nicht oder nicht zum Fälligkeitstermin, so kann der Verkäufer gem. § 353 S. 1 HGB **bereits ab Eintritt der Fälligkeit** (Rdnr. 1307 ff.) **Zinsen verlangen.** Anders als bei § 288 BGB ist also ein Verzug nicht erforderlich. Ausweislich des Wortlauts gilt dies jedoch nur bei Forderungen, die aus einem **zweiseitigen Handelsgeschäft** stammen,[13] wobei es jedoch genügt, dass beide Parteien zum Zeitpunkt der Entstehung der Forderung Kaufleute waren.[14] Ein späterer Verlust oder Erwerb der Kaufmannseigenschaft ist dagegen unbeachtlich.[15] Des weiteren ist – auch wenn Leistungsverweigerungsrechte nicht die Fälligkeit der Forderung tangieren – die Durchsetzbarkeit der Forderung eine ungeschriebene Tatbestandsvoraussetzung des § 353 S. 1 HGB,[16] so dass ein **Zinsanspruch ausgeschlossen** ist, soweit und solange der Käufer sich auf ein **Leistungsverweigerungsrecht** berufen kann.[17] Bei einem Zurückbehaltungsrecht i. S. d. § 273 BGB gilt dies jedoch nur, wenn der Käufer diese Einrede auch erhoben hat.[18] Ebenso schließt ein Annahmeverzug des Verkäufers gem. § 301 BGB einen Zinsanspruch aus.[19]

1388

Hinsichtlich der **Zinshöhe** legt § 352 Abs. 1 HGB den gesetzlichen Zinssatz abweichend von § 246 BGB auf fünf Prozent fest. Auch dies gilt nur für Forderungen aus zweiseitigen Handelsgeschäften,[20] wobei wiederum der Zeitpunkt der Entstehung der zu verzinsenden Forderung entscheidend ist. Ausdrücklich vom Anwendungsbereich ausgenommen sind nach dem Wortlaut des § 352 Abs. 1 HGB lediglich die **Verzugszinsen.** Diese ergeben sich einheitlich aus § 288 i. V. m. § 247 Abs. 1 BGB, wobei für den Handelskauf auf den erhöhten Zinssatz des § 288 Abs. 2 BGB (bei Engeltforderungen acht Prozentpunkte über dem Basiszinssatz) hinzuweisen ist.

1389

Die Regelungen der §§ 352 Abs. 1, 353 S. 1 HGB sind **dispositiv.**[21] Es kann also vertraglich ein abweichender Zeitpunkt für den Beginn der Verzinsung und auch eine andere Zinshöhe vereinbart werden (vgl. auch § 288 Abs. 3 BGB).

1390

2. Annahmeverzug des Käufers

Gerät der Käufer mit der Annahme der Kaufsache in Verzug, erweitert § 373 HGB die Rechtsposition des Verkäufers über die §§ 293 ff., 372, 383 BGB (vgl. dazu Rdnr. 1381 ff.) hinaus, indem dem Verkäufer eine **Hinterlegungsbefugnis** (§ 373 Abs. 1 HGB, vgl. dazu sogleich Rdnr. 1392 f.) und ein **Recht zum Selbsthilfeverkauf** (§ 373 Abs. 2–5 HGB, hierzu Rdnr. 1394 ff.). eingeräumt werden. Die Vorschrift gilt gem. § 345 HGB auch bei einem **einseitigen Handelskauf,** wobei es auch nicht darauf ankommt, welche der Parteien die Kaufmannseigenschaft aufweist.[22] Des weiteren bleiben die sich aus §§ 293 ff. BGB ergebenden Rechte gem. § 374 HGB unberührt. Der Verkäufer kann also sowohl die

1391

---

[13] BGH v. 04.05.2012, Az. V ZR 175/11 (Beck RS 2012, 13395); Ebenroth/Boujong/Joost/Strohn-*Kindler*, § 353 HGB Rdnr. 9.
[14] Baumbach/*Hopt*, § 353 HGB Rdnr. 1; Koller/Roth/Morck-*Roth*, § 353 HGB Rdnr. 2.
[15] Ebenroth/Boujong/Joost/Strohn-*Kindler*, § 353 HGB Rdnr. 8 m. w. N.
[16] Näher zum Ganzen Ebenroth/Boujong/Joost/Strohn-*Kindler*, § 353 HGB Rdnr. 17 ff. m. w. N.
[17] BGH v. 04.05.2012, Az. V ZR 175/11 (Beck RS 2012, 13395); BGH ZIP 1998, 1966; BGH, NJW 1996, 923; BGH, NJW 1971, 2310.
[18] BGH, WM 1971, 1020, 1021; Ebenroth/Boujong/Joost/Strohn-*Kindler*, § 353 HGB Rdnr. 21; Baumbach/*Hopt*, § 353 HGB Rdnr. 1.
[19] Koller/Roth/Morck-*Roth*, § 353 HGB Rdnr. 4.
[20] OLG Hamm, ZfS 2000, 496: bejaht für Ersatzansprüche aus einem Versicherungsvertrag.
[21] Ebenroth/Boujong/Joost/Strohn-*Kindler*, § 353 HGB Rdnr. 29; Baumbach/*Hopt*, § 352 HGB Rdnr. 6.
[22] MünchKommHGB-*Grunewald*, §§ 373 f. HGB Rdnr. 1; Koller/Roth/Morck-*Roth*, §§ 373 f. HGB Rdnr. 2.

Rechte aus dem BGB als auch diejenigen aus dem HGB geltend machen.[23] Nicht anwendbar ist § 373 HGB dagegen auf einen Verzug des Verkäufers mit der Rücknahme der Kaufsache nach einem Rücktritt des Käufers, der Käufer darf hier also nicht etwa unter Berufung auf § 373 Abs. 2 HGB die Ware öffentlich versteigern.[24]

1392 **a) Hinterlegungsbefugnis des Verkäufers.** Abweichend von § 372 BGB ist gem. § 373 Abs. 1 HGB beim Handelskauf grundsätzlich **jede bewegliche Sache hinterlegungsfähig.**[25] Gleichwohl muss der Verkäufer auch auf die Interessen des Käufers Rücksicht nehmen. So darf etwa schnell verderbliche Ware nicht hinterlegt werden, wenn klar ist, dass der Käufer sie nicht kurzfristig abholen kann und eine andere Reaktion auf den Annahmeverzug möglich ist.[26] **Hinterlegungsstelle** kann nach § 373 Abs. 1 HGB ein öffentlicher Lagerhalter i. S. d. § 467 HGB, aber auch jeder andere sichere Ort sein, der keine besonderen, voraussehbaren Gefahren für die Ware mit sich bringt.[27] Der Verkäufer kann die Ware auch in **eigene Verwahrung** nehmen, in diesem Fall ist § 373 Abs. 1 HGB jedoch nicht anwendbar.[28] Bei der Auswahl des Hinterlegungsorts sind aber die Interessen des Käufers zu berücksichtigen. Diesbezüglich hat der Verkäufer gem. § 347 HGB die Sorgfalt eines ordentlichen Kaufmanns aufzuwenden, wobei ihm allerdings die **Haftungserleichterung** des § 300 Abs. 1 BGB zugute kommt.[29] Die Hinterlegung ist dem Käufer gem. § 374 Abs. 2 BGB **unverzüglich** (ohne schuldhaftes Zögern, § 121 BGB) **anzuzeigen.**[30]

1393 Mit einer nach § 373 Abs. 1 HGB erfolgten Hinterlegung geht die **Leistungsgefahr auf den Käufer über,** was sich für Gattungsware bereits aus § 300 Abs. 2 BGB ergibt. Auch hat der Käufer die **Kosten der Hinterlegung** zu tragen, was weitgehend § 304 BGB entspricht. Hinsichtlich des Umfangs der vom Käufer zu ersetzenden Kosten gilt § 670 BGB, wonach **nur angemessene Kosten erstattungsfähig** sind.[31]

1394 **b) Recht zum Selbsthilfeverkauf.** Im Annahmeverzug des Käufers kann der Verkäufer gem. § 373 Abs. 2–5 HGB die Ware auf Rechnung des Käufers auch an Dritte veräußern (lassen) und damit die Erfüllung seiner Lieferungspflicht aus § 433 Abs. 1 BGB bewirken (vgl. Rdnr. 220 ff.). Hierbei ermöglicht ihm § 373 Abs. 2 HGB sowohl eine öffentliche Versteigerung (näher Rdnr. 1398) als auch einen freihändigen Verkauf (hierzu Rdnr. 1399). In beiden Fällen besteht ein **Kostenerstattungsanspruch** aus § 670 BGB gegen den Käufer.[32]

1395 **aa) Androhungs- und Benachrichtigungspflichten.** In jedem Fall muss die Veräußerung gem. § 373 Abs. 2 S. 1 HGB **dem Käufer zuvor angedroht** werden. Hierfür besteht zwar kein Formzwang,[33] doch schon aus Beweisgründen ist Schriftform zu empfehlen, da dem Verkäufer die Beweislast für die Erfüllung der Androhungspflicht obliegt[34] und bei unterlassener Androhung keine Erfüllungswirkung eintritt bzw. Schadensersatzansprüche

---

[23] Baumbach/*Hopt*, §§ 373 f. HGB Rdnr. 1, 4.
[24] OLG München, NJOZ 2001, 991, 992.
[25] Baumbach/*Hopt*, §§ 373 f. HGB Rdnr. 8; MünchKommHGB-*Grunewald*, §§ 373 f. HGB Rdnr. 16.
[26] MünchKommHGB-*Grunewald*, §§ 373 f. HGB Rdnr. 16.
[27] Ebenroth/Boujong/Joost/Strohn-*Müller*, § 373 HGB Rdnr. 17.
[28] BGH, NJW 1996, 1464, 1465.
[29] Str., wie hier MünchKommHGB-*Grunewald*, §§ 373 f. HGB Rdnr. 17; Ebenroth/Boujong/Joost/Strohn-*Müller*, § 373 HGB Rdnr. 18 f.; Koller/Roth/Morck-*Roth*, §§ 373 f. HGB Rdnr. 7; Staub-*Koller*, § 374 HGB Rdnr. 70; a. A. (keine Anwendung des § 300 Abs. 1 BGB) Heymann-*Emmerich*, § 374 HGB Rdnr. 7; Baumbach/*Hopt*, §§ 373 f. HGB Rdnr. 8; Palandt-*Heinrichs*, § 300 BGB Rdnr. 2.
[30] MünchKommHGB-*Grunewald*, §§ 373 f. HGB Rdnr. 20.
[31] Ebenroth/Boujong/Joost/Strohn-*Müller*, § 373 HGB Rdnr. 21.
[32] Dazu ausführlich Ebenroth/Boujong/Joost/Strohn-*Müller*, § 373 HGB Rdnr. 59 ff. m. w. N.
[33] Baumbach/*Hopt*, §§ 373 f. HGB Rdnr. 15.
[34] Koller/Roth/Morck-*Roth*, §§ 373 f. HGB Rdnr. 9; Ebenroth/Boujong/Joost/Strohn-*Müller*, § 373 HGB Rdnr. 50.

des Käufers entstehen können.³⁵ Die Androhung kann auch bereits mit dem den Annahmeverzug herbeiführenden Angebot der Ware verbunden werden.³⁶ Sie muss **inhaltlich hinreichend bestimmt** sein, wobei jedoch weder die Angabe der Form des geplanten Selbsthilfeverkaufs³⁷ noch des genauen Orts und Termins erforderlich ist.³⁸ In jedem Fall muss die Androhung so rechtzeitig erfolgen, dass der Käufer die bevorstehende Veräußerung durch Beendigung des Verzugs noch abwenden kann.³⁹ Ihm ist also eine – wenn auch kurze – **Reaktionszeit einzuräumen.**⁴⁰

Die Androhung darf gemäß § 373 Abs. 2 S. 2 HGB nur **unterbleiben,** wenn es sich um verderbliche Ware handelt und Gefahr im Verzug ist oder die Anzeige aus sonstigen Gründen „untunlich" ist. Letzteres ist beispielsweise der Fall, wenn durch die Androhung eine Verzögerung der Verwertung der Ware eintreten würde, die den Interessen des Käufers zuwiderlaufen würde,⁴¹ wie etwa bei einem drohenden Preisverfall.⁴² Eine Androhung kann im Einzelfall auch dann unterbleiben, wenn der Käufer nicht erreichbar ist.⁴³ Allerdings ist sie dann nicht untunlich i. S. d. § 373 Abs. 2 S. 2 HGB, sondern der Verkäufer wird hier schon gem. § 275 Abs. 1 BGB von der Androhungspflicht frei.⁴⁴

1396

Von den Androhungspflichten i. S. d. § 373 Abs. 2 S. 1 HGB sind die **Benachrichtigungspflichten** aus § 373 Abs. 5 HGB zu unterscheiden. Hiernach muss der Verkäufer, wenn er sich für einen Selbsthilfeverkauf im Wege der öffentlichen Versteigerung entscheidet, den Käufer vorher **über Zeit und Ort der Versteigerung informieren.** Dies kann sinnvollerweise mit der Androhung verbunden werden.⁴⁵ Weiter muss der Käufer – dies gilt bei beiden Formen des Selbsthilfeverkaufs – nach erfolgter Veräußerung der Käufer unverzüglich **über den Vollzug benachrichtigt** werden. Da der Verkauf gem. § 373 Abs. 3 HGB auf Rechnung des Käufers erfolgt, gelten hierbei die **Auskunfts- und Rechenschaftspflichten** des Auftragsrechts (§ 666 BGB).⁴⁶ Gemäß § 373 Abs. 5 S. 3 HGB bestehen auch die Benachrichtigungspflichten ausnahmsweise dann nicht, wenn sie „untunlich" sind. Insoweit gilt der gleiche Maßstab wie bei den Androhungspflichten (vgl. Rdnr. 1395 f.). Die Erfüllung der Benachrichtigungspflichten ist – anders als die Erfüllung der Androhungspflicht (Rdnr. 1395) – aber keine Wirksamkeitsvoraussetzung für den Selbsthilfeverkauf.⁴⁷ Der Verkäufer erfüllt seine Lieferpflicht durch einen Selbsthilfeverkauf also auch dann, wenn er die

1397

---

³⁵ Baumbach/*Hopt*, §§ 373 f. HGB Rdnr. 26, 27; Ebenroth/Boujong/Joost/Strohn-*Müller*, § 373 HGB Rdnr. 51, 55.
³⁶ KG, OLGE 16, 124; MünchKommHGB-*Grunewald*, §§ 373 f. HGB Rdnr. 21.
³⁷ Str., wie hier RGZ 109, 134, 135; Ebenroth/Boujong/Joost/Strohn-*Müller*, § 373 HGB Rdnr. 48; Koller/Roth/Morck-*Roth*, §§ 373 f. HGB Rdnr. 9; Baumbach/*Hopt*, §§ 373 f. HGB Rdnr. 14; a. A. MünchKommHGB-*Grunewald*, §§ 373 f. HGB Rdnr. 21, der die Angabe, ob der Verkauf freihändig oder durch öffentliche Versteigerung erfolgen soll, für notwendig hält.
³⁸ MünchKommHGB-*Grunewald*, §§ 373 f. HGB Rdnr. 21; Staub-*Koller*, § 374 HGB Rdnr. 34.
³⁹ Baumbach/*Hopt*, §§ 373 f. HGB Rdnr. 16; Staub-*Koller*, § 374 HGB Rdnr. 11.
⁴⁰ Ebenroth/Boujong/Joost/Strohn-*Müller*, § 373 HGB Rdnr. 47 geht für den Regelfall von zwei Tagen aus.
⁴¹ MünchKommHGB-*Grunewald*, §§ 373 f. HGB Rdnr. 24.
⁴² Ebenroth/Boujong/Joost/Strohn-*Müller*, § 373 HGB Rdnr. 51; Koller/Roth/Morck-*Roth*, §§ 373 f. HGB Rdnr. 9.
⁴³ Baumbach/*Hopt*, §§ 373 f. HGB Rdnr. 17; Ebenroth/Boujong/Joost/Strohn-*Müller*, § 373 HGB Rdnr. 51.
⁴⁴ So zutreffend MünchKommHGB-*Grunewald*, §§ 373 f. HGB Rdnr. 24; a. A. Ebenroth/Boujong/Joost/Strohn-*Müller*, § 373 HGB Rdnr. 51; Koller/Roth/Morck-*Roth*, §§ 373 f. HGB Rdnr. 9.
⁴⁵ MünchKommHGB-*Grunewald*, §§ 373 f. HGB Rdnr. 25; Baumbach/*Hopt*, §§ 373 f. HGB Rdnr. 11.
⁴⁶ Baumbach/*Hopt*, §§ 373 f. HGB Rdnr. 23; MünchKommHGB-*Grunewald*, §§ 373 f. HGB Rdnr. 29; näher zu den einzelnen Rechenschaftspflichten siehe Bamberger/Roth-*Czub*, § 666 BGB Rdnr. 5.
⁴⁷ Ebenroth/Boujong/Joost/Strohn-*Müller*, § 373 HGB Rdnr. 54; Baumbach/*Hopt*, §§ 373 f. HGB Rdnr. 18.

erforderlichen Benachrichtigungen nicht vornimmt. Allerdings kann eine solche Unterlassung, wie § 373 Abs. 5 S. 2 HGB ausdrücklich klarstellt, zu Schadensersatzansprüchen des Käufers führen, wobei sich der Verkäufer auch nicht auf die Haftungserleichterung des § 300 Abs. 1 BGB berufen kann.[48]

1398 bb) **Öffentliche Versteigerung.** Entscheidet sich der Verkäufer für eine öffentliche Versteigerung, gilt § 383 Abs. 3 BGB.[49] Danach muss die Versteigerung insbesondere durch eine der dort in S. 1 genannten **befugten Personen** (Gerichtsvollzieher, zur Versteigerung befugte andere Beamte oder öffentlich angestellte Versteigerer) durchgeführt werden. Gemäß § 383 Abs. 3 S. 2 BGB sind – in angemessener Zeit vorher[50] – **Zeit und Ort der Versteigerung unter** hinreichend deutlicher **Bezeichnung der Sache** nicht nur dem Käufer mitzuteilen (vgl. dazu Rdnr. 1397), sondern **öffentlich bekannt zu machen**. Bei der Festlegung von Versteigerungsort und -zeit sind die Interessen des Käufers zu berücksichtigen,[51] was mit Hinblick auf etwaige Transportkosten häufig ergeben wird, dass die Ware dort zu versteigern ist, wo sie sich befindet.[52] Im Übrigen können bei der Versteigerung sowohl der Verkäufer als auch der Käufer mitbieten, was § 373 Abs. 4 HGB ausdrücklich klarstellt

1399 cc) **Freihändiger Verkauf.** Ein freihändiger Verkauf ist gem. § 373 Abs. 2 S. 1 HGB nur zulässig, wenn die Ware einen **Markt- oder Börsenpreis** i. S. d. § 385 BGB[53] hat. Ein **Marktpreis** liegt zum einen vor, wenn eine vom Verkäufer unabhängige – auch private – Stelle besteht, die den Preis regelmäßig festsetzt.[54] Darüber hinaus genügt es aber auch, wenn zwar keine amtliche Notierung besteht, aber der Preis sich anhand einer erheblichen Zahl von Kaufverträgen über gleiche Waren zuverlässig feststellen lässt,[55] wobei der Marktpreis des Ortes, an dem die Ware sich befindet, ausschlaggebend ist.[56] Mit **Börsenpreis** ist nur ein solcher i. S. d. § 24 BörsG gemeint. Verkaufsbefugt sind in diesen Fällen **öffentlich ermächtigte Handelsmakler** und die § 383 Abs. 3 BGB genannten Personen (siehe Rdnr. 1398). Auch beim freihändigen Verkauf ist hinsichtlich Ort und Zeit des Verkaufs Rücksicht auf die Käuferinteressen zu nehmen.[57] Der Verkauf muss zum „laufenden Preis" erfolgen, also zu dem **Durchschnittspreis, den die Ware an diesem Tage hat.** Die Rechtsfolgen eines **Verkaufs unter** dem **laufenden Preis** werden nicht einheitlich beurteilt: Zum Teil wird ein solcher Verkauf als nichtig angesehen, wenn der Verkäufer voraussehen konnte, dass der laufende Preis nicht erzielt werden würde.[58] Die wohl überwiegende Auffassung sieht den Verkauf zwar als wirksam an, billigt dem Käufer aber einen verschuldensabhängigen Schadensersatzanspruch gegen den Verkäufer zu.[59]

---

[48] Ebenroth/Boujong/Joost/Strohn-*Müller*, § 373 HGB Rdnr. 54; MünchKommHGB-*Grunewald*, § 373 f. HGB Rdnr. 25.
[49] Koller/Roth/Morck-*Roth*, §§ 373 f. HGB Rdnr. 10.
[50] Ebenroth/Boujong/Joost/Strohn-*Müller*, § 373 HGB Rdnr. 26.
[51] MünchKommHGB-*Grunewald*, §§ 373 f. HGB Rdnr. 26.
[52] Ebenroth/Boujong/Joost/Strohn-*Müller*, § 373 HGB Rdnr. 40
[53] Näher dazu Bamberger/Roth-*Dennhardt*, § 385 BGB Rdnr. 1 m.w.N.
[54] MünchKommHGB-*Grunewald*, §§ 373 f. HGB Rdnr. 31; Staub-*Koller*, § 374 HGB Rdnr. 40.
[55] BGH, NJW 1979, 758, 759; Koller/Roth/Morck-*Roth*, §§ 373 f. HGB Rdnr. 10; Ebenroth/Boujong/Joost/Strohn-*Müller*, § 373 HGB Rdnr. 29.
[56] MünchKommHGB-*Grunewald*, §§ 373 f. HGB Rdnr. 31; Baumbach/*Hopt*, §§ 373 f. HGB Rdnr. 12; a. A. Ebenroth/Boujong/Joost/Strohn-*Müller*, § 373 HGB Rdnr. 30, wonach der Erfüllungsort maßgeblich ist.
[57] Ebenroth/Boujong/Joost/Strohn-*Müller*, § 373 HGB Rdnr. 40, 42; MünchKommHGB-*Grunewald*, §§ 373 f. HGB Rdnr. 34.
[58] Heymann-*Kötter*, § 373 HGB Rdnr. 7; Schlegelberger-*Hefermehl*, § 373 HGB Rdnr. 26; Staub-*Koller*, § 374 HGB Rdnr. 42, 44.
[59] Ausführlich Ebenroth/Boujong/Joost/Strohn-*Müller*, § 373 HGB Rdnr. 36 f.; Baumbach/*Hopt*, §§ 373 f. HGB Rdnr. 20; MünchKommHGB-*Grunewald*, §§ 373 f. HGB Rdnr. 34.

A. Verkäuferrechte nach BGB

3. Rechte des Verkäufers beim Bestimmungskauf

Haben die Parteien einen Bestimmungskauf vereinbart, so ist der **Käufer** gem. § 375 Abs. 1 HGB verpflichtet, die ihm vorbehaltene **Bestimmung zu treffen**. Unterlässt er diese **Spezifizierung**, so gerät er bei Vorliegen auch der übrigen Voraussetzungen sowohl in **Schuldner-** als auch in **Annahmeverzug** (vgl. zum Ganzen Rdnr. 1335 f.). § 375 Abs. 2 HGB eröffnet dem **Verkäufer** für diesen Fall mehrere Reaktionsmöglichkeiten: Er kann die **Spezifikation** selbst vornehmen, **Schadensersatz** statt der Leistung nach §§ 280, 281 BGB verlangen oder nach § 323 BGB vom Kaufvertrag **zurücktreten**. In den beiden letztgenannten Fällen ergeben sich keine Abweichungen von den allgemeinen Regeln (vgl. Rdnr. 1368 und Rdnr. 1367). **1400**

Übt der **Verkäufer** hingegen das **Spezifikationsrecht selbst aus,** so hat er die Bestimmung nach billigem Ermessen i.S.d. § 315 BGB zu treffen. Dies bedeutet, dass er auch auf die **Interessen des Käufers** angemessen Rücksicht zu nehmen hat.[60] Gem. § 375 Abs. 2 S. 2 HGB muss er die von ihm gewählte Bestimmung **dem Käufer mitteilen** und diesem eine **angemessene Frist** zur Vornahme einer anderweitigen Bestimmung setzen. Aus der Mitteilung, für die keine bestimmte Form vorgeschrieben ist,[61] muss deutlich hervorgehen, welche Bestimmung der Verkäufer getroffen hat.[62] Erklärungen, wonach der Verkäufer „nach eigener Wahl liefern" oder „selbst auswählen" werde, genügen daher nicht.[63] Nach dem Wortlaut des § 375 Abs. 2 S. 2 HGB muss der Verkäufer zeitgleich mit der Mitteilung eine **Nachfrist** setzen. Gleichwohl ist es ebenso **möglich, die Fristsetzung nach der Mitteilung** zu erklären, da hierbei die Interessen des Käufers nicht beeinträchtigt werden.[64] Eine **Fristsetzung vor Mitteilung** der Spezifikation an den Käufer ist dagegen **unzulässig**, da der Käufer erst ab Zugang der Mitteilung weiß, welche Rechtsfolgen auf ihn zukommen, wenn er sein Bestimmungsrecht nicht innerhalb der Frist ausübt.[65] Die **Nachfrist** muss **angemessen** sein, d.h., sie muss dem Käufer die Möglichkeit geben, nach einer letzten Überlegungsfrist doch noch eine eigene Bestimmung zu treffen.[66] Gleichwohl sperrt eine zu kurze Frist nicht das Selbstbestimmungsrecht des Verkäufers, sondern setzt lediglich eine angemessene Frist in Gang.[67] **Entbehrlich** ist die Fristsetzung dann, wenn der Käufer sich **ernsthaft und endgültig weigert**, eine **Bestimmung vorzunehmen**.[68] Erfolgt während des Fristlaufs eine Bestimmung durch den Käufer, ist diese maßgeblich[69] und sein Spezifikationsverzug entfällt ex nunc.[70] Die vom Verkäufer mitgeteilte Spezifikation verliert in diesem Fall ihre Wirkung. Läuft die Frist dagegen ab, ohne dass der Käufer spezifiziert **1401**

---

[60] Str., wie hier Ebenroth/Boujong/Joost/Strohn-*Müller*, § 375 HGB Rdnr. 24; Baumbach/*Hopt*, § 375 HGB Rdnr. 7; wohl auch BGH, NJW 1983, 2934 f.; a.A. MünchKommHGB-*Grunewald*, § 375 HGB Rdnr. 14; Staub-*Koller*, § 375 Rdnr. 17, wonach die Bestimmung des Verkäufers in dessen „freien Ermessen" liege.
[61] Baumbach/*Hopt*, § 375 HGB Rdnr. 7.
[62] Ebenroth/Boujong/Joost/Strohn-*Müller*, § 375 HGB Rdnr. 27.
[63] MünchKommHGB-*Grunewald*, § 375 HGB Rdnr. 15.
[64] Str., wie hier Ebenroth/Boujong/Joost/Strohn-*Müller*, § 375 HGB Rdnr. 28; MünchKommHGB-*Grunewald*, § 375 HGB Rdnr. 16; wohl auch Baumbach/*Hopt*, § 375 HGB Rdnr. 7; a.A. Koller/Roth/Morck-*Roth*, § 375 HGB Rdnr. 4; Staub-*Koller*, § 375 HGB Rdnr. 19, wonach Mitteilung und Fristsetzung nie getrennt werden dürfen.
[65] MünchKommHGB-*Grunewald*, § 375 HGB Rdnr. 16.
[66] Ebenroth/Boujong/Joost/Strohn-*Müller*, § 375 HGB Rdnr. 29.
[67] BGH, NJW 1985, 2640; MünchKommHGB-*Grunewald*, § 375 HGB Rdnr. 17.
[68] Str., wie hier Ebenroth/Boujong/Joost/Strohn-*Müller*, § 375 HGB Rdnr. 31; MünchKommHGB-*Grunewald*, § 375 HGB Rdnr. 18; Koller/Roth/Morck-*Roth*, § 375 HGB Rdnr. 4; a.A. Baumbach/*Hopt*, § 375 HGB Rdnr. 7; Staub-*Koller*, § 375 HGB Rdnr. 31, nach denen auch in diesem Fall eine Fristsetzung erfolgen muss.
[69] MünchKommHGB-*Grunewald*, § 375 HGB Rdnr. 19.
[70] Ebenroth/Boujong/Joost/Strohn-*Müller*, § 375 HGB Rdnr. 34.

hat, greift gem. § 375 Abs. 2 S. 3 HGB die vom Verkäufer mitgeteilte Bestimmung. Geschuldet ist jetzt die von ihm spezifizierte Sache.[71]

B. Verkäuferrechte nach UN-Kaufrecht

1402 Welche Rechte dem Verkäufer bei Vertragsverletzungen des Käufers zustehen, bestimmt sich nach Art. 61–65, 71–73 CISG. Danach kann der Verkäufer **Erfüllung verlangen** und hierzu eine angemessene Frist setzen (Art. 62 f. CISG, dazu sogleich Rdnr. 1404), den **Vertrag aufheben** (Art. 64 CISG, Rdnr. 1405 f.) oder **Schadensersatz verlangen** (Art. 61 i.V. m. Art. 74–77 CISG, hierzu Rdnr. 1408). Bei noch nicht eingetretenen, aber absehbaren Vertragsverletzungen kommt die **Aussetzung der Erfüllung** der Verkäuferpflichten (Art. 71 CISG, Rdnr. 1409 ff.) und unter Umständen ebenfalls eine **Vertragsaufhebung** (Art. 72 f. CISG, siehe Rdnr. 1410, 1151 ff.) in Betracht. Diese Rechtsbehelfe entsprechen denjenigen des Käufers (Art. 45–49 CISG, vgl. dazu Rdnr. 1019 f.) nahezu wortgetreu. Die Grundnorm für die Rechtsbehelfe des Verkäufers ist Art. 61 CISG, die einzelnen Rechtsbehelfe werden nachfolgend in Art. 62 ff. CISG näher konkretisiert. Art. 61 Abs. 2 CISG stellt zudem klar, dass der Anspruch auf Schadensersatz kumulativ neben den anderen Rechtsbehelfen steht (siehe bereits Rdnr. 1101).

1403 Gemeinsame Voraussetzung aller Rechtsbehelfe ist, dass der Käufer eine seiner Pflichten „nicht erfüllt" hat. Damit ist auch hier der **zentrale, verschuldensunabhängige Begriff der Vertragsverletzung** des CISG gemeint, der nicht zwischen Haupt- und Nebenpflichtverletzungen differenziert (vgl. dazu Rdnr. 1020 f.).

I. Erfüllung und Nachfristsetzung

1404 Art. 62, 63 CISG normieren die Selbstverständlichkeit, dass der Verkäufer die **Erfüllung der Käuferpflichten** (vgl. dazu Rdnr. 1340 ff.) verlangen[72] und dem Käufer hierzu auch eine **Nachfrist setzen** kann. Dies betrifft sowohl die Pflichten zur Zahlung des Kaufpreises und zur Abnahme der Ware als auch sonstige gesetzliche oder vertragliche Haupt- oder Nebenpflichten des Käufers.[73] Dieser Erfüllungsanspruch ist gem. Art. 62, 2. Halbsatz CISG nur dann ausgeschlossen, wenn der Verkäufer bereits einen damit „unvereinbaren" Rechtsbehelf wie Vertragsaufhebung (Art. 64 CISG, vgl. dazu Rdnr. 1405 f.) oder Schadensersatz wegen Nichterfüllung ausgeübt hat.[74] Auch für die Dauer einer vom Verkäufer gesetzten Nachfrist kann Erfüllung nicht verlangt werden.[75] Im Übrigen entsprechen Art. 62, 63 CISG den Parallelregelungen der Art. 46 Abs. 1, 47 CISG, so dass auf die dortigen Ausführungen (Rdnr. 1035 ff., 1056 ff.) verwiesen werden kann. Eine (wirksame) Nachfristsetzung kann allerdings erst erfolgen, wenn der Käufer die betreffende Vertragspflicht nicht erfüllt hat, d. h. erst dann, wenn der Erfüllungstermin bzw. -zeitraum verstrichen ist.[76]

II. Vertragsaufhebung

1405 Erfüllt der Käufer seine Vertragspflichten nicht, so kann der Verkäufer unter den Voraussetzungen des Art. 64 CISG als ultima ratio auch den Vertrag aufheben. Dies setzt voraus,

---

[71] MünchKommHGB-*Grunewald*, § 375 HGB Rdnr. 20; Baumbach/*Hopt*, § 375 HGB Rdnr. 8.
[72] Vgl. etwa OLG Rostock v. 15.09.2003, CISG-Online Case 920; *Piltz*, NJW 2005, 2126, 2130.
[73] Bamberger/Roth-*Saenger*, Art. 62 CISG Rdnr. 2 ff.
[74] Staudinger-*Magnus*, Art. 62 CISG Rdnr. 13; MünchKommHGB-*Benicke*, Art. 62 CISG Rdnr. 4.
[75] MünchKomm-*Huber*, Art. 62 CISG Rdnr. 4.
[76] OLG Brandenburg, IHR 2009, 105, 111; MünchKomm-*Hieber*, Art. 63 CISG Rndr. 6.

dass entweder die Pflichtverletzung des Käufers sich als eine **„wesentliche Vertragsverletzung"** darstellt (Art. 63 Abs. 1 Buchst. a CISG) oder dass der Käufer eine ihm nach Art. 63 CISG gesetzte **Nachfrist zur Kaufpreiszahlung oder Abnahme** der Ware **ergebnislos verstreichen lässt** bzw. **vor Fristablauf** die **Erfüllung verweigert** (Art. 63 Abs. 1 Buchst. b CISG). Der Begriff der wesentlichen Vertragsverletzung ist in Art. 25 CISG legaldefiniert (vgl. dazu Rdnr. 1040). Allein eine Versäumung des Zahlungstermins durch den Käufer[77] oder eine nicht ordnungsgemäße Akkreditiveröffnung[78] ist noch keine wesentliche Vertragsverletzung. Anders kann dies jedoch zu beurteilen sein, wenn die Zahlungspflicht durch Vereinbarung **Fixcharakter** hat, z.B. durch die Verwendung der Klauseln „fix" oder „präzis".[79] Ähnliches gilt für die Abnahmepflicht. Auch hier liegt eine wesentliche Vertragsverletzung nur vor, wenn der Abnahmetermin als Fixtermin vereinbart worden ist[80] oder wenn der Verkäufer ein erhebliches, für den Käufer erkennbares Interesse an pünktlicher Abnahme hat, z.B. wenn die betroffenen Lagerkapazitäten dringend anderweitig benötigt werden,[81] wenn es sich um verderbliche oder Saisonware[82] oder um eine just-in-time Produktion handelt.[83] Eine ernsthafte und endgültige **Erfüllungsverweigerung** – sowohl in Bezug auf die Kaufpreiszahlung[84] als auch auf die Abnahme[85] – ist dagegen immer eine zur Vertragsaufhebung berechtigende wesentliche Vertragsverletzung.[86] Aufgrund der Ungewissheit, ob ein gegebenenfalls später angerufenes Gericht bei der Einstufung der Pflichtverletzung als „wesentlich" zu der gleichen Beurteilung kommen wird wie der Verkäufer – eine unberechtigte Vertragsaufhebung würde dann ihrerseits eine wesentliche Vertragsverletzung darstellen[87] –, ist es in der Praxis jedenfalls ratsam, im Zweifel nach Art. 64 Abs. 1 Buchst. b CISG vorzugehen und vor Erklärung der Vertragsaufhebung eine **Nachfrist zu setzen.**[88] Lässt der Käufer diese **verstreichen** oder **verweigert er vor ihrem Ablauf die Erfüllung** seiner ausstehenden Pflicht, so ist der Verkäufer **immer** – ungeachtet der Schwere der Pflichtverletzung – **zur Vertragsaufhebung berechtigt.** Diese Möglichkeit ist allerdings, anders als Art. 64 Abs. 1 Buchst. a CISG, ausweislich des Wortlauts auf die Verletzung der Kaufpreiszahlungs- und Abnahmepflicht beschränkt.[89]

Ausgeschlossen ist eine Vertragsaufhebung in den Fällen des Art. 64 Abs. 2 CISG. Nach Buchst. a dieser Vorschrift erlischt das Aufhebungsrecht, wenn der **Käufer** seine Pflichten (wenn auch verspätet) **erfüllt hat** und der **Verkäufer** hiervon **Kenntnis erlangt hat.** Dies gilt wiederum für **alle** dem Käufer obliegenden **Pflichten.**[90] Ferner kann der Verkäufer eine

1406

---

[77] OLG Frankfurt, IHR 2010, 250, 252; OLG Düsseldorf, IHR 2005, 29; Cour d'Appel Grenoble, TranspR-IHR 1999, 43; *Piltz*, NJW 2011, 2261, 2266.
[78] Supreme Court of Queensland v. 12.10.2001, CISG-Online Case 955; *Piltz*, NJW 2005, 2126, 2130.
[79] Staudinger-*Magnus*, Art. 64 CISG Rdnr. 11; Soergel-*Lüderitz/Budzikiewicz*, Art. 64 CISG Rdnr. 3.
[80] MünchKomm-*Huber*, Art. 64 CISG Rdnr. 9; Staudinger-*Magnus*, Art. 64 CISG Rdnr. 17.
[81] Herber/Czerwenka, Art. 64 CISG Rdnr. 3; Soergel-*Lüderitz/Budzikiewicz*, Art. 64 CISG Rdnr. 7.
[82] MünchKomm-*Huber*, Art. 64 CISG Rdnr. 9; Staudinger-*Magnus*, Art. 64 CISG Rdnr. 17.
[83] MünchKomm-*Huber*, Art. 64 CISG Rdnr. 9.
[84] OLG Braunschweig, TranspR-IHR 2000, 4; OLG Düsseldorf v. 14.01.1994, CLOUT Case 130.
[85] Kantonsgericht Zug, IHR 2004, 65; Handelsgericht Kanton Aargau, SZIER 1998, 78.
[86] Staudinger-*Magnus*, Art. 64 CISG Rdnr. 13, 17; *Achilles*, Art. 64 CISG Rdnr. 3.
[87] So der Fall Cour d'Appel Grenoble v. 04.02.1999, CISG-Online Case 443; Staudinger-*Magnus*, Art. 64 CISG Rdnr. 21.
[88] MünchKommHGB-*Benicke*, Art. 64 CISG Rdnr. 3; *Piltz*, NJW 2003, 2056, 2063.
[89] Str., wie hier Bamberger/Roth-*Saenger*, Art. 64 CISG Rdnr. 4; MünchKomm-*Huber*, Art. 64 CISG Rdnr. 12; Staudinger-*Magnus*, Art. 64 CISG Rdnr. 22; a.A. MünchKommHGB-*Benicke*, Art. 64 CISG Rdnr. 5; Herber/Czerwenka, Art. 64 CISG Rdnr. 4, die Art. 64 Abs. 1 Buchst. b CISG analog auch auf andere Pflichtverletzungen anwenden.
[90] Staudinger-*Magnus*, Art. 64 CISG Rdnr. 41 ff.; Soergel-*Lüderitz/Budzikiewicz*, Art. 64 CISG Rdnr. 15; Herber/Czerwenka, Art. 64 CISG Rdnr. 9; MünchKomm-*Huber*, Art. 64 CISG Rdnr. 23.

7. Kapitel. Rechte des Verkäufers bei Pflichtverletzungen des Käufers

Vertragsaufhebung gem. Art. 64 Abs. 2 Buchst. b CISG nur innerhalb einer **angemessenen Frist** erklären, nachdem er von der Pflichtverletzung des Käufers Kenntnis hatte oder grob fahrlässig in Unkenntnis war (Art. 64 Abs. 2 Buchst. b i CISG), nachdem eine vom Verkäufer gesetzte Nachfrist abgelaufen war oder der Käufer die Erfüllung innerhalb der Nachfrist verweigert hat (Art. 64 Abs. 2 Buchst. b ii CISG). Im Übrigen ergeben sich in Bezug auf Art. 64 CISG keine Besonderheiten zu der bei Art. 49 CISG erläuterten Rechtslage (siehe Rdnr. 1068 ff.), insbesondere bedarf auch hier die Aufhebungserklärung keiner bestimmten Form.[91] Für Vertragsaufhebungen bei Sukzessivlieferungsverträgen gilt auch hier die Sondervorschrift des Art. 73 CISG (vgl. dazu bereits Rdnr. 1077).

III. Spezifizierungsrecht beim Bestimmungskauf

1407 Haben die Parteien einen Spezifikationskauf (vgl. dazu Rdnr. 1364) vereinbart und gerät der Käufer mit seiner Spezifikationspflicht in Verzug, so kann der **Verkäufer** gem. Art. 65 Abs. 1 CISG **die Bestimmung selbst vornehmen.** Er kann jedoch auch auf die allgemeinen Rechtsbehelfe zurückgreifen.[92] Art. 65 Abs. 1 CISG eröffnet ihm insoweit lediglich eine zusätzliche Reaktionsmöglichkeit. Das Selbstbestimmungsrecht setzt nach Art. 65 Abs. 2 CISG voraus, dass der Verkäufer dem Käufer zuvor die Einzelheiten der beabsichtigten Spezifikation **mitgeteilt** und ihm eine **angemessene Nachfrist** zur Vornahme der Spezifikation gesetzt hat. Trifft der Verkäufer die Bestimmung sodann selbst, hat er diese nach Art. 65 Abs. 1, 2. Halbsatz CISG an den Bedürfnissen des Käufers auszurichten, soweit er diese kennt oder kennen kann.[93] Im Übrigen gelten die Ausführungen zu der als Vorbild für Art. 65 CISG dienenden[94] Vorschrift des § 375 Abs. 2 HGB (hierzu Rdnr. 1400 f.) entsprechend.

IV. Schadensersatz

1408 Etwaige Schadenspositionen kann der Verkäufer liquidieren, ohne sich hierdurch den Weg zu den anderen Rechtsbehelfen zu versperren, wie Art. 61 Abs. 2 CISG ausdrücklich klarstellt. Art. 61 Abs. 1 Buchst. b CISG als Grundlage für einen Schadensersatzanspruch des Verkäufers setzt voraus, dass der Käufer (irgend-) eine seiner Pflichten verletzt hat. Dabei wird weder eine wesentliche Vertragsverletzung noch ein Verschulden des Käufers vorausgesetzt. Der Schadensersatzanspruch unterliegt jedoch den als Ausschlussgründen formulierten Art. 79, 80 CISG (vgl. dazu bereits Rdnr. 1133 ff.). Umfang und Berechnung des Schadensersatzes ergeben sich aus den bereits im Zusammenhang mit den Käuferrechten dargestellten Art. 74–77 CISG (Rdnr. 1101 ff.).

V. Rechte bei drohenden Leistungsstörungen

1409 Auch wenn nach Vertragsschluss eine **Vertragsverletzung noch nicht eingetreten,** aber **absehbar** ist, stehen dem Verkäufer bereits Reaktionsmöglichkeiten zur Verfügung. Diese ergeben sich aus Art. 71, 72 CISG. So kann der Verkäufer nach Art. 71 Abs. 1 CISG die

---

[91] OGH Wien, IHR 2001, 206 (Erklärung auch durch Klageerhebung möglich).
[92] MünchKommHGB-*Benicke*, Art. 65 CISG Rdnr. 18.
[93] Der deutsche Wortlaut enthält nur die Formulierung „bekannt ist", dies ist jedoch mit Hinblick auf die vorrangigen englischen und französischen Texte ungenau übersetzt, vgl. MünchKomm-*Huber*, Art. 65 CISG Rdnr. 7; Bamberger/Roth-*Saenger*, Art. 65 CISG Rdnr. 4; MünchKommHGB-*Benicke*, Art. 65 CISG Rdnr. 7.
[94] Soergel-*Lüderitz/Budzikiewicz*, Art. 65 CISG Rdnr. 1; Staudinger-*Magnus*, Art. 65 CISG Rdnr. 2.

B. Verkäuferrechte nach UN-Kaufrecht

Erfüllung seiner Pflichten aussetzen, wenn sich nach Vertragsschluss herausstellt, dass der Käufer aufgrund mangelnder Leistungsfähigkeit bzw. Kreditwürdigkeit (Buchst. a) oder wegen seines Verhaltens bei der Erfüllung des Vertrags (Buchst. b) einen wesentlichen Teil seiner Pflichten nicht erfüllen wird. Mangelnde Leistungsfähigkeit bzw. Kreditwürdigkeit des Käufers ist insbesondere dann gegeben, wenn über sein Vermögen ein Insolvenzverfahren eröffnet wird oder er seine Zahlungen endgültig einstellt.[95] Eine Vertragsverletzung des Käufers ist jedenfalls dann absehbar, wenn er unmissverständlich erklärt, er werde die Kaufsache nicht abnehmen.[96]

Eine solche Aussetzung muss dem Käufer gem. Art. 71 Abs. 3 CISG sofort angezeigt werden, um diesem zu ermöglichen, die Aussetzung durch Sicherheitsleistung abzuwenden (näher zum Aussetzungsrecht Rdnr. 1139 ff.). Hat der Verkäufer die Ware bereits abgesandt, bevor er von einem dieser Aussetzungsgründe Kenntnis erlangt hat, so gesteht ihm Art. 71 Abs. 2 CISG ein **Anhalterecht** zu, aufgrund dessen er sich der **Übergabe an den Käufer widersetzen** kann (dazu sogleich Rdnr. 1411). Droht eine wesentliche Vertragsverletzung durch den Käufer, kommt gem. Art. 72 CISG nach einer entsprechenden Anzeige an den Käufer sogar eine **Vertragsaufhebung** in Betracht (vgl. dazu bereits Rdnr. 1405 f., 1151 ff.). **1410**

Das Anhalterecht des Art. 71 Abs. 2 CISG setzt tatbestandlich voraus, dass ein **Aussetzungsgrund i.S.d. Abs. 1** (vgl. dazu Rdnr. 1140 ff.) vorliegt, der Verkäufer davon aber erst **nach Absenden der Ware Kenntnis erlangt.**[97] Der Begriff des „Absendens" erfasst jede Übergabe an einen unabhängigen Frachtführer.[98] Das Anhalterecht besteht, wie Art. 71 Abs. 2 S. 1 CISG klarstellt, unabhängig davon, ob der Käufer bereits Eigentum oder – meist durch den Besitz an den Transportpapieren – einen verbrieften Herausgabeanspruch erlangt hat.[99] Doch wirkt es gem. Art. 71 Abs. 2 S. 2 CISG **nur schuldrechtlich** zwischen Verkäufer und Käufer, nicht jedoch gegenüber Dritten.[100] Ob der Verkäufer berechtigt ist, den Beförderer anzuweisen, den Transport zu stoppen und die Ware nicht an den Käufer auszuhändigen, hängt daher von der inhaltlichen Ausgestaltung des Transportvertrags ab. Im deutschen Recht besteht zwar gem. § 418 Abs. 1 HGB grundsätzlich ein Weisungsrecht des Absenders gegenüber dem Transporteur, doch geht dieses gem. § 418 Abs. 3 HGB mit der Ankunft der Ware an der Ablieferungsstelle auf den Käufer über. Bei Ausstellung eines Ladescheins steht das Weisungsrecht nach dem spezielleren § 446 HGB nur dem legitimierten Inhaber des Ladescheins zu, was in der Regel der Käufer sein wird. In diesen Fällen kann der Verkäufer das Anhalterecht aus Art. 71 Abs. 2 CISG nur gegenüber dem Käufer geltend machen, indem er ihm, nötigenfalls durch einstweilige Verfügung, die Inbesitznahme der Ware untersagt.[101] Übt der Verkäufer sein Anhalterecht aus, so hat er dies gem. Art. 71 Abs. 3 CISG ebenso wie eine Aussetzung i.S.d. Art. 71 Abs. 1 CISG dem Käufer **sofort anzuzeigen** (zur Anzeigepflicht vgl. Rdnr. 1148). Leistet der Käufer daraufhin Sicherheit, erlischt das Anhalterecht.[102] **1411**

---

[95] OGH Wien, JBl 1999, 54 m.Anm. Karollus; Rechtbank van Koophandel te Hasselt v. 01.03.1995, CISG-Online Case 373 (Erstbestellung seit sieben Monaten nicht bezahlt); Staudinger-*Magnus*, Art. 71 CISG Rdnr. 25.
[96] BGH, IHR 2008, 49, 53.
[97] MünchKomm-*Huber*, Art. 71 CISG Rdnr. 30; Staudinger-*Magnus*, Art. 71 CISG Rdnr. 53.
[98] MünchKommHGB-*Mankowski*, Art. 71 CISG Rdnr. 36.
[99] MünchKomm-*Huber*, Art. 71 CISG Rdnr. 30; Herber/Czerwenka, Art. 71 CISG Rdnr. 13; Soergel-*Lüderitz*/Dettmeier, Art. 71 CISG Rdnr. 12; MünchKommHGB-*Mankowski*, Art. 71 CISG Rdnr. 38.
[100] Näher dazu MünchKommHGB-*Mankowski*, Art. 71 CISG Rdnr. 37 ff.; Soergel-*Lüderitz*/Dettmeier, Art. 71 CISG Rdnr. 12; Herber/Czerwenka, Art. 71 CISG Rdnr. 13.
[101] Herber/Czerwenka, Art. 71 CISG Rdnr. 13; Soergel-*Lüderitz*/Dettmeier, Art. 71 CISG Rdnr. 12; MünchKommHGB-*Mankowski*, Art. 71 CISG Rdnr. 39.
[102] MünchKomm-*Huber*, Art. 71 CISG Rdnr. 24.

VI. Verzinsung von Geldforderungen

1412 Nach Art. 78 CISG kann jede Partei auf eine offene Geldforderung – auch auf Schadensersatzforderungen[103] – Zinsen verlangen, was in der Regel die Kaufpreisforderung des Verkäufers betreffen wird. Der Zinsanspruch entsteht mit der **Fälligkeit der Forderung** (diese bestimmt sich nach Art. 58f. CISG, vgl. dazu Rdnr. 1358ff.), Verzug oder eine Mahnung sind nicht erforderlich.[104] Steht dem Käufer ein Zurückbehaltungsrecht zu, so schließt dies die Fälligkeit aus, unabhängig davon, ob es bereits geltend gemacht wurde.[105]

1413 Die **Zinshöhe** regelt das Übereinkommen nicht. Soweit die Zinshöhe vertraglich nicht geregelt ist, ist insoweit streitig,[106] ob – so die überwiegende Rechtsprechung – diese dem jeweiligen über das IPR berufenen **nationalen Recht** zu entnehmen ist[107] oder ob der Zinssatz des Schuldnersitzes,[108] des Gläubigersitzes[109] oder derjenige der Währung, in welcher die Zahlung zu leisten ist,[110] maßgeblich sein soll.

1414 Darüber hinausgehende Zinsschäden können, wie Art. 78, 2. Halbs. CISG klarstellt, als Schadensersatz im Rahmen der Art. 74–77 CISG (siehe dazu Rdnr. 1408, 1101 ff.) liquidiert werden,[111] müssen dann aber konkret nachgewiesen werden.[112]

---

[103] Kantonsgericht Zug, IHR 2004, 65; LG Flensburg, IHR 2001, 202; Handelsgericht Zürich v. 05.02.1997, CISG-Online Case 327; Bamberger/Roth-*Saenger*, Art. 78 CISG Rdnr. 1; MünchKomm-*Huber*, Art. 78 CISG Rdnr. 3 f.

[104] Kantonsgericht Zug, IHR 2004, 65; Hof van Beroep te Gent v. 08.10.2003, CISG-Online Case 1055; OLG München, RIW 1998, 297, 299; KG, RIW 1994, 683; LG Saarbrücken, IHR 2003, 70; Staudinger-*Magnus*, Art. 78 CISG Rdnr. 11; MünchKommHGB-*Ferrari*, Art. 78 CISG Rdnr. 11 m.w.N.; *Piltz*, NJW 2005, 2126, 2130.

[105] MünchKomm-*Huber*, Art. 78 CISG Rdnr. 11.

[106] Vgl. dazu MünchKommHGB-*Ferrari*, Art. 78 CISG Rdnr. 13 ff.; Staudinger-*Magnus*, Art. 78 CISG Rdnr. 12 ff., jeweils m.w.N.

[107] So OLG Hamburg, IHR 2008, 98; OLG Frankfurt v. 24.09.2008, Az. 7 U 46/08 (Beck RS 2008, 24556); OLG Koblenz v. 19.10.2006, CISG-Online Case 1407; OLG Köln v. 03.04.2006, Az. 16 U 65/05 (BeckRS 2006 05619); OLG Karlsruhe, IHR 2004, 246; OLG Düsseldorf v. 22.07.2004, CISG-Online Case 916; Hof van Beroep te Gent v. 17.05.2004, CISG-Online Case 990; OLG Stuttgart, OLGR 2000, 407 f.; OLG Braunschweig IHR 2000, 4 ff.; OLG München, TranspR-IHR 1999, 20, 22; OLG Rostock, TranspR-IHR 1999, 23; MünchKomm-*Huber*, Art. 78 CISG Rdnr. 12 ff.; MünchKommHGB-*Ferrari*, Art. 78 CISG Rdnr. 18; Soergel-*Lüderitz/Dettmeier*, Art. 78 CISG Rdnr. 7 f.; *Herber/Czerwenka*, Art. 78 CISG Rdnr. 6.

[108] Dafür LG Berlin, IHR 2003, 228; Bamberger/Roth-*Saenger*, Art. 78 CISG Rdnr. 4 f.

[109] So Handelsgericht Zürich, SZIER 1998, 75; Kantonsgericht Zug, SZIER 1997, 134; LG Stuttgart IPRax 1990, 317.

[110] OLG Rostock, IHR 2003, 17; Rechtbank van Koophandel te Hasselt v. 25.02.2004, CISG-Online Case 831; Handelsregister Aargau, SZIER 2002, 145.

[111] Kantonsgericht Zug, IHR 2004, 65; LG Saarbrücken, IHR 2003, 70; Staudinger-*Magnus*, Art. 78 CISG Rdnr. 19.

[112] LG Saarbrücken, IHR 2003, 70; Staudinger-*Magnus*, Art. 78 CISG Rdnr. 19.

8. Kapitel. Garantien

A. Garantien im BGB

I. Überblick

Durch eine Garantie kann die Haftung des Verkäufers ergänzt bzw. erweitert werden. Dieses Rechtsinstitut hat im Zuge der Schuldrechtsreform in den §§ 276 Abs. 1 S. 1, 2. HS, 442 Abs. 1 S. 2, 2. Alt., 443, 444, 445, 477 BGB eine teilweise gesetzliche Regelung erfahren. Die zentrale Norm dabei stellt § 443 BGB dar, welcher Regelungen hinsichtlich des **Inhalts** einer Garantie (dazu Rdnr. 1436 ff.) und der **Geltendmachung von Rechten** aus einer Garantie (Rdnr. 1460 ff.) aufstellt. Diese Vorschrift gilt nicht nur für Garantien des Verkäufers, sondern auch für sämtliche **von Dritten** – insbesondere dem Hersteller (Rdnr. 1442) – abgegebene Garantiezusagen. Der Wortlaut von § 443 Abs. 1, 2 BGB ist durch das zum **13.06.2014** in Kraft tretende Gesetz zur Umsetzung der Verbraucherrechterichtlinie (vgl. dazu Rdnr. 174) geändert worden. Diese Änderungen sind jedoch im Wesentlichen begrifflicher Natur[1] und werden daher nachstehend im jeweiligen Sachzusammenhang erläutert. § 444 BGB stellt sodann klar, dass **Haftungsausschlüsse oder -beschränkungen** keine Wirkung entfalten, soweit der Verkäufer für den betreffenden Mangel eine Garantie übernommen hat (dazu Rdnr. 1467 ff.). Im Bereich des Verbrauchsgüterkaufs ist die Spezialvorschrift des § 477 BGB zu beachten, welche besondere **Anforderungen** an die inhaltliche **Transparenz** einer Garantieerklärung aufstellt (Rdnr. 1473 ff.). Trotz oder zum Teil gerade aufgrund dieser gesetzlichen Normierungen sind Teilaspekte des Rechtsinstituts der Garantie jedoch umstritten.

1415

II. Begriff der Garantie

Mit dem Begriff der Garantie werden allgemein vertragliche Vereinbarungen (Rdnr. 131 ff.) bezeichnet, mittels derer die **Rechte des Käufers** wegen Mängeln im Vergleich zu seinen gesetzlichen Rechten **ergänzt bzw. verstärkt** werden.[2] Uneinigkeit besteht allerdings in der Frage, ob dem in den einzelnen gesetzlichen Regelungen verwendeten Begriff der Garantie eine einheitliche Bedeutung zukommt oder ob und inwiefern hier Differenzierungen vorzunehmen sind.

1416

Hintergrund dieses Streits ist die ehemalige Unterscheidung zwischen Eigenschaftszusicherungen (§§ 459 Abs. 2, 463 BGB a. F.), unselbständigen und selbständigen Garantien.[3] Wesentliches Merkmal der **zusicherungsfähigen Eigenschaften** und vor allem Abgrenzungskriterium zu Fehlern der Kaufsache war, dass der Verkäufer eine verschuldensunabhängige Haftung für das Vorliegen bzw. Nichtvorhandensein von bestimmten Eigenschaften übernahm, die keinen direkten und dauerhaften Bezug zur Kaufsache aufwiesen und damit keinen Fehler i. S. d. § 459 Abs. 1 BGB darstellen konnten.[4] Die Zusicherung einer Eigen-

1417

---

[1] BT-Drucks. 17/12637, S. 68.
[2] Bamberger/Roth-*Faust*, § 443 BGB Rdnr. 6; *Reinicke/Tiedtke*, KaufR, Rdnr. 878; ähnlich Erman-Grunewald, § 443 BGB Rdnr. 2.
[3] Vgl. dazu Palandt-*Putzo*, 61. Aufl. 2002, § 477 BGB Rdnr. 21, § 459 BGB Rdnr. 19; *Triebel/Hölzle*, BB 2002, 521, 529 f.
[4] BGH, NJW 1992, 2564; BGH, NJW 1991, 1880; BGH, NJW 1983, 217; *Triebel/Hölzle*, BB 2002, 521, 529.

schaft stellte damit einen Unterfall der **unselbständigen Garantie** dar.[5] Als solche wurden alle Zusagen bezeichnet, durch welche der Verkäufer seine Haftung innerhalb des gesetzlichen Gewährleistungsrechts erweiterte, insbesondere durch die Abbedingung des Verschuldenserfordernisses und/oder ein Hinausschieben des Verjährungsbeginns.[6] Um eine **selbständige Garantie** handelte es sich hingegen, wenn der Garantiegeber für einen Erfolg einstehen wollte, der über die Freiheit von Sach- und Rechtsmängeln hinausging, wenn also ein eigenständiges, neben dem gesetzlichen Gewährleistungsrecht stehendes und insbesondere nicht der kaufrechtlichen Verjährung unterliegendes[7] Haftungsregime geschaffen werden sollte.[8] Bereits im alten Recht bestanden hier erhebliche Abgrenzungsprobleme, die bei der Abgabe von Garantieerklärungen oder Eigenschaftszusicherungen zu einer erheblichen Rechtsunsicherheit führten.[9]

1. Meinungsstand

1418 Das **Meinungsspektrum** zu der Frage, ob und inwieweit diese Dreiteilung auch unter der Geltung des neuen Rechts beizubehalten ist und welche der Erscheinungsformen der Garantien von den einzelnen gesetzlichen Regelungen erfasst sind, ist äußerst **variantenreich:** So soll beispielsweise § 276 Abs. 1 S. 1, 2. HS BGB nach einer Ansicht nur die ehemaligen Eigenschaftszusicherungen erfassen,[10] nach anderen Auffassungen dagegen nur selbständige Garantien[11] oder sämtliche Erscheinungsformen.[12] § 443 BGB hingegen sei nur auf Eigenschaftszusicherungen,[13] nur auf unselbständige,[14] selbständige[15] oder auf beide Formen[16] der Garantie anwendbar. Auch bei § 444 BGB wird teilweise eine Beschränkung auf unselbständige Garantien[17] oder sogar nur auf Eigenschaftszusicherungen[18] befürwortet, während andere auch selbständige Garantien in den Anwendungsbereich der Vorschrift einbeziehen wollen.[19] Ähnliches gilt für § 477 BGB.[20] Am weitesten gehen Bestrebungen, die Abgrenzung zwischen selbständigen und unselbständigen Garantien ganz

---

[5] *Triebel/Hölzle,* BB 2002, 521, 529.
[6] Staudinger/*Matusche-Beckmann,* § 443 BGB Rdnr. 12; Palandt-*Weidenkaff,* § 443 BGB Rdnr. 4.
[7] BGH, WM 1977, 365, 366; Staudinger/*Matusche-Beckmann,* § 443 BGB Rdnr. 12; *Reinicke/Tiedtke,* KaufR, Rdnr. 878.
[8] Palandt-*Weidenkaff,* § 443 BGB Rdnr. 4; PWW-*Schmidt,* § 443 BGB Rdnr. 11; *Reinicke/Tiedtke,* KaufR, Rdnr. 881.
[9] Bamberger/Roth-*Faust,* § 443 BGB Rdnr. 12; *Triebel/Hölzle,* BB 2002, 521, 529; *Hilgard/Kraayvanger,* MDR 2002, 678, 681; *Müller,* ZIP 1981, 707, 708 ff., 712;
[10] Staudinger-*Löwisch,* § 276 BGB Rdnr. 144; Erman-*Grunewald,* § 443 BGB Rdnr. 2; Erman-*Westermann,* § 276 BGB Rdnr. 23; wohl auch MünchKomm-*Grundmann,* § 276 BGB Rdnr. 175 f.; *Knott,* NZG 2002, 249, 255.
[11] *Brüggemeier,* WM 2002, 1376, 1381; wohl auch Palandt-*Weidenkaff,* § 443 BGB Rdnr. 4.
[12] Bamberger/Roth-*Unberath,* § 276 BGB Rdnr. 40; *Reinicke/Tiedtke,* KaufR, Rdnr. 569.
[13] *Seibt/Raschke/Reiche,* NZG 2002, 256, 258.
[14] HK-*Saenger,* § 443 BGB Rdnr. 2 f.; *Fischer,* DStR 2004, 276, 281; *Hammen,* NJW 2003, 2588, 2588; *Dauner-Lieb/Thiessen,* ZIP 2002, 110, 111; *Knott,* NZG 2002, 249, 255.
[15] So *Brüggemeier,* WM 2002, 1376, 1381; *v. Westphalen,* ZIP 2002, 545, 547; *Hilgard/Kraayvanger,* MDR 2002, 678, 680.
[16] Staudinger/*Matusche-Beckmann,* § 443 BGB Rdnr. 13; MünchKomm-*Westermann,* § 443 BGB Rdnr. 4; PWW-*Schmidt,* § 443 BGB Rdnr. 9; Palandt-*Weidenkaff,* § 443 BGB Rdnr. 5.
[17] *Jaques,* BB 2002, 417, 418; *Seibt/Raschke/Reiche,* NZG 2002, 256, 259; *Triebel/Hölzle,* BB 2002, 521, 530 f.
[18] *Seibt/Raschke/Reiche,* NZG 2002, 256, 258; *Knott,* NZG 2002, 249, 255.
[19] MünchKomm-*Westermann,* § 444 BGB Rdnr. 14; *Schmidt-Räntsch,* AnwBl 2003, 529, 534; *Faust,* ZGS 2002, 271, 272; *v. Gierke/Paschen,* GmbHR 2002, 457, 460; ebenso die Stellungnahme des BMJ, AnwBl 2003, 536, 537 f.
[20] HK-*Saenger,* § 477 BGB Rdnr. 1: nur unselbständige Garantien; a. A. Palandt-*Weidenkaff,* § 477 BGB Rdnr. 3: alle Garantieformen erfasst.

aufzugeben.[21] Aufgrund der widersprüchlichen Akzentuierung sei die Unterscheidung zwischen selbständigen und unselbständigen Garantien ohne Erkenntniswert und nicht einmal als Sprachregelung geeignet.[22] Gleichwohl soll jedoch der Begriff der Garantie „jeweils eigenständig im Hinblick auf den Regelungsgehalt der betreffenden Vorschrift zu bestimmen[23]" sein. Der BGH hat bislang nur entschieden, dass jedenfalls mit der Übernahme einer Beschaffenheitsgarantie i. S. d. § 444, 2. Alt BGB „zumindest auch" die Eigenschaftszusicherung nach altem Recht gemeint ist,[24] sowie weiter, dass unter den Begriff der „Garantieerklärung" i. S. d. § 477 Abs. 1 BGB nur solche Willenserklärungen fallen, die zum Abschluss eines Kaufvertrags oder eines eigenständigen Garantievertrags führen, nicht dagegen eine bloße Werbung, die den Verbraucher lediglich zur Bestellung auffordert und in diesem Zusammenhang eine Garantie ankündigt, ohne sie bereits rechtsverbindlich zu versprechen.[25] Eine Vereinheitlichung der Rechtsmaterie und Lösung der Abgrenzungsproblematik ist somit in diesem Bereich jedenfalls nicht erreicht worden.[26]

2. Stellungnahme

Eine Auflösung dieses Streitstands kann nur basierend auf der Erkenntnis erfolgen, dass es sich um **zwei getrennt voneinander zu beantwortende Grundfragen** handelt: So ist zunächst zu klären, ob eine Unterscheidung zwischen zusicherungsfähiger Eigenschaft, selbständiger und unselbständiger Garantie noch notwendig ist. Das wiederum hängt davon ab, ob an die jeweiligen Erscheinungsformen unterschiedliche Rechtsfolgen geknüpft sind, ob der Differenzierung also eine praktischer Relevanz zukommt (hierzu sogleich Rdnr. 1420 f.). Davon getrennt zu behandeln ist die Frage, ob den gesetzlichen Regelungen der §§ 276 Abs. 1 S. 1, 2. HS, 442 Abs. 1 S. 2, 2. Alt., 443, 444, 445, 477 BGB ein einheitlicher Garantiebegriff zugrunde liegt oder ob der Anwendungsbereich dieser Normen eine unterschiedliche Reichweite hat (dazu Rdnr. 1422 ff.).

1419

Hinsichtlich des ersten Teilaspekts kann zunächst festgehalten werden, dass jedenfalls der Figur der früheren **Eigenschaftszusicherung kein eigenständiger Bedeutungsgehalt** mehr zukommt. Das folgt zunächst schon daraus, dass diejenigen Eigenschaften, die i. S. d. §§ 459 Abs. 2, 463 BGB a. F. BGB zugesichert werden konnten – also solche, die keinen direkten Bezug zur Kaufsache aufwiesen und deshalb keinen Fehler i. S. d. § 459 Abs. 1 BGB darstellten – nunmehr unter Zugrundelegung des weiten Beschaffenheitsbegriffs i. S. d. § 434 Abs. 1 S. 1 BGB (dazu bereits Rdnr. 342 ff.) ohne weiteres Gegenstand einer Beschaffenheitsvereinbarung sein können. Der einzige noch verbleibende Unterschied zur Haftung für eine Eigenschaftszusicherung nach altem Recht ist deshalb die Verschuldensabhängigkeit eines auf §§ 434, 437 Nr. 3, 280 ff. BGB gestützen Schadensersatzanspruchs. Soll darüber hinaus eine verschuldensunabhängige Haftung des Verkäufers erreicht werden, so kann dies mittels der Vereinbarung einer Garantiezusage i. S. d. § 276 Abs. 1 S. 1, 2. HS BGB erreicht werden. Somit bleibt zunächst festzuhalten, dass sich das Institut der Eigenschaftszusicherung erübrigt hat und im Zusammenspiel der Beschaffenheitsvereinbarung i. S. d. § 434 Abs. 1 S. 1 BGB mit vertraglich begründeten Haftungserweiterungen i. S. d. § 276 Abs. 1 S. 1, 2. HS BGB aufgegangen ist.

1420

---

[21] So Staudinger/*Matusche-Beckmann*, § 443 BGB Rdnr. 12; Bamberger/Roth-*Faust*, § 443 BGB Rdnr. 12, § 444 BGB Rdnr. 19.
[22] Bamberger/Roth-*Faust*, § 443 BGB Rdnr. 12.
[23] So Bamberger/Roth-*Faust*, § 443 BGB Rdnr. 5.
[24] BGH, NJW 2007, 1346, 1348.
[25] BGH, NJW 2011, 2653, 2655; dazu *Leible*, LMK 2011, 320460.
[26] So wohl auch MünchKomm-*Westermann*, § 443 BGB Rdnr. 4; *Hammen*, NJW 2003, 2588; *Triebel/Hölzle*, BB 2002, 521, 530; *Müller*, NJW 2002, 1026.

1421 Dagegen erscheint die **Differenzierung zwischen selbständigen und unselbständigen Garantien** nicht ohne weiteres als verzichtbar,[27] so erstrebenswert dies mit Hinblick auf die Abgrenzungsschwierigkeiten auch sein mag. Aufgrund des Umstands, dass selbständige Garantien nicht dem gesetzlichen Gewährleistungsrecht unterstehen, zeigt sich die Bedeutung dieser Unterscheidung in erster Linie schon daran, dass Ansprüche aus selbständigen Garantien nicht den Verjährungsfristen des § 438 BGB, sondern der Regelverjährung des § 195 BGB unterliegen.[28] Insofern bestehen Unterschiede sowohl hinsichtlich der Länge der Verjährungsfrist (vgl. § 438 Abs. 1 BGB sowie § 195 BGB) als auch hinsichtlich ihres Beginns (vgl. § 438 Abs. 2 BGB sowie § 199 BGB). Darüber hinaus spielt die Differenzierung auch beim Handelskauf in Hinblick auf die Rügeobliegenheit des § 377 HGB eine Rolle (vgl. dazu Rdnr. 948 ff.). Die Existenz dieser nicht unbedeutenden unterschiedlichen Rechtsfolgen wird auch von den Vertretern derjenigen Ansicht erkannt, welche die Differenzierung zwischen selbständigen und unselbständigen Garantien ganz aufgeben will, so dass es nicht überzeugt, wenn der Unterscheidung gleichwohl jeder praktische Nutzen abgesprochen wird.[29] Es muss also auch weiterhin danach unterschieden werden, ob die jeweilige Garantie nur die ohnehin bestehende gesetzliche Gewährleistung erweitern (unselbständige Garantie) oder eine zusätzliche Haftungsgrundlage schaffen will (selbständige Garantie).[30] Welche Variante im Einzelfall gewollt ist, ist durch Auslegung der Garantieerklärung anhand der §§ 133, 157 BGB (dazu Rdnr. 1450 ff.) und unter Berücksichtigung der Einzelfallumstände zu entscheiden.[31]

1422 In Bezug auf die zweite Frage, ob der **Anwendungsbereich der gesetzlichen Regelungen zu Garantien deckungsgleich** ist **oder** ob diesen Vorschriften **unterschiedliche Garantiebegriffe** zugrunde liegen, spricht zunächst jedenfalls die einheitliche Verwendung der Formulierung „Garantie" für einen einheitliches Garantiebegriff.[32] Hätte der Gesetzgeber den jeweiligen Normen einen jeweils eigenständigen Anwendungsbereich geben wollen, so hätte – gerade wegen der aus dem alten Recht bekannten Abgrenzungsschwierigkeiten – eine Klarstellung nahegelegen.

1423 Dieses Verständnis wird auch von einer **Einzelbetrachtung der jeweiligen Normen** gestützt: So ist schon bei § 276 Abs. 1 S. 1, 2. HS BGB nicht erkennbar, warum diese Norm auf selbständige oder unselbständige Garantien beschränkt sein sollte.[33] Sowohl bei der einen als auch der anderen Form kann und wird sich regelmäßig „aus dem Inhalt des Schuldverhältnisses" (dem Kaufvertrag bei unselbständigen bzw. dem Garantievertrag bei selbständigen Garantien) eine strengere – nämlich verschuldensunabhängige – Haftung ergeben.

1424 Ähnliches gilt für § 442 Abs. 1 S. 2, 2. Alt. BGB. Danach kann ein Käufer, dem ein Mangel grob fahrlässig unbekannt geblieben ist, auf diesen Mangel gestützte Rechte nur noch geltend machen, wenn der Verkäufer diesen Mangel arglistig verschwiegen (vgl. Rdnr. 837) oder insoweit eine Beschaffenheitsgarantie übernommen hat. Diesbezüglich scheint zwar die Bezugnahme auf „Mängel" eine Beschränkung auf unselbständige Garantien nahezulegen, da diese auf das an das Vorliegen eines Mangels i.S.d. § 434 BGB anknüpfende, gesetzliche Gewährleistungssystem aufbauen. Hintergrund der Vorschrift ist jedoch der Gedanke, dass

---

[27] PWW-*Schmidt*, § 443 BGB Rdnr. 9 f.
[28] Str., vgl. MünchKomm-*Westermann*, § 443 BGB Rdnr. 22; *Grützner/Schmidt*, NJW 2007, 3610; Palandt-*Weidenkaff*, § 443 BGB Rdnr. 15; offen gelassen in BGH, NJW 2008, 2995, 2996.
[29] Staudinger/*Matusche-Beckmann*, § 443 BGB Rdnr. 12; Bamberger/Roth-*Faust*, § 443 BGB Rdnr. 12, § 444 BGB Rdnr. 20.
[30] Wie hier PWW-*Schmidt*, § 443 BGB Rdnr. 9 f.; wohl auch BGH, NJW 2011, 2653, 2655.
[31] Bamberger/Roth-*Faust*, § 443 BGB Rdnr. 12; Erman-*Grunewald*, § 443 BGB Rdnr. 2.
[32] So ausdrücklich auch das BMJ in seiner Stellungnahme zu § 444 BGB, AnwBl 2003, 536, 537; v. Gierke/Paschen, GmbHR 2002, 457, 460; *Faust*, ZGS 2002, 271, 272.
[33] So auch Palandt-*Grüneberg*, § 276 BGB Rdnr. 29; *Reinicke/Tiedtke*, KaufR, Rdnr. 569.

A. Garantien im BGB

der Käufer, dem eine Garantiezusage gegeben worden ist, sich auf eine dieser Erklärung entsprechende Vertragsgemäßheit der Kaufsache soll verlassen können und etwaigen Verdachtsmomenten nicht nachzugehen braucht[34] (vgl. auch Rdnr. 1463 f.). Es wäre aber nicht einzusehen, warum dieser Gedanke bei einer selbständigen Vereinbarung, mittels derer nicht die Abwesenheit eines Mangels i. S. d. §§ 434 f. BGB, sondern das Vorliegen bzw. Nichtvorhandensein sonstiger, außerhalb des §§ 434 f. BGB liegender Umstände garantiert wird, keine Rolle spielen sollte. Richtigerweise erfasst daher auch § 442 Abs. 1 S. 2, 2. Alt. BGB sowohl unselbständige als auch selbständige Garantien.[35]

Des weiteren ist auch der **Anwendungsbereich des § 443 BGB nicht auf selbständige oder unselbständige Garantien begrenzt,** sondern **erfasst beide Erscheinungsformen.**[36] Soweit hier eine Beschränkung auf unselbständige Garantien befürwortet wird, ist das schon deshalb unzutreffend, weil § 443 Abs. 1 BGB ausdrücklich auch Garantien anspricht, die von einem Dritten abgegeben werden und daher – aufgrund des Fehlens einer kaufvertraglichen Beziehung zwischen dem Dritten und dem Käufer – zwangsläufig selbständig sind.[37] Die Gegenauffassung, die nur selbständige Garantien von § 443 BGB erfasst sieht, führt dagegen an, dass sich der Formulierung, wonach dem Käufer die Rechte aus der Garantie im Garantiefall „unbeschadet der gesetzlichen Ansprüche" zustehen, eine Beschränkung auf selbständige Garantien entnehmen lasse.[38] Doch formuliert auch § 443 BGB nur einen allgemeinen und an sich selbstverständlichen Grundsatz, wonach dem Käufer die in der Garantie bezeichneten Rechte gegenüber dem Garantiegeber zustehen. Das gilt aber ohne weiteres auch für eine unselbständige Garantie, die keine zusätzlichen Rechte für den Käufer begründet, sondern nur die sich aus dem gesetzlichen Gewährleistungssystem ergebenden Rechte erweitert.[39]

1425

Schließlich **erfassen** auch **§§ 444, 445 BGB** richtigerweise **sowohl selbständige als auch unselbständige Garantien.**[40] Das ergibt sich zunächst bereits aus ihrer systematischen Stellung direkt nach § 443 BGB.[41] Darüber hinaus kommt in § 444 BGB eine spezielle Ausprägung des Verbots widersprüchlichen Verhaltens zum Ausdruck: Der Verkäufer soll nicht einerseits spezifische Umstände garantieren, andererseits aber seine Haftung dafür beschränken oder sogar ausschließen dürfen[42] (siehe dazu Rdnr. 1467 ff.). Auch dies aber ist ein allgemeingültiges Prinzip. Es wäre nicht einsehbar, warum es nur auf die eine oder andere Erscheinungsform der Garantie Anwendung finden sollte.[43]

1426

Dasselbe gilt ferner für die im Bereich des Verbrauchsgüterkaufs zu beachtenden **Transparenzanforderungen des § 477 BGB** (näher Rdnr. 1473 ff.). Auch hier ist kein Grund ersichtlich, warum nur selbständige oder nur unselbständige Garantien dieses erhöhte Transparenzniveau zu wahren hätten. Auch § 477 BGB gilt daher für **alle Erscheinungsformen der Garantie.**[44]

1427

---

[34] MünchKomm-*Westermann*, § 442 BGB Rdnr. 13; Erman-*Grunewald*, § 442 BGB Rdnr. 16; Bamberger/Roth-*Faust*, § 442 BGB Rdnr. 26.
[35] Wie hier Palandt-*Weidenkaff*, § 442 BGB Rdnr. 19; Bamberger/Roth-*Faust*, § 442 BGB Rdnr. 26, § 443 BGB Rdnr. 27; wohl auch MünchKomm-*Westermann*, § 442 BGB Rdnr. 13.
[36] Wie hier Palandt-*Weidenkaff*, § 443 BGB Rdnr. 5; PWW-*Schmidt*, § 443 BGB Rdnr. 3, 9.
[37] MünchKomm-*Lorenz*, § 477 BGB Rdnr. 3.
[38] So *Brüggemeier*, WM 2002, 1376, 1381; v. *Westphalen*, ZIP 2002, 545, 547; *Hilgard/Kraayvanger*, MDR 2002, 678, 680.
[39] So auch die Stellungnahme des BMJ, AnwBl 2003, 536, 537.
[40] MünchKomm-*Westermann*, § 444 BGB Rdnr. 14; Staudinger/*Matusche-Beckmann*, § 444 BGB Rdnr. 51; Schmidt-Räntsch, AnwBl 2003, 529, 535.
[41] BMJ, AnwBl 2003, 536, 537;
[42] *Müller*, NJW 2002, 1026.
[43] BMJ, AnwBl 2003, 536, 537; *Hermanns*, ZIP 2002, 696, 698.
[44] MünchKomm-*Lorenz*, § 477 BGB Rdnr. 3; Staudinger/*Matusche-Beckmann*, § 477 BGB Rdnr. 6 f.; Palandt-*Weidenkaff*, § 477 BGB Rdnr. 3; PWW-*Schmidt*, § 477 BGB Rdnr. 1.

1428 Im Ergebnis liegt daher den **gesetzlichen Regelungen** ein **einheitlicher, kaufrechtlicher Garantiebegriff** zugrunde, **der alle Erscheinungsformen der Garantie erfasst.**[45] Dieses Ergebnis wird auch durch die Gesetzesbegründung zu der ab dem **13.06.2014** geltenden § 443 BGB n. F. (vgl. Rdnr. 1415) gestützt. Dort wird ausgeführt, dass eine identische Begriffswahl in den §§ 276 Abs. 1, 442 Abs. 1, 444 und 445 BGB möglich sei, weil die Definition der Garantie in § 443 BGB „alle denkbaren Bezugspunkte einer Garantie nach den sonstigen Vorschriften erfasst: die Beschaffenheitsgarantie, die Haltbarkeitsgarantie und die Garantie sonstiger Anforderungen, die nicht die Mängelfreiheit der (Kauf-) Sache betreffen."[46] Die Differenzierung nach selbständigen und unselbständigen Garantien ist daher nur noch im Hinblick auf die unterschiedliche Verjährungsfrist (Rdnr. 1421) und die Rügeobliegenheit im Handelskauf (Rdnr. 1421) von Bedeutung.

III. Übernahme einer Garantie

1. Vertragliche Vereinbarung

1429 Für die wirksame Übernahme einer Garantie bedarf es nach richtiger Auffassung zunächst einer entsprechenden **Vereinbarung zwischen** dem **Garantiegeber und dem Käufer.**[47] Dies wird zum Teil zwar bestritten und die Haftung des Garantiegebers als eine Art gesetzliche Haftung quasi-vertraglicher Natur eingeordnet,[48] doch geht schon das Gesetz in §§ 443, 477 BGB davon aus, dass das Zustandekommen einer Garantie einer entsprechenden Erklärung bedarf. Diese muss dem Käufer auch **zugehen.**[49] Richtig ist zwar, dass es an einer ausdrücklichen, auf die Garantieerklärung bezogenen Annahme bzw. Zustimmung des Käufers oft fehlen wird. Doch steht dieser Umstand dem Erfordernis einer vertraglichen Vereinbarung nicht entgegen, da eine solche ausdrückliche, dem Käufer zugehende **Annahmeerklärung** nach der Verkehrssitte nicht zu erwarten und deshalb nach § 151 S. 1 BGB **entbehrlich** ist.[50] Das Erfordernis einer vertraglichen Vereinbarung wird auch nicht durch den – insoweit missverständlichen – § 443 Abs. 1 BGB aufgeweicht. Zwar kann danach im Zusammenhang mit Garantiezusagen auch der „einschlägigen Werbung" Bedeutung zukommen (dazu Rdnr. 1447ff.). Das gilt jedoch nur hinsichtlich des Inhalts einer Garantie, nicht aber für die Frage ihres Bestehens bzw. Zustandekommens,[51] wie jetzt auch der BGH klargestellt hat.[52]

1430 Vor diesem Hintergrund sind in der Praxis **verschiedene Möglichkeiten der Übernahme einer Garantie** denkbar: Im Regelfall wird eine verkäuferseitige **Garantieerklärung unmittelbar im Kaufvertrag** enthalten sein, so dass in diesem Fall auch eine

---

[45] PWW-*Schmidt*, § 443 BGB Rdnr. 3, 7; Palandt-*Weidenkaff*, § 442 BGB Rdnr. 19, § 443 BGB Rdnr. 4, 5; *v. Gierke/Paschen*, GmbHR 2002, 457, 459ff.; *Müller*, NJW 2002, 1026, 1027; *Seibt/Raschke/Reiche*, NZG 2002, 256, 259.

[46] BT-Drucks. 17/12637, S. 69.

[47] BT-Drucks. 14/6040, S. 237; Staudinger/*Matusche-Beckmann*, § 443 BGB Rdnr. 6; MünchKomm-*Westermann*, § 443 BGB Rdnr. 6f.; Bamberger/Roth-*Faust*, § 443 BGB Rdnr. 14f.; Erman-*Grunewald*, § 443 BGB Rdnr. 6.

[48] AnwKomm-*Büdenbender*, § 443 BGB Rdnr. 3; *Gsell*, JZ 2001, 65, 74; *Ernst/Gsell*, ZIP 2000, 1410, 1414.

[49] Staudinger/*Matusche-Beckmann*, § 443 BGB Rdnr. 6.

[50] Staudinger/*Matusche-Beckmann*, § 443 BGB Rdnr. 7; MünchKomm-*Westermann*, § 443 BGB Rdnr. 7; Bamberger/Roth-*Faust*, § 443 BGB Rdnr. 14; so auch zum alten Recht BGH, NJW 1988, 1726; BGH, NJW 1981, 2248, 2249.

[51] Str., wie hier Staudinger/*Matusche-Beckmann*, § 443 BGB Rdnr. 34; PWW-*Schmidt*, § 443 BGB Rdnr. 16; wohl auch *Reinicke/Tiedtke*, KaufR, Rdnr. 578f.; a. A. *Lehmann*, DB 2002, 1090, 1093, wonach Werbeaussagen selbst Garantieerklärungen sein können; so wohl auch Bamberger/Roth-*Faust*, § 443 BGB Rdnr. 19.

[52] BGH, NJW 2011, 2653, 2655.

ausdrückliche Annahmeerklärung des Käufers vorliegt. Gleichwohl kann die Garantie auch **außerhalb des Kaufvertrags** erklärt werden, etwa auf einer **separaten Garantieerklärung oder -karte,** was insbesondere für Herstellergarantien von Bedeutung ist. In diesem Fall kommt ein Garantievertrag direkt zwischen Hersteller und Käufer zustande,[53] der Verkäufer leitet die Garantieerklärung regelmäßig als Abschlussvertreter oder Bote des Herstellers an den Käufer weiter.[54] Die Garantiehaftung des Herstellers steht dann neben der gesetzlichen Sachmängelhaftung des Verkäufers.[55] Denkbar ist schließlich auch der Abschluss eines **Garantievertrags zwischen** dem **Hersteller und** dem **Verkäufer zugunsten des Käufers** i. S. d. § 328 BGB.[56] Dieselben Konstruktionen sind denkbar, wenn sonstige Dritte eine Garantie übernehmen, etwa ein Importeur oder Zwischenhändler.[57]

Formbedürftig ist die Garantievereinbarung nur dann, wenn auch der Kaufvertrag selbst einem Formerfordernis unterliegt,[58] wie insbesondere dem des § 311 b Abs. 1 BGB beim Grundstückskauf oder dem des § 311 b Abs. 3 BGB im Fall der Übertragung eines Vermögens bzw. Vermögensbruchteils, was insbesondere beim Unternehmenskauf im Wege des asset deal relevant ist.[59] Im Bereich des Verbrauchsgüterkaufs ist zudem § 477 Abs. 2 BGB zu beachten (dazu Rdnr. 1482). Außerhalb derartiger Formzwänge ist jedoch auch die **stillschweigende Vereinbarung** einer Garantie möglich.[60] **1431**

2. Abgrenzung zur Beschaffenheitsvereinbarung

Ob eine bestimmte Erklärung inhaltlich eine Garantiezusage darstellt oder nicht, ist im Zweifelsfall durch **Auslegung** nach den §§ 133, 157 BGB zu ermitteln (näher dazu Rdnr. 1450 ff.).[61] Die ausdrückliche Bezeichnung der entsprechenden Erklärung als „Garantie" ist jedenfalls nicht erforderlich, vielmehr genügen auch ähnliche Formulierungen wie etwa „uneingeschränkte Gewährleistung",[62] „Zusicherung"[63] oder Ähnliches. Wird allerdings die Bezeichnung „Garantie" verwendet, so indiziert dies – auch wenn der Verkäufer Verbraucher ist[64] – das Vorliegen einer Garantie.[65] Ist eine über das gesetzliche Gewährleistungsrecht hinausgehende Haftung übernommen worden, so wird das Vorliegen einer (selbständigen) Garantie im Regelfall unproblematisch festzustellen sein, insbesondere wenn Garantiegeber nicht der Verkäufer, sondern ein Dritter ist, wie etwa der Hersteller. **1432**

Besondere Bedeutung kommt jedoch in der Praxis der **Abgrenzung** zwischen der Vereinbarung einer **unselbständigen Garantie** und einer bloßen Beschaffenheitsvereinbarung i. S. d. § 434 Abs. 1 S. 1 BGB (zu letzterer Rdnr. 337 ff.) zu. Zwar kann sich der Verkäufer in beiden Fällen nicht vertraglich von seiner Haftung freizeichnen. Bei einer Garantie ergibt sich dies schon aus § 444 BGB. Aber auch gegenüber einer „bloßen" Beschaffenheitsverein- **1433**

---

[53] BGH, NJW 1981, 2248, 2249; MünchKomm-*Westermann*, § 443 BGB Rdnr. 7; Bamberger/Roth-*Faust*, § 443 BGB Rdnr. 14.
[54] Staudinger/*Matusche-Beckmann*, § 443 BGB Rdnr. 7; Erman-*Grunewald*, § 443 BGB Rdnr. 6; Bamberger/Roth-*Faust*, § 443 BGB Rdnr. 14.
[55] BGH, NJW 1985, 2819, 2820; Staudinger/*Matusche-Beckmann*, § 443 BGB Rdnr. 7.
[56] BGH, NJW 1979, 2036; Staudinger/*Matusche-Beckmann*, § 443 BGB Rdnr. 8; Bamberger/Roth-*Faust*, § 443 BGB Rdnr. 14.
[57] BT-Drucks. 14/6040, S. 240; MünchKomm-*Westermann*, § 443 BGB Rdnr. 7.
[58] Staudinger/*Matusche-Beckmann*, § 443 BGB Rdnr. 9; Palandt-*Weidenkaff*, § 443 BGB Rdnr. 12.
[59] Ausführlich dazu *Heckschen*, NZG 2006, 772 ff.
[60] Palandt-*Weidenkaff*, § 443 BGB Rdnr. 12.
[61] So auch BGH, NJW 2007, 1346, 1348 zur Angabe einer bestimmten Laufleistung beim Gebrauchtwagenkauf.
[62] Staudinger/*Matusche-Beckmann*, § 443 BGB Rdnr. 9.
[63] Palandt-*Weidenkaff*, § 443 BGB Rdnr. 11.
[64] OLG Hamm, NJW-RR 2005, 1220, 1221.
[65] PWW-*Schmidt*, § 443 BGB Rdnr. 15.

barung kann sich der Verkäufer regelmäßig nicht auf vertragliche Freizeichnungen berufen, da andernfalls vertragliche Beschaffenheitsvereinbarungen entwertet würden.[66] Jedoch gibt eine Garantie dem Käufer in der Regel weitergehendere bzw. leichter durchsetzbare Rechte als eine Beschaffenheitsvereinbarung (näher Rdnr. 1436 ff.), weshalb bei der Annahme einer Garantie Zurückhaltung geboten ist.[67] Eine Garantie kann nur dann angenommen werden, wenn den Erklärungen des Verkäufers eindeutig zu entnehmen ist, dass er für das Vorliegen bzw. Nichtvorhandensein der jeweiligen Umstände über die gesetzlichen Regelungen hinaus, also in besonderer Weise – etwa verschuldensunabhängig – einstehen will.[68] Es muss daher ein über die Vereinbarung bloßer Beschaffenheitsanforderungen hinausgehender, **besonderer Bindungs- und Einstandswille** des Verkäufers erkennbar werden.[69] Für dessen Beurteilung ist der objektive Empfängerhorizont des Käufers maßgeblich.[70] Dabei kann allerdings auch besonderen Einzelfallumständen Rechnung getragen werden. So wird beispielsweise bei Erklärungen eines Verkäufers, der **Fachmann** oder selbst **Hersteller** ist, die Annahme eines Einstandswillen im Sinne einer Garantie näherliegen als etwa bei einem Verkauf gebrauchter Sachen durch einen Laien.[71] Das betrifft insbesondere auch den Gebrauchtwagenkauf; hier kommt bei Angaben eines Händlers regelmäßig eine Garantie in Betracht, während dies bei einem privaten Verkäufer nicht der Fall ist.[72]

1434 Bedenken bestehen diesbezüglich angesichts der **Rechtsprechung**, die zum Teil **relativ großzügig das Vorliegen einer Garantie bejaht**.[73] So ist beispielsweise beim Gebrauchtwagenkauf bereits die auf Nachfrage des Käufers erfolgte Angabe einer bestimmten Laufleistung als Garantie für die Richtigkeit dieser Angabe gewertet worden.[74] Darüber hinaus ist – ebenfalls bei einem Gebrauchtwagenkauf unter Privaten – eine kaufvertragliche Formulierung, wonach bestimmte Ersatzteile „fachgerecht erneuert" worden seien, sogar als Garantie für eine „ordnungsgemäße Reparatur" des betreffenden Schadens ausgelegt worden.[75] Auch wird es bereits als allgemeiner Grundsatz angesehen, dass Angaben von Gebrauchtwagenhändlern über technische Daten allgemein als Garantieerklärungen zu werten seien.[76] Eindeutig zu weit geht in diesem Zusammenhang die Annahme, die Beschaffenheitsvereinbarung i. S. d. § 434 Abs. 1 S. 1 BGB habe die frühere Eigenschaftszusicherung „ersetzt".[77] Das würde in der Konsequenz bedeuten, dass den Verkäufer für jede Beschaffenheitsvereinbarung eine verschuldensunabhängige Haftung (§ 276 Abs. 1 S. 1, 2. HS BGB)

---

[66] BGH v. 19.12.2012, Az. VIII ZR 96/12 (Beck RS 2013, 01763); BGH, NJW 2011, 1217, 1218; BGH, NJW 2007, 1346, 1349.

[67] Ähnlich *Reinicke/Tiedtke*, KaufR, Rdnr. 571, 583: strenge Anforderungen an das Vorliegen einer Garantie.

[68] BGH, NJW 2007, 1346, 1348; BGH, NJW 1996, 2027; Erman-*Grunewald*, § 437 BGB Rdnr. 27 f.; Bamberger/Roth-*Unberath*, § 276 BGB Rdnr. 40; Palandt-*Grüneberg*, § 276 BGB Rdnr. 29; *Reinicke/Tiedtke*, KaufR, Rdnr. 571; *Schmidt*, BB 2005, 2763, 2766.

[69] So auch OLG Brandenburg, NJOZ 2009, 819, 820 f.; LG Hanau, NJW-RR 2003, 1561, 1562: Einstufung der Angabe „teilüberholter Motor" als reine Wissenserklärung ohne haftungsrechtliche Folgen.

[70] BGH, NJW 1996, 2027; Erman-*Grunewald*, § 437 BGB Rdnr. 28; *Reinicke/Tiedtke*, KaufR, Rdnr. 571.

[71] BGH, NJW 1988, 1379; BGH, WM 1983, 17; Erman-*Grunewald*, § 437 BGB Rdnr. 28; *Reinicke/Tiedtke*, KaufR, Rdnr. 572.

[72] BGH, NJW 2007, 1346, 1348 f.

[73] Kritisch dazu auch *Reinicke/Tiedtke*, KaufR, Rdnr. 571 ff., 583.

[74] OLG Rostock, NJW 2007, 3290, 3291; OLG Koblenz, NJW 2004, 1670, 1671; wesentlich zurückhaltender KG, NJW-RR 2005, 60, 61 (zur Eigenschaftszusicherung nach altem Recht); anders auch BGH, NJW 2007, 1346, 1348 f., der eine Garantie jedenfalls bei Angaben eines privaten Verkäufers im Rahmen einer Ebay-Versteigerung ablehnt.

[75] OLG Hamm, NJW-RR 2005, 1220, 1221.

[76] LG Kleve, NJW-RR 2005, 422, 422; *Hampel*, JuS 2003, 465, 467.

[77] So OLG Stuttgart, OLG-Report 2005, 93.

träfe, was mit der gesetzlichen Unterscheidung zwischen Beschaffenheitsvereinbarung (§ 434 Abs. 1 S. 1 BGB), Beschaffenheitsgarantie (§ 443 Abs. 1 BGB) und den jeweiligen daran geknüpften, unterschiedlichen Rechtsfolgen nicht zu vereinbaren wäre.[78]

Richtigerweise muss deshalb streng zwischen Beschaffenheitsvereinbarung und Garantie unterschieden werden.[79] Eine Garantie kann nur angenommen werden, wenn der notwendige besondere Einstandswille des Verkäufers klar hervortritt, wenn sich aus der Erklärung also ergibt, dass mehr als nur eine bestimmte Beschaffenheit vereinbart werden soll.[80] Die bloße Angabe etwa von technischen Daten o. ä. kann daher nur als Beschaffenheitsangabe, nicht aber ohne weiteres als Garantie verstanden werden.[81] So hat der BGH zu Recht die Annahme einer Haltbarkeitsgarantie i. S. d. § 443 BGB bei der Bezeichnung eines Gebrauchtwagens als „fahrbereit" abgelehnt.[82] Für die Vertragspraxis empfiehlt es sich gleichwohl, die geschuldeten Anforderungen an die Kaufsache eindeutig als Beschaffenheitsvereinbarung oder als Garantie zu kennzeichnen und insbesondere bei Angaben, für die nicht verschuldensunabhängig gehaftet werden soll, klarzustellen, dass es sich nicht um eine Garantie handelt.[83]

1435

IV. Arten und Inhalt der Garantie

Das Gesetz geht in § 443 Abs. 1, 2 BGB von zwei Garantietypen aus, der **Beschaffenheitsgarantie** einerseits (dazu sogleich Rdnr. 1437 f.) sowie der **Haltbarkeitsgarantie** (Rdnr. 1439 ff.) andererseits. Daneben erwähnt die Norm auch Garantien, die nicht vom Verkäufer, sondern von Dritten abgegeben werden, insbesondere vom Hersteller (Rdnr. 1442). Der materielle Inhalt der jeweiligen Garantie – die sog. **Garantiebedingungen** – ist in erster Linie der jeweiligen Garantieerklärung selbst zu entnehmen, wobei gem. § 443 Abs. 1 BGB auch die in der **„einschlägigen Werbung"** angegebenen Bedingungen eine Rolle spielen können (dazu Rdnr. 1447 ff.). Lassen sich der Garantieerklärung jedoch die dem Käufer gewährten Rechte nicht eindeutig entnehmen, so ist ihr Inhalt anhand der Auslegungsmaßstäbe der §§ 133, 157 BGB – gegebenenfalls auch durch eine ergänzende Vertragsauslegung – zu ermitteln (hierzu Rdnr. 1450 ff.).

1436

1. Beschaffenheitsgarantie

Eine **Beschaffenheitsgarantie soll dem Käufer** für den Fall des Fehlens der garantierten Beschaffenheit **Rechte einräumen, die er nach dem gesetzlichen Gewährleistungssystem nicht hätte**.[84] Insoweit kommt etwa die Begründung von verschuldensunabhängigen Schadensersatzansprüchen in Betracht, aber auch das Zugestehen eines Rücktrittsrechts ohne das Erfordernis einer vorherigen Fristsetzung (§ 323 Abs. 1 BGB) oder für bloß unerhebliche Abweichungen von der garantierten Beschaffenheit (§ 323 Abs. 5 S. 2 BGB).[85] Ebenso denkbar ist die Einräumung einer Garantie für das Bestehen eines Umstands, dessen Fehlen im konkreten Fall keinen Mangel darstellen würde, etwa weil keine entsprechende Beschaffenheitsvereinbarung getroffen wurde und der betreffende Umstand auch nicht im

1437

---

78 So zu Recht auch *Emmert*, NJW 2006, 1765, 1767.
79 *Emmert*, NJW 2006, 1765, 1767; *Schmidt*, BB 2005, 2763, 2766.
80 PWW-*Schmidt*, § 443 BGB Rdnr. 15.
81 BGH, NJW 1981, 1501; BGH, NJW 1974, 1503 zur Bezugnahme auf DIN-Normen; *Reinicke/Tiedtke*, KaufR, Rdnr. 577.
82 BGH, NJW 2007, 759, 761; ebenso OLG Hamm, NJW-RR 2009, 1718, 1719.
83 Für eine solche präzise vertragstechnische Differenzierung auch *Schmidt*, BB 2005, 2763, 2766.
84 MünchKomm-*Westermann*, § 443 BGB Rdnr. 8; Staudinger/*Matusche-Beckmann*, § 443 BGB Rdnr. 17; Erman-*Grunewald*, § 443 BGB Rdnr. 2.
85 Staudinger/*Matusche-Beckmann*, § 443 BGB Rdnr. 17.

Rahmen der üblichen Beschaffenheit i. S. d. § 443 Abs. 1 S. 2 Nr. 2 BGB zu erwarten ist.[86] Das wird in der ab dem **13.06.2014** geltenden Fassung des § 443 Abs. 1 BGB n. F. explizit klargestellt, indem dort betont wird, dass eine Garantie auch für den Fall abgegeben werden kann, dass die Sache **„andere als die Mängelfreiheit betreffende Anforderungen nicht erfüllt".** In der Gesetzesbegründung wird hierzu als Beispiel ein Grundstückskauf erwähnt, bei welchem der Verkäufer dem Käufer den zukünftigen Erlass eines Bebauungsplans zusagt[87]. Auch können **zusätzliche Ansprüche** eingeräumt werden, die im gesetzlichen System überhaupt nicht vorgesehen sind, wie etwa bei einer sog. Mobilitätsgarantie im Falle des Autokaufs,[88] welche das Stellen eines Ersatzwagens während einer erforderlichen Nachbesserung o. ä. enthält.

1438 Der Begriff der **Beschaffenheit** deckt sich hierbei mit demjenigen des § 434 Abs. 1 BGB[89] (vgl. dazu Rdnr. 342 ff.). Hinsichtlich des **Zeitpunkts,** zu dem die garantierte Beschaffenheit vorliegen muss, soll auch bei Beschaffenheitsgarantien in der Regel derjenige des **Gefahrübergangs** maßgeblich sein.[90] Das mag zutreffen, wenn der maßgebliche Zeitpunkt nicht ausdrücklich vereinbart worden ist und deshalb durch Auslegung ermittelt werden muss (dazu Rdnr. 1451 ff.). Davon abgesehen, ist aber nicht einzusehen, warum im Rahmen einer privatautonom vereinbarten Garantie nicht auch die Beschaffenheit zu einem früheren Zeitpunkt – etwa dem des Vertragsschlusses – geregelt werden könnte. Es kann somit **auch ein anderer Zeitpunkt** als relevanter Ausgangspunkt für das Vorliegen der garantierten Beschaffenheit gewählt werden.

2. Haltbarkeitsgarantie

1439 Trotz der anderslautenden Bezeichnung bezieht sich auch eine Haltbarkeitsgarantie auf die Beschaffenheit der Kaufsache. Der **Unterschied zur Beschaffenheitsgarantie** liegt darin, dass nicht lediglich das Vorliegen einer bestimmten Beschaffenheit zu einem fixen Zeitpunkt garantiert wird, sondern das **Fortbestehen dieser Beschaffenheit für einen bestimmten Zeitraum,** nämlich denjenigen der „Haltbarkeit".[91] Damit werden diejenigen Situationen erfasst, in denen ein Mangel erst nach dem Zeitpunkt des Gefahrübergangs auftritt, was nach dem gesetzlichen Gewährleistungssystem keine Käuferrechte auslösen würde[92] (Rdnr. 403 ff.). Hier liegt auch der Unterschied zu der für den Verbrauchsgüterkauf geltenden Beweislastumkehr des § 476 BGB: Während sich der Verkäufer dort von seiner Haftung exkulpieren kann, indem er die Mangelfreiheit der Sache bei Gefahrübergang nachweist (Rdnr. 415 ff.), ist das bei einer Haltbarkeitsgarantie nicht möglich. Bei dieser kommt es nicht darauf an, ob der Mangel bei Gefahrübergang bereits vorhanden oder jedenfalls „angelegt" war, sondern allein darauf, dass er während der garantierten Haltbarkeitsdauer auftritt,[93] wie sich auch aus der Beweislastregel des § 443 Abs. 2 BGB ergibt (näher dazu Rdnr. 1471).

1440 Möglich ist auch die **Kombination von Beschaffenheits- und Haltbarkeitsgarantie,** so etwa wenn das Vorliegen einer bestimmten Eigenschaft der Kaufsache für eine fest-

---

[86] Ähnlich MünchKomm-*Westermann*, § 443 BGB Rdnr. 8; *Reinicke/Tiedtke*, KaufR, Rdnr. 882; a. A. Bamberger/Roth-*Faust*, § 443 BGB Rdnr. 13, wonach über die Mangelhaftigkeit hinausreichende Umstände nicht Gegenstand einer Beschaffenheitsgarantie sein können.

[87] BT-Drucks. 17/12637, S. 68.

[88] Staudinger/*Matusche-Beckmann*, § 443 BGB Rdnr. 17; PWW-*Schmidt*, § 443 BGB Rdnr. 15.

[89] MünchKomm-*Westermann*, § 443 BGB Rdnr. 8; PWW-*Schmidt*, § 443 BGB Rdnr. 15; HK-*Saenger*, § 443 BGB Rdnr. 3.

[90] Bamberger/Roth-*Faust*, § 443 BGB Rdnr. 9; Staudinger/*Matusche-Beckmann*, § 443 BGB Rdnr. 14; Erman-*Grunewald*, § 443 BGB Rdnr. 2; PWW-*Schmidt*, § 443 BGB Rdnr. 15.

[91] OLG Köln, ZGS 2006, 36, 38; Staudinger/*Matusche-Beckmann*, § 443 BGB Rdnr. 14; Erman-*Grunewald*, § 443 BGB Rdnr. 3.

[92] Bamberger/Roth-*Faust*, § 443 BGB Rdnr. 9.

[93] MünchKomm-Westermann, § 443 BGB Rdnr. 9; Staudinger/*Matusche-Beckmann*, § 443 BGB Rdnr. 14; PWW-*Schmidt*, § 443 BGB Rdnr. 17; ähnlich *Reinicke/Tiedtke*, KaufR, Rdnr. 741.

gelegte Dauer garantiert wird.⁹⁴ Der für eine spezifische Dauer gegebenen Garantie ähnlich sind auch solche Garantien, die nicht an einen konkreten Zeitraum, sondern an **andere Umstände** anknüpfen. So kann etwa beim Autokauf die Garantie einer bestimmten Beschaffenheit bzw. Haltbarkeit auch an eine bestimmte, nach Kilometern gemessene Nutzungsdauer oder bei Maschinen an eine in Betriebsstunden angegebene Betriebszeit gebunden werden.⁹⁵

Die auch als **Garantiefrist** bezeichnete Haltbarkeitsdauer darf indessen nicht mit der **Verjährungsfrist** verwechselt werden:⁹⁶ Während die Garantiefrist den Zeitraum festlegt, innerhalb dessen das Auftreten eines Mangels die Rechte des Käufers aus der Garantie auslöst, bezieht sich die Verjährungsfrist auf die Zeitspanne, in der diese Rechte geltend gemacht werden können⁹⁷ (dazu Rdnr. 840 ff.). Aufgrund dieses Unterschieds verstoßen auch Garantiefristen, welche länger als 30 Jahre betragen, nicht gegen § 202 Abs. 2 BGB und können daher wirksam vereinbart werden.⁹⁸

1441

3. Garantien von Dritten

Wie § 443 Abs. 1 BGB ausdrücklich klarstellt, können Garantien auch von Dritten übernommen werden. In der Praxis betrifft dies insbesondere die sog. **Herstellergarantien**, möglich ist aber auch die Übernahme einer Garantie durch Importeure, Zwischenhändler oder sonstige Dritte.⁹⁹ Eine solche Drittgarantie kann ihrem Inhalt nach sowohl eine Beschaffenheits- als auch eine Haltbarkeitsgarantie oder eine Kombination aus beiden Formen sein.¹⁰⁰ Inhaltlich gelten insoweit dieselben Grundsätze wie bei Verkäufergarantien.¹⁰¹ Trotz der zwingenden (Rdnr. 1425) Selbständigkeit einer solchen Garantie – insbesondere hat eine etwaige Unwirksamkeit des Kaufvertrags keinen Einfluss auf die Wirksamkeit der Garantie¹⁰² – kann eine gewisse **Verknüpfung mit dem Kaufvertrag** bestehen. So können sich etwa bei einer inhaltlich nicht näher ausgestalteten Beschaffenheitsgarantie des Herstellers die konkreten Anforderungen an die garantierte Beschaffenheit aus im Kaufvertrag enthaltenen Beschaffenheitsvereinbarungen ergeben.¹⁰³

1442

4. Konkreter Inhalt der Garantie

a) Gestaltungsfreiheit. Welche konkrete Beschaffenheit gegebenenfalls für welche Dauer garantiert werden soll und welche Rechte dem Käufer im Garantiefall zustehen sollen, wird in erster Linie durch den Inhalt der **Garantieerklärung** als solcher festgelegt. § 443 Abs. 1 BGB, wonach dem Käufer „die Rechte aus der Garantie zu den in der Garantieerklärung (…) angegebenen Bedingungen" zustehen, bringt insoweit nur eine Selbstverständlichkeit zum Ausdruck.¹⁰⁴ Insoweit besteht hinsichtlich des Inhalts einer Garantie grundsätzlich volle **Gestaltungsfreiheit**, da es keine Pflicht zur Gewährung einer Garantie gibt.¹⁰⁵

1443

---

⁹⁴ MünchKomm-*Westermann*, § 443 BGB Rdnr. 9; Erman-*Grunewald*, § 443 BGB Rdnr. 4.
⁹⁵ Erman-*Grunewald*, § 443 BGB Rdnr. 10.
⁹⁶ PWW-*Schmidt*, § 443 BGB Rdnr. 18.
⁹⁷ Bamberger/Roth-*Faust*, § 443 BGB Rdnr. 10.
⁹⁸ BGH, NJW 2008, 2995, 2996 f. (zu einer Haltbarkeitsgarantie über 40 Jahre); a. A. OLG Frankfurt a. M., GRUR 2006, 247, 248.
⁹⁹ Erman-*Grunewald*, § 443 BGB Rdnr. 6.
¹⁰⁰ MünchKomm-*Westermann*, § 443 BGB Rdnr. 9.
¹⁰¹ Staudinger/*Matusche-Beckmann*, § 443 BGB Rdnr. 19; Bamberger/Roth-*Faust*, § 443 BGB Rdnr. 33.
¹⁰² Erman-*Grunewald*, § 443 BGB Rdnr. 6; a. A. AnwKomm-*Büdenbender*, § 443 BGB Rdnr. 3; *Reinicke/Tiedtke*, KaufR, Rdnr. 901.
¹⁰³ MünchKomm-*Westermann*, § 443 BGB Rdnr. 9.
¹⁰⁴ PWW-*Schmidt*, § 443 BGB Rdnr. 16: Tautologie.
¹⁰⁵ MünchKomm-*Westermann*, § 443 BGB Rdnr. 11.

1444 So können die vom Garantiegeber gewährten Rechte – sowohl bei Beschaffenheits- als auch bei Haltbarkeitsgarantien – beispielsweise auch unter **Bedingungen** gewährt werden. In der Praxis werden hier häufig **Obliegenheiten des Käufers** festgelegt, die er zur Erhaltung der ihm garantierten Rechte beachten muss, wie etwa eine Mängelrügepflicht, die Vornahme bestimmter Wartungsmaßnahmen durch bestimmte Personen oder ein Ausschluss der Garantierechte bei eigenen Reparaturversuchen des Käufers.[106]

1445 Des weiteren müssen Garantien – entgegen anderslautenden Ansichten[107] – nicht zwingend immer eine **verschuldensunabhängige Haftung** für die betreffende Beschaffenheit beinhalten.[108] Vielmehr ist der konkrete Inhalt der Garantie frei vereinbar, solange er über die sich aus dem gesetzlichen Gewährleistungssystem ergebenden Käuferrechte hinausgeht, da ansonsten eine Garantie schon begrifflich nicht vorliegt.[109] Denkbar ist folglich auch, dass der Garantiegeber dem Käufer Ansprüche einräumt, die von einem Verschulden abhängig sind, aber in anderer Weise das gesetzliche Gewährleistungsrecht erweitern.[110] Richtig ist allerdings, dass sich, soweit eine Beschaffenheitsgarantie keine eindeutigen Angaben zum Verschuldenserfordernis enthält, im Rahmen der Auslegung (Rdnr. 1450 ff.) regelmäßig ergeben wird, dass die Garantie eine verschuldensunabhängige Haftung i.S.d. § 276 Abs. 1 S. 1, 2. HS BGB des Garantiegebers begründen soll.[111]

1446 Bei **Drittgarantien** besteht die Besonderheit, dass die Einräumung von Rücktritts- oder Minderungsrechten grundsätzlich nicht in Frage kommt, weil zwischen Käufer und Garantiegeber kein Kaufvertrag besteht.[112] Inhalt einer von Dritten übernommenen Garantie sind daher regelmäßig auf Schadensersatz, Nachlieferung und/oder Nachbesserung gerichtete Ansprüche. Gleichwohl kann auch hier durch eine Garantie ein wirtschaftliches Äquivalent zum Rücktritt bzw. zur Minderung erreicht werden, indem dem Käufer seitens des Dritten ein Zahlungsanspruch in Höhe des Kaufpreises (Zug-um-Zug gegen Herausgabe der Kaufsache) bzw. in Höhe des Minderungsbetrags eingeräumt wird.[113]

1447 **b) Einschlägige Werbung.** Der Inhalt einer übernommenen Garantie kann sich gem. § 443 Abs. 1 BGB auch aus der „einschlägigen Werbung" ergeben. **Einschlägig** ist die Werbung, wenn sie sich auf die Kaufsache[114] und zudem auf die garantierte Beschaffenheit oder Haltbarkeit bezieht,[115] was nach dem Empfängerhorizont zu beurteilen ist.[116]

1448 Obwohl sich in diesem Zusammenhang eine Parallele zur Sachmängelhaftung des Verkäufers für Werbeaussagen i.S.d. § 434 Abs. 1 S. 3 BGB (dazu Rdnr. 366 ff.) aufdrängt,[117] können die dortigen Prinzipien nicht ohne weiteres auf Garantien übertragen werden.[118] Das gilt in erster Linie in Bezug auf den **Ursprung der Werbeaussagen:** Während im Rah-

---

[106] Staudinger/*Matusche-Beckmann*, § 443 BGB Rdnr. 17; MünchKomm-*Westermann*, § 443 BGB Rdnr. 17; Erman-*Grunewald*, § 443 BGB Rdnr. 10.

[107] Palandt-*Weidenkaff*, § 443 BGB Rdnr. 9; wohl auch Staudinger/*Matusche-Beckmann*, § 443 BGB Rdnr. 20.

[108] BGH, NJW 1991, 1604, 1606 f. (zum alten Recht); MünchKomm-*Westermann*, § 443 BGB Rdnr. 9; PWW-*Schmidt*, § 443 BGB Rdnr. 15, 17.

[109] Staudinger/*Matusche-Beckmann*, § 443 BGB Rdnr. 18.

[110] Ähnlich Bamberger/Roth-*Faust*, § 443 BGB Rdnr. 30.

[111] Bamberger/Roth-*Faust*, § 443 BGB Rdnr. 30; Erman-*Grunewald*, § 443 BGB Rdnr. 2.

[112] Staudinger/*Matusche-Beckmann*, § 443 BGB Rdnr. 21; Palandt-*Weidenkaff*, § 443 BGB Rdnr. 22.

[113] Staudinger/*Matusche-Beckmann*, § 443 BGB Rdnr. 21; Bamberger/Roth-*Faust*, § 443 BGB Rdnr. 34.

[114] Staudinger/*Matusche-Beckmann*, § 443 BGB Rdnr. 38; Palandt-*Weidenkaff*, § 443 BGB Rdnr. 19.

[115] MünchKomm-*Westermann*, § 443 BGB Rdnr. 12; Erman-*Grunewald*, § 443 BGB Rdnr. 12; PWW-*Schmidt*, § 443 BGB Rdnr. 16.

[116] Palandt-*Weidenkaff*, § 443 BGB Rdnr. 19.

[117] Staudinger/*Matusche-Beckmann*, § 443 BGB Rdnr. 35; Bamberger/Roth-*Faust*, § 443 BGB Rdnr. 17.

[118] BT-Drucks. 14/6857, S. 28; MünchKomm-*Westermann*, § 443 BGB Rdnr. 13; Bamberger/Roth-*Faust*, § 443 BGB Rdnr. 17; Erman-*Grunewald*, § 443 BGB Rdnr. 13.

A. Garantien im BGB

men der Sachmängelhaftung der Verkäufer auch für öffentliche Äußerungen des Herstellers oder dessen Gehilfen haftet (vgl. Rdnr. 371 ff.), sind im Rahmen des § 443 Abs. 1 BGB nur solche Äußerungen relevant, die **vom Garantiegeber selbst stammen bzw.** zumindest **von ihm** – etwa über die Einschaltung einer Werbeagentur – **veranlasst sind.**[119] Für den Inhalt einer vom Verkäufer übernommenen Garantie sind daher etwaige Werbeaussagen des Herstellers ohne Bedeutung (und umgekehrt).[120] Etwas anderes kann allenfalls dann gelten, wenn der Garantiegeber sich Äußerungen Dritter **zu eigen macht,** z. B. wenn der Verkäufer Werbematerialien des Herstellers in seinen Verkaufsräumen auslegt.[121] Diese – gegenüber § 434 Abs. 1 S. 3 BGB engere – Sichtweise ergibt sich zum einen daraus, dass § 443 Abs. 1 BGB sowie der dieser Vorschrift zugrunde liegende Art. 6 Abs. 1 der Verbrauchsgüterkaufrichtlinie[122] keinerlei Aussagen über die Haftung für fremde Werbung machen, anders als § 434 Abs. 1 S. 3 BGB und dessen Ursprungsnorm, Art. 2 Abs. 2 der Richtlinie.[123] Daneben steht die Überlegung, dass es dem Hersteller nicht zumutbar wäre, sich über sämtliche Werbeaktivitäten der Händler und etwaige, dort enthaltene Aussagen in Bezug auf von ihm übernommene Garantien unterrichten zu müssen.[124] Umgekehrt soll auch der Händler nicht für sämtliche Herstelleraussagen haften, denen in Bezug auf Händlergarantien Relevanz zukommen könnte.[125] Darüber hinaus legt § 443 Abs. 1 BGB in der ab dem **13.06.2014** geltenden Fassung fest, dass nur solche Werbeaussagen relevant sind, die „vor oder bei Abschluss des Kaufvertrags verfügbar" waren.

Soweit nach diesen Grundsätzen aber für die Bestimmung des Inhalts einer Garantie sowohl die Garantieerklärung als auch dem Garantiegeber zuzurechnende Werbeaussagen maßgeblich sind, kann der Fall auftreten, dass die **Garantieerklärung** und die **Werbeaussagen** sich **inhaltlich widersprechen,** beispielsweise indem sie eine unterschiedlich lange Garantiefrist enthalten. In einer solchen Konstellation wird dem Käufer ein **Wahlrecht** zugestanden, er kann somit nach der sog. Rosinentheorie vorgehen und die jeweils **für ihn günstigste Garantiebedingung** geltend machen.[126]

1449

c) Auslegung. Oft lässt sich der konkrete Inhalt einer Garantie weder der betreffenden Garantieerklärung noch der einschlägigen Werbung entnehmen, so z. B. wenn in der Garantieerklärung lediglich eine nicht näher spezifizierte „zweijährige Garantie" übernommen wird. In derartigen Fällen ist durch Auslegung gem. §§ 133, 157 BGB zu ermitteln, auf **welche Umstände** sich die Garantie beziehen soll (hierzu sogleich Rdnr. 1451 ff.) und **welche Rechte** dem Käufer im Garantiefall zustehen (Rdnr. 1454 ff.). Da hinsichtlich des Inhalts einer Garantie kein dispositives Gesetzesrecht existiert, auf welches zur Lückenfüllung zurückgegriffen werden könnte,[127] kommt hierbei regelmäßig das Institut der **ergänzenden Vertragsauslegung** zur Anwendung.[128] Unter Berücksichtigung des Umstands, dass eine Garantie dem Käufer immer über das gesetzliche Gewährleistungssystem hinausgehende, zu-

1450

---

[119] MünchKomm-*Westermann*, § 443 BGB Rdnr. 13; Bamberger/Roth-*Faust*, § 443 BGB Rdnr. 20.
[120] Bamberger/Roth-*Faust*, § 443 BGB Rdnr. 20.
[121] Bamberger/Roth-*Faust*, § 443 BGB Rdnr. 20; ähnlich Erman-*Grunewald*, § 443 BGB Rdnr. 12, wonach hier die Regeln der Duldungs- und Anscheinsvollmacht entsprechend anzuwenden sind; in diese Richtung auch MünchKomm-*Westermann*, § 443 BGB Rdnr. 13, wonach es ausreicht, wenn der Garant „den Anschein veranlasst hat, er stehe hinter der Werbung".
[122] RL 1999/44/EG, ABl. EG Nr. L 171 v. 07.07.1999.
[123] Darauf hinweisend auch Bamberger/Roth-*Faust*, § 443 BGB Rdnr. 20.
[124] BT-Drucks. 14/6857, S: 28; MünchKomm-*Westermann*, § 443 BGB Rdnr. 13.
[125] Staudinger/*Matusche-Beckmann*, § 443 BGB Rdnr. 34; Bamberger/Roth-*Faust*, § 443 BGB Rdnr. 20.
[126] MünchKomm-*Westermann*, § 443 BGB Rdnr. 14; Staudinger/*Matusche-Beckmann*, § 443 BGB Rdnr. 37; Bamberger/Roth-*Faust*, § 443 BGB Rdnr. 18; Erman-*Grunewald*, § 443 BGB Rdnr. 12.
[127] BT-Drucks. 14/6040, S. 239; MünchKomm-*Westermann*, § 443 BGB Rdnr. 15.
[128] Staudinger/*Matusche-Beckmann*, § 443 BGB Rdnr. 22; Bamberger/Roth-*Faust*, § 443 BGB Rdnr. 22.

sätzliche Rechte gewährt, ist dabei aber eine extensive Auslegung einer Garantieerklärung nicht angebracht, sondern vielmehr Zurückhaltung geboten.[129] Da gleichwohl das Ergebnis dieser Auslegung im Einzelfall naturgemäß mit erheblicher Rechtsunsicherheit verbunden ist, kann für die Praxis nur empfohlen werden, den Inhalt der Garantie in der entsprechenden Erklärung möglichst genau zu fixieren,[130] was bei Verbraucherverträgen schon wegen § 477 BGB (dazu Rdnr. 1473 ff.) obligatorisch ist.

1451 **aa) Bezugspunkt der Garantie.** Sagt die Garantieerklärung nichts darüber aus, welche konkrete Beschaffenheit oder welche sonstigen Umstände garantiert werden sollen, so ist bei einer **Verkäufergarantie** im Zweifel davon auszugehen, dass die Freiheit der Kaufsache von **sämtlichen Sachmängeln** i. S. d. § 434 BGB (dazu Rdnr. 343 ff.) gemeint ist.[131] Bei einer **Herstellergarantie** wird hingegen allgemein eine Beschränkung auf solche Sachmängel befürwortet, die auf dem **Produktionsvorgang** beruhen.[132]

1452 **Rechtsmängel** sollen dagegen von einer nicht konkretisierten Garantie regelmäßig nicht erfasst sein, da sich beim Sachkauf die Garantie typischerweise auf die Sachmängelfreiheit beschränkt[133] bzw. Rechtsmängel den Parteien als Risiko in der Regel weniger bewusst sind.[134]

1453 Bei einer nicht näher spezifizierten **Haltbarkeitsgarantie** wird des weiteren ein Ausschluss der Garantiehaftung für solche **Fehler** befürwortet, auf deren Eintreten der Garantiegeber keinen Einfluss hat, wie etwa Mängel, die durch eine (z. B. unsachgemäße) **Einwirkung seitens des Käufers oder Dritter oder durch Naturereignisse** entstehen.[135] Ob sich ein derartiger Ausschluss aber tatsächlich derart pauschal und als Regelfall aus einer ergänzenden Vertragsauslegung ableiten lässt, erscheint zweifelhaft. Dagegen spricht jedenfalls das Wesen der Haltbarkeitsgarantie, welche gerade für die Dauer der Garantiefrist die Mangelfreiheit der Sache – zunächst einmal unabhängig von den Ursachen eines Mangels – zusichern soll. Richtig ist zwar, dass es eine erhebliche und zudem auch schwer zu überschauende Haftungserweiterung darstellen würde, wenn der Garantiegeber im Rahmen einer Haltbarkeitsgarantie auch für solche von außen verursachten Mängel einstehen soll. Dem kann der Garantiegeber jedoch problemlos begegnen, indem er die in der Garantie gewährten Rechte unter entsprechende Bedingungen bzw. vom Käufer zu beachtende Obliegenheiten stellt, etwa in dem die Garantie daran geknüpft wird, dass Reparatur- oder Wartungsarbeiten nur vom Verkäufer, Hersteller oder von diesen benanntem Personal ausgeführt werden (dazu bereits Rdnr. 1444). Ist eine solche Beschränkung hingegen nicht vereinbart, ist ein Ausschluss für von außen verursachte Mängel jedoch nicht selbstverständlich, da der Inhalt einer Garantie auch gerade dahingehen kann, dass die Kaufsache auch die Behandlung durch nicht sachkundige Käufer bzw. Benutzer aushalten oder sonstigen äußeren Einflüssen widerstehen wird.[136] Im Übrigen kann Fallkonstellationen, in denen der Käufer das Entstehen des Mangels zu vertreten hat, bereits über § 254 BGB begegnet werden. Die Annahme eines generellen Ausschlusses für von außen verursachte Mängel ist also auch bei Haltbarkeitsgarantien nicht geboten.

---

[129] MünchKomm-*Westermann*, § 443 BGB Rdnr. 15.
[130] Ähnlich MünchKomm-*Westermann*, § 443 BGB Rdnr. 16.
[131] Staudinger/*Matusche-Beckmann*, § 443 BGB Rdnr. 22; Bamberger/Roth-*Faust*, § 443 BGB Rdnr. 23; Palandt-*Weidenkaff*, § 443 BGB Rdnr. 17.
[132] MünchKomm-*Westermann*, § 443 BGB Rdnr. 16; Staudinger/*Matusche-Beckmann*, § 443 BGB Rdnr. 22; Palandt-*Weidenkaff*, § 443 BGB Rdnr. 17.
[133] Staudinger/*Matusche-Beckmann*, § 443 BGB Rdnr. 22; Bamberger/Roth-*Faust*, § 443 BGB Rdnr. 23.
[134] MünchKomm-*Westermann*, § 443 BGB Rdnr. 16.
[135] So Staudinger/*Matusche-Beckmann*, § 443 BGB Rdnr. 23; Bamberger/Roth-*Faust*, § 443 BGB Rdnr. 24; Palandt-*Weidenkaff*, § 443 BGB Rdnr. 25.
[136] So zu Recht auch MünchKomm-*Westermann*, § 443 BGB Rdnr. 17.

A. Garantien im BGB

bb) Rechte im Garantiefall. Auch hinsichtlich der Frage, welche Rechte dem Käufer im Garantiefall zustehen, ist, sofern sich dies nicht aus der Garantieerklärung oder der einschlägigen Werbung beantworten lässt, eine ergänzende Vertragsauslegung vorzunehmen.[137] Daran dürfte sich auch durch den Wortlaut der ab dem **13.06.2014** geltenden Fassung des § 434 Abs. 1 BGB nichts ändern, wonach der Garantiegeber „insbesondere die Verpflichtung eingeht, den Kaufpreis zu erstatten, die Sache auszutauschen, nachzubessern oder in ihrem Zusammenhang Dienstleistungen zu erbringen". Dass dieser Katalog nicht abschließend gemeint ist, ergibt sich schon aus der Formulierung „insbesondere". Zudem betont auch die Gesetzesbegründung, dass die Neufassung des § 443 Abs. 1 BGB n.F. „letztlich Ausdruck der Vertragsfreiheit und Vertragsbindung der Parteien" sei und dass die Frage, welche Ansprüche und Rechte des Käufers im Garantiefall bestehen sollen, durch Auslegung der Garantieerklärung zu ermitteln sei[138]. 1454

Danach wird sich bei der Übernahme einer unspezifizierten **Beschaffenheitsgarantie** im Regelfall ergeben, dass dem Käufer im Garantiefall **sämtliche Rechte des § 437 BGB** zustehen, also Nacherfüllung, Rücktritt, Minderung und Schadensersatz.[139] Etwas anderes gilt nur bei Drittgarantien, bei denen direkte Rücktritts- und Minderungsrechte mangels Vorliegen eines Kaufvertrags ausscheiden (dazu bereits Rdnr. 1425). 1455

Dabei gilt jedoch die Beschränkung von Rücktritt und großem Schadensersatz auf erhebliche Mängel (§§ 323 Abs. 5 S. 2, 281 Abs. 1 S. 3 BGB) nicht. Vielmehr wird mit der Vereinbarung einer Garantie zum Ausdruck gebracht, dass die Parteien auf die Mangelfreiheit besonderes Gewicht legen,[140] so dass jeder Mangel als erheblich anzusehen ist.[141] Dasselbe muss auch bei einer **Haltbarkeitsgarantie** gelten, wenn die garantierte Nutzbarkeit bzw. Funktion der Kaufsache unter keinerlei Einschränkung steht.[142] 1456

Eine weitere Abweichung vom gesetzlichen Gewährleistungssystem ergibt sich hinsichtlich der **Verschuldensabhängigkeit** von Schadensersatzansprüchen. Zwar sind auf der Übernahme einer Garantie basierende Schadensersatzansprüche nicht generell verschuldensunabhängig (Rdnr. 1433 ff.), doch wird sich, sofern dies nicht in der Garantieerklärung geregelt ist, aus dem Sinn und Zweck der Garantie sowie aus der ergänzenden Vertragsauslegung in der Regel ein **verschuldensunabhängiger Einstandswille** des Garantiegebers ergeben.[143] 1457

Auslegungsbedürftig kann auch die Angabe einer bestimmten **Garantiefrist** sein. In Betracht kommen hier drei verschiedene Deutungsmöglichkeiten:[144] So kann die Frist einerseits als Haltbarkeitsdauer im Sinne einer **echten Haltbarkeitsgarantie** gemeint sein. In diesem Fall löst jede während der Frist auftretende, negative Abweichung von der garantierten Beschaffenheit die Rechte aus der Garantie aus, für deren Geltendmachung dann die gesetzliche Verjährungsfrist zur Verfügung steht (Rdnr. 1439). Andererseits ist aber auch denkbar, dass mit der Angabe einer Frist nur eine **Verlängerung der gesetzlichen Verjährungsfrist** für die Rechte aus einer Beschaffenheitsgarantie gemeint ist.[145] Ist dies der Fall, müssen die Rechte aus der Garantie innerhalb der jeweils angegebenen Frist auf ver- 1458

---

[137] Staudinger/*Matusche-Beckmann*, § 443 BGB Rdnr. 26; Erman-*Grunewald*, § 443 BGB Rdnr. 12.
[138] BT-Drucks. 17/12637, S. 68.
[139] BT-Drucks. 14/6040, S. 239; Staudinger/*Matusche-Beckmann*, § 443 BGB Rdnr. 26; Bamberger/Roth-*Faust*, § 443 BGB Rdnr. 28; Palandt-*Weidenkaff*, § 443 BGB Rdnr. 22.
[140] BT-Drucks. 14/6040, S. 223; Bamberger/Roth-*Faust*, § 443 BGB Rdnr. 29.
[141] MünchKomm-*Westermann*, § 443 BGB Rdnr. 19.
[142] Wie hier MünchKomm-*Westermann*, § 443 BGB Rdnr. 19; a.A. Bamberger/Roth-*Faust*, § 443 BGB Rdnr. 29, wonach bei Haltbarkeitsgarantien die Erheblichkeitsschwelle zur Geltung kommen soll.
[143] BGH, WM 1977, 365, 366; Bamberger/Roth-*Faust*, § 443 BGB Rdnr. 30; Erman-*Grunewald*, § 443 BGB Rdnr. 2; wohl auch Staudinger/*Matusche-Beckmann*, § 443 BGB Rdnr. 27.
[144] Vgl. Bamberger/Roth-*Faust*, § 443 BGB Rdnr. 24; Staudinger/*Matusche-Beckmann*, § 443 BGB Rdnr. 29.
[145] Staudinger/*Matusche-Beckmann*, § 443 BGB Rdnr. 29; Bamberger/Roth-*Faust*, § 443 BGB Rdnr. 24.

jährungsunterbrechende bzw. -hemmende Weise (§§ 203 ff. BGB) geltend gemacht werden. Drittens kann es sich auch um die Vereinbarung einer **Frist i. S. d. § 476 BGB** handeln.[146] Dann wird, soweit innerhalb der Frist ein Mangel auftritt, widerleglich vermutet, dass er bei Gefahrübergang bereits vorlag (dazu Rdnr. 409 ff.). Ist die jeweilige Erscheinungsform nicht näher spezifiziert und lediglich eine Fristdauer angegeben, so wird im Rahmen einer ergänzenden Vertragsauslegung im Regelfall der Einordnung als **echte Haltbarkeitsgarantie** der Vorrang zu geben sein, da dieses Verständnis dem mutmaßlichen Parteiwillen und dem Verständnis eines objektiven Käufers am nächsten kommt.[147] Aus § 443 Abs. 2 BGB lässt sich dieses Ergebnis allerdings nicht folgern, da dieser das Bestehen einer Haltbarkeitsgarantie gerade voraussetzt[148] (dazu Rdnr. 1471).

1459 Der **Beginn der Garantiefrist** richtet sich, soweit nichts anderes vereinbart ist, entsprechend § 438 Abs. 2 BGB nach der **Übergabe bzw. Ablieferung in der Sache,** wird also im Regelfall mit dem Gefahrübergang zusammenfallen.[149]

V. Rechtsfolgen

1. Verhältnis zum Gewährleistungsrecht

1460 Primäre Rechtsfolge der Übernahme einer Garantie ist das Entstehen der dem Käufer durch die **Garantie gewährten Rechte** im Garantiefall. **Auf** die Existenz und die Durchsetzbarkeit der **gesetzlichen Gewährleistungsrechte** des Käufers hat dies grundsätzlich **keinen Einfluss,** wie durch § 443 Abs. 1 BGB („unbeschadet der gesetzlichen Rechte") klargestellt wird.[150] Der Käufer kann also, soweit die jeweiligen Voraussetzungen vorliegen, neben seinen Rechten aus der Garantie auch ohne weiteres die gesetzlichen Gewährleistungsrechte geltend machen.

2. Grenzen der Garantiehaftung

1461 Unter bestimmten Voraussetzungen ist die gesetzliche Haftung des Verkäufers für Mängel der Kaufsache ausgeschlossen bzw. eingeschränkt (dazu Rdnr. 835 ff.). Diesbezüglich gelten für die Haftung des Verkäufers aufgrund einer Garantie einige Sonderbestimmungen, die in §§ 442 Abs. 1 S. 2, 2. Alt., 444, 445, 2. Alt. BGB geregelt sind.

1462 a) **Kenntnis des Käufers vom Mangel.** § 442 Abs. 1 S. 1 BGB versperrt dem Käufer die gesetzlichen Gewährleistungsrechte, wenn er bei Vertragsschluss Kenntnis des Mangels hatte (näher Rdnr. 835 ff.). Das gleiche gilt nach S. 2 der Vorschrift auch dann, wenn der Käufer den Mangel infolge grober Fahrlässigkeit nicht kannte (Rdnr. 837). Von diesem Grundsatz bestehen gem. § 442 Abs. 1 S. 2 BGB allerdings Ausnahmen für die Fälle des arglistigen Verschweigens des Mangels durch den Verkäufer (dazu Rdnr. 837) und die Übernahme einer Garantie durch den Verkäufer. Hat der Verkäufer also eine **Garantie übernommen,** so kann der Käufer seine **Rechte auch dann geltend machen,** wenn ihm der Mangel **grob fahrlässig unbekannt** geblieben ist.

---

[146] MünchKomm-*Westermann*, § 443 BGB Rdnr. 10, 18; Bamberger/Roth-*Faust*, § 443 BGB Rdnr. 24; *Müller*, ZIP 1981, 707, 713 f.

[147] BGH, NJW 1996, 2504, 2505; BGH, NJW 1979, 645; Staudinger/*Matusche-Beckmann*, § 443 BGB Rdnr. 29; Bamberger/Roth-*Faust*, § 443 BGB Rdnr. 24; Erman-*Grunewald*, § 443 BGB Rdnr. 10.

[148] Bamberger/Roth-*Faust*, § 443 BGB Rdnr. 24, Fn. 41; a. A. *Lorenz/Riehm*, Neues SchuldR, Rdnr. 565.

[149] BT-Drucks. 14/6040, S. 237, 239; Erman-*Grunewald*, § 443 BGB Rdnr. 10; Bamberger/Roth-*Faust*, § 443 BGB Rdnr. 24; a. A. Staudinger/*Matusche-Beckmann*, § 443 BGB Rdnr. 29; Palandt-*Weidenkaff*, § 443 BGB Rdnr. 14, die beide auf den Gefahrübergang i. S. d. §§ 446, 447 BGB abstellen.

[150] Kritisch dazu *Hammen*, NJW 2003, 2588 ff.

A. Garantien im BGB

Das gilt allerdings nicht für den Fall der **positiven Kenntnis** des Mangels: Vielmehr ist 1463 daraus, dass § 442 Abs. 1 S. 2, 2. Alt. BGB eine Ausnahme eben nur für den Fall der grob fahrlässigen Unkenntnis macht, im Umkehrschluss zu folgern, dass die Garantiehaftung des Verkäufers im Falle der positiven Kenntnis des Käufers nach § 442 Abs. 1 S. 1 BGB ausgeschlossen bleibt.[151]

Hintergrund der Ausnahme des § 442 Abs. 1 S. 2, 2. Alt. BGB ist der Gedanke, dass sich 1464 der Käufer, zu dessen Gunsten der Verkäufer eine Garantie übernommen hat, sich auf die Vertragsmäßigkeit der Kaufsache verlassen können soll.[152] Aus diesem Grunde ist er nicht gehalten, zur Vermeidung des Vorwurfs der grob fahrlässigen Unkenntnis des Mangels etwaigen Verdachtsmomenten nachzugehen.[153] Das setzt aber voraus, dass die **Garantie im Zeitpunkt des Vertragsschlusses wirksam erklärt** war[154] (dazu Rdnr. 1429 ff.) und der **konkrete Mangel** auch **durch die betreffende Garantie abgedeckt** war,[155] da ansonsten keine Grundlage für einen Vertrauensschutz besteht. Entscheidend ist, dass die Garantie ihrem Inhalt nach gerade die Abwesenheit dieses Mangels erfassen sollte. In welcher Weise dies geschehen soll, spielt dagegen keine Rolle. Insofern genügt es, wenn der Verkäufer die Mangelfreiheit dadurch garantiert, dass der die Rechte des Käufers in irgendeiner Weise verbessert, sei es durch die Einräumung verschuldensunabhängiger Schadensersatzansprüche,[156] durch die Verlängerung der Verjährungsfrist oder auf andere Weise.[157]

Die Parteien können jedoch im Kaufvertrag bzw. in der Garantievereinbarung von der 1465 Regelung des § 442 BGB abweichen, die Vorschrift ist abdingbar.[158] Eine Ausnahme gilt allerdings im Bereich des Verbrauchsgüterkaufs, hier kann § 442 BGB wegen § 475 Abs. 1 BGB nicht zu Ungunsten des Käufers abgeändert werden.

b) Haftungsbegrenzung bei öffentlichen Versteigerungen. Besonderheiten bestehen 1466 auch im Fall des **Verkaufs** einer Sache **aufgrund** eines **Pfandrechts im Rahmen einer öffentlichen Versteigerung.** Hier schließt § 445 BGB die Einstandspflicht des Pfandgläubigers als Verkäufer für Sach- und Rechtsmängel grundsätzlich aus (siehe Rdnr. 839). Diese Vorschrift wird durch § 806 ZPO noch erweitert für den Verkauf aufgrund eines **Pfändungspfandrechts** sowie durch § 56 S. 3 ZVG für Verkäufe im Rahmen einer **Zwangsversteigerung.** Ausnahmen von diesem Haftungsausschluss gelten nach § 445 BGB aber wiederum dann, wenn der Verkäufer den Mangel arglistig verschwiegen hat oder eine Garantie übernommen hat. Die Vorschrift betrifft **nur öffentliche Pfandversteigerungen** i. S. d. §§ 1235 Abs. 1, 383 Abs. 3 BGB.[159] Erfasst sind daher nur Fälle, in denen Zeit und Ort der Versteigerung öffentlich bekannt gemacht worden sind und die Versteigerung durch einen Gerichtsvollzieher, einen öffentlich bestellten Versteigerer oder zu Versteigerungen befugten anderen Beamten durchgeführt wird. § 445 BGB ist daher bei freihändigen Versteigerungen, Selbsthilfeverkäufen oder Online-Versteigerungen[160] wie z. B. bei der Internet-Plattform Ebay nicht anwendbar, ferner wegen § 474 Abs. 2 BGB auch nicht im Ver-

---

[151] Staudinger/*Matusche-Beckmann*, § 443 BGB Rdnr. 55; Bamberger/Roth-*Faust*, § 443 BGB Rdnr. 27.
[152] Bamberger/Roth-*Faust*, § 443 BGB Rdnr. 27; § 442 BGB Rdnr. 26.
[153] MünchKomm-*Westermann*, § 442 BGB Rdnr. 13; Erman-*Grunewald*, § 442 BGB Rdnr. 16.
[154] MünchKomm-*Westermann*, § 442 BGB Rdnr. 13; Palandt-*Weidenkaff*, § 442 BGB Rdnr. 19.
[155] MünchKomm-*Westermann*, § 442 BGB Rdnr. 13; PWW-*Schmidt*, § 442 BGB Rdnr. 12.
[156] Nach a. A. soll § 442 Abs. 1 S. 2, 2. Alt. BGB nur auf verschuldensunabhängige Garantiezusagen anwendbar sein, so MünchKomm-*Westermann*, § 442 BGB Rdnr. 13; Staudinger/*Matusche-Beckmann*, § 442 BGB Rdnr. 44; *Reinicke/Tiedtke*, KaufR, Rdnr. 607.
[157] So zu Recht Bamberger/Roth-*Faust*, § 443 BGB Rdnr. 27; Palandt-*Weidenkaff*, § 442 BGB Rdnr. 19.
[158] MünchKomm-*Westermann*, § 442 BGB Rdnr. 22; Erman-*Grunewald*, § 442 BGB Rdnr. 25.
[159] BGH, NJW 1986, 836.
[160] MünchKomm-*Westermann*, § 445 BGB Rdnr. 2; Staudinger-*Beckmann*, § 445 BGB Rdnr. 4; PWW-*Schmidt*, § 445 BGB Rdnr. 5; *Cichon/Pighin*, CR 2003, 435, 438 f.

brauchsgüterkauf. Dort ist allerdings § 474 Abs. 1 S. 2 BGB zu beachten: Danach gelten die Regeln des Verbrauchsgüterkaufs nicht beim Verkauf von gebrauchten Sachen in öffentlichen Versteigerungen, an denen der Verbraucher persönlich teilnehmen kann, so dass es hier bei der Geltung des § 445 BGB verbleibt.[161]

1467 **c) Vertragliche Haftungsausschlüsse und -beschränkungen.** Der Verkäufer kann seine Haftung für Sach- und Rechtsmängel grundsätzlich abbedingen oder begrenzen, sofern dabei die u. a. durch §§ 276 Abs. 3, 475, 307 ff. BGB[162] gezogenen Grenzen beachtet werden (dazu Rdnr. 873 ff., 1011 ff.). Darüber hinaus ordnet die Spezialnorm des § 444 BGB die **Unwirksamkeit von Haftungsausschlüssen oder -begrenzungen** an, soweit der **Verkäufer** eine **Garantie übernommen** hat.

1468 Diese Vorschrift enthält im Grunde nur eine besondere Ausprägung des **Verbots des widersprüchlichen Verhaltens:** Der Verkäufer soll nicht einerseits bestimmte Eigenschaften der Kaufsache garantieren, sich andererseits aber der Haftung aus dieser Garantie unter Verweis auf vertragliche – etwa in AGB enthaltene – Haftungsausschlüsse oder -begrenzungen wieder entziehen und somit die Garantie entwerten können.[163] Der BGH hat diesen Gedanken sogar auf reine Beschaffenheitsvereinbarungen i. S. v. § 434 Abs. 1 Nr. 1 BGB erstreckt.[164]

1469 Sofern also der Verkäufer eine wirksame[165] Garantie übernommen hat, kann er sich hinsichtlich der daraus folgenden Haftung nicht auf etwaige vertragliche Haftungsausschlüsse oder -begrenzungen berufen. Diese Regelung hat nach ihrer Einführung im Rahmen der Schuldrechtsmodernisierung zu einem Streit darüber geführt, ob die – insbesondere bei Unternehmenskäufen verbreiteten – sog. **beschränkten Garantien** noch zulässig seien.[166] Bei beschränkten Garantien wird beispielsweise die Richtigkeit eines Jahresabschlusses oder das Vorhandensein eines bestimmten Warenbestands garantiert, gleichzeitig aber die Wirkung dieser Garantie begrenzt, etwa durch summenmäßige oder zeitliche Haftungsbeschränkungen oder durch den Ausschluss bestimmter Rechtsbehelfe wie insbesondere der Rückabwicklung des Vertrags.[167] Der ursprüngliche, insoweit missverständliche Wortlaut des § 444 BGB schien derartige Konstruktionen auszuschließen, so dass der Garantiegeber keinerlei Einschränkungen seiner Haftung mehr hätte vereinbaren können.[168] Dem wurde jedoch zu Recht entgegengehalten, dass der Verkäufer nicht zur Abgabe einer Garantie verpflichtet ist. Dann müsse es aber auch selbstverständlich möglich sein, beschränkte Garantien zu erteilen, sei es, dass von ihr nur bestimmte Beschaffenheitsmerkmale des Kaufsache erfasst werden, sei es, dass die Bedeutung der Garantie auf der Rechtsfolgenseite eingeschränkt wird. § 444 BGB besage nur, dass in dem Umfang, in dem bestimmte Erklärungen des Verkäufers als eine Garantie in dem oben genannten Sinn verstanden werden, eine Beschränkung unzulässig ist. Deshalb könne eine Garantie, die von vornherein nur in beschränktem

---

[161] Staudinger-Beckmann, § 445 BGB Rdnr. 6.
[162] So erachtet der BGH z. B. Inspektions- und Reparaturbindungsklauseln in formularmäßigen Gebrauchtwagenreparaturverträgen als unangemessen benachteiligend i. S. d. § 307 BGB und damit als unwirksam, vgl. BGH v. 25.09.2013, Az. III ZR 206/12; BGH, NJW 2009, 3714, 3715 f.; BGH, NJW 2011, 3510, 3512 ff.; siehe dazu auch BGH, NJW 2008, 843, 844 f., sowie *Steimle/Dornieden*, NJW 2009, 1039 ff.
[163] Erman-*Grunewald*, § 444 BGB Rdnr. 11; Stellungnahme des BMJ, AnwBl 2003, 536, 537; *Müller*, NJW 2002, 1026; *Triebel/Hölzle*, BB 2002, 521 530; gegen dieses Verständnis Staudinger/*Matusche-Beckmann*, § 444 BGB Rdnr. 52.
[164] BGH, NJW 2007, 1346, 1349 m. krit. Anm. *Gutzeit*.
[165] Staudinger/*Matusche-Beckmann*, § 444 BGB Rdnr. 51.
[166] Eingehend dazu *Müller*, NJW 2002, 1026 ff.
[167] MünchKomm-*Westermann*, § 444 BGB Rdnr. 13; Bamberger/Roth-*Faust*, § 444 BGB Rdnr. 18; *Müller*, NJW 2002, 1026; *Raschke/Reiche*, NZG 2002, 256, 257.
[168] So etwa *v. Gierke/Paschen*, GmbHR 2002, 457, 459 f.; *Graf v. Westphalen*, BB 2002, 209, 210; ders., ZIP 2001, 2107; *Hermanns*, ZIP 2002, 696, 697.

A. Garantien im BGB

Umfang erteilt wird, nicht, auch nicht nach Auslegung gemäß §§ 133, 157 BGB von einem Käufer in einem unbeschränkten Sinn verstanden werden.[169] Nunmehr hat die in der Praxis entstandene Rechtsunsicherheit dazu geführt, dass der Gesetzgeber den Wortlaut des § 444 BGB geändert und mit der Formulierung „**soweit** er (…) eine Garantie (…) übernommen hat" klargestellt hat, dass gleichsam als Inhalt der Garantieerklärung selbst vom Verkäufer gegebene **Beschränkungen** auch weiterhin ohne weiteres **möglich und zulässig** sind.[170]

VI. Beweislast

Welche Partei im Zusammenhang mit einer Garantie bzw. im Garantiefall welche Umstände darzulegen und zu beweisen hat, **kann** prinzipiell ebenfalls im Rahmen der Garantievereinbarung **frei vereinbart werden**.[171] Trifft jedoch die Garantieerklärung keine Aussage über die Beweislastverteilung, so gelten die folgenden, allgemeinen Grundsätze: **1470**

Macht der **Käufer** Rechte aus einer Garantie geltend, so hat er das wirksame **Zustandekommen der Garantie** und deren von ihm behaupteten **Inhalt** darzulegen und zu beweisen.[172] Darüber hinaus obliegt ihm, wenn er die Sache als Erfüllung angenommen hat, gem. § 363 BGB auch die Beweislast für den Eintritt des **Garantiefalls,** also dafür, dass ein Mangel vorliegt, der von der Garantie umfasst ist.[173] Das gilt trotz § 443 Abs. 2 BGB auch bei Haltbarkeitsgarantien:[174] Nach § 443 Abs. 2 BGB wird lediglich vermutet, dass ein aufgetretener Mangel eine Auswirkung des anfänglichen Zustands der Sache ist, also die Rechte aus der Garantie auslöst.[175] Will der **Verkäufer** sich dagegen wehren, muss er also seinerseits darlegen und beweisen, dass der Käufer die Ware unsachgemäß behandelt hat, dass sie durch einen Eingriff von außen beschädigt worden ist oder dass der Käufer gegen etwaige in der Garantie festgelegt Bedingungen oder Obliegenheiten verstoßen hat,[176] sofern in diesen Fällen die **Garantiehaftung ausgeschlossen** ist. Allein der Beweis einer technisch einwandfreien Herstellung kann den Verkäufer dagegen nicht entlasten.[177] An der den Käufer treffenden Beweislast für das Auftreten eines Mangels innerhalb der Garantiefrist ändert die Vorschrift dagegen nichts.[178] Die Parteien können die dispositive Vorschrift des § 443 Abs. 2 BGB aber ebenfalls abbedingen und durch andere Regelungen ersetzen.[179] Bei entsprechenden AGB-Vereinbarungen sind insoweit aber die Grenzen des § 309 Nr. 12 BGB zu beachten.   **1471**

---

[169] So Staudinger/*Matusche-Beckmann,* § 444 BGB Rdnr. 53; MünchKomm-*Westermann,* § 444 BGB Rdnr. 13; Stellungnahme des BMJ, AnwBl 2003, 536, 537; *Schmidt-Räntsch,* AnwBl 2003, 529, 534; *Müller,* NJW 2002, 1026, 1026.

[170] Art. 1, Ziff. 6 des FernAbsÄndG v. 2.12. 2004, BGBl I, S. 3102; dazu etwa *Klein-Blenkers,* NZG 2006, 245; siehe auch die Darstellung bei MünchKomm-*Westermann,* § 444 BGB Rdnr. 13 ff.

[171] MünchKomm-*Westermann,* § 443 BGB Rdnr. 23; Erman-*Grunewald,* § 443 BGB Rdnr. 17.

[172] Palandt-*Weidenkaff,* § 443 BGB Rdnr. 24; PWW-*Schmidt,* § 443 BGB Rdnr. 20.

[173] MünchKomm-*Westermann,* § 443 BGB Rdnr. 23; Staudinger/*Matusche-Beckmann,* § 443 BGB Rdnr. 24, 49; PWW-*Schmidt,* § 443 BGB Rdnr. 20.

[174] Staudinger/*Matusche-Beckmann,* § 443 BGB Rdnr. 48.

[175] MünchKomm-*Westermann,* § 443 BGB Rdnr. 23; Erman-*Grunewald,* § 443 BGB Rdnr. 17.

[176] BT-Drucks. 14/6040, S.239; Staudinger/*Matusche-Beckmann,* § 443 BGB Rdnr. 28, 48; MünchKomm-*Westermann,* § 443 BGB Rdnr. 23; Bamberger/Roth-*Faust,* § 443 BGB Rdnr. 26, 32; Erman-*Grunewald,* § 443 BGB Rdnr. 17; ebenso zum alten Recht BGH, NJW 1996, 2504, 2506; BGH, NJW 1995, 516, 517.

[177] Staudinger/*Matusche-Beckmann,* § 443 BGB Rdnr. 25; Bamberger/Roth-*Faust,* § 443 BGB Rdnr. 26; Erman-*Grunewald,* § 443 BGB Rdnr. 17.

[178] Staudinger/*Matusche-Beckmann,* § 443 BGB Rdnr. 25; Bamberger/Roth-*Faust,* § 443 BGB Rdnr. 26; Erman-*Grunewald,* § 443 BGB Rdnr. 17; Palandt-*Weidenkaff,* § 443 BGB Rdnr. 24.

[179] Staudinger/*Matusche-Beckmann,* § 443 BGB Rdnr. 25.

8. Kapitel. Garantien

1472 Diese Beweislastverteilung gilt **auch im Verbrauchsgüterkauf,** da § 476 BGB nur die gesetzlichen Gewährleistungsrechte erfasst und daher auf Rechte aus einer Garantie nicht anwendbar ist.[180]

VII. Besondere Transparenzanforderungen im Verbrauchsgüterkauf

1473 Sofern der Kaufvertrag als Verbrauchsgüterkauf einzuordnen ist und somit den §§ 474 ff. BGB unterfällt (dazu Rdnr. 96 ff.), stellt § 477 BGB besondere formelle Anforderungen an die Ausgestaltung einer Garantieerklärung auf. Damit sollen durch intransparente Erklärungen bewirkte Irreführungen des Verbrauchers verhindert[181] und dieser in die Lage versetzt werden, seine Rechte aus der Garantie schnell und effektiv geltend zu machen.[182] Insbesondere soll dem oft zu beobachtenden Missstand abgeholfen werden, dass die ohnehin bestehenden und unabdingbaren gesetzlichen Gewährleistungsrechte als „Garantie" bezeichnet werden und dadurch der Eindruck einer besonderen Kulanz des Verkäufers hervorgerufen wird.[183] Hierzu schreibt § 477 Abs. 1 S. 1 BGB vor, dass die **Garantieerklärung „einfach und verständlich" abgefasst** sein muss (dazu sogleich Rdnr. 1475 ff.). § 477 Abs. 1 S. 2 BGB enthält sodann einen Katalog von **Mindestangaben,** die in der Garantieerklärung enthalten sein müssen (hierzu Rdnr. 1478 ff.). Abs. 2 der Vorschrift räumt darüber hinaus dem Käufer einen Anspruch auf **Übergabe der Garantieerklärung in Textform** ein (Rdnr. 1482), während Abs. 3 eine Klarstellung hinsichtlich der Rechtsfolgen eines Verstoßes gegen die Abs. 1 und 2 beinhaltet (Rdnr. 1483 ff.).

1. Anwendungsbereich

1474 Ebenso wie §§ 443, 444 BGB ist auch die – gem. § 475 Abs. 1 BGB unabdingbare – Vorschrift des § 477 BGB **auf alle Erscheinungsformen der Garantie anwendbar**[184] (dazu bereits Rdnr. 1427). Die Vorschrift erfasst des weiteren auch von Dritten übernommene Garantien, insbesondere Herstellergarantien. Das muss im Wege der Analogie selbst dann gelten, wenn zwar der Dritte als Garantiegeber, nicht aber der Verkäufer die Voraussetzungen der Unternehmereigenschaft (§ 14 BGB) erfüllt und somit § 477 BGB mangels Vorliegens eines Verbrauchsgüterkaufvertrags nicht direkt anwendbar ist.[185] In der Praxis betrifft dies insbesondere solche Konstellationen, in denen ein Verbraucher innerhalb der Garantiezeit einer Herstellergarantie die Sache an einen anderen Verbraucher weiterveräußert. Maßgeblich ist nach dem Sinn und Zweck der Vorschrift allein die **Unternehmereigenschaft des Garantiegebers.**

2. Einfache und verständliche Garantieerklärung

1475 Das in § 477 Abs. 1 S. 1 BGB normierte Gebot der Einfachheit und Verständlichkeit betrifft **sämtliche Angaben in der Garantieerklärung,** insbesondere auch die nach S. 2 vorgeschriebenen Pflichtangaben.[186] Diesbezüglich kann auf die zum Transparenzgebot des § 307

---

[180] MünchKomm-*Westermann,* § 443 BGB Rdnr. 23; Staudinger/*Matusche-Beckmann,* § 443 BGB Rdnr. 49; Bamberger/Roth-*Faust,* § 443 BGB Rdnr. 26.
[181] BT-Drucks. 14/6040, S. 246; Palandt-*Weidenkaff,* § 477 BGB Rdnr. 2; *Reinicke/Tiedtke,* KaufR, Rdnr. 742.
[182] Bamberger/Roth-*Faust,* § 477 BGB Rdnr. 1.
[183] BT-Drucks. 14/6040, S. 81; Staudinger/*Matusche-Beckmann,* § 477 BGB Rdnr. 5.
[184] OLG Hamburg, MMR 2010, 400, 401; Staudinger/*Matusche-Beckmann,* § 477 BGB Rdnr. 7; MünchKomm-*Lorenz,* § 477 BGB Rdnr. 3.
[185] Staudinger/*Matusche-Beckmann,* § 477 BGB Rdnr. 8; Bamberger/Roth-*Faust,* § 477 BGB Rdnr. 3; wohl auch Erman-*Grunewald,* § 477 BGB Rdnr. 1.
[186] MünchKomm-*Lorenz,* § 477 BGB Rdnr. 4; Palandt-*Weidenkaff,* § 477 BGB Rdnr. 5, 8.

Abs. 1 S. 2 BGB entwickelten Kriterien abgestellt werden,[187] zumal diese Vorschrift wegen § 310 Abs. 3 Nr. 2 BGB auf im Rahmen eines Verbrauchsgüterkaufs erteilte Garantieerklärungen ohnehin zumeist direkt anwendbar sein wird.[188]

Ob eine bestimmte Garantieerklärung **einfach und verständlich** ist, ist aus der Sicht des jeweiligen durchschnittlichen Adressatenkreises zu bestimmen.[189] Die Anforderungen sind demnach variabel. Eine Intransparenz kann sich beispielsweise aus einem verwirrenden Satzbau,[190] verklausulierten Beschreibungen[191] oder der übermäßigen Verwendung von Fremd- oder Fachwörtern[192] ergeben. Hinsichtlich der **Sprache** muss die Garantieerklärung grundsätzlich in derjenigen des Verkaufsortes abgefasst sein, wobei teilweise eine Abfassung in englischer Sprache für ausreichend gehalten wird, sofern dies nach dem Empfängerhorizont üblich ist, wie beispielsweise bei Computern o. ä.[193] Dem wird jedoch zu Recht entgegnet, dass dies allenfalls bei bestimmten Produkten üblicherweise verwendete Fachausdrücke betreffen kann, dagegen aber der Inhalt der Garantie im Übrigen, insbesondere die Darstellung der Rechte des Käufers, allgemein verständlich nur in der jeweiligen Landessprache wiedergegeben werden können.[194] In jedem Fall muss die Erklärung so formuliert sein, dass ein durchschnittlicher Verbraucher ihre Voraussetzungen, Inhalt und Reichweite **ohne weiteres verstehen kann**.[195]

1476

Des weiteren muss die Garantieerklärung nicht nur hinsichtlich der im Rahmen der Garantie gewährten, zusätzlichen Rechte **klar und eindeutig** sein, sondern sie darf **auch hinsichtlich der daneben bestehenden gesetzlichen Rechte** des Käufers zu keinen Missverständnissen führen.[196] So ist nach § 477 Abs. 1 BGB insbesondere eine Garantieerklärung unzulässig, die inhaltlich überhaupt nicht über die gesetzlichen Rechte hinausgeht, weil damit der Eindruck einer besonderen Kulanz des Garantiegebers erweckt würde, während in Wirklichkeit überhaupt keine „Garantie" vorliegt.[197]

1477

3. Pflichtangaben

Solche und ähnliche Irreführungen des Verbrauchers sollen auch durch die in § 477 Abs. 1 S. 2 festgelegten Pflichtangaben vermieden werden:

1478

Hierzu regelt § 477 Abs. 1 S. 2 Nr. 1 BGB zunächst ausdrücklich, dass die Garantieerklärung zwingend einen **Hinweis auf die gesetzlichen Rechte** enthalten und darauf hinweisen muss, dass diese durch die Garantie nicht eingeschränkt werden. Dadurch soll der Verbraucher klar erkennen können, dass die Garantie nicht etwa die gesetzlichen Rechte verdrängt, sondern diese lediglich verbessert bzw. erweitert.[198] Es genügt aber, dass der Käu-

1479

---

[187] BT-Drucks. 14/6040, S. 246; Bamberger/Roth-*Faust*, § 477 BGB Rdnr. 4.
[188] Ähnlich Staudinger/*Matusche-Beckmann*, § 477 BGB Rdnr. 37 für die Verwendung standardisierter Garantiekarten; MünchKomm-*Lorenz*, § 477 BGB Rdnr. 16; Erman-*Grunewald*, § 477 BGB Rdnr. 2.
[189] BT-Drucks. 14/6040, S. 246; MünchKomm-*Lorenz*, § 477 BGB Rdnr. 5; PWW-*Schmidt*, § 477 BGB Rdnr. 3; Palandt-*Weidenkaff*, § 477 BGB Rdnr. 6.
[190] Staudinger/*Matusche-Beckmann*, § 477 BGB Rdnr. 11; Palandt-*Weidenkaff*, § 477 BGB Rdnr. 7.
[191] Palandt-*Weidenkaff*, § 477 BGB Rdnr. 5.
[192] Staudinger/*Matusche-Beckmann*, § 477 BGB Rdnr. 17; Erman-*Grunewald*, § 477 BGB Rdnr. 2.
[193] So auch die Regierungsbegründung, BT-Drucks. 14/6040, S. 246; Palandt-*Weidenkaff*, § 477 BGB Rdnr. 6; Bamberger/Roth-*Faust*, § 477 BGB Rdnr. 5.
[194] Staudinger/*Matusche-Beckmann*, § 477 BGB Rdnr. 14; Erman-*Grunewald*, § 477 BGB Rdnr. 2; PWW-*Schmidt*, § 477 BGB Rdnr. 3.
[195] MünchKomm-*Lorenz*, § 477 BGB Rdnr. 5; nicht ausreichend ist daher etwa die nicht weiter konkretisierte Angabe „zwei Jahre Garantie", OLG Hamm v. 17.11.2009, Az. 4 U 148/09 (Beck RS 2009, 89544).
[196] Bamberger/Roth-*Faust*, § 477 BGB Rdnr. 6.
[197] BT-Drucks. 14/6040, S. 81; Bamberger/Roth-*Faust*, § 477 BGB Rdnr. 8.
[198] BT-Drucks. 14/6040, S. 246.

fer auf die Existenz gesetzlicher Rechte und deren Unberührtbleiben durch die Garantie hingewiesen wird. Dagegen muss er nicht darüber belehrt werden, welche Rechte dies im Einzelnen sind. Die gegenteilige Annahme[199] würde zu der nicht begründbaren Situation führen, dass der Käufer, dem eine Garantie erteilt wird, über seine gesetzlichen Rechte aufgeklärt werden muss, bei Verkäufen ohne Garantie dagegen nicht.[200]

1480 Nach § 477 Abs. 1 S. 2 Nr. 2 BGB muss die Garantieerklärung des weiteren den **Inhalt der Garantie** sowie alle wesentlichen **Angaben, die für die Geltendmachung** der Garantierechte **erforderlich** sind, enthalten. Aus der Garantieerklärung muss also deutlich werden, wofür der Garantiegeber eine besondere, über das Gewährleistungsrecht hinausgehende Haftung übernehmen will,[201] und welche Rechte sich im Garantiefall daraus für den Käufer ergeben.[202] Dazu gehört insbesondere auch die Angabe von etwaigen Bedingungen, unter denen diese Rechte stehen[203] (dazu Rdnr. 1444).

1481 Für die Geltendmachung der Rechte aus der Garantie „erforderlich" ist, wie in § 477 Abs. 1 S. 2 Nr. 2 BGB ausdrücklich aufgeführt, insbesondere die Kenntnis der Dauer der Garantiefrist, des räumlichen Geltungsbereichs der Garantie sowie einer zustellfähigen[204] Adresse des Garantiegebers, also von dessen Name und postalischer Anschrift. Auch diese **Angaben müssen** daher **in** der **Garantieerklärung enthalten** sein. Hinsichtlich der Garantiefrist genügt jedoch nicht deren bloße zeitliche Dauer, sondern es muss auch der Zeitpunkt des Fristbeginns angegeben werden, da nur so dem Verbraucher eine genaue Berechnung des Garantiezeitraums möglich ist.[205] Des weiteren muss der Käufer darüber informiert werden, auf welche Weise er die Rechte aus der Garantie geltend zu machen hat, sofern hierfür bestimmte Vorgaben bestehen, etwa ein Schriftformerfordernis oder die Voraussetzung des Einschickens einer Garantiekarte.[206]

4. Form

1482 Die Garantieerklärung unterliegt grundsätzlich keinem Formerfordernis. Ausnahmen hiervon bestehen nur dann, wenn auch der Kaufvertrag selbst formbedürftig ist, etwa gem. § 311 b Abs. 1, 3 BGB (dazu Rdnr. 153 ff.). § 477 Abs. 2 BGB räumt dem Käufer eines Verbrauchsgüterkaufvertrags jedoch einen Anspruch auf Aushändigung der Garantieerklärung in der Textform des § 126 b BGB (hierzu bereits Rdnr. 180 f.) ein. Das erfordert zwar keine eigenhändige Unterschrift des Garantiegebers, die Erklärung muss aber in einem Dokument oder auf andere, **zur dauerhaften Wiedergabe von Schriftzeichen geeignete Weise** (Diskette, CD-Rom etc.) abgegeben werden. Hierfür genügt etwa auch eine Übersendung per E-Mail oder Computerfax,[207] nicht aber allein das Einstellen der Erklärung auf einer Internetseite des Garantiegebers.[208] Damit soll es dem Verbraucher ermöglicht wer-

---

[199] Palandt-*Weidenkaff*, § 477 BGB Rdnr. 8: Aufzählung der Rechte des § 437 BGB; ähnlich Jauernig-*Berger*, § 477 BGB Rdnr. 3; wohl auch Erman-*Grunewald*, § 477 BGB Rdnr. 3.
[200] Wie hier Staudinger/*Matusche-Beckmann*, § 477 BGB Rdnr. 22; MünchKomm-*Lorenz*, § 477 BGB Rdnr. 6. Bamberger/Roth-*Faust*, § 477 BGB Rdnr. 7.
[201] MünchKomm-*Lorenz*, § 477 BGB Rdnr. 7; PWW-*Schmidt*, § 477 BGB Rdnr. 5.
[202] Bamberger/Roth-*Faust*, § 477 BGB Rdnr. 9; Erman-*Grunewald*, § 477 BGB Rdnr. 4.
[203] Staudinger/*Matusche-Beckmann*, § 477 BGB Rdnr. 24; Bamberger/Roth-*Faust*, § 477 BGB Rdnr. 9.
[204] Bamberger/Roth-*Faust*, § 477 BGB Rdnr. 9; Palandt-*Weidenkaff*, § 477 BGB Rdnr. 12.
[205] Staudinger/*Matusche-Beckmann*, § 477 BGB Rdnr. 25; Palandt-*Weidenkaff*, § 477 BGB Rdnr. 11.
[206] Bamberger/Roth-*Faust*, § 477 BGB Rdnr. 9; Palandt-*Weidenkaff*, § 477 BGB Rdnr. 10.
[207] Staudinger/*Matusche-Beckmann*, § 477 BGB Rdnr. 28; Bamberger/Roth-*Wendtland*, § 126 b BGB Rdnr. 3; Palandt-*Ellenberger*, § 126 b BGB Rdnr. 3.
[208] So für die ebenfalls der Textform unterliegende Widerrufsbelehrung bei Fernabsatzverträgen: OLG Hamburg v. 24.08.2006, Az. 3 U 103/06 (juris); KG, NJW 2006, 3215, 3216; LG Kleve, NJW-RR 2003, 196; Staudinger/*Matusche-Beckmann*, § 477 BGB Rdnr. 29; Palandt-*Ellenberger*, § 126 b BGB Rdnr. 3; a. A. wohl Bamberger/Roth-*Wendtland*, § 126 b BGB Rdnr. 5; vgl. dazu bereits Rdnr. 147.

A. Garantien im BGB

den, sich auch nach Vertragsschluss über den Inhalt der Garantie informieren zu können. Zudem soll ihm der Beweis der Vereinbarung einer Garantie sowie deren Inhalts erleichtert werden.[209] Diesen Anspruch muss der Verbraucher jedoch geltend machen, eine Mitteilung in Textform muss nur auf sein Verlangen hin ausgehändigt werden, also nicht unaufgefordert.[210]

5. Rechtsfolgen

§ 477 Abs. 3 BGB regelt, dass eine **Garantie auch bei einem Verstoß** des Garantiegebers **gegen die Transparenzanforderungen** des § 477 Abs. 1 BGB oder gegen § 477 Abs. 2 BGB wirksam bleibt. Ein anderes Ergebnis wäre auch sinnwidrig, da dann eine Pflichtverletzung des Garantiegebers zu einer Schlechterstellung des Verbrauchers führen würde. Der intendierte Verbraucherschutz gebietet es jedoch, dem Verbraucher die Rechte aus der Garantie auch dann zuzugestehen, wenn die Garantieerklärung intransparent ist.[211] 1483

Das bedeutet indessen nicht, dass Verstöße gegen § 477 Abs. 1, 2 BGB vollkommen sanktionslos bleiben. Die **Rechtsfolgen** eines solchen **Verstoßes** ergeben sich vielmehr **aus dem allgemeinen Recht:**[212] 1484

Insoweit kann die Intransparenz einer Garantieerklärung in erster Linie bei der dann notwendigen **Auslegung** berücksichtigt werden. Soweit die Garantie als Allgemeine Geschäftsbedingung einzuordnen ist – was wegen § 310 Abs. 3 Nr. 2 BGB ohnehin der Regelfall sein wird[213] – ergibt sich bereits aus § 305 c Abs. 2 BGB, dass Unklarheiten und intransparente Inhalt **zu Lasten des Garantiegebers** als Verwender gehen.[214] Ein entsprechender Grundsatz der **verbraucherfreundlichen Auslegung** gilt darüber hinaus aber auch **außerhalb des AGB-Rechts:**[215] Hier ist § 305 c Abs. 2 BGB entgegen anderslautender Andeutungen[216] zwar nicht anwendbar,[217] doch ist zu beachten, dass die § 477 BGB zugrundeliegende Formulierung in Art. 6 Abs. 2 der Verbrauchsgüterkaufrichtlinie[218] wörtlich dem Transparenzgebot des Art. 5 der AGB-Richtlinie[219] entspricht. Somit ist im Rahmen einer richtlininenkonformen Auslegung auch die dort vorgesehene und in § 305 c Abs. 2 BGB umgesetzte Sanktion, wonach Unklarheiten zu Lasten des Verwenders gehen, auf Art. 6 Abs. 2 der Verbrauchsgüterkaufrichtlinie und somit auch auf § 477 BGB zu übertragen.[220] Intransparente Garantieerklärungen sind folglich unabhängig davon, ob es sich um eine AGB handelt oder nicht, zu Lasten des Garantiegebers und **zu Gunsten des Verbrauchers auszulegen.** 1485

Des weiteren bleibt es dem Verbraucher auch unbenommen, die **Erfüllung** der in § 477 Abs. 1, 2 BGB normierten **Pflichten des Garantiegebers geltend** zu **machen,**[221] also die Übergabe einer den Transparenzanforderungen des § 477 Abs. 1 BGB genügenden Erklärung in der Textform der §§ 477 Abs. 2, 126 b BGB verlangen. Das kann beispielsweise 1486

---

[209] Staudinger/*Matusche-Beckmann*, § 477 BGB Rdnr. 28; Palandt-*Weidenkaff*, § 477 BGB Rdnr. 2, 4.
[210] MünchKomm-*Lorenz*, § 477 BGB Rdnr. 9; Bamberger/Roth-*Faust*, § 477 BGB Rdnr. 10.
[211] BT-Drucks. 14/6040, S. 246; MünchKomm-*Lorenz*, § 477 BGB Rdnr. 10.
[212] HK-*Saenger*, § 477 BGB Rdnr. 4.
[213] Staudinger/*Matusche-Beckmann*, § 477 BGB Rdnr. 37; MünchKomm-*Lorenz*, § 477 BGB Rdnr. 16; Erman-*Grunewald*, § 477 BGB Rdnr. 2.
[214] Staudinger/*Matusche-Beckmann*, § 477 BGB Rdnr. 37; Erman-*Grunewald*, § 477 BGB Rdnr. 2.
[215] MünchKomm-*Lorenz*, § 477 BGB Rdnr. 11; Staudinger/*Matusche-Beckmann*, § 477 BGB Rdnr. 37; PWW-*Schmidt*, § 477 BGB Rdnr. 7.
[216] BT-Drucks. 14/6040, S. 246 spricht allgemein von der „Anwendung der Unklarheitenregel des § 305 c Abs. 2 BGB"; ähnlich Bamberger/Roth-*Faust*, § 477 BGB Rdnr. 12.
[217] Dies zu Recht betonend MünchKomm-*Lorenz*, § 477 BGB Rdnr. 11; HK-*Saenger*, § 477 BGB Rdnr. 4.
[218] RL 1999/44/EG, ABl. EG Nr. L 171 v. 07.07.1999.
[219] RL 93/13/EWG, ABl. EG 1993 L 95/29 v. 05.04.1993.
[220] MünchKomm-*Lorenz*, § 477 BGB Rdnr. 11; ähnlich HK-*Saenger*, § 477 BGB Rdnr. 4.
[221] Staudinger/*Matusche-Beckmann*, § 477 BGB Rdnr. 35.

dann praktische Bedeutung erlangen, wenn der Käufer zur Geltendmachung seiner Rechte auf die Mitteilung einer zustellfähigen Adresse des Garantiegebers gem. § 477 Abs. 1 S. 2 Nr. 2 BGB angewiesen ist.

1487 Schließlich stellen Verstöße des Garantiegebers gegen § 477 BGB auch Pflichtverletzungen dar, die **Schadensersatzansprüche** aus §§ 280 Abs. 1, 311 Abs. 2, 241 Abs. 2 BGB begründen können.[222] Das gilt auch für von Dritten übernommene Garantien, insbesondere Herstellergarantien, da § 477 BGB insoweit ein gesetzliches Schuldverhältnis i.S.d. § 280 Abs. 1 BGB begründet.[223] Allerdings wird ein kausal entstandener **Schaden** des Verbrauchers nur ausnahmsweise vorliegen. Denkbar wäre dies etwa in Hinblick auf Kosten, die aufgrund einer zur Rechtsverfolgung notwendig gewordenen Ermittlung der Anschrift des Verkäufers entstanden sind,[224] sowie in Bezug auf Rechtsberatungs- und Rechtsverfolgungskosten.[225]

1488 In krassen Ausnahmefällen kommt auch das Bestehen eines **Rücktrittsrechts** aus § 324 BGB in Betracht.[226] Das setzt aber voraus, dass dem Verbraucher das Festhalten am Kaufvertrag wegen des Verstoßes gegen § 477 BGB nicht mehr zumutbar ist, was aufgrund der gem. § 477 Abs. 3 BGB unberührt bleibenden Wirksamkeit der Garantie nur schwer vorstellbar ist.

1489 Darüber hinaus können sich weitere Rechtsfolgen aus dem **Wettbewerbsrecht** ergeben. Insoweit kommen **Unterlassungs- und Schadensersatzansprüche** von Mitbewerbern aus §§ 8, 9 UWG wegen irreführender Werbung i.S.d. §§ 3, 5 UWG bzw. wegen intransparenter Verkaufsförderungsmaßnahmen i.S.d. §§ 3, 4 Nr. 4 UWG in Betracht.[227] Eine irreführende Werbung liegt insoweit beispielsweise auch bei einer Haltbarkeitsgarantie vor, deren Garantiefrist mehr als 30 Jahre beträgt, weil dies wegen § 202 Abs. 2 BGB unzulässig ist.[228] Daneben können Verstöße gegen § 477 Abs. 1, 2 BGB Unterlassungsansprüche aus § 2 Abs. 1, 2 Nr. 1 UKlaG auslösen.[229]

VIII. Besonderheiten beim Handelskauf

1490 Auch im Bereich des Handelskaufs sind Garantien keine Seltenheit.[230] Insoweit sind jedoch folgende Besonderheiten zu beachten:

1. Übernahme einer Garantie

1491 Ist der Kaufvertrag ein beiderseitiger Handelskauf, so kann sich die (konkludente) Übernahme einer Garantie auch aus einem dahingehenden **Handelsbrauch** (dazu Rdnr. 513f.) ergeben.[231] Diesbezüglich hat die Rechtsprechung beispielsweise einen Handelsbrauch bejaht, nach welchem im Juwelierhandel die Verkaufsbescheinigung eines Juweliers mit bestimmten Qualitätsangaben eine entsprechende Garantiezusage beinhalte.[232] Des weiteren

---

[222] BT-Drucks. 14/6040, S. 247; MünchKomm-*Lorenz*, § 477 BGB Rdnr. 12f.; Bamberger/Roth-*Faust*, § 477 BGB Rdnr. 12; Erman-*Grunewald*, § 477 BGB Rdnr. 7; PWW-*Schmidt*, § 477 BGB Rdnr. 7.
[223] MünchKomm-*Lorenz*, § 477 BGB Rdnr. 14.
[224] Beispiel nach Staudinger/*Matusche-Beckmann*, § 477 BGB Rdnr. 38.
[225] MünchKomm-*Lorenz*, § 477 BGB Rdnr. 13.
[226] BT-Drucks. 14/6040, S. 247; Staudinger/*Matusche-Beckmann*, § 477 BGB Rdnr. 38; MünchKomm-*Lorenz*, § 477 BGB Rdnr. 13.
[227] BT-Drucks. 14/6040, S. 247; ausführlich Staudinger/*Matusche-Beckmann*, § 477 BGB Rdnr. 40ff.; MünchKomm-*Lorenz*, § 477 BGB Rdnr. 15 (jeweils zum UWG a. F.).
[228] BGH, GRUR 1994, 830; OLG Frankfurt a.M., GRUR 2006, 247, 248.
[229] BT-Drucks. 14/6040, S. 247; ausführlich MünchKomm-*Lorenz*, § 477 BGB Rdnr. 16; Palandt-*Weidenkaff*, § 477 BGB Rdnr. 14; anders Bamberger/Roth-*Faust*, § 477 BGB Rdnr. 13, wonach § 1 UKlaG analog heranzuziehen sei.
[230] Baumbach/*Hopt*, § 349 HGB Rdnr. 15ff.
[231] *Reinicke/Tiedtke*, KaufR, Rdnr. 575ff.
[232] OLG Düsseldorf, DB 1967, 1582.

A. Garantien im BGB

hat der BGH im Zuckerhandel einen Handelsbrauch für möglich gehalten, nach dessen Inhalt der Verkäufer von Zucker als Rohstoff stillschweigend garantiere, dass der Zucker frei von schädlichem Hefebefall sei.[233] In jedem Fall ist jedoch das Vorliegen eines entsprechenden Handelsbrauchs sorgfältig zu prüfen. Die **Beweislast** liegt bei derjenigen Partei, die sich auf den Handelsbrauch beruft (Rdnr. 513), im Fall der Geltendmachung von Rechten aus einer Garantie also beim Käufer.

2. Verhältnis zur Untersuchungs- und Rügeobliegenheit

Für die Gewährleistungsrechte des Käufers wegen **Sachmängeln** sind beim beiderseitigen Handelskauf insbesondere die Untersuchungs- und Rügeobliegenheiten des § 377 HGB von Bedeutung. Kommt der Käufer diesen Obliegenheiten nicht bzw. nicht rechtzeitig nach, so resultiert daraus grundsätzlich der **Verlust sämtlicher Rechtsbehelfe** (dazu ausführlich Rdnr. 988 ff.). 1492

a) Anwendbarkeit auf Rechte aus Garantiezusagen. In Bezug auf Rechte des Käufers aus einer Garantiezusage kommt hinsichtlich der Anwendbarkeit des § 377 HGB jedoch die Differenzierung zwischen selbständigen und unselbständigen Garantien (grundlegend dazu Rdnr. 1416 ff.) zum Tragen. 1493

Durch eine unselbständige Garantie wird die gesetzlich bereits bestehende Gewährleistungshaftung des § 437 BGB lediglich erweitert bzw. modifiziert, wie etwa durch die bloße Verlängerung der Verjährungsfrist oder dem Verzicht auf das Verschuldenserfordernis bei Schadensersatzansprüchen. Wie auch die frühere Eigenschaftszusicherung, löst eine solche Garantie im entsprechenden Fall also nur die gesetzlichen Gewährleistungsrechte aus. In Bezug auf diese Rechte ist aber auch bei der Hingabe einer unselbständigen Garantie die Vorschrift **des § 377 HGB anwendbar.**[234] Wird die Mängelrüge versäumt, läuft der Käufer daher auch hier Gefahr, diese Rechte zu verlieren. 1494

Dagegen trifft den Käufer bei sog. **selbständigen Garantieversprechen** – vorbehaltlich anderweitiger Vereinbarungen[235] – keine Rügeobliegenheit. Eine solche Garantie ist dadurch gekennzeichnet, dass dem Käufer ein vom gesetzlichen Gewährleistungsrecht unabhängiger, **eigenständiger vertraglicher Ersatzanspruch** für den Fall zusteht, dass der garantierte Erfolg nicht eintritt.[236] Ein solcher Garantievertrag beruht also auf einer vom Kaufvertrag losgelösten Parteivereinbarung (§§ 311, 241 BGB) und ist gerade keine bloße Erweiterung der gesetzlichen Sachmängelhaftung, weshalb auch die Obliegenheiten des § 377 HGB hier keine Anwendung finden.[237] 1495

b) Abdingbarkeit durch Garantien. Die sich aus § 377 HGB ergebenden Untersuchungs- und Rügeobliegenheiten sind grundsätzlich dispositiv und daher auch abdingbar. Das gilt uneingeschränkt allerdings nur für Individualvereinbarungen. Wird hingegen in **AGB-Klauseln** von § 377 HGB abgewichen, so muss jedenfalls dessen **Kernbereich erhalten bleiben** (vgl. dazu ausführlich Rdnr. 994 ff.). Ein **kompletter Verzicht** auf die Rügeobliegenheit ist daher in AGB-Klauseln **unwirksam**. Das gilt auch für **Rügeverzichtsklauseln,** die nicht ausdrücklich als solche bezeichnet, sondern **als Garantiezusagen** des Verkäufers **ausgestaltet** sind.[238] Dies kommt insbesondere in Betracht, wenn der Verkäufer eine (unselbständige) Haltbarkeitsgarantie übernimmt und für deren Laufzeit 1496

---

[233] BGH, WM 1971, 1121.
[234] Ebenroth/Boujong/Joost/Strohn-*Müller*, § 377 HGB Rdnr. 192; Staudinger/*Matusche-Beckmann*, § 443 BGB Rdnr. 47 (letztere allerdings ohne Differenzierung nach selbständigen und unselbständigen Garantien).
[235] Palandt-*Weidenkaff*, § 443 BGB Rdnr. 11.
[236] BGH, NJW 1985, 2941; BGH, NJW 1958, 1483.
[237] BGH, WM 1977, 366; Ebenroth/Boujong/Joost/Strohn-*Müller*, § 377 HGB Rdnr. 192.
[238] MünchKommHGB-*Grunewald*, § 377 HGB Rdnr. 138; *Steinmann*, BB 1993, 873, 877.

auf die Rüge von Mängeln i. S. d. § 377 HGB verzichtet. Zwar ist es dem Verkäufer unbenommen, solche oder andere Garantien zu übernehmen. Im Garantiefall in Anspruch genommen werden kann er aber nur, wenn der betreffende Mangel ordnungsgemäß gerügt wurde.

B. Garantien im UN-Kaufrecht

1497 Das CISG enthält, anders als das BGB, **keine explizite Regelung** des Rechtsinstituts der Garantie, es setzt dessen Existenz aber gleichwohl voraus, wie sich aus der Erwähnung von Garantien in Art. 36 Abs. 2 CISG und Art. 39 Abs. 2 CISG ergibt.

I. Begriff der Garantie

1498 Art. 36 Abs. 2 CISG nennt als Beispiele für den möglichen Inhalt einer Garantie die Zusage, dass „die Ware für eine bestimmte Zeit für den üblichen Zweck oder für einen bestimmten Zweck geeignet bleiben oder besondere Eigenschaften oder Merkmale behalten wird". Mit diesen Umschreibungen sind die im BGB explizit als solche bezeichneten **Haltbarkeits- und Beschaffenheitsgarantien** gemeint.[239] Diese Aufzählung ist aber nicht als abschließend zu verstehen, sondern Garantiezusagen i. S. d. Art. 36 Abs. 2 CISG sind bezüglich **aller Eigenschaften der Ware** möglich, für die Art. 36 CISG von Bedeutung ist (also alle Sacheigenschaften i. S. d. Art. 35 CISG, vgl. dazu Rdnr. 553).[240]

1499 Auch im Rahmen des CISG liegt indessen eine Garantie nur vor, wenn durch sie die Mängelrechte des Käufers über die **gesetzlichen Einstandspflichten des Verkäufers** (dazu Rdnr. 1019 ff.) **erweitert** werden.[241] Insofern bestehen keine Abweichungen zum deutschen Kaufrecht (Rdnr. 1416).

II. Übernahme einer Garantie

1500 Eine Garantie kann auf einer **vertraglichen Vereinbarung** beruhen, die sowohl im Kaufvertrag selbst als auch in Zusatzvereinbarungen enthalten sein[242] und ausdrücklich oder **stillschweigend**[243] sowohl vor als auch nach Gefahrübergang abgegeben werden kann.[244] Darüber hinaus genügt im Rahmen des CISG aber auch eine **einseitige Garantiezusage** des Verkäufers.[245]

---

[239] Staudinger-*Magnus*, Art. 36 CISG Rdnr. 15; *Achilles*, Art. 36 CISG Rdnr. 5; a. A. MünchKomm-*Gruber*, Art. 36 CISG Rdnr. 15, wonach Beschaffenheitsgarantien nicht von Art. 36 Abs. 2 CISG erfasst sind.

[240] MünchKommHGB-*Benicke*, Art. 36 CISG Rdnr. 5; Staudinger-*Magnus*, Art. 36 CISG Rdnr. 18.

[241] Staudinger-*Magnus*, Art. 36 CISG Rdnr. 16; MünchKomm-*Gruber*, Art. 36 CISG Rdnr. 18; Bamberger/Roth-*Saenger*, Art. 36 CISG Rdnr. 5.

[242] Staudinger-*Magnus*, Art. 36 CISG Rdnr. 16; Soergel-Lüderitz/*Schüßler-Langenheine*, Art. 36 CISG Rdnr. 7; *Herber/Czerwenka*, Art. 36 CISG Rdnr. 4.

[243] LG München, IHR 2003, 233, 234 f.: konkludent vereinbarte Haltbarkeitsdauer von drei Jahren bei repräsentativen, hochwertigen Schaustücken; ebenso MünchKomm-*Gruber*, Art. 36 CISG Rdnr. 20; Bamberger/Roth-*Saenger*, Art. 36 CISG Rdnr. 5; Staudinger-*Magnus*, Art. 36 CISG Rdnr. 19; Schlechtriem-*Schwenzer*, Art. 36 CISG Rdnr. 8; *Piltz*, Int. KaufR, § 5 Rdnr. 23.

[244] MünchKomm-*Gruber*, Art. 36 CISG Rdnr. 21; *Achilles*, Art. 36 CISG Rdnr. 5; Honsell-*Magnus*, Art. 36 CISG Rdnr. 14.

[245] Soergel-Lüderitz/*Schüßler-Langenheine*, Art. 36 CISG Rdnr. 7; MünchKommHGB-*Benicke*, Art. 36 CISG Rdnr. 5; Staudinger-*Magnus*, Art. 36 CISG Rdnr. 16; MünchKomm-*Gruber*, Art. 36 CISG Rdnr. 18.

B. Garantien im UN-Kaufrecht

Gegen die Zulässigkeit von **stillschweigenden Garantien** wird zum Teil angeführt, dass diese eine „bestimmte Zeit" i. S. d. Art. 36 Abs. 2 CISG nicht enthalten könnten.[246] Dem ist jedoch entgegenzuhalten, dass der deutsche Text des CISG mit der Formulierung „bestimmte Zeit" eine inkorrekte Übersetzung aufweist:[247] So enthielten die Vorentwürfe des CISG zwar die Formulierung *„any express guarantee for a specific period"*, doch wurde diese durch den nunmehr geltenden Wortlaut *„any guarantee for a period of time"* ersetzt,[248] so dass eine Garantie weder ausdrücklich *(„express")* noch für eine bestimmte *(„specific")* Zeitdauer abgegeben werden muss. Stillschweigende vereinbarte Garantien sind somit zulässig, sie können sich insbesondere aus der Natur der Ware (z. B. hinsichtlich der Haltbarkeitsdauer bei Lebensmitteln oder Medikamenten) ergeben,[249] soweit hier nicht bereits normale Grundeigenschaften angenommen werden können (z. B. hinsichtlich der handelsüblichen Haltbarkeit von Lebensmitteln), für die bereits eine Haftung aus Art. 35 Abs. 2 Buchst. a CISG besteht[250] (vgl. Rdnr. 559 ff.). Teilweise wird auch vertreten, dass sich bereits aus **Werbeaussagen** des Verkäufers eine Garantie ableiten ließe,[251] hier dürfte jedoch die Annahme einer stillschweigenden vertraglichen Leistungsvereinbarung i. S. d. Art. 35 Abs. 2 Buchst. a CISG näher liegen (dazu Rdnr. 554). Gleichwohl ist bei der Annahme einer stillschweigend übernommenen Garantie Zurückhaltung zu üben, insbesondere darf eine solche nur bei **eindeutigen Anhaltspunkten** bejaht und nicht als Regelfall unterstellt werden.[252]

1501

III. Inhalt der Garantie

Sofern sich der **konkrete Inhalt und die Reichweite einer Garantie** nicht aus der Garantieerklärung selbst ergeben, sind sie durch Auslegung derselben zu ermitteln.[253] Gem. Art. 8 Abs. 2 CISG ist eine solche Auslegung **aus der Sicht eines vernünftigen Vertragspartners in vergleichbarer Lage** vorzunehmen,[254] was der Situation im deutschen Kaufrecht entspricht (Rdnr. 1450 ff.). In der Regel wird eine dementsprechende Auslegung ergeben, dass sich die Reichweite der Garantie auf solche Mängel beschränkt, die aus der **Sphäre des Verkäufers** stammen, dagegen jedoch eine Haftung für solche Mängel, die auf unsachgemäßes Verhalten des Käufers oder höhere Gewalt zurückgehen, ausgeschlossen ist.[255]

1502

IV. Rechtsfolgen

Primäre Rechtsfolge der Übernahme einer Garantie ist auch im Rahmen des CISG das **Entstehen der** dem Käufer in der Garantie zugesagten, **über die gesetzlichen Rechtsbehelfe hinausgehenden Rechte.**

1503

---

[246] Soergel-Lüderitz/*Schüßler-Langenheine*, Art. 36 CISG Rdnr. 7 f.
[247] Staudinger-*Magnus*, Art. 36 CISG Rdnr. 4, 17, 19; *Herber/Czerwenka*, Art. 36 CISG Rdnr. 4.
[248] Zur Entstehungsgeschichte der Vorschrift vgl. Staudinger-*Magnus*, Art. 36 CISG Rdnr. 4.
[249] MünchKomm-*Gruber*, Art. 36 CISG Rdnr. 20; Schlechtriem-*Schwenzer*, Art. 36 CISG Rdnr. 8.
[250] Staudinger-*Magnus*, Art. 36 CISG Rdnr. 19; *Herber/Czerwenka*, Art. 36 CISG Rdnr. 4; Bianca/Bonell-*Bianca*, Art. 36 CISG Anm. 3.2.
[251] So Schlechtriem-*Schwenzer*, Art. 36 CISG Rdnr. 8; zu Recht sehr vorsichtig *Achilles*, Art. 36 CISG Rdnr. 5; ablehnend MünchKomm-*Gruber*, Art. 36 CISG Rdnr. 20.
[252] MünchKommHGB-*Benicke*, Art 36 CISG Rdnr. 7; *Herber/Czerwenka*, Art. 36 CISG Rdnr. 4.
[253] Bamberger/Roth-*Saenger*, Art. 36 CISG Rdnr. 5; MünchKomm-*Gruber*, Art. 36 CISG Rdnr. 24.
[254] Staudinger-*Magnus*, Art. 36 CISG Rdnr. 16; MünchKomm-*Gruber*, Art. 36 CISG Rdnr. 18; Bianca/Bonell-*Bianca*, Art. 36 CISG Anm. 2.4.
[255] Schlechtriem-*Schwenzer*, Art. 36 CISG Rdnr. 7, Staudinger-*Magnus*, Art. 36 CISG Rdnr. 16; Bamberger/Roth-*Saenger*, Art. 36 CISG Rdnr. 5; MünchKommHGB-*Benicke*, Art. 36 CISG Rdnr. 5; MünchKomm-*Gruber*, Art. 36 CISG Rdnr. 24.

8. Kapitel. Garantien

1. Haftung für nach Gefahrübergang eintretende Vertragswidrigkeit

1504 Damit korrespondierend regelt Art. 36 Abs. 2 CISG, dass, soweit der Verkäufer eine Garantie übernommen hat, er in deren Rahmen auch für eine erst **nach dem** – ansonsten nach Art. 36 Abs. 1 CISG maßgeblichen – Zeitpunkt des **Gefahrübergangs** (dazu Rdnr. 574 ff.) – **eintretende Vertragswidrigkeit der Ware** haftet, die **nicht auf einer Verletzung seiner Pflichten beruht.** Diese Vertragswidrigkeit „beruht" dann i. S. d. Art. 36 Abs. 2 CISG auf einer „Verletzung" der Garantie.[256] Auch eine **Entlastung** des Verkäufers i. S. d. Art. 79 CISG (dazu Rdnr. 1133 ff.) kommt, soweit die betreffende Vertragsverletzung von einer Garantie abgedeckt ist, grundsätzlich nicht in Betracht.[257]

2. Präzisierung der „wesentlichen" Vertragsverletzung

1505 Das CISG unterscheidet hinsichtlich der verschiedenen Rechtsbehelfe des Käufers zwischen „einfachen" und sog. **„wesentlichen" Vertragsverletzungen** des Verkäufers (zur Bedeutung dieser Differenzierung vgl. Rdnr. 1040). So kann beispielsweise der Verkäufer die Rechtsbehelfe der **Ersatzlieferung** oder der **Vertragsaufhebung** gem. Art. 46 Abs. 2, 49 Abs. 1 Buchst. a CISG grundsätzlich nur bei Vorliegen einer wesentlichen Vertragsverletzung geltend machen (dazu Rdnr. 1039 und Rdnr. 1069). Der Begriff einer wesentlichen Vertragsverletzung wird zwar in Art. 25 CISG **legaldefiniert** (Rdnr. 1040), doch ist die dortige Definition ebenso flexibel wie vage.[258] Die Parteien können also ohne weiteres – etwa durch eine genauere Definition oder durch Regelbeispiele – **vertraglich festlegen,** wann eine wesentliche Vertragsverletzung vorliegt,[259] was sich im Übrigen auch schon aus der in Art. 6 CISG niedergelegten grundsätzlichen Abdingbarkeit des Übereinkommens ergibt.[260]

1506 Vor diesem Hintergrund kommt Garantiezusagen eine wesentliche Bedeutung zu: Hat der Verkäufer durch die Übernahme einer Garantie eine besondere Einstandspflicht für eine bestimmte Haltbarkeit oder für eine bestimmte Beschaffenheit der Ware übernommen, so wird daraus deutlich, dass der betreffenden Haltbarkeit bzw. Beschaffenheit im vertraglichen Pflichtenprogramm auch eine besondere Bedeutung zukommt. Das Eintreten eines **Garantiefalls,** also der Verstoß gegen diese Einstandspflicht, stellt daher im Zweifel auch eine **wesentliche Vertragsverletzung** dar. Mit der Übernahme einer Garantie ist aus diesem Grunde im Regelfall auch eine **vertragliche Präzisierung** des Begriffs **der wesentlichen Vertragsverletzung** verbunden.[261]

3. Verhältnis zur Untersuchungs- und Rügeobliegenheit

1507 Ähnlich der Situation im Handelskauf (Rdnr. 948 ff.) muss der Käufer auch im Rahmen des CISG die Ware gem. Art. 38, 39 CISG grundsätzlich untersuchen und etwaige Mängel innerhalb einer angemessenen Frist anzeigen, um sich seine Rechtsbehelfe zu erhalten (ausführlich dazu Rdnr. 1161 ff.).

1508 Diese Untersuchungs- und Rügeobliegenheit sind jedoch **grundsätzlich abdingbar** (Rdnr. 1163). Eine solche Abbedingung bzw. ein Verzicht des Verkäufers auf eine den Art. 38, 39 CISG entsprechende Untersuchung und Rüge kann unter Umständen auch be-

---

[256] Staudinger-*Magnus*, Art. 36 CISG Rdnr. 15.
[257] OGH Wien v. 21.04.2004, CISG-Online Case 1048; Staudinger-*Magnus*, Art. 35 CISG Rdnr. 16; Soergel-*Lüderitz/Schüßler-Langenheine*, Art. 35 CISG Rdnr. 4; *Piltz*, NJW 2005, 2126, 2129.
[258] Staudinger-*Magnus*, Art. 25 CISG Rdnr. 3; ähnlich MünchKommHGB-*Benicke*, Art. 25 CISG Rdnr. 1.
[259] Bamberger/Roth-*Saenger*, Art. 25 CISG Rdnr. 5; MünchKommHGB-*Benicke*, Art. 25 CISG Rdnr. 11, 38; Staudinger-*Magnus*, Art. 25 CISG Rdnr. 9; *Benicke*, IPRax 1997, 326, 329.
[260] BGHZ 132, 290, 298; Bamberger/Roth-*Saenger*, Art. 25 CISG Rdnr. 5.
[261] Staudinger-*Magnus*, Art. 46 CISG Rdnr. 42; ähnlich MünchKommHGB-*Benicke*, Art. 25 CISG Rdnr. 11.

reits beim Vorliegen einer **Garantie** anzunehmen sein. Das ist aber nicht schon bei jedweder irgendwie gearteten Garantie der Fall, denn grundsätzlich hat der Verkäufer auch bei besonders zugesicherten Eigenschaften ein Interesse zu erfahren, ob die Ware beanstandungsfrei beim Käufer eingetroffen ist.[262] Es existiert daher kein Grundsatz, wonach jede Garantie den Käufer von der Rügeobliegenheit als solcher enthebt.[263] Eine Abbedingung kann jedoch im Einzelfall anzunehmen sein, wenn der Verkäufer dem Käufer im Rahmen einer Garantie **besonderen Anlass** gegeben hat, auf bestimmte Eigenschaften der Ware zu vertrauen, etwa indem er eine **unbedingte Einstandspflicht** für die betreffende Beschaffenheit übernommen hat.[264]

Wird eine solche, die Untersuchungs- und Rügeobliegenheiten abbedingende Garantie allerdings mittels einer **Allgemeinen Geschäftsbedingung** übernommen, so ist zu beachten, dass deren Wirksamkeit gem. Art. 4 Buchst. a CISG nach dem jeweiligen über das IPR berufenen nationalen Recht zu beurteilen ist.[265] Sofern diesbezüglich deutsches Recht zur Anwendung kommt, ist danach eine **vollständige Abbedingung** der Rügelast durch AGB **unzulässig** (vgl. Rdnr. 996), was auch bei der Abbedingung der Art. 38 f. CISG zu beachten ist.[266] **1509**

Auch in Hinblick auf die absolute **Ausschlussfrist** des Art. 39 Abs. 2 CISG sind Garantien von Bedeutung. Danach sind Mängel – insbesondere verdeckte – spätestens innerhalb einer **zweijährigen Frist** ab Übergabe der Ware zu rügen (dazu Rdnr. 1184 ff.). Die Vorschrift macht hiervon jedoch ausdrücklich eine Ausnahme für den Fall, dass diese Frist „mit einer vertraglichen **Garantiefrist unvereinbar** ist". Das betrifft insbesondere Haltbarkeitsgarantien, deren Garantiefrist länger als zwei Jahre ist.[267] Eine solche Verlängerung der Frist des Art. 39 Abs. 2 CISG hat aber keinen Einfluss auf die Anforderungen an die frist- und formgerechte Rüge. Daher muss der Käufer auch bei einer Verlängerung der Frist durch eine Garantie später zu Tage tretende Mängel in der durch Art. 39 Abs. 1 CISG vorgeschriebenen Form und Frist rügen.[268] **1510**

V. Beweislast

Die im CISG in Bezug auf Garantien geltende Beweislastverteilung entspricht derjenigen des deutschen Rechts (vgl. Rdnr. 1470 ff.). Danach hat der Käufer die Vereinbarung bzw. **Übernahme einer Garantie** sowie den Eintritt des Garantiefalls innerhalb der Garantiefrist zu beweisen.[269] Hingegen muss der **Verkäufer** den **Entlastungsbeweis** führen, dass die Vertragswidrigkeit auf **anderen Ursachen** beruht, etwa einer unsachgemäßen Behandlung durch den Käufer oder äußeren Einflüssen.[270] **1511**

---

[262] Soergel-*Lüderitz/Schüßler-Langenheine*, Art. 38 CISG Rdnr. 11; ähnlich Staudinger-*Magnus*, Art. 38 CISG Rdnr. 26.
[263] OLG Karlsruhe, BB 1998, 393; Soergel-*Lüderitz/Schüßler-Langenheine*, Art. 39 CISG Rdnr. 7.
[264] Staudinger-*Magnus*, Art. 38 CISG Rdnr. 26.
[265] MünchKommHGB-*Benicke*, Art. 39 CISG Rdnr. 13; *Achilles*, Art. 38 CISG Rdnr. 17; Art. 39 Rdnr. 15.
[266] MünchKommHGB-*Benicke*, Art. 39 CISG Rdnr. 13; im Ergebnis ebenso MünchKomm-*Gruber*, Art. 38 CISG Rdnr. 69.
[267] Staudinger-*Magnus*, Art. 39 CISG Rdnr. 69 f.; Bamberger/Roth-*Saenger*, Art. 39 CISG Rdnr. 14; MünchKommHGB-*Benicke*, Art. 39 CISG Rdnr. 12; MünchKomm-*Gruber*, Art. 39 CISG Rdnr. 41.
[268] Staudinger-*Magnus*, Art. 39 CISG Rdnr. 70; *Herber/Czerwenka*, Art. 39 CISG Rdnr. 19; Soergel-*Lüderitz/Schüßler-Langenheine*, Art. 39 CISG Rdnr. 7.
[269] MünchKomm-*Gruber*, Art. 36 CISG Rdnr. 17, 27; Soergel-*Lüderitz/Schüßler-Langenheine*, Art. 36 CISG Rdnr. 9.
[270] Staudinger-*Magnus*, Art. 36 CISG Rdnr. 27; Soergel-*Lüderitz/Schüßler-Langenheine*, Art. 36 CISG Rdnr. 9.

Sachverzeichnis

Die fett gedruckten Zahlen bezeichnen die jeweiligen Randnummern. Die Umlaute ä, ö und ü sind wie a, o und u eingeordnet. Bearbeiter: Dr. Michael Matthiessen

A

Ablaufhemmung, Verjährung **872**
Ablieferung 232
   Untersuchungsobliegenheit **974** s. a. dort
Abnahme 1311
   Abnahmekosten **1321**
   Besitzwechsel **1311**
   Gläubigerverzug **1382**
   Handelsklauseln **1334**
   Hauptpflicht **1312**
   Inhalt **1314**
   Klage **1313**
   Mitwirkungspflicht **1362**
   Nebenpflicht **1312**
   Ort **1316**
   Schuldnerpflicht **1311**
   Vorbereitungsmaßnahmen **1363**
   Zeit **1316**
   Zurückweisungsrecht **1315**
   Zwangsvollstreckung **1313**
Abstraktionsprinzip 3
Abtretung 310
Abtretungsverbot, Eigentumsvorbehalt **288**
   Handelskauf **507**
ADSp 172
AGB, Aushang **168**
   Ausschluss Schadensersatz **893**
   Ausschlussfrist **995**
   battle of forms **210**
   Einbeziehung **165**
   Einschränkung Schadensersatz **893**
   einseitiges Leistungsbestimmungsrecht **1244**
   Fixklausel **1001**
   Formerfordernis **164**
   Garantie **1509**
   Gewährleistungsbeschränkungen **892**
   Haftungsausschluss Handelskauf **1012**
   Handelsbrauch **172**
   Handelsklauseln **514**
   Hinweis **168**
   Incoterms **514**, **523**
   Individualabrede **167**
   Kenntnisnahmemöglichkeit **169**
   last-shot-rule **210**
   Leistungsbestimmung durch Dritte **1245**
   Modifizierung der Rügeobliegenheit **994**
   Neuverhandlungsklausel **1273**
   Preisänderungsvorbehalt **1265** s. a. dort
   Preisanpassungsklausel **1330** s. a. dort
   Preisüberprüfungsklausel **1273**
   Restgültigkeitslösung **210**
   Stellen **166**
   Tradeterms **514**
   UN-Kaufrecht **128**, **216**
   Vielzahl **166**
   Vorauszahlungsklausel **1310**
   Vorformulierung **166**
   Wertsicherungsklausel **1273**
   widersprechende **210**
Agenturgeschäft 880
   Gebrauchtwagen **1256**
Akkreditiv, Kaufpreiszahlung **1302**
Aliudlieferung 391 s. a. Falschlieferung
   Rügeobliegenheit **960** s. a. dort
Änderungsvorbehaltsklausel 252
Androhungspflicht, Selbsthilfeverkauf **1395**
Anfechtung, Gewährleistungsrecht **903**
Ankaufsrecht 94
Annahme 143, **207**
   Annahmefrist **146**
   Form **151**
   Schweigen **145**
   Zugang **144**
Annahmefrist 212
Annahmeverzug, Gefahrübergang **404**
Anrechnungsvereinbarung, Gebrauchtwagen **1256**
   Grundstücksbelastung **1259**
Antrag 135, **202**
   AGB **140**
   Annahmefähigkeit **146**
   Form **151**
   fremdsprachiger **205**
   Zugang **135**
Anwartschaftsrecht 244, **271**
Anzeigepflicht, Verkäufer **598**
Arglist 890
   bedingter Vorsatz **890**
   unerheblicher Mangel **716**
asset deal 323
Aufbewahrungspflicht, Kaufsache **1337**, **1364**
Aufklärungspflicht, Käufer **1318**
   vorvertragliche **461**
Auflassungskosten 239
Aufrechnung, Aufrechnungsverbot **1306**
   Kaufpreis **1304**

503

Sachverzeichnis

Rechtsmissbrauch **1306**
Unzulässigkeit **1305**
Auftrag 81
Auftragsbestätigung 197
Aufwendungen, frustrierte **818**
  ideelle **818**
  konsumptive **818**
  vergebliche **820**
Aufwendungsersatz 622, 816
  Rentabilitätsvermutung **818**
Ausschlussfrist, Garantie **1510**
Aussetzungsrecht 1139
  Ausschluss **1149**
  Ausübung **1147**
  drohende Leistungsstörung **1140**
  Erfüllungsgewähr **1149**
  Informationspflicht **1148**
  Mangel der Kreditwürdigkeit **1143**
  Mangel der Vertragserfüllungsfähigkeit **1142**
  Wahrscheinlichkeit der Pflichtverletzung **1141**

B

Banküberweisung, Kaufpreis **1292, 1342**
Barzahlung, Kaufpreis **1291, 1342**
Bauträger 66
Beförderer, erster **527**
Beförderungsmittel, angemessenes **581**
Beförderungspflicht 589
  angemessene Beförderungsentgelte **592**
  Spediteur **593**
  Streckengeschäft **595**
  Unterfrachtführer **594**
beiderseitiges Handelsgeschäft, Rügeobliegenheit **949** s. a. dort
Benachrichtigungspflicht, Selbsthilfeverkauf **1397**
Beratungspflicht, vorvertragliche **474**
Beratungsvertrag, Rügeobliegenheit **959**
  selbständiger **475**
Beschaffenheit, Begriff **337**
  enger Beschaffenheitsbegriff **340**
  erwartbare **362**
  öffentliche Äußerungen s. dort
  übliche **360**
  Vereinbarung **348**
  vermittelnder Beschaffenheitsbegriff **341**
  weiter Beschaffenheitsbegriff **342**
  wertbildende Faktoren **337**
  zusicherungsfähige Eigenschaften **337**
Beschaffenheitsgarantie 1437
  Begriff **1438**
  Rechte **1455**
Beschaffenheitsvereinbarung, Garantie **1432**
Beschaffungsrisiko 784
Besitzmittlungsverhältnis 270

Bestätigungsschreiben s. **kaufmännisches Bestätigungsschreiben**
Bestimmungskauf s. **Spezifikationskauf**
Beurkundung 153
  Kosten **239**
Bonitätshaftung 453
Börsenpreis 1241 s. a. **Kaufpreis**
Bringschuld 236
  Kaufpreis **1290, 1354**
Buchpreisbindung 1231

C

CISG s. **UN-Kaufrecht**
culpa in contrahendo, Gewährleistungsrecht **905**

D

Distanzkauf 1337
Dokumente, Übergabe **544**
  Übergabepflicht **485**
Drittgarantie 1442, 1446
drohende Vertragsverletzung 1152
  Wahrscheinlichkeitsgrad **1153**
Durchgangserwerb 271

E

ec-Karte, Kaufpreiszahlung **1300**
EDV-Anlage 67
Eigenhändlervertrag 76
Eigentumsvorbehalt 254
  Abtretungsverbot **288**
  Abwehrklausel **258**
  AGB **257**
  Anwartschaftsrecht **271**
  Begründung **257**
  Besitzmittlungsverhältnis **270**
  Einbau **286**
  einseitiger **259**
  Einziehungsermächtigung **287**
  Erlöschen **302**
  erweiterter **279**
  Globalzession **297**
  Handelskauf **505**
  Kontokorrentvorbehalt **280**
  Konzernvorbehalt **283**
  nachgeschalteter **300**
  nachträglicher **266**
  Sicherungsübereignung **296**
  stillschweigender **262**
  Übersicherung **281**
  uneigentlicher **255**
  Verarbeitung **286**

Verarbeitungsklausel **293**
  verlängerter **285**
Vertragsbruchtheorie **297**
Vorausabtretung **286**
  weitergeleiteter **299**
Weiterveräußerungsermächtigung **289**
Zwangsvollstreckung **277**
Zwischenverfügung **269**
einseitige Leistungsbestimmung, Kaufpreis s. dort
Eintragungskosten 239
Einziehungsermächtigung, Eigentumsvorbehalt **287**
electronic commerce 134
elektive Konkurrenz 625
elektronische Willenserklärung 134
Entgeltforderung 1371
Erbschaftskauf 326
Erfüllungsanspruch 1035
  Ausschluss **1037**
  unvereinbarer Rechtsbehelf **1037**
Erfüllungsverweigerung, Nacherfüllung **696**
Erprobungskauf 86
Ersatzlieferung 1039
  angemessene Frist **1042**
  Ausschluss **1046**
  Beschädigung **1047**
  Gattungskauf **1039**
  Kosten **1045**
  Spezieskauf **1039**
  Unmöglichkeit der Rückgewähr **1048**
  wesentliche Verschlechterung **1047**
  wesentliche Vertragsverletzung **1040**
Ersetzungsbefugnis, Kaufpreis **1251**

F

Factoring 72
Fahrlässigkeit 781
Fälligkeitszinsen 1388, 1412
  Zinshöhe **1390, 1413**
Falschlieferung 390
  aliud **391**
  Extremabweichung **394**
  Gattungskauf **391**
  höherwertigere Sache **395**
  Identitätsaliud **392**
  Mankolieferung **400**
  Qualifikationsaliud **391**
  Rügeobliegenheit **960** s. a. dort
  Stückkauf **392**
  Tilgungsbestimmung **397**
  Zuviellieferung **402**
  Zuwenig-Lieferung **398**
Fernabsatzvertrag 183
Fernkommunikationsmittel 149, 183

Fernwärme, Verschaffung **320**
Fertighauskauf 66
Fiktivkaufmann 113
Finanzierungsleasing 71
  Rügeobliegenheit **956** s. a. dort
Fixgeschäft, Fixhandelskauf s. dort
  relatives **916**
Fixhandelskauf 997
  AGB **1001**
  Begriff **998**
  Deckungskauf **1008**
  Erfüllung **1010**
  Lieferklauseln **1000**
  Rücktritt **1003**
  Schadensberechnung **1008**
  Schadensersatz **1006**
Forderungskauf 72
Form, gewillkürte **162**
  Schriftformklausel **164**
Formkaufmann 113
Frachtführer 528
Franchisevertrag 77
Freiberufler 101, 110

G

Garantie, AGB **1509**
  Auslegung **1450**
  Ausschlussfrist **1510**
  Begriff **1416, 1498**
  Beschaffenheitsgarantie **1437** s. a. dort
  Beschaffenheitsvereinbarung **1432**
  Beweislast **1470**
  Bezugspunkt **1451**
  Drittgarantie **1442, 1446**
  Garantiefrist **1458** s. a. dort
  Gattungskauf **786**
  Gewährleistungsrecht **1460**
  Grenzen **1461**
  Haftungsausschluss **1467**
  Haftungsmaßstab **785**
  Haltbarkeitsgarantie **1439** s. a. dort
  Handelsbrauch **1491**
  Inhalt **1443, 1502**
  öffentliche Versteigerung **1466**
  Rechte **1454**
  Rügeobliegenheit **1492, 1507**
  selbständige **1417**
  stillschweigende **1501**
  unselbständige **1417**
  Verbrauchsgüterkauf **1473**
  Vereinbarung **1429, 1491, 1500**
  verschuldensunabhängige Haftung **1445**
  Werbung **1447**
Garantieerklärung, Annahme **1429**
  Form **1431, 1482**
  Pflichtangaben **1478**

Sachverzeichnis

Transparenz 1475
Zugang 1429
Garantiefrist 1458
　Verjährungsfrist 1458
　Beginn 1459
Garantievertrag 1430
Gas, Verschaffung 320
Gattungskauf, mittlere Art und Güte 511
Gattungsschuld, Handelskauf 511
Gebrauchsvorteile, Herausgabe 639
gebrauchte Sache, Tiere 885
Gebrauchtwagen, Agenturgeschäft 1256
　Inzahlungnahme 880
　Kommissionsvertrag 1256
Gefahrübergang 404
　Annahmeverzug 404
　Beweislastumkehr Verbrauchsgüterkauf 409
　s. a. **Mangelvermutung**
　Montagefehler 407
　UN-Kaufrecht 574
Geheimhaltungspflicht 612
Gemeinsames Europäisches Kaufrecht 51
Gerichtsstandvereinbarung s. **Prorogation**
Gesellschaftervertrag 79
Gewährleistungsausschluss, 835, 873
　abweichende Vereinbarungen 873
　AGB 1012, 1223 s. a. dort
　Arglist 890, 1159
　Einwilligung 1200
　grob fahrlässige Unkenntnis 837, 1158
　Handelskauf 1011
　Händlerrückgriff 888
　Immaterialgüterrechte 1209
　Kenntnis 1158
　öffentliche Versteigerung 839
　positive Kenntnis des Käufers 835
　Rechtsmängelhaftung 1200
　Rügeobliegenheit 1201 s. a. dort
　Verbrauchsgüterkauf 875
　Verjährung s. dort
　Vorsatzhaftung 1011
Gewährleistungsrecht, Anfechtung 903
　culpa in contrahendo 905
　Garantie 1460
Gewerbe 101
gewöhnliche Erhaltungskosten 744
Gläubigerverzug, Käufer 1382
Globalzession, Eigentumsvorbehalt 297
GmbH-Anteil, Übertragung 311
　Grundbuchberichtigung 441
Grunderwerbssteuer 241
Grundpfandrecht, Übertragung 311
Grundstückskauf, Form 155
Gutglaubenserwerb 253, 504

H

Haftungsausschluss, Garantie 1467
Haftungsbeschränkung, summenmäßige 873
Haltbarkeitsgarantie 1439
　Haftungsausschluss 1453
　Haltbarkeitsdauer 1441
　Rechte 1456
Handelsbrauch 513
　Garantie 1491
Handelsgeschäft, beiderseitiges 109
　Betreiber 112
　einseitiges 109
　Kaufmann s. dort
Handelsgewerbe 110
Handelskauf 108
　Fixhandelskauf s. dort
　Gewährleistungsausschluss 1011
　Untersuchungs- und Rügeobliegenheit
　　s. **Rügeobliegenheit**
Handelsklauseln 514
　Abnahme 1334
　Nebenpflichten 1339
Handelsvertreter 75
Händlerrückgriff 822
　gleichwertiger Ausgleich 888
　Handelskauf 834
　Letztverkäufer 825
　Lieferkette 826
　Untersuchungsobliegenheit 834
　Verjährung 871
　Weiterverkauf 822
　Werbeaussagen 829
　Zulieferer 826
Hardwarekauf 67
Haustürgeschäft 179
Herstellergarantie 1451
Hinterlegung, Hinterlegungsstelle 1392
　Kaufsache 1385, 1392
Holschuld 235
　Kaufpreis 1290

I

Immaterialgüterrechte, Haftungsausschluss 1209
　Rechtsmangel 582
　Rügeobliegenheit 1211
Incoterms 514, 523
Informationspflichten, Verbraucherverträge 175
Ingebrauchnahme, bestimmungsgemäße 729
Insolvenz, Eigentumsvorbehalt 277
Insolvenzverwalter, Wahlrecht 277
Instandhaltungspflicht 483
Instruktionspflicht 612
Internationales Privatrecht 16

Sachverzeichnis

Rechtswahl s. dort
Sonderanknüpfung **199**
Internetauktion 184
Inzahlunggabe, Gebrauchtwagen **1252**
   Mängel **1254**

J

just-in-time-Lieferung, Untersuchungsobliegenheit **964** s. a. dort

K

Kalkulationsirrtum, Kaufpreis **1284**
   Störung der Geschäftsgrundlage **1285**
Kauf auf Probe 85
   Untersuchung **490**
Käufer, Abnahmekosten **1321**
   Abnahmepflicht **1362** s. a. **Abnahme**
   Abrufpflicht **1322**
   Aufbewahrungspflicht **1337, 1364**
   Aufklärungspflicht **1318**
   Gläubigerverzug **1382**
   Insolvenz **277, 282**
   Kaufpreiszahlungspflicht s. **Kaufpreis**
   Lastentragungspflicht **1321**
   nachvertragliche Pflichten **1326**
   Nebenpflichten **1317**
   Offenbarungspflicht **1320**
   Rücksichtnahmepflicht **1318**
   Rügeobliegenheit s. dort
   Spezifikationspflicht **1335**
   Verpackungspflicht **1325**
   Vorleistungspflicht **1310**
   Zahlungspflicht **1224, 1227**
   Zahlungsverzug **1369** s. a. dort
   Zurückweisungsrecht **1315**
Kaufmann 110
   Betriebszugehörigkeit **114**
   Fiktivkaufmann **113**
   Formkaufmann **113**
   kaufmännische Organisation **111**
   kaufmännisches Bestätigungsschreiben **197**
   Kleingewerbe **111**
   Privatgeschäft **114**
   Waren **115**
Kaufpreis, Akkreditiv **1302**
   Anfechtung **1279**
   arglistige Täuschung **1283**
   Aufrechnung **1304** s. a. dort
   Banküberweisung **1292, 1342**
   Barzahlung **1291, 1342**
   Berechnungsgrößen **1240**
   Bestimmbarkeit **1239, 1328, 1347**
   Bestimmtheit **1237**
   Börsenpreis **1241**

Bringschuld **1290, 1354**
Buchpreisbindung **1231**
ec-Karte **1301**
Eigenschaftsirrtum **1283**
einseitige Leistungsbestimmung **1242**
elektronische Willenserklärung **1281**
Erklärungsirrtum **1281**
Ersetzungsbefugnis **1251**
Fälligkeitszinsen **1388, 1412**
falsche Übermittlung **1281**
Handelskauf **1327**
hoheitliche Festsetzung **1232**
Holschuld **1290**
Inhaltsirrtum **1282**
Inzahlunggabe **1252** s. a. dort
Kalkulationsirrtum **1284** s. a. dort
kartellrechtliche Kontrolle **1230**
Kartenzahlung **1300**
konkludente Bestimmung **1238**
Kreditkarte **1300**
Lastschriftzahlung **1295** s. a. dort
Leibrentenvereinbarung **1260**
Leistung an Erfüllungs statt **1251**
Leistungs erfüllungshalber **1251**
Leistungsbestimmung durch Dritte **1245**
Marktpreis **1348**
Mehrwertsteuer **1234, 1329** s. a. dort
Monopolstellung **1229**
Nettogewicht **1351**
Neuverhandlungsklausel **1273**
Notaranderkonto **1303**
Preisänderungsvorbehalt **1261** s. a. dort
Preisbestimmungsklausel **1350**
Preisbildung **1227**
richterliche Kontrolle **1229**
Scheck **1298, 1342**
Schickschuld **1288**
Sittenwidrigkeit **1228**
Skonto **1249**
Überprüfungsklausel **1273**
unlautere Preisunterbietung **1230**
Verlustgefahr **1289**
Verrechnungsabrede **1251**
vertikale Preisbindung **1231**
Verzögerungsgefahr **1289**
Vorauszahlungsklausel **1310**
Vorleistungspflicht **1310**
Währung **1345**
Wechsel **1299, 1342**
Wertsicherungsklausel **1276**
wettbewerbsrechtliche Kontrolle **1230**
widerrechtliche Drohung **1283**
Zahlungsart **1291, 1342**
Zahlungsaufschub **1309**
Zahlungsmodalitäten **1287**
Zahlungsort **1288, 1352**
Zahlungspflicht **1224, 1227**
Zahlungsverzug s. dort

Zahlungszeit **1307, 1333, 1358**
Zug-um-Zug-Erfüllung **1290**
Kaufrechtsrichtlinie 96
Kaufsache, Abnahme s. dort
   Aufbewahrungspflicht **1337, 1364**
   freihändiger Verkauf **1399**
   Hinterlegung **1385, 1391**
   Lastentragung **1321**
   Mangel s. dort
   öffentliche Versteigerung **1385, 1398**
   Spezifikationspflicht **1335**
   Verpackung **1325**
   Zurückweisungsrecht **1315**
Kaufvertrag, Abgrenzung **61**
   Einigung **131**
   Gegenstände **55**
   Synallagma **2**
   Typusmerkmale **53**
   UN-Kaufrecht **118**
Kettenauflassung 249
KFZ, Agenturgeschäft **1256**
   Gutglaubenserwerb **253**
   Inzahlunggabe **1252** s. a. dort
   Kommissionsvertrag **1256**
   Nutzungsersatz **742**
   Untersuchungspflicht **481**
Kleingewerbe 111
   Beweislast **113**
Kommissionsgeschäft 74
   Gebrauchtwagen **1256**
Konditionsgeschäft 74
Kontokorrentvorbehalt 280
Konzernvorbehalt 283
Kooperationspflicht 612
Kosten, Nacherfüllungskosten s. dort
Kostenklausel 524
Kostentragung, UN-Kaufrecht **608**
Kreditkarte, Kaufpreiszahlung **1300**
Kreditwürdigkeit, mangelnde **1143**

L

Lagerungspflicht 483
Lastentragungspflicht 1321
Lastschriftzahlung, Kaufpreis **1295**
   Widerspruch **1296**
Leasinggeber, Rügeobliegenheit **956**
   s. a. dort
Leasingvertrag 71
   Rügeobliegenheit **955** s. a. dort
   UN-Kaufrecht **119**
Leibrentenvereinbarung, Grundstückskauf **1260**
Leistung an Erfüllungs statt, Kaufpreis **1251**
   s. a. dort
Leistung erfüllungshalber, Kaufpreis **1251**
   s. a. dort

Leistungsbestimmung durch Dritte,
   Kaufpreis s. dort
letter of intend 133
Lieferklausel 228b, 523
Lieferort 522
Liefervereinbarung 523
Lieferzeit 538
   vereinbarte **539**
Lieferzeitraum 540
lineare Wertminderung 741
Lizenzvertrag 68, 78

M

Mahnung 926 s. a. **Zahlungsverzug**
   Entbehrlichkeit **927**
Mangel 328, 550 s. a. **Sachmangel, Rechtsmangel**
   anfänglich unbehebbarer **812**
   Arglist **716**
   Mängeleinrede **908**
   offener **986**
   Unerheblichkeit **714**
   verdeckter **987**
Mängeleinrede 869, 908
Mangelfolgeschaden 777
Mängelkette 706
Mangelschaden 777
Mangelvermutung 409
   Ausnahmen **416**
   Unvereinbarkeit mit Art der Sache **418**
   Unvereinbarkeit mit Art des Mangels **421**
   Widerlegbarkeit **415**
Mankolieferung s. **Falschlieferung**
Marke, Verschaffung **310**
Markenware, Untersuchungsobliegenheit **963**
   s. a. dort
Marktpreis, Kaufpreis **1348**
Mediendienst 177
Mehrwertsteuer, Angabepflicht **1235**
   Erhöhung **1236**
   Kaufpreis **1234, 1329**
Mietkauf 70
Mietvertrag 69
Minderung 621, 759, 1091,
   Berechnung **766**
   Erklärung **764, 1095**
   Gestaltungsrecht **763, 1095**
   Gestaltungswirkung **764**
   Kaufpreisrückzahlung **769**
   Minderungshöhe **1097**
   Rechtsfolgen **763**
   Rechtsmängel **1093**
   Schadensersatz **770**
   Schätzung **767**
   unerheblicher Mangel **761**
   Voraussetzungen **760**

Mischnutzung, Verbraucher s. dort
mittlere Art und Güte 511, 559
Monopolstellung, Kaufpreis **1229**
Montageanleitung 385
   Fehlen **386**
   fehlerhafte **383**
   Mangelfreiheit **387**
Montagefehler 378
   Montage **380,**
   unsachgemäße Montage **379**

N

Nachbesserung 624, 632, 1052 s. a. **Nacherfüllung**
   Fehlschlagen **1055**
   Kosten s. **Nacherfüllungskosten**
   Nachfrist **1063** s. a. **Nacherfüllungsfrist**
   Nachfristsetzung **1056, 1061**
   Unmöglichkeit **648**
   unverhältnismäßiger Aufwand **1053**
   Unverhältnismäßigkeit s. **Unverhältnismäßigkeit der Nacherfüllung**
   Verweigerung **1055**
Nacherfüllung 619, 623
   Anerkenntnis **863**
   Erfüllungsort **628**
   Fehlschlagen **704**
   Fristsetzung **682** s. a. **Nacherfüllungsfrist**
   Kosten s. **Nacherfüllungskosten**
   Nachbesserung **624, 632** s. a. dort
   Nachlieferung **624, 635** s. a. dort
   Rügeobliegenheit **958**
   Selbstvornahme **679**
   Unmöglichkeit **646, 712**
   Unverhältnismäßigkeit **651** s. a. dort
   Unzumutbarkeit **711**
   Verjährungsneubeginn **863**
   Verweigerung **696**
   Vorrang **636**
   Wahlrecht **624**
Nacherfüllungsfrist 682
   Angemessenheit **686**
   besondere Umstände **699**
   Entbehrlichkeit **696**
   Erfolglosigkeit **690**
   Erfüllungsverweigerung **696**
   fehlgeschlagene Nacherfüllung **703**
   Mängelkette **706**
   relatives Fixgeschäft **698**
   Verbrauchsgüterkauf **700**
Nacherfüllungskosten 671
   Rückgabekosten **677**
   Schadensersatz **674**
Nachlieferung 624, 635
   Kosten s. **Nacherfüllungskosten**
   Nutzungsherausgabe **639**

   Rückgewähr **638**
   Stückkauf **635**
   Unverhältnismäßigkeit s. **Unverhältnismäßigkeit der Nacherfüllung**
Namensaktie, Verschaffung **310**
Namensrecht, Rechtsmangel **584**
Nebenpflichten 935
   Aufklärungspflicht s. dort
   Beförderungspflicht **589**
   Beratungspflicht s. dort
   Handelsklauseln **1339**
   Käufer **1317**
   Kooperationspflicht
   Nebenpflichten **935**
   nicht leistungsbezogene **936**
   Schadensminderungspflicht **614**
   Schutz- und Sorgfaltspflicht **614**
   Untersuchungspflicht s. dort
   Versicherungspflicht **596**
Neuverhandlungsklausel 1273 s. a. **Preisänderungsvorbehalt**
Niederlassung 122
Notaranderkonto, Kaufpreiszahlung **1303**
notarielle Beurkundung s. **Beurkundung**
Notverkauf 1337
notwendige Verwendungen 745
Nutzungsausfallschaden, mangelbedingter **776**
Nutzungsersatz s. a. **Rückgewährschuldverhältnis**
   Höhe **740**
   lineare Wertminderung **741**
Nutzungsherausgabe, Nachlieferung **639**

O

Offenbarungspflicht, Käufer **1320**
öffentliche Äußerungen 366
   Äußernder **371**
   Berichtigung **376**
   Garantie **1447**
   Hersteller **372**
   Hilfspersonal **373**
   Kausalität **377**
   Kennzeichnung **370**
   Öffentlichkeit **367**
   Unkenntnis Verkäufer **375**
   Werbung **368**
öffentliche Versteigerung, Garantie **1466**
   Gewährleistungsausschluss **839**
Optionsrecht 94

P

Patent, Verschaffung **310**
Persönlichkeitsrecht, Rechtsmangel **584**
PKW s. **KFZ**

Praxis-Kauf, 324
Preisänderungsvorbehalt, AGB **1265**
  Grundlagen **1261**
  Neuverhandlungsklausel **1273**
  Preiserhöhungsverlangen **1262**
  Preisgleitklausel **1262**
  Preissenkung **1272**
  Transparenzgebot **1268**
  Überprüfungsklausel **1273**
Preisanpassungsklausel 1330
  Inhaltskontrolle **1331**
Preisbestimmungsklausel 1350
  Angemessenheitskontrolle **1228**
Preisbindung, vertikale **1231**
Preisgleitklausel 1262 s. a. **Preisänderungsvorbehalt**
Preisüberprüfungsklausel s. **Preisänderungsvorbehalt**
Preisunterbietung, unlautere **1230**
Produktausgangskontrolle 479
Prorogation, UN-Kaufrecht **129**
Prüfungskauf 86
Punktuation 133

Q

Qualitätssicherungspflicht 612

R

Rechnungsstellungspflicht 486
Rechtsbehelfe, Systematik **1029**
  Wahlrecht **1038**
Rechtsbindungswille 141
Rechtskauf 59
  Abtretung **310**
  Bonitätshaftung **453**
  Mangelfreiheit **450**
  Unmöglichkeit **941**
  Veritätshaftung **451**
  Verjährung **944**
  Verjährungsfristbeginn **946**
  Verschaffungskosten **315**
  Verschaffungspflicht **307**
Rechtsmangel 425
  absolute Rechte **429**
  Begriff **426**
  gesetzliche Beschränkungen **434**
  Grundbuchrechte **439**
  Immaterialgüterrechte **582**
  obligatorische Rechte **433**
  öffentliche Grundstückslasten **444**
  öffentlich-rechtliche Beschränkungen **434**
  UN-Kaufrecht **577**
  Veräußerungsverbot **431**
  Zeitpunkt **442**

Rechtswahl 20
  ausdrückliche **21**
  Grenzen **34**
  nachträgliche **32**
  stillschweigende **27**
  teilweise **31**
  vollständige **31**
relatives Fixgeschäft 916
  Fixhandelskauf s. dort
Rentabilitätsvermutung 818
Rückgabekosten 677
Rückgewährschuldverhältnis 723
  Belastung **727**
  bestimmungsgemäße Ingebrauchnahme **729**
  Gebrauchsvorteile **739**
  Nutzungsersatz **739**
  Rückgewährpflichten **723**
  Schadensersatz **737**
  Umgestaltung **727**
  Untergang **728**
  Verarbeitung **727**
  Veräußerung **727**
  Verbrauch **727**
  Verschlechterung **728**
  Vertragskosten **747**
  Verwendungsersatz **744**
  Wertersatz **724**
Rücksichtnahmepflicht, Käufer 1318
Rücktritt 620, 681
  Ablehnungsandrohung **914**
  Annahmeverzug **717**
  Ausschluss **713**
  Fixhandelskauf **1003**
  Fristsetzung **682** s. a. **Nacherfüllungsfrist**
  Gestaltungsrecht **718**
  Rechtsfolgen **718, 723**
  relatives Fixgeschäft **916**
  Rückgewährschuldverhältnis **723** s. a. dort
  Teilrücktritt **748** s. a. dort
  unerheblicher Mangel **714**
  Verkäufer **1367**
  Voraussetzungen **682**
  wegen Nichterfüllung **912**
  wegen Unmöglichkeit der Leistung **913**
Rügeobliegenheit 948, 1161
  Arglist **990**
  Ausschluss von Rechtsbehelfen **1189**
  beidseitiges Handelsgeschäft **949**
  Beratungsvertrag **959**
  bewegliche Sachen **949**
  deliktische Ansprüche **1193**
  Disponibilität **992, 1163**
  Dokumente **1163**
  Einwendung **991**
  entschuldigte Versäumung **1212**
  Falschlieferung **960**
  Finanzierungsleasing **956**
  Fristbeginn **986, 1184**

Sachverzeichnis

Genehmigungsfiktion 988
Gewährleistungsausschluss 988
höherwertigere Ware 1192
Kenntnis des Verkäufers 1195
Leasingverträge 955
Modifizierung durch AGB 994
Nacherfüllung 958, 1167
offener Mangel 986
qualitative Mehrlieferung 1191
Qualitätsabweichung 980
quantitative Mehrlieferung 1190
Rechtsmängel 1163
rechtzeitige Absendung 984
Rüge 978
Rügeform 982, 1183
Rügefrist 985, 1184
Rügeinhalt 979, 1181
Schutzrechte 1163
stillschweigende Abbedingung 992
Tatsachenmitteilung 978
Umsatzgeschäfte 953
Untersuchungsobliegenheit 961 s. dort
verborgene Mängel 987, 1163, 1184
Verbraucher 1168
Vertragswidrigkeit 1165
Werklieferungsverträge 954
Werkverträge 953
Wertpapiere 950
Zugangsbedürftigkeit 984
Zwischenhändler 1168

S

Sache, bewegliche 107
Sachgesamtheit 58
Sachkauf 56
Sachmangel 330
　Beschaffenheit s. dort
　Falschlieferung 390 s. a. dort
　Gefahrübergang 404 s. a. dort
　gewöhnlicher Gebrauchszweck 559
　Kauf nach Probe 567
　Montageanleitung s. dort
　Montagefehler s. dort
　objektive Vertragsmäßigkeit 558
　objektiver Mangelbegriff 359
　öffentliche Äußerungen 366 s. a. dort
　Qualitätsbegriff 556
　subjektive Vertragsmäßigkeit 554
　subjektiver Mangelbegriff 336
　Tauglichkeit zu bestimmten Zwecke 564
　UN-Kaufrecht 553
　Vermutung 409 s. a. **Mangelvermutung**
　Verpackung 571
　Verwendung s. dort
　Zeitpunkt 403

Schadenersatz 622, 1101
　abstrakte Schadensberechnung 1124
　anfänglich unbehebbare Mängel 812
　Ausschluss 1132
　Ausschluss Erfüllungsanspruch 801
　Begleitschäden 1123
　Beschaffungsrisiko 784
　Deckungskauf 1116
　deliktischer 815
　entgangener Gewinn 1108
　Entlastungsgründe 1103
　exemplary damages 1109
　Fahrlässigkeit 781
　Fixhandelskauf 1006
　Fristsetzung 792
　frustrierte Aufwendungen 1107
　Garantieübernahme 785
　großer Schadenersatz 796
　Haftungserleichterung 783
　Haftungsverschärfung 784
　kleiner Schadenersatz 794
　konkrete Schadensberechnung 1114
　Mangelfolgeschäden 777, 1107
　Mangelschaden 777
　Marktpreis 1125
　neben Leistung 773
　neben Minderung 770
　neben Rücktritt 720
　Nichterfüllungsschaden 791
　Nutzungsausfallschaden 776
　punitive damages 1109
　Rechtsverfolgungskosten 1107
　Schadensberechnung 1105
　Schadensersatz 771
　Schadensminderungspflicht s. dort
　Schätzung 1114
　statt der Leistung 798
　Totalreparation 1106
　unmögliche Nacherfüllung 806
　unvermeidliche Leistungsbehinderung 1133
　Verkäufer 1367, 1408
　Verluste 1107
　Vertragspreis 1124
　Vertretenmüssen 779, 783, 793
　verzögerte Nacherfüllung 776
　Verzögerungsschaden 775
　Verzugsschäden 1107, 1123
　Voraussetzungen 1103
　Vorhersehbarkeit 1112
　Vorteilsanrechnung 1115
Schadensminderungspflicht 614, 1127
　Schadensvermeidungsobliegenheit 1127
Scheck, Kaufpreis 1298, 1342
Schenkung 63
Schickschuld, Kaufpreis 1288
Schriftformklausel 164
Schuldnerverzug, 925
　Mahnung 926

511

Schuldrechtsmodernisierung 10
Schutz- und Rücksichtnahmepflicht 486
Schutz- und Sorgfaltspflicht 614
Schutzrechte, Rechtsmangel 582
Schweigen 207
   auf Antrag 145
   Handelsverkehr 196
Selbstbelieferungsklausel 251
Selbsthilfeverkauf 1394
   Androhungspflicht 1395
   Benachrichtigungspflicht 1397
Selbstvornahme 679
Sicherungsübereignung, Eigentumsvorbehalt 296
Sittenwidrigkeit, Kaufpreis 1228
Skonto 1249
Software, Datenträger 321
   Download 321
   Verschaffung 320
Softwarekauf 56, 67
Spediteur 528
Spesenklausel 524
Spezifikationskauf 1400
Spezifikationspflicht, Kaufsache 1335
Spielerkauf 83
Stichprobe, Untersuchungsobliegenheit 963 s. a. dort
Streckengeschäft 249
   Untersuchungsobliegenheit 967, 971
Strom, Verschaffung 320
Stückkauf, Nachlieferung 635
Sukzessivlieferung, Untersuchungsobliegenheit 966 s. a. dort
   Vertragsaufhebung 1077

T

Tausch 61
   UN-Kaufrecht 119
Teilrücktritt 748
   Kaufpreisanpassung 754
   Teilbarkeit der Leistung 751
   Wahlrecht 752
   zuwenig-Lieferung 756
Teledienst 177
Textform 161
Tierkauf 56
   gebrauchte Sache 885
Time-Sharing-Vertrag 194
Tradeterms 514
Traditionspapiere 502
Transfervertrag 83
Transportkosten 1323
Transportversicherung 596

U

Übereignung 242, 549
   Eigentumsvorbehalt s. dort
Übergabe, Begriff 221
   Besitzdiener 222
   Besitzmittler 222
   Dokumente 485
   Fahrzeug 225
   Gefahrübergang 404
   Geheißperson 223
   Handelsbrauch 510
   Handelskauf 502
   Immobilie 225
   Kosten s. Übergabekosten 233
   Leistungsort 228, 508
   Leistungszeit 228a, 508
   Lieferklausel 228b
   mittelbarer Besitz 223
   Traditionspapiere 502
   Übergabekosten 503
   Urkunden 485
Übergabekosten, Handelsklauseln 503
Umgehungsgeschäft, Agenturgeschäft 880
Umtauschmöglichkeit 87
unbestellte Ware 142
unerheblicher Mangel 714
   Minderung 761
UN-Kaufrecht 50, 120
   AGB 128, 216
   Ausschlusstatbestände 126
   Formerfordernisse 215
   Internationalität 121
   Kaufvertrag 118
   Prorogation 129
   Rechtsbehelfe Käufer 1019
   Versteigerung 127
   Vertragsfreiheit 129
   Vertragsgegenstand 120
   Vorbehalt 123
   Werklieferungsvertrag 118
unkörperliche Gegenstände 320
Unmöglichkeit, Nachbesserung 648
   Nacherfüllung 646
Unternehmenskauf 322
   asset deal 323
   Freiberufler-Praxis s. Praxiskauf
   Rügeobliegenheit 952
Unternehmer 105
   Gewinnerzielungsabsicht 106
   Nebengeschäfte 106
Unternehmereigenschaft, Vereinbarung 882
Untersuchungsobliegenheit 1161 s. a. Rügeobliegenheit
   Ablieferung 974
   Art 961
   Bringschuld 973
   Disponibilität 1163

Fristdauer **1178**
Handelsbrauch **965**
Holschuld **970**
Intensität **961, 1170**
just-in-time-Lieferung **964**
Markenware **963**
Probelauf **963, 1171**
Probeverarbeitung **1171**
Qualitätssicherungsvereinbarung **964**
Quantität **1172**
Stichproben **963, 1171**
Streckengeschäft **967, 971**
Sukzessivlieferung **966**
Teillieferung **1175**
Textilien **1171**
Untersuchung **961, 1169**
Untersuchungsfrist **975, 1174**
Untersuchungsort **969, 1173**
verderbliche Ware **1172**
Versendungskauf **971, 1173**
Weiterversendung **1176**
Untersuchungspflicht 478
Kfz-Handel **481**
Unverhältnismäßigkeit der Nacherfüllung 651
grobes Mißverhältnis **652**
Leistungsverweigerungsrecht **651**
relative Unverhältnismäßigkeit **665**
Richtwerte **659**
unverhältnismäßige Kosten **655**
Unzumutbarkeit, Nacherfüllung **711**
Urkunde, Übergabepflicht **485**

V

Verarbeitungsklausel, Eigentumsvorbehalt **293**
Verbietungsrecht, Rechtsmangel **584**
Verbraucher 98
Existenzgründung **104**
Freiberufler **101**
Gewerbebegriff **101**
Mischnutzung **103**
Verbrauchereigenschaft, Disponibilität **882**
Verbraucherkredit 189
Verbrauchervertrag, Informationspflichten **175**
Widerrufsrecht **176**
Verbrauchsgüterkauf 96
AGB s. dort
bewegliche Sache **107**
Beweislastumkehr **409** s. a. **Mangelvermutung**
Fernabsatzvertrag s. dort
Form **151**
Garantie **1473**
Haustürgeschäft s. dort
Informationspflichten **175**
Nacherfüllungsfrist **700**

Nutzungsherausgabe **641**
öffentliche Versteigerung **107**
persönlicher Anwendungsbereich **97**
Unternehmer s. dort
Verbraucher s. dort
Verbraucherverträge **173** s. a. dort
Widerrufsrecht **176**
verbundene Verbraucherverträge 189
Darlehensvertrag **191**
Verfügungsbefugnis, Gutglaubensschutz **504**
Vergleich 82
Veritätshaftung 451
Verjährung 840
Ablaufhemmung **872**
Beginn s. **Verjährungsfrist**
deliktische Ansprüche **845**
Frist s. **Verjährungsfrist**
Gestaltungsrechte **842**
Händlerrückgriff **871**
Leistungsverweigerungsrecht **868**
Mängeleinrede **869**
Rechtskauf **944**
Wirkung **868**
Verjährungserleichterung, vertragliche **884**
Verjährungsfrist 846
Ablieferung **861**
Beginn bei Rechtskauf **946**
dreißigjährige **855**
Fristbeginn **859**
fünfjährige **849**
Hemmung bei Nacherfüllung **863**
Neubeginn bei Nacherfüllung **863**
regelmäßige **858**
Verkürzung durch AGB **898**
Verlängerung durch AGB **899**
vertragliche Abkürzung **873**
zweijährige **846**
Verjährungshemmung, Nacherfüllung **862**
Verjährungsneubeginn, Nacherfüllung **863**
Verkäufer,
Abnahmeanspruch **1311** s. a. **Abnahme**
Anzeigepflicht **598**
Aufklärungspflicht s. dort
Beförderungspflicht **589**
Beratungspflicht s. dort
Hinterlegungsbefugnis **1385, 1392**
Insolvenz **277**
Instandhaltungspflicht s. dort
Instruktionspflicht s. dort
Kooperationspflicht **612**
Lagerungspflicht s. dort
Nachfristsetzung **1404**
Nebenpflichtverletzungen **934**
Rechnungsstellungspflicht s. dort
Rücktritt **1367**
Schadensersatz **1368, 1408**
Schutz- und Sorgfaltspflicht **614**
Selbsthilfeverkauf **1394** s. a. dort

Spezifikationsrecht **1401**, **1407**
Untersuchungspflicht s. dort
Versicherungspflicht **596**
Vertragsaufhebung **1405**
Verwahrungspflicht s. dort
Vorleistungspflicht **1309**
Verpackung 227
Verpackungskosten **238**
Vertragswidrigkeit **571**
Verpackungspflicht 610
Käufer **1325**
Verrechnungsabrede 1251
Versendungskauf, Preisgefahr **231**
UN-Kaufrecht **526**
Versicherungskosten 1323
Versicherungspflicht 483, **596**
Versorgungsvertrag 80
Versteigerung, öffentliche **107**
UN-Kaufrecht **127**
Vertragsaufhebung 1068
Aufhebungserklärung **1079**
Ausschluss **1080**
drohende Vertragsverletzung **1151**
Entlastungsgründe **1081**
Erklärungsfrist **1082**
Fristdauer **1086**
Gestaltungsrecht **1079**
Rechtsfolgen **1089**
Rückgewährschuldverhältnis **1089**
Sukzessivlieferungsvertrag **1077**
teilweise Aufhebung **1076**
ultima ratio **1068**
unberechtigte **1090**
Verkäufer **1405**
Voraussetzungen **1069**
Wesentlichkeitsgrenze **1070**
Vertragsbruchtheorie 297
Vertragserfüllungsfähigkeit, mangelnde **1142**
Vertragshändlervertrag 76
Vertragskosten 747
Vertragsverletzung, drohende **1152**
wesentliche **1040**
Vertragswidrigkeit 557, **1093**
Toleranzgrenzen **557**
Vertretenmüssen 779, **783**
Beschaffungsrisiko **784**
Fahrlässigkeit **781**
Garantieübernahme **785**
Haftungserleichterung **783**
Haftungsverschärfung **784**
Zurechnung Fremdverschulden **787**
Vertriebsvertrag, UN-Kaufrecht **119**
Verwahrungspflicht 483
Verwendung, Begriff **354**
gewöhnliche **363**
konkludente Verwendungsvereinbarung **358**
vertraglich vorausgesetzte **353**, **356**

Verwendungsersatz s. a. **Rückgewährschuldverhältnis**
Erhaltungskosten **744**
notwendige Verwendungen **745**
Verzögerungsschaden 775, **923**
verzögerte Nacherfüllung **776**
Verzug **925**
Verzugszinsen 1378, **1389** s. a. **Zahlungsverzug**
Vorausabtretung, Eigentumsvorbehalt **286**
Vorauszahlungsklausel 1310
Vorformulierung s. **AGB**
Vorkauf 91
Mitteilungspflicht **498**
Vorvertrag 133

W

Währung, Kaufpreis **1345**
Ware auf dem Transport 533
Ware, unbestellte s. **unbestellte Ware**
Wartungspflicht 612
Wasser, Verschaffung **320**
Wechsel, Kaufpreis **1299**, **1342**
Weiterveräußerungsermächtigung, Eigentumsvorbehalt **289**
Werbung, Beschaffenheit s. **öffentliche Äußerungen**
Garantie **1447**
Werklieferungsvertrag 64
Rügeobliegenheit **954** s. a. dort
Werkvertrag 64
Rügeobliegenheit **953** s. a. dort
Wertersatz, Rücktritt **724**
Wertersatzpflicht s. **Rückgewährschuldverhältnis**
Wegfall **733**
Wertpapiere, Rügeobliegenheit **950**
Wertpapierkauf 325
Wertsicherungsklausel, Inhaltskontrolle **1278**
Kaufpreis **1276**
Wertverlust, Ingebrauchnahme **729**
wesentliche Vertragsverletzung 1040
aliud-Lieferung **1074**
Fixgeschäft **1071**
gravierende Mängel **1074**
just-in-time-Lieferung **1071**
Rechtsmangel **1074**
vertragliche Vereinbarung **1041**
Widerrufsbelehrung 180
Widerrufsfrist 182
Widerrufsrecht, Ausübung **182**
Verbraucherverträge **176**
verbundene Verträge **189**
Wiederkauf 88
Herausgabepflicht **493**

Z

Zahlungsaufschub, entgeltlicher 192
  Kaufpreis **1309**
Zahlungsort, Kaufpreis **1288** s. a. dort
Zahlungsverzug 1369
  Mahnung **1370**
  Rechnungszugang **1373**
  Verbraucher **1372**

Verzugszinsen **1378**, **1389**
Zahlungszeit, Kaufpreis **1307**
Zoll 238
Zubehör 57
Zuviel-Lieferung s. **Falschlieferung**
Zuwenig-Lieferung, Teilrücktritt **756** s. a.
  Falschlieferung
Zwangsvollstreckung, Aussonderungsrecht **277**
  Eigentumsvorbehalt **277**

Kurt Lang